Schriften zur Kriminologie

herausgegeben von

Prof. Dr. Katrin Höffler, Georg-August-Universität Göttingen
Prof. Dr. Johannes Kaspar, Universität Augsburg
Prof. Dr. Jörg Kinzig, Eberhard Karls Universität Tübingen
Prof. Dr. Ralf Kölbel, Ludwig-Maximilians-Universität München

Band 16

Julia Schmidt

Die Koppelung von Jugendarrest und bedingter Jugendstrafe als sog. „Warnschussarrest" gem. § 16a JGG

Eine rechtliche Einordnung und empirische Untersuchung zur Rechtspraxis und Rückfälligkeit im Freistaat Bayern

Nomos

Gedruckt mit Unterstützung des Förderungsfonds Wissenschaft der VG WORT.

Die Deutsche Nationalbibliothek verzeichnet diese Publikation in
der Deutschen Nationalbibliografie; detaillierte bibliografische
Daten sind im Internet über http://dnb.d-nb.de abrufbar.

Zugl.: Augsburg, Univ., Diss., 2019

ISBN 978-3-8487-6209-5 (Print)
ISBN 978-3-7489-0325-3 (ePDF)

D384

1. Auflage 2020
© Nomos Verlagsgesellschaft, Baden-Baden 2020. Gedruckt in Deutschland. Alle Rechte,
auch die des Nachdrucks von Auszügen, der fotomechanischen Wiedergabe und der
Übersetzung, vorbehalten. Gedruckt auf alterungsbeständigem Papier.

Vorwort

Die vorliegende Arbeit wurde im Jahr 2019 von der Juristischen Fakultät der Universität Augsburg als Dissertation angenommen. Die Arbeit berücksichtigt den Rechts- und Forschungsstand bis einschließlich Juli 2018 sowie die amtlichen Strafverfolgungsstatistiken einschließlich des Kalenderjahres 2016.

Mein besonderer und größter Dank gebührt meinem Doktorvater Herrn Prof. Dr. Johannes Kaspar, der mich nicht nur zu diesem Projekt inspiriert hat, sondern mir auch während der gesamten Dissertationszeit als Betreuer stets unterstützend zur Seite stand. Für das entgegengebrachte Vertrauen möchte ich mich ebenso bedanken wie für die Förderung des Projekts.

Weiterhin danke ich Herrn Prof. Dr. Arnd Koch für die zügige Erstellung des Zweitgutachtens. Zum Gelingen dieser Arbeit hat vor allem die Mitwirkungsbereitschaft zahlreicher Berufspraktiker beigetragen ohne deren Beteiligung die Projektdurchführung in diesem Maße nicht möglich gewesen wäre. Danken möchte ich insbesondere den Generalstaatsanwälten, Leitenden Staatsanwälten/innen sowie Jugendrichtern/innen, die durch ihr Engagement einen wesentlichen Beitrag zur empirischen Studie geleistet haben. Hervorzuheben ist in diesem Zusammenhang auch das Bemühen der Vollzugsleiter und des Personals in den Jugendarrestanstalten München und Nürnberg, die mir bei Fragen informativ, hilfsbereit und mit viel Engagement zur Seite standen. Schließlich wurde die Projektdurchführung durch das Bayerische Staatsministerium der Justiz gefördert, dem ich ebenso zu größtem Dank verpflichtet bin, wie dem Bundesamt für Justiz für seine freundliche Unterstützung im Rahmen der Rückfalluntersuchung.

Ganz herzlich bedanken möchte ich mich bei all denjenigen studentischen und wissenschaftlichen Hilfskräften, die mich äußerst zuverlässig und mit viel Fleiß bei der Akteneinsicht und dem Versand der Fragebögen unterstützt haben. Vor allem Frau Juliane Koburg, Frau Dorin Guba, Herr Fabian Peltzer und Herr Christoph Schrall waren mir dabei eine große Hilfe. Dank schulde ich zudem Frau Michaela Braun, die mir in organisatorischen Aufgaben ihre volle Unterstützung hat zukommen lassen und mir auch bei zeitlichen Engpässen eine immer zuverlässige Ansprechpartnerin war.

Herrn Dr. Reinhard Wittenberg danke ich für die erstklassige Hilfe bei Fragen zur statistischen Auswertung.

Von Herzen danke ich zudem all meinen Freunden, die mich emotional während dieser Arbeit begleitet haben, insbesondere Frau Dr. Monika Werndl und Herrn Martin Neumann für ihre Hilfe beim Korrekturlesen sowie Herrn Dr. Stephan Christoph, der mir aufgrund seiner eigenen empirischen Arbeit ein wertvoller Austauschpartner war. Ferner danke ich Herrn Rechtsanwalt Dr. Heinz Sonnauer, der mir von Beginn meiner Studienzeit an als Mentor zur Seite stand und meine berufliche Fortentwicklung stets gefördert hat.

Gewidmet ist die Arbeit meinen Eltern, die durch ihre fortwährende Unterstützung das Fundament für diese Arbeit geschaffen haben und mich stets ermutigt haben meinen eigenen Weg zu gehen.

München, im Februar 2020   *Julia Schmidt*

6

Inhaltsverzeichnis

Abbildungsverzeichnis

Tabellenverzeichnis

Das nachstehende Tabellenverzeichnis umfasst nur die im Text abgedruckten Tabellen. Nicht im Text abgedruckte Tabellen, deren Inhalt wiedergegeben wird, werden im Anhang I aufgeführt. Zur verbesserten Darstellung werden die Zahlenwerte in allen Tabellen auf eine Nachkommastelle gerundet. Der Summenwert bei den Prozentangaben kann daher sowohl in der tabellarischen Darstellung wie auch in den Abbildungen aufgrund von Rundungsfehlern um maximal 0,1 Prozentpunkte abweichen.

Abkürzungsverzeichnis

1. JGGÄndG	Erstes Gesetz zur Änderung des Jugendgerichtsgesetzes vom 30.8.1990 (BGBl. I 1990,1853)
a.A.	andere Ansicht
a.F.	Alte Fassung
Abs.	Absatz
AG	Amtsgericht
AktO	Aktenordnung für die Geschäftsstellen der Gerichte der ordentlichen Gerichtsbarkeit und der Staatsanwaltschaften in der Fassung der Bekanntmachung vom 13. Dezember 1983 (JMBl 1984, S. 13)
Art.	Artikel
BayJAVollzG	Bayerisches Jugendarrestvollzugsgesetz
BbgJAVollzG	Gesetz über den Vollzug des Jugendarrestes im Land Brandenburg und zur Änderung weiterer Gesetze vom 10. Juli 2014, GVBl. I/14 Nr. 34
Bd.	Band
BewHBek	Bekanntmachung des Bayerischen Staatsministeriums der Justiz über Bewährungshilfe, Führungsaufsicht und Gerichtshilfe (BewHBek) vom 16. Februar 2017 (JMBl. Nr. 3/2017, S. 18)
BewHi	Zeitschrift Bewährungshilfe
BGBl. I	Bundesgesetzblatt Teil I
BGH	Bundesgerichtshof
BMJ	Bundesministerium für Justiz
BRJ	Bonner Rechtsjournal
BT-Drucks.	Deutscher Bundestag-Drucksache
BVerfG	Bundesverfassungsgericht
bzw.	beziehungsweise
c.a.	circa
Drucks.	Drucksache
DVJJ	Deutsche Vereinigung für Jugendgerichte und Jugendgerichtshilfe e.V.

DVJJ-J	Deutsche Vereinigung für Jugendgerichte und Jugendgerichtshilfe e.V – Journal
Fn.	Fußnote
FS	Festschrift
GA	Goltdammer's Archiv für Strafrecht
gem.	gemäß
GerOrgG	Gesetz über die Organisation der ordentlichen Gerichte im Freistaat Bayern (GerOrgG) vom 25. April 1973
GreifRecht	Greifswalder Halbjahresschrift für Rechtswissenschaft
GVBl.	Gesetz- und Verordnungsblatt
HessJAVollzG	Hessisches Jugendarrestvollzugsgesetz vom 27. Mai 2015, GVBl. für das Land Hessen Nr. 13/2015, S. 223
HmbJAVollzG	Gesetz über den Vollzug des Jugendarrestes und zur Änderung des Hamburgischen Besoldungsgesetzes vom 29.12.2014, Hamburgisches GVBl. Nr. 64/2014, S. 542
HZ	Häufigkeitszahl
i.V.m	in Verbindung mit
INFO	Informationsdienst der Landesgruppe Baden-Württemberg in der Deutschen Vereinigung für Jugendgerichte und Jugendgerichtshilfen e.V.
JA	Juristische Arbeitsblätter
JAA	Jugendarrestanstalt
JArrG	Jugendarrestvollzugsgesetz Baden-Württemberg
JAVollzG	Jugendarrestvollzugsgesetz
JAVollzG NRW	Gesetz zur Regelung des Jugendarrestvollzuges in Nordrhein-Westfalen vom 30. April 2013, GV.NRW Nr. 13/2013, S. 201
JAVollzG SH	Gesetz über den Vollzug des Jugendarrestes in Schleswig-Holstein – Jugendarrestvollzugsgesetz vom 02.12.2014, GVOBl. 2014, S. 356
JAVollzG-MV	Gesetz über den Vollzug des Jugendarrestes in Mecklenburg-Vorpommern vom 27. Mai 2016, GVOBl. M-V 2016, S. 302
JGG	Jugendgerichtsgesetz in der Fassung der Bekanntmachung vom 11.12.1974 (BGBl. I 1974, 3427)
JGG 1943	Jugendgerichtgesetz vom 6. November 1943 (RGBl. I 1943, 637)
JGG 1953	Jugendgerichtsgesetz vom 4. August 1953 (BGBl. I 1953, 751)
JGT	Jugendgerichtstag

JMBl.	Bayerisches Justizministerialblatt
JStVollzG NRW	Jugendstrafvollzugsgesetz Nordrhein-Westfalen
JuS	Juristische Schulung
JVA	Justizvollzugsanstalt
JZ	Juristen Zeitung
KFN	Kriminologisches Forschungsinstitut Niedersachsen e.V.
KG	Kammergericht
KJ	Kritische Justiz
Krim	Kriminalistik
KrimGegfr	Kriminologische Gegenwartsfragen
KrimJ	Kriminologisches Journal
KrimPäd	Kriminalpädagogische Praxis
LG	Landgericht
LJAVollzG	Landesjugendarrestvollzugsgesetz des Landes Rheinland-Pfalz vom 06.10.2015, GVBl. 2015, S. 354
LK	Leipziger Kommentar
LT	Landtag
m.w.N.	mit weiteren Nachweisen
MschrKrim	Monatsschrift für Kriminologie und Strafrechtsreform
NJAVollzG	Gesetz zur Regelung des Jugendarrestvollzuges in Niedersachsen vom 17. Februar 2016, Nds. GVBl. Nr. 2/2016, S. 38
NJW	Neue Juristische Wochenzeitschrift
NK	Neue Kriminalpolitik
Nr.	Nummer
NStZ	Neue Zeitschrift für Strafrecht
öJGG	österreichisches Jugendgerichtsgesetz
öStGB	österreichisches Strafgesetzbuch
RdJB	Recht der Jugend und des Bildungswesens
Rec.	Recommendations (Empfehlung des Europarates)
RefE	Referentenentwurf
RiL	Richtlinie
RJGG 1943	Reichsjugendgerichtsgesetz vom 10. November 1943 (RGBl. I 1943, 637), erlassen durch Verordnung über die Vereinfachung und Vereinheitlichung des Jugendstrafrechts vom 6. November 1943 (RGBl. I 1943, 635)
Rn.	Randnummer

S.	Seite
SJAVollzG	Gesetz Nr. 1883 über den Vollzug des Jugendarrests vom 20. Januar 2016, Amtsblatt des Saarlandes Teil I vom 25. Februar 2016, S. 132
Soziale Probleme	Zeitschrift für soziale Probleme und soziale Kontrolle
SPSS	Statistical Package for the Social Sciences/ Superior Performance Software System
StBA	Statistisches Bundesamt
stellv.	stellvertretend
StraFo	Strafverteidiger Forum
StV	Strafverteidiger
StVStat	Strafverfolgungsstatistik
u.a.	unter anderem
vgl.	vergleiche
VRJs	Vollstreckungsregister für Jugendrichtersachen
VUZ	Verurteiltenziffer
Z.	Zeile
z.B.	zum Beispiel
ZfJ	Zentralblatt für Jugendrecht
ZfS	Zeitschrift für Soziologie
ZfStrVO	Zeitschrift für Strafvollzug und Straffälligenhilfe
ZIS	Zeitschrift für internationale Strafrechtsdogmatik
ZJJ	Zeitschrift für Jugendkriminalität und Jugendhilfe
ZRP	Zeitschrift für Rechtspolitik
ZStV	Zentrales Staatsanwaltschaftliches Verfahrensregister
ZStW	Zeitschrift für die gesamte Strafrechtswissenschaft

Einführung

A. Anlass und Zielsetzung der Arbeit

„Warnschussarrest: Ja oder Nein?"[1], so lautete die Frage, die der Vorsitzende Siegfried Kauder in der Öffentlichen Anhörung zum Entwurf eines Gesetzes zur Erweiterung der jugendgerichtlichen Handlungsmöglichkeiten am 23. Mai 2012 stellte. Der Gedanke, dem bislang breiten jugendstrafrechtlichen Sanktionskatalog mit dem sog. „Warnschuss[2]- oder Einstiegsarrest[3]", welcher inhaltlich die Koppelung von Jugendarrest und einer zur Bewährung ausgesetzten Jugendstrafe umschreibt, einen weiteren Baustein zur Seite zu stellen, war wahrlich kein neuer. Nach zahlreichen Gesetzesinitiativen[4], die ihre Ursprünge bereits im Jahr 1982 hatten,[5] und einer vielschichtigen kriminalpolitischen Debatte über die Zweckmäßigkeit der Verbindung einer freiheitsgewährenden Bewährungsentscheidung mit

---

1 Deutscher Bundestag, Protokoll Nr. 86, S. 1.
2 Stellv. für die Verwendung des Terminus Warnschussarrest: BT-Drucks. 16/1027, S. 7; *Gernbeck/Höffler/Verrel*, NK 2013, 307 ff.; *Gierschik*, Protokoll Nr. 86 vom 23. Mai 2012, S. 3; *Kreuzer*, ZRP 2012, 101; *Ostendorf*, ZIS 2012, 608 ff.; *Schöch*, in: Meier/Rössner/Schöch, § 10 Rn. 41; *Werwigk-Hertneck/Rebmann*, ZRP 2003, 225 (229); z.t. wird auch die Bezeichnung „Warnarrest" gewählt, so *Müller-Piepenkötter/Kubnik*, ZRP 2008, 176 (177); *Wulf*, in: INFO 2011, 29 (35); den Begriff für unzutreffend erachtend etwa *Gebauer*, in: INFO 2013, 29 (44); kritisch auch *Streng*, 2016, Rn. 264 unter Hinweis auf die propagandistische Wirkung dieser Bezeichnung.
3 Zum synonym verwendeten Begriff des Einstiegsarrestes stellv. BR-Drucks. 449/99, S. 11; BT-Drucks. 14/3189, S. 8; *Findeisen*, ZJJ 2007, 25; *Hügel*, BewHi 1987, 50 ff.; *Schaffstein/Beulke/Swoboda*, 2014, Rn. 542; *Streng*, 2016, Rn. 264; *Verrel/Käufl*, NStZ 2008, 177 (178); *Vietze*, 2004, S. 17, nach dem der Begriff des Einstiegsarrestes den Einstieg in die Bewährungszeit verkörpert; *Werner-Eschenbach*, 2005, S. 51.
4 Vgl. Gesetzesantrag der Länder Sachsen, Bayern, Hessen, Niedersachsen, Thüringen BR-Drucks. 238/04, S. 21 f.; Antrag des Freistaates Bayern BR-Drucks. 77/08, S. 1; BT-Drucks. 14/3189, S. 6; BT-Drucks. 14/6539, S. 4; BT-Drucks. 15/1472, S. 7; BT-Drucks. 15/3422, S. 13; BT-Drucks. 16/1027, S. 7.
5 Vorgesehen war die Einführung des Einstiegsarrestes bereits im ArbE 1982 sowie im RefE des Bundesministeriums für Justiz zum 1. JGGÄndG aus dem Jahr 1983; zitiert nach *Brunner/Dölling*, 2011, § 27 Rn. 15; vgl. ebenfalls die Angaben in BR-Drucks. 449/99, S. 11 f.

einem Freiheitsentzug in Form des Jugendarrestes, ist diese Idee nun Wirklichkeit geworden.

Mit dem Gesetz zur Erweiterung der jugendgerichtlichen Handlungsmöglichkeiten vom 04.09.2012[6] hat der Gesetzgeber, in Abkehr vom bislang geltenden Koppelungsverbot von Jugendarrest als Zuchtmittel und Jugendstrafe als echter Kriminalstrafe[7], das jugendgerichtliche Sanktionsspektrum durch die Verbindung beider Maßnahmen weiter ausgebaut. Obgleich nach dem gesicherten Stand der wissenschaftlichen Erkenntnis davon ausgegangen werden kann, dass die Härte der Bestrafung nicht den maßgebenden Faktor für das künftige normkonforme Verhalten junger Straftäter[8] bildet[9] und die polizeilich registrierte Kriminialitätsbelastung deutscher Jugendlicher und Heranwachsender im Zeitpunkt der Einführung des Warnschussarrestes in den vorangegangenen Jahren tendenziell rückläufig war,[10] hat der Gesetzgeber mit der Integration des Warnschussarrestes in das JGG der in erster Linie von Politik[11] und jugendgerichtli-

---

6 BGBl. I 2012, S. 1854.

7 Zu dieser Einordnung *Radtke*, in: MüKo-StGB, Bd. 6, § 17 JGG Rn. 8 m.w.N.

8 Aus Gründen der besseren Lesbarkeit wird im Rahmen der vorliegenden Arbeit ganz allgemein auf die Verwendung männlicher und weiblicher Sprachformen verzichtet. Die Verwendung männlicher Bezeichnungsformen schließt ohne gesonderten Hinweis auch weibliche Personen ein.

9 Vgl. *Eisenberg*, 2005, § 41 Rn. 16 f.; *Streng*, in: Kriminologie und wissensbasierte Kriminalpolitik, 65 (75 f.); *Wulf*, in: Meier/Rössner/Trüg/Wulf, JGG, § 16a Rn. 16, jeweils unter Bezugnahme auf die Ergebnisse der Generalpräventionsforschung. Zur Fehlannahme der besseren Wirksamkeit härterer Sanktionen und den umgekehrt höheren Rückfallraten mit Zunahme der Sanktionsschwere *Heinz*, in: Kriminologie und wissensbasierte Kriminalpolitik, 495 (498); *Ostendorf*, StV 2008, 148 (150); *Walter/Neubacher*, 2011, Rn. 573; *Spiess*, Soziale Probleme Jg. 24, 1/2013, 87 (104).

10 Vgl. *Endres/Maier*, Forum Strafvollzug 2016, 45 (47); *Heinz*, NK 2008, 50 (51 ff.); *Ostendorf*, 2015, Rn. 4 ff.; nach den Angaben der PKS ist die Zahl der deutschen jugendlichen und heranwachsenden Tatverdächtigen seit dem Jahr 2005 konstant rückläufig, während sich bei Einbezug der nichtdeutschen Tatverdächtigen für die Jahre 2014 und 2015 insgesamt ein Kriminalitätsanstieg ergibt, Bundeskriminalamt, PKS 2015, S. 76 ff.; für den Bereich der Gewaltkriminalität berichten *Pfeiffer/Baier/Kliem*, Entwicklung Gewalt in Deutschland, S. 11, dass die TVBZ bei Heranwachsenden zwischen den Jahren 2008 und 2015 um 31,0 % zurückgegangen ist; bei Jugendlichen zwischen 2007 und 2015 um 50,4 %.

11 BR-Drucks. 77/08, S. 1; BT-Drucks. 14/3189, S. 6; BT-Drucks. 14/6539, S. 4, BT-Drucks. 15/1472, S. 7; BT-Drucks. 15/3422, S. 2.; BT-Drucks. 16/1027, S. 1.

cher Praxis[12] geforderten weiteren Flexibilisierung des jugendstrafrechtlichen Sanktionssystems Rechnung getragen und damit im Kern zu einer Verschärfung des Jugendstrafrechts beigetragen.[13] Trotz der seit Jahren bestehenden Einwände vor allem namhafter Kriminologen und Rechtswissenschaftler[14] gegen die Erforderlichkeit des Warnschussarrestes, ist man auf der Grundlage eines Gesetzentwurfs der Fraktion von CDU/CSU und FDP[15] der Forderung nach einer gesetzlichen Neukonzeption der Koppelung freiheitsentziehender Maßnahmen nachgekommen. Damit hat der Gesetzgeber die seit über 30 Jahren bestehende Diskussion über die Recht- und Zweckmäßigkeit dieser Sanktionskombination auf eine gesetzliche Grundlage gestellt. Die mit Wirkung zum 07.03.2013[16] in Kraft getretene Neuregelung in § 16a JGG i.V.m. § 8 Abs. 2 S. 2 JGG erlaubt es den Jugendrichtern/innen nunmehr, gegen jugendliche oder heranwachsende Straftäter, auf die nach § 105 Abs. 1 JGG Jugendstrafrecht Anwendung findet, neben der Aussetzung der Vollstreckung der Jugendstrafe zur Bewährung oder der Aussetzung der Verhängung der Jugendstrafe nach § 27 JGG zugleich einen Jugendarrest anzuordnen. Flankiert wird die Einführung des Warnschussarrestes durch die gesetzliche Verankerung des vormals im Wege richterlicher Rechtsfortbildung anerkannten Rechtsinstituts der „Vorbewährung" in §§ 61-61b JGG sowie die Anhebung der Jugendhöchststrafe

---

12 Die Koppelung von Jugendarrest und § 27 JGG bereits nach alter Rechtslage für zulässig erachtend KG, NJW 1961, 1175 f.; LG Augsburg, NStZ 1986, 507 f. mit zustimmender Anmerkung *Brunner*, NStZ 1986, 508 f.; AG Winsen/Luhe, NStZ 1982, 120; AG Meppen, ZJJ 2004, 200 ff.; befürwortend etwa: *Bietz*, NStZ 1982, 120 (121), der die Verbindung von Jugendarrest und § 27 JGG zwar für unzulässig, aber durchaus wünschenswert erachtet; *Grethlein*, NJW 1957, 1462 f.; *Hinz*, ZRP 2001, 106 (111 f.); *Reichenbach*, NStZ 2005, 136 (138 f.); *Scherrer*, Stellungnahme am 23.05.2012, S. 1 ff.; *Pürner*, Stellungnahme vom 16.05.2012, S. 1 f.

13 Während die früheren Gesetzesentwürfe über die Einführung des Warnschussarrestes noch in den Kontext der Zunahme der Gewaltkriminalität und den Anstieg der Jugendkriminialität gestellt wurden, so etwa BR-Drucks. 77/08, S. 1; BT-Drucks. 14/3189, S. 6; BT-Drucks. 14/6539, S. 4, BT-Drucks. 15/1472, S. 7, hat sich der Entwurf eines Gesetzes zur Erweiterung der jugendgerichtlichen Handlungsmöglichkeiten hiervon ausdrücklich distanziert; BT-Drucks. 17/9389, S. 7.

14 Etwa *Albrecht*, 64. DJT, S. 142 f.; *Brunner/Dölling*, 2011, § 27 Rn. 14; *Böhm/Feuerhelm*, 2004, S. 272 f.; *Eisenberg*, 2012, § 8 Rn 3a; *Höynck*, Stellungnahme am 23.05.2012, S. 1 ff.; *Kreuzer*, NJW 2002, 2345 (2350 f.); *ders.*, ZRP 2012, 101 f.; *Laubenthal*, JZ 2002, 807 (817); *Ostendorf*, StV 2008, 148 (151).

15 BT-Drucks. 17/9389.

16 Siehe Art. 2 Abs. 3 des Gesetzes zur Erweiterung der jugendgerichtlichen Handlungsmöglichkeiten, BGBl. I 2012, S. 1854.

für Heranwachsende von vormals 10 Jahren auf 15 Jahre (§ 105 Abs. 3 S. 2 JGG).[17]

Mit der Möglichkeit der Sanktionsverbindung von Jugendarrest und einer zur Bewährung ausgesetzten Jugendstrafe wird dem Jugendarrest künftig ein erweiterter Anwendungsspielraum eingeräumt. Es überrascht, dass der Gesetzgeber sich mit der gesetzlichen Neuregelung des § 8 Abs. 2 S. 2 JGG i.V.m. § 16a JGG für die Ausweitung eines Sanktionsinstruments entschieden hat, das im internationalen Vergleich zwar vereinzelt in ähnlicher Form Entsprechung findet,[18] dessen Existenzberechtigung im jugendstrafrechtlichen Rechtsfolgensystem aber seit geraumer Zeit in Frage gestellt wird. Die stetigen Forderungen zur Reformierung des durch die Verordnung zur Ergänzung des Jugendstrafrechts vom 4. Oktober 1940[19] eingeführten Jugendarrestes sind weitreichend. Die Änderungsvorschläge reichen von einer erzieherischen Ausgestaltung des Dauerarrestes als stationärem sozialem Trainingskurs[20], über eine Abschaf-

---

17 BGBl. I 2012, S. 1854.

18 Zu den im internationalen Vergleich existierenden Sonderformen eines kurzzeitigen Freiheitsentzuges vergleichbar mit dem des Jugendarrestes *Bochmann*, ZJJ 2008, 324 (327); *Dünkel*, in: INFO 1991, 7 (10); *ders.*, in: Entwicklungstendenzen und Reformstrategien im Jugendstrafrecht im internationalen Vergleich, 565 (616 ff.); Vergleichbare Formen kurzzeitigen Freiheitsentzuges existieren z.b: in Spanien und Frankreich. In Spanien kann zum Zwecke der Schockvermittlung ein Wochenendarrest für maximal 4 Wochenenden verhängt werden, der jedoch primär als Hausarrest vollzogen wird. Die französischen Erziehungsmaßregeln erlauben hingegen eine bis zu sechsmonatige Unterbringung in einem „centre éducatif fermé", *Bochmann*, ZJJ 2008, 324 (327). Der im englischen Rechtssystem mögliche Freiheitsentzug in Form des Detention Centres von 21 Tagen bis zu 4 Monaten wurde mit dem Criminal Justice Act aus dem Jahr 1988 aufgrund der fehlenden praktischen Vollzugsunterschiede zu Gunsten einer einheitlichen Jugendstrafe aufgegeben; ähnlich auch die Rechtslage in Niederlanden, wo die Unterscheidung von Arrest, mit einer Länge von 4 Stunden bis maximal 2 Wochen, und Jugendstrafe im Jahr 1995 aufgehoben wurde; *Dünkel*, in: INFO 1991, 7 (10); *ders.*, in: Entwicklungstendenzen und Reformstrategien im Jugendstrafrecht im internationalen Vergleich, 565 (616 f.).

19 RGBl. I 1940, 1336; formal gesetzlich normiert wurde der Jugendarrest schließlich erstmals im JGG 1943, *Ostendorf*, in: Ostendorf, JGG, 10. Aufl., Grdl. z. §§ 13-16a Rn. 2; instruktiv zu der im Jahr 1940 eingeführten Regelung des Jugendarrestes *Hinrichs*, DVJJ-J 1997, 186-191 (188 ff.); *Meyer-Höger*, 1998, S. 69 ff.

20 *Ostendorf*, in: Ostendorf, JGG, 10. Aufl., Grdl. z. §§ 13-16a Rn. 9; *Streng*, 2016, Rn. 421; *Wulf*, ZfStrVO 1989, 93 (94 ff.); *ders.*, in: INFO 2011, 29 (36 ff.); in selbige Richtung geht die Forderung von *Eisenhardt*, 1989, S. 157 nach einem sozialtherapeutisch ausgestalteten Arrestvollzug als stationäres Training; für eine insgesamt offene Vollzugsgestaltung *Feltes*, in: 18. JGT, 290 (301 f.).

fung des Freizeit- und/oder Kurzarrestes[21], eine zeitliche Ausdehnung des Dauerarrestes[22] bis hin zur vollständigen Abschaffung des Jugendarrestes[23]. Vor diesem Hintergrund verwundert es nicht, dass auch die Aufnahme des Warnschussarrestes in den Sanktionskatalog des JGG kontroversen Diskussionen unterlag.

Die in der Wissenschaft und Praxis bestehenden Meinungsverschiedenheiten über die Notwendigkeit und Effektivität der Koppelung von Jugendarrest mit einer Bewährungsstrafe geben Anlass zu hinterfragen, ob sich der Warnschussarrest als neues, kumulativ ausgestaltetes Sanktionsinstrument in die Systematik des JGG einfügt und entsprechend der Vorstellung in der Gesetzesbegründung[24] zu einer positiven Bewältigung der Bewährungszeit beiträgt oder, ob es sich wie zum Teil befürchtet, um eine zusätzliche erzieherische „Draufgabe"[25] handelt, die den repressiven Strafcharakter unterstreicht.

Die insgesamt äußerst überschaubaren Befunde zur praktischen Handhabung des § 16a JGG durch die bayerischen Jugendgerichte, die in weiten Teilen bestehenden Erkenntnisdefizite zur konkreten Ausgestaltung auf Vollzugsebene sowie die auf Landesebene fehlenden Erkenntnisse zur Wirkungsweise der Sanktionskoppelung in Bezug auf die künftige Legalbewährung der Verurteilten, begründeten die Motivation für die Erstellung

---

21 Für eine Aufhebung des Freizeitarrestes: Thesen zu Arbeitskreis VI, abgedruckt in *Deutsche Vereinigung für Jugendgerichte und Jugendgerichtshilfen e.V.* (Hrsg.), Die jugendrichterlichen Entscheidungen – Anspruch und Wirklichkeit, 1981, S. 323 f.; die alleinige Aufhebung des Kurarrestes war hingegen im Gesetzesantrag des Landes Brandenburg BR-Drucks. 634/02, S. 2 vorgesehen; ebenso *Eisenhardt*, 1989, S. 146, der sich für einen Freizeitarrest mit maximal zwei Freizeiten und den Dauerarrest ausspricht; für eine generelle Beschränkung auf Dauerarrest *Kobes/ Pohlmann*, ZJJ 2003, 370 (372); Zweite Jugendstrafrechtsreform-Kommission, DVJJ-J 2002, 227 (254).

22 *Eisenhardt*, 1989, S. 146 f.; *Schaffstein*, in: GS für Kaufmann, 393 (407), die eine Verlängerung auf bis zu drei Monate in Erwägung ziehen.

23 *Albrecht*, 64. DJT, S. 148; *Albrecht*, 2000, S. 225; *Dünkel*, in: INFO 1991, 7 (30); *Papendorf*, in: Handbuch Jugendkriminalität, 573 (579 f.); *Schäffer*, DVJJ-J 2002, 43 (47); auch die DVJJ-Kommission zur Reform des Jugendstrafrechts befürwortete im Jahr 1992 die Abschaffung des Jugendarrestes, sprach sich in der Folgezeit dann aber für eine Beibehaltung des Dauerarrestes, begrenzt auf zwei Wochen aus; vgl. DVJJ-Kommission zur Reform des Jugendkriminalrechts, DVJJ-J 1992, 4 (33 f.) sowie anschließend Zweite Jugendstrafrechtsreform-Kommission, DVJJ-J 2002, 227 (254). Insgesamt zu den Reformbestrebungen des Jugendarrest *Laubenthal/Baier/Nestler*, 2015, Rn. 692 ff. m.w.N.

24 BT-Drucks. 17/9389, S. 12.

25 *Verrel/Käufl*, NStZ 2008, 177 (181).

der vorliegenden Arbeit. Ziel der Untersuchung ist es, die Neuregelung des § 16a JGG einschließlich ihrer ergänzenden Nebenbestimmungen in rechtlicher Hinsicht zu beleuchten und einen Überblick über die jugendgerichtliche Praxis des § 16a JGG im Bundesland Bayern zu geben. Neben einer Auseinandersetzung mit den gesetzlichen Anordnungs- und Vollstreckungsvoraussetzungen soll die Vereinbarkeit der Neuregelung mit dem Sanktionssystem des Jugendstrafrechts und den vormals aufgeworfenen verfassungsrechtlichen Bedenken in den Blick genommen werden. Den Schwerpunkt der Arbeit bildet schließlich eine empirische Untersuchung über die Normanwendungspraxis des § 16a JGG im Freistaat Bayern. Diese wissenschaftliche Abhandlung ist von der Zielbestimmung getragen, einen Überblick über die Umsetzung der neu geschaffenen rechtlichen Regelungen zur Verbindung von Jugendarrest und Bewährungsstrafe zu geben, die Normakzeptanz bei den Jugendrichtern zu erfragen sowie den status quo der Vollzugsgestaltung und die Wirksamkeit des § 16a JGG im Hinblick auf die zukünftige Straffreiheit zu untersuchen. Die im Rahmen der Einführung des Warnschussarrestes vorgebrachten Diskussionspunkte werden dabei auf ihre praktische Bedeutsamkeit hin überprüft. Zugleich sollen mögliche Schwierigkeiten bei der Umsetzung des § 16a-Arrestes sichtbar gemacht und ein Veränderungsbedarf ausgelotet werden. Die Ergebnisse der Studie können demnach Anhaltspunkte für die künftige Fortentwicklung der Anwendungs- und Vollzugspraxis des § 16a JGG geben. Die Durchführung der empirischen Studie wurde vom Bayerischen Staatsministerium der Justiz gefördert.

B. Gang der Darstellung

Die Arbeit gliedert sich in zwei große Teilbereiche. Während sich der erste Teil mit den normativen Grundlagen der Sanktionskoppelung von Jugendarrest neben einer zur Bewährung ausgesetzten Jugendstrafe befasst, widmet sich der zweite Teil der Erschließung der Rechtswirklichkeit des § 16a JGG im Bundesland Bayern.

Zu Beginn der Arbeit erfolgt zunächst eine terminologische Begriffserläuterung des Warnschussarrestes gem. § 16a JGG unter Bezugnahme auf die verschiedenen, für das Jugendstrafrecht zum Teil besonderen Formen der Bewährungsentscheidung. Um eine Grundlage für die anschließende empirische Untersuchung zu schaffen, werden die für und gegen die Aufnahme des Warnschussarrestes ins JGG vorgetragenen Gesichtspunkte unter dem Einbezug bestehender wissenschaftlicher Forschungsbefunde erläutert. Dieser Teilabschnitt der Arbeit dient dazu, die tragenden Argumentationslinien der Befürworter und Kritiker einer ersten Plausibilitätsprüfung zu unterziehen. Dem nachfolgend schließt sich ein Vergleich der Rechtslage über die Zulässigkeit der Koppelung von Jugendarrest und bedingter Jugendstrafe vor und nach Inkrafttreten der Neuregelungen durch das Gesetz zur Erweiterung der jugendgerichtlichen Handlungsmöglichkeiten an, um die bereits früher bestehenden Bedenken gegen die Rechtskonformität dieser Sanktionsverbindung offenzulegen, welche später zum Anknüpfungspunkt genommen werden sollen, die Vereinbarkeit des § 16a JGG mit den Vorschriften des JGG und den verfassungsrechtlichen Grundsätzen des Doppelbestrafungsverbots, Schuldprinzips und Bestimmtheitsgebots zu überprüfen. Erörtert werden schließlich die in § 16a JGG normierten Anordnungsvoraussetzungen einschließlich der Begleitbestimmungen zur Vollstreckung und dem Vollzug des Arrestes nach § 16a JGG. Die besondere Eigenart des Warnschussarrestes, eine ambulante Bewährungsentscheidung mit einem kurzzeitigen Freiheitsentzug zu verbinden, macht des Weiteren eine Auseinandersetzung mit der systematischen Einordnung des § 16a JGG in das Gesamtgefüge des jugendstrafrechtlichen Rechtsfolgensystems erforderlich. Dabei wird zunächst der Strafzweck des § 16a JGG in Abgrenzung zum herkömmlichen Jugendarrest einerseits sowie zur Jugendstrafe andererseits in Augenschein genommen, um die Zielrichtung der einzelnen Anwendungsalternativen des § 16a Abs. 1 Nr. 1-3 JGG zu konkretisieren. Aufbauend hierauf wird überprüft, ob die derzeitigen Regelungen zur Anordnung von Jugendarrest neben einer zur Bewährung ausgesetzten Jugendstrafe die eingewandten Normwidersprüche beseitigen konnten und dem Warnschussarrest, entsprechend den Ausführungen in der Gesetzesbegründung,[26] trotz seiner eigenständigen Zielbestimmung der Charakter eines Zuchtmittels beizumessen ist.

Der zweite Teil der Arbeit beinhaltet eine eigene empirische Studie der Verfasserin über den Einsatz des § 16a JGG in der Praxis der bayerischen Jugendgerichte und die Zweckmäßigkeit der Sanktionsverknüpfung von Bewährungsstrafe und Jugendarrest im Hinblick auf die künftige Legalbewährung junger Straftäter. Vorgelagert zum eigentlichen Untersuchungsteil wird die praktische Bedeutsamkeit des § 16a JGG in Bayern anhand öffentlich publizierter Anordnungszahlen herausgestellt und der bundesweite Forschungsstand zu § 16a JGG wiedergegeben. Die sich anschließende empirische Untersuchung, die sich ausschließlich auf das Bundesland

---

26 BT-Drucks. 17/9389, S. 12.

Bayern bezieht, umfasst zwei große Forschungsfelder, die unter dem Einsatz sowohl quantitativer wie auch qualitativer Forschungsmethoden erschlossen werden:

Der erste Abschnitt der empirischen Untersuchung, der den Forschungsschwerpunkt bildet, widmet sich, mit dem Ziel einer Bestandsaufnahme über die justizielle Anwendungspraxis des § 16a JGG, insbesondere Fragen nach der Täterklientel des § 16a JGG, Deliktsstrukturen, der inhaltlichen Begründung durch die Jugendgerichte, der Kompatibilität der gesetzgeberischen Zielvorstellungen mit der Realität, einer möglichen Ausgleichsfunktion des § 16a JGG gegenüber der härteren unbedingten Jugendstrafe sowie der Positionierung der Entscheidungsträger gegenüber der erweiterten Sanktionskoppelung. Anliegen dieses Untersuchungsteils ist es zudem, die alltägliche Vollzugspraxis des § 16a JGG in den Jugendarrestanstalten in den Blick zu nehmen und die aus Praktikersicht notwendigen Schwerpunkte in der Vollzugsgestaltung offenzulegen. Im Hinblick auf die besondere Zielsetzung des Warnschussarrestes, zu einem positiven Verlauf der Bewährungszeit beizutragen und eine Grundlage für die ambulante Betreuung durch die Bewährungshilfe und ggf. die Jugendgerichtshilfe zu schaffen,[27] geben die Experteninterviews Aufschluss darüber, inwieweit während des Arrestvollzuges ein Beitrag zu diesem Ziel geleistet werden kann und wie sich die Vollstreckung und der Vollzug des § 16a JGG insgesamt gestalten. In Zusammenschau der Erkenntnisse aus den im Arrest zu erstellenden Schlussberichten und den Informationen aus den Expertengesprächen kann zudem ein Eindruck über die generelle Geeignetheit der § 16a-Klientel für den Arrestvollzug gewonnen werden.

Der zweite Teil der empirischen Untersuchung, der sich als eigenständiger Abschnitt an die Ergebnisdarstellung der Bestandsaufnahme zur Rechtspraxis des § 16a JGG anschließt, stellt die Frage der spezialpräventiven rückfallvermeidenden Wirkung des § 16a JGG in den Mittelpunkt. Anhand der Daten aus dem Bundeszentralregister wird die Rückfälligkeit der nach § 16a JGG verurteilten Klientel untersucht und werden rückfallrelevante Faktoren herausgearbeitet.

Abschließend werden in einem dritten Teil die zentralen Ergebnisse der Studie zusammengefasst und mit den normativen Vorgaben des § 16a JGG und gesetzgeberischen Zielen abgeglichen. Im Anschluss hieran folgt anhand der gewonnenen Forschungserkenntnisse ein Vorschlag für die de lege ferenda anzustrebende Abänderung des § 16a JGG und werden Richtlinien für eine einheitliche und praxisorientierte Handhabung formuliert.

---

27 BT-Drucks. 17/9389, S. 12.

Teil 1: Rechtliche Grundlagen und Systemkonformität des § 16a JGG

A. Begriffserläuterung

Zum Einstieg in die vorliegende Arbeit ist es erforderlich, den gesetzesfremden, sich in der politischen Diskussion und Fachlitertaur jedoch etablierten Begriff des „Warnschussarrestes"[28] genauer zu erläutern. Die im Gesetzentwurf zur Neuregelung des § 16a JGG verwendete Terminologie des Warnschussarrestes lässt bereits anmuten, dass es sich bei dem neu eingeführten Sanktionsinstrument um eine letzte Unrechtsverdeutlichung im Sinne eines „Warnschusses" vor der Verbüßung einer unbedingten Jugendstrafe handelt.[29] Um einem Fehlverständnis und einer beschränkten Wahrnehmung des § 16a JGG als alleiniges Abschreckungsmittel entgegenzuwirken, wird zum Teil der neutrale Terminus „Koppelungsarrest"[30], „Bewährungsarrest"[31] oder „§ 16a-Arrest"[32] favorisiert. Auch die gesetzliche Neuregelung in § 16a JGG hat von einer Umschreibung als „Warnschussarrest" Abstand genommen und spricht stattdessen von „Jugendarrest neben Jugendstrafe". Rechtsdogmatisch bedeutet der Begriff des Warnschussarrestes die Verbindung von Jugendarrest mit einer zur Bewährung ausgesetzten Jugendstrafe.[33] Die Gesetzesbezeichnung in § 16a JGG ist insoweit auf den ersten Blick irreführend als von „Jugendarrest neben Jugendstrafe" gesprochen wird. Gemeint ist hiermit keineswegs die kumulative Anordnung von Jugendarrest neben unbedingter Jugendstrafe, die durch § 8 Abs. 2 JGG weiterhin unzulässig ist, sondern wie aus den Gesetzesmaterialien[34] und dem Wortlaut des § 16a Abs. 1 JGG hervorgeht, das Hinzutreten eines Jugendarrestes neben der Aussetzung der Verhängung oder Vollstreckung der Jugendstrafe. Da sich der Wortlaut des § 16a JGG nicht auf

---

28 Zu der sich in der Praxis verfestigten Begriffsverwendung siehe Fn. 2.
29 Vgl. BT-Drucks. 17/9389, S. 9.
30 *Brettel/Bartsch*, RdJB 2014, 299 ff.; *Eisenberg*, 2017, § 16a Rn. 1; *Endres/Maier*, in: FS für Streng, 427 (428); *Sonnen*, in: Diemer/Schatz/Sonnen, JGG, § 16a Rn. 2; *Verrel*, NK 2013, 67.
31 *Scherrer*, Stellungnahme am 23.05.2012, S. 1.
32 *Gebauer*, in: INFO 2013, 29 (44 f.); *Klatt/Ernst/Höynck* u.a., ZJJ 2016, 354 ff..
33 *Verrel/Käufl*, NStZ 2008, 177 (178); *Vietze*, 2004, S. 18.
34 BT-Drucks. 17/9389, S. 7.

eine der in § 16 Abs. 2 bis 4 JGG normierten Grundformen des Arrestes beschränkt, kann der Warnschussarrest nach der derzeitigen gesetzlichen Regelung als Freizeit-/Kurz- und Dauerarrest verhängt werden.[35] Gemessen an der zeitlichen Komponente stellt der Warnschussarrest demnach keine weitere Arrestform dar, sondern eine Verknüpfung zweier bereits existierender Sanktionsmechanismen des JGG in Form des Jugendarrestes und der bedingten Jugendstrafe.[36] Die Verhängung eines Arrestes nach § 16a JGG ist neben allen im Jugendstrafrecht vorgesehenen Bewährungsformen zulässig und kann in den nachfolgend dargestellten drei Koppelungsvarianten zur Anwendung gelangen.

I. Jugendarrest und Aussetzung der Vollstreckung der Jugendstrafe

Vergleichbar mit der Regelung des § 56 Abs. 1, 2 StGB im allgemeinen Strafrecht erlaubt § 21 Abs. 1, 2 JGG die Aussetzung der Vollstreckung der Jugendstrafe zur Bewährung, wenn zu erwarten ist, dass der Jugendliche[37] sich die Verurteilung zur Warnung dienen lässt und künftig ein „Leben ohne Straftaten"[38] führen wird. Abweichend von der Regelung des allgemeinen Strafrechts, nach der die Aussetzungsentscheidung gem. §§ 260 Abs. 4 S. 4, 268a Abs. 1 StPO zwingend im Urteil erfolgen muss, kann die Entscheidung über die Strafaussetzung zur Bewährung im Jugendstrafverfahren gem. § 57 Abs. 1 S. 1 JGG[39] sowohl im Urteil selbst oder aber, solange der Strafvollzug noch nicht begonnen hat, durch nachträgli-

---

35 *Gernbeck/Höffler/Verrel*, NK 2013, 307; *Höynck/Ernst*, in: Soziale Arbeit im Jugendarrest, 123 (129); *Radtke*, ZStW 121 (2009), 416 (417); die terminologische Dreiteilung in Freizeit-/Kurz- und Dauerarrest findet sich erstmals in § 8 Abs. 1 des RJGG 1943, RGBl. I 1943, 637 (639).

36 *Laubenthal/Baier/Nestler*, 2015, Rn. 689; *Schöch*, in: Meier/Rössner/Schöch, § 10 Rn. 33; soweit keine abweichende Erläuterung erfolgt, wird der Begriff der bedingten Jugendstrafe im Rahmen der vorliegenden Arbeit als Oberbegriff für die nach § 21 JGG zur Bewährung ausgesetzte Vollstreckung der Jugendstrafe, die Aussetzung der Verhängung der Jugendstrafe nach § 27 JGG und die „Vorbewährung" nach § 61 JGG verwendet; vgl. zum Begriff der bedingten Jugendstrafe auch *Hagl/Bartsch/Baier* u.a., ZJJ 3/2014, 263; *Holste*, ZJJ 3/2013, 289.

37 Wird im Rahmen dieser Arbeit von Jugendlichen oder jugendlichen Straftätern gesprochen, umschließt dies auch die Gruppe der Heranwachsenden gem. § 1 Abs. 2 Alt. 2 JGG, sofern kein gesonderter Hinweis erfolgt.

38 *Sonnen*, in: Diemer/Schatz/Sonnen, JGG, § 21 Rn. 9.

39 Nach § 109 Abs. 2 S. 1 JGG gilt § 57 JGG bei der Anwendung von Jugendstrafrecht auch im Verfahren gegen einen Heranwachsenden.

chen Beschluss ergehen.[40] Die Entscheidung über die Aussetzung der Vollstreckung der Jugendstrafe im nachträglichen Beschlusswege als sog. „Vorbewährung" wurde zeitgleich mit der Einführung des § 16a JGG durch das Gesetz zur Erweiterung der jugendgerichtlichen Handlungsmöglichkeiten vom 04.09.2012[41] in §§ 61-61b JGG legalisiert und bleibt aufgrund ihres eigenständigen Regelungsbereichs der nachfolgenden Erörterung vorbehalten (dazu sogleich unter II.).

Soweit im Kontext des Warnschussarrestes von einer Koppelung des Jugendarrestes mit einer zur Bewährung ausgesetzten Jugendstrafe gem. § 21 JGG gesprochen wird, bezieht sich dies in Anlehnung an die im Schrifttum aufgeworfene Dreigliederung des Warnschussarrestes[42] – Jugendarrest neben den Bewährungsformen der §§ 21, 27, 61 JGG – auf die unmittelbar im Urteil getroffene Aussetzungsentscheidung gem. § 57 Abs. 1 S. 1 Alt. 1 JGG. Setzt das Gericht die Vollstreckung der nach §§ 17 Abs. 2, 18 JGG bestimmten Jugendstrafe zur Bewährung aus, so kann daneben gem. § 8 Abs. 2 S. 2 JGG i.V.m. § 16a Abs. 1 Alt. 2 JGG im Urteil selbst ein zusätzlicher Arrest angeordnet werden.

II. Jugendarrest und sog. „Vorbewährung"

Die zweite Konstellation, in welcher der Arrest nach § 16a JGG praktische Bedeutung erlangen kann, besteht in der Anordnung von Jugendarrest neben der „Vorbewährung"[43] als Vorbehalt der Entscheidung über die Aussetzung der Jugendstrafe zur Bewährung gem. § 61 Abs. 1, 2 JGG. Bei dem Rechtsinstitut der „Vorbewährung", das ursprünglich im Wege richterlicher Rechtsfortbildung entwickelt wurde,[44] handelt es sich um eine dem Jugendstrafrecht spezifische Verfahrensgestaltung,[45] die es dem Jugendrich-

---

40 Trotz formaler Gleichstellung in § 57 Abs. 1 S. 1 JGG wird der Vorbehalt der nachträglichen Entscheidung über die Strafaussetzung zur Bewährung als Ausnahmeregelung gegenüber der Aussetzungsentscheidung im Urteil verstanden, vgl. *Eisenberg*, 2017, § 57 Rn. 6; *Sommerfeld*, 2007, S. 44; BT-Drucks. 17/9389, S. 16.

41 BGBl. I 2012, S. 1854.

42 Vgl. *Ostendorf*, ZIS 2012, 608; *Schaffstein/Beulke/Swoboda*, 2014, Rn. 542.

43 Zum gesetzesfremden Begriff der Vorbewährung BT-Drucks. 17/9389, S. 8; *Westphal*, 1995, S. 260.

44 *Schaffstein/Beulke/Swoboda*, 2014, Rn. 876; *Vietze*, 2004, S. 51.

45 Instruktiv zur umstrittenen dogmatischen Einordnung der Vorbewährung als ein eigenständiges Rechtsinstitut oder nachträgliches Beschlussverfahren auf der Grundlage der früheren Gesetzeslage vor Inkrafttreten der §§ 61-61b JGG *Flümann*, 1983, S. 19 ff.; *Sommerfeld*, 2007, S. 15 ff.; *Weidinger*, 2011, S. 129 ff.; *West-*

ter gestattet, bei der Erkennung auf Jugendstrafe über die Strafaussetzung zur Bewährung nicht im Urteil, sondern nachträglich durch Beschluss gem. §§ 57 Abs. 1 S. 1 Hs. 2, 61 Abs. 1, 2 JGG zu entscheiden. Ziel dieser vorgeschalteten Bewährungszeit war es bislang, dem Jugendlichen bei Zweifeln hinsichtlich der Bewährungseignung die Chance einzuräumen, sich die Bewährung zu erarbeiten und den Strafvollzug zu vermeiden.[46] Infolge der noch offenen Entscheidung über eine Strafaussetzung zur Bewährung wird die Vorbehaltsentscheidung auch als „Bewährung vor der Bewährung"[47] klassifiziert. In der Praxis wurde ein Bedürfnis für die Zurückstellung der Bewährungsentscheidung aber nicht nur in Situationen gesehen, in denen Anknüpfungspunkte für eine positive Entwicklung des Jugendlichen im Zeitpunkt der Verurteilung an sich nicht gegeben waren, dem Jugendlichen aber dennoch zur Umgehung der Strafvollstreckung eine letzte Chance eingeräumt werden sollte, sondern auch um einen zusätzlichen Motivationsdruck auf den Jugendlichen auszuüben.[48] Als Adressatenkreis der Vorbewährung galten demnach auch Jugendliche, für die sich die Voraussetzungen einer positiven Legalprognose nach § 21 JGG im Urteilszeitpunkt zwar hätten feststellen lassen, die eine unmittelbar im Urteil ausgesprochene Bewährungsstrafe aber als Freispruch interpertiert hätten,[49] so dass mit der Unsicherheit über die Strafaussetzung zur Bewährung ein zusätzlicher Motivationsdruck für das Wohlverhalten und die Mitwirkung des Jugendlichen erreicht werden konnte.[50]

Um der früheren uneinheitlichen Anwendungspraxis der Vorbewährung entgegenzuwirken und ein Hinausschieben der Bewährungsentscheidung zu Motivationszwecken zu vermeiden, hat der Gesetzgeber die Voraussetzungen, unter welchen das Jugendgericht die Entscheidung über die Aussetzung der Vollstreckung der Jugendstrafe einem nachträglichen Beschlussverfahren vorbehalten kann, und die diesbezügliche Verfahrensgestaltung zeitgleich mit der Einführung des Warnschussarrestes durch das Gesetz zur Erweiterung jugendgerichtlicher Handlungsmöglichkeiten in

---

phal, 1995, S. 260 ff. Die systematische Verortung der neu eingeführten §§ 61-61b JGG im Dritten Abschnitt Jugendstrafverfahren und die Begründung im Gesetzentwurf, vgl. BT-Drucks. 17/9389, S. 9, belegen nunmehr den verfahrensrechtlichen Charakter der vorbehaltenen Aussetzungsentscheidung, so auch *Sonnen*, in: Diemer/Schatz/Sonnen, JGG, § 57 Rn. 17.

46 *Laubenthal/Baier/Nestler*, 2015, Rn. 835.

47 *Rössner*, in: Meier/Rössner/Schöch, § 12 Rn. 24.

48 BT-Drucks. 17/9389, S. 8; *Meier*, in: Meier/Rössner/Trüg/Wulf, JGG, § 61 Rn. 2.

49 *Werner-Eschenbach*, 2005, S. 28.

50 BT-Drucks. 17/9389, S. 8; *Meier*, in: Meier/Rössner/Trüg/Wulf, JGG, § 61 Rn. 2.

§§ 61-61b JGG gesetzlich geregelt.[51] Mit der Schaffung dieser gesetzlichen Grundlage sind die vormals bestehenden Meinungsverschiedenheiten über die Zulässigkeit des bis dahin auf § 57 Abs. 1 S. 1 Hs. 2 JGG gestützten, im Wege richterlicher Rechtsfortbildung entwickelten Bewährungsvorbehalts[52] und der aus § 8 Abs. 2 S. 1 i.V.m. §§ 10, 15 JGG analog[53] abgeleiteten Möglichkeit zur Erteilung von Bewährungsauflagen und Weisungen für die Dauer der Vorbewährungszeit, obsolet geworden.[54]

Die Voraussetzungen für eine im Urteil auszusprechende Vorbehaltsentscheidung werden nunmehr in § 61 JGG festgelegt. Unterbleibt im Urteil ein ausdrücklicher Vorbehalt, kann eine nachträgliche Anordnung der Aussetzung zur Bewährung nach der Neuregelung des § 57 Abs. 2 JGG nur noch auf das Hervortreten neuer Umstände gestützt werden.[55] Hinsichtlich der Zulässigkeit für eine im Urteil vorbehaltene Entscheidung über die Aussetzung zur Bewährung differenziert das Gesetz in § 61 Abs. 1 und Abs. 2 JGG nach der Erschöpfung der Ermittlungsmöglichkeiten im Urteilszeitpunkt.[56] Nach § 61 Abs. 1 JGG kann sich das Gericht die Entscheidung über die Strafaussetzung zur Bewährung im Urteil vorbehalten, wenn nach Erschöpfung der Ermittlungsmöglichkeiten im Zeitpunkt des Urteilsausspruchs eine positive Prognose im Sinne von § 21 Abs. 1 S. 1 JGG zwar noch nicht gestellt werden kann, aufgrund konkreter Anzeichen aber dennoch die Erwartung besteht, dass innerhalb der Vorbewährungszeit gem. § 61a Abs. 1 JGG eine positive Entwicklung eintritt.[57] Sind demgegenüber im Zeitpunkt der Hauptverhandlung noch weitere Ermittlungen zum Prognosesachverhalt erforderlich, ist eine Vorbehaltsentscheidung nach § 61 Abs. 2 JGG zulässig, wenn in der Hauptverhandlung Umstände hervortreten, die eine positive Entscheidung nach § 21 Abs. 1 S. 2 JGG rechtfertigen können und die Unterbrechung oder Aussetzung der Haupt-

---

51 BT-Drucks. 17/9389, S. 8, 16; zu den regionalen Anwendungsunterschieden *Sonnen*, in: Diemer/Schatz/Sonnen, JGG, § 57 Rn. 16 m.w.N.
52 *Schaffstein/Beulke/Swoboda*, 2014, Rn. 876; *Vietze*, 2004, S. 51.
53 *Brunner/Dölling*, 2011, § 57 Rn. 4; *Eisenberg*, 2012, § 57 Rn. 6; *Vietze*, 2004, S. 53; a.A. *Flümann*, 1983, S. 29; *Werner-Eschenbach*, 2005, S. 38 ff..
54 Zur umstrittenen generellen Zulässigkeit der Vorbewährung vor Inkrafttreten der gesetzlichen Neuregelungen in §§ 61-61b JGG mangels ausdrücklicher Rechtsgrundlage *Eisenberg*, 2012, § 57 Rn. 4 ff. sowie *Flümann*, 1983, S. 36 f.; *Werner-Eschenbach*, 2005, S. 36 ff.; *Westphal*, 1995, 260 ff., letztere mit jeweils ablehnender Haltung und m.w.N.
55 BT-Drucks. 17/9389, S. 16; *Brunner/Dölling*, 2018, § 57 Rn. 1.
56 BT-Drucks. 17/9389, S. 16.
57 *Schatz*, in: Diemer/Schatz/Sonnen, JGG, § 61 Rn. 21 f..

verhandlung erzieherisch unzweckmäßig wäre.[58] Ausgeschlossen ist es mit der Neuregelung des § 61 Abs. 1, 2 JGG folglich, den Vorbehalt der Bewährungsentscheidung entsprechend den früheren Erwägungen auf die Ausübung eines zusätzlichen Motivationsdrucks zu stützen oder „aus falsch verstandener Milde"[59] dem Jugendlichen trotz der an sich gegebenen Negativentscheidung über das Vorliegen der Bewährungsvoraussetzungen nach § 21 JGG eine letzte Chance einzuräumen.[60] Macht das Gericht unter den Voraussetzungen des § 61 Abs. 1, 2 JGG von dem Ausspruch eines Vorbehalts der Strafaussetzung zur Bewährung im Urteil Gebrauch, so erkennt es inhaltlich auf Jugendstrafe, stellt die Entscheidung über die Strafaussetzung zur Bewährung aber für die Dauer der Vorbewährungszeit von maximal sechs Monaten gem. § 61a Abs. 1 S. 1 JGG zurück. Für diese Dauer kann das Gericht dem Jugendlichen gem. § 61b Abs. 1 JGG Weisungen und Auflagen gem. §§ 10, 15 Abs. 1, 2 JGG erteilen und ihn der Aufsicht und Leitung eines Bewährungshelfers unterstellen. Damit wurden die Nebenentscheidungen denjenigen der Aussetzungsentscheidung im Urteil angeglichen.

Darüber hinaus gestattet § 61b Abs. 3 S. 1 JGG nunmehr auch die Verhängung eines § 16a-Arrestes neben dem Vorbehalt der nachträglichen Entscheidung über die Strafaussetzung, indem § 16a JGG für entsprechend anwendbar erklärt wird. Die entsprechende Anwendung des § 16a JGG rechtfertigt sich aus dem Umstand, dass im Zeitpunkt der Vorbehaltsentscheidung nach § 61 Abs. 1, 2 JGG bereits auf Jugendstrafe erkannt wird, und somit weder eine Entscheidung über die Aussetzung der Verhängung der Jugendstrafe nach § 27 JGG noch über deren Vollstreckungsaussetzung zur Bewährung ergeht, wie es der Wortlaut des § 16a Abs. 1 JGG für eine direkte Anwendung voraussetzt.[61] Die Verhängung des § 16a JGG kann bei einem Vorbehalt der nachträglichen Entscheidung über die Strafaussetzung zur Bewährung nur im Urteil ausgesprochen werden; eine Anordnung im nachträglichen Beschlussverfahren ist demgegenüber ausgeschlossen.[62] Dies folgt bereits aus dem Wortlaut des § 8 Abs. 2 S. 2 JGG, welcher explizit vorsieht, dass Jugendarrest nach § 16a JGG nur „neben" der Ver-

---

58 BT-Drucks. 17/9389, S. 16; *Schatz*, in: Diemer/Schatz/Sonnen, JGG, § 61 Rn. 24.

59 BT-Drucks. 17/9389, S. 16.

60 *Meier*, in: Meier/Rössner/Trüg/Wulf, JGG, § 61 Rn. 8; so auch *Kaspar*, in: MüKo-StPO, Bd. 3/2, §§ 61-61b JGG Rn. 6 mit der offenen Frage, ob diese Gründe nicht trotz der gesetzlichen Unzulässigkeit zumindest unterschwellig für die Anordnung der Vorbewährung von Bedeutung sind.

61 Vgl. *Eisenberg*, ZJJ 2016, 80 (82).

62 BT-Drucks. 17/9389, S. 11; so auch *Eisenberg*, 2017, § 61a Rn. 7.

hängung einer Jugendstrafe oder der Aussetzung der Verhängung angeordnet werden kann und damit stets eine Entscheidung im Urteilszeitpunkt erfordert.[63] Zum anderen würde sich die Verhängung eines § 16a-Arrestes im nachträglichen Beschlussverfahren als nicht zweckmäßig erweisen, da sich der Jugendliche in der Vorbewährungszeit bereits bewährt hat und es nicht eingängig erscheint, unter welchem Gesichtspunkt ein nochmaliger Jugendarrest als Voraussetzung für die Gewährung der Strafaussetzung zur Bewährung erforderlich ist.[64]

III. Jugendarrest und Aussetzung der Verhängung der Jugendstrafe

Schließlich ermöglicht § 8 Abs. 2 S. 2 i.V.m. § 16a Abs. 1 JGG die Anordnung von Jugendarrest neben der Aussetzung der Verhängung einer Jugendstrafe nach § 27 JGG. Hierbei handelt es sich um eine dem Jugendstrafrecht vorbehaltene Bewährungsform, welche dem Richter die Möglichkeit einräumt, im Urteil die Schuld des Täters festzustellen und die Entscheidung über die Verhängung der Jugendstrafe für die Dauer einer Bewährungszeit von maximal zwei Jahre (§ 28 Abs. 1 JGG) zurückzustellen. Von der Anordnung eines Schuldspruchs nach § 27 JGG, der in seiner Rechtsnatur umstritten ist,[65] darf jedoch nur Gebrauch gemacht werden, wenn sich nach der Erschöpfung aller Ermittlungsmöglichkeiten schädliche Neigungen nicht in dem für die Verhängung der Jugendstrafe nach § 17 Abs. 2 Alt. 1 JGG erforderlichen Maße zur Überzeugung des Gerichts feststellen lassen.[66] Hält das Gericht die Jugendstrafe wegen der Schwere der Schuld nach § 17 Abs. 2 Alt. 2 JGG für erforderlich, ist eine Entschei-

---

63 BT-Drucks. 17/9389, S. 11 f.; *Eisenberg*, 2017, § 16a Rn. 11.
64 BT-Drucks. 17/9389, S. 11 f.; *Eisenberg*, 2017, § 61a Rn. 7.
65 Zum Teil wird angenommen bei § 27 JGG handle es sich um eine bedingte Verurteilung, so *Brunner/Dölling*, 2018, § 27 Rn. 1; *Diemer*, in: Diemer/Schatz/Sonnen, JGG, § 27 Rn. 2; *Rössner*, in: Meier/Rössner/Schöch, § 12 Rn. 25 m.w.N; andere qualifizieren § 27 JGG als eigenständige Sanktion zwischen Zuchtmittel und Jugendstrafe zur Bewährung, so etwa *Ostendorf*, in: Ostendorf, JGG, 9. Aufl., Grdl. z. §§ 27-30 Rn. 1 dort m.w.N. in Fn. 164; *Streng*, 2016, Rn. 547; eingehend zum Streitstand der Rechtsnatur des § 27 JGG *Sommerfeld*, 2007, S. 29 ff.; *Weidinger*, 2011, S. 101 ff.
66 *Diemer*, in: Diemer/Schatz/Sonnen, JGG, § 27 Rn. 6; *Eisenberg*, 2017, § 27 Rn. 11; *Laubenthal/Baier/Nestler*, 2015, Rn. 853; *Streng*, 2016, Rn. 546; a.A. *Brunner/Dölling*, 2018, § 27 Rn. 6; *Schaffstein/Beulke/Swoboda*, 2014, Rn. 529, die entgegen der h.M. auch Zweifel über das generelle Vorliegen schädlicher Neigungen für ausreichend erachten.

dung allein über den Schuldspruch nach dem eindeutigen Wortlaut des § 27 JGG unzulässig.[67] Infolge der vorgelagerten Bewährungszeit zu der eigentlichen Entscheidung über die Verhängung der Jugendstrafe, erhält der Schuldspruch auch die Bezeichnung „Bewährung vor der Jugendstrafe"[68]. Werden im Laufe der Bewährungszeit schädliche Neigungen des Jugendlichen sichtbar, die eine Jugendstrafe erforderlich machen, erkennt das Gericht in dem sich anschließenden Nachverfahren gem. § 30 Abs. 1 JGG unter der grundsätzlichen Bindungswirkung des Schuldspruchs[69] auf diejenige Jugendstrafe, die es im Zeitpunkt des Schuldspruchs bei sicherer Beurteilung der schädlichen Neigungen ausgesprochen hätte.[70] Es kommt folglich zu einer „Quasi-Rückverlagerung des Strafzumessungszeitpunktes"[71]. Mit der Aufhebung des früheren Aussetzungsverbots aus § 30 Abs. 1 S. 2 JGG durch das 1. JGGÄndG kann die nach § 30 Abs. 1 JGG verhängte Jugendstrafe entweder erneut zur Bewährung ausgesetzt werden oder als unbedingte Jugendstrafe ergehen.[72] Die Entscheidung nach § 30 Abs. 1 JGG ist dabei nicht an den Ablauf der Bewährungszeit gebunden.[73] Liegen die Voraussetzungen des § 30 Abs. 1 JGG nicht vor, so wird der Schuldspruch nach Ablauf der Bewährungszeit gem. § 30 Abs. 2 JGG getilgt.

B. Diskussion über die Zweckmäßigkeit des Warnschussarrestes unter Einbezug bestehender Forschungserkenntnisse

Die Forderung nach der Aufnahme des Warnschussarrestes in den Rechtsfolgenkatalog des JGG war vor der nunmehr erfolgten gesetzlichen Nor-

---

67 BGHSt 18, 207 (210); *Diemer*, in: Diemer/Schatz/Sonnen, JGG, § 27 Rn. 8; *Laubenthal/Baier/Nestler*, 2015, Rn. 851.
68 *Laubenthal/Baier/Nestler*, 2015, Rn. 214; *Ostendorf*, in: Ostendorf, JGG, 10. Aufl., Grdl. z. §§ 27-30 Rn. 1.
69 Zu der Bindungswirkung des Schuldspruchs sowie diesbezüglichen Ausnahmen *Diemer*, in: Diemer/Schatz/Sonnen, JGG, § 30 Rn. 5 f.; *Eisenberg*, 2017, § 30 Rn. 14 ff.
70 *Ostendorf*, 2015, Rn. 219.
71 *Streng*, 2016, Rn. 552.
72 *Brunner/Dölling*, 2018, § 30 Rn. 10; *Diemer*, in: Diemer/Schatz/Sonnen, JGG, § 30 Rn. 12; *Eisenberg*, 2017, § 30 Rn. 10; hierzu auch BT-Drucks. 11/5829, S. 21 f.; BGBl. I 1990, 1853.
73 *Ostendorf*, 2015, Rn. 219.

mierung in § 16a JGG wiederholt Gegenstand jugendstrafrechtlicher Reformdebatten.[74] Erste Überlegungen zur Erweiterung des deutschen Jugendstrafrechts um die Sanktionskoppelung von Jugendarrest und Bewährungsstrafe gehen zurück auf *Grethlein*, der bereits im Jahr 1957 die Verhängung von Jugendarrest sowohl neben der Aussetzung der Verhängung der Jugendstrafe nach § 27 JGG als auch bei der Aussetzung der Vollstreckung zur Bewährung für zweckmäßig erachtete, um durch einen energischen Ordnungsruf die Bewährungszeit zu fördern.[75] In der Folgezeit wurde die Einführung dieser Sanktionsverbindung im Jahr 1977 auch in der Denkschrift der Deutschen Vereinigung für Jugendgerichte und Jugendgerichtshilfen e.V. aus pädagogischen Gründen befürwortet.[76] Obgleich der Einstiegsarrest im Arbeitsentwurf 1982 sowie im Referentenentwurf des Bundesministeriums für Justiz aus dem Jahr 1983 erneut thematisiert wurde,[77] fand dieser keinen Eingang in das im Jahr 1990 in Kraft getretene Erste Gesetz zur Änderung des Jugendgerichtsgesetzes (1. JGGÄndG[78]), mit welchem die heute in § 10 Abs. 1 JGG niedergelegten ambulanten Maßnahmen erweitert und die Diversionsnormen nach §§ 45, 47 JGG gestärkt wurden. Auch die Zweite Jugendstrafrechtskommission nahm in ihren Reformvorschlägen für eine Jugendstrafrechtsreform im Jahr 2002 noch entschieden Abstand von der Einführung des Warnschussarrestes[79] und sprach sich insgesamt für eine restriktivere Formulierung der kumulativen Verhängung mehrerer Sanktionen in § 8 JGG aus.[80] Die Kommission verweist im Kontext der Möglichkeiten über die Sanktionsverknüpfungen darauf, dass gerade pädagogische Maßnahmen, die mit einer Strafe verbunden werden, *„von dem betroffenen Jugendlichen nicht mehr als ein Angebot zur Unterstützung wahrgenommen* [werden]*, sondern als ein Teil der mit der Strafe bezweckten Übelszu-*

---

74 Einen Überblick über die historische Entwicklung gibt *Werner-Eschenbach*, 2005, S. 53 ff.

75 *Grethlein*, NJW 1957, 1462 ff.

76 Zitiert nach *Hügel*, BewHi 1987, 50 (51).

77 Zitiert nach *Brunner/Dölling*, 2011, § 27 Rn. 15; nach dem RefE 1983 sollte § 8 Abs. 2 JGG durch Aufnahme eines S. 2 wie folgt ergänzt werden: „Setzt er [der Richter] die Verhängung oder die Vollstreckung der Jugendstrafe im Urteil zur Bewährung aus, so kann er auch Jugendarrest verhängen, wenn das aus besonderen Gründen geboten ist." vgl. *Hügel*, BewHi 1987, 50 (51); im anschließenden RegE 1989 wurde der Einstiegsarrest wieder fallen gelassen, vgl. BayOLG, NStZ-RR 1997, 216.

78 BGBl. I 1990, S. 1853.

79 Zweite Jugendstrafrechtsreform-Kommission, DVJJ-J 2002, 227 (252 f.).

80 Zweite Jugendstrafrechtsreform-Kommission, DVJJ-J 2002, 227 (247).

fügung oder sogar als weitere Schikane"[81]. Die insgesamt in regelmäßigen Abständen eingebrachten Gesetzesinitiativen[82] zur Einführung des Warnschussarrestes blieben bis zum Erlass Gesetzes zur Erweiterung jugendgerichtlicher Handlungsmöglichkeiten vom 04.09.2012 ohne Erfolg. Dies mag zum einen durch die infolge der erhöhten Belegung der Jugendarrestanstalten zu erwartenden Mehrkosten bedingt gewesen sein,[83] zum anderen aber vor allem durch die Bedenken hinsichtlich der rechtsstaatlichen Zulässigkeit und Wirksamkeit dieser Sanktionsform, die heute wie damals in gleicher Form geäußert werden.[84]

---

81 Zweite Jugendstrafrechtsreform-Kommission, DVJJ-J 2002, 227 (247).
82 BR-Drucks. 459/98, S. 8 f.; BR-Drucks. 449/99, S. 11 f.; 312/03, S. 6; BR-Drucks. 238/04, S. 21 f.; BR-Drucks. 77/08, S. 1; BT-Drucks. 14/3189, S. 6; BT-Drucks. 14/6539, S. 4; BT-Drucks. 15/1472, S. 7.; BT-Drucks. 15/3422, S. 13; BT-Drucks. 16/1027, S. 7.
83 Vgl. *Brunner/Dölling*, 2011, § 27 Rn 15, wonach „vor allem aus Kostengründen" auf die Einführung des Einstiegsarrest verzichtet worden sei. Nach *Kreuzer*, ZRP 2012, 101 (102) müsse aufgrund der erforderlich werdenden Haftplatzausweitung mit Kosten von 200 € täglich pro Arrestant gerechnet werden.
84 Den Warnschussarrest **befürwortend** stellv.: KG, NJW 1961, 1175 f.; LG Augsburg, NStZ 1986, 507 f. mit zustimmender Anmerkung *Brunner*, NStZ 1986, 508 f.; AG Meppen, ZJJ 2004, 200 ff.; AG Winsen/Luhe, NStZ 1982, 120; *Bandemer*, ZfJ 1990, 421 ff.; *Findeisen*, ZJJ 2007, 25 (26 ff.); *Grethlein*, NJW 1957, 1462 ff.; *Merk*, ZRP 2008, 71; *Müller-Piepenkötter/Kubnik*, ZRP 2008, 176 (178 ff.); *Pürner*, Stellungnahme vom 16.05.2012, S. 1 ff.; *Reichenbach*, NStZ 2005, 136 ff.; *Schaffstein*, NStZ 1986, 509 ff.; *ders.*, in: GS für Kaufmann, 393 (404 f.); *Scherrer*, Stellungnahme am 23.05.2012, S. 1 ff.; *Werwigk-Hertneck/Rebmann*, ZRP 2003, 225 (229 f.) m.w.N.; ebenso *Hinz*, ZRP 2001, 106 (112), der sich aber für eine zeitliche Begrenzung auf zwei Wochen ausspricht; BT-Drucks. 14/3189, S. 6; BT-Drucks. 15/3422, S. 13; BT-Drucks. 16//1027; **ablehnend** stellv.: BGHSt 18, 207 ff.; BVerfG, NJW 2005, 2140 f.; BayObLG, NStZ-RR 1998, 377 f.; BayObLG, NStZ-RR 1997, 216 f.; OLG Celle, NStZ 1988, 315 f.; OLG Hamm, StraFo 2004, 325; *Albrecht*, 64. DJT, S. 142 f.; *Laue*, in: MüKo-StGB, Bd. 6, § 8 JGG Rn. 18; *Bochmann*, ZJJ 2008, 324; *Breymann/Sonnen*, NStZ 2005, 669 (672 f.); Deutscher Anwaltsverein, Stellungnahme Nr. 49/2012 vom 20.06.2012, S. 5 f.; Deutscher Richterbund, Stellungnahme Nr. 16/12 vom 23.05.2012, S. 4 ff.; *Dünkel/Flügge/Lösch* u.a., ZRP 2010, 175 (177 f.); *Eisenberg*, 1984, S. 12 ff.; *Eisenhardt*, 1989, S. 148; *Goerdeler*, ZJJ 2003, 183; *Herrlinger/Eisenberg*, NStZ 1987, 177 f.; *Hinrichs*, BewHi 1987, 56 ff.; *Höynck*, Stellungnahme am 23.05.2012, S. 1 ff.; *Hügel*, BewHi 1987, 50 ff.; *Kreuzer*, ZRP 2012, 101 f.; *Laubenthal*, JZ 2002, 807 (817); *Ostendorf*, ZIS 2012, 608 ff.; Paritätischer Gesamtverband, Stellungnahme zum Warnschussarrest, S. 1 ff.; *Schumann*, ZRP 1984, 319 ff.; *Sommerfeld*, 2007, S. 201; *Verrel/Käufl*, NStZ 2008, 177 ff.; *Spahn*, ZJJ 2004, 204 (205); *Viehmann*, ZRP 2003, 377; *Werner-Eschenbach*, 2005, S. 81 f.

Vor dem Hintergrund der sich im zweiten Teil der Arbeit anschließenden empirischen Untersuchung wird im Folgenden ein Überblick über die wesentlichen, die Kontroverse über die Aufnahme des Warnschussarrestes in das Rechtsfolgensystem des JGG leitenden Gesichtspunkte gegeben. Gesetzessystematische und verfassungsrechtliche Bedenken in Bezug auf die Verbindung von Jugendarrest und bedingter Jugendstrafe bleiben an dieser Stelle außen vor und werden an späterer Stelle erörtert. Um zu sehen, inwieweit sich die für und gegen den Warnschussarrest vorgebrachten Argumente als stichhaltig erweisen, werden diese, soweit möglich, in den bestehenden Forschungskontext eingeordnet und in einem ersten Schritt auf ihre Übereinstimmung mit der Realität hin abgeglichen.

I. Motive für die Aufnahme des Warnschussarrestes ins JGG

1. Abschreckung und Besinnung

Der BGH charakterisierte den Jugendarrest in seiner herkömmlichen Form im Jahr 1963 als Freiheitsentzug mit sühnenden und erzieherischen Elementen zugleich, der sowohl der Besserung des Täters diene als auch durch seinen harten Vollzug Abschreckungswirkung entfalte.[85] Dieser dem Jugendarrest inhärente Gedanke einer negativen Spezialprävention durch individuelle Abschreckung des Jugendlichen zur Vermeidung künftiger Devianz findet sich in verkappter Form auch als Legitimationsargument für die Einführung des Warnschussarrestes wieder.[86]

Erklärte Zielvorstellung des Gesetzgebers ist es, dem Jugendlichen mittels des Arrestes neben der zur Bewährung ausgesetzten Jugendstrafe nachdrücklich den Ernst der Lage sowie die Folgen seines Handelns zu verdeutlichen und die Notwendigkeit einer dauerhaften Verhaltensänderung vor Augen zu führen,[87] sozusagen als „Gelb-Rote-Karte"[88] vor dem im nächsten Schritt drohenden Vollzug der Jugendstrafe. Das Durchleben des Freiheitsentzugs verleihe gerade weichlichen, energielosen oder gleichgültigen

---

85 BGHSt 18, 207 (209).
86 *Schumann*, ZRP 1984, 319 (320); Zweite Jugendstrafrechtsreform-Kommission, DVJJ-J 2002, 227 (252 f.), die den Warnschussarrest gleichfalls unter Abschreckungsgesichtspunkten betrachtete.
87 BT-Drucks. 17/9389, S. 7; vorhergehend BR-Drucks. 449/99, S. 11; BT-Drucks. 15/3422 S. 2; BT-Drucks. 16/1027, S. 1; AG Meppen, ZJJ 2004, 200 (201); *Schaffstein/Beulke/Swoboda*, 2014, Rn. 417.
88 BT-Drucks. 14/6539, S. 4.

Jugendlichen aus Furcht vor einem länger drohenden Freiheitsentzug größere Hemmungen gegenüber einem die Bewährung gefährdenden Verhalten, so dass mit dem Arrest eine erhöhte Aussicht auf eine erfolgreiche Bewältigung der Bewährungszeit bestehe.[89] Der Arrest könne damit als „Ordnungsruf" die Bewährungzeit einleiten.[90] Obgleich sich der mit dem Warnschussarrest verbundene Freiheitsentzug nach der Intention des Gesetzgebers nicht auf eine bloße Übelzufügung im Sinne der früheren „short-sharp-shock-Ideologie"[91] des Jugendarrestes oder eine betreute Verwahrung beschränken soll,[92] verdeutlicht die „Warnfunktion", dass es in der Sache darum geht, dem Jugendlichen durch einen kurzen „taste of prison" die möglichen Folgen einer Nichtbewährung aufzuzeigen. Darüber hinaus könne der Warnschussarrest dem Jugendlichen Zeit zum Nachdenken geben.[93] Diese Argumentationslinie repliziert den Gedanken der Besinnungswirkung, wie er dem Jugendarrest in seiner bisherigen Form gleichfalls zugeschrieben wird.[94]

Für eine individualpräventive Abschreckungswirkung junger Straftäter durch die Verbüßung eines Jugendarrestes lassen sich kaum positive empirische Nachweise finden. *Möller* berichtet auf der Grundlage einer im Jahr 1970 durchgeführten Befragung von 100 Arrestanten davon, dass bei Erstinhaftierten eine Schockwirkung in der Regel deutlich zu beobachten sei.[95] Diese Annahme gründet auf den Angaben der Arrestanten zur schlechten körperlichen Konstitution in den ersten Tagen sowie deren Gefühlsregungen in Zusammenhang mit dem Alleinsein.[96] Diese Ansätze einer individualpräventiven Abschreckung werden aber dadurch relativiert, dass sich trotz der Schockwirkung kein Nachdenken über die Straftat einstellt, sondern es vorwiegend darum geht während des Arrestes größtmögliche Vergünstigungen zu erlangen.[97] Von einer zeitlich fortdauern-

---

89 *Grethlein*, NJW 1957, 1462 (1463).
90 *Findeisen*, ZJJ 2007, 25 (26); *Grethlein*, NJW 1957, 1462 (1463).
91 *Laubenthal/Baier/Nestler*, 2010, Rn. 705; diese heute ablehnend *Brunner/Dölling*, 2018, § 16 Rn. 8; in der jugendgerichtlichen Praxis spielen Abschreckungsgesichtspunkte aber weiterhin eine zentrale Rolle; *Schumann*, ZfJ 1986, 363 f.
92 BT-Drucks. 17/9389, S. 12.
93 *Werwigk-Hertneck/Rebmann*, ZRP 2003, 225 (230).
94 Dazu *Schumann*, ZfJ 1986, 363.
95 *Möller*, ZfStrVO 1972, 45 (48).
96 *Möller*, ZfStrVO 1972, 45 (48).
97 *Möller*, ZfStrVO 1972, 45 (48).

den rückfallhemmenden Schockwirkung kann auch bei diesen Befunden nicht ausgegangen werden.[98]

2. Bewährungsstrafe als „Freispruch zweiter Klasse"

Zuspruch fand die Aufnahme des Warnschussarrestes in den jugendstrafrechtlichen Sanktionskatalog vor allem mit dem Argument, dass die zur Bewährung ausgesetzte Jugendstrafe von vielen Jugendlichen nicht mit der gebotenen Ernsthaftigkeit wahrgenommen, sondern als „Freispruch zweiter Klasse"[99] missverstanden werde.[100] Denn während der Verurteilung zu Jugendarrest eine unmittelbar freiheitsentziehende Maßnahme nachfolgt, bleibt der Jugendliche bei der Sanktionierung mit einer zur Bewährung ausgesetzten Jugendstrafe gem. § 21 JGG in Freiheit und verspürt keine direkte Einbuße. Bei dem zu einer Bewährungsstrafe verurteilten Jugendlichen könne demnach die fehlerhafte Vorstellung entstehen, zur Bewährung „freigesprochen" worden zu sein, da häufig das Gefühl überwiege „noch einmal davon gekommen zu sein"[101]. Selbiges gelte für den Täter, gegen den mangels Gewissheit über das Vorliegen schädlicher Neigungen in dem für die Jugendstrafe erforderlichen Maße im Urteilszeitpunkt die Verhängung der Jugendstrafe nach § 27 JGG zur Bewährung ausgesetzt wird. Wird der Schuldspruch nach Ablauf der Bewährungszeit infolge guter Führung gemäß § 30 Abs. 2 JGG getilgt, bleibe eine spürbare Illustration des Normverstoßes aus, so dass es auch hier nach Meinung der Befürworter die fehlerhafte Vorstellung des Jugendlichen über einen in Wirklichkeit nicht erfolgten Freispruch einerseits und eine Benachteiligung des ausschließlich zu Jugendarrest Verurteilten andererseits zu vermeiden gilt.[102]

Diese Argumentation ließe sich freilich auch bei einer vorbehaltenen Entscheidung über die Strafaussetzung zur Bewährung nach § 61 JGG anführen, da auch hier bei dem Delinquenten mangels direktem Vollzug der Jugendstrafe der Eindruck eines „Freispruchs" erweckt werden könnte.

---

98 Zu den Forschungsbefunden gegen eine individualpräventive Abschreckungswirkung des Arrestes siehe nachfolgend Teil 1 B.II.1.a).
99 Zum Begriff des Freispruchs zweiter Klasse BT-Drucks. 17/9389, S. 7; BT-Drucks. 15/1472, S. 7.
100 BT-Drucks. 15/1472, S. 7; BT-Drucks. 16/1027, S. 7; *Findeisen*, ZJJ 2007, 25 (29); *Werwigk-Hertneck/Rebmann*, ZRP 2003, 225 (230).
101 BT-Drucks. 14/3189, S. 8.
102 *Brunner*, NStZ 1986, 508 (509); *Loesch*, NJW 1961, 1151.

Durch die Koppelung von Jugendarrest und bedingter Jugendstrafe könne daher einem im Einzelfall bestehenden verzerrten Wahrnehmungsempfinden des Jugendlichen, dass eigentlich gar nicht so viel geschehen sei, entgegengewirkt werden.[103] Aus diesem Anlass hielten einige Untergerichte bereits vor der gesetzlichen Aufnahme des Warnschussarrestes in § 16a JGG die Anordnung von Jugendarrest neben einem Schuldspruch nach § 27 JGG für zulässig und im Einzelfall für geboten.[104]

Begründen die Verfechter des Warnschussarrestes dessen Notwendigkeit in der Sache folglich mit dem Erfordernis der Bewährungsstrafe Nachdruck zu verleihen, so bleibt in diesem Zusammenhang anzumerken, dass bereits die terminologische Umschreibung der Bewährungsstrafe als „Freispruch zweiter Klasse" zu Missverständnissen anregt. Unter den formal nicht definierten Begriff des „Freispruchs zweiter Klasse" werden für gewöhnlich diejenigen Entscheidungen subsumiert, bei denen der Freispruch des Täters im Urteil nicht aufgrund der richterlichen Überzeugung von der Unschuld des Täters ergeht, sondern basierend auf dem Grundsatz „in dubio pro reo" aus Mangel an Beweisen erfolgt.[105] Verhängt das Gericht hingegen eine zur Bewährung ausgesetzte Jugendstrafe oder erlässt gegen den Jugendlichen einen Schuldspruch nach § 27 JGG, geht der Angeklagte gerade nicht straflos aus, so dass in rechtlicher Hinsicht kein Freispruch erfolgt. Um die Bedeutung der Bewährungsstrafe nicht weiter zu entschärfen, erscheinen Bezeichnungen wie „Quasi-Freispruch"[106] oder „Freispruch auf Bewährung"[107] besser geeignet.

Für eine erste Einordnung, wie die Bewährungsstrafe in der Praxis von jugendlichen und heranwachsenden Straftätern wahrgenommen wird, dienen die Ergebnisse einer von *Vogt* durchgeführten Befragung von 25 Bewährungsprobanden in der Jugendstrafanstalt Vechta, deren Bewährung entweder widerrufen wurde oder die sich bei zu erwartendem Widerruf in Untersuchungshaft befanden.[108] Die Erinnerung an die Gerichtsverhandlung, in der die Bewährungsstrafe ausgesprochen wurde, war bei nahezu allen befragten Probanden vorhanden, wobei für die meisten Bewährungs-

---

103 *Grethlein*, NJW 1957, 1462 (1464).
104 KG, NJW 1961, 1175 f.; LG Augsburg, NStZ 1986, 507 f.; AG Winsen/Luhe, NStZ 1982, 120; AG Meppen, ZJJ 2004, 200.
105 Zur begrifflichen Unterscheidung zwischen einem Freispruch "erster" und "zweiter Klasse" *Krack*, 2002, S. 21.
106 *Spiess*, BewHi 2012, 17 (26).
107 *Findeisen*, ZJJ 2007, 25 (29); *Höynck/Sonnen*, ZRP 2001, 245 (248); *Kreuzer*, ZRP 2012, 101 (102); BT-Drucks. 14/3189, S. 8.
108 *Vogt*, 1972, S. 217 ff.

probanden allein der Verbleib in Freiheit entscheidend war.[109] Über die Bedeutung der Bewährungsstrafe und die anstehende Bewährungszeit hatten 21 der 25 Probanden nur sehr vage Vorstellungen. Soweit die übrigen vier Personen wussten, welches Gewicht der Bewährungszeit zukommt, beruhte dies vorwiegend auf vorangegangenen persönlichen Erfahrungen mit Bewährungshelfern oder Berichten aus dem persönlichem Umfeld.[110] Die mangelhaften Vorstellungen über die Bewährungszeit waren zum Teil darauf zurückzuführen, dass die Probanden dem Richter nach dem für sie positiven Ausspruch der Bewährungsstrafe keine weitere Aufmerksamkeit mehr schenkten, teils die Erläuterungen des Richters nach der Urteilsverlesung über Sinn und Zweck der Bewährungsstrafe nicht verstanden.[111] Nach den Befunden von *Vogt* hatten etwa drei Viertel der Befragten die Strafaussetzung als eine Art Freispruch aufgefasst.[112] Bei den sechs Jugendlichen und Heranwachsenden, die die Jugendstrafe trotz der Aussetzung zur Bewährung als Strafe empfunden haben, stand dies in Zusammenhang mit dem frühen Kontakt zur Bewährungshilfe.[113] 4 der 6 Probanden hatten ihren Bewährungshelfer bereits während der Hauptverhandlung oder unmittelbar danach kennengelernt und dabei die Pflichten während der Bewährungszeit erläutert bekommen.[114]

Die gewonnenen Erkenntnisse können aufgrund der geringen Anzahl an Probanden freilich nicht als repräsentativ gewertet werden, zeigen aber, mit welchen Wahrnehmungen die Bewährungsstrafe auf Seiten der Probanden verbunden sein kann.

3. Ausgleich von Ungerechtigkeiten bei Komplizenstraftaten

Für zweckdienlich wird der Warnschussarrest zudem erachtet, um die bei Komplizenstraftaten bzw. sog. „Genossensachen"[115] entstehenden Gerechtigkeitslücken zu schließen.[116] Angesprochen sind hiermit Verfahrenskon-

---

109 *Vogt*, 1972, S. 223 f.
110 *Vogt*, 1972, S. 224.
111 *Vogt*, 1972, S. 224.
112 *Vogt*, 1972, S. 224.
113 *Vogt*, 1972, S. 224 f.
114 *Vogt*, 1972, S. 225.
115 *Hügel*, BewHi 1987, 50 (51).
116 BT-Drucks. 14/3189, S. 9; *Loesch*, NJW 1961, 1151 (1153); *Schaffstein*, in: GS für Kaufmann, 393 (404); *Werwigk-Hertneck/Rebmann*, ZRP 2003, 225 (230); in diesem Sinne ebenfalls die ältere Rspr. LG Augsburg, NStZ 1986, 507 mit zustim-

stellationen mit mehreren Tatbeteiligten, in denen gegen einen Angeklagten, der mangels Schwere der Schuld oder infolge Nichtvorliegens schädlicher Neigungen als weniger kriminell eingestuft wird, Jugendarrest nach § 16 JGG verhängt wird, während der an sich kriminellere Beteiligte „nur" eine zur Bewährung ausgesetzte Jugendstrafe erhält.[117] Während Letzterer die Verurteilung womöglich als „Quasi-Freispruch" empfindet, da der Urteilsausspruch im ersten Moment keine unmittelbar fühlbare Konsequenz mich sich bringe, mag es für den zu Jugendarrest Verurteilten als widersprüchlich und ungerecht erscheinen, wenn er als Täter ohne schädliche Neigungen einen Freiheitsentzug in Form des Jugendarrestes und damit eine subjektiv härtere Bestrafung erfährt, als derjenige, der sich infolge der Bewährungsstrafe weiterhin in Freiheit befindet.[118] Auch in den Fällen einer Entscheidung nach § 27 JGG müsse die Ungereimtheit beseitigt werden, dass der Jugendliche, bei dem das Vorliegen schädlicher Neigungen im Urteilszeitpunkt mit Unsicherheiten behaftet ist, bei erfolgreicher Bewältigung der Bewährungszeit durch die Tilgung des Schuldspruchs nach § 30 Abs. 2 JGG eine Besserstellung gegenüber dem zu Jugendarrest verurteilten Täter erfahre, dessen Sanktion im Erziehungsregister vermerkt bleibt.[119] Dieses Ungleichgewicht sei gerade in Komplizensituationen erzieherisch abträglich.[120] Durch die gleichzeitige Anordnung von Jugendarrest neben bedingter Jugendstrafe ließen sich diese Ungleichheiten bei Gruppendelikten beheben. Legt man diese Betrachtungsweise zu Grunde, kommt dem Warnschussarrest in gewissem Maße eine subjektive Kompensationsfunktion zu.

4. Herausnahme aus dem negativen Umfeld

Ein weiterer Vorteil des Warnschussarrestes wird darin gesehen, den Jugendlichen durch die stationäre Aufnahme in den Jugendarrest zumindest

---

mender Anmerkung *Brunner*, NStZ 1986, 508 (509); AG Meppen, ZJJ 2004, 200 (202) sowie jüngst BT-Drucks. 17/9389, S. 12 f.

117 *Verrel/Käufl*, NStZ 2008, 177 (180); BT-Drucks. 15/3422, S. 13.
118 *Findeisen*, ZJJ 2007, 25 (26); *Vietze*, 2004, S. 160; *Wulf*, in: Meier/Rössner/Trüg/ Wulf, JGG, § 16a Rn. 17.
119 AG Meppen, ZJJ 2004, 200 (292); BT-Drucks. 14/3189, S. 9; *Brunner*, NStZ 1986, 508 (509); *Hinz*, ZRP 2001, 106 (111).
120 BT-Drucks. 14/3189, S. 9; *Brunner*, NStZ 1986, 508 (509) unter Bezugnahme auf die Ausführungen im Ref zum 1. JGGÄndG.

kurzzeitig aus seinem negativen, schädlichen Umfeld herauszutrennen.[121] Als „rasche Krisenintervention"[122] komme dem Warnschussarrest die Aufgabe zu, die Absonderung aus dem negativen Umfeld zur Vorbereitung der Bewährungszeit zu nutzen. Der Herausnahmearrest sei insbesondere auf junge Intensivtäter zugeschnitten, die häufig erhebliche soziale und familiäre Belastungen in der Form von Alkohol- und Drogenproblemen in der Familie, Arbeitslosigkeit oder verwahrlosten häuslichen Verhältnissen aufweisen.[123] Auch negative Gruppeneinflüsse könnten durch den Arrest durchbrochen werden und die Arrestzeit dazu genutzt werden, alternative Handlungsstrategien für eine künftige Lossagung von den bisherigen kriminellen Kontakten zu erarbeiten.[124]

5. Förderung eines positiven Bewährungsverlaufs

Vor dem Hintergrund der in § 2 Abs. 1 JGG normierten Zielbestimmung des Jugendstrafrechts, der weiteren Begehung von Straftaten entgegenzuwirken, lag das Hauptargument bei der gesetzlichen Neuregelung zum Warnschussarrest in der Förderung einer positiven Bewältigung der Bewährungszeit.[125] Die Stärkung eines positiven Bewährungsverlaufs soll dabei auf drei Wegen erfolgen, die sich gegenseitig ergänzen.

Der Warnschussarrest ermögliche einen ersten intensiven Kontakt zum Bewährungsprobanden und eine gezielte Einleitung der Bewährungszeit.[126] Auch nach der Gesetzesbegründung dient der Warnschussarrest am Anfang einer Kette von weiteren bewährungsbegleitenden Nebenentscheidungen „*ersten Behandlungsmaßnahmen, um persönlichen und sozialen Defiziten zu begegnen, die Befähigung für eine erfolgreiche Bewältigung der Bewäh-*

---

121 BT-Drucks. 17/9389, S. 7; *Schaffstein*, NStZ 1986, 509 (510); *Werwigk-Hertneck/ Rebmann*, ZRP 2003, 225 (230).
122 *Radtke*, ZStW 121 (2009), 416 (421).
123 *Vietze*, 2004, S. 163.
124 *Vietze*, 2004, S. 164.
125 BT-Drucks. 17/3989, S. 12.
126 BT-Drucks. 14/3189, S. 9; BT-Drucks. 16/1027, S. 7; *Müller-Piepenkötter/Kubnik*, ZRP 2008, 176 (178); *Werwigk-Hertneck/Rebmann*, ZRP 2003, 225 (230); *Vietze*, 2004, S. 167; vgl. auch *Brunner/Dölling*, 2011, § 27 Rn. 14, der die Koppelung von Jugendarrest und einem Schuldspruch nach der früheren Rechtslage aber insgesamt für unzulässig hielt. Die Funktion eines intensiven ersten Kontakts zum Bewährungshelfer und die gezielte Einleitung einer längeren Betreuungsphase durch einen kurzen Freiheitsentzug beonte bereits der RefE des Bundesministeriums für Justiz 1983, zitiert nach *Brunner*, NStZ 1986, 508 (509).

rungszeit zu fördern und eine Grundlage für die anschließende ambulante Betreuung durch die Bewährungshilfe und gegebenenfalls die Jugend(gerichts)hilfe zu schaffen[127]. Empirische Nachweise über den Einfluss des Zeitpunkts des ersten Kontakts zwischen dem Bewährungshelfer und dem Probanden auf den Verlauf der Bewährungszeit sind nur aus Einzelstudien bekannt und führen zu unterschiedlichen Ergebnissen.[128] Gezeigt hat sich, dass jedenfalls aus Sicht der Bewährungsprobanden ein frühes Inkontakttreten mit dem Bewährungshelfer wünschenswert ist.[129] Danach könnte der Arrest nach § 16a JGG bei einem noch fehlenden Kontakt zum Bewährungshelfer die Chance einer Unterstützungsmaßnahme bieten.

Hinzukommt die Erwartung eines nachhaltigen, in besonderem Maße erzieherisch ausgestalteten Arrestvollzugs, der zu einer Verbesserung des Bewährungserfolgs beitragen könne.[130] In der Realität könne es häufig einige Zeit dauern, bis die Bewährungshilfe und ambulante bewährungsbegleitende Maßnahmen anlaufen und bei dem Jugendlichen Wirkungen hinterlassen, so dass der Arrest zur Einleitung des Bewährungsprozesses genutzt werden könne.[131] Nach *Schlüchter* könne gerade eine kurze Zwangswirkung positive Effekte haben, da der Jugendliche ohne Not sein bisheriges Leben meist nicht ändern werde.[132]

Den dritten Aspekt für eine Förderung des Bewährungserfolges bilde eine zeitnahe Vollstreckung des Jugendarrestes neben bedingter Jugendstrafe, so dass dieser möglichst am Anfang der Bewährungszeit stehe.[133] Zwar könne der Arrest – so *Schaffstein* – infolge der bislang bekannten Zeitspannen zwischen Urteil und Arrestantritt nicht als Sofortwirkung

---

127 BT-Drucks. 17/3989, S. 12.
128 Dazu *Vogt*, 1972, S. 150 f. m.w.N.
129 *Vogt*, 1972, S. 152.
130 Vgl. BT-Drucks. 17/9389, S. 12; *Schlüchter*, GA 1988, 106 (127); *Vietze*, 2004, S. 167 f. hält „im Arresvollzug eine umfassende Betreuung durch Psychologen, Sozialpädagogen und nicht zuletzt den Bewährungshelfer" für erforderlich.
131 *Findeisen*, ZJJ 2007, 25 (26); *Grethlein*, NJW 1957, 1462 (1463); *Reichenbach*, NStZ 2005, 136 (138); zu dem in der Praxis zeitlich verzögerten Beginn der Bewährungshilfe nach Rechtskraft des Urteils *Pürner*, Protokoll Nr. 86 vom 23. Mai 2012, S. 15.
132 *Schlüchter*, GA 1988, 106 (127); relativierend *Vietze*, 2004, S. 167, der die kurzfristige Zwangseinwirkung in Kombination mit einer langfristigen Hilfestellung gleichfalls für positiv erachtet, mit der Maßgabe, dass es dem Bewährungshelfer möglich sein sollte, durch ein umsichtiges Vorgehen klarzustellen, dass es nicht um ein Ausnutzen der Zwangslage, sondern eine Hilfestellung geht.
133 *Schaffstein*, NStZ 1986, 509 (511); *Vietze*, 2004, S. 151 f. mit dem Vorschlag einer Vollstreckungsfrist von zwei Monaten.

und echter Einstieg in die Bewährungszeit bezeichnet werden, doch könne dem durch eine kürzere Vollstreckungsfrist und interne Vorgaben für eine vorrangige Vollstreckung Rechnung getragen werden.[134]

6. Vermeidung apokrypher Haftgründe

Ein Nebeneffekt des Warnschussarrestes bestehe ferner in der Vermeidung „apokrypher" Haftgründe, d.h. der rechtswidrigen Anordnung von Untersuchungshaft unter erzieherischen Gesichtspunkten ohne das Vorliegen eines Haftgrundes nach § 72 JGG iVm §§ 112 ff. StPO.[135] Die Anordnung von Untersuchungshaft ist gegen Jugendliche vor dem Hintergrund der kriminellen Ansteckungsgefahr innerhalb der Untersuchungshaft und den enormen psychischen Belastungen nach § 72 Abs. 1 Satz 1, 2 JGG nur subsidiär zulässig, wenn ihr Zweck nicht durch andere Maßnahmen erreicht werden kann und der Verhältnismäßigkeitsgrundsatz gewahrt ist.[136] Obgleich der Gesetzgeber die Untersuchungshaft bei Jugendlichen damit als Ausnahmeregelung konzipiert hat und deren Anordnung nur bei Vorliegen einer der in § 112 Abs. 2 und 3, § 112a Abs. 1 StPO genannten Haftgründe zulässig ist, wird die Untersuchungshaft in der jugendgerichtlichen Praxis auch auf erzieherische Gründe gestützt, etwa als Maßnahme der Kriseninterventierung oder zur Vermittlung einer kurzen Schockwirkung vor einer bevorstehenden Bewährungsstrafe[137] und damit zweckwidrig in eine „Erziehungshaft"[138] umgewandelt.

Eindeutige empirische Nachweise über die Verhängung von Untersuchungshaft aus apokryphen, gesetzlich ungeschriebenen Haftgründen lassen sich aufgrund des richterlichen Beurteilungsspielraums bei der Haftbegründung, insbesondere bei der Fluchtgefahr,[139] und dem Umstand, dass der Jugendrichter in diesem Fall ein gesetzeswidriges Vorgehen einräumen

---

134 *Schaffstein*, NStZ 1986, 509 (510 f.).
135 *Werwigk-Hertneck/Rebmann*, ZRP 2003, 225 (229) Fn. 64; *Wulf*, in: Meier/Rössner/Trüg/Wulf, JGG, § 16a Rn. 10; zum Begriff des „apokryphen" Haftgrundes *Streng*, 2016, Rn. 264a.
136 *Brunner/Dölling*, 2018, § 72 Rn. 2 f.; *Kaspar*, in: MüKo-StPO, Bd. 3/2, § 72 JGG Rn. 3; *Streng*, 2016, Rn. 159 f.; auf Heranwachsende findet § 72 JGG, wie der Verweis in § 109 Abs. 1 S. 1 JGG zeigt, keine Anwendung.
137 *Brunner/Dölling*, 2018, § 72 Rn. 1; *Ostendorf*, ZJJ 2012, 240.
138 So die Bezeichnung bei *Vietze*, 2004, S. 150.
139 *Eisenberg/Toth*, GA 1993, 300 (304 f.).

müsste, nur schwerlich führen,[140] doch ist die Existenz solch gesetzesfremder Haftgründe ganz allgemein anerkannt.[141] Aufgrund der erheblichen zeitlichen Diskrepanz zwischen der Maximaldauer des Dauerarrestes von vier Wochen und der Mindestdauer der Jugendstrafe von sechs Monaten, wird angenommen, dass Richter in einer nicht unerheblichen Anzahl von Entscheidungen dazu übergehen, die Untersuchungshaft entweder als kurzfristige Schocktherapie für eine anschließend zur Bewährung ausgesetzte Jugendstrafe, als Kriseninterventionsmaßnahme zur Herauslösung des Jugendlichen aus seinem sozialen Umfeld oder bei Drogenabhängigen als Therapiemotivation nutzen.[142]

Eine von *Hotter* durchgeführte Befragung von Richtern und Staatsanwälten in Baden-Württemberg zeigt, dass die befragten Personen nicht nur davon ausgehen, dass Jugendrichter in Deutschland Untersuchungshaft gegen Jugendliche als Krisenintervention zur Entfernung aus dem kriminellen Umfeld oder zur Verdeutlichung der Ernsthaftigkeit des Strafverfahrens verhängen, sondern eine gesetzliche Erweiterung der Haftgründe in diese Richtung überwiegend auch befürworten.[143] Über 60 % der beiden befragten Personengruppen sprachen sich für die Einführung eines Haftgrundes aus, der die Krisenintervention erlaubt und damit unabhängig vom Bestehen einer Fluchtgefahr die Herausnahme des Jugendlichen aus einem gefährdenden Umfeld ermöglicht.[144] Die Vermutung über eine

---

140 *Hotter*, 2004, S. 13, 262.

141 *Brunner/Dölling*, 2018, § 72 Rn. 1; *Eisenberg*, 2017, § 72 Rn. 9 f.; *Ostendorf*, ZJJ 2012, 240 (244); *Sommerfeld*, in: Ostendorf, JGG, 10. Aufl., § 72 Rn. 4; *Streng*, 2016, Rn. 161; *Weik/Blessing*, in: Meier/Rössner/Trüg/Wulf, JGG, § 72 Rn. 4 ff.; zu den einzelnen apokryphen Haftgründen in der Praxis *Hotter*, 2004, S. 14 ff.; Hinweise auf die Existenz „apokrypher" Haftgründe in der jugendgerichtlichen Praxis ergeben sich nach *Eisenberg/Toth*, GA 1993, 300 (302 f.) auch aus dem Verhältnis von Untersuchungshaftanordnungen und späteren Verurteilungen zu einer unbedingter Jugend- oder Freiheitsstrafe.

142 *Hotter*, 2004, S. 15; *Laubenthal*, in: FS für Heinz, 440 (443); *Wulf*, in: Meier/Rössner/Trüg/Wulf, JGG, § 16a Rn. 10.

143 *Hotter*, 2004, S. 262 f.: 54,8 % der Richter und 41,9 % der Staatsanwälte glaubten (ja/eher ja), dass die Krisenintervention einen relevanten apokryphen Haftgrund darstellt; vergleichbare 53,8 % der Richter und 44,6 % der Staatsanwälte stuften die Erforderlichkeit, dem Jugendlichen die Ernsthaftigkeit der Strafverfolgung zu verdeutlichen, als relevanten Haftgrund ein. Ähnliche Ergebnisse liefert eine von *Pfeiffer* durchgeführte Befragung von 14 Jugendrichtern zur Existenz ungeschriebener Haftgründe, wonach 13 von 14 Jugendrichtern die Existenz apokrypher Haftgründe einräumten, insbesondere bei einer im Raum stehenden Bewährungsstrafe; siehe dazu *Schulz*, in: 18. JGT, 399 (402 ff.).

144 *Hotter*, 2004, S. 263 f.

Ausdehnung der Untersuchungshaft aus erzieherischen Zwecken wird gestützt durch die Aussage, dass viele Praktiker der Untersuchungshaft eine Motivationswirkung zuschreiben, damit sich der Betroffene künftig auf Jugendhilfemaßnahmen einlasse.[145] Die Vermutung, Untersuchungshaft finde im Einzelfall contra legem als kurzfristige Erziehungsmaßnahme Anwendung, wird durch diese Ergebnisse bestätigt.

7. Zurückdrängung der unbedingten Jugendstrafe

Aus Sicht der Befürworter eröffnet der Warnschussarrest in einigen Fällen erst den Zugang zur bedingten Jugendstrafe. In Konstellationen, in denen ohne die Anordnung des Warnschussarrestes keine positive Legalprognose gestellt werden könnte, könne der Arrest, als Möglichkeit der intensiven Einwirkung auf den Jugendlichen, die Voraussetzungen für eine Aussetzung der Vollstreckung der Jugendstrafe zur Bewährung zu schaffen.[146] Bestehe die Aussicht, von einer unbedingten Jugendstrafe Abstand zu nehmen, dürfe auf das Mittel des Warnschussarrestes nicht verzichtet werden.[147] Nach Auffassung mancher sei daher zu erwarten, dass durch die Möglichkeit der Koppelung von Jugendarrest und Bewährungsstrafe von anderen freiheitsentziehenden Maßnahmen, insbesondere von der Verhängung einer unbedingten Jugendstrafe nach § 17 JGG, seltener Gebrauch gemacht wird, und umgekehrt die Strafaussetzung zur Bewährung an Bedeutung gewinnt.[148]

Die additionale Anordnung von Jugendarrest wird in diesen Fällen folglich zur „Bedingung" für eine Bewährungsstrafe und eröffnet dem Verurteilten die Chance, sich in Freiheit zu beweisen.

---

145 *Hotter*, 2004, S. 315.
146 BT-Drucks. 14/3189, S. 9; *Hügel*, BewHi 1987, 50 (51).
147 *Brunner*, NStZ 1986, 508 (509); *Werwigk-Hertneck/Rebmann*, ZRP 2003, 225 (230).
148 *Müller-Piepenkötter/Kubnik*, ZRP 2008, 176 (178); vgl. dazu auch *Vietze*, 2004, S. 147 f.

II. Kritik am Warnschussarrest

1. Fehlende Abschreckungs- und Besinnungswirkung

Einwände gegen den Warnschussarrest knüpfen in erster Linie an die fehlenden empirischen Belege über die Wirksamkeit des Jugendarrestes für ein künftig normkonformes Verhalten an. Dem Jugendarrest könne nach dem derzeitigen Forschungsstand weder eine Schockwirkung noch die Funktion einer eingehenden Besinnung im Sinne einer inneren Verhaltensumkehr zugemessen werden, so dass die Vorstellung eines kurzen „Warnschusses" als Warnwirkung zur Effektivtätssteigerung einer erfolgreichen Bewährungsbewältigung für nicht erfolgsversprechend gehalten wird.[149] Auch in generalpräventiver Hinsicht sei, sofern man diesen Gedanken im Jugendstrafrecht überhaupt als legitimen Strafzweck anerkennt,[150] auf der Grundlage derzeitiger Forschungsergebnisse eine abschreckende Wirkung des Warnschussarrestes gegenüber potentiellen Tätern zu bezweifeln.[151]

a) Spezialpräventive Abschreckungs- und Besinnungswirkung

Untersuchungen zu der erhofften Abschreckungs- und Besinnungswirkung des Jugendarrestes auf den verurteilten Täter liegen zum Teil schon einige Zeit zurück, bestätigen aber nahezu einheitlich, dass sich der Abschreckungsgedanke in der Realität nicht wiederfindet oder jedenfalls nicht von fortwährendem Bestand ist. In Folgendem soll auf einige zentrale Untersuchungen eingegangen werden.

Eisenhardt stellte im Rahmen seiner Untersuchung aus den Jahren 1969[152] und 1977[153] fest, dass die mit dem Jugendarrest intendierte Schockwirkung hinter den eintretenden Gewöhnungseffekten durch den Arrestvollzug zurücktritt. Für die Feststellung der Wirkungen des Arrest-

---

149 *Breymann/Sonnen*, NStZ 2005, 669 (671 f.); *Gonska*, GreifRecht 2013, 32 (36); *Hügel*, BewHi 1987, 50 (52); *Kreuzer*, NJW 2002, 2345 (2351) mit Hinweis auf einen allenfalls kurzzeitigen Abschreckungseffekt durch einen "taste of prison"; *Schumann*, ZfJ 1986, 363 (368); *Verrel/Käufl*, NStZ 2008, 177 (179); *Werner-Eschenbach*, 2005, S. 79.

150 Zur Frage der Generalprävention als eigenständigem Strafzweck im Jugendstrafrecht siehe Teil 1 E.I.1.b) bb).

151 *Kinzig/Schnierle*, JuS 2014, 210 (214); *Verrel/Käufl*, NStZ 2008, 177 (179).

152 *Eisenhardt/Naumann*, RdJB 1971, 198 ff.

153 *Eisenhardt*, 1980, S. 489.

vollzugs analysierte *Eisenhardt* im Rahmen seiner ersten Untersuchung im Jahr 1969 Statements und Tagebuchaufzeichnungen von 100 Jugendlichen der Jugendarrestanstalt Frankfurt am Main-Höchst. Er gelangte zu dem Ergebnis, dass eine Gewöhnung an den Arrest bereits nach dem 7. Tag einsetzte und spätestens am 13. Tag sehr deutlich wurde.[154] Die Gesamtarrestdauer war für den Eintritt des Gewöhnungszeitpunkts ohne Einfluss.[155] Die nachfolgende Studie von *Eisenhardt* aus dem Jahr 1977, welche die Analyse der Arrestwirkungen bundesweit anhand einer ausgewählten Stichprobe zum Untersuchungsgegenstand hatte,[156] stützt diese ersten Erkenntnisse. Die inhaltsanalytische Auswertung der im Kontext dieser Studie erhobenen Statements und Tagebuchaufzeichnungen ergab, dass der Arrest bei den meisten Jugendlichen zwar zu Beginn eine Schockwirkung erzeugte; diese jedoch spätestens nach 10 Tagen durch eine Phase der Gewöhnung abgelöst wurde.[157] Im Hinblick auf die Hoffnung einer durch den Jugendarrest herbeizuführenden Besinnungswirkung weist *Eisenhardt* im Rahmen seines Gutachtens zum Jugendarrest aus dem Jahr 1989 darauf hin, dass eine Auseinandersetzung der Dauerarrestanten mit dem ihrerseits begangenen Unrecht nur in 5 % der Fälle stattfindet und wesentlich von der Bindung zu einer Bezugsperson in der Außenwelt abhängt.[158] Eine anhaltende Wirkung des Arrestes könne ohne qualifizierte Nachbetreuung der Arrestanten nicht erreicht werden.[159]

Die mangelnde Besinnungswirkung durch den Arrestvollzug wird von den Untersuchungserkenntnissen *Pfeiffers* aus dem Jahr 1980 bestätigt. Von insgesamt 50 befragten Jugendarrestanten gaben lediglich vier Personen an intensiv über die Tat nachgedacht zu haben, sieben Arrestanten hatten zudem wichtige Gespräche zu gegenwärtigen Problemen geführt.[160]

Gegen die Annahme einer Abschreckungswirkung des Jugendarrestes sprechen ferner die Ergebnisse der von *Schumann* durchgeführten Befragung von 158 Arrestanten in der Arrestanstalt Bremen-Lesum, welche Teil

---

154 *Eisenhardt/Naumann*, RdJB 1971, 198 (200 f.).
155 *Eisenhardt/Naumann*, RdJB 1971, 198 (200).
156 *Eisenhardt*, 1980, S. 153, 182; tatsächlich konnten in die Untersuchung nicht alle Arrestanstalten und Freizeitarresträume im Bundesgebiet einbezogen werden. Nicht einbezogen in die Untersuchung wurden u.a. Jugendarrestanstalten aus dem Bundesland Bayern; siehe *ders.*, 1980, S. 201; zum Überblick über die einbezogenen Anstalten: *ders.*, 1980, S. 179 ff.
157 *Eisenhardt*, 1980, S. 489; *ders.*, 1989, S. 55.
158 *Eisenhardt*, 1989, S. 55.
159 *Eisenhardt*, 1989, S. 137.
160 *Pfeiffer*, MSchrKrim 1981, 28 (33) dort m.w.N. in Fn. 43 .

einer in den Jahren 1983-1985 durchgeführten Studie zur Wirkungsweise der Betreuungsweisungen im Vergleich zum Jugendarrest war.[161] Die Befragung der Arrestanten zu ihren Erfahrungen und Eindrücken während des Jugendarrestvollzuges ergab, dass die Hälfte der Freizeitarrestanten und ca. zwei Drittel der Dauerarrestanten, also 63 % von 108 in die Untersuchung einbezogenen Personen, den Jugendstrafvollzug für leichter erträglich hielten als den Jugendarrest.[162] Sofern der Jugendstrafvollzug als schlimmer empfunden wurde, beruhte dies überwiegend auf der längeren Dauer der Jugendstrafe von mindestens sechs Monaten.[163] Anstelle von Abschreckung habe der Arrest dazu beigetragen, der Jugendstrafhaft den Schrecken zu nehmen.[164] Während bei den Jugendrichtern der Abschreckungsgedanke als Sanktionszweck des Arrestes dominierte, erlebten die befragten Arrestanten den Arrest als Härtetraining im Hinblick auf eine künftige Jugendstrafe, begleitet von dem Gefühl, das Schlimmste hinter sich zu haben.[165] Eine innere Besinnung der Jugendlichen im Sinne einer Unrechtseinsicht fand lediglich bei ca. 40 % der Arrestanten statt, wobei eine positive Antwort häufiger im ersten Freizeitarrest sowie zu Beginn des Dauerarrestes in Einzelhaft erzielt wurde.[166] Daraus folgert *Schumann*, dass jeder zusätzliche Arresttag die Besinnungswirkung mindert.[167] Die Gründe für das Ausbleiben eines Nachdenkprozesses waren mannigfaltig und reichten von der zu lang verstrichenen Zeit seit der Tat bis hin zur fehlenden Veränderung der Lebenssituation nach Entlassung.[168] Zusammenfassend gelangt *Schumann* zu dem Ergebnis, dass dem Arrest weder eine Abschreckungs- noch eine dauerhafte Besinnungswirkung anhaftet, sondern die Angst vor einer Gefängnisstrafe mit zunehmender Arrestdauer schwindet und die bei einem geringen Anteil der Arrestanten anfangs eingetretene Verantwortungseinsicht kein dauerhaftes Umdenken hervorruft.[169]

---

161 *Schumann*, ZfJ 1986, 363 ff.
162 *Giffey/Werlich*, in: Jugendarrest und/oder Betreuungsweisung, 13 (46); *Schumann*, ZfJ 1986, 363 (367).
163 *Schumann*, ZfJ 1986, 363 (367).
164 *Schumann*, ZfJ 1986, 363 (367).
165 *Schumann/Döpke*, in: Jugendarrest und/oder Betreuungsweisung, 98 (119).
166 *Schumann*, ZfJ 1986, 363 (365); mit Hinweis darauf, dass die ermittelten 40,7 % eine Überschätzung darstellen, da überproportional viele Arrestanten am 2. Arresttag befragt wurden.
167 *Schumann*, ZfJ 1986, 363 (365).
168 *Schumann*, ZfJ 1986, 363 (366).
169 *Schumann*, ZfJ 1986, 363 (365 ff.).

Für den Freizeitarrest stellt *Bruns* fest, dass die Arrestanten die Situation des Eingesperrtseins zwar als belastend wahrnehmen, aber hierdurch weder eine Schockwirkung in der Form der Abstandnahme von künftigen Straftaten noch ein Nachdenken über die Tat erreicht wird.[170]
Zu einem ähnlichen, wenn auch in Teilen abweichenden Ergebnis, gelangt die Einzelfallstudie von *Schwegler* aus dem Jahr 1997, welche die Befragung von 86 jugendlichen und heranwachsenden männlichen Dauerarrestanten in der Jugendarrestanstalt Nürnberg zum Untersuchungsgegenstand hatte.[171] Ausgehend von einer dreistufigen Wirkungsweise des Arrestes in Form eines Nachdenkens über die Straftat, gefolgt von einer Unrechtseinsicht und einem künftigen, rechtskonformen Verhalten der jungen Straftäter,[172] wurden die Dauerarrestanten dazu befragt, welche Wirkungen der Arrest auf sie erzeugt.[173] Von den befragten 86 Arrestanten bejahten 58,1 % über ihre Tat(en) nachgedacht zu haben, 80,2 % gaben an, erkannt zu haben, für die begangene Tat einstehen zu müssen.[174] Diese Quoten lassen auf den ersten Blick zwar eine hohe Besinnungswirkung vermuten, werden aber durch die Erkenntnis relativiert, dass die Verbüßung des Dauerarrestes bei den Sanktionierten keinen Umdenkprozess auslöste und schließlich zu keiner positiven Einstellungsänderung führte.[175] Bei der Interpretation der Ergebnisse von *Schwegler* ist zu berücksichtigen, dass die Antworten im Rahmen einer Befragung prinzipiell durch den Effekt der sozialen Erwünschtheit („social desirability") beeinflusst werden können, so dass die Befragten ihre Antworten an die aus ihrer Sicht bestehenden Erwartungen von außen anpassen.[176] Insgesamt zeigte sich die Mehrheit der Arrestanten zwar vom Vollzug beeindruckt, eine signifikante Änderung der moralischen Urteilsfähigkeit und Rechtseinstellung durch eine Verinnerlichung der durch das Strafrecht geschützten

---

170 *Bruns,* 1984, S. 129 ff.
171 *Schwegler,* KrimJ 2001, 116 ff.; ähnlich auch *Werwigk-Hertneck/Rebmann,* ZRP 2003, 225 (230), Fn. 67 mit Verweis auf eine unveröffentlichte Untersuchung von *Maschke/Kerner,* wonach 80 % der befragten Arrestanten angegeben haben, während des Arrestes Zeit zum Nachdenken gehabt zu haben und 87 % an gaben erkannt zu haben, etwas ändern zu müssen.
172 *Schwegler,* KrimJ 2001, 116 (119).
173 Zur Methodik der Untersuchung im einzelnen *Schwegler,* KrimJ 2001, 116 (120).
174 *Schwegler,* 1999, S. 249.
175 *Schwegler,* KrimJ 2001, 116 (127).
176 Zum Effekt der sozialen Erwünschtheit *Raab-Steiner/Benesch,* 2012, S. 62; *Schnell/Hill/Esser,* 2013, S. 347.

Werte blieb hingegen aus.[177] Schließlich überdauerte die Wirkungsdauer des Arrestes den Vollzugszeitraum nur wenig, so dass dem Dauerarrest nach *Schwegler* keine nachhaltige positive Wirkung beigemessen werden kann.[178]

Bedenken hinsichtlich der tatzeitnahen Besinnungswirkung durch einen zusätzlichen Arrest folgen weiterhin aus der bisherigen Erkenntnis, dass zwischen der Tatbegehung und dem Arrestbeginn häufig eine Zeitspanne von mehreren Monaten liegt, was dem Ziel einer Verantwortungseinsicht abträglich sei.[179] Nach verschiedenen Untersuchungen beträgt der Zeitraum zwischen der Tatbegehung und dem Arrestantritt durchschnittlich 10–13,6 Monate.[180] Während zwischen der Tatbegehung und dem Urteil im Mittel 7-9 Monate vergehen, fällt die Zeitspanne von der Rechtskraft des Urteils bis zum Arrestantritt mit drei bis vier Monaten verhältnismäßig kurz aus.[181] Die Untersuchungen zeigen, dass dem Ziel einer tatzeitnahen Vollstreckung allenfalls durch eine Beschleunigung des Jugendstrafverfahrens und eine Verkürzung des Zeitintervalls zwischen der Tatbegehung

---

177 *Schwegler*, KrimJ 2001, 116 (127 f.).

178 *Schwegler*, KrimJ 2001, 116 (129).

179 *Hügel*, BewHi 1987, 50 (54); *Kinzig/Schnierle*, JuS 2014, 210 (213 f.); *Verrel/Käufl*, NStZ 2008, 177 (180); *Wulf*, in: Meier/Rössner/Trüg/Wulf, JGG, § 16a Rn. 10 weist zudem darauf hin, dass die Einführung des Warnschussarrestes im Ermittlungsverfahren als Verdachtsstrafe unzulässig wäre.

180 Vgl. *Ostendorf*, MSchrKrim 1995, 352 (364), wonach die Strafe der Tatbegehung mit einem Abstand von fast 10 Monaten nachfolgt; *Eisenhardt*, 1989, S. 54 berechnet eine durchschnittliche Gesamtdauer von 10,78 Monaten von der Straftat bis zum Arrestbeginn; ähnlich *Schumann*, ZfJ 1986, 363 (365): 11,4 Monaten bei Dauerarrestanten, 13,6 Monaten bei Freizeit- und Kurzarrestanten. *Schwegler*, 1999, S. 218 berichtet für Dauerarrestanten von einem durchschnittlichen Zeitabstand von 13,4 Monaten zwischen der (letzten) Tat und dem Vollzug des Dauerarrestes. Zu etwas kürzeren Zeiträumen *Schneemann*, 1970, S. 175, der von überwiegend 5 bis 9 Monaten zwischen Tatbegehung und Vollzugsbeginn berichtet; *Streng*, 2016, Rn. 417 m.w.N.: 7 bis 12 Monate.

181 Vgl. *Streng*, 2016, Rn. 417 m.w.N. sowie im Einzelnen die Ergebnisse von *Ostendorf*, MSchrKrim 1995, 352 (364), dessen Untersuchung in der Arrestanstalt Rendsburg unter Berücksichtigung von 604 Verfahren im Zeitraum 1.7.1993 bis 30.6.1994 zu dem Ergebnis einer Durchschnittsdauer von 7 Monaten von der Tat bis zum rechtskräftigen Urteil führte, während vom Urteil bis zum Arrestantritt im Durchschnitt 3 Monate und 6 Tage vergingen. *Pfeiffer*, MSchrKrim 1981, 28 (32) spricht von durchschnittlich einem halben Jahr zwischen der Tat und Hauptverhandlung, sowie weiteren ca. drei Monaten bis zur Arrestvollstreckung; ähnlich die Erkenntnisse von *Schwegler*, 1999, S. 279, die den durchschnittlichen Zeitraum zwischen Hauptverhandlung und Arrestantritt mit vier Monaten angibt.

und dem Urteilserlass näher zu kommen ist und weniger durch eine Anpassung der Vollstreckungsfrist.

Obgleich bis dato nahezu keine experimentellen oder quasi-experimentellen Wirkungsstudien zum Jugendarrest vorliegen,[182] haben die bisherigen Untersuchungsergebnisse gezeigt, dass der Abschreckungseffekt des Jugendarrestes nicht von anhaltender Wirkung ist und eine innerliche Verhaltensumkehr bei der ganz überwiegenden Mehrheit der Arrestanten nicht bewirkt wird. Unter dem Gesichtspunkt der spezialpräventiven Abschreckung ist die Aufnahme des Warnschussarrestes in das Rechtsfolgensystem des JGG nicht ohne weiteres zu rechtfertigen. Das Argument der Schockwirkung versickert umso mehr, wenn man bedenkt, dass ein Großteil der Jugendlichen, die zu einer Jugendstrafe zur Bewährung verurteilt werden, bereits Arresterfahrung besitzen oder mit anderen stationären Maßnahmen in Berührung gekommen sind.

Die Auswertung der Zusatzaufbereitung der Strafverfolgungsstatistik zu allen in den Jahren 2005 und 2006 nach Jugendstrafrecht verurteilten Personen durch *Götting* ergab, dass etwa drei Viertel der zu einer Jugendstrafe mit Bewährung verurteilten Straftäter eine Vorverurteilung aufweisen.[183] Innerhalb der erfassten Vorverurteilungen nahm der Jugendarrest mit ca. 25 % den größten Raum ein, so dass in etwa jeder Vierte der zu einer Jugendstrafe mit Bewährung verurteilten Täter über eine Vorverurteilung in Form des Jugendarrestes verfügte; weitere ca. 14 % der Verurteilten waren in der Vergangenheit bereits zu einer Jugendstrafe mit Strafaussetzung zur Bewährung verurteilt worden und knapp 10 % wiesen eine Vorverurteilung in Form einer unbedingten Jugend- oder Freiheitsstrafe auf.[184] Die Auswertung zeigte, dass unter den zu einer Jugendstrafe mit Bewährung verurteilten Delinquenten erwiesenermaßen mehr als ein Drittel mit freiheitsentziehenden, stationären Maßnahmen in Kontakt gekommen sind.[185] Eine differenzierte Betrachtung hinsichtlich der intendierten

---

182 *Heinz*, ZJJ 2014, 97 (105); als bislang einzige Studie mit einem quasi-experimentellen Ansatz liegt, soweit ersichtlich, die Arbeit von *Gernbeck,* 2017 vor, die sich mit der Evaluation des „stationären sozialen Trainings" im Jugendarrest in Baden-Württemberg befasst. Eingehend hierzu Teil 2 B.II.1.b).

183 *Götting*, in: FS für Schöch, 245 (248) wonach 74,4 % der zu Jugendstrafe mit Bewährung verurteilten Täter eine Vorverurteilung aufwiesen. Verfahren mit Entscheidungen nach §§ 45, 47 JGG werden in der Strafverfolgungsstatistik nicht erfasst.

184 *Götting*, in: FS für Schöch, 245 (247).

185 24,6 % der Verurteilten wiesen eine Vorverurteilung in Form des Jugendarrestes auf, weitere 9,5 % eine Vorverurteilung in Form unbedingter Jugendstrafe,

Warnschusswirkung des Jugendarrestes wurde schließlich dadurch erzielt, dass bei der Verurteilung zu einer zur Bewährung ausgesetzten Jugendstrafe nur solche Vorsanktionen berücksichtigt wurden, bei denen der Arrest auch tatsächlich vollstreckt wurde, während einbezogene Vorsanktionierungen insgesamt außer Betracht blieben. Auf dieser Grundlage zeigte sich, dass die im Bezugsjahr 1994 zu einer Jugendstrafe mit Bewährung verurteilten Täter zu 17,5 % bereits Jugendarrest verbüßt hatten und zu 2,5 % über Hafterfahrungen in Form einer unbedingten Jugendstrafe verfügten.[186] Für den potentiellen Anwendungsbereich des Warnschussarrestes schlussfolgert *Götting*, dass aufgrund der vorausgegangenen Hafterfahrung die Warnschussfunktion höchstens noch bei 80 % der zu Jugendstrafe mit Bewährung verurteilten Jugendlichen erreicht werden kann.[187]

Damit erscheint die Annahme, der Warnschussarrest könne als Unrechtsverdeutlichung dem Täter die weiteren Folgen seines Handelns vor Augen führen und als Abschreckung vor weiteren Straftaten dienen, vor allem für hafterfahrene Täter wenig plausibel. Die Besorgnis, viele Warnschussarrestanten hätten bereits Arresterfahrung oder seien mit anderen stationären Maßnahmen, in Form von Untersuchungshaft oder einer Jugendstrafe in Berührung gekommen,[188] findet auf der Grundlage der Untersuchung von *Götting* jedenfalls ihre Berechtigung.

0,4 % eine Vorverurteilung in Form unbedingter Freiheitsstrafe, so dass sich eine Quote mit nachweislicher Hafterfahrung von 35,3 % für das Jahr 2005 und 33,6 % für das Jahr 2006 ergibt, siehe *Götting*, in: FS für Schöch, 245 (248). Erfasst wurde jeweils nur die schwerste Vorverurteilung des Täters, so dass der Auswertung bei wiederholter Vorsanktionierung die Anzahl und die Form der einzelnen Vorsanktionen nicht zu entnehmen ist. Ist als Vorverurteilung eine Jugend- oder Freiheitsstrafe erfasst, lässt sich damit nicht ausschließen, dass im Vorfeld hierzu bereits Jugendarrest verhängt wurde. Die Zahl derjenigen, die über Hafterfahrung verfügen, kann sich durch Einschluss derjenigen Verurteilten, die als schwerste Vorverurteilung eine zur daher erhöhen, siehe *ders.*, in: FS für Schöch, 245 (247 f.).

186 *Götting*, in: FS für Schöch, 245 (256), die Anzahl der Vorsanktionen in Form eines vollstreckten Jugendarrestes kann sich zudem dadurch erhöhen, dass nur die schwerste eingetragene Vorsanktion erfasst wird. Bei einer zur Bewährung ausgesetzten Jugendstrafe als schwerste Vorsanktion ist demnach nicht auszuschließen, dass der Verurteilte in der Vergangenheit bereits einen Jugendarrest als Vorsanktion erhalten hat.

187 *Götting*, in: FS für Schöch, 245 (257).

188 Vgl. *Kühn*, ZIS 2010, 257 (260); *Ostendorf*, ZJJ 2012, 240 (242); *Verrel/Käufl*, NStZ 2008, 177 (180). Der hohe Anteil an Warnschussarrestanten mit einer Vorstrafenbelastung in Form eines Jugendarrestes hat sich auch in dieser Studie bestätigt. 43,2 % der 278 in die Aktenanalyse einbezogenen Probanden hatten

b) Generalpräventive Abschreckungswirkung

Auch unter dem Aspekt der Generalprävention werden die Wirkungen des § 16a JGG kritisch betrachtet.[189] Nach der Straftheorie der Generalprävention liegt der Zweck der Strafe in der Verhinderung neuer Straftaten durch normstärkende (positive Generalprävention) oder abschreckende (negative Generalprävention) Einwirkung auf die Gesamtbevölkerung, nicht auf den Täter selbst.[190] Erkennt man den generalpräventiven Gedanken trotz umstrittener Auffassung in der Rechtslehre[191] vor dem Hintergrund, dass bereits die Existenz strafrechtlicher Normen Einfluss auf normkonformes Verhalten nehmen kann, auch im Jugendstrafrecht zumindest als mittelbare Begleitwirkung an,[192] stellt sich die Frage, ob der Warnschussarrest zu einer Abschreckung potentiell Straffälliger beitragen oder das Normgeltungsbewusstsein in der Gesellschaft stärken kann.

Während positiv generalpräventive Wirkungen des Strafrechts aufgrund der Komplexität der gesellschaftlichen Strukturen und der langfristigen Wirkungsweise als schwer zu erforschen gelten,[193] sind wissenschaftliche

---

bereits eine Vorverurteilung zu Jugendarrest nach § 16 JGG vorzuweisen, hierzu Teil 2 E.I.2.b) dd) (2).

189 *Kinzig/Schnierle*, JuS 2014, 210 (214); *Verrel/Käufl*, NStZ 2008, 177 (179); *Wulf*, in: Meier/Rössner/Trüg/Wulf, JGG, § 16a Rn. 16.

190 *Roxin*, 2006, § 3 Rn. 21, 25 ff.

191 Der Strafzweck der negativen Generalprävention wird im Jugendstrafrecht von der h.M. heute für unzulässig erachtet, stellv. BGHSt 15, 224 (226); BGH, StV 1990, 505; BT-Drucks. 16/6293; *Schöch*, in: Meier/Rössner/Schöch, § 11 Rn. 13; *Rössner*, in: Meier/Rössner/Trüg/Wulf, JGG, § 2 Rn. 4; *Eisenberg*, 2017, § 5 Rn. 10; *Sonnen*, in: Diemer/Schatz/Sonnen, JGG, § 2 Rn. 1; abweichend *Dölling*, ZJJ 2012, 124 (125) mit Hinweis auf eine mittelbar generalpräventive Abschreckungswirkung; *Kaspar*, in: FS für Schöch, 209 (224 ff.); hierzu auch Teil 1 E.I.b) bb).

192 So *Dölling*, ZJJ 2012, 124 (125); für eine mittelbare Wirkung allein der positiven Generalprävention *Brunner/Dölling*, 2018, § 2 Rn. 1; *Rössner*, in: Meier/Rössner/Trüg/Wulf, JGG, § 2 Rn. 4; weitergehend in Bezug auf die positive Generalprävention als anzuerkennendem Strafzweck *Bottke*, 1984, S. 42 f.: „Das Jugendstrafrecht ist echtes Kriminalrecht, dem es bei der Kriminalisierung gravierender Normbrüche auch gegenüber Jugendlichen um positive Generalprävention geht." sowie *Heinz*, RdJB 1992, 123 (128 f.); *Kaspar*, in: FS für Schöch, 209 (224 ff.).

193 *Dölling*, ZJJ 2012, 124 (125); *Backmann*, 2003, S. 380 f. arbeitete in seiner Studie aber etwa heraus, dass ein normkonformes Verhalten jugendlicher Straftäter primär davon abhängt, ob die Jugendlichen die Norm verstehen und akzeptieren und nicht von der Existenz des Strafrechts als solcher. Positive Generalprävention werde demnach nicht durch das Strafrecht als staatliche Instanz herbei-

Abhandlungen über die Abschreckungswirkung des Strafrechts auf potentielle Straftäter häufiger anzutreffen.[194] Es ist vorliegend nicht das Bestreben, die Ergebnisse der Arbeiten im Einzelnen wiederzugeben; es soll vielmehr ein kurzer resümierender Überblick über die zentralen Erkenntnisse gegeben werden. Die Befunde zur generalpräventiven Abschreckungswirkung des Strafrechts gehen heute gemeinhin in die Richtung, dass generalpräventive Abschreckungseffekte bei jungen Menschen durch Strafschärfungen kaum oder nur in geringem Maße feststellbar sind.[195] Ausgegangen wird davon, dass die Begehung potentieller Straftaten allgemein weniger von der Straferwartung und der Härte der drohenden Sanktion bestimmt wird, als vielmehr von dem Entdeckungsrisiko, den aus dem Freundeskreis oder familiären Umfeld zu erwartenden Reaktionen, und der individuellen moralischen Normverbindlichkeit.[196] Gerade für den Bereich der Jugendstrafe hat sich gezeigt, dass die Erwartung einer Jugendstrafe mit oder ohne Bewährung nicht in stärkerem Maße von der Deliktsbegehung abhält.[197]

Eine der wohl weitreichendsten Untersuchungen ist die Metaanalyse von *Dölling/Hermann u.a.* unter Einbezug von 700 Einzelstudien zur generalpräventiven Abschreckungswirkung des Strafrechts, die insbesondere auf die Frage gerichtet ist, ob sich bei jungen und älteren Menschen Unterschiede in der Abschreckungswirkung ergeben.[198] Ausgehend von einer reduzierten Anzahl an Befragungsstudien und Experimenten, die einen Vergleich nach Altersgruppen zuließen,[199] ergab die Auswertung von *Dölling/Hermann u.a*, dass die Verfasser der Einzelstudien, die eine Befragung der

---

geführt, sondern durch die altersabhängigen Sozialisationsinstanzen der jungen Straftäter.

194 *Dölling,* ZJJ 2012, 124 (125); *Dölling/Hermann,* in: 28. JGT, 427 (429), in deren Metaanalyse 700 Einzelstudien über die Abschreckungswirkung integriert wurden. Zu einzelnen Studien siehe auch *Backmann,* 2003, S. 121 ff.; *Eisenberg,* 2005, § 41 Rn. 11 ff. sowie die Übersicht bei *Dölling/Hermann,* in: Kriminalität, Ökonomie und europäischer Sozialstaat, 133 (139 ff.).

195 Dazu *Dölling,* ZJJ 2012, 124 (127); *Dölling/Hermann,* in: 28. JGT, 427 (438); *Meier,* 2016, § 9 Rn. 83 ff. m.w.N.; *Streng,* in: Kriminologie und wissensbasierte Kriminalpolitik, 65 (75 f.) m.w.N.

196 *Eisenberg,* 2005, § 41 Rn. 14 ff.; *Meier,* 2016, § 9 Rn. 83 ff.; *Schöch,* in: FS für Jescheck, 1081 (1090); *Schumann/Berlitz/Guth u.a.,* 1987, S. 161, 163; *Streng,* in: Kriminologie und wissensbasierte Kriminalpolitik, 65 (75); *Verrel/Käufl,* NStZ 2008, 177 (179); *Wulf,* in: Meier/Rössner/Trüg/Wulf, JGG, § 16a Rn. 16.

197 *Schumann/Berlitz/Guth u.a.,* 1987, S. 161.

198 *Dölling/Hermann,* in: 28. JGT, 427 (428); ausführlich zur Datengrundlage und den zentralen Ergebnissen *dies.,* in: 28. JGT, 427 (428 ff.).

199 *Dölling/Hermann,* in: 28. JGT, 427 (429 f.).

Gesamtbevölkerung zum Gegenstand hatten, die Abschreckungshypothese in 67 % der Befragungen öfter als bestätigt ansahen, als in Befragungen von Jugendichen, Heranwachsenden und jungen Erwachsenen mit 44 %.[200] Eine generalpräventive Abschreckungswirkung des Strafrechts ist bei jungen Menschen demnach in geringerem Maße zu verzeichnen als bei Erwachsenen.[201] Ein umgekehrtes Bild zeigte sich im Rahmen der Meta-analyse bei der Analyse der Experimentalstudien, in denen sich die Abschreckungshypothese aus Sicht der Autoren bei jungen Tätern häufiger bestätigte als im Vergleich zur Gesamtbevölkerung.[202] Die festzustellenden Unterschiede erklären *Dölling/Hermann u.a* durch die großteils als Laborstudien durchgeführten Experimente, die die reale Lebenssituation nur bedingt widerspiegeln,[203] so dass insgesamt davon auszugehen sei, dass eine generalpräventive Abschreckungswirkung eher von der Sanktionswahrscheinlichkeit als von der Höhe der Sanktion ausgehe.[204] Allein von einer quantitativen Straferhöhung können demnach keine Abschreckungseffekte erwartet werden.[205]

Die oftmals aufgestellte Annahme, härtere Strafen führen zu einer Stärkung normgerechten Verhaltens, findet nach ganz überwiegender Ansicht im Kern keinen Halt.[206] Aus generalpräventiver Sicht könne der Warnschussarrest nach Ansicht der Kritiker daher allenfalls diejenigen abschrecken, die ohnehin nicht ernsthaft gefährdet sind und sich auch bei alleiniger Bewährungsstrafe ohne zeitgleichen Jugendarrest nach § 16a JGG bewährt hätten, während bei den schwer gefährdeten Jugendlichen ein Einstieg in die kriminelle Karriere befürchtet wird.[207]

Auf Basis der generalpräventiven Wirkungsforschung ist eine Abschreckung potentieller Täter durch den Warnschussarrest insgesamt wohl kaum zu erwarten.

---

200 *Dölling*, ZJJ 2012, 124 (126).
201 *Dölling*, ZJJ 2012, 124 (126).
202 *Dölling*, ZJJ 2012, 124 (126).
203 *Dölling/Hermann*, in: 28. JGT, 427 (435 ff.); *Dölling*, ZJJ 2012, 124 (127).
204 *Dölling/Hermann*, in: 28. JGT, 427 (438).
205 *Gebauer*, in: INFO 2013, 29 (42); vgl. hierzu auch *Backmann*, 2003, S. 382.
206 Vgl. Bundesministerium des Innern/Bundesministerium der Justiz, Zweiter PSB, S. 685; *Dölling*, ZJJ 2012, 124 (127); *Heinz*, NK 2008, 50 (55); *Ostendorf*, StV 2008, 148 (150); *Schumann*, ZfJ 1986, 363 (367).
207 *Breymann/Sonnen*, NStZ 2005, 669 (672).

2. Keine Notwendigkeit zum Ausgleichs eines „Freispruchs auf Bewährung"

Nach Auffassung der Kritiker lässt sich ein praktisches Bedürfnis für den Warnschussarrest auch nicht daraus ableiten, dass dem Jugendlichen zur Vermeidung eines „Freispruchs auf Bewährung" der Ernst der Lage durch einen zusätzlichen Jugendarrest illustriert werden müsse.[208] Die Behauptung, der Jugendliche könnte die Bewährungsentscheidung als neutrale Reaktion missverstehen, gründe vielmehr auf subjektiven Eindrücken als auf empirischen Belegen.[209] Das Unrecht der Tat und die Rechtsfolgen einer zur Bewährung ausgesetzten Freiheitsstrafe könnten dem Jugendlichen ebenso durch eine entsprechende Verfahrensgestaltung oder die Anordnung von Bewährungsauflagen oder Weisungen vor Augen geführt und fühlbar gemacht werden.[210] Das Gesetz bietet dem Jugendrichter gem. § 23 Abs. 1 JGG ggf. i.V.m. §§ 29 S. 2, 61b Abs. 1 S. 1 JGG sowohl die Möglichkeit, Auflagen nach § 15 JGG zu erteilen, als auch durch Weisungen gem. § 10 JGG auf die Lebensführung des Jugendlichen Einfluss zu nehmen, wovon der Jugendrichter vor dem Hintergrund der noch ungefestigten Persönlichkeit des Jugendlichen im Regelfall Gebrauch machen soll.[211] Der Jugendrichter verfügt damit über ein breites Handlungsspektrum, die zur Bewährung ausgesetzte Jugendstrafe durch die Auferlegung von Bewährungsweisungen und -auflagen spürbar zu gestalten.[212] Handelt der Jugendliche den erteilten Weisungen oder Auflagen schließlich zuwider, kann gegen ihn nach § 11 Abs. 3 S. 1 JGG Ungehorsamsarrest[213] verhängt werden. Sollte der Jugendliche die Bewährungsstrafe trotz der hiermit verbundenen Bewährungsweisungen- bzw. auflagen missdeuten und als „Quasi-Freispruch" empfinden, könne er also ohnehin dem Jugendarrest

---

208 *Kreuzer*, Stellungnahme am 23.05.2012, S. 4; *Höynck*, Stellungnahme am 23.05.2012, S. 2.
209 *Eisenberg*, 2012, § 8 Rn. 3a.
210 *Eisenberg*, 2012, § 8 Rn. 3a; *Goeckenjan*, ZJJ 2013, 67 (72); *Höynck/Sonnen*, ZRP 2001, 245 (248); *Kreuzer*, ZRP 2012, 101 (102); *Verrel/Käufl*, NStZ 2008, 177 (180); so auch die den Warnschussarrest ablehnende Stellungnahme der Bundesregierung, BT-Drucks. 15/1472, S. 10.
211 Vgl. *Laubenthal/Baier/Nestler*, 2015, Rn. 792.
212 *Dünkel/Flügge/Lösch* u.a., ZRP 2010, 175 (178); *Eisenberg*, StV 2013, 44 (46); *Verrel/Käufl*, NStZ 2008, 177 (180).
213 Zu diesem Terminus *Brunner/Dölling*, 2018, § 11 Rn. 5.

zugeführt werden, so dass für einen Warnschussarrest neben einer bedingten Jugendstrafe kein Bedürfnis bestehe.[214]
Kritisch begegnet man der Zielsetzung des Sanktionskoppelung zur Vermeidung eines gefühlten Freispruchs auch vor dem Hintergrund des Verhältnismäßigkeitsgrundsatzes, der es verbietet, die Anordnung allein auf
Umstände zu stützen, welche vermuten lassen, dass der Jugendliche die Bewährungsstrafe als scheinbar neutrale Maßnahme versteht.[215] Insoweit
müsse zwischen beweisgeeigneten Feststellungen und den subjektiven Eindrücken bzw. Interpretationen des Gerichts differenziert werden.[216] Über-
dies könne der Jugendrichter einem Fehlverständnis über die Bewährungsstrafe begegnen, indem er die Verkündung des Bewährungsbeschlusses
von der Urteilsverkündung abkopple und dem Jugendlichen in einem gesonderten persönlichen Termin mit Nachdruck auf die Bedeutung der Entscheidung und deren Inhalt hinweise.[217]
Schließlich wird es als Aufgabe der am Jugendstrafverfahren beteiligten
Personen, insbesondere des Jugendrichters, verstanden, dem Jugendlichen
die Bedeutsamkeit einer zur Bewährungsstrafe ausgesetzten Jugendstrafe
sowie die Konsequenzen eines Bewährungsverstoßes durch eine entsprechende Belehrung vor Augen zu führen und der Bewährungsstrafe ihren
Annexcharakter als „Freispruch auf Bewährung" zu nehmen.[218] Mit Inkrafttreten der Neuregelung zur Belehrungspflicht in § 70a Abs. 1 JGG[219]
wurde die bereits vormals bestehende Pflicht aus § 60 Abs. 1 S. 2 JGG, den
verurteilten Straftäter über die Bedeutung der angeordneten Rechtsfolgen
zu belehren und ihm die Konsequenzen eines Verstoßes gegen die Bewährungsauflagen und -weisungen darzulegen, verstärkt. Mit der Unterstellung unter die Bewährungshilfe und dem drohenden Bewährungswiderruf
bei einer erneuten Straftatbegehung oder einem Verstoß gegen die Erfüllung von Auflagen bzw. Weisungen sei der Verurteilte in gleicher Weise

---

214 *Kreuzer*, ZRP 2012, 101 (102); *ders.*, Stellungnahme am 23.05.2012, S. 4; *Hin-
     richs*, BewHi 1987, 56 (59).
215 *Eisenberg*, 2017, § 8 Rn. 19.
216 *Eisenberg*, 2017, § 8 Rn. 19.
217 *Kreuzer*, ZRP 2012, 101 (102).
218 Deutscher Anwaltsverein, Stellungnahme Nr. 49/2012 vom 20.06.2012, S. 5;
     Höynck, Stellungnahme am 23.05.2012, S. 2; *Kinzig/Schnierle*, JuS 2014, 210
     (212); *Sommerfeld*, 2007, S. 201; *Streng*, 2016, 422a; *Verrel/Käufl*, NStZ 2008, 177
     (180); *Wulf*, in: Meier/Rössner/Trüg/Wulf, JGG, § 16a Rn. 4.
219 Ebenfalls eingeführt durch das Gesetz zur Erweiterung jugendgerichtlicher
     Handlungsmöglichkeiten, BGBl. I 2012, S. 1854.

einer Belastung ausgesetzt, die es nicht zu unterschätzen gilt.[220] Innerhalb des Diskurses über den Warnschussarrest wird daher in Frage gestellt, welchem Jugendlichen bzw. Heranwachsenden durch eine ausführliche Belehrung in Verbindung mit weiteren Bewährungsentscheidungen das Unrecht der Tat nicht vergegenwärtigt werden könne.[221] Sollte es im jugendgerichtlichen Verfahren nicht gelingen, den jungen Tätern mit Nachdruck die Ernsthaftigkeit der Bewährungssituation zu vermitteln, so müsse dies nach Ansicht der Kritiker zum Anlass genommen werden, an einer qualifizierenden Fortbildung der in das Jugendstrafverfahren eingebundenen Personen zu arbeiten.[222]

Für die Praxis zeigen die Ergebnisse der früheren Studie von *Vogt*, dass die Wahrnehmung der Strafaussetzung zur Bewährung als Strafe bei den Probanden in positivem Zusammenhang mit der unmittelbaren Kontaktaufnahme zur Bewährungshilfe während oder nach der Hauptverhandlung steht.[223]Dies legt nahe, dass auch die Anwesenheit des Bewährungshelfers in der Hauptverhandlung, wenn der Jugendliche zu diesem Zeitpunkt bereits der Bewährungsaufsicht unterstellt ist, sowie eine separate Verkündung des Bewährungsbeschlusses, unterstützt durch die Bewährungshil-

---

220 *Höynck/Sonnen*, ZRP 2001, 245 (248); *Höynck*, Stellungnahme am 23.05.2012, S. 2; kritisch allerdings *Vietze*, 2004, S. 157, da der drohende Bewährungswiderruf nur eine psychische Belastung darstelle und junge Menschen dazu neigen, psychische Belastungen zu verdrängen. Zur Frage, ob der drohende Bewährungswiderruf als „Damoklesschwert" wahrgenommen zeigen die Befragungsergebnisse bei *Vogt*, 1972, S. 245 ff.: In etwa die Hälfte der befragten Bewährungsprobanden (n=25) schrieben der Möglichkeit des Bewährungswiderrufes bei rein theoretischer Betrachtung eine erhebliche Abschreckungswirkung zu. In der konkreten Tatsituation war das Bewusstsein des drohenden Bewährungswiderrufs jedoch erheblich geringer. Nicht einmal jeder fünfte konnte sich daran erinnern, von einer konkreten Tat wegen des Gedankens an den Bewährungswiderruf Abstand genommen zu haben. Etwa ein Viertel der Bewährungsprobanden gab an, vor der Tat getrunken zu haben und an die Folgen der Tat nicht gedacht zu haben (6=24%) oder davon überzeugt gewesen zu sein, nicht erwischt zu werden (7=28 %).

221 *Eisenberg*, StV 2013, 44 (46) geht sogar noch weiter und befürchtet, dass die Verurteilung zu Warnschussarrest zur Unrechtsverdeutlichung weniger von der Persönlichkeit des Täters abhängen könnte als von der erzieherischen Befähigung der Jugendrichter.

222 *Breymann/Sonnen*, NStZ 2005, 669 (672); *Sonnen*, in: Handbuch Jugendkriminalität, 483 (491).

223 *Vogt*, 1972, S. 225.

fe,[224] Potenzial bieten können zu einer Verdeutlichung der Pflichten während der Bewährungszeit beizutragen.

3. Keine Notwendigkeit zum Ausgleich von Komplizentaten

Dem Argument, der Warnschussarrest sei im Falle gemeinschaftlicher Tatbegehung für eine Behebung subjektiver Ungerechtigkeitsempfindungen erforderlich, wird in zweifacher Hinsicht eine Absage erteilt. Zum einen dürfen auch hier die Belastungen, die von den Bewährungsauflagen- und weisungen sowie dem drohenden Bewährungswiderruf ausgehen nicht übersehen werden,[225] zum anderen verkenne die Begründung des Warnschussarrestes mit dem Ziel der Kompensation von Gerechtigkeitslücken in Komplizensachen die spezialpräventive Ausrichtung des Jugendstrafrechts.[226] Anders als das Erwachsenenstrafrecht strebt das Jugendstrafrecht keinen tatproportionalen Schuldausgleich an, sondern ist primär spezialpräventiv ausgerichtet.[227] Die Wahl der konkreten Rechtsfolge hat sich gem. § 2 Abs. 1 S. 2 JGG vorrangig am Erziehungsgedanken zu orientieren.[228] Grundlage für die Entscheidung über die Verhängung einer jugendstrafrechtlichen Sanktion bildet deren erzieherische Zweckmäßigkeit. Die Aussprache divergierender Rechtsfolgen trotz gleicher Taten und gleicher Unrechtsverwirklichung sei demnach im jugendstrafrechtlichen Sanktionssystem angelegt und gewollte Folge eines täterorientierten Jugendstrafrechts.[229] Bloße Gerechtigkeitserwägungen und das Ungerechtigkeitsempfinden anderer Mitverurteilter können folglich keine zusätzliche Sanktio-

---

224 So *Kreuzer*, ZRP 2012, 101 (102).
225 *Höynck/Sonnen*, ZRP 2001, 245 (248); *Eisenberg*, 2017, § 8 Rn. 18; *Werner-Eschenbach*, 2005, S. 80; vgl. *Findeisen*, ZJJ 2007, 25 (26), die den Unterschied aber in der rein psychischen Belastung sieht.
226 *Kinzig/Schnierle*, JuS 2014, 210 (212); *Verrel*, NK 2013, 67 (70); *Werner-Eschenbach*, 2005, S. 80.
227 *Kinzig/Schnierle*, JuS 2014, 210 (212).
228 Dies gilt nach der Rspr. des BGH auch bei der Verhängung der Jugendstrafe wegen Schwere der Schuld gem. § 17 Abs. 2 Alt. 2 JGG, die nur zulässig ist, wenn dies aus erzieherischen Gründen erforderlich ist, BGHSt 15, 224 (225); BGHSt 16, 261 (263); BGH, NStZ-RR 2001, 215 (216); BGH, StV 2009, 91(92); *Brunner/Dölling*, 2018, § 17 Rn. 27 ff. mit Bedenken gegen die Vermengung der beiden Alternativen in § 17 Abs. 2 JGG.
229 *Kinzig/Schnierle*, JuS 2014, 210 (212); *Müller-Piepenkötter/Kubnik*, ZRP 2008, 176 (178); *Schumann*, ZRP 1984, 319 (323); *Verrel/Käufl*, NStZ 2008, 177 (181).

nierung legitimieren.[230] Durch eine intensive Belehrung und Aufklärung über die Bedeutung der Rechtsfolgen könne das Gericht zudem einem Missverstehen der Bewährungsstrafe vorbeugen.[231] Um bei mehreren Angeklagten in einem Verfahren das Verhältnis der verhängten Sanktionen zueinander deutlich zu machen, sieht die Neuregelung in § 70a Abs. 2 JGG eine über die Allgemeinbestimmung in § 70a Abs. 1 JGG hinausgehende besondere Belehrung vor, die neben dem unmittelbaren Adressaten einer Bewährungsstrafe auch weitere Mitangeklagte einbeziehen soll.[232] Unzweckmäßig sei der Warnschussarrest in Komplizenfällen auch deshalb, da bei Wahrung der gesetzlichen Rechtsmittelfristen mit der Überstellung des Jugendlichen in den Arrest zunächst zugewartet werden müsse, so dass der Verurteilte trotz des verhängten Arrestes vorerst auf freiem Fuße verbleibt.[233]

4. Negativeffekte des Jugendarrestes

Während die Befürworter des § 16a-Arrestes von der förderlichen Herausnahme des Jugendlichen aus seinem negativen Umfeld sprechen, sehen andere die umgekehrte Gefahr einer Verstärkung und Stabilisierung nachteiliger Einflüsse auf das künftige Legalverhalten und erachten das Ziel der Herausnahme aus dem schädlichen Umfeld für verfehlt.[234] Die Anordnung des Warnschussarrestes als schnelle Kriseninterventionsmaßnahme wird in mehrfacher Weise für ungeeignet gehalten: Die maximale Arrestdauer von vier Wochen sei zu kurz, um das negative Umfeld zu durchbrechen.[235] Zwar können nachteilige externe Einflüsse durch die Distanzierung von dem üblichen sozialen Handlungsumfeld kurzzeitig unterbunden werden, jedoch verlange eine dauerhafte Herausnahme des Jugendli-

---

230 BT-Drucks. 17/9389, S. 13.
231 *Verrel/Käufl*, NStZ 2008, 177 (181).
232 Vgl. BT-Drucks. 17/9389, S. 19; angesichts der Neuregelung in § 70a Abs. 2 JGG halten *Schaffstein/Beulke/Swoboda*, 2014, Rn. 550 die Verhängung eines Arrestes nach § 16a Abs. 1 JGG in Komplizensachen für prinzipiell unzulässig.
233 *Höynck*, Stellungnahme am 23.05.2012, S. 2.
234 *Niehaus*, NRV-Info 2012, 23 f.; *Ostendorf*, in: Ostendorf, JGG, 10. Aufl., § 16a Rn. 5 f.; ebenso *Breymann/Sonnen*, NStZ 2005, 669 (672) allerdings mit Hinweis darauf, dass von einer „schnellen" Krisenintervention schon aufgrund der erheblichen Zeiträume zwischen der Tat und dem Arrestantritt nicht gesprochen werden könne.
235 *Höynck*, Stellungnahme am 23.05.2012, S. 3; *Gonska*, GreifRecht 2013, 32 (40); *Wulf*, in: Meier/Rössner/Trüg/Wulf, JGG, § 16a Rn. 33.

chen aus seinem schädlichen Umfeld den Aufbau alternativer, sozial förderlicher Bildungskonzepte als Aufgabe der Bewährungshilfe und die Sicherstellung einer angemessenen Nachbetreuung.[236] Des Weiteren müsse berücksichtigt werden, dass der Jugendliche nach dem Urteilsausspruch am Ende der Hauptverhandlung bis zur Ladung zum Arrestantritt zunächst in seine gewohnte Umgebung zurückkehrt und dort womöglich durch den anstehenden Freiheitsentzug noch einen „Heldenstatus" erlangt.[237] Eine Herausnahme könne nur dann von Nachhaltigkeit geprägt sein, wenn der Jugendliche nicht mehr in sein schädliches Umfeld zurückkehre.[238]

Mit dem Vollzug des § 16a-Arrestes bestehe ferner die Gefahr einer Ausweitung krimineller Kontakte durch das Aufeinandertreffen mit Gleichgesinnten.[239] In welche Richtung die kriminelle Ansteckungsgefahr verläuft, wird unterschiedlich beurteilt. Zum Teil wird angenommen, die Gefahr der kriminiellen Einflussnahme gehe von den § 16a-Arrestanten aus, bei denen schädliche Neigungen entweder bereits vorliegen oder jedenfalls in Betracht kommen und die häufig bereits freiheitsentziehende Maßnahmen durchlebt haben.[240] Die Klientel der Jugendstrafe stelle letztlich einen Fremdkörper in den Jugendarrestanstalten dar.[241] Umgekehrt halten andere die Ansteckungsgefahr der Warnschussarrestanten durch die „gewöhnlichen" Urteils- und Beschlussarrestanten für gravierender, da mit dem Warnschussarrest vorwiegend solche Täter belegt werden sollen, die noch über keine Erfahrungen mit Dauerarrest oder Untersuchungshaft verfügen.[242]

---

236 *Höynck*, Stellungnahme am 23.05.2012, S. 3; *Ostendorf*, ZIS 2012, 608 (609); *Schaffstein/Beulke/Swoboda*, 2014, Rn. 551; *Sonnen*, in: Diemer/Schatz/Sonnen, JGG, § 16a Rn. 19.
237 Deutscher Richterbund, Stellungnahme Nr. 16/12 vom 23.05.2012, S. 8.
238 *Wulf*, in: Meier/Rössner/Trüg/Wulf, JGG, § 16a S. 33.
239 *Endres/Breuer*, ZJJ 2014, 127 (128); *Kinzig/Schnierle*, JuS 2014, 210 (214), die Prisonierungseffekte wegen der kurzen Arrestdauer aber für gering halten; *Kreuzer*, ZRP 2012, 101 (102); *Sonnen*, in: Diemer/Schatz/Sonnen, JGG, § 16a Rn. 18; *Wulf*, in: Meier/Rössner/Trüg/Wulf, JGG, § 16a S. 32; *Findeisen*, ZJJ 2007, 25 (26) weist unter Bezugnahme auf die Gesetzbegründung BT-Drucks. 17/9389, S. 21 darauf hin, dass eine Ansteckungsgefahr durch eine räumliche Trennung der Warnschussarrestanten vermieden werden könne. An dieser Stelle ist aus Gründen der Ressourcenknappheit jedoch zu befürchten, dass sich dies in der Praxis nicht wiederfindet.
240 *Findeisen*, ZJJ 2007, 25 (26); *Schaffstein/Beulke/Swoboda*, 2014, Rn. 552; *Vietze*, 2004, S. 142.
241 *Kreuzer*, Stellungnahme am 23.05.2012, S. 5.
242 *Kinzig/Schnierle*, JuS 2014, 210 (214).

Auch der Gesetzgeber hat das Konfliktpotential in Form der Intensivierung krimineller Beziehungen erkannt und fordert die Sicherstellung einer geeigneten Übergangs- und Nachbetreuung durch die Bewährungs- und/oder Jugendgerichtshilfe nach der Arrestentlassung.[243] Die Realisierung eines Übergangsmanagement und einer nahtlosen Anschlussbetreuung nach der Arrestentlassung wird aufgrund der bereits vor Einführung des Warnschussarrestes bestehenden Defizite in der personellen Ausstattung der Arrestanstalten, Jugendgerichtshilfen und Bewährungshilfestellen allerdings in Frage gestellt.[244] Bemängelt wird ferner, der Warnschussarrest sei in seiner Gestalt als Jugendarrest mit Stigmatisierungseffekten behaftet[245] und führe zu einer Verstärkung des Selbstbildes als „Krimineller".[246]

Die Ergebnisse der Befragungsstudie von *Schumann* belegen, dass der Befürchtung einer weiteren kriminellen Vernetzung des Jugendlichen durch den Arrest durchaus Glauben zu schenken ist. Im Rahmen der Untersuchung zeigte sich, dass es mit einer zunehmenden Arrestdauer zu einer steigenden Identifikation mit den Mitarrestanten kommt.[247] Während im Zeitpunkt des Arrestbeginns nur 10 % der Befragten angaben, nach der Entlassung den Kontakt zu Mitarrestanten aufrechterhalten zu wollen, waren dies nach dem 10. Tag bereits 55 %.[248]

5. Beeinträchtigung der Bewährungshilfe

Anstelle einer förderlichen Einleitung der Bewährungszeit messen Gegner dem Warnschussarrest auch in dieser Hinsicht eine kontraproduktive Wirkung bei, da dieser wegen der zeitlichen Diskrepanz zwischen dem Zeitpunkt der Rechtskraft des Urteils und dem Vollzugsbeginn des Arrestes vor dem Hintergrund einer tatzeitnahen Sanktionierung im Jugendstrafrecht zeitlich zu spät ansetze, die Bewährungshilfe durchbreche und das

---

243 *Sonnen*, in: Diemer/Schatz/Sonnen, JGG, § 16a Rn. 19; BT-Drucks. 17/9389, S. 13.
244 Siehe Deutscher Richterbund, Stellungnahme Nr. 16/12 vom 23.05.2012, S. 8.
245 Zur Stigmatisierung durch den Jugendarrest bereits *Eisenhardt*, 1989, S. 148.
246 *Gebauer*, in: INFO 2013, 29 (47); *Kinzig/Schnierle*, JuS 2014, 210 (214); kritisch zum Warnschussarrest, da dieser stets mit Subkulturerfahrung und dem Stigma „Knast" verbunden ist, auch *Kreuzer*, NJW 2002, 2345 (2351).
247 *Schumann*, ZfJ 1986, 363 (367).
248 *Schumann*, ZfJ 1986, 363 (367).

Verhältnis der Bewährungshilfe zum Bewährungsprobanden insgesamt negativ beeinflusse.[249]

Bereits vor der Aufnahme des Warnschussarrestes in das Rechtsfolgensystem des JGG stand der Kritikpunkt im Raum, die Vollstreckung des Jugendarrestes erfolge oft erst Monate nach Rechtskraft des Urteils. Dadurch bestünde die Gefahr, dass der Warnschussarrest die bereits begonnene Bewährungshilfe, die nach dem Gesetz unmittelbar nach der Rechtskraft des Urteils ansetzen soll, durchbricht.[250] Trotz der verkürzten 3-Monatsfrist des § 87 Abs. 4 S. 2 JGG komme der Warnschussarrest zur Vorbereitung der Bewährungszeit regelmäßig zu spät.[251] Nach § 22 Abs. 2 S. 1 JGG beginnt die Bewährungszeit mit der Rechtskraft der Entscheidung über die Strafaussetzung zur Bewährung und damit vor Ablauf der 3-Monatsfrist. Im Idealfall erfolgt die Kontaktaufnahme zur Bewährungshilfe unmittelbar nach Rechtskrafteintritt oder wird bereits in der Hauptverhandlung unter gleichzeitiger Anwesenheit der Erziehungsberechtigten hergestellt.[252] Zwischenzeitlich ansetzende Resozialisierungseffekte könnten durch den Arrestvollzug wieder zerstört werden. Die dreimonatige Höchstfrist des § 87 Abs. 4 S. 2 JGG könne des Weiteren dazu führen, dass Ferien- oder Urlaubszeiten bei der Warnschussarrestvollstreckung nicht mehr ausreichend berücksichtigt werden können, was eine erhöhte entsozialisierende Wirkung zur Folge hätte.[253]

Hinzu komme die Gefahr, dass die Bewährungshilfe in Folge der Erwartung, es solle zunächst im Wege des Warnschussarrestes auf den jungen Täter eingewirkt werden, auf ein Tätigwerden im Vorfeld der Vollstreckung verzichte, so dass die Zeit für fördernde Eingliederungsbemühungen ungenutzt verstreicht.[254] Dies liefe der Ratio des § 22 Abs. 2 S. 1 JGG zuwider, wonach die Bewährungszeit mit der Rechtskraft der Entscheidung beginnt. Erschwerend trete die räumliche Distanz zwischen dem Sitz der zuständigen Bewährungshilfe und der Jugendarrestanstalt, in welcher der Warnschussarrest vollzogen wird, hinzu, die dem intensiven Einbezug der Bewährungshilfe oder einer ersten persönlichen Kontaktaufnahme, so-

---

249 *Höynck*, Stellungnahme am 23.05.2012, S. 3; *Hügel*, BewHi 1987, 50 (53); *Kreuzer*, ZRP 2012, 101 (102); *Riechert-Rother*, 2008, S. 36; *Rose*, in: Ostendorf, JGG, 10. Aufl., § 87 Rn. 17.
250 *Breymann/Sonnen*, NStZ 2005, 669 (672); *Ostendorf*, ZIS 2012, 608 (609).
251 *Goeckenjan*, ZJJ 2013, 67 (72); *Kinzig/Schnierle*, JuS 2014, 210 (213); *Ostendorf*, 2015, Rn. 209.
252 *Rose*, in: Ostendorf, JGG, 10. Aufl., § 87 Rn. 17.
253 *Ostendorf*, in: Ostendorf, JGG, 10. Aufl., § 16a Rn. 9.
254 *Gebauer*, in: INFO 2013, 29 (47).

weit diese im Vorfeld noch nicht erfolgt ist, hinderlich ist.[255] Darüber hinaus werde die Zusammenarbeit zwischen der Bewährungshilfe und dem Bewährungsprobanden wesentlich von einem Vertrauensverhältnis geprägt, das durch den zwangsweisen Vollzug des Warnschussarrestes erschüttert werde.[256] Die Bereitschaft zur Kooperation, die Herstellung eines Vertrauensverhältnisses und das Setzen neuer Handlungsimpulse könnten eher durch Motivation in Freiheit begründet werden, als durch das Diktat zwangsweisen Freiheitsentzuges.[257] Es bestehe daher die Gefahr, dass aus der Perspektive des Jugendlichen die Sanktion mit der Entlassung aus dem Arrestvollzug ihr Ende gefunden hat, was anstelle einer Motivationssteigerung einen Motivationsabfall zur Folge hätte.[258] Geht man einmal davon aus, dass es gelingt, während des Arrestvollzuges eine vertrauensvolle Zusammenarbeit zwischen dem Bewährungsprobanden und einem Betreuer herzustellen, so müsste diese auch nach der Entlassung des Bewährungsprobanden während der Bewährungszeit fortgesetzt werden, wovon in der Praxis aufgrund mangelnder Konzepte und Personals nur in seltenen Fällen auszugehen sei.[259]

6. Fehlannahme: Vermeidung apokrypher Haftgründe

Die Mutmaßung, die Verhängung eines Warnschussarrestes könne zu einer praktischen Verdrängung der aus erzieherischen Beweggründen angeordneten Untersuchungshaft führen, wird schon deshalb für verfehlt erachtet, da beide Maßnahmen zu unterschiedlichen Zeitpunkten eingreifen.[260] Denn während die Anordnung der Untersuchungshaft im Ermittlungsverfahren zeitnah zur Tatbegehung erfolgt, kann der Warnschussarrest als Rechtsfolgenmaßnahme erst mit der Urteilsverkündung ausgesprochen werden. Infolge dieser divergierenden Entscheidungszeitpunkte bleibt der Warnschussarrest zeitlich stets hinter der Untersuchungshaft zurück. Es sei daher ein Fehlschluss, wenn angenommen werde, die Sankto-

---

255 *Eisenberg*, 2017, § 8 Rn. 3; *Höynck*, Stellungnahme am 23.05.2012, S. 3; *Kinzig/Schnierle*, JuS 2014, 210 (213); *Hügel*, BewHi 1987, 50 (53).
256 *Eisenberg*, 2017, § 8 Rn. 3, § 16a Rn. 9; *Ostendorf*, ZIS 2012, 608 (609).
257 *Hügel*, BewHi 1987, 50 (53); *Eisenberg*, StV 2013, 44 (46); vgl. auch *Goeckenjan*, ZJJ 2013, 67 (68 f.), die den Arrest aufgrund seiner Dauer insgesamt nicht für geeignet erachtet ein Vertrauensverhältnis aufzubauen.
258 *Ostendorf*, in: Ostendorf, JGG, 10. Aufl., § 16a Rn. 9.
259 *Ostendorf*, 2015, Rn. 209.
260 *Schumann*, ZRP 1984, 319 (321); *Werner-Eschenbach*, 2005, S. 79.

nierung mittels Warnschussarrestes könne eine mit der Untersuchungs-haftanordnung vergleichbare Wirkung der „sofortigen Kriseninterventi-on"[261] erreichen.[262] Folglich ist nicht zu erwarten, dass die Möglichkeit zur Verhängung eines Warnschussarrestes der gesetzeswidrigen Zweckent-fremdung der Untersuchungshaft als erzieherisches Mittel entgegen-wirkt.[263]

7. Erhöhte Strafrückfälligkeit nach freiheitsentziehenden Maßnahmen

a) Rückfallquoten nach Jugendarrest

Bezweifelt wird die spezialpräventive Wirksamkeit des Warnschussarrestes insbesondere aufgrund der hohen Rückfallquoten nach der Verurteilung zu Jugendarrest gem. § 16 JGG.[264] Gemeinhin liegen die Rückfallquoten

---

261 *Ostendorf*, ZJJ 2012, 240 (244).
262 *Kinzig/Schnierle*, JuS 2014, 210 (214); *Schumann*, ZRP 1984, 319 (321).
263 *Hügel*, BewHi 1987, 50 (54); *Verrel/Käufl*, NStZ 2008, 177 (180); *Werner-Eschen-bach*, 2005, S. 79; *Wulf*, in: Meier/Rössner/Trüg/Wulf, JGG, § 16a Rn. 10 weist zudem darauf hin, dass die Einführung des Warnschussarrestes im Ermittlungs-verfahren als Verdachtsstrafe unzulässig wäre. *Franzke*, BRJ 2015, 118 (126) ana-lysierte die Frage, ob der § 16a-Arrest einer Vermeidung apokrypher Haftgründe dienlich ist, anhand eines zahlenmäßigen Vergleichs der Personen, die Jugend-strafe verbüßten und denjenigen, die sich im Zeitraum 31.03.2009 bis 30.11.2014 in Untersuchungshaft befanden. Er stellte fest, dass die Anzahl der Untersuchungshaftgefangenen zwar rückläufig ist, der relative Anteil der Untersuchungshaftgefangenen pro 100 Strafgefangene seit November 2013 aber wieder zugenommen hat.
264 Mit Hinweis auf die hohen Rückfallquoten nach einem Jugendarrest den Warn-schussarrest ablehnend: *Breymann/Sonnen*, NStZ 2005, 669 (672); Deutscher An-waltsverein, Stellungnahme Nr. 49/2012 vom 20.06.2012, S. 6; Deutscher Rich-terbund, Stellungnahme Nr. 16/12 vom 23.05.2012, S. 6 f.; *Dünkel/Flügge/Lösch* u.a., ZRP 2010, 175 (178); *Heinz*, NK 2008, 50 (56); *Kinzig/Schnierle*, JuS 2014, 210 (213); *Niehaus*, NRV-Info 2012, 23; *Pedal*, JuS 2008, 414 (417); *Schaffstein/ Beulke/Swoboda*, 2014, Rn. 546; *Sonnen*, in: Diemer/Schatz/Sonnen, JGG, § 16a Rn. 3 mit einem tabellarischen Überblick über die Rückfallquoten auf der Grundlage der bundesweiten Rückfalluntersuchungen 2003, 2010 und 2013; kritisch zum Argument der hohen Rückfallquote hingegen *Endres/Breuer*, ZJJ 2014, 127 (129) nach deren Ausführungen bei der Festlegung eines engeren Rückfallkriteriums, namentlich der Definition des Rückfalls als erneute Verur-teilung zu Jugend- oder Freiheitsstrafe, die Rückfälligkeit nach Jugendarrest ge-genüber derjenigen nach Jugendstrafe mit und ohne Bewährung geringer aus-fällt.

nach einem stationären Freiheitsentzug höher als bei ambulanten Maßnahmen einschließlich Bewährungsstrafen.[265] Bundesweite wie auch regionale Rückfalluntersuchungen zum Jugendarrest, vorwiegend aus den 60er- und 70er- Jahren, ergeben eine konstante Rückfallquote von 60-70 %.[266] Nach der von *Jehle u.a.* im Auftrag des Bundesministeriums für Justiz durchgeführten bundesweiten Rückfalluntersuchung für die Bezugsjahre 1994 und 2004 lag die Rückfallquote für den Jugendarrest nach § 16 JGG innerhalb eines vier- bzw. dreijährigen Risikozeitraums[267] bei 70,0 %[268] für das Bezugsjahr 1994 und 64,1 %[269] für das Bezugsjahr 2004. Unterschiede in der Rückfallrate abhängig von der Form des Arrestes als Freizeit-, Kurz- und Dauerarrest ergeben sich nicht.[270]

Betrachtet man die jüngste Legalbewährungsuntersuchung für das Basisjahr 2010 mit einem dreijährigen Bezugszeitraum weist der Jugendarrest mit einer Rückfallquote von 63,7 % nur geringfügige Unterschiede zur unbedingten Jugendstrafe auf, bei der sich die Rückfälligkeit auf 64,5 % beläuft.[271] Demgegenüber fällt die Rückfallrate nach einer zur Bewährung ausgesetzten Jugendstrafe mit 61,4 % kleiner aus.[272] Geringere Rückfallzahlen nach einem Jugendarrest zeigten sich hingegen in jüngerer Zeit bei der Evaluation des Jugendarrestes in Thüringen. Dort lag die Rückfallquote innerhalb von vier Jahren nach der Arrestentlassung bei 57,5 %, wobei auch

---

265 *Jehle/Heinz/Sutterer*, 2003, S. 55: Entscheidungen nach §§ 45, 47 Abs. 1 JGG weisen mit knapp 40 % die geringste Rückfälligkeit auf, während nach verbüßter Jugendstrafe ca. 78 % rückfällig werden; die Folgeuntersuchung für das Bezugsjahr 2004 ergibt für die unbedingte Jugendstrafe eine Rückfallquote von 69 %, *Jehle/Albrecht/Hohmann-Fricke u.a.*, 2010, S. 60; *Meier*, in: INFO 2005, 77 (80 ff.).

266 *Eisenberg*, 2017, § 16 Rn. 20 m.w.N.; *Ostendorf*, in: Ostendorf, JGG, 10. Aufl., Grdl. z. §§ 13-16a Rn. 9 m.w.N.; *Ostendorf*, MSchrKrim 1995, 352 f. m.w.N.; *Schäffer*, DVJJ-J 2002, 43 (45) verweist auf Rückfallquoten von 30-90 %; mit weiteren Nachweisen zu den Rückfallquoten nach Jugendarrest *Hartung*, 1981, S. 92 f.; *Schaffstein*, ZStW 82 (1970), 853 (855 ff.); für das Bundesland Bayern *Süssenguth*, 1973, S. 115 f., der zu einer Rückfallhäufigkeit von 69,5 % gelangt.

267 *Jehle/Heinz/Sutterer*, 2003, S. 16; *Jehle/Albrecht/Hohmann-Fricke u.a.*, 2010, S. 12.

268 *Jehle/Heinz/Sutterer*, 2003, S. 57.

269 *Jehle/Albrecht/Hohmann-Fricke u.a.*, 2010, S. 61.

270 *Heinz*, ZJJ 2004, 35 (47); *Hohmann-Fricke*, 2013, S. 110.

271 *Jehle/Albrecht/Hohmann-Fricke u.a.*, 2016, S. 56; wobei sich zeigt, dass die Rückfallquote mit der Länge des Beobachtungszeitraums weiter ansteigt, siehe *dies.*, 2016, S. 175.

272 *Jehle/Albrecht/Hohmann-Fricke u.a.*, 2016, S. 56; zu Vergleichswerten für die Basisjahre 2004 und 2007 *dies.*, 2010, S. 61; *dies.*, 2013, S. 55.

hier deutlich wurde, dass über 50 % der insgesamt erneut straffällig gewordenen Jugendlichen im ersten Jahr rückfällig wurden.[273]

Ob die bundesweit hohen Rückfallquoten nach der Sanktionierung mittels Jugendarrest unmittelbare Folge der Sanktionswahl sind, lässt sich mit Hilfe der Rückfallergebnisse nicht beantworten. Eine Fehlinterpretation wäre es an dieser Stelle, aus den hohen Rückfallquoten auf die Unwirksamkeit des Jugendarrestes zu schließen. Methodisch geben die deskriptiven Rückfallbefunde keinen Aufschluss über einen Kausalzusammenhang zwischen der Sanktion und der späteren Strafrückfälligkeit, da nicht auszuschließen ist, dass die Rückfälligkeit durch die Varianz der täter- und tatbezogenen Merkmale sowie Selektionseffekte in Form der richterlichen Prognose beeinflusst wird.[274] Anerkannt ist, dass die spezialpräventive Wirksamkeit einer Sanktion empirisch nur im Wege experimenteller oder quasi-experimenteller Vorgehensweise überprüft werden kann.[275] Zum Nachweis eines Kausalzusammenhangs zwischen der Sanktionsart und der Legalbewährung des Jugendlichen gilt es die Vielzahl an Störvariablen, die Einfluss auf die Rückfälligkeit ausüben, zu eliminieren oder im Wege der Kontrollgruppenbildung weitestgehend zu parallelisieren. Anhand der Rückfallstatistik lässt sich mithin keine Aussage über die legalbewährungsfördernde Wirkung der Sanktion treffen. Andererseits geben die Ergebnisse keinen Grund zur Annahme, dass die kurze Inhaftierung durch den Warnschussarrest zu einer positiveren Rückfallbilanz führt. So weist doch der Jugendarrest eine höhere Rückfallquote auf als die zur Bewährung ausgesetzte Jugendstrafe. Anlässlich dieser Ergebnisse wird der neu eingeführten Kombination von Jugendarrest neben bedingter Jugendstrafe eine rückfallreduzierende Wirkung abgesprochen.[276] Im umgekehrten Sinne wird stattdessen erwartet, dass sich die Rückfallquote nach einer zur Bewährung ausgesetzten Jugendstrafe durch die Kombination mit Jugendarrest nach § 16a JGG verschlechtert und sich die Rückfallrate nach einem Warnschussarrest dem Niveau der Rückfälligkeit nach Jugendarrest annähert.[277]

---

273 *Giebel/Ritter*, in: Risiken der Sicherheitsgesellschaft, 196 (199).
274 Bundesministerium des Innern/Bundesministerium der Justiz, Zweiter PSB, S. 640; *Heinz*, ZJJ 2004, 35 (44); *Meier*, in: INFO 2005, 77 (82 f.).
275 *Heinz*, in: Kriminologie und wissensbasierte Kriminalpolitik, 495 (499); *Meier*, in: INFO 2005, 77 (87 f.).
276 *Gonska*, GreifRecht 2013, 32 (38).
277 Bundesministerium des Innern/Bundesministerium der Justiz, Zweiter PSB, S. 652 f.; *Götting*, in: FS für Schöch, 245 (260); *Heinz*, NK 2008, 50 (56); *Schu-*

b) Bewährungsmisserfolg bei früherer Arrest- oder Untersuchungshafterfahrung

Ausgehend von den hohen Rückfallzahlen nach der Sanktionierung mittels Jugendarrest ist die entscheidende Frage, ob sich ein kurzer Freiheitsentzug zu Beginn der Bewährungszeit positiv auf die künftige Legalbewährung auswirkt. Zur Beantwortung dieser Frage kann in einem ersten Schritt danach gefragt werden, ob auf Basis der alten Rechtslage Jugendliche und Heranwachsende, deren Jugendstrafe zur Bewährung ausgesetzt wurde oder die infolge eines Schuldspruchs nach § 27 JGG eine Bewährungszeit zu bewältigen hatten und bereits über Jugendarrest- oder Untersuchungshafterfahrung verfügten, eine bessere Legalbewähungsquote aufweisen als solche, die bislang keinen Freiheitsentzug durchlaufen haben.

Vermehrt wurde im Rahmen der Diskussion um den Warnschussarrest darauf verwiesen, der Jugendliche erhalte durch die kurzzeitige Aufnahme in den Jugendarrest zu Beginn der Bewährungszeit einen Eindruck davon, was Freiheitsentzug bedeute und welche Folgen ein weiteres deviantes Verhalten für ihn habe. Legt man die Erwartung zu Grunde, dass ein erlebter „taste of prison" das Legalverhalten des Jugendlichen stärkt, müsste die Bewährungsquote bei den zu einer bedingten Jugendstrafe Verurteilten, die in Vergangenheit bereits einen Freiheitsentzug in Gestalt von Jugendarrest oder in selbigem Verfahren Untersuchungshaft erlitten haben, höher liegen, als bei bloßer Strafaussetzung zur Bewährung. Vergangene Untersuchungen haben diese Vermutung jedoch nicht bestätigt.

Eine im Jahr 1980 veröffentlichte Analyse von *Lorbeer* zum Verlauf der Bewährungszeit nach einer Entscheidung gem. § 27 JGG zeigt zunächst, dass innerhalb der Gruppe von Probanden mit einer Vorsanktionierung zu Jugendarrest die Erfolgsquote für ein Bestehen der Bewährungszeit mit 69,0 % höher liegt, als deren Misserfolgsrate (31,0 %).[278] Dies lege nach *Lorbeer* die Vermutung nahe, dass sich der Freiheitsentzug in seiner Warnfunktion positiv auf den Verlauf der Bewährungszeit auswirke.[279] Blickt man allerdings nicht nur auf die Gruppe der Probanden mit einer Vorsanktion in Form von Jugendarrest, sondern auf die Gesamtheit der Unter-

---

mann, ZfJ 1986, 363 (368) geht sogar davon aus, dass der Warnschussarrest zu einer Erhöhung der Bewährungswiderrufe führen wird.

278 *Lorbeer*, 1980, S. 222; die Untersuchung erstreckt sich auf 313 Entscheidungen nach § 27 JGG im OLG-Bezirk Hamburg aus den Jahren 1960-1970, *ders.*, 1980, S. 174 ff.

279 *Lorbeer*, 1980, S. 225.

suchungspopulation erscheint diese Schlussfolgerung nicht haltbar. Bei einer Gegenüberstellung von Bewährungsprobanden mit und ohne Arresterfahrung führt die Studie zu dem Ergebnis, dass diejenigen Jugendlichen, die in der Vergangenheit bereits einen Jugendarrest verbüßt hatten, eine höhere Misserfolgsquote gegenüber dem allgemeinen Durchschnitt aufweisen. Während bei insgesamt 25,9 % aller 313 untersuchten Probanden mit einer Entscheidung nach § 27 JGG ein negativer Bewährungsverlauf zu verzeichnen war, verfügten Probanden mit einer Vorverurteilung zu Jugendarrest über eine höhere Misserfolgsquote von 31 %.[280] Dieser Befund lässt eher auf einen fehlenden Legalbewährungseffekt eines zuvor verbüßen Jugendarrestes schließen.

Ähnliche negative Befunde zum Bewährungserfolg nach einer Vorverurteilung zu Jugendarrest ergeben sich aus dem Bericht von *Götting* über eine, im Hinblick auf die Einführung des Warnschussarrestes vorgenommene Sonderauswertung der Legalbewährungsstudie für das Bezugsjahr 1994.[281] Die Analyse zeigt, dass Jugendliche und Heranwachsende, die zu einer Jugendstrafe mit Bewährung verurteilt wurden, bei einer Vorverurteilung zu Jugendarrest eine höhere Rückfallquote aufweisen als bei einer Vorsanktionierung in Form von Erziehungsmaßregeln, sonstigen Zuchtmitteln oder Verfahrenseinstellungen nach dem JGG.[282] Bei Verurteilten zu einer Jugendstrafe mit Bewährung, deren schwerste Vorsanktion in einem verbüßten Jugendarrest bestand, liegt die Rückfallquote mit 72,1 % höher als bei einer Vorverurteilung zu sonstigen Zuchtmitteln/Erziehungsmaßregeln (70,7 %) oder einer Verfahrenseinstellung (58,5 %).[283] Unter Berücksichtigung der allgemeinen Selektionseffekte sprechen die Zahlen dafür, dass die vorangegangene Verbüßung eines Jugendarrestes dem Jugendlichen den Freiheitsentzug nicht in der Weise spürbar macht, dass er von der Begehung weiterer Straftaten Abstand nimmt. Auch für das Bezugsjahr

---

280 *Lorbeer*, 1980, S. 179, 224; vgl. dazu auch die Hinweise bei *Schumann*, ZRP 1984, 319 (322).

281 Durchgeführt wurde die Sonderauswertung vom Institut für Kriminalwissenschaften der Georg-August-Universität Göttingen, *Götting*, in: FS für Schöch, 245 (255 f.).

282 *Götting*, in: FS für Schöch, 245 (258); zu Art und Umfang der Vorbelastung der von Götting analysierten Personengruppe siehe zuvor Teil 1 B.II.1. a).

283 *Götting*, in: FS für Schöch, 245 (258), einbezogene Vorsanktionierungen wurden im Rahmen der Studie außer Acht gelassen, um sicherzustellen, dass der Arrest auch vollstreckt wurde, *ders.*, in: FS für Schöch, 245 (256); vergleichbare Ergebnisse zur Rückfälligkeit nach Jugendstrafe mit Strafaussetzung zur Bewährung unter Einbezug der schwersten Vorentscheidung für das Bezugsjahr 1994 und 2004 enthält *Hohmann-Fricke*, 2013, S. 113.

2007 zeigt sich bei den zu einer Jugendstrafe mit Bewährung verurteilten Personen, deren schwerste Vorsanktion in einem Jugendarrest bestand, mit einer Rückfallrate von 71 % eine schlechtere Bilanz als bei Jugendlichen, deren schwerste Vorverurteilung die Anordnung eines anderen Zuchtmittels oder einer Erziehungsmaßregel bildete und deren Rückfallrate bei 66 % lag.[284] Nach der Analyse von *Götting* fiel der Anteil unmittelbar freiheitsentziehender Folgesanktionen in der Form von Jugend- oder Freiheitsstrafe ohne Bewährung und Jugendarrest bei den zu Jugendstrafe mit Bewährung Verurteilten, deren schwerste Vorsanktion in einem verbüßten Jugendarrest bestand, höher aus als bei sonstigen Zuchtmitteln oder Erziehungsmaßregeln als schwerste Vorentscheidung.[285] Die Kombination von Jugendarrest als Vorsanktion und nachfolgender Jugendstrafe zur Bewährung gibt damit ein negativeres Bild gegenüber anderen ambulanten Vorentscheidungen ab.[286] Sofern man die Situation des Warnschussarrestes mit der eines verbüßten Jugendarrestes vergleichen will, ist jedoch berücksichtigen, dass letzterer unter Umständen schon einige Zeit zurückliegt und die Rückfallquote keine kausalen Rückschlüsse auf die Wirksamkeit des Jugendarrestes erlaubt.[287] Dennoch deuten vorstehende Befunde nicht darauf hin, dass ein zusätzlicher Jugendarrest positiv zur Bewältigung der Bewährungszeit beiträgt.

In Bezug auf die Wirkungen einer vorangegangenen Untersuchungshaft zeigt ein von *Kreischer* aufgestellter Vergleich von Bewährungsprobanden nach § 27 JGG mit und ohne Untersuchungshafterfahrung, dass bei Tätern, die vor der Hauptverhandlung keine Untersuchungshaft erlitten haben, die Erfolgsquote mit 70,2 % höher ausfällt als bei einer vorhergehenden

---

284 *Hohmann-Fricke/Jehle/Palmowski*, RdJB 2014, 313 (323).
285 Nach *Götting*, in: FS für Schöch, 245 (262), dort Tabelle 14, erhielten 38,3 % der zu Jugendstrafe mit Bewährung verurteilten und rückfälligen Personen mit einem Jugendarrest als schwerste Vorsanktion als Folgesanktion eine Jugend-/ Freiheitsstrafe ohne Bewährung oder einen Jugendarrest. Bei einer Vorsanktion in Form sonstiger Zuchtmittel oder Erziehungsmaßregeln belief sich der Anteil freiheitsentziehender Sanktionen hingegen auf 31,2 %. Zu ähnlichen Ergebnissen hinsichtlich der Wiederinhaftierungsquote bei Jugendarrest als schwerste Vorstrafe im Vergleich zu sonstigen Zuchtmittel oder Erziehungsmaßregeln als Vorsanktion *Hohmann-Fricke*, 2013, S. 113 f.; *Hohmann-Fricke/Jehle/Palmowski*, RdJB 2014, 313 (323).
286 *Hohmann-Fricke/Jehle/Palmowski*, RdJB 2014, 313 (323).
287 *Hohmann-Fricke*, 2013, S. 114.

Untersuchungshaftverbüßung mit 54,2 %.[288] Zwar kann wegen der unterschiedlichen Zusammensetzung der Bewährungsprobanden die erhöhte Rückfallquote nach der Verbüßung von Untersuchungshaft nicht als Ursache für die fehlende Legalbewährung betrachtet werden, doch sprechen die Zahlen nicht für die vermutete beeindruckende Wirkung der Untersuchungshaft.

Im Hinblick auf den Bewährungsverlauf nach einer zur Vollstreckung ausgesetzten Jugendstrafe offenbart die Untersuchung von *Vogt* zu 200 männlichen jugendlichen und heranwachsenden Straftätern mit einer Verurteilung zu Jugendstrafe in den Jahren 1965/1966, dass sich hinsichtlich des Bewährungswiderrufs für Probanden mit und ohne erlittener Untersuchungshaft keine wesentlichen Unterschiede ergeben.[289] Bewährungsprobanden, die zuvor Untersuchungshaft verbüßt hatten, wiesen mit einer Straferlassquote von 58,5 % gegenüber dem allgemeinen Durchschnitt von 62 % nur eine geringfügige Abweichung auf.[290] Im Umkehrschluss lag die Widerrufsquote bei erlittener Untersuchungshaft damit nur um ein Geringes höher als bei Probanden ohne Untersuchungshaft. Diese Untersuchungsergebnisse lassen in einem ersten Zwischenschritt keine Stärkung des Bewährungsverlaufs durch einen vorangegangenen kurzzeitigen Freiheitsentzug annehmen.

Im Weiteren untersuchte *Schumann* bereits vor knapp 30 Jahren im Kontext der erhofften bewährungsfördernden Wirkung des Warnschussarrestes den Bewährungserfolg von jugendlichen und heranwachsenden Bewährungsprobanden mit und ohne Untersuchungshafterfahrung unter der Kontrolle von Delikt und Vorstrafen.[291] Von 147 untersuchten Bewährungsprobanden hatten 60 zuvor Untersuchungshaft verbüßt, 87 hingegen nicht.[292] Die Untersuchung offenbarte, dass die Widerrufsrate bei den Bewährungsprobanden, die zuvor Untersuchungshaft verbüßt hatten, mit

---

288 *Kreischer*, 1970, S. 125; unter der Erfolgsquote wurden dort diejenigen Täter erfasst, die die Bewährungszeit erfolgreich überstanden hatten und auch in der Folgezeit ausweislich der Jahre danach erhobenen Straflisten nicht mehr in einer Weise straffällig wurden, die auf das Vorliegen von Kriminalität schließen ließ. Als Rückfall wurden demgegenüber die Fälle erfasst, in denen infolge Nichtbestehens der Bewährungszeit auf Jugendstrafe erkannt wurde oder der Schuldspruch zwar aufgrund des erfolgreichen Überstehens der Bewährungszeit getilgt wurde, der Täter aber in der Folgezeit erneut straffällig wurde; *ders.*, 1970, S. 59 a f., 125.

289 *Vogt*, 1972, S. 2 f., 114, 142.

290 *Vogt*, 1972, S. 142.

291 Im Einzelnen *Schumann*, ZRP 1984, 319 (322).

292 *Schumann*, ZRP 1984, 319 (322).

89

63,3 % signifikant höher ausfiel als bei vergleichbaren Probanden, die keine Untersuchungshaft verbüßt hatten.[293] Auf dieser Datengrundlage sah *Schumann* bereits 1984 den Einstiegsarrest als inadäquates Mittel zur Steigerung des Bewährungserfolges an, da bei vergleichbaren Tätern eine Hafterfahrung die Legalbewährungsaussichten verschlechtere.[294] Obgleich die Widerrufsquote nicht mit der Strafrückfälligkeit gleichzusetzen ist, da der Bewährungswiderruf nach § 26 Abs. 1 S. 1 Nr. 2, 3 JGG auch auf der Nichtbefolgung von Weisungen oder Auflagen beruhen kann und damit keine neue Straftatbegehung voraussetzt,[295] legen die erzielten Ergebnisse keine Verbesserung des Bewährungserfolges durch eine im Vorfeld verbüßte Untersuchungshaft nahe.

Zieht man eine Parallele zwischen den vorstehenden Forschungsbefunden und dem Arrest nach § 16a JGG darf nicht außer Acht gelassen werden, dass sich die Untersuchungshaft in ihrer Ausgestaltung und der gesetzgeberischen Zielsetzung wesentlich von dem Vollzug des § 16a-Arrestes unterscheidet. Die höheren Widerrufsquoten nach der Verbüßung von Untersuchungshaft können damit allenfalls als ein Indiz für eine fehlende Signalwirkung im Sinne einer Abschreckung vor weiteren Straftaten gewertet werden.[296]

c) Bewährungsmisserfolg bei Koppelung von Jugendarrest und § 27 JGG

Einen ersten Anhaltspunkt für die Beurteilung der Rückfälligkeit nach einer Sanktionierung mittels Arrest neben dem Erlass eines Schuldspruchs liefert auch hier die Arbeit von *Kreischer* zur Handhabung des § 27 JGG durch die Jugendgerichte in Baden-Württemberg. Gegenstand der Untersuchung waren 419 erstinstanzliche Entscheidungen zu § 27 JGG aus den Jahren 1960-1964 in Baden-Württemberg.[297] Die von *Kreischer* durchgeführte Untersuchung belegt vorab, dass die Verbindung von Jugendarrest und Schuldspruch nach § 27 JGG in der Praxis bereits vor der ausdrücklichen gesetzlichen Legitimierung in §§ 8 Abs. 2 S. 2, 16a JGG Anwendung

---

293 *Schumann*, ZRP 1984, 319 (323).
294 *Schumann*, ZRP 1984, 319 (323).
295 Tendenziell liegt die Rückfallquote sogar wesentlich höher als die Widerrufsquote, da nicht jede erneute als Rückfalltat zwangsläufig zu einem Bewährungswiderruf führt. Vgl. hierzu die zusammenfassende Darstellung zur Widerrufs- und Rückfallquote nach ausgesetzter Jugendstrafe bei *Weigelt*, 2009, S. 44.
296 In diesem Sinne *Schumann*, ZfJ 1986, 363 (368); *Schumann*, ZJJ 2014, 148 (149).
297 Zum Untersuchungsgegenstand *Kreischer*, 1970, S. 5, 8.

fand.[298] Bei 30,1 % der insgesamt 419 in die Untersuchung einbezogenen Entscheidungen nach § 27 JGG wurde neben der Aussetzung der Verhängung der Jugendstrafe zugleich ein Jugendarrest ausgesprochen.[299] Der Vergleich der Bewährungsquoten nach einer Entscheidung gem. § 27 JGG mit und ohne gleichzeitiger Verhängung eines Jugendarrestes zeigte, dass die Erfolgsquote bei der Verhängung eines Jugendarrestes neben einem Schuldspruch mit 68,3 % nur geringfügig von den Fällen abwich, in welchen auf eine zusätzliche Arrestanordnung verzichtet wurde.[300] Dort belief sich die Erfolgsquote auf 66,6 %.[301] Eine auffallend höhere Erfolgsquote bei einer Koppelung von § 27 JGG mit Jugendarrest wies das AG Freiburg auf, deren Anwendungspraxis *Kreischer* gesondert analysierte, da rund ein Drittel aller untersuchten Fälle (137 von 419) auf diesen Bezirk entfielen.[302] Bei den untersuchten Entscheidungen des Amtsgerichts Freiburg erging in 78,1 % der Fälle eine Verbindung mit Jugendarrest, wobei die Erfolgsquote bei einer Koppelung mit Jugendarrest mit 71 % deutlich höher lag als bei einem alleinigen Schuldspruch nach § 27 JGG mit 56,7%.[303] Soweit in diesem Gerichtsbezirk die Erfolgsquote insgesamt höher ausfiel, war festzustellen, dass die Richter intensive Erziehungsbemühungen auch noch nach der Hauptverhandlung unternommen hatten.[304] Bei der Nichtbeachtung von Bewährungsauflagen wurden die Probanden häufig geladen und eindringlich, zum Teil unter Anordnung eines Freizeitarrestes, zur Erfüllung der Auflagen angehalten.[305] Bei den übrigen Gerichten, auf welche 19 Entscheidungen der Verbindung von § 27 JGG mit Jugendarrest zurückgingen, war eine derartige erzieherische Vorgehensweise nur selten vorhanden. Die Anzahl der Erfolgsquote lag dort bei 52,6 % und damit unterhalb der Erfolgsquote von 66,6 % bei einem Schuldspruch ohne Arrestverhängung.[306] *Kreischer* gelangt zu dem Schluss, dass für die im Einzelfall festgestellten höheren Erfolgsquoten nach einer Verbindung von Schuldspruch mit Jugendarrest nicht so sehr der Umstand der Sanktionskoppe-

---

298 *Kreischer*, 1970, S. 127.
299 *Kreischer*, 1970, S. 127.
300 *Kreischer*, 1970, S. 127.
301 *Kreischer*, 1970, 127.
302 *Kreischer*, 1970, S. 8, 127.
303 *Kreischer*, 1970, S. 128; von den insgesamt 137 Entscheidungen des AG Freiburg erfolgte in 107 Fällen eine Verbindung mit einem Jugendarrest, *ders.*, 1970, S. 127.
304 *Kreischer*, 1970, S. 128 f.
305 *Kreischer*, 1970, S. 129.
306 *Kreischer*, 1970, S. 128 f.

lung per se, sondern vielmehr die erzieherische Tätigkeit des Jugendrichters richtungsweisend war.[307] Diese Ergebnisse deuten an, dass die Kommunikation mit dem Jugendlichen für eine positive Bewältigung der Bewährungszeit von maßgeblicher Bedeutung ist.

d) Internationale Erkenntnisse und Formen der Kombination von Bewährungsstrafe und kurzem Freiheitsentzug

Die dem Warnschussarrest beigemessene rückfallpräventive Wirkung wird zudem auf Grund der internationalen Forschungsergebnisse zur Koppelung kurzer Freiheitsstrafen mit einer zur Bewährung ausgesetzten Freiheitsstrafe bezweifelt.[308] Die auf internationaler Ebene durchgeführten Studien belegen überwiegend, dass von einem kurzen Freiheitsentzug keine Schockwirkung mit positiven Effekten auf das Ausbleiben der Strafrückfälligkeit ausgeht.

aa) Sherman-Report – USA

In Zusammenhang mit der für verfehlt erachteten präventiven Wirkung des Warnschussarrestes wird vornehmlich auf die Ergebnisse des Sherman Reports aus dem Jahr 1998, einer Sekundäranalyse zu mehr als 500 amerikanischen Präventionsprogrammen verwiesen.[309] Innerhalb der evaluierten Kriminalitäts-Präventions-Programme haben sich Abschreckungsmaßnahmen durch Gefängnisbesuche sowie die Kombination von Bewährungsstrafe und vorherigem kurzen Freiheitsentzug als unwirksam herausgestellt.[310] Die Durchführung sog. „scared straight"- Programme, in deren Rahmen bereits straffällige oder kriminell gefährdete Jugendliche durch

---

307 *Kreischer*, 1970, S. 129.
308 *Albrecht/Dünkel/Spieß*, MSchrKrim 1981, 310 (321); *Hügel*, BewHi 1987, 50 (52); *Wulf*, in: Meier/Rössner/Trüg/Wulf, JGG, § 16a Rn. 29.
309 Unter Hinweis auf den Sherman-Report *Kinzig/Schnierle*, JuS 2014, 210 (214); *Sonnen*, in: Handbuch Jugendkriminalität, 483 (491); *Verrel/Käufl*, NStZ 2008, 177 (179); *Wulf*, in: Meier/Rössner/Trüg/Wulf, JGG, § 16a Rn. 16; zu den zentralen Ergebnissen *Sherman/Gottfredson/MacKenzie* u.a., Preventing Crime, Research in Brief, S. 6 ff. sowie *Plewig*, ZJJ 2003, 108 (109).
310 *Plewig*, ZJJ 2003, 108 (110); *Heinz*, ZJJ 2014, 97 (106); mit Einzelheiten zu den verschiedenen amerikanischen Abschreckungsprogrammen *Gernbeck*, 2017, S. 121 ff.

Gefängnisbesuche und den direkten Kontakt zu Häftlingen, die ihnen von den Schwierigkeiten der Inhaftierung berichten, von künftigen Straftatbegehungen abgehalten werden sollen, haben sich als nicht zielführend erwiesen.[311] Entgegen der eigentlichen Zielsetzung verfügte die Experimentalgruppe, deren Probanden an den Gefängnisbesuchen teilgenommen hatten, entweder über eine höhere Straffälligkeitsrate als die Probanden der Kontrollgruppe oder es zeigten sich keine Gruppenunterschiede.[312] Das Zusammentreffen mit den Inhaftierten führte bei den Probanden der Experimentalgruppe demnach offenbar zu einer Identifizierung mit den Gefägnisinsassen und damit zu einer Kriminalitätszunahme.[313]

bb) Untersuchung von Bondeson – Schweden

Die Untauglichkeit der Kombination von Bewährungsstrafe und kurzzeitigem Freiheitsentzug in rückfallpräventiver Hinsicht wird durch eine Untersuchung von *Bondeson* in Schweden bekräftigt.

Den Ergebnissen der Studie vorauszuschicken ist, dass das schwedische Strafgesetzbuch keine Bewährungsstrafe kennt, wie sie im deutschen allgemeinen Strafrecht existiert; es ermöglicht aber die Anordnung einer Schutzaufsicht, bei welcher der Verurteilte in Freiheit einer Überwachung unterstellt wird, in Kombination mit Geldstrafe oder einer kurzen Gefängnisstrafe von 14 Tagen bis 3 Monaten (sog. „probation with institutionalization"[314]).[315] Die Untersuchung von 400 per Zufallsauswahl bestimmten männlichen Probanden, die im Jahr 1976 zu bedingter Strafe oder Schutz-

---

311 *Sherman/Gottfredson/MacKenzie* u.a., Preventing Crime: What works, what doesn't, what promising, Chapter 9, 3.2; *Wulf*, in: Meier/Rössner/Trüg/Wulf, JGG, § 16a Rn. 29.
312 *Heinz*, NK 2008, 50 (56); *Sherman/Gottfredson/MacKenzie* u.a., Preventing Crime: What works, what doesn't, what promising, Chapter 9, 3.2; einen umfassenden Überblick über die ausländische Sekundäranalyse zur spezialpräventiven Wirkung von Sanktionen gibt *Heinz*, in: 26. JGT, 62 (91 ff.).
313 *Wulf*, in: Meier/Rössner/Trüg/Wulf, JGG, § 16a Rn. 29.
314 *Bondeson*, in: Alternativen zur Freiheitsstrafe, 148 (151).
315 *Cornils/Wiskemann*, in: Alternativen zur Freiheitsstrafe, 123 f. In Schweden gibt es drei Formen bedingter Strafe: Die bedingte Verurteilung, bei der lediglich ein Schuldspruch ergeht und der Verurteilte sich zwei Jahre bewähren muss, jedoch ohne dabei einer Überwachung zu unterliegen. Bei Verstoß gegen die ordentliche Lebensführung kann es auf Antrag der Staatsanwaltschaft zu weiteren Maßnahmen kommen. Daneben existiert die sog. Schutzaufsicht, bei der das Gericht eine dreijährige Lebensführungsaufsicht anordnet unter Bewährungs-

aufsicht verurteilt wurden, ergab, dass die Rückfallrate innerhalb eines zweijährigen Rückfallzeitraums bei Probanden mit Schutzaufsicht, die zu Beginn der „Bewährungszeit" zusätzlich einen Freiheitentzug in einem Bewährungshilfeheim (sog. probation hostels"[316]) erfahren hatten, deutlich höher ausfiel als bei Probanden, die mit einer Schutzaufsicht ohne kurzzeitige Inhaftierung sanktioniert wurden.[317] Während die Rückfallquote bei Schutzaufsicht ohne kurzzeitige Inhaftierung bei 30 % lag, wurden von den Bewährungshilfeprobanden mit zusätzlichem Freiheitsentzug 61 % rückfällig.[318]

cc) Untersuchung von Kraus – Australien

Mit der Frage der positiven Einflussnahme eines kurzen Freiheitsentzugs auf den Verlauf der Bewährungszeit befasst sich auch *Kraus* in seiner Untersuchung von 90 männlichen jugendlichen Ersttätern in Australien. Um die Auswirkungen einer kurzzeitigen Inhaftierung auf die Strafrückfälligkeit sichtbar zu machen, wurden zwei Gruppen von nicht vorbestraften jugendlichen Bewährungsprobanden gegenüber gestellt, die in ihrer Zusammensetzung hinsichtlich Alter, Art und Anzahl der strafrechtlichen Vorwürfe identisch waren.[319] Während die eine Gruppe von Jugendlichen unmittelbar der Bewährungsaufsicht unterstellt wurde, befand sich die andere Probandengruppe zuvor kurzzeitig in Haft.[320] Unter Zugrundelegung eines 24-monatigen Rückfallzeitraums beginnend mit dem Zeitpunkt der Bewährungsanordnung stellte sich heraus, dass von den Bewährungsprobanden ohne früheren Freiheitsentzug 36,6 % erneut straffällig wurden, während die Rückfallquote bei den Jugendlichen mit vorheriger Inhaftie-

---

überwachung. Als dritte Form der bedingten Strafe kennt das schwedische Recht die bedingte Entlassung. Hierbei handelt es sich um eine bedingte Restaussetzung einer ausgesprochenen und teilweise verbüßten Freiheitsstrafe, wobei zugleich eine Probezeit von 1-3 Jahren bestimmt wird, *dies.*, in: Alternativen zur Freiheitsstrafe, 123 (125 ff.)

316 *Bondeson*, in: Alternativen zur Freiheitsstrafe, 148.
317 *Bondeson*, in: Alternativen zur Freiheitsstrafe, 148 149.
318 *Bondeson*, in: Alternativen zur Freiheitsstrafe, 148 (157); sls Rückfallkriterium wurde die Eintragung ins Strafregister gewertet, *dies.*, in: Alternativen zur Freiheitsstrafe, 148 (157).
319 *Kraus*, British Journal of Criminology 1978, 285.
320 *Kraus*, British Journal of Criminology 1978, 285; vgl. dazu auch *Hügel*, BewHi 1987, 50 (52).

rung bei 64,4 % lag.[321] Die Länge des Freiheitsentzuges war dabei ohne Einfluss auf die Strafrückfälligkeit.[322] Die Behauptung, der Warnschussarrest führe zu einer positiven Bewältigung der Bewährungszeit, lässt sich durch diese Befunde nicht stützen.

dd) Untersuchung von Aarten – Niederlande

Eine von *Aarten u.a.* in den Niederlanden durchgeführte Vergleichsuntersuchung zur Rückfälligkeit nach vollständig zur Bewährung ausgesetzter Freiheitsstrafe und kurzzeitiger Inhaftierung bei anschließender Bewährungszeit führte in Bezug auf die Wirksamkeit der kurzzeitigen Freiheitsstrafe zu einem in Teilen abweichenden Ergebnis. Das niederländische Rechtssystem kennt drei Abstufungen bei der Entscheidung über die Strafaussetzung zur Bewährung abhängig von der Länge der verhängten Freiheitsstrafe. Eine Freiheitsstrafe, die zwei Jahre nicht überschreitet, kann ganz oder teilweise zur Bewährung ausgesetzt werden.[323] Übersteigt die Freiheitsstrafe 2 aber nicht 4 Jahre, können maximal zwei Jahre der verhängten Freiheitsstrafe zur Bewährung ausgesetzt werden.[324] Bei einer Verurteilung zu einer Freiheitsstrafe von mehr als 4 Jahren ist eine Aussetzung zur Bewährung ausgeschlossen.[325]

Die Studie von *Aarten u.a.* basiert auf der Auswertung der Strafregisterauszüge von insgesamt 2115 erwachsenen Personen, die im Jahr 2006 in Amsterdam und Den Haag eine vollständig zur Bewährung ausgesetzte Freiheitsstrafe erhalten haben oder bei teilweiser Strafaussetzung zur Bewährung eine kurzzeitigen Haftstrafe von maximal sechs Monaten verbüßt hatten.[326] Hinsichtlich der Rückfälligkeit nach einer vollständigen Strafaussetzung zur Bewährung und einer kurzeitigen Inhaftierung bei teilwei-

---

321 *Kraus*, British Journal of Criminology 1978, 285 (286).
322 *Kraus*, British Journal of Criminology 1978, 285 (287).
323 *Aarten/Denkers/Borgers u.a.*, European Journal of Criminology Vol. 11, 2014, 702 (704).
324 *Aarten/Denkers/Borgers u.a.*, European Journal of Criminology Vol. 11, 2014, 702 (704).
325 *Aarten/Denkers/Borgers u.a.*, European Journal of Criminology Vol. 11, 2014, 702 (704).
326 *Aarten/Denkers/Borgers u.a.*, European Journal of Criminology Vol. 11, 2014, 702 (708); *Endres/Breuer*, ZJJ 2014, 127 (135), Fn. 55 sprechen in diesem Kontext von einer Vorwegverbüßung eines Teils der Strafe. Von den untersuchten 2.115 Verurteilten waren 27 % zu einer Freiheitsstrafe verurteilt worden, die vollständig zur Bewährung ausgesetzt wurde; der überwiegende Teil von 72 % verbüßte

ser Strafaussetzung zur Bewährung ergaben sich bei Vergleichbarkeit der beiden Personengruppen keine Unterschiede in der Rückfallwahrscheinlichkeit.[327] Zugleich zeigte sich aber, dass Ersttäter mit einer kurzzeitigen Inhaftierung ein geringeres Rückfallrisiko aufweisen als solche, die eine vollständig zu Bewährung ausgesetzte Freiheitsstrafe erhalten haben.[328] Bei Wiederholungstätern fand sich hingegen ein gegenteiliges Ergebnis wieder. Diese wiesen bei kurzeitiger Inhaftierung eine höhere Rückfallwahrscheinlichkeit auf als bei einer vollständigen Strafaussetzung zur Bewährung, so dass letztere geeigneter erschien.[329]

Diese Ergebnisse scheinen die Theorie zu stützen, dass eine kurzzeitige Inhaftierung bei Ersttätern durch den ausgelösten Schockeffekt eher dazu beitragen kann, diese von der Begehung weiterer Straftaten abzuhalten als eine vollständige Strafaussetzung zur Bewährung.[330] Bezogen auf die Anordnung von Jugendarrest neben bedingter Jugendstrafe wird vor dem Hintergrund dieser Ergebnisse zum Teil davon ausgegangen, dass sich die Koppelung dieser beiden Maßnahmen bei sinnhafter Ausgestaltung zumindest für einen Teil der Klientel als effektiv erweisen könnte.[331] Allerdings können die Forschungsbefunde der vorgenannten Studie wegen ihres Bezugs auf das Erwachsenenstrafrecht nicht unmittelbar auf das Jugendstrafrecht transferiert werden, da junge Straftäter altersgemäß besonders vielschichtige Problemlagen aufweisen und in ihrem Entwicklungsprozess hin zum Erwachsenwerden äußere Faktoren, wie etwa Freunde, Freizeitverhalten und familiäre Bindungen maßgeblichen Einfluss auf die Kriminalitätsverübung haben.

---

eine kurze Haftstrafe von max. 6 Monaten; *Aarten/Denkers/Borgers u.a.*, European Journal of Criminology Vol. 11, 2014, 702 (708).

327 *Aarten/Denkers/Borgers u.a.*, European Journal of Criminology Vol. 11, 2014, 702 (718).

328 *Aarten/Denkers/Borgers u.a.*, European Journal of Criminology Vol. 11, 2014, 702 (718); vgl auch *Endres/Breuer*, ZJJ 2014, 127 (135), Fn. 55.

329 *Aarten/Denkers/Borgers u.a.*, European Journal of Criminology Vol. 11, 2014, 702 (719).

330 *Aarten/Denkers/Borgers u.a.*, European Journal of Criminology Vol. 11, 2014, 702 (718).

331 *Endres/Breuer*, ZJJ 2014, 127 (135).

ee) Teilbedingte Freiheitsstrafe in Österreich

Auch das österreichische Jugendstrafrecht kennt die Möglichkeit einer teilweisen Bewährungsentscheidung. Neben der vollständig bedingten Strafnachsicht gem. § 43 öStGB gewährt § 43a Abs. 3 öStGB i.V.m. § 5 öJGG bei der Verhängung einer Freiheitsstrafe von mehr als sechs Monaten und nicht mehr als zwei Jahren die Möglichkeit, einen Teil der Freiheitsstrafe gegen den Jugendlichen unbedingt zu verhängen und den anderen bedingt nachzusehen. Im Unterschied zur Strafrestaussetzung erfolgt die teilbedingte Nachsicht der Freiheitsstrafe unmittelbar im Urteil. Der nicht bedingt nachgesehene Teil der Freiheitsstrafe muss mindestens einen Monat und darf nicht mehr als ein Drittel der Strafe betragen. Vorgesehen ist die teilbedingte Freiheitstrafe insbesondere für Mehrfachtäter, die aufgrund ihrer vorangegangenen Straffälligkeit nicht in den Verdienst einer vollständigen Strafnachsicht kommen und bei denen die Kombination einer bedingten Freiheitsstrafe und einer unbedingten Geldstrafe keine Alternative bietet.[332] Auskunft über die Erfolgsbeurteilung der teilbedingten Freiheitsstrafe, die folglich zu einer Teilverbüßung der Freiheitsstrafe führt, gibt in einem ersten Schritt die in Österreich geführte Wiederverurteilungsstatistik. Diese gibt Auskunft über den Anteil der innerhalb eines festgelegten Zeitraums von vier Jahren durch ein österreichisches Gericht erneut rechtskräftig verurteilten Personen.[333] Danach liegt die Wiederverurteilungsquote bei Personen, die im Ausgangsjahr 2012 zu einer bedingten Freiheitsstrafe verurteilt wurden, bei 31,8 %, während Personen mit einer teilbedingten Freiheitsstrafe nach § 43a Abs. 3 und 4 JGG zu 25,8 % eine erneute Verurteilung aufwiesen.[334] Die teilbedingte Freiheitsstrafe weist damit gegenüber der bedingten Freiheitsstrafe leichte Vorzüge auf.

Da die veröffentlichte Wiederverurteilungsstatistik innerhalb der Wiederverurteilungen nach der jeweiligen Ausgangssanktionierung keine Differenzierung nach der Altersgruppe zulässt, erfolgte zum Zwecke dieser Arbeit eine Sonderauswertung der Wiederverurteilungsstatistik durch STATISTIK AUSTRIA, die innerhalb der Ausgangsverurteilung eine Auf-

---

332 *Jesionek*, in: Entwicklungstendenzen und Reformstrategien im Jugendstrafrecht im internationalen Vergleich, 269 (281); vgl. zur teilbedingten Strafnachsicht in Österreich auch *Vietze*, 2004, S. 175 ff.

333 Statistik Austria, Kriminalstatistik 2016, S. 49, die Wiederverurteilungsstatistik bezieht sich auf verurteilte ausgenommen, der zu einer unbedingten Freiheitsstrafe/Anstaltsunterbringung Verurteilten, die mit dem Zeitpunkt ihrer Entlassung in der Statistik ausgewiesen werden.

334 Statistik Austria, Kriminalstatistik 2016, S. 56.

spaltung der Wiederverurteilungsquote nach der Altersgruppe ermöglicht.[335] Betrachtet man ausschließlich die Gruppe jugendlicher Straftäter (14 bis 17 Jahre) liegt die Wiederverurteilungsquote nach einer teilbedingten Freiheitsstrafe gem. § 43a Abs. 3, 4 öStGB mit 59,1 % wesentlich höher als in der Gesamtdarstellung und fiel gegenüber der Wiederverurteilungsrate nach einer vollständig bedingten Freiheitsstrafe von 53,9 % sogar schlechter aus. Bei jungen Erwachsenen (18 bis 20 Jahre) zeigt sich hingegen wieder eine etwas niedrigere Wiederverurteilungsquote nach einer teilbedingten Freiheitsstrafe: 37,0 % der jungen Erwachsenen mit einer Ausgangsverurteilung zu einer teilbedingten Freiheitsstrafe nach § 43a Abs. 3, 4 öStGB hatten eine erneute Verurteilung vorzuweisen, bei einer bedingten Freiheitsstrafe waren es 43,1 %.

Bei der Interpretation dieser Werte ist zu berücksichtigen, dass der Vollzug einer teilbedingten Freiheitsstrafe durch seine Maximalbeschränkung auf ein Drittel der Strafe deutlich länger ausfällt der Arrestvollzug, wie ihn das deutsche Rechtssystem kennt. Für jugendliche Straftäter gibt die höher ausfallende Wiederverurteilungsquote nach einer teilbedingten Freiheitsstrafe jedenfalls nicht allzu viel Hoffnung, dass sich eine Hafterfahrung in Form des Warnschussarrestes positiv auf die weitere Legalbewährung auswirkt.

ff) Übertragbarkeit auf den Warnschussarrest

Eine direkte, unreflektierte Übertragung der vorgenannten Studienergebnisse auf den Arrest nach § 16a JGG ist sicherlich nur eingeschränkt möglich.[336] Die internationalen Befunde geben aber gleichfalls keinen allzu großen Grund zur Annahme, dass die Sanktionskoppelung in Form von Jugendarrest und bedingter Jugendstrafe tatsächlich zu einer Verbesserung

---

335 Die in der gerichtlichen Kriminalstatistik des Landes Österreich enthaltene amtliche Wiederverurteilungsstatistik enthält zwar sowohl eine Aufspaltung der Wiederverurteilungsquote nach dem Alter der Probanden zum Tatzeitpunkt (Jugendliche, junge Erwachsene, Erwachsene) als auch nach der Ausgangsverurteilung, Statistik Austria, Kriminalstatistik 2016, S. 53 f., 56, diese Werte sind aber nicht miteinander verknüpft. Die Sonderauswertung erfolgte auf Anfrage der Verfasserin im Januar 2018 durch STATISTIK AUSTRIA, Bundesanstalt Statistik Österreich, Wien. Nachfolgende Angaben basieren ausschließlich auf dieser Auswertung.

336 Vgl. mit Verweis auf die speziell amerikanischen Verhältnisse *Kinzig/Schnierle*, JuS 2014, 210 (214); *Wulf*, in: Meier/Rössner/Trüg/Wulf, JGG, § 16a Rn. 16.

der Legalbewährung beitragen kann.[337] Zwar könnte die niederländische Untersuchung von *Aarten u.a.* einen Anhaltspunkt dafür geben, dass ein zusätzlicher Arrest bei Ersttätern abschreckend wirkt, doch kongruiert dies nicht mit den nationalen jugendbezogenen Erkenntnissen zur Abschreckungs- und Besinnungswirkung.[338] Insgesamt lassen die internationalen Befunde keine eindeutige Schlussfolgerung in Bezug auf eine Beeindruckung junger Täter durch einen kurzzeitigen Freiheitsentzug zu.

8. Gefahr eines net-widening-Effekts

Dem Vorbringen, durch die Koppelung von Jugendarrest und bedingter Jugendstrafe könne die Anzahl unbedingter Jugendstrafen minimiert werden, steht man auf Seiten der Wissenschaft skeptisch gegenüber. An Stelle einer Zurückdrängung unbedingter Jugendstrafen besteht die Besorgnis eines sog. net-widening-effects[339], namentlich der Anwendung des Warnschussarrestes auf solche Jugendliche, die nach alter Rechtslage ohnehin mit einer bedingten Jugendstrafe sanktioniert worden wären.[340] Ebenso wird eine Ausweitung des Warnschussarrestes auf Fälle befürchtet, die vormals lediglich mit einem Jugendarrest geahndet worden wären.[341] Die Annahme, der Warnschussarrest könne sich als zusätzliches Repressionsinstrumentarium und erzieherische „Draufgabe"[342] etablieren, wird gestützt durch die Erkenntnis, dass auf Seiten der Richterschaft der Abschreckungsgedanke trotz fehlender empirischer Belege weit verbreitet ist.[343] Die Ge-

---

337 *Gernbeck,* 2017, S. 124; ebenso *Wulf,* in: Meier/Rössner/Trüg/Wulf, JGG, § 16a Rn. 29 mit Bezug auf § 16a Abs. 1 Nr. 1 JGG.

338 Siehe oben Teil 1 B.II.1.a).

339 Als net-widening-effect wird allgemein die Ausweitung und Vorverlagerung des Netzes sozialer Kontrolle in Zusammenhang mit einem Absenken der Kontrollqualität beschrieben, *Eisenberg/Kölbel,* 2017, § 20 Rn. 4; *Kaiser,* 1996, § 29 Rn. 26.

340 Zu diesen Bedenken bereits *Eisenberg,* 1984, S. 12; aus jüngerer Literatur *Kinzig/ Schnierle,* JuS 2014, 210 (211); *Laubenthal/Baier/Nestler,* 2015, Rn. 490; *Schaffstein/Beulke/Swoboda,* 2014, Rn. 553; *Verrel/Käufl,* NStZ 2008, 177 (180).

341 *Hügel,* BewHi 1987, 50 (54).

342 *Verrel/Käufl,* NStZ 2008, 177 (181).

343 Vgl. *Schumann/Döpke,* in: Jugendarrest und/oder Betreuungsweisung, 98 (111); *Wulf,* in: Meier/Rössner/Trüg/Wulf, JGG, § 16a Rn. 11. Das Ziel mittels des Freiheitsentzuges abschreckend auf den Jugendlichen einzuwirken hat sich auch im Rahmen der eigens von der Verfasserin durchgeführten Befragung der Jugendrichter/innen in Bayern als vorherrschend erwiesen. Für 85,7 % der Befragten stellt die Individualabschreckung einen wichtigen oder gar sehr wichtigen As-

fahr einer extensiven, regelhaften Anwendung des Warnschussarrestes sei demnach nicht auszuschließen.[344]

9. Unbestimmtheit einer eigenständigen Zielgruppe

Kritik erfuhr der Warnschussarrest darüber hinaus aus Gründen der mangelnden Zielgruppenbestimmung.[345] Unklar sei, auf welche Zielgruppe der Arrest nach § 16a JGG überhaupt zugeschnitten ist.[346] Gemäß § 13 Abs. 1 JGG ahndet der Jugendrichter die Straftat mit Zuchtmitteln nach § 13 Abs. 2 JGG nur, wenn Jugendstrafe nicht geboten ist. Sofern der Richter Jugendstrafe gemäß § 17 JGG wegen des Vorliegens schädlicher Neigungen oder der Schwere der Tat für geboten hält, sei eine Anwendung von Jugendarrest ausgeschlossen. Jugendarrest und Jugendstrafe stehen nach Auffassung der Kritiker wegen der unterschiedlichen Zielrichtung der beiden Sanktionsarten und der divergierenden Zielgruppen in einem Exklusivitätsverhältnis zueinander.[347] Mit dem Warnschussarrest werde daher das systematische Rechtsfolgengebilde zu Gunsten eines unspezifischen „Sanktionscocktails"[348] aufgegeben und die dünne Trennlinie zwischen Jugendarrest und Jugendstrafe weiter verschärft.[349]

Angesichts dessen, dass bereits dem Urteilsarrest nach § 16 JGG eine Nähe „hart an der Grenze zur Jugendstrafe"[350] attestiert wird und die Handhabung des herkömmlichen Jugendarrestes mangels einer eindeutigen Definition der Anwendungsvoraussetzungen mit Unschärfen verbunden ist,

---

pekt bei der Anordnung eines § 16a-Arrestes dar, siehe Teil 2 E.II.3. Nur 8,4 % der Befragungsteilnehmer messen der Abschreckung als Strafzweck bei § 16a JGG überhaupt keine oder eine geringe Bedeutung zu, hierzu Teil 2 E.II.5.

344 *Verrel/Käufl*, NStZ 2008, 177 (180).
345 *Dünkel/Flügge/Lösch* u.a., ZRP 2010, 175 (177); *Kühn*, ZIS 2010, 257 (260); *Radtke*, ZStW 121 (2009), 416 S. 442, 446 f.; *Verrel/Käufl*, NStZ 2008, 177 (179 f.); dies auch auf der geltenden Rechtslage weiterhin annehmend *Eisenberg*, 2017, § 8 Rn. 18; dem Vorliegen einer eigenständigen Zielgruppe jedenfalls skeptisch gegenüberstehend *Gonska*, GreifRecht 2013, 32 (46).
346 *Radtke*, in: MüKo-StGB, Bd. 6, § 17 JGG Rn. 77.
347 *Eisenberg*, 1984, S. 10 f.; *ders.*, 2017, § 8 Rn. 18; *Heinz*, NK 2008, 50 (56); *Schaffstein*, NStZ 1986, 509 f. aufbauend auf der Entscheidung BGHSt 18, 207 ff.
348 *Heinz*, NK 2008, 50 (56).
349 *Gräf*, 2015, S. 272; *Riechert-Rother*, 2008, S. 35; *Heinz*, NK 2008, 50 (56).
350 *Sonnen*, in: Diemer/Schatz/Sonnen, JGG, § 16 Rn. 15.

erscheinen die Bedenken hinsichtlich einer Verschärfung der Abgrenzung-problematik nicht unberechtigt.[351]

Um der Sanktionskoppelung einen eigenständigen Anwendungsbereich einzuräumen, muss es nach *Radtke* neben den zwei selbstständigen Anwendungsbereichen von Jugendarrest und Jugendstrafe einen Überschneidungsbereich geben, in dem die Voraussetzungen von Jugendarrest und einer Jugendstrafe zur Bewährung gleichermaßen vorliegen.[352] Einigkeit besteht dahingehend, dass allenfalls eine kleine potentielle Tätergruppe für den Anwendungsbereich des Warnschussarrestes existiert.[353] Um diese zu umreißen, werden verschiedende Versuche unternommen: Da die Anordnung von Bewährungsauflagen und -weisungen grundsätzlich Vorrang genieße, könne eine Sanktionskombination von Bewährungsstrafe und Jugendarrest entweder nur bei im Grunde „gut gearteten Tätern" mit einer schweren Straftatbegehung zur Anwendung kommen, die aber regelmäßig keiner stationären Abschreckungsmaßnahmen bedürfen, oder bei erheblich rückfallgefährdeten Jugendlichen, deren Lebensweg durch eine kriminelle Karriere vorgezeichnet ist, die dann aber häufig schon einen Jugend-

---

351 Die Abgrenzungsschwierigkeiten von Jugendarrest und Jugendstrafe resultieren unter anderem daraus, dass der Arrest in seiner historischen Entwicklung einen Funktionswandel durchlaufen hat. *Radtke*, ZStW 121 (2009), 416 (433) spricht insoweit von einem gewissen Orientierungsverlust im Hinblick auf die für den Arrest geeigneten Täter und Taten. Nach der bis zum 31.07.1994 geltenden RL Nr. 1 zu § 8 JGG war der Arrest für sog. gutgeartete Jugendliche konzipiert war, die lediglich leichtere oder mittlere Verfehlungen begangen hatten und keiner nachhaltigen erzieherischen Einwirkung bedurften. In Abkehr von der Bezeichnung aus dem Nationalsozialismus wurde später zur Bezeichnung der „Arrestungeeigneten" übergegangen und die Arresthärte durch Abschaffung der strengen Tage abgemildert. Mit dem 1. JGGÄndG wurde nicht nur Zielbestimmung des Jugendarrestes neu gefasst, sondern sollten die neuen ambulanten Maßnahmen in gewissem Maße den Arrest ablösen. Dazu wie zur historischen Entwicklung der Arrestklientel eingehend *Riechert-Rother*, 2008, S. 9 ff.; *Pfeiffer*, MSchrKrim 1981, 28 (29 ff.); *Wulf*, in: Meier/Rössner/Trüg/Wulf, JGG, § 16 Rn. 5 ff. m.w.N. Zu den Schwierigkeiten einer positiven Definiton der Zielgruppe des Jugendarrestes, die historisch ursprünglich als „gutgeartete" Täter und später als „Arrestgeeignete" umschrieben wurden,;*Brücklmayer*, 2010, S. 29 ff.; *Jaeger*, 2010, S. 39 f.; *Radtke*, ZStW 121 (2009), 416 (433 f.); *Wulf*, in: Meier/Rössner/Trüg/Wulf, JGG, § 16 Rn. 13 ff.; Zweite Jugendstrafrechtsreform-Kommission, DVJJ-J 2002, 227 (253).

352 *Radtke*, ZStW 121 (2009), 416 (446), der eine Sanktionskombination ausschließlich bei einer Jugendstrafe wegen Schwere der Schuld für zulässig erachtet, da sich das unterschiedliche Ausmaß schädlicher Neigung bei Jugendstrafe und Jugendarrest gegenseitig ausschließen; s. *Radtke*, ZStW 121 (2009), 416 (436 f.).

353 *Laue*, in: MüKo-StGB, Bd. 6, § 8 JGG Rn. 18; *Verrel/Käufl*, NStZ 2008, 177 (180).

arrest als Vorstufe zur Jugendstrafe durchlebt haben.[354] Angezeigt sein könnte die Sanktionierung mittels Warnschussarrestes mithin nur in Fällen, in denen die Erteilung von Bewährungsauflagen und -weisungen von Anfang an aussichtslos erscheint.[355] Nach *Altenhein/Laue* müssen für die Anordnung eines Jugendarrestes neben einer Bewährungsstrafe positiv umschrieben folgende Voraussetzungen vorliegen:[356] Es muss sich um einen haftunerfahrenen Jugendlichen handeln, der bislang weder Jugendarrest noch Untersuchungshaft erlebt hat und dem allein durch Bewährungsauflagen und Weisungen der Ernst der Lage nicht verdeutlicht werden kann. Schließlich dürfe noch keine so schwerwiegende Gefährdung gegeben sein, dass es einer längeren Gesamterziehung des Täters bedarf. Eine solch enge Eingrenzung könne das Gesetz aber kaum gewährleisten.[357]

10. Mängel im Arrestvollzug

Bedenken gegen die Sanktionserweiterung in Form einer Koppelung von Jugendarrest und Bewährungsstrafe wurden ferner vor dem Hintergrund der bisherigen Erkenntnisse zur tatsächlichen Vollzugssituation in den Jugendarrestanstalten erhoben, deren Gegebenheiten und Rahmenbedingungen als reformbedürftig bewertet werden und eine bewährungsfördernde, intensiverzieherische Betreuung der Warnschussarrestanten kaum erwarten ließen.[358] Fasst man die Erkenntnisse der von *Hinrichs* durchgeführten bundesweiten Befragung in den Jugendarrestanstalten zur Vollzugssituation zusammen, gelangt man zu folgendem Ergebnis: Die Jugendarrestanstalten verfügen im Ganzen über eine zu geringe personelle Ausstattung,

---

354 *Verrel/Käufl*, NStZ 2008, 177 (180); so auch *Kinzig/Schnierle*, JuS 2014, 210 (211).
355 *Verrel/Käufl*, NStZ 2008, 177 (180).
356 *Laue*, in: MüKo-StGB, Bd. 6, § 8 JGG Rn. 18.
357 *Laue*, in: MüKo-StGB, Bd. 6, § 8 JGG Rn. 18.
358 Deutscher Richterbund, Stellungnahme Nr. 16/12 vom 23.05.2012, S. 8; *Köhler/Bauchowitz*, ZJJ 2012, 272 (277); *Kühn*, ZIS 2010, 257 (260 f.); *Schaffstein/Beulke/Swoboda*, 2014, Rn. 548 f.; *Streng*, 2016, Rn. 422, der wegen der hohen Fluktuation im Arrestvollzug deutlich mehr therapeutische Fachkräfte für erforderlich hält, um das erzieherische Potential des § 16a JGG nutzbar zu machen; kritisch zum § 16a-Vollzug auch *Ostendorf*, in: Ostendorf, JGG, 10. Aufl., § 16a Rn. 7, nach dessen Standpunkt es einer Nachbetreuung aus dem Arrest bedürfe, insbesondere wenn zwischen dem Betreuer und dem Probanden ein Vertrauensverhältnis entstanden sei.

insbesondere im Bereich des Sozialdienstes.[359] Häufig tritt eine unzureichende erzieherische berufliche Qualifikation des allgemeinen Vollzugspersonals hinzu, zum Teil bedingt durch fehlende Fortbildungsmöglichkeiten, mit Ausnahme einiger weniger Bundesländer, darunter auch das Bundesland Bayern, welches mit der Vollzugsakademie Straubing eine eigene Fortbildungsstätte unterhält.[360] Die inhaltliche Ausgestaltung des Arrestvollzuges durch Angebote zur Freizeitgestaltung, individuelle Einzelgespräche und pädagogische Gruppenangebote stellt sich als äußerst uneinheitlich dar.[361] Verschiedene Untersuchungen und Berichte zu einzelnen Arrestanstalten gelangen in unterschiedlicher Intensität zu dem Ergebnis, dass es an einer hinreichenden Anzahl an Gruppen- und Hilfsangeboten, insbesondere im Freizeit- und Kurzarrest, einer mit Jugendhilfe und Schule abgestimmten Eingangsdiagnostik, Möglichkeiten der Freizeitgestaltung, einer individuellen Nachsorge und qualifiziertem Fachpersonal fehle.[362] Der Freizeitarrest, welcher gem. § 25 Abs. 3 JAVollzO regelmäßig Sonnabend um 8.00 Uhr beginnt und Montag um 07.00 Uhr endet, beschränkt sich infolge der knappen personellen Ressourcen während des Wochenendes in den Jugendarrestanstalten bisweilen häufig auf einen rei-

---

359 *Hinrichs*, DVJJ-J 1999, 267 (269); einen Überblick über die personelle Ausstattung der Fachdienste in den Jugendarrestanstalten in Deutschland geben *Köhler/ Bauchowitz/Weber* u.a., Praxis der Rechtspsychologie 2012, 90 (92).

360 *Hinrichs*, DVJJ-J 1999, 267 (268 ff.); der von *Hinrichs* im Original noch verwendete Begriff der Vollzugsschule Straubing ist zwischenzeitlich überholt und wurde von der Verfasserin im Text daher entsprechend angepasst.

361 Vgl. *Hinrichs*, DVJJ-J 1999, 267 (273); *Müller*, ZJJ 2009, 160 ff.; *Schaffstein/Beulke/ Swoboda*, 2014, Rn. 432; *Thalmann*, in: 28. JGT, 159 bezeichnet die Arrestlandschaft als „Flickenteppich".

362 Dazu insgesamt *Bihs/Walkenhorst*, ZJJ 2009, 11 (13 f.); *Kobes/Pohlmann*, ZJJ 2003, 370 ff.; *Jaeger*, 2010, S. 88 f.; *Schäffer*, DVJJ-J 2002, 43 (44 ff.); *Thalmann*, Forum Strafvollzug 2011, 79 ff.; kritisch zur Vollzugssituation in den Arrestanstalten und der personellen Besetzung, die sich gerade in Bayern als besonders schlecht darstelle, *dies.*, in: 28. JGT, 159 (161 ff.); ältere Befunde liefern *Schumann/Döpke/ Giffey* u.a., in: Jugendarrest und/oder Betreuungsweisung, 170 (179 f.). Spezifisch zum Jugendarrest in Bayern: *Schwegler*, 1999, S. 209 ff. mit Erläuterungen zur Vollzugssituation und –gestaltung in der JAA Nürnberg; einen Überblick über die Ausstattung der Arrestanstalten und die Vollzugsgestaltung des Jugendarrestes in den verschiedenen Bundesländer einschließlich Bayern gibt *Jaeger*, 2010, S. 81 ff.t, positive Berichte zum Jugendarrest geben: *McKendry/Otte*, ZJJ 2014, 137 ff.; *Höll*, Forum Strafvollzug 2011, 86 f.; *Schmidt*, Forum Strafvollzug 2011, 87 ff.

nen Verwahrarrest.[363] Das derzeitige Vollzugspersonal sei zudem auf die Ausgestaltung des Vollzuges konzentriert und könne eine Vorbereitung auf die Bewährungszeit nicht gewährleisten.[364] Bestehen bleibt die Befürchtung, dass sich der Vollzug des Warnschussarrestes vom bisherigen Jugendarrestvollzug nicht wesentlich unterscheidet.[365]

III. Stellungnahme zur bisherigen Diskussion

Bei umfassender Betrachtung der vorgenannten Diskussionspunkte und Forschungserkenntnisse stellt sich zu Recht die Frage, ob sich der Arrest nach § 16a JGG als zusätzliches Handlungsinstrumentarium zur Förderung der Legalbewährung als zweckmäßig darstellt. Die Argumente Für und Wider des Warnschussarrestes heben sich in vielen Aspekten gegenseitig auf. Während die Befürworter die Notwendigkeit des zur Bewährungsstrafe hinzutretenden Arrestes vorrangig unter dem Gesichtspunkt begrüßen, dem Jugendlichen spürbar den Ernst der Lage zu verdeutlichen sowie im Falle von Komplizenstraftaten dem Ungleichgewichtig der Sanktionierung entgegenzuwirken oder eine Trennung aus dem schädlichen Umfeld und eine fördernde Einleitung der Bewährungszeit zu bewirken, hält die Gegenseite die Möglichkeit der Auflagen- und Weisungserteilung neben der Bewähungsunterstellung für ausreichend und sieht anstelle einer Bewährungsförderung die Gefahr einer Beeinträchtigung der Bewährungshilfe und Intensivierung krimineller Verbindungen während des Arrestes. Übrig bleibt letztlich vor allem die Kritik an der bislang in vielen Bereichen für ungenügend empfundenen Ausgestaltung des Jugendarrestvollzuges sowie den hohen Rückfallquoten nach der Verurteilung zu Jugendarrest.

Betrachtet man den derzeitigen Forschungsstand zu den Wirkungen des Jugendarrestes, erscheint die an der Einführung des Warnschussarrestes geübte und fortwährende Kritik nicht unberechtigt. Wie die früheren Untersuchungen von *Schumann*[366] und *Schwegler*[367] ergeben, ist für große Teile der Jugendrichterschaft die Herbeiführung einer Abschreckungswirkung als Zweck des Jugendarrestes, insbesondere in Gestalt des Dauerarrestes,

---

363 *Feltes*, ZStW 100 (1988), 158 (165); *Schaffstein/Beulke/Swoboda*, 2014, Rn. 432; so auch die Ergebnisse von *Hinrichs*, DVJJ-J 1999, 267 (274); *Kobes/Pohlmann*, ZJJ 2003, 370 (376).
364 *Ostendorf*, ZIS 2012, 608 (609).
365 *Lang*, in: Hilfe und Strafe, 439 (440).
366 *Schumann*, ZfJ 1986, 363.
367 *Schwegler*, KrimJ 2001, 116 (123).

vorherrschend. Damit besteht auch bei der Anwendung des Jugendarrestes neben bedingter Jugendstrafe die nicht unbegründete Gefahr, dass sich dieser zu einer zusätzlichen Draufgabe entwickelt und die Denkzettelfunktion des Jugendarrestes verstärkt. Ob der Warnschussarrest insbesondere zur Unrechtsverdeutlichung erforderlich ist, bedarf vor dem Hintergrund der bestehenden Einwirkungsmöglichkeiten in Form von Bewährungsweisungen und -auflagen und der Option eines Ungehorsamsarrestes nach §§ 23 Abs. 1 S. 4, 11 Abs. 3, 15 Abs. 3 S. 2 JGG jedenfalls sorgfältiger Prüfung. Das vorgebrachte Argument, der Jugendliche dürfe die Strafaussetzung zur Bewährung nicht als „Bewährungs-Freispruch" missverstehen, lässt sich im historischen Kontext erklären. Bei Einführung der Strafaussetzung zur Bewährung durch das Jugendgerichtsgesetz 1923 bestand weder die Möglichkeit, den Jugendlichen der Bewährungshilfe zu unterstellen, noch waren Weisungen und Auflagen während der Bewährungszeit gesetzlich vorgesehen.[368] Der Jugendliche war demnach „frei" und musste sich keinen einschränkenden Verhaltensgeboten unterwerfen. Dies hat sich mit der obligatorischen Unterstellung des Verurteilten unter die Bewährungshilfe gem. § 24 Abs. 1 JGG grundlegend geändert. Es mag vielleicht nicht von der Hand zu weisen sein, dass einige Jugendliche die Bewährungsstrafe nicht mit der gebotenen Ernsthaftigkeit wahrnehmen, doch ob es dabei zur Unterstützung der in erster Linie dem Jugendrichter zugeschriebenen Aufgabe, den Jugendlichen über die Bedeutung der Bewährungszeit zu belehren, und neben der Möglichkeit von Bewährungsauflagen und -weisungen eines zusätzlichen Arrestes bedarf, lässt sich pauschal kaum sagen. Verstößt der Jugendliche gegen die ihm auferlegten Bewährungsvorschriften, kann der Jugendrichter dies mit einem Ungehorsamsarrest belegen. Der Vollzug des Ungehorsamsarrests steht zwar nicht am Anfang der Bewährungszeit, bietet aber die Möglichkeit zur erzieherischen Einwirkung, um den Jugendlichen zur Erfüllung der Bewährungsauflagen oder -weisungen, die trotz des Ungehorsamsarrestes aufrecht erhalten bleiben, zu motivieren.[369]

---

368 *Böhm/Feuerhelm*, 2004, S. 236 f.
369 Wird Jugendarrest wegen der schuldhaften Nichterfüllung von Auflagen vollstreckt, hat der Richter nach § 15 Abs. 3 S. 3 JGG grundsätzlich die Möglichkeit, die Auflagen ganz oder teilweise für erledigt zu erklären. Dies gilt nach der Verweisungsnorm des § 23 Abs. 1 S. 4 JGG, der ausschließlich auf § 15 Abs. 3 S. 2 JGG Bezug nimmt, nicht bei der Anordnung eines Ungehorsamsarrestes wegen der Nichterfüllung von Bewährungsauflagen. Ungehindert davon kann der Jugendrichter die Anordnung von Bewährungsauflagen bzw. -weisungen nach § 23 Abs. 1 S. 2 JGG nachträglich aufheben.

Um dem Jugendarrest neben bedingter Jugendstrafe dauerhaft einen Platz im jugendgerichtlichen Sanktionsgefüge zu sichern, wird seiner praktischen Umsetzung und Vollzugsgestaltung eine tragende Rolle zu kommen. Dreh- und Angelpunkt für eine spezialpräventive Wirkung des Warnschussarrestes wird eine vom „Normal-"Arrest differierende Vollzugsgestaltung sein, welche dem Spezifikum der verbundenen Bewährungszeit ausreichend Rechnung trägt.[370] Da sich die bloße Isolation junger Delinquenter zur Stärkung der Legalbewährung nach heute einhelliger Meinung als nicht zielführend erweist, wird die Frage des Erfolges der neu eingeführten Maßnahme entscheidend dadurch geprägt sein, inwieweit die Vollzugssituation den besonderen Zielsetzungen des § 16a JGG angepasst wird. Angesichts der derzeitigen Befundlage zur allgemeinen Vollzugssituation im Arrest ist die Besorgnis, dass die angestrebte *„auf eine erfolgreiche Bewältigung der Bewährungszeit ausgerichteten Behandlungsorientierung des Arrestvollzugs"*[371] aufgrund der damit verbundenen Mehrkosten für Fachpersonal und eventuell notwendig werdenden baulichen Veränderungen[372] eine Zielvorstellung auf dem Papier bleibt, nicht fernliegend.[373] Es wäre, wie es *Verrel/Käufel* formulieren, *„kriminialpolitische Augenwischerei, wenn seine Einführung nicht mit einer deutlichen Verbesserung des Arrestvollzugs im Sinne einer erzieherischen Ausgestaltung und vor allem mit einer ebenso deutlichen Beschleunigung des Vollzugsbeginns einherginge."*[374]

Darüber hinaus ist die Einführung des Warnschussarrestes im Hinblick auf die europäischen Leitlinien zum Umgang mit straffälligen Jugendlichen zu würdigen.[375] Zur Bewältigung der Jugendkriminalität soll nach Ziffer 7 der Empfehlung des Ministerkomitees des Europarates Rec

---

370 In diesem Sinne auch *Hohmann-Fricke/Jehle/Palmowski*, RdJB 2014, 313 (323); *Kinzig/Schnierle*, JuS 2014, 210 (215) mit der Forderung nach einer flächendeckend pädagogischen Ausgestaltung des Vollzugs *Wulf*, in: Meier/Rössner/Trüg/Wulf, JGG, § 16a Rn. 18.
371 BT-Drucks. 17/9389, S. 9.
372 Vgl. BT-Drucks. 17/9389, S. 21.
373 Nach *Streng*, in: 29. JGT, 673 (677) stellt sich die erzieherische Ausrichtung des Jugendarrestes neben bedingter Jugendstrafe sogar eher als Tarnung der eigentlichen punitiven Abschreckungsbotschaft dar.
374 *Verrel/Käufl*, NStZ 2008, 177 (179).
375 Vgl. bezugnehmend auf Art. 37 b der UN-Kinderrechtskonvention *Höynck*, Stellungnahme am 23.05.2012, S. 3 sowie *Neubacher*, in: Erziehung oder Warnschuss-Arrest?, 14 (18), der den Warnschussarrest unter Beachtung der europäischen Vorgaben für systemwidrig erachtet.

(2003)20[376] das Spektrum geeigneter alternativer Maßnahmen zur formellen Strafverfolgung weiterentwickelt werden. Mit der Aufnahme des Warnschussarrestes hat sich der nationale Gesetzgeber hingegen für eine Ausweitung des formellen Sanktionssystems entschieden. Dabei ist allerdings zu berücksichtigen, dass die Empfehlungen des Europarates keine Bindungswirkung für die Mitgliedstaaten haben, sondern übergeordnete Leitlinien darstellen, so dass die Erweiterung des formellen Sanktionskatalogs zulässig bleibt. Im Kontext der Untersuchungshaft hat der Europarat in Ziffer 17 der Empfehlung Rec (2003)20[377] aber darauf hingewiesen, dass Untersuchungshaft nicht als Sanktion oder Form der Einschüchterung benutzt werden darf und sich damit gegen die Herbeiführung eines „short sharp shocks" gewendet.[378] Im Lichte der europäischen Zielvorgaben darf sich folglich auch der Vollzug des Warnschussarrestes nicht in der Herbeiführung einer Schockwirkung erschöpfen. Zieht man im Weiteren Ziffer 10 der Empfehlung Rec (2008)11[379] heran, wird deutlich: Eine Inhaftierung des Jugendlichen gilt es weitestgehend zu vermeiden. Nach Ziffer 10 der Empfehlung Rec (2008)11 soll bei Jugendlichen der Freiheitsentzug nur als letztes Mittel und für die kürzestmögliche Dauer Anwendung finden. Der Freiheitsentzug versteht sich nach Ziffer 21.5 der Empfehlung Rec (2008) 11[380] als jede Unterbringung in einer Einrichtung, die der Jugendliche nicht nach Belieben verlassen kann und umfasst mithin auch die Unterbringung in einer Jugendarrestanstalt. Diesen europarechtlichen Anregungen hinsichtlich einer Begrenzung freiheitsentziehender Maßnahmen hat man mit dem Ausbau des JGG durch die Anordnung eines Jugendarrestes neben einer Bewährungsentscheidung als „teil-stationäre" Maßnahme nur bedingt Folge geleistet; damit rückt auch die konzeptionelle Ausgestaltung des Arrestvollzuges in den Mittelpunkt.

---

376 Abgedruckt in *Bundesministerium der Justiz/Bundesministerium für Justiz/Eidgenössischen Justiz- und Polizeidepartement, Bern* (Hrsg.), Empfehlungen des Europarates zum Freiheitsentzug 1962 – 2003, 2004, S. 214.

377 Abgedruckt in *Bundesministerium der Justiz/Bundesministerium für Justiz/Eidgenössischen Justiz- und Polizeidepartement, Bern* (Hrsg.), Empfehlungen des Europarates zum Freiheitsentzug 1962 – 2003, 2004, S. 215.

378 *Neubacher*, in: Erziehung oder Warnschuss-Arrest?, 14 (23); ablehnend zur Konzeption des Jugendarrestes als „short sharp shock" auch *Brunner/Dölling*, 2018, § 16 Rn. 8.

379 Abgedruckt in *Bundesministerium der Justiz/Bundesministerium für Justiz/Eidgenössischen Justiz- und Polizeidepartement, Bern* (Hrsg.), Freiheitsentzug, 2009, S. 16.

380 Abgedruckt in *Bundesministerium der Justiz/Bundesministerium für Justiz/Eidgenössischen Justiz- und Polizeidepartement, Bern* (Hrsg.), Freiheitsentzug, 2009, S. 18.

C. Zulässigkeit der Verbindung von Jugendarrest und bedingter Jugendstrafe – ein Vergleich der alten und neuen Rechtslage

Neben dem kriminalpolitischen Meinungsstreit über die Zweckmäßigkeit von Jugendarrest verbunden mit einer jugendstrafrechtlichen Bewährungsentscheidung stand vor dem Inkrafttreten des Gesetzes zur Erweiterung der jugendgerichtlichen Handlungsmöglichkeiten vom 04.09.2012 auch die rechtliche Zulässigkeit einer derartigen Sanktionskoppelung in Frage. Nach dem bis dahin geltenden Wortlaut des § 8 Abs. 2 S. 1 JGG war die Verbindung von Jugendarrest und bedingter Jugendstrafe nur fragmentarisch im Gesetz geregelt und gab in Schrifttum und Rechtsprechung Anlass zur Diskussion.

I. Rechtslage vor Inkrafttreten des Gesetzes zur Erweiterung der jugendgerichtlichen Handlungsmöglichkeiten

1. Verbindung von Jugendarrest und Aussetzung der Vollstreckung zur Bewährung

Die Anordnung eines Jugendarrestes neben einer zur Vollstreckung ausgesetzten Jugendstrafe gem. § 21 Abs. 1, 2 JGG war vor Inkrafttreten des Gesetzes zur Erweiterung der jugendgerichtlichen Handlungsmöglichkeiten unter strikter Anwendung des aus § 8 Abs. 2 JGG abgeleiteten Grundsatzes der „Einspurigkeit freiheitsentziehender Sanktionen"[381] rechtlich unzulässig.[382] Die Unvereinbarkeit dieser Sanktionsverbindung folgte unmittelbar aus dem Gesetzeswortlaut des § 8 Abs. 2 S. 1 JGG, welcher neben Jugendstrafe ausschließlich die Erteilung von Weisungen und Auflagen sowie die Anordnung von Erziehungsbeistandschaft zulässt. Im Umkehrschluss stellte die Anordnung von Jugendarrest neben einer zur Bewährung ausgesetzten Jugendstrafe nach § 21 JGG einen Rechtsverstoß dar.

2. Verbindung von Jugendarrest und sog. Vorbewährung

Rechtlich unzulässig war infolge des Koppelungsverbots aus § 8 Abs. 2 S. 1 JGG ebenso die Kombination von Jugendarrest mit dem vor-

---

381 *Laubenthal/Baier/Nestler*, 2015, Rn. 479.
382 *Grethlein*, NJW 1957, 1462 (1463); *Vietze*, 2004, S. 57 f.

mals ungeregelten Rechtsinstitut der Vorbewährung.[383] Wird die Entscheidung über die Aussetzung der Vollstreckung einem nachträglichen Beschluss vorbehalten, ergeht im Urteilstenor auch hier eine Verurteilung zu einer Jugendstrafe, mit der jugendstrafrechtlichen Besonderheit, dass die Entscheidung über die Aussetzung der Vollstreckung zur Bewährung zeitlich nachgelagert erfolgt.

3. Verbindung von Jugendarrest und Aussetzung der Verhängung der Jugendstrafe

Über die Zulässigkeit der Verhängung von Jugendarrest neben einer Aussetzung der Verhängung der Jugendstrafe zur Bewährung bestand hingegen bis zur Entscheidung des BVerfG[384] im Jahr 2004, mit welcher die Verbindung von Jugendarrest mit einer Entscheidung nach § 27 JGG wegen Verstoßes gegen das Analogieverbot aus Art. 103 Abs. 2 GG für verfassungswidrig erklärt wurde, Uneinigkeit.[385] Um an späterer Stelle die Konformität des neu eingeführten § 16a JGG mit den Sanktionsvorschriften des JGG zu überprüfen,[386] sind vorab in gebotenem Rahmen die gesetzessystemati-

---

383 *Vietze*, 2004, S. 59.
384 BVerfG, NJW 2005, 2140 f.
385 Die Zulässigkeit von Jugendarrest neben einem Schuldspruch gem. § 27 JGG auf Basis der Rechtslage vor dem 07.03.2013 für zulässig erachtend: KG, NJW 1961, 1175 f.; LG Augsburg, NStZ 1986, 507 f. mit zustimmender Anm. Brunner, NStZ 1986, 508 f.; KG, NJW 1961, 1175 f.; AG Winsen/Luhe, NStZ 1982, 120 f.; AG Meppen, ZJJ 2004, 200 ff.; stellv. aus der Literatur *Bandemer*, ZfJ 1990, 421 (422 ff.); *Reichenbach*, NStZ 2005, 136 (138 ff.); *Grethlein*, NJW 1962, 1606 ff.; *Schlüchter*, GA 1988, 106 (127); *Werwigk-Hertneck/Rebmann*, ZRP 2003, 225 (229 f.); die erzieherische Zweckmäßigkeit der Koppelung befürwortend aber kritisch im Hinblick auf die Verfassungsmäßigkeit *Loesch*, NJW 1961, 1151 (1152 f.); für die Unzulässigkeit: BGHSt 18, 207 ff.; BayOLG, NStZ-RR 1997, 216; BayObLG, NStZ-RR 1998, 377 f.; OLG Düsseldorf, NJW 1962, 1640; OLG Celle, NStZ 1988, 315 f. mit zustimmender Anm. *Bietz*, NStZ 1988, 315 f.; OLG Hamm, StraFo 2004, 325; stellv. aus der Literatur *Baier*, JA, 687 (688); *Brunner/Dölling*, 2011, § 27 Rn. 13 ff.; *Herrlinger/Eisenberg*, NStZ 1987, 177 f.; *Potrykus*, JR 1961, 407 (408), der für die Verbindung von Jugendarrest und § 27 JGG für rechtlich unzulässig hält, aber zugleich aus praktischen Gesichtspunkten als anerkennenswert einstuft; ebenso *Schaffstein*, NStZ 1986, 509 ff.; *Spahn*, ZJJ 2004, 204 f.; ausführlich *Vietze*, 2004, S. 60 ff. m.w.N; *Voss*, NJW 1962, 1095 ff.; *Weidinger*, 2011, S. 107 ff.
386 Siehe Teil 1 E. II.2.

schen Bedenken gegenüber der Verbindung von Jugendarrest und einer Aussetzung der Verhängung der Jugendstrafe zur Bewährung zu erläutern.

a) Wortlaut des § 8 Abs. 2 S. 1 JGG

Die Kontroverse über die rechtliche Zulässigkeit der Sanktionskoppelung von Jugendarrest und einer Aussetzung der Verhängung einer Jugendstrafe gem. § 27 JGG war vor allem dem insoweit offenen Wortlaut des § 8 Abs. 2 S. 1 JGG[387] geschuldet. Einige Untergerichte sowie Teile der älteren Rechtsprechung und des Schrifttums erachteten die Verhängung eines Jugendarrestes neben der Aussetzung der Verhängung der Jugendstrafe gem. § 27 JGG mit dem Wortlaut des § 8 Abs. 2 S. 1 JGG für vereinbar, da dieser lediglich den Ausspruch eines Jugendarrestes neben einer Jugendstrafe im Sinne einer gleichzeitigen Anordnung untersage,[388] nicht aber das Nacheinander beider Sanktionen, wie dies der Fall ist, wenn das Gericht die Entscheidung über die Verhängung einer Jugendstrafe zurückstellt und die Anordnung des Jugendarrestes damit zeitlich vor der Verurteilung zu einer Jugendstrafe ergeht.[389] Diese Argumentation beruhte auf dem Verständnis des Schuldspruchs als eigenständige Entscheidung gegenüber § 30 Abs. 1 JGG, mit dem die rechtliche Missbilligung der Tat zum Ausdruck gebracht wird und der durch die Möglichkeit der Auflagenerteilung nach §§ 23 Abs. 1, 29 S. 2 JGG ein ahndendes Moment erhält.[390] In der Konsequenz lehnte diese Auffassung auch einen Verstoß gegen den Grundsatz der Einspurigkeit freiheitsentziehender Maßnahmen ab, da mit der Entscheidung nach § 27 JGG ein Freiheitsentzug nicht herbeigeführt werde.[391]

Dem Vorbringen, die Jugendstrafe werde bei der Entscheidung nach § 27 JGG nicht neben, sondern sukzessiv zum Jugendarrest verhängt, wurde entgegengehalten, der Schuldspruch bilde mit dem sich anschließenden

---

387 Vormals § 8 Abs. 2 S. 2 JGG: „Auf Fürsorgeerziehung und andere Zuchtmittel kann er [der Richter] neben Jugendstrafe nicht erkennen.", siehe BGBl I 1973, S. 149.

388 KG, NJW 1961, 1175; LG Augsburg, NStZ 1986, 507; AG Meppen, ZJJ 2004, 201 (202); *Grethlein*, NJW 1957, 1462 (1463 f.); *Vietze*, 2004, S. 61.

389 LG Augsburg, NStZ 1986, 507; KG, NJW 1961, 1175; AG Winsen/Luhe, NStZ 1982, 120; AG Meppen, ZJJ 2004, 201 (202); *Grethlein*, NJW 1957, 1462 (1463 f.); *Vietze*, 2004, S. 61.

390 *Brunner*, NStZ 1986, 508; *Vietze*, 2004, S. 62.

391 KG, NJW 1961, 1175.

Nachverfahren ein einheitliches Ganzes.[392] Der Schuldspruch diene als eine Art Zwischenurteil der Vorbereitung des späteren Nachverfahrens gem. § 30 JGG, in welchem die Schlussentscheidung über die Verhängung einer Jugendstrafe getroffen wird und schließe über die Schuldfestellung hinaus jede Ahndung der Tat aus.[393] Bei einheitlicher Betrachtung von Schuldspruch und Nachverfahren werde folglich entgegen § 8 Abs. 2 S. 1 JGG Jugendarrest neben Jugendstrafe verhängt.[394] Der Behauptung der Verfahrenseinheit tritt *Vietze* mit dem Hinweis auf die zeitliche Diskrepanz zwischen der Schuldfestellung nach § 27 JGG und der Entscheidung im Nachverfahren sowie die im Gesetz angelegten Verfahrenszweiteilung entgegen.[395] Insgesamt hing die Beurteilung der Rechtskonformität von Jugendarrest neben einer Aussetzung der Verhängung der Jugendstrafe nach § 27 JGG demnach maßgebend von der Klassifizierung des Schuldspruch und des Nachverfahrens als verfahrensrechtliche Einheit ab. Der Wortlaut des § 8 Abs. 2 S. 1 JGG bot für die Auflösung der Streitfrage der rechtlichen Zulässigkeit eines Jugendarrestes neben einer Entscheidung nach § 27 JGG keine eindeutige Lösung.

b) Ratio des § 8 Abs. 2 JGG

Eine weitergehende Auslegung des § 8 Abs. 2 JGG a.F. nach dem Sinn und Zweck dieser Vorschrift nimmt der BGH in seiner Entscheidung vom 09.01.1963 zur Verhängung von Jugendarrest neben der gleichzeitigen Aussetzung der Verhängung einer Jugendstrafe vor und legt dar, dass die Anordnung von Jugendarrest neben einem Schuldspruch nach § 27 JGG im Widerspruch zur Ratio des Kopplungsverbots aus § 8 Abs. 2 JGG a.F steht.[396] Sinn und Zweck des § 8 Abs. 2 JGG a.F. bestehe nach der Rechts-

---

392 *Bietz*, NStZ 1982, 120 (121); *Potrykus*, JR 1961, 407 (408); so auch das LG Augsburg, NStZ 1986, 507 (508), welches im Ergebnis die Sanktionskoppelung allerdings für zulässig hält.

393 OLG Celle, NStZ 1988, 315; *Bietz*, NStZ 1982, 120 (121); *Potrykus*, JR 1961, 407 (408).

394 *Bietz*, NStZ 1982, 120 (121).

395 *Vietze*, 2004, S. 63.

396 BGHSt 18, 207 ff., die Entscheidung des BGH bezieht sich auf die zum damaligen Zeitpunkt geltende Fassung des § 8 Abs. 2 S. 2 JGG mit dem Wortlaut: „Auf Fürsorgeerziehung und auf andere Zuchtmittel kann er [der Richter] neben Jugendstrafe nicht erkennen.", BGBl I 1973, S. 149; bestätigt durch BGHSt 35, 288 ff.

auffassung des BGH nicht nur darin, die gleichzeitige Verhängung von Jugendarrest und Jugendstrafe im Sinne eines Nebeneinander zu unterbinden,[397] vielmehr bringe § 8 Abs. 2 JGG a.f. zum Ausdruck, dass auf einen Täter wegen derselben Tat nicht beide Maßnahmen zur Anwendung gelangen sollen.[398] Ein solcher Widerspruch zum Normzweck des § 8 Abs. 2 JGG entstehe, wenn das Gericht zunächst neben § 27 JGG Jugendarrest verhängt und im Nachverfahren gem. § 30 Abs. 1 JGG schließlich auf Jugendstrafe erkennt.[399] Aus der Sicht des BGH dienen Jugendarrest und Jugendstrafe ihrem Sinn und Zweck nach unterschiedlichen Aufgaben, sind an das Vorliegen unterschiedlicher Voraussetzungen geknüpft und zielen auf verschiedene Tätergruppen ab.[400] Die Verknüpfung zweier zumindest teilweise konträrer Rechtsfolgen würde einen systematischen Widerspruch begründen.[401] Der Jugendarrest vereinige als Ahndungsmittel eigener Art strafende und erzieherische Elemente und stelle anders als die Jugendstrafe keine vollständige Sühne für das begangene Unrecht dar.[402] Es handle sich vielmehr um eine schreckhaft empfundene, harte Zurechtweisung, die auf den Täter durch ihre Einmaligkeit und Kürze wirken soll.[403] Damit komme der Jugendarrest vor allem für die im Grundsatz „gutgearteten" Jugendlichen in Betracht, deren Straftaten durch Gelegenheitskriminalität und jugendtypische Verhaltensweise wie Übermut, Trotzhaltung oder Abenteuerlust gekennzeichnet sind.[404] Bei der Zielgruppe der zu Jugendstrafe wegen schädlicher Neigungen nach § 17 Abs. 2 Alt. 1 JGG Verurteilten handle es sich demgegenüber um Jugendliche mit schweren Anlage- und Entwicklungsdefiziten, die einer länger andauernden umfassenden erzieherischen Einwirkung bedürfen.[405] Ziel der Jugendstrafe sei es, den Täter zu entsühnen und in die Gesellschaft wiedereinzugliedern.[406] Auf Grund der unterschiedlichen Anwendungsbereiche stehen Jugendarrest und Jugendstrafe in einem Ausschluss-

---

397 So noch die Auffassung des KG, NJW 1961, 1175.
398 BGHSt 18, 207 (210 f.); *Bietz*, NStZ 1982, 120.
399 BGHSt 18, 207 (210 f.).
400 BGHSt 18, 207 (209); nachfolgend auch OLG Celle, NStZ 1988, 315 mit zustimmender Anmerkung *Bietz*, NStZ 1988, 315 f.; gegen eine strikte Trennungsmöglichkeit zwischen dem Adressatenkreis der Zuchtmittel und der Jugendstrafe hingegen das AG Meppen, ZJJ 2004, 201 (203).
401 *Eisenberg*, 1984, S. 11.
402 BGHSt 18, 207 (209).
403 BGHSt 18, 207 (209).
404 BGHSt 18, 207 (210); *Brunner/Dölling*, 2018, § 16 Rn. 2.
405 BGHSt 18, 207 (210).
406 BGHSt 18, 207 (209).

verhältnis zueinander.[407] Die Aufgabe einer Vorbereitung der Bewährungszeit hat der BGH dem Jugendarrest explizit abgesprochen:

> „Es würde auch dem Zweck des Jugendarrestes nicht entsprechen,
> wenn dadurch etwa erreicht werden sollte, daß die Jugendlichen aus-
> drücklich am eigenen Leib zu spüren bekämen, daß es Ernst geworden
> sei, und hierdurch Energielose und Gleichgültige Hemmungen bekä-
> men, wodurch die Aussichten auf einen erfolgreichen Ablauf der Be-
> währungszeit [...] wesentlich erhöht werden könnte [...].
> Gerade die Aufgabe, die Aussichten für einen erfolgreichen Ablauf
> einer Bewährungsfrist zu erhöhen, hat der Gesetzgeber dem Jugendar-
> rest im Falle des § 13 JGG – der Jugendarrest nach § 11 Abs. 2 JGG
> kommt hier nicht in Betracht – nicht zugewiesen."[408]

In seiner Argumentation stützt sich der BGH auf die frühere Regelung in
§ 20 JGG a.f., nach der bei Erkennung auf eine zur Bewährung ausgesetzte
Jugendstrafe die Anordnung von Jugendarrest zur Einwirkung auf den Jugendlichen während der Bewährungszeit untersagt war.[409] Für die erzieherische Beeinflussung des Jugendlichen während der mit § 27 JGG verbundenen Bewährungszeit und die Förderung einer erfolgreichen Legalbewährung stelle das Gesetz Bewährungsweisungen und -auflagen sowie die
Kontrolle durch die Bewährungshilfe zur Verfügung.[410] Auch in seiner
späteren Rechtsprechung über die Verbindung eines Schuldspruchs mit
Fürsorgeerziehung hielt der BGH an dem Verbot der Koppelung von
§ 27 JGG mit Zuchtmitteln außerhalb von § 8 Abs. 2 JGG fest und begründete dies im wesentlichen damit, dass dem Jugendlichen mit der Entscheidung nach § 27 JGG die Chance eingeräumt werden solle, durch sein Verhalten zu zeigen, dass er über keine schädlichen Neigungen in dem für die
Jugendstrafe erforderlichen Ausmaße verfügt.[411] Diese Chance könne allerdings nur in Freiheit genutzt werden.[412]

Das vom BGH aufgestellte Statut eines Alternativverhältnisses von Jugendarrest und Jugendstrafe wurde nicht selten in Frage gestellt. Gehäuft
wurde darauf hingewiesen, dass sich die Zielgruppe des Jugendarrestes

---

407 BGHSt 18, 207 (210); *Böhm/Feuerhelm*, 2004, S. 273; *Schaffstein*, NStZ 1986, 509
     (510), der die Kombination von Jugendarrest und § 27 JGG aber bei ausdrückli-
     cher gesetzlicher Regelung für grundsätzlich wünschenswert erachtet..
408 BGHSt 18, 207 (212); so auch *Ostendorf*, 2009, § 27 Rn. 10.
409 BGHSt 18, 207 (212).
410 BGHSt 18, 207 (213).
411 BGHSt 35, 288 f.
412 BGHSt 35, 288.

und die Sanktionspraxis der Gerichte durch die zwischenzeitliche Erweiterung der ambulanten Maßnahmen und der Diversionsentscheidungen gewandelt habe, so dass der Jugendarrest vermehrt auch auf solche Jugendliche Anwendung finde, die bereits erheblich gefährdet sind und sich den schädlichen Neigungen angenähert haben.[413] Eine strikte Trennung zwischen dem Adressatenkreis des Jugendarrestes und der Jugendstrafe im Sinne eines Entweder-Oder-Verhältnisses sei in der Praxis nicht möglich; vielmehr bestehe ein fließender Übergang dieser beiden Gruppierungen.[414] Abgelehnt wurde das Ausschlussverhältnis zwischen Jugendarrest und Jugendstrafe zudem mit der Begründung, die Trennung dieser beiden Maßnahmen werde auch im Gesetz nicht strikt eingehalten.[415] Nach § 29 S. 2 JGG bestehe neben der Aussetzung der Verhängung der Jugendstrafe die Möglichkeit zur Anordnung von Bewährungsauflagen oder -weisungen. Kommt der Jugendliche diesen nicht nach, so kann gegen ihn nach §§ 29 S. 2, 23 Abs. 1 S. 4, §§ 11 Abs. 3, 15 Abs. 3 S. 2 JGG Ungehorsamsarrest verhängt werden. Diese vom Gesetz zugelassene Überschneidung von Jugendstrafe und Jugendarrest wurde als Beleg dafür angesehen, dass sich die beiden Anwendungsbereiche nicht generell ausschließen.[416] Die Regelung zeige, dass sich die Vollzugspopulation in den Jugendarrestanstalten mit den Bewährungsprobanden, die den Jugendarrest zur Durchsetzung der Weisungen und Auflagen erhalten, stark vermenge.[417] Kritik erfuhr diese Argumentation unter gesetzessystematischen Gesichtspunkten. Der Ungehorsamsarrest nach §§ 23 Abs. 1, 11 Abs. 3, 15 Abs. 3 S. 2 JGG werde anders als der Jugendarrest nach §§ 13 Abs. 2 Nr. 3, 16 JGG nicht aus Anlass einer Straftat zur Ahndung der Tat verhängt, sondern stelle eine Reaktion auf die Zuwiderhandlung gegen die richterlichen Anordnungen in der Bewährungszeit dar.[418] Er habe die Funktion inne, den Jugendlichen zur Erfüllungen seiner Weisungen oder Auflagen anzuhalten, so dass wegen der divergierenden Anlassgründe eine Parallelität zum Urteilsarrest nicht gezogen werden könne.[419]

---

413 AG Winsen/Luhe, NStZ 1982, 120; AG Meppen, ZJJ 2004, 200 (203); *Vietze*, 2004, S. 70.
414 AG Meppen, ZJJ 2004, 200 (203); *Vietze*, 2004, S. 71.
415 *Vietze*, 2004, S. 70.
416 *Grethlein*, NJW 1962, 1606 (1607); *Vietze*, 2004, S. 70 f..
417 *Vietze*, 2004, S. 70.
418 *Böhm/Feuerhelm*, 2004, S. 273; *Bietz*, NStZ 1982, 120 f.; *Eisenberg*, 1984, S. 11 f.
419 *Bietz*, NStZ 1982, 120 f.

c) Wille des Gesetzgebers

Die Unzulässigkeit der Kombination von Jugendarrest und einem Schuldspruch gem. § 27 JGG stützte sich nach der bis zum 07.03.2013 geltenden Rechtslage ferner auf den gesetzgeberischen Willen.[420] Obgleich die Erweiterung des jugendstrafrechtlichen Sanktionssystems durch die Aufnahme des Jugendarrestes neben bedingter Jugendstrafe vermehrt Gegenstand zahlreicher Gesetzgebungsverfahren war,[421] hat der Gesetzgeber von der Umsetzung entsprechender Regelungsvorschläge zur Erweiterung des § 8 Abs. 2 JGG Abstand genommen. Damit habe der Gesetzgeber seinen Willen über die Unerwünschtheit der Verhängung von Jugendarrest neben der Aussetzung der Verhängung der Jugendstrafe erkennbar zum Ausdruck gebracht.[422]

d) Subsidiaritätsgrundsatz aus § 13 Abs. 1 JGG

Einfachgesetzliche Bedenken gegenüber der Verhängung von Jugendarrest neben einem Schuldspruch nach § 27 JGG bestanden vor allem angesichts des Wortlauts in § 13 Abs. 1 JGG und der darin angelegten Rechtsfolgensystematik.[423] Nach § 13 Abs. 1 JGG ist die Straftat mit Zuchtmitteln zu ahnden, wenn Jugendstrafe nicht geboten ist, um dem Jugendlichen ins Bewusstsein zu rufen, dass er für das begangene Unrecht einzustehen hat. Seinem Wortlaut nach statuiert § 13 Abs. 1 JGG damit ein Alternativverhältnis zwischen dem Jugendarrest als Zuchtmittel nach § 13 Abs. 2 Nr. 3 JGG und der Verhängung einer Jugendstrafe.[424] Setzt das Gericht die Entscheidung über die Verhängung der Jugendstrafe nach § 27 JGG zur Bewährung aus, so besteht über das Vorliegen schädlicher Neigungen in dem für die Verhängung einer Jugendstrafe erforderlichen Maße in diesem Zeitpunkt noch Ungewissheit. Ob Jugendstrafe geboten ist, steht damit noch nicht fest.[425] Im Umkehrschluss kann nach der Ansicht des BGH und der obergerichtlichen Rechtsprechung damit aber die

---

420 BayObLG, NStZ-RR 1997, 216; BayObLG, NStZ-RR 1998, 377 f.; OLG Hamm, StraFo 2004, 325.

421 Vgl. etwa BT-Drucks. 15/3422, S. 13; BT-Drucks. 16/1027, S. 7 sowie Fn. 4.

422 BayObLG, NStZ-RR 1997, 216; OLG Hamm, StraFo 2004, 325; *Brunner/Dölling*, 2011, § 27 Rn. 15.

423 OLG Celle, NStZ 1988, 315; *Schaffstein*, NStZ 1986, 509.

424 OLG Celle, NStZ 1988, 315.

425 OLG Celle, NStZ 1988, 315; BayObLG; NStZ-RR 1998, 377.

positive Feststellung der gesetzlichen Voraussetzung in § 13 Abs. 1 JGG, dass Jugendstrafe nicht geboten ist, gerade nicht getroffen werden.[426] Werde gegen den Jugendlichen zunächst Jugendarrest verhängt und im Nachverfahren gem. § 30 Abs. 1 JGG auf Jugendstrafe erkannt, hätte dies zur Folge, dass Jugendarrest vollzogen würde, obgleich seine gesetzlichen Voraussetzungen nicht vorlagen.[427] Dem hielten einige Untergerichte in der Folgezeit entgegen, dass im Zeitpunkt der Entscheidung nach § 27 JGG aus der Sicht des Jugendrichters jedenfalls schädliche Neigungen minderen Umfangs vorlägen, denen mit dem milderen Mittel des Jugendarrestes begegnet werden könne; unklar sei lediglich, ob die schädlichen Neigungen den für die Jugendstrafe nach § 17 Abs. 2 Alt. 1 JGG erforderlichen Umfang erreichen.[428] Zugleich stünde für den Richter im maßgeblichen Zeitpunkt der Entscheidung fest, dass Jugendstrafe derzeit jedenfalls nicht erforderlich ist, da er andernfalls von dem Ausspruch einer Jugendstrafe Gebrauch gemacht hätte.[429]

Diese Position widerlegte das BVerfG in seiner Kernentscheidung vom 09.12.2004[430] über die Zulässigkeit der Verbindung von Jugendarrest und der Aussetzung der Verhängung der Jugendstrafe. Die von den Untergerichten angeführte Begründung, es lägen bei einer Entscheidung nach § 27 JGG zumindest schädliche Neigungen minderen Umfangs vor, die einen Jugendarrest rechtfertigen, verkennt nach der Rechtsauffassung des BVerfG, dass die Verhängung von Jugendarrest ausgeschlossen ist, wenn die schädlichen Neigungen das Mindestmaß der Verhängung einer Jugendstrafe erreichen.[431] Demzufolge könne bei einer Entscheidung nach § 27 JGG nicht zusätzlich auf Jugendarrest zurückgegriffen werden. Auch die Ansicht, dass Jugendstrafe aus der Sicht des Jugendrichters im Zeitpunkt der Entscheidung über den Schuldspruch noch nicht geboten sei, wertete das BVerfG als verfehlt, da die für die Entscheidung nach § 27 JGG vorausgesetzte Unsicherheit über die Erforderlichkeit der Jugendstrafe nicht mit der Negativtatsache des Nichtvorliegens schädlicher Neigungen

---

426 BGHSt 18, 207 (211); BayOLG; NStZ-RR 1998, 377; OLG Celle, NStZ 1988, 315 mit zustimmender Anmerkung *Bietz*, NStZ 1988, 315 (316); OLG Hamm, StraFo 2004, 325.
427 BGHSt 18, 207 (211); OLG Hamm, StraFo 2004, 325.
428 LG Augsburg, NStZ 1986, 507 f.; vorgehend bereits KG, NJW 1961, 1175; AG Winsen/Luhe, NStZ 1982, 120.
429 LG Augsburg, NStZ 1986, 507 (508).
430 BVerfG, NJW 2005, 2140 f.
431 BVerfG, NJW 2005, 2140 (2141).

gleichgestellt werden dürfe.[432] Die gesetzlichen Voraussetzungen von Jugendarrest und Jugendstrafe wurden demnach als eine strikte Trennung der Sanktionsfolgen begriffen.

Unter Rückgriff auf den Wortsinn des § 13 Abs. 1 JGG stellte das BVerfG in seinem Beschluss vom 09.12.2004 auf Basis der seinerzeitigen Rechtslage fest, dass die Anordnung eines Jugendarrestes bei gleichzeitiger Aussetzung der Verhängung der Jugendstrafe nach § 27 JGG wegen Verstoßes gegen das Analogieverbot zu Lasten des Betroffenen aus Art. 103 Abs. 2 GG nicht verfassungskonform ist.[433] Der strafrechtliche Bestimmtheitsgrundsatz aus Art. 103 Abs. 2 GG verlange nicht nur, dass Tragweite und Anwendungsbereich der Straftatbestände klar erkennbar sind oder sich durch Auslegung konkretisieren lassen, sondern auch, dass Art und Maß der Strafandrohung ihre Grundlage in einem formellen Gesetz finden.[434] Dieser Grundsatz gelte wegen des Sühne- und Vergeltungscharakters von Jugendarrest und Jugendstrafe auch für die Ahndungsmittel im Jugendstrafrecht nach § 5 Abs. 2 JGG.[435] Die Grenze der im Rahmen des strafrechtlichen Bestimmtheitsgrundsatzes zulässigen Gesetzesauslegung findet sich allerdings im Wortsinn der Norm, so dass jede Rechtsanwendung, die über den Inhalt einer Sanktionsnorm hinausgeht, ausgeschlossen ist.[436] Diese Wortlautgrenze gebe § 13 Abs. 1 JGG vor, nach dem eine Straftat nur dann mit Zuchtmitteln zu ahnden ist, wenn einerseits Erziehungsmaßregeln nicht ausreichen und andererseits Jugendstrafe nicht geboten ist.[437] Wird die Verhängung der Jugendstrafe nach § 27 JGG zur Bewährung ausgesetzt, bleibe offen, ob Jugendstrafe zur Einwirkung auf den Rechtsbrecher geboten ist. Demzufolge fehle es an der positiven Feststellung der im Gesetz normierten Voraussetzungen für eine Verhängung des Jugendarrestes.[438] Der Vollzug des Jugendarrestes würde sich nach der Ansicht des BVerfG als rechtswidrig darstellen, wenn sich während der Bewährungszeit herausstellt, dass schädliche Neigungen in dem für die Jugendstrafe nach § 17 Abs. 2 Alt. 1 JGG erforderlichen Maße vorliegen. In diesem Fall wäre Jugendarrest vollzogen worden, obgleich seine Voraussetzungen

---

432 BVerfG, NJW 2005, 2140 (2141); *Bietz*, NStZ 1988, 315 (316); *Schaffstein*, NStZ 1986, 509 (510).
433 BVerfG, NJW 2005, 2140 (2141).
434 BVerfG, NJW 2005, 2140 (2141).
435 BVerfG, NJW 2005, 2140 (2141).
436 BVerfG, NJW 2005, 2140 (2141); BVerfGE 105, 135 (157); *Satzger*, in: SSW-StGB, § 1 Rn. 44.
437 BVerfG, NJW 2005, 2140 (2141).
438 BVerfG, NJW 2005, 2140 (2141).

nicht vorlagen.[439] Damit hat das BVerfG an dem vom BGH ausgesprochenen Ausschlussverhältnis von Jugendarrest und Jugendstrafe festgehalten.[440]

e) Doppelbestrafungsverbot Art. 103 Abs. 3 GG

Für problematisch wurde die Koppelung von Jugendarrest und einem Schuldspruch nach § 27 JGG zudem wegen Verstoßes gegen das Doppelbestrafungsverbot aus Art. 103 Abs. 3 GG gehalten.[441] Ein solcher Verstoß stand nach der früheren Rechtslage im Raum, wenn das Gericht im Nachverfahren gem. § 30 Abs. 1 JGG auf eine Jugendstrafe erkannte, obgleich zuvor neben einem Schuldspruch gem. § 27 JGG ein Jugendarrest verhängt wurde. Nach dem Grundsatz „ne bis in idem" ist eine mehrmalige, wiederholte Bestrafung des Täters wegen derselben Tat nach den allgemeinen Strafgesetzen untersagt.[442] Dies schließt andererseits nicht aus, dass in einem Strafverfahren gegen den Verurteilten mehrere Sanktionen verhängt werden.[443] Denn Art. 103 Abs. 3 GG dient dem Schutz und dem Vertrauen des Einzelnen wegen derselben Tat nicht erneut strafrechtlich verfolgt oder belangt zu werden.[444]

aa) Jugendarrest als Strafe i.S.v. Art. 103 Abs. 3 GG

Die Beurteilung eines Verstoßes gegen das Doppelbestrafungsverbot setzt an erster Stelle voraus, dass der Jugendarrest als Strafe i.S.v. Art. 103 Abs. 3 GG zu qualifizieren ist. Diese Frage ist in der bisherigen Diskussion über die Rechtmäßigkeit der Sanktionskoppelung nicht weiter

---

439 BVerfG, NJW 2005, 2140 (2141).

440 BGHSt 18, 207 (210); BGHSt 35, 288 (289); BVerfG, NJW 2005, 2140 (2141).

441 Hierzu *Potrykus*, JR 1961, 407 f.; *Vietze*, 2004, S. 74 ff.; vom BGH wurde die Frage eines Verstoßes gegen Art. 103 Abs. 3 GG explizit offen gelassen, siehe BGHSt 18, 207 (213), ebenso nachfolgend OLG Celle, NStZ 1988, 315.

442 BVerfGE 21, 391 (400 f.); BVerfG NJW 1989, 2529; *Schmahl*, in: Schmidt-Bleibtreu/Klein, GG, Art. 103 Rn. 81.

443 BVerfG NJW 1989, 2529; KG NJW 1961, 1175 (1176); *Brunner/Dölling*, 2011, § 27 Rn. 14; *Grethlein*, NJW 1962, 1606; *Pieroth*, in: Jarass/Pieroth, GG, Art. 103 GG Rn. 80; *Schmahl*, in: Schmidt-Bleibtreu/Klein, GG, Art. 103 Rn. 86.

444 BVerfGE 12, 62 (66); BGHSt 5, 323 (339); *Nolte*, in: v. Mangoldt/Klein/Stark, GG, Bd. 3, Art. 103 Rn. 179.

vertieft, oder wohl als selbstverständlich hingenommen worden.[445] Ihre Beantwortung erscheint aber von wesentlicher Bedeutung, um an späterer Stelle zu untersuchen, ob die vomals geäußerten Bedenken[446] gegenüber der Verfassungsmäßigkeit der Sanktionsverbindung von Jugendarrest und Bewährungsstrafe durch die Vorschriften des Gesetzes zur Erweiterung der jugendgerichtlichen Handlungsmöglichkeiten beseitigt werden konnten.

Untersagt ist nach Art. 103 Abs. 3 GG die Mehrfachbestrafung auf Grund der allgemeinen Strafgesetze. Der Begriff der allgemeinen Strafgesetze erstreckt sich in Abgrenzung zum Disziplinar-, Ordnungs- und Polizeistrafrecht auf alle Haupt- und Nebenstrafen.[447] Damit unterliegen grundsätzlichen auch die jugendstrafrechtlichen Sanktionen dem verfassungsrechtlichen Verbot mehrmaliger Bestrafung; dies entbindet aber nicht davon, die Rechtsnatur der jeweiligen Sanktion im Einzelnen zu bestimmen.[448] Maßgeblich ist demnach, ob der Jugendarrest als Strafe i.S.v. Art. 103 Abs. 3 GG einzuordnen ist.

Das Gesetz selbst enthält keine Definition des Strafbegriffs; vielmehr wird das Wesen der Strafe von Literatur und Rechtsprechung geformt.[449] Nach *Appel* lassen sich im Wesentlichen drei Strafbegriffe unterscheiden:[450] der kompetenzrechtliche Strafbegriff in Art. 74 Nr. 1 GG, der als weitestes Form auch das Ordnungswidrigkeitenrecht umfasst; der Begriff des Strafrechts im weiteren Sinne, wie er in Art. 103 Abs. 2 GG zum Ausdruck kommt, und der noch engere Begriff des Kriminalstrafrechts in Art. 103 Abs. 3 GG. Während Strafe im Sinne der verfassungrechtlichen Garantien aus Art. 103 Abs. 2 GG vom BVerfG gemeinhin als missbilligende hoheitliche Reaktion auf ein schuldhaftes Verhalten, die dem Schuldausgleich dient, beschrieben wird,[451] enthalten Kriminalstrafen neben der

---

445 In Ansätzen etwa *Loesch*, NJW 1961, 1151 (1152), der dem Jugendarrest trotz seiner Erziehungsfunktion einen Strafcharakter beimisst; *Gonska*, GreifRecht 2013, 32 (41), der dem Jugendarrest kriminalstrafrechtliche Elemente zuschreibt; zur Einordnung des Jugendarrest als Strafe i.S.v. Art. 103 Abs. 2 GG *Holste*, StV 2013, 660 (661).

446 So etwa *Potrykus*, JR 1961, 407 (408); *Vietze*, 2004, S. 78; *Voss*, NJW 1962, 1095 (1096 f.).

447 *Schmidt-Aßmann*, in: Maunz/Düring, GG, Art. 103 Abs. 3 Rn. 286 f.

448 *Schmidt-Aßmann*, in: Maunz/Düring, GG, Art. 103 Abs. 3 Rn. 286.

449 Ausführlich zu den verschiedenen Ausformungen des Strafbegriffs mit Bezug zur Rspr. des BVerfG *Appel*, 1998, S. 213 ff.

450 Dazu und im Folgenden *Appel*, 1998, S. 236 ff.

451 BVerfGE 105, 135 (153); 109, 133 (173); BVerfG, NJW 2005, 2140 (2141); instruktiv zum Begriff der Strafe in Art. 103 Abs. 2 GG *Appel*, 1998, S. 166 ff.; *Remmert*, in: Maunz/Düring, GG, Art. 103 Abs. 2 Rn. 35 ff.

materiellen Belastung des Betroffenen ein mit staatlicher Autorität versehenes sozialethisches Unwerturteil.[452]

Die Sanktionierung mittels Jugendarrest erfolgt nach § 5 Abs. 2, 13 Abs. 1 JGG zur Ahndung einer schuldhaft begangenen Tat und soll dem Jugendlichen die Verantwortlichkeit für sein Fehlverhalten ins Bewusstsein bringen. Dabei stellt der Jugendarrest eine gerichtlich verhängte Sanktion dar, die nach der Rechtsprechung des BVerfG neben erzieherischen Elementen auch auf einen vergeltenden Ausgleich für das verwirklichte Unrecht gerichtet ist.[453] Der Freiheitsentzug ist für den Täter mit einer deutlich spürbaren Belastung verbunden, die sich de facto als repressive Übelzufügung darstellt. Dieser Strafcharakter des Jugendarrestes lässt sich auch dann nicht leugnen, wenn man Vergeltung und Schuldausgleich nicht als eigenständigen Strafzweck des Jugendarrestes definiert und ihm eine ausschließlich spezialpräventive Zielsetzung zugrunde legt. Der Strafzweck des Jugendarrestes kann dieser Stelle nicht entscheidend sein für die Klassifikation als Strafe i.S.v. Art. 103 Abs. 3 GG.[454]

Denn die Beschränkung des Mehrfachbestrafungsverbots in Art. 103 Abs. 3 GG auf Kriminalstrafen resultiert aus den unterschiedlichen Funktionen von Kriminalstrafe und Maßnahmen, die demgegenüber Präventivcharakter haben oder, wie das Disziplinarrecht, interne Ordnungsfunktionen erfüllen sollen.[455] Infolge dieser unterschiedlichen Schutzaufträge ist der Staat grundsätzlich nicht gehindert, einem Fehlverhalten auf verschiedenen Ebenen Konsequenzen folgen zu lassen.[456] Dementsprechend erachtet das BVerfG die Kombination von Kriminalstrafen und disziplinären Arreststrafen für zulässig, da beide Sanktionen von einer unterschiedlichen Zweckbestimmung getragen sind.[457] Während das allgemeine Strafrecht nach überwiegender Meinung dem Schutz bestimmter Rechtsgüter dient,[458] bezweckt die Diszipliarstrafe die Aufrechterhaltung eines

---

452 *Appel*, 1998, S. 241.
453 BVerfG, NJW 2005, 2140 (2141).
454 So allerdings *Jaeger*, 2010, S. 222 f., die den Jugendarrest im Kontext von Art. 74 Abs. 1 GG nicht als Strafe einordnet, da dieser seinem Zweck nach nicht dem Schuldausgleich und der Vergeltung diene. Auch im Rahmen von Art. 103 Abs. 2 GG wird der Begriff der Strafe nicht über die Straftheorien definiert, *Remmert*, in: Maunz/Düring, GG, Art. 103 Abs. 2 Rn. 35.
455 Zum Verhältnis von Kriminalstrafe und disziplinärer Arreststrafe BVerfGE 21, 278 (384).
456 *Schmidt-Aßmann*, in: Maunz/Düring, GG, Art. 103 Abs. 3 Rn. 278.
457 BVerfGE 21, 378 (384); 28, 264 (276 f.); 32, 40 (49 f.); *Appel*, 1998, S. 135.
458 *Hassemer/Neumann*, in: NK-StGB, Vor § 1 Rn. 109 m.w.N.

geordneten Dienstbetriebes und bezieht sich anders als die Kriminalstrafe auf den besonderen Rechts- und Pflichtenstatus des Betroffenen.[459] Sanktionen nach dem Disziplinarrecht sind nicht auf eine moralische Wertung und Sühne ausgelegt, sondern dienen der Wiederherstellung der Ordnung innerhalb eines abgesteckten Rechtskreises.[460] Der Jugendarrest wird trotz seiner weniger scharfen Wirkung gegenüber der Jugendstrafe als Folge einer schuldhaft begangenen Straftat verhängt und enthält ein Unwerturteil, welches dem Täter signalisieren soll, dass sein Verhalten von der Rechtsordnung nicht gebilligt wird. Dabei gewinnt der Jugendarrest durch seinen freiheitsentziehenden Charakter an Nähe zur Jugendstrafe. Zwar besitzen Zuchtmittel gem. § 13 Abs. 3 JGG formal nicht die Rechtswirkungen einer Strafe, doch versteht sich diese Distanzierung von den Strafwirkungen als Privilegierung gegenüber dem Jugendlichen, der nach der Verbüßung des Jugendarrestes nicht mit weiteren negativen Folgewirkungen, wie etwa der Eintragung als „Vorstrafe", belastet werden soll.[461] Umgekehrt dürfen die Lossagung vom Formalbegriff der Strafe und die Einordnung als Zuchtmittel unter Beachtung des Verbots der Schlechterstellung aber zu keiner Rechtsverkürzung des Täters führen.[462] Schließlich spricht auch der hinter dem Doppelbestrafungsverbot stehende Vertrauensgrundsatz, nach dem sich der Jugendliche darauf verlassen können muss, dass er nach einer rechtkräftig ergangenen Verurteilung wegen derselben Tat nicht nochmals strafrechtlich zur Verantwortung gezogen wird, für eine prinzipielle Beachtung des Doppelbestrafungsverbots. Folglich ist auch der Jugendarrest als materielle Strafe i.S.v. Art. 103 Abs. 3 GG einzustufen.

bb) Verstoß gegen Art. 103 Abs. 3 GG

Da der verfassungsrechtlich garantierte Grundsatz des Doppelbestrafungsverbots allein die mehrfache Verfolgung bzw. Ahndung einer Straftat untersagt, nicht aber dem Ausspruch mehrerer Rechtsfolgen in einem Verfahren entgegensteht, kam es für die Beurteilung eines Verstoßes gegen Art. 103 Abs. 3 GG entscheidend darauf an, ob die Anordnung eines Ju-

---

459 BVerfGE 21, 378 (384).
460 *Appel,* 1998, S. 137 f.
461 *Linke,* in: Meier/Rössner/Trüg/Wulf, JGG, § 13 Rn. 8; *Holste,* StV 2013, 660 (661).
462 *Holste,* StV 2013, 660 (661); zur inhaltlichen Einordnung der Zuchtmittel als Strafe mit Hinweis auf die andernfalls überflüssige Regelung in § 13 Abs. 3 JGG auch *Eisenberg,* 2017, § 13 Rn. 8.

gendarrestes neben § 27 JGG und die im Nachverfahren verhängte Jugendstrafe als eine Einheit zu werten ist, mit der Folge, dass es sich um eine zulässige, einheitliche strafrechtliche Reaktion in einem Strafverfahren handelt.

Mit der Begründung, die Entscheidung im Nachverfahren gem. § 30 Abs. 1 JGG stelle lediglich eine Ergänzung und Vervollständigung des vorangegangenen, rechtskräftigen Schuldspruchs nach § 27 JGG dar, lehnte die ältere Rechtsprechung einen Verstoß gegen das Doppelbestrafungsverbot ab.[463] Der Strafausspruch nach § 30 Abs. 1 JGG komplementiere den zuvor ergangenen Schuldspruch nach § 27 JGG, so dass beide Entscheidungen eine Einheit bilden.[464] Legt man diese Auffassung zu grunde, handelt es sich um eine Verbindung mehrerer Sanktionen in ein und demselben Verfahren, so dass keine Mehrfachbestrafung vorliegt. Diese Ansicht, die eine Koppelung von Jugendarrest und § 27 JGG für zulässig erachtet, war gleichsam mit Widersprüchen behaftet, wenn sie einerseits die einheitliche Betrachtungsweise der Entscheidungen nach § 27 JGG und § 30 JGG im Rahmen der Beurteilung eines Verstoßes gegen § 8 Abs. 2 S. 1 JGG unberücksichtigt ließ, sich andererseits aber zur Vermeidung eines Verstoßes gegen das Doppelbestrafungsverbot auf die Einheitlichkeit des Schuld- und Strafausspruches berief.[465] Ohne die verfahrensrechtliche Verknüpfung des Schuldspruchs und der Entscheidung im Nachverfahren in Abrede zu stellen, weist *Loesch* darauf hin, dass das Gericht mit der Verhängung eines Jugendarrestes eine über den Schuldspruch hinausgehende Sanktion zur Ahndung der Tat und damit ein Entscheidung über die Rechtsfolge als Endentscheidung treffe, obwohl solche Teilendurteile dem Rechtsfolgensystem des Strafrechts fremd sind.[466] Mit dem Ausspruch einer Sanktion neben einem Schuldspruch, welcher begrifflich bereits eine Ahndung der Tat ausschließe,[467] werde die Tat mit der Verhängung der Jugendstrafe im Nachverfahren ein zweites Mal unter Strafe gestellt.[468] Hinzu komme, dass es sich bei § 27 JGG und der Ent-

---

463 KG, NJW 1961, 1175 (1176).
464 KG, NJW 1961, 1175 (1176); LG Augsburg, NStZ 1986, 507 (509) mit zustimmender Anmerkung *Brunner*, NStZ 1986, 508 (509); so auch bereits der RefE zur Änderung des JGG vom 18.11.1983, hierzu der Hinweis bei *Bietz*, NStZ 1988, 315 (316).
465 *Bietz*, NStZ 1982, 120 (121).
466 *Loesch*, NJW 1961, 1151 (1152).
467 *Potrykus*, JR 1961, 407 (408).
468 *Loesch*, NJW 1961, 1151 (1152); *Potrykus*, JR 1961, 407 (408); *Voss*, NJW 1962, 1095 (1096 f.).

scheidung im Nachverfahren gem. § 30 JGG um zwei getrennt voneinander ergehende, der Rechtskraft fähigen Entscheidungen handle.[469] Die Verhängung von zwei freiheitsentziehenden Sanktionen in zwei Hauptverhandlungen wegen derselben Tat wurde demnach als Verstoß gegen das in Art. 103 Abs. 3 GG normierte Doppelbestrafungsverbot gewertet.[470]

Die frühere untergerichtliche Rechtsprechung stand indessen auf dem Standpunkt, dass ein Verstoß gegen das Doppelbestrafungsverbot schon nach der Systematik des JGG ausscheide.[471] § 8 Abs. 2 S. 1 JGG erlaube neben der Verhängung von Jugendstrafe ausdrücklich die Erteilung von Weisungen und Auflagen. Wie dem Jugendarrest komme aber auch den Auflagen der Charakter eines Zuchtmittels zu. Sofern die Anordnung von Auflagen neben einer Jugendstrafe nicht als Verstoß gegen das Doppelbestrafungsverbot gewertet wird, müsse dies wegen der Einordnung der beiden Maßnahmen in die Sanktionskategorie der Zuchtmittel ebenso für die zusätzliche Anordnung eines Jugendarrestes gelten.[472] Diese Argumentationslinie wurde schon deshalb nicht für überzeuend erachtet, da sie in keiner Übereinstimmung mit dem Wortlaut des § 8 Abs. 2 S. 1 JGG steht. Dieser erkläre gerade nicht pauschal die Anwendung von Zuchtmitteln neben Jugendstrafe für zulässig, sondern dispensiere von dem Koppelungsverbot ausschließlich das Zuchtmittel der Auflagen gem. § 13 Abs. 2 Nr. 2 JGG.[473] Zum anderen bestehe zwischen dem Ausspruch von Auflagen und der Verhängung von Jugendarrest ein elementarer Unterschied: Während die Erteilung von Auflagen den ambulanten Maßnahmen zuzuordnen ist, ist die Verhängung eines Jugendarrestes als stationäre Maßnahme mit einem Freiheitsentzug verbunden und steht der Jugendstrafe aus Sicht des Betroffenen durch seine repressive Ausrichtung und erhöhte Eingriffsintensität näher als die Auflagenerteilung.[474] Inhaltlich haben diese Ausführungen ihre Richtigkeit, doch kann einfaches Gesetzesrecht allenfalls dazu beitragen, einen Verstoß gegen das Doppelbestrafungsverbot, z.B. durch Anrechnungsvorschriften,[475] auszuräumen, aber keine Ausnahmen von diesem statuieren.

---

469 *Voss*, NJW 1962, 1095 (1097); mit Hinweis auf die Zweiteilung des Verfahrens *Vietze*, 2004, S. 75.
470 *Bietz*, NStZ 1988, 315 (316); *Böhm/Feuerhelm*, 2004, S. 273; *Loesch*, NJW 1961, 1151 (1152); *Vietze*, 2004, S. 78; *Voss*, NJW 1962, 1095 (1096 f.).
471 AG Meppen, ZJJ 2004, 200 (203).
472 AG Meppen, ZJJ 2004, 200 (203); so auch *Reichenbach*, NStZ 2005, 136 (140).
473 *Bietz*, NStZ 1982, 120.
474 *Vietze*, 2004, S. 75.
475 Vgl. BT-Drucks. 17/9389, S. 14.

Eine differenzierte Betrachtung liefert die Auseinandersetzung von *Vietze*. Für die Frage, ob die zusätzliche Beschwer, die der Jugendliche durch den Jugendarrest bei nachträglicher Anerkennung auf Jugendstrafe gem. § 30 Abs. 1 JGG erhält, eine Verstoß gegen das Doppelbestrafungsverbot begründet, unterscheidet *Vietze* zwischen der Situation des vollstreckten und nicht vollstreckten Jugendarrestes.[476] Ergeht gegen den Jugendlichen zunächst ein Schuldspruch nach § 27 JGG in Verbindung mit einem Jugendarrest und treten während der Bewährungszeit schädliche Neigungen in dem für § 17 Abs. 2 Alt. 1 JGG erforderlichen Umfang hervor, erkennt das Gericht gem. § 30 Abs. 1 JGG auf die Jugendstrafe, die es im Zeitpunkt des Schuldspruchs bei sicherer Beurteilung der schädlichen Neigungen ausgesprochen hätte. Soweit der Jugendarrest im Zeitpunkt der Erkennung auf Jugendstrafe noch nicht vollstreckt ist, scheide ein Verstoß gegen Art. 103 Abs. 3 GG von vornherein aus.[477] Denn mit der Erkennung auf Jugendstrafe ist nach dem Grundsatz der im Jugendstrafrecht zu bildenden Einheitsstrafe aus § 31 JGG nur eine einheitliche Sanktion in Form der Jugendstrafe auszusprechen. Der zuvor verhängte Jugendarrest kommt damit in Wegfall.[478] Anders ist die Situation nach *Vietze* zu bewerten, wenn der Jugendarrest im Zeitpunkt der Erkennung auf Jugendstrafe bereits verbüßt wurde. In diesem Fall stelle die Anordnung des Jugendarrestes eine nicht hinnehmbare zusätzliche Beschwer dar, da der Jugendliche bei der Verurteilung zu Jugendarrest neben § 27 JGG schlechter stünde als bei unmittelbarer Erkennung auf Jugendstrafe im Zeitpunkt des Schuldspruchs, wie sie ohne Zweifel über das Vorliegen der für die Verhängung von Jugendstrafe erforderlichen schädlichen Neigungen ergangen wäre.[479] Die nachfolgende Erkennung auf Jugendstrafe käme damit einer Mehrfachbestrafung gleich.[480] Zur Lösung dieses Konflikts wurden in der Vergangenheit zwei Wege vorgeschlagen: Ein Teil des Schrifttums[481] löste den im Raum stehenden Verstoß gegen das Doppelbestrafungsverbot bei einer Verurteilung zu einer Jugendstrafe im Nachverfahren über eine analoge Rechtsanwendung des § 31 Abs. 2 S. 2 JGG, während andere[482] infolge des in

---

476 Dazu wie im Folgenden *Vietze*, 2004, S. 76.
477 *Vietze*, 2004, S. 76; so auch *Grethlein*, NJW 1962, 1606 (1607).
478 *Grethlein*, NJW 1962, 1606 (1607); *Vietze*, 2004, S. 76.
479 *Vietze*, 2004, S. 76.
480 *Vietze*, 2004, S. 76.
481 *Bandemer*, ZfJ 1990, 421 (423); *Brunner*, NStZ 1986, 508 (509); *Grethlein*, NJW 1962, 1606 (1607); befürwortend auch *Schaffstein*, NStZ 1986, 509 (511).
482 AG Winsen/Luhe, NStZ 1982, 120; *Reichenbach*, NStZ 2005, 136 (140); kritisch *Vietze*, 2004, S. 78 mit Blick auf die Einschränkung in § 52a Abs. 1 S. 2 JGG.

§ 31 Abs. 2 S. 2 JGG eingeräumten richterlichen Ermessensspielraums eine Anrechnung gem. § 52a JGG befürworteten.

Der Verstoß gegen das Doppelbestrafungsverbot konnte auf Grundlage der früheren Rechtslage demnach nicht eindeutig gelöst werden.

f) Fazit

Die höchstrichterliche Rechtsprechung hatte auf der Grundlage der bis zum 07.03.2013 geltenden Rechtslage mit aller Deutlichkeit klargestellt, dass der Ausspruch eines Jugendarrestes neben der Aussetzung der Verhängung einer Jugendstrafe nach § 27 JGG rechtlich unzulässig ist. Bis zum Inkrafttreten der Neuregelung von Jugendarrest neben bedingter Jugendstrafe durch Art. 1 des Gesetzes zur Erweiterung der jugendgerichtlichen Handlungsmöglichkeiten war die Verhängung eines Jugendarrestes folglich neben allen Formen der Bewährungsentscheidung ausgeschlossen.[483] Dennoch finden sich Hinweise darauf, dass in der jugendgerichtlichen Praxis bereits vor Inkrafttreten der Neuregelung in § 16a JGG von der Arrestverhängung neben einer Bewährungsstrafe Gebrauch gemacht wurde.[484] Die Entscheidung des BVerfG aus dem Jahr 2004 versteht sich allerdings nicht als grundsätzliches Verbot der Sanktionskoppelung von Jugendarrest und bedingter Jugendstrafe. Sie bringt lediglich zum Ausdruck, dass die seinerzeits geltende Rechtslage eine solche Rechtsfolgenverbindung nicht vorsah. Vor dem Hintergrund einer möglichst effektiven Rechtsfolgengestaltung ist es dem Gesetzgeber nicht grundsätzlich verwehrt, das Handlungsspektrum durch neue jugendstrafrechtliche Sanktionsmechanismen zu erweitern. Zur Legitimation einer solchen Sanktionskoppelung bedarf es aber einer klaren formellen Rechtsgrundlage, die den Anwendungsbereich von Jugendarrest neben bedingter Jugendstrafe definiert.[485]

---

483 *Vietze*, 2004, S. 58 f., 79 f.
484 *Feltes*, in: 18. JGT, 290 (297 f.); *Kreischer*, 1970, S. 127, beide jeweils mit Bezug zu § 27 JGG; *Müller*, 2013, S. 138 f..
485 *Wulf*, in: Meier/Rössner/Trüg/Wulf, JGG, § 16a Rn. 6; sowie OLG Celle, NStZ 1988, 315 mit Hinweis darauf, dass eine Abkehr von der ursprünglichen Zielsetzung des Jugendarrestes als vorrangig der Abschreckung dienendes Sanktionsmittel nicht durch extensive Gesetzesauslegung erreicht werden kann, sondern durch den Gesetzgeber definiert werden muss.

II. Rechtslage seit dem 07.03.2013

Diesem gesetzlichen Regelungserfordernis ist der Gesetzgeber mit Wirkung zum 07.03.2013 nachgekommen. Mit der Erweiterung des § 8 Abs. 2 JGG um S. 2 und der Verweisungsnorm des § 61 Abs. 3 S. 1 JGG hat der Gesetzgeber das vormals geltende Alternativverhältnis von Jugendarrest und bedingter Jugendstrafe explizit durchbrochen und in § 16a JGG eine einfach gesetzliche Grundlage für die gleichzeitige Anordnung von Jugendarrest neben bedingter Jugendstrafe in all Formen geschaffen. Mit der Neufassung des § 8 Abs. 2 S. 2 JGG hat der Gesetzgeber seinen Willen zur Abänderung der vormals geltenden Rechtslage bekundet und der Diskussion um die rechtliche Zulässigkeit der Sanktionskoppelung von Jugendarrest und einer Bewährungsentscheidung ein Ende gesetzt. Nach geltendem Recht kann Jugendarrest unter den Voraussetzungen des § 16a JGG neben allen Formen der Bewährungsentscheidung zur Anwendung gelangen.

D. Die neuen gesetzlichen Bestimmungen

Den Ausgangspunkt für die nach der aktuellen Rechtslage zulässige Rechtsfolgenkombination von Jugendarrest und bedingter Jugendstrafe bildet § 8 Abs. 2 S. 2 JGG, der das bislang geltende Koppelungsverbot freiheitsentziehender Maßnahmen durchbricht. Gemäß dem Wortlaut des § 8 Abs. 2 S. 2 JGG, welcher von einer Anordnung „neben" Jugendstrafe spricht, muss der Ausspruch des zur Bewährungsentscheidung hinzutretende § 16a-Arrestes stets im Urteil selbst ergehen.[486] Die Anordnung des Warnschussarrestes ist in § 16a Abs. 1 JGG – anders beim bisherigen Jugendarrest, der nach § 13 Abs. 1 JGG zur Anwendung kommt, wenn Jugendstrafe nicht geboten ist – als „Kann-Vorschrift" ausgestaltet. Liegen die Voraussetzungen des § 16a JGG vor, so eröffnet die Vorschrift dem Jugendrichter einen Ermessensspielraum hinsichtlich des Ausspruchs eines zur Bewährungsentscheidung hinzutretenden Jugendarrestes. Umgekehrt ist die Anordnung eines § 16a-Arrestes ausgeschlossen, wenn es an der Gebotenheit seiner Verhängung mangelt. Ein Ermessen wird insoweit abgelehnt.[487] Der Jugendarrest neben bedingter Jugendstrafe kann in allen drei Arrestformen des Freizeit-, Kurz- oder Dauerarrestes verhängt werden. Die

---

486 *Diemer*, in: Diemer/Schatz/Sonnen, JGG, § 8 Rn. 8.
487 *Ostendorf*, in: Ostendorf, JGG, 10. Aufl., § 16a Rn. 8.

einzelnen Voraussetzungen für die Anordnung des zusätzlichen Arrestes normiert § 16a JGG. Flankiert wird diese gesetzliche Neuregelung durch die neu eingeführte Belehrungsvorschrift des § 70a JGG, die spezifischen Vollstreckungsbestimmungen in § 87 Abs. 4 S. 2, 3 JGG und die Anrechnungsvorschriften in §§ 26 Abs. 3 S. 3, 30 Abs. 1 S. 3, 61b Abs. 4 S. 3 JGG und § 31 Abs. 2 S. 2 JGG.

I. Anordnungsvoraussetzungen des § 16a JGG

1. Persönlicher Anwendungsbereich

Der Arrest nach § 16a JGG kann im Einklang mit den übrigen Sanktionsinstrumenten des Jugendstrafrechts sowohl gegen Jugendliche gemäß § 1 Abs. 2 Hs. 1 JGG als auch gegen Heranwachsende nach § 1 Abs. 2 Hs. 2 JGG, auf welche gemäß § 105 Abs. 1 JGG Jugendstrafrecht Anwendung findet, verhängt werden.

2. Sachliche Anordnungsvoraussetzungen

Abweichend von den vormals eingebrachten Gesetzesentwürfen hat der Gesetzgeber mit der Aufnahme des § 16a JGG ins JGG materiell-rechtliche Vorgaben für die Anordnung von Jugendarrest neben bedingter Jugendstrafe geschaffen. Dies nicht zuletzt, um den Bedenken hinsichtlich eines Verstoßes gegen den aus Art. 103 Abs. 2 GG folgenden Bestimmtheitsgrundsatz entgegenzuwirken.[488] Die zurückliegenden Gesetzesentwürfe zur Aufnahme des Warnschussarrestes in das jugendstrafrechtliche Rechtsfolgensystem beschränkten sich ganz überwiegend auf eine allgemeine Erweiterung des § 8 Abs. 2 S. 2 JGG mit der Möglichkeit neben einer bedingten Jugendstrafe auch Jugendarrest verhängen zu können. So sollte es in § 8 Abs. 2 S. 2 JGG heißen:

> „Setzt er [der Richter] die Verhängung oder die Vollstreckung der Jugendstrafe zur Bewährung aus, so kann er daneben auch Jugendarrest verhängen."[489]

---

488 Vgl. BT-Drucks. 17/9389, S. 9.
489 BT-Drucks. 14/3189, S. 4; BT-Drucks. 15/1472, S. 5; BT-Drucks. 16/1027, S. 5.

Zum Teil wurde der Versuch einer näheren Konkretisierung des Anwendungsbereichs in der Weise vorgenommen, dass Jugendarrest neben der Aussetzung der Vollstreckung oder Verhängung der Jugendstrafe nur angeordnet werden kann, wenn dies *„aus besonderen Gründen geboten ist"*[490]. Mit der Neuregelung des § 16a JGG hatte der Gesetzgeber das Bestreben, konkrete materiell-rechtliche Voraussetzungen für die Koppelung von Jugendarrest mit bedingter Jugendstrafe zu normieren, um einer unkontrollierten, pauschalen Anwendung der zusätzlichen Arrestverhängung vorzubeugen.[491] Auf diese Weise soll vermieden werden, dass die Jugendgerichte den Warnschussarrest als reinen „Bewährungszuschlag"[492] interpretieren. Während das Gesetz für den herkömmlichen Jugendarrest gem. § 16 JGG keine positiven Anwendungsvoraussetzungen statuiert, sondern als negatives Abgrenzungskriterium in § 13 Abs. 1 JGG darauf abstellt, dass Jugendstrafe nicht geboten ist, war der Gesetzgeber bei der Anerkennung einer eigenständigen Zielgruppe für die Sanktionskoppelung vor dem Hintergrund des verfassungsrechtlichen Bestimmtheitsgrundsatzes gehalten, die Voraussetzungen für die Verhängung eines Warnschussarrestes gesondert festzulegen. Denn das Gebot der Gesetzesbestimmtheit ist nicht auf das Erwachsenenstrafrecht begrenzt, sondern findet aufgrund der dem Jugendarrest und der Jugendstrafe immanenten ahndenden Elemente auch hier Beachtung.[493] Anknüpfend an die dem Warnschussarrest vorausgegangene Diskussion wurden die seitens der Befürworter vorgebrachten Gesichtspunkte zum Anlass genommen, die Anordnungsvoraussetzungen des Warnschussarrestes zu präzisieren. § 16a Abs. 1 JGG normiert in Anlehnung an die Zwecksetzungen der Unrechtsverdeutlichung, der Herausnahme des Jugendlichen aus seinem schädlichen sozialen Umfeld und der erzieherischen Einwirkung auf den Jugendlichen abschließend drei Fallgruppen,[494] deren Anwendungsfeld durch die Subsidiaritätsvorschrift des § 16 Abs. 2 JGG sowie das Prinzip der „Gebotenheit" begrenzt wird. Die Formulierung der Gebotenheit versteht sich als Ausdruck der Verhältnis-

---

490 So der frühere ArbE 1982 und RefE 1983, siehe *Hügel*, BewHi 1987, 50 (51).

491 Vgl. BT-Drucks. 17/9389, S. 7; Die Formulierung der gesetzlichen Voraussetzungen in § 16a JGG werden dennoch weiterhin als „vage" bezeichnet, *Ostendorf*, in: Ostendorf, JGG, 10. Aufl., § 16a Rn. 2.

492 *Gebauer*, in: INFO 2013, 29 (47); auch *Schaffstein/Beulke/Swoboda*, 2014, Rn. 553 weisen auf das Risiko hin, dass der Warnschussarrest als zusätzliches Repressionsinstrument auf Jugendliche Anwendung findet, die einer stationären Intensivbetreuung für eine Bewährungsbewältigung nicht benötigen.

493 BVerfG, NJW 2005, 2140 (2141).

494 *Eisenberg*, StV 2013, 44 (46); *Schaffstein/Beulke/Swoboda*, 2014, Rn. 544.

mäßigkeit, so dass Jugendarrest neben einer bedingten Jugendstrafe nur verhängt werden darf, wenn dieser geeignet, erforderlich und im Einzelfall angemessen erscheint, den angestrebten Zweck zu erreichen.[495] Die in § 16a Abs. 1 JGG normierten Anordnungsvoraussetzungen stehen in keinem Ausschlussverhältnis zueinander, sondern können ebenso kumulativ Anwendung finden, sofern mehrere der dort aufgelisteten Zwecke verfolgt werden. Die begleitende Neuerung in § 21 Abs. 1 S. 3 JGG stellt klar, dass die für die Strafaussetzung zur Bewährung erforderliche positive Sozialprognose auch erst durch die Anordnung des zusätzlichen Arrestes begründet werden kann.

a) Verdeutlichungsarrest nach § 16a Abs. 1 Nr. 1 JGG

aa) Voraussetzungen

Nach § 16a Abs. 1 Nr. 1 JGG kann die Verhängung von Jugendarrest neben bedingter Jugendstrafe erfolgen, um dem Jugendlichen die Verantwortlichkeit für das begangene Unrecht und die Folgen weiterer Straftaten zu verdeutlichen (sog. „Verdeutlichungs-"[496] oder „Eindrucksarrest"[497]). Mit der Aufnahme dieses Anordnungsgrundes hat der Gesetzgeber insbesondere zwei in der Debatte um den Warnschussarrest vorgebrachten Einwänden Rechnung getragen: Zum einen geht es um junge Verurteilte, die die Bewährungsstrafe mangels direkt fühlbarer Konsequenzen fälschlicherweise als „Quasi-Freispruch" interpretieren könnten, zum anderen kann durch die Verhängung eines Verdeutlichungsarrestes in einem Verfahren mit mehreren Verurteilten das Gewicht und die Bedeutung der Rechtsfolgenentscheidung zueinander kommuniziert werden.[498] Voraussetzung für die Verurteilung zu einem Arrest nach § 16a Abs. 1 Nr. 1 JGG ist, dass eine vorrangige Belehrung des jungen Täters über die Bedeutung der Bewährungsentscheidung und die Konsequenzen eines möglichen Fehlverhaltens sowie die Erteilung von Auflagen und Weisungen nicht erfolgsversprechend erscheinen.[499] Die bislang in §§ 60 Abs. 1 S. 2, 64 S. 2 JGG gesetzlich nor-

---

495 *Gebauer*, in: INFO 2013, 29 (50); *Sonnen*, in: Diemer/Schatz/Sonnen, JGG, § 16a Rn. 8.
496 *Wulf*, in: Meier/Rössner/Trüg/Wulf, JGG, § 16a Rn. 27.
497 *Laue*, in: MüKo-StGB, Bd. 6, § 8 JGG Rn. 16.
498 BT-Drucks. 17/3989, S. 12 f.
499 BT-Drucks. 17/3989, S. 13; *Eisenberg*, StV 2013, 44 (46).

mierte Pflicht des Richters zur Belehrung des Jugendlichen über die Bedeutung der Aussetzungsentscheidung und die damit verbundenen Bewährungsauflagen oder -weisungen, wird mit der Neuregelung in § 70a JGG[500] nochmals bekräftigt. Neben der allgemeinen, sich am Entwicklungs- und Bildungsstand des Jugendlichen zu orientierenden Belehrungspflicht in § 70a Abs. 1 S. 1 JGG, sieht § 70a Abs. 2 JGG i.V.m. § 109 Abs. 1 JGG eine besondere Belehrungsobliegenheit in Verfahrenskonstellationen mit einem jugendlichen oder heranwachsenden Mitangeklagten vor, der zu Erziehungsmaßregeln oder Zuchtmitteln verurteilt wird. Die Belehrung des zu Jugendarrest verurteilten Mitangeklagten erfüllt dabei zwei Funktionen: Zum einen kann auf Seiten des zu Jugendarrest Verurteilten eine erhöhte Akzeptanz der Rechtsfolgenentscheidung erzielt und eine Basis für eine konstruktive, erzieherische Zusammenarbeit bewirkt werden.[501] Zum anderen kann eine sachgerechte Aufklärung über das Verhältnis der beiden Sanktionen dazu beitragen, dass die Bewährungsentscheidung nicht als mildere Maßnahme verstanden wird.[502] Da sich die Rechtsfolgenentscheidung stets an der unmittelbar betroffenen Person zu orientieren hat,[503] muss es auch bei der Verurteilung mehrerer Tatbeteiligter darauf ankommen, dass die Bewährungsentscheidung von dem betroffenen Jugendlichen nicht mit der angezeigten Ernsthaftigkeit wahrgenommen wird und konkrete Anhaltspunkte für dessen fehlende Erreichbarkeit bestehen. Welche Wirkungen der Rechtsfolgenausspruch in Form einer Bewährungsentscheidung auf den zu Jugendarrest verurteilten Mitangeklagten hat, ist hingegen irrelevant, so dass der Ausspruch eines Warnschussarrestes mithin nicht auf bloßen Gerechtigkeitsempfindungen beruhen darf.[504] Eine intensive Belehrung des Jugendlichen und die Erteilung von Bewährungsweisungen bzw. -auflagen haben damit Vorrang gegenüber einem zusätzlichen Jugendarrest nach § 16a Abs. 1 Nr. 1 JGG. Bei der Beurteilung, ob eine an sich vorrangige Belehung des Jugendlichen ausreichend ist, ist der Jugendrichter wegen der zeitlichen Abfolge von Urteilsverkündung und der sich erst daran anschließenden Belehrung gezwungen, die Wirkungen der Belehrung auf den Angeklagten im Vorfeld

---

500 § 70a JGG wurde ebenfalls durch das Gesetz zur Erweiterung jugendgerichtlicher Handlungsmöglichkeiten vom 04.09.2012, BGBl. I 2012, S. 1854, eingeführt.
501 BT-Drucks. 17/3989, S. 19.
502 BT-Drucks. 17/9389, S. 19.
503 BT-Drucks. 17/9389, S. 13.
504 BT-Drucks. 17/9389, S. 13; *Verrel*, NK 2013, 67 (70).

vorherzusagen.[505] Ob die Ausweitung der Belehrungsvorschrift in § 70a Abs. 2 JGG daher einen Beitrag zur Eingrenzung der Sanktionierung mittels eines Warnschussarrestes leisten kann, ist fraglich.[506]

Im Weiteren stellt sich aufgrund des Wortlauts in § 16a Abs. 1 JGG die Frage, ob mit der Anordnung eines Verdeutlichungsarrestes nach § 16a Abs. 1 Nr. 1 JGG darüber hinaus eine gezielte Verbesserung der Bewährungschancen angestrebt werden muss. Abweichend zu den Anordnungsgründen in § 16a Abs. 1 Nr. 2 und Nr. 3 Alt. 2 JGG nimmt § 16a Abs. 1 Nr. 1 JGG auf eine Förderung der Bewährungsaussichten nicht explizit Bezug. Während die Vorbereitung der Bewährungszeit und die Schaffung besserer Erfolgsaussichten für eine erzieherische Einwirkung während der Bewährungszeit in § 16a Abs. 1 Nr. 2 und Nr. 3 Alt. 2 JGG ausdrücklich als Normvoraussetzungen festgeschrieben sind, liegt die Zielbestimmung des § 16a Abs. 1 Nr. 1 JGG darin, dem Jugendlichen die Verantwortlichkeit für das begangene Unrecht und die Folgen weiterer Straftaten zu verdeutlichen. Der Gesetzeswortlaut, der die äußerste Grenze der Auslegung bildet,[507] und der systematische Binnenvergleich zu § 16a Abs. 1 Nr. 2 und Nr. 3 Alt. 2 JGG, zeigen, dass die Verhängung eines Arrestes nach § 16a Abs. 1 Nr. 1 JGG derzeit nicht an eine aktive Bewährungsförderung gekoppelt ist. Der fehlende Normbezug zur Bewährungszeit spricht für eine Unterstreichung der Abschreckungsfunktion und verleitet dazu, den Verdeutlichungsarrest im Sinne der Denkzettelfunktion als zusätzliches Übel zu verhängen.[508]

Auch wenn nach dem derzeitigen Gesetzeswortlaut die Vorbereitung und Förderung der Bewährungszeit nicht als Voraussetzung für den Arrest nach § 16a Abs. 1 Nr. 1 JGG festgeschrieben ist, bleibt bei jeder Sanktionsverhängung die in § 2 Abs. 1 S. 1 JGG normierte, aufgrund ihres Allgemeincharakters vorrangige, Zielbestimmung des Jugendstrafrechts zu berücksichtigen. Ziel aller jugendstrafrechtlichen Sanktionen, mithin auch des Arrestes nach § 16a Abs. 1 JGG, ist es, der erneuten Straffälligkeit des Jugendlichen entgegenzuwirken. Offen bleibt, ob dieses Ziel im Rahmen von § 16a Abs. Nr. 1 JGG allein durch die Arrestierung des Jugendlichen erreicht werden soll oder gleichwohl unter dem Vorbehalt der erzieherischen Zusammenarbeit mit dem Jugendlichen steht. § 2 Abs. 1 S. 2 JGG stellt klar, dass die jugendgerichtlichen Rechtsfolgen primär am Erzie-

---

505 *Gernbeck,* 2017, S. 70 f.
506 Ähnlich *Gernbeck,* 2017, S. 71.
507 *Kaspar,* 2017, § 5 Rn. 32.
508 So auch *Swoboda,* in: FS für Beulke, 1229 (1237 f.).

hungsgedanken auszurichten sind. Erziehung wird heute überwiegend nicht als Erziehung durch Strafe verstanden, sondern als positive Individualprävention, die auf helfende Maßnahmen und eine Entwicklung des Täters zu einer eigenverantwortlichen und gemeinschaftsfähigen Persönlichkeit abzielt.[509] Diese Gesamtbetrachtung zu § 2 Abs. 1 S. 1 JGG legt nahe, künftig auch bei der Verhängung eines Arrestes nach § 16a Abs. 1 Nr. 1 JGG eine gezielte Bewährungsförderung als notwendige Anordnungsvoraussetzung zu fordern. Eine solche Lösung entspricht dem Willen des Gesetzgebers, der gefolgt von der vorangegangenen historischen Diskussion über die unterschiedliche Zielsetzung von Jugendarrest und Jugendstrafe bei der Einführung des § 16a JGG dargelegt hat, dass die Verhängung eines Arrestes nach § 16a JGG in Abgrenzung zum bisherigen Jugendarrest nach § 16 JGG insgesamt dem übergeordneten Leitgedanken einer positiven Bewältigung der Bewährungszeit unterliegt und erzieherische Belange ein noch stärkeres Gewicht erhalten.[510] Der Verdeutlichungsarrest gem. § 16a Abs. 1 Nr. 1 JGG soll sich nach den Hinweisen in der Gesetzesbegründung nicht auf eine betreute Verwahrung und Übelszufügung als „short sharp shock" beschränken, sondern muss ersten Behandlungsmaßnahmen im Arrest dienen.[511] Dies deutet an, dass der Gesetzgeber die Förderung der Bewährungsbewältigung jedenfalls nicht primär durch Abschreckung verstanden wissen will, sondern auch im Rahmen von § 16a Abs. 1 Nr. 1 JGG auf ein konstruktives Zusammenwirken mit dem Jugendlichen und der Bewährungshilfe setzt.

bb) Einschränkung der Gebotenheit nach § 16a Abs. 2 JGG

Basierend auf den mittlerweile als empirisch gesichert anzusehenden Forschungsbefunden zur mangelnden Abschreckungs- und Besinnungswirkung des herkömmlichen Jugendarrestes,[512] hat der Gesetzgeber mit der Subsidiaritätsregelung in § 16a Abs. 2 JGG klargestellt, dass bei vorangegangenen Inhaftierungsmaßnahmen eine restriktive Handhabe des Verdeutlichungsarrestes nach § 16a Abs. 1 Nr. 1 JGG erforderlich ist. Mit der Restriktion in § 16a Abs. 2 JGG werden zugleich die in der Vergangenheit

---

509 *Ostendorf*, in: Ostendorf, JGG, 10. Aufl., § 2 Rn. 5; *Sonnen*, in: Diemer/Schatz/ Sonnen, JGG, § 2 Rn. 1.
510 BT-Drucks. 17/9389, S. 12.
511 BT-Drucks. 17/9389, S. 12.
512 Siehe Teil 1 B.II.1.

geäußerten Bedenken aufgegriffen, dass eine Vielzahl der für § 16a JGG in Betracht kommenden Täter bereits über Erfahrungen im Freiheitsentzug verfügen wird.

(1) Gesetzlich geregelte Anwendungsbegrenzungen

Nach § 16a Abs. 2 JGG ist ein Verdeutlichungsarrest gem. § 16a Abs. 1 Nr. 1 JGG in der Regel dann nicht geboten, wenn der Jugendliche in der Vergangenheit bereits einen Dauerarrest verbüßt oder sich, sei es im aktuellen oder in einem früheren Verfahren, nicht nur kurzzeitig in Untersuchungshaft befunden hat. Diese Eingrenzung des Anwendungsbereichs beruht auf der Erfahrung, dass eine Schockwirkung beim Täter allenfalls bei einem erstmaligen Erleben des Jugendarrestes erzielt werden kann.[513] Verfügt der Delinquent bereits über Arrest- oder Untersuchungshafterfahrungen und ist mit der Situation des Freiheitsentzuges vertraut, kann im Grundsatz nicht erwartet werden, dass das Ziel einer Unrechts- und Rechtsfolgenverdeutlichung durch erneute Arrestverbüßung erreicht werden kann.[514] Mit dem Erfahrungswert ist die „Warnfunktion" verblasst. Kritik wird an der Regelung des § 16a Abs. 2 JGG zum einen deshalb geübt, da die regelmäßige Anordnung eines Verdeutlichungsarrest gegenüber einem haftunerfahrenen Täter den Eindruck verstärkt, es gehe vorrangig um einen bewährungsunabhängigen Denkzettel.[515] Zum anderen sei nicht einsichtig, aus welchem Grund nicht auch Jugendliche, die bereits einen Freiheitsentzug erfahren haben und dringend eine zusätzliche Chance durch eine intensiverzieherische Maßnahme benötigen, durch die Regelvermutung des § 16a Abs. 2 JGG vom Anwendungsbereich der Norm ausgeklammert werden.[516] Diesem Vorbringen ist entgegenzuhalten, dass § 16a Abs. 2 JGG lediglich auf § 16a Abs. 1 Nr. 1 JGG Bezug nimmt. Erachtet das Gericht bei einem hafterfahrenen Täter bewährungsbegleitend den Arrestvollzug zur intensiverzieherischen Einwirkung für erforderlich, um dadurch die Bewährungsaussichten zu stärken, bleibt ihm die Arrestanordnung, gestützt auf § 16a Abs. 1 Nr. 3 JGG unbenommen. Darüber hinaus ist § 16a Abs. 2 JGG vom Gesetzgeber als Regel-Ausnahme-Bestimmung konzipiert, so dass im Einzelfall auch bei einem früheren

---

513 Vgl. *Verrel*, NK 2013, 67 (70).
514 BT-Drucks. 17/9389, S. 13; *Eisenberg*, 2017, § 16a Rn. 7.
515 *Swoboda*, in: FS für Beulke, 1229 (1238).
516 *Swoboda*, in: FS für Beulke, 1229 (1238).

Dauerarrest oder einer vorangegangenen Untersuchungshaft die Verhängung eines Verdeutlichungsarrestes möglich bleibt. Um den Ausnahmecharakter des § 16a JGG zu wahren, sollte der Sanktionsbegründung in diesen Fällen ein besonderes Augenmerk zukommen.

(2) Gesetzlich ungeregelte Anwendungsbegrenzungen

Da sich der Wortlaut der Subsidiaritätsbestimmung in § 16a Abs. 2 JGG lediglich auf eine vorangegangene, nicht nur kurzfristige Untersuchungshafterfahrung sowie die Verbüßung von Dauerarrest bezieht, ist fraglich, ob auch sonstige, im Vorfeld ergangenen Freiheitsentziehungen den Anwendungsbereich des Verdeutlichungsarrestes nach § 16a Abs. 1 Nr. 1 JGG limitieren.

Zu überdenken ist, ob die Verhängung von Jugendarrest neben bedingter Jugendstrafe zur Unrechtsverdeutlichung auch dann in Betracht kommen soll, wenn der Verurteilte in der Vergangenheit einen Freizeit- oder Kurzarrest gem. § 16 Abs. 2, 3 JGG verbüßt hat. Nach dem insoweit eindeutigen Wortlaut des § 16a JGG steht ein Freizeit- oder Kurzarrest der Verhängung eines Jugendarrestes neben bedingter Jugendstrafe nach § 16a Abs. 1 Nr. 1 JGG nicht entgegen. Gleichwohl muss die Frage gestellt werden, ob das Ziel eines Verdeutlichungseffekts noch erreicht werden kann, wenn der Jugendliche in der Vergangenheit zumindest über einige Tage hinweg das Gefühl des Freiheitsentzuges vermittelt bekommen hat. Legt man den Arrestzweck dahingehend aus, dem Jugendlichen spürbar und abschreckend die Konsequenzen seines Handelns aufzuzeigen, indem er die negativen Folgen eines Freiheitsentzuges zu spüren bekommt, könnte die Anordnung eines auf § 16a Abs. 1 Nr. 1 JGG gestützten Arrestes allenfalls dann zweckmäßig erscheinen, wenn die Länge der Arrestverbüßung Einfluss auf die Unrechtseinsicht des Jugendlichen nimmt. Tatsächlich liefern empirische Untersuchungen aber keine Anhaltspunkte für eine Zunahme der Unrechtseinsicht und der Stärkung des Verantwortungsgefühls mit einer längeren Arrestdauer. *Schumann* konnte in seiner Untersuchung aufzeigen, dass sich in der Einsichtsfähigkeit der Arrestanten keine Unterschiede je nach Arrestart ergaben.[517] Freizeitarrestanten hatten mit 41,7 % nahezu identisch häufig eine Einsicht in die Tatverantwortung bejaht wie Dauerarrestanten mit 42,0 %.[518] Gemessen an der Fra-

---

517 *Schumann*, ZfJ 1986, 363 (365).
518 *Schumann*, ZfJ 1986, 363 (365).

ge, ob der Vollzug der Jugendstrafe gegenüber dem Jugendarrest als schlimmer empfunden wird, ließ auch die Verbüßung eines Freizeit- und Kurzarrestes die Angst vor dem Jugendstrafvollzug schwinden.[519] Hinzukommt, dass sich die Höhe der Rückfallrate nicht von der Form des verbüßten Arrestes als Freizeit-, Kurz- oder Dauerarrest unterscheidet.[520]

Bei Zugrundelegung dieser Erkenntnisse ist es schwerlich vorstellbar, weshalb sich ein zusätzlicher Jugendarrest neben bedingter Jugendstrafe allein zur Unrechts- und Rechtsfolgenverdeutlichung trotz der vorherigen Verbüßung eines Freizeit- oder Kurzarrestes als grundsätzlich erfolgsversprechend darstellen sollte. Verfügt ein Jugendlicher bereits über Erfahrungen im Arrestvollzug gleich welcher Art, kennt er die internen Gegebenheiten und Vollzugsabläufe, so dass die Erwartung, der Täter werde durch den Jugendarrest eingeschüchtert oder gar abgeschreckt unbegründet ist. Das intensive Erleben eines Freizeit- oder Kurzarrestes kann im Wiederholungsfall ebenso zum Verlust der Wirkung führen.[521] Bei vorangegangener Arresterfahrung kann allenfalls eine erzieherische Vollzugsgestaltung dazu beitragen, den Jugendlichen künftig zu einem normkonformen Verhalten zu animieren. Nach der Gesetzessystematik des § 16a JGG kann im Falle des Erfordernisses einer nachhaltigen erzieherischen Einwirkung auf den Jugendlichen von der Anordnungsalternative des § 16a Abs. 1 Nr. 3 JGG Gebrauch gemacht werden. Ein Verdeutlichungsarrest nach § 16 Abs. 1 Nr. 1 JGG sollte demnach auch bei einem zurückliegenden verbüßten Freizeit- und Kurzarrest als in der Regel nicht geboten gelten.[522]

Eine weitere Selektion im Hinblick auf die Gebotenheit enthält § 16a Abs. 2 JGG durch den Verweis auf das Vorliegen einer nicht nur kurzzeitigen Untersuchungshafterfahrung, bei der ein zusätzlicher Verdeutlichungseffekt durch den Arrest regelmäßig nicht mehr zu erwarten ist.[523] Nach der Formulierung des Gesetzeswortlauts entfällt die Gebotenheit eines Verdeutlichungsarrestes in aller Regel bei einer vorangegangenen längerfristigen Inhaftierung in Untersuchungshaft, während bei einer nur kurzfristigen Verbüßung von Untersuchungshaft diese Regelvermutung keine Geltung finden soll. Mangels näherer Konkretisierung durch

---

519 *Schumann*, ZfJ 1986, 363 (367).
520 Vgl. Bundesministerium des Innern/Bundesministerium der Justiz, Zweiter PSB, S. 652: Rückfallquote nach Freizeit- und Kurzarrest 69,1 %, nach Dauerarrest 70,7 %; *Heinz*, ZJJ 2004, 35 (47); *Heinz*, ZJJ 2014, 97 (105).
521 *Verrel*, NK 2013, 67 (70).
522 So auch *Eisenberg*, 2017, § 16a Rn. 7.
523 BT-Drucks. 17/9389, S. 13.

das Gesetz selbst und die Gesetzesbegründung ergeben sich Schwierigkeiten bereits bei der Bestimmung, wann in der Praxis von einem nicht nur kurzzeitigen Untersuchungshaftvollzug auszugehen ist. Die Literatur verwendet sich an dieser Stelle für eine enge Auslegung der Begrifflichkeit „kurzfristig", da auch eine temporäre Untersuchungshaft von nur wenigen Tagen für den Jugendlichen ein einschneidendes Erlebnis darstelle und gleichsam im Wiederholungsfall zu einer Wirkungsminderung führen könne.[524] Schließlich ist dem jungen Rechtsbrecher die Situation des Freiheitsentzuges bereits mit dem Zeitpunkt der erstmaligen Inhaftierung bekannt. Teile der Literatur sprechen sich daher über den Wortlaut des § 16a Abs. 2 JGG hinaus für eine Erweiterung der Gebotenheitsprüfung bei einem nur kurzfristigen Untersuchungshaftvollzug aus.[525] Eine solche mag unter Umständen anzeigt sein, wenn das Gericht die Anordnung eines Warnschussarrestes ausschließlich für erforderlich erachtet, um dem bislang haftunerfahrenen Jugendlichen einen kurzen Eindruck des Eingesperrtseins zu vermitteln. Nicht außer Acht zu lassen ist, dass sich auch der Arrest nach § 16a Abs. 1 Nr. 1 JGG infolge seiner spezifischen Eigenart nicht in einer repressiven Übelszufügung erschöpfen soll, sondern dem übergeordneten Ziel der zu fördernden Bewährungsbewältigung untersteht.[526] Ausgehend von dieser Intention erscheint es konsequent, den Vollzug von Untersuchungshaft nur dann als Gebotenheitseinschränkung im Sinne von § 16a Abs. 2 JGG zu werten, wenn der Jugendliche zumindest für eine gewisse zeitliche Dauer den Eindrücken der Untersuchungshaft ausgesetzt ist und unter dem Druck des Freiheitsentzuges Zeit zum Nachdenken erhält. Bei Beibehaltung einer engen Auslegung ist es einsichtig, eine nur kurzfristige, womöglich auf einige Stunden begrenzte, Untersuchunghaft von der Anwendungsbeschränkung in § 16a Abs. 2 JGG auszunehmen.

Zu klären ist zudem, wie im Rahmen der Gebotenheit des Arrestes nach § 16a Abs. 1 Nr. 1 JGG mit anderen stationären Maßnahmen umzugehen ist, die der Jugendliche in der Vergangenheit durchlaufen hat. Neben der Heimerziehung in einer Einrichtung über Tag und Nacht gem. § 12 Nr. 2 JGG i.V.m. § 34 SGB VIII, welche aufgrund ihrer Eingriffsinten-

---

524 *Ostendorf*, in: Ostendorf, JGG, 10. Aufl., § 16a Rn. 4; *Verrel*, NK 2013, 67 (70), der bereits eine Untersuchungshaft von wenigen Stunden für das Schwinden des Verdeutlichungseffektes für ausreichend erachtet; für eine enge Auslegung auch *Gernbeck*, 2017, S. 71.

525 *Eisenberg*, 2017, § 16a Rn. 7; im Ansatz ebenso *Verrel*, NK 2013, 67 (70).

526 BT-Drucks. 17/9389, S. 12.

sität zum Teil mit der unbedingten Jugendstrafe verglichen wird,[527] kennt das Gesetz die Möglichkeit der einstweiligen Heimunterbringung nach § 71 Abs. 2 JGG sowie die vorläufige Anordnung der Heimunterbringung anstelle von Untersuchungshaft gem. § 72 Abs. 4 JGG und die Unterbringung in einer geeigneten Anstalt gem. § 73 Abs. 1 JGG zur Vorbereitung eines Gutachtens über den Entwicklungsstand des Jugendlichen. Die Gesetzbegründung enthält zum Verhältnis von § 16a JGG und den vorgenannten freiheitsentziehenden Maßnahmen keine Ausführungen. Zur Beurteilung der Frage, ob die Verhängung eines Arrestes nach § 16a Abs. 1 Nr. 1 JGG im Regelfall auch dann geboten erscheint, wenn der Jugendliche zuvor eine der vorgenannten Maßnahmen durchlaufen hat, ist auf den Normzweck der jeweiligen Unterbringungsmaßnahme abzustellen. Die Unterbringung in einer Einrichtung über Tag und Nacht gem. § 12 Nr. 2 JGG zählt trotz ihres stationären Charakters formal zu der Kategorie der Erziehungsmaßregeln.[528] Ziel der nach § 5 Abs. 1 JGG „aus Anlass der Straftat" anzuordnenden Erziehungsmaßregeln ist ausschließlich die Verhinderung neuer Straftaten durch die Behebung bestehender Erziehungsdefizite.[529] Anders als dem Jugendarrest werden den Erziehungsmaßregeln keine sühnenden, repressiven Strafelemente zu Teil.[530] Darüber hinaus obliegt die Durchführung der Heimerziehung gem. § 82 Abs. 2 JGG i.V.m. §§ 69, 85 f. SBG XIII dem Jugendamt,[531] so dass der Jugendliche noch nicht mit den staatlichen Vollstreckungsinstanzen in Kontakt gekommen ist. Bei einer fehlenden Inanspruchnahme der Heimerziehung durch den Jugendlichen besteht die weitergehende Problematik, dass eine zwangsweise Durchsetzung aufgrund der vorrangigen familienrechtlichen Regelung nach §§ 1666, 1666a BGB nicht für möglich gehalten wird.[532] Die Heimerziehung unterscheidet sich demnach deutlich von einer vorhergehenden Arrest- oder einer Untersuchungshafterfahrung. Eine Erweiterung des § 16a JGG auf frühere Maßnahmen nach §§ 12 Nr. 2, 71 Abs. 2,

---

527 *Laubenthal/Baier/Nestler*, 2015, Rn. 643; vgl. auch *Streng*, 2016, Rn. 388 unter Hinweis auf die frühere Heimerziehung als „Vorform des Jugendstrafvollzugs".

528 Aufgrund der Eingriffsintensität der Heimerziehung kann es nach *Laubenthal/ Baier/Nestler*, 2015, Rn. 557 allerdings geboten sein, entgegen § 5 Abs. 2 JGG eher ein Zuchtmittel als Erziehungsmaßregeln zu verhängen.

529 BVerfGE 74, 102 (123); *Buhr*, in: Meier/Rössner/Trüg/Wulf, JGG, § 5 Rn. 9.

530 *Buhr*, in: Meier/Rössner/Trüg/Wulf, JGG, § 5 Rn. 9.

531 *Laubenthal/Baier/Nestler*, 2015, Rn. 648.

532 *Brunner/Dölling*, 2018, § 12 Rn. 7; *Buhr*, in: Meier/Rössner/Trüg/Wulf, JGG, § 12 Rn. 4; *Laubenthal/Baier/Nestler*, 2015, Rn. 648; a.A. *Schöch*, in: Meier/Rössner/ Schöch, § 8 Rn. 13.

72 Abs. 4 S. 1, 73 Abs. 1 JGG ist infolge der unterschiedlichen Zielrichtungen abzulehnen.

Vom Wortlaut des § 16a Abs. 2 JGG unberücksichtigt bleiben ferner Jugendliche und Heranwachsende, die in einem früheren Strafverfahren bereits zu einer Jugend- oder Freiheitsstrafe nach dem Erwachsenenstrafrecht verurteilt wurden. Auch wenn der Gesetzwortlaut dies nicht explizit vorsieht, muss von der Verhängung eines Jugendarrest neben einer bedingten Jugendstrafe erst Recht Abstand genommen werden, wenn der Jugendliche bereits eine unbedingte Jugend- oder Freiheitsstrafe verbüßt hat.[533] Wer den insgesamt härteren Vollzug der Jugendstrafe durchlebt hat, wird sich durch den Arrestvollzug kaum beeindruckt zeigen.[534]

Ebenfalls abzulehnen ist die wiederholte Sanktionierung des Täters in Form des § 16a JGG. Das Gesetz selbst schließt die mehrfache Verurteilung zu einem Arrest nach § 16a JGG nicht explizit aus. Das Ziel des Warnschussarrestes liegt allerdings in der gezielten Vorbereitung und Unterstützung einer erfolgreichen Bewältigung der Bewährungszeit. Mit der erneuten Straffälligkeit des Jugendlichen nach der Verurteilung zu § 16a JGG wird sich regelmäßig zeigen, dass trotz des verbüßten § 16a-Arrestes und der Unterstellung unter die Bewährungshilfe eine Verhaltensumkehr nicht bewirkt werden konnte. In dieser Situation kann der Warnschussarrest seinen Zweck als bewährungseinleitende und unterstützende Maßnahme nicht mehr erfüllen. Im Regelfall muss die Anwendung des § 16a JGG daher auch ausscheiden, wenn der Jugendliche in einem früheren Verfahren bereits zu § 16a JGG verurteilt wurde.[535] Eine Ausnahme bleibt allenfalls dann denkbar, wenn der im einbeziehenden Urteil verhängte Arrest nach § 16a JGG tatsächlich nicht verbüßt wurde und damit die potentielle Chance zur Bewährungsförderung noch nicht verbraucht ist.

Im Ergebnis erweist sich die Subsidiaritätsbestimmung in § 16a Abs. 2 JGG in mehrfacher Hinsicht als insuffizient. In Erweiterung

---

533 Vgl. *Laubenthal/Baier/Nestler*, 2015, Rn. 488; die Gesetzeslücke ebenfalls in Frage stellend *Streng*, 2016, Rn. 416.

534 Dass einer Bewährungsentscheidung durchaus auch eine Vorverurteilung zu einer unbedingten Jugend- oder Freiheitsstrafe vorangehen kann, zeigen die Ergebnisse von *Götting*, in: FS für Schöch, 245 (247). Danach wiesen ca. 10 % der in den Jahren 2005 und 2006 zu einer Jugendstrafe mit Bewährung Verurteilten eine Vorverurteilung zu einer Haftstrafe auf.

535 *Buhr*, in: Meier/Rössner/Trüg/Wulf, JGG, § 31 Rn. 24; wie die Ergebnisse der nachfolgenden empirischen Untersuchungen zeigen, besitzt die mehrfache Sanktionierung mittels § 16a JGG durchaus Praxisrelevanz, wenn auch in stark untergeordnetem Maße, siehe Teil 2 E.I.2.b) dd) (2).

zum Wortlaut des § 16a Abs. 2 JGG sollte ein Verdeutlichungsarrest nach § 16a Abs. 1 Nr. 1 JGG in der Regel auch nicht als geboten anzusehen sein, wenn der Täter zuvor einen Kurz- oder Freizeitarrest, einen Arrest nach § 16a JGG oder eine Jugend- oder Freiheitsstrafe verbüßt hat. Da § 16a Abs. 2 JGG insgesamt als Regelvermutung ausgestaltet ist und eine Abweichung im Einzelfall weiterhin zulässt, wird zum Teil angenommen, dass es der engen Begrenzung auf Dauerarrest und eine nicht nur kurzfristige Verbüßung von Untersuchungshaft nicht zwingend bedurft hätte.[536] Die Vorschrift ist aber trotz ihres Regel-Ausnahme-Charakters zu befürworten, da sie nicht nur für eine restriktive justizielle Handhabung des § 16a JGG sinnvoll erscheint, sondern der Gesetzgeber hiermit klare Leitlinien für die Anwendung des § 16a JGG vorgegeben hat, die zu einer Konkretisierung der wegen Art. 103 Abs. 2 GG erforderlichen Bestimmtheit der Strafandrohung beitragen.[537]

b) Herausnahmearrest nach § 16a Abs. 1 Nr. 2 JGG

Als zweite Fallgruppe sieht § 16a Abs. 1 Nr. 2 JGG die Anordnung von Jugendarrest neben bedingter Jugendstrafe vor, um den Jugendlichen für einen begrenzten Zeitraum aus seinem Lebensumfeld mit schädlichen Einflüssen herauszunehmen und durch die stationäre Behandlung im Vollzug gezielt auf die Bewährungszeit vorzubereiten (sog. „Herausnahme-"[538] oder „Isolationsarrest"[539]).[540] Die Verhängung eines Herausnahmearrestes ist an mehrere kumulative Anordnungsvoraussetzungen gebunden, die es im Einzelnen zu erörtern gilt.

---

536 *Verrel*, NK 2013, 67 (70).
537 Die Notwendigkeit der Vorgabe von Leitlinien an den Richter, welche die Auswahl der Sanktion vorhersehbar zu machen, hat das BVerfG ist seiner Entscheidung über die Verfassungswidrigkeit der Vermögensstrafe nach § 43a StGB wegen des Verstoßes gegen Art. 103 Abs. 2 GG betont. Die Unbestimmtheit des § 43a StGB folge unter anderem daraus, dass es der Gesetzgeber verabsäumt hat Kriterien für die Anwendung dieser neuen Sanktionsverbindung von Freiheitsentzug und Vermögensstrafe zu definieren; BVerfGE 105, 135 (159 ff.).
538 *Sonnen*, in: Diemer/Schatz/Sonnen, JGG, § 16a Rn. 17; *Wulf*, in: Meier/Rössner/Trüg/Wulf, JGG, § 16a Rn. 30.
539 *Laue*, in: MüKo-StGB, Bd. 6, § 8 JGG Rn. 16; *Verrel*, NK 2013, 67 (70) spricht von „Isolierungsarrest".
540 BT-Drucks. 17/9389, S. 13.

aa) Lebensumfeld mit schädlichen Einflüssen

§ 16a Abs. 1 Nr. 2 JGG verlangt, dass sich der Jugendliche in einem Lebens-umfeld mit schädlichen Einflüssen befindet, die der positiven Bewährungs-bewältigung abträglich sind.[541] Die erfolgreiche Bewältigung der Bewäh-rungszeit muss demnach gerade durch die schädlichen Einflüssen aus dem sozialen Lebensumfeld des Täters gefährdet sein und nicht vorrangig durch dessen individuelle Persönlichkeit. Angesichts der seit langem beste-henden wissenschaftlichen Erkenntnis, dass sich die Klientel des bisheri-gen Jugendarrestes insgesamt durch schwierige soziale Strukturbedingun-gen und prekäre familiäre Verhältnisse kennzeichnet,[542] erscheint fraglich, welche konkrete Tätergruppe der Gesetzgeber mit § 16a Abs. 1 Nr. 2 JGG angesprochen wissen will. Unter welchen Umständen von einem Vorlie-gen schädlicher Einflüsse i.S.v. § 16a Abs. 1 Nr. 2 JGG, für deren Vorliegen es tatsächlicher Anhaltspunkte bedarf,[543] auszugehen ist, lässt der Gesetzes-wortlaut offen.[544] Diese Begriffsoffenheit, die das BVerfG in seiner ständi-gen Rechtsprechung bei der Formulierung der gesetzlichen Strafvorschrif-ten anerkennt, resultiert aus der Vielgestaltigkeit der zu berücksichtigen-den Lebenssituationen.[545] Andernfalls könnte dem Wandel der Verhältnis-se sowie den Besonderheiten des Einzelfalles aufgrund starrer Anwen-dungsstrukturen nicht ausreichend Rechnung getragen werden.[546] Auch bei § 16a Abs. 1 Nr. 2 JGG verbietet sich aufgrund der individuellen Pro-blemlagen der Täter eine schematische Anwendung.[547] Ungehindert der Frage, ob der Gesetzgeber mit der Regelung in § 16a JGG dem Bestimmt-heitsgrundsatz aus Art. 103 Abs. 2 GG Rechnung getragen hat (hierzu Teil 1 E.IV.2), bleibt die Frage, in welchen Situationen ein potentieller An-wendungsspielraum für § 16a Abs. 1 Nr. 2 JGG gegeben sein kann.

---

541 BT-Drucks. 17/9389, S. 13.
542 Vgl. zu den sozialen Belastungen der Jugendarrestanten etwa *Köhler/Bauchowitz/ Weber* u.a., Praxis der Rechtspsychologie 2012, 90 (96 ff.); *Pfeiffer*, MSchrKrim 1981, 28 (35 ff.); *Schwegler*, 1999, S. 228 ff.; *Sonnen*, in: Diemer/Schatz/Sonnen, JGG, § 16 Rn. 13 m.w.N.
543 *Eisenberg*, 2017, § 16a Rn. 9.
544 *Wulf*, in: Meier/Rössner/Trüg/Wulf, JGG, § 16a Rn. 31; mit Hinweis auf die Schwierigkeiten einer klaren Definition *Meyer-Höger*, in: Soziale Arbeit im Ju-gendarrest, 83 (92).
545 BVerfGE 28, 175 (183); 47, 109 (120); 126, 170 (195).
546 BVerfGE 14, 245 (251); 126, 170 (195).
547 *Wulf*, in: Meier/Rössner/Trüg/Wulf, JGG, § 16a Rn. 31.

Für eine Konkretisierung des Lebensumfeldes mit schädlichen Einflüssen ist in strafrechtlicher Hinsicht an den gängigen Auslegungsmethoden anzusetzen.[548] Da die sprachliche Formulierung nur zu erkennen gibt, dass es sich um nachteilige Einwirkungen von außen handeln muss, ist im Wege der systematischen Auslegung nach Hinweisen für das Verstehen der Norm im Gesamtkontext zu suchen.[549] Als jugendstrafrechtliche Sanktionsvorschrift ist § 16a Abs. 1 Nr. 2 JGG im Licht der übergeordneten Zielbestimmung in § 2 Abs. 1 S. 1 JGG auslegen, nach der die Anwendung des Jugendstrafrechts primär der künftigen Straffreiheit des Täters dient. Als „schädlich" können im Rahmen von § 16a Abs. 1 Nr. 2 JGG folglich nur solche Einflüsse angesehen werden, die eine erneute Straftatbegehung begünstigen und nicht gemeinhin all diejenigen, die für die Persönlichkeitsentwicklung des jungen Menschen ungünstig sind. Diese Auslegung im Sinne eines „legalbewährungsschädlichen" Einflusses entspricht in systematischer Hinsicht den gesetzlichen Bestimmungen zum Besuchsverbot im Strafvollzug. Auch hier kennt das Gesetz in § 25 Nr. 2 StVollzG sowie den landesrechtlichen Regelungen im Jugend- und Erwachsenenstrafvollzug[550] den Begriff des schädlichen Einflusses und versteht diesen als jede Einwirkung auf den Gefangenen, die dem Vollzugsziel des § 2 StVollzG, den Gefangenen zu einem straffreien Leben anzuleiten, entgegen wirkt.[551] Zur weiteren Präzisierung des schädlichen Umfeldes, aus dem der Jugendliche herauszunehmen ist, dienen die Gesetzesmaterialien, die den Willen des Gesetzgebers widerspiegeln. Nach den Ausführungen in der Gesetzesbegründung wird die Anordnung eines auf § 16a Abs. 1 Nr. 2 JGG gestützten Arrestes in der Regel nur zweckdienlich sein, *„wenn eine entsprechende Behandlung im Arrestvollzug tatsächlich zu erwarten ist und dieser sich nicht lediglich auf den Freiheitsentzug und die vorübergehende Isolierung zum Beispiel von einer delinquenzgeneigten Gleichaltrigengruppe beschränkt"*[552]. Der Umgang mit Gleichaltrigen, die ebenfalls durch normbrüchiges Verhalten auffällig werden und die Einbindung in negative Peer-Groups stellen aner-

---

548 Zu diesen *Kaspar*, 2017, § 5 Rn. 26 ff.; *Schmitz*, in: MüKo-StGB, Bd. 1, § 1 Rn. 81 ff.
549 *Kaspar*, 2017, § 5 Rn. 34.
550 Art. 28 Nr. 2 BayStVollzG, der im Jugendstrafvollzug gem. Art 144 Abs. 1 BayStVollzG entsprechend Anwendung findet.
551 OLG München, NStZ 2013, 364 (365); *Schwind*, in: Schwind/Böhm/Jehle/Laubenthal-StVollzG, § 25 Rn. 8; BT-Drucks. 7/918, S. 58.
552 BT-Drucks. 17/9389, S. 13.

kanntermaßen kriminalitätsbegünstigende Risikofaktoren dar,[553] doch ist die Herausnahme aus einem delinquenzbelasteten Freundeskreis durch den kurzzeitigen Arrestvollzug zeitlich nur begrenzt möglich. Eine dauerhafte Herauslösung aus den kriminellen Strukturen und eine Abkehr vom gewohnten sozialen Umfeld wird man durch den Arrest kaum erwarten können.[554] In der Literatur wird zur Annahme eines schädlichen sozialen Umfeldes auf Kontakte zum Rocker- und Rotlichtmilieu sowie zu Punks, Drogen- und Alkoholabhängigen sowie Spielsüchtigen verwiesen.[555] Insbesondere für Drogentäter, die noch nicht in der Weise abhängig sind, dass sie infolge ihrer Passivität und Ablehnungshaltung erzieherisch nicht mehr ansprechbar sind, könnte der Dauerarrest als kurzzeitige faktische Entziehungskur dienen.[556] Darüber hinaus können schädliche Einflüsse nach der Auffassung des LG Münster auch aus der Zugehörigkeit des Jugendlichen zu einer gewaltbereiten Gruppierung herrühren.[557] Gerade ungünstige Gruppeneinflüsse und die feste Einbindung in kriminelle Gruppen sind wesentliche Faktoren, die ein delinquentes Verhalten begünstigen.[558]

Zum Lebensumfeld des Täters gehört jedoch nicht nur dessen gesellschaftliche Integration und die Identifikation mit den Werten und Einstellungen innerhalb von Gleichaltrigengruppen, sondern vor allem auch der Familienverbund. Denkbar sind mithin auch schädliche Einflüsse aus dem familiären Umfeld des Täters. Zerrüttete Familienverhältnisse, die Auflösung fester Familienstrukturen, Erziehungsmängel und die eigene Straffälligkeit der Erziehungspersonen sind in der Forschung bekannte Problemfelder und können sich kriminalitätsbegünstigend auswirken.[559] Ob schädliche Einflüsse durch einzelne Angehörige im Sinne von Art. 11 Abs. 1 Nr. 1 StGB, insbesondere durch die Eltern des Jugendlichen,

---

553 Bundesministerium des Innern/Bundesministerium der Justiz, Zweiter PSB, S. 359; *Sonnen*, in: Diemer/Schatz/Sonnen, JGG, § 16a Rn. 18; *Schwind*, 2016, § 13 Rn. 22; *Walter/Neubacher*, 2011, Rn. 161.

554 *Gernbeck*, 2017, S. 73.

555 *Wulf*, in: Meier/Rössner/Trüg/Wulf, JGG, § 16a Rn. 31.

556 Bei diesen Tätern sieht *Brunner/Dölling*, 2011, § 16 Rn. 22 f. einen Anwendungsbereich für den herkömmlichen Dauerarrest, da dieser zwangläufig zu einer Entziehung aus dem Milieu führt. Wird der Arrest nach § 16a JGG als kurzzeitige Entzugsmaßnahme eingesetzt, könnten sich gleichfalls Schwierigkeiten im Zusammenhang mit der ggf. erforderlichen medizinischen Versorgung im Arrest ergeben.

557 So die Begründung im Urteil des LG Münster, ZJJ 2014, 323 (325).

558 *Walter/Neubacher*, 2011, Rn. 161.

559 *Göppinger/Bock*, 2008, § 2 Rn. 58; *Schaffstein/Beulke/Swoboda*, 2014, Rn. 20.

einen Herausnahmearrest gem. § 16a Abs. 1 Nr. 2 JGG rechtfertigen können, erscheint fraglich. Soll der Jugendliche mittels des Arrestes aus seinem schädlichen familiären Umfeld herausgelöst werden, muss nicht nur die Rückkehr nach der Arrestentlassung berücksichtigt werden, sondern auch, ob für die Zeit des Arrestvollzuges der negative Einfluss von außen abgeschirmt und der persönliche Kontakt zwischen dem Jugendlichen und dem Familienangehörigen beschränkt werden kann. Die Beurteilung, ob ein Herausnahmearrest auch bei schädlichen Einflüssen durch einen Angehörigen in Erwägung gezogen werden kann, hängt folglich eng mit der Frage zusammen, inwieweit Besuchskontakte durch Familienangehörige während des Arrestvollzuges beschränkt werden können.

Für den Vollzug der Jugendstrafe bestimmt § 25 Nr. 2 StVollzG, dass bei zu befürchtenden schädlichen Einflüssen auf den Gefangenen nur Besuche solcher Personen untersagt werden können, die nicht Angehörige i.S.v. § 11 Abs. 1 Nr. 1 StGB sind.[560] Im Umkehrschluss ist die Anordnung eines Besuchsverbots bei schädlichen Einflüssen durch Angehörige unzulässig.[561] Vereinzelt wird für den Arrest nach § 16a Abs. 1 Nr. 2 JGG ein identisches Vorgehen gefordert mit der Folge, dass die Verhängung eines Herausnahmearrestes ausscheidet, wenn die schädlichen Einflüsse von einem Angehörigen herrühren.[562] Dies erscheint insoweit konsequent, als dass die fehlende Möglichkeit eines Besuchsverbots das Ziel einer Trennung des Jugendlichen von einem Angehörigen mit einem schädlichen Einfluss von vornherein torpediert. Fraglich ist indessen, ob der Gedanke des Angehörigenprivilegs aus § 25 Nr. 2 StVollzG auch im Jugendarrest Beachtung findet. Die Unzulässigkeit eines Besuchsverbots gegenüber Angehörigen selbst bei einem anzunehmenden schädlichen Einfluss rechtfertigt sich im Rahmen des Jugendstrafvollzuges aus dem in Art. 6 Abs. 1 GG grundrechtlich verbürgten Schutz der Familie, dessen Stellenwert das BVerfG im

---

560 Zur Übernahme des Angehörigenbegriffs aus § 11 Abs. 1 Nr. 1 StGB BT-Drucks. 7/918, S. 58.

561 *Arloth*, 2011, § 25 Rn. 4; einschränkend OLG Nürnberg, NStZ 1999, 376 für die Berufung eines Gefangenen auf das Angehörigenprivileg, wenn es um den Besuch des vom Gefangenen im Wege des sexuellen Missbrauchs geschädigten Kindes geht. Das aus Art. 6 GG resultierende Angehörigenprivileg unterliegt nach der Auffassung des OLG kollierendem Verfassungsrecht und entbindet nicht von den staatlichen Schutzpflicht aus Art. 6 Abs. 2 S. 2 GG.

562 *Wulf*, in: Meier/Rössner/Trüg/Wulf, JGG, § 16a Rn. 31.

Kontext des Freiheitsentzuges vielfach betont hat.[563] Auch im Rahmen des Jugendarrestvollzuges, der gleichermaßen einen Eingriff in die Freiheitsrechte des Betroffenen darstellt, ist die grundrechtlich geschützte Position aus Art. 6 Abs. 1 GG zu berücksichtigen.[564] Die Kommunikation mit Personen außerhalb der Anstalt ist Teil der durch Art. 2 Abs. 1 GG verbürgten Freiheitsrechte des Inhaftierten, die bei Kontaktregelungen zu Familienangehörigen durch das speziellere Grundrecht aus Art. 6 Abs. 1 GG abgelöst werden.[565] Der Schutz der Familie aus Art. 6 Abs. 1 GG verlangt danach familiäre Bindungen auch während der Inhaftierung weitestgehend aufrechtzuerhalten.[566] Die Erhaltung und Stärkung familiärer Beziehungen sind wesentliche Elemente zur Wiedereingliederung des Verurteilten in die Gesellschaft und fördern die Chancen einer künftigen Legalbewährung.[567] Kontaktbeschränkungen zu Familienangehörigen stellen daher grundsätzlich einen Eingriff in Art 6 Abs. 1 GG dar. Die Pflicht des Staates zum Schutz der Familie aus Art. 6 Abs. 1 GG steht dabei jedoch in wechselseitiger Beziehung zum staatlichen Strafanspruch als sonstigem Rechtsgut von Verfassungsrang und den Erfordernissen des Freiheitsentzuges.[568] Einschränkungen des Besuchsrechts unterliegen folglich der Verhältnismäßigkeitsprüfung, in deren Rahmen Konflikte zwischen den widerstreitenden Rechtspositionen mittels Abwägung zu lösen sind.[569] Richtet sich die Vollstreckung des Jugendarrestes gegen einen Jugendlichen ist darüber hinaus

---

563 Mit Bezug zur Untersuchungshaft: BVerfGE 42, 95 (101 f.); zum Strafvollzug: BVerfGE 89, 315 (322); zum Maßregelvollzug: BVerfG, StV 2009, 148 ff.; zum Jugendstrafvollzug: BVerfGE 116, 69 (87 f.); zudem BT-Drucks. 7/918, S. 58.

564 *Jaeger*, 2010, S. 184.

565 BVerfG, StV 2009, 148.

566 BVerfGE 42, 95 (101); 116, 69 (87 f.); während das BVerfG den Famillienbegriff eng auslegt als Gemeinschaft von Eltern und Kindern, vgl. BVerfGE 10, 59 (66); 48, 327 (339); 80, 81 (90), legt der EGMR in Art. 8 Abs. 1 EMRK einen weiteren Familienbegriff zugrunde, der auch das Verhältnis zwischen nahen Verwandten wie Enkel und Großeltern umfasst, EGMR, NJW 1979, 2449 (2452). Dieses Familienverständnis ist auch bei der Auslegung deutscher Grundrechte zu beachten, sofern dies nicht zu einer Minderung des Grundrechtsschutzes führt, BVerfG, NJW 2009, 1133 (1134); *Gröpl/Windthorst/Coelln*, 2015, Art. 6 Rn. 30.

567 BVerfGE 89, 315 (322); *Laubenthal*, in: LNNV-Strafvollzugsgesetze, Abschnitt E Rn. 7; *Reuther*, 2008, S. 191.

568 BVerfGE 89, 315 (322 f.); mit Bezug zu Art. 6 Abs. 2, 3 GG: BVerfGE 107, 104 (118 f.).

569 BVerfGE 89, 315 (313).

das elterliche Erziehungsrecht aus Art. 6 Abs. 2 S. 1 GG betroffen.[570] Auch, wenn Eingriffe in das elterliche Erziehungsrecht und die Trennung des Jugendlichen von den in Art. 6 Abs. 2 S. 1 und Abs. 3 GG geschützten Personen über Art. 6 Abs. 2 und 3 GG hinaus durch den strafrechtlichen Rechtsgüterschutz gerechtfertigt sein können,[571] sollen bei der Vollstreckung des Jugendarrestes Elternrechte unter Berücksichtigung des Arrestzweckes berücksichtigt werden.[572] Trennt der Staat die Kinder von seinen Eltern unter Rückgriff auf seine Strafgewalt, so hat er zugleich einer Entfremdung entgegenzuwirken.[573] Zur Wahrung der grundrechtlich geschützten Rechtspositionen aus Art. 6 Abs. 1 GG und Art. 6 Abs. 2 S. 1 GG sind Familienkontakte damit grundsätzlich auch während des Arrestvollzuges zu fördern und Besuche von Angehörigen in angemessener Weise zu ermöglichen.[574] Im Unterschied zum Jugendstrafvollzug, für den das BVerfG Besuchsmöglichkeiten und die Pflege familiärer Beziehungen aus der Haft heraus für besonders wichtig erachtet,[575] weist der Vollzug des Jugendarrestes mit einer Maximaldauer von vier Wochen eine deutlich kürzere Zeitspanne auf. Infolge der kurzen Verweildauer des Jugendlichen im Arrest können Kontakte zur Außenwelt daher nicht denselben Stellenwert wie im Jugendstrafvollzug haben, so dass eine uneingeschränkte Anwendung des Angehörigenprivilegs aus Art. 25 Nr. 2 StVollzG zu weit erscheint. Gerade zu Beginn des Arrestvollzuges kann es erforderlich sein, dass der Jugendliche Abstand zu seinem gewohnten Umfeld gewinnt, um sich auf die neue Situation einzulassen. Anderseits würde ein generelles Besuchsverbot für die gesamte Dauer des Arrestvollzuges die Grundrechtspositionen aus Art. 6 Abs. 1, 2 GG völlig unbeachtet lassen. Die Landesge-

570 Hierzu sowie zur Vereinbarkeit des Jugendarrestes mit den Elternrechten aus Art. 6 Abs. 2, 3 GG ausführlich *Kremer*, 1984, S. 130 ff.; *Reuther*, 2008, S. 140 ff., 158 ff.; Das elterliche Erziehungsrecht erlischt mit Erreichen der Volljährigkeit; BVerfGE 74, 102 (125). Folglich ist bei der Anordnung eines Arrestes gegen einen Heranwachsenden das elterliche Erziehungsrecht nicht tangiert.
571 BVerfGE 107, 104 (118 f.); *Kremer*, 1984, S. 130 f.; *Reuther*, 2008, S. 163.
572 *Kremer*, 1984, S. 132 ff., der die Elternrechte unter Berücksichtigung des Arresteszweckes für die Dauer des Arrestvollzuges regelmäßig für ausgeschalten halt.
573 *Reuther*, 2008, S. 192; allgemein zur Pflicht des Staates nachteilige Auswirkungen und eine Entfremdung durch den Freiheitsentzug zu vermeiden BVerfGE 42, 95 (101).
574 Vgl. *Ostendorf*, ZRP 2010, 20 (21); *Reuther*, 2008, S. 192 mit der Einschränkung dahingehend, dass erzieherische Ausschlussgründe dann gegeben sein können, wenn der Staat aufgrund des ihm zustehenden Wächteramts aus Art. 6 Abs. 2 S. 2 GG zum Eingriff berechtigt ist.
575 BVerfGE 116, 69 (87 f.).

setzgeber[576] haben bei der Neuschaffung der Jugendarrestvollzugsgesetze die Regelungen zum Besuch während des Arrestes primär von der Förderlichkeit zur Erreichung des Vollzugsziels abhängig gemacht und von der Übernahme der Regelung in § 25 Nr. 2 StVollzG abgesehen. Besuchskontakte durch Angehörige sind demnach am Vollzugsziel zu messen. Bei der Herausnahme des Jugendlichen aus seinem schädlichen Umfeld wird regelmäßig zu berücksichtigen sein, dass die jungen Täter nach der Entlassung aus dem Arrest in ihre familiäre Umgebung zurückkehren und dort erneut mit den ungünstigen Einflüssen konfrontiert werden, so dass die vollständige Unterbindung von Angehörigenbesuchen nicht zweckmäßig erscheint. Ausnahmen bleiben aber denkbar, wenn der Arrest etwa als Überbrückungsmaßnahme für eine angestrebte Unterbringung in einer stationären Jugendhilfeeinrichtung genutzt werden soll. Damit sind schädliche Einflüsse aus dem familiären Umfeld nicht als genereller Ausschlussgrund für einen Arrest nach § 16a Abs. 1 Nr. 2 JGG einzuordnen.

bb) Vorbereitung der Bewährungszeit

Des Weiteren knüpft § 16a Abs. 1 Nr. 2 JGG die Verhängung eines Herausnahmearrestes an die Voraussetzung, den jungen Rechtsbrecher durch die Behandlung im Vollzug auf die Bewährungszeit vorzubereiten. Zweck der Vorschrift ist es, durch eine stationäre Behandlung während des Arrestes positive Impulse für die anstehende Bewährungszeit zu setzen und diese gezielt einzuleiten. Dies erfordert, dass aus der Sicht des entscheidenden Gerichts eine entsprechende Behandlung während des Arrestvollzuges auch zu erwarten ist.[577] Leerräume, die durch die Trennung des Jugendlichen von seinem sozialen Umfeld entstehen, müssen durch die Arbeit im Vollzug zumindest teilweise kompensiert werden.[578] Der Arrestvollzug darf sich insgesamt nicht in einer vorübergehenden Isolierung des Jugendlichen von seinem problembehafteten Umfeld erschöpfen,[579] sondern muss auf eine aktive Zusammenarbeit mit dem Jugendlichen und der für die Nachbetreuung zuständigen Instanzen, insbesondere der Bewährungs-

---

576 Vgl. zu den Besuchsregelungen der bisweilen in Kraft getretenen JAVollzG exemplarisch § 17 HmbJAVollzG, HmbGVBl. I, 2014, Nr. 64, S. 542; § 19 HessJA-VollzG, GVBl. für das Land Hessen Nr. 13/2015, S. 223.
577 BT-Drucks. 17/9389, S. 13.
578 *Eisenberg*, ZJJ 2016, 80 (82).
579 BT-Drucks. 17/9389, S. 13.

hilfe, gerichtet sein. Die Zeit im Arrest könne – so die Gesetzesbegründung – dazu genutzt werden, gemeinsam mit dem Jugendlichen und in Kooperation mit den Betreuungspersonen der anschließenden Bewährungszeit Verhaltensrichtlinien für die Zeit nach der Entlassung zu erarbeiten, die beispielsweise als Hilfestellung für den Kontakt und im Umgang mit Gleichaltrigen dienen.[580] Die Ergebnisse können schließlich Eingang in den Bewährungsbeschluss gem. § 58 Abs. 1 JGG sowie den nach § 60 JGG zu erstellenden Bewährungsplan finden.[581] Unter Berücksichtigung des erneuten Zusammentreffens mit anderen Delinquenten hat das Gericht die Vorteile einer Herausnahme und die Nachteile eines Arrestvollzuges sorgfältig gegeneinander abzuwägen. Hingewiesen wird in diesem Zusammenhang auf das Risiko einer Ausdehnung sozialschädlicher Kontakte im Arrest und die Gefahr, dass der Jugendliche nach der Arrestverbüßung gefestigt in sein früheres soziales Umfeld zurückgekehrt.[582] Im ungünstigsten Fall könne die vorübergehende Unterbindung persönlicher Beziehungen nach der Arrestentlassung sogar zu einer Kontaktintensivierung führen.[583] Da nach vielfach vorgebrachter Kritik mit einem maximal vierwöchigen Arrest eine anhaltende Durchbrechung der schädlichen Strukturen nicht erreicht werden kann[584], hat das Gericht bei seiner Entscheidung über § 16a Abs. 1 Nr. 2 JGG auch die Zeit nach dem Arrest einzubeziehen. Die Anordnung eines Herausnahmearrestes setzt daher das Vorliegen einer geeigneten und angemessenen Übergangs- und Nachbetreuung durch die Bewährungs- und/oder Jugendgerichtshilfe voraus,[585] so dass die während des Vollzuges initiierten Anregungen fortgeführt werden können.[586]

cc) Gebotenheit

Auch § 16a Abs. 1 Nr. 2 JGG darf unter dem Aspekt der Verhältnismäßigkeit nur Anwendung finden, wenn dies zur Zweckerreichung geboten ist.

---

580 BT-Drucks. 17/3989, S. 13.
581 BT-Drucks. 17/9389, S. 13.
582 *Sonnen*, in: Diemer/Schatz/Sonnen, JGG, § 16a Rn. 18.
583 *Ostendorf*, in: Ostendorf, JGG, 10. Aufl., § 16a Rn. 5.
584 In diesem Sinne auch *Ostendorf*, in: Ostendorf, JGG, 10. Aufl., § 16a Rn. 5.
585 BT-Drucks. 17/3989, S. 13; *Sonnen*, in: Diemer/Schatz/Sonnen, JGG, § 16a Rn. 19.
586 In der Urteilspraxis finden sich Ausführungen zur Übergangs- bzw. Nachbetreuung nur ganz vereinzelt, hierzu Teil 2 E.I.5.c) cc) (2).

Nicht erforderlich ist die Verhängung eines Herausnahmearrestes nach § 16a Abs. 1 Nr. 2 JGG, wenn die Trennung aus dem negativen Umfeld durch eine freiwillige Inanspruchnahme einer Heimunterbringung nach § 34 SGB VIII oder eine diesbezügliche familiengerichtliche Entscheidung bewirkt werden kann.[587] Um eine solch freiwillige Inanspruchnahme der Heimunterbringung muss sich das Gericht zur Herausnahme des Jugendlichen aus seinem schädlichen Umfeld jedenfalls bemühen.[588]

c) Einwirkungsarrest nach § 16a Abs. 1 Nr. 3 JGG

In seiner dritten Anwendungsalternative ermöglicht § 16a Abs. 1 Nr. 3 JGG die Anordnung eines Arrestes, um im Vollzug selbst eine nachdrückliche erzieherische Einwirkung auf den Jugendlichen zu erreichen oder durch den Vollzug die Erfolgsaussichten für eine erzieherische Einwirkung während der Bewährungszeit zu verbessern (sog. „Einwirkungs-"[589] oder Auffangarrest[590]). Während es in der ersten Fallvariante des § 16a Abs. 1 Nr. 3 JGG um eine der Bewährungszeit vorgeschaltete „stationäre Intensivbetreuung"[591] des Verurteilten im Vollzug unter Mobilisierung der erzieherischen Einwirkungsmöglichkeiten geht, steht in der zweiten Fallvariante die Einleitung einer längerfristigen Betreuung durch die Bewährungshilfe im Zentrum.[592] In Kooperation mit der Bewährungshilfe könne, so der Gesetzgeber, eine „tragfähige Basis für die künftige Betreuungsbeziehung"[593] geschaffen werden. Im Mittelpunkt des § 16a Abs. 1 Nr. 3 JGG steht die erziehrische Einwirkung auf den Täter. Soll der Arrest die Funktion einer stationären Intensivbetreuung erfüllen, fragt sich, wie der Warnschussarrestvollzug im Hinblick auf die propagierten Unterschiede der Klientel gegenüber den „üblichen" Urteils- und Beschlussarrestanten inhaltlich auszugestalten ist. Die Gesetzesbegründung ist hier offen. Das JGG selbst kennt für den Begriff der Erziehung keine Le-

---

587 BT-Drucks. 17/3989, S. 13; siehe auch *Gebauer*, in: INFO 2013, 29 (50); *Wulf*, in: Meier/Rössner/Trüg/Wulf, JGG, § 16a Rn. 30.
588 *Eisenberg*, ZJJ 2014, 396 (397).
589 *Wulf*, in: Meier/Rössner/Trüg/Wulf, JGG, § 16a Rn. 34.
590 *Verrel*, NK 2013, 67 (72); *Laue*, in: MüKo-StGB, Bd. 6, § 8 JGG Rn. 16 verwendet stattdessen den Begriff „Behandlungsarrest", der die Intention des § 16a Nr. 3 JGG noch deutlicher hervorhebt.
591 BT-Drucks. 17/9389, S. 13.
592 BT-Drucks. 17/3989, S. 13.
593 BT-Drucks. 17/3989, S. 13.

galdefinition. Nach § 2 Abs. 1 JGG ist Erziehung nicht als Zielbestimmung des Jugendstrafrechts selbst zu verstehen, sondern als Mittel zur Zielerreichung.[594] Der strafrechtliche Erziehungsbegriff ist vielseitig und ohne fest umrissene Konturen.[595] Anerkannt ist, dass der Erziehungsbegriff als Primat des Jugendstrafrechts nicht vollumfänglich an den pädagogischen Maßstäben einer umfassenden Einwirkung auf die Entwicklung des Jugendlichen gemessen werden kann, da die Aufgabe des Jugendstrafrechts darauf beschränkt ist, eine erneute Straftatbegehung des Jugendlichen zu verhindern und nicht auf eine Gesamterziehung des Täters abzielt.[596] Nach der Vorstellung des Gesetzgebers bei der Festschreibung der gesetzlichen Zielbestimmung in § 2 Abs. 1 JGG versteht sich Erziehung aber nicht nur als Befähigung zu einem rechtskonformen Verhalten etwa durch Vermittlung von Handlungskompetenzen, sondern ist in weiterem Maße darauf angelegt, durch eine positive innere Beeinflussung die Unrechtseinsicht und Motivation zur Befolgung der Gesetze zu festigen.[597] *Walter* umschreibt den Begriff der Erziehung zusammenfassend als „alle Eingriffe und Mechanismen (…), die eine bestimme spezialpräventive Einwirkung auf die psycho-soziale Entwicklung des Probanden unter Zugrundelegung einer entsprechenden Erziehungstheorie beabsichtigen"[598]. Die Weite des Erziehungsbegriffs macht deutlich, dass § 16a Abs. 1 Nr. 3 JGG den Jugendgerichten bei der Anordnung des Warnschussarrest ein breites Anwendungsfeld eröffnet. Gesonderte Fallgruppen ähnlich der Vorgehensweise in § 16 Abs. 1 Nr. 1 und Nr. 2 JGG zeigt die Gesetzesbegründung für § 16a Abs. 1 Nr. 3 JGG nicht auf, sondern knüpft dessen Anordnung an das Vorliegen „sonstiger Umstände des Einzelfalls"[599]. Der Arrest nach § 16a Abs. 1 Nr. 3 JGG birgt daher das Risiko zum Einfallstor für eine unkontrollierte Anwendungspraxis all derjenigen Fälle zu werden, die sich

---

594 *Heinz*, RdJB 1992, 123 (129); *Brunner/Dölling*, 2018, § 2 Rn. 2; ähnlich *Kaspar*, in: FS für Schöch, 209 (210).
595 Vgl. *Petersen*, 2008, S. 40; *Wulf*, in: Meier/Rössner/Trüg/Wulf, JGG, § 16 Rn. 30; zur Auslegung und inhaltlichen Bedeutung des Erziehungsbegriffs statt vieler *Bihs/Walkenhorst*, ZJJ 2009, 11 (15 f.); *Laue*, in: MüKo-StGB, Bd. 6, § 2 JGG Rn. 3; *Rössner*, in: Meier/Rössner/Trüg/Wulf, JGG, § 2 Rn. 5; *Strobel*, 2006, S. 16 ff..
596 BT-Drucks. 17/6293, S 9; *Bihs*, Forum Strafvollzug 2014, 326 (327); *Brunner/Dölling*, 2018, § 2 Rn. 3; *Ostendorf*, in: Ostendorf, JGG, 10. Aufl., Grdl. z.§§ 1 und 2 Rn. 4; *Petersen*, 2008, S. 38.
597 BT-Drucks. 17/6293, S. 9.
598 *Walter*, MSchrKrim 1987, 337.
599 BT-Drucks. 17/9389, S. 13. Kritisch mit Blick auf die Wahrung des Bestimmtheitsgrundsatzes bei § 16a Abs. 1 Nr. 3 JGG *Franzke*, BRJ 2015, 118 (121).

nach der Gesetzbegründung nicht eindeutig unter die Zielsetzung des § 16a Abs. 1 Nr. 1 und Nr. 2 JGG subsumieren lassen.[600] Zur Eingrenzung des Normanwendungsbereichs muss sich nach der Gesetzbegründung anhand konkret festzustellender Umstände aus der Person des Angeklagten, dessen Lebensumständen und unter Berücksichtigung der im Arrestvollzug gebotenen Behandlungsmaßnahmen eine nicht nur unwesentliche Verbesserung der Legalbewährungsaussichten ergeben.[601] Da der Arrest nach § 16a JGG in all seinen Anordnungsformen darauf gerichtet ist, die Aussichten einer erfolgreichen Bewältigung der Bewährungszeit zu erhöhen,[602] bestehen für die Anordnung eines Einwirkungsarrestes gem. § 16a Abs. 1 Nr. 3 JGG nochmals erhöhte Begründungsanforderungen.[603] Der Prüfung des Gerichts, inwieweit durch die Vollzugsgestaltung per se eine erzieherische Erreichbarkeit möglich ist und eine Vorbereitung der Bewährungszeit erzielt werden kann, kommt im Rahmen von § 16a Abs. 1 Nr. 3 JGG folglich besondere Bedeutung zu.[604]

d) Allgemeine Restriktionen

Neben den erläuterten spezifischen Gebotenheitsaspekten in Zusammenhang mit den einzelnen Ziffern in § 16a Abs. 1 Nr. 1-3 JGG unterliegt die Verhängung eines Warnschussarrest weiteren Beschränkungen durch allgemeine, aus dem Verhältnismäßigkeitsprinzip abgeleitete Eignungs- und Erforderlichkeitskriterien. Aus diesem Grund hat das Gericht vorrangig zu prüfen, ob zur Erreichung des angestrebten Zwecks geeignete Jugendhilfeleistungen, die gem. § 8 Abs. 2 S. 1 JGG im Urteil oder in Form von Bewährungsauflagen oder -weisungen zu einer Bewährungsentscheidung hinzutreten können, zur Verfügung stehen.[605] Um zu verhindern, dass sich der

---

600 *Verrel*, NK 2013, 67 (72) mit vergleichendem Hinweis auf § 3 JGG, der trotz seines verpflichtenden Begründungscharakters in der Praxis häufig ignoriert wird.

601 BT-Drucks. 17/9389, S. 13.

602 So BT-Drucks. 17/9389, S. 12.

603 *Verrel*, NK 2013, 67 (72).

604 Die Begründung des § 16a Abs. 1 Nr. 3 JGG in der Rechtspraxis kritisierend *Eisenberg*, ZJJ 2016, 80 (82); *Eisenberg*, ZJJ 2013, 328 (329 f.).

605 BT-Drucks. 17/3989, S. 12; *Eisenberg*, 2017, § 16a Rn. 3 mit kritischer Hinterfragung, ob die Verhängung eines Arrestes gem. § 16a JGG auch dann zulässig ist, wenn Jugendhilfeleistungen in der Praxis nicht zur Verfügung stehen, obgleich sie als Maßnahme in Betracht kämen; ablehnend insoweit *Wulf*, in: Meier/Rössner/Trüg/Wulf, JGG, § 16a Rn. 41.

Warnschussarrest als zusätzliche „Annexsanktion"[606] in der jugendgerichtlichen Praxis etabliert, ist der Erteilung von Bewährungsauflagen und -weisungen Vorrang einzuräumen.[607] Die Gesetzesmaterialien weisen im Zusammenhang mit § 16a Abs. 1 Nr. 3 JGG exemplarisch auf die Möglichkeiten zur Teilnahme an einem sozialen Trainingskurs nach § 10 Abs. 1 Nr. 6 JGG, sozialer Gruppenarbeit gem. § 29 SGB VIII oder einer intensiven sozialpädagogischen Einzelbetreuung gem. § 35 SGB VIII hin. Wegen der allgemeinen Geltung des in § 5 Abs. 2 JGG niedergelegten Stufenverhältnisses ist es geboten, diese Verhältnismäßigkeitserwägungen bei allen Anordnungsgründen nach § 16a Abs. 1 Nr. 1-3 JGG anzustellen. Zugleich hat das Jugendgericht bei seiner Entscheidung über § 16a JGG stets zu prüfen, ob „eine behandlungsorientiert[e] Gestaltung des Arrestvollzugs zu erwarten ist, die geeignet ist, das Sanktionsziel zu erreichen"[608]. Die tatsächliche Vollzugsgestaltung erlangt damit maßgebliche Bedeutung. In der Praxis verfügen jedoch nicht alle Jugendrichter/innen über einen subjektiv als ausreichend empfundenen Wissensstand hinsichtlich der für Warnschussarrestanten bestehenden Angebote im Arrest, so dass die Frage der Arrestgestaltung bei der Entscheidung über die Verhängung eines § 16a-Arrestes in den Hintergrund zu rücken droht.[609] Für die Beurteilung einer behandlungsorientierten Vollzugsgestaltung muss es darauf ankommen, inwiefern durch eine gezielte Arbeit mit dem Jugendlichen der Bewährungsverlauf gefördert werden kann. Zu bedenken sind in diesem Kontext nach der Gesetzesbegründung ebenso Aspekte des zu erwartenden Übergangsmanagements sowie der Anschlussbetreuung.[610] Der gesetzlich nicht definierte Terminus des „Übergangsmanagements" ist als Oberbegriff für alle Maßnahmen zu verstehen, die zur Unterstützung des Jugendlichen unter Berücksichtigung seiner individuellen Problemlagen in der sich anschließenden Lebensphase erforderlich sind, und knüpft an eine Vernetzung aller in die Wiedereingliederung des Straftäters eingebundenen Institutionen an.[611] Angelehnt an das Ziel der Bewährungsförderung wird in der Situation des § 16a-Arrestes vor allem die Kooperation zwischen der Jugendarrestanstalt und der Bewährungs- bzw. Jugendgerichtshilfe sowie anderen freien Trägern, die Erstellung eines individuellen

---

606 *Verrel/Käufl*, NStZ 2008, 177 (180).
607 *Schaffstein/Beulke/Swoboda*, 2014, Rn. 544.
608 BT-Drucks. 17/9389, S. 12.
609 Siehe hierzu die Ergebnisse der Jugendrichterbefragung in Teil 2 E.II.7.a).
610 BT-Drucks. 17/9389, S. 12.
611 *Matt*, ZJJ 2011, 422 ff. mit Beschreibung über die grundlegenden Elemente des Übergangsmanagements bei jungen Straffälligen.

Nachsorge- oder Förderplans[612] und die Entlassungsvorbereitung zu berücksichtigen sein.[613] An dieser Stelle wird die Praxis zeigen, ob eine Übergangsbetreuung vom Jugendarrest in die Bewährungszeit gewährleistet werden kann.[614]

II. Vollstreckungsregelungen

Die Vollstreckung des § 16a-Arrestes richtet sich nach den allgemeinen Vollstreckungsvorschriften in § 82 bis § 85 JGG sowie den für die Vollstreckung des Jugendarrestes geltenden Sonderbestimmungen in §§ 86, 87 JGG. Flankiert werden diese gesetzlichen Vollstreckungsvorgaben durch §§ 4, 5 JAVollzO sowie die Richtlinien zum Jugendgerichtsgesetz (RiJGG).[615] Soweit Jugendstrafrecht nach § 105 Abs. 1 JGG auf Heranwachsende Anwendung findet, gelten vorgenannte Vollstreckungsvorschriften gem. § 110 Abs. 1 JGG entsprechend. Im Folgenden werden neben der Vollstreckungszuständigkeit die für den Arrest nach § 16a JGG spezifischen Vollstreckungsregelungen in § 87 Abs. 4 S. 2, 3 JGG herausgestellt und die Möglichkeiten, von der Vollstreckung eines § 16a-Arrestes nach der allgemeinen Vollstreckungsbestimmung in § 87 Abs. 3 JGG abzusehen, in den Blick genommen. Als Teil der Vollstreckung im weiteren Sinne ist auch die Anrechnung anderer freiheitsentziehender Maßnahmen einzuordnen, die eine Vollstreckung des Warnschussarrestes verkürzen oder gar entfallen lassen können.

1. Vollstreckungszuständigkeit

Abweichend zum allgemeinen Strafrecht obliegt die Vollstreckung jugendgerichtlicher Entscheidungen, mithin auch die des § 16a JGG,

---

612 Die bereits in Kraft getretenen JAVollzG sehen in unterschiedlicher Form die Erstellung eines Erziehungs- oder Förderplan vor; vgl. exemplarisch § 14 Abs. 1 NJAVollzG abgedruckt in Nds. GVBl. Nr. 2/2016, S. 38; § 11 Abs. 2 JArrG, siehe LT Baden-Württemberg Drucks. 15/6135.

613 Eine individuelle Nachsorge der Arrestanten allgemein für erforderlich haltend *Bihs/Walkenhorst*, ZJJ 2009, 11 (13).

614 Vgl. hierzu die Ergebnisse der im Rahmen der empirischen Untersuchung durchgeführten Experteninterviews in Teil 2.E.I.7.

615 Dort RiL I, II, V zu §§ 82-85 JGG; abgedruckt bei *Kern*, in: Meier/Rössner/Trüg/Wulf, JGG, § 82.

gem. §§ 82 Abs. 1 S. 1 JGG, 110 Abs. 1 JGG dem Jugendrichter als Vollstreckungsleiter. Nach der ursprünglichen Zuständigkeitsregel des
§ 84 Abs. 1, 3 JGG vollstreckt der Jugendrichter all diejenigen Entscheidungen, die von ihm selbst als Jugendrichter oder unter seinem Vorsitz durch
das Jugendschöffengericht getroffen wurden. Dieser Grundsatz der „personellen Kontinuität"[616], der den Jugendlichen während der Gesamtdauer
des Jugendstrafverfahrens einem Entscheidungsorgan unterstellen soll,
wird durch den Grundsatz der Vollzugsnähe, der wegen der möglichst nahen räumlichen Anbindung des Vollstreckungsleiters an den Vollzugsort
einen Vollstreckungswechsel zulässt, durchbrochen.[617] Bei der Vollstreckung von Jugendarrest hat der ursprünglich zuständige Jugendrichter die
Vollstreckung gem. § 85 Abs. 1 JGG nach Rechtskraft der Entscheidung an
den nach § 90 Abs. 2 S. 2 JGG zuständigen Jugendrichter am Ort des Vollzuges als Vollzugsleiter abzugeben.[618] Sind am Ort des Vollzuges mehrere
Jugendrichter oder kein Jugendrichter tätig, so wird der Vollzugsleiter gemäß § 2 Abs. 1 JAVollzO durch die oberste Behörde der Landesjustizver-
waltung bestimmt. Die Vollstreckungszuständigkeit für den Arrest nach
§ 16a JGG obliegt somit dem Vollzugsleiter derjenigen Jugendarrestanstalt,
in welcher dieser vollzogen wird.

2. Vollstreckungsverzicht gemäß § 87 Abs. 3 JGG

a) Absehen aus erzieherischen Gründen, § 87 Abs. 3 S. 1 JGG

Ein Absehen von der vollständigen oder teilweisen Vollstreckung des Jugendarrestes kommt nach § 87 Abs. 3 S. 1 JGG in Betracht, wenn seit Erlass
des Urteils Umstände zu Tage getreten sind, die aus erzieherischer Perspektive eine Vollstreckung des Jugendarrestes nicht mehr zweckmäßig erscheinen lassen.[619] Nach der Gesetzesformulierung beschränkt sich
§ 87 Abs. 3 S. 1 JGG nicht auf die Vollstreckung des Urteilsarrestes gem.
§ 16 JGG, so dass der generelle Anwendungsbereich auch bei der Vollstreckung eines § 16a-Arrestes eröffnet ist. Sinn und Zweck der Vorschrift ist

---

616 *Laubenthal/Baier/Nestler*, 2015, Rn. 870.
617 *Laubenthal/Baier/Nestler*, 2015, Rn. 874.
618 *Sonnen*, in: Diemer/Schatz/Sonnen, JGG, § 85 Rn. 2.
619 In der hiesigen empirischen Untersuchung ließen sich drei Fälle identifizieren,
     in denen nach § 87 Abs. 3 JGG von der Gesamtvollstreckung des § 16a-Arrestes
     abgesehen wurde; zu den Gründen der Nichtvollstreckung des § 16a JGG siehe
     Teil 2 E.I.6.b).

die Vermeidung einer dem Erziehungsgedanken zuwiderlaufenden Arrestverbüßung, wenn sich nach Erlass des Urteils herausstellt, dass die Arrestverbüßung dem Jugendlichen prospektiv eher schadet als der Legalbewährung förderlich ist.[620] In der Praxis kommt ein Absehen von der Vollstreckung des Arrestes vor allem dann in Betracht, wenn die Arrestvollstreckung die Unterbrechung einer zwischenzeitlich begonnenen Schulausbildung bzw. einer Arbeits- oder Berufsausbildungstelle zur Folge hätte,[621]
oder sich während des Arrestvollzuges positive Entwicklungen in der Person des Jugendlichen zeigen,[622] so dass von einer Vollstreckung des Arrestes teilweise Abstand genommen werden kann. Ein Absehen unter erzieherischen Gesichtspunkten wird ferner befürwortet, wenn die Zweckerreichung des Arrestvollzuges bereits eingetreten oder nicht mehr zu erreichen
ist.[623] Der weitere Vollzug würde sich dann als rein repressive Maßnahme
darstellen.[624] Auch bei einer Sanktionierung mittels § 16a JGG erscheint es
a priori nicht ausgeschlossen, dass sich der Vollzug des § 16a-Arrest wegen
zwischenzeitlicher Veränderungen in der Person des Jugendlichen oder
seiner Lebensumstände als erzieherisch kontraproduktiv erweist. Dies beispielsweise dann, wenn die Arrestvollstreckung während der Probezeit zu
einem Abbruch des Ausbildungsverhältnisses führt oder zwischenzeitlich
eine angeordnete stationäre Jugendhilfemaßnahme eingeleitet werden
konnte. Im Vergleich zum herkömmlichen Arrest nach § 16 JGG muss die
Entscheidung des Vollstreckungsleiters, von der Vollstreckung eines § 16a-
Arrestes nach § 87 Abs. 3 S. 1 JGG abzusehen, aber ein eng umgrenzter
Ausnahmefall bleiben.[625] Hält das Gericht die Verhängung eines Jugendarrestes neben einer bedingten Jugendstrafe für geboten, so bringt es gleichfalls die Notwendigkeit seiner Vollstreckung zum Ausdruck. Diese Entscheidung des Tatgerichts darf durch § 87 Abs. 3 S. 1 JGG nicht unterlaufen
werden. In Zusammenhang mit § 16a JGG erscheinen vor allem zwei Konstellationen denkbar, in denen die Problematik des Absehens von der Vollstreckung Relevanz erlangt: Zum einen, wenn von dem nach § 16a JGG

---

620 BT-Drucks. 11/5829, S. 35; *Eisenberg*, 2017, § 87 Rn. 6.
621 BT-Drucks. 11/5829, S. 35; *Brunner/Dölling*, 2018, § 87 Rn. 9; *Eisenberg*, 2017,
§ 87 Rn. 6.
622 *Rose*, in: Ostendorf, JGG, 10. Aufl., § 87 Rn. 11; zur praktischen Handhabung
des § 87 Abs. 3 JGG *Rose/Friese*, ZJJ 2016, 10 (11 ff.).
623 *Diemer*, in: Diemer/Schatz/Sonnen, JGG, § 87 Rn. 5; *Eisenberg*, 2012, § 87 Rn. 6.
624 AG Wiesloch, DVJJ-J 1991, 282.
625 So auch *Kern*, in: Meier/Rössner/Trüg/Wulf, JGG, § 87 Rn. 9, der an ein Absehen von der Vollstreckung eines § 16a-Arrestes höhere Anforderungen stellt als
bei einem isolierten Jugendarrest.

Verurteilten Gefahren für die übrige Vollzugspopulation ausgehen; zum anderen dann, wenn bei der Anwendung des § 16a JGG das strafrechtliche Rückwirkungsverbot aus Art. 103 Abs. 2 GG außer Acht gelassen wurde.

aa) Arreststörung als neuer Umstand

Im Kontext des § 16a-Arrestes wurde wiederholt auf das Risiko einer kriminellen Infektion der bisherigen Vollzugspopulation durch die in besonderem Maße belasteten Jugendlichen mit einer Verurteilung nach § 16a JGG hingewiesen.[626] Mithin stellt sich die Frage, ob ein Absehen von der Restvollstreckung des Warnschussarrestes gerechtfertigt ist, wenn durch das Verhalten des Warnschussarrestanten das Erziehungspotenzial der übrigen Insassen in Gefahr gebracht wird. Tatbestandlich setzt ein vollständiges oder teilweises Absehen von der Vollstreckung nach § 87 Abs. 3 S. 1 JGG voraus, dass seit Erlass des Urteils Umstände hervorgetreten sind, die alleine oder in Verbindung mit den bereits bekannten Umständen ein Absehen von der Vollstreckung rechtfertigen. Neu hervorgetretene Umstände liegen jedenfalls dann vor, wenn sich diese erst während des Arrestvollzuges ergeben.[627] Ob erhebliche Störungen eines Arrestanten, die den Arrestfrieden nachhaltig beeinträchtigen, das Absehen von der Arrestvollstreckung rechtfertigen, wird uneinheitlich bewertet. Nach einer Entscheidung des LG Hamburg aus dem Jahr 1988 zum bisherigen Jugendarrest muss der Arrestvollzug auch für Arrestanten, die nicht gruppenfähig sind oder wegen ihrer autoritären Persönlichkeitsstruktur negativen Einfluss auf Mitarrestanten haben, ein passendes Angebot bereithalten und darf sich der Erziehungsaufgabe nicht durch das Absehen von der Vollstreckung entledigen.[628] Der Vollstreckungsverzicht käme sonst einer Beloh-

---

626 Hierzu Teil 2 B.II.4.

627 Ob es sich im Rahmen von § 87 Abs. 3 S. 1 JGG um „neue" Umstände handeln muss, die erst nach Erlass des Urteils entstanden sind, so *Diemer*, in: Diemer/Schatz/Sonnen, JGG, § 87 Rn. 5; *Rose*, in: Ostendorf, JGG, 10. Aufl., § 87 Rn. 9 oder Umstände genügen, die zwar bereits im Zeitpunkt des Urteils vorlagen, dem Gericht jedoch unbekannt waren, ist streitig. Für letztere Ansicht *Kern*, in: Meier/Rössner/Trüg/Wulf, JGG, § 85 Rn. 4.

628 *Böhm*, NStZ 1989, 521 (524) mit Hinweis auf LG Hamburg, Beschluss v. 26.2.1988-[34] Qs 8/88; einen Vollstreckungsverzicht bei einem beharrlichen Fehlverhalten oder einer Gefährdung anderer Insassen ebenso ablehnend *Diemer*, in: Diemer/Schatz/Sonnen, JGG, § 87 Rn. 5; *Kern*, in: Meier/Rössner/Trüg/Wulf, JGG, § 87 Rn. 5.

nung des Arrestanten für sein Fehlverhalten gleich.[629] Dem hält das AG Wiesloch entgegen, dass es zwar erzieherisch bedenklich ist, wenn der Jugendliche infolge seines schlechten Verhaltens vorzeitig aus dem Arrestvollzug entlassen wird, dies müsse aber hingenommen werden, wenn mit der weiteren Vollstreckung nicht nur eine positive erzieherische Einflussnahme auf den Jugendlichen nicht mehr erreicht werden kann, sondern durch die ungünstige Einflussnahme auch das Erziehungsziel der Mitarrestanten gefährdet ist.[630] Die Fortsetzung des Arrestes, allein um den übrigen Arrestanten aufzuzeigen, dass ein störendes Verhalten keine Belohnung findet, hätte in unzulässiger Weise eine ausschließlich generalpräventive Ausrichtung.[631]

Die vorliegenden Entscheidungen zeigen, dass es erforderlich ist, das Interesse an der Arrestvollstreckung und die Gewähr erzieherischer Einflussnahme während des Arrestvollzuges im Einzelfall in Ausgleich zu bringen. In Abwägung dieser beiden Aspekte vermag das Unterdrücken und Hervorrufen von Angst gegenüber anderen ohne die nachhaltige Gefährdung des Erziehungsziels anderer Insassen ein Absehen von der Vollstreckung nach § 87 Abs. 3 S. 1 JGG nicht zu rechtfertigen.[632] Wird durch das Verhalten eines einzelnen Arrestanten der Arrestfrieden insgesamt schwerwiegend gestört und das Erziehungsziel der übrigen Arrestanten gefährdet, so erfordert der staatliche Schutzauftrag ein Eingreifen zum Schutz der übrigen Mitinsassen. Ein Absehen von der Vollstreckung des Warnschussarrestes wegen massiver Störung des Arrestvollzuges kann nur in seltenen Ausnahmefällen in Betracht kommen.[633]

---

629 *Böhm*, NStZ 1989, 521 (524) mit Hinweis auf LG Hamburg, Beschluss v. 26.2.1988-[34] Qs 8/88.

630 AG Wiesloch, DVJJ-J 1996, 86 (87) bzgl. dem Absehen von der Vollstreckung bei einem 22-jährigen Arrestanten bei folgenden Merkmalen: aggressive Verhaltensweisen, Drohungen, Ausschluss von Gruppenmaßnahmen, keine Möglichkeit zur Einflussnahme durch erzieherische Einzelgespräche.

631 *Rose/Friese*, ZJJ 2016, 10 (13); zur Berücksichtigung der Generalprävention im Jugendstrafrecht nachfolgend Teil 1 E.I.1.b)bb).

632 Vgl. *Böhm*, NStZ 1989, 521 (524).

633 So auch *Rose/Friese*, ZJJ 2016, 10 (13) für den Arrestvollzug allgemein unter Hinweis darauf, dass anstelle eines Vollstreckungsverzichts auch von der Möglichkeit einer Arrestunterbrechung, wie sie § 9 JAVollzG SH vorsieht, Gebrauch gemacht wird.

bb) Verstoß gegen das Rückwirkungsverbot als neuer Umstand

Wie einige bislang veröffentlichte Urteile offenbaren, fand § 16a JGG im Einzelfall auch auf Taten Anwendung, die bereits vor Inkrafttreten des § 16a JGG begangen wurden.[634] Im Raum steht in diesen Fällen ein Verstoß gegen das Rückwirkungsverbot aus Art. 103 Abs. 2 GG und die Frage, ob der Vollstreckungsleiter auf der Grundlage von § 87 Abs. 3 S. 1 JGG berechtigt ist, von der Vollstreckung eines verfassungswidrigen Urteils abzusehen.

(1) Inhalt des Rückwirkungsverbots

Der Ausspruch eines § 16a-Arrestes für Taten, die vor Inkrafttreten der Norm am 07.03.2013 begangen wurden, stellt grundsätzlich einen Verstoß gegen das strafrechtliche Rückwirkungsverbot aus Art. 103 Abs. 2 GG, Art. 7 Abs. 1 EMRK dar, dessen einfach gesetzliche Ausprägung sich in §§ 1, 2 Abs. 1 StGB i.V.m. § 2 Abs. 2 JGG findet.[635] Nach § 2 Abs. 1 StGB, der den Grundsatz des Rückwirkungsverbots für Strafen konkretisiert,[636] bestimmt sich die Strafe nach dem Gesetz, das zum Zeitpunkt der Tat gilt. Das absolute Rückwirkungsverbot erstreckt sich dabei nicht nur auf die Strafbegründung, sondern untersagt zugleich eine rückwirkende Strafschärfung und richtet sich sowohl an den Gesetzgeber als auch an den Strafrichter, welchem die rückwirkende Anwendung von Strafgesetzen un-

---

634 LG Münster, ZJJ 2014, 323 ff. unter ausdrücklicher Bezugnahme auf das Problem des Rückwirkungsverbots; ohne Stellungnahme zur Rückwirkungsproblematik: AG Plön, Urteil vom 21.03.2013 – 4 Ds 561 Js 45684/12 Jug (36/13), 4 Ds 36/13 – (juris); AG Nürnberg, Urteil vom 10.04.2013 – 63 Ls 605 Js 35816/13, 63 Ls 605 Js 37173/13 – (juris); AG Döbeln, Urteil vom 28.05.2013 – 2 Ls 463 Js 37536/12 jug (juris); AG Memmingen, Urteil vom 18.06.2014 – 4 Ls 220 Js 1830/13 jug – (juris); vgl. zudem *Brettel/Bartsch*, RdJB 2014, 299 (310). Auch im Rahmen der hiesigen Untersuchung haben sich in einigen Fällen Anhaltspunkte für die Anwendung des § 16a JGG unter Verstoß gegen das Rückwirkungsverbot ergeben, siehe Teil 2.E.I.3.c.)

635 Ausführlich zum Rückwirkungsverbot in Zusammenhang mit § 16a JGG *Gernbeck/Höffler/Verrel*, NK 2013, 307 (311 ff.); *Holste*, ZJJ 3/2013, 289 ff.; *Holste*, StV 2013, 660 ff.

636 *Hassemer/Kargl*, in: NK-StGB, § 1 Rn. 42.

tersagt ist.[637]Normzweck des Art. 103 Abs. 2 GG ist es, den Bürger vor der Verhängung einer höheren Strafe zu schützen als sie im Zeitpunkt der Tatbegehung gesetzlich angedroht war.[638] Das Vertrauen des Bürgers in die Vorhersehbarkeit der strafrechtlichen Folgen ist hingegen dann nicht beeinträchtigt, wenn sich die nachträgliche gesetzliche Änderung als für den Täter günstiger erweist. Wird das Gesetz nach der Tatbeendigung gemildert, so findet nach dem in § 2 Abs. 3 StGB niedergelegten Meistbegünstigungsprinzip das für den Verurteilten günstigere Recht Anwendung.[639] Dieses Verbot rückwirkend belastender Strafverschärfung gilt ebenso für die Sanktionierung mittels Jugendarrest, da dieser neben erzieherischen Elementen durch seinen freiheitsentziehenden Charakter nach der Rechtsprechung auch Ahndungselemente und damit Strafcharakter besitzt.[640] Für Taten, die vor dem 07.03.2013 begangen wurden, ist die Verhängung eines § 16a-Arrestes mithin nur zulässig, wenn die Tat andernfalls mit einer unbedingten Jugendstrafe sanktioniert worden wäre.[641] Nur wenn die Sanktionierung mittels § 16a JGG im konkreten Fall das mildere Gesetz darstellt, scheidet ein Verstoß gegen das Rückwirkungsverbot aus.[642] Sofern die Verhängung eines § 16a-Arrestes die für den Angeklagten mildere Sanktion verkörpert, ist dies in den Urteilsgründen zu erläutern.[643] In der Praxis enthalten die bislang veröffentlichten Urteile[644] zu § 16a JGG, deren Tatzeitpunkt vor Inkrafttreten des § 16a JGG lag – mit Ausnahme des LG Münster[645] – keine eingehende Begründung zur haftvermeidenden Wirkung des § 16a JGG, ohne dessen Verhängung eine Aussetzung zur Bewährung nicht mehr möglich gewesen wäre.[646] Fehlen im Urteil Ausführun-

---

637 BVerfGE 25, 269 (285 f.); BVerfGE 95, 96 (131); m.w.N.; *Hassemer/Kargl*, in: NK-StGB, § 1 Rn. 42; *Satzger*, in: SSW-StGB, § 1 Rn. 57; zur rückwirkenden Anwendung des § 16a JGG LG Münster, ZJJ 2014, 323 (324).

638 BVerfGE 95, 96 (131).

639 Vgl. AG München, ZJJ 2014, 398; *Fischer*, 2017, § 2 Rn. 4.

640 BVerfG, NJW 2005, 2140 (2141); LG Münster, ZJJ 2014, 323 (324); *Holste*, StV 2013, 660 (661 f.) vgl. zur Einordnung des Jugendarrestes als Strafe i.S.v. Art. 103 GG auch die Ausführungen unter Teil 1 C.I.3.e)aa).

641 AG München, ZJJ 2014, 398; *Sonnen*, ZJJ 2014, 38.

642 LG München I, ZJJ 2014, 398 (399); *Gernbeck/Höffler/Verrel*, NK 2013, 307 (312); *Holste*, ZJJ 3/2013, 289 (290).

643 *Brettel/Bartsch*, RdJB 2014, 299 (311); *Gernbeck/Höffler/Verrel*, NK 2013, 307 (312).

644 Siehe Fn. 622.

645 LG Münster, ZJJ 2014, 323 (324).

646 Kritisch zur unzureichenden Auseinandersetzung mit § 2 Abs. 3 StGB in der bisherigen Anwendungspraxis des § 16a JGG *Gernbeck/Höffler/Verrel*, NK 2013, 307 (312 f.); *Sonnen*, ZJJ 2014, 38.

gen zum Meistbegünstigungsprinzip, stellt die Anwendung des § 16a JGG auf Tatbegehungen vor dem 07.03.2013 eine Verletzung des verfassungsrechtlich garantierten Rückwirkungsverbots dar.[647] Wird von der Einlegung von Rechtsmitteln abgesehen und erwächst das Urteil in Rechtskraft, entsteht die Frage, ob bei einem Verstoß gegen Art. 103 Abs. 2 GG ein Absehen von der Vollstreckung nach § 87 Abs. 3 S. 1 JGG gerechtfertigt ist.[648]

(2) Direkte Anwendung des § 87 Abs. 3 S. 1 JGG

Die Anwendung des § 87 Abs. 3 S. 1 JGG setzt tatbestandlich voraus, dass seit Erlass des Urteils Umstände hervorgetreten sind, die ein Absehen aus erzieherischen Gründen rechtfertigen. Fraglich ist, ob neue Umstände i.S.v. § 87 Abs. 3 S. 1 JGG, die zu einem Vollstreckungsverzicht berechtigen, vorliegen, wenn das Urteil unter Verstoß gegen das Rückwirkungsverbot aus Art. 103 Abs. 2 JGG zustande gekommen ist. Verhängt das Gericht einen Jugendarrest neben bedingter Jugendstrafe nach § 16a JGG für eine vor Inkrafttreten der Norm begangene Tat, so war dem Gericht bei Urteilserlass sowohl der Tatzeitpunkt als auch das Inkrafttreten des § 16a JGG bekannt.[649] Obgleich § 87 Abs. 3 S. 1 JGG ganz allgemein von neu hervorgetretenen Umständen spricht, ohne die Eigenart der Umstände näher zu konkretisieren, muss es sich hierbei nach dem Sinn und Zweck der Vorschrift um tatsächliche Umstände im Sinne gegenwärtiger oder vergangener Geschehnisse handeln, nicht hingegen um Rechtstatsachen.[650] Nur die Veränderung der Sachlage kann dazu führen, dass sich die Verhängung eines Arrestes im Nachhinein aus Gründen in der Person des Jugendlichen als erzieherisch gegenläufig darstellt. Sind dem Gericht der Zeitpunkt der Tatbegehung wie auch des Inkrafttretens der gesetzlichen Regelung bekannt, fehlt es an einem neuen, zeitlich nachfolgend zum Urteil eingetretenen Umstand. Auch ist ein solcher dem Gericht nicht erst nach Urteilserlass bekannt geworden. Tritt nachträglich eine Bewusstseinsänderung der Justiz über die gesetzeswidrige Anwendung des § 16a JGG unter Verstoß

---

647 Vgl. *Gernbeck/Höffler/Verrel*, NK 2013, 307 (313).
648 Eingehend zur Rückwirkungsproblematik und möglichen Lösungsansätzen zur Korrektur rechtkräftiger, unter Verstoß gegen Art 103 Abs. 2 GG zustande gekommener Urteile *Brettel/Bartsch*, RdJB 2014, 299 (310 f.); *Eisenberg*, ZJJ 2014, 399 (401 f.); *Franzke*, BRJ 2015, 118 (123 ff.); *Holste*, ZJJ 3/2013, 289 ff.; *Holste*, StV 2013, 660 ff.; *Wulf*, in: Meier/Rössner/Trüg/Wulf, JGG, § 16a Rn. 2.
649 LG München I, ZJJ 2014, 398 (399).
650 *Kaspar*, in: SSW-StPO, § 359 Rn. 23 f.

gegen Art. 103 Abs. 2 GG ein, bleiben die tatsächlichen Lebensumstände des Jugendlichen hiervon unberührt.[651] Die rückwirkende Anwendung des § 16a JGG stellt demzufolge keinen neuen tatsächlichen Umstand dar, sondern eine fehlerhafte Rechtsanwendung durch das Gericht. Folglich ist eine unmittelbare Anwendung des § 87 Abs. 3 S. 1 JGG ausgeschlossen.

(3) Analoge Anwendung des § 87 Abs. 3 S. 1 JGG

Um die Vollstreckung gesetzeswidriger Urteile zu unterbinden, müsse nach der Ansicht von *Wulf* ein Absehen von der Vollstreckung nach § 87 Abs. 3 S. 1 JGG analog allerdings möglich sein, wenn dem Urteil die Rechtswidrigkeit ,auf die Stirn geschrieben steht' "[652]. Höchstrichterlich ist die Frage nach der Zulässigkeit des Absehens von der Vollstreckung aufgrund eines Verstoßes gegen das im Strafrecht geltende absolute Rückwirkungsverbot aus Art. 103 Abs. 2 GG, § 2 Abs. 1 StGB, § 2 Abs. 2 JGG bislang nicht entschieden. Unter Berufung auf den Grundsatz der Rechtskraft des Urteils hat das Landgericht München I in seiner Entscheidung vom 02.09.2014 ein Absehen von der Vollstreckung bei der Verhängung eines § 16a-Arrestes unter Verstoß gegen das Rückwirkungsverbot in entsprechender Anwendung des § 87 Abs. 3 S. 1 JGG abgelehnt.[653]

Die analoge Anwendung des § 87 Abs. 3 S. 1 JGG setzt in einem ersten Schritt das Vorliegen einer planwidrigen, unbewussten Regelungslücke voraus. Das Bestehen einer solchen Regelungslücke ist im Wege der Auslegung, vorliegend unter Berücksichtigung des gesetzessystematischen Konfliktverhältnisses von Rechtskraft und materieller Einzelfallgerechtigkeit sowie dem Sinn und Zweck von § 87 Abs. 3 S. 1 JGG zu ermitteln. Zur Korrektur eines rechtfehlerhaften Urteils steht dem Verurteilten primär das Rechtsmittelverfahren offen. Bei einem Verstoß gegen Art. 103 Abs. 2 GG durch den Jugendrichter oder das Jugendschöffengericht hat der Verurteilte wahlweise die Möglichkeit zur Einlegung der Berufung gem. § 55 Abs. 2 JGG, § 2 Abs. 2, 109 Abs. 2 S. 1 JGG i.V.m. § 312 oder der Revision gem. § 335 Abs. 1 StPO. Ist das Urteil in erster Instanz durch die Jugendkammer ergangen, kann der Verstoß gegen die rückwir-

---

651 *Eisenberg*, ZJJ 2014, 399 (401).
652 *Wulf*, in: Meier/Rössner/Trüg/Wulf, JGG, § 16a Rn. 2; ebenso *Franzke*, BRJ 2015, 118 (124 f.).
653 LG München I, ZJJ 2014, 398 f.; vorgehend AG München, ZJJ 2014, 398; a.A. *Wulf*, in: Meier/Rössner/Trüg/Wulf, JGG, § 16a Rn. 2.

kende Anwendung von § 16a JGG ausschließlich im Wege der Revision nach § 55 Abs. 2 JGG, § 2 Abs. 2 JGG i.V.m. § 333 StPO geltend gemacht werden. Wird das Urteil rechtskräftig, ist eine Durchbrechung der Rechtskraft nur in den engen Grenzen der §§ 359 ff. StPO, § 18 ZEG, § 78 Abs. 1 BVerfGG zulässig.[654] Die Wiederaufnahmegründe sind in §§ 359 ff. StPO abschließend geregelt und dienen der Lösung des Konflikts zwischen den Grundsätzen der materiellen Gerechtigkeit und der Rechtssicherheit, die sich beide aus dem Rechtsstaatsprinzip ableiten.[655] Auch für die Wiederaufnahme des Verfahrens bedarf es nach § 359 Abs. 1 Nr. 5 StPO neuer Tatsachen, an deren Vorliegen es fehlt, wenn allein ein Verstoß gegen Art. 103 Abs. 2 GG im Raum steht. Mit dem Bestehen rechtlicher, wenn auch offensichtlicher Fehler kann die Wiederaufnahme des Verfahrens nicht begründet werden, da das Verfahren andernfalls zu einer „zeitlich unbefristeten Revision umfunktioniert"[656] werden würde.[657] Mit dem Eintritt der Rechtskraft räumt das Gesetz der Sicherung des Rechtsfriedens einen grundsätzlichen Vorrang gegenüber dem Verfahrensziel der materiellen Gerechtigkeit ein. Diese gesetzliche Wertentscheidung würde durch eine analoge Anwendung des § 87 Abs. 3 S. 1 JGG unterlaufen.

Das Gewicht der Rechtskraft kommt ferner in der für das Vollstreckungsverfahren geltenden Regelung in § 458 Abs. 1 Alt. 3 StPO i.V.m. § 2 Abs. 2 JGG zum Ausdruck, nach der Einwendungen nur noch gegen die Zulässigkeit der Strafvollstreckung erhoben werden können.[658] Die Vorschrift bekräftigt, wie das Landgericht München I in seiner Entscheidung ausführt, dass Einwendungen, welche den Bestand und die Rechtsmäßigkeit des Urteils betreffen, in der Vollstreckung nicht mehr geltend gemacht werden können.[659] Im Strafvollstreckungsverfahren soll die inhaltliche Richtigkeit des Urteils grundsätzlich nicht mehr in Frage gestellt

---

654 LG München I, ZJJ 2014, 398.
655 *Meyer-Goßner*, in: Meyer-Goßner/Schmitt, StPO, Vorbemerkung zu § 359 Rn. 1.
656 *Meyer-Goßner*, in: Meyer-Goßner/Schmitt, StPO, § 359 Rn. 25.
657 BGHSt 39, 75 (79); *Kaspar*, in: SSW-StPO, § 359 Rn. 24.
658 Vgl. LG München I, ZJJ 2014, 398 (399).
659 LG München I, ZJJ 2014, 398 (399); *Graalmann-Scheerer*, in: Löwe/Rosenberg, StPO, Bd. 9, § 458 Rn. 13; *Schmitt*, in: Meyer-Goßner/Schmitt, StPO, § 458 Rn. 9; Grenzen für die ausnahmsweise gegebene Zulässigkeit von Einwendungen, die letztlich auch den Bestand des Urteils selbst betreffen, werden allerdings diskutiert, wenn die Aufrechterhaltung des Urteils wegen gröbster Verstoßes gegen fundamentale Vorschriften schlechthin unerträglich wäre, ohne dass eine andere Abhilfemöglichkeit besteht; *Graalmann-Scheerer*, in: Löwe/Rosenberg, StPO, Bd. 9, § 458 Rn. 11. Eine solch fundamentale Rechtsverletzung erscheint bei einem Verstoß gegen das Rückwirkungsverbot aus

werden können.[660] Der Fortbestand materiell unrichtiger Urteile mag der Erlangung des Rechtsfriedens zwar nicht zuträglich sein, doch muss andererseits dem Erfordernis der Rechtssicherheit Rechnung getragen werden, so dass die Durchbrechung der Rechtskraft zu Gunsten der materiellen Gerechtigkeit auf die gesetzlich vorgesehenen Ausnahmeregelungen beschränkt bleibt.[661] Es soll vermieden werden, dass der Verurteilte die Strafvollstreckung durch Einwendungen, welche die inhaltliche Richtigkeit des Urteils und damit das Erkenntnisverfahren betreffen, in Frage stellen kann. Der Hinweis des LG München auf § 458 Abs. 1 StPO überzeugt auf den ersten Blick jedoch nur teilweise, da § 458 Abs. 1 Alt. 3 StPO ausschließlich die Erhebung von Einwendungen durch den Verurteilten selbst betrifft, so dass fraglich ist, ob hierdurch auch dem Vollstreckungsleiter der Einwand der Gesetzeswidrigkeit des Urteils abgeschnitten ist. Einwendungsberechtigt i.S.v. § 458 Abs. 1 Alt. 3 StPO sind nur der Verurteilte, die Verteidigung sowie die gesetzliche Vertretung.[662] Die Vollstreckungsbehörde kann eigene Zweifel über die Zulässigkeit der Vollstreckung hingegen nicht gerichtlich klären lassen, sondern muss stets eine eigene Entscheidung treffen.[663] Nach dem Wortlaut des § 458 Abs. 1 StPO können Einwendungen nur gegen, nicht durch die Strafvollstreckungsbehörde erhoben werden.[664] Folglich hat auch der Jugendrichter als Vollstreckungsleiter, welcher gem. §§ 82 Abs. 1 S. 2, 110 Abs. 1 JGG die Aufgaben der

---

Art. 103 Abs. 2 GG, welches sich einfachgesetzlich im Gesetzlichkeitsprinzip in § 1 StGB wiederfindet, nicht fernliegend. Hinsichtlich der ähnlich gelagerten Frage, ob ein Verstoß gegen das Doppelbestrafungsverbot einen zulässigen Einwand i.S.v. § 458 Abs. 1 Alt. 3 StPO begründet, wird überwiegend davon ausgegangen, dass es auch hier um den sachlichen Inhalt der Entscheidung gehe, der nicht mehr angreifbar sei; so *dies.*, in: Löwe/Rosenberg, StPO, Bd. 9, § 458 Rn. 11 m.w.N.; OLG Düsseldorf, NStZ 1989, 44 (45); a.A. OLG Koblenz, NStz 1981, 195 (196). Eine Parallelbewertung bietet sich bei einem Verstoß gegen das Rückwirkungsverbot als Verfassungsgrundsatz an. Dies soll im vorliegenden Rahmen, der sich ausschließlich der Absehensmöglichkeit nach § 87 Abs. 3 S. 1 JGG widmet, nicht vertieft werden.

660 LG München I, ZJJ 2014, 398 (399).

661 LG München I, ZJJ 2014, 398 (399); OLG Düsseldorf, StraFO 2004, 146 (147) zur Ablehnung der analogen Anwendung der §§ 359 ff. StPO auf einen Beschluss über den Widerruf der Strafaussetzung wegen des Vorrangs der Rechtssicherheit.

662 *Schmitt*, in: Meyer-Goßner/Schmitt, StPO, § 458 Rn. 5.

663 OLG Hamm, NStZ-RR 2002, 21; *Graalmann-Scheerer*, in: Löwe/Rosenberg, StPO, Bd. 9, § 458 Rn. 7; *Schmitt*, in: Meyer-Goßner/Schmitt, StPO, § 458 Rn. 7.

664 Thüringer Oberlandesgericht, Beschluss vom 09.06.2015 – 1 Ws 203/15 Rn. 18 (juris).

Strafvollstreckungskammer wahrnimmt und damit als Vollstreckungsbehörde agiert, über die Vollstreckungsfähigkeit eines von ihm zu vollstreckenden Urteils eigenständig zu entscheiden.[665] Die Entscheidung des Jugendrichters, von der Vollstreckung des Urteils wegen Zweifeln an der Zulässigkeit der Vollstreckung Abstand zu nehmen, darf anderseits aber nicht dazu führen, dass das Urteil des erkennenden Gerichts bewusst unterlaufen wird. Eine Korrekturbefugnis hinsichtlich des Urteils steht dem Vollstreckungsleiter nicht zu.[666] Vielmehr hat das Urteil des erkennenden Gerichts für den Vollstreckungsleiter Bindungswirkung.[667] Andernfalls würde die grundlegende Kompetenzverteilung zwischen dem Entscheidungs- und Vollstreckungsorgan umgangen.[668] Die Überprüfung des Urteils auf seine Richtigkeit ist Aufgabe der Rechtsmittelinstanz, nicht der Vollstreckungsbehörde. Demzufolge bezweckt auch. § 458 Abs. 1 Alt. 3 StPO keine Durchbrechung der Rechtskraft.[669] Für eine eigenständige Entscheidungsbefugnis des Vollstreckungsleiters von der Vollstreckung des § 16a-Arrestes Abstand zu nehmen, müssten demnach Zweifel an der Zulässigkeit der Vollstreckung bestehen, welche die Vollstreckungsfähigkeit des Urteils in Frage stellen. Entscheidend ist demnach, ob der Verstoß gegen das Rückwirkungsverbot aus Art. 103 Abs. 2 GG zur Vollstreckungsunfähigkeit des Urteils führt. Die Zulässigkeit der Strafvollstreckung ist betroffen, wenn die allgemeinen Voraussetzungen der Vollstreckung fehlen oder ein Vollstreckungshindernis vorliegt.[670] Die Einhaltung der Vollstreckungsvoraussetzungen hat der Vollstreckungsleiter gem. § 3 Abs. 1 S. 1 i.V.m. § 1 Abs. 3 StVollstrO von Amts wegen zu prüfen. In diesem Zusammenhang sah es das OLG Hamm von der Entscheidungsbefugnis des Vollstreckungsleiters als gedeckt an, wenn dieser wegen eines Verstoßes des Urteils gegen die Denkgesetze der Logik von der Vollstreckung absehe.[671] In dem zu entscheidenden Fall hatte das erkennende Gericht den Angeklagten im Tenor wegen versuchter schwerer Brandstiftung im Zustand der Schuldunfähigkeit schuldig gesprochen und eine Unterbringung nach § 7 JGG i.V.m. § 63 StGB angeordnet. Der nach § 85 Abs. 2 JGG um die Übernahme

---

665 OLG Hamm, NStZ-RR 2002, 21.
666 LG München I, ZJJ 2014, 398 (399); *Diemer*, in: Diemer/Schatz/Sonnen, JGG, § 87 Rn. 5; *Kern*, in: Meier/Rössner/Trüg/Wulf, JGG, § 85 Rn. 4.
667 *Gernbeck/Höffler/Verrel*, NK 2013, 307 (313).
668 So im Ergebnis auch *Gernbeck/Höffler/Verrel*, NK 2013, 307 (314).
669 *Laubenthal/Nestler*, 2010, Rn. 525.
670 *Laubenthal/Nestler*, 2010, Rn. 525; *Schmitt*, in: Meyer-Goßner/Schmitt, StPO, § 458 Rn. 8.
671 OLG Hamm, NStZ-RR 2002, 21.

der Vollstreckung ersuchte Jugendrichter lehnte die Vollstreckung des Urteils mit der Begründung ab, dieses widerspreche den Denkgesetzen der Logik und weise infolge der Gesetzeswidrigkeit keinen vollstreckungsfähigen Inhalt auf.[672] Da die Vollstreckungsbehörde ihre Zweifel an der Zulässigkeit der Strafvollstreckung nicht gerichtlich klären lassen könne, habe der Jugendrichter nach der Auffassung des OLG Hamm eigenständig darüber zu entscheiden, ob er die Vollstreckung aus dem Urteil für zulässig erachte.[673] Hält der Vollstreckungsleiter die Sanktionswahl des § 16a JGG hingegen wegen Verstoßes gegen das Rückwirkungsverbot für gesetzeswidrig, so betrifft dies die sachliche Unrichtigkeit der Entscheidung. Die Vollstreckungsfähigkeit des Urteils, d.h. die Eindeutigkeit des Sanktionsausspruchs,[674] die in der Entscheidung des OLG Hamm in Frage zu stellen war, bleibt hiervon unberührt. Mithin folgt aus § 458 Abs. 1 Alt. 3 StPO keine Befugnis des Vollstreckungsleiters bei Zweifeln an der Rechtmäßigkeit des Urteils aufgrund eines Verstoßes gegen das in Art. 103 Abs. 2 GG niedergelegte Rückwirkungsverbot von der Arrestvollstreckung abzusehen.

Für eine analoge Anwendung des § 87 Abs. 3 S. 1 JGG bei Vorliegen eines Verstoßes gegen Art. 103 Abs. 2 GG könnte allerdings sprechen, dass es sich bei der Entscheidung des Vollstreckungsleiters nach § 87 Abs. 3 JGG gem. § 83 Abs. 1 JGG um eine jugendrichterliche Entscheidung handelt. Diese trifft der Vollstreckungsleiter in seiner richterlichen Unabhängigkeit aus Art. 97 Abs. 1 JGG und nicht als weisungsgebundenes Organ der Justizverwaltung.[675] Allerdings berechtigt die richterliche Unabhängigkeit des Vollstreckungsleiters nicht zur Umgehung anderer tatgerichtlicher Entscheidungen und entbindet nicht von den sachlichen Voraussetzungen nach § 83 Abs. 3 S. 1 JGG in Form des Vorliegens neuer Umstände seit Erlass des Urteils. Weiterhin stellt sich eine analoge Rechtsanwendung des § 87 Abs. 3 S. 1 JGG bei einem Verstoß gegen das Rückwirkungsverbot, losgelöst von einer positiven Veränderung der Lebensumstände des Jugendlichen, als unvereinbar mit dem Sinn und Zweck der Norm dar.[676] Das Absehen von der Vollstreckung nach § 87 Abs. 3 S. 1 JGG rechtfertigt sich allein aus erzieherischen Aspekten. Stellen sich nach Urteilserlass positive

---

672 OLG Hamm, NStZ-RR 2002, 21.
673 OLG Hamm, NStZ-RR 2002, 21.
674 *Rose*, in: Ostendorf, JGG, 10. Aufl., § 85 Rn. 5.
675 *Diemer*, in: Diemer/Schatz/Sonnen, JGG, § 83 Rn. 2 f.; vgl. auch RiL II Nr. 5 zu §§ 82-85 RiJGG.
676 *Gernbeck/Höffler/Verrel*, NK 2013, 307 (314).

Veränderungen in der individuellen Lebenssituation des Jugendlichen ein, die durch einen Arrestvollzug unterbrochen würden, so verliert der Arrest seine Erziehungsfunktion. Der Vollstreckungsverzicht soll in diesen Fällen den eingesetzten positiven Entwicklungen des Jugendlichen Rechnung tragen. Eine Durchbrechung des Grundsatzes der Rechtsbindung des Vollstreckungsleiters findet nach dem Willen des Gesetzgebers durch § 87 Abs. 3 S. 1 JGG nur statt, soweit die Vollstreckung des Jugendarrestes der erzieherischen Einwirkung auf den Jugendlichen aufgrund nachträglicher Umstände abträglich ist. Dabei wird in der Literatur zum Teil in Zweifel gezogen, ob die Vollstreckung eines gegen elementare Grundrechte verstoßendes Urteil überhaupt noch die dem Jugendstrafrecht zugrundeliegende erzieherische Wirkung entfalten kann.[677] Das Ziel des Jugendstrafverfahrens liege darin, den Jugendlichen zu einem rechtschaffenen Lebenswandel zu erziehen. Verstoße der Staat bei seiner Rechtsanwendung selbst gegen die Gesetze und setze sich in der Vollstreckung über die Gesetzes- bzw. Verfassungswidrigkeit hinweg, so müsse der Vollstreckungsleiter nach § 87 Abs. 3 S. 1 JGG analog von der Vollstreckung absehen.[678] Ein gesetzeswidriges Verhalten des Staates kann dem Jugendlichen zwar schwerlich ein Vorbild für ein normkonformes Verhalten sein, dennoch erschiene es zu weit, den Erziehungsgedanken als Legitimation für jedwede Korrektur fehlerhafter Urteile heranzuziehen.[679] Im Ergebnis liefe ein Vollstreckungsverzicht wegen Verstoßes gegen das Rückwirkungsverbot in analoger Rechtsanwendung des § 87 Abs. 3 S. 1 JGG auf eine dem Gesetz fremde, unzulässige Urteilskorrektur hinaus und stünde im Widerspruch zur Zielsetzung des § 87 Abs. 3 S. 1 JGG. Die Regelung des § 87 Abs. 3 S. 1 JGG orientiert sich entsprechend der Gesamtsystematik des JGG vorrangig am gesetzgeberischen Erziehungsziel aus § 2 Abs. 1 S. 2 JGG, so dass deren Anwendungsbereich auf die dort normierten gesetzlichen Voraussetzungen beschränkt bleiben muss. Folglich scheidet mangels Vorliegen einer planwidrigen Regelungslücke eine analoge Rechtsanwendung des § 87 Abs. 3 S. 1 JGG aus und der Vollstreckungsleiter bleibt wegen der grundsätzlichen Trennung von Erkenntnis- und Vollstreckungsverfahren zur Vollstreckung des Arrestes verpflichtet.[680]

---

677 *Holste*, ZJJ 3/2013, 289 (291); *Wulf*, in: Meier/Rössner/Trüg/Wulf, JGG, § 16a Rn. 2.

678 *Wulf*, in: Meier/Rössner/Trüg/Wulf, JGG, § 16a Rn. 2.

679 *Gernbeck/Höffler/Verrel*, NK 2013, 307 (314).

680 So auch *Diemer*, in: Diemer/Schatz/Sonnen, JGG, § 87 Rn. 5; *Gernbeck/Höffler/Verrel*, NK 2013, 307 (314); *Kern*, in: Meier/Rössner/Trüg/Wulf, JGG, § 87 Rn. 9; mit der festgestellten Unzulässigkeit von der Vollstreckung des § 16a-Arrestes

b) Absehen infolge Zeitablaufs, § 87 Abs. 3 S. 2 JGG

Nach § 87 Abs. 3 S. 2 JGG ist von der Arrestvollstreckung abzusehen, wenn seit Eintritt der Rechtskraft sechs Monate vergangen sind und ein Absehen erzieherisch geboten ist. Die Vollstreckung des § 16a JGG unterliegt nach § 87 Abs. 4 S. 2 JGG einer verkürzten 3-Monatsfrist, so dass für die Anwendung des § 87 Abs. 3 S. 2 JGG kein Raum verbleibt.

c) Absehen wegen Wegfalls der erzieherischen Zwecksetzung § 87 Abs. 3 S. 3 JGG

Neben dem Absehen von der Vollstreckung nach § 87 Abs. 3 S. 1 JGG als gebundene Entscheidung, kann von der Arrestvollstreckung im Rahmen des richterlichen Ermessens nach § 87 Abs. 3 S. 3 JGG auch dann abgesehen werden, wenn zu erwarten ist, dass der Arrest seinen erzieherischen Zweck wegen einer zu erwartenden Strafe oder bereits ergangenen Verurteilung wegen einer anderen Tat nicht mehr erfüllen kann. Von einer derartigen erzieherischen Abträglichkeit des Arrestes ist regelmäßig dann auszugehen, wenn die erneute Verurteilung eine unbedingte Jugendstrafe oder eine Freiheitsstrafe nach dem Erwachsenenstrafrecht zum Gegenstand hat.[681] Ergeht gegen den nach § 16a JGG sanktionierten Jugendlichen eine erneute Verurteilung noch bevor der Arrest vollständig verbüßt ist, wird das frühere, noch nicht vollständig erledigte Urteil nach § 31 Abs. 2 JGG grundsätzlich in die neue Entscheidung einbezogen. Mit der Einbeziehung kommen die Rechtsfolgen der einbezogenen Entscheidung in Wegfall,[682] wobei der Arrest nach § 16a JGG im Umfang seiner Verbüßung nach §§ 31 Abs. 2 S. 3, 26 Abs. 3 S. 3 JGG obligatorisch auf eine

---

wegen eines Verstoßes gegen das Rückwirkungsverbot gem. § 87 Abs. 3. S. 1 JGG abzusehen, stellt sich die gleichfalls Frage, welche Handhabe seitens des Verurteilten oder der Justiz gegen ein rechtkräftiges, aber gesetzeswidriges Strafurteil existiert. Diskutiert werden in diesem Zusammenhang als Lösungsansätze eine obligatorische Rechtsmitteleinlegung durch die Staatsanwaltschaft, eine Vorgehen im Gnadenwege und die Herbeiführung einer gerichtlichen Entscheidung gem. § 458 Abs. 1 StPO i.V. m. § 2 Abs. 2 JGG; vgl. *Eisenberg*, ZJJ 2014, 399 (401 f.); *Holste*, ZJJ 3/2013, 289 (290 f.); kritisch zur Praktikabilität des Gnadenverfahrens *Gernbeck/Höffler/Verrel*, NK 2013, 307 (314) Fn. 42.

681 *Rose*, in: Ostendorf, JGG, 10. Aufl., § 87 Rn. 8.

682 *Brunner/Dölling*, 2018, § 31 Rn. 17.

zu vollstreckende Jugendstrafe anzurechnen ist. Folglich verbleibt bei einer Einheitsentscheidung unter Einbezug des § 16a-Arrestes für § 87 Abs. 3 S. 3 JGG kein Anwendungsspielraum. Steht die gerichtliche Entscheidung demgegenüber noch aus und hat der mittels § 16a JGG sanktionierte Täter wegen einer neuen Tat eine Verurteilung zu unbedingter Jugend- oder Freiheitsstrafe zu erwarten, bleibt der Anwendungsbereich des § 87 Abs. 4 S. 3 JGG prinzipiell eröffnet, ist aber durch das obligatorische Vollstreckungsverbot aus § 87 Abs. 4 S. 3 JGG geschmälert. Denkbar bleiben möglicherweise Konstellationen eines vor Arrestantritt erlassenen Sicherungshaftbefehls gem. § 2 Abs. 2 JGG i.V.m. § 453c StPO wegen der hohen Wahrscheinlichkeit des drohenden Bewährungswiderrufs. Steht die Vollstreckung einer Jugendstrafe bevor, kann der nach § 16a JGG verhängte Arrest sein Ziel, zu einer positiven Bewältigung der Bewährungszeit beizutragen, nicht mehr erfüllen. Für eine pflichtgemäße Ermessensentscheidung ist vor der Absehensentscheidung nach § 87 Abs. 3 S. 4 JGG allerdings der Tatrichter und die Staatsanwaltschaft zu hören.[683]

3. Vollstreckungsverbot gemäß § 87 Abs. 4 S. 2 JGG

Angesichts der zum Teil geäußerten entwicklungspsychologischen Erkenntnis, dass mit der seit Tatbegehung zurückliegenden Zeitspanne die Bezüge des Jugendlichen zur Tat schwinden und die unrechtsverdeutlichende Wirkung abnimmt, ist der Jugendarrest nach § 4 JAVollzO möglichst unmittelbar nach der Rechtkraft des Urteils zu vollziehen.[684] Dies gilt in besonderem Maße für die Vollstreckung des Warnschussarrestes, der die Bewährungszeit fördern und nicht unterlaufen soll.[685] Je länger die Bewährungszeit bereits im Gange ist, desto größer ist die Gefahr, dass unterdessen eingetretene positive Entwicklungen, wie die Aufnahme eines Ausbildungsplatzes, eines Beschäftigungsverhältnisses oder integrationsförderliche Beziehungsmaßnahmen durchbrochen werden.[686] Ausgehend vom „Prinzip der nachdrücklichen Vollstreckung"[687] aus § 4 JAVollzO hat der Gesetzgeber daher in Erweiterung zu der für den Urteils- und Unge-

---

683 *Diemer*, in: Diemer/Schatz/Sonnen, JGG, § 87 Rn. 7.
684 *Streng*, 2016, Rn. 417; vgl. auch RiL II Nr. 1 zu §§ 82-85 JJG, abgedruckt bei *Kern*, in: Meier/Rössner/Trüg/Wulf, JGG, § 82; kritisch zum spezialpräventiven Effekt zügiger Sanktionierung *Endres/Breuer*, ZJJ 2014, 127 (128) Fn. 8.
685 BT-Drucks. 17/9389, S. 19.
686 *Wulf*, in: Meier/Rössner/Trüg/Wulf, JGG, § 16a Rn. 50.
687 *Laubenthal/Baier/Nestler*, 2015, Rn. 878.

horsamsarrest geltenden Jahresfrist nach § 87 Abs. 4 S. 1 JGG,[688] die Vollstreckung des § 16a JGG durch die Höchstfrist von drei Monaten in § 87 Abs. 4 S. 2 JGG weiter beschränkt. Mit dem Vollzug des § 16a-Arrestes darf nach Ablauf von drei Monaten seit Eintritt der Rechtskraft nicht mehr begonnen werden.[689] Im Unterschied zum allgemeinen Vollstreckungsverbot aus § 87 Abs. 4 S. 1 JGG, welches auf den Vollstreckungsbeginn abstellt, knüpft die spezifisch für den Warnschussarrest geltende Regelung in § 87 Abs. 4 S. 2 JGG an den Vollzugsbeginn an und statuiert anders als § 87 Abs. 4 S. 1 JGG kein absolutes Vollstreckungsverbot, welches danach verlangt, einen begonnenen Arrest bei Fristüberschreitung abzubrechen.[690] Für § 87 Abs. 4 S. 2 JGG kommt es ausschließlich darauf an, dass binnen drei Monaten mit dem Vollzug des § 16a-Arrestes begonnen wird. Bei fristgerechtem Vollzugsbeginn kann der Arrest nach § 16a JGG auch nach Ablauf von drei Monaten noch zu Ende geführt werden.[691] Diese Divergenz in § 87 Abs. 4 S. 1 und S. 2 JGG resultiert aus dem erhöhten erzieherischen Bedürfnis, den Vollzug des § 16a JGG zur Vermeidung störender Eingriffe in die Bewährungszeit urteilsnah beginnen zu lassen.[692] Diesem Ziel ist allein ein rascher Vollzugsbeginn zuträglich, während die Bezugnahme auf den Vollstreckungsbeginn das eminente Risiko birgt, dass sich der tatsächliche Vollzug des Warnschussarrestes zeitlich noch weiter nach

---

688 § 87 Abs. 4 S. 1 JGG gilt sowohl für den Urteils- als auch Ungehorsamsarrest nach § 11 Abs. 3 JGG, *Diemer*, in: Diemer/Schatz/Sonnen, JGG, § 87 Rn. 10.

689 Anstelle der 3-Monatsfrist wurde z.T eine noch kürzere Vollstreckungsfrist von maximal einem Monat zwischen Rechtskraft des Urteils und Beginn der Vollstreckung gefordert, siehe *Müller-Piepenkötter/Kubnik*, ZRP 2008, 176 (179); die 3-Monatsfrist für zu kurz erachtend *Gierschik*, Protokoll Nr. 86 vom 23. Mai 2012, S. 4; sowie *Pürner*, Stellungnahme vom 16.05.2012, S. 3 mit der Präferenz für eine 6-Monatsfrist.

690 *Rose*, in: Ostendorf, JGG, 10. Aufl., § 87 Rn. 16.

691 *Brunner/Dölling*, 2018, § 87 Rn. 2; *Rose*, in: Ostendorf, JGG, 10. Aufl., § 87 Rn. 17.

692 Nach dem ursprünglichen Gesetzentwurf war für das Vollstreckungsverbot aus § 87 Abs. 4 S. 2 JGG in Übereinstimmung mit § 87 Abs. 4 S. 1 JGG der Beginn der Vollstreckung binnen drei Monaten nach Rechtskraft des Urteils entscheidend. § 87 Abs. 4 S. 2 JGG enthielt folgenden Wortlaut: „Im Falle des § 16a darf nach Ablauf von drei Monaten seit Eintritt der Rechtskraft die Vollstreckung nicht mehr begonnen werden.", BT-Drucks. 17/9389, Art. 1 Nr. 11 Buchstabe b, S. 6. Durch die Beschlussempfehlung des Rechtsausschusses wurde an Stelle der „Vollstreckung" schließlich auf den Beginn des „Vollzuges" abgestellt; BT-Drucks. 17/9990, S. 3.

hinten verlagert und mit bereits eingesetzten Bewährungsmaßnahmen kollidiert.[693]

Mit der Neuregelung in § 87 Abs. 4 S. 2 JGG setzt der Gesetzgeber zugleich eine funktionierende, organisatorisch vereinfachte Kommunikation zwischen dem erkennenden Gericht und dem Vollzugsleiter als Vollstreckungsleiter voraus.[694] Nur bei einer raschen Übermittlung des Vollstreckungsersuchens an den zuständigen Vollstreckungs- und Vollzugsleiter ist eine Ladung des Verurteilten zum Arrestantritt unter Einhaltung einer angemessenen Frist umsetzbar.[695] Zugleich ist zu bedenken, dass das Absetzen des Urteils sowie die Versendung der Strafakten bzw. des Vollstreckungshefts nach der Richtlinie V Nr. 1 zu §§ 82 bis 85 JGG an den zuständigen Vollstreckungsleiter naturgemäß einige Zeit in Anspruch nimmt und den Jugendarrestanstalten eine ausreichende Vorlaufzeit eingeräumt werden muss.[696] An dieser Stelle wird die Praxis zeigen, ob ein Vollzugsbeginn binnen drei Monate nach Eintritt der Rechtskraft des Urteils realisierbar ist.[697]

4. Vollstreckungsverbot gemäß § 87 Abs. 4 S. 3 JGG

Eine weitere spezifische Vollstreckungsregelung enthält § 87 Abs. 4 S. 3 JGG. Diese sieht vor, dass ein noch nicht verbüßter Arrest nach § 16a JGG nicht mehr vollstreckt werden darf, wenn das Gericht die Aussetzung der Jugendstrafe nach § 26 Abs. 1 JGG widerruft, nach § 30 Abs. 1 S. 1 JGG auf Jugendstrafe erkennt oder die zunächst vorbehaltende Entscheidung über die Aussetzung der Jugendstrafe zur Bewährung

---

693 BT-Drucks. 17/9990, S. 3.

694 *Rose*, in: Ostendorf, JGG, 10. Aufl., § 87 Rn. 17.

695 Zum Erfordernis der Ladung zum Arrest unter Einhaltung einer angemessenen Frist *Rose*, in: Ostendorf, JGG, 10. Aufl., § 87 Rn. 18; nach *Scherrer*, Stellungnahme am 23.05.2012, S. 4 bedarf es zur Einhaltung der 3-Monatsfrist vereinfachter Organisationsstrukturen, so dass das entscheidende Gericht das Vollstreckungsersuchen unmittelbar nach Eintritt der Rechtskraft an die Jugendarrestanstalt übermittelt. Im Zuständigkeitsbereich der Jugendarrestanstalt Göttingen könne vier Wochen nach Eingang des Vollstreckungsersuchens ein Ladungstermin festgesetzt werden.

696 Diesbezüglich kritisch zur 3-Moantsfrist *Pürner*, Stellungnahme vom 16.05.2012, S. 3.

697 Wie die Ergebnisse der empirischen Studie zeigen, kann die 3-Monatsfrist in Einzelfällen durchaus zu praktischen Schwierigkeiten und zur Nichtvollstreckung des § 16a-Arrestes führen; siehe hierzu Teil 2 E.I.6.b).

in einem nachträglichen Beschluss ablehnt. Steht fest, dass Jugendstrafe zu vollstrecken ist, so ist der zusätzliche Arrest dem Ziel einer erfolgreichen Bewältigung der Bewährungszeit nicht mehr dienlich.[698] Mit dem obligatorischen Vollstreckungsverbot aus § 87 Abs. 4 S. 3 JGG sollte sowohl den Bedenken hinsichtlich eines Verstoßes gegen das Doppelbestrafungsverbot aus Art. 103 Abs. 2 GG als auch der Überschreitung des Schuldmaßes Rechnung getragen werden.[699] § 87 Abs. 4 S. 3 JGG verbietet damit nicht nur den Vollstreckungsbeginn, sondern auch die Fortsetzung einer zunächst fristgemäß begonnenen Vollstreckung bei Eintritt der in § 87 Abs. 4 S. 3 Nr. 1-3 JGG genannten Bedingungen.[700]

Die Gesetzesbegründung stellt für die Annahme eines Vollstreckungsverbots aus Art. 87 Abs. 2 S. 3 JGG entscheidend darauf ab, dass Jugendstrafe zu vollstrecken ist.[701] Dennoch ist zu bedenken, dass nicht jede gerichtliche Entscheidung nach § 87 Abs. 4 S. 3 Nr. 1-3 JGG die Rechtsfolge einer zu vollstreckenden Jugendstrafe mit sich bringt. Widerruft das Gericht die Aussetzung der Jugendstrafe nach § 26 Abs. 1 JGG oder lehnt es aufgrund der erfolglosen Vorbewährung eine Aussetzung zur Bewährung nach § 61b Abs. 4 S. 1 JGG ab, so hat dies die unbedingte Jugendstrafe zur Folge. In diesen Fällen müsse – so *Kern* – der Jugendliche direkt von der Arrestanstalt in den Jugendstrafvollzug überführt werden.[702] Erkennt das Gericht hingegen im Nachverfahren gem. 30 Abs. 1 S. 1 JGG auf Jugendstrafe, kann die verhängte Jugendstrafe gem. § 21 JGG auch erneut zur Bewährung ausgesetzt werden.[703] Eine zu vollstreckende Jugendstrafe ist somit nicht zwingende Folge einer Entscheidung nach § 30 Abs. 1 S. 1 JGG. Es stellt sich die Frage, ob das Vollstreckungsverbot aus § 87 Abs. 4 S. 1 JGG auch dann greift, wenn die im Nachverfahren gem. § 30 Abs. 1 S. 1 JGG verhängte Jugendstrafe erneut zur Bewährung ausgesetzt wird. Bei grammatikalischer Auslegung des § 87 Abs. 4 S. 3 Nr. 2 JGG kommt es für die Begründung eines Vollstreckungsverbotes ausschließlich darauf an, dass das Jugendgericht wegen neu hinzutretender Tatsachen, welche den siche-

---

698 BT-Drucks. 17/9389, S. 20.
699 BT-Drucks. 17/9389, S. 20; kritisch zu Vermeidung eines Doppelbestrafungsverbots allein durch § 87 Abs. 4 S. 3 JGG.*Kern*, in: Meier/Rössner/Trüg/Wulf, JGG, § 87 Rn. 10.
700 *Kern*, in: Meier/Rössner/Trüg/Wulf, JGG, § 87 Rn. 10.
701 BT-Drucks. 17/9389, S. 20.
702 *Kern*, in: Meier/Rössner/Trüg/Wulf, JGG, § 87 Rn. 10.
703 *Diemer*, in: Diemer/Schatz/Sonnen, JGG, § 30 Rn. 12; *Meier*, in: Meier/Rössner/Trüg/Wulf, JGG, § 30 Rn. 8.

ren Schluss auf das Vorliegen schädlicher Neigungen zulassen,[704] auf eine Jugendstrafe erkennt. Aus der Formulierung lässt sich nicht entnehmen, dass es sich um eine unbedingte, vollstreckbare Jugendstrafe handeln muss. Die Normauslegung hat indessen aber auch den Willen des Gesetzgebers und den Normzweck zu berücksichtigen. § 87 Abs. 4 S. 3 JGG liegt nach den Gesetzesmaterialien der allgemeine Gedanke zu Grunde, der Warnschussarrest werde seiner erzieherische Zweckmäßigkeit zur Vorbereitung und Förderung der Bewährungszeit nicht mehr gerecht, weil inzwischen Jugendstrafe zu vollstrecken ist.[705] Denn mit dem Vollzug der Jugendstrafe, der auf eine längere Einwirkung auf den Jugendlichen gerichtet ist, wird die Vollstreckung des § 16a-Arrestes obsolet. Spricht das Gericht nach § 30 Abs. 1 JGG eine Verurteilung zu einer Jugendstrafe aus, da sich der Jugendliche sich die Bewährungszeit bei einem Schuldspruch nach § 27 JGG nicht zur Warnung hat dienen lassen und sich die schädlichen Neigungen in der für die Verhängung von Jugendstrafe nach § 17 Abs. 2 JGG erforderlichem Maße bestätigt haben,[706] hat sich zunächst gezeigt, dass sich der Jugendliche nicht regelkonform verhalten hat. Wird die Vollstreckung der im Nachverfahren erkannte Jugendstrafe gem. § 21 JGG zur Bewährung ausgesetzt, so bleibt die potentielle Möglichkeit zur erzieherischen Einwirkung auf den Jugendlichen aber weiterhin erhalten. Gleichwohl ist anzunehmen, dass die Aussetzung der Vollstreckung der verhängten Jugendstrafe unter den Voraussetzungen des § 30 Abs. 1 S. 1 JGG die Ausnahme bildet, da die Nichtbewältigung der Bewährungszeit im Vorfeld den Anlass für den Strafausspruch bildet.[707] Die strikte Orientierung am Wortlaut des § 87 Abs. 4 S. 3 Nr. 2 JGG hätte bei der Erkennung auf eine zur Bewährung ausgesetzte Jugendstrafe nach § 30 Abs. 1 S. 1 JGG zur Folge, dass die Vollstreckung des § 16a-Arrestes zwingend zu beenden ist, obgleich unter Umständen ein Einwirkungspotenzial durch den Vollzug des Warnschussarrestes im Einzelfall noch gegeben ist und der Bewährungszeit weiterhin förderlich sein kann. Solange die Jugendstrafe mit einer Bewährungszeit verbunden ist, ist die Zwecker-

---

704 Zum Erfordernis neuer Tatsachen und dem Umfang der schädlichen Neigungen für die Verhängung einer Jugendstrafe *Diemer*, in: Diemer/Schatz/Sonnen, JGG, § 30 Rn. 7 ff.

705 BT-Drucks. 17/9389, S. 20; *Diemer*, in: Diemer/Schatz/Sonnen, JGG, § 87 Rn. 12.

706 Nach BGHSt 9, 161 (162) begründet nicht jede erneute Straftatbegehung den Ausschluss eine Tilgung des Schuldspruchs. Zu berücksichtigende Umstände: Bagatelldelikte, einschlägige Delikte, zeitlicher Abstand zwischen den Delikten, siehe *Ostendorf*, in: Ostendorf, JGG, 10. Aufl., § 30 Rn. 2.

707 *Kern*, in: Meier/Rössner/Trüg/Wulf, JGG, § 87 Rn. 10.

reichung nicht zwingend ausgeschlossen. Hinzu kommt, dass sich das Gesetz auch einer mehrfachen Verhängung eines § 16a-Arrestes nicht grundsätzlich verschließt. Erkennt das Gericht gem. § 30 Abs. 1 S. 1 JGG auf Jugendstrafe und setzt diese gem. § 21 JGG zur Bewährung aus, so lässt der Wortlaut der §§ 8 Abs. 2 S. 2, 16a JGG die erneute Verhängung eines Warnschussarrestes nach § 16a JGG prinzipiell zu.[708] Eine weite Auslegung des § 87 Abs. 4 S. 3 Nr. 2, wonach ein Vollstreckungsverbot sowohl bei Verhängung einer bedingten wie auch unbedingten Jugendstrafe statuiert wird, würde bei wiederholter Verhängung eines § 16a-Arrestes zu dem widersprüchlichen Ergebnis führen, dass einerseits wegen des zwingenden Vollstreckungsverbots aus § 87 Abs. 4 S. 3 Nr. 2 JGG die Unzulässigkeit der Vollstreckung des ursprünglichen Warnschussarrestes eintreten würde, während das Gericht andererseits erneut die Vollstreckung eines Warnschussarrestes für zweckmäßig erachtet. Wird zur Förderung der Bewährungszeit an der Erforderlichkeit des Warnschussarrestes festgehalten, stellen der Abbruch der Vollstreckung und ein späterer Neubeginn der Arrestvollstreckung ein wenig konstruktives Vorgehen zur Bewährungsbewältigung dar. Auch unter diesem Aspekt ist ein zwingendes Vollstreckungsverbot bei Anerkennung auf eine zur Bewährung ausgesetzte Jugendstrafe im Nachverfahren abzulehnen. Ausgehend von seinem Normzweck ist § 87 Abs. 4 S. 3 Nr. 2 JGG folglich dahingehend auszulegen, dass ein Vollstreckungsverbot nur dann eingreift, wenn gegen den Jugendlichen im Nachverfahren nach § 30 Abs. 1 S. 1 JGG eine unbedingte, vollstreckbare Jugendstrafe verhängt wird.[709]

5. Vollstreckungsverzicht infolge Anrechnung von Untersuchungshaft und sonstigen Freiheitsentziehungen

Über die in § 87 Abs. 4 S. 2, 3 JGG gesetzlich geregelten Fälle der Vollstreckungsverbote hinaus erfordert eine umfassende Betrachtung der Arrestvollstreckung die Auseinandersetzung mit der Anrechnung vorausgehender, freiheitsentziehender Maßnahmen auf eine Verurteilung nach § 16a JGG. Der Begriff der Anrechnung versteht sich im Rahmen der Sanktionsvollstreckung als rechnerische Verkürzung eines Zeitraums in der

---

708 *Laubenthal/Baier/Nestler,* 2015, Rn. 862 mit Bedenken hinsichtlich des Doppelbestrafungsverbots und der Durchbrechung des Ausnahmecharakters des § 16a JGG bei erneuter Verhängung des § 16a JGG im Nachverfahren.
709 So auch *Kern,* in: Meier/Rössner/Trüg/Wulf, JGG, § 87 Rn. 10.

Weise, dass der anzurechnende Gegenstand von dem zuvor festgesetzten Zeitabschnitt in Abzug gebracht wird.[710] Dies könnte zur Folge haben, dass von der Vollstreckung des § 16a JGG infolge eines vorangegangenen Freiheitsentzugs ganz oder teilweise Abstand genommen werden muss. Zu klären ist, ob eine bereits verbüßte Untersuchungshaft gem. § 72 JGG respektive andere freiheitsentziehende, haftgleiche Maßnahmen wie etwa die Unterbringung nach § 71 Abs. 2, § 72 Abs. 4 und § 73 JGG[711] auf eine spätere Verurteilung nach § 16a JGG anzurechnen sind.

Für die Anrechnung von Untersuchungshaft oder anderen Freiheitsentziehungen auf einen Arrest nach § 16a JGG enthält das Gesetz keine Sonderregelung. Die Neuregelung in § 16a Abs. 2 JGG stellt in Bezug auf eine vorangegangene Untersuchungshaft lediglich klar, dass ein Verdeutlichungsarrest nach § 16a Abs. 1 Nr. 1 JGG in der Regel nicht geboten ist, wenn sich der Jugendliche zuvor nicht nur kurzfristig in Untersuchungshaft befunden hat. Damit begrenzt § 16a Abs. 2 JGG bereits den Normanwendungsbereich. Die Frage der Anrechnung erlittener Untersuchungshaft wird durch § 16a Abs. 2 JGG nicht beantwortet und findet sich auch in der Gesetzesbegründung nicht wieder. Anrechnungs- oder anrechnungsgleiche Bestimmungen kennt das Gesetz in § 52 JGG für die Berücksichtigung von Untersuchungshaft oder anderer wegen der Tat erlittener Freiheitsentziehungen auf Jugendarrest, sowie in § 52a JGG für die Anrechnung auf Jugendstrafe.[712] Als Strafvollstreckungsvorschrift findet § 52a JGG zwar grundsätzlich auch Anwendung, wenn die Vollstreckung der Jugendstrafe zur Bewährung ausgesetzt wird, jedoch mit der Maßgabe, dass eine Anrechnung vorangegangener Freiheitsentziehungen erst im Zeitpunkt der Vollstreckung stattfindet.[713] Soweit es um die Frage geht, ob ein vorangegangener Freiheitsentzug im Zeitpunkt der Verurteilung nach

---

710 *Schady*, ZIS 2015, 593.
711 Vgl. hierzu RiL Nr. 2 zu § 16 JGG i.V.m. Nr. 1 zu §§ 52 und 52a JGG; zu den der Untersuchungshaft gleichgestellten sonstigen Freiheitsentziehungen *Blessing/Weik*, in: Meier/Rössner/Trüg/Wulf, JGG, § 52 Rn. 4; *Schatz*, in: Diemer/Schatz/Sonnen, JGG, § 52 Rn. 8.
712 § 52 JGG stellt formale Anrechnungsvorschrift dar, vgl. *Blessing/Weik*, in: Meier/Rössner/Trüg/Wulf, JGG, § 52 Rn. 7. Anders als § 52a JGG spricht § 52 JGG nicht ausdrücklich von einer Anrechnung. § 52 JGG kann aber insoweit als anrechnungsgleich bezeichnet werden, als die Vorschrift zu einer Vollstreckungsverkürzung führt.
713 *Schatz*, in: Diemer/Schatz/Sonnen, JGG, § 52a Rn. 11: § 52a Abs. 1 S. 1 JGG erlaubt folglich keinen unmittelbaren Abzug bei der Festsetzung der Jugendstrafe.

§ 16a-Arrest zu einer Vollstreckungsverkürzung des Warnschussarrestes führt, kann folglich allein auf § 52 JGG zurückgegriffen werden.

Die Berücksichtigung von Untersuchungshaft oder sonstigen haftgleichen freiheitsentziehenden Maßnahmen bei einer Verurteilung zu Jugendarrest steht gem. § 52 JGG im richterlichen Ermessen. Soweit der Zweck des Jugendarrestes bereits durch den Freiheitsentzug ganz oder teilweise erreicht wurde, kann das Gericht unter der Voraussetzung eines Sachzusammenhangs zwischen der Untersuchungshaft bzw. einer sonstigen Freiheitentziehung und der zur Verurteilung stehenden Tat von der Arrestvollstreckung ganz oder teilweise Abstand nehmen.[714] Seinem Wortlaut nach erfordert § 52 JGG in sachlicher Hinsicht die Verurteilung zu einem Jugendarrest und ist dabei nicht auf den Urteilsarrest nach § 16 JGG oder auf eine seiner Formen als Freizeit-, Kurz- oder Dauerarrest beschränkt, so dass auch für § 16a JGG ein grundsätzlicher Anwendungsbereich verbleibt.[715] Nach *Schady* dürften sich die Voraussetzungen für die Arrestverhängung nach § 16a JGG und ein Absehen von der Vollstreckung nach § 52 JGG aber gegenseitig ausschließen.[716] Für eine Beurteilung dieser Frage ist maßgeblich, inwiefern der Zweck des Jugendarrestes durch den vorhergehenden Freiheitsentzug bereits herbeigeführt werden konnte. Nur soweit Untersuchungshaft und Jugendarrest ihrer Zielsetzung nach äquivalent sind, kann das Ziel des Jugendarrestes überhaupt durch Untersuchungshaft erreicht werden.[717] Soweit man den Jugendarrest nach seinem originären Grundgedanken als kurze Schockmaßnahme und Mittel zur „Aufrüttelung, Besinnung und Sühne für das begangene Unrecht"[718] versteht, mag diese Schockwirkung womöglich noch in gleicher Weise durch Untersuchungshaft herbeigeführt werden können.[719] An ihre Grenzen stößt die Berücksichtigung vorangegangener Untersuchungshaft aber dann, wenn der Jugendarrest, zumindest soweit es um die Form als Dauerarrest geht, als erzieherisch pädagogischer Einwirkungsprozess verstanden wird.[720] Die

---

714 *Blessing/Weik*, in: Meier/Rössner/Trüg/Wulf, JGG, § 52 Rn. 5.
715 *Blessing/Weik*, in: Meier/Rössner/Trüg/Wulf, JGG, § 52 Rn. 3; *Höffler*, in: MüKo-StPO, Bd. 3/2, § 52 JGG Rn. 6; *Schatz*, in: Diemer/Schatz/Sonnen, JGG, § 52 Rn. 7.
716 *Schady*, in: Ostendorf, JGG, 10. Aufl., § 52 Rn. 4; ebenso *Höffler*, in: MüKo-StPO, Bd. 3/2, § 52 JGG Rn. 6.
717 Vgl. *Schatz*, in: Diemer/Schatz/Sonnen, JGG, § 52 Rn. 6.
718 OLG Hamburg, NStZ 1983, 78.
719 *Schady*, in: Ostendorf, JGG, 10. Aufl., § 52 Rn. 8; *Schatz*, in: Diemer/Schatz/Sonnen, JGG, § 52 Rn. 6.
720 *Schatz*, in: Diemer/Schatz/Sonnen, JGG, § 52 Rn. 6.

Anordnung von Untersuchungshaft ist trotz der in Art. 30 Abs. 1 BayU-VollzG vorgesehenen erzieherischen Gestaltung des Untersuchungshaftvollzugs nicht auf die pädagogische Erziehung des Jugendlichen ausgelegt, sondern dient dazu, die Aufklärung der Tat und die Durchführung des Strafverfahrens zu sichern.[721] Bei der Sanktionierung nach § 16a JGG erhält der Gedanke der behandlungsorientierten Vollzugsgestaltung ein besonderes Gewicht, da dieser der positiven Bewältigung der Bewährungszeit dienen soll. Dieser Zweck liegt den in §§ 112 Abs. 2, 3, 112a StPO gesetzlich normierten Haftgründen, die gem. § 2 Abs. 2 JGG auch im Jugendstrafrecht Beachtung finden,[722] nicht zugrunde und ist auch den sonstigen Freiheitsentziehungen nicht immanent. Verhängt der Jugendrichter neben einer bedingten Jugendstrafe einen Arrest nach § 16a Abs. 1 JGG bringt er zum Ausdruck, dass er den Arrestvollzug zur Stärkung des Bewährungserfolges für erforderlich erachtet und auf diesen im Urteilszeitpunkt gerade nicht verzichtet werden kann. Im Anwendungsfeld des § 16a JGG besteht für eine Vollstreckungsverkürzung durch die Anrechnung von Untersuchungshaft oder sonstigen vorangegangenen freiheitsentziehenden Maßnahmen nach § 52 JGG kein Raum.[723] Normzweck des § 52 JGG ist es, überzogene mit dem Erziehungsziel unvereinbare Sanktionen zu vermeiden.[724] Die unter dem Erziehungsaspekt eingetretene Zweckerreichung durch eine frühere Untersuchungshaft kann das Gericht bereits in seine Entscheidung über die Erforderlichkeit des § 16a-Arrestes einfließen lassen, so dass sich die Nichtberücksichtigung der Untersuchungshaft gem. § 52 JGG bei der Vollstreckung des § 16a JGG auch nicht zu Lasten des Erziehungsgedankens auswirkt.

III. Vollzugsregelungen

Mit der Einführung des § 16a JGG hat der Gesetzgeber für den Jugendarrest neben bedingter Jugendstrafe keine gesonderten Vollzugsbestimmun-

---

721 *Weik/Blessing*, in: Meier/Rössner/Trüg/Wulf, JGG, § 72 Rn. 4; die erzieherische Ausgestaltung der Untersuchungshaft wird zwar häufig gefordert, vgl. dazu *Streng*, 2016, Rn. 167; entspricht aber nach *Schady*, in: Ostendorf, JGG, 10. Aufl., § 52 Rn. 8 nicht der Realität.

722 Dazu, dass Untersuchungshaft in der Praxis dennoch contra legem aus Erziehungsgesichtspunkten angeordnet wird siehe oben Teil 1 B.I.6.

723 Vgl. *Schady*, in: Ostendorf, JGG, 10. Aufl., § 52 Rn. 4; *Schatz*, in: Diemer/Schatz/Sonnen, JGG, § 52 Rn. 7: eine Verrechnung wird regelmäßig ausscheiden.

724 *Brunner/Dölling*, 2018, § 52, 52a Rn. 1.

gen normiert. Aufgrund der vom Gesetzgeber gewählten Einstufung des § 16a-Arrestes als Jugendarrest[725] bestimmt sich der Vollzug des § 16a JGG grundsätzlich nach den für den allgemeinen Jugendarrestvollzug geltenden Bestimmungen.

1. § 90 JGG als Ausgangspunkt des Jugendarrestvollzuges

Bereits in den frühen Jahren nach der erstmaligen formal gesetzlichen Kodifizierung des Jugendarrestes im JGG 1943 war der Arrestvollzug im Verordnungswege geregelt.[726] Die in § 66 JGG 1943 enthaltene Vollzugsbestimmung legte allein die Grundsätze des Jugendarrestvollzugs fest.[727] Nach § 66 Abs. 1 JGG 1943 sollte der Vollzug des Jugendarrestes den Jugendlichen in seinem Ehrgefühl aufrütteln und ihm eindringlich zum Bewusstsein bringen, dass er für das von ihm begangene Unrecht einzustehen hat.[728] Für Dauer- und Kurzarrest von mehr als drei Tagen war nach § 66 Abs. 3 JGG 1943 zudem eine Verschärfung durch strenge Tage vorgesehen, für den Freizeitarrest und Kurzarrest unter drei Tagen vereinfachte Kost und hartes Lager als Regelfall. Die in § 66 Abs. 1 JGG 1943 normierte Zielvorgabe wurde in leichter Abänderung des Wortlauts schließlich auch in § 90 Abs. 1 JGG 1953 aufgegriffen.[729] Auf der Grundlage von § 115 JGG 1953 erfolgte im Jahr 1966 zur bundeseinheitlichen Regelung der Erlass der Jugendarrestvollzugsordnung (JAVollzO), welche in ihrer Neufassung zum 1.1.1977[730] verstärkt die erzieherische Arbeit durch individuelle Förderung und Behandlung hervorhob.[731]

Die Ausgangsnorm für den Vollzug des Jugendarrestes bildete fortan § 90 JGG, dessen aktueller Gesetzeswortlaut in Abs. 1 S. 1 JGG identisch ist mit der Fassung aus dem Jahre 1953. Um den in der JAVollzO fortentwi-

---

725 BT-Drucks. 17/9389, S. 12; ausführlich zur Qualifikation des § 16a JGG als Zuchtmittel Teil 1 E.III.

726 *Meyer-Höger*, 1998, S. 111 f.

727 *Meyer-Höger*, 1998, S. 107, 111.

728 RGBl. I 1943, 637 (647).

729 *Meyer-Höger*, 1998, S. 135; § 90 Abs. 1 JGG 1953 hatte folgende Fassung: „Der Vollzug des Jugendarrestes soll das Ehrgefühl des Jugendlichen wecken und ihm eindringlich zum Bewusstsein bringen, daß er für das von ihm begangene Unrecht einzustehen hat.", BGBl. I 1953, 751 (763).

730 Bekanntmachung der Neufassung der Verordnung über den Vollzug des Jugendarrestes vom 30. November 1976, BGBl. I 1976, S. 3270.

731 *Meyer-Höger*, 1998, S. 143 f.; weitergehend zum Jugendarrestvollzug in seiner historischen Entwicklung *Brücklmayer*, 2010, S. 125 ff.; *Schwegler*, 1999, S. 33 ff.

ckelten Erziehungsgedanken in das JGG zu integrieren, wurde § 90 Abs. 1 durch das 1. JGGÄndG[732] um die heute geltenden Sätze 2 und 3 erweitert.[733] In Einklang mit der Zielbestimmung des § 2 Abs. 1 S. 2 JGG sollten dadurch die erzieherische Ausgestaltung des Arrestvollzuges und das Erfordernis, dem Jugendlichen Hilfestellung bei der Bewältigung von Schwierigkeiten zu geben, die zur Deliktsbegehung beigetragen haben, in den Mittelpunkt gerückt werden.[734] § 90 JGG formuliert damit rudimentäre Vorgaben für den Arrestvollzug; konkrete Bestimmungen zur Gestaltung des Arrestvollzuges und den Mitteln zur Zielerreichung enthält § 90 JGG nicht.[735] Die nähere Ausgestaltung des Jugendarrestvollzuges erfolgte in der Folgezeit bis in die Gegenwart weiterhin durch die JAVollzO in der Fassung der Bekanntmachung der Neufassung der Verordnung des Jugendarrestes vom 30.11.1976[736], konkretisiert durch die bundeseinheitlich vereinbarten und durch die Landesjustizverwaltungen umgesetzten Richtlinien der Länder zum Jugendarrestvollzug (RiJAVollzO).[737] Die JAVollzO enthält vorrangig allgemeine Direktiven zum organisatorischen Ablauf, Personal und allgemeinen Behandlungsgrundsätzen. Die Erziehungsarbeit mit dem Jugendlichen ist in § 10 JAVollzO nur fragmentarisch geregelt, indem der Vollzug so zu gestalten ist, dass die körperliche, geistige und sittliche Entwicklung des Jugendlichen gefördert wird, namentlich durch soziale Einzelhilfe, Gruppenarbeit und Unterricht bei Kurzarrest von mehr als zwei Tagen und Dauerarrest.[738] Im Wesentlichen basierte der Vollzug des Jugendarrestes daher bisweilen sowie zu Teilen auch heute noch auf der JAVollzO.

2. Schaffung eigenständiger Jugendarrestvollzugsgesetze auf Grundlage der Rechtsprechung des BVerfG aus dem Jahr 2006

Eine zentrale Weichenstellung im Hinblick auf die Rechtsgrundlage für den Vollzug des Jugendarrestes bildet die Entscheidung des BVerfG vom

---

732 BGBl. I 1990, S. 1853.
733 *Ostendorf*, in: Ostendorf, JGG, 10. Aufl., Grdl. z § 90 Rn. 2.
734 BT-Drucks. 11/5829, S. 37 f.
735 Mit Kritik an dem vom Gesetz offen gelassenen Verhältnis ahndender und fördernder Aspekte *Goeckenjan*, ZJJ 2013, 67 (68).
736 BGBl. I 1976, S. 3270; die JAVollzO wurde zuletzt geändert durch Art. 53 des Gesetzes vom 8. Dezember 2010, BGBl. I 2010, S. 1864.
737 *Diemer*, in: Diemer/Schatz/Sonnen, JGG, § 90 Rn. 4.
738 BGBl. I 1976, S. 3270.

31.05.2006[739], mit welcher das BVerfG für den Jugendstrafvollzug ausdrücklich klargestellt, dass es für die Durchführung des Strafvollzugs einer formellen gesetzlichen Grundlage bedarf, die aufgrund der physischen und psychischen Besonderheiten des Jugendalters auf den Entwicklungsstand junger Menschen zugeschnitten sein muss.[740] Das Erfordernis einer formellen Gesetzesregelung besteht nach der Ansicht des BVerfG sowohl für den Freiheitsentzug als unmittelbar eingreifende Maßnahmen für als auch für die Ausrichtung und Ausgestaltung des Jugendstrafvollzuges insgesamt. Diese vom BVerfG aufgestellten Grundsätze gelten ebenso für den Vollzug des Jugendarrestes.[741] Auch der Jugendarrest ist mit seiner gegenüber dem Jugendstrafvollzug verkürzten Maximaldauer von vier Wochen eine staatliche Maßnahme mit freiheitsentziehendem Charakter, die in das Freiheitsrecht des Einzelnen aus Art. 2 Abs. 2 S. 2 GG, Art. 104 GG eingreift und steht damit unter dem Vorbehalt des Gesetzes, so dass es für die nähere Vollzugsgestaltung einer formalgesetzlichen Rechtsgrundlage bedarf.[742] Die Gesetzgebungskompetenz für den Strafvollzug ist infolge der Föderalismusreform aus dem Jahr 2006 auf die Länder übertragen worden.[743] Der Begriff des Strafvollzuges erstreckt sich nach allgemeiner Auffassung auf alle freiheitsentziehenden strafrechtlichen Sanktionen des allgemeinen und des Jugendstrafrechts, so dass auch der Jugendarrestvollzug kompetenzrechtlich den Ländern zugewiesen ist.[744] Als erstes Bundesland hat Nordrhein-Westfalen mit Wirkung zum 01.05.2013 dem Jugendarrestvollzug eine Rechtsgrundlage gegeben.[745] In der Folgezeit haben trotz der

---

739 BVerfGE 116, 69 ff.
740 BVerfGE 116, 69 (80 ff.).
741 BT-Drucks. 16/13142, S. 59; den Jugendarrestvollzug mangels formell gesetzlicher Grundlage für verfassungswidrig haltend: *Brücklmayer*, 2010, S. 123; *Jaeger*, 2010, S. 195, die von einem „verfassungswidrige[n] Zustand der Gesetzlosigkeit des Jugendarrestvollzuges" spricht; *Kohlberg/Wetzels*, Praxis der Rechtspsychologie 1/2012, 113 (129); rechtsstaatliche Bedenken äußern auch *Laubenthal/Baier/Nestler*, 2015, Rn. 916.
742 *Gernbeck*, 2017, S. 112 m.w.N.; *Laubenthal/Baier/Nestler*, 2015, Rn. 916.
743 Art. 1 des Gesetzes zur Änderung des Grundgesetzes, BGBl. I 2006, S. 2034; *Ostendorf*, 2015, Rn. 340; *Wulf*, in: Meier/Rössner/Trüg/Wulf, JGG, § 90 Rn. 10, der im Ergebnis jedoch die Gesetzgebungskompetenz dem Bund einräumt.
744 BT-Drucks. 16/13142, S. 59; LT-Mecklenburg-Vorpommern, Drucks 6/4215, S. 2; zur Gesetzgebungskompetenz der Länder auch *Dölling*, ZJJ 2014, 92 (96); *Goeckenjan*, ZJJ 2013, 67; *Höynck/Ernst*, in: Soziale Arbeit im Jugendarrest, 123 (135); *Laubenthal/Baier/Nestler*, 2015, Rn. 916; a.A. *Jaeger*, 2010, S. 226; kritisch zur Gesetzgebungskompetenz der Länder ebenfalls *Wulf*, in: INFO 2011, 29 (33); *ders.*, in: Meier/Rössner/Trüg/Wulf, JGG, § 90 Rn. 10.
745 JAVollzG NRW vom 30.04.2013, GV. NRW. 2013, Nr. 13, S. 201.

bereits mehr als zehn Jahre zurückliegenden Entscheidung des BVerfG noch nicht alle Bundesländer von der Kompetenz zum Erlass eines Jugendarrestvollzugsgesetzes Gebrauch gemacht. Unter Berücksichtigung des Gesetzgebungsstandes bis zum 01.07.2018 wurde in 12 der 16 Bundesländer ein Jugendarrestvollzugsgesetz verabschiedet (Nordrhein-Westfalen, Brandenburg, Hamburg, Hessen, Saarland, Schleswig-Holstein, Baden-Württemberg, Mecklenburg-Vorpommern, Niedersachsen, Bremen[746], Rheinland-Pfalz und Bayern).[747] Als Grundlage für die Jugendarrestvollzugsgesetze dienten die von der Fachkommission Jugendarrest/Stationäres soziales Training verabschiedeten Mindeststandards zum Jugendarrestvollzug[748] sowie der von *Wulf*[749] unterbreitete Diskussionsentwurf für ein Gesetz über stationäres soziales Training. In Sachsen-Anhalt[750] liegt bereits ein Gesetzentwurf für ein Jugendarrestvollzugsgesetz vor. In den übrigen drei Bundesländern Berlin, Sachsen und Thüringen fehlt es bislang an einem konkreten Gesetzentwurf.[751]

3. Einbindung des § 16a JGG in die JAVollzG der Länder

Die Integration des Warnschussarrestes in die Entwürfe und die in Kraft getretenen Jugendarrestvollzugsgesetze der Bundesländer erfolgte bisweilen in unterschiedlicher Intensität. Zu erkennen sind folgende drei Ansätze:[752]

---

746 Jugendarreste aus Bremen werden nach dem Vollstreckungs- und Einweisungsplan für das Land Bremen vom 31.01.2013 in Niedersachsen vollstreckt.

747 Zu den Landesgesetzen zum Jugendarrestvollzug und den diesbezüglichen Entwürfen *Eisenberg*, 2017, § 90 Rn. 5; das BayJAVollzG wurde jüngst erst am 26.06.2018 beschlossen, Bayerisches GVBl. Nr. 12/2018, S. 438 ff.

748 *Ostendorf*, ZRP 2010, 20 ff.

749 *Wulf*, ZJJ 2010, 191 ff.

750 LT von Sachsen-Anhalt, Drucks. 6/1885.

751 Zum Musterentwurf für ein Jugendarrestvollzugsgesetz von neun Bundesländern *Kunze/Decker*, Forum Strafvollzug 2014, 262 ff., die zum Teil bereits ein Landesgesetz erlassen haben.

752 Vgl. *Sonnen*, in: Diemer/Schatz/Sonnen, JGG, § 16a Rn. 11.

a) Verzicht auf eine ausdrückliche Regelung

Keine besondere Bestimmung für den Vollzug von Jugendarrest neben bedingter Jugendstrafe nach § 16a JGG enthalten das zeitlich früheste in Kraft getretene JAVollzG NRW[753] vom 30.04.2013 sowie das JAVollzG SH[754] vom 02.12.2014. Da der Arrest nach § 16a JGG den allgemeinen Arrestformen entspricht, hat man eine eigenständige Regelung nicht für erforderlich gehalten.[755] Normiert werden in §§ 2, 3 JAVollzG NRW ausschließlich allgemeine Grundsätze und Elemente der erzieherischen Gestaltung des Jugendarrestes sowie die Erstellung eines Erziehungsplans nach § 5 JAVollZG NRW als Grundlage für eine Nachbetreuung. Selbige Vorgehensweise findet sich im JAVollzG des Landes Schleswig-Holstein[756] sowie im Gesetzentwurf des Landes Sachsen-Anhalt.[757] Die Konstituierung eines Erziehungs- oder Förderplans, mit dem Ziel, die persönlichen Lebensverhältnisse des Jugendlichen zu erfassen sowie Art und Umfang der erzieherischen Gestaltungselemente während des Arrestvollzuges festzuhalten, ist Bestandteil nahezu aller bislang erlassenen Jugendarrestvollzugsgesetze und richtet sich an alle Arrestanten ohne ein besonderes Augenmerk auf die Bewährungssituation der § 16a-Arrestanten.[758]

b) Eigenständiger Paragraph

Ein Großteil der Bundesländer, insgesamt sieben an der Zahl, darunter auch das Bundesland Bayern, haben den Vollzug von Jugendarrest neben bedingter Jugendstrafe gemäß § 16a JGG als besondere Arrestform in einer eigenständigen Rechtsvorschrift geregelt.[759] Dies ist zu begrüßen, um die

---

753 JAVollzG NRW vom 30.04.2013, GV. NRW. 2013, Nr. 13, S. 201 ff.
754 JAVollzG SH vom 02.12.2014, GVOBl. 2014, S. 356.
755 LT-Nordrhein-Westfalen, Drucks. 16/746, S. 2; anders *Goeckenjan*, ZJJ 2013, 67 (72) mit der Forderung die Zusammenarbeit von Bewährungshilfe und Arrestanstalt unmittelbar im JAVollzG NRW zu regeln, um die Bedeutung des Warnschussarrestes herauszustellen.
756 JAVollzG SH vom 02.12.2014, GVOBl. 2014, S. 356.
757 LT von Sachsen-Anhalt, Drucks. 6/1885.
758 Beispielhaft für die Regelung zur Erarbeitung eines Erziehungs- bzw. Förderplans § 5 JAVollzG NRW, § 10 BbgJAVollzG, § 8 HessJAVollzG, § 8 HamJAVollzG; Art. 7 BayJAVollzG, abweichend der Entwurf eines JAVollzG des Landes Sachsen-Anhalt, vgl. LT Sachens-Anhalt Drucks. 6/1885.
759 § 13 BbgJAVollzG; § 29 JArrG; § 42 HessJAVollzG; § 40 LJAVollzG; § 40 JAVollzG-MV; § 52 SJAVollzG; Art. 37 BayJAVollzG.

Unterschiede zwischen einem Arrest nach § 16 JGG und § 16a JGG deutlich zu machen. Zentraler Kern der landesrechtlichen Vollzugsbestimmungen für den Jugendarrest neben bedingter Jugendstrafe nach § 16a JGG ist die frühzeitige Einbindung der Bewährungshilfe zur Mitwirkung an der Planung nachsorgender Hilfen. Daneben ist den zu § 16a JGG getroffenen Regelungsbestimmungen gemein, dass sich die Gestaltung des Arrestvollzuges an den in § 16a Abs. 1 Nr. 1-3 JGG genannten Anordnungsgründen zu orientieren hat. § 42 HessJAVollzG[760] fasst die besonderen Anforderungen an einen Vollzug von Jugendarrest neben Jugendstrafe etwa wie folgt zusammen:

„(1) Die Gestaltung des Vollzugs und die Einzelmaßnahmen haben sich zusätzlich an den in § 16a Abs. 1 Nr. 1 bis 3 des Jugendgerichtsgesetzes genannten Anordnungsgründen zu orientieren.
(2) Die Bewährungshilfe hält während des Vollzugs Kontakt zu den Jugendlichen und wirkt an der Planung und Einleitung nachsorgender Hilfen mit, um eine bestmögliche Vorbereitung der Bewährungshilfe nach dem Vollzug zu gewährleisten.
(3) In den Fällen des § 16a Abs. 1 Nr. 2 des Jugendgerichtsgesetzes sind den Jugendlichen Kontakte zu Personen des sozialen Umfeldes nur dann zu gestatten, wenn schädliche Einflüsse nicht zu befürchten sind.
(4) Für den Vollzug des Jugendarrestes neben Jugendstrafe in Form eines Freizeit- und Kurzarrestes findet zusätzlich § 40 Anwendung, mit der Maßgabe, dass ein Schlussbericht erstellt werden soll."

In weiten Teilen entsprechende Regelungen finden sich in den Jugendarrestvollzugsgesetzen des Saarlandes, in Brandenburg, Mecklenburg-Vorpommern, Baden-Württemberg und Rheinland-Pfalz.[761] § 13 Abs. 3 BbGJAVollzG sieht darüber hinaus ergänzend vor, dass bei der Verhängung eines Warnschussarrestes nach § 16a Abs. 1 Nr. 3 JGG eine auf die individuelle Problematik des Arrestierten besonders zugeschnittene pädagogische Einwirkung zu erfolgen hat.

Auch das BayJAVollzG[762], das auf dem Gesetzentwurf der bayerischen Staatsregierung über den Vollzug des Jugendarrestes vom 06.03.2018[763] basiert und nach Art. 39 BayJAVollzG am 01.01.2019 in Kraft tritt, enthält in-

---

760   HessJAVollzG vom 27.05.2015, GVBl. Nr. 13 vom 05.06.2015 S. 223 ff.
761   Im   Einzelnen   § 52 SJAVollzG;   § 13 BbgJAVollzG;   § 40 JAVollzG-MV;
       § 29 JArrG; § 40 LJAVollzG.
762   Bayerisches GVBl. Nr. 12/2018, S. 438 ff.
763   Bayerischer Landtag, Drucks. 17/21101.

nerhalb von Teil 5 als Sonderabschnitt für den Vollzug von Freizeit- und Kurzarrest, Nichtbefolgungsarrest und Jugendarrest neben Jugendstrafe eine eigenständige Regelungsvorschrift für den Vollzug des § 16a-Arrestes. Art. 37 BayJAVollzG umschreibt die Anforderungen an den Vollzug des Jugendarrestes neben Jugendstrafe wie folgt:

„(1) Bei der Gestaltung des Vollzugs des Jugendarrestes neben Jugendstrafe nach § 16a JGG sind insbesondere bei den Einzel- und Gruppenmaßnahmen nach Art. 3 Abs. 3[764] die in § 16a Abs. 1 Nr. 1 bis 3 JGG genannten Anordnungsgründe zu berücksichtigen.

(2) Für den Vollzug des Jugendarrestes neben Jugendstrafe in Form eines Freizeit- oder Kurzarrestes gilt grundsätzlich Art. 35. Ein Schlussbericht nach Art. 25 Abs. 1 soll erstellt werden."

Art. 37 BayJAVollzG baut auf den allgemeinen Vorschriften über den Vollzug des Jugendarrestes auf, mit der Besonderheit, dass die für die Verhängung eines zusätzlichen Arrestes nach § 16a Abs. 1 Nr. 1 bis 3 JGG maßgeblichen Gründe in die Vollzugsgestaltung, insbesondere in die inhaltliche Ausrichtung der Gruppen- und Einzelangebote, Eingang finden sollen. Im Unterschied zu den Jugendarrestvollzugsgesetzen anderer Bundesländer, die den Vollzug des § 16a JGG ebenfalls durch eine separate Rechtsvorschrift hervorheben,[765] verzichtet Art. 37 BayJAVollzG darauf den Kontakt zur Bewährungshilfe für die Dauer des Arrestvollzuges und die Mitwirkung der Bewährungshilfe an der Planung und Einleitung nachsorgender Maßnahmen als besondere Zielsetzung aufzunehmen. Da die Kooperation mit der Bewährungshilfe im Rahmen des Arrestvollzuges nach § 16a JGG aufgrund der spezifischen Sanktionsausrichtung, die Bewältigung der Bewährungszeit zu fördern und den Arrest als Grundlage für die anstehende Bewährungszeit nutzbar zu machen, einen besonderen Stellenwert einnimmt, sollte dieser zentrale Leitaspekt auch in Art. 37 BayJAVollzG integriert werden. Die Erstellung eines Schlussberichts für Verurteilte, die einen Arrest nach § 16a JGG verbüßen, ist unabhängig von der Form als Freizeit-, Kurz- oder Dauerarrest erforderlich, um den Bewährungshelfer über die Maßnahmen während des Arrestvollzuges in Kenntnis zusetzen,

---

764 Art. 3 BayJAVollzG enthält tatsächlich keinen Abs. 3, so dass von einer Fehlverweisung auszugehen ist. Richtigerweise scheint das Gesetz an dieser Stelle wohl die in Art. 3 Abs. 2 BayJAVollzG vorgesehene erzieherische Vollzugsgestaltung durch Einzel- und Gruppenmaßnahmen zu meinen.

765 Vgl. § 13 BbgJAVollzG; § 29 JArrG; § 42 HessJAVollzG; § 40 LJAVollzG; § 40 JA-VollzG-MV; § 52 SJAVollzG.

so dass die in Art. 37 Abs. 2 S. 2 BayJAVollzG als Soll-Vorschrift formulierte erweiterte Schlussberichtserstellung grundsätzlich zu begrüßen ist.

Eine Orientierung der Vollzugsgestaltung an den Anordnungsgründen des § 16a Abs. 1 Nr. 1-3 JGG setzt insgesamt voraus, dass die Gerichte von einer Begründung des Warnschussarrestes künftig verstärkt Gebrauch machen.

c) Aufnahme in die Zielbestimmung

Die JAVollzG der Länder Hamburg und Niedersachsen beschränken sich im Hinblick auf den Arrest nach § 16a JGG auf die Aufnahme seiner besonderen Zielsetzung in die allgemeinen Bestimmungen zum Jugendarrestvollzug.[766] So heißt es in § 2 Abs. 2 HamJAVollzG[767]:

> „Wird der Jugendarrest neben einer Jugendstrafe, deren Verhängung oder Vollstreckung zur Bewährung ausgesetzt ist, verhängt, dient der Arrest darüber hinaus dem Ziel, die Jugendlichen auf die Bewährungszeit vorzubereiten und die Erfolgsaussichten für eine erzieherische Einwirkung in der Bewährungszeit zu verbessern."

Die konkreten inhaltlichen Anforderungen an die Ausgestaltung des § 16a-Arrestvollzuges bleiben dabei offen.

Eine räumliche Trennung der nach § 16a JGG verurteilten Arrestanten, wie dies im Gesetzentwurf wegen der möglichen kriminellen Ansteckungsgefahr auf die herkömmlichen Arrestanten in Erwägung gezogen wurde,[768] sieht derzeit ausschließlich der Gesetzentwurf des Landes Sachsen-Anhalt in § 5 JAVollzG LSA[769] vor, wonach Jugendarrest neben Jugendstrafe innerhalb der Jugendarrestanstalt in besonderen Bereichen vollzogen werden soll.

E. § 16a JGG aus (verfassungs-) rechtlicher und systematischer Perspektive

Nachdem vorstehend die gesetzlichen Regelungen zum Warnschussarrest und dessen Zweckmäßigkeit erörtert wurden, soll nun ein Blick darauf ge-

---

766 Siehe § 2 Abs. 2 HamJAVollzG; § 12 NJAVollzG.
767 HamJAVollzG, Hamburgisches GVBl. Nr. 64/2014, S. 542.
768 BT-Drucks. 17/9389, S. 21.
769 LT Sachsen-Anhalt, Drucks. 6/1885, S. 5.

worfen werden, wie sich die Koppelung von Jugendarrest mit einer Bewährungsstrafe in das Sanktionssystem des JGG eingliedert und, ob die vormals bestehenden einfachgesetzlichen, wie verfassungsrechtlichen Bedenken durch die Aufnahme des § 16a JGG einschließlich seiner flankierenden Begleitbestimmungen beseitigt werden konnten. Die Kombination von Jugendarrest mit einer Bewährungssanktion widerspreche, so die Kritiker, dem erzieherischen Gebot der Klarheit und habe als Konsequenz, zwei Rechtsfolgen miteinander zu verbinden, deren Zielsetzung und Voraussetzungen verschieden sind.[770] Von entscheidender Bedeutung ist daher, inwieweit es gelungen ist, dem Warnschussarrest in Abgrenzung zum Jugendarrest einerseits und der Jugendstrafe anderseits einen eigenständigen Anwendungsbereich und Stellenwert einzuräumen.

I. Einordnung anhand der Strafzwecke und Sanktionsziele

Den Einstieg zur Klärung, in welchem Verhältnis der neu eingeführte Arrest nach § 16a JGG zu den bisherigen Sanktionsformen des Jugendarrestes und der zur Bewährung ausgesetzten Jugendstrafe steht, bietet eine Orientierung an den mit § 16a JGG verfolgten Strafzwecken. Der Strafzweck fragt nach dem Sinn und Zweck staatlicher Strafen und soll eine Antwort darauf geben, auf welche Weise Strafen wirken müssen, um die Aufgabe des Strafrechts, bestehend im Rechtsgüterschutz,[771] erfüllen zu können.[772] Praktische Bedeutung erlangen die Strafzwecke, wenn es um die Festlegung der im Einzelfall zu verhängenden Sanktion geht. Da das Jugendstrafrecht ein eigenständiges Rechtsfolgensystem enthält und die Strafrahmen des allgemeinen Strafrechts nach § 18 Abs. 1 S. 3 JGG keine Anwendung finden, kommt den Strafzwecken bei der Rechtsfolgenentscheidung und der Sanktionsbemessung eine gesteigerte Bedeutung zu. Eng verbunden mit der Frage des Strafzwecks ist die des Sanktionsziels, wobei sich nicht immer eine strikte Trennung der Begrifflichkeiten finden lässt.[773] Letzteres gibt dem Rechtsanwender und dem Betroffenen einen gesetzlichen Hinweis darauf, welche Erwartungen mit der jeweiligen Sanktion

---

770 *Eisenberg*, StV 2013, 44 (45); *ders.*, 2017, § 8 Rn. 3; *Schaffstein/Beulke/Swoboda*, 2014, Rn. 543.
771 *Kaspar*, 2017, § 1 Rn. 6; *Jescheck/Weigend*, 1996, S. 7.
772 *Roxin*, 2006, § 3 Rn. 1.
773 Vgl. z.B. *Heinz*, RdJB 1992, 123 (129): „Zweck der »Erziehung im JGG«, also Sanktionsziel ist der Schutz der Allgemeinheit vor künftigen Straftaten dieses Täters, [...]".

verbunden sind und dient damit deren weiterer Charakterisierung.[774] Das Sanktionsziel hat demnach eine Zwischenstellung zwischen den Strafzwecken und dem Vollzugsrecht inne.[775] Folglich konkretisiert die Bestimmung des Sanktionsziels die Funktion der jeweiligen Maßnahme innerhalb der zulässigen Strafzwecke, mit der Folge, dass Strafzweck und Sanktionsziel ineinander übergreifen und nicht losgelöst voneinander betrachtet werden können. Auch die nachfolgenden Überlegungen zum Strafzweck des § 16a JGG greifen daher die gesetzlichen Zielbestimmungen auf.

Die Notwendigkeit, den Strafzweck des § 16a JGG in Blick zu nehmen, resultiert aus dem verfassungsrechtlichen Grundsatz der Verhältnismäßigkeit, der danach verlangt, gegen den Jugendlichen stets die Maßnahme zu verhängen ist, die zur Erreichung des angestrebten Zwecks geeignet und erforderlich ist.[776] Für die Wahl einer jugendadäquaten Reaktion ist es Voraussetzung, den Zweck des Jugendstrafrechts und der konkreten Sanktion als Maßstab für die Verhältnismäßigkeitsprüfung zu definieren. Auch für die Koppelung von Jugendarrest und bedingter Jugendstrafe ist mithin zu erfragen, welches Ziel mit der Sanktionsverhängung verfolgt wird und wie sich dieses in die Strafzwecke einfügt. Die frühere Judikatur verwies für die Unzulässigkeit der Verbindung von Jugendarrest und Jugendstrafe auf die unterschiedliche Zielsetzung der beiden Sanktionen.[777] Während der Jugendarrest als „mehr schreckhaft empfundene harte Zurechtweisung"[778] anzusehen sei, gehe es bei der Jugendstrafe um eine länger dauernde umfassende Einwirkung auf den Jugendlichen, so dass dem Erziehungszweck erhöhte Bedeutung beikomme.[779] Vor dem Hintergrund dieser von der Jurisdiktion angenommenen Zweiteilung von Jugendarrest und Jugendstrafe soll nachfolgend der Strafzweck des Jugendarrestes und der Jugendstrafe genauer betrachtet und mit dem des Arrestes nach § 16a JGG abgeglichen werden.

Im gebotenen Rahmen werden in einem ersten Schritt die Strafzwecke allgemein sowie in Bezug auf das Jugendstrafrecht erläutert. Aufbauend hierauf erfolgt in Abgrenzung zu den Strafzwecken des Jugendarrestes und der Jugendstrafe eine differenzierte Betrachtung der Sanktionsziele der einzelnen Anordnungsgründe in § 16a Nr. 1-3 JGG und den dahinter stehen-

---

774 DVJJ, ZJJ 2007, 223 (224).
775 DVJJ, ZJJ 2007, 223.
776 *Kaspar*, in: FS für Schöch, 209 (210); BT-Drucks. 17/9389, S. 12.
777 Hierzu oben Teil 1 C.I.3.b) und d).
778 BGHSt 18, 207 (209).
779 BGHSt 18, 207 (210).

den Strafzwecken. Die Bestimmung des Strafzwecks ermöglicht eine erste Annäherung an die systematische Einordnung des § 16a JGG und dessen Nähe zu den bislang bestehenden Sanktionsformen des Jugendarrestes gem. § 16 JGG und der Jugendstrafe gem. § 17 JGG als anerkannter echter Kriminalstrafe[780].

1. Die Unterscheidung „absoluter" und „relativer" Straftheorien und ihre Relevanz im Jugendstrafrecht

Den Ausgangspunkt für die Frage, welcher Zweck mit der Verhängung einer staatlichen Sanktion verfolgt wird, bildet die grundlegende Unterscheidung zwischen den absoluten und relativen Straftheorien. Eine umfassende Erläuterung der vielschichtigen Ansätze zur Legitimation der staatlichen Strafe kann an dieser Stelle nicht geleistet werden,[781] vielmehr sollen ausschließlich die zentralen Inhalte der seit jeher diskutierten Strafzwecke als Grundlage für die anschließende Bewertung des Strafzwecks von Jugendarrest, Jugendstrafe und dem Arrest nach § 16a JGG wiedergegeben und ihre Bedeutsamkeit im Jugendstrafrecht betrachtet werden.

a) Vergeltung und Sühne als absoluter Strafzweck

Nach der absoluten Straftheorie erfolgt die Bestrafung des Täters losgelöst (lat.: „absolvere") von ihrer gesellschaftlichen Wirkung.[782] Die Verhängung einer Sanktion besitzt ausschließlich repressiven Charakter und zielt auf die Vergeltung und Sühne des begangenen Unrechts ab.[783] Vergeltung ist dabei die Zufügung eines Strafübels als Kompensation für das vom Täter begangene Unrecht. Strafe dient folglich keinem sozialen Zweck, sondern allein der Wiederherstellung der Gerechtigkeit.[784] Gemäß dem Tali-

---

780 *Brunner/Dölling*, 2018, § 17 Rn. 1; *Laubenthal/Baier/Nestler*, 2015, Rn. 709; *Radtke*, in: MüKo-StGB, Bd. 6, § 17 JGG Rn. 8.

781 Vertiefend zu den allgemeinen Straftheorien und dem Zweck staatlicher Strafe *Hörnle*, 2017, S. 17 ff.; *Joecks*, in: MüKo-StGB, Bd. 1, Einl. Rn. 52 ff.; *Kaspar*, 2017, § 1 Rn. 8 ff.; *Maurach/Zipf*, 1987, § 6 I Rn. 3 ff.; *Roxin*, 2006, § 3 Rn. 1 ff.; instruktiv zu den unterschiedlichen Formen der Generalprävention *Kaspar*, 2014, S. 393 ff, 636 ff.

782 *Roxin*, 2006, § 3 Rn. 2.

783 *Baumann/Weber/Mitsch u.a.*, 2016, § 2 Rn. 43.

784 *Joecks*, in: MüKo-StGB, Bd. 1, Einl. Rn. 53.

onsprinzip hat die Bestrafung des Täters in Dauer und Härte der Unrechtstat zu folgen.[785] Der oftmals mit dem Begriff der Vergeltung gleichgestellte Sühnegedanke[786] stellt hingegen die subjektive Komponente in den Vordergrund. Nach dem Sühnegedanken soll der Täter die Strafe als gerechten Schuldausgleich innerlich anerkennen und im Wege eines seelischen Läuterungsprozesses zum normgerechten Verhalten zurückfinden.[787] Der reine Vergeltungs- und Sühnegedanke, welcher den Zweck der Strafe retrospektiv festlegt, ist dem Jugendstrafrecht[788] – wie nach überwiegender Auffassung auch dem allgemeinen Strafrecht[789] – heute fremd. Aufgabe des Strafrechts ist es, die „elementaren Werte des Gemeinschaftslebens zu schützen"[790] und durch die Gewährung subsidiären Rechtsgüterschutzes die Grundlage für ein geordnetes menschliches Zusammenleben zu schaffen.[791] Ist die Strafe nicht Schuldausgleich um ihrer selbst willen, sondern als Rechtsgüterschutz zu verstehen, darf sich das Strafrecht zur Erfüllung seiner Aufgabe keiner Strafe bedienen, die von allen sozialen und gesellschaftlichen Folgen losgelöst ist.[792] Die Sanktionierung junger Straftäter ist, wie das allgemeine Strafrecht, vom Grundsatz der Verhältnismäßigkeit bestimmt, so dass sich die verhängte Rechtsfolge nicht allein durch den Gedanken der ausgleichenden Übelszufügung rechtfertigen lässt, wie dies letztlich auch in den Einstellungsvorschriften der § 153 StPO, § 45 Abs. 1, 47 Abs. 1 S. 1 Nr. 1 JGG zum Ausdruck kommt, die anknüpfend an das fehlende öffentliche Strafverfolgungsinteresse die Möglichkeit der Verfahrenseinstellung gewähren. Im Jugendstrafrecht hat der Gesetzgeber durch die seit dem 2. JGGÄndG[793] in § 2 Abs. 1 S. 1 JGG gesetzlich ver-

---

785 *Roxin*, 2006, § 3 Rn. 2.
786 Vgl. *Roxin*, 2006, § 3 Rn. 10.
787 *Roxin*, 2006, § 3 Rn. 10.
788 *Eisenberg*, 2017, § 17 Rn. 10; *Kaiser*, in: Kleines kriminologisches Wörterbuch, 199 (201).
789 *Hörnle*, 2017, S. 18 ff.; *Kaspar*, 2014, S. 135 f.; *Joecks*, in: MüKo-StGB, Bd. 1, Einl. Rn. 59; *Roxin*, 2006, § 3 Rn. 8 ff.; Das BVerfG hält in seiner Rechtsprechung zwar zunächst an dem Vergeltungsgedanken fest, indem jede Kriminalstrafe „ihrem Wesen nach Vergeltung durch Zufügung eines Übels" ist, BVerfGE 22, 125 (132), hat in der Folgezeit aber neben der Vergeltung und dem Schuldausgleich auch die Resozialisierung und Prävention als Aspekte einer angemessenen Strafe anerkannt, vgl. BVerfGE 32, 98 (109); 45, 187 (253 f.).
790 BVerfGE 45, 187 (253).
791 *Baumann/Weber/Mitsch u.a.*, 2016, § 2 Rn. 4; *Kaspar*, 2017, § 1 Rn. 6 spricht in diesem Zusammenhang von einem „präventiven Rechtsgüterschutz"; *Roxin*, 2006, § 2 Rn. 1.
792 *Roxin*, 2006, § 3 Rn. 8; *Joecks*, in: MüKo-StGB, Bd. 1, Einl. Rn. 59.
793 BGBl. I 2007, S. 2894.

ankerte Zielvorgabe, der erneuten Begehung von Straftaten entgegenzuwirken, der Spezialprävention nach allgemeiner Auffassung Vorrang eingeräumt.[794] Dies bedeutet nach dem Willen des Gesetzgebers aber nicht,
dass Aspekte des Schuldausgleichs bei der Wahl und Bemessung jugendstrafrechtlicher Sanktionen vollständig auszublenden sind. Nicht in allen
Fällen können - so die Ausführungen im Rahmen der Gesetzesbegründung
zum 2. JGGÄndG - „ausschließlich erzieherische Erwägungen im Sinne
moderner Pädagogik, die vornehmlich auf helfende und fördernde Maßnahmen ausgerichtet sind"[795], die Sanktionsentscheidung begründen. Die
Gesetzesformulierung „vor allem" in § 2 Abs. 1 S. 1 JGG lässt grundsätzlich
Raum für die Berücksichtigung weiterer Sanktionszwecke.[796] Die Schuld
bleibt mithin nicht nur Voraussetzung für die strafrechtliche Verantwortlichkeit normbrechenden Verhaltens und begrenzt Art und Maß der
Rechtsfolge in der Weise nach oben, dass aus erzieherischen Gründen keine schuldüberschreitende Strafe verhängt werden darf,[797] sondern kann
unter dem Aspekt des Schuldausgleichs nach Ansicht einiger Autoren[798]
und der Rechtsprechung[799] als weitere Zielbestimmung bedeutsam werden.

---

794 *Brunner/Dölling*, 2018, § 2 Rn. 1; DVJJ, ZJJ 2007, 223 (225); *Laubenthal/Baier/
     Nestler*, 2015, Rn. 5; *Ostendorf*, in: Ostendorf, JGG, 10. Aufl., § 2 Rn. 1, 5; *Sonnen*,
     in: Diemer/Schatz/Sonnen, JGG, § 2 Rn. 1; BT-Drucks. 16/6293, S. 10. Begriff-
     lich deutet die Formulierung „der Begehung von Straftaten entgegenzuwirken"
     zunächst ganz allgemein den Präventionsgedanken an.
795 BT-Druck. 16/6293, S. 9.
796 *Dölling*, in: FS Lampe, 597 (609); *Höffler/Kaspar*, in: MüKo-StPO, Bd. 3/2, Einl.
     JGG Rn. 21; *Kaspar*, in: FS für Schöch, 209 (211); *Sonnen*, in: Diemer/Schatz/
     Sonnen, JGG, § 2 Rn. 1; BT-Druck. 16/6293, S. 9.
797 BT-Druck. 16/6293, S. 10; *Ostendorf*, 2015, Rn. 291; *Roxin*, 2006, § 3 Rn. 51 ff.;
     Streng, 2016, Rn. 447; dies gilt auch für die Verhängung der Jugendstrafe wegen
     schädlichen Neigungen gem. § 17 Abs. 2 Alt. 1 JGG, die aufgrund ihres gleich-
     falls hohen Eingriffscharakters auch aus erzieherischen Gründen nicht ver-
     hängt werden darf, wenn hierdurch das Schuldmaß überschritten wird; vgl. BT-
     Drucks. 17/6293, S. 10; *Strobel*, 2006, S. 80 f.
798 *Brunner/Dölling*, 2018, § 2 Rn. 1; *Krauth*, in: FS für Lackner, 1057 (1067); *Laue*,
     in: MüKo-StGB, Bd. 6, § 2 JGG Rn. 2; *Rössner*, in: Meier/Rössner/Trüg/Wulf,
     JGG, § 2 Rn. 4; ähnlich *Ostendorf*, 2015, Rn. 54, der den Schuldausgleichsgedan-
     ken aber zugleich in den Dienst der positiven Generalprävention stellt; a.A. *Kas-
     par*, in: FS für Schöch, 209 (221), der dem Vergeltungs- und Schuldausgleichsge-
     danken auch bei der Jugendstrafe gem. § 17 Abs. 2 Alt. 2 JGG ihre Legitimati-
     onsfunktion abspricht.
799 BGH, StV 1994, 598 (599); BGH, NStZ 2013, 658 (659).

b) Relative Strafzwecktheorien

Die Vertreter der relativen Strafzwecktheorien begreifen Strafe demgegenüber nicht als repressives Mittel zum Schuld- und Unrechtsausgleich, sondern sehen den Zweck der Strafe in der Verhütung künftiger Straftaten. Strafe erfolgt demnach zukunftsorientiert und besitzt eine präventive Funktion. Traditionell wird dabei zwischen den Strafzwecken der General- und Spezialprävention unterschieden.[800]

aa) Spezialprävention

Nach dem Gedanken der Spezial- oder Individualprävention ist die Verhinderung erneuter Straftaten durch Einwirkung auf den individuellen Täter zu erreichen.[801] Nach Franz von Liszt als bedeutsamsten Vertreter der spezialpräventiven Strafzwecklehre sind drei Tätergruppen zu unterscheiden und kann Spezialprävention demnach in drei Ausformungen erfolgen:[802] Der Begehung von Unrechtstaten kann zunächst durch individuelle Abschreckung des Täters entgegengewirkt werden. Anliegen dieser negativen Spezialprävention ist es, den (Gelegenheits-)Täter durch die Auferlegung eines Strafübels von einer erneuten Deliktsbegehung abzuhalten. Im Gegenzug dazu zielt die positive Spezialprävention auf die Verhinderung künftiger Straftaten durch Besserung und Resozialisierung des von Franz von Liszt als besserungsbedürftig und besserungsfähig beschriebenen Täters ab.[803] Zweck der Sanktionierung ist es, Hilfestellung zu geben und die Fähigkeit und den Willen des devianten Täters zur Verhaltensänderung im Sinne künftiger Legalbewährung hervorzurufen.[804] Entsozialisierende Wirkungen sollen im Dienste einer gesellschaftlichen Wiedereingliederung des Täters größtmöglich vermieden werden.[805] Die dritte Komponente der Spezialprävention bildet die Sicherung der Gemeinschaft vor

---

800 Eingehend zu den relativen Strafzwecktheorien *Baumann/Weber/Mitsch u.a.*, 2016, § 2 Rn. 20 ff.; *Joecks*, in: MüKo-StGB, Bd. 1, Einl. Rn. 61 ff.; *Maurach/Zipf*, 1987, § 6 I Rn. 5 ff.; *Roxin*, 2006, Rn. 11 ff..

801 *Baumann/Weber/Mitsch u.a.*, 2016, § 2 Rn. 32.

802 Dazu wie im Folgenden *Liszt*, ZStW 3 (1883), 1 (35 ff.); *Joecks*, in: MüKo-StGB, Bd. 1, Einl. Rn. 62 f.; *Roxin*, 2006, § 3 Rn. 12.

803 *Liszt*, ZStW 3 (1883), 1 (36).

804 *Fischer*, 2017, § 46 Rn. 3; *Roxin*, 2006, § 3 Rn. 15.

805 *Maurach/Zipf*, 1987, § 6 I Rn. 7.

dem unverbesserlichen Täter.[806] Die Sicherungsprävention ist nicht auf eine Verhaltensänderung des Täters gerichtet, sondern dient dazu, die Gesellschaft durch ein faktisches Wegsperren des nicht abschreckbaren oder besserungsfähigen Täters vor neuen Straftaten zu schützen.[807] Während die höchstrichterliche Rechtsprechung im allgemeinen Strafrecht davon Abstand genommen hat, den Strafzweck verbindlich festzulegen,[808] hat der Gesetzgeber mit der Kodifizierung der allgemeinen Zielbestimmung des § 2 Abs. 1 JGG „vor allem erneuten Straftaten eines Jugendlichen oder Heranwachsenden entgegenzuwirken" die spezialpräventive Funktion jugendstrafrechtlicher Sanktionen erst einmal in den Vordergrund gestellt.[809] Ob hiermit Aspekte der positiven oder negativen Individualprävention intendiert sind, lässt der Wortlaut offen. In Bezug auf die Mittel zur Zielerreichung erkennt § 2 Abs. 1 S. 2 JGG den Erziehungsgedanken als ausdrückliches Leitmotiv des Jugendstrafrechts an. Nach der gewählten Formulierung wird Erziehung dabei gemeinhin nicht als ein eigenständiger Strafzweck verstanden, sondern als Verstärkung der spezialpräventiven Komponente und Mittel zur Zweckerreichung.[810] Wie eng die Grenzen zwischen dem Strafzweck und den zur Zielerreichung eingesetzten Mitteln liegen, zeigt sich in der Rechtsprechung des BGH, der im Kontext der Jugendstrafe nach § 17 Abs. 2 Alt. 2 JGG davon ausgeht, dass „der das Jugendstrafrecht als Strafzweck beherrschende Erziehungsgedanke"[811] auch bei der Jugendstrafe wegen der Schwere der Schuld zu berücksichtigen sei. Lässt sich der

---

806 *Liszt*, ZStW 3 (1883), 1 (39); vgl. auch *Joecks*, in: MüKo-StGB, Bd. 1, Einl. 62; *Maurach/Gössel/Zipf*, 2014, § 63 Rn. 92, die diesen Aspekt der negativen Spezialprävention zuordnen.

807 *Roxin*, 2006, § 3 Rn. 12; *Maurach/Gössel/Zipf*, 2014, § 63 Rn. 95; Die Sicherung des Täters als Strafzweck birgt allerdings die Gefahr unverhältnismäßig hoher Freiheitsstrafen, da eine längere Freiheitsstrafe proportional auch eine höhere Sicherungswirkung bedingt, *Kaspar*, in: Die Schule Franz von Liszts, 119 (120).

808 BVerfGE 45, 187 (253); in der Folge haben sich verschiedene Formen von Vereinigungstheorien herausgebildet, die den jeweiligen Strafzwecken in unterschiedlichem Maße Gewicht verleihen, hierzu *Jescheck/Weigend*, 1996, S. 75 ff.; *Roxin*, 2006, § 3 Rn. 33 ff.

809 *Brunner/Dölling*, 2011, § 2 Rn. 2; *Laubenthal/Baier/Nestler*, 2015, Rn. 5; BT-Drucks. 16/6293, S. 9.

810 *Heinz*, RdJB 1992, 123 (129); *Kaspar*, in: FS für Schöch, 209 (210); *Laubenthal/Baier/Nestler*, 2015, Rn. 4; *Löhr*, ZRP 1997, 280 (285); BT-Drucks. 16/6293, S. 9; ähnlich *Dölling*, in: FS Lampe, 597 (601), der Erziehung als jugendgemäße Spezialprävention definiert; *Hackstock*, 2002, S. 68: Erziehung ist Teil der Spezialprävention; a.A. *Strobel*, 2006, S. 27, die Erziehung als eigenständigen Strafzweck einordnet.

811 BGH, NStZ 2017, 648 (649).

Erziehungsbegriff aufgrund seiner facettenreichen Ausprägungen auch nur schwerlich definieren,[812] werden darunter primär „helfende und fördernde Maßnahmen"[813] zusammengefasst, die auf eine positive Einstellungs- und Verhaltensänderung des Täters abzielen. Erziehung ist ihrem inhaltlichen Schwerpunkt nach folglich Spezialprävention in positiver Form.[814]

bb) Generalprävention

In Abweichung zum spezialpräventiven Zweckgedanken stellt die Generalprävention die Wirkungen der Strafe gegenüber der Allgemeinheit in den Vordergrund. Verbrechensverhinderung soll demnach nicht durch die individuelle Einflussnahme auf den Täter geschehen, sondern durch die psychische Einwirkung auf die Rechtsgemeinschaft, wobei auch hier zwischen negativer und positiver Zweckrichtung differenziert wird.[815]

Nach der Theorie der negativen Generalprävention besteht die Funktion der Strafe in der Abschreckung potentieller Straftäter (Androhungsgeneralprävention[816]). Diese auf *Feuerbach* zurückgehende Strafzwecklehre fußt auf dem Gedanken, dem Bürger auf psychologischer Ebene ein Hindernis bei der Begehung von Straftaten in den Weg zu stellen,[817] so dass er infolge von Unlust und Schmerz über das ihm drohende Übel von Gesetzesbrüchen abgehalten wird.[818] Ausgehend von den psychologischen Zwangswirkungen durch die Strafandrohung, Verurteilung und Vollziehung der Strafe sollen Dritte von der Begehung gleichartiger Taten abgehalten werden.[819] Demgegenüber zielt die positive Generalprävention auf die „Erhaltung und Stärkung des Vertrauens in die Bestandskraft und Durchsetzungskraft der Rechtsordnung"[820] ab. Dabei sind nach *Roxin* drei Wirkungsaspekte der positiven Generalprävention zu unterscheiden: Durch die Tätigkeit der Strafjustiz und die Durchführung des Strafverfahrens können bei der Rechtsgemeinschaft zum einen sozialpädagogische Lernef-

---

812 Vgl. hierzu oben Teil 1 D.I.2.c).
813 BT-Drucks. 16/6293, S. 9.
814 *Brunner/Dölling*, 2018, § 2 Rn. 2; *Ostendorf*, in: Ostendorf, JGG, 10. Aufl., § 2 Rn. 5; *Sonnen*, in: Diemer/Schatz/Sonnen, JGG, § 2 Rn. 1; *Strobel*, 2006, S. 26.
815 *Baumann/Weber/Mitsch u.a.*, 2016, § 2 Rn. 21 ff.; *Roxin*, 2006, § 3 Rn. 21.
816 *Kaspar*, 2014, S. 393.
817 *Feuerbach*, 1799, S. 40.
818 *Feuerbach*, 1799, 45.
819 *Joecks*, in: MüKo-StGB, Bd. 1, Einl. Rn. 70; *Maurach/Zipf*, 1987, § 6 I Rn. 6.
820 BVerfGE 45, 187 (256); vgl. auch BGHSt 24, 40 (44).

fekte und die „Einübung in Rechtstreue" bewirkt werden. Zum anderen ergibt sich aus der konsequenten Durchsetzung des Rechts ein Vertrauenseffekt, welcher den rechtstreuen Bürger in seinem normgetreuen Verhalten stärkt.[821] Zentrale Aufgabe der Strafe ist es, die Geltung des Rechts gegenüber dem Unrecht durchzusetzen und die Unverbrüchlichkeit der Rechtsordnung zu bestätigen.[822] Einen weiteren Aspekt der positiven Generalprävention bildet schließlich der Befriedigungseffekt innerhalb der Rechtsgemeinschaft, der sich ergibt, wenn der Täter einer angemessenen Strafe zugeführt wird und sich das allgemeine Rechtsbewusstsein über den Rechtsbruch beruhigt.[823]

Während der Strafzweck der Generalprävention im allgemeinen Strafrecht bei der Wahl und Bemessung der Sanktionsfolge durch die Formulierung des Gesetzes in §§ 47 Abs. 1, 56 Abs. 3, 59 Abs. 1 Nr. 3 StGB gemeinhin anerkannt ist,[824] wird die eigenständige Verfolgung generalpräventiver Strafzwecke im Jugendstrafrecht als täterorientiertem Strafrecht weitgehend abgelehnt.[825]

Die Unzulässigkeit der konkreten Sanktionsausrichtung an negativ generalpräventiven Aspekten wird dabei auf die Gesetzesbegründung zum 2. JGGÄndG gestützt. Der Gesetzgeber habe in § 2 Abs. 1 JGG das Ziel des Jugendstrafrechts bewusst dahingehend festgelegt, dass erneuten Straftaten „eines" Jugendlichen oder Heranwachsenden entgegengewirkt werden soll und nicht allgemein den Straftaten „von" Jugendlichen oder Heranwach-

---

821 *Roxin*, 2006, § 3 Rn. 27; vertiefend zu den unterschiedlichen Effekten der positiven Generalprävention *Kaspar*, 2004, S. 48 ff.; *ders.*, 2014, S. 648 ff.

822 BVerfGE 45, 187 (256); *Baumann/Weber/Mitsch u.a.*, 2016, § 2 Rn. 27 f.

823 *Roxin*, 2006, § Rn. 27.

824 BGHSt 24, 40 (44); *Baumann/Weber/Mitsch u.a.*, 2016, § 2 Rn. 30; *Fischer*, 2017, § 46 Rn. 10 ff.

825 BGH, JR 1954, 149; BGH, StV 1990, 505; AG Köln, Urteil vom 24. Februar 2016 – 648 Ds 43/16 – Rn. 40 (juris); *Brunner/Dölling*, 2018, § 18 Rn. 21 f.; *Eisenberg*, 2017, § 17 Rn. 5; *Diemer*, in: Diemer/Schatz/Sonnen, JGG, § 5 Rn. 5; *Fischer*, 2017, § 46 Rn. 18; *Heinz*, in: INFO 2014, 67 (69); *Petersen*, 2008, S. 59; a.A. *Höffler/Kaspar*, in: MüKo-StPO, Bd. 3/2, Einl. JGG Rn. 25 ff.; einschränkend *Ostendorf*, in: Ostendorf, JGG, 10. Aufl., § 2 Rn. 4; *Strobel*, 2006, S. 95, 131, die den Strafzweck der Generalprävention in seiner positiven Ausformungen bei der Schuldstrafe gem. § 17 Abs. 2 Alt. 2 JGG anerkennen; ablehnend zur negativen Generalprävention: BGHSt 15, 224 (226); 16, 261 (264); BGH, StV 1981, 183; BGH, StV 1982, 121; BGH, NStZ 1982, 332; BT-Drucks. 16/6293, S. 10; *Gernbeck*, 2017, S. 128 *Goerdeler*, ZJJ 2008, 137 (139) *Krauth*, in: FS für Lackner, 1057 (1067) *Rössner*, in: Meier/Rössner/Trüg/Wulf, JGG, § 2 Rn. 4 *Schaffstein/Beulke/Swoboda*, 2014, Rn. 460, 939.

senden.[826] Eine solche Auslegung des Wortlauts erscheint keinesfalls zwingend.[827] Für einen verstärkten Bezug zur Individualprävention hätte der Gesetzgeber die Zielbestimmung gleichwohl der Gestalt verbalisieren können, dass nicht der Straftat „eines", sondern „des" Jugendlichen vorzubeugen ist.[828] Negativ generalpräventive Überlegungen dürften bei der konkreten Sanktionsbestimmung im Jugendstrafrecht aber vielmehr deshalb nicht als Strafzweck von Belang sein, da eine Allgemeinabschreckung anderer potenzieller Täter voraussetzt, dass der tatgeneigte Dritte infolge der durch die Strafdrohung hervorgerufenen überwiegenden Unlustgefühle von der Tat ablässt.[829] Berücksichtigt man den Entwicklungsstand junger Menschen wird man jugendliche Straftaten häufig nicht als Ergebnis eines rationalen Kosten-Nutzen-Abwägungsprozesses im Sinne der ökonomischen Kriminalitätstheorien[830]einordnen können. Jugendliche Straftaten werden häufig eher spontan begangen und sind einer strengen Kalkulierbarkeit der Straffolgen weniger zugänglich.[831] Hiervon unberührt bleibt der Umstand, dass bereits die Sanktionierung der Tat mittelbare Abschreckungswirkung gegenüber anderen jugendlichen Straftätern entfalten kann.[832]

Positiv generalpräventive Effekte werden dem Jugendstrafrecht generell durch seine Existenz, die Festschreibung von Verbotsnormen und die Durchführung des Strafverfahrens zuteil.[833] Überwiegend anerkannt ist, dass der positiven Generalprävention jedenfalls eine Reflex- oder mittelbare Begleitwirkung im Jugendstrafrecht zukommt.[834] Das Jugendstrafrecht

---

826 *Heinz*, in: INFO 2014, 67 (69); *Laue*, in: MüKo-StGB, Bd. 6, § 2 JGG Rn. 2; *Sonnen*, in: Diemer/Schatz/Sonnen, JGG, § 2 Rn. 1; BT-Drucks. 16/6293, S. 10.

827 Vgl. *Kaspar*, in: FS für Schöch, 209 (219).

828 *Kaspar*, in: FS für Schöch, 209 (219).

829 *Roxin*, 2006, § 3 Rn. 22.

830 Die ökonomischen Kriminalitätstheorien basieren auf der Theorie menschlichen Wahlverhaltens und gehen davon aus, dass Kriminalität durch ein rationales Entscheidungsverhalten bestimmt wird. Kriminelles Verhalten ist demnach nicht durch genetische Faktoren, charakterliche Merkmale oder soziale Einflüsse bedingt, sondern entsteht durch eine rationale Abwägung der Vor- und Nachteile strafbaren Verhaltens, hierzu *Göppinger/Bock*, 2008, § 10 Rn. 88 ff.

831 Vgl. *Backmann*, 2003, S. 125 m.w.N.; *Ostendorf*, 2015, Rn. 49, 54.

832 *Dölling*, ZJJ 2012, 124 (125); *Schaffstein/Beulke/Swoboda*, 2014, Rn. 939.

833 *Bottke*, 1984, S. 5 f.; DVJJ, ZJJ 2007, 223 (225); *Ostendorf*, 2015, Rn. 49; *Petersen*, 2008, S. 55 f.; *Swoboda*, ZStW 125 (2013), 86 (94).

834 *Brunner/Dölling*, 2018, § 2 Rn. 1; *Dölling*, ZJJ 2012, 124 (125); *Goerdeler*, ZJJ 2008, 137 (139); *Heinz*, RdJB 1992, 123 (128); *Laue*, in: MüKo-StGB, Bd. 6, § 2 JGG Rn. 2; *Neubacher*, 1998, S. 93 f.; *Ostendorf*, in: Ostendorf, JGG, 10. Aufl., § 2 Rn. 4; *Rössner*, in: Meier/Rössner/Trüg/Wulf, JGG, § 2 Rn. 4.

weise zwar – so *Dölling*[835] – eine primär spezialpräventive Ausrichtung auf, doch können auch spezialpräventive Sanktionen verdeutlichen, dass die Rechtsordnung die Einhaltung der verletzten Normen verlangt. Denn auch das Jugendstrafrecht ist echtes Strafrecht, nicht Erziehungshilferecht und dient daher ebenso der Rechtsbewährung.[836]Auch ein individualpräventiv orientiertes Jugendstrafrecht trägt dazu bei, die Normgeltung und das Rechtsbewusstsein nach außen zu manifestieren, indem es der Unrechtstat eine Sanktion folgen lässt. Die Erhaltung und Bekräftigung strafrechtlicher Normen ist folglich jeder jugendstrafrechtlichen Verfolgung immanent, so dass generalpräventive Nebeneffekte auch im Jugendstrafrecht anzuerkennen sind.[837] Von der abstrakt generalpräventiven Wirkung des Jugendstrafrechts zu trennen ist die Frage, inwieweit positiv generalpräventive Erwägungen über die Öffnungsklausel des § 2 Abs. 1 S. 1 JGG auch bei der konkret-individuellen Sanktionsentscheidung als eigenständiger Strafzweck Berücksichtigung finden dürfen.[838] Dies soll für den Jugendarrest nach § 16 JGG, die Jugendstrafe und den Arrest nach § 16a JGG im Rahmen der nachfolgenden Strafzweckerörterung gesondert betrachtet werden.

2. Strafzweck des § 16a JGG in Abgrenzung zum Jugendarrest und zur Jugendstrafe

Nachdem § 16a JGG systematisch im Bereich der Zuchtmittel verortet ist und in Kombination mit §§ 21, 61 JGG zugleich an die Voraussetzungen für die Verhängung einer Jugendstrafe anknüpft, erscheint es angezeigt, den Strafzweck und die Zielbestimmung des § 16a-Arrestes in Gegenüberstellung zum Jugendarrest und der Jugendstrafe zu bestimmen.

---

835 *Dölling*, ZJJ 2012, 124 (125).
836 *Hackstock*, 2002, S. 187 ff. m.w.N.; *Kaspar*, in: FS für Schöch, 209 (211); *Streng*, 2016, Rn. 16.
837 Vgl. BT-Drucks. 16/6293, S. 10; *Swoboda*, ZStW 125 (2013), 86 (94).
838 Vgl. *Streng*, 2016, Rn. 17 mit der Differenzierung zwischen der Makro- und Mikroebene der Generalprävention. Dass positive wie negative generalpräventive Gesichtspunkte in der jugendgerichtlichen Praxis bei der Verhängung der Jugendstrafe durchaus eine Rolle spielen, belegen *Buckolt*, 2009, S. 311 ff., 324 f.; *Neubacher*, 1998, S. 309 ff.

a) Strafzweck des Jugendarrestes

Anknüpfend daran, dass Zuchtmittel dem Jugendrichter gem. § 13 Abs. 1 JGG ein Instrument zur „Ahndung" der Straftat geben, sprechen Literatur und Rechtsprechung dem Jugendarrest erzieherische wie repressiv-ahndende Elemente gleichermaßen zu.[839] Nach der Entscheidung des BGH zur Funktion des Jugendarrestes aus dem Jahr 1963 stellt sich der Jugendarrest als kurzfristiger Freiheitsentzug mit sühnendem und erzieherischem Charakter dar, welcher einerseits auf Unrechtsausgleich gerichtet ist, ohne dabei wie die Jugendstrafe volle Sühne für das begangene Unrecht zu verkörpern, andererseits Erziehung durch Besserung bezweckt und infolge seines harten Vollzuges abschreckend wirken soll.[840] Während Erziehung im Einklang mit § 2 Abs. 1 JGG gemeinhin als positive Individualprävention im Sinne einer Verhaltensbeeinflussung verstanden wird,[841] verkörpere der Teilaspekt der „Ahndung" die Schuldausgleichs- und Vergeltungsfunktion des Jugendarrestes.[842] Anzuerkennen ist, dass der Jugendarrest als stationäre Maßnahme aufgrund der hiermit verbundenen Freiheitsbeschränkung in seiner Wirkung einer Strafe nahesteht.[843] Ob die Strafwirkung zudem auch Sanktionsziel des Jugendarrestes ist, stellt eine gesonderte Fragestellung dar.[844]

---

839 BGHSt 18, 207 (209); BVerfG, NJW 2005, 2140 (2141); *Diemer*, in: Diemer/ Schatz/Sonnen, JGG, § 13 Rn. 2; *Linke*, in: Meier/Rössner/Trüg/Wulf, JGG, § 13 Rn. 3; *Meyer-Höger*, in: Soziale Arbeit im Jugendarrest, 83 (88); *Ostendorf*, in: Ostendorf, JGG, 10. Aufl., Grdl. z. §§ 13-16a Rn. 4; ausführlich zu den Sanktionszielen des Jugendarrestes in Bezug auf seine geschichtliche Entwicklung *Pfeiffer*, MSchrKrim 1981, 28 (30 ff.).

840 BGHSt 18, 207 (209).

841 *Meyer-Höger*, in: Soziale Arbeit im Jugendarrest, 83 (89 f.); *Ostendorf*, in: Ostendorf, JGG, 10. Aufl., § 16 Rn. 2; *Wulf*, in: Meier/Rössner/Trüg/Wulf, JGG, § 16 Rn. 30.

842 *Eisenberg*, 2017, § 13 Rn. 7; *Meyer-Höger*, in: Soziale Arbeit im Jugendarrest, 83 (88).

843 So erhielt der Jugendarrest beispielsweise die Bezeichnungen Erziehungs-, Schock- oder Anfangsstrafe, *Petersen*, 2008, S. 183; den materiellen Strafcharakter des Jugendarrestes betonend *Laubenthal/Baier/Nestler*, 2015, Rn. 654; *Ostendorf*, 2015, Rn. 203.

844 Vgl. *Ostendorf*, in: Ostendorf, JGG, 10. Aufl., § 16 Rn. 2.

aa) Vergeltungs- und Sühnegedanke

Während zahlreiche Autoren[845] dem Jugendarrest im Einklang mit der Entscheidung des BGH in unterschiedlicher Form auch die Funktion des Schuldausgleichs, der Vergeltung oder Sühne beimessen und damit Aspekte der absoluten Vergeltungstheorie anklingen lassen, hält die Gegenmeinung[846] die eigenständige Verfolgung eines absoluten Sanktionsziels in Form der Tatschuldvergeltung und des tatbezogenen Unrechtsausgleichs für unzulässig. Die Frage, ob Sühne und Vergeltung die Anordnung des Jugendarrestes legitimieren können, lässt sich nicht ohne einen kurzen Blick auf die historische Begründung des Jugendarrestes beantworten.

In seinen Anfängen war der Jugendarrest im JGG 1943 für jugendliche Arbeitsschwänzer und als Ersatzmaßnahme für die bis dahin nach dem RJGG 1923 mögliche kurzfristige Freiheitsstrafe vorgesehen, die keine Begrenzung hinsichtlich des Mindestmaßes kannte und von den Jugendgerichten meist zur Bewährung ausgesetzt wurde.[847] Verstanden wurde der Jugendarrest als „kurze, aber harte Erziehungsstrafe"[848] oder „Denkzettel, der auf die Jugendlichen wie eine Strafe wirkt"[849]. Dem Jugendarrest sollte zwar nicht die nachhaltige Wirkung eines Registereintrags zukommen, doch wurden ihm aufgrund seines Ersatzcharakters identische Funktionen wie der Freiheitsstrafe beigelegt, so dass sich die Verhängung des Jugendarrestes auch auf Vergeltungsaspekte stützen ließ.[850] Das Reichsgericht sah den Jugendarrest als Maßnahme, die „in keiner seiner beiden Formen – Dauerarrest oder Wochenendkarzer – an Schärfe hinter der Arrest-, Haft-, oder Gefängnisstrafe zurückstehen"[851] soll. Inhaltlich identisch mit der heute in § 13 Abs. 1 JGG vorzufindenden Bestimmung zur Funktion des Jugendarrestes, sah § 7 Abs. 1 JGG 1943 die Anwendung von Zuchtmitteln vor, „wenn Jugendgefängnis nicht geboten ist, dem Jugendlichen aber ein-

---

845 *Dallinger/Lackner*, 1965, § 16 Rn. 1; *Brunner/Dölling*, 2018, § 13 Rn. 2; *Diemer*, in: Diemer/Schatz/Sonnen, JGG, § 13 Rn. 2; *Eisenberg*, 2017, § 13 Rn. 7; *Laubenthal/ Baier/Nestler*, 2015, Rn. 654.

846 *Kaspar*, in: FS für Schöch, 209 (211); *Ostendorf*, in: Ostendorf, JGG, 10. Aufl., Grdl. z. §§ 13-16a Rn. 4; *Schaffstein/Beulke/Swoboda*, 2014, Rn. 390; ähnlich *Schwegler*, 1999, S. 42, wonach Jugendarrest ist kein „bilanzmäßiger" Ausgleich für das begangene Unrecht ist.

847 *Pfeiffer*, MSchrKrim 1981, 28 (30); *Schaffstein/Beulke/Swoboda*, 2014, Rn. 103.

848 Zitiert nach *Pfeiffer*, MSchrKrim 1981, 28 (30).

849 Zitiert nach *Pfeiffer*, MSchrKrim 1981, 28 (30).

850 *Hackstock*, 2002, S. 183 f. m.w.N.; *Meyer-Höger*, 1998, S. 85 f.

851 RGSt 75, 366 (368).

dringlich ins Bewusstsein gebracht werden muß, daß er für das begangene Unrecht einzustehen hat"[852]. Diese Regelung wurde ohne Abänderung auch ins JGG 1953 übernommen.[853] Die Zielsetzung des Jugendarrestes wie auch der Zuchtmittel wurde dabei allgemein wie folgt umschrieben:

> „Sie [die Zuchtmittel] sind [...] dazu bestimmt, dem Jugendlichen das Unrecht seiner Verfehlung eindringlich vor Augen zu führen und ihm damit eine Sühne zu ermöglichen. [...] Ihre Wirkung wird darin erblickt, daß durch einen Richterspruch dem Täter die begangene Straftat bewußt gemacht und er durch eine Sühne, die auf sein Ehrgefühl einwirkt, zur Besinnung gebracht wird.[854]

In der historischen Entwicklung wurde die ursprüngliche Intention des Jugendarrestes in Form eines harten Zugriffs auf das Ehrgefühl des Jugendlichen[855] zugunsten pädagogisch, helfender Maßnahmen stückweise abgeschwächt[856] und mündete schließlich in der Formulierung der allgemeinen Zielbestimmung des § 2 Abs. 1 JGG durch das 2. JGGÄndG. Da die Sanktionierung junger Täter hiernach nicht zweckfrei, sondern mit Blick auf eine künftige Legalbewährung erfolgt, kann die Verhängung des Jugendarrestes allein aus dem Vergeltungs- und Sühnegedanken keine Legitimation ableiten. Zwar sind Jugendarrest und Jugendstrafe gem. § 5 Abs. 2 JGG gleichermaßen als Ahndungsmittel zu qualifizieren, doch erfährt der im Ahndungsbegriff angelegte Tatausgleich durch die Vorschrift des § 13 Abs. 1 JGG eine spezialpräventive Ausrichtung im Sinne einer erzieherischen Normverdeutlichung.[857] Soweit mit der Verhängung von Zuchtmitteln in Abgrenzung zu den Erziehungsmaßregeln Aspekte der Sühne und des Unrechtsausgleichs angesprochen werden, müssen diese im Lichte der allgemeinen Zielbestimmung des § 2 Abs. 1 JGG jugendspezifisch ausgelegt werden. Das Jugendstrafrecht ist ein „Sonderstrafrecht für junge Täter"[858], welches bei der Sanktionsfestlegung verstärkt die Per-

---

852 Zitiert nach *Meyer-Höger*, 1998, S. 102.
853 BT-Drucks. 1/4437, S. 14; *Böhm/Feuerhelm*, 2004, S. 220.
854 BT-Drucks. 1/4437, S. 2.
855 BGHSt 18, 207 (209).
856 So wuchs beispielsweise die Kritik am Freizeitarrest, die Regelung über die strengen Tage wurde im Jahr 1975 abgeschafft, es folgte eine Beschränkung auf zwei Freizeiten und die Stärkung des Erziehungsgedanken in § 90 Abs. 1 S. 1 durch das 1. JGGÄndG, *Pfeiffer*, MSchrKrim 1981, 28 (31 ff.); *Wulf*, in: Meier/Rössner/Trüg/Wulf, JGG, § 16 Rn. 10 f.; zur geschichtlichen Entwicklung des Jugendarrestes und seiner Zielsetzung auch *Riechert-Rother*, 2008, S. 9 ff.
857 *Streng*, GA 2017, 80.
858 *Schaffstein/Beulke/Swoboda*, 2014, Rn. 1.

sönlichkeit des Täters in den Blick nimmt. Es erscheint daher nur legitim, wenn angenommen wird, dass den Gesichtspunkten der Ahndung und Sühne nur eine pädagogische, an der Person des Täters orientierte Bedeutung zukommt und diese darüber hinaus nicht einer überpersönlichen Gerechtigkeitsübung dienen.[859] Dem Jugendarrest wird damit zwar eine punitive Komponente zuteil, indem der Täter für die von ihm begangene Straftat eine durch den Freiheitsentzug besonders deutlich spürbare Sanktion erhält, doch ist Repression nicht Ziel der Sanktionierung selbst.[860] In dem Begriff der Ahndung in § 13 Abs. 1 JGG findet sich folglich allein der Aspekt der negativen Spezialprävention wieder und keine von allen Zweckvorstellungen losgelöste Übelszufügung.[861]

bb) Spezialpräventive Zielrichtung

Soweit es um die individualpräventive Zielsetzung des Jugendarrestes geht, lassen sich nach *Schumann* drei Funktionen unterscheiden:[862] Erziehung in positiver Form durch das Hervorrufen einer Einstellungs- und Verhaltensänderung im Wege eines intensiven Kontakts zwischen den Vollzugsbediensteten und dem Arrestanten; Besinnung als ein Nachdenken über die Straftat unter dem Eindruck des Eingesperrtseins sowie die Abschreckung des Täters vor weiteren Straftaten. Abschreckung im Sinne negativer Spezialprävention ist darauf gerichtet, den Jugendlichen durch die „gefängnisähnliche Existenz des Arrests"[863] von der Begehung weiterer Straftaten abzuhalten. In welchem Verhältnis die Strafzwecke der negativen und positiven Spezialprävention im Rahmen des Jugendarrestes stehen, ist infolge der vom BGH[864] vorgenommenen Einordnung des Jugendarrestes als Ahndungsmittel eigener Art mit Strafcharakter und erzieherischer Funktion zugleich offen. Sowohl im Schrifttum[865] als auch in der jugendgerichtli-

---

859 *Schaffstein/Beulke/Swoboda*, 2014, Rn. 390.
860 Vgl. *Ostendorf*, 2015, Rn. 54.
861 So auch *Böhm/Feuerhelm*, 2004, S. 154; *Jaeger*, 2010, S. 222; *Petersen*, 2008, S. 166.
862 *Schumann*, ZfJ 1986, 363 ff.
863 *Schumann*, ZfJ 1986, 363 (364).
864 BGHSt 18, 207 (209).
865 *Hackstock*, 2002, S. 248; *Jaeger*, 2010, S. 222; *Ostendorf*, in: Ostendorf, JGG, 10. Aufl., Grdl. z. §§ 13-16a Rn. 4 erkennt die negative Spezialprävention zumindest als nachrangigen Zweck an.

chen Entscheidungspraxis[866] ist der Jugendarrest häufig mit der negativen Spezialprävention konnotiert. Auch wenn der Strafzweck des Jugendarrestes infolge seiner Gegensätzlichkeit von Hilfestellung und Abschreckung in der Literatur einen Kritikpunkt darstellt,[867] wird man dem Jugendarrest unter Berücksichtigung seiner tatsächlichen Anwendung sowohl eine positiv wie auch negativ spezialpräventive angestrebte Wirkungsweise zumessen müssen. Die dritte Komponente der Spezialprävention in Form der Sicherungsprävention erlangt im Rahmen des Jugendarrestes keine eigenständige Bedeutung, da eine Sicherung der Gesellschaft durch die kurze Dauer des Jugendarrestes nur äußerst eingeschränkt möglich ist.[868]

cc) Generalprävention als Teil des Jugendarrestes

Generalpräventive Aspekte stellen bei der Verhängung des Jugendarrestes – wie im Jugendstrafrecht allgemein – nach der Auffassung zahlreicher Vertreter im Schrifttum keinen eigenständigen Sanktionszweck dar.[869] Zutreffend erscheint dies, soweit es um die negativ-generalpräventive Abschreckung Dritter geht. Das Jugendstrafrecht hat sich als Täterstrafrecht[870] daran zu orientieren, welche Sanktion unter Beachtung der individuellen Entwicklung des Jugendlichen erforderlich und angemessen ist, so dass sich die im Einzelfall zu treffende Sanktionsentscheidung nicht allein durch die Abschreckung anderer rechtfertigen lässt, da der Täter sonst zum Objekt des Verfahrens deklariert werden würde. Dies schließt andererseits aber nicht aus, dass der Jugendliche durch die Sanktionsandrohung selbst

---

866 Zu Bedeutung der Abschreckungswirkung in der Praxis *Möller*, in: 18. JGT, 311 (315); *Schumann*, ZfJ 1986, 363.
867 Vgl. *Höynck*, ZJJ 2014, 140 (141); *Schumann*, ZfJ 1986, 363 (364 f.).
868 *Meyer-Höger*, in: Soziale Arbeit im Jugendarrest, 83 (90); *Wulf*, in: Meier/Rössner/Trüg/Wulf, JGG, § 16 Rn. 30, der eine präventive Wirkung allenfalls im Hinblick auf bestimmte Straftaten, die in der Wochenendfreizeit begangen werden, annimmt.
869 *Brunner/Dölling*, 2018, § 2 Rn. 1; *Laubenthal/Baier/Nestler*, 2015, Rn. 654; *Meyer-Höger*, in: Soziale Arbeit im Jugendarrest, 83 (90); *Ostendorf*, in: Ostendorf, JGG, 9. Aufl., § 16 Rn. 4, insgesamt zur Unzulässigkeit der Generalprävention im unmittelbaren Zweck im Jugendstrafrecht *Brunner/Dölling*, 2018, § 2 Rn. 1; a.A. *Schaffstein/Beulke/Swoboda*, 2014, Rn. 389, die die Berücksichtigung generalpräventiver Gründe zumindest andeuten. Allein den Strafzweck der negativen Generalprävention ablehnend *Hackstock*, 2002, S. 248 f.; *Wulf*, in: Meier/Rössner/Trüg/Wulf, JGG, § 16 Rn. 30.
870 *Streng*, 2016, Rn. 15.

von dem Verstoß gegen Strafnormen abgehalten wird, so dass die Androhungsprävention ihre Wirkung auch hier in vollem Maße entfaltet.[871]

Teile der Literatur sehen hingegen keinen generellen Widerspruch zur positiven Generalprävention, da auch die Sanktionierung mittels Jugendarrest dazu beitrage, das Vertrauen in die Rechtsordnung und die Durchsetzung des Rechts zu stärken.[872] Mit der Anerkennung der Widerspruchsfreiheit ist dennoch wenig darüber gesagt, ob die positive Generalprävention auch als Legitimationsgrundlage bei der Verhängung des Jugendarrestes eine Rolle spielen kann. Ein Bedürfnis für die Berücksichtigung positiv generalpräventiver Zwecke bei der Verhängung von Zuchtmitteln sieht *Petersen* in Ausnahmefällen, in denen sich bei einer Orientierung an ausschließlich individualpräventiven Zwecken Lücken ergeben würden, weil aus spezialpräventiven Gründen keine Sanktion erforderlich ist, der Täter aber eine nicht unerhebliche Straftat begangen hat.[873] Der Ausgleich zwischen dem spezialpräventivem Vorrang der Sanktion und Schuldausgleichsaspekten stoße an seine Grenze, wenn sich beide Komponenten gegenseitig ausschließen.[874] Dies könnte etwa bei einem wegen (gefährlicher) Körperverletzung angeklagten Täter der Fall sein, der keine nennenswerten Sozialisationsdefizite aufweist und im Affekt eine Tat mit einer erheblichen Rechtsgutverletzung begangen hat.[875] Ergibt sich für den Täter kein Erziehungsbedarf und rechtfertigt die Schwere der Schuld keinen Ausspruch der Jugendstrafe, lässt sich die Verhängung eines Jugendarrestes, bei der Aberkennung des Schuldausgleichs und der Vergeltung als eigenständigem Sanktionszweck, nur durch die generalpräventive Überlegung erklären, dem normbrüchigen Verhalten des Jugendlichen zum Zwecke der Normbekräftigung eine Sanktion folgen zu lassen.[876] Die positive Generalprävention bildet in diesen Fällen das Mindestmaß einer Sanktionierung unabhängig vom konkreten Erziehungsbedarf.[877] Folglich dient der Jugendarrest nach § 13 Abs. 1 JGG zwar primär der Spezialprävention und soll dem Jugendlichen die Verantwortlichkeit für das von ihm begangene Unrecht ins Bewusstsein bringen, doch ist der positiven Generalprävention

---

871 *Kaspar*, in: FS für Schöch, 209 (216); *Swoboda*, ZStW 125 (2013), 86 (94).

872 *Petersen*, 2008, S. 165 f.; *Wulf*, in: Meier/Rössner/Trüg/Wulf, JGG, § 16 Rn. 30; so auch *Kaspar*, in: FS für Schöch, 209 (217 f.) mit Blick auf die jugendstrafrechtlichen Sanktionen insgesamt.

873 *Petersen*, 2008, S. 165 ff.

874 *Petersen*, 2008, S. 164.

875 *Petersen*, 2008, S. 164.

876 So auch *Petersen*, 2008, S. 164.

877 *Kaspar*, in: FS für Schöch, 209 (217 f.).

bei Ablehnung des Vergeltungsgedankens die Funktion eines ergänzenden Strafzwecks beizumessen.[878]

b) Strafzweck der Jugendstrafe

Bei der Bestimmung des Strafzwecks der Jugendstrafe ist zwischen der Jugendstrafe wegen schädlicher Neigungen gem. § 17 Abs. 2 Alt. 1 JGG und der Jugendstrafe wegen Schwere der Schuld gem. § 17 Abs. 2 Alt. 2 JGG zu differenzieren. Die weitreichende Strafzweckdiskussion in Zusammenhang mit der Verhängung der Jugendstrafe, insbesondere wegen der Schwere der Schuld, kann in ihrer Komplexität vorliegend nur in Ansätzen knapp umrissen werden, um die Unterschiede zu den Sanktionszwecken des Jugendarrestes gem. § 16 JGG sichtbar zu machen.[879]

Jugendstrafe ist in ihren beiden Ausformungen echte Kriminalstrafe,[880] die nach der RiL Nr. 1 zu § 17 RiJGG in erster Linie der Erziehung dient und nicht mit der Freiheitsstrafe gleichzustellen ist. Dies betont auch die Rechtsprechung, wenn sie der Jugendstrafe, die vorrangig auf die Erziehung des Täters abziele, die primär intendierte Abschreckungsfunktion des Jugendarrestes gegenüberstellt.[881] Im Fokus der Verhängung der Jugendstrafe steht damit weiterhin der das Jugendstrafrecht prägende Erziehungsgedanke,[882] wobei über das Verhältnis von Schuldausgleich und Erziehungsgedanke bis dato keine einheitliche Auffassung besteht.[883]

---

878 *Kaspar*, in: FS für Schöch, 209 (217 f.).
879 Ausführlich zu den Strafzwecken der Jugendstrafe *Albrecht*, 2000, S. 247 ff.; *Hackstock*, 2002, S. 251 ff., S. 264 ff.; *Petersen*, 2008, S. 180 ff.; *Strobel*, 2006, S. 82 ff,, 119 ff.; zur Generalprävention bei der Strafzumessung *Buckolt*, 2009, S. 116 ff.
880 *Laubenthal/Baier/Nestler*, 2015, Rn. 709; *Radtke*, in: MüKo-StGB, Bd. 6, § 17 JGG Rn. 8; *Schaffstein/Beulke/Swoboda*, 2014, Rn. 440; *Sonnen*, in: Diemer/Schatz/ Sonnen, JGG, § 17 Rn. 4; *Streng*, 2016, S. 423; *Strobel*, 2006, S. 60 ff.; abweichend *Eisenberg*, 1984, S. 26 ff.; *ders.*, 2017, § 17 Rn. 18c, nach dessen Auffassung die Jugendstrafe gem. § 17 Abs. 2 Alt. 1 JGG sachlich einer Maßregel der Besserung und Sicherung entspricht, da die erforderlichen schädlichen Neigungen auch im Zeitpunkt der Entscheidung weiterhin vorliegen müssen.
881 OLG Celle, NStZ 1988, 315.
882 So sieht *Eisenberg*, 2017, § 17 Rn. 8 die Jugendstrafe primär als „Erziehungsstrafe".
883 Vgl. hierzu *Buckolt*, 2009, S. 45 ff.; *Radtke*, in: MüKo-StGB, Bd. 6, § 17 JGG Rn. 2.

aa) Jugendstrafe wegen schädlichen Neigungen

Zum Ausdruck kommt der Strafzweck der Spezialprävention zunächst bei der Jugendstrafe wegen schädlicher Neigungen gem. § 17 Abs. 2 Alt. 1 JGG, deren Anwendungsbereich nur eröffnet ist, wenn das Gericht zur Überzeugung gelangt, dass Erziehungsmaßregeln und Zuchtmittel nicht ausreichen und es für eine künftige Legalbewährung des Angeklagten einer längeren Gesamterziehung bedarf. Begrifflich wird die Jugendstrafe nach § 17 Abs. 2 Alt. 1 JGG als sog „Erziehungsstrafe" der „Schuldstrafe" nach § 17 Abs. 2 Alt. 2 JGG gegenübergestellt.[884] Schädliche Neigungen sind von der Rechtsprechung als erhebliche Anlage- oder Erziehungsmängel definiert, die ohne eine längere Gesamterziehung des Täters die Gefahr begründen, dass dieser die Gemeinschaftsordnung durch weitere Straftaten stören wird.[885] Dabei dürfen die drohenden Straftaten nicht nur gemeinlästig sein oder Bagatellcharakter haben.[886] Mit dem Erfordernis einer längeren Gesamterziehung bringt das Gesetz zum Ausdruck, dass Jugendstrafe nach § 17 Abs. 2 Alt. 1 JGG aus Verhältnismäßigkeitsgründen nur verhängt werden darf, wenn andere jugendstrafrechtliche Sanktionsmittel, die nach dem Schuldquantum der Tat prinzipiell ebenso in Betracht kämen, im Hinblick auf die drohende Rückfallgefahr nicht erfolgversprechend erscheinen.[887] Die notwendige längere Gesamterziehung des Täters knüpft entweder an die erzieherische Einwirkung im Jugendstrafvollzug oder im Falle der Aussetzung der Jugendstrafe zur Bewährung an die Maßnahmen der Bewährungshilfe an.[888] Damit ist die Verhängung einer Jugendstrafe nach § 17 Abs. 2 Alt. 1 JGG spezialpräventiv begründet.[889]

Ob Spezialprävention dabei in rein positivem Sinne zu verstehen ist oder die Verhängung der Jugendstrafe wegen schädlicher Neigungen zugleich der Abschreckung des Jugendlichen dienen soll, wird in der Litera-

---

884 *Streng*, 2016, Rn. 424; BT-Drucks. I/Nr. 3264, S. 40.

885 BGHSt 11, 169 (170); BGHSt 16, 261 (262); BGH, NStZ 2010, 280 (281); BGH, NStZ-RR 2015, 154 f.

886 BGH, NStZ-RR 2002, 20; *Ostendorf*, 2015, Rn. 225; *Radtke*, in: MüKo-StGB, Bd. 6, § 17 JGG Rn. 28; *Schaffstein/Beulke/Swoboda*, 2014, Rn. 448.

887 *Radtke*, in: MüKo-StGB, Bd. 6, § 17 JGG Rn. 47.

888 *Radtke*, in: MüKo-StGB, Bd. 6, § 17 JGG Rn. 47; *Sonnen*, in: Diemer/Schatz/Sonnen, JGG, § 17 Rn. 18.

889 *Petersen*, 2008, S. 180; *Radtke*, in: MüKo-StGB, Bd. 6, § 17 JGG Rn. 50; *Schaffstein/Beulke/Swoboda*, 2014, Rn. 446 wonach die Bekämpfung schädlicher Neigungen „rein spezialpräventiver Natur" ist.

tur nur vereinzelt diskutiert.[890] Soweit neben der positiv erzieherischen Einwirkung im Rahmen der Jugendstrafe nach § 17 Abs. 2 Alt. 1 JGG weitere Strafzwecke in Erwägung gezogen werden, geht es mit Blick auf die, für die Annahme schädlicher Neigungen erforderliche Störung der Gemeinschaftsordnung, primär um den Gesichtspunkt des Schutzes der Allgemeinheit vor weiteren Straftaten.[891] Die Einbeziehung negativ spezialpräventiver Abschreckungsaspekte im Anwendungsbereich der Jugendstrafe gem. § 17 Abs. 2 Alt. 1 JGG lehnt *Strobel* unter anderem mit der Begründung ab, dass dieser Gesichtspunkt weder in den historischen Gesetzesmaterialien zur Jugendstrafe noch im Wortlaut von §§ 17, 18 JGG zum Ausdruck kommt.[892] Das Gesetz verschließt sich dem „Warncharakter" der Jugendstrafe allerdings nicht vollständig, wenn es in § 21 Abs. 1 JGG die Erwartung künftiger Straffreiheit daran anknüpft, ob der Jugendliche sich bereits die Verurteilung zur Jugendstrafe zur Warnung dienen lässt. Nachdem der Gesetzeswortlaut diesen Aspekt im Kontext der Bewährungsentscheidung aufgreift und nicht bei § 17 Abs. 2 JGG, ist dies dahingehend zu verstehen, dass der Individualabschreckung zwar bei der Aussetzung der Jugendstrafe zur Bewährung Bedeutung zukommen kann, nicht aber bei der Entscheidung über das „Ob" der Verhängung der Jugendstrafe.[893] Diese Auslegung steht bei der Verhängung der Jugendstrafe wegen schädlicher Neigungen im Einklang mit der vom Gericht bejahten Erforderlichkeit einer längeren Gesamterziehung, mit welcher inzident zum Ausdruck kommt, dass eine kurze Abschreckung des Täters für die Legalbewährung unzureichend ist. Die Individualabschreckung des Täters kann mit dem Ausspruch der Jugendstrafe wegen schädlicher Neigungen nach § 17 Abs. 2 Alt. 1 JGG folglich nicht bezweckt werden.

Inwieweit bei der Verhängung der Jugendstrafe generalpräventive Aspekte Berücksichtigung finden dürfen, ist im Einzelnen umstritten.[894] Die

---

890 Vgl. hierzu *Strobel*, 2006, S. 83, 87 ff.; mit einem eher allgemeinen Hinweis, dass Gesetzesziel der Jugendstrafe die positive wie negative Spezialprävention ist *Ostendorf*, 2015, Rn. 223.

891 *Streng*, GA 1984, 149 (151 f.); ausführlich hierzu auch *Strobel*, 2006, S. 83 ff.

892 *Strobel*, 2006, S. 87 ff.; dort auch Fn. 529; so heißt es in der amtlichen Begründung zum JGG 1953, BT-Drucks. I/Nr. 3264, S. 41: „Gesichtspunkte der Generalprävention und des Schutzes der Allgemeinheit sind dagegen bewußt nicht erwähnt. Das hindert allerdings nicht, daß sie sich im Einzelfall in der Strafe des Jugendlichen auswirken." Der Strafzweck der Individualabschreckung wird hierbei nicht erwähnt.

893 Vgl. *Strobel*, 2006, S. 88.

894 Eingehend hierzu *Buckolt*, 2009, S. 116 ff.; für weitere Nachweise Fn. 804.

Rechtsprechung[895] und Teile der Literatur[896] stehen auf dem Standpunkt, dass generalpräventive Gesichtspunkte im Bereich der Jugendstrafe generell ausscheiden und folglich bei der Entscheidung über das „Ob" der Jugendstrafe keine Rolle spielen dürfen. Diskutiert wird dies mit primären Blick auf die positive Generalprävention vornehmlich im Zusammenhang mit der Jugendstrafe wegen der Schwere der Schuld gem. § 17 Abs. 2 Alt. 2 JGG.[897] Für die Jugendstrafe wegen schädlicher Neigungen gem. § 17 Abs. 2 Alt. 1 JGG werden generalpräventive Gesichtspunkte nur vereinzelt erörtert.[898] Die Ablehnung der Generalprävention im Bereich der Jugendstrafe wird zum einen darauf gestützt, dass dem Jugendstrafrecht der Begriff der „Verteidigung der Rechtsordnung", wie ihn das allgemeinen Strafrecht in §§ 47 Abs. 1, 56 Abs. 3, 59 Abs. 1 Nr. 3 StGB kennt, fremd ist,[899] zum anderen wird auf den historischen Willen des Gesetzgebers abgestellt. Im Vergleich zu § 4 Abs. 2 JGG 1943, welcher die Verhängung der Jugendstrafe zum Schutz- und Sühnebedürfnis der Volksgemeinschaft zuließ, habe der Gesetzeber in § 17 Abs. 2 JGG von dieser Formulierung Abstand genommen.[900] Mit dieser Abänderung wollte der Gesetzgeber einer Überbetonung des Schutzprinzips entgegentreten.[901] Vice versa enthält die Gesetzesbegründung zum JGG 1953 den Hinweis, dass Gesichtspunkte der Generalprävention und des Schutzes der Allgemeinheit zwar bewusst nicht erwähnt seien, dies jedoch nicht daran hindere, dass sich diese Belange im Einzelfall bei der Begründung und Bemessung

---

895 BGHSt 15, 224 (226); BGHSt 16, 261 (263); BGH, NStZ 1982, 332; BGH, StV 1990, 505.

896 *Dallinger/Lackner*, 1965, § 17 Rn. 6; *Eisenberg*, 2017, § 17 Rn. 5; *Laue*, in: Meier/Rössner/Trüg/Wulf, JGG, § 17 Rn. 8; *Schöch*, in: Meier/Rössner/Schöch, § 11 Rn. 13 f.

897 *Hackstock*, 2002, S. 274 ff.; *Ostendorf*, in: Ostendorf, JGG, 10. Aufl., § 17 Rn. 3; *Schaffstein/Beulke/Swoboda*, 2014, Rn. 460; *Schöch*, in: Meier/Rössner/Schöch, § 11 Rn. 12 ff.

898 Hierzu *Hackstock*, 2002, S. 256 ff.; *Strobel*, 2006, S. 91 ff. mit ablehnender Haltung.

899 *Brunner/Dölling*, 2018, § 18 Rn. 22; *Schöch*, in: Meier/Rössner/Schöch, § 11 Rn. 13.

900 BGHSt 15, 224 (225 f.); die Abänderung des Wortlauts geht zurück auf das JGG 1953, in welchem der Gesetzgeber die vormaligen Anordnungvoraussetzungen des § 4 Abs. 2 JGG 1943 in § 11 Abs. 2 JGG 1953 neu formulierte, s. BT-Drucks. I/Nr. 3264, S. 40.

901 BT-Drucks. I/Nr. 3264, S. 40; BGHSt 15, 224 (225).

der Strafe auswirken können.[902] Die negative Generalprävention stellt bei der Verhängung der Jugendstrafe nach § 17 Abs. 2 Alt. 1 JGG schon aufgrund der vorhergehenden Ausführungen[903] zur Berücksichtigung der negativen Generalprävention im Jugendstrafrecht allgemein keinen zulässigen Strafzweck dar. Der Ausspruch einer Sanktion, die sich im Einzelfall als schädlich für den Jugendlichen erweist und allein als „Exempelstatuierung" gegenüber der Gesellschaft erfolgt, würde dem Erziehungsgedanken des Jugendstrafrechts zuwiderlaufen.[904] Auch positiv generalpräventive Gesichtspunkte können die Jugendstrafe gem. § 17 Abs. 2 Alt. 1 JGG nach *Strobel* nicht legitimieren, da sich die Notwendigkeit einer rechtsbewährenden Sanktion nur ergebe, wenn die Erschütterung des Rechtsfriedens so groß ist, dass das Maß der Schuld des Täters die Voraussetzungen der Jugendstrafe gem. § 17 Abs. 2 Alt. 2 JGG erfüllt.[905]

bb) Jugendstrafe wegen der Schwere der Schuld

Während die Jugendstrafe wegen schädlicher Neigungen nach dem Willen des historischen Gesetzgebers den erziehungsfähigen und erziehungsbedürftigen Täter im Blick hat,[906] knüpft § 17 Abs. 2 Alt. 2 JGG an die Schwere der Schuld an. Seitens des Gesetzgebers wurde die „Schuldstrafe"[907] für notwendig erachtet, um auch bei einem nicht erziehungsfähigen oder der Erziehung nicht bedürftigen Täter die Verhängung der Jugendstrafe zu ermöglichen.[908]

Die im Gesetz angelegte Differenzierung zwischen der Jugendstrafe wegen schädlicher Neigungen und der Schwere der Schuld legt dabei nahe, dass bei § 17 Abs. 2 Alt. 2 JGG nicht die Erziehung des Täters im Sinne positiver Spezialprävention im Vordergrund steht, sondern das Ziel des

---

902 BT-Drucks. I/Nr. 3264, S. 41; *Strobel*, 2006, S. 89 f.; wörtlich heißt es in der Gesetzesbegründung: „Der Richter darf sie [die Gesichtspunkt der Generalprävention und des Schutzes der Allgemeinheit] aber bei der Begründung und der Bemessung der Strafe nur dann besonders berücksichtigen, wenn sich der Jugendliche der ansteckenden Wirkung seiner Tat oder der durch sie hervorgerufenen Unsicherheit bewußt gewesen ist und dadurch das Maß seiner Schuld erhöht hat.".
903 Siehe oben Teil 1 E.I.1.b)bb).
904 *Strobel*, 2006, S. 91 f.
905 *Strobel*, 2006, S. 95.
906 BT-Drucks. I/Nr. 3264, S. 40.
907 Zu diesem Terminus BGHSt 16, 261 (263).
908 BT-Drucks. I/Nr. 3264, S. 40.

Schuldausgleichs.[909] In seiner ständigen Rechtsprechung räumt der BGH dem Erziehungsgedanken aber auch bei der Jugendstrafe wegen der Schwere der Schuld einen besonderen und vorrangigen Stellenwert ein.[910] Ob und in welcher Höhe Jugendstrafe gem. § 17 Abs. 2 Alt. 2 JGG zu verhängen ist, orientiere sich primär an dem Wohl des Jugendlichen.[911] Eingang findet der Erziehungsgedanke ebenso in § 18 Abs. 2 JGG, nach dessen Inhalt die Dauer der Jugendstrafe so zu bemessen ist, dass die erforderliche erzieherische Einwirkung möglich ist. Die Schwere der Schuld bestimmt sich nach der Rechtsprechung des BGH nicht nach dem objektiven Unrechtsgehalt der Tat, sondern von der inneren Tatseite betrachtet nach der charakterlichen Haltung und dem Persönlichkeitsbild des Täters.[912] Dem äußeren Unrechtsgehalt der Tat komme demnach keine eigenständige Bedeutung zu; vielmehr sei dieser nur insoweit von Belang, als sich hieraus Rückschlüsse auf die Persönlichkeit des Täters und die Schuldhöhe ziehen lassen.[913] Maßgeblich ist „inwieweit sich die charakterliche Haltung, die Persönlichkeit und die Tatmotivation des jugendlichen oder heranwachsenden Täters in der Tat in vorwerfbarer Schuld niedergeschlagen haben"[914], so dass allein die abstrakte Schwere des verwirklichten Tatbestandes die Erkennung auf Jugendstrafe wegen der Schwere der Schuld nicht rechtfertigt.[915] Für die Bestimmung der Schwere der Schuld sind die vom Täter in vorwerfbarer Weise herbeigeführten Tatfolgen, das Ausmaß seines Verschuldens, die Tatmotive, sein Reifezustand, der Grad der Schuldfähig-

---

909 *Buckolt*, 2009, S. 44.
910 BGHSt 15, 224 (226); 16, 261 (263); BGH, StV 1994, 598 (599); BGH, NStZ-RR 2001, 215 (216); BGH, NStZ-RR 2008, 258 f.; BGH, NStZ 2017, 648 (649); eine Aufweichung des Erziehungsgedankens zeichnet sich in der Entscheidung BGH, NStZ 2013, 658 (659) ab, in welcher der Senat andeutet, dass für die Entscheidung über das „Ob" der Schuldstrafe das Vorliegen eines gewissen Schuldmaßes allein als Anordnungsgrund ausreichen sein kann, ohne dass es darüber hinaus einer faktischen Erziehungsfähigkeit oder –bedürftigkeit des Täters bedürfe.
911 BGHSt 16, 261 (263).
912 BGHSt 16, 261 (263); BGH, NStZ 1996, 496; BGH, NStZ-RR 2001, 215 (216); BGH, NStZ 2010, 281; BGH, NStZ 2012, 164; hierzu auch *Buckolt*, 2009, S. 43 m.w.N.
913 BGHSt 15, 224 (226); BGHSt 16, 261 (263); BGH, NStZ 1996, 496; BGH, NStZ 2010, 281; BGH, NStZ 2012, 164.
914 BGH, NStZ 2017, 648 (649); sowie vorgehend BGH, NStZ-RR 2001, 215 (216); BGH, NStZ 2010, 281; *Sonnen*, in: Diemer/Schatz/Sonnen, JGG, § 17 Rn. 22; *Brunner/Dölling*, 2018, § 17 Rn. 25.
915 BGH, NStZ 2009, 450; *Sonnen*, in: Diemer/Schatz/Sonnen, JGG, § 17 Rn. 22 m.w.N.

keit und sein Nachtatverhalten wesentliche Kriterien.[916] Erziehungsgedanke und Schuldausgleich stehen nach der Auffassung des BGH regelmäßig in Einklang miteinander, „da die charakterliche Haltung und das Persönlichkeitsbild, wie sie in der Tat zum Ausdruck gekommen sind, nicht nur das Erziehungsbedürfnis, sondern auch für die Bewertung der Schuld von Bedeutung sind."[917] Um eine Harmonisierung zwischen den Aspekten der Erziehung und der Schwere der Schuld zu erreichen, tendiert die Rechtsprechung einerseits dazu, dem Unrechts- und Schuldgehalt der Tat indizielle Bedeutung für das Vorliegen schädlicher Neigungen zuzusprechen,[918] und zieht umgekehrt die charakterliche Haltung und das Persönlichkeitsbild, wie sie in der Tat zum Ausdruck kommen, als Maßstab für die Bewertung der Schuld heran.[919]

Obgleich mit der Ausrichtung am Erziehungsgedanken der Strafzweck der positiven Spezialprävention auch für den Ausspruch der Jugendstrafe wegen der Schwere der Schuld Bedeutung erlangt, sind bei der Verhängung einer Jugendstrafe nach § 17 Abs. 2 Alt. 2 JGG, die vornehmlich bei der Begehung eines Kapitalverbrechens oder anderer besonders schwerer Straftaten Bedeutung erlangt, auch Aspekte der Sühne, der Vergeltung und die Herbeiführung eines gerechten Schuldausgleichs als zulässige Sanktionszwecke anerkannt.[920] Den Gedanken des gerechten Schuldausgleichs will die Rechtsprechung vor allem bei der Verhängung einer Ju-

---

916 *Buckolt*, 2009, S. 43 f. m.w.N.

917 BGH, NStZ-RR 2010, 290 (291); BGH, NStZ 2017, 648 (649).

918 BGH, NStZ 2002, 89, wonach „bei einer schwer wiegenden Tat die Anforderungen an die schon vor der Tatbegehung entwickelten Persönlichkeitsmängel [...] nicht zu hoch" anzusetzen sind. „Wer die hohe Hemmschwelle bei Tötungsdelikten überwindet, wird in der Regel, wenn die Tat nicht durch außergewöhnliche Umstände geprägt ist, erhebliche Persönlichkeitsmängel aufweisen [...].; vgl. auch *Radtke*, in: MüKo-StGB, Bd. 6, § 17 JGG Rn. 34.

919 *Eisenberg*, 2017, § 17 Rn. 10; *Sonnen*, in: Diemer/Schatz/Sonnen, JGG, § 17 Rn. 10; im Schrifttum stößt die Vermengung der Voraussetzungen für die Verhängung der Jugendstrafe nach § 17 Abs. 2 Alt. 1 und Alt. 2 JGG auf erhebliche Kritik, da beide Alternativen selbstständig zu betrachten sind: *Brunner/Dölling*, 2018, § 17 Rn. 27; *Buckolt*, 2009, S. 45 f. m.w.N.; *Hackstock*, 2002, S. 266 f.; *Kaspar*, 2014, S. 277; *Radtke*, in: MüKo-StGB, Bd. 6, § 17 JGG Rn. 59 f.; *Streng*, GA 1984, 149 (150); *Strobel*, 2006, S. 67 f.; *Swoboda*, ZStW 125 (2013), 86 (107 ff.).

920 BGH, StV 1994, 598 (599); BGH, NStZ 2013, 658 (659); BGH, NStZ 2017, 648 (649); *Laue*, in: Meier/Rössner/Trüg/Wulf, JGG, § 17 Rn. 22 f.; *Schaffstein/Beulke/Swoboda*, 2014, § 11 Rn. 12; *Sonnen*, in: Diemer/Schatz/Sonnen, JGG, § 17 Rn. 22; Das Verhältnis der Strafzwecke zueinander ist aufgrund der Überschneidungen von Erziehung und Schuldaspekten nicht eindeutig erklärt, hierzu *Eisenberg*, 2017, § 17 Rn. 34 ff.; *Radtke*, in: MüKo-StGB, Bd. 6, § 17 JGG

gendstrafe von über fünf Jahren berücksichtigt wissen, da bei derart weitläufigen Verbüßungszeiträumen von einer weiteren erzieherischen Zweckmäßigkeit nicht mehr ausgegangen werden kann.[921] Die positive erzieherische Einflussnahme zu Beginn der Jugendstrafe wird ab einer bestimmten Dauer in ihr Gegenteil verkehrt und führt zu einer Abstumpfung, Resignation und Anpassung an die Subkultur.[922] Insbesondere bei längeren Jugendstrafen wird somit der eigentliche Grund für die Verhängung einer Schuldstrafe sichtbar, da das Ausbleiben einer Sanktion mit formellem Strafcharakter „in unerträglichem Widerspruch zum allgemeinen Gerechtigkeitsgefühl"[923] stehen würde. Angesichts dieser Überlegung erhält das Strafziel des Schuldausgleichs in der Literatur vermehrt eine positiv generalpräventive Komponente,[924] indem mit der Jugendstrafe wegen der Schwere der Schuld nicht allein auf Vergeltungsaspekte Rekurs genommen wird, sondern die Schuldstrafe – wie *Ostendorf* formuliert – als „Ausgleich für die Erschütterung des Rechtsvertrauens durch schwerwiegende Rechtsgüterverletzungen"[925] anzusehen sei.

Zahlreiche Vertreter aus der Literatur wollen jedenfalls bei der Schuldstrafe positiv generalpräventive Belange berücksichtigt wissen.[926] Die Anerkennung der positiven Generalprävention als zulässiger Strafzweck bei der Schuldstrafe nach § 17 Abs. 2 Alt. 2 JGG beruht auf dem Verständnis, dass

---

Rn. 53 ff.. Während die Rechtsprechung dazu tendiert, den Erziehungszweck als vorrangigen Leitgedanken der Jugendstrafe wegen der Schwere der Schuld anzuerkennen und Schuldaspekte nachrangig zu berücksichtigen, vgl. BGH, StV 1982, 121; BGH, StV 1994, 598 (599); dient die Schuldstrafe nach Teilen der Rechtslehre in erster Linie dem Schuldausgeich und der Vergeltung, *Laue*, in: Meier/Rössner/Trüg/Wulf, JGG, § 17 Rn. 28; *Schöch*, in: Meier/Rössner/Schöch, § 11 Rn. 12; *Streng*, GA 2017, 80 (83).

921 BGH, NStZ 1996, 232 (233); BGH, NStZ 2013, 658 (659); BT-Drucks. I/ Nr. 3264, S. 41; vgl. *Schöch*, in: Meier/Rössner/Schöch, § 11 Rn. 16 f.; a.A. noch BGH, NStZ 1996, 496, wonach eine Jugendstrafe von mehr als fünf Jahren nicht zwingend erzieherisch abträglich sein muss.

922 *Kaspar*, in: FS für Schöch, 209 (214).

923 *Schöch*, in: Meier/Rössner/Schöch, § 11 Rn. 12.

924 Vgl. *Hackstock*, 2002, S. 280; *Kaspar*, in: FS für Schöch, 209 (222 f.); *Schaffstein/Beulke/Swoboda*, 2014, Rn. 460; *Swoboda*, ZStW 125 (2013), 86 (100 ff.); *Westphal*, 1995, S. 95.

925 *Ostendorf*, in: Ostendorf, JGG, 10. Aufl., § 17 Rn. 5.

926 *Bottke*, 1984, S. 40 f.; *Kaspar*, in: FS für Schöch, 209 (223 f.); *Laubenthal/Baier/Nestler*, 2015, Rn. 710; *Ostendorf*, 2015, Rn. 223, 226; *ders.*, in: Ostendorf, JGG, 10. Aufl., Grdl. z. §§ 17 und 18 Rn. 3; *Strobel*, 2006, S. 130 f.; *Swoboda*, ZStW 125 (2013), 86 (95).

Schuldausgleich nicht als „methaphysische"[927] Vergeltung zu interpretieren ist, sondern als Ausdruck eines Strafsystems, welches durch das auferlegte Strafübel der Wiederherstellung der Gerechtigkeit und des erschütterten Normvertrauens dient.[928] Basierend auf dem gesellschaftlichen Bedürfnis nach Wiederherstellung und Stabilisierung des Rechtsfriedens lässt sich der Ausspruch einer Jugendstrafe auch dann rechtfertigen, wenn die Straftat bereits Jahre zurückliegt und der Täter im Zeitpunkt der Verurteilung sozial integriert ist und einer erzieherischen Einwirkung nicht bedarf.[929]

Trotz der dargelegten Unklarheiten, in welchem Maße Erziehung und Schuldausgleich bei der Entscheidung über das „Ob" der Jugendstrafe zu berücksichtigen und zueinander in Ausgleich zu bringen sind, lässt sich zusammenfassend festhalten, dass bei der Verhängung der Jugendstrafe wegen schädlicher Neigungen die positive Individualprävention im Vordergrund steht, während die Schuldstrafe für weitere Strafzwecke im Sinne des Schuldausgleichs und der positiven Generalprävention offen ist. Die negative Spezialprävention in Form der Individualabschreckung stellt in beiden Anordnungsvarianten des § 17 Abs. 2 JGG keinen eigenständigen Strafzweck dar.

c) Strafzweck des § 16a JGG

Der tragende Gedanke des Warnschussarrestes liegt nach der Gesetzesbegründung in der Verbesserung der Aussichten für eine erfolgreiche Bewältigung der Bewährungszeit.[930] Mit dieser Zielbestimmung hat der Gesetzgeber den Arrest nach § 16a JGG vom bisherigen Jugendarrest nach § 16 JGG abgegrenzt, welchem der BGH in seiner Grundsatzentscheidung zur Koppelung von Jugendarrest und § 27 JGG aus dem Jahr 1963 die Funktion, die Aussichten für einen erfolgreichen Bewährungsverlauf zu stärken, eindeutig abgesprochen hat.[931] Die Verhängung eines Arrestes nach § 16a JGG unterliegt nach der Gesetzesbegründung der allgemeinen Zielsetzung aus § 2 Abs. 1 JGG, künftigen Straftaten entgegenzuwirken,

---

927 Zu dieser Formulierung *Kaspar*, in: FS für Schöch, 209 (211).
928 *Kaspar*, in: FS für Schöch, 209 (210 f.); *Radtke*, in: MüKo-StGB, Bd. 6, § 17 JGG Rn. 62; in selbige Richtung *Ostendorf*, in: Ostendorf, JGG, 10. Aufl., § 17 Rn. 5.
929 *Streng*, 2016, Rn. 16.
930 BT-Drucks. 17/9389, S. 12.
931 BGHSt 18, 207 (212).

konkretisiert in der positiven Bewältigung der Bewährungszeit.[932] Damit hat der Gesetzgeber den früheren Gedanken der Rechtsprechung neuerlich aufgegriffen. Bei § 16a JGG erhalten erzieherische Belange in positiver Form gegenüber dem Gedanken der Ahndung und Unrechtsverdeutlichung des § 13 Abs. 1 JGG ein noch stärkeres Gewicht.[933] Inwieweit der Gesetzgeber den hiermit angesprochenen Gedanken der positiven Spezialprävention in die einzelnen Anordnungsvoraussetzungen des § 16a Abs. 1 Nr. 1-3 JGG integriert hat und, ob darüber hinaus weitere Strafzwecke bei dem Arrest nach § 16a JGG Berücksichtigung finden können, soll nachfolgend skizziert werden.

aa) § 16a Abs. 1 Nr. 1 JGG

Der Arrest gem. § 16a Abs. 1 Nr. 1 JGG zielt darauf ab, dem Jugendlichen die Verantwortlichkeit für das von ihm begangene Unrecht und die Folgen weiterer Straftaten zu verdeutlichen. Aufbauend auf der Diskussion über die Zweckmäßigkeit des Warnschussarrestes werden in diesem Zusammenhang vornehmlich Aspekte der Individualabschreckung thematisiert, wenn angemerkt wird, es handle sich um einen „Denkzettelwarnschussarrest"[934] bzw. einen „Schockarrest"[935], mit welchem dem Täter der Ernst der Lage vor Augen geführt werden soll.[936] Mit der Hervorhebung der „Appell- und Denkzettelfunktion"[937] gelangt der Arrest nach § 16a Abs. 1 Nr. 1 JGG in die Nähe des Jugendarrestes gem. § 16 JGG, von welchem der Gesetzgeber den § 16a-Arrest aber durchaus abgegrenzt wissen will. Nach der Gesetzesbegründung soll sich der Warnschussarrest, insbesondere in der ersten Anordnungsvariante, trotz seiner Warnfunktion nicht auf eine bloße Übelszufügung beschränken, sondern ersten Behandlungsmaßnahmen dienen, um den individuellen Problemlagen des Jugendlichen zu begegnen.[938] Dies legt nahe, dass der Gesetzgeber den Verdeutlichungsarrest nach § 16a Abs. 1 Nr. 1 JGG nicht als reines Abschre-

---

932 BT-Drucks. 17/9389, S. 12.
933 BT-Drucks. 17/9389, S. 12.
934 *Swoboda*, in: FS für Beulke, 1229 (1234.)
935 *Schaffstein/Beulke/Swoboda*, 2014, Rn. 417.
936 Ähnlich *Eisenberg/Kölbel*, 2017, S. 672; *Meyer-Höger*, in: Soziale Arbeit im Jugendarrest, 83 (91), die § 16a Abs. 1 Nr. 1 JGG ausdrücklich dem Strafzweck der negativen Individualprävention unterstellt.
937 *Dölling*, in: 29. JGT, 141 (142).
938 BT-Drucks. 17/9389, S. 12.

ckungsmittel verstanden wissen will, sondern der positiven Spezialprävention durch Unterstützung des Jugendlichen bei der Bewältigung seiner
Probleme auf dem Weg zur Legalbewährung gleichwertige Bedeutung einräumt. Dass neben der positiven wie negativen Individualprävention bei
dem Arrest nach § 16a Abs. 1 Nr. 1 JGG noch weitere Strafzwecke in unterschiedlichem Maße eine Rolle spielen, scheint dennoch nicht ausgeschlossen und bleibt durch die offene Formulierung in § 2 Abs. 1 S. 1 JGG grundsätzlich zulässig. In der Literatur wurde dies bislang nur vereinzelt am
Rande angeschnitten.[939]

Betrachtet man den Wortlaut des § 16a Abs. 1 Nr. 1 JGG, so werden dort
zwei Aspekte angesprochen: Zum einen kommt der Arrestanordnung die
Funktion der Unrechtsverdeutlichung zu, zum anderen soll der Arrest dazu dienen, dem Jugendlichen die Folgen weiterer Straften deutlich zu machen. Der Gesetzgeber unterscheidet damit zwei Zielrichtungen, so dass
nachstehend beide Voraussetzungen für sich genommen auf die dahinterstehenden Strafzwecke geprüft werden sollen.

Der Ausspruch eines § 16a-Arrestes zur Verdeutlichung des vom Täter
begangenen Unrechts soll dem jungen Normbrecher die Tragweite seines
strafbaren Verhaltens ins Bewusstsein bringen. Hierfür knüpft der Wortlaut des § 16a Abs. 1 Nr. 1 JGG anders als § 17 Abs. 2 Alt. 2 JGG nicht an die
Schuldschwere des Täters, sondern das begangene Unrecht an. Ob damit
auch Aspekte der Vergeltung und des Unrechtsausgleichs Eingang in die
Entscheidung über § 16a JGG finden dürfen, bedarf genauerer Betrachtung.

Die Unterscheidung zwischen dem objektiven Unrechtsgehalt der Tat
und der inneren Tatseite als charakterliche Haltung des Täters, hat der
BGH im Kontext der Schuldstrafe nach § 17 Abs. 2 Alt. 2 JGG wiederholt
betont.[940] Nach dem heute im allgemeinen Strafrecht anerkannten normativen Schuldbegriff, welcher über den Geltungsvorbehalt des
§ 2 Abs. 2 JGG auch Eingang ins Jugendstrafrecht findet, liegt das Wesen
der Schuld in der persönlichen Vorwerfbarkeit der Unrechtsverwirklichung gegenüber dem Täter;[941] während das Unrecht die äußere Seite der
Tat als rechtswidrige Abweichung von den strafrechtlichen Sollnormen betrifft.[942] Die Bezugnahme auf den Unrechtsgehalt der Tat könnte anneh-

---

939 So etwa *Heinz*, NK 2008, 50 (56), der im Kontext der Diskussion über die Notwendigkeit des Warnschussarrestes die Funktion des Schuldausgleichs aufgreift.
940 Siehe hierzu oben Teil 1 E.I.2.b)aa).
941 BGHSt 2, 194 (200); *Baumann/Weber/Mitsch u.a.*, 2016, § 16 Rn. 11 ff.
942 *Wessels/Beulke/Satzger*, 2017, Rn. 606.

men lassen, dass der Gesetzgeber dem äußeren Tatgeschehen und dem verwirklichten Tatunrecht im Rahmen von § 16a Abs. 1 Nr. 1 JGG eine erhöhte Bedeutung zumisst. Einen Anhaltspunkt hierfür bietet zunächst die Gesetzesbegründung, in welcher der Gesetzgeber die Anordnung des Arrestes auf der Grundlage von § 16a Abs. 1 Nr. 1 JGG für geboten erachtet, um dem Jugendlichen „das Unrecht"[943] der Tat zu verdeutlichen, ohne dabei auf die subjektive Einsichtsfähigkeit des Jugendlichen Bezug zu nehmen.[944] Die tatbezogene Komponente des § 16a Abs. 1 Nr. 1 JGG wird allerdings dadurch relativiert, dass der Gesetzeswortlaut auf die „Verantwortlichkeit" des Täters abstellt. Den Begriff der Verantwortlichkeit kennt das Gesetz gleichfalls in § 3 JGG. Die Vorschrift knüpft an den materiellen Schuldbegriff an,[945] und sieht die positiv festzustellende Verantwortlichkeit des Jugendlichen als gegeben an, wenn dieser zur Zeit der Tat nach seiner sittlichen und geistigen Entwicklung reif genug ist, das Unrecht der Tat einzusehen und nach dieser Einsicht zu handeln. Mit dem Rekurs auf die Verantwortlichkeit des Jugendlichen distanziert sich § 16a Abs. 1 Nr. 1 JGG vom abstrakten Unrechtsgehalt der Tat und legt nahe, dass es vielmehr darauf ankommt, ob der Jugendliche nach dem Eindruck des Gerichts das Ausmaß und die Tragweite seines Handelns verstanden hat und bereit ist die Verantwortung für das von ihm begangene Unrecht zu übernehmen. Demnach kann insbesondere im Zusammenhang mit der Begehung von Körperverletzungsdelikten, die in der Kriminalität jugendlicher und heranwachsender Täter einen nicht unbeachtlichen Anteil einnehmen,[946] aus der Schwere des Unrechts und den objektiven Tatfolgen keine zwingende Notwendigkeit eines zusätzlichen Arrestes gefolgert werden.[947]

---

943 BT-Drucks. 17/9389, S. 12.
944 Nach den Ausführungen von *Lenz*, 2007, S. 136 wird die Sanktionswahl, insbesondere bei Erstverurteilungen, vorrangig durch die Tat- und Schuldschwere bestimmt und weniger durch die Persönlichkeit des Täters.
945 *Remschmidt/Rössner*, in: Meier/Rössner/Trüg/Wulf, JGG, § 3 Rn. 1.
946 Siehe *Meier*, in: Meier/Rössner/Schöch, § 3 Rn. 26 f. dort Tabelle 3; *Spiess*, Siegen: Sozial 2013, 4 (7); *Walter/Neubacher*, 2011, Rn. 436 dort Abbildung 6.
947 In der empirischen Studie deutet sich allerdings an, dass, soweit die Verantwortlichkeit für das begangene Unrecht nicht nur pauschal in der Urteilsbegründung aufgegriffen wird, bei dem Ziel der Unrechtsverdeutlichung zum Teil auch Aspekte der äußeren Tatschwere mitschwingen, wenn es etwa heißt, es handle sich um ein „massives Verbrechen im gehobenen Kriminalitätsbereich" oder „wegen der äußerst brutalen Tat war daneben die Verhängung eines Warnschussarrestes von 3 Wochen Dauer gem. § 16a I Nr. 1 JGG zur Einwirkung auf die Angeklagte erforderlich".

Belange des Schuldausgleichs werden in der Literatur bei der Anordnung des § 16a JGG im Kontext von Gruppendelikten thematisiert,[948] in denen ein Mitangeklagter zu einer Jugendstrafe zur Bewährung verurteilt wird, ein anderer Beteiligter aufgrund des geringeren Schuldvorwurfs oder den noch nicht zu bejahenden schädlichen Neigungen zu Jugendarrest verurteilt wird und damit eine im Ranggefüge des jugendstrafrechtlichen Sanktionssystems auf niedrigerer Stufe angesiedelte Sanktion erhält, die aufgrund des Freiheitsentzuges aber deutlich spürbar ist. Wenngleich in dieser Situation Aspekte der Sanktionsgerechtigkeit mitschwingen, indem der Ausspruch des zusätzlichen Jugendarrestes neben der bedingten Jugendstrafe zumindest mittelbar bei dem zu Jugendarrest Verurteilten das Gefühl von Strafgerechtigkeit hervorrufen wird, darf die Anordnung des § 16a-Arrestes nach der Gesetzesbegründung nicht auf das Gerechtigkeitsempfinden des zu Jugendarrest Verurteilten gestützt werden.[949] Die jugendstrafrechtliche Rechtsfolgenentscheidung muss sich stets an den Wirkungen orientieren, die von der Entscheidung auf die konkret betroffene Person ausgehen, nicht an den Wirkungen auf Dritte.[950] Konformgehend mit der Ablehnung der negativen Generalprävention als Strafzweck des Jugendarrestes, sind generalpräventive Erwägungen, die auf die Verhinderung von Straftaten durch eine abschreckende Einwirkung auf die Allgemeinheit abstellen, auch als Legitimationsgrundlage für den Arrest nach § 16a JGG ausgeschlossen. Anders als beim herkömmlichen Jugendarrest nach § 16 JGG besteht bei der Verhängung eines § 16a-Arrestes auch kein Bedürfnis für die Berücksichtigung positiv generalpräventiver Erwägungen aus dem Umstand heraus, dass es in den Fällen des fehlenden Erziehungsbedarfs und der Begehung einer erheblichen Straftat andernfalls zu einer Sanktionslücke käme.[951] Zugleich folgt aus der Wirkungsorientierung der Maßnahme, dass dem Strafzweck des Schuldausgleichs, der nicht prospektiv auf die Verhinderung neuer Straftaten, sondern retrospektiv auf die Wiederherstellung der Gerechtigkeit durch Sanktionierung des Täters abzielt, bei der Entscheidung über die Anordnung eines Warnschussarrestes gem. § 16a Abs. 1 Nr. 1 JGG keine eigenständige Bedeutung beigemessen werden kann.

Einzig zulässiger Strafzweck bei der Verhängung eines Arrestes zur Unrechtsverdeutlichung gem. § 16a Abs. 1 Nr. 1 JGG bleibt folglich die Spezi-

---

948 *Heinz*, NK 2008, 50 (56).
949 BT-Drucks. 17/9389, S. 13.
950 BT-Drucks. 17/9389, S. 13.
951 Vgl. Teil 1 E.I.2.a) cc).

alprävention. Der Gesetzgeber stellt die Verurteilung zu § 16a JGG insgesamt unter das übergeordnete Leitziel der positiven Bewährungsbewältigung, betont aber gerade in Zusammenhang mit § 16a Abs. 1 Nr. 1 JGG das Ziel, dem jungen Täter die eigene Verantwortlichkeit für das von ihm begangene Tatunrecht zu verdeutlichen. Zieht man die bei § 16 JGG diskutierten Strafzwecke der Abschreckung, Besinnung und Erziehung heran, so stellt sich die Frage, welche Komponenten der Spezialprävention bei der Anordnung des Arrestes zur Unrechtsverdeutlichung zum Tragen kommen. Auffallend ist, dass sich die Anordnungsvoraussetzungen in § 16a Abs. 1 Nr. 1 JGG in ihrem Wortlaut an die Formulierung in § 13 Abs. 1 JGG anlehnen. Gemäß § 13 Abs. 1 JGG zielt die Erteilung von Zuchtmitteln darauf ab, dem Jugendlichen eindringlich ins Bewusstsein zu bringen, dass „er für das von ihm begangene Unrecht einzustehen hat". Die Formulierung „Einstehen für das begangene Unrecht" und „Verantwortlichkeit für das begangene Unrecht" liegen in ihrem Sprachgebrauch nah beieinander. Angesprochen ist mit dieser Formulierung im Bereich des herkömmlichen Jugendarrestes nach § 16 JGG vor allem der Gesichtspunkt der Besinnung.[952] Das Sanktionsziel der Besinnung ist darauf gerichtet, dem Jugendlichen die Einsicht in die eigene Tatverantwortung zu vermitteln und ihn zum Nachdenken über die Tat zu veranlassen.[953] Häufig bedeutet Besinnung aber nicht nur innere Einkehr, sondern auch ein „Zur-Besinnung-gebracht-werden" durch Einschüchterung.[954] Die ähnliche Wortwahl des Gesetzgebers in § 16a Abs. 1 Nr. 1 und § 13 Abs. 1 JGG könnte darauf schließen lassen, dass bei der Anordnung des § 16a-Arrestes zur Unrechtsverdeutlichung die gleichen Sanktionszwecke Berücksichtigung finden sollen wie dies beim herkömmlichen Jugendarrest der Fall ist. Allerdings differenziert § 16a Abs. 1 Nr. 1 JGG zwischen den Gesichtspunkten der Unrechtsverdeutlichung und den Folgen weiterer Straftaten, was vermuten lässt, dass der Gesetzgeber jeweils nur bestimmte Einzelaspekte der Spezialprävention, ergänzt um das Ziel der erfolgreichen Bewältigung der Bewährungszeit, berücksichtigt wissen will. Während Aspekte der Unrechts- und Rechtsfolgenverdeutlichung in § 16 Abs. 1 Nr. 1 JGG unmittelbar angesprochen werden, finden Erziehungsaspekte in den Wortlaut der Norm keinen Eingang und werden stattdessen in § 16a Abs. 1 Nr. 3 JGG zur Anordnungsvoraussetzung gemacht. Die in § 16a Abs. 1 Nr. 1 JGG ent-

---

952 *Schumann*, ZfJ 1986, 363 (365).
953 *Schumann*, ZfJ 1986, 363 (365); *Schumann/Döpke*, in: Jugendarrest und/oder Betreuungsweisung, 98 (113 f.).
954 *Schumann*, ZfJ 1986, 363 (364).

haltene Trennung zwischen der Verdeutlichung des Unrechts und der Folgen weiterer Straftaten legt nahe, dass die Anordnung des bewährungsbegleitenden § 16a-Arrestes zum Zwecke der Unrechtsverdeutlichung die Besinnung und Einsichtigkeit des Jugendlichen erstrebt, während bei der Verdeutlichung der Rechtsfolgen weiterer Straftaten die Abschreckungsfunktion im Vordergrund steht.

Damit ist zugleich der zweite Aspekt angesprochen, den § 16a Abs. 1 Nr. 1 JGG für die Möglichkeit eines Jugendarrestes neben bedingter Jugendstrafe aufführt. Nach § 16a Abs. 1 Nr. 1 JGG kann die Verhängung des Arrestes auch geboten sein, um dem Jugendlichen die Folgen weiterer Straftaten zu verdeutlichen. Dem Delinquenten soll der Ernst der Lage und die Konsequenzen einer erneuten Straffälligkeit deutlich vor Augen geführt werden. Die hier angesprochene Warnfunktion des § 16a JGG referiert den Strafzweck der individuellen Abschreckung im Sinne negativer Spezialprävention sehr viel deutlicher.

Die Aspekte der Unrechts- und Rechtsfolgenverdeutlichung sind nach dem Gesetz in der Weise miteinander verknüpft, dass für den Ausspruch eines Verdeutlichungsarrestes gem. § 16a Abs. 1 Nr. 1 JGG beide Voraussetzungen kumulativ erfüllt sein müssen. Denn anders als bei § 16a Abs. 1 Nr. 3 JGG („oder") verlangt der Wortlaut des § 16a Abs. 1 Nr. 1 JGG, dass die Verhängung des Arrestes zur Verdeutlichung der Tatverantwortlichkeit „und" der weiteren Folgen geboten ist. Dies weist darauf hin, dass die Anordnung eines Verdeutlichungsarrestes gem. § 16a Abs. 1 Nr. 1 JGG nach dem Willen des Gesetzgebers nicht ausschließlich auf Gesichtspunkte der negativen Spezialprävention gestützt werden darf. Vielmehr soll der Arrest einen spürbaren Anstoß für eine dauerhafte Verhaltensänderung des Jugendlichen geben und eine Grundlage für die anschließende Bewährungszeit zu schaffen.[955] Damit wird der positiven Spezialprävention auch im Rahmen von § 16a Abs. 1 Nr. 1 JGG Vorrang eingeräumt und die Bewährungssanktion zugleich um Ahndungsaspekte erweitert.

bb) § 16a Abs. 1 Nr. 2 JGG

Mit dem Arrest nach § 16a Abs. 1 Nr. 2 JGG soll der Jugendliche im Wege einer raschen Kriseninterventionsmaßnahme aus seinem Lebensumfeld mit schädlichen Einflüssen sowie den damit verbundenen bisherigen

---

955 BT-Drucks. 17/9389, S. 12 f.

Strukturen herausgelöst und auf die anstehende Bewährungszeit vorbereitet werden. Der Freiheitsentzug darf sich in diesen Fällen nach der Gesetzesbegründung nicht auf eine bloße Isolierung des Jugendlichen beschränken, sondern muss eine entsprechende Behandlung im Arrestvollzug erwarten lassen.[956] Negative Spezialprävention im Sinne einer individuellen Abschreckung des Täters ist im Zusammenhang mit § 16a Abs. 1 Nr. 2 JGG folglich ohne Relevanz. Auch die Sicherung der Gesellschaft durch die zeitweilige Absonderung des Täters entspricht nicht der Intention des § 16a Abs. 1 Nr. 2 JGG. So zielt die Herausnahme aus dem schädlichen Umfeld nicht auf den Schutz der Gesellschaft vor dem Täter ab, sondern auf den Schutz des Täters selbst, der mit der Durchbrechung der auf ihn einwirkenden schädlichen Einflüsse eine Stütze in der Bewährungsbewältigung erfahren soll. Darüber hinaus greift der Gesetzgeber mit der Herausnahme des Jugendlichen aus seinem sozialen Umfeld einen Anordnungsaspekt auf, der auch im Kontext des Jugendarrestes nach § 16 JGG unter dem Gesichtspunkt der „Besinnung" Beachtung fand, wenn die Aufgabe des Jugendarrestes damit umschrieben wurde, den Jugendlichen aus seiner Umgebung herauszunehmen und zum Nachdenken anzuregen.[957] Auch der Arrest nach § 16a Abs. 1 Nr. 2 JGG kann dazu dienen, den Jugendlichen unter der Trennung von seinem negativen sozialen Umfeld zu einer Verhaltensumkehr zu animieren, doch zielt § 16a Abs. 1 Nr. 2 JGG nicht auf ein Nachdenken durch Isolation des Jugendlichen ab, sondern es sollen während des Arrestes Maßnahmen zur Vorbereitung der Bewährungszeit getroffen werden, die dazu beitragen, dass der Jugendliche die Bewährungszeit übersteht. Die Gesetzesbegründung verweist hierzu exemplarisch auf das Erarbeiten von Verhaltensrichtlinien sowie die Notwendigkeit einer Übergangsbetreuung und gibt damit zu erkennen, dass der Herausnahmearrest positiv spezialpräventiv ausgerichtet ist. Generalpräventive Erwägungen können den Herausnahmearrest aufgrund der in § 16a Abs. 1 Nr. 2 JGG formulierten Zielbestimmung der Bewährungsvorbereitung nicht begründen.

cc) § 16a Abs. 1 Nr. 3 JGG

Im Gegensatz zu den Anordnungsgründen in § 16a Abs. 1 Nr. 1 und Nr. 2 JGG nimmt § 16a Abs. 1 Nr. 3 JGG den Erziehungsgedanken explizit

---

956 BT-Drucks. 17/9389, S. 13.
957 Vgl. *Schumann*, ZfJ 1986, 363 (364).

als Voraussetzung auf. Soll der Arrest in der ersten Fallvariante des § 16a Abs. 1 Nr. 3 JGG als „intensiverzieherische Betreuung"[958] – wie es *Schaffstein* u.a. allgemein formulieren – fungieren, lässt dies die Interpretation einer verstärkt positiv individualpräventiven Zielrichtung zu. Selbiges gilt in der zweiten Variante, in welcher der Arrest gem. § 16a JGG zur Vorbereitung und Einleitung der Bewährungszeit genutzt werden soll. Mit der schwerpunktmäßig erzieherischen Funktion des § 16a Abs. 1 Nr. 3 JGG distanziert sich der Gesetzgeber von dem punitiven Begleitcharakter des Warnschussarrestes und stellt die kommunikative, fördernde Einwirkung auf den Jugendlichen in den Mittelpunkt. Der Aspekt der Abschreckung des Täters vor dem drohenden Vollzug der Jugendstrafe hat bei der Anordnung des § 16a Abs. 1 Nr. 3 JGG vollständig außen vor zu bleiben.

dd) Fazit

Gemeinsamer Strafzweck aller Anordnungsgründe des § 16a JGG bleibt durch das übergeordnete Ziel, die Bewältigung der Bewährungszeit zu fördern, die positive Spezialprävention. Allein in § 16a Abs. 1 Nr. 1 JGG schwingen verstärkt Aspekte der negativen Spezialprävention mit, wenn der zusätzliche Arrest dazu dienen soll, dem Jugendlichen durch ein unmittelbares Erleben die Folgen weiterer Straftaten vor Augen zu führen. In dieser Variante greift der Arrest nach § 16a JGG mit der Individualabschreckung eine Komponente auf, die vormals ausschließlich den Zuchtmitteln nach § 13 Abs. 1 JGG, vornehmlich dem Jugendarrest nach §§ 13 Abs. 2 Nr. 3, 16 JGG, zugeschrieben wurde und bei der Verhängung der Jugendstrafe wegen schädlicher Neigungen oder Schwere der Schuld, sowie der Strafaussetzung zur Bewährung keine Berücksichtigung fand. Damit schafft der Arrest nach § 16a JGG eine Verbindung zwischen den Strafzwecken des Jugendarrestes und denjenigen bei der Verhängung einer Jugendstrafe nach § 17 Abs. 2 JGG. Um mit den Strafzwecken der Jugendstrafe konform zu gehen, müssen aber auch bei der Anordnung eines Arrestes gem. § 16a JGG positiv spezialpräventive Belange im Vordergrund stehen.

---

958 *Schaffstein/Beulke/Swoboda*, 2014, Rn. 426.

II. Vereinbarkeit von § 16a JGG mit dem jugendstrafrechtlichen Sanktionssystem

Obgleich die rechtliche Zulässigkeit der Koppelung von Jugendarrest und einer bedingten Jugendstrafe kraft der einfach gesetzlichen Neuregelung in §§ 8 Abs. 2 S. 2, 16a JGG und § 61 Abs. 3 S. 1 JGG de lege lata unbestritten ist, stellt sich infolge der geäußerten Kritik an der Bestimmtheit der Zielgruppe die Frage, inwieweit sich die Bestimmung des § 16a JGG in das jugendstrafrechtliche Sanktionssystem einfügt.[959] Die Systemkonformität des zur Bewährungsentscheidung hinzutretenden § 16a-Arrestes kann nicht bereits aus seiner rechtlichen Zulässigkeit gefolgert werden, da der Gesetzgeber grundsätzlich nicht gehindert ist, eine systemwidrige Vorschrift zu erlassen.[960] Dennoch bleibt auch eine systemwidrige Vorschrift positiviertes Recht, solange die Grenzen der Verfassungsmäßigkeit gewahrt sind. Die systematische Eingliederung des Warnschussarrestes in das Rechtsfolgensystem des JGG hat im Schrifttum gehäuft Kritik[961] erfahren und bedarf daher gesonderter Betrachtung.

1. Dreiteilung des formellen Sanktionssystems

Das Jugendstrafrecht enthält gegenüber dem Erwachsenenstrafrecht nach § 5 JGG ein eigenständiges, in sich geschlossenes System für die Rechtsfolgen jugendlicher Straftaten.[962] Nach der in § 5 Abs. 1, 2 JGG angelegten gesetzlichen Dreiteilung formeller Rechtfolgen kann der Richter gem. § 5 Abs. 1 JGG aus Anlass der Straftat zunächst Erziehungsmaßregeln (§§ 9-12 JGG) anordnen. Reichen Erziehungsmaßregeln nicht aus, so ist die Tat gem. § 5 Abs. 2 JGG mit Zuchtmitteln oder Jugendstrafe zu ahnden. Für das Verhältnis von Jugendstrafe und Zuchtmitteln folgt aus §§ 13 Abs. 1, 17 Abs. 2 JGG, dass der Ahndung durch Zuchtmittel Vorrang gegenüber der Verhängung einer Jugendstrafe gebührt. Dieser Grundsatz der Dreiteilung formeller Sanktionsfolgen erfährt ein Korrektiv durch das Gebot der Verhältnismäßigkeit, wenn eine in der dreigeteilten Abstufung an sich höher stehende Sanktion für den Jugendlichen mit einem niedrige-

---

959 Vgl. *Gernbeck*, 2017, S. 87 ff.
960 *Ostendorf*, 2015, Rn. 211.
961 Exemplarisch *Goerdeler*, ZJJ 2003, 183; *Ostendorf*, 2015, Rn. 211; *Radtke*, in: MüKo-StGB, Bd. 6, § 17 JGG Rn. 77; *Swoboda*, in: FS für Beulke, 1229 (1234 ff.).
962 *Rössner*, in: Meier/Rössner/Trüg/Wulf, JGG, § 5 Rn. 1.

ren Eingriffsgehalt verbunden ist und ausreichend erscheint.[963] So verlangt die Verwarnung gem. § 14 JGG dem Jugendlichen im Vergleich zur Heimerziehung gem. § 12 Nr. 2 oder der Betreuungsweisung gem. § 10 I Nr. 5 JGG keine aktive Mitwirkungsbereitschaft ab und stellt insoweit die weniger belastende Maßnahme dar, obgleich sie nach der gesetzlichen Anwendungssystematik des § 5 JGG als Zuchtmittel auf höherer Stufe steht. § 5 JGG enthält damit lediglich eine Leitlinie bei der Entscheidung über die Wahl der konkreten Sanktionsart, manifestiert aber kein unabdingbares Stufenverhältnis. Wie § 8 JGG zeigt, ist auch die Kombination zweier auf unterschiedlicher Stufe stehenden Sanktionen nicht von vornherein ausgeschlossen.

2. Kompatibilität mit den Normen des JGG

Wegen mehrfacher Widersprüche zur Systematik des JGG und den Vorschriften des Grundgesetzes war die Verbindung von Jugendarrest und bedingter Jugendstrafe vor der Gesetzesänderung durch das Gesetz zur Erweiterung der jugendgerichtlichen Handlungsmöglichkeiten vom 04.09.2012 zahlreichen Vorbehalten ausgesetzt und wurde in Kombination mit § 27 JGG von der höchstrichterlichen Rechtsprechung als rechtlich unzulässig eingestuft (hierzu Teil 1.C.I.). Zu untersuchen ist, ob die vormals bestehenden Kontradiktionen innerhalb des JGG bei der Koppelung von Jugendarrest und einer Bewährungsentscheidung mit der nunmehr erfolgten Neuregelung zum Warnschussarrest in § 16a JGG und seinen begleitenden Ergänzungsvorschriften beseitigt werden konnten.

a) Vereinbarkeit mit § 8 Abs. 2 JGG

Ein Verstoß gegen das nach der vorherigen Rechtslage gem. § 8 Abs. 2 S. 1 JGG strikt geltende Koppelungsverbot freiheitsentziehender Sanktionen ist mit der Erweiterung des § 8 Abs. 2 um S. 2 JGG ausgeräumt. Der bislang aus § 8 Abs. 1 S. 2, Abs. 2 S. 1 JGG abgeleitete Einspurigkeitsgrundsatz,[964] nach dem Maßnahmen mit freiheitsentziehendem Charakter

---

963 *Rössner*, in: Meier/Rössner/Trüg/Wulf, JGG, § 5 Rn. 13 f.
964 Vgl. KG, NJW 1961, 1175 mit dem Hinweis, dass der Einspurigkeitsgrundsatz nicht ausdrücklich geregelt ist, sondern aus § 8 Abs. 1 S. 2, Abs. 2 JGG abzuleiten ist.

nicht nebeneinander zur Anwendung gelangen durften, stellt „kein unantastbares Sanktionierungsprinzip"[965] dar, so dass es dem Gesetzgeber grundsätzlich offensteht, das Verhältnis von Jugendarrest neben einer Bewährungsentscheidung neu zu regeln. Mit der Einführung des § 8 Abs. 2 S. 2 JGG hat der Gesetzgeber seinen Willen, eine Verbindung von Jugendarrest und bedingter Jugendstrafe im Einzelfall zuzulassen, explizit zum Ausdruck gebracht. In Abkehr vom früheren Wortlaut des § 8 Abs. 2 S. 1, der neben Jugendstrafe nur die Anordnung von Weisungen, Auflagen und Erziehungsbeistandschaft zuließ, kann unter den Voraussetzungen des § 16a JGG nunmehr neben der Verhängung einer Jugendstrafe oder der Aussetzung ihrer Verhängung auch Jugendarrest angeordnet werden. Dies gilt gem. § 61 Abs. 3 S. 1 JGG auch, wenn die Entscheidung über die Strafaussetzung zur Bewährung einem nachträglichen Beschluss vorbehalten bleibt. Infolge des eindeutigen Wortlauts in § 8 Abs. 2 S. 2 JGG kann ein anderes Ergebnis auch nicht aus der Ratio des § 8 Abs. 2 S. 1 JGG hergeleitet werden. Die Anordnung von Jugendarrest neben bedingter Jugendstrafe ist in all seinen Anwendungsalternativen nach §§ 21, 27, 61 JGG mit dem Wortlaut des § 8 Abs. 2 JGG vereinbar.[966]

b) Vereinbarkeit mit § 5 JGG

Darüber hinaus stellt sich die Frage, ob die Koppelung von Jugendarrest und bedingter Jugendstrafe mit dem in § 5 JGG angelegten Dreiteilungsprinzip jugendstrafrechtlicher Sanktionsarten in Form von Erziehungsmaßregeln, Zuchtmitteln und Jugendstrafe vereinbar ist. § 5 Abs. 1 JGG bestimmt, dass die Straftat im Falle des Nichtausreichens von Erziehungsmaßregeln mit Zuchtmitteln oder Jugendstrafe geahndet wird und lässt folglich ein Alternativverhältnis der beiden zuletzt genannten Maßnahmen anklingen. In systematischer Hinsicht steht § 5 JGG im Zusammenhang mit § 8 JGG als allgemeiner Vorschrift zur Verbindung von Maßnahmen und Jugendstrafe. Mit der Neufassung des § 8 Abs. 2 S. 2 JGG und der Normierung des § 16a-Arrestes wurde die Möglichkeit der Verbindung verschiedener Sanktionen erweitert, so dass neben der Erteilung von Auflagen als Zuchtmittel unter den in § 16a JGG genannten Voraussetzungen auch

---

965 *Wulf*, in: Meier/Rössner/Trüg/Wulf, JGG, § 16a Rn. 6.
966 So auch *Gernbeck*, 2017, S. 89; *Gonska*, GreifRecht 2013, 32 (44) mit Hinweis auf die systematisch vorrangige Stellung von § 8 Abs. 2 S. 2 JGG gegenüber § 13 Abs. 1 JGG.

die Arrestverhängung zulässig ist.[967] Das systematische Zusammenspiel beider Normen macht deutlich, dass § 5 Abs. 2 JGG keine Aussage über das Verhältnis von Jugendarrest und Jugendstrafe trifft, sondern diese auf einer ersten Stufe allein von den Erziehungsmaßregeln abgrenzt. Der Wortlaut des § 5 Abs. 2 JGG steht der Koppelung von Jugendarrest und bedingter Jugendstrafe mithin nicht entgegen.

c) Vereinbarkeit mit § 13 Abs. 1 JGG

Die wohl entscheidendste Frage ist, ob die Anordnung von Jugendarrest neben bedingter Jugendstrafe nach der aktuellen Rechtslage in Widerspruch zu § 13 Abs. 1 JGG steht. Auf Basis der vor dem 07.03.2013 geltenden Rechtslage verstieß die Anordnung von Jugendarrest neben der Aussetzung der Verhängung der Jugendstrafe gem. § 27 JGG wegen der Überschreitung der Wortlautgrenze des § 13 Abs. 1 JGG gegen Art. 103 Abs. 2 GG.[968]

Festzustellen ist, dass der Wortlaut des § 13 Abs. 1 JGG mit der gesetzlichen Neuerung des Jugendarrestes neben bedingter Jugendstrafe durch das Gesetz zur Erweiterung der jugendgerichtlichen Handlungsmöglichkeiten unverändert geblieben ist. Nach § 13 Abs. 1 JGG kommen Zuchtmittel zur Ahndung der Tat weiterhin nur in Betracht, wenn Jugendstrafe nicht geboten ist. Umgekehrt ist eine Jugendstrafe nach § 17 Abs. 2 JGG nur zu verhängen, wenn Zuchtmittel zur Erziehung des Jugendlichen nicht ausreichen. Spricht der Jugendrichter einen Jugendarrest neben bedingter Jugendstrafe nach § 16a JGG aus, so macht er von der Anordnung eines Jugendarrestes Gebrauch, obgleich er die Verhängung Jugendstrafe wegen des Vorliegens schädlicher Neigungen oder der Schwere der Tat für geboten erachtet (§§ 21, 61 JGG) oder deren Verhängung potenziell für möglich hält (§ 27 JGG). Gesetzessystematisch sei die Arrestverhängung aber nur zulässig, wenn Jugendstrafe nicht geboten ist und diese Bedingung sei gerade nicht erfüllt.[969] Infolge des inhaltlich unveränderten Wortlauts in § 13 Abs. 1 JGG könnte die Koppelung von Jugendarrest und bedingter Jugendstrafe entsprechend der früheren Rechtslage wegen des im Wortlaut

---

967 *Gernbeck*, 2017, S. 87.
968 Siehe Teil 1 C. I.3.d).
969 *Eisenberg*, 2017, § 8 Rn. 18; *Ostendorf*, in: Ostendorf, JGG, 10. Aufl., § 16a Rn. 11 spricht in diesem Zusammenhang von einer Durchbrechung des Subsidiaritätsprinzips aus § 13 Abs. 1 JGG.

angelegten Exklusivitätsverhältnisses von Jugendarrest und Jugendstrafe als gesetzessystematischer Verstoß gegen § 13 Abs. 1 JGG zu werten sein. Auch der in der Überschrift des § 16a JGG beibehaltene Terminus „Jugendarrest" legt Überschneidungen mit den Voraussetzungen des § 13 Abs. 1 JGG nahe.[970] Allein aus der in § 16a JGG unveränderten Bezeichnung als Jugendarrest kann aber kein Rückschluss auf die Fortgeltung der Anwendungsvoraussetzungen des § 13 Abs. 1 JGG gezogen werden. Das Gesetz verwendet den Begriff des Jugendarrestes auch im Rahmen der Anordnung eines Ungehorsamsarrestes nach §§ 11 Abs. 3, 15 Abs. 3 JGG wegen der Nichterfüllung von Weisungen oder Auflagen und knüpft dabei nicht an die Voraussetzungen für die Verhängung eines Jugendarrestes nach § 13 Abs. 1, 2 Nr. 2 JGG an.[971]

Allerdings hat der Gesetzgeber bei der Neuformulierung der Sanktionsbestimmung in § 16a JGG das vom Bundesverfassungsgericht bestätigte Ausschlussverhältnis von Jugendarrest und Jugendstrafe nach der vormals bestehenden Rechtslage nicht unbeachtet gelassen. Wird die Verhängung oder die Vollstreckung der Jugendstrafe zur Bewährung ausgesetzt, so sieht § 16a Abs. 1 JGG vor, dass unter den dort genannten Voraussetzungen **abweichend von § 13 Abs. 1 JGG** daneben Jugendarrest verhängt werden kann. Seinem Wortlaut nach löst sich § 16a JGG damit von der Voraussetzung der Zuchtmittel nach § 13 Abs. 1 JGG, dass Jugendstrafe noch nicht geboten ist. Mit der Lossagung von § 13 Abs. 1 JGG kann Jugendarrest unter den Voraussetzungen des § 16a JGG auch dann zur Anwendung gelangen, wenn der Ausspruch einer Jugendstrafe geboten erscheint oder gem. § 27 JGG Ungewissheit über die Notwendigkeit ihrer Verhängung zur Einwirkung auf den Jugendlichen besteht. Die Abgrenzung von § 13 Abs. 1 JGG und die Regelung der Sanktionskoppelung in einem besonderen Paragrafen bringen die Eigenständigkeit des Warnschussarrestes gegenüber dem ursprünglichen Jugendarrest gem. § 16 JGG zum Ausdruck.[972] Der Gesetzgeber hat die Problematik der sich gegenseitig ausschließenden Anwendungsbereiche von Jugendarrest und Jugendstrafe gelöst, indem er sich bei der Anordnung von Jugendarrest neben bedingter

---

970 *Gonska*, GreifRecht 2013, 32 (43).

971 *Gonska*, GreifRecht 2013, 32 (43).

972 BT-Drucks. 17/9389, S. 12; kritisch *Wulf*, in: Meier/Rössner/Trüg/Wulf, JGG, § 16a Rn. 44 f., der eine Einstufung der Arrestarten nach § 16a JGG als Untergruppen von § 16 JGG vorzieht.

Jugendstrafe nach § 16a JGG von den Arrestvoraussetzungen des § 13 Abs. 1 JGG distanziert hat.[973]

Dem wird entgegengehalten, der Gesetzgeber habe mit der Neuregelung in § 16a JGG lediglich die einschränkenden Anwendungsvoraussetzungen des § 13 Abs. 1 JGG aufgehoben, an dem in §§ 13 Abs. 1, 17 Abs. 2 JGG vorgegebenen Stufenverhältnis aber keine Änderung vorgenommen.[974] Tatsächlich durchbricht § 16a JGG den in § 13 Abs. 1 JGG angelegten Subsidiaritätsgrundsatz,[975] doch hat der Gesetzgeber das strenge Exklusivitätsverhältnis von Jugendarrest und Jugendstrafe mit der Aufnahme von § 16a JGG bewusst gelockert. Bereits nach der alten Rechtslage war gem. § 8 Abs. 2 S. 1 JGG die Verbindung von Jugendstrafe und Zuchtmitteln in Form von Auflagen nach § 15 Abs. 1 JGG zulässig und konnten diese nach §§ 23 Abs. 1 S. 4, 29 S. 2 JGG auch im Bewährungsbeschluss angeordnet werden.[976] Überschneidungen von Zuchtmitteln und Jugendstrafe waren demnach schon auf der Basis der vormals geltenden Rechtslage vorhanden,[977] ohne dass hierdurch das Stufenverhältnis von Zuchtmitteln und Jugendstrafe grundlegend tangiert wurde.

In systematischer Hinsicht ist weiterhin zu beachten, dass § 8 JGG aufgrund seiner Verortung im Ersten Abschnitt des ersten Hauptstücks zu den allgemeinen Vorschriften zählt und als übergeordnete Regelung auch bei der Auslegung des § 13 Abs. 1 JGG zu berücksichtigen ist.[978] In Erweiterung zur vormals bestehenden Regelung in § 8 Abs. 2 S. 1 JGG dispensiert § 8 Abs. 2 S. 2 JGG unter den Voraussetzungen des § 16a JGG nunmehr auch den Jugendarrest von dem Verbindungsverbot mit einer Jugendstrafe. Betrachtet man das systematische Gefüge von § 8 Abs. 2 S. 2 JGG und § 13 Abs. 1 JGG, so ist § 13 Abs. 1 JGG als Sonderbestimmung für Zuchtmittel im Lichte des nunmehr neu gefassten § 8 Abs. 2 S. 2 JGG auszulegen.[979] Damit kann ein Widerspruch zu § 13 Abs. 1 JGG weder vom Wortlaut ausgehend noch in systematischer Hinsicht angenommen werden.

---

973 In diesem Sinne auch *Schaffstein/Beulke/Swoboda*, 2014, Rn. 543.
974 *Swoboda*, in: FS für Beulke, 1229 (1236).
975 *Ostendorf*, in: Ostendorf, JGG, 10. Aufl., § 16a Rn. 11.
976 BT-Drucks. 15/3422, S. 13.
977 Vgl. BT-Drucks. 15/3422, S. 13; *Gernbeck*, 2017, S. 88 f.
978 *Müller-Piepenkötter/Kubnik*, ZRP 2008, 176 (178); *Vietze*, 2004, S. 94 f.
979 *Vietze*, 2004, S. 94 f.; *Gonska*, GreifRecht 2013, 32 (44); *Gernbeck*, 2017, S. 89.

d) Vereinbarkeit mit § 17 Abs. 2 JGG

Umgekehrt zu § 13 Abs. 1 JGG, der die Voraussetzungen für die Anordnung von Zuchtmitteln negativ umschreibt, indem Jugendstrafe nicht geboten sein darf, erklärt § 17 Abs. 2 Alt. 1 JGG die Verhängung einer Jugendstrafe wegen schädlicher Neigungen nur dann für zulässig, wenn Erziehungsmaßregeln oder Zuchtmittel zur Erziehung nicht ausreichen. Im Rahmen von § 17 Abs. 2 Alt. 1 JGG stellt sich die gleichgelagerte Problematik eines im Wortlaut angelegten Ausschlussverhältnisses von Jugendarrest als Zuchtmittel und Jugendstrafe. Da mit der Neuregelung des § 16a JGG zugleich eine Jugendstrafe verhängt wird, obwohl die Wirkungen des verhängten Warnschussarrestes noch nicht absehbar sind, wird eine Antinomie auch zu § 17 Abs. 2 JGG angenommen.[980]

Diese Sichtweise lässt allerdings, wie bei § 13 Abs. 1 JGG, unberücksichtigt, dass auch nach der alten Fassung des § 8 Abs. 2 JGG eine Kombination von Jugendstrafe und Auflagen erlaubt war, ohne dass darin ein Wertungswiderspruch zu § 17 Abs. 2 Alt. 1 JGG gesehen wurde. Verhängt das Gericht eine Jugendstrafe und erteilt dem Jugendlichen darüber hinaus eine Auflage nach § 15 JGG, so sind im Zeitpunkt der Entscheidung die Wirkungen der Auflage ebenso wenig absehbar, und doch ist das Gericht im Rahmen seiner Strafzumessungsentscheidung zur Überzeugung der Notwendigkeit einer Jugendstrafe gelangt. Die Auflagenerteilung stellt sich folglich als Ergänzung zur Jugendstrafe dar. Systematisch steht § 17 JGG wie § 13 JGG im zweiten Teil des JGG hinter den allgemeinen Vorschriften, so dass die Wertentscheidung des § 8 Abs. 2 S. 2 JGG, welche die Sanktionsverbindung von Jugendstrafe und einem Arrest nach § 16a JGG ausdrücklich zulässt, auch bei § 17 Abs. 2 JGG zu berücksichtigen ist. In Zusammenschau mit § 8 Abs. 2 JGG ist die Stufenfolge in § 17 Abs. 2 Alt. 1 JGG dahingehend auszulegen, dass die alleinige Anordnung eines Zuchtmittels erzieherisch nicht ausreichend sein darf.

e) Vereinbarkeit mit der Prognoseentscheidung nach § 21 Abs. 1, 2 JGG

Einwände gegen die Systemkonformität der Koppelung von Jugendarrest und Bewährungsstrafe werden vor allem aus der Widersprüchlichkeit der

---

980 *Ostendorf*, in: Ostendorf, JGG, 10. Aufl., § 16a Rn. 12.

positiven Legalbewährungsprognose nach § 21 Abs. 1 JGG und der gleichzeitigen Anordnung eines Freiheitsentzuges abgeleitet.[981]

Bei der Aussetzung der Jugendstrafe zur Bewährung differenziert das
Gesetz nach der Höhe der Jugendstrafe. Während Jugendstrafen von nicht
mehr als einem Jahr bei einer positiven Sozialprognose nach
§ 21 Abs. 1 JGG und einer überwiegenden Wahrscheinlichkeit der Straffreiheit zur Bewährung auszusetzen sind,[982] steht die Aussetzung einer Jugendstrafe zur Bewährung bei einer Dauer der Jugendstrafe von mehr als
einem Jahr und maximal zwei Jahren unter dem zusätzlichen Erfordernis,
dass die Vollstreckung im Hinblick auf die Entwicklung des Jugendlichen
nicht geboten ist. Gesetzliche Voraussetzung für die Aussetzung der Vollstreckung der Jugendstrafe zur Bewährung ist in allen Fällen die Erwartung des Gerichts, dass der Jugendliche sich die Verurteilung zur Jugendstrafe bereits zur Warnung dienen lässt und auch ohne die Einwirkung des
Strafvollzuges keine weiteren Straftaten begeht. Bejaht das Gericht einerseits die Voraussetzungen für eine Aussetzung der Vollstreckung zur Bewährung nach § 21 Abs. 1 JGG und verhängt zugleich einen Arrest nach
§ 16a JGG, so stellt dies nach mehrfach geäußerter Meinung einen gedank-
lichen und systematischen Widerspruch dar.[983] Das Gericht könne nicht
einerseits die Erwartung haben, der Jugendliche werde sich bereits die Verurteilung ggf. in Kombination mit der Anordnung von Bewährungsauflagen und Weisungen zur Warnung dienen lassen, andererseits aber trotz
der positiven Legalprognose einen kurzen Freiheitsentzug für erforderlich
halten und die gestellte positive Prognose mit der Arrestanordnung wieder
rückgängig machen.[984] Letztlich habe das Gericht bei der Entscheidung
über die Strafaussetzung nur zwei Möglichkeiten: Entweder setze es die
Vollstreckung der Jugendstrafe bei positiver Entwicklungsbeurteilung zur
Bewährung aus oder die Aussetzung der Jugendstrafe zur Bewährung muss
unterbleiben, wenn das Gericht die Erwartung hat, der Jugendliche nehme

---

981 *Goerdeler*, ZJJ 2003, 183; *Gräf*, 2015, S. 272; *Höynck*, Stellungnahme am
23.05.2012, S. 1; *Kreuzer*, Stellungnahme am 23.05.2012, S. 3; *Neubacher*, in: Erziehung oder Warnschuss-Arrest?, 14 (18); *Ostendorf*, in: Ostendorf, JGG,
9. Aufl., § 16a Rn. 13.

982 *Laubenthal/Baier/Nestler*, 2015, Rn. 784; eine eigenständige Bedeutung von
§ 21 Abs. 2 JGG wird von Teilen der Literatur abgelehnt, siehe etwa *Böhm/Feuer-
helm*, 2004, S. 239; *Laubenthal/Baier/Nestler*, 2015, Rn. 785 m.w.N.

983 *Goerdeler*, ZJJ 2003, 183; *Höynck*, Stellungnahme am 23.05.2012, S. 1; *Kreuzer*,
Stellungnahme am 23.05.2012, S. 3; *Schaffstein/Beulke/Swoboda*, 2014, Rn. 543;
Swoboda, in: FS für Beulke, 1229 (1234 ff.).

984 *Swoboda*, in: FS für Beulke, 1229 (1234).

die Strafe nicht wahr und werde sein Verhalten nicht ändern.[985] Ob die gleichzeitige Verhängung eines Arrestes nach § 16a JGG einen systematischen Widerspruch zu § 21 Abs. 1 JGG begründet, soll nachfolgend genauer betrachtet werden.

aa) Wortlaut und Ratio des § 21 JGG

Zur Beurteilung der Gesetzeskonformität von § 21 JGG und § 16a JGG ist am Wortlaut des § 21 Abs. 1 S. 1 JGG anzusetzen. Die Aussetzung der Vollstreckung der Jugendstrafe zur Bewährung wird nach § 21 Abs. 1 S. 1 JGG im Wesentlichen von der Erwartung abhängig gemacht, dass der Jugendliche auch ohne die Einwirkung des Strafvollzuges künftig einen rechtschaffenen Lebenswandel führen wird. Der Begriff des rechtschaffenen Lebenswandels wird dabei als Legalprognose im Sinne der Erwartung künftiger Straffreiheit interpretiert.[986] Die Strafaussetzung zur Bewährung verlangt, dass das Gericht unter Berücksichtigung der in § 21 Abs. 1 S. 2 JGG genannten Gesichtspunkte eine Einwirkung auf den Verurteilten in Form des Strafvollzuges zur Verhinderung weiterer Straftaten nicht für geboten erachtet. § 21 Abs. 1 S. 1 JGG bezieht sich seinem Wortlaut nach ausschließlich auf die Einwirkung in Form eines Strafvollzuges. Eine solche Einwirkung hält der Jugendrichter auch bei der Anordnung des § 16a JGG für nicht erforderlich. Mit der Negativentscheidung über die Erforderlichkeit eines Strafvollzuges trifft das Gericht aber keine Aussage darüber, ob es dennoch einen zusätzlichen Jugendarrest zur Einwirkung auf den Jugendlichen für erforderlich erachtet. Der Vollzug der Jugendstrafe und die Anordnung eines zur Bewährungsentscheidung hinzutretenden Arrestes nach § 16a JGG verfolgen unterschiedliche Zwecke, so dass die Anordnung eines Warnschussarrestes nicht dadurch ausgeschlossen ist, dass eine Einwirkung im Wege des Strafvollzuges nicht für erforderlich erachtet wird. Ziel des Strafvollzuges ist es, den Jugendlichen einer längerfristigen Behandlungsmaßnahme zuzuführen. Die gleichlaufende Zielsetzung einer länger währenden Gesamterziehung ist schließlich auch Grund dafür, dass

---

985 *Goerdeler*, ZJJ 2003, 183.
986 *Meier*, in: Meier/Rössner/Trüg/Wulf, JGG, § 21 Rn. 8; *Radtke*, in: MüKo-StGB, Bd. 6, § 21 JGG Rn. 17; *Westphal*, 1995, S. 182; a.A. *Schlüchter*, GA 1988, 106 (125 f.) wonach der rechtschaffene Lebenswandel ein Mehr gegenüber der im Erwachsenenstrafrecht geltenden Regelung in § 56 Abs. 1 StGB verlangt und als „Verinnerlichung der für die Legalbewährung unerlässlichen Werte" anzusehen ist.

in Ergänzung zur Jugendstrafe die Anordnung einer Erziehungshilfe gem. § 12 Nr. 2 JGG ausgeschlossen ist.[987] Der Warnschussarrest dient demgegenüber der Bewältigung der Bewährungszeit, in dem für die Dauer von maximal vier Wochen kurzzeitig auf den Jugendlichen eingewirkt wird und im Idealfall ein geregelter Übergang in die Bewährungszeit erreicht wird.

Die Entscheidung über die Notwendigkeit eines § 16a-Arrestes vollzieht sich folglich in drei Schritten: Das Gericht entscheidet zunächst über die Erforderlichkeit der Verhängung einer Jugendstrafe unter den Voraussetzungen des § 17 Abs. 2 JGG bevor es in einem zweiten, anschließenden Schritt prüft, ob der Jugendliche sich gem. § 21 JGG die Verurteilung zur Warnung dienen lässt und ohne die Einwirkung des Strafvollzuges eine positive Legalprognose gestellt werden kann.[988] Gelangt das Gericht zu einer positiven Legalprognose muss es diese in einem dritten Schritt dahingehend einschränken, dass dennoch ein Arrest nach § 16a JGG geboten ist.[989] Schlüssig erscheint das Prüfkonzept, wenn die Voraussetzungen einer Strafaussetzung zur Bewährung gem. § 21 Abs. 1 S. 3 JGG nur unter der Bedingung der zusätzlichen Arrestverhängung bejaht werden können. In diesen Fällen ist das Gericht nicht gezwungen eine zuvor getroffene positive Legalprognose zu revidieren.

Hinsichtlich der Anordnung eines Freiheitsentzuges bei einer zuvor gestellten positiven Legalbewährungsprognose werden hingegen Zweifel geäußert.[990]

Das Gesetz knüpft die Entscheidung über die Strafaussetzung zur Bewährung in § 21 Abs. 1 JGG an die Erwartung, dass *„der Jugendliche [...] auch ohne die Einwirkung des Strafvollzugs unter der erzieherischen Einwirkung in der Bewährungszeit künftig einen rechtschaffenen Lebenswandel führen wird"*. Diese Erwartungshaltung ist naturgemäß mit Unsicherheiten verbunden.[991] Bei der richterlichen Prognoseerstellung gem. § 21 Abs. 1 JGG handelt es sich um einen Vorgang der Gesamtwürdigung der Täterpersönlichkeit, der Tat und der Wirkungen, die von der Verurteilung selbst sowie den mit der Bewährungsentscheidung verbundenen Nebenentscheidun-

---

987 *Schaffstein/Beulke/Swoboda*, 2014, Rn. 296.
988 *Höynck/Ernst*, in: Soziale Arbeit im Jugendarrest, 123 (133 f.).
989 *Höynck/Ernst*, in: Soziale Arbeit im Jugendarrest, 123 (134).
990 *Ostendorf*, 2015, Rn. 211; *Swoboda*, in: FS für Beulke, 1229 (1236); kritisch mit Blick auf die erhöhte Prognoseschwierigkeit durch § 16a JGG *Radtke*, in: MüKo-StGB, Bd. 6, § 21 JGG Rn. 23.
991 Vgl. *Radtke*, in: MüKo-StGB, Bd. 6, § 21 JGG Rn. 18.

gen nach §§ 22 ff. JGG zu erwarten sind.[992] Nach den Ausführungen in der Gesetzesbegründung ist der Arrest nach § 16a JGG als bewährungsfördernde Maßnahme konzipiert mit dem Ziel eine Grundlage für die anschließende ambulante Betreuung zu schaffen.[993] Die Anordnung eines § 16a-Arrestes kann mithin ebenfalls als Mittel zur erzieherischen Einwirkung angesehen werden, so dass die erwarteten Wirkungen des § 16a-Vollzuges als zusätzlicher Prognosefaktor in die Entscheidung einfließen können.[994] Dem steht insbesondere nicht entgegen, dass es sich bei dem Arrest nach § 16a JGG um eine stationäre Maßnahme handelt. Mit der Erweiterung des § 8 Abs. 2 S. 2 JGG hat der Gesetzgeber zum Ausdruck gebracht, dass er die Bewährungsstrafe nicht als ausschließlich ambulantes Reaktionsprogramm betrachtet.[995] Zudem waren auch im Vorfeld zur Sanktionserweiterung durch § 16a JGG freiheitsentziehende Maßnahmen während der Bewährungszeit durch die Möglichkeit, bei Nichteinhaltung von Bewährungsauflagen oder –weisungen gem. § 23 Abs. 1 S. 4 i.V.m. §§ 11 Abs. 3, 15 Abs. 3 S. 2 JGG einen Ungehorsamsarrest zu verhängen, nicht vollends ausgeschlossen.[996]

Argumentiert wird weiterhin dahingehend, dass die nach § 21 Abs. 1 S. 2 JGG zu berücksichtigenden Wirkungen, die von der Aussetzung zu erwarten sind, nicht abgewartet werden.[997] Dies ist letztlich aber Konsequenz dessen, dass die von der Bewährungsentscheidung ausgehenden Wirkungen im Zeitpunkt der Urteilsverkündung von dem jeweiligen Jugendrichter stets nur prognostisch beurteilt werden können. Während sich die Persönlichkeit des Täters, seine Vorstrafen und sein Vorleben im Zeitpunkt der Entscheidung unter Zuhilfenahme des Berichts der Jugendgerichtshilfe und des BZR-Auszuges ermitteln lassen, haben die Wirkungen, die von den bewährungsbegleitenden Maßnahmen zu erwarten sind, selbst prognostischen Charakter.[998] Damit beruht die Prognosestellung stets auch auf Umständen, die für sich betrachtet noch nicht abschließend beurteilt werden können. Maßgeblich bleibt demnach allein die Erwar-

---

992 *Radtke*, in: MüKo-StGB, Bd. 6, § 21 JGG Rn. 31.
993 BT-Drucks. 17/9389, S. 12.
994 *Laubenthal/Baier/Nestler*, 2015, Rn. 783; ähnlich *Verrel*, NK 2013, 67 (74) nach dessen Auffassung sich die prognostizierten Effekte des § 16a JGG auch unter § 21 Abs. 1 S. 1 JGG subsumieren lassen.
995 *Gernbeck*, 2017, S. 90; *Vietze*, 2004, S. 98.
996 *Gernbeck*, 2017, S. 90 f.
997 *Ostendorf*, 2015, Rn. 211.
998 *Radtke*, in: MüKo-StGB, Bd. 6, § 21 JGG Rn. 23.

tung des Jugendrichters, dass eine Bewältigung der Bewährungszeit ohne die Verhängung eines § 16a-Arrestes nicht erfolgversprechend sein wird.

bb) Parallele zum Spannungsverhältnis mit § 17 Abs. 2 Alt. 1 JGG

Ein ähnlicher Widerspruch, wie er für die Gegensätzlichkeit von Jugendarrest nach § 16a JGG und einer zeitgleichen Aussetzung der Vollstreckung der Jugendstrafe zur Bewährung ins Feld geführt wird, steht auch bei der regulären Prognoseentscheidung des Jugendrichters nach § 21 JGG im Raum, wenn die Jugendstrafe mit dem Vorliegen schädlicher Neigungen gem. § 17 Abs. 2 Alt. 1 JGG begründet wird und dem Täter zugleich eine positive Sozialprognose gestellt wird.[999] Auch an dieser Stelle mag es zunächst paradox erscheinen, wenn das Gericht infolge der zum Zeitpunkt der Verurteilung vorliegenden gravierenden Persönlichkeitsmängel, die in der Person des Täters angelegt und bei Begehung der Tat zum Ausdruck gekommen sind, die Verhängung einer Jugendstrafe und eine längere Gesamterziehung für erforderlich erachtet, diese Ansicht durch die Strafaussetzung aber insoweit revidiert, als es davon ausgeht, der Jugendliche könne auch ohne die längerfristige Einwirkung eines Jugendstrafvollzuges einen rechtschaffenen Lebenswandel führen.

Zur Lösung dieser Antinomie wird vorgeschlagen, die Aussetzung der Jugendstrafe zur Bewährung bei Vorliegen schädlicher Neigungen nur dann für zulässig zu erachten, wenn die festgestellten schädlichen Neigungen durch negative Umwelteinflüsse und nicht durch die verfestigte-kriminelle Haltung des Täters bedingt sind.[1000] Für diese Einschränkung bietet der Gesetzeswortlaut keine Anhaltspunkte. § 21 Abs. 1 JGG unterscheidet hinsichtlich der Bewährungsaussetzung nicht nach dem Grund für die charakterlichen Mängel des Jugendlichen. Auch bei der zunächst getroffenen Entscheidung über die Erforderlichkeit der Jugendstrafe wegen schädlicher Neigungen kann eine sorgsame Prognose unter Berücksichtigung der Persönlichkeit des Täters sowie des sozialen Gefüges eine positive Aussetzungsentscheidung zu dem Ergebnis führen, dass die erforderliche längere Gesamterziehung durch die Auferlegung von Bewährungsauflagen oder – weisungen, die Unterstellung unter die Bewährungshilfe und den drohen-

---

999 Vgl. *Laubenthal/Baier/Nestler*, 2015, Rn. 777; *Rössner*, in: Meier/Rössner/ Schöch, § 12 Rn. 5.
1000 *Laubenthal/Baier/Nestler*, 2015, Rn. 777; *Streng*, 2016, Rn. 466.

den Bewährungswiderruf erreicht werden kann.[1001] Dieses Ergebnis entspricht der in § 17 Abs. 2 JGG und § 21 Abs. 1 JGG vorgesehenen Trennung zwischen der Erforderlichkeit der Verhängung der Jugendstrafe und deren Vollstreckung, so dass eine Aussetzung der Vollstreckung der Jugendstrafe auch bei Vorliegen schädlicher Neigungen gleich welcher Art für zulässig zu erachten ist. Die vermeintliche Disparität zwischen § 17 Abs. 2 Alt. 1 JGG und § 21 JGG ist demnach unter Berücksichtigung der spezifischen Wirkungen der Bewährungsstrafe zu lösen.[1002] Das Spannungsverhältnis zwischen der Verhängung der Jugendstrafe wegen schädlicher Neigungen und der positiven Aussetzungsprognose macht deutlich, dass die vom Gericht angenommene erforderliche längere Gesamterziehung auf unterschiedlichen Wegen erreicht werden kann. Es stellt folglich keinen systematischen Bruch dar, die Wirkungen, die vom Vollzug des § 16a-Arrestes zu erwarten sind, als zusätzliches Prognosekriterium in die Entscheidung über die Aussetzung zur Bewährung einfließen zu lassen. Ein gesetzessystematischer Widerspruch zwischen der Aussetzungsprognose nach § 21 Abs. 1 JGG und der Anordnung eines § 16a-Arrestes besteht mithin nicht.[1003]

f) Vereinbarkeit mit § 27 JGG

Bedenken hinsichtlich der Verhängung eines Jugendarrestes neben der Aussetzung der Verhängung der Jugendstrafe gem. § 27 JGG waren vormals zudem darauf gerichtet, dass bei der im Nachverfahren gem. § 30 Abs. 1 JGG ausgesprochenen Erkennung auf Jugendstrafe wegen des Vorliegens schädlicher Neigungen Jugendarrest vollzogen worden wäre, obgleich dessen Voraussetzungen nicht gegeben waren.[1004] Mit der gesetzlich fixierten Zulässigkeit und der Schaffung eigenständiger Anordnungsvoraussetzungen hat der Gesetzgeber diese Kontradiktion gelöst. Stellt sich im Anschluss an die Entscheidung nach § 27 JGG heraus, dass aufgrund des Ausmaßes der schädlichen Neigungen Jugendstrafe zu verhängen ist, so mögen zwar die Voraussetzungen des § 13 Abs. 1 JGG im Zeitpunkt der

---

1001 *Brunner/Dölling*, 2018, § 17 Rn. 38; *Eisenberg*, 2017, § 17 Rn. 11; *Laue*, in: Meier/Rössner/Trüg/Wulf, JGG, § 17 Rn. 33.
1002 *Rössner*, in: Meier/Rössner/Schöch, § 12 Rn. 5.
1003 Ebenso *Gernbeck*, 2017, S. 92.
1004 BVerfG, NJW 2005, 2140 (2141); vgl. hierzu auch die Ausführungen unter Teil 1 C.I.3.d).

Entscheidung nicht vorgelegen haben, die für die Anordnung des Warnschussarrestes maßgeblichen Voraussetzungen des § 16a JGG waren jedoch gegeben.

Anzutreffen ist jedoch weiterhin der Einwand, die Anordnung eines kurzzeitigen Freiheitsentzuges, wie sie durch den Arrest erfolgt, widerspreche der mit § 27 JGG verbundenen Grundsatzentscheidung, die Notwendigkeit eines Freiheitsentzuges für die Dauer der Bewährungszeit offen zu halten.[1005] Dem ist zum einen entgegenzuhalten, dass mit der Entscheidung nach § 27 JGG allenfalls die Vollstreckung der Jugendstrafe offen gehalten wird, nicht aber diejenige eines Freiheitsentzuges insgesamt,[1006] zum anderen behält sich das Gericht mit dem Erlass des Schuldspruchs nicht die Entscheidung über die Notwendigkeit eines Freiheitsentzuges, sondern die Erforderlichkeit des Ausspruchs einer Jugendstrafe vor.

Darüber hinaus wendet *Radtke* gegen die Kombination von Jugendarrest und Schuldspruch ein, bei Unsicherheiten über den Grad der Erziehungsbedürftigkeit könne auf dieser unsicheren Tatsachengrundlage nicht im selben Schritt die Prognose gestellt werden, dass das künftige Legalverhalten des Täters durch einen kurzen Freiheitsentzug positiv beeinflusst werden kann.[1007] Diese Argumentation vermag nicht zu überzeugen. Mit dem Schuldspruch nach § 27 JGG lässt das Gericht die Entscheidung offen, ob die Verhängung einer Jugendstrafe geboten ist, nicht aber, ob Freiheitsentzug insgesamt nicht erforderlich ist.[1008] Auch wenn das Ausmaß der schädlichen Neigungen in dem für die Jugendstrafe erforderlichen Maße noch nicht abschließend geklärt werden kann, kann das Gericht die Erwartung haben, dass der Verlauf der Bewährungszeit durch die Arrestanordnung positiv beeinflusst wird. Die Unzulässigkeit der Verbindung bestimmter Rechtsfolgen, wie sie § 8 Abs. 2 JGG vorsieht, beruht auf dem Gedanken, dass die gleichzeitige Anordnung von Maßnahme mit unterschiedlichen Zielsetzungen unzweckmäßig ist.[1009] Die Zielsetzung des § 16a-Arrestes läuft der des § 27 JGG allerdings nicht entgegen. Um den Unterschied zum herkömmlichen Arrest sichtbar zu machen, tritt bei § 16a JGG insgesamt das Ziel einer erfolgreichen Bewältigung der Bewährungszeit hinzu. Wie die Unterstellung unter die Aufsicht und die Leitung eines Bewährungs-

---

1005 *Ostendorf*, in: Ostendorf, JGG, 10. Aufl., § 16a Rn. 14; *Ostendorf*, NStZ 2006, 320 (325).
1006 *Gernbeck*, 2017, S. 92 f.
1007 *Radtke*, ZStW 121 (2009), 416 (442).
1008 *Gernbeck*, 2017, S. 93.
1009 *Eisenberg*, 2017, § 8 Rn. 7.

helfers oder die Erteilung von Bewährungsweisungen, die nach § 29 JGG i.V.m. §§ 23, 24 Abs. 1 JGG bereits nach der früheren Rechtslage neben der Entscheidung nach § 27 JGG zulässig waren, dient auch der Arrest nach § 16a JGG der Förderung und dem Durchstehen der Bewährungszeit.[1010] § 16a JGG ist demnach ebenfalls als prospektive Maßnahme konzipiert. Es erscheint nur konsequent, wenn der Gesetzgeber die Möglichkeit der zusätzlichen Arrestanordnung nicht nur neben der zur Aussetzung der Vollstreckung der Jugendstrafe, sondern auch neben einem Schuldspruch zulässt. Da § 8 Abs. 2 S. 2 JGG als allgemeine und vorrangige Regelung gegenüber §§ 27 ff. JGG die Verhängung eines Arrestes nach § 16a JGG ausdrücklich auch neben der Aussetzung der Verhängung der Jugendstrafe zulässt, kann sowohl bei wortlautgetreuer Auslegung als auch unter Berücksichtigung des gesetzgeberischen Willens keine Systemwidrigkeit angenommen werden.[1011]

g) Fazit

Mit der Erweiterung des § 8 Abs. 2 um S. 2 JGG und der Normierung eigenständiger Anwendungsvoraussetzungen in § 16a JGG unter Loslösung von den Voraussetzungen in § 13 Abs. 1 JGG, kann eine Systemwidrigkeit des § 16a JGG und ein Verstoß gegen die Vorschriften des JGG nicht mehr angenommen werden.

III. Rechtsnatur des Warnschussarrestes – Zuchtmittel oder bewährungsbegleitende Maßnahme?

Wurde vorstehend gezeigt, dass die Sanktionskoppelung nach § 16a JGG in keinem systematischen Widerspruch zu den sonstigen Rechtsfolgenbestimmungen des JGG steht, stellt sich in einem weiteren Schritt die Frage, ob der Arrest – wie in der Gesetzesbegründung ausgeführt[1012] – in seiner Rechtsnatur als Zuchtmittel i.S.v. § 13 JGG zu qualifizieren ist. Der Arrest nach § 16a JGG verknüpft Komponenten der Bewährungsstrafe als ambulante Reaktionsform mit Elementen des Jugendarrestes als freiheitsentziehende Maßnahme. Vereinzelt wird dem Warnschussarrest daher aufgrund

---

1010 BT-Drucks. 17/9389, S. 12; ähnlich *Gernbeck*, 2017, S. 93 f.
1011 *Gernbeck*, 2017, S. 93 f.; *Vietze*, 2004, S. 97.
1012 BT-Drucks. 17/9389, S. 12.

seiner divergierenden Zielsetzung zum herkömmlichen Jugendarrest gem. § 16 JGG und seiner bewährungsleitenden Funktion der Charakter eines Zuchtmittels abgesprochen und stattdessen die Einordnung als Bewährungsauflage im weitesten Sinn[1013] oder die Ausgestaltung als Vorwegvollzug einer ansonsten bedingten Jugendstrafe[1014] favorisiert. In Folgendem soll unter Zuhilfenahme der klassischen Auslegungsmethoden untersucht werden, ob der Arrest nach § 16a JGG als Zuchtmittel klassifiziert werden kann.

1. Grammatische Auslegung von § 13 und § 16a JGG

Maßgebliches Kriterium für die Auslegung einer Rechtsvorschrift ist zunächst deren Wortlaut, der die äußerste Auslegungsgrenze markiert.[1015]

Sowohl die gesetzliche Überschrift als auch § 16a Abs. 1 JGG sprechen in ihrem Wortlaut von der Verhängung eines Jugendarrestes neben einer Jugendstrafe und verwenden den Begriff des Jugendarrestes wie ihn das Gesetz bereits kannte. Der Jugendarrest gehört neben der Verwarnung und der Erteilung von Auflagen zu den vom Gesetz vorgegebenen drei Formen von Zuchtmitteln, welche in § 13 Abs. 2 JGG abschließend genannt sind. An dieser Aufzählung der Zuchtmittel hat sich mit der Einführung des § 16a JGG nichts geändert. Nach seinem ausdrücklichen Wortlaut nimmt § 13 Abs. 2 Nr. 3 JGG ausschließlich auf den Jugendarrest Bezug, wie es der Normbezeichnung in § 16 JGG entspricht. Für die Neuregelung des § 16a JGG hat der Gesetzgeber hingegen die Formulierung „Jugendarrest neben Jugendstrafe" gewählt. Die abweichende Normbezeichnung ohne die gleichzeitige Erweiterung des § 13 Abs. 2 JGG um eine Ziffer 4, welche den „Jugendarrest neben Jugendstrafe" in die Reihe der Zuchtmittel aufnimmt, spricht auf den ersten Blick gegen eine Einordnung des § 16a-Arrestes als Zuchtmittel. Diese Ansicht wird durch den Wortlaut des § 13 Abs. 1 JGG gestützt, der übergeordnet für alle Zuchtmittel als Anwendungsvoraussetzung festlegt, dass Jugendstrafe nicht geboten sein darf.[1016] Nachdem sich § 16a Abs. 1 JGG von den Voraussetzungen des

---

1013 *Schaffstein/Beulke/Swoboda*, 2014, Rn. 543; kritisch zu Einordnung als Zuchtmittel auch *Swoboda*, in: FS für Beulke, 1229 (1235 f.).

1014 *Radtke*, ZStW 121 (2009), 416 (447).

1015 BVerfGE 85, 69 (73); 105, 135 (157); *Kaspar*, 2017, § 5 Rn. 32.

1016 Aus diesem Grund halten *Höynck/Ernst*, in: Soziale Arbeit im Jugendarrest, 123 (129) bei der Einordnung des § 16a JGG als Zuchtmittel das Vorliegen der Voraussetzungen des § 13 Abs. 1 JGG für erforderlich.

§ 13 Abs. 1 JGG löst, könnte dem Warnschussarrest auch der Charakter eines Zuchtmittels zu versagen sein. Andererseits distanziert sich § 16a Abs. 1 JGG ausdrücklich nur von den Anwendungsvoraussetzungen in § 13 Abs. 1 JGG, nicht hingegen insgesamt von § 13 JGG. Dies lässt im Umkehrschluss annehmen, dass § 13 Abs. 2 und 3 JGG auch für den Jugendarrest neben Jugendstrafe gem. § 16a JGG Geltung beanspruchen sollen. Darüber hinaus ist bei der Auslegung anhand des Wortlauts zu berücksichtigen, dass das Gesetz den Begriff des Jugendarrestes auch im Rahmen von §§ 11 Abs. 3 S. 1, 15 Abs. 3 S. 2 JGG verwendet.[1017]Danach kann gegen den Jugendlichen bei schuldhafter Zuwiderhandlung gegen Weisungen oder Auflagen ebenfalls Jugendarrest verhängt werden kann. Der Jugendarrest wegen der Nichterfüllung von Weisungen oder Auflagen hat dabei ausschließlich das Ziel auf die Befolgung der gerichtlich angeordneten Maßnahme hinzuwirken und besitzt keinen Ahndungscharakter.[1018] Dies zeigt, dass die Bezeichnung „Jugendarrest" nicht zwingend an die Voraussetzungen der Zuchtmittel anknüpft. Der Wortlaut liefert damit keine eindeutigen Anhaltspunkte für die Einordnung als Zuchtmittel.

2. Systematik

Systematisch ist § 16a JGG im Dritten Abschnitt der Zuchtmittel eingeordnet. Der Gesetzgeber hat sich folglich für eine Standortbestimmung innerhalb der Zuchtmittel entschieden und dem Arrest nach § 16a JGG nicht etwa, wie der Aussetzung der Verhängung der Jugendstrafe zur Bewährung nach § 27 JGG als „eigenständige [...] Sanktion"[1019], einen eigenen Abschnitt innerhalb des Ersten Hauptstücks des JGG eingeräumt. Neben der Stellung der Norm innerhalb eines bestimmten Gesetzesabschnitts fragt die systematische Auslegung auch nach dem gesetzlichen Kontext der Vorschrift zu anderen Normen.[1020] Anhaltspunkte für die rechtliche Qualifikation des § 16a JGG könnten sich aus den Vorschriften des BZRG zur Eintragungspflicht von Zuchtmitteln ergeben. § 13 Abs. 3 JGG stellt zunächst klar, dass Zuchtmittel nicht die Rechtswirkungen einer Strafe besitzen. Die Verurteilung zu einem Zuchtmittel wird dementsprechend nicht nach

---

1017 *Gonska*, GreifRecht 2013, 32 (43) mit Blick auf den Bestimmtheitsgrundsatz.
1018 *Buhr*, in: Meier/Rössner/Trüg/Wulf, JGG, § 11 Rn. 19; *Diemer*, in: Diemer/Schatz/Sonnen, JGG, § 11 Rn. 11.
1019 *Ostendorf*, in: Ostendorf, JGG, 10. Aufl., Grdl. z. §§ 27-30 Rn. 1.
1020 *Kaspar*, 2017, § 5 Rn. 34; *Satzger*, in: SSW-StGB, § 1 Rn. 47.

§ 3 i.V.m. § 4 BZRG in das Zentralregister eingetragen, sondern unterliegt nach § 60 Abs. 1 Nr. 2 JGG der Eintragungspflicht in das Erziehungsregister. Da die Verurteilung zu Zuchtmitteln nach § 32 Abs. 1 S. 1 BZRG nicht ins Führungszeugnis aufgenommen werden, darf sich der Verurteilte nach § 53 Abs. 1 Nr. 1 i.V.m. § 64 BZRG weiterhin als nicht vorbestraft bezeichnen.[1021] Etwas anderes gilt für § 16a JGG, dessen gerichtliche Anordnung sich gem. § 5 Abs. 2 BZRG aus dem Zentralregister ergibt.[1022] Denn abweichend von der grundlegenden Eintragungspflicht in das Erziehungsregister sind Zuchtmittel nach § 5 Abs. 2 BZRG ausnahmsweise in das Zentralregister eingetragen, wenn diese in Verbindung mit einem Schuldspruch gem. § 27 JGG oder einer Verurteilung zu einer Jugendstrafe ergehen. Damit rückt der Arrest nach § 16a JGG in die Nähe der Rechtswirkungen einer Strafe.

Allerdings ist § 5 Abs. 2 BZRG nicht explizit auf die Regelung des § 16a JGG beschränkt, sondern nimmt allgemein Bezug auf die parallele Anordnung von Zuchtmitteln und geht damit offenbar davon aus, dass auch der Arrest nach § 16a JGG als Zuchtmittel einzuordnen ist. Andernfalls hätte der Gesetzgeber eine gesonderte Eintragungsbestimmung für die Sanktionskoppelung mit § 16a JGG treffen müssen. Bereits vor der Einführung des Warnschussarrestes führte die nach § 8 Abs. 2 S. 1 JGG zulässige Erteilung von Auflagen neben einer Jugendstrafe zur Eintragung der Sanktion in das Zentralregister. Allein aus der Eintragungspflicht in das Zentralregister wird man daher keinen Strafcharakter des Warnschussarrestes folgern können. Zweck der in § 5 Abs. 2 BZRG vorgesehenen gemeinsamen Eintragung ist es, bei der Verbindung mehrerer Maßnahmen eine Unvollständigkeit der Mitteilungen durch die Eintragung in unterschiedliche Register zu vermeiden.[1023] Die Rechtsnatur als Zuchtmittel bleibt hiervon unberührt.

Auf die Zuchtmittel nach dem JGG nimmt das BZRG des Weiteren in § 60 Abs. 1 Nr. 2 BZRG Bezug. Nachdem auf der Grundlage von § 60 Abs. 1 Nr. 2 BZRG a.F., der bislang nur die Eintragung von Erziehungsmaßregeln und Zuchtmitteln (§§ 9 bis 16 JGG) in das Erziehungsregister vorsah, Uneinigkeit über die Eintragungspflicht eines Ungehorsams-

---

1021 *Linke*, in: Meier/Rössner/Trüg/Wulf, JGG, § 13 Rn. 8.
1022 Zur Eintragungspflicht des § 16a JGG ins Zentralregister *Tolzmann/Götz*, 2015, § 5 Rn. 35.
1023 *Tolzmann/Götz*, 2015, § 5 Rn. 35.

arrestes nach § 11 Abs. 3 JGG bestand,[1024] wurde § 60 Abs. 1 Nr. 2 JGG durch das 7. BZRGÄndG[1025] um die Eintragungspflicht eines diesbezüglich verhängten Ungehorsamsarrestes erweitert. Die Anknüpfung an die Vorschriften der §§ 9 bis 16 JGG in § 60 Abs. 1 Nr. 2 BZRG ist hierdurch unverändert geblieben. Der fehlende Hinweis auf § 16a JGG könnte annehmen lassen, der Warnschussarrest sei nicht von den Zuchtmitteln umschlossen. Zu berücksichtigen ist allerdings, dass § 60 Abs. 1 Nr. 2 BZRG nur eine Entscheidung über die Eintragungspflicht in das Erziehungsregister trifft. Die Verhängung eines § 16a-Arrestes ergeht aber stets in Verbindung mit der Aussetzung der Vollstreckung oder Verhängung der Jugendstrafe und unterliegt gem. § 5 Abs. 2 BZRG der Eintragung in das Zentralregister, so dass eine Bezugnahme auf § 16a JGG in § 60 Abs. 1 Nr. 2 BZRG widersprüchlich wäre.

Die Systematik des Gesetzes legt folglich insgesamt eine Einordnung als Zuchtmittel nahe.

3. Historische Auslegung

Einen eindeutigen Anhaltspunkt für die Qualifikation des Warnschussarrestes als Zuchtmittel liefert der Wille des Gesetzgebers. Nach der Programmatik des Gesetzgebers ist klar: Auch der Warnschussarrest soll trotz seines besonderen Ziels der Bewährungsförderung Zuchtmittel bleiben.

„Auch wenn allerdings bei dem Jugendarrest nach § 16a gegenüber dem Gedanken der Ahndung und Unrechtsverdeutlichung des § 13 Absatz 1 insgesamt gesehen das Ziel einer erfolgreichen Bewältigung der Bewährungszeit hinzu tritt und dabei erzieherische Belange in einem positiven Sinne noch stärkeres Gewicht erhalten, wird diese neue Sanktionsmöglichkeit in die Kategorie der Zuchtmittel eingeordnet. Denn auch bei einer konstruktiven erzieherischen Ausgestaltung enthält der Freiheitsentzug in Form des Jugendarrests weiterhin Elemente der Bestrafung für begangenes Unrecht."[1026]

1024 Eine Eintragungspflicht von Ungehorsamsarresten auf Basis der alten Rechtslage ablehnend *Eisenberg*, 2017, § 11 Rn. 26; *Ostendorf*, in: Ostendorf, JGG, 10. Aufl., § 11 Rn. 15; befürwortend hingegen *Tolzmann/Götz*, 2015, § 60 Rn. 11.

1025 BGBl. I 2017, S. 2732.

1026 BT-Drucks. 17/9389, S. 12.

Der Gesetzgeber hat sich damit gegen die von *Radtke* vorgeschlagene Lösung gewandt, anstelle der Koppelung von Jugendarrest und bedingter Jugendstrafe zur Vermeidung von verfassungsrechtlich bedenklichen Systemwidersprüchen einen Teilvollzug einer im Übrigen zur Bewährung ausgesetzten Jugendstrafe zuzulassen.[1027] Schließlich steht es dem Gesetzgeber offen, den Zweck einer Sanktion zu erweitern.

4. Ratio des § 16a JGG

Bei der Frage nach der Qualifikation des § 16a JGG als Zuchtmittel ist des Weiteren der objektive Normzweck der Vorschrift dienlich. Zwar werden dem Arrest nach § 16a JGG entsprechend der Gesetzesbegründung kraft seines faktischen Freiheitsentzuges auch Ahndungsaspekte zuteil, doch steht er insgesamt unter der Zielbestimmung die Aussichten für eine erfolgreiche Bewältigung der Bewährungszeit zu fördern.[1028] Repliziert wird damit die alte Argumentationslinie des BGH zu der dem herkömmlichen Jugendarrest nicht zugedachten Funktion, durch einen kurzen Freiheitsentzug die Aussichten auf eine positive Legalbewährung fördern zu wollen. § 16a JGG erhält damit eine neue Zielrichtung, die sich vom Zweck der bisherigen Zuchtmittel der Verwarnung, Auflagen und Jugendarrest deutlich unterscheidet.[1029] Eine Einordnung in die Kategorie der Zuchtmittel erscheint daher auf den ersten Blick widersprüchlich. Diese besondere Zielrichtung des § 16a JGG wird als Anknüpfungspunkt dafür gesehen, den Warnschussarrest in Ergänzung zu den bisherigen Möglichkeiten von Bewährungsauflagen und –weisungen als bewährungsbegleitende Maßnahme einzuordnen, so dass er vom Gesetzgeber bei konsequenter Fortführung seiner Zielvorgabe in § 23 Abs. 1 JGG hätte geregelt werden müssen.[1030] Bei genauerem Hinsehen fügt sich dieses Konstrukt einer neuen Bewährungsauflage in der Form eines Arrestes nach § 16a JGG de lege lata aber weder systematisch in die Vorschriften des JGG ein, noch erscheint eine derartige Einordnung allein aufgrund der besonderen und eigenständigen Zielsetzung des § 16a JGG zwingend geboten.

1027 *Radtke*, ZStW 121 (2009), 416 (447); der Auffassung von Radtke zustimmend *Wulf*, in: Meier/Rössner/Trüg/Wulf, JGG, § 16a Rn. 5.
1028 BT-Drucks. 17/9389, S. 12.
1029 So auch *Brettel/Bartsch*, RdJB 2014, 299 (309).
1030 *Swoboda*, in: FS für Beulke, 1229 (1235); *Schaffstein/Beulke/Swoboda*, 2014, Rn. 543.

Eine Klassifizierung des § 16a JGG als bewährungsbegleitende Maßnahme scheitert nach der aktuellen Gesetzeslage bereits an der ausdrücklichen Bestimmung in §§ 8 Abs. 2 S. 2, 16a Abs. 1 JGG, dass Jugendarrest *neben* einer bedingten Jugendstrafe im Urteil selbst zu verhängen ist. Die Festsetzung im Bewährungsbeschluss ist unzulässig.[1031] Anzuerkennen ist, dass dem Arrest nach § 16a JGG ähnlich wie den Bewährungsnebenentscheidungen die Aufgabe zukommt, auf den Täter in einer Form einzuwirken, die diesen in die Lage versetzt, die Bewährungszeit ohne weitere Straftaten zu überstehen. Der Warnschussarrest weist damit zugegebenermaßen Überschneidungen mit den Funktionen der Bewährungsauflagen und -weisungen nach § 23 Abs. 1 JGG auf; er ist mit diesen aber nicht in vollem Umfang gleichzusetzen. Während die für die Bewährungszeit erteilten Weisungen den Zweck haben, dem Jugendlichen bei seiner individuellen Problembewältigung Hilfestellung zu leisten, dienen Auflagen als Ausgleichsmaßnahme für das Ausbleiben der Strafvollstreckung.[1032] In Anlehnung an den Wortlaut des § 23 Abs. 2 JGG, der den Leistungen des Jugendlichen eine Genugtuungsfunktion für das begangene Unrecht zuspricht, wird den Bewährungsauflagen zum Teil auch eine ahndende Komponente beigemessen.[1033] Gerade im Hinblick auf die in § 16a Abs. 1 Nr. 1 JGG angesprochene Unrechtsverdeutlichungsfunktion entsteht leicht der Eindruck, als könnten Warnschussarrest und Bewährungsauflagen in vergleichbarer Weise die Kompensation des ersparten Strafübels bezwecken. Der hinter § 16a Abs. 1 Nr. 1 JGG stehende Sanktionszweck besteht allerdings nicht in der Herbeiführung eines gerechten Schuldausgleichs und in der Funktion, dem Täter eine zusätzliche Einbuße aufzuerlegen, sondern in der Herbeiführung der Einsicht des Täters in das von ihm begangene Unrecht.[1034] Damit sind die Zielsetzungen des Verdeutlichungsarrestes und der Erteilung von Bewährungsauflagen nicht identisch. Von den Bewährungsweisungen, die nach § 23 Abs. 1 JGG grundsätzlich während der gesamten Dauer der Bewährungszeit erzieherischen Einfluss auf den Jugendlichen nehmen sollen, unterscheidet sich der Warnschussarrest vor allem durch seine zeitliche Komponente. § 16a JGG ist nach der Vorstellung des Gesetzgebers als kurzzeitige Interventionsmaßnahme konzipiert, um

---

1031 *Wulf*, in: Meier/Rössner/Trüg/Wulf, JGG, § 16a Rn. 46.
1032 *Meier*, in: Meier/Rössner/Trüg/Wulf, JGG, § 23 Rn. 1.
1033 *Laubenthal/Baier/Nestler*, 2015, Rn. 797; *Meier*, in: Meier/Rössner/Trüg/Wulf, JGG, § 23 Rn. 5; *Schaffstein/Beulke/Swoboda*, 2014, Rn. 508; a.A. *Eisenberg*, 2017, § 23 Rn. 5b; *Ostendorf*, in: Ostendorf, JGG, 10. Aufl., § 23 Rn. 2.
1034 Zu den Strafzwecken im Rahmen von § 16a Abs. 1 Nr. 1 JGG siehe oben Teil 1 E.2.c)aa).

den Grundstein für eine ambulante Betreuung durch die Bewährungshilfe zu legen.[1035] Der Arrest nach § 16a JGG und die Erteilung von Bewährungsweisungen sind zwar gleichermaßen zukunftsorientiert, erfüllen aber nicht dieselben Ziele.

Gegen eine künftige Einordnung des § 16a-Arrestes als neue Art der Bewährungsnebenentscheidung in den Katalog der Maßnahmen nach § 23 i.V.m. §§ 10, 15 JGG spricht zudem, dass die Erfüllung von Bewährungsauflagen und -weisungen im Wesentlichen von der Mitwirkungsbereitschaft des Jugendlichen abhängt. Eine zwangsweise Durchsetzung der Auflagen und Weisungen kommt unter Berücksichtigung der Möglichkeit, gegen den Verurteilten einen Ungehorsamsarrest nach §§ 23 Abs. 1 S. 4, 11 Abs. 3 S. 1, 15 Abs. 3 S. 2 JGG ggf. i.V.m. §§ 29 S. 2, 61b Abs. 1 S. 1 JGG zu verhängen, nicht in Betracht. Demgegenüber kann der Jugendliche dem Arrest nach § 16a JGG in der Praxis auch zwangsweise durch die Polizei zugeführt werden.[1036] Infolge der unterschiedlichen Zielrichtungen kann eine systematische Verortung des § 16a JGG in den Vorschriften über die Erteilung von Bewährungsauflagen und –weisungen nicht befürwortet werden.

Darüber hinaus steht die besondere Zielsetzung des § 16a JGG, die Aussichten für einen erfolgreichen Ablauf der Bewährungszeit zu verbessern, in keinem generellen Widerspruch zum Strafzweck der Zuchtmittel. Die Funktion einer Einflussnahme auf die Bewährungszeit hat der BGH in seiner früheren Rechtsprechung allein dem Jugendarrest nach § 13 Abs. 2 Nr. 3 JGG abgesprochen, nicht hingegen den Zuchtmitteln insgesamt. Dass die in § 13 Abs. 2 JGG geregelten Zuchtmittel durchaus unterschiedliche Zielrichtungen verfolgen können, zeigt ein Vergleich zwischen dem herkömmlichen Jugendarrest nach § 16 JGG und der Verwarnung nach § 13 Abs. 2 Nr. 1 i.V.m. § 14 JGG. Mit der Verwarnung als dem mildesten Zuchtmittel soll dem Jugendlichen nach § 14 JGG das Unrecht der Tat eindringlich vorgehalten werden. Da die Verwarnung anders als die Erteilung von Auflagen oder Jugendarrest für den Jugendlichen aber noch mit keiner unmittelbaren Handlungskonsequenz verbunden ist, kommt ihr als Appell an den jungen Rechtsbrecher künftig von weiteren Straftaten abzulassen, eher der Charakter eine Ermahnung oder förmli-

---

1035 BT-Drucks. 17/9389, S. 12 spricht von einer „Grundlage für die anschließende ambulante Betreuung".
1036 Siehe hierzu Teil 2 E.I.8.a).

chen Zurechtweisung zu.[1037] Dem Jugendarrest wird demgegenüber mit sühnenden, abschreckenden und erzieherischen Elementen zugleich eine andere Zielrichtung zugeschrieben.[1038] Gleichwohl ordnet das Gesetz beide Maßnahmen als Zuchtmittel ein. Dies zeigt, dass es dem Gesetz nicht fremd ist, den Zuchtmitteln unterschiedliche Funktionen zuzuschreiben. Es obliegt folglich dem Gesetzgeber, die Sanktionsziele der Zuchtmittel zu präzisieren oder neu festzulegen, so dass sich auch das Ziel des § 16a JGG, zu einer positiven Bewältigung der Bewährungszeit beizutragen, der Anordnung als Zuchtmittel nicht grundsätzlich verschließt.

Folglich steht auch der Normzweck einer Qualifikation als Zuchtmittel nicht entgegen.

5. Fazit

Unter Berücksichtigung der Gesetzessystematik, des gesetzgeberischen Willens und des Ergebnisses der teleologischen Auslegung ist es derzeit folgerichtig, den Arrest nach § 16a JGG in die Kategorie der Zuchtmittel einzuordnen. Da sich der Warnschussarrest in seiner neuen Zielbestimmung aber deutlich von den bisherigen Zuchtmitteln in § 13 Abs. 2 JGG unterscheidet, müsste § 13 Abs. 2 JGG konsequenterweise durch die Aufnahme des Arrestes nach § 16a JGG als vierte Art des Zuchtmittels um eine neue Ziffer 4 „Jugendarrest neben Jugendstrafe" erweitert werden. Durch die Aufnahme des Jugendarrestes neben bedingter Jugendstrafe in den Katalog der Zuchtmittel nach § 13 Abs. 2 JGG kann zugleich den geäußerten Bedenken entgegengetreten werden, die systematische Abkoppelung von den Voraussetzungen des § 13 Abs. 1 JGG in § 16a Abs. 1 JGG und die gleichzeitige Einordnung als Zuchtmittel sei widersprüchlich.

IV. Verfassungsrechtliche Konfliktfelder

Neben der einfachgesetzlichen Einkleidung des § 16a-Arrestes in das Normgefüge des JGG, soll der Blick darauf gerichtet werden, ob der Gesetzgeber mit der Aufnahme des Warnschussarrestes auch den vormals bestehenden verfassungsrechtlichen Kritikpunkten, in der Form eines Versto-

---

1037 *Laubenthal/Baier/Nestler*, 2015, Rn. 663; *Ostendorf*, in: Ostendorf, JGG, 10. Aufl., § 14 Rn. 2.
1038 Zu den Strafzwecken des Jugendarrestes siehe Teil 1 E.I.2.b).

ßes gegen das Doppelbestrafungsverbot, das Schuldprinzip und den Bestimmtheitsgrundsatz, entgegengetreten ist.

1. Verstoß gegen das Doppelbestrafungsverbot

Mit der Legalisierung von Jugendarrest neben bedingter Jugendstrafe oblag es dem Gesetzgeber auch die Folgewirkungen eines verbüßten Jugendarrestes gem. § 16a JGG auf eine später zu vollstrecken bzw. im Falle von § 27 JGG zu verhängende Jugendstrafe nicht außer Acht zu lassen. Die Koppelung von Jugendarrest und bedingter Jugendstrafe stand vor ihrem Inkrafttreten wegen des Verstoßes gegen das Doppelbestrafungsverbot aus Art. 103 Abs. 3 GG in der Kritik.[1039]

Naheliegend ist eine Verletzung des Doppelbestrafungsverbots, wenn der Jugendliche zunächst zu einem Jugendarrest neben bedingter Jugendstrafe verurteilt wird und im Anschluss an die Arrestverbüßung die Bewährung gem. § 26 Abs. 1 JGG widerrufen wird, das Gericht im Nachverfahren gem. § 30 Abs. 1 JGG auf Jugendstrafe erkennt oder die Aussetzung im späteren Beschluss nach § 61b Abs. 4 JGG ablehnt, mit der Folge, dass gegen den Täter wegen derselben Tat nunmehr Jugendstrafe zu vollstrecken ist.[1040] Um zu verhindern, dass der Täter wegen derselben Tat kumulierend zwei freiheitsentziehende Sanktionen erfährt, ist der Arrest nach § 16a JGG in dem Umfang seiner Verbüßung gem. § 26 Abs. 3 S. 3 JGG nunmehr obligatorisch auf die zu vollstreckende Jugendstrafe anzurechnen, unabhängig vom Anlass des Widerrufsgrundes. Selbiges gilt gem. §§ 61b Abs. 4, S. 3, 26 Abs. 3 S. 3 JGG, wenn die im Urteil vorbehaltene Aussetzung der Jugendstrafe zur Bewährung abgelehnt wird, im Nachverfahren gem. § 30 Abs. 1 S. 2 JGG eine Jugendstrafe verhängt wird oder das betreffende Urteil mit § 16a JGG nach § 31 Abs. 2 S. 2, 3 JGG in eine neue Entscheidung einzubeziehen ist. Durch die zwingenden Anrechnungsbestimmungen hat der Gesetzgeber die Bedenken gegen das Doppelbestrafungsverbot und eine Überschreitung des Schuldmaßes aufgegriffen.[1041] Soweit es nach der Verbüßung eines § 16a-Arrestes zu einer unbedingten Jugendstrafe kommt, stellen die Anrechnungsbestimmungen sicher, dass

---

1039 Siehe hierzu die Ausführungen in Teil 1 C.I.3.e)bb).
1040 *Gernbeck*, 2017, S. 78.
1041 BT-Drucks. 17/9389, S. 14; *Eisenberg*, StV 2013, 44 (45); eine Anrechnung des verbüßten Jugendarrestes auf die Jugendstrafe sah bereits der RefE 1983 vor; *Riechert-Rother*, 2008, S. 35.

der Verurteilte insgesamt nur einer Freiheitsentziehung im Maximalumfang der verhängten Jugendstrafe zugeführt wird. Damit ist der Vorwurf eines Verstoßes gegen das Doppelbestrafungsverbot de lege lata insoweit als beseitigt anzusehen.[1042]

a) Sonderkonstellation 1: Jugendarrest in Verbindung mit § 27 JGG und Strafaussetzung zur Bewährung im Nachverfahren

Während der Widerruf der Strafaussetzung zur Bewährung gem. § 26 JGG und die Ablehnung der Aussetzungsentscheidung gem. § 61b Abs. 4 JGG zwangsläufig die Vollstreckung der Jugendstrafe zur Folge haben, besteht bei der Erkennung auf Jugendstrafe gem. § 30 Abs. 1 JGG weiterhin die Möglichkeit, diese im Nachverfahren unter den Voraussetzungen des § 21 JGG erneut zur Bewährung auszusetzen. Der in § 30 Abs. 1 S. 2 JGG aufgenommene Verweis auf § 26 Abs. 3 S. 3 JGG lässt hier die Frage offen, ob die gesetzlichen Anrechnungsbestimmungen auch dann heranzuziehen sind, wenn die im Nachverfahren gem. § 30 Abs. 1 JGG verhängte Jugendstrafe nach § 21 JGG zur Bewährung ausgesetzt wird.

Nach §§ 30 Abs. 1 S. 2, 26 Abs. 3 S. 3 JGG ist der vollstreckte § 16a-Arrest auf die Jugendstrafe anzurechnen. Die Formulierung des Verweises auf § 26 Abs. 3 S. 3 JGG, der allein von der Anrechnung auf die Jugendstrafe und nicht auf die zu vollstreckende Jugendstrafe spricht, könnte annehmen lassen, dass eine Anrechnung auch dann zu erfolgen hat, wenn die Jugendstrafe im Nachverfahren zur Bewährung ausgesetzt wird. Die Anrechnung des verbüßten § 16a-Arrestes auf die zu verhängende Jugendstrafe hätte demnach bereits Einfluss auf die Dauer der Jugendstrafe und nicht erst auf die Vollstreckungszeit. Nach § 30 Abs. 1 JGG erkennt das Gericht in der verfahrensabschließenden Entscheidung jedoch auf diejenige Jugendstrafe, die es im Zeitpunkt des Schuldspruchs bei sicherer Beurteilung der schädlichen Neigungen ausgesprochen hätte. Anknüpfend an den Gesetzeswortlaut findet sich in der Literatur vielfach die Auffassung, dass das Verhalten des Täters während der Bewährungszeit nicht strafschärfend berücksichtigt werden dürfe, sondern nur insoweit Beachtung finde, als es das Vorliegen schädlicher Neigungen in dem für § 17 Abs. 2 Alt. 1 JGG er-

---

1042 *Gernbeck*, 2017, S. 78; *Gonska*, GreifRecht 2013, 32 (41 f.); *Laubenthal/Baier/Nestler*, 2015, Rn. 490.

forderlichen Umfang bekräftige.[1043] Bestimmt sich das konkrete Maß der Jugendstrafe nach den Umständen zum Zeitpunkt der Entscheidung über die Aussetzung der Verhängung der Jugendstrafe, könnte in der Konsequenz neben der untersagten Strafschärfung auch ein Strafabschlag infolge der Verbüßung des Warnschussarrestes ausscheiden. Allerdings ist bei der späteren Erkennung auf Jugendstrafe zu beachten, dass die Sanktionsfolge insgesamt unter Einbezug der Arrestverbüßung das Schuldmaß des Täters nicht übersteigen darf. Der Gesetzgeber selbst hat bei der Normierung der neuen gesetzlichen Anrechnungsbestimmungen zum Warnschussarrest ersichtlich nicht die Verkürzung der Dauer der Jugendstrafe vor Augen gehabt. Mit dem Verweis in § 30 Abs. 1 S. 2 auf § 26 Abs. 3 S. 3 JGG soll die obligatorische Anrechnung des verbüßten § 16a-Arrestes auch für den Fall gelten, dass nach einer primären Aussetzung der Verhängung der Jugendstrafe zur Bewährung im anschließenden Nachverfahren eine zu vollstreckende Jugendstrafe ausgesprochen wird.[1044] Dieses Verständnis des Gesetzgebers entspricht dem in der Kommentarliteratur aufzufindenden Hinweis, den neben § 27 JGG zum Tragen kommenden Arrest auf die *„verhängte"* Jugendstrafe anzurechnen.[1045] Eine Anrechnung auf die verhängte Jugendstrafe setzt begriffsnotwendig voraus, dass die im Einzelfall schuldangemessene Strafe im Zeitpunkt der Anrechnungsentscheidung bereits feststeht.[1046] Der Gesetzgeber hat sich folglich für eine Art Vollstreckungslösung ausgesprochen mit der Folge, dass die Verbüßung des Warnschussarrestes bei der Strafzumessung selbst keine Beachtung findet.[1047]

Ein rechtssystematischer Gesichtspunkt, die Anrechnung des Warnschussarrestes ausschließlich bei einer unbedingten Jugendstrafe zuzulassen, ergibt sich des Weiteren aus der Anrechnungsbestimmung von Untersuchungshaft auf die Jugendstrafe in § 52a JGG. Auch dort verwendet das Gesetz den Begriff der Anrechnung, für dessen inhaltliche Auslegung die

---

1043 *Brunner/Dölling,* 2018, § 30 Rn. 8; *Diemer,* in: Diemer/Schatz/Sonnen, JGG, § 30 Rn. 11; *Eisenberg,* 2017, § 30 Rn. 9; *Laubenthal/Baier/Nestler,* 2015, Rn. 861; a.A. *Meier,* in: Meier/Rössner/Trüg/Wulf, JGG, § 30 Rn. 7, der eine Kontrolle, inwieweit das Gericht das Verhalten in der Bewährungszeit strafschärfend berücksichtigt, schon deshalb nicht für möglich erachtet, da das Gericht in seiner Entscheidung über den Schuldspruch das Maß der ggf. auszusprechenden Jugendstrafe in der Praxis nicht konkretisiert; *Ostendorf,* in: Ostendorf, JGG, 10. Aufl., § 30 Rn. 5.
1044 BT-Drucks. 17/9389, S. 15.
1045 *Diemer,* in: Diemer/Schatz/Sonnen, JGG, § 30 Rn. 11.
1046 BGHSt 7, 214 (216) im Zusammenhang mit § 60 StGB.
1047 *Diemer,* in: Diemer/Schatz/Sonnen, JGG, § 30 Rn. 11.

Rechtsprechung die im allgemeinen Strafrecht geltende Regelung des § 51 Abs. 1 StGB heranzieht.[1048] Dabei stellt die Anrechnung ein der Strafzumessung nachgelagertes Verfahren dar, welches den Vorgang der Strafzumessung als solches unberührt lässt.[1049] Folglich ist die Anrechnung als Teil der Strafvollstreckung von der Bemessung der Jugendstrafe gem. § 18 Abs. 2 JGG zu unterscheiden.[1050] Spricht das Gesetz von einer Anrechnung auf die Jugendstrafe intendiert es damit eine rechnerische Verkürzung der Vollstreckungszeit, nicht hingegen der im Einzelfall festgesetzten schuldangemessenen Strafe. Aus all dem folgt, dass nach §§ 30 Abs. 1 S. 2, 26 Abs. 3 S. 3 JGG eine Anrechnung des verbüßten § 16a-Arrestes de lege lata nur verbindlich vorgeschrieben ist, wenn dem Schuldspruch eine unbedingte Jugendstrafe nachfolgt. Wird die Jugendstrafe hingegen zur Bewährung ausgesetzt, so führt die Anrechnungsbestimmung in § 30 Abs. 1 S. 2 JGG zu keiner Verkürzung der nach § 18 JGG zu bemessenden Jugendstrafe selbst.

Damit verbleibt der vor Einführung des § 16a JGG erhobene Einwand, dass eine unzulässige Doppelbestrafung bereits dann vorliege, wenn der Verbüßung des Jugendarrestes im Nachverfahren ein auf Jugendstrafe lautender Strafausspruch nachfolge.[1051] *Vietze* argumentiert dahingehend, dass ohne die Anrechnung des verbüßten Jugendarrestes der Täter, gegen den neben § 27 JGG ein zusätzlicher Arrest verhängt werde und der im Nachverfahren gem. § 30 Abs. 1 JGG eine Verurteilung zu einer Jugendstrafe erfahre, schlechter stünde als derjenige, der bereits zum Zeitpunkt der Hauptverhandlung wegen feststehender schädlicher Neigungen mit Jugendstrafe sanktioniert wurde, was im Hinblick auf Art. 103 Abs. 3 GG nicht hinnehmbar sei.[1052] Setzt man an dieser Argumentation an, so hängt die Frage eines Verstoßes gegen den Grundsatz „ne bis in idem" bei dem Ausspruch eines Jugendarrestes neben § 27 JGG in Kombination mit einer

---

1048 BGHSt;NStZ 1990, 540; BT-Drucks. 7/550, S. 330; *Blessing/Weik*, in: Meier/Rössner/Trüg/Wulf, JGG, § 52a Rn. 1.

1049 BGHSt 7, 214 (216), wonach die Anrechnung nur im weiteren Sinn zur Strafbemessung zählt, im Regelfall aber „kein eigentlicher Strafzumessungsgrund ist; so auch BGH, NJW 1956, 1164; *Fischer*, 2017, § 51 Rn. 4; *Maier*, in: MüKoStGB, Bd. 2, § 51 Rn. 1.

1050 *Schady*, ZIS 2015, 593; die Anrechnung i.E. ebenfalls als Strafvollstreckungsregel einordnend *Wenzel*, 2003, S. 132 f., 137, allerdings mit dem Hinweis, dass sich zwischen der Strafzumessung im engeren Sinne und der Anrechnung Überschneidungen ergeben können.

1051 *Vietze*, 2004, S. 76.

1052 *Vietze*, 2004, S. 76.

im Nachverfahren verhängten, zur Bewährung ausgesetzten Jugendstrafe weiterhin von der Beurteilung der Einheitlichkeit von Schuldspruch und dem sich gem. § 30 JGG anschließenden Nachverfahren ab.

Nur unter der Prämisse, dass der Schuldspruch und die im Nachverfahren ausgesprochene Jugendstrafe eine Sanktionseinheit bilden und es sich um einen Ausspruch mehrerer Sanktionen in einem Strafverfahren handelt, ließe sich ein Verstoß gegen das Doppelbestrafungsverbot vermeiden.[1053] Dieser Problematik der Einheitlichkeit von § 27 und § 30 JGG voranzustellen ist die Frage, ob der Schuldspruch gekoppelt mit einem Arrest nach § 16a JGG als „Bestrafung" des Täters im Sinne des Art. 103 Abs. 3 GG zu werten ist. Denn eine unzulässige Zweitahndung der Tat setzt das „Vorliegen einer Erstentscheidung voraus durch die ein Mindestmaß an Klärung des staatlichen Strafanspruchs durch ein Gericht erfolgt ist"[1054]. Zwar dient die Verhängung eines Arrestes nach § 16a JGG unter Berücksichtigung der einzelnen Zielsetzungen in Abs. 1 Nr. 1-3 JGG insgesamt der Bewährungsförderung, doch bleibt der Arrest, wie bereits erläutert,[1055] als Folge einer rechtwidrig begangenen Straftat durch den hiermit verbundenen Freiheitsentzug ein für den Delinquenten deutlich spürbares Übel, so dass bereits im Verfahren nach § 27 JGG eine erste materielle Strafe erfolgt. Mit der Erkennung auf Jugendstrafe im Nachverfahren gem. § 30 Abs. 1 JGG erfährt der Schuldig gesprochene schließlich eine weitere Sanktion.

Für und Wider der Einheitlichkeit von § 27 und § 30 JGG sowie die Vereinbarkeit mit Art. 103 Abs. 3 GG wurde auf Basis der früheren Rechtslage ausführlich diskutiert.[1056] Ob es sich bei der Erkennung auf Jugendstrafe nach der Verbüßung eines Jugendarrestes um eine Mehrfachsanktionierung in einem Strafverfahren handelt, wird man letztlich nur unter Berücksichtigung des Sinn und Zwecks von §§ 27 ff. JGG und Art. 103 Abs. 3 GG beurteilen können. Der Grundsatz „ne bis in idem" aus Art. 103 Abs. 3 GG ist Ausdruck des Gebots rechtsstaatlicher Strafrechtspflege und dient dem Schutz des Einzelnen gegen eine erneute Bestrafung oder Verfolgung wegen derselben Straftat.[1057] Hat der Staat von seinem

---

1053 Siehe zum Inhalt des Doppelbestrafungsverbots oben Teil 1 C.I.e).

1054 *Nolte*, in: v. Mangoldt/Klein/Stark, GG, Bd. 3, Art. 103 Rn. 216.

1055 Zur Einordnung des Jugendarrestes als Strafe i.S.v. Art. 103 Abs. 3 GG siehe Teil 1 C.I.3.e)aa).

1056 Vgl. hierzu oben Teil 1 C.I.3.e)bb) sowie *Vietze*, 2004, S. 74 ff.

1057 BVerfGE 12, 62 (66); *Gercke/Temming*, in: Heidelberger Kommentar-StPO, Einleitung Rn. 27; *Schmidt-Aßmann*, in: Maunz/Düring, GG, Art. 103 Abs. 3 Rn. 258.

Strafanspruch Gebrauch gemacht und über die Tat entschieden, so darf der Betroffene darauf vertrauen, wegen derselben Tat keine erneute strafrechtliche Inanspruchnahme fürchten zu müssen.[1058] Dies gebieten der im Rechtsstaatsprinzip verankerte Grundsatz der Rechtssicherheit und die Menschenwürde aus Art. 1, 2 GG.[1059] Das Verbot der Mehrfachbestrafung knüpft damit an das Vorliegen eines vollständig abgeschlossenen Strafverfahrens an.[1060] Mit dem Schuldspruch gem. § 27 JGG stellt das Gericht die verfahrensabschließende Entscheidung allerdings bis zur Durchführung des Nachverfahrens zurück. Das Strafverfahren gegen den Angeklagten ist durch den Schuldspruch nicht endgültig beendet; vielmehr weiß der schuldig Gesprochene, dass die endgültige Ahndung der Tat durch die Verhängung der Jugendstrafe von dem Verlauf der Bewährungszeit abhängt. Mit der Erkennung auf Jugendstrafe im Nachverfahren wird der Angeklagte letztlich nicht „erneut", sondern „endgültig" verurteilt. Trotz der formalen Zweiteilung des Verfahrens steht der Strafausspruch des entscheidenden Richters in einer inneren Abhängigkeit zum vorangegangenen Schuldspruch, um die Einheitlichkeit der Entscheidung zu wahren.[1061] Die Vorschriften in §§ 27 ff. JGG dienen folglich der Einheitlichkeit des Urteils,[1062] strikt zu trennen von der Frage der Einheitlichkeit des Verfahrens. Der Ausspruch eines Jugendarrestes neben § 27 JGG verstößt daher auch bei nachfolgender Aussetzung der Vollstreckung der Jugendstrafe zur Bewährung im Nachverfahren nicht gegen das Doppelbestrafungsverbot.

b) Sonderkonstellation 2: Jugendarrest neben § 27 JGG und im Nachverfahren

Ein Verstoß gegen das Verbot der Mehrfachbestrafung könnte sich aber weiterhin ergeben, wenn das Gericht nach der Aussetzung der Verhängung der Jugendstrafe zur Bewährung gem. § 27 JGG gekoppelt mit einem zusätzlichen Arrest nach § 16a JGG im anschließenden Nachverfahren gegen den Angeklagten eine Jugendstrafe verhängt, deren Vollstreckung es gem. § 21 JGG zur Bewährung aussetzt, und daneben erneut von dem Aus-

---

1058 BGHSt 28, 120 (121); *Schmidt-Aßmann*, in: Maunz/Düring, GG, Art. 103 Abs. 3 Rn. 260.

1059 *Schmidt-Aßmann*, in: Maunz/Düring, GG, Art. 103 Abs. 3 Rn. 260.

1060 BGHSt 28, 119 (121); *Schmahl*, in: Schmidt-Bleibtreu/Klein, GG, Art. 103 Rn. 81.

1061 BGHSt 10, 71 (72 f.); *Diemer*, in: Diemer/Schatz/Sonnen, JGG, § 30 Rn. 5.

1062 *Diemer*, in: Diemer/Schatz/Sonnen, JGG, § 30 Rn. 5.

spruch eines Warnschussarrestes Gebrauch macht.[1063] Die abermalige Verbindung der nach § 21 JGG zur Bewährung ausgesetzten Jugendstrafe mit einem Arrest nach § 16a JGG ist nach dem Wortlaut des Gesetzes nicht grundsätzlich ausgeschlossen.[1064] Diese Konstellation bedarf allerdings in zweierlei Hinsicht einer kritischen Würdigung. Zum einen stellt sich wegen der zweifachen Sanktionierung gem. § 16a JGG die Frage eines Verstoßes gegen Art. 103 Abs. 3 GG, zum anderen erscheint ein derartiges Vorgehen unter dem Blickwinkel des Gleichheitsgrundsatzes aus Art. 3 GG diskussionswürdig.

Hält man an dem Grundsatz der Einheitlichkeit von Schuldfeststellung und der abschließenden Strafentscheidung fest, so wird der Täter auch bei der doppelten Anordnung von § 16a JGG neben § 27 JGG sowie neben der zur Bewährung ausgesetzten Jugendstrafe im anschließenden Nachverfahren nicht nacheinander wegen derselben Tat mehrfach bestraft, sondern gelangen innerhalb eines Verfahrens mehrere Sanktionen nebeneinander zur Anwendung. Die Entscheidung nach § 27 JGG führt zu keinem Strafklageverbrauch, so dass dem Angeklagten kein Vertrauensschutz hinsichtlich einer endgültigen Strafentscheidung gebührt. Die spätere Erkennung auf Jugendstrafe wurzelt vielmehr ersichtlich in dem rechtskräftigen Schuldspruch. Die nochmalige Verhängung eines Arrestes nach § 16a JGG im Nachverfahren, obgleich gegen den Angeklagte wegen derselben Tat bereits einen Schuldspruch verbunden mit einem Jugendarrest ergangen ist, verstößt demnach nicht gegen Art. 103 Abs. 3 GG.

Die erneute Anordnung eines § 16a-Arrestes im Nachverfahren gem. § 30 Abs. 1 JGG bei gleichzeitiger Aussetzung der Jugendstrafe zur Bewährung gegen einen Täter, der bereits neben § 27 JGG zu einem Arrest nach § 16a JGG verurteilt wurde, könnte allerdings einen Verstoß gegen den

---

1063 Im Rahmen der empirischen Studie hat sich jedenfalls gezeigt, dass von der Verhängung eines Arrestes nach § 16a JGG in der Praxis auch im Nachverfahren gem. § 30 Abs. 1 JGG Gebrauch gemacht wird, wenn gegen den Jugendlichen nachfolgend zum Schuldspruch eine zur Bewährung ausgesetzte Jugendstrafe ergeht.

1064 Vgl. *Laubenthal/Baier/Nestler*, 2015, Rn. 862 mit gleichfalls geäußerten Bedenken hinsichtlich eines Verstoßes gegen das Doppelbestrafungsverbot und des Ausnahmecharakters von §§ 8 Abs. 2 S. 2, 16a JGG bei der abermaligen Verhängung des § 16a JGG im Nachverfahren gem. § 30 Abs. 1 JGG. Dass die mehrfache Verhängung eines § 16a-Arrestes in der gerichtlichen Praxis anzutreffen ist, hat die im Rahmen der vorliegenden Arbeit durchgeführte Aktenanalyse bestätigt. Gegen zwei Jugendliche verhängten die Gerichte zweimal einen Arrest nach § 16a JGG, wobei der Verurteilung in diesen Fällen eine neue Tat zugrunde lag.

Gleichbehandlungsgrundsatz aus Art. 3 Abs. 1 JGG darstellen, da der Jugendliche in diesem Fall schlechter steht als derjenige, bei dem das Gericht bereits im Urteilszeitpunkt von schädlichen Neigungen in dem für die Jugendstrafe erforderlichen Maße ausgeht. Der Schuldspruch gem. § 27 JGG gewährt dem Gericht bei Zweifeln über den Umfang der schädlicher Neigungen in Abweichung vom Grundsatz „in dubio pro reo" die Möglichkeit die Endentscheidung aufzuschieben.[1065] Hierbei sollen die Regelungen zur Verfahrensgestaltung in §§ 27 ff. JGG sicherstellen, dass sich für die Verurteilung des Angeklagten keine Unterschiede daraus ergeben, ob über die Schuld- und Straffrage gleichzeitig entschieden wird, oder die Entscheidung über die Verhängung der Jugendstrafe zeitlich nachgelagert erfolgt.[1066] Dies muss dann aber auch bedeuten, dass der mit einem Schuldspruch belastete Angeklagte nicht schlechter gestellt werden darf gegenüber demjenigen, gegen den die Entscheidung über die Verhängung einer Jugendstrafe zeitgleich mit der Schuldfeststellung ergeht. Dem Angeklagten soll mit der Aussetzung der Verhängung der Jugendstrafe gem. § 27 JGG kein größeres Übel angelastet werden, als er es bei dem Vorliegen schädlicher Neigungen im Zeitpunkt der ersten Hauptverhandlung durch den Ausspruch einer Jugendstrafe erfahren hätte. Hält das Gericht im Entscheidungszeitpunkt die Verhängung einer Jugendstrafe wegen schädlicher Neigungen nach § 17 Abs. 2 Alt. 1 JGG für erforderlich, so gewährt das Gesetz daneben die Möglichkeit einen Arrest nach § 16a JGG zu verhängen, ohne dass der Verurteilte dabei dem Risiko unterliegt, in einem Nachverfahren, unabhängig von der Begehung einer weiteren Straftat, erneut einen Arrest nach § 16a JGG zu erhalten. Das Gleichheitsgebot aus Art. 3 Abs. 1 GG verlangt danach, wesentlich gleiche Sachverhalte nicht ohne einen sachlichen Differenzierungsgrund ungleich zu behandeln.[1067] Erkennt das Gericht im Nachverfahren gem. § 30 Abs. 1 JGG auf eine Jugendstrafe, bescheinigt es dem Jugendlichen das Vorliegen schädlicher Neigungen in gleicher Weise, wie sie sonst in der unmittelbaren Verhängung der Jugendstrafe nach § 17 Abs. 2 Alt. 1 JGG festgestellt worden wären. Ein sachlicher Differenzierungsgrund, den Täter, der aufgrund bestehender Unsicherheiten hinsichtlich der für die Jugendstrafe erforderlichen schädlichen Neigungen einen Schuldspruch erhält, schlechter zu stellen, als denjenigen, der wegen bereits feststehender erheblicher Erziehungsmängel im Zeitpunkt des Schuldspruchs unmittelbar zu einer Jugendstrafe

---

1065 *Diemer*, in: Diemer/Schatz/Sonnen, JGG, § 27 Rn. 4.
1066 *Diemer*, in: Diemer/Schatz/Sonnen, JGG, § 30 Rn. 5.
1067 *Krieger*, in: Schmidt-Bleibtreu/Klein, GG, Art. 3 Rn. 21, 23.

nach § 17 Abs. 2 Alt. 1 JGG verurteilt wird, ist nicht ersichtlich. Dabei ist zu berücksichtigen, dass der rechtskräftige Schuldspruch Bindungswirkung im Nachverfahren entfaltet.[1068] Die rechtliche Urteilsgrundlage bleibt mithin unverändert. Der zweifache Ausspruch eines § 16a-Arrestes wegen derselben Tat im Verfahren nach § 27 JGG und § 30 Abs. 1 JGG ist daher, ganz abgesehen von der Frage nach seiner erzieherischen Zweckmäßigkeit, wegen Verstoßes gegen den Gleichheitsgrundsatz aus Art. 3 Abs. 1 GG als unzulässig zu werten.

2. Verstoß gegen den Bestimmtheitsgrundsatz

Verfassungsrechtliche Bedenken hinsichtlich der Koppelung von Jugendarrest und einer zur Bewährung ausgesetzten Jugendstrafe wurden weiterhin wegen der Undefinierbarkeit der Zielgruppe des § 16a JGG laut.[1069] Das in Art. 103 Abs. 2 GG verankerte strafrechtliche Bestimmtheitsgebot verlangt, dass die Voraussetzungen eines jeden Straftatbestandes sowie die angedrohte Sanktion so genau und klar umschrieben sind, dass der Einzelne die Grenzen des straffreien Raums im Zeitpunkt der Tatbegehung erkennen kann, sein Verhalten danach ausrichten und die ihm drohende staatliche Straffolge bei Zuwiderhandlung gegen die Strafnorm vorhersehen kann.[1070] Das Gebot der Gesetzesbestimmtheit gilt demnach sowohl auf Tatbestands- als auch Rechtsfolgenseite.[1071] Mit der Festlegung der gesetzlichen Straffolge verdeutlicht der Gesetzgeber die Bewertung des strafrechtlich nicht gestatteten Verhaltens.[1072] Dies verlangt, dass die Strafe als missbilligende hoheitliche Reaktion auf ein begangenes Unrecht in Art und Maß vom parlamentarischen Gesetzgeber festgelegt wird.[1073] Der Bestimmtheitsgrundsatz ist dabei nicht auf Strafen nach dem Erwachsenen-

---

1068 *Laubenthal/Baier/Nestler*, 2015, Rn. 864; *Meier*, in: Meier/Rössner/Trüg/Wulf, JGG, § 30 Rn. 12; *Ostendorf*, in: Ostendorf, JGG, 10. Aufl., § 30 Rn. 3.
1069 *Dünkel/Flügge/Lösch* u.a., ZRP 2010, 175 (177); *Radtke*, ZStW 121 (2009), 416 (427 f.); de lege lata weiterhin *Dünkel*, RdJB 2014, 294 (295); *Ostendorf*, 2015, Rn. 211.
1070 BVerfGE 32, 346 (362); 105, 135 (153 f.); 109, 133 (171 f.); *Schmitz*, in: MüKo-StGB, Bd. 1, § 1 Rn. 27, 43.
1071 BVerfGE 105, 135 (152 f.); BVerfG, NJW 2005, 2140 (2141); *Remmert*, in: Maunz/Düring, GG, Art. 103 Abs. 2 Rn. 74; *Schmitz*, in: MüKo-StGB, Bd. 1, § 1 Rn. 12.
1072 *Schmitz*, in: MüKo-StGB, Bd. 1, § 1 Rn. 64.
1073 BVerfGE 105, 135 (153 f.); BVerfG, NJW 2005, 2140 (2141).

strafrecht beschränkt, sondern erlangt auch im Jugendstrafrecht Bedeutung, soweit den Sanktionen ein nicht ausschließlich erzieherischer Charakter anhaftet, sondern es – wie bei Verhängung von Zuchtmitteln oder Jugendstrafe – auch um die „Ahndung" der Tat und den repressiven Ausgleich begangenen Unrechts geht.[1074] Um die Gesetzesbestimmtheit des § 16a JGG beurteilen zu können, ist vorab zu klären, welche Anforderungen an die Bestimmtheit einer Sanktionsfolge zu stellen sind.

a) Anforderungen an die Bestimmtheit der Strafandrohung

Bei der Wahl und Bemessung der Rechtsfolge ist stets zu beachten, dass sich die konkret auszusprechende Sanktionsfolge an den individuellen Einzelfallumständen, der Person des Täters, der Schwere der Tat sowie dem Schuldmaß des Täters zu orientieren hat. Dem Strafrichter muss daher trotz der notwendigen Klarheit der drohenden Sanktion ausreichend Raum belassen werden, die Einzelfallunterschiede bei der Bestimmung der erforderlichen und angemessenen strafrechtlichen Reaktion zu berücksichtigen, so dass ein tragfähiger Ausgleich zwischen der Rechtsfolgenbestimmtheit und dem Schuldprinzip geschaffen werden kann.[1075] Unter Berücksichtigung der Rechtsfolgenbestimmtheit und Rechtsicherheit einerseits und dem Schuldprinzip sowie der Einzelfallgerechtigkeit andererseits erfüllt der Gesetzgeber seine Pflicht zu einer klaren und bestimmten Strafandrohung nach der Ansicht des Zweiten Senats des Bundesverfassungsgerichts,

> „wenn er [der Strafgesetzgeber] durch die Wahl der Strafandrohung sowohl den Strafrichter als auch die betroffenen Bürger so genau orientiert, dass seine Bewertung der tatbestandlich beschriebenen Delikte deutlich wird, der Betroffene das Maß der drohenden Strafe abschätzen kann und dem Strafrichter die Bemessung einer schuldangemessenen Reaktion möglich ist."[1076]

1074 BVerfG, NJW 2005, 2140 (2141); *Lenz*, 2007, S. 25; weitergehend *Satzger*, in: SSW-StGB, § 1 Rn. 30 mit Bezug auf die Sanktionen des JGG insgesamt; zur Bedeutung des Bestimmtheitsgrundsatzes auch bei Weisungen und Auflagen: OLG Hamm, ZJJ 2014, 174; AG München, ZJJ 2016, 86.
1075 BVerfGE 105, 135 (154 f); BVerfGE 86, 288 (313); *Schmitz*, in: MüKo-StGB, Bd. 1, § 1 Rn. 64.
1076 BVerfGE 105, 135 (155).

Weiterhin formuliert der Zweite Senat in seiner Entscheidung zur Verfassungswidrigkeit der Vermögensstrafe nach § 43a StGB wegen Verstoßes gegen den Bestimmtheitsgrundsatz:

> „Der Gesetzgeber ist gehalten, die grundsätzlichen Entscheidungen zu Art und Ausmaß denkbarer Rechtsfolgen selbst zu treffen und dem Richter den Rahmen möglichst klar vorzugeben, innerhalb dessen er sich bewegen muss. Die Anforderungen an den Gesetzgeber sind dabei umso strenger, je intensiver der Eingriff wirkt (vgl. BVerfGE 86, 288 [311]; [...]) Je schwerer die angedrohte Strafe ist, umso dringender ist der Gesetzgeber verpflichtet, dem Richter Leitlinien an die Hand zu geben, die die Sanktion vorhersehbar machen, die bei Verwirklichung des Straftatbestandes droht, und den Bürger über die zu erwartende Strafe ins Bild zu setzen."[1077]

Im Jugendstrafrecht ist zu berücksichtigen, dass die Strafrahmen des allgemeinen Strafrechts nach § 18 Abs. 1 S. 3 JGG keine Anwendung finden, sondern § 5 JGG als Ausgangsnorm ein eigenständiges jugendstrafrechtliches Rechtsfolgensystem enthält. Gewährt das Jugendstrafrecht zu Erziehungszwecken zwar eine große Flexibilität in der Wahl der konkreten Rechtsfolge, so wird zugleich angemahnt, der Bestimmtheitsgrundsatz verdiene gerade im Jugendstrafrecht besondere Bedeutung, da dem jungen Rechtsbrecher die angeordnete Maßnahme klar und verständlich vermittelt werden muss.[1078] Teil des Bestimmtheitsgebots ist die Vorgabe von Wertungskriterien durch den Gesetzgeber, die bei der Auswahl der Sanktion und der Ausfüllung des konkreten Strafrahmens vom Gericht einzuhalten sind.[1079] Der Bestimmtheitsgrundsatz versteht sich letztlich als Handlungsbegrenzung für den Strafrichter.[1080] Gerade vor dem Hintergrund des befürchteten net-widening-Effekts ist die Vorgabe bestimmter Anwendungskriterien konstitutiv. Um die Sanktionskoppelung von Jugendarrest und bedingter Jugendstrafe für den Rechtsanwender und den Betroffenen vorhersehbar zu machen, muss sich in Abgrenzung zum herkömmlichen Jugendarrest sowie zur Jugendstrafe ein eigener Anwendungsbereich für den Warnschussarrest finden lassen und der Adressatenkreis bestimmbar sein, so dass in gewissen Grenzen vorhersehbar ist, unter welchen Voraus-

---

1077 BVerfGE 105, 135 (155 f.).
1078 AG München, ZJJ 2016, 83 mit Bezug zur Erteilung von Bewährungsauflagen und –weisungen.
1079 BVerfGE 105, 135 (156).
1080 BVerfGE 105, 135 (153).

setzungen die Sanktion Anwendung finden kann.[1081] Ferner muss das Maß der angedrohten Strafe klar erkennbar sein.

b) Bestimmtheit des § 16a JGG in seinen Voraussetzungen

In Abkehr zu den früheren Gesetzesentwürfen[1082] hat der Gesetzgeber mit der Normierung unterschiedlicher Fallgruppen in § 16a Abs. 1 Nr. 1-3 JGG materiell-rechtliche Vorgaben für die Verhängung von Jugendarrest neben bedingter Jugendstrafe getroffen, um den Bedenken hinsichtlich des Bestimmtheitsgrundsatzes bewusst entgegenzutreten.[1083] Eine Anwendungsbegrenzung wird zudem dadurch erreicht, dass der Gesetzgeber den in § 16a Abs. 1 Nr. 1-3 JGG aufgeführten Fallkonstellationen abschließenden Charakter beimisst. Die Bestimmungen in § 16a Abs. 1 Nr. 1-3 JGG geben dem Rechtsanwender in Kombination mit der Gebotenheitseinschränkung aus § 16a Abs. 2 JGG Vorgaben, unter welchen Umständen von der Anordnung des Arrestes neben bedingter Jugendstrafe Gebrauch gemacht werden kann. Wie aus der Gesetzesbegründung hervorgeht, hatte der Gesetzgeber bei der Fassung des § 16a Abs. 1 Nr. 1 und Nr. 2 JGG konkrete Fallgruppen vor Augen.[1084] § 16a Abs. 1 Nr. 1 JGG zielt zum einen auf den Täter ab, bei dem das Gericht unter Beachtung der Möglichkeiten von Bewährungsauflagen und einer den Vorgaben des § 70a JGG entsprechenden Belehrung davon ausgeht, dass der Verurteilte den Ausspruch der Bewährungsstrafe auf die leichte Schulter nimmt und als „Freispruch zweiter Klasse" fehlinterpretieren würde. Zum anderen sind mit der ersten Fallgruppe Täter angesprochen, die angesichts der Verurteilung eines Mitangeklagten mit geringeren schädlichen Neigungen oder geringerem Schuldvorwurf zu einem Jugendarrest, ihre eigene Strafe nicht ernst nehmen würden. Zugleich wurde mit § 16a Abs. 2 JGG ein weiteres Eingrenzungskriterium für die Anwendung des Verdeutlichungsarrestes geschaffen. § 16a Abs. 1 Nr. 2 JGG gibt dem Richter schließlich ein Instrumentarium, um den Jugendlichen aus seinem schädlichen Lebensumfeld herauszunehmen. Einzugestehen ist, dass der Begriff des schädlichen Umfelds Unschärfen aufweist. Der Wille des Gesetzgebers hilft aber dabei, diese zu präzisieren. Nach der Gesetzesbegründung geht es bei § 16a Abs. 1 Nr. 2 JGG nicht

1081 *Gonska*, GreifRecht 2013, 32 (42); *Radtke*, ZStW 121 (2009), 416 (436).
1082 BT-Drucks. 15/1472, S. 5; BT-Drucks. 15/3422, S. 7; BT-Drucks. 16/1027, S. 5.
1083 BT-Drucks. 17/9389, S. 12.
1084 BT-Drucks. 17/9389, S. 12 f.; *Gernbeck*, 2017, S. 79.

um eine vorübergehende Isolierung von einer zum Beispiel delinquenzgeneigten Gleichaltrigengruppe, sondern um eine auf Nachhaltigkeit angelegte Herausnahme.[1085] Unter welchen Umständen eine nachhaltige Wirkung der Herausnahme durch eine entsprechende Nachbetreuung gegeben ist, lässt sich aufgrund der höchst unterschiedlichen situativen Bedingungen der Jugendlichen nicht generalisieren. Es ist daher Aufgabe der
Rechtsprechung, die in § 16a Abs. 1 JGG enthaltenen wertausfüllungsbe-
dürftigen Rechtsbegriffe zu konkretisieren.[1086] Dem Anwendungsbereich
des § 16a Abs. 1 Nr. 3 JGG liegt hingegen keine, vergleichbar konkrete Fallgruppe zu Grunde.[1087] Der Anwendungsbereich sei vielmehr dann eröffnet, wenn *„aufgrund sonstiger Umstände des Einzelfalls im Vollzug des Jugendarrests selbst eine nachdrücklichere erzieherische Einwirkung auf den Jugendlichen erreicht werden kann oder wenn dadurch die Erfolgsaussichten für eine erzieherische Einwirkung in der Bewährungszeit verbessert werden können.“*[1088]
Die weite Formulierung der sonstigen Umstände stellt die Einhaltung des
Bestimmtheitsgrundsatzes in Frage. Die Gesetzesbegründung konkretisiert
die Voraussetzungen für die Anordnung eines Arrestes nach
§ 16a Abs. 1 Nr. 3 JGG dahingehend, dass aufgrund konkret festzustellender Umstände eine nicht nur unwesentliche Verbesserung der Legalbewährungsaussichten bestehen muss.[1089] Bei der Beurteilung der Notwendigkeit eines Arrestes nach § 16a Abs. 1 Nr. 3 JGG kann insbesondere das
Angebot problemorientierter Behandlungsmaßnahmen im Vollzug des Jugendarrests berücksichtigt werden. Aus der Sicht des Gesetzgebers scheint
es folglich auch Jugendliche zu geben, die unabhängig von den Voraussetzungen des § 16a Abs. 1 Nr. 1 und 2 JGG als Klientel des Warnschussarrestes in Betracht kommen.[1090] Nach der Vorstellung des Gesetzgebers unterscheiden sich die zu einem Jugendarrest nach § 16a JGG verurteilten Jugendlichen in ihrer persönlichen Situation und vor allem in ihrem Behandlungsbedarf im Arrestvollzug deutlich vom Adressatenkreis des herkömmlichen Jugendarrestes.[1091] Der Gesetzgeber selbst geht davon aus,

---

1085 BT-Drucks. 17/9389, S. 13.
1086 Allgemein zum Präzisierungsgebot durch die Rspr. *Schmitz*, in: MüKo-StGB,
      Bd. 1, § 1 Rn. 52.
1087 Vgl. *Gernbeck*, 2017, S. 79 f.; *Verrel*, NK 2013, 67 (72).
1088 BT-Drucks. 17/9389, S. 13.
1089 BT-Drucks. 17/9389, S. 13.
1090 *Gernbeck*, 2017, S. 80.
1091 BT-Drucks. 17/9389, S. 21.

dass es sich um eine „andere Klientel"[1092] und „neue Vollzugspopulation"[1093] handelt. Während der herkömmliche Jugendarrest für Jugendliche
geschaffen sei, die noch nicht so schwere Straftaten oder Fehlentwicklungen vorzuweisen haben und durch den kurzen Freiheitsentzug als noch generell beeindruckbar gelten, handle es sich bei der Klientel des § 16a JGG
um Jugendliche, die schwere Straftaten oder Defizite aufweisen.[1094] In Abgrenzung zum bisherigen Jugendarrest wird dem Warnschussarrest
schließlich eine eigenständige und andere Zielsetzung zugeschrieben: Der
Arrest nach § 16a JGG enthalte zwar ebenso wie der Jugendarrest nach
§§ 13 Abs. 1, 16 JGG Ahndungselemente, unterliege aber insgesamt dem
übergeordneten Ziel der Förderung der positiven Bewährungsbewältigung.[1095] Diese Zielbestimmung, die der BGH dem herkömmlichen Jugendarrest in seiner früheren Judikatur ausdrücklich abgesprochen hat,[1096]
hat der Gesetzgeber in die Anordnungsvoraussetzungen des
§ 16a Abs. 1 Nr. 2 und 3 JGG explizit einfließen lassen. Dies macht deutlich, dass der Gesetzgeber dem Arrest nach § 16a JGG eine eigenständige
Bedeutung beimisst.[1097]

Eine Unbestimmtheit der Norm kann auch nicht daraus abgeleitet werden, dass dem Jugendrichter durch die Ausgestaltung des § 16a JGG als
„Kann-Vorschrift" ein Ermessensspielraum bei der Verhängung des zusätzlichen Arrestes eröffnet ist. Die Entscheidung über die Verhängung eines
Arrestes nach § 16a JGG unterliegt, wie die Entscheidung über die Aussetzung zur Bewährung, prognostischen Erwägungen und der Bewertung individueller Lebenssachverhalte, so dass eine schematische Anwendungsver-
pflichtung den individuellen Einzelfallumständen nicht Rechnung tragen
könnte.[1098] Eine noch weitergehende Präzisierung der Anordnungsvoraussetzungen kann man dem Gesetzgeber nicht abverlangen. Zuzugeben ist,
dass es für eine restriktive Handhabung des § 16a Abs. 1 Nr. 3 JGG wünschenswert wäre, wenn die Überlegungen aus den Gesetzesmaterialien,
dass der Arrest in dieser Form nur angeordnet werden soll, wenn vorrangi-

---

1092 BT-Drucks. 17/9389, S. 12.
1093 BT-Drucks. 17/9389, S. 21.
1094 BT-Drucks. 17/9389, S. 12.
1095 BT-Drucks. 17/9389, S. 12.
1096 BGHSt 18, 207 (212); siehe auch Teil 1 C.I.3.b).
1097 Vgl. *Gernbeck*, 2017, S. 80 f.; *Gonska*, GreifRecht 2013, 32 (43).
1098 Vor diesem Hintergrrund hat das BVerfG die gesetzlichen Vorschirften über
      die Aussetzung zur Bewährung in § 57a Abs. 1 S. 1 Nr. 3 und S. 2 i.V.m.
      § 57 Abs. 1 S. 1 Nr. 2 und S. 2 StGB für hinreichend konkret erachtet, BVerfG,
      NJW 2007, 1933 (1941).

ge geeignete Jugendhilfeleistungen nicht erfolgsversprechend erscheinen und zudem auf der Basis konkret festzustellender Umstände eine nicht nur unwesentliche Verbesserung der Legalbewährungsaussichten zu erwarten ist, Eingang in das Gesetz gefunden hätte. Eine gänzliche Unbestimmtheit der Norm ist daraus aber nicht abzuleiten. Der Gesetzgeber hat mit der Aufnahme bestimmter Fallvarianten unter Berücksichtigung der diskutierten Zweckmäßigkeitsaspekte den Bestimmtheitsanforderungen Rechnung zu tragen.[1099] Eine exakte Kalkulation der Rechtsfolge wird im Bereich der Strafzumessung ohnehin nicht möglich sein.[1100] Anders als im Falle der für verfassungswidrig erklärten Vermögensstrafe nach § 43a StGB hat der Gesetzgeber die Entscheidung über das „Ob" der Verhängung eines Jugendarrestes neben bedingter Jugendstrafe nicht ohne jede Konkretisierung in die Entscheidungsmacht des Jugendrichters gestellt, sondern erste materielle Vorgaben normiert.[1101]

c) Bestimmtheit des Strafmaßes

Neben den Voraussetzungen unter denen Jugendarrest neben einer Bewährungsstrafe verhängt werden kann, muss auch die drohende Straffolge hinreichend bestimmt sein. Die gesetzliche Regelung muss in klarer Form erkennen lassen, welches Ausmaß die verhängte Straffolge annehmen kann.[1102] § 16a JGG enthält selbst keine Aussage über die Dauer eines möglichen Jugendarrestes. Der Gesetzgeber ging in selbstverständlicher Weise davon aus, dass sich die zeitliche Dauer des Arrestes nach § 16 JGG bestimmt. Diese Systematik ist dem JGG nicht fremd. Auch bei der Festsetzung eines Jugendarrestes wegen der schuldhaften Nichterfüllung von Auflagen oder Weisungen gem. §§ 11 Abs. 3 S. 1, 15 Abs. 3 S. 2 ggf. i.V.m. §§ 23 Abs. 1 S. 4, 29 S. 2 JGG stellt das Gesetz für die Arrestdauer auf § 16 JGG ab. Demnach ist das Strafmaß auch ohne eine konkrete Bezifferung der Arrestdauer in § 16a JGG vorhersehbar.

Folglich ist dem Bestimmtheitsgrundsatz mit der Formulierung in § 16a JGG insgesamt Rechnung getragen.

1099 So im Ergebnis auch *Gernbeck*, 2017, S. 81.
1100 *Kaspar*, 2004, S. 138.
1101 Den vollständigen Verzicht auf eine gesetzliche Konkretisierung der richterlichen Entscheidung über das „Ob" der Vermögensstrafe nach § 43a StGB a.F. hatte das BVerfG für unzulässig erklärt; BVerfGE 105, 135 (160).
1102 BVerfGE 105, 135 (153 f.) zu § 43a StGB; *Satzger*, in: SSW-StGB, § 1 Rn. 30 ff.

3. Verstoß gegen das Schuldprinzip

Eine weitere Grenze für die Koppelung von Jugendarrest und bedingter Jugendstrafe folgt aus dem Schuldprinzip, abgeleitet aus Art. 1 Abs. 1 GG in Verbindung mit dem Rechtsstaatsprinzip.[1103] Vorbehalte gegen die Sanktionierung mittels Jugendarrestes neben einer Bewährungsstrafe bestanden insoweit, als dass die Verbindung dieser beiden Sanktionen nicht zu einer Schuldüberschreitung führen dürfe.[1104] Inhaltlich geht es folglich nicht um den Aspekt der Strafbegründungsschuld, als stets notwendige Voraussetzung für die Strafbarkeit delinquenten Verhaltens, sondern um die Strafzumessungsschuld als zweite Teilkomponente des Schuldprinzips.[1105] Obgleich es im Jugendstrafrecht nach § 2 Abs. 1 JGG vorrangig um die erzieherische Einwirkung auf den Jugendlichen geht, darf die Obergrenze der schuldangemessenen Strafe nicht überschritten werden.[1106] Dem in Art. 1 Abs. 1 GG und Art. 2 Abs. 1 GG verankerten Schuldprinzip wird damit allgemein eine das Strafmaß limitierende Funktion beigemessen.[1107] Um den Bedenken hinsichtlich der Verletzung des Schuldprinzips entgegenzuwirken, sehen die Neuregelungen in § 26 Abs. 3 S. 3 JGG und §§ 30 Abs. 1 S. 2, 31 Abs. 2 S. 3 und § 61b Abs. 4 S. 3 JGG eine zwingende Anrechnung des verbüßten Warnschussarrestes auf eine spätere Jugendstrafe vor. Ein Verstoß gegen das Schuldüberschreitungsverbot kann auf dieser Grundlage nicht mehr angenommen werden.[1108]

Allerdings ist das Verbot der schuldüberschreitenden Sanktionierung nicht auf die Situation der Vollstreckung begrenzt, sondern muss bereits im Zeitpunkt der Verurteilung beachtet werden, indem die Strafe in

---

1103 BVerfGE 95, 96 (131); 140, 317 (343); *Kaspar*, 2014, S. 267.

1104 *Radtke*, ZStW 121 (2009), 416 (429 f.); allgemein eine Verletzung des Schuldgrundsatzes annehmend *Dünkel/Flügge/Lösch* u.a., ZRP 2010, 175 (177).

1105 Eingehend zu dieser Differenzierung *Kaspar*, 2014, S. 269 f.

1106 BVerfG, NJW 2005, 2140 (2141); *Brunner/Dölling*, 2018, Einf Rn. 98; *Gernbeck*, 2017, S. 84 f.; *Laue*, in: MüKo-StGB, Bd. 6, § 8 JGG Rn. 4; *Lenz*, 2007, S. 222, der das Schuldprinzip als Element der Verhältnismäßigkeit sieht; *Löhr*, ZRP 1997, 280 (285); ebenfalls mit Bezug zur Verhältnismäßigkeit *Schöch*, in: Meier/Rössner/Schöch, § 11 Rn. 28; *Sonnen*, in: Diemer/Schatz/Sonnen, JGG, § 16a Rn. 12; zu der grundsätzlichen Frage, ob das Schuldprinzip bei der Sanktionierung im Jugendstrafrecht durch das Verhältnismäßigkeitsprinzip überlagert wird *Kaspar*, 2014, S. 278 f.; allgemein zur Begrenzungsfunktion des Schuldgrundsatzes BVerfGE 50, 205 (215).

1107 BVerfGE 45, 187 (259 f.); *Kaspar*, 2014, S. 277; *ders.*, 2017, § 2 Rn. 20.

1108 *Eisenberg*, StV 2013, 44 (45); *Gernbeck*, 2017, S. 85; *Sonnen*, in: Diemer/Schatz/Sonnen, JGG, § 16a Rn. 12.

einem gerechten Verhältnis zur Schwere der Tat und zum Schuldmaß des Täters steht.[1109] Das BVerfG hat im Zusammenhang mit der Entscheidung über die Verfassungswidrigkeit der Vermögensstrafe nach § 43a StGB zum Ausdruck gebracht, dass sich bei einer Kumulation zweier Sanktionen besondere Schwierigkeiten bei der Schuldangemessenheit der Sanktion ergeben können.[1110] Damit das Gesamtstrafquantum schuldangemessen bleibe, müsse der Gesetzgeber dem Richter bei der Strafzumessung konkrete Leitlinien vorgeben.[1111] In seiner späteren Rechtsprechung stellt das BVerfG klar, dass die Grenze einer Verletzung der schuldangemessenen Strafe dort zu ziehen ist, wo sich die Strafzumessung als objektiv willkürlich erweist, wohingegen die konkrete Strafzumessung dem Tatgericht obliegt.[1112] Die Rechtsprechung des BVerfG zur Unbestimmtheit der Vermögensstrafe lässt sich aus zweierlei Gründen nicht auf die Situation des § 16a JGG übertragen: Die Unbestimmtheit der Umstände, unter denen von der Verhängung einer Vermögensstrafe neben einer Freiheitsstrafe Gebrauch gemacht werden kann, stützte das BVerfG vor allem darauf, dass es sich um eine neue Strafart handle, die in den bisherigen Sanktionen des StGB keine Entsprechung finde.[1113] § 16a JGG erweitert zwar die Möglichkeit der Sanktionskombination von Jugendarrest und bedingter Jugendstrafe mit einer eigenständigen Zielrichtung, doch ist das Ahndungsmittel des Jugendarrestes im JGG lang verwurzelt. § 16a JGG stellt im Kern folglich keine neue Strafart, sondern eine neue Strafkombination dar.[1114] Das BVerfG führte die Unbestimmtheit des § 43a StGB weiterhin darauf zurück, dass dieser dem Rechtsanwender schon keine inhaltlichen Vorgaben gebe, unter welchen Umständen von der Verhängung einer Vermögensstrafe Gebrauch gemacht werden kann und wann nicht.[1115] Mit der Formulierung verschiedener Anordnungsvarianten in § 16a Abs. 1 Nr. 1-3 JGG hat der Gesetzgeber dem Jugendrichter zur Beurteilung der Notwendigkeit eines Warnschussarrestes Leitlinien an die Hand gegeben.[1116] Die sorgfältige Prüfung der Anwendungsvoraussetzungen zur Wahrung, einer die Schuldobergrenze einhaltenden Sanktionierung obliegt dem erkennenden Ge-

---

1109 BVerfGE 86, 288 (313); 120, 224 (254) m.w.N.; *Gernbeck*, 2017, S. 85.
1110 BVerfGE 105, 135 (165).
1111 BVerfGE 105, 135 (165).
1112 BVerfGE 120, 224 (254) zu § 173 StGB.
1113 BVerfGE 105, 135 (161).
1114 *Gernbeck*, 2017, S. 86.
1115 BVerfGE 120, 224 (159).
1116 *Gernbeck*, 2017, S. 85.

richt. Ein Verstoß gegen das Schuldprinzip ist auf der Grundlage der neuen Rechtslage nicht mehr zu befürchten.[1117]

1117 So auch *Gernbeck,* 2017, S. 86.

Teil 2: Empirische Untersuchung

Nachdem im ersten Teil der Arbeit die Neuregelungen zum Jugendarrest neben bedingter Jugendstrafe sowie die in diesem Zusammenhang angestellten Zweckmäßigkeitserwägungen auf theoretischer Ebene betrachtet wurden, widmet sich der folgende Teil der praktischen Umsetzung des § 16a-Arrestes im Bundesland Bayern und der Frage, ob sich der Warnschussarrest als ein taugliches Rückfallverhütungsmittel erweist.

A. *Notwendigkeit empirischer Forschung*

Die Sanktionsforschung ist heute anerkannter Bestandteil der Kriminologie als Erfahrungswissenschaft und versteht sich als übergeordneter Begriff für die empirische Analyse der strafrechtlichen Rechtsfolgen einer Tat.[1118] Ziel ist es, den tatsächlichen Anwendungsbereich einer Sanktion oder staatlich angeordneten Maßnahme sowie deren Wirkung und Wirksamkeit im Hinblick auf die jeweils angestrebte Zielsetzung zu erfassen. Im Zentrum stehen Fragen der gerichtlichen Sanktionierungspraxis, der Zielgruppenanalyse, der Handhabung einzelner Sanktionsformen sowie die Ergründung der tatsächlichen Umsetzung normativer Vorgaben.[1119] Die Bedeutung wissenschaftlicher Erfahrungswerte für die Ausgestaltung strafrechtlicher Sanktionen hat das Bundesverfassungsgericht in seiner Grundsatzentscheidung zur Gestaltung des Jugendstrafvollzuges aus dem Jahr 2006 bekräftigt und betont, dass sich der Gesetzgeber bei der normativen Regelung des Jugendstrafvollzuges an dem wissenschaftlichen Erkenntnisstand orientieren und vorhandene Erkenntnisquellen, zu denen auch die Erfahrungen in der Vollzugspraxis gehören, ausschöpfen muss.[1120] Dabei sind wissenschaftliche Erkenntnisse nicht nur bei Erlass des Gesetzes zu berücksichtigen, sondern auch für die Zukunft.[1121] Der Gesetzgeber ist aufgrund seiner Bindung an die verfassungsmäßige Ordnung gem. Art. 20 Abs. 3 GG verpflichtet, nachträglich eingetretenen tatsächlichen

---

1118 *Meier*, in: Internationales Handbuch der Kriminologie, 971.
1119 *Meier*, in: Internationales Handbuch der Kriminologie, 971 (972 f.).
1120 BVerfGE 116, 69 (91).
1121 Vgl. BVerfGE 116, 69 (91).

Veränderungen Rechnung zu tragen und zu beobachten, wie sich sein gesetzliches Konzept in der gesellschaftlichen Wirklichkeit auswirkt.[1122] Diese Beobachtungs- und Nachbesserungspflicht des Gesetzgebers, welche das Bundesverfassungsgericht in seiner Judikatur mehrfach angemahnt hat,[1123] ist im Bereich des Jugendstrafvollzuges mit Rücksicht auf die Schwere der hiermit verbundenen Grundrechtsbeeinträchtigungen von besonderer Relevanz. Um die Ausgestaltung des Jugendstrafvollzuges auf realitätsgetreuen Befunden basieren zu lassen, müsse der Gesetzgeber *„sich selbst und den mit der Anwendung der gesetzlichen Bestimmungen befassten Behörden die Möglichkeit sichern, aus Erfahrungen mit der jeweiligen gesetzlichen Ausgestaltung des Vollzuges und der Art und Weise, in der die gesetzlichen Vorgaben angewendet werden, und dem Vergleich mit entsprechenden Erfahrungen außerhalb des eigenen räumlichen Kompetenzbereichs zu lernen."*[1124] Ein probates Mittel hierzu stelle *„die Erhebung aussagefähiger, auf Vergleichbarkeit angelegter Daten* [dar]*, die bis hinunter auf die Ebene der einzelnen Anstalten eine Festlegung und Bewertung der Erfolge und Misserfolge des Vollzuges – insbesondere der Rückfallhäufigkeiten – sowie die gezielte Erforschung der hierfür verantwortlichen Faktoren ermöglichen"*[1125]. Auch für den Jugendarrestvollzug sowie die besondere Form des § 16a-Arrestes bildet die Rechtswirklichkeitserfassung die Ausgangsbasis für die Fortentwicklung der Vollzugsgestaltung. Das Ziel, einer erneuten Straftatbegehung des Jugendlichen entgegenzuwirken, welches in § 2 Abs. 1 JGG gesetzlich niedergeschrieben ist, gebietet es, die Sanktionsformen des JGG im Hinblick auf ihre Zielsetzung und Wirkungsorientierung fortwährend zu überprüfen und die Anwendung der gesetzlichen Bestimmungen in der Praxis zu beobachten.[1126] Es ist demnach Aufgabe der Wissenschaft, die Verurteilungspraxis des Jugendarrestes, dessen Vollzug und Wirkungen zu ermitteln.[1127] Diese Forderung nach einer beständigen empirischen Überprüfung der jugendstrafrechtlichen Sanktionsmechanismen hat auch Eingang in die seit 2013 auf Bun-

---

1122 BVerfGE 88, 203 (310); zur verfassungsrechtlichen Herleitung der Beobachtungs- und Nachbesserungspflicht des Gesetzgebers ausführlich *Tekin*, 2013, S. 47 ff.
1123 BVerfGE 45, 187 (252); 65, 1 (55 f.); 88, 203 (309 ff.); 90, 145 (194).
1124 BVerfGE 116, 69 (91).
1125 BVerfGE 116, 69 (91).
1126 BT-Drucks. 17/9389, S. 7.
1127 *Dölling*, in: 29. JGT, 141 (153).

desebene in Kraft getretenen Jugendarrestvollzugsgesetze gefunden.[1128] Mit der Aufnahme entsprechender Forschungsklauseln in die Jugendarrestvollzugsgesetze ist die kontinuierliche Weiterentwicklung des Jugendarrestvollzuges auf Grundlage wissenschaftlicher Erkenntnisse fester Bestandteil geworden. In Bezug auf § 16a JGG wurde die Notwendigkeit zur Untersuchung *„in welchem Maße, in welchen Fällen und auf welche Art die Praxis von der neuen Sanktionsmöglichkeit Gebrauch macht und wie die festzustellende Anwendung jugendkriminalrechtlich und kriminologisch zu bewerten ist"*[1129], bereits mit Inkrafttreten der Neuregelung für unabdingbar gehalten. Hieran anknüpfend ist es das Bestreben der vorliegenden Untersuchung, die Anwendungsstrukturen des § 16a JGG im Freistaat Bayern zu untersuchen.

B. Wissens- und Forschungsstand zu § 16a JGG

Betrachtet man den derzeitigen Wissensstand zur Anwendung des am 07.03.2013 in Kraft getretenen Jugendarrestes neben bedingter Jugendstrafe durch die Jugendgerichte sowie den diesbezüglichen Stand der empirischen Forschung, gestaltet sich dieser sehr überschaubar. Soweit ersichtlich, existieren für das gesamte Bundesgebiet bislang nur einige wenige veröffentlichte Untersuchungsberichte zur Neuregelung des § 16a JGG. Die größte bisweilen durchgeführte bundesweite Untersuchung zu § 16a JGG erfolgte im Auftrag des Bundesministeriums der Justiz und für Verbraucherschutz durch das Kriminologische Forschungsinstitut Niedersachsen (KFN) in Kooperation mit der Universität Kassel. Bundeslandbezogene Studien liegen derzeit nur für Baden-Württemberg vor, eine erste Urteilsanalyse zudem für den Freistaat Bayern. Auf Grund der sich noch in den Anfängen befindenden Implementations- und Wirkungsforschung zu § 16a JGG werden an dieser Stelle, soweit möglich, alle derzeit bekannten bundesweiten Forschungsarbeiten integriert, um die Ergebnisse der vorliegenden Arbeit nachfolgend einordnen und einem ersten Vergleich unterziehen zu können. Dargestellt wird zunächst die bundesweite Anordnungsfrequenz des § 16a JGG in Gegenüberstellung zu den Zahlenwerten für das Bundesland Bayern. Um die Bedeutung der Rechtsfolgenentschei-

---

1128 Vgl. z.B. § 33 JAVollzG NRW, GV. NRW. 2013, Nr. 13, S. 201 ff. mit Verweis auf § 108 JStVollzG NRW; § 36 JArrG, GBl. BW 2014, Nr. 21, S. 582 ff; § 49 HmbJAVollzG, HmbGVBl. I, 2014, Nr. 64, S. 542 ff.

1129 *Gebauer*, in: INFO 2013, 29 (51).

dung nach § 16a JGG im Sanktionsgefüge zu beleuchten, wird auf der Grundlage der amtlichen Strafverfolgungsstatistik zudem das Verhältnis von § 16a JGG zu den Einzelmaßnahmen des Jugendarrestes sowie der Jugendstrafe zur Bewährung herausgestellt. Anschließend wird ein Überblick über die bisherigen Forschungsarbeiten zur Neuregelung des § 16a JGG gegeben und die dokumentierten bundesweiten Erkenntnisse zur Vollzugsgestaltung des Warnschussarrestes in den Jugendarrestanstalten festgehalten.

I. Anwendungshäufigkeit des § 16a JGG

Einen ersten Eindruck von dem Bedeutungsgehalt des § 16a JGG in der justiziellen Praxis vermittelt die Anwendungshäufigkeit der Norm auf Bundes- wie auf Landesebene.

1. Absolute Verurteilungszahlen

Offizielle Zahlen zur Anordnungshäufigkeit des § 16a-Arrestes ergeben sich für die Jahre 2013 bis 2016 aus der amtlichen Strafverfolgungsstatistik des Statistischen Bundesamtes. Die hieraus gewonnene Datenlage kann durch Ergebnisse externer Untersuchungen ergänzt werden.

a) Datenlage auf Basis der Strafverfolgungsstatistik

Die Strafverfolgungsstatistik des Statistischen Bundesamtes weist flächendeckend für das gesamte Bundesgebiet die Anzahl aller in einem Kalenderjahr rechtskräftig abgeurteilten und verurteilten Personen aus, die sich wegen eines Verbrechens oder Vergehens nach dem Strafgesetzbuch oder nach anderen Bundesgesetzen bzw. wegen Vergehen nach Landesgesetzen verantworten mussten.[1130] Gesondert erfasst werden seit dem Kalenderjahr 2013 auch die Arreste nach § 16a JGG. Die Aufnahme der Länderergebnisse ermöglicht es zugleich, die Entscheidungspraxis der bayerischen Jugendgerichte zu § 16a JGG derjenigen in anderen Bundesländern gegenüber zu stellen. Darüber hinaus enthält die Strafverfolgungsstatistik Angaben zu

---

1130 Siehe exemplarisch die Vorbemerkung in *Statistisches Bundesamt*, Fachserie 10 Reihe 3 – 2013, S. 10.

der Geschlechts- und Altersgruppenverteilung innerhalb einzelner Sanktionsfolgen sowie zur Art der Straftat. Liegen der Aburteilung mehrere in Tateinheit gem. § 52 StGB oder Tatmehrheit gem. § 53 StGB zueinanderstehende Straftaten zu Grunde, so wird in der Strafverfolgungsstatistik nur der Straftatbestand erfasst, der nach dem Gesetz mit der schwersten Strafe bedroht ist.[1131] Bei mehreren Straftaten der gleichen Person, die in verschiedenen Verfahren abgeurteilt werden, wird der Angeklagte für jedes Strafverfahren gesondert gezählt.[1132] Die Zahl der tatsächlich zum Vollzug gelangten Jugendarreste wird in keiner allgemein zugänglichen amtlichen Statistik vermerkt.[1133]

Nach der Strafverfolgungsstatistik (StVStat) ergingen im Jahr der Einführung 2013 bundesweit 255 Verurteilungen nach § 16a JGG, wobei 78 Verurteilungen auf das Bundesland Bayern entfielen. Auch in den darauf folgenden Kalenderjahren 2014 und 2015 fiel die Anordnungsquote des § 16a JGG in Bayern deutlich höher aus als in den anderen Bundesländern. So waren im Jahr 2014 schließlich 177 von insgesamt bundesweit 621 Verurteilungen mit einem Rechtsfolgenausspruch nach § 16a JGG auf das Bundesland Bayern zurückzuführen. Für das Kalenderjahr 2016 ergeben sich sowohl auf Bundesebene als auch für den Freistaat Bayern leicht rückläufige Anordnungszahlen. Wie die nachfolgende Tabelle zeigt, erfolgten 665 Verurteilungen nach § 16a JGG, mithin knapp ein Drittel (31,2 %), aller im Zeitraum vom 07.03.2013 bis 31.12.2016 ausgesprochenen 2.130 Verurteilungen zu § 16a JGG im Bundesland Bayern.

Tabelle 1: Anzahl der Verurteilungen nach § 16a JGG Deutschland/Bayern

Gebiet \ Jahr	2013	2014	2015	2016	Gesamt
Deutschland	255	621	638	616	2130
Davon in Bayern	78	177	214	196	665

(Datenquelle: Statistisches Bundesamt, Fachserie 10 Reihe 3, 2013, S. 335; 2014, S. 333; 2015, S. 337; 2016, S. 341)

Bei dem Vergleich der Anordnungshäufigkeiten für das Jahr 2013 und die Folgejahre 2014 bis 2016 ist zu beachten, dass aufgrund des Inkrafttretens

---

1131 *Statistisches Bundesamt*, Fachserie 10 Reihe 3 – 2013, S. 13.
1132 *Statistisches Bundesamt*, Fachserie 10 Reihe 3 – 2013, S. 13.
1133 Zu dieser Problematik *Höynck/Ernst*, in: Berliner Symposium zum Jugendkriminalrecht, 155 (162).

der Neuregelung in § 16a JGG am 07.03.2013 und der bundesweit differie-
renden durchschnittlichen Verfahrensdauer im Jugendstrafrecht von 4,5
Monaten in Bayern und 7,6 Monaten im Saarland[1134] für das Kalenderjahr
2013 nur ein verkürzter Anwendungszeitraum bestand. Eine direkte Gegenüberstellung der Zahlenwerte aus dem ersten Jahr des Inkrafttretens
der Norm und den Folgejahren ist demnach nicht möglich. Innerhalb der
Bundesländer zeigt sich anhand der Zahlen aus der StVStat eine höchst he-
terogene Anwendungspraxis des § 16a JGG durch die Jugendgerichte.[1135]
Während einige Bundesländer den Warnschussarrest bis Ende 2014 nahezu überhaupt nicht praktizierten und auch in den Folgejahren sehr zurückhaltend anwendeten, verhängten die Jugendrichter in Bayern, gefolgt
von Nordrhein-Westfalen, den Arrest nach § 16a JGG nach den sich aus
der Strafverfolgungsstatistik ergebenden Informationen weitaus häufiger.
Wie aus der nachfolgend dargestellten Tabelle 2 ersichtlich, fand der Arrest nach § 16a JGG in Bremen bis Ende 2014 sogar überhaupt keine Anwendung. In zehn der 16 Bundesländer halten sich die Fallzahlen seit Inkrafttreten der Neuregelung am 07.03.2013 bis zum Ende des Kalenderjahres 2014 im unteren Anordnungsbereich von zwei bis maximal 32 Verurteilungen. Die Bundesländer Baden-Württemberg, Niedersachsen und
Rheinland-Pfalz bewegen sich mit einer Gesamtanordnungszahl von 73
bis 108 Verurteilungen nach § 16a JGG schließlich im Mittelfeld. Gefolgt
von Nordrhein-Westfalen weist der Freistaat Bayern schließlich die höchste absolute Verurteilungszahl mit einem Rechtsfolgenausspruch nach
§ 16a JGG auf.[1136] Eine ähnliche Gesamtverteilung zeigt sich für die Jahre
2015 und 2016. Legt man die Angaben der StVStat zu Grunde, so entfällt

---

1134 *Statistisches Bundesamt*, Justiz auf einen Blick, S. 35.
1135 Vgl. dazu *Statistisches Bundesamt*, Fachserie 10 Reihe 3 – 2013, S. 335; *Statistisches Bundesamt*, Fachserie 10 Reihe 3 – 2014, S. 333; *Statistisches Bundesamt*,
Fachserie 10 Reihe 3 – 2015, S. 337; *Statistisches Bundesamt*, Fachserie 10 Reihe
3 – 2016, S. 341; zur Anwendungshäufigkeit und Verteilung innerhalb der einzelnen Bundesländer bei Zugrundelegung unterschiedlicher Bezugszeiträume
zudem *Antholz*, Krim 2/2015, 99 f.; *Franzke*, BRJ 2015, 118 (122).
1136 Abweichend die Ergebnisse von *Antholz*, Krim 2/2015, 99 f., der für Nordrhein-
Westfalen mit 324 vollstreckten Warnschussarresten bis zum 11.12.2014 eine
höhere Anzahl ermittelt hat, als für Bayern mit 204 verhängten § 16a-Arresten
bis 10.09.2014. Insgesamt zählt *Antholz*, Krim 2/2015, 99 bundesweit 832 Anwendungsfälle des § 16a JGG, wovon 528, mithin knapp 66 %, in den Bundesländern Nordrhein-Westfalen und Bayern ergingen. Ungenauigkeiten in der
Darstellung folgen daraus, dass für die Bundesländer unterschiedliche Bezugszeiträume und Zählzeitpunkte erfasst wurden, siehe *Antholz*, Krim 2/2015, 99
(100) Anmerkung 1.; *Franzke*, BRJ 2015, 118 (122) gelangt für Nordrhein-

der ganz überwiegende Anteil an § 16a-Verurteilungen auf 5 (Baden-Württemberg, Bayern, Niedersachsen, Nordrhein-Westfalen, Rheinland-Pfalz) der 16 Bundesländer, wobei Bayern die Spitzenposition einnimmt.

Tabelle 2: Anzahl der Verurteilten nach § 16a JGG in den Bundesländern

Bundesland \ Jahr	2013	2014	2015	2016	Gesamt
Baden-Württemberg	23	85	84	82	274
Bayern	78	177	214	196	665
Berlin	3	3	3	2	11
Brandenburg	7	15	7	7	36
Bremen	0	0	2	1	3
Hamburg	0	2	3	0	5
Hessen	5	27	43	33	108
Mecklenburg-Vorpommern	12	14	15	7	48
Niedersachsen	21	86	57	50	214
Nordrhein-Westfalen	66	94	89	124	373
Rheinland-Pfalz	22	51	68	56	197
Saarland	7	13	17	16	53
Sachsen	3	19	11	11	44
Sachsen-Anhalt	3	13	5	7	28
Schleswig-Holstein	2	7	11	9	29
Thüringen	3	15	9	15	42
Gesamt	255	621	638	616	2130

(Datenquelle: Statistisches Bundesamt, Fachserie 10 Reihe 3, 2013, S. 335; 2014, S. 333; 2015, S. 337; 2016, S. 341)

Neben der Anzahl der Verurteilungen zu § 16a JGG können der StVStat Angaben zur Geschlechtsverteilung, der Altersgruppe und dem schwersten der Verurteilung zugrundeliegenden Delikt entnommen werden. Von den in der StVStat bundesweit gezählten 2.130 Verurteilungen nach § 16a JGG in den Jahren 2013 bis 2016 ergingen 92,2 % der Entscheidungen gegen männliche Straftäter, wobei Jugendliche und Heranwachsende von der

---

Westfalen ebenso zu höheren Anwendungszahlen und berichtet unter Erweiterung eines Bezugszeitraums bis April 2015 von 412 Arrestanten nach § 16a JGG; für Bayern mit Stand vom 04.05.2015 von 319 Fällen nach § 16a JGG. Zu den relativen Zahlenwerten mit Bezug zur Bevölkerungsgruppe Teil 2 B.I.2.

Sanktionsfolge des § 16a JGG in gleicher Weise betroffen waren.[1137] Diese bundesweite Befundlage spiegelt sich auch im Freistaat Bayern wider. Der Anteil jugendlicher Verurteilter nach § 16a JGG lag dort in den ersten drei Jahren seit Einführung der Neuregelung bei insgesamt 48,4 %[1138]. Im Jahr 2016 hat sich der Anteil der Jugendlichen auf 39,8 % verkleinert. Bei den bayerischen Jugendrichtern scheint sich § 16a JGG überwiegend als Maßnahme für Heranwachsende etabliert zu haben. In drei der vier anderen anwendungsstarken Bundesländern (Baden-Württemberg, Nordrhein-Westfalen, Rheinland-Pfalz) zeichnet sich demgegenüber für das Jahr 2016 weiterhin ein ausgeglichenes, zum Teil eher umgekehrtes Verhältnis zwischen jugendlichen und heranwachsenden Probanden ab (Anteil jugendlicher § 16a-Arrestanten in Baden-Württemberg: 57,3 %; Nordrhein-Westfalen: 52,4 %; Rheinland-Pfalz: 60,7 %[1139]). Geschlechtsspezifisch überwiegt auch in Bayern die Gruppe männlicher Täter mit 92,5 %.[1140] Überwiegend lagen den Verurteilungen nach § 16a JGG bundesweit Straftaten gegen die körperliche Unversehrtheit gem. §§ 223-231 StGB (29,1 %), Diebstahls- und Unterschlagungsdelikte nach §§ 242-248c StGB (22,7 %) sowie Straftaten nach §§ 249-255, 316a StGB (18,3 %) zugrunde.[1141]

1137 Anteil männlicher Verurteilter zu § 16a JGG im Jahr 2013: 231, im Jahr 2014: 568, im Jahr 2015: 598, im Jahr 2016: 567. Insgesamt waren von 2.130 Verurteilten 1.068 (50,1 %) Personen Jugendliche und 1.062 (49,9 %) Heranwachsende. Berechnungsgrundlage: *Statistisches Bundesamt*, Fachserie 10 Reihe 3 – 2013, S. 335; *Statistisches Bundesamt*, Fachserie 10 Reihe 3 – 2014, S. 333; *Statistisches Bundesamt*, Fachserie 10 Reihe 3 – 2015, S. 337; *Statistisches Bundesamt*, Fachserie 10 Reihe 3 – 2016, S. 341. Prozentwerte basieren hier wie nachfolgend auf der eigenen Berechnung der Verfasserin.

1138 Im Jahr 2013: 34 Jugendliche, im Jahr 2014: 86 Jugendliche, im Jahr 2015: 107; Berechnungsgrundlage *Statistisches Bundesamt*, Fachserie 10 Reihe 3 – 2013, S. 335; *Statistisches Bundesamt*, Fachserie 10 Reihe 3 – 2014, S. 333; *Statistisches Bundesamt*, Fachserie 10 Reihe 3 – 2015, S. 337.

1139 Datenquelle der absoluten Zahlen: *Statistisches Bundesamt*, Fachserie 10 Reihe 3 – 2016, S. 341.

1140 Der Anteil männlicher Jugendliche und Heranwachsende lag im Jahr 2013 bei: 70, im Jahr 2014: 166, im Jahr 2015: 203; im Jahr 2016: 176; *Statistisches Bundesamt*, Fachserie 10 Reihe 3 – 2013, S. 335; *Statistisches Bundesamt*, Fachserie 10 Reihe 3 – 2014, S. 333; *Statistisches Bundesamt*, Fachserie 10 Reihe 3 – 2015, S. 337; *Statistisches Bundesamt*, Fachserie 10 Reihe 3 – 2016, S. 341.

1141 Die Prozentwerte beziehen sich auf die Gesamtanzahl von 2.130 Verurteilungen und errechnen sich aus den absoluten Zahlen in *Statistisches Bundesamt*, Fachserie 10 Reihe 3 – 2013, S. 313; *Statistisches Bundesamt*, Fachserie 10 Reihe 3 – 2014, S. 311; *Statistisches Bundesamt*, Fachserie 10 Reihe 3 – 2015, S. 315; *Statistisches Bundesamt*, Fachserie 10 Reihe 3 – 2016, S. 319.

b) Fallzahlen anhand weiterer Datenquellen

Ähnliche, teils abweichende Verurteilungsziffern ermittelte *Franzke* anhand unterschiedlicher Datenquellen und gelangte unter Berücksichtigung der divergierenden Stichtage für die Zählung der § 16a-Arreste zu dem Ergebnis, dass der Arrest nach § 16a JGG seit seiner Einführung bis zum länderspezifischen Maximalstichtag Juli 2015 bundesweit 1213 Mal vollstreckt wurde.[1142] Für das Jahr 2014 belief sich die Zahl der mitgeteilten Arreste nach § 16a JGG auf 850, wobei im Bundesland Bayern nach *Franzke* 171 Anwendungsfälle gezählt wurden.[1143] Insoweit ergeben sich Abweichungen gegenüber den offiziell ausgewiesenen Zahlen in der Strafverfolgungsstatistik. Auf die Unterschätzung der absoluten Verurteilungszahlen nach § 16a JGG in der StVStat weisen schließlich auch die vom KFN im Rahmen der Evaluationsstudie zu § 16a JGG ermittelten Fallzahlen unter Einbeziehung der Einzeldatensätze der Strafverfolgungsstatistik, der Bundeszentralregisterdaten sowie der Vollstreckungszahlen auf Basis einer Länderabfrage als weitere Datenquellen hin.[1144] Bei einem Vergleich der Datenquellen zeigt sich, dass die Fallzahlen zu § 16a JGG je nach Datenquelle stark divergieren.[1145] Während nach der Strafverfolgungsstatistik in den Jahren 2013 und 2014 insgesamt 255 Verurteilungen mit § 16a JGG im Bundesland Bayern ausgesprochen wurden, waren es nach den erteilten Bundeszentralregisterauskünften 382 rechtskräftige Verurteilungen (siehe Tabelle 3). Auch für das Jahr 2015 zeigen sich Abweichungen zwischen den in der StVStat registrierten Verurteilungen zu § 16a JGG und der vom KFN im Februar 2016 erfolgten Datenabfrage des Bundeszentralregisters, wobei infolge des frühen Abfragezeitpunktes zu Beginn des Jahres 2016 davon ausgegangen werden musste, dass noch nicht alle Verurteilungen aus dem Jahr 2015 zur Eintragung gelangt waren.[1146]

1142 *Franzke*, BRJ 2015, 118 (122); *Sonnen*, in: Diemer/Schatz/Sonnen, JGG, § 16a Rn. 5 spricht für das erste Jahr seit Inkrafttreten des § 16a JGG bereits von über 700 Entscheidungen nach § 16a JGG, wobei ein Viertel davon auf das Bundesland Bayern entfällt.

1143 *Franzke*, BRJ 2015, 118 (122); so auch die Angaben der Deutschen Presse-Agentur für das Jahr 2014, siehe DVJJ, Bericht vom 14. April 2015.

1144 *Klatt/Ernst/Höynck u.a.*, 2016, S. 34 f. zur Problematik der Datenqualität amtlicher Daten und der Unvollständigkeit amtlicher Strafverfolgungsdaten *Höynck/Ernst*, in: Berliner Symposium zum Jugendkriminalrecht, 155 (164 ff.).

1145 Eingehend zu den möglichen Ursachen für die Unterschiede in den Zahlenwerten *Klatt/Ernst/Höynck u.a.*, 2016, S. 30 ff.

1146 *Klatt/Ernst/Höynck u.a.*, 2016, S. 35.

Tabelle 3: Anzahl der § 16a-Arreste in Bayern separiert nach Datenquellen

Datenquelle \ Jahr	2013	2014	2015	Gesamt
Strafverfolgungsstatistik	78	177	214*	469
Einzeldatensatzabfrage	80	192	fehlend	272
BZR-Abfrage im Feb. 2016	144	238	233	615
Vollstreckte §16a-Arreste nach Angaben der Landesministerien	80	181	182	443

(Datenquelle: Klatt/Ernst/Höynck u.a., 2016, S. 34)

*Die gekennzeichnete Ziffer wurde von der Verfasserin nachträglich auf Basis der Angaben in der Strafverfolgungsstatistik für das Jahr 2015 ergänzt, siehe Statistisches Bundesamt, Fachserie 10 Reihe 3 – 2015, S. 337.

Ein Erklärungsansatz für die deutlich geringere Anzahl an registrierten Verurteilungen nach § 16a JGG in der StVStat könnte in der möglicherweise uneinheitlichen Datenerfassung durch die für die Dateneingabe verantwortlichen Stellen liegen.[1147] Der Arrest nach § 16a JGG wird in der StVStat als eigene Kategorie neben den Arrestformen des Freizeit-, Kurz- und Dauerarrestes ausgewiesen, obgleich jeder § 16a-Arrest in einer der dort genannten Formen zur Anwendung gelangt. Für die Datenerfassung in der StVStat werden die Daten aus den Verfahrensakten zunächst von den Geschäftsstellen der Strafvollstreckungsbehörden an das zuständige Landesamt für Statistik weitergeleitet, welches die Daten anschließend an das statistische Bundesamt übermittelt.[1148] Da davon ausgegangen wird, dass die Dateneingabe folglich der Beurteilung der Mitarbeiter/innen der Geschäftsstellen unterliegt,[1149] ist nicht auszuschließen, dass ein Jugendarrest neben einer zur Bewährung ausgesetzten Jugendstrafe nicht als § 16a-Arrest, sondern unter der Rubrik der jeweiligen Arrestform registriert wird. Unterschiede zwischen den Daten der Strafverfolgungsstatistik und des Bundeszentralregisters können ferner aus der unterschiedlichen Meldepraxis an das Bundeszentralregister resultieren sowie daraus, dass die Strafverfolgungsstatistik das Datum der Rechtskraft der Entscheidung abbildet, während den Bundeszentralregisterauszügen das Datum der ersten Ent-

---

1147 *Klatt/Ernst/Höynck u.a.*, 2016, S. 30 f.
1148 *Klatt/Ernst/Höynck u.a.*, 2016, S. 30 f.
1149 *Klatt/Ernst/Höynck u.a.*, 2016, S. 31.

scheidung zugrunde liegt.[1150] Die Diskrepanzen zwischen den Arrestzahlen nach § 16a JGG hatte für die vorliegende Untersuchung von vornherein zur Folge, die Verurteilungen nach § 16a JGG im Untersuchungszeitraum über eine zuverlässige Datenquelle erneut abzufragen.

2. Relative Verurteilungszahlen

Ausgehend von den offiziellen Angaben in der Strafverfolgungsstatistik sowie den im Bundeszentralregister erfassten Daten[1151] liegt die absolute Verurteilungszahl mit einer Entscheidung nach § 16a JGG im Bundesland Bayern für den Zeitraum 07.03.2013 bis 31.12.2014 im Ländervergleich deutlich über der durchschnittlichen Anwendungsrate. Dabei muss jedoch berücksichtigt werden, dass die regional unterschiedlichen Anwendungszahlen zu § 16a JGG auch durch die Größe und Zusammensetzung der Bevölkerung beeinflusst werden. Daher sind die absoluten Verurteilungszahlen ins Verhältnis zum Bevölkerungsanteil zu setzen. Für einen regionalen Querschnittsvergleich hinsichtlich der Anwendungshäufigkeit des § 16a JGG in den einzelnen Bundesländern können schließlich zwei Wege gewählt werden: *Antholz* setzt die Zahl der im Jahr bekanntgewordenen Straftaten mit einer Verurteilung nach § 16a JGG in Bezug zu 100.000 der Bevölkerung.[1152] Legt man als Berechnungsgrundlage die Bevölkerungszahl in den Bundesländern mit Stand 31.12.2014 zugrunde, so beträgt die Häufigkeitszahl (HZ) für das Jahr 2014 in Bayern 1,4 und für das Saarland mit einer sehr viel geringeren Anwendungshäufigkeit von 13 Verurteilungen 1,3.[1153] Damit relativieren sich die Unterschiede in der absoluten Häu-

---

1150 *Klatt/Ernst/Höynck u.a.*, 2016, S. 32.

1151 Nach der Übersicht bei *Klatt/Ernst/Höynck u.a.*, 2016, S. 34 weist das Bundesland Bayern auf Basis der BZR-Eintragungen für die Jahre 2013 und 2014 zusammengerechnet 382 § 16a-Arreste auf (2013:144, 2014: 238); die höchste Anzahl an § 16a-Arresten zeigt sich in Nordrhein-Westfalen mit 386 Entscheidungen.

1152 *Antholz*, Krim 2/2015, 99, wobei die Berechnungsgrundlage für die HZ nicht genannt wird.

1153 Die HZ konnte ausschließlich für das Kalenderjahr 2014 errechnet werden, da für das Jahr 2013 aufgrund des Inkrafttretens der Neuregelung am 07.03.2013 keine Werte für das gesamte Kalenderjahr vorlagen. Berechnungsgrundlage für die Bevölkerungszahl bildet die Bevölkerungsfortschreibung auf Grundlage des Zensus 2011 durch das Statistische Bundesamt mit Stand der Bevölkerung 31.12.2014, *Statistisches Bundesamt*, Fachserie 1, Reihe 1.3, 2014, S. 15. Berechnung für Bayern: (177 Fälle x 100.000)/12.691.568.

figkeit. Da bei der Berechnung der Häufigkeitszahl die Bevölkerungszahl der Bundesländer insgesamt einbezogen wird, bleibt das Verhältnis der Verurteilungen nach § 16a JGG zur Bevölkerungsgruppe der 14 bis unter 21-Jährigen offen. Als weiterer Weg zur Abbildung der regionalen Sanktionspraxis hinsichtlich § 16a JGG innerhalb der Bundesländer bietet es sich daher an, den Anteil der Verurteilungen nach § 16a JGG auf 100.000 der Bevölkerungsgruppe der 14 bis unter 21-Jährigen zu ermitteln.[1154] Die hierdurch ermittelte Verurteiltenziffer (VUZ) misst den Anteil der nach § 16a JGG Verurteilten bezogen auf 100.000 Personen der altersgleichen deutschen strafmündigen Bevölkerung.[1155] Bezogen auf die in der Strafverfolgungsstatistik für das Jahr 2014 ausgewiesenen 177 Verurteilungen nach § 16a JGG im Bundesland Bayern lag die Verurteiltenziffer in Bayern bei 20,9.[1156] Im regionalen Ländervergleich (s. Abbildung 1) weist Bayern damit zwar die höchste Verurteiltenziffer auf, jedoch ergeben sich für die Bundesländer Saarland, Mecklenburg-Vorpommern und Rheinland-Pfalz mit einer zum Teil deutlich geringeren absoluten Anzahl an Verurteilungen nach § 16a JGG (s. oben Tabelle 2) vergleichbare Zahlenwerte.

1154 Zu dieser Vorgehensweise auch *Franzke*, BRJ 2015, 118 (122 f.); *Klatt/Ernst/ Höynck u.a.*, 2016, S. 36.

1155 So auch *Klatt/Ernst/Höynck u.a.*, 2016, S. 36; vgl. zur Verurteiltenziffer *Eisenberg*, 2005, § 17 Rn. 49, 52; *Statistisches Bundesamt*, Fachserie 10 Reihe 3 – 2014, S. 15. Als Berechnungsgrundlage für die Ermittlung der VUZ diente die im Anhang der StVStat ausgewiesene Gesamtzahl der strafmündigen deutschen Bevölkerung am 1.1.2014 im Alter von 14 bis unter 18 Jahren sowie im Alter von 18 bis unter 21 Jahren, *Statistisches Bundesamt*, Fachserie 10 Reihe 3 – 2014, S. 505. Die VUZ wird in der StVStat nur für die deutsche strafmündige Bevölkerung errechnet, da aus der Bevölkerungsstatistik nur Zahlen über die bei den Einwohnerämtern gemeldeten Ausländer vorliegen, nicht aber zu sich illegal aufhaltenden Personen sowie nicht-deutsche Touristen, so dass valide Aussagen über die VUZ der strafmündigen Ausländer nicht getroffen werden können, *Statistisches Bundesamt*, Fachserie 10 Reihe 3 – 2014, S. 11. Auch für die hiesige Berechnung der VUZ wurde daher auf die strafmündige deutsche Bevölkerung abgestellt.

1156 Exemplarische Berechnung für Bayern: (177 Verurteilte mit § 16a JGG x 100.000)/848366.

Abbildung 1: *Verurteiltenziffer § 16a JGG im Jahr 2014 pro 100.000 der Altersgruppe 14 bis unter 21 Jahre*

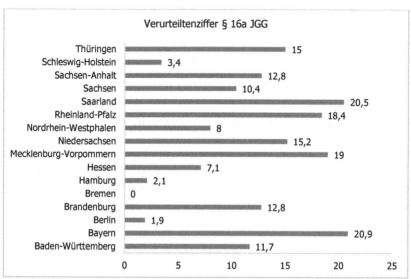

Auf Basis der Bundeszentralregistereintragungen zu § 16a JGG errechnete das KFN bezogen auf 100.000 Einwohner der Altersgruppe der 14 bis unter 21-Jährigen für das Jahr 2014 im Bundesdurchschnitt eine Häufigkeitszahl von 16,7.[1157] Eine deutlich über dem Durchschnitt liegende Belastungszahl ergibt sich auf dieser Grundlage für das Bundesland Bayern mit 25,4.[1158] Die Unterschiede in den ermittelten relativen Zahlenwerten im Vergleich zur Studie des KFN lassen sich durch die Verschiedenheit der Datengrundlagen erklären. Während die Anzahl der § 16a-Arreste vorliegend der StVStat entnommen wurde und für die Berechnung der VUZ auf die strafmündige deutsche Bevölkerung im Alter von 14 bis unter 21 Jahren im Bundesland abgestellt wurde, basieren die Angaben in der bundesweiten Evaluationsstudie auf den im Bundeszentralregister eingetragenen § 16a-Verurteilungen pro 100.000 Einwohner im Alter von 14 bis unter 21 Jahren[1159]. Ungeachtet dieser Divergenzen zeigt sich jedoch, dass im Freistaat Bayern ein spürbarer Anwendungsbereich für die Neuregelung des § 16a JGG besteht.

1157 *Klatt/Ernst/Höynck u.a.*, 2016, S. 36.
1158 *Klatt/Ernst/Höynck u.a.*, 2016, S. 36.
1159 *Klatt/Ernst/Höynck u.a.*, 2016, S. 36.

3. Verhältnis zur Gesamtverurteilungsrate und bedingten Jugendstrafe

Um die Bedeutung des § 16a-Arrestes einordnen und dessen potentiellen Anwendungsbereich abstecken zu können, erscheint es des Weiteren zweckmäßig, die Anwendungshäufigkeit des § 16a JGG ins Verhältnis zur Gesamtanzahl der nach Jugendstrafrecht ergangenen Verurteilungen sowie zu den Bewährungssanktionen zu setzen.

a) Statistische Zahlen zur Gesamtverurteilungsrate

Das Verhältnis der nach § 16a JGG ergangenen Verurteilungen zu den insgesamt ausgesprochenen Sanktionen gegen die Altersgruppe der 14 bis unter 21-Jährigen wird vorliegend auf Basis der StVStat für die Jahre 2014 bis 2016 dargestellt. Für den Bezugszeitraum des Jahres 2013 fehlt es infolge des Inkrafttretens der Neuregelung am 07.03.2013 an belastbaren, vollständigen Daten.

Im Jahr 2014 belief sich die Anzahl der nach Jugendstrafrecht verurteilten Jugendlichen und Heranwachsenden bundesweit auf 72.094 Personen.[1160] Hinzukommen 2.098 Entscheidungen über eine Aussetzung der Verhängung der Jugendstrafe zur Bewährung gem. § 27 JGG, die in der StVStat gesondert ausgewiesen werden.[1161] Da § 16a JGG auch neben der Aussetzung der Verhängung der Jugendstrafe nach § 27 JGG Anwendung finden kann, wird diese Personengruppe bei der Ermittlung der § 16a-Arrestquote ebenso mitberücksichtigt. Von den insgesamt 74.192 Personen mit einer Hauptstrafe nach Jugendstrafrecht oder einer nach § 27 JGG ergangenen Entscheidungen wurden 621 Jugendliche und Heranwachsende zu einem Arrest nach § 16a JGG verurteilt. Dies entspricht einem Anteil von 0,8 %. In den Folgejahren 2015 und 2016 liegt die § 16a-Arrestquote trotz der insgesamt rückläufigen Anzahl an Verurteilungen nach Jugendstrafrecht bei geringfügig angewachsenen 0,9 % im Jahr 2015 und 1,0 % im Jahr 2016.

1160 *Statistisches Bundesamt*, Fachserie 1, Reihe 1.3, 2014, S. 282; einbezogen werden hier wie im Folgenden die in der StVStat ausgewiesenen Straftaten insgesamt.
1161 *Statistisches Bundesamt*, Fachserie 1, Reihe 1.3, 2014, S. 59.

Tabelle 4: Verhältnis § 16a JGG zur Gesamtanzahl der Verurteilungen mit einer Hauptstrafe nach Jugendstrafrecht einschließlich § 27 JGG auf Bundesebene

Anzahl ＼ Jahr	2014	2015	2016
Verurteilte nach Jugendstrafrecht	72.094	65.342	61.728
Entscheidungen nach § 27 JGG	2.098	1.987	1.805
Gesamt	74.192	67.329	63.533
davon § 16a JGG	621	638	616
in %	0,8%	0,9%	1,0%

(Datenquelle: Statistisches Bundesamt, Fachserie 10 Reihe 3, 2014, S. 59, 282; 2015, S. 59, 288; 2016, S. 59, 318)

Betrachtet man das Verhältnis der nach § 16a JGG ergangenen Sanktionen zur Gesamtanzahl der nach Jugendstrafrecht verurteilten Personen einschließlich derer, die einen Schuldspruch nach § 27 JGG erhalten haben für das Bundesland Bayern, zeigt sich erwartungsgemäß ein etwas höherer Prozentsatz an § 16a-Verurteilungen. Während der Anteil der § 16a-Arreste im Jahr 2014 innerhalb der Gesamtanzahl von 14.413[1162] Verurteilungen nach Jugendstrafrecht unter Einschluss der Entscheidungen nach § 27 JGG bei 1,2 % lag, ist er in den Folgejahren auf 1,7 % bzw. 1,6 % angestiegen. Obwohl die Anzahl der nach Jugendstrafrecht verurteilten Personen in den Jahren 2014 bis 2016 rückläufig ist (s. Tabelle 5), zeichnet sich bei der Sanktionierung mittels § 16a JGG eine leichte Zunahme ab, die im Jahr 2016 etwas abfällt.

1162 Zu den einzlnen Zahlenwerten *Bayerisches Landesamt für Statistik,* Strafverfolgungsstatistik – 2014, S. 19, 146 sowie für die Jahre 2015 und 2016 *Bayerisches Landesamt für Statistik,* Strafverfolgungsstatistik – 2015, S. 21, 148; *Bayerisches Landesamt für Statistik,* Strafverfolgungsstatistik – 2016, S. 21, 150.

Tabelle 5: Verhältnis § 16a JGG zur Gesamtanzahl der Verurteilungen nach Jugendstrafrecht einschließlich § 27 JGG für Bayern

Anzahl \ Jahr	2014	2015	2016
Verurteilte nach Jugendstrafrecht	14.289	12.681	12.356
Entscheidungen nach § 27 JGG	124	105	94
Gesamt	14.413	12.786	12.540
davon § 16a JGG	177	214	196
in %	1,2%	1,7%	1,6%

(Datenquelle für Verurteilte nach Jugendstrafrecht und § 27 JGG: Bayerisches Landesamt für Statistik, Strafverfolgungsstatistik 2014, S. 19, 146; 2015, S. 21, 148; 2016, S. 21, 150; Datenquelle für § 16a JGG: Statistisches Bundesamt, Fachserie 10 Reihe 3, 2014, S. 333; 2015, S. 337; 2016, S. 341)

Insgesamt nimmt der Arrest nach § 16a JGG im Gesamtgefüge der jugendstrafrechtlichen Sanktionen entsprechend der vom Gesetzgeber geforderten restriktiven Anwendung einen sehr geringen Stellenwert ein.

b) Statistische Zahlen zur bedingten Jugendstrafe

Zur weiteren Konkretisierung der quantitativen Bedeutsamkeit des § 16a JGG soll ferner das Gewicht der Neuregelung in Bezug auf die Anzahl der zur Bewährung ausgesetzten Jugendstrafen betrachtet werden. Auch an dieser Stelle bilden die Zahlen der amtlichen Strafverfolgungsstatistiken für die Jahre 2014 bis 2016 die Bezugsgröße.

Bundesweit wurden im Jahr 2014 insgesamt 11.772 Jugendliche und Heranwachsende zu einer Jugendstrafe verurteilt, die in 7.222 Fällen zur Bewährung ausgesetzt wurde.[1163] Dies entspricht einer Aussetzungsquote von 61,3 %. Repräsentiert wird in der Strafverfolgungsstatistik jedoch ausschließlich der Inhalt der Entscheidung zum Zeitpunkt der Rechtskraft.[1164] Abgebildet werden demnach nur die Verurteilungen zu einer Jugendstrafe, deren Vollstreckung im Zeitpunkt der Rechtskraft zur Bewährung ausgesetzt wurde. Nicht zu entnehmen ist der Strafverfolgungsstatistik in wie vielen Fällen die Aussetzung der Jugendstrafe zur Bewährung

---

1163 *Statistisches Bundesamt*, Fachserie 10 Reihe 3 – 2014, S. 282.
1164 *Statistisches Bundesamt*, Fachserie 10 Reihe 3 – 2014, S. 11.

nachträglich durch Beschluss erging. Obgleich die Zahl der vorbehaltenen Aussetzungsentscheidungen gegenüber der im Urteil erfolgten Aussetzung der Vollstreckung der Jugendstrafe zur Bewährung als gering einstufen ist,[1165] wird die Zahl der Bewährungsentscheidungen hierdurch unterschätzt. Da die Verhängung eines § 16a-Arrestes nach § 8 Abs. 2 S. 2 JGG auch mit einem Schuldspruch nach § 27 JGG verknüpft werden kann, sind den in der StVStat abgebildeten Strafaussetzungsentscheidungen schließlich die 2.098 Verfahren mit einer Sanktionsfolge nach § 27 JGG hinzuzurechnen. Mithin ergeben sich für das Jahr 2014 insgesamt 9.320 Bewährungsentscheidungen, die einen potentiellen Anwendungsbereich für § 16a JGG bergen. Ausgehend von den in der Strafverfolgungsstatistik gezählten bundesweiten 621 Verurteilten mit einer Sanktionierung nach § 16a JGG erhielten folglich 6,7 % der Verurteilten neben einer Bewährungsstrafe einen zusätzlichen Arrest nach § 16a JGG. In den Folgejahren 2015 und 2016 hat der Anteil an Bewährungsentscheidungen in Verbindung mit § 16a JGG konstant zugenommen (s. Tabelle 6).

Tabelle 6: Anteil der Bewährungsentscheidungen mit § 16a JGG auf Bundesebene

Anzahl \ Jahr	2014	2015	2016
Verurteilungen zu Jugendstrafe	11.772	10.550	10.033
davon mit Strafaussetzung zur Bewährung	7.222	6.383	5.914
Entscheidungen nach § 27 JGG	2.098	1.987	1.805
Gesamtanzahl der Bewährungsentscheidungen	9.320	8.370	7.719
davon § 16a JGG	621	638	616
in %	6,7%	7,6%	8,0%

(Datenquelle: Statistisches Bundesamt, Fachserie 10 Reihe 3, 2014, S. 59, 282, 333; 2015, S. 59, 288, 337; 2016, S. 59, 290, 341)

Die Ergebnisse der bundesweiten Evaluationsstudie zu § 16a JGG belegen, dass der Anteil der Bewährungsentscheidungen in Verbindung mit § 16a JGG in den einzelnen Bundesländern höchst unterschiedlich ausfällt. Während in 8 der 115 untersuchten Landgerichtsbezirke keine der zur Bewährung ausgesetzten Jugendstrafen gekoppelt mit einem Arrest nach § 16a JGG erging, zeigte sich in anderen Landgerichtsbezirken eine

---

1165 Zur praktischen Bedeutung der Vorbewährung, insbesondere in Bayern *Baier*, 2015, S. 181 ff..

Höchstrate von bis zu 52,1 %.[1166] In Bayern wurden in den untersuchten Landgerichtsbezirken durchschnittlich 12,7 % der zur Bewährung ausgesetzten Jugendstrafen mit einem Jugendarrest nach § 16a JGG verbunden.[1167]

Ein vergleichbares Bild ergibt sich bei Zugrundelegung der absoluten Verurteilungszahlen nach § 16a JGG aus der amtlichen bayerischen Strafverfolgungsstatistik für die Jahre 2014 bis 2016. Im Jahr 2014 ergingen in Bayern insgesamt 2.280 Verurteilungen zu einer Jugendstrafe, davon wurden 1.449 zur Bewährung ausgesetzt.[1168] Unter Berücksichtigung der Entscheidungen nach § 27 JGG, die ebenfalls einen Anwendungsbereich für § 16a JGG eröffnen, betrug der Anteil an Verurteilungen nach § 16a JGG 11,3 %. In den Jahren 2015 und 2016 ist dieser auf 15,6 % bzw. 16,1 % angestiegen.

Tabelle 7: Anteil der Bewährungsentscheidungen mit § 16a JGG in Bayern

Anzahl \ Jahr	2014	2015	2016
Verurteilungen zu Jugendstrafe	2.280	2.009	1.914
davon mit Strafaussetzung zur Bewährung	1.449	1.267	1.120
Entscheidungen nach § 27 JGG	124	105	94
Gesamtanzahl der Bewährungsentscheidungen	1.573	1.372	1.214
davon § 16a JGG	177	214	196
in %	11,3%	15,6%	16,1%

(Datenquelle: Bayerisches Landesamt für Statistik, Strafverfolgungsstatistik 2014, S. 19, 146, 154; 2015, S. 21, 148, 156; 2016, S. 21, 150, 158)

Obgleich dem Arrest nach § 16a JGG innerhalb der statistisch erfassten Bewährungssanktionen damit ein nicht zu vernachlässigender Geltungsbereich zukommt, liegt der Anteil der mit § 16a JGG verbundenen Bewährungsentscheidungen in Bayern unterhalb der vor Einführung des Warnschussarrestes prognostizierten Anwendungsquote. Nach einer vom Kriminologischen Dienst des bayerischen Justizvollzugs Anfang des Jahres 2013 durchgeführten Umfrage unter den bayerischen Jugendrichtern war anzunehmen, dass ca. 25-30 % der zur Bewährung ausgesetzten Jugendstrafen

---

1166 *Klatt/Ernst/Höynck u.a.*, 2016, S. 38 ff.
1167 *Klatt/Ernst/Höynck u.a.*, 2016, S. 41.
1168 *Bayerisches Landesamt für Statistik*, Strafverfolgungsstatistik – 2014, S. 146.

zusätzlich mit einem Arrest nach § 16a JGG einhergehen werden.[1169] Diese Vermutung hat sich auf der Grundlage der Zahlen aus der Strafverfolgungsstatistik für Bayern und den bundesweiten Forschungsbefunden nicht bestätigt. So liegt die Anzahl der mit § 16a JGG gekoppelten Bewährungsentscheidungen in einzelnen Landgerichtsbezirken im Freistaat Bayern zwar bei 25-27,7 %,[1170] doch ergibt sich insgesamt eine deutlich geringere Anwendungsquote im Bereich von 11,3 % bis 16,1 %.

II. Bisherige empirische Untersuchungen zu § 16a JGG

Während Zahlen zur Anordnungshäufigkeit von § 16a JGG seit seinem Inkrafttreten am 07.03.2013 durch die Strafverfolgungsstatistik sowie externe Analysen weitgehend bekannt sind, ist die praktische Anwendung und Wirksamkeit der Koppelung von Jugendarrest und bedingter Jugendstrafe im Hinblick auf die künftige Legalbewährung der Täter nur teilweise erschlossen. Insgesamt existieren bislang nur einige wenige Untersuchungen zu § 16a JGG, die sich insbesondere nur partiell auf das Bundesland Bayern beziehen. Um die Befunde der nachfolgenden Untersuchung in den Gesamtkontext einordnen zu können, wird im Folgenden ein Überblick über die bislang vorliegenden Forschungsbefunde zu § 16a JGG gegeben.

1. Deutschland

Im gesamtdeutschen Raum liegen derzeit die Ergebnisse von vier Untersuchungen vor, wovon eine Richterbefragung dem Zeitraum vor Einführung der gesetzlichen Neuregelung in § 16a JGG entstammt.[1171] Zwei der vier

---

1169 *Endres*, DVJJ Frühjahrtagung 2013, S. 11.
1170 *Klatt/Ernst/Höynck u.a.*, 2016, S. 39, 41 einschließlich Abbildung 5.
1171 Ergänzend hingewiesen sei zudem auf die psycho-analytisch- pädagogische Studie von *Müller*, 2016 zu den Folgewirkungen von Jugendarrest und Warnschussarrest. Die Arbeit setzt nicht auf juristischer, sondern pädagogischer Ebene an und stellt die subjektive Wahrnehmung des Freiheitsentzuges durch die Arrestanten in den Mittelpunkt. Methodisch bedient sich Müller der Durchführung narrativ-verstehender Interviews. Insgesamt wurden fünf Interviews mit Arrestanten aus den niedersächsischen Jugendarrestanstalten geführt, wobei drei davon zur Auswertung gelangten. Vgl. *ders.*, 2016, S. 41 ff., 51. Da sich die Untersuchug nicht spezifisch mit der Situation des § 16a-Arrestes befasst (vgl. *ders.*, 2016, S. 51) wird im Rahmen der vorliegenden Arbeit von einer weiteren Ergebnisdarstellung Abstand genommen.

Studien beziehen sich auf das Bundesland Bayern und werden nachfolgend separat dargestellt.

a) Studie des Kriminologischen Forschungsinstituts Niedersachsen

Im Auftrag des Bundesministeriums für Justiz führte das Kriminologische Forschungsinstitut Niedersachsen (KFN) in Zusammenarbeit mit der Universität Kassel eine bundesweite Evaluation zum Jugendarrest neben bedingter Jugendstrafe gem. § 16a JGG durch, deren Ziel es war, die Anwendung, Ausgestaltung und Wirkungsweise des Warnschussarrestes durch Verknüpfung unterschiedlicher methodischer Herangehensweisen zu untersuchen. Bestandteile des Projekts waren unter anderem die Analyse von Jugendstrafakten in 27 zufällig ausgewählten Landgerichtsbezirken zu allen Entscheidungen, die im Zeitraum 01.10.2013 bis 30.09.2014 mit einer Verurteilung nach §§ 21, 27, 61 Abs. 1 JGG endeten,[1172] eine Befragung von Praktikern,[1173] die Durchführung von Interviews in ausgewählten Arrestanstalten, eine Befragung der zu § 16a JGG verurteilten Arrestanten sowie schließlich eine Rückfall- und Wirksamkeitsuntersuchung im Wege eines matched-pair-Verfahrens.[1174]

Wegen des erheblichen Forschungsumfangs wird nachfolgend darauf verzichtet, die Ergebnisse der Studie abschließend zu erläutern. Es werden ausschließlich einige ausgewählte zentrale Befunde summarisch wiedergegeben. Sofern sich bei der späteren Auswertung der hiesig durchgeführten Untersuchung Schnittstellen zu den Fragestellungen des bundesweiten Forschungsprojekts ergeben, werden die dort erzielten Forschungsergebnisse denjenigen im Freistaat Bayern gegenübergestellt, um mögliche Unterschiede oder Parallelen sichtbar zu machen.

1172 Einbezogen wurden in die Untersuchung insgesamt 1.788 Verurteilungen mit einer Bewährungsstrafe, wobei in 213 Fällen (11,9 %) ein Arrest nach § 16a JGG verhängt wurde, *Klatt/Ernst/Höynck u.a.*, 2016, S. 63.

1173 Als Praktiker wurden Jugendrichter/innen, Jugendstaatsanwälte/Jugendstaatsanwältinnen, Bewährungshelfer/innen, Arrestvollzugsleiter/innen und Jugendgerichtshelfer/innen befragt, *Klatt/Ernst/Höynck u.a.*, 2016, S. 101.

1174 Zur Gesamtanlage des Forschungsprojekts *Hagl/Bartsch/Baier* u.a., ZJJ 3/2014, 263 (265 ff.); *Klatt/Ernst/Höynck u.a.*, 2016, S. 21 f.

aa) Auswirkungen des § 16a JGG auf andere Freiheitsentziehungen

In der bundesweiten Evaluationsstudie offenbart die Auswertung der Strafverfolgungsstatistik für die Jahre 2011, 2012 und 2014 zunächst, dass der
Arrest nach § 16a JGG weder wie erwartet zu einer Zurückdrängung freiheitsentziehender Sanktionen führt, noch, dass er zu einer Verringerung
von Untersuchungshaftordnungen beiträgt.[1175] Ein Vergleich der Untersuchungshaftanordnungen aus den Jahren 2011, 2012 und 2014 zeigt, dass
die Rate der angeordneten Untersuchungshaft seit Einführung des
§ 16a JGG (2011:1,8 %, 2014: 2,2 %) zugenommen hat.[1176] Keine Bestätigung fand die von Befürwortern des § 16a-Arrestes geäußerte Annahme,
der Arrest nach § 16a JGG trage zu einem Rückgang unbedingter Jugendstrafen bei.[1177] Speziell für den Bereich der Gewaltkriminalität, bei dem
eine erhöhte Wahrscheinlichkeit zur Verurteilung freiheitsentziehender
Sanktionen angenommen wird, ist festzustellen, dass innerhalb der Altersgruppe der 14- bis unter 21-jährigen der Anteil unbedingter Jugend- und
Freiheitsstrafen um 1,2 % (2011: 9,1 %, 2014: 10,3 %) gestiegen ist.[1178] Infolge des Anordnungsverhältnisses zur Untersuchungshaft und unbedingten Jugendstrafe sei daher eher anzunehmen, dass § 16a JGG als zusätzliches Sanktionsinstrument angesehen wird.[1179] Auf Grund der erheblichen
regionalen Divergenzen in der Anwendungshäufigkeit des § 16a JGG in
den einzelnen Landgerichtsbezirken, wurde zudem untersucht, ob die
Landgerichtsbezirke mit einer hohen § 16a-Anwendungsrate weniger Verurteilungen zu einer unbedingten Jugend- oder Freiheitsstrafe aussprechen. An dieser Stelle kam das Gegenteil zum Ausdruck: Die zehn Landgerichtsbezirke, die am häufigsten von § 16a JGG Gebrauch gemacht haben,
wiesen zugleich einen Anstieg im Bereich der unbedingten Jugend- und
Freiheitsstrafe auf, während in den zehn Landgerichtsbezirken mit der geringsten Anwendungsquote des § 16a JGG eine insgesamt sinkende Anzahl
unbedingter Jugend- und Freiheitsstrafen zu verzeichnen war.[1180] Ebenfalls
ließen sich auf Grundlage der Strafverfolgungsstatistik keine Anhaltspunkte dafür finden, dass die Verhängung eines § 16a-Arrestes zu einer kürzeren
Bewährungsstrafe führt.[1181] Diese Feststellung manifestiert sich in den Er-

---

1175 *Klatt/Ernst/Höynck u.a.*, ZJJ 2016, 354 (356); *dies.*, 2016, S. 56.
1176 *Klatt/Ernst/Höynck u.a.*, 2016, S. 43.
1177 *Klatt/Ernst/Höynck u.a.*, ZJJ 2016, 354 (356).
1178 *Klatt/Ernst/Höynck u.a.*, 2016, S. 44 f.
1179 *Klatt/Ernst/Höynck u.a.*, ZJJ 2016, 354 (356).
1180 *Klatt/Ernst/Höynck u.a.*, 2016, S. 46 ff.
1181 *Klatt/Ernst/Höynck u.a.*, 2016, S. 52.

gebnissen der Aktenanalyse, wonach sich für die Dauer der verhängten Jugendstrafe bei Bewährungsprobanden mit und ohne § 16a-Arrest keine signifikanten Unterschiede ergaben.[1182] Der Arrest nach § 16a JGG lässt die Dauer der Jugendstrafe folglich unbeeinflusst.

bb) Besondere Zielgruppe des § 16a JGG

Die Befunde der Strafaktenanalyse ergaben keine Hinweise für eine spezifische Zielgruppe des § 16a-Arrestes.[1183] Die Personen, gegen die neben einer Bewährungsstrafe ein Arrest nach § 16a JGG verhängt wurde, unterschieden sich von den zu einer Bewährungsstrafe ohne einen Arrest nach § 16a JGG Verurteilten nur geringfügig.[1184] Signifikante Unterschiede zeigten sich insbesondere hinsichtlich des jüngeren Alters der nach § 16a JGG Verurteilten, dem höheren Anteil weiblicher Probanden sowie in Bezug auf die Art und Schwere der strafrechtlichen Vorbelastung.[1185] In der Gruppe der Bewährungsprobanden ohne eine Sanktionierung nach § 16a JGG waren Vorverurteilungen zu einem Dauerarrest und einer Geldstrafe statistisch signifikant häufiger anzutreffen als bei Arrestanten mit § 16a JGG, wobei letzteres in Verbindung mit dem höheren Alter der Bewährungsprobanden ohne § 16a JGG gebracht wird.[1186] Bei Bewährungsprobanden ohne § 16a JGG stellte die Verurteilung zu einem Dauerarrest zudem signifikant häufiger die härteste Vorsanktion dar.[1187] Die den Verurteilungen zugrundeliegenden Deliktsstrukturen waren weitgehend identisch. Etwas häufiger lagen der Sanktionierung gem. § 16a JGG Sachbeschädigungen und Straftaten gegen die körperliche Unversehrtheit zugrunde.[1188] Trotz einiger festgestellter Unterschiede zwischen den Bewährungsprobanden mit und ohne einem Arrest gem. § 16a JGG ließ die Zusammenschau der Täter-, Tat- und Verfahrensmerkmale keinen Schluss auf das Vorliegen einer spezifischen Probandengruppe innerhalb der mit einer Bewährungsstrafe sanktionierten Täter zu.[1189]

1182 Vgl. zu den Ergebnissen *Klatt/Ernst/Höynck u.a.*, 2016, S. 90.
1183 *Klatt/Ernst/Höynck* u.a., ZJJ 2016, 354 (356).
1184 Im Einzelnen zu den Unterschieden *Klatt/Ernst/Höynck u.a.*, 2016, S. 98 f..
1185 *Klatt/Ernst/Höynck u.a.*, 2016, S. 98 f.
1186 *Klatt/Ernst/Höynck u.a.*, 2016, S. 74 f.
1187 *Klatt/Ernst/Höynck u.a.*, 2016, S. 75 f.
1188 *Klatt/Ernst/Höynck* u.a., ZJJ 2016, 354 (357).
1189 *Klatt/Ernst/Höynck u.a.*, 2016, S. 210 f.

cc) Begründung des § 16a JGG und Vorbereitung der Bewährungszeit

Hinsichtlich der Begründung des § 16a JGG bemängelt die Studie eine insgesamt unsorgfältige Auseinandersetzung mit den gesetzlichen Anordnungsvoraussetzungen.[1190] Die größte praktische Bedeutung kam innerhalb der gesetzlich vorgegebenen Fallgruppen in § 16a Abs. 1 JGG der Anordnungsalternative des § 16a Abs. 1 Nr. 3 JGG mit 32,9 % zu.[1191] Die Funktion des Arrestes als bewährungsvorbereitende Maßnahme wurde demgegenüber als gering eingestuft. Der Aussage, der Verurteilte könne durch den Arrest gut auf die Bewährungszeit vorbereitet werden, stimmten lediglich 6,1 % der befragten Praktiker zu, wobei der Zustimmungsanteil innerhalb der Gruppe der Bewährungshelfer mit 0,6 % besonders gering ausfiel.[1192] Die Zusatzbefragung der Bewährungshelfer offenbarte an dieser Stelle, dass der Arrestvollzug aus Sicht der Bewährungshelfer die Bewährungschance nicht relevant beeinflusse.[1193] Als Grund hierfür wurde sowohl auf das Fehlen spezifischer Konzepte für den Vollzug des § 16a JGG hingewiesen als auch auf den Umstand, dass der maximal vierwöchige Arrest dem gewöhnlichen Betreuungsrythmus durch die Bewährungshilfe entspreche, so dass ein Besuch im Arrest regelmäßig nicht erforderlich sei.[1194] Im Einklang hierzu stehen die Ergebnisse der Arrestantenbefragung, wonach lediglich 12,8 % der Befragten während des Arrestes Hilfsangebote durch die Bewährungshilfe erhalten haben.[1195] Die bundesweiten Forschungsbefunde deuten an, dass das Ziel des Gesetzgebers, mittels des § 16a-Arrestes eine Vorbereitung auf die Bewährungszeit zu leisten, in der Praxis nur geringfügig auf Resonanz stößt.

1190 *Klatt/Ernst/Höynck u.a.*, 2016, S. 215; die häufig oberflächliche oder gar fehlende Begründung des § 16a JGG im Urteil hat sich auch im Rahmen der vorliegenden Studie bestätigt; hierzu Teil 2 E.I.5.c) aa).

1191 *Klatt/Ernst/Höynck u.a.*, 2016, S. 91; für Bayern zeigt sich in der Praxis hingegen ein anderes Bild: Während bei einer ausdrücklichen Bezugnahme auf eine der in § 16a Abs. 1 JGG genannten Fallgruppen im Urteil ein noch relativ ausgewogenes Verhältnis zwischen § 16a Abs. 1 Nr. 1 JGG (63,3 %) und § 16a Abs. 1 Nr. 3 JGG (54,1 %) besteht, zeigt sich bei einer inhaltlichen Zuordnung ein deutliches Überwiegen der auf § 16a Abs. 1 Nr. 1 JGG gestützten Arreste (79,5 %; § 16a Abs. 1 Nr. 3 JGG: 33,2 %); siehe Teil 2 E.I.5.c) bb).

1192 *Klatt/Ernst/Höynck u.a.*, 2016, S. 135 dort Tabelle 120.

1193 *Klatt/Ernst/Höynck u.a.*, 2016, S. 213.

1194 *Klatt/Ernst/Höynck u.a.*, 2016, S. 213.

1195 *Klatt/Ernst/Höynck u.a.*, 2016, S. 179.

dd) Subjektives Arresterleben

Die Befragung von 41 Arrestanten, die einen Arrest nach § 16a JGG verbüßt hatten, offenbart sowohl positive wie negative Aspekte zur Wahrnehmung des Arrestes und den dortigen Hilfsangeboten. Einerseits nahm sich die Mehrzahl der Arrestanten (66,7 %) vor, keine Straftaten mehr zu begehen und gab an, eingesehen zu haben, für ihre begangenen Taten einstehen zu müssen (79,5 %),[1196] andererseits wird die Dauer des durch den Arrest angestoßenen Reflexionsprozesses in Frage gestellt, da nach eigenen Angaben knapp die Hälfte der Arrestanten (46,2 %) nach der Entlassung aus dem Arrest erneut eine Straftat begangen haben.[1197] Insgesamt zeigt sich, dass eine positive Entwicklung der Arrestanten in Zusammenhang mit einem guten Verhältnis zu den Bediensteten, einer Behandlungs- und Rehabilitationsorientierung z.B. in der Gestalt, dass dem Jugendlichen erklärt wurde, wie er sich in Zukunft besser verhalten könne, und der Wahrnehmung des Arrestes als positives Lernumfeld steht.[1198] Auch der Kontakt zur Bewährungshilfe vor und während des Arrestvollzuges hat sich als positiver Einflussfaktor für die Entwicklung erwiesen.[1199]

ee) Rückfallrate

Bei einem Vergleich der Rückfälligkeit von Bewährungsprobanden mit und ohne einem zusätzlichen Arrest nach § 16a JGG sind nach den Befunden des KFN keine signifikanten Unterschiede zwischen den beiden Tätergruppen feststellen.[1200] Bezogen auf die Gesamtstichprobe ergab sich zunächst eine Rückfallquote von 34,7 %.[1201] Während sich die Rückfallquote bei den § 16a-Arrestanten auf 32,5 % belief, wurden Probanden ohne einen Arrest nach § 16a JGG zu 35,2 % erneut straffällig ohne, dass sich der Unterschied als statistisch signifikant erwies.[1202] Die weitergehende Durch-

---

1196 *Klatt/Ernst/Höynck u.a.*, 2016, S. 173 f., 176.
1197 *Klatt/Ernst/Höynck u.a.*, 2016, S. 188, 195.
1198 *Klatt/Ernst/Höynck u.a.*, 2016, S. 190 f., 195; die positive Entwicklung wurde anhand eines Erfolgsindikators gemessen, der vier Skalen aus dem Bereich der zukünftigen Straffreiheit des Arrestanten und der Verantwortungsübernahme integriert. Hierzu *dies.*, 2016, S. 189 f.
1199 *Klatt/Ernst/Höynck u.a.*, 2016, S. 190.
1200 *Klatt/Ernst/Höynck* u.a., ZJJ 2016, 354 (360).
1201 *Klatt/Ernst/Höynck* u.a., ZJJ 2016, 354 (360).
1202 *Klatt/Ernst/Höynck u.a.*, 2016, S. 200.

führung eines matched-pair-Verfahrens, bei welchem jedem der in die Rückfallanalyse einbezogenen 182 Arrestanten nach § 16a JGG ein in sieben Variablen vergleichbarer Proband ohne eine Verurteilung zu § 16a JGG gegenübergestellt wurde, führte ebenfalls zu keinen signifikanten Unterschieden in der Rückfälligkeit.[1203] Die Rückfallrate der Warnschussarrestanten fiel mit 31,9 % zwar etwas geringer aus als bei der parallelisierten Gruppe der Bewährungsprobanden ohne § 16a JGG mit 35,7 %, doch waren diese Ergebnisse nicht verallgemeinerbar.[1204] Nach den Ergebnissen der bundesweiten Evaluationsstudie wird das Rückfallrisiko durch die Verurteilung zu § 16a JGG daher weder positiv noch negativ beeinflusst.[1205] Auch im Hinblick auf die Anzahl der Rückfälle, die Rückfallgeschwindigkeit und die Rückfallschwere zeigen sich bei einem Beobachtungszeitraum bis zum 01.01.2016 zwischen den Vergleichsgruppen keine statistisch signifikanten Unterschiede.[1206]

b) Modellprojekt „Stationäres soziales Training im (Warnschuss-) Arrest" in Baden-Württemberg

Ebenfalls mit der Neuregelung des § 16a JGG befasst sich die von *Gernbeck* im Bundesland Baden-Württemberg durchgeführte Evaluationsstudie zum Modellprojekt „Jugendarrest neben Jugendstrafe als stationäres soziales Training mit Nachsorge", welches im Zuge der Einführung des Warnschussarrestes seit dem 01.07.2013 in den Jugendarrestanstalten Göppingen und Rastatt umgesetzt wurde.[1207] Neben der Überprüfung der Implementierung des sozialen Trainingskurses, an dem sowohl Arrestanten nach § 16a JGG als auch Personen mit einem Jugendarrest in den herkömmlichen Formen des § 16 JGG und einem Nichtbefolgungsarrest teilnehmen können[1208], gibt die Untersuchung anhand einer Aktenanalyse zu 51 Arrestanten mit einer Verurteilung nach § 16a JGG, die im Zeitraum

---

1203 *Klatt/Ernst/Höynck u.a.*, 2016, S. 202 ff.; *Klatt/Ernst/Höynck* u.a., ZJJ 2016, 354 (360).
1204 *Klatt/Ernst/Höynck u.a.*, 2016, S. 204.
1205 *Klatt/Ernst/Höynck u.a.*, 2016, S. 207.
1206 *Klatt/Ernst/Höynck u.a.*, 2016, S. 204 ff., 216; zum Beobachtungszeitraum und den daraus resultierenden Einschränkungen s. *dies.*, 2016, S. 200 Fn. 22, S. 204 f.
1207 Dazu sowie eingehend zum Kursaufbau *Gernbeck*, in: INFO 2014, 27 (48 ff.); *dies.*, 2017, S. 133 ff.
1208 *Gernbeck*, 2017, S. 134 f.

01.07.2013 bis 30.09.2014 an den sozialen Trainingskursen teilnahmen[1209], Aufschluss über die Anwendungspraxis des § 16a JGG. Mit Blick auf die thematische Verknüpfung zur vorliegenden Arbeit sollen nachfolgend nur einige der zentralen Erkenntnisse des Modellprojekts zum Warnschussarrest nach § 16a JGG dargestellt werden.

Zu den Urteilsbegründungen stellt *Gernbeck* fest, dass die Verhängung des Warnschussarrestes in 80,4 % der untersuchten Fälle entgegen den gesetzlichen Vorgaben in § 54 Abs. 1 JGG überhaupt nicht oder pauschal unter Wiedergabe des Gesetzeswortlauts begründet wurde.[1210] Inhaltlich zeigt sich ein Überwiegen des Verdeutlichungsarrestes nach § 16a Abs. 1 Nr. 1 JGG (64,7 %).[1211] Weiterhin kritisiert *Gernbeck* die praktische Umsetzung der für die Verhängung eines § 16a-Arrestes notwendigen Erforderlichkeitsprüfung. Die Mehrheit der Urteilsbegründungen nahm zur Frage, weshalb ambulante Maßnahmen für nicht ausreichend erachtet wurden, entweder nur formelhaft Stellung oder es fehlten diesbezügliche Ausführungen vollständig.[1212] Eine Gegenüberstellung der nach § 16a JGG verurteilten Personen und der Urteilsarrestanten zeigt, dass zwischen den beiden untersuchten Gruppen nur geringfügige Unterschiede bestehen. Die Bildung eines Gefährdungsindexes anhand verschiedener soziodemographischer Belastungsfaktoren ergab für die Warnschuss- und Urteilsarrestanten keine statistisch signifikanten Unterschiede, auch wenn die Warnschussarrestanten erwartungsgemäß etwas höhere Werte aufwiesen.[1213] Statistisch signifikante Abweichungen zeigten sich im Bereich der Schwere der Vorsanktionierung, indem Arrestanten mit einer Verurteilung nach § 16a JGG nicht nur quantitativ mehr Vorsanktionen besaßen, sondern auch über eine schwerere Vorstrafenbelastung verfügten als Urteilsarrestanten.[1214] Bei fast 40 % der Warnschussarrestanten stellte der Ausspruch einer bedingten Jugendstrafe gem. §§ 21, 27, 61 JGG die schwerste Vorsanktion dar, während dies andererseits nur auf 6,8 % der

---

1209 Zum Beobachtungszeitraum der Studie und der Zusammensetzung der Arrestanten *Gernbeck*, 2017, S. 144, 152.

1210 *Gernbeck*, 2017, S. 207;die unzureichende Begründung des § 16a JGG in den bislang bundesweit veröffentlichten Urteilen ebenso thematisierend *Eisenberg*, ZJJ 2013, 328 ff.; *Eisenberg*, ZJJ 2014, 396; *Eisenberg*, ZJJ 2016, 80 (81 f.); *Sonnen*, ZJJ 2014, 38; *ders.*, in: Diemer/Schatz/Sonnen, JGG, § 16a Rn. 25 unter Auflistung der Urteile.

1211 *Gernbeck*, 2017, S. 199.

1212 *Gernbeck*, 2017, S. 207 f.

1213 Unter näherer Erläuterung der Indexbildung *Gernbeck*, 2017, S. 160 ff.

1214 *Gernbeck*, 2017, S. 168.

Urteilsarrestanten zutraf.[1215] Weiterhin gelangt *Gernbeck* zu dem Ergebnis, dass sich die konkreten Fallkonstellationen, die der Gesetzgeber bei Einführung des Warnschussarrestes vor Augen hatte, in der Realität nur bedingt wiederfinden. Sowohl der Anordnung des § 16a-Arrestes zur Schließung von Gerechtigkeitslücken bei Komplizenstraftaten als auch der Herausnahme des Jugendlichen aus seinem schädlichen Umfeld ist eine insgesamt geringe praktische Bedeutung beizumessen.[1216] Anhaltspunkte dafür, dass der Vollzug des Warnschussarrestes die Bewährungszeit durch eine frühzeitige Kontaktaufnahme zum Bewährungshelfer gezielt einleite, ergaben sich nicht.[1217] Betreffend die Legalbewährung nach einer Verurteilung zu § 16a JGG berichtet *Gernbeck* unter Zugrundelegung eines 12-monatigen Rückfallzeitraums und einer sehr geringen Probandenanzahl (n=15) von einer Rückfallquote von 53,3 %.[1218]

1215 *Gernbeck,* 2017, S. 168.
1216 Dazu im Einzelnen *Gernbeck,* 2017, S. 210 f., 214 ff.
1217 *Gernbeck,* 2017, S. 233.
1218 *Gernbeck,* 2017, S. 347 f.; eine Vergleichsgruppenuntersuchung zur Rückfälligkeit der § 16a-Arrestanten und Personen mit einer Bewährungsstrafe gem. §§ 21, 27, 61 JGG ohne § 16a JGG war in der Untersuchung von *Gernbeck* zwar angestrebt, konnte aufgrund der geringen Probandenanzahl aber nicht umgesetzt werden, siehe *dies.,* 2017, S. 315 ff., 321 f. Eine von *Gernbeck/Hohmann-Fricke* durchgeführte Sonderauswertung der bundesweiten Rückfalluntersuchung für das Bundesland Baden-Württemberg zeigt ergänzend, dass sich die Rückfallquote nach einem Jugendarrest (74 %) und einer Jugendstrafe zur Bewährung (59,4 %) in Baden-Württemberg deutlich von der im übrigen Bundesgebiet (Rückfallquote nach Jugendarrest: 64,7 %, nach Jugendstrafe zur Bewährung: 62,3 %) unterscheidet. Wurden von den zu einer Jugendstrafe mit Bewährung Verurteilten weiterhin diejenigen ausgeschlossen, die als Vorsanktion eine Verurteilung zu Jugendarrest oder Jugendstrafe bzw. Freiheitsstrafe zur Bewährung aufweisen, so lag die Rückfallrate der potenziellen Kandidaten für einen Warnschussarrest mit 56,7 % nochmals unterhalb der allgemeinen Rückfallrate nach einem Jugendarrest, so dass von den Verfasserinnen in Frage gestellt wird, ob die Verhängung eines Arrestes nach § 16a JGG bei Personen ohne Hafterfahrung zu einer geringeren Rückfallquote führt als nach einer bedingten Jugendstrafe. Zu Vorstehendem *Gernbeck/Hohmann-Fricke,* ZJJ 2016, 362 (364 f.); vgl. dazu auch *Gernbeck,* 2017, S. 360 f., wonach die ermittelte Rückfallquote der Warnschussarrestanten von 53,3 % zwar ein erstes Indiz dafür sein könnte, dass die Sanktionierung mittels § 16a JGG bessere Legalbewährungschancen biete; die geringe Probandenanzahl und die methodischen Einschränkungen lassen aber keine belastbaren Aussagen zu.

2. Bayern

Mit der Anwendung des § 16a JGG spezifisch im Bundesland Bayern be-
schäftigte sich der Kriminologische Dienst des bayerischen Justizvollzugs
in zwei Untersuchungen, deren zentrale Ergebnisse an dieser Stelle wiedergeben werden sollen.

a) Richterbefragung vor Einführung des § 16a JGG

Im Vorfeld zum Inkrafttreten der gesetzlichen Neuregelung in § 16a JGG
führte der Kriminologische Dienst des bayerischen Justizvollzugs zu Beginn des Jahres 2013 eine erste Befragung der bayerischen Jugendrichter/
innen durch.[1219] An der Befragung beteiligten sich 32 Jugendrichter/
innen, wovon sich 20 Personen für die Einführung des Warnschussarrestes
aussprachen.[1220] Gefragt nach der beabsichtigten Anwendung des
§ 16a JGG wurde deutlich, dass Jugendliche und Heranwachsende, die
nach der früher geltenden Rechtslage mit einer unbedingten Jugendstrafe
sanktioniert wurden, nur zu einem geringen Prozentsatz (Mittelwert: 6 %
bzw. 8 %) als geeignete Täterklientel betrachtet werden.[1221] Die Hoffnung,
der Warnschussarrest könne zu einem Rückgang unbedingter Jugendstrafe
führen, wird dadurch getrübt. Für besonders wichtig erachteten die Jugendrichter im Zusammenhang mit einer künftigen Anordnung eines
§ 16a-Arrestes Aspekte der Abschreckungs- und Denkzettelwirkung. Zugleich solle der Verurteilte zum Nachdenken über sein Verhalten veranlasst werden, während die Herausnahme des Jugendlichen aus einem problematischen Umfeld aus richterlicher Perspektive eine untergeordnete
Rolle spielte.

b) Urteilsanalyse von Endres/Maier

Eine weitere Untersuchung des Kriminologischen Dienstes des bayerischen Justizvollzugs widmet sich der Analyse der im Zeitraum von
07.03.2013 bis 31.12.2014 durch die Jugendgerichte in Bayern angeordne-

---

1219 Hierzu Fn. 56 bei *Endres/Breuer*, ZJJ 2014, 127 (135); zu den Ergebnissen der
     Befragung *Endres*, DVJJ Frühjahrtagung 2013.
1220 *Endres*, DVJJ Frühjahrtagung 2013, S. 2.
1221 Siehe dazu wie im Folgenden *Endres*, DVJJ Frühjahrtagung 2013, S. 2.

ten Arreste nach § 16a JGG. Ausgewertet wurden 213 Verurteilungen mit
einem Rechtsfolgenausspruch nach § 16a JGG.[1222] Auf dieser Basis wurden
soziodemographische wie psychosoziale Merkmale der Arrestanten, Daten
zur Schul- und Berufsausbildung und Vorstrafenbelastung erhoben. Darüber hinaus setzt die Urteilsanalyse mit der Begründung des § 16a JGG
durch die Jugendgerichte und der Anwendungshäufigkeit in den einzelnen Gerichtsbezirken auseinander. *Endres/Maier* stellen fest, dass viele Arrestanten aus zerrütteten Familienverhältnissen (n=57) und Scheidungsfa-
milien (n=70) stammen oder nur mit einem Elternteil aufgewachsen sind
(n=34).[1223] Multiple Problemlagen zeigen sich auch im schulischen wie beruflichen Ausbildungsbereich sowie in der Vorstrafenbelastung der Delinquenten. In etwa die Hälfte der Verurteilten verfügte bereits über Erfahrungen im Jugendarrestvollzug.[1224] Dies wirft die Frage auf, aus welchen
Gründen die Jugendrichter auf einen zusätzlichen Arrest gem. § 16a JGG
zurückgreifen, wenn der Jugendliche in der Vergangenheit bereits mit der
Arrestsituation konfrontiert war. Was die Begründung des § 16a-Arrestes
betrifft, bestätigt sich das Bild, wie es den bislang veröffentlichten Urteilen
zu entnehmen ist: Eine Begründung des § 16a JGG unter Bezugnahme auf
die gesetzlich formulierten Anordnungsgründe fand sich lediglich in rund
der Hälfte der Urteile (51,4 %, n=110), wobei die Verdeutlichungsfunktion
als Anordnungsgrund im Vordergrund stand (80,9 %).[1225] Insgesamt geht
es überwiegend darum, dem Täter die Folgen weiterer Taten bewusst zu
machen (48,6 %), gefolgt von dem Gedanken der Unrechtsverdeutlichung
(30,8 %) und der erzieherischen Einwirkung auf den Straffälligen
(34,6 %).[1226] Nahezu keine Bedeutung wird dem § 16a-Arrest als Überbrückungsmaßnahme bis zum Beginn einer anderen Maßnahme oder zur vorübergehenden Herausnahme aus einem problematischen Umfeld zugeschrieben.[1227] Darüber hinaus liefert die Untersuchung erste Erkenntnisse
zum Bewährungsverlauf nach einer Verurteilung zu § 16a JGG. Die Überprüfung der Legalbewährung nehmen *Endres/Maier* anhand der im IT-Datenportal des bayerischen Justizvollzugs registrierten Wiederinhaftierun-

---

1222 *Endres/Maier*, in: FS für Streng, 427 (429) Fn. 12: den ausgesprochenen 213
  Verurteilungen standen insgesamt 197 Urteile gegenüber, da sich ein Urteil
  zum Teil auf mehrere Angeklagte bezieht.
1223 *Endres/Maier*, in: FS für Streng, 427 (429 f.).
1224 *Endres/Maier*, in: FS für Streng, 427 (431).
1225 *Endres/Maier*, in: FS für Streng, 427 (434).
1226 *Endres/Maier*, in: FS für Streng, 427 (433).
1227 *Endres/Maier*, in: FS für Streng, 427 (433).

gen zu Jugend-, Freiheitsstrafe und Untersuchungshaft vor.[1228] Nach einem mindestens 12 bis maximal 33-monatigen Beobachtungszeitraum war bei 55 der 213 Arrestanten eine erneute Inhaftierung zu verzeichnen. Dies entspricht einer Wiederinhaftierungsrate von 29,6 %.[1229] Unter Ausschluss derjenigen Arrestanten mit einem Beobachtungszeitraum von unter zwei Jahren erhöht sich die Inhaftierungsrate auf 41,2 %.[1230] Die ermittelte Inhaftierungsrate kann jedoch aus mehrfachen Gründen nicht als Rückfall interpretiert werden.[1231] Die erneute Inhaftierung des Jugendlichen nach der Arrestverbüßung kann einerseits dadurch bedingt sein, dass die Strafaussetzung infolge eines gravierenden Verstoßes gegen die erteilten Bewährungsauflagen oder –weisungen widerrufen wird. In diesen Fällen beruht der Vollzug der Jugendstrafe nicht auf einer erneuten Straffälligkeit des Täters. Andererseits können Straftatbegehungen, die sich zeitlich vor der Verurteilung zu § 16a JGG ereignet haben, aber erst später bekannt wurden, Auslöser der Inhaftierung sein und zu einer Verzerrung gegenüber der tatsächlichen Rückfallquote führen. Zu berücksichtigen ist des Weiteren, dass die Inhaftierungsrate die Rückfälle unterrepräsentiert, da eine der Verurteilung zu § 16a JGG nachfolgende Verurteilung nicht zwingend eine vollstreckbare Jugend- oder Freiheitsstrafe zur Folge haben muss.

Insgesamt geben die vorliegenden Forschungsbefunde ein erstes Bild von der jugendrichterlichen Anwendungspraxis des § 16a JGG im Freistaat Bayern, lassen zugleich aber Spielraum für eine weitergehende Strafaktenanalyse, die eine noch differenziertere Betrachtung der Rechtsfolgenentscheidung nach § 16a JGG sowie der Verfahrens- und Vollzugsmerkmale integriert. Über die Legalbewährung der nach § 16a JGG verurteilten Täter kann die Durchführung einer Rückfalluntersuchung auf Basis der Bundeszentralregistereinträge weitere Erkenntnisse vermitteln.

1228 *Endres/Maier*, in: FS für Streng, 427 (436); in der von der Verfasserin durchgeführten Aktenanalyse konnte eine frühere Untersuchungshaftverbüßung den IT-Daten nicht entnommen werden.

1229 *Endres/Maier*, in: FS für Streng, 427 (436 f.).

1230 *Endres/Maier*, in: FS für Streng, 427 (438).

1231 Vgl. auch *Endres/Maier*, in: FS für Streng, 427 (436).

III. Befundlage zur Vollzugssituation

Vor dem Hintergrund, dass der Gesetzgeber mit der Einführung des § 16a JGG im Hinblick auf die neue Vollzugspopulation, die er als Gruppe zwischen dem herkömmlichen Arrest und dem Vollzug der Jugendstrafe eingestuft wissen will,[1232] eine Anpassung des Arrestvollzuges in den Raum gestellt hat, soll an dieser Stelle der Wissensstand zur Vollzugssituation des § 16a-Arrestes wiedergegeben werden.

1. Deutschland

Zur tatsächlichen Ausgestaltung des Warnschussarrestvollzuges finden sich neben den genannten Forschungsberichten von *Gernbeck* und der bundesweiten Evaluationsstudie keine weiteren Veröffentlichungen.[1233] Nach den Befunden der bundesweiten Evaluationsstudie existierte zum Befragungszeitpunkt in zwei von neun untersuchten Jugendarrestanstalten ein spezielles Programm für Arrestanten mit einer Verurteilung nach § 16a JGG.[1234] In anderen Anstalten fanden die Warnschussarrestanten bei der Teilnahme an sozialen Trainingskurses bevorzugt Berücksichtigung oder erhielten eine intensivere Betreuung.[1235] Überwiegend wurde jedoch deutlich, dass die Warnschussarrestanten ohne große nennenswerte Schwierigkeiten im Vollzugsalltag „mitlaufen".[1236]

In Niedersachsen wurde für den Vollzug des Warnschussarrestes das pädagogische Behandlungskonzept BIG („Bewährungsintensivgruppe") entwickelt.[1237] Entgegen der ursprünglichen Konzeption richtet sich das Behandlungsprogramm BIG nicht nur an Arrestanten mit einer Verurteilung nach § 16a JGG, sondern aufgrund der geringen Anzahl an Warn-

---

1232 BT-Drucks. 17/9389, S. 21.

1233 Ein Hinweis auf die bisweilen realisierten und geplanten Vollzugskonzepte betreffend § 16a JGG in den Bundesländern findet sich bei *Gernbeck/Höffler/Verrel*, NK 2013, 307 (309 f.).

1234 *Klatt/Ernst/Höynck u.a.*, 2016, S. 160.

1235 *Klatt/Ernst/Höynck u.a.*, 2016, S. 160.

1236 *Klatt/Ernst/Höynck u.a.*, 2016, S. 161; dies hat sich zum Teil auch in den Expertenberichten der hiesigen Untersuchung bestätigt, siehe hierzu eingehend Teil 2 E.III.4.

1237 Hinweisend auf dieses Konzept *Gernbeck/Höffler/Verrel*, NK 2013, 307 (309 f.). Die nachfolgenden Informationen wurden der Verfasserin auf Anfrage durch die Jugendarrestanstalt Verden, Abteilung Nienburg zur Veröffentlichung im Rahmen dieser Arbeit übermittelt.

schussarrestanten ebenfalls an Bewährungsarrestanten, die wegen der Nichterfüllung von Auflagen oder Weisungen einen Arrest zu verbüßen haben oder wegen einer anderen Straftat bei offener Bewährung zu einem Jugendarrest verurteilt wurden. Die Teilnahme an BIG ist für alle Bewährungsarrestanten verpflichtend, wobei eine grundsätzliche Teilnahmebereitschaft vorausgesetzt wird. In Ergänzung zum sonstigen Rahmenprogramm soll das Modul Bewährungsintensivgruppe zu einer Auseinandersetzung des Jugendlichen mit der Bedeutung der Bewährungsstrafe beitragen und die Motive seines delinquenten Verhaltens einbeziehen. Das Modul BIG setzt sich zusammen aus Elementen der Wissensvermittlung und Aufklärung über die Bewährungsstrafe, der Entwicklung alternativer Handlungsstrategien, der Reflexion über die Straftat sowie der Förderung von Verantwortungsübernahme. Zentraler Bestandteil des Programms ist das Verfassen eines Aufsatzes durch die Teilnehmer vor Beginn der Gruppenmaßnahme. In diesem Aufsatz ist es Aufgabe des Jugendlichen sich mit folgenden Fragestellungen auseinanderzusetzen: Was ist eine Bewährung? Was bedeutet Bewährung für mich? Was muss ich in meinem Leben verändern? Was könnten bezüglich meiner Bewährung Stolpersteine sein? Zudem sollen Wünsche, Ziele, Ängste und Befürchtungen hinsichtlich der Bewährung und Bewährungshilfe festgehalten werden. Darüber hinaus sind die Bewährungsarrestanten gehalten, einen Brief an ihren Bewährungshelfer zu verfassen, dessen Inhalt sie selbst bestimmen. Der Brief wird anschließend im Rahmen einer Gruppendiskussion besprochen, reflektiert und sodann mit dem Aufsatz und dem Schlussbericht an den zuständigen Bewährungshelfer übermittelt. Mit der Durchführung des Behandlungskonzepts BIG ist der soziale Dienst betraut, welcher eng mit der Bewährungshilfe kooperiert und diese über die Aufnahme des Jugendlichen in den Arrest informiert.

2. Bayern

In Bayern erfolgt die Vollstreckung des § 16a JGG nach Anlage 4 des Vollstreckungsplans für den Freistaat Bayern in der Fassung vom 10. Februar 2017 (BayVollstrPl)[1238] zentral in den Jugendarrestanstalten München und Nürnberg. Die Zuständigkeit der Jugendarrestanstalt Nürnberg erstreckt

---

1238 Vollstreckungsplan für den Freistaat Bayern in der Fassung vom 10. Februar 2017, abrufbar unter: https://www.justiz.bayern.de/media/pdf/justizvollzug/vollstreckungsplan_bayern_2017.pdf (zuletzt abgerufen am 28.01.2018).

sich dabei auf den Vollzug aller männlichen § 16a-Arrestanten aus dem Oberlandesgerichtsbezirk Bamberg und Nürnberg, während § 16a-Arreste aus dem Oberlandesgerichtsbezirk München einheitlich in der Jugendarrestanstalt München vollstreckt werden. Weibliche Arrestanten mit einem Arrest nach § 16a JGG werden in Bayern ausschließlich in der Jugendarrestanstalt München untergebracht.[1239] Die Zuständigkeitskonzentration auf zwei Arrestanstalten stellt sich unter denjenigen Bundesländern, die über mehr als zwei Jugendarrestanstalten verfügen, als Ausnahme dar. Zwar wird der Warnschussarrest in der Mehrzahl der Bundesländer in ein oder zwei Jugendarrestanstalten vollstreckt[1240], doch handelt es sich hierbei um Bundesländer, deren Anzahl auf maximal zwei Einrichtungen begrenzt ist.[1241] Die Bundesländer Niedersachsen, Nordrhein-Westfalen und Sachsen, die über mehr als zwei Arrestanstalten verfügen, sehen keine zentrale Vollstreckung des Warnschussarrestes vor.[1242]

Die Überlegung des Gesetzgebers, für die Klientel des § 16a JGG ein spezifisches Behandlungskonzept zu entwickeln,[1243] wurde seitens des Kriminologischen Dienstes des bayerischen Justizvollzugs bereits kurz nach Inkrafttreten der Neuregelung zum Anlass genommen, ein Behandlungsprogramm für den Vollzug des § 16a-Arrestes zu unterbreiten.[1244] *Endres* und *Breuer* skizzieren unter Berücksichtigung der besonderen Zielsetzungen des Warnschussarrestes ein modulartig aufgebautes Behandlungskonzept, welches je nach der individuellen Problemlage des Arrestanten verschiedene Ansätze bietet. Aufbauend auf einer umfassenden Eingangsdiagnostik zur Problemlage und dem individuellen Behandlungsbedarf des Jugendlichen, werden vier Behandlungsmodule zur Ausgestaltung des § 16a-Arrestes vorgeschlagen.[1245] Neben dem umfassenden Modul „BASIS", welches sich aus Elementen der Berufsorientierung, Arbeitstherapie, schulischer Förderung, Informationsvermittlung, Suchtberatung und gesundheitliche Aufklärung zusammensetzt, wurden weitere Maßnahmen in Form eines

---

1239 Siehe Anlage 4 des BayVollstrPl.
1240 *Gernbeck/Höffler/Verrel*, NK 2013, 307 (309).
1241 Mehr als zwei Jugendarrestanstalten stehen nur in den Bundesländern Bayern, Niedersachsen, Nordrhein-Westfalen und Sachsen zur Verfügung, eine Liste aller Jugendarrestanstalten mit Stand 24.04.2015 findet sich bei Arbeitsstelle Kinder- und Jugendkriminalitätsprävention, Jugendarrest in Deutschland.
1242 Vgl.*Gernbeck/Höffler/Verrel*, NK 2013, 307 (309) mit Hinweis in Fn. 9.
1243 BT- Drucks. 17/9389, S. 21.
1244 Hierzu *Endres/Breuer*, ZJJ 2014, 127 (132 ff.); eine erste Vorstellung der Vollzugskonzepte erfolgte im April 2013, siehe *Endres/Breuer*, ZJJ 2014, 127 Fn. 1.
1245 *Endres/Breuer*, ZJJ 2014, 127 (132).

Anti-Gewalt-Trainings, der Einbindung des Arrestanten in einen Vereins-
sport zur Förderung strukturierter Freizeitgestaltung sowie die Teilnahme
an einem unter dem Titel „Kurzintervention zur Motivationsförderung"
(KIM) geführten Behandlungsprogramm vorgeschlagen.[1246] Das Modul
„KIM" stellt ein aus fünf Einzelgesprächen bestehendes Behandlungsprogramm dar, mit dem Ziel, bei dem Jugendlichen eine Veränderungsmoti-
vation nicht durch Warnung und Ermahnung, sondern durch Einsicht
hervorzurufen.[1247] Inhaltlich befassen sich die fünf jeweils ca. einstündigen
Einzelsitzungen mit folgenden Themenbereichen:[1248] In der ersten Sitzung
werden die Problembereiche und der individuelle Veränderungsbedarf des
Klienten anhand von acht vorgegebenen Bereichen (Gewaltbereitschaft,
Alkohol/Drogen, Glückspiel, Beziehungsprobleme, straftatbezogene sexuelle Erregung, ungünstiger Lebensstil, ungünstiges soziales Umfeld und
Gedanken, die zur Straftat führen können) eruiert. Die zweite Sitzung be-
fasst sich mit den auslösenden äußeren wie internen Bedingungen für die
Straftat. Schwerpunkt der dritten Sitzung in die Auseinandersetzung mit
den kurz- und langfristigen Vor- und Nachteilen einer Straftat. Das vierte
Einzelgespräch widmet sich schließlich anhand fiktiver Fallbeispiele der
Identifizierung derjenigen Faktoren, die für eine Veränderung förderlich
oder hinderlich sind. In der abschließenden fünften Sitzung werden die
Ergebnisse zusammengefasst und ein probandenspezifischer Verände-
rungsplan erstellt. KIM wird als besonders passendes Behandlungsmodell
für den Vollzug des § 16a-Arrestes erachtet, da dieses eine intensive Auseinandersetzung mit der eigenen Situation mit sich bringt und mögliche
Hemmungen gegenüber gruppenbasierten Maßnahmen entfallen.[1249] Die
in den Einzelsitzungen erarbeiteten Ergebnisse könnten anschließend von
der Bewährungshilfe aufgegriffen und vertieft werden.[1250] Ob diese oder
andere Behandlungskonzepte Einzug in die Vollzugspraxis gefunden haben, und inwiefern sich der Vollzug des § 16a-Arrestes in den Jugendarrestanstalten München und Nürnberg von dem herkömmlichen Jugendarrest-

---

1246 *Endres/Breuer*, ZJJ 2014, 127 (132 ff.) mit ausführlicher Darstellung der inhaltlichen Elemente der einzelnen angedachten Maßnahmen.

1247 *Endres/Breuer*, ZJJ 2014, 127 (133); ausführlich zum KIM-Programm *Breuer*, Forum Strafvollzug 2014, 308 ff.; *Breuer/Gerber/Buchen-Adam u.a.*, 2014, S. 17 ff.

1248 Zum Inhalt der einzelnen Sitzungen *Breuer*, Forum Strafvollzug 2014, 308
(310 f.); *Breuer/Gerber/Buchen-Adam u.a.*, 2014, S. 17 ff.; *Endres/Breuer*, ZJJ 2014,
127 (133).

1249 *Breuer*, Forum Strafvollzug 2014, 308 (309); *Endres/Breuer*, ZJJ 2014, 127 (133).

1250 *Endres/Breuer*, ZJJ 2014, 127 (133).

vollzug unterscheidet, wurde bisher nicht untersucht und ist Gegenstand der vorliegenden Arbeit.

IV. Fazit

Zusammenfassend ist festzuhalten, dass der Umgang mit § 16a JGG im Freistaat Bayern bislang nur in Ansatzpunkten erschlossen ist. In die bundesweite, als Stichprobenuntersuchung konzipierte Evaluationsstudie des KFN wurden lediglich fünf[1251] der 22 bayerischen Landgerichtsbezirke einbezogen. Da sich die gerichtliche Anordnungshäufigkeit des § 16a JGG in Bayern deutlich von derjenigen in anderen Bundesländern unterscheidet (s. Teil 2 B.I.1.a), ist damit zu rechnen, dass sich sowohl in der Rechtsanwendungspraxis als auch im Meinungsbild der bayerischen Jugendrichter Abweichungen zu den bundesweiten Ergebnissen ergeben können. Das vorliegende Forschungsvorhaben soll als Totalerhebung ein detailliertes Bild von der Rechtswirklichkeit des § 16a JGG in allen 22 Landgerichtsbezirken im Freistaat Bayern geben. In Abgrenzung zu der von *Endres/Maier* durchgeführten Urteilsanalyse zielt die hiesige empirische Untersuchung darauf ab, tiefergehende Erkenntnisse zu Art und Umfang der vor der Verurteilung nach § 16a JGG liegenden Vorsanktionen, den Urteilsgründen, dem Verfahrens- und Vollstreckungsablauf sowie zu den künftigen Folgeverurteilungen zu erlangen. Mit dem Blick auf die vom Gesetzgeber hervorgehobene besondere Zielgruppe des Warnschussarrestes zeigen die Forschungsbefunde des *KFN* wie auch von *Gernbeck* bereits die Schwierigkeit, bei den zu Jugendarrest neben bedingter Jugendstrafe Verurteilten von einer spezifischen Probandengruppe sprechen zu können. Die Gegenüberstellung der Ergebnisse beider Studien zeigt, dass sich die Klientel des § 16a JGG weder von den zu Jugendstrafe mit Bewährung Verurteilten ohne einen Arrest nach § 16a JGG noch von den Urteilsarrestanten gem. § 16 JGG signifikant unterscheidet. Das Vorliegen einer spezifischen Probandengruppe für den Arrest nach § 16a JGG bleibt daher zu bezweifeln.[1252] Angesichts des verstärkten Anwendungsgebrauchs des § 16a JGG

1251 Einbezogen wurden die Landgerichtsbezirke: Schweinfurt, Ansbach, Memmingen, Würzburg und München II, s. *Klatt/Ernst/Höynck u.a.*, 2016, S. 59.
1252 Auch die Ergebnisse der eigens durchgeführten Aktenanalyse weisen nicht in die Richtung eines klar abgrenzbaren Adressatenkreises für § 16a JGG. Die untersuchten Probanden sind im Vergleich zum herkömmlichen Jugendarrest zu einem größeren Anteil strafrechtlich vorbelastet, in den soziobiografischen Merkmalen sind mit Ausnahme des Arbeitslosigkeitsanteils, der früheren

durch die bayerischen Jugendgerichte erscheint es von Interesse, ob die dortigen Jugendrichter die Verhängung eines Warnschussarrestes an andere Aspekte anknüpfen oder sich die Feststellungen zur Klientel des § 16a JGG mit den bundesweiten Forschungsergebnissen decken. Darüber hinaus fehlt es bisweilen an gesicherten Erkenntnissen zur tatsächlichen Vollzugsgestaltung des § 16a-Arrestes in Bayern.[1253] Weitere Forschungsdefizite ergeben sich im Bereich der Rückfallforschung nach einer Verurteilung zu § 16a JGG. Soweit ersichtlich liegen hierzu für das Bundesland Bayern derzeit ausschließlich Erkenntnisse zur Wiederinhaftierungsrate nach einer Verurteilung zu § 16a JGG durch den Kriminologischen Dienst des bayerischen Justizvollzugs vor, welche mit der Rückfälligkeit nicht gleichzusetzen sind. Um die erneute Straffälligkeit der zu § 16a JGG verurteilten Jugendlichen umfassend beurteilen zu können, ist die Durchführung einer Rückfallanalyse auf der Grundlage der Eintragungen im Bundeszentral- und Erziehungsregister erstrebenswert.[1254]

Heimaufenthalte und dem Zusammenleben mit beiden Elternteilen aber keine deutlichen Unterschiede erkennbar; hierzu Teil 2 E.I.2.a) cc), dd) und Teil 2 E.I.2.b) dd) (2) am Ende.

1253 Im bundesweiten Forschungsprojekt des KFN wurden insgesamt neun Interviews mit Vollzugsleitern geführt, zum Teil unter Teilnahme eines Sozialarbeiters der Arrestanstalt, *Klatt/Ernst/Höynck u.a.*, 2016, S. 167 ff.; in welchen Jugendarrestanstalten, die Interviews durchgeführt wurden kann der Studie nicht entnommen werden.

1254 Während die Rückfälligkeit nach einer vollstreckten Jugendstrafe als Untersuchungsgegenstand häufiger vorzufinden ist, vgl. für einen Überblick *Albrecht*, in: Rückfallforschung, 55 (56 f.); *Dölling*, in: Das Jugendkriminalrecht als Erfüllungsgehilfe gesellschatlicher Erwartungen?, 143 (147 ff.) sowie exemplarisch die Untersuchungen von *Böhm*, RdJB 1973, 33 ff.; *Frankenberg*, 1999; *Cornel*, in: FS für Ostendorf, 163 ff.; *Geissler*, 1991; *Grindel/Jehle*, in: FS für Rössner, 103 ff.; *Lang*, 2007, S. 52 ff. m.w.N., S. 148 ff.), liegen Einzelfallstudien zur Rückfälligkeit nach Jugendarrest überwiegend bereits viele Jahre zurück. Hierzu einen Überblick gebend *Hartung*, 1981, S. 23 sowie dort Tabelle 7. Aktuelle Ergebnisse zur Rückfälligkeit nach der Verurteilung zu Jugendarrest liefern die Studien *Gernbeck*, 2017, S. 366 ff.; *Giebel/Ritter*, in: Risiken der Sicherheitsgesellschaft, 196 (199 ff.)

C. Gesamtziel, Konzeption und Aufbau der Untersuchung

I. Ziele der Untersuchung

Die vorgehend dargestellten Forschungsdefizite zur Umsetzung des § 16a JGG gaben Anlass die tatsächliche Anwendung, Akzeptanz und Implementierung des Warnschussarrestes im Bundesland Bayern differenziert zu untersuchen und der Frage der Legalbewährung nach einer Verurteilung zu § 16a JGG nachzugehen.

1. Bestandsaufnahme

Das primäre Hauptanliegen der Untersuchung ist es, durch eine breit gefächerte Bestandsaufnahme den justiziellen Umgang mit § 16a JGG im Freistaat Bayern auf den drei Ebenen der Sanktionsanwendung, Vollstreckung und des Vollzuges zu analysieren und die Normapplikation den gesetzlichen Vorgaben und Zielvorstellungen gegenüberzustellen. Vornehmlich geht es um die Frage, in welchen Fallkonstellationen und in welcher Form die Jugendgerichte in Bayern von § 16a JGG Gebrauch machen. Für eine erste Erfassung des status quo auf der Basis empirisch gesicherter Erkenntnisse sollen grundlegende Informationen zur regionalen Anwendungshäufigkeit des § 16a JGG, der Art der verfahrensrechtlichen Verbindungssituation nach §§ 21, 27 JGG und § 61 JGG, der Anlasstat, den Persönlichkeitsmerkmalen der Verurteilten, insbesondere zu deren strafrechtlicher Vorbelastung sowie zu den Vollstreckungs- und Vollzugsdaten eingeholt werden. Ein zentrales Untersuchungsanliegen besteht ferner darin, die Vorstellungen des Gesetzgebers bei Einführung der Norm auf ihre Rechtswirklichkeit hin abzugleichen und mögliche Disharmonien aufzuzeigen. Der Gesetzgeber hat die Anordnungsvoraussetzungen in § 16a Abs. 1 Nr. 1 bis 3 JGG in enger Anlehnung an die vormals diskutierten Aspekte für die Integration des Jugendarrestes neben einer bedingten Jugendstrafe ins JGG formuliert, so dass es von Interesse ist, ob und in welcher Intensität sich die gesetzlichen Fallgruppen als praxisrelevant erweisen. Nach dem erklärten Willen des Gesetzgebers handelt es sich bei der Klientel zudem um eine „neue Vollzugspopulation"[1255], die sich von der herkömmlichen Klientel des §§ 13 Abs. 1, 16 JGG durch schwerere Straftaten und ein erhöhtes

---

1255 BT-Drucks. 17/9389, S. 21.

Maß an persönlichen und sozialen Defiziten unterscheide.[1256] Ergänzend zur Schwere der Ausgangstaten und dem Umfang der strafrechtlichen Vorbelastung der Probanden, wird der Frage nachgegangen, ob sich im Vollzugsalltag Unterschiede zur herkömmlichen Arrestpopulation zeigen und aus Sicht der jugendgerichtlichen Praxis ein spezifischer Adressatenkreis für § 16a JGG existiert. Ausgehend von dem kontroversen Meinungsstand zur Neuregelung des § 16a JGG ist insgesamt zu überprüfen, inwieweit die bei der Einführung des Warnschussarrestes vorgebrachten Argumente und Einwände in der Praxis Bestätigung finden und bei der Entscheidung des Jugendrichters über die Anordnung des § 16a JGG eine Rolle spielen. Daneben soll eruiert werden, welche Erwartungen die Jugendrichter als Entscheidungsinstanz an das neue Sanktionsinstrumentarium haben und inwieweit sich aus der Sicht der Rechtsanwender und Praktiker ein Nachbesserungsbedarf im Hinblick auf § 16a JGG ergibt. Infolge der fehlenden gesicherten Wissenslage zur konzeptionellen Ausgestaltung des § 16a-Arrestes[1257] stellt der Erkenntnisgewinn zur Ausgestaltung der Vollzugssituation des Warnschussarrestes ein weiteres Forschungsziel dar. Insgesamt liegt der Arbeit ein deskriptiver wie explorativer Forschungsansatz zu Grunde mit dem Ziel, Grundstrukturen in der Handhabung des § 16a JGG aufzudecken.[1258]

2. Legalbewährung

Neben der rechtstatsächlichen Untersuchung des § 16a JGG ist die Ermittlung der Rückfallquoten nach einer Verurteilung zu Jugendarrest neben bedingter Jugendstrafe spezifisch für das Bundesland Bayern ein weiteres Untersuchungsanliegen.

Die Aufnahme des Warnschussarrestes in das jugendgerichtliche Sanktionssystem erfolgte getragen von der Vorstellung, durch die zusätzliche Verhängung eines Jugendarrestes die Legalbewährungsaussichten für die Zeit der Bewährung zu verbessern.[1259] Nach der Konzeption des Gesetzgebers erhalten erzieherische Belange bei der Sanktionierung nach § 16a JGG

1256 BT-Drucks. 17/9389, S. 12.
1257 Vgl. Teil 2 B.III.2.
1258 Eingehend zur Unterscheidung zwischen einem explorativen, explanativen und deskriptiven Studiendesign und deren Zielsetzungen *Döring/Bortz*, 2016, S. 192.
1259 BT-Drucks. 17/9389, S. 12.

damit ein noch höheres Gewicht als bei der bloßen Verhängung eines Jugendarrest gem. § 16 JGG; neben dem allgemeinen Bestreben der Rückfallvermeidung tritt zudem das Ziel einer erfolgreichen Bewältigung der Bewährungszeit hinzu.[1260] Gleichwohl gaben die vergleichsweise hohen Rückfallquoten nach einer Verurteilung zu Jugendarrest gegenüber dem Ausspruch einer zur Bewährung ausgesetzten Jugendstrafe bereits bei Einführung der Norm Anlass dazu, die Zweckmäßigkeit und rückfallreduzierende Wirkung der Koppelung von Jugendarrest und einer Bewährungsentscheidung in Frage zu stellen. Die zentrale Frage lautet daher: Zeigen sich bei der Verhängung eines zusätzlichen Jugendarrestes gem. § 16a JGG positive Effekte auf die Legalbewährung des Verurteilten? Für einen ersten Zugang zur Frage der Wirksamkeit des § 16a-Arrestes im Hinblick auf die Vermeidung künftiger Straffälligkeit werden die Rückfälligkeit nach einer Verurteilung zu § 16a JGG untersucht und mögliche Einflussfaktoren, die mit der Rückfälligkeit in Zusammenhang stehen, ermittelt. Neben der Rückfallhäufigkeit sind Informationen zur Rückfallgeschwindigkeit, Rückfallschwere und Art der Rückfallsanktion von Interesse, die in der Rückfallforschung als maßgebliche Beurteilungskriterien angesehen werden. Die Ergebnisse der Rückfallanalyse können für eine erste Annäherung hinsichtlich der Erfolgsbeurteilung der Sanktionsverbindung schließlich den Ergebnissen der bundesweiten Legalbewährungsstatistik zur Rückfälligkeit nach einer Verurteilung zu Jugendstrafe mit Bewährung ohne einen zusätzlichen Arrest und nach Jugendarrest gem. § 16 JGG gegenübergestellt werden. Dabei ist zu beachten, dass die Rückfallquoten aufgrund der divergierenden Kontrollzeiträume und den Unterschieden in der Untersuchungspopulation keinem direkten Vergleich unterzogen werden. Dennoch kann ein erstes, grobes Bild im Hinblick auf die Frage skizziert werden, ob sich für die Legalbewährung der Arrestklientel des § 16a JGG ein eher positiver Verlauf abzeichnet oder sich die Rückfallquote derjenigen nach einem Arrest gem. § 16 JGG oder einer unbedingten Jugendstrafe annähert. Ein Abgleich mit den bundesweiten Rückfallergebnissen des KFN soll weiterhin Aufschluss darüber geben, ob sich die Rückfälligkeit der nach § 16a JGG verurteilten Probanden in Bayern von der bundesweiten Rückfallquote unterscheidet.

Angedacht war nach der ursprünglichen Forschungskonzeption zudem die Bildung einer Vergleichsgruppe anhand eines matched-pair-Verfahrens, um im Wege eines quasi-experimentellen Untersuchungsdesigns festzustellen, ob die Legalbewährung durch die Anordnung des zusätzlichen

---

1260 BT-Drucks. 17/9389, S. 12.

Arrestes nach § 16a JGG bedingt ist. Erst die Gegenüberstellung einer möglichst homogenen, in den rückfallrelevanten Faktoren identischen Vergleichsgruppe, die sich von der Experimentalgruppe der § 16a-Arrestanten lediglich dadurch unterscheidet, dass neben der bedingten Jugendstrafe kein zusätzlicher Arrest nach § 16a JGG ausgesprochen wurde, ermöglicht es, Veränderungen in der Rückfälligkeit auf die Anordnung des § 16a JGG als Ursachenfaktor zurückzuführen. Von der Durchführung einer Wirkungsanalyse im Wege eines Vergleichsgruppen-Designs musste im Rahmen der vorliegenden Arbeit aber aus forschungsökonomischen Gründen Abstand genommen werden, da die Bildung einer Kontrollgruppe wegen der Vielzahl an Probanden für die Verfasserin nicht mit vertretbarem Zeitaufwand zu bewerkstelligen war. Gesicherte Aussagen über die Wirksamkeit des Warnschussarrestes als rückfallbeeinflussender Faktor können auf Grundlage der Rückfallanalyse daher streng genommen nicht getroffen werden (hierzu Teil 2 F.I.3).

II. Zentrale Forschungsfragen

Basierend auf den vorgenannten Forschungszielen liegen der Untersuchung insgesamt folgende übergeordneten, untersuchungsleitenden Forschungsfragen zugrunde:
1. In welcher Häufigkeit, in welcher Form und auf welche Täterklientel findet § 16a JGG Anwendung?
2. Aus welchen Gründen wird von der Verhängung des Arrestes nach § 16a JGG Gebrauch gemacht bzw. davon Abstand genommen?
3. Entspricht die derzeitige Anordnungspraxis des § 16a JGG den gesetzlichen Vorgaben?
4. Werden die Vorschriften zur Vollstreckung des § 16a JGG eingehalten und ergeben sich diesbezüglich praktische Schwierigkeiten?
5. Welches Meinungsbild haben die Jugendrichter und die mit dem Vollzug befassten Praktiker zur Neuregelung des § 16a JGG?
6. Wie gestaltet sich der tatsächliche Vollzug des § 16a JGG in den Jugendarrestanstalten und wo ergeben sich Unterschiede zum herkömmlichen Jugendarrestvollzug?
7. Wo ergibt sich ein etwaiger Veränderungsbedarf bei der gesetzlichen Regelung und praktischen Umsetzung des § 16a JGG?
8. Wie stellt sich die Rückfälligkeit nach der Verurteilung zu § 16a JGG dar, welche Faktoren beeinflussen die Rückfallwahrscheinlichkeit und unterscheidet sich die Rückfallquote der Warnschussarrestanten von

der Rückfälligkeit nach der Verurteilung zu einer Jugendstrafe mit Bewährung ohne § 16a JGG?

Die Forschungsfragen werden im Kontext der Untersuchungsmethodik nochmals in Einzelfragen unterteilt, deren Darstellung in Zusammenhang mit der jeweiligen Untersuchungsmethode erfolgt.

III. Aufbau der Untersuchung

Entsprechend der vorgenannten Zielsetzung untergliedert sich die empirische Untersuchung in zwei große Teilbereiche. Im ersten Teil der Untersuchung wird die Handhabung und Umsetzung des § 16a JGG durch die bayerischen Jugendgerichte und in den Jugendarrestanstalten im Wege einer multiperspektivischen Vorgehensweise erschlossen. Zur Klärung der Forschungsfragen bedient sich die Arbeit verschiedener Datenerhebungstechniken in Form einer Aktenanalyse, einer Befragung der in Bayern tätigen Jugendrichter/innen sowie der Durchführung von Experteninterviews in den Jugendarrestanstalten München und Nürnberg. Nachfolgend zur Untersuchung der Rechtsanwendungspraxis widmet sich der zweite Teil der Arbeit der Frage der Legalbewährung nach der Verurteilung zu einem Warnschussarrest. Die Ergebnisse der beiden Untersuchungsteile werden im Anschluss an die Erläuterung der Untersuchungsmethodik separat dargestellt.

D. Methodik der Untersuchung

Um entsprechend der dargestellten Projektziele ein möglichst umfassendes und präzises Abbild der Rechtswirklichkeit des § 16a JGG im Freistaat Bayern zu erhalten, wurde für die empirische Untersuchung ein breiter methodischer Zugang gewählt. Zum Einsatz kamen sowohl quantitative wie auch qualitative Forschungsmethoden. Unter Berücksichtigung der finanziellen und organisatorischen Möglichkeiten wurde das Forschungsinteresse auf der Basis von vier methodischen Ansätzen verfolgt.

Den Kernbestandteil der Rechtsanwendungsuntersuchung bildete die quantitative Aktenanalyse zu allen Jugendlichen und Heranwachsenden, die im Zeitraum 07.03.2013 bis 31.12.2014 von einem bayerischen Jugendgericht zu einem Arrest nach § 16a JGG verurteilt wurden. Darüber hinaus diente die Durchführung einer standardisierten Befragung der in Bayern tätigen Jugendrichter und Jugendrichterinnen dazu, die subjektiven Einstellungen dieses Personenkreises und deren Erwartungen an den Warnschussarrest wiederzugeben. Als dritte Forschungsmethode wurde die Durchführung von Experteninterviews in den Jugendarrestanstalten München und Nürnberg gewählt. Dieser qualitative Forschungsansatz bot sich an, um vertiefte Erkenntnisse zur Vollstreckung und Vollzugsgestaltung des § 16a-Arrestes sowie zu der Umsetzung der gesetzlichen Zielvorgaben zu erhalten. Schließlich erschien die Durchführung der Expertenbefragung geeignet, um mögliche Erkenntnislücken im Rahmen der Aktenanalyse zu schließen und die hierdurch erzielten Ergebnisse abzurunden. Die Verwendung verschiedener Datenerhebungstechniken ermöglicht es, die Limitierungen einzelner Erhebungsformen auszugleichen und erhöht die Validität der Ergebnisse. Die empirische Untersuchung zur Implementierung des § 16a JGG im Freistaat Bayern basiert als Primäranalyse[1261] zum Teil auf eigens von der Verfasserin erhobenen Daten, zu Teilen auf bereits vorhandenen Datenquellen. Die weiterführende Untersuchung der Legalbewährung im Anschluss an eine Verurteilung zu § 16a JGG basiert auf einer standardisierten Auswertung der Bundeszentralregisterauszüge als vierte Form des Forschungszugangs. Im Folgenden werden die einzelnen Erhebungsmethoden hinsichtlich ihrer Zielsetzung, Anlage, Planung, Durchführung und methodischen Kritikpunkte genauer beschrieben.

I. Aktenanalyse

Den Ausgangspunkt für eine systematische Untersuchung der Anwendungsstrukturen des § 16a JGG bildete die Analyse aller im Zeitraum vom 07.03.2013 bis zum 31.12.2014 ergangenen Verurteilungen zu einem Jugendarrest neben bedingter Jugendstrafe nach § 16a JGG im Freistaat Bayern. Aufgrund der zur Verfügung stehenden Kapazitäten war die Auswertung der Strafakten mit einem Rechtsfolgenausspruch nach § 16a JGG von Anfang an auf einen bestimmten Zeitraum zu begrenzen. Um eine ausreichende Anzahl an Untersuchungsfällen zu erhalten, erschien es erforderlich einen Untersuchungszeitraum von mindestens einem Jahr zu wählen. Zugleich war zu berücksichtigen, dass die Verfahrensdauer in Jugendstrafsachen vom Eingang des Verfahrens bei der Staatsanwaltschaft bis zur Entscheidung in erster Instanz in Bayern durchschnittlich 4,5 Monate

---

1261 Zur Primäranalyse in Abgrenzung zur Sekundär- oder Metaanalyse *Döring/ Bortz,* 2016, S. 191.

in Anspruch nimmt,[1262] so dass mit einem regelmäßigen Fallaufkommen erst ab August 2013 zu rechnen war. Aufgrund einiger bereits veröffentlichter Urteile[1263] und Berichte[1264] musste andererseits davon ausgegangen werden, dass § 16a JGG im Einzelfall auch auf Taten Anwendung gefunden hatte, deren Begehungszeitpunkt vor dem 07.03.2013 lag.[1265] Um neben diesen Verfahren auch diejenigen mit einer kürzeren Verfahrensdauer von 4,5 Monaten zu erfassen, wurde für den Beginn der Aktenanalyse der Zeitpunkt des Inkrafttretens der Norm am 07.03.2013 gewählt und das Ende des Untersuchungszeitraums auf den 31.12.2014 festgesetzt. Für den vorgenannten Zeitraum ist die Aktenanalyse mithin als regionale Totalerhebung für das Bundesland Bayern konzipiert. Als Datenmaterial für die Aktenanalyse dienten die Strafakten, die im Datensystem IT-Vollzug zentral erfassten Informationen zu den nach § 16a JGG verurteilten Tätern sowie die nach § 27 JAVollzO zu erstellenden Schlussberichte. Methodisch liegt der Schwerpunkt der Untersuchung auf einer deskriptiven Erfassung der Verurteilungs-, Vollstreckungs- und Vollzugsmodalitäten zu § 16a JGG, wie sie dem vorgefundenen Datenmaterial zu entnehmen waren, und einer inhaltlichen Analyse der Urteilsbegründungen zu § 16a JGG.

1. Zielsetzung und Fragestellungen der Aktenanalyse

Ziel der Aktenanalyse war es, grundlegende Basisinformationen zur Handhabung des § 16a JGG zu erhalten und mögliche Anwendungsstrukturen durch die Jugendgerichte sichtbar zu machen. Zunächst war zu untersuchen mit welcher Häufigkeit § 16a JGG in den einzelnen Gerichtsbezirken, differenziert nach der Art der Bewährungsentscheidung, dem Anord-

---

1262 *Statistisches Bundesamt*, Justiz auf einen Blick, S. 35.
1263 LG Münster, ZJJ 2014, 323 (324) unter expliziter Bezugnahme auf Art. 103 Abs. 2 GG, § 2 Abs. 2 JGG i.V.m. § 2 Abs. 3 StGB; ohne Anmerkung zur Rückwirkungsproblematik trotz Tatbegehungen vor dem 07.03.2013 AG Nürnberg, Urteil vom 10. April 2013 – 63 Ls 605 Js 35816/13, 63 Ls 605 Js 37173/13 – (juris); AG Plön, Urteil vom 21. März 2013 – 4 Ds 561 Js 45684/12 Jug (36/13), 4 Ds 36/13 – (juris).
1264 *Brettel/Bartsch*, RdJB 2014, 299 (310); *Gernbeck/Höffler/Verrel*, NK 2013, 307 (311); *Sonnen*, ZJJ 2014, 38.
1265 Zu einem diesbezüglichen Verstoß gegen das Rückwirkungsverbot aus Art. 103 II GG, § 2 II JGG i.V.m. § 2 III StGB und dem Umgang fehlerhafter Urteile *Gernbeck/Höffler/Verrel*, NK 2013, 307 (311 ff.); *Holste*, StV 2013, 660 ff.; *Holste*, ZJJ 3/2013, 289 ff.; *Wulf*, in: Meier/Rössner/Trüg/Wulf, JGG, § 16a Rn. 2.

nungsgrund und der Arrestform zur Anwendung gelangt. Darüber hinaus galt es, im Hinblick auf die vom Gesetzgeber postulierte eigenständige Zielgruppe des § 16a-Arrestes täter- wie tatbezogene Merkmale der Verurteilten herauszufiltern, um festzustellen, ob sich die vom Gesetzgeber hervorgehobene eigenständige Zielgruppe des § 16a-Arrestes in der Rechtswirklichkeit wiederfindet und wie sich diese Vollzugspopulation in Abgrenzung von den bisherigen Arrestanten charakterisieren lässt. Zu den soziodemographischen und psychosozialen Merkmalen der Warnschussarrestanten liefert die Urteilsanalyse von *Endres/Maier*[1266] bereits zentrale Erkenntnisse. Mit der hiesigen Strafaktenanalyse, die aufgrund des umfangreichen Aktenmaterials eine breitere Datenbasis liefert, sollen einige soziodemographische Bereiche aufgegriffen werden und schwerpunktmäßig die Vorstrafenbelastung der Probanden, eine vorausgegangene Hafterfahrung, die verfahrensgegenständliche Anlasstat sowie die neben § 16a JGG getroffenen Bewährungsentscheidung in den Blick genommen werden. Im Hinblick auf die Vorstrafenbelastung ist es insbesondere von Interesse, ob der Arrest, soweit er nach § 16a Abs. 1 Nr. 1 JGG zur Unrechts- und Rechtsfolgenverdeutlichung verhängt wird, die erste freiheitsentziehende Maßnahme für den Verurteilten darstellt und damit der Regelvermutung in § 16a Abs. 2 JGG Rechnung trägt. Vor dem Hintergrund, dass nach den bislang veröffentlichten bundesweiten Entscheidungen zu § 16a JGG[1267] und den Untersuchungsergebnissen von *Endres/Maier* die Urteilsbegründung zu § 16a JGG ganz überwiegend sehr knapp ausfällt und sich in großen Teilen auf die pauschale Wiedergabe des Wortlauts des § 16a Abs. 1 Nr. 1-3 JGG beschränkt, soll der Begründung des § 16a JGG im Urteil bei der Analyse in gleicher Weise Aufmerksamkeit zukommen wie der Einhaltung der normativen Anordnungsvoraussetzungen.

Die Auswertung der nach § 27 JAVollzO zu erstellenden Schlussberichte gibt Aufschluss über die Führung des Jugendlichen im Arrest und die Wirkungen der Warnschussarrestvollzuges auf den Jugendlichen nach der Einschätzung der Vollzugsleiter und Vollzugsbediensteten. In Zusammenschau mit den sich aus der Akte ergebenden Informationen zur Täterpersönlichkeit des Jugendlichen kann hierdurch ein differenzierteres Bild darüber gewonnen werden, ob es sich bei den zu § 16a-Verurteilten um eine besonders auffällige Vollzugspopulation handelt. Da im Hinblick auf die drohende Durchbrechung der Bewährungszeit durch den Warnschussar-

---

1266 *Endres/Maier*, in: FS für Streng, 427 (429 ff.).
1267 Siehe AG Döbeln, ZJJ 2013, 327; AG Plön, ZJJ 2013, 326 f.; AG Cloppenburg, ZJJ 2014, 394 ff.; AG Memmingen, ZJJ 2014, 397.

rest zudem stets auf eine rasche Vollstreckung insistiert wird und das Beschleunigungsgebot, niedergelegt in RL II.1 zu §§ 82-85 JGG, besondere Bedeutung erhält, waren verfahrensrechtliche Gesichtspunkte, wie die Dauer zwischen der Rechtskraft des Urteils sowie dem tatsächlichen Vollzugsbeginn ebenfalls von Relevanz. In vollstreckungsrechtlicher Hinsicht soll die Neuregelung in § 87 Abs. 4 S. 2 JGG beleuchtet werden, um zu erforschen, ob und in welchem Umfang die gegenüber dem Jugendarrest gem. § 16 JGG verkürzte Vollstreckungsfrist zu Umsetzungsschwierigkeiten führt. Durch die Sekundärdatenanalyse anhand des Aktenmaterials kann somit überprüft werden, ob die normativen Vorgaben zur Anwendung und Vollstreckung des § 16a-Arrestes in der Praxis eingehalten werden. Auf folgende Fragen soll die Aktenanalyse eine Antwort zu geben:

1. Welche Anwendungsstrukturen zeigen sich bei der Verurteilung zu Jugendarrest neben bedingter Jugendstrafe nach § 16a JGG?
2. Gibt es regionale Unterschiede in der Anwendungshäufigkeit des § 16a JGG?
3. Welche Merkmale weisen die zu § 16a JGG verurteilten Straftäter auf?
4. Wie wird § 16a JGG in der Praxis begründet und in welcher Intensität setzen sich die Gerichte mit den Anordnungsvoraussetzungen und gesetzlichen Einschränkungen im Urteil auseinander?
5. Finden sich im Urteil Ausführungen zur Gebotenheit des zusätzlichen Arrestes unter Berücksichtigung der Möglichkeit von Weisungen und Auflagen für die Dauer der Bewährungszeit?
6. Wie lange gestaltet sich die Verfahrensdauer vom Zeitpunkt der Tatbegehung bis zur rechtskräftigen Verurteilung nach § 16a JGG bzw. bis zum Vollzugsbeginn?
7. In wie vielen Fällen und aus welchen Gründen wurde von der Vollstreckung eines Warnschussarrestes abgesehen?
8. Wie ist das Verhalten der Warnschussarrestanten während des Arrestvollzuges zu bewerten und welche Wirkung hat der Arrest nach Einschätzung von außen auf den Jugendlichen?

2. Wahl der Aktenanalyse als Erhebungsmethode

Die Aktenanalyse ist als Erhebungsverfahren für eine retrospektive, systematische Kenntniserlangung über die Person des Täters, die Tat und die verfahrensrechtliche Abläufe anerkannt.[1268] Der Begriff der Akten ist dabei weitläufig und umfasst alle amtlichen Dokumente, die Auskunft über kriminologisch relevante Informationen geben.[1269] Klassischerweise umfasst die Aktenanalyse die Untersuchung von Strafverfahrensakten, die sich wiederum aus verschiedenen Einzeldokumenten zusammensetzen, sowie die Analyse von Strafvollzugsakten oder sonstigen Dokumenten anderer in das Strafverfahren eingebundener Instanzen.[1270] Die Aktenanalyse, die darauf gerichtet ist, bereits vorhandene Daten systematisch zusammenzutragen und intersubjektiv zu analysieren, bietet den Vorteil, eine Vielzahl von Daten ökonomisch zu erfassen und liefert als non-reaktives Messverfahren unverzerrte Daten, deren Zustandekommen nicht vom Forscher beeinflusst wird.[1271] Zugleich ist diese Erhebungsmethode aber mit unterschiedlichen methodischen Schwierigkeiten behaftet.[1272] Die zentrale Kernproblematik der Aktenanalyse besteht darin, dass die „Akten die Wirklichkeit infolge selektiver Wahrnehmung der Realität durch den Aktenproduzenten und gefilterter Fixierung des Wahrgenommenen in der Akte nur unvollständig und zudem durch die Sichtweise der Aktenersteller verzerrt wiedergeben"[1273]. Es ist mithin nicht auszuschließen, dass das Aktenmaterial Lücken aufweist und ein unrichtiges Abbild der sozialen Wirklichkeit reflektiert. Abhängig von dem Umfang der Ermittlungstätigkeit, der Informationsfesthaltung durch die unterschiedlichen Mitwirkungsinstanzen sowie der Sorgfalt der Aktenführung enthalten die Strafakten eine „Realität eige-

---

1268 Vgl. *Blankenburg*, in: Empirische Rechtssoziologie, 193 ff.; *Dölling*, in: Methodologische Probleme in der kriminologischen Forschungspraxis, 265 (279 ff.); *Göppinger/Bock*, 2008, § 5 Rn. 7.

1269 *Dölling*, in: Methodologische Probleme in der kriminologischen Forschungspraxis, 265 (266); zur methodologischen Einordnung der Aktenanalyse *ders.*, in: Methodologische Probleme in der kriminologischen Forschungspraxis, 265 (266 ff.).

1270 *Dölling*, in: Methodologische Probleme in der kriminologischen Forschungspraxis, 265 (267), zu den einzelnen Aktenarten *Göppinger/Bock*, 2008, § 5 Rn. 8 ff.

1271 *Dölling*, in: Methodologische Probleme in der kriminologischen Forschungspraxis, 265 (269); *Eisenberg*, 2005, § 13 Rn. 31; als non-reaktiv oder nichtreaktiv werden solche Erhebungsverfahren bezeichnet, bei deren Durchführung der Forscher nicht aktiv in die Erhebungssituation eingreift und keine Beeinflussung durch den Forscher erfolgt, vgl. *Döring/Bortz*, 2016, S. 533; *Schirmer*, 2009, S. 167.

1272 Hierzu *Dölling*, in: Methodologische Probleme in der kriminologischen Forschungspraxis, 265 (269 ff.); *Eisenberg*, 2005, § 13 Rn. 28 ff.

1273 *Dölling*, in: Methodologische Probleme in der kriminologischen Forschungspraxis, 265 (269).

ner Art"[1274].[1275] Hinzu kommt, dass es sich bei dem Akteninhalt um prozessproduzierte Daten handelt, die nicht zu Forschungszwecken erhoben werden, sondern vor allem Kontroll- und Legitimationsfunktion gegenüber anderen Instanzen besitzen.[1276] Die Qualität des Datenmaterials kann folglich höchst unterschiedlich ausfallen. Im Bewusstsein dieser methodischen Einschränkungen liefern die Strafakten jedoch „harte" Daten, welche die Grundstrukturen eines Falles zuverlässig wiedergeben.[1277]

Die Aktenanalyse konnte in der vorliegenden Untersuchung daher als geeignete Datenerhebungsmethode herangezogen werden, um im Hinblick auf die Verurteilungen mit § 16a JGG grundlegende Erkenntnisse zu Art und Inhalt der Entscheidung, zur Person des Täters, der Anlasstat, der Form der Tatbegehung, dem Verfahrensablauf sowie dem Vollzugsbeginn und –ende zu gewinnen.

3. Auswahl des Untersuchungsmaterials

Der Umstand, dass die Datenbeschaffung ausschließlich durch die Verfasserin erfolgte, machte es erforderlich, die Aktenanalyse nicht nur im Hinblick auf den Untersuchungszeitraum, sondern auch bezüglich des Untersuchungsumfangs zu begrenzen. In die Auswertung einbezogen werden sollten alle Entscheidungen mit § 16a JGG, die im Zeitraum 07.03.2013 bis 31.12.2014 von den bayerischen Jugendgerichten ausgesprochen wurden. Für den Einbezug in die Untersuchung maßgeblich war der Zeitpunkt der Entscheidung durch das Gericht, nicht hingegen das Datum der Rechtskraft des Urteils. Um die Untersuchungspopulation von Anfang an möglichst groß zu halten, sollten im Rahmen der Aktenanalyse, soweit möglich, nicht nur die vollzogenen § 16a-Arreste in Blick genommen werden, sondern die Gesamtheit aller Arrestanten, die im Zeitraum 07.03.2013 bis 31.12.2014 eine Verurteilung nach § 16a JGG erhalten haben. Diese weite Definition der Grundgesamtheit wurde gewählt, um das Verhältnis zwischen der Verurteilungsanzahl und den tatsächlich voll-

---

1274 *Blankenburg* (Hrsg.), Empirische Rechtssoziologie, 1975, S. 195; *Steffen*, in: Die Analyse prozeß-produzierter Daten, 89 (91).

1275 Vgl. hierzu *Dölling*, in: Methodologische Probleme in der kriminologischen Forschungspraxis, 265 (269 ff.).

1276 *Dölling*, in: Methodologische Probleme in der kriminologischen Forschungspraxis, 265 (272).

1277 *Dölling*, in: Methodologische Probleme in der kriminologischen Forschungspraxis, 265 (276).

streckten § 16a-Arresten aufzuzeigen sowie die Gründe dafür zu eruieren, weshalb der Arrest nach § 16a JGG im Einzelfall nicht zur Vollstreckung gelangte. Von besonderem Interesse war es, ob die kurze Vollstreckungsfrist von drei Monaten nach § 87 Abs. 4 S. 2 JGG einen Grund für die Nichtvollstreckung des § 16a-Arrestes bildet und welche Rolle dem Vollstreckungsverbot gemäß § 87 Abs. 4 S. 3 JGG zukommt. Für die Aktenanalyse wurden insgesamt drei Datenquellen herangezogen werden: die Strafverfahrensakten mit allen Angaben zum Verlauf des Verfahrens einschließlich des Urteils, die im elektronischen System des IT-Vollzuges zentral erfassten Datenbestände zu den Verurteilungen nach § 16a JGG sowie die nach § 27 JAVollzO erstellten Schlussberichte.

a) Strafakten

Die wichtigste und umfangreichste Datenquelle bildeten die Strafakten. Das Kernstück der Aktenführung ist die Hauptakte, welche den Verlauf des Strafverfahrens von der Strafanzeige gegen den Beschuldigten, der Einleitung des Ermittlungsverfahrens bis hin zum rechtskräftigen Urteil dokumentiert. Weiterer Bestandteil der Strafakte sind die Bewährungs- und Vollstreckungshefte der Verurteilten, die Aufschluss über den Verlauf der Bewährungszeit sowie die Vollstreckung des § 16a-Arrestes in der Jugendarrestanstalt geben. Mithin lassen sich den Strafakten eine Fülle von Prozessdaten entnehmen. Im Hinblick auf die zu untersuchenden Forschungsfragen erschien es aus forschungsökonomischen Gründen zweckmäßig, die in die Auswertung einzubeziehenden Informationen aus der Akte von vornherein einzugrenzen. Von besonderer Wichtigkeit erschien die Analyse des Urteils selbst. Der Urteilstenor gibt zunächst Aufschluss über die Art und den Umfang der ausgesprochenen Verurteilung, die zugrundliegende Straftat sowie über den Einbezug rechtkräftiger, noch nicht vollständig erledigter Entscheidungen nach § 31 Abs. 2 JGG in die Verurteilung nach § 16a JGG. Darüber hinaus enthält die Urteilsbegründung Ausführungen zum Lebenslauf und den persönlichen Verhältnissen des Jugendlichen, der Art der begangenen Straftaten sowie zur Auswahl und Bemessung der konkret auferlegten Rechtsfolgen. Spricht das Gericht neben einer Bewährungssanktion einen Jugendarrest gem. § 16a JGG aus, so wurde von verschiedenen Stellen auf die Notwendigkeit einer intensiven Auseinandersetzung mit den Voraussetzungen des § 16a JGG hingewiesen.[1278] Inwieweit die Gerichte dem geforderten Begründungsumfang nachkommen und aus welchen Gründen die Verhängung eines § 16a-Arrestes unter Einhaltung des Gebots der milderen Sanktionierung für erforderlich erachtet wird, konnte nur anhand der Urteilsbegründung verifiziert werden. Neben dem Urteil selbst stellte der Bewährungsbeschluss nach § 58 Abs. 1 S. 1 JGG, in welchem das Gericht die zu einer Aussetzungsanordnung hinzutretenden Nebenentscheidungen betreffend die Dauer der Bewährungszeit, die erteilten Weisungen und Auflagen sowie die Unterstellung des Verurteilten unter die Aufsicht und Leitung eines Bewährungshelfers festlegt, ein wichtiges Datenmaterial dar. Die Analyse der Strafverfahrensakten war zudem der einzig gangbare Weg, um im Kontext des § 16a Abs. 2 JGG eine eventuell vorangegangene Untersuchungshaftverbüßung des Jugendlichen ausfindig zu machen, die der Verhängung eines Warnschussarrestes gem. § 16a Abs. 2 JGG prinzipiell entgegensteht. Hierauf wurde bei der Akteneinsicht ein besonderes Augenmerk gelegt. Weiterhin diente das Aktenmaterial zur Ermittlung der strafrechtlichen Vorbelastung des Verurteilten. Als Informationsquellen herangezogen wurden – soweit vorliegend – die Registerauszüge aus dem Bundeszentralregister, im Übrigen die Angaben in den Urteilsgründen sowie ergänzend der Inhalt des Jugendgerichtshilfeberichtes und der Anklage.

b) IT-Vollzugsdaten

Die zweite Datenquelle bildete die elektronische Datenbank des IT-Vollzuges. Bei der IT-Leitstelle des bayerischen Justizvollzuges handelt es sich um eine zentrale, bayernweite Datenbank, in der Informationen zu den Strafgefangenen wie auch zu Jugendlichen und Heranwachsenden mit einer Verurteilung zu Jugendarrest ausgewiesen werden. Neben den Stammdaten zur Person des Täters, werden Vollstreckungs- und Haftdaten registriert sowie sicherheitsrelevante Aspekte und besondere Arrestmaßnahmen festgehalten. Ferner fließen auch die im Schlussbericht vorgesehenen Felder in den IT-Vollzug ein. Mithin werden in IT-Vollzug alle Jugendlichen und Heranwachsenden mit einer gemeldeten Verurteilung nach § 16a JGG registriert, unabhängig vom tatsächlichen Vollzug der Maßnahme.

1278 Exemplarisch *Buhr*, in: Meier/Rössner/Trüg/Wulf, JGG, § 54 Rn. 59 ff.; *Höynck/Ernst*, in: Soziale Arbeit im Jugendarrest, 123 (138); BT-Drucks. 17/9389, S. 12.

c) Schlussberichte

Als dritter Bestandteil des Untersuchungsmaterials dienten die nach § 27 JAVollzO zu erstellenden Schlussberichte, welche am Ende des Arrestvollzuges von den Vollzugsleitern am Ort der Arrestanstalt erstellt werden. Der Schlussbericht gibt Auskunft über die Art des Arrestantritts, die Wirkung des Arrestanten, die Erstmaligkeit der Arrestverbüßung, das Verhalten und die Führung des Jugendlichen im Arrest, die aktuelle Situation des Arrestanten sowie über die Geeignetheit des Jugendlichen für den Arrestvollzug und dessen Wirkungen. Darüber hinaus fließt in den Schlussbericht die Stellungnahme des Sozialdienstes in der Jugendarrestanstalt ein. In Ergänzung zum Informationsgehalt der Strafakten liefern die Schlussberichte damit bedeutsame Erkenntnisse dazu, wie der Jugendliche den Vollzug des § 16a-Arrestes nach Einschätzung des Vollzugspersonals, des Sozialdienstes und des zuständigen Vollzugsleiters wahrgenommen hat und wo sich während der Zeit im Arrest Problemlagen ergaben. Die Individualität und der Informationsgehalt der Schlussberichte divergierten erwartungsgemäß stark, so dass nur einzelne, verallgemeinerbare Informationen der systematischen Auswertung zugänglich waren. Der Schlussbericht wird während des Arrestvollzuges vom allgemeinen Vollzugsdienst und dem Sozialdienst vorausgefüllt und vom Vollzugsleiter im Abschlussgespräch ergänzt und ausgefertigt. Nach § 27 Abs. 1 JAVollzO sind diese Schlussberichte obligatorisch nur für Dauerarrestanten vorgesehen. Bei Freizeit- und Kurzarresten wird ein Schlussbericht gem. § 27 Abs. 2 JAVollzO nur bei besonderem Anlass abgefasst. Auch in den für den Vollzug des § 16a JGG zuständigen Jugendarrestanstalten München und Nürnberg erfolgt die Erstellung eines Schlussberichts regelmäßig nur für Warnschussarrestanten im Dauerarrest. Dies hatte zur Folge, dass für Arrestanten nach § 16a JGG im Freizeit- oder Kurzarrest keine Schlussberichte zur Verfügung standen.[1279] Die Zahl der in die Untersuchung einzubeziehenden Schlussberichte fiel damit von vorherein geringer aus als die Anzahl der Strafakten mit einer Verurteilung nach § 16a JGG. Dies war zum einen dem zuvor erläuterten Umstand geschuldet, dass die Schlussberichte in der Praxis ausschließlich für Arrestanten im Dauerarrest angefertigt werden; zum anderen können die Schlussberichte naturgemäß nur für diejenigen Arrestanten erstellt werden, die einen Arrest nach § 16a JGG tatsächlich

---

1279 Künftig soll nach Art. 37 Abs. 2 S. 2 BayJAVollzG auch für Freizeit- und Kurzarrestanten mit einem Arrest nach § 16a JGG ein Schlussbericht erstellt werden.

verbüßt haben. Bei nicht zur Vollstreckung gelangten Verurteilungen nach § 16a JGG fehlt es demnach ebenfalls am Vorliegen eines Schlussberichtes.

4. Planung und Durchführung der Aktenanalyse

a) Ermittlung der Aktenzeichen und Aktenanforderung

Für die systematische Erfassung aller Verurteilungen nach § 16a JGG, die im Zeitraum seit Inkrafttreten der Neuregelung bis einschließlich 31.12.2014 ergangen sind, war zunächst das organisatorische Problem des Datenzugangs zu lösen. In einem ersten Schritt erforderte die Aktenanalyse die Ermittlung aller Aktenzeichen mit einem Rechtsfolgenausspruch nach § 16a JGG für den festgelegten Zeitraum. Eine erste Variante zur Identifizierung der Aktenzeichen stellte der Zugang über die Jugendarrestanstalten dar. Naturgemäß lassen sich auf diesem Wege aber nur diejenigen Verfahren ermitteln, die tatsächlich zum Vollzug gelangten. Verurteilungen mit einem Rechtsfolgenausspruch nach § 16a JGG, bei denen eine Vollstreckung des Arrestes wegen Eintritts eines Vollstreckungshindernisses, Annahme eines Absehensgrundes nach § 87 Abs. 3 JGG oder Einbezugs in eine Folgeentscheidung vor der Verbüßung des Warnschussarrestes nicht erfolgte, können auf diese Weise nicht erfasst werden. Der Verlust dieser Probandengruppe widersprach der Konzeption der Aktenanalyse als Vollerhebung aller registrierten Verurteilungen für den ausgewählten Zeitraum. Zur Ermittlung der Aktenzeichen der Ausgangsgerichte wurde daher die Mithilfe der Bayerischen Justizvollzugsakademie erbeten. Unter Rückgriff auf die Datenbank des IT-Vollzuges wurden von dort die Geschäftsnummern[1280] der entscheidenden Behörde, das VRJs-Aktenzeichen sowie das entscheidende Gericht für alle Verurteilungen zu § 16a JGG im Freistaat Bayern übermittelt, deren Entscheidungsdatum im Zeitraum 07.03.2013 bis 31.12.2014 lag. Diese erste Anfrage ergab 330 Aktenzeichen mit einer Verurteilung zu § 16a JGG. In vier der 330 Datensätze war die entscheidende Behörde ein Gericht außerhalb Bayerns. Die Erfassung dieser Verurteilungen im IT-Vollzug beruhte darauf, dass die Vollstreckung des § 16a-Arrest im Bundesland Bayern erfolgte. Bedingt durch das Ziel der Studie, die Anwendungspraxis durch die Jugendgerichte in Bayern zu analysieren, mussten diese vier Eintragungen von der weiteren Untersuchung

---

1280 Das Aktenzeichen ist nach § 4 Abs. 1 S. 2 AktO zugleich die Geschäftsnummer, so dass die Begriffe vorliegend synonym verwendet werden.

ausgeschlossen werden. Bei den somit verbleibenden 326[1281] Datensätzen war lediglich in 286 Fällen ein tatsächlicher Ist-Beginn des Vollzuges vermerkt. In 40 Fällen kam der Warnschussarrest nach den noch unbereinigten Informationen aus dem IT-Vollzug nicht zur Vollstreckung. Die Gründe hierfür waren aus dem IT-Vollzug nicht ersichtlich. Nach der Konzeption des Forschungsvorhabens sollten auch die nicht vollstreckten Warnschussarreste in die Untersuchung einbezogen werden, da auch hier das Gericht sich positiv für die Anwendung des § 16a JGG entschieden hat. Soweit eine Vollstreckung des § 16a-Arrestes nicht erfolgte, war zu eruieren, aus welchen Gründen diese unterblieben ist. Hierbei sollte insbesondere danach differenziert werden, ob von der Vollstreckung aus formalen Verfahrensgründen oder wegen eines Einbezugs des Urteils in eine erneute Verurteilung des Jugendlichen Abstand genommen wurde. Die insgesamt 326 im IT-Vollzug notierten Verfahren wiesen zum Teil identische Geschäftszeichen auf, was darauf zurückzuführen ist, dass mehrere Mitangeklagte in einem Verfahren unter einem Geschäftszeichen geführt werden, aber faktisch als mehrere Verurteilungen zu zählen sind. Die Anzahl der Gesamtverurteilungen nach § 16a JGG im Zeitraum 07.03.2013 bis 31.12.2014 von 326 minimierte sich nach Aussonderung der Mehrfachzählung bei mehreren Angeklagten auf 291 Geschäftszeichen. Nach Einholung der Zustimmung durch die Generalstaatsanwälte wurde auf der Grundlage von §§ 476, 477 StPO i.V.m. Nr. 182-189 RiStBV zu allen 291 Strafakten unter Angabe des konkreten justiziellen Geschäftszeichens bei den leitenden Oberstaatsanwälten der Landgerichte um die Gewährung von Akteneinsicht zu wissenschaftlichen Forschungszwecken gebeten. Dem Ersuchen auf Akteneinsicht beigefügt wurde eine Liste aller Geschäftszeichen sortiert nach den jeweils zuständigen Ausgangsgerichten. Angefordert wurden jeweils die vollständige Strafakte einschließlich des Vollstreckungs- und Bewährungsheftes sowie ein Auszug aus dem Bundeszentralregister. Vorrangig wurde dabei um die Übersendung der Strafakten in Kopie, alternativ um Akteneinsicht vor Ort gebeten. Im Hinblick auf die Verfügbarkeit der Akten war davon auszugehen, dass sich diese wegen der zeitgleichen Anordnung einer bedingten Jugendstrafe zu Teilen noch bei den Ausgangsgerichten befanden. Wird die Vollstreckung oder

---

1281 Die Zahl der vorliegend ermittelten Verurteilungen nach § 16a JGG übersteigt die bei *Endres/Maier*, in: FS für Streng, 427 (429) angegebene Anzahl von 213 § 16a-Verurteilungen für denselben Zeitraum. Eine mögliche Erklärung für diese Unterschiede könnte im gewählten Datenzugang liegen, kann aber abschließend nicht beurteilt werden.

die Verhängung der Jugendstrafe zur Bewährung ausgesetzt, so ist bei dem für die Bewährungsüberwachung zuständigen Gericht gem. § 10 Abs. 1 S. 1 AktO zusätzlich zur Hauptakte ein Bewährungsheft anzulegen. Die Überwachung der Bewährungszeit obliegt gem. § 453b Abs. 1 StPO i.V.m. §§ 2 Abs. 2, 58 Abs. 3 JGG dem Jugendrichter, der die Aussetzung angeordnet hat. Während die Hauptakte, sofern sie vom Jugendrichter nicht mehr benötigt wird, für die Dauer der Bewährungszeit gem. § 10 Abs. 2 S. 1 AktO zur Aufbewahrung an die Staatsanwaltschaft zurückgeleitet wird, verbleibt das Bewährungsheft bis zum Ende der Bewährungszeit gem. § 10 Abs. 2 S. 2, Abs. 3 AktO beim Ausgangsgericht. Mit Blick auf den gewählten Untersuchungszeitraum vom 07.03.2013 bis 31.12.2014 und der in § 22 Abs. 1 S. 2 JGG bestimmten Bewährungszeit von zwei bis drei Jahren war zu erwarten, dass sich ein Teil der Bewährungshefte und ggf. der Hauptakten, soweit diese vom Gericht weiterhin benötigt werden, noch bei den Ausgangsgerichten in Verwahrung befinden. Mit einer weiteren Einschränkung der Aktenverfügbarkeit musste bei einer Beiziehung der Akten in ein neues Strafverfahren gegen den Jugendlichen gerechnet werden. Soweit sich die Akten zur Bewährungsüberwachung oder wegen eines Einbezugs in ein anderes Strafverfahren beim Ausgangsgericht befanden, mussten diese dort im Einzelfall separat angefordert werden.

b) Übermittlung des Untersuchungsmaterials

aa) Strafakten

Trotz des hohen Arbeitsaufwandes für die Staatsanwaltschaften, welcher vor allem durch die Vielzahl der Untersuchungsfälle bedingt war, verlief die Akteneinsicht ganz überwiegend sehr positiv. Der Mehrzahl der 291 gestellten Akteneinsichtsgesuche zu den insgesamt auf Basis des IT-Vollzuges ermittelten 326 Verurteilungen zu § 16a JGG wurde stattgegeben.[1282] Zu der im Vorfeld ermittelten Gesamtanzahl an Verurteilungen mit einem Rechtsfolgenausspruch gem. § 16a JGG im festgelegten Untersuchungszeitraum ergaben sich im Rahmen der Akteneinsicht schließlich fünf weitere Personen mit einer rechtskräftigen Verurteilung nach § 16a JGG, die in IT-

---

[1282] Die Anzahl der gestellten Akteneinsichtsgesuche fällt dabei geringer aus als die Anzahl der Verurteilungen zu § 16a JGG, da mehrere Mitangeklagte in einem Verfahren unter einem Aktenzeichen geführt werden.

Vollzug nicht registriert waren und auch nicht zur Vollstreckung gelangten. Hierbei handelte es sich in zwei Fällen um eine Verurteilung nach § 16a JGG, die infolge einer Anrechnung bereits erlittener Untersuchungshaft und aufgrund einer zwischenzeitlich, nach Rechtskraft der Verurteilung zu § 16a JGG angeordneten Untersuchungshaft nicht zur Vollstreckung gelangte. Ein weiterer der im IT-Vollzug nicht registrierten § 16a-Arreste wurde wegen des eingetretenen Fristablaufs gem. § 87 Abs. 4 S. 2 JGG nicht mehr vollstreckt, wobei der Eintritt des Vollstreckungsverbots auf die Zuleitung des Vollstreckungsersuchens an ein für die Vollstreckung des § 16a JGG unzuständiges Amtsgericht beruhte. Bei zwei Urteilen konnte der Grund für die Nichtvollstreckung des Arrestes den Akten nicht entnommen werden. Eine mögliche Erklärung für die Nichtausweisung dieser Fälle im IT-Datenportal könnte in der fehlenden Erfassung in den Plandaten der Jugendarrestanstalt liegen. Da die Aktenanalyse als Vollerhebung aller Verurteilungen zu § 16a JGG im Zeitraum von 07.03.2013 bis 31.12.2014 geplant war, wurden auch diese fünf weiteren Verfahren in die Aktenanalyse einbezogen.[1283] Damit ergab sich zunächst eine Gesamtanzahl von 331 Verurteilungen nach § 16a JGG. Während der Akteneinsichtsphase stellte sich heraus, dass sieben Probanden mit einer Verurteilung zu § 16a JGG in den IT-Vollzugsdaten doppelt enthalten waren. Da das Geschäftszeichen, die Personaldaten sowie das Entscheidungsdatum in den doppelt ausgewiesenen Fällen stets identisch waren, war anzunehmen, dass diese sieben Probanden in der IT-Vollzugsdatenbank zweimal angelegt wurden. In zwei der sieben doppelt erfassten Fällen gelangte der Arrest nicht zur Vollstreckung. In den fünf weiteren Fällen wurde der Arrest im Vollstreckungsstatus als verbüßt und zugleich als erledigt bzw. mit „keiner Eingabe" gekennzeichnet.[1284] Eine mögliche Ursache für die Doppelerfassung könnte die Unterbrechung des Arrests darstellen, so dass dieser mit seiner Fortsetzung neu in der Datenbank angelegt wurde. Eine ab-

---

1283 Unberücksichtigt blieb eine im Rahmen der Akteneinsicht bekannt gewordene erstinstanzliche Verurteilung zu § 16a JGG, welche im Berufungsverfahren in einen Freizeitarrest gem. § 16 Abs. 2 JGG abgeändert wurde. Der fehlende Einbezug rechtfertigt sich daraus, dass die Entscheidung zu § 16a JGG nie in Rechtskraft erwachsen ist.

1284 In diesen sechs Verfahren war der Soll-Beginn des Arrestes und das Arrestende jeweils zweimal notiert, der Ist-Beginn des Arrestes aber nur einmal eingetragen. Da der Soll-Beginn des Arrestes in dem mit Erledigungsvermerk versehenen Verfahren zeitlich nach dem vermerkten Arrestbeginn liegt, war zu vermuten, dass es in diesen Fällen zu einer Unterbrechung des Arrestvollzuges gekommen war.

schließende Erklärung für den Grund der Mehrfachregistrierung kann jedoch nicht gegeben werden. Um jede Verurteilung zu § 16a JGG nur einmal in Untersuchung eingehen zu lassen, wurde von diesen sieben Verurteilungen jeweils nur ein Datensatz in die Auswertung aufgenommen. Der Abgleich der Datensätze in IT-Vollzug, für die keine Akten vorlagen, offenbarte schließlich noch einen weiteren, doppelt registrierten Probanden, der für die Auswertung ebenfalls auf einen Datensatz reduziert wurde. Schließlich konnte eine Verurteilung zu § 16a JGG identifiziert werden, deren Entscheidungsdatum im Jahr 2015 (26.01.2015) lag.[1285] Hintergrund für die Auflistung dieser Entscheidung in IT-Vollzug war, dass dort das Entscheidungsdatum der am 15.10.2014 ergangenen erstinstanzlichen Verurteilung registriert war, mit welcher der Angeklagte zu einer Jugendstrafe ohne Bewährung verurteilt wurde, während der Arrest nach § 16a JGG erst in der Berufungsverhandlung im Januar 2015 verhängt wurde. Diese Verurteilung zu § 16a JGG musste von der Auswertung ausgeklammert werden, da sie außerhalb des Untersuchungszeitraumes lag. Eine vereinfachte Darstellung über die endgültige Zusammensetzung des Datensatzes gibt Abbildung 2:

[1285] Das erstinstanzliche Urteil wurde auf der Rechtsfolgenseite in der Berufungsinstanz dahingehend abgeändert, dass gegen den Jugendlichen eine Jugendstrafe mit Bewährung sowie ein zusätzlicher Jugendarrest nach § 16a JGG von zwei Wochen Dauer verhängt wird.

Abbildung 2: Zusammensetzung des Datensatzes

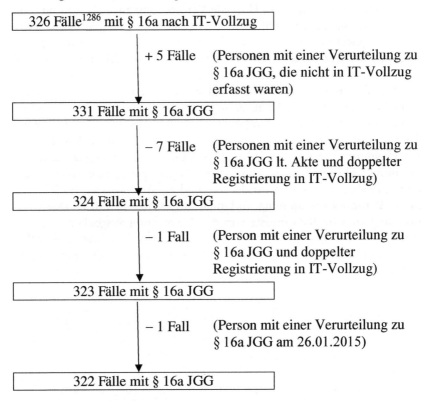

Von den sich damit insgesamt ergebenden 322 Verurteilungen zu § 16a JGG konnten im Rahmen der vorliegenden Arbeit 278 Strafakten[1287] (86,3 %) ausgewertet werden. 44 Akten konnten nicht zur Verfügung gestellt werden. Die Ausfallquote von 13,7 % war überwiegend dadurch bedingt, dass die Akten wegen des Fortgangs des Verfahrens oder der noch laufenden Bewährungszeit nicht entbehrlich waren.[1288] Schwierigkeiten

---

1286 Jede Entscheidung mit § 16a JGG wird als ein Fall gewertet. Einträge mit demselben Geschäftszeichen werden als mehrere Fälle gewertet.

1287 Die Bezeichnung „Strafakte" wird gleichbedeutend mit Verurteilung verwendet.

1288 Zu einem Aktenzeichen war eine Auskunfterteilung nicht möglich, da eine Zuordnung des Aktenzeichens an der Staatsanwaltschaft nicht vorgenommen werden konnte.

ergaben sich im Rahmen der Aktenübermittlung aufgrund des zum Teil sehr umfangreichen Aktenmaterials, wodurch eine Überlassung der Akten in Kopie schwierig war und eine postalische Aktenübersendung nicht immer möglich machte. Ganz überwiegend erfolgte die Übersendung der Strafakten aber im Original. Bei drei Staatsanwaltschaften nahm die Verfasserin Akteneinsicht vor Ort am Sitz der Staatsanwaltschaft. Aufgrund der großen Fallanzahl war das Zusammentragen der Strafverfahrensakten insgesamt mit einem erheblichen zeitlichen und organisatorischen Aufwand verbunden. Die Aktenanforderung einschließlich der Einsichtnahme sowie die systematische Erfassung der Daten erstreckte sich auf den Zeitraum Oktober 2016 bis Mai 2017. Um die Auswertung des Datenmaterials innerhalb des angedachten Zeitrahmens vornehmen zu können, wurde die Datenerhebungsphase Ende Mai 2017 beendet. Insgesamt beteiligten sich alle Staatsanwaltschaften an dem Projekt, wodurch die Repräsentativität der Ergebnisse für den Untersuchungszeitraum deutlich gestärkt wird.

Die Qualität der Daten fiel in Abhängigkeit vom Umfang der übermittelten Aktenbestandteile heterogen aus. Einheitlich zu allen Probanden lagen als untersuchungsrelevantes Auswertungsmaterial die Anklage(n), das Protokoll über die mündliche Hauptverhandlung, das Urteil sowie Informationen zum ggf. eingeleiteten Rechtsmittelverfahren vor. Nicht allen Strafakten, die zur Akteneinsicht zur Verfügung gestellt werden konnten, war hingegen ein Bewährungs- und Vollstreckungsheft beigefügt, so dass Informationen zum Bewährungsverlauf nur für einen Teil der Arrestanten zur Verfügung standen. Da das Protokoll über die Hauptverhandlung neben der Urteilsverkündung im Regelfall auch Auskunft über den Inhalt des Bewährungsbeschlusses gab, konnten Angaben zur Bewährungs- und Unterstellungszeit sowie zu den Bewährungsauflagen gem. §§ 23 Abs. 1, 10, 15 JGG auch dann in die Auswertung einfließen, wenn ein Bewährungsheft nicht vorlag. Erfolgte im verfahrensgegenständlichen Urteil mit § 16a JGG die Einbeziehung eines früheren Urteils, so lag dieses den Strafakten zum Teil ebenfalls bei oder wurde im verfahrensgegenständlichen Urteil selbst abgedruckt. Die Registerauszüge aus dem Bundeszentralregister, welches sich gem. § 1 Abs. 1 BZRG aus dem Zentral- und Erziehungsregister zusammensetzt, waren den Strafverfahrensakten nur teilweise beigefügt.[1289]

1289 Zu den diesbezüglichen Folgen für die Vorsanktionsermittlung siehe Teil 2 E.I.2.b) aa).

Das grundlegende Datenmaterial für die Aktenanalyse bildeten daher, soweit vorliegend, folgende Aktenbestandteile:
- die Anklageschrift(en)
- das Protokoll der Hauptverhandlung
- das Urteil
- der Beschluss über die Anordnung von Untersuchungshaft/vorangegangene polizeiliche Festnahme nach §§ 127, 127a StPO
- der Jugendgerichtshilfebericht
- der Auszug aus dem Bundeszentralregister
- der Bewährungsbeschluss
- der Bewährungsplan sowie der Bericht über die Bewährungsplaneröffnung
- die Bestätigung über den Eingang des Verfahrens bei der Bewährungshilfe
- die Mitteilung über die Aufnahme in den Strafvollzug bei einer anschließenden Jugend-/Freiheitsstrafe
- sowie die Verbüßungsanzeige des Jugendarrestes und der Schlussbericht aus dem Vollstreckungsheft

bb) Schlussberichte

Um Zugang zu den Schlussberichten zu erhalten, wurden zwei Wege gewählt. Zum einen werden die Informationen aus den nach § 27 JAVollzO zu fertigenden Schlussberichten mit Ausnahme der Anmerkungen durch den Sozialdienst und den Vollzugsleiter in IT-Vollzug erfasst. Als Quelle für die Erfassung der Schlussberichte wurde daher zunächst auf die befüllten Felder im IT-Vollzug zurückgegriffen. Zugleich erschienen die im IT-Vollzug nicht dokumentierten Angaben des Sozialdienstes und des Vollzugsleiters von besonderer Wichtigkeit, um zu erfahren, an welchen Behandlungsangeboten der Arrestant teilgenommen hat, wie sich der Kontakt zur Bewährungshilfe gestaltete und in welchem Maße auf die mit § 16a JGG verbundene Bewährungssituation eingegangen wurde. Parallel zu den aus dem IT-Vollzug tradierten Schlussberichtsdaten wurden daher bei den für die Vollstreckung des § 16a JGG zuständigen Jugendarrestanstalten München und Nürnberg die Schlussberichte zu allen Arrestanten erbeten, die im Zeitraum 07.03.2013 bis 31.12.2014 zu einem Jugendarrest neben bedingter Jugendstrafe gem. § 16a JGG verurteilt wurden. Mit dem Ende des Jugendarrestvollzuges wird der ausgefertigte Schlussbericht dem Vollstreckungsheft beigefügt, welches gem. § 18 Abs. 6 S. 3 AktO in der

Hauptakte zu verwahren ist. Zugleich werden die Schlussberichte in den Jugendarrestanstalten München und Nürnberg zentral verwaltet. Da zu Beginn der Aktenanalyse nicht abschätzbar war, inwieweit die Vollstreckungshefte durch die Justizbehörden zur Verfügung gestellt werden können, wurde für einen möglichst direkten Zugang zu den Schlussberichten mit dem Einverständnis der für die Jugendarrestanstalten München und Nürnberg zuständigen Vollzugsleiter Kontakt mit dem Personal in den Jugendarrestanstalten aufgenommen. Insgesamt konnten von dort zu 259 Arrestanten, die im Untersuchungszeitraum zu einem § 16a-Arrest in Form eines Dauerarrestes verurteilt wurden und diesen zumindest teilweise auch verbüßten haben, die Daten aus dem Schlussbericht zur Verfügung gestellt werden.[1290] Kein Schlussbericht existierte zu den 19 Freizeitarrestanten, drei Kurzarrestanten sowie für 33 nicht zur Vollstreckung gelangten Dauerarreste. Lediglich zu acht Dauerarrestanten mit einer tatsächlichen Arrestverbüßung laut IT-Vollzug fand sich kein Schlussbericht im System. Für die Datenauswertung lag mithin zu 259 von insgesamt 322 Arrestanten der Schlussbericht vor.

c) Konstruktion der Erhebungsinstrumente

Um die in den verschiedenen Dokumenten vorzufindenden Informationen einer strukturierten Analyse zugänglich zu machen, wurden im Vorfeld zwei Erhebungsbögen konzipiert, welche die Grundlage für eine systematische Datenerfassung bildeten. Der erste Erhebungsbogen diente der Erfassung aller sich aus den Strafakten ergebenden Informationen und integrierte zudem die im IT-Vollzug hinterlegten Angaben zur Person des Täters, der verfahrensgegenständlichen Rechtsfolgenentscheidung sowie insbesondere zum Beginn und Ende des Arrestvollzuges. Dieser Erhebungsbogen[1291] untergliederte sich in sieben Teilabschnitte:

1290 In die Gesamtanzahl von 259 Arrestanten einbezogen ist ebenfalls eine Verurteilung, welche den Vollstreckungsstatus „unterbrochen" aufweist. Auch hier lag ein entsprechender Schlussbericht vor. Für einen weiteren Arrestanten konnte anstelle des Schlussberichts ein vom Sozialdienst der Jugendarrestanstalt gesondert gefertigter Abschlussbericht eingeholt werden. Da dieser jedoch nicht den im Schlussbericht vorgegebenen Kriterien übereinstimmt und einem Vergelich mit den übrigen Daten daher nicht zugänglich ist, wurde aus Gründen der Systematisierung von der Einbeziehung dieses Berichts Abstand genommen.
1291 Abgedruckt im Anhang III.1.

- Gerichtsbezogene Angaben (Abschnitt A)
- Angaben zur Person des Täters (Abschnitt B)
- Strafrechtliche Vorbelastung des Täters (Abschnitt C)
- Anlasstat und Verfahrensmerkmale im Verfahren mit § 16a JGG (Abschnitt D)
- Urteilsentscheidung zu § 16a JGG (Abschnitt E)
- Vollstreckungs- und Vollzugsmerkmale (Abschnitt F)
- Bewährung und Folgeentscheidung nach Akteninformation (Abschnitt G)[1292]

Für die Erfassung der in den nach § 27 JAVollzO zu erstellenden Schlussberichten enthaltenen Informationen kam ein zweiter Erhebungsbogen[1293] zum Einsatz, welcher inhaltlich zu großen Teilen dem hierfür vorgesehenen und in den Jugendarrestanstalten eingesetzten Formblatt entsprach. Zusätzlich zu den dort erfassten Kriterien wurden der Vollzugsort, das Vorliegen des Schlussberichts sowie die nochmalige Erläuterung des Warnschussarrestes und die Art des Kontakts zum Bewährungshelfer als weitere Variablen aufgenommen.

5. Datenerfassung und Auswertung

a) Datenerfassung und -prüfung

Für eine einheitliche Datenauswertung mussten die unterschiedlichen Datenquellen in Form der Strafverfahrensakten, des IT-Vollzuges und der Schlussberichte zusammengeführt werden. Um eine Zuordnung der Fälle zu gewährleisten, erhielt jede im Untersuchungszeitraum ausgesprochene Verurteilung zu § 16a JGG eine fortlaufende Nummer. Diese Fallidentifikationsnummer wurde jeweils bei allen Datenquellen vermerkt. Bei einer Verurteilung mehrerer Angeklagter in einem Verfahren, das unter demselben Geschäftszeichen geführt wird, wurde für jeden Verurteilten ein eigener Datensatz angelegt. Die Dateneingabe sowie die statistische Auswer-

---

1292 Auf den Abdruck dieses Teilabschnitts wird im Anhang verzichtet, da sich während des Projektsverlaufs die Durchführung einer Rückfalluntersuchung auf Basis der Bundeszentralregisterauszüge als realisierbar erwies und mit den dortigen Eintragungen weitreichendere Daten für die Analyse der Rückfälligkeit und den Verlauf der Bewährungszeit zur Verfügung standen. Von einer Auswertung der sich aus den Akten ergebenden Rückfallinformationen wurde daher Abstand genommen.

1293 Abgedruckt im Anang III.2.

tung erfolgten mittels des Statistik-Programms SPSS. Die Ausgangsbasis für die Aktenanalyse bildete der von der IT-Leitstelle des bayerischen Justizvollzuges übermittelte Datensatz zu den dort registrierten Stamm-, Vollstreckungs- und Schlussberichtsdaten. Eingelesen wurden auf dieser Grundlage folgende Merkmale zu jedem dort registrierten Arrestanten:

Zur Fallzuordnung:
– Geschäftsnummer der entscheidenden Behörde
– Aktenzeichen der vollstreckenden Behörde (VRJs-Aktenzeichen)

Zur Person des Arrestanten:
– Geschlecht
– Geburtsdatum
– Geburtsjahr
– Familienstand
– Anzahl Kinder
– Beruf[1294]
– ausgeübte Tätigkeit
– Staatsangehörigkeit
– Vorstrafen in Form von Jugendarrest, Jugendstrafe, Freiheitsstrafe, Unterbringung in einer Entziehungsanstalt, Fürsorgeerziehung, Geldstrafe, Unterbringung in einem psychiatrischen Krankenhaus, Strafarrest. Die IT-Vollzugsdatenbank gibt dabei Auskunft über die Häufigkeit der ausgesprochenen Sanktionen gegen die betreffende Person; Angaben zur Dauer des Arrestes und der Jugendstrafe sind hingegen nicht enthalten. Bei einer Vorverurteilung zu Jugendstrafe oder Freiheitsstrafe gelangt weiterhin die Verbüßung der Sanktion zur Eintragung. Da sich die Vorbelastung des Täters anhand des IT-Vollzuges folglich nur sehr grob skizzieren lässt und nicht vollständig abgebildet werden kann, fanden die dort eingetragenen Vorsanktionen nur insoweit Eingang in die Auswertung, als hierdurch das Bild von der kriminellen Vorbelastung des Täters, das sich anhand der Bundeszentralregisterauszüge und den sonstigen Aktenbestandteilen ergibt, komplementiert werden konnte.

1294 Die Variablen Beruf und ausgeübte Tätigkeit konnten aufgrund der detailgenauen Erfassung im IT- Vollzug (z.B. Bäcker, Maler) nicht unmittelbar verwendet werden. Darüber hinaus erwiesen sich die Eintragungen im IT-Vollzug und die im Wege der Akteneinsicht gewonnen Erkenntnisse zum Teil als widersprüchlich, so dass für die Auswertung nur die Strafakteninformationen herangezogen wurden.

Zum Verfahren mit § 16a JGG:
- Entscheidende Behörde in 1. Instanz
  Als entscheidende Behörde wird in der Datenbank des IT-Vollzugs das in 1. Instanz entscheidende Gericht geführt. Sofern die Verhängung eines § 16a-Arrestes erst im Rechtsmittelverfahren erfolgte, konnte dies der Datenbank des IT-Vollzuges nicht entnommen werden. Für die Analyse der gerichtlichen Anordnungspraxis sollte jedoch das Jugendgericht erfasst werden, welches die Rechtsfolge des Jugendarrestes gem. § 16a JGG ausgesprochen hat, so dass die Entscheidungsinstanz zudem im Wege der unmittelbaren Akteneinsicht gesondert erhoben wurde.
- Datum der (erstgerichtlichen) Entscheidung
- Datum der Rechtskraft
- Arrestart
- Dauer in Tagen bzw. Wochen

Zur Vollstreckung:
- Vollstreckungsstatus (in den Ausprägungen: verbüßt, erledigt, abgesehen, unterbrochen, keine Eingabe)
- Arrestbeginn-Soll und Arrestbeginn-Ist
- Arrestende, d.h. das größte und damit zeitlich späteste Entlassungsdatum[1295]
- Vorverlegung des Arrestendes[1296]

Zum Schlussbericht:
Ebenfalls aus der Datenbank des IT-Vollzugs eingelesen wurden die Informationen aus den Schlussberichten. Zur Kontrolle potenzieller Eingabefehler wurden diese stichprobenartig mit den von den Jugendarrestanstalten übermittelten Auskünften abgeglichen. Einzelne im IT-Vollzug nicht befüllte Felder wurden, soweit möglich, anhand der vorliegenden Schlussberichte vervollständigt. Nicht im IT-Vollzug erfasst werden der Ort, an dem sich die Jugendarrestanstalt befindet sowie die Anmerkungen der Sozialdienstes und des Vollzugsleiters. Diese Informationen waren im Wege direkter Dokumenteneinsicht zu gewinnen. Für eine vollständige Informationserfassung wurde zudem die im IT-Vollzug nicht vorgesehene Rubrik

---

1295 Kam es bei einem Arrest zu einer Unterbrechung oder wurden zwei Freizeitarreste vollstreckt, so wird das größte Ende vermerkt.
1296 Da die Angaben hier zum Teil in Stunden, zum Teil in Tagen erfolgten, wurde ein Tag in 24 Stunden umgerechnet.

„Sonstiges" zu einzelnen Variablen in die Auswertung aufgenommen.[1297] Zum Teil wurden die im IT-Vollzug erfassten Daten zu einer Variablen zusammengefasst.

Aufbauend auf dem nach einem ersten Voreinlesen der Daten aus dem IT-Vollzug vorliegenden Datensatz wurde die Aktenanalyse anhand des standardisierten Strafaktenanalysebogens fortgesetzt. Dabei wurden alle Variablen für einen späteren Abgleich mit den Daten in IT-Vollzug nochmals separat erfasst.[1298] Zur Vermeidung von Unstetigkeiten bei der Codierung, die durch die Beteiligung mehrerer Personen entstehen können,[1299] wurde die diesbezügliche Datenerfassung sowie die Auswertung der Strafakten ausschließlich von der Verfasserin selbst vorgenommen.

Insgesamt konnten 322 Jugendliche und Heranwachsende, die im Untersuchungszeitraum zu einem Jugendarrest neben bedingter Jugendstrafe gem. § 16a JGG verurteilt wurden, in die Untersuchung einbezogen werden. Nicht für alle Probanden standen vollumfängliche Informationen aus den Strafakten, dem IT-Vollzug und den Schlussberichten zur Verfügung (s. Tabelle 8).

Tabelle 8: Übersicht der zur Auswertung herangezogenen Datenquellen

	IT-Vollzug	Strafakten	Schlussberichte	Sozialbericht	Anzahl
Personen, für die nur Daten aus IT-Vollzug vorlagen	x				7
Personen mit Daten aus IT-Vollzug und Strafakten	x	x			50
Personen mit Daten aus IT-Vollzug, Strafakten und Schlussberichten	x	x	x		222
Personen mit Daten aus IT-Vollzug, Strafakten und Sozialbericht	x	x		x	1
Personen mit Daten aus IT-Vollzug und Schlussberichten	x		x		37
Personen, für die nur Strafakten vorlagen		x			5
Gesamt					322

1297 Bei der Erfassung der Schlussberichte wurden folgende Variablen aus dem Erhebungsbogen (Anhang III.2) separat erhoben: S1, S2, S5; S6, S7, S10_21, S10_21a, S11_6, S11_6a, S15-S20; alle übrigen Variablen wurden aus der Datenbank des IT-Vollzugs eingelesen.

1298 Die Variablen, die bereits im IT-Vollzug erfasst waren und in SPSS eingelesen wurden, sind im Erhebungsbogen mit einem Sternchen * gekennzeichnet.

1299 Vgl. *Dölling*, in: Methodologische Probleme in der kriminologischen Forschungspraxis, 265 (277).

Dementsprechend variiert die Grundgesamtheit der zu § 16a JGG Verurteilten bei der Auswertung je nach Umfang der zur Verfügung stehenden Datenquellen. Die Datenbasis für die Auswertung bilden die 278 Verurteilungen nach § 16a JGG, zu denen die Strafakten eingesehen werden konnten. Sofern für vereinzelte Variablen die Informationen aus dem IT-Vollzug herangezogen werden, wird dies in der Auswertung gesondert kenntlich gemacht.

Im Anschluss an die Dateneingabe erfolgte eine sorgfältige Fehlerüberprüfung der Daten. Dabei wurden die eingegeben Daten mittels Häufigkeitsauszählungen auf ihre Vollständigkeit, Widerspruchsfreiheit und Werte außerhalb des definierten Bereichs geprüft.

b) Auswertungsverfahren

Der Schwerpunkt der Aktenanalyse liegt auf der deskriptiven Ebene. Durch die Auszählung von Häufigkeiten und der Ermittlung statistischer Kennwerte soll ein Eindruck davon gewonnen werden, auf welche Klientel § 16a JGG Anwendung findet und wie die Jugendgerichte mit den gesetzlichen Vorgaben des § 16a JGG umgehen. Die statistische Auswertung und Datenanalyse erfolgte in der gesamten Arbeit mittels des Statistikprogramms SPSS für Windows. Die Urteilsbegründungen zu § 16a JGG wurden im Rahmen der Aktenanalyse als Freitext erfasst und anschließend durch die Bildung von Kategorien inhaltsanalytisch ausgewertet. Hierzu mussten Textmerkmale als Indikatoren definiert werden, anhand derer anschließend eine Zuordnung jeder einzelnen Urteilbegründung vorgenommen werden konnte. Zur Darstellung von Zusammenhängen zwischen einzelnen Variablen kommen an ausgewählten Stellen Korrelationsanalysen und Kreuztabellen zum Einsatz, deren Ergebnisse auf statistische Signifikanz überprüft wurden. Als statistisch signifikant ist ein Ergebnis zu bezeichnen, wenn die Wahrscheinlichkeit, dass dieses auf einer zufälligen Entstehung beruht, gering ist.[1300] Überprüft wird damit stets die Nullhypothese, dass kein Zusammenhang zwischen zwei Variablen besteht, nicht die Alternativhypothese, die als Gegenhypothese von dem Bestehen eines Zusammenhangs ausgeht. Mit Hilfe des Signifikanztests und des ermittelten p-Wertes lässt sich folglich bestimmen, wie groß die Irrtumswahrscheinlichkeit ist, die Nullhypothese fälschlicherweise zu verwerfen und

---

1300 *Kuckartz/Rädiker/Ebert u.a.*, 2013, S. 153.

umgekehrt die Alternativhypothese fälschlicherweise anzunehmen.[1301] Dabei ist vorliegend zu berücksichtigen, dass die Durchführung eines Signifikanztests streng genommen nur bei Stichprobenerhebungen in Betracht kommt, da dieser zur Überprüfung dient, ob sich die in der Stichprobe gefundenen Ergebnisse auf die Grundgesamtheit übertragen lassen.[1302] Die Aktenanalyse ist für den Zeitraum 07.03.2013 bis 31.12.2014 zwar als Vollerhebung konzipiert, kann aber bezogen auf die über den Untersuchungszeitraum hinausgehende, künftige allgemeine Anwendungspraxis des § 16a JGG als Teilausschnitt und damit als Stichprobe eingeordnet werden.[1303] In klarer Distanz zur Einhaltung der strengen Voraussetzungen, wie sie für eine Signifikanzprüfung an sich nur bei Zufallsstichproben gegeben ist, dient die Signifikanzberechnung im Rahmen der vorliegenden Untersuchung dazu, Unterschiede und Zusammenhänge deutlicher herauszustellen. Sowohl für die Aktenanalyse als auch für die nachfolgenden Untersuchungsteile wird einheitlich ein Signifikanzniveau (auch sog. α-Fehler-Niveau) von 5 % mit folgender Abstufung gewählt:[1304]

*** $p \leq 0{,}001$	höchst signifikanter Zusammenhang
** $p \leq 0{,}01$	sehr signifikanter Zusammenhang
* $p \leq 0{,}05$	signifikanter Zusammenhang
$p > 0{,}05$	kein signifikanter Zusammenhang

Ein Zusammenhang ist demnach als signifikant anzusehen, wenn die Irrtumswahrscheinlichkeit p das festgelegte Signifikanzniveau nicht überschreitet.[1305] Mit der Feststellung eines signifikanten Zusammenhangs kann jedoch keine Aussage über die Stärke des Zusammenhangs oder seine Richtung getroffen werden. Die Stärke des Zusammenhangs wird anhand des Korrelationskoeffizienten, der sich in Abhängigkeit vom Skalen-

---

1301 *Wittenberg/Cramer/Vicari*, 2014, S. 180.
1302 *Schnell/Hill/Esser*, 2013, S. 257, 437.
1303 Ähnlich *Gernbeck*, 2017, S. 144 Fn. 533.
1304 Die Wahl eines Signifikanzniveaus von 5 % hat sich in den Sozailwissenschaften als Standardmaß etabliert; vgl. *Paier*, 2010, S. 134; *Schirmer*, 2009, S. 251; *Döring/Bortz*, 2016, S. 664 sowie die Arbeiten von *Dünkel*, 1980, S. 308; *Kunkat*, 2002, S. 108. Ein 1%-Signifikanzniveau wird hingegen nur bei sehr großen Stichproben (n > 1.000) gewählt, *Kuckartz/Rädiker/Ebert u.a.*, 2013, S. 149. Zur gewählten Abstufung hinsichtlich des Signifikanzniveaus *Bühl*, 2012, S. 171; *Wittenberg/Cramer/Vicari*, 2014, S. 180.
1305 *Döring/Bortz*, 2016, S. 868.

niveau der Variablen bestimmt, angegeben. Der Korrelationskoeffizient kann dabei einen Wert von 0 (=kein Zusammenhang) und 1 (= völliger Zusammenhang) annehmen, wobei bei mindestens ordinalen Variablen zugleich eine Aussage über die Richtung des Zusammenhangs getroffen werden kann (Korrelationsmaße zwischen -1 und +1).[1306] Für das gesamte Auswertungsverfahren wird folgende Abstufung festgelegt:[1307]

0 < Kor ≤.20	sehr geringer Zusammenhang
.20 < Kor ≤.50	geringer Zusammenhang
.50 < Kor ≤.70	mittlerer Zusammenhang
.70 < Kor ≤.90	starker Zusammenhang
.90 < Kor ≤.1	sehr starker Zusammenhang

II. Befragung der Jugendrichter/innen

Da im Wege der Aktenanalyse ausschließlich auf vorhandenes Dokumentenmaterial zurückgegriffen werden konnte,[1308] und diese als non-reaktive Erhebungsmethode in ihrer Aussagekraft auf die Wiedergabe prozessgenerierter Daten beschränkt ist, sollten die sich hieraus ergebenden objektiven Befunde zur gerichtlichen Anwendungspraxis des § 16a JGG durch eine subjektive Komponente ergänzt werden. Hierzu wurde im Herbst 2016 eine Befragung aller Jugendrichter/innen in Bayern durchgeführt.

1. Zielsetzung und Fragestellungen der Jugendrichterbefragung

Das zentrale Untersuchungsziel der Jugendrichterbefragung lag darin, die hinter der Verhängung eines § 16a JGG-Arrestes stehenden richterlichen Überlegungen sowie die Auswirkungen des § 16a-Arrestes auf den Rechtsfolgenausspruch im Urteil zu untersuchen und das Meinungsbild der Jugendrichter zu § 16a JGG zu skizzieren. Für eine restriktive Anwendung

---

1306 *Bühl*, 2012, S. 302; *Wittenberg/Cramer/Vicari*, 2014, S. 208, 212 f.
1307 Die sprachlichen Regelung zur Beschreibung der Korrelationen entstammen *Wittenberg/Cramer/Vicari*, 2014, S. 210; Kor steht dabei für Korrelationskoeefizient.
1308 Zur Dokumentenanalyse als Mittel zur Datengewinnung *Döring/Bortz*, 2016, S. 533 ff.

dieser Rechtsfolge hat der Gesetzgeber mit der Einführung des § 16a JGG hohe Anordnungsvoraussetzungen aufgestellt. Diese folgen zum einen aus den in § 16a Abs. 1 Nr. 1-3 JGG vorgesehenen Zielbestimmungen sowie der ausdrücklichen Subsidiaritätsregelung des § 16a Abs. 2 JGG; zum anderen aus der Prämisse der Gebotenheit des Jugendarrestes neben einer bedingten Jugendstrafe zur Wahrung des Verhältnismäßigkeitsgrundsatzes. Sichtet man die bisweilen bundesweit veröffentlichten Urteile zu § 16a JGG sowie die Ergebnisse der Urteilsanalyse von *Endres/Maier*, ist festzustellen, dass die Urteilsbegründungen zu § 16a JGG überwiegend in stark verkürzter Form erfolgen.[1309] Häufig beschränken sich die Ausführungen auf die Wiedergabe des Wortlauts aus § 16a Abs. 1 Nr. 1-3 JGG; im Einzelfall fehlen Ausführungen zur diesbezüglichen Rechtsfolgenentscheidung sogar vollständig.[1310] Damit steht die justizielle Entscheidungspraxis auf den ersten Blick in Widerspruch zu der in der Gesetzbegründung geforderten intensiven Auseinandersetzung mit den Anordnungsvoraussetzungen für die Verhängung eines Arrestes nach § 16a JGG im Urteil selbst. Infolge dieser Vorerkenntnisse war anzunehmen, dass auch die hiesige Aktenanalyse über die richterlichen Motive für eine Sanktionierung mittels Jugendarrestes neben bedingter Jugendstrafe nur in begrenztem Umfang Aufschluss geben wird. Ergänzend zur Aktenanalyse erschien die Befragung der Jugendrichter als geeignete Vorgehensweise, um deren innere Haltung zu § 16a JGG nachzuzeichnen und zu hinterfragen, welche Überlegungen bei der Entscheidung für oder gegen die Verhängung eines § 16a-Arrestes eine Rolle spielen. Lücken der Strafaktenanalyse lassen sich auf diesem Wege schließen. Des Weiteren war im Hinblick auf die im Rahmen der Einführung des § 16a JGG immer wieder aufgeworfene Befürchtung eines „netwidening-Effekts" im Sinne einer Intensivierung der Anwendung des § 16a JGG auf Jugendliche, die vormals lediglich eine bedingte Jugendstrafe erhalten hätten, zu ergründen, welchen Einfluss der Ausspruch eines § 16a-Arrestes auf die Gesamtsanktionierung des Täters besitzt. Während teilweise vermutet wird, dass mit der Verurteilung nach § 16a JGG eine „härtere" Bestrafung des Jugendlichen einhergeht, der vormals ausschließlich eine Bewährungsentscheidung erhalten hätte, wird andererseits gemutmaßt, dass die Bewährungsstrafen infolge der Koppelung mit § 16a JGG kürzer ausfallen könnten, da der Jugendliche durch den kurzzeitigen Freiheitsentzug zu Beginn der Bewährungszeit bereits einen ersten

---

1309 Sehr ausführlich hingegen LG Münster, ZJJ 2013, 323 ff.
1310 So im Urteil des AG Reutlingen, ZJJ 2014, 176 f.

Eindruck von der drohenden Haftstrafe erhält.[1311] Auch dieser Frage sollte im Rahmen der Richterbefragung nachgegangen werden. Ein weiteres Anliegen war es, zu erfahren, in welchem Maße die Jugendrichter über die Ausgestaltung des Arrestvollzugs nach § 16a JGG informiert sind und welche Aspekte bei der Vollzugsgestaltung aus ihrer Sicht besondere Relevanz besitzen. Dieses Erkenntnisziel erschien in zweierlei Hinsicht von Wichtigkeit: Zum einen hat das Jugendgericht bei seiner Entscheidung über § 16a JGG zu prüfen, ob eine behandlungsorientierte Gestaltung des Vollzuges zur Erreichung des Sanktionsziels zu erwarten ist. Eine solche Beurteilung setzt voraus, dass der Jugendrichter über hinreichende Kenntnisse betreffend die Vollzugsgestaltung des § 16a-Arrestes verfügt, da andernfalls eine Eignungsbeurteilung des zusätzlichen Arrestes im Hinblick auf die Förderung der Bewährungszeit und die individuelle Zielerreichung kaum möglich ist. Darüber hinaus können die Ergebnisse Anhaltspunkte für die künftige Vollzugsgestaltung des Warnschussarrestes geben. Insgesamt sollen mit der Jugendrichterbefragung folgende Einzelfragen untersucht werden:

1. Wie häufig haben die Jugendrichter bereits von § 16a JGG Gebrauch gemacht und in welcher Arrestform wird § 16a JGG für zweckmäßig erachtet?
2. Welche Aspekte spielen bei der gerichtlichen Entscheidung für und gegen die Verhängung eines Arrestes nach § 16a JGG eine Rolle?
3. Welchen Einfluss hat die Verhängung eines § 16a-Arrestes auf die Gesamtsanktionierung des Jugendlichen? Führt § 16a JGG zu einer „härteren" Bestrafung des Täters?
4. Für welche Klientel wird § 16a JGG als ein geeignetes Sanktionsinstrument angesehen?
5. Wie stehen die Jugendrichter zur Neuregelung des § 16a JGG?
6. Wie bewerten die Jugendrichter die Vollzugsgestaltung des § 16a-Arrestes und welche Aspekte werden in diesem Zusammenhang für wichtig erachtet?
7. Zeigen sich Unterschiede im Anwendungsgebrauch des § 16a JGG in Abhängigkeit zu Dauer und Umfang der Jugendrichtertätigkeit, dem Alter der Befragten sowie der Einstellung zu § 16a JGG?

1311 Vgl. *Klatt/Ernst/Höynck u.a.*, 2016, S. 42; zum net-widening-Effekt Teil 1 B.II.8.

2. Wahl der schriftlichen Befragung als Erhebungsmethode

Die Datenerhebung unter Einsatz eines Fragebogens ist in der empirischen Forschungsmethodik ein probates Mittel, um nicht direkt beobachtbare subjektive Erfahrungen und Verhaltensweisen zu erfassen.[1312] Nachdem alle Jugendrichter im Bundesland Bayern in die Befragung einbezogen werden sollten, kam trotz der methodischen Nachteile der Fragebogentechnik, die vor allem in der fehlenden Kontrolle der situativen Bedingungen, dem fehlenden Raum für Nachfragen bei Verständnisschwierigkeiten und dem hierdurch bedingten Risiko erhöhter Antwortausfälle gesehen wird,[1313] aus forschungsökonomischen Gründen nur eine schriftliche Befragung unter Verwendung eines standardisierten Fragebogens in Betracht.[1314] Neben dem geringeren Kosten- und Zeitaufwand bei einer Vielzahl von befragten Personen liegt ein Vorteil der schriftlichen Befragungsform darin, dass aus Sicht der Befragten der Fragebogen eine anonymere Form der Datenerhebung darstellt und daher ehrlichere und überlegtere Antworten zu erwarten sind.[1315] Darüber hinaus bietet die Verwendung eines vollstandardisierten Fragebogens, bei dem die Fragen, deren Abfolge und die Art der Fragestellung exakt vorgegeben sind,[1316] eine bessere Möglichkeit für die Vergleichbarkeit der Antworten, da alle Befragten mit der identischen Frageformulierung konfrontiert werden. Unter Berücksichtigung der zur Verfügung stehenden Mittel, dem Forschungsinteresse und dem von der Verfasserin zu leistenden Arbeitsumfang, stellte sich die schriftliche Befragung als angemessene Erhebungsform dar.

Die Versendung der Fragebögen erfolgte postalisch. Von der Durchführung einer Online Befragung, bei welcher dem Befragten der Fragebogen entweder per Mail übersandt wird oder als Programm auf einem Web-Server ausgeführt wird,[1317] wurde Abstand genommen, da dieses Vorgehen neben der fehlenden Kontrollmöglichkeit des Antwortprozesses das Risiko

---

1312 *Döring/Bortz,* 2016, S. 398.
1313 Zu den Vor- und Nachteilen schriftlicher Befragung *Atteslander,* 2010, S. 157; *Döring/Bortz,* 2016, S. 398 f.; *Häder,* 2015, S. 241 ff.; *Schnell/Hill/Esser,* 2013, S. 351; *Scholl,* 2015, S. 44 ff.
1314 Zu den verschiedenen Formen schriftlicher Befragungen *Döring/Bortz,* 2016, S. 399 ff.
1315 *Döring/Bortz,* 2016, S. 398; *Schnell/Hill/Esser,* 2013, S. 350.
1316 *Kromrey,* 2009, S. 365.
1317 *Schnell/Hill/Esser,* 2013, S. 368 f. mit weiterer Differenzierung nach den Formen internetgestützter Befragungen.

technischer Probleme birgt.[1318] Zudem lagen keine Erkenntnisse darüber vor, ob alle Jugendrichter auf elektronischem Wege erreichbar sind; auch hat sich die postalische Befragung in vergangenen Studien bei der Befragung von Justizbehörden und Richtern als ein geeignetes Vorgehen erwiesen.[1319]

3. Auswahl und Zugang zur Befragungsgruppe

Angestrebt wurde eine Vollerhebung[1320] aller Jugendrichter/innen im Freistaat Bayern, unabhängig davon, ob diese als Jugendeinzelrichter, Jugendschöffenrichter an einem Amtsgericht oder als Beisitzer oder Vorsitzender einer Jugendkammer am Landgericht tätig sind. Die Anlage der Untersuchung als Vollerhebung erforderte es, auch diejenigen Jugendrichter in die Befragung miteinzubeziehen, deren Stelle nur zum Teil im Jugendstrafrecht lag. Auf Grund vorhergehender Studien war davon auszugehen, dass ein beachtlicher Teil der Jugendrichter in ihrem Arbeitsalltag nur zu 25 % oder maximal 50 % mit Jugendstrafsachen befasst ist.[1321] Um mögliche Unterschiede in der Einstellung zu § 16a JGG je nach Umfang des Stellenanteiles im Jugendstrafrecht darzustellen, wurden die Jugendrichter im Fragebogen gebeten, Auskunft über den Umfang ihres Stellenanteils in Jugendstrafsachen zu erteilen. Die Gesamterfassung aller in Bayern beschäftigten Jugendrichter erschien zum einen zweckmäßig, um ein möglichst umfassendes Meinungsbild der Jugendrichter zu erhalten; zum anderen wurde die Anzahl der in die Untersuchung einzubeziehenden Jugendrichter in Bayern aufgrund vorangegangener Untersuchungen für überschaubar gehalten, so dass eine Vollerhebung aus forschungsökonomischer Sicht die geeignete Vorgehensweise bildete. Eine erste Orientierung, mit welcher Anzahl an Jugendrichtern in Bayern in etwa zu rechnen war, bot eine bundesweite Jugendrichterbefragung von *Höynck/Leuschner*, nach deren

---

1318 Zu den Vor- und Nachteilen der Online-Befragungen *Häder*, 2015, S. 292 f.; *Schnell/Hill/Esser*, 2013, S. 372 ff.; *Scholl*, 2015, S. 57 f.
1319 Vgl. *Simon*, 2003, S. 49 f.; *Sommerfeld*, 2007, S. 73; *Zapf*, 2012, S. 242.
1320 Zur Abgrenzung gegenüber der Teilerhebung *Kromrey*, 2009, S. 251.
1321 Vgl. *Höynck/Leuschner*, 2014, S. 31, 47 f. m.w.N: 159 von 234 Jugendrichtern in Bayern sind mit einem Arbeitskraftanteil mit über 20 % für Jugendstrafsachen zuständig. Nach den Ergebnisen der Befragung sind 27,7 % aller Jugendrichter ausschließlich in Jugendstrafsachen tätig sind; bei 50,2 % liegt der Arbeitskraftanteil im Jugendstrafrecht im Bereich bis maximal 50 %.

eingeholten Informationen in Bayern 234 Jugendrichter mit Jugendstrafsachen befasst sind.[1322]

Bei der Ermittlung der Grundgesamtheit der in Bayern tätigen Jugendrichter bestand zunächst die Problematik, dass diese in keiner offiziellen Statistik ausgewiesen wird.[1323] Das Handbuch der Justiz gibt lediglich Auskunft über die bundesdeutschen Gerichte und Staatsanwaltschaften einschließlich der Anzahl der dort beschäftigten, namentlich aufgeführten Richter.[1324] Angaben zur Zuständigkeitsverteilung enthält es demgegenüber nicht, so dass nicht ersichtlich ist, welche Richter mit Jugendstrafsachen befasst sind. Die Schwierigkeit, die Grundgesamtheit aller in einem Bundesland tätigen Jugendrichter zu ermitteln, ist aus zurückliegenden Studien ebenfalls bekannt.[1325] Die zahlenmäßige Definition der Grundgesamtheit war jedoch erforderlich, um die spätere Rücklaufquote hierzu in Bezug setzen zu können. Da eine Gesamtliste über alle im Bundesland Bayern tätigen Jugendrichter nicht geführt wird, musste bei den Geschäftsstellen der 73 Amtsgerichte und 22 Landgerichte[1326] die Anzahl der dort tätigen Jugendrichter telefonisch sowie bei Bedarf schriftlich erfragt werden. Dabei konnte von allen Amts- und Landgerichten eine Auskunft zur Anzahl der mit Jugendsachen befassten Richter eingeholt werden. Nach den erteilten Auskünften ergab sich eine Gesamtanzahl von 239 mit Jugendstrafsachen befassten Strafrichtern, wovon 133 Personen als Jugendrichter bzw. Jugendschöffenrichter an einem Amtsgericht und 106 Personen in einer Jugendkammer am Landgericht tätig waren.[1327] Die überwiegende Anzahl der 95 Jugendgerichte in Bayern verfügt über einen einzigen

---

1322 *Höynck/Leuschner*, 2014, S. 31; s. auch *Baier*, 2015, S. 77.

1323 Hierzu auch *Höynck/Leuschner*, 2014, S. 27; *Simon*, 2003, S. 55; *Zapf*, 2012, S. 243.

1324 Siehe hierzu *Deutscher Richterbund*, 2016, S. 81 ff.

1325 Vgl. *Adam/Albrecht/Pfeiffer*, 1986, S. 22 f.; *Drews*, 2005, S. 72 f.; *Höynck/Leuschner*, 2014, S. 27 ff. m.w.N.; *Simon*, 2003, S. 55 f.

1326 Die Anzahl der Amts- und Landgerichtsbezirke in Bayern ergibt sich aus Art. 4 GerOrgG.

1327 Stand 19.09.2016, beruhend auf den Auskünften durch die Geschäftsstellen der einzelnen Gerichte. Bei der Ermittlung der in Bayern tätigen Jugendrichter musste bedacht werden, dass nach § 33 Abs. 3 JGG ein Richter bei einem Amtsgericht auch zum Jugendrichter für den Bezirk mehrerer Amtsgerichte bestellt werden kann oder bei einem Amtsgericht ein gemeinsames Jugendschöffengericht für den Bezirk mehrerer Amtsgerichte eingerichtet werden kann. Für Bayern findet sich eine entsprechende Regelung in der Gerichtliche Zuständigkeitsverordnung Justiz – GZVJu vom 11. Juni 2012, GVBl Nr. 11/2012, S. 295. Um eine Überrepräsentation derjenigen Jugendrichter zu vermeiden, deren Zuständigkeitsbereich sich auf mehrere Bezirke erstreckte, war eine

oder zwei bis fünf Jugendrichter. Nur an drei Gerichten belief sich die Anzahl der dort tätigen Richter mit einer Zuständigkeit im Jugendstrafrecht auf 10 oder mehr (siehe Abbildung 3).

Abbildung 3: Verteilung der Jugendrichter innerhalb der Gerichte

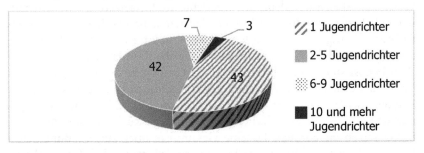

(n=95)

4. Planung und Durchführung der Befragung

a) Konstruktion des Fragebogens

Grundlage der schriftlichen Befragung der Jugendrichter bildete der eigens von der Verfasserin erarbeitete im Anhang abgedruckte Fragebogen.[1328] Der Fragebogen bestand überwiegend aus geschlossenen und halboffenen Fragen mit vorgegebenen Antwortkategorien, die von den Befragten durch Ankreuzen zu beantworten waren und stellenweise durch eigene Anmer-

---

Mehrfachbeteiligung dieser Personen auszuschließen. Die telefonische Nachfrage zur Anzahl der Jugendrichter bei den Geschäftsstellen ergab hierzu keine Besonderheiten. An jedem Gericht gab es demnach einen für Jugendstrafsachen zuständigen Richter. Um eine Doppelberücksichtigung mit größtmöglicher Sicherheit auszuschließen, wurde die Frage nach der Zuständigkeit für mehrere Amtsgerichtsbezirke zudem in den Fragebogen integriert und erfragt, ob der Fragebogen die befragte Personen in mehrfacherweise erreicht hat. In diesen Fällen sollte der Fragebogen nur einmal ausgefüllt werden. Auch hier ergaben sich keine Auffälligkeiten.

1328 Siehe Anhang III.3.; Frage 8 und 9 des Fragebogens orientieren sich hinsichtlich der Frageformulierung und der Wahl der Antwortskala an der vom Kriminologischen Dienst des bayerischen Justizvollzuges vor Inkrafttreten des § 16a JGG durchgeführten Richterbefragung.

kungen ergänzt werden konnten.[1329] Das geschlossene Antwortformat wurde gewählt, um die Objektivität, d.h. die Unabhängigkeit der Testergebnisse von der Person des Forschers,[1330] als zentrales Gütekriterium zu steigern.[1331] Mit der Vorgabe definierter Antwortkategorien erhöht sich die Auswertungs- und Interpretationsobjektivität der Ergebnisse, da für freie Auswertungen und Interpretationen des Forschers kein Raum verbleibt. Zugleich bieten geschlossene Fragestellungen eine erleichternde Auswertungsmöglichkeit und eine Vergleichbarkeit der Ergebnisse.[1332] Um andererseits möglichst umfassende Informationen von den Befragten zu erhalten und individuelle Meinungen über das vorgegebene Antwortspektrum hinaus zu erfassen, wurden die an sich geschlossenen Fragen und polytomen Items an einigen Stellen durch eine weitere Kategorie „Sonstiges" ergänzt. Hier konnten die Befragten ihre Antworten in eigenen Worten formulieren. Der Einsatz offener Fragen zum Informationsgewinn wird in der Literatur vorgeschlagen, wenn der Befragungsgegenstand noch weitgehend unbekannt ist, das Feld möglicher Antworten zu weit oder ebenfalls unbekannt ist oder es die Lenkung des Befragten in Richtung der Antwortvorgaben zu vermeiden gilt.[1333] Im Gegensatz zu einer rein offenen Frageformulierung bot die Wahl halboffener Fragen durch die Zusatzkategorie „Sonstiges" den Vorteil, nicht abgefragte, aber aus Sicht der Befragten bedeutsame Gesichtspunkte in die Auswertung aufnehmen zu können und erleichterte durch die Einheitlichkeit des Antwortformats die Auswertung der Daten. Einzig zur Frage, unter welchen Bedingungen der Warnschussarrest in der Form eines Freizeitarrestes befürwortet wird, wurde auf eine vollständig offene Fragestellung zurückgegriffen, da es hier an jeglichem Vorwissen fehlte. Für die Beantwortung von Fragen, die sich aus mehreren Items zusammensetzten, kam eine vierstufige verbalisierte Ratingskala zur Anwendung.[1334] Die Wahl einer verbalisier-

---

1329 Zu den verschiedenen Fragetypen *Atteslander*, 2010, S. 146 ff.; *Kromrey*, 2009, S. 353 ff.

1330 *Döring/Bortz*, 2016, S. 442 f. mit einer weiteren Differenzierung nach Durchführungs-, Auswertungs- und Interpretationsobjektivtät.

1331 Vgl. *Raab-Steiner/Benesch*, 2012, S. 53; zu den Formen der Objektivität *Döring/Bortz*, 2016, S. 443.

1332 *Schnell/Hill/Esser*, 2013, S. 325.

1333 *Porst*, 2011, S. 64.

1334 Vgl. *Raab-Steiner/Benesch*, 2012, S. 56; zu den verschiedenen Skalenarten *Porst*, 2011, S. 69 ff.; *Döring/Bortz*, 2016, S. 232 ff.; die Anwendung einer verbalskalierten vierstufigen Skala kam auch in der vor Einführung des Warnschussarrestes durchgeführten Richterbefragung zum Thema Jugendarrest durch den Kriminologischen Dienst des Bayerischen Justizvollzugs zur Anwendung.

ten Skala wurde einer endpunktbenannten Skala vorgezogen, um der Gefahr beliebiger Interpretationen der Skalenpunkte entgegenzuwirken.[1335] Insbesondere im Hinblick auf den quantitativen Ansatz der Befragung mit dem Ziel der Vergleichbarkeit der Antworten, erschien es vorzugswürdig, durch die Definition der einzelnen Skalenpunkte intersubjektiv möglichst identische Befragungsbedingungen zu schaffen.[1336] Die Verbalisierung der einzelnen Skalenpunkte hat für die anschließende Datenauswertung zur Folge, dass lediglich die Rangordnung der Antwortmöglichkeiten abgebildet werden kann.[1337] Von der Formulierung einer neutralen Mittelkategorie wurde bei der Skalenbildung abgesehen, um eine übermäßige Tendenz der Befragten zur Mitte zu reduzieren.[1338] Da eine treffende Bezeichnung der Skalenpunkte mit der zunehmenden Skalenbreite immer schwieriger wird, wurde eine Ratingskala mit vier Skalenwerten verwendet.[1339] Bei den Häufigkeitsabfragen orientierte sich das Antwortformat an der von *Rohrmann* präferierten Abstufung „nie-selten-gelegentlich-oft-immer".[1340] Trotz der Bemühungen um eine klare und präzise Frage- bzw. Antwortformulierung und der Einhaltung grundlegender Prinzipien bei der Fragebogenentwicklung,[1341] können Ausstrahlungs- und Verzerrungseffekte[1342] nicht ausgeschlossen werden. Diese können sich insbesondere aus der Art der

---

1335 Zu den Vor- und Nachteilen von endpunktbenannten und verbalisierten Skalen *Porst*, 2011, S. 77 ff.

1336 Vgl. *Porst*, 2011, S. 80.

1337 *Porst*, 2011, S. 78.

1338 Zu den Vor- und Nachteilen einer geraden und ungeraden Skalenanzahl *Döring/Bortz*, 2016, S. 249; *Porst*, 2011, S. 81 f.

1339 Nach *Porst*, 2011, S. 85 liegt die optimale Skalenbreite bei verbalisierten Skalen bei 4 bis maximal 6 Skalenpunkten.

1340 *Rohrmann*, ZFSP 1978, 222 (231); vgl. dazu auch *Döring/Bortz*, 2016, S. 245.

1341 Zu den grundlegenden Prinzipien bei der Fragenbogenerstellung *Schnell/Hill/Esser*, 2013, S. 327 f.; *Raab-Steiner/Benesch*, 2012, S. 53 f.

1342 Vgl. hierzu *Döring/Bortz*, 2016, S. 252 ff.; *Häder*, 2015, S. 211 ff. dessen Ausführung sich auf die Fehlerquellen einer persönlich mündlichen Befragung mittels eines Fragebogens beziehen. Die dort genannten Fehlerquellen können, soweit sie die Befragten oder den Fragebogen betreffen, auch bei einer schriftlichen Befragung auftreten. Verzerrungen können zudem durch die Nicht-Ausweisung von Weiß-Nicht Kategorien entstehen, vgl. *Schnell/Hill/Esser*, 2013, S. 329 f. Eine Antwortkategorie „weiß nicht/keine Angaben" wurde vorliegend nur in zwei Fragen aufgenommen, da im Übrigen angenommen wurde, dass die Jugendrichter als Teil des mit der Normanwendung vertrauten Personenkreises eine Antwort auf die gestellten Fragen geben können. Um die Vollständigkeit der Antworten abzubilden, wurde die Kategorie „keine Angabe" bei der Dateneingabe als zusätzliche Kategorie definiert; vgl zur Zulässigkeit dieser Vorgehensweise *Atteslander*, 2010, S. 297.

Frageformulierung, der Reihenfolge der Fragen sowie den vorgegeben Antwortkategorien ergeben.[1343]

Der Fragebogen setzte sich aus insgesamt 38 Einzelfragen zusammen, wobei die konkrete Anzahl der zu beantwortenden Fragen durch die Filterführung divergierte. Die Fragebogenkonstruktion erfolgte auf Grundlage einer umfassenden Literatursichtung sowie einiger bereits veröffentlichter Urteile zu § 16a JGG. Thematisch unterteilte sich der Fragebogen in vier große Teilbereiche:

Der *erste* und umfangreichste Befragungsabschnitt (Teil A) widmete sich der Anwendung des § 16a JGG sowie den Erwartungen der Jugendrichter an dieses neue Sanktionsinstrument. Neben der bisherigen Anwendungshäufigkeit des § 16a JGG wurde erfragt, in welchen Arrestformen die Verhängung eines § 16a-Arrestes für zweckmäßig erachtet wird. Anlass zu dieser Frage gab die Gesetzesbegründung, nach der sich der Arrest gem. § 16a JGG in keinem bloßen Verwahrvollzug erschöpfen darf, sondern in all seinen Varianten auf eine positive Bewältigung der Bewährungszeit angelegt sein muss. Da die Zusammenarbeit mit dem Jugendlichen, dessen Vertrauensgewinnung und die vom Gesetzgeber angestrebte Kooperation mit der Bewährungshilfe naturgemäß einige Zeit in Anspruch nehmen, war zu erwarten, dass der Jugendarrest neben einer bedingten Jugendstrafe in der Form des Dauerarrestes präferiert wird. Hinzu kam, dass nach den derzeit vorliegenden bundesweiten Befunden zur allgemeinen Arrestsituation eine pädagogische Begleitung der Jugendlichen durch den sozialpädagogischen Dienst während des Freizeitarrestes am Wochenende kaum gewährleistet ist.[1344] Diese Umstände waren der Beweggrund, zu hinterfragen, ob und aus welchem Anlass die Jugendrichter eine Verhängung des § 16a-Arrestes in der Form des Freizeitarrestes für zweckmäßig erachten. Nachfolgend zu den Ergebnissen von *Endres/Maier*, die zeigen, dass dem Verdeutlichungsarrest in der Praxis eine besondere Bedeutung zukommt,[1345] wurden die Gründe für diese Anordnungsvariante im Rahmen der Befragung nochmals gesondert herausgegriffen. Es sollte der Versuch unternommen werden, zu erfahren, aus welchen Gründen die vom Gesetzgeber in § 70a JGG fixierte Belehrung sowie die Erteilung von Bewährungsauflagen und -weisungen zur Unrechtsverdeutlichung nicht für ausreichend erachtet werden. Den zentralen Kern des ersten Fragenbogenkom-

---

1343 *Häder*, 2015, S. 220.

1344 Nach *Hinrichs*, DVJJ-J 1999, 267 (274) wird der Freizeitarrest nahezu ausnahmslos als Einschluss vollzogen.

1345 *Endres/Maier*, in: FS für Streng, 427 (433 f.).

plexes bildete schließlich die Frage, welche Gesichtspunkte aus der richterlichen Perspektive bei der Entscheidung für und gegen die Verhängung eines Arrestes nach § 16a JGG eine tragende Rolle spielen. Dabei sollten die in der Diskussion um den Warnschussarrest vorgebrachten Argumente und Einwände auf ihre Haltbarkeit im Kreise der Entscheidungsorgane abgeglichen werden. Zur Beantwortung der Forschungsfrage, welchen Effekt der Ausspruch des § 16a JGG auf die Gesamtsanktionierung des Täters hat und, ob der zusätzliche Arrest möglicherweise zu einer Strafverschärfung führt, wurden die Auswirkungen des § 16a JGG auf die Bewährungsentscheidung sowie mögliche Alternativsanktionen nach der alter Rechtslage thematisiert. Für eine nähere Bestimmung der Täterklientel des § 16a JGG sollte erfragt werden, für welche Jugendliche bzw. Heranwachsende diese kombinierte Rechtsfolgenentscheidung als geeignetes Sanktionsinstrument gesehen wird. Die hierdurch vorgenommene Zuordnung versteht sich nicht als Kategorisierung bestimmter Tätertypen, sondern soll in Ergänzung zu den Erkenntnissen aus der Aktenanalyse diejenigen Fallkonstellationen abbilden, in denen nach dem Vorstellungsbild der Jugendrichter ein potentieller Anwendungsspielraum für § 16a JGG eröffnet ist. Ausgehend von den derzeitigen Befunden zur strafrechtlichen Vorbelastung der nach § 16a JGG Verurteilten,[1346] galt es ferner, eine Antwort darauf zu finden, ob und aus welchen Gründen die Jugendrichter die Verhängung eines Arrestes nach § 16a JGG abweichend von der Subsidiaritätsbestimmung in § 16a Abs. 2 JGG für zweckmäßig erachten, wenn der Jugendliche bereits über Jugendarresterfahrung verfügt. Nach dem ersten, durch die Urteilsanalyse von *Endres/Maier* gewonnen Eindruck, halten die Jugendrichter die Anordnung eines § 16a-Arrestes auch bei vorangegangener Arresterfahrung nicht für ausgeschlossen.[1347] Die Gründe hierfür wurden bislang nicht näher untersucht.

Der *zweite* Frageblock (Teil B) diente dazu, die Grundhaltung der Jugendrichter zu § 16a JGG abzubilden. Gegenstand dieses Teilbereiches war zum einen die Bewertung der konkreten Gesetzesformulierung in § 16a JGG. Die enge Formulierung der Anordnungsvoraussetzungen in § 16a JGG soll nach der Intention des Gesetzgebers eine restriktive Anwendung des § 16a JGG sicherstellen. Sofern die gesetzlichen Vorgaben von Seiten der Entscheidungsorgane jedoch für unpassend gehalten werden, könnte

---

1346 Vgl. dazu *Endres/Maier*, in: FS für Streng, 427 (431); *Klatt/Ernst/Höynck u.a.*, 2016, S. 74 ff..

1347 *Endres/Maier*, in: FS für Streng, 427 (431) berichten davon, dass der Arrest beinahe für jeden Zweiten keine neue Erfahrung darstellt.

dies eine Erklärung für die nach ersten Erkenntnissen häufig fehlende Sanktionsbegründung sein.[1348] Zum anderen sollte die Einstellung der Jugendrichter zum Warnschussarrest vor und nach seines Inkrafttretens erfragt werden, um Einstellungsunterschiede und die grundsätzliche Akzeptanz des § 16a JGG als Sanktionsform zu ermitteln.

Der *dritte* Themenkomplex (Teil C) befasste sich mit dem Vollzug des § 16a JGG. Die Bearbeiter wurden gebeten, ihr Wissen über die Ausgestaltung des Arrestvollzuges allgemein zu bewerten, zu den sozialpädagogischen Angeboten im Warnschussarrest Stellung zu beziehen und die aus ihrer Sicht wesentlichen Aspekte bei der Ausgestaltung des § 16a JGG in der Vollzugspraxis zu benennen. Inwieweit sich die an den Vollzug des § 16a-Arrestes gestellten Erwartungen der Jugendrichter in der Realität wiederfinden, sollte schließlich im Rahmen der Experteninterviews (hierzu Teil 2 D.III.) eruiert werden.

Im *vierten* Abschnitt (Teil D) wurden einige soziodemographischen Variablen abgefragt. Neben der Art, Dauer und dem Umfang der Tätigkeit in Jugendstrafsachen, wurden die Personen zu Angaben ihres Geschlechts und Alters gebeten. Das Alter sowie die Dauer der Tätigkeit als Jugendrichter wurden in Kategorien erfragt, um Antwortausfälle bei den persönlichen Fragen gering zu halten. Die kategorische Erfassung dieser Merkmale hat sich auch in anderen Studien als praktikabel erwiesen.[1349] Im Hinblick auf den Tätigkeitort wurde von der Abfrage des konkreten Gerichts aus datenschutzrechtlichen Gründen abgesehen, da an vielen Amtsgerichten in Bayern lediglich ein Jugendrichter tätig ist, so dass Rückschlüsse auf die Person denkbar gewesen wären. Am Ende des Fragebogens hatten die Befragten die Gelegenheit, in einem freien Textfeld weitere Anmerkungen zu § 16a JGG sowie zum Fragebogen insgesamt vorzunehmen.

b) Pretest

Im Vorfeld zur eigentlichen Hauptuntersuchung wurde der Fragebogen mit Hilfe eines Pretests auf seine Funktions- und Praxistauglichkeit über-

---

1348 Vgl. hierzu nachfolgende bislang veröffentlichte Urteile AG Cloppenburg, ZJJ 2014, 394 ff. mit Anm. *Eisenberg*, ZJJ 2014, 396 f.; AG Reutlingen, ZJJ 2014, 176 f, mit Anm. *Eisenberg*, ZJJ 2014, 177 f.; AG Bonn, ZJJ 2016, 77 (79 f.) mit kritischer Anm. von *Eisenberg*, ZJJ 2016, 80 (81 f.)

1349 Vgl. *Höynck/Leuschner*, 2014, S. 146; *Zapf*, 2012, S. 343.

prüft.[1350] Der Pretest dient dazu, die Fragen und gewählten Antwortkategorien auf ihre inhaltliche wie sprachliche Verständlichkeit, Eindeutigkeit und Vollständigkeit zu untersuchen, mögliche Schwierigkeiten bei der Fragebeantwortung aufzudecken und die Funktionalität der Filterführung zu überprüfen.[1351] Da die vollständige Erfassung aller denkbaren Antwortmöglichkeiten auf eine Frage praktisch kaum möglich ist,[1352] war es das primäre Ziel des Pretests zu erfahren, ob die Fragen entsprechend der Intention der Verfasserin verstanden wurden und ein ausreichendes Spektrum an Antwortvorgaben gewählt wurde. Schließlich sollten die Antworten und Items um möglicherweise fehlende Aspekte ergänzt werden. Darüber hinaus galt es zu kontrollieren, ob die Filterfragen ihre Funktion der individuellen Steuerung des Antwortprozesses erfüllen und bei offenen Antwortformaten ausreichend Platz für eigene Angaben der befragten Person verblieb. Schließlich lieferte der Pretest eine erste Einschätzung für die Zeitdauer der Befragung. Um eine Überschneidung mit der späteren Hauptuntersuchung möglichst gering zu halten, wurde der Kreis der Befragungspersonen im Pretest klein gehalten. Insgesamt wurde der Fragebogen drei Jugendrichterinnen vorgelegt.[1353] Zur Anwendung gelangte ein kognitiver Pretest in der Form des „Lauten Denkens" („Think Aloud").[1354] Nach der Übermittlung des Fragebogens an die Zielpersonen wurden diese in einem telefonischen Gespräch gebeten, ihre Gedanken, die sie bei der Beantwortung der Fragen hatten, sowie mögliche Schwierigkeiten im Rahmen des Antwortprozesses wiederzugeben (sog. „Retrospective Think Aloud"[1355]).[1356] Diese Pretestvariante bot sich vorliegend an, um die hinter

---

1350 Die Durchführung eines Pretest gilt im Rahmen der Umfrageforschung als methodischer Standard, vgl. *Porst*, 2011, S. 186; *Schnell/Hill/Esser*, 2013, S. 339.

1351 *Atteslander*, 2010, S. 295 ff.; *Schnell/Hill/Esser*, 2013, S. 339 f. mit Hinweis auf weitere Ziele des Pretests.

1352 *Atteslander*, 2010, S. 297.

1353 Von den drei Jugendrichterinnen war eine Person früher im Bereich des Jugendstrafrechts tätig, die beiden anderen waren aktuell noch mit Jugendstrafsachen befasst.

1354 Einen Überblick über die unterschiedlichen Pretesttechniken geben *Döring/Bortz*, 2016, S. 411; *Häder*, 2015, S. 396 ff..

1355 *Häder*, 2015, S. 403 unterschied zwei Formen der Think Aloud Methode: Bei der sog. „Concurrent Think Aloud"-Technik wird die Zielperson gebeten, sich direkt während der Beantwortung der Fragen mitzuteilen; demgegenüber erfolgt der Austausch bei der „Retrospective Think Aloud"-Technik im Nachgang zur Beantwortung des Fragebogens.

1356 Mit zwei der Befragungspersonen konnte ein ausführliches Telefongespräch geführt werden. Bei der dritten Person erfolgte die Rückmeldung per E-Mail.

dem Antwortverhalten stehenden Überlegungen zu erfassen und im Wege eines aktiven Kommunikationsprozesses mögliche aus der Perspektive der Jugendrichter wichtige Gesichtspunkte aufzugreifen. Insgesamt stellten sich die Fragen und gewählten Antwortvorgaben nach den Ergebnissen im Pretest als gut verständlich dar. Die an einigen Stellen unterbreiteten Änderungsvorschläge und Umformulierungen wurden schließlich in den Fragebogen eingearbeitet.[1357]

c) Versendung der Fragebögen

Für die Versendung der Fragebögen an die Jugendrichter in Bayern wurde im Juli 2016 vorab das Einverständnis der Präsidenten der Oberlandesgerichte Bamberg, München und Nürnberg eingeholt. Nachdem im Vorfeld der Hauptuntersuchung die Anzahl der Jugendrichter an den einzelnen Amts- und Landgerichten in Bayern ermittelt worden war, erfolgte am 20. September 2016 die postalische Versendung einer entsprechenden Anzahl an Fragebögen an die Präsidenten der Landgerichte sowie die Präsidenten bzw. Direktoren der Amtsgerichte, mit der Bitte um eine behördeninterne Weiterleitung an die mit Jugendstrafsachen befassten Richter. Beigefügt war dem Anschreiben an die Präsidenten bzw. Direktoren der Amts- und Landgerichte eine Kopie des Unterstützungsschreibens seitens des Bayerischen Staatsministeriums der Justiz vom 28. Juni 2016. Insgesamt wurden 236 Fragebögen und eine entsprechende Anzahl an frankierten Rückumschlägen verschickt. Nach der Versendung der Fragebögen musste die Anzahl der Jugendrichter auf Grund nachfolgender Informationen auf 239 Jugendrichter korrigiert werden.[1358] Um die Ausfallquote durch eine vollständige Nichtteilnahme möglichst gering zu halten, wurde jedem Fragebogen das Schreiben des Bayerischen Staatsministeriums der Justiz in Kopie sowie ein ausführliches Begleitschreiben beigelegt, welches die zu befragende Person über die Projektziele informierte. Den Befragten wurde die Vertraulichkeit und Anonymität ihrer Daten zugesichert. Bei den Vorbereitungen zur Versendung der Fragebögen stellte sich heraus, dass der Fragebogen zum Teil bereits in seiner Entwurfsfassung mit dem

---

1357 Abgesehen wurde z.B. von der urspünglich angedachten Aufnahme des Arguments, der Arrest nach § 16a JGG könne zu einer Reduzierung apokrypher Haftgründe beitragen.

1358 Drei Fragebogenexemplare wurden nach der Versendung intern zur Weiterleitung an die Jugendrichter vervielfältigt.

offiziellen Anschreiben der Präsidenten der Oberlandesgerichte an die Jugendrichter/innen weitergeleitet wurde. Ein Fragebogen kam demnach bereits vor der offiziellen Versendung der Fragebögen ausgefüllt zurück. Dieser blieb bei der Auswertung unberücksichtigt, da der Fragebogen im Nachgang noch einige Anpassungen erhalten hatte. Im Anschreiben, welches dem Fragebogen bei Versendung beigelegt wurde, wurde nochmals auf die gültige Fassung des Fragebogens hingewiesen und darum gebeten, diese Version des Fragebogens auszufüllen.

d) Rücklauf

aa) Rücklaufquote

Für die Rücksendung der Fragebögen war der Zeitraum bis Ende Oktober 2016 vorgesehen. Kurz vor Ablauf der Frist erhielten alle 95 Gerichte nochmals eine Erinnerung an die Umfrage. Der Rücklauf der Fragebögen erstreckte sich infolgedessen bis Anfang November 2016. Insgesamt beteiligten sich an der Befragung 108 von 239 Jugendrichtern.[1359] Dies entspricht einer Rücklaufquote von 45,2 %. Im Vergleich zu ähnlichen Befragungsstudien[1360] ist die Rücklaufquote positiv zu bewerten. Zu beachten ist, dass die Rücklaufquote indessen kein Maß für die Repräsentativität der Studie darstellt.[1361] Als repräsentativ kann eine Untersuchung nur dann bewertet werden, wenn es sich um eine Zufallsauswahl handelt, so dass angenommen werden kann, dass die Merkmalszusammensetzung der Stichprobe derjenigen der Grundgesamtheit entspricht.[1362] Inwieweit die Personen, die an der Befragung teilgenommen haben, hinsichtlich zentraler demographischer Merkmale die Grundgesamtheit der Jugendrichter widerspiegeln, lässt sich aufgrund fehlender Kenntnisse zur Grundgesamtheit nicht

---

1359 Zwei Fragebögen kamen unausgefüllt zurück und blieben damit unberücksichtigt.
1360 Vgl. die Rücklaufquoten zu Jugendrichterbefragungen bei *Buckolt*, 2009, S. 182: 37,1%; *Drews*, 2005, S. 72: 16,25 %; *Höynck/Leuschner*, 2014, S. 38 f.: bundesweiter Rücklauf 15 %, für Bayern: 23,5%; im Rahmen des bundesweiten Forschungsprojekts zu § 16a JGG ergab sich bei den Jugendrichtern eine Rücklaufquote von 44,4%, *Klatt/Ernst/Höynck u.a.*, 2016, S. 103; zu höheren Rückfallquoten *Simon*, 2003, S. 59: 64,8 % bei einer absoluten Anzahl von 70 befragten Jugendrichtern; *Sommerfeld*, 2007, S. 73: 62 %.
1361 *Döring/Bortz*, 2016, S. 412.
1362 *Schnell/Hill/Esser*, 2013, S. 296.

beantworten.[1363] Für die Interpretation der Daten hat dies zur Folge, dass statistisch repräsentative Aussagen nicht getroffen werden können.[1364] Dies war der Studie aufgrund ihrer explorativen Zielsetzung aber nicht abträglich. Getragen von dem Erkenntnisinteresse, einen Einblick in die richterliche Sichtweise zu § 16a JGG zu geben und Unterschiede in der Anwendungspraxis sichtbar zu machen, stand die Generalisierbarkeit der Ergebnisse nicht im Vordergrund.

bb) Antwortausfälle und Antwortverzerrungen

Trotz der Zielvorstellung einer Vollerhebung war von Anfang an damit zu rechnen, dass nicht alle Jugendrichter im Freistaat Bayern mit abschließender Gültigkeit in die Untersuchung einbezogen werden können. Antwortausfälle durch eine vollständige Teilnahmeverweigerung mit der Folge, dass für eine Untersuchungseinheit überhaupt keine Daten erhoben werden können (Unit-Nonresponse),[1365] lassen sich nicht vermeiden. Ein maßgebliches Kriterium, welches die Rücklaufquote beeinflusst, ist die Antwortbereitschaft der befragten Personengruppe. Diese kann durch unterschiedliche Faktoren wie die Sachkenntnis zum Thema, ein besonderes Themeninteresse, Urlaubszeiten, Arbeitsüberlastung oder das subjektive Gefühl nicht Zielgruppe der Befragung zu sein, beeinflusst werden.[1366] In diesem Zusammenhang war insbesondere bei der Gruppe von Jugendrichtern, deren Arbeitskraftanteil nur zu einem geringen Prozentsatz im Jugendstrafrecht liegt, von eine geringeren Teilnahmebereitschaft auszugehen.[1367] Hier bestand zum einen die Gefahr erhöhter Abbrüche wegen fehlender Sachkenntnis, zum anderen wurde in einer früheren Studie bereits darauf hingewiesen, dass der Wunsch, sich zum Thema der Befragung zu äußern, bei dieser Befragtengruppe als geringer eingeschätzt wird.[1368] Um die Antwortbereitschaft dieser Personen zu erhöhen, wurde zu Beginn des Fragebogens explizit darauf aufmerksam gemacht, dass ein Ausfüllen des Fragebogens auch dann gewünscht ist, wenn die befragte Person bislang

---

1363 *Adam/Albrecht/Pfeiffer*, 1986, S. 27; *Zapf*, 2012, S. 246.
1364 In anderen Studien wird bei einer recht hohen Rücklaufquote auch von einer hinreichenden Repräsentativität der Ergebnisse gesprochen, vgl. *Heimerdinger*, 2006, S. 62.
1365 *Schnell/Hill/Esser*, 2013, S. 298.
1366 *Höynck/Leuschner*, 2014, S. 34 f..
1367 Vgl. *Höynck/Leuschner*, 2014, S. 34.
1368 *Höynck/Leuschner*, 2014, S. 34.

noch nicht mit § 16a JGG in Berührung kam oder nur zum Teil mit Jugendstrafsachen befasst ist. Neben einer möglichen Überrepräsentation besonders motivierter Befragungsteilnehmer stellen Antwortverzerrungen infolge von Zustimmungstendenzen beim Befragten oder Tendenzen zur sozialen Erwünschtheit der Antwort ein bekanntes methodisches Problem in der Durchführung von reaktiven Datenerhebungsprozessen dar.[1369] Derartige Reaktivitätseffekte, die daraus resultieren, dass der Befragte sich über die soziale Situation der Befragung bewusst ist, lassen sich weder vollständig ausschalten noch kontrollieren.[1370] Dabei ist das Risiko verfälschter Antworten bei anonymen schriftlichen Befragungen geringer als bei mündlichen Befragungen.[1371] Dies sprach wiederum für die Durchführung der gewählten Befragungsmethode. Die Gefahr von Antworttendenzen, welche zu einer Datenverzerrung führen, ließ sich in der vorliegenden Untersuchung nicht ausräumen. Des Weiteren können vollständige Antwortausfälle dadurch bedingt sein, dass der Fragebogen die Jugendrichter tatsächlich nicht erreicht hat.[1372] Zwar ist anzunehmen, dass die versendeten Fragebögen entsprechend der Bitte der Verfasserin behördenintern an alle Jugendrichter weitergeleitet wurden, doch kann dies nicht mit abschließender Sicherheit beurteilt werden.

5. Datenerfassung und Auswertung

Die Erfassung und Auswertung der Fragebögen erfolgte mittels des Statistikprogramms SPSS. Um die Fragebögen in SPSS einzulesen, wurde vorab ein Kodierplan erstellt mit dessen Hilfe jeder Frage bzw. jedem Item ein eindeutiger Variablennamen sowie jeder Merkmalsausprägung ein bestimmter Wert zugeordnet wurde. Entsprechend diesem Kodierplan wurden alle Fragebögen manuell von der Verfasserin in SPSS eingegeben. Sofern zu Beginn des Fragebogens die Anzahl der tatsächlichen bzw. geschätzten verhängten § 16a-Arreste mit einem Zahlenbereich, z.B. „3-5" oder ohne konkrete Bezifferung angegeben wurde, blieben diese Wertbereiche zur Vermeidung einer Über- oder Unterschätzung der Anwen-

---

1369 *Schnell/Hill/Esser*, 2013, S. 345 ff.; *Simon*, 2003, S. 61.
1370 *Schnell/Hill/Esser*, 2013, S. 349.
1371 *Hussy/Schreier/Echterhoff*, 2010, S. 72 f.
1372 Vgl. *Zapf*, 2012, S. 246.

dungszahlen bei der Datenerfassung unberücksichtigt.[1373] Für die spätere Datenauswertung hat dies zur Folge, dass die tatsächliche Anwendungspraxis des § 16a JGG unterschätzt ist. Die von den befragten Personen eigenhändig auszufüllenden Antwortbereiche wurden als Textvariable in SPSS aufgenommen und anschließend kategorisiert. Von den zurückerhaltenen Fragebögen musste kein Fragebogen wegen Unvollständigkeit von der Untersuchung ausgeschlossen werden. Einzelne fehlende Werte, die darauf zurückzuführen waren, dass eine befragte Person bei einer einzelnen Frage oder Item keine Beantwortung vorgenommen hatte (Item-Nonresponse[1374]), wurden als benutzerdefinierter fehlender Wert kodiert.[1375] Zusätzliche Kategorien, die von der befragten Person im seltenen Fall händisch dazu gefügt wurden, blieben außer Betracht. Ergänzende Anmerkungen zu einzelnen Fragen, die den Inhalt der Frage nicht tangierten, wurden unter Zuordnung zur jeweiligen Variable in der Gesamtanmerkung zum Fragebogen erfasst.[1376] Im Anschluss an die Dateneingabe wurde eine Fehlerkontrolle durchgeführt, um den Datensatz auf ungültige Werte außerhalb des festgelegten Datenbereichs sowie die Stimmigkeit der Antwortvorgaben hin zu überprüfen.

Bei der Auswertung der Befragungsergebnisse lag der Schwerpunkt auf einer deskriptiven univariaten Datenauswertung zur Abbildung der Häufigkeitsverteilung einzelner Merkmale und statistischen Maßzahlen anhand von Zahlenwerten, Tabellen und Graphiken. Um zu erfahren, ob die

---

1373 Ein Zahlenbereich wurde von drei befragten Personen (Fragebogen mit der ID 21, 84,106) angeben. Dabei wurde folgende Zahlenbereiche genannte: 1-2, 3-5 und 40-50. Eine weitere Person gab an, häufig von § 16a JGG Gebrauch gemacht zu haben. Bei der Dateneingabe wurde an dieser Stelle ein fehlender Wert „97" kodiert.

1374 *Schnell/Hill/Esser*, 2013, S. 298.

1375 Die benutzerdefinierten fehlenden Wert werden von SPSS in der Häufigkeitszählung ausgewiesen, aber in die weiteren statistischen Berechnungen nicht miteinbezogen. Bei den fehlenden Werten wurde folgende Differenzierung vorgenommen: 99 = keine Angabe, 98 = weiß nicht, 97 = Antwort verweigert, 0 = trifft nicht zu.

1376 Insgesamt fiel bei der Datenerfassung auf, dass zwei Personen die Fragen 13 und 15 in Teil A des Fragebogens beantwortet hatten, obwohl diese nach der Filterführung nicht auszufüllen gewesen wären. Die Antworten blieben bei der Auswertung unberücksichtigt. Soweit sechs Befragungsteilnehmer keine Angaben zur generellen Geeignetheit des § 16a JGG bei einem früheren Jugendarrest oder einer Bewährungsstrafe machten und die Fragen 12 und/ oder 14 in Teil A unbeantwortet ließen, aber eine Beantwortung der Fragen 13 und 15 vornahmen, wurden die Antworten in die Auswertung einbezogen, da kein Widerspruch zur Filterführung bestand.

Anwendungshäufigkeit mit Persönlichkeitsmerkmalen der Befragten, einer positiveren Einstellung zur Neuregelung des § 16a JGG oder weitreichenderen Vollzugskenntnissen korreliert, wurden in einem zweiten Schritt Kreuztabullierungen vorgenommen. Die Kreuztabellenanalyse dient in der Datenanalyse dazu, Zusammenhänge zwischen zwei nominalskalierten oder ordinalskalierten Variablen zu überprüfen.

III. Experteninterviews in den Jugendarrestanstalten München und Nürnberg

Den dritten Teil der Implementationsstudie bildete die Durchführung von qualitativen Experteninterviews in den Jugendarrestanstalten München und Nürnberg. Die Einbindung des mit dem Vollzug des § 16a-Arrestes befassten Personenkreises erschien geeignet, um die Vollzugsrealität des Warnschussarrestes, dessen inhaltliche Ausgestaltung und Besonderheiten abbilden. Die erzielten Ergebnisse bieten die Möglichkeit eines Abgleichs mit den theoretischen Gesetzesvorgaben und Erwartungen der Jugendrichter an den Vollzug des § 16a JGG.

1. Zielsetzung und Fragestellungen der Interviews

Primäres Ziel der Experteninterviews ist es, die tatsächliche Vollzugssituation des § 16a-Arrestes beginnend mit der Ladung des Arrestanten bis hin zur Entlassung aus dem Arrest zu erschließen, sowie bestehende Besonderheiten bei der Vollstreckung und Vollzugsgestaltung des § 16a JGG zu skizzieren. Das Forschungsinteresse, inwieweit sich die Vollzugswirklichkeit des § 16a-Arrestes von dem sonstigen Arrest unterscheidet, folgte unmittelbar aus der Gesetzesbegründung, die die besondere Klientel des § 16a JGG und damit die Erforderlichkeit spezifischer Behandlungskonzepte für diese, nach Ansicht des Gesetzgebers „neue Vollzugspopulation"[1377] betont. Der Arrest nach § 16a JGG dient nach der Intention des Gesetzgebers ersten Behandlungsmaßnahmen auf dem Weg zur erfolgreichen Bewältigung der Bewährungszeit, bei dem positive erzieherische Belange noch stärker ins Gewicht fallen.[1378] Der Jugendarrest nach § 16a JGG soll in all seinen Anordnungsalternativen die Bewährungszeit fördern und den Grundstein

---

1377 BT-Drucks. 17/9389, S. 21.
1378 BT-Drucks. 17/9389, S. 12.

für die anschließende ambulante Betreuung durch die Bewährungshilfe bilden.[1379] Für die Umsetzung dieses Leitgedankens verweist die Gesetzesbegründung auf die Entwicklung adäquater Behandlungsprogramme, die den individuellen Defiziten dieser Personengruppe Rechnung tragen.[1380] Daher bestünde gerade auf der Vollzugsebene ein erhöhter Anpassungsbedarf.[1381] Die Entwicklung spezifischer Behandlungskonzepte und die Anpassung des Vollzuges an deren Behandlungsbedarf rechtfertigte es, dass die Regelung des § 16a JGG erst sechs Monate nach Gesetzesverkündung in Kraft trat, in der Annahme, die Länder haben bis dahin entsprechende Vollzugsprogramme entwickelt sowie unter Umständen adäquate Vorkehrungen im Hinblick auf das erforderliche Fachpersonal getroffen.[1382] Der Gesetzgeber hat mithin hohe Maßstäbe für den Vollzug des § 16a JGG formuliert und auch von Seiten der Befürworter wurde auf die Notwendigkeit einer Anpassung des Arrestvollzuges hingewiesen.[1383] Anhaltspunkte für die inhaltliche Gestaltung derartiger Behandlungsprogramme finden sich in der Gesetzbegründung nur vereinzelt und in verallgemeinernder Form, indem auf eine behandlungsorientierte Vollzugsgestaltung, die Sicherstellung eines Übergangsmanagement bzw. einer Anschlussbetreuung durch die Jugend- oder Bewährungshilfe,[1384] ein Zusammenwirken mit der Bewährungshilfe sowie das Erarbeiten von Verhaltensrichtlinien verwiesen wird.[1385] Ob sich ein speziell auf die Klientel des § 16a JGG zugeschnittenes Interventionskonzept in der Praxis wiederfindet, welche Angebote es derzeit für die Arrestanten nach § 16a JGG im Vollzug gibt, wo Schwerpunkte gesetzt werden, und wie sich die sozialpädagogische Betreuung der Warnschussarrestanten einschließlich der Zusammenarbeit mit der Bewährungs- und Jugendgerichtshilfe im Hinblick auf die anstehende Bewährungszeit gestaltet, bildeten wichtige Erkenntnisziele. Letztlich wird die Vollzugsgestaltung des § 16a JGG auch nicht unwesentlich von den

---

1379 BT-Drucks. 17/9389, S. 12.
1380 BT-Drucks. 17/9389, S. 21.
1381 BT-Drucks. 17/9889, S. 21.
1382 BT-Drucks. 17/9389, S. 21.
1383 Vgl. etwa *Findeisen*, ZJJ 2007, 25 (27) mit der Anregung eines „Erziehungsintensivprogramms"; *Schaffstein*, in: GS für Kaufmann, 393 (405 f.) dessen Ausführungen sich zugleich auf den Arrest allgemein beziehen.
1384 *Eisenberg*, StV 2013, 44 (46) fordert eine frühzeitige Zusammenarbeit der Vollzugseinrichtung mit der Jugendgerichts- und Bewährungshilfe, wobei die institutionsübergreifende Kooperation das Einverständnis des Verurteilten erfordert, vgl. auch *ders.*, 2017, § 16a Rn. 4.
1385 BT-Drucks. 17/9389, S. 12.

personellen wie finanziellen Ressourcen abhängig sein. Vor dem Hintergrund der in der Gesetzbegründung angedeuteten Gefahr einer kriminellen Infizierung der herkömmlichen Arrestanten durch die vermutlich schwerer belasteten § 16a-Arrestanten und eine hierdurch ggf. erforderlich werdende räumliche oder gar bauliche Separierung dieser Klientel,[1386] galt es, grundlegende Informationen zur jeweiligen Arrestanstalt und Unterbringung der zu § 16a JGG verurteilten Jugendlichen einzuholen und zu erfragen, ob der Arrestvollzug durch die Klientel des § 16a JGG mit neuen Problemen konfrontiert ist. Zugleich sollten praktische Umsetzungsschwierigkeiten und Änderungsbedürfnisse in der Vollzugsgestaltung des § 16a JGG ausgelotet werden. Auf der Ebene der Arrestvollstreckung ließen sich die aus der Aktenanalyse gewonnen Erkenntnisse durch das individuelle Erfahrungswissen der Vollstreckungs- und Vollzugsleiter, insbesondere im Hinblick auf den Umgang mit der kurzen Vollstreckungsfrist des § 87 Abs. 4 S. 2 JGG, weiter vervollständigen und mögliche Umsetzungsschwierigkeiten in Erfahrung bringen. Für die Experteninterviews ergeben sich folgende untersuchungsleitende Fragestellungen:

1. Wie verläuft die Vollstreckung des § 16a JGG und gibt es in der Praxis Schwierigkeiten, insbesondere mit der 3-Monatsfrist des § 87 Abs. 4 S. 2 JGG?

2. Wie gestaltet sich der Vollzug des § 16a JGG im Hinblick auf die unterschiedlichen Arrestformen von Freizeit-/Kurz- und Dauerarrest und wo ergeben sich Unterschiede oder Besonderheiten zum allgemeinen Arrestvollzug?

3. Welche Angebote gibt es aktuell für die Warnschussarrestanten in den Jugendarrestanstalten und finden sich spezielle Behandlungsprogramme für diese Klientel?

4. Wie sieht die Zusammenarbeit und Kooperation mit der Bewährungshilfe aus?

5. Wie gestaltet sich die Entlassungsvorbereitung der Warnschussarrestanten?

6. Welche Unterschiede zeigen sich bei der Klientel des § 16a-Arrestes und derjenigen der übrigen Arrestanten? Ergeben sich durch den Warnschussarrest neue Schwierigkeiten im Vollzug und wenn ja, in welcher Form?

7. Zeigt sich eine Form der Negativ-Beeinflussung der Warnschussarrestanten auf die sonstigen Arrestanten oder umgekehrt?

1386 BT-Drucks. 17/9389, S. 21; *Findeisen*, ZJJ 2007, 25 (26); *Vietze*, 2004, S. 142 fordern für den Einstiegsarrest gesonderte Arrestanstalten.

8. Inwieweit gibt es Änderungs- oder Optimierungsbedarf bei dem Vollzug des § 16a JGG in personeller, örtlicher wie inhaltlicher Hinsicht?

Die vorstehend genannten Forschungsfragen resultieren aus dem Erkenntnisdefizit, wie es bis dato im Hinblick auf die Erschließung der Vollzugssituation des § 16a JGG in den zuständigen bayerischen Jugendarrestanstalten besteht.[1387] Wissenschaftliche Abhandlungen zur Vollzugsgestaltung des § 16a JGG in Bayern liegen aktuell nicht vor, wobei dies auch der Kürze des seit Inkrafttreten der Neuregelung des § 16a JGG vergangenen Zeitraums geschuldet sein mag. Der vorliegenden Arbeit kommt daher die Aufgabe zu, die praktische Umsetzung des § 16a-Arrestes in den zuständigen Jugendarrestanstalten München und Nürnberg auf räumlicher, personeller wie inhaltlicher Ebene zu erschließen. Betrachtet man die bisherigen Befunde zum Jugendarrest, ist davon auszugehen, dass der Arrest nach § 16a JGG in der Form des Freizeitarrestes weniger von erzieherischen Gedanken geprägt sein wird, als vielmehr von der Zuführung eines kurzen Schockübels. Dies ließ zu Beginn der Arbeit vermuten, dass der Warnschussarrest in seiner Ausgestaltung als Freizeitarrest der gesetzlichen Zielbestimmung in der Form der Förderung der Bewährungsbewältigung nicht ausreichend Rechnung trägt. Obgleich vorliegend die Vollzugsgestaltung des § 16a-Arrestes den zentralen Untersuchungsgegenstand bildet, ist zu berücksichtigen, dass der Warnschussarrest infolge seines örtlichen Vollzuges in den Jugendarrestanstalten eng mit dem Arrestvollzug insgesamt verwoben ist und nicht völlig isoliert betrachtet werden kann. Die Expertenbefragung richtete sich daher in Teilen auch auf einen Erkenntnisgewinn zum Jugendarrestvollzug in Bayern allgemein, für den Untersuchungen bereits einige Jahre zurückliegen.[1388] Sofern partiell die Abfassung von ex-ante-Hypothesen auch in der qualitativen Forschung zur Manifestation einzelner Vorannahmen des Forschers für zweckmäßig erachtet wird,[1389] erschien dies vorliegend aufgrund des geringen Vorwissens zur Vollzugsgestaltung des § 16a JGG nicht untersuchungsgerecht.

1387 Zu den bisherigen Erkenntnissen hinsichtlich der Arrestgestaltung des § 16a JGG siehe Teil 2 B.III.

1388 Insgesamt ist der Jugendarrestvollzug in Bayern nur geringfügig erforscht; vgl hierzu die Einzeluntersuchungen von *Schwegler*, 1999 sowie *Jaeger*, 2010; weiter zurückliegende Untersuchungen bieten *Süssenguth*, 1973; *Pfeiffer*, MSchrKrim 1981, 28 S. 28, 34 ff. dessen Untersuchung u.a. die Befragung von Arrestanten der Jugendarrestanstalt München sowie die Ausgestaltung des Jugendarrestvollzuges zum Gegenstand hatte.

1389 *Meinefeld*, ZfS Jg. 26, 1/1997, 22 ff.; zur Funktion der Hypothesenformulierung in der qualitativen Sozialforschung *Gläser/Laudel*, 2010, S. 77 f.

2. Wahl der Experteninterviews als Erhebungsmethode

Für die Beantwortung der vorstehend genannten Forschungsfragen wurde die Erhebungsform eines teilstrukturierten mündlichen Experteninterviews unter Verwendung eines Interviewleitfadens gewählt.[1390] Die mündliche Befragung in Form eines direkten „Face-to-Face-Interview[s]"[1391] bietet gegenüber der schriftlichen Befragung eine erhöhte Interaktionsmöglichkeit zwischen dem Interviewer und Gesprächspartner sowie den Vorteil, je nach Gesprächsentwicklung vertieft auf einzelne Forschungsfragen eingehen zu können. Durch die Offenheit und Flexibilität der Interviewsituation können unerwartete Themenkomplexe aufgegriffen und bislang unbekannte, nur dem Experten zugängliche Problemaspekte, erfasst werden.[1392] Die Form einer mündlichen Expertenbefragung in den Jugendarrestanstalten bot sich insbesondere wegen des geringen Vorwissens zum Vollzug des Warnschussarrestes in den Jugendarrestanstalten an. Im Hinblick auf den Strukturierungsgrad wurde von einem stark strukturierten Interview, bei dem Wortlaut, Inhalt und Reihenfolge der Fragestellung für den Interviewer bindend vorgegeben sind,[1393] abgesehen; auf der anderen Seite erschien eine nicht strukturierte Befragung in Form einer völlig offenen Gesprächsführung aufgrund der festgelegten Erkenntnisziele und der fehlenden inhaltlichen Steuerungsmöglichkeit nicht zielführend. Um den befragten Person einerseits einen ausreichenden Freiraum für die Beantwortung der Fragen zu gewähren und andererseits das Interview mit Blick auf bestimmte, für das Forschungsziel relevante Fragen leiten und anschließend parallelisieren zu können, wurde die Befragungsform eines teil- bzw. halbstrukturierten Interviews gewählt. Obgleich durften die Schwierigkeiten eines Leitfadeninterviews nicht außer Acht gelassen werden. Als reaktives Datenerhebungsverfahren und Prozess sozialer Interaktion wird die mündliche Befragung durch den persönlichen Kontakt zwischen Interviewer und Interviewpartner, die äußeren Gegebenheiten der Interviewsituation und die Art der Fragestellung geprägt.[1394] Derartige Intervieweffek-

---

1390 Zu den verschiedenen Interviewformen *Döring/Bortz*, 2016, S. 358 ff.; ausführlich zum Experteninterview *dies.*, 2016, S. 375 f.; *Kruse*, 2015, S. 166 ff.; *Meuser/Nagel*, in: Qualitativ-empirische Sozialforschung, 441 ff.; *Flick*, 2010, S. 214 ff.

1391 *Döring/Bortz*, 2016, S. 359.

1392 Zu den Vor- und Nachteilen mündlicher Befragungen *Döring/Bortz*, 2016, S. 356 f.; *Häder*, 2015, S. 211 ff.

1393 *Atteslander*, 2010, S. 135.

1394 *Kromrey*, 2009, S. 380 ff.; *Schirmer*, 2009, S. 181, zu den Fehlerquellen im Rahmen eines Interviews *Döring/Bortz*, 2016, S. 360 ff.; *Häder*, 2015, S. 211 ff..

te schwächen die Reliabilität und Validität der Ergebnisse.[1395] Neben den stärkeren Intervieweinflüssen ist die Durchführung und Auswertung der Interviews mit einem erhöhten Zeitaufwand verbunden[1396] und können aufgrund der Expertenrolle spezifische Interaktionseffekte[1397] auftreten. Im Gegensatz zu einem rein narrativen Interview ermöglicht das leitfadengesteuerte Interview aufgrund der vorskizzierten Themenkomplexe und zentralen Fragestellungen jedoch eine defektive Vergleichbarkeit der Befragungsergebnisse und erschein daher als vorzugswürdiger Weg zur Datenerhebung. Die Durchführung der halbstrukturierten Experteninterviews basierte auf einem im Vorfeld von der Verfasserin entwickelten Interviewleitfaden, welcher der Gesprächsstrukturierung diente.[1398] Die Verwendung eines Interviewleitfadens ist als Methode der Wahl für die Durchführung von Expertenbefragungen anerkannt.[1399] Die im Rahmen der vorliegenden Arbeit durchgeführten Befragungen in den Jugendarrestanstalten hatten als systematisierende Experteninterviews[1400] den Zweck, das nach außen unzugängliche Sonderwissen hinsichtlich des Warnschussarrestvollzuges sichtbar zu machen und waren primär auf Informationsermittlung[1401] angelegt. Infolge der offenen Gesprächsführung unter Verzicht auf vorgegebene Antwortkategorien sind die leitfadengestützten Experteninterviews als qualitative Erhebungsmethode zu klassifizieren.[1402]

1395 *Kromrey*, 2009, S. 380 ff.; *Schnell/Hill/Esser*, 2013, S. 317.

1396 *Atteslander*, 2010, S. 142; *Schnell/Hill/Esser*, 2013, S. 378 f.

1397 Hierzu *Lamnek/Krell*, 2016, S. 689.

1398 Zur Funktion und Struktur des Leitfadens *Döring/Bortz*, 2016, S. 358; *Schirmer*, 2009, S. 186 ff..

1399 *Atteslander*, 2010, S. 142; *Flick*, 2010, S. 215; *Gläser/Laudel*, 2010, S. 111; *Lamnek/Krell*, 2016, S. 689; *Meuser/Nagel*, in: Qualitativ-empirische Sozialforschung, 441 (448 f.).

1400 *Bogner/Menz*, in: Experteninterviews, 61 (64 ff.) unterscheiden drei Formen des Experteninterviews: das „explorative", das „systematisierende" und das „theoriegenerierende" Experteninterview. Während es im Rahmen des explorativen Interviews um eine ersten thematischen Zugang zur Forschungsfrage bzw. um die Schärfung des Problembewusstseins des Forschers geht, liegt der Schwerpunkt des systematisierenden Experteninterviews in der Aufklärung und Vergleichbarkeit der erlangten Ergebnisse.

1401 Zur Unterscheidung zwischen informationsermittelnder und informationsvermittelnder Funktion des Interviews *Bortz/Döring*, 2006, S. 243 f.

1402 *Döring/Bortz*, 2016, S. 359; *Lamnek/Krell*, 2016, S. 687.

3. Auswahl und Zugang zu den Interviewpartnern

Bedingt durch das vorliegende Forschungsinteresse, den Vollzugsverlauf des § 16a-Arrestes einschließlich der Besonderheiten im Vollstreckungsverfahren in den Jugendarrestanstalten München und Nürnberg wirklichkeitsgetreu zu erfassen, kam für die Befragung von vornherein nur ein eng begrenzter Personenkreis in Betracht. Für den Einbezug in die Untersuchungseinheit war entscheidend, dass die Interviewpartner über ein spezifisches Sonderwissen im Umgang mit den Warnschussarrestanten verfügen, mit dem Vollzug sowie dem Arrestalltag in den Jugendarrestanstalten vertraut sind, auf eigene praktische Erfahrungswerte mit der Klientel des § 16a JGG zurückgreifen können und damit letztlich selbst „Teil des Handlungsfeldes"[1403] sind. Erste Nachforschungen hinsichtlich der Personalsituation ergaben, dass der Warnschussarrest gemeinsam mit den Urteils- und Beschlussarresten[1404] vollzogen wird und kein ausschließlich für den Warnschussarrestvollzug zuständiges Personal existiert. Infolge dessen wurden als Interviewpartner diejenigen Personen ausgewählt, die über ein spezifisches Fachbereichswissen auf Vollstreckungs- und Vollzugsebene oder in der erzieherischen Zusammenarbeit mit den Jugendlichen verfügen. Den ersten Expertenkreis bildeten daher die Vollzugsleiter der Jugendarrestanstalten München und Nürnberg, da einzig dieser Personenkreis über ein Erfahrungswissen im Umgang mit den Vollstreckungsbestimmungen des § 87 Abs. 3 und Abs. 4 JGG verfügt und die gleichzeitige Tätigkeit als Jugendrichter aufschlussreiche Informationen zu den einzelnen Zielbestimmungen des § 16a Abs. 1 JGG erwarten ließ. Als zweiter Expertenkreis wurden die in den Arrestanstalten tätigen Sozialpädagogen ausgewählt, denen aufgrund ihrer besonderen fachlichen Kompetenz und erzieherischen Ausbildung im Arrestalltag die Einzelgesprächsführung mit den Arrestanten sowie insbesondere die Zusammenarbeit mit externen Leistungsträgern, Beratungsstellen und der Bewährungs- und Jugendgerichtshilfe obliegt. Als Gesprächspartner standen mithin fünf Experten (zwei Vollzugsleiter, drei Sozialpädagogen) zur Verfügung. Die Integration verschiedener Berufsfelder erschien weiterhin hilfreich, um berufsbedingt

---

1403 *Meuser/Nagel*, in: Qualitativ-empirische Sozialforschung, 441 (443).

1404 Mit dem Begriff „Urteilsarrestanten" sind vorliegend die Fälle gemeint, in denen im Urteil Jugendarrest nach § 16 JGG verhängt wurde; „Beschlussarrestanten" meint hingegen die Fälle, in denen Jugendarrest wegen der Nichterfüllung von Auflagen oder Weisungen im nachträglichen Beschlussverfahren Jugendarrest angeordnet wurde und sog. „Schulschwänzer".

divergierende subjektive Wahrnehmungen im Zusammenhang mit dem Warnschussarrestvollzug wiederzugeben und ggf. unterschiedliche Sichtweisen zu kontrastieren.

4. Planung und Durchführung der Interviews

a) Konstruktion des Interviewleitfadens

Zur teilweisen Strukturierung der Befragungen in den Jugendarrestanstalten wurde im Vorfeld der Gesprächsführung ein Interviewleitfaden konzipiert.[1405] Die Fragen im Interviewleitfaden wurden vollständig ausformuliert, um der Verfasserin bei Bedarf eine Rückkehr zu den Schlüsselfragen des Interviews zu ermöglichen sowie eine Vergleichbarkeit der Ergebnisse zu erzielen. Durch die Aufnahme ausführlicher Differenzierungsfragen ließ sich die Vergleichbarkeit der Antworten erhöhen. Die Abfolge der einzelnen Fragen gestaltete sich flexibel und konnte durch im Verlauf des Interviews aufkommende Themenkomplexe ergänzt werden.[1406] Mit Hilfe des Interviewleitfadens wurden demnach die zentralen Inhalte des Gesprächs festgelegt, wobei trotz des ausführlichen Fragenkatalogs ein ausreichender Spielraum hinsichtlich der Abfolge und Vertiefung einzelner Themen bestand. Als Frageform wurden ausschließlich offene Fragen ohne Vorgabe von Antwortalternativen verwendet, um die Gedankengänge der Interviewpartner und die Antworten auf die Forschungsinteressen nicht durch eigene, subjektive Vorstellungen zu prädeterminieren.[1407] Dabei enthielt der Interviewleitfaden sowohl Kernfragen, die Gegenstand eines jeden Interviews sein sollten, als auch Eventualfragen, deren Beantwortung in Zusammenhang mit einer vorherigen Frage stand.

Der Interviewleitfaden für die Expertengespräche unterteilte sich in acht Themenbereiche. Im Hauptteil variierte der Interviewleitfaden je nach der Berufsgruppe, welcher die befragte Person angehörte und enthielt spezifisch zugeschnittene Fragestellungen. Bei der Befragung der Vollzugsleiter

---

1405 Abgedruckt im Anhang III.4; sofern sich in den Interviewleitfäden für die Vollzugsleiter und Sozialpädagogen Abweichungen ergeben, werden die Bereiche bei einem ansonsten gemeinsamen Abdruck separat dargestellt; zur Funktion und Konzeption eines Interviewleitfadens *Döring/Bortz*, 2016, S. 372 f.; *Gläser/Laudel*, 2010, S. 142 ff.; *Kruse*, 2015, S. 215 ff.

1406 Vgl. *Atteslander*, 2010, S. 135.

1407 Die Wahl einer offenen Frageform ist Grundvoraussetzung für die Durchführung eines teilstrukturierten Interviews, *Döring/Bortz*, 2016, S. 372.

standen zunächst vollstreckungsrechtliche Aspekte im Vordergrund mit besonderem Augenmerk auf die Neuregelung der 3-Monatsfrist in § 87 Abs. 4 S. 2 JGG, gefolgt von der räumlichen Unterbringung der Arrestanten nach § 16a JGG sowie der Frage nach dem Vorliegen und der Notwendigkeit eines besonderen Behandlungsprogramms für diese Klientel. Inhaltlich erstreckte sich der Interviewleitfaden für die Vollzugsleiter auf folgende acht Themenkomplexe:

- Angaben zur beruflichen Tätigkeit
- Grunddaten zu den personellen und räumlichen Kapazitäten der Jugendarrestanstalt
- Besonderheiten bei der Vollstreckung des § 16a JGG, insbesondere Ladung und Umgang mit § 87 Abs. 3 JGG
- Informationen zur Vollzugssituation des § 16a JGG; im Einzelnen: Verlauf des Aufnahmeverfahren, räumliche Unterbringung der Arrestanten, Existenz und Notwendigkeit eines spezifischen Behandlungsprogramms, Unterschiede im Vollzug des § 16a JGG und dem „Normalarrest", Bewertung der Zusammenarbeit mit der Bewährungshilfe, Verlauf des Abschlussgesprächs
- Einschätzungen der Klientel des § 16a JGG
- Einschätzungen zur Wirkung des Warnschussarrestes
- persönliche Einstellung zu § 16a JGG
- sowie konkrete Änderungsvorschläge in Zusammenhang mit § 16a JGG

Bei den Gesprächen mit dem sozialpädagogischen Dienst stand demgegenüber die tatsächliche Ausgestaltung des § 16a-Arrestes sowie die konkreten Angebote für diese Täterklientel im Fokus. Neben der Frage nach derzeitigen spezifischen Maßnahmen für die nach § 16a JGG verurteilten Täter und welche Aspekte bei der Entwicklung zukünftiger Behandlungsprogramme wesentlich erscheinen, ging es vorrangig darum zu erfahren, welche pädagogischen Gruppenmaßnahmen und Einzelangebote derzeit existieren, wie sich die Entlassungsvorbereitung im Hinblick auf die anstehende Bewährungszeit gestaltet und ob sich durch die „neue" Klientel im Arrestvollzugsalltag neue Probleme ergeben haben. Erfragt wurden demnach primär:

- Informationen zum Aufnahmeverfahren in der Jugendarrestanstalt und dem Verlauf des Zugangsgesprächs
- Informationen zur Vollzugsgestaltung des Warnschussarrestes und subjektive Bewertung der Vollzugssituation; im Einzelnen: Existenz und Notwendigkeit eines spezifischen Behandlungsprogramms für die Arrestanten nach § 16a JGG, Formen allgemeiner Gruppenangebote einschließlich sozialer Trainingskurse, individuelle Angebote durch den

sozialpädagogischen Dienst, Bewertungen der Zusammenarbeit mit der Bewährungshilfe
– Angaben zur Entlassungsvorbereitung
Hinsichtlich Punkt 1 und Punkt 5 bis 8 waren die Interviewleitfäden inhaltlich an die der Vollzugsleiterbefragung angelehnt.

b) Verzicht auf Pretest

Die Durchführung eines Pretest-Verfahrens ist grundsätzlich auch bei einer leitfadenbasierten mündlichen Befragung anzustreben.[1408] In der vorliegenden Untersuchung wurde hiervon abgesehen, da der zu befragende Personenkreis mit fünf Interviewpartnern sehr klein ausfiel und eine Doppelbefragung zu vermeiden war. Zudem war die Gesprächsführung durch den Interviewleitfaden offen gestaltet und nicht vollstrukturiert, so dass ein Nachfragen jederzeit möglich war und die Funktion des Pretests im Sinne einer Verständlichkeitsüberprüfung kompensiert wurde. Im Vorfeld der Leitfadenentwicklung konnte sich die Verfasserin in Rahmen einer Hospitation in den Jugendarrestanstalten einen ersten Zugang zum Forschungsfeld verschaffen, was der Formulierung der zentralen Fragestellungen dienlich war.

c) Durchführung der Interviews

Nachdem die Vollzugsleiter der Jugendarrestanstalt München und Nürnberg im Juli 2016 über das geplante Projekt informiert und um Mitwirkung gebeten wurden, nahm die Verfasserin in der Folgezeit mit den potentiellen Interviewpartnern telefonischen Kontakt zur Vereinbarung eines Interviewtermins auf. Die Teilnahme am Interview erfolgte freiwillig. Dank der hohen Mitwirkungsbereitschaft der Experten konnten alle fünf geplanten Interviews realisiert werden. Die Durchführung der Experteninterviews erfolgte im Zeitraum August bis Oktober 2016 unmittelbar am Dienstsitz des jeweiligen Gesprächspartners. Die Interviewdauer variierte zwischen 60 und 110 Minuten. Im Vorfeld der Interviewdurchführung erhielten alle Interviewpartner ein Informationsschreiben zum Ablauf des Interviews sowie den zentralen datenschutzrechtlichen Aspekten. Von den fünf Interviews wurden drei mit dem Einverständnis der Befragten mittels

---

1408 *Schirmer*, 2009, S. 187.

eines digitalen Aufnahmegeräts auf Tonträger aufgezeichnet. In zwei Fällen wurde entsprechend dem Wunsch der befragten Personen von der unmittelbaren Gesprächsaufzeichnung des gesprochenen Wortes abgesehen. Stattdessen hat die Verfasserin in diesen Fällen zunächst die Fragestellung mittels Diktiergeräts aufgezeichnet und anschließend die Antwort der befragten Person in eigener Formulierung anhand eines Gedächtnisprotokolls festgehalten. Dabei wurde versucht, die Antworten möglichst wortlautgetreu wiederzugeben. Im Rahmen der späteren Ergebnisdarstellung werden die Informationen aus den beiden nicht wörtlich aufgezeichneten Gesprächen ohne wörtliche Zitierung rein inhaltlich wiedergegeben. Alle Gespräche wurden persönlich als Einzelinterview durchgeführt. Der eigentlichen Interviewdurchführung vorangestellt erfolgte eine kurze Vorstellung der eigenen Person der Verfasserin, des Projekts und des mit der Interviewdurchführung verbundenen Untersuchungsanliegens. Sofern das Interview unmittelbar mittels Diktiergerät aufgezeichnet wurde, wurde das vorherige Einverständnis des Gesprächspartners eingeholt. Alle Teilnehmer erklärten sich mit der Datenverwendung einverstanden. Im Anschluss an jedes Interview wurde ein Postscript gefertigt, in dem die Rahmenbedingungen der Interviewdurchführung festgehalten wurden.

5. Datenaufbereitung und Auswertung

Die auf Tonband aufgezeichneten Einzelgespräche wurden anschließend in Textform gebracht. Die manuelle Transkription der Interviews erfolgte zum Teil durch die Verfasserin selbst, zum Teil durch eine gesondert zum Datenschutz verpflichtete Hilfskraft. Die Interviews wurden inhaltlich vollständig verschriftet und anonymisiert. Von der Verschriftlichung non- und paraverbaler Elemente, wie beispielsweise Hintergrundgeräusche oder Stimmlagen, wurde vor dem Hintergrund des rein informatorischen Erkenntnisziels abgesehen.[1409] Den Interviewpartnern wurde das Transkript anschließend nochmal zur Durchsicht mit der Möglichkeit nachträglicher Ergänzungen überlassen. Bei der Auswertung der Interviews kam es ausschließlich auf den Inhalt der Gespräche an. Eine Grobstruktur war bei der Datenauswertung bereits durch den Leitfaden vorgegeben. Entsprechend der dort vorgesehenen Gliederungsabschnitte, wurden die Aussagen der Befragten diesen Themenkomplexen zugeordnet, um zentralen Kernaussagen der Befragten sowie Unterschiede herauszuarbeiten. Die Befragungser-

---

1409 Vgl. *Meuser/Nagel*, in: Qualitativ-empirische Sozialforschung, 441 (455).

gebnisse werden überwiegend inhaltlich zusammengefasst wiedergegeben. Soweit an zentralen Stellen einzelne Interviewpassagen wörtlich wiedergegeben werden, erfolgt dies unter Verwendung eines im Vorfeld festgelegten Interviewcodes. Um die Anonymität der Interviewpartner im größtmöglichen Maße sicherzustellen, wird auf eine Differenzierung zwischen weiblichen und männlichen Gesprächspartnern verzichtet.[1410]

IV. Auswertung der Bundeszentralregisterauszüge

Die Überprüfung der Legalbewährung der zu § 16a JGG verurteilten Untersuchungsgruppe erfolgte anhand der Eintragungen im Zentral- und Erziehungsregister.[1411] Die Festlegung der für die Rückfalluntersuchung wesentlichen Begrifflichkeiten, der Verlauf der Datenerhebung sowie die hiermit verbundenen methodischen Probleme werden der Einheitlichkeit halber den Ergebnissen der Rückfallanalyse vorangestellt. Die Untersuchung der Legalbewährung erfolgt in einem separaten Teilabschnitt (Teil 2 F.) im Anschluss an die Ergebnisse zur Rechtspraxis des § 16a JGG.

E. Ergebnisse zur Rechtspraxis des § 16a JGG

Die Ergebnisdarstellung orientiert sich an den angewandten Untersuchungsmethoden. In Folgendem werden zunächst die Ergebnisse der Aktenanalyse abgebildet. Sofern sich an einigen Stellen inhaltliche Berührungspunkte zwischen den im Rahmen der Strafaktenanalyse erhobenen Daten und den in der Jugendrichterbefragung sowie den Experteninterviews aufgeworfenen Forschungsfragen ergeben, werden die Resultate hieraus bereits an dieser Stelle aufgegriffen und gemeinsam dargestellt. Nachfolgend zu den Befunden der Aktenanalyse werden die Ergebnisse der Jugendrichter- und Expertenbefragungen mit dem Schwergewicht auf der realen Vollzugssituation des § 16a-Arrestes wiedergegeben.

1410 Bei der Ergebnisdarstellung wird aus Vereinfachungs- und Anonymitätsgründen nur die männliche Form verwendet; dies umschließt aber sowohl männlich als auch die weiblichen Gesprächspartner.
1411 Beide Register werden nachfolgend zur Vereinfachung unter dem Begriff „Bundeszentralregister" (BZR) zusammengefasst, vgl. § 1 Abs. 1 BZRG.

I. Ergebnisse der Aktenanalyse

Die Verwendung unterschiedlicher Datenquellen hat für die Ergebnisdarstellung zur Folge, dass die Gesamtanzahl der untersuchten Fälle bei der Auswertung je nach Ursprung der Daten divergiert. Soweit Informationen zu einer bestimmten Variablen nur der jeweiligen Strafakte zu entnehmen waren, fällt die Untersuchungseinheit kleiner aus (n=278) als bei Merkmalen, deren Informationsquelle die IT-Vollzugsdatenbank bildeten. Letztere liefert Daten zu 318 Probanden, so dass sich unter Hinzurechnung der fünf im Wege der Akteneinsicht ermittelten Verurteilungen eine Gesamtanzahl von 322 Probanden (n=322) ergibt. Die grundlegende Datenbasis für die Auswertung bildet das Aktenmaterial als umfangreichere Informationsquelle. Soweit einzelne Merkmale für alle 322 Probanden oder nur unter Heranziehung der IT-Vollzugsdaten dargestellt werden, wird dies durch Angabe der für die Auswertung maßgeblichen tatsächlichen Gesamtanzahl gesondert kenntlich gemacht.

1. Regionale Verurteilungspraxis

Zunächst soll ein Überblick darüber gegeben werden, wie sich die im Zeitraum 07.03.2013 bis 31.12.2014 ausgesprochenen Entscheidungen mit einer Rechtsfolge nach § 16a JGG innerhalb des Freistaats Bayern verteilen. In die Auswertung einbezogen wurde stets die Verurteilung zu § 16a JGG, deren Inhalt letztlich zur Vollstreckung gelangte. Relevanz erlangt dies bei einem Sanktionsfolgenausspruch zu § 16a JGG in der Rechtsmittelinstanz. Ordnete das erstinstanzliche Gericht beispielsweise einen Warnschussarrest von vier Wochen an und wurde dieser im Rechtsmittelverfahren auf einen zweiwöchigen Dauerarrest heruntergesetzt, fließt in die Auswertung das in zweiter Instanz ergangene Urteil ein. Die Analyse der Anwendungshäufigkeit in den einzelnen Gerichtsbezirken erstreckt sich auf alle 322 registrierten Verurteilungen zu § 16a JGG.

a) Anwendungsrate nach Gerichtsbezirk und Entscheidungsinstanz

Im regionalen Vergleich zeigt sich, dass einige Gerichtsbezirke zu einer stärkeren Anwendung des § 16a JGG neigen. Für eine bessere Übersichtlichkeit werden die Anwendungsraten in der nachfolgenden Tabelle nicht für jedes Amts- und Landgericht separat, sondern gruppiert nach den

Landgerichtsbezirken dargestellt.[1412] Die Anwendungshäufigkeit variierte innerhalb der Landgerichtsbezirke für den Untersuchungszeitraum zwischen einer und 64 Verurteilungen zu § 16a JGG. Als besonders anwendungsstark zeigten sich die Landgerichtsbezirke Traunstein und Nürnberg-Fürth. Im LG-Bezirk Nürnberg liegt die Anzahl der nach Jugendstrafrecht Verurteilten insgesamt höher als in den meisten anderen LG-Bezirken. Bei Zugrundelegung der Angaben aus der bayerischen Strafverfolgungsstatistik für das Jahr 2014 lässt sich hieraus aber nicht der Schluss ziehen, dass in LG-Bezirken mit einer hohen Verurteilungsquote nach Jugendstrafrecht parallel hierzu ein hoher Anteil an Sanktionsentscheidungen nach § 16a JGG anzutreffen ist.[1413] Die Inhomogenität zwischen den einzelnen Landgerichtsbezirken lässt annehmen, dass der Warnschussarrest bei den Jugendrichtern auf unterschiedliche Akzeptanz stößt.

Tabelle 9: Verurteilungen zu § 16a JGG pro Landgerichtsbezirk

	Häufigkeit	Prozent
LG Amberg	4	1,2
LG Ansbach	5	1,6
LG Augsburg	10	3,1
LG Aschaffenburg	8	2,5
LG Bamberg	4	1,2
LG Bayreuth	12	3,7
LG Coburg	5	1,6
LG Deggendorf	4	1,2
LG Hof	5	1,6
LG Ingolstadt	17	5,3
LG Kempten	10	3,1

1412 Die Landgerichtsbezirke und deren räumlicher Zuständigkeitsbereich ergeben sich aus dem Gesetz über die Organisation der ordentlichen Gerichte im Freistaat Bayern (GerOrgG) in der in der Bayerischen Rechtssammlung (BayRS 300-2-2-J) veröffentlichten bereinigten Fassung, zuletzt geändert durch Art. 30 Abs. 5 des Gesetzes vom 23. November 2010 (GVBl. S. 738).

1413 Vgl. *Bayerisches Landesamt für Statistik*, Strafverfolgungsstatistik – 2014, S. 24; eine direkte Gegenüberstellung der dortigen Verurteilungszahlen mit der in Tabelle 9 wiedergegebenen Anzahl an § 16a-Verurteilungen kann wegen der unterschiedlichen Abbildungszeiträume allerdings nicht erfolgen.

	Häufigkeit	Prozent
LG Landshut	22	6,8
LG Memmingen	29	9,0
LG München I	12	3,7
LG München II	20	6,2
LG Nürnberg-Fürth	64	19,9
LG Passau	3	0,9
LG Regensburg	16	5,0
LG Schweinfurt	16	5,0
LG Traunstein	51	15,8
LG Weiden	4	1,2
LG Würzburg	1	0,3
Gesamt	322	100,0

Der Ausspruch eines Jugendarrestes nach § 16a JGG erfolgte zu 96,8 % in erster Instanz, wobei die Entscheidungen ganz überwiegend durch das Jugendschöffengericht (83,6 %) und den Jugendrichter als Einzelrichter (14,5 %) ergingen (s. Anhang Tabelle A1).[1414] Dieses Ergebnis war aufgrund der sachlichen Zuständigkeitsregelungen der §§ 39 ff., 108 Abs. 1 JGG erwartungsgemäß, da der jugendrichterlichen Zuständigkeit grundsätzlich nur solche Verfehlungen Jugendlicher unterfallen, die Erziehungsmaßregeln, Zuchtmittel oder anderweitige Nebenstrafen erwarten lassen, wobei das Maß der zulässigen Sanktionsverhängung durch den Jugendrichter als Einzelrichter nach § 39 Abs. 2 JGG auf die Verhängung einer Jugendstrafe von maximal einem Jahr begrenzt wird. Demgegenüber ist das Jugendschöffengericht in Negativabgrenzung zur Zuständigkeit der Jugendkammer nach § 41 JGG für diejenigen Verfehlungen zuständig, die bereits zu Beginn die Verhängung einer Jugendstrafe nach § 17 JGG oder deren Aussetzung der Verhängung gem. § 27 JGG erwarten lassen, so dass entsprechend zu den festgestellten Befunden anzunehmen war, dass die

---

1414 Der Rechtszug sowie der Spruchkörper konnten nur für 278 der insgesamt 322 Probanden ermittelt werden, da in der Datenbank des IT-Vollzugs, wie sich im Rahmen des Datenabgleichs mit den Ergebnissen der Aktenanalyse zeigte, als Datum der Entscheidung das erstinstanzliche Entscheidungsdatum vermerkt wird und der Spruchkörper dort nicht erfasst ist.

Verurteilungen zu einem Jugendarrest neben einer bedingten Jugendstrafe überwiegend auf das Jugendschöffengericht als Spruchkörper zurückgehen.

Soweit der Ausspruch des § 16a-Arrestes in der Rechtsmittelinstanz erfolgte (3,2 %), war es von Interesse, zu sehen, ob sich die Koppelung von Jugendarrest und einer zur Bewährung ausgesetzten Jugendstrafe haftvermeidend auswirkte. Von den insgesamt neun Verurteilungen zu § 16a JGG, die in zweiter Instanz erfolgten, wirkte sich die Entscheidung in vier Verfahren positiv für den Angeklagten aus, indem der Ausspruch eines zusätzlichen Arrestes nach § 16a JGG an die Stelle einer durch das erstentscheidende Gericht angeordneten unbedingten Jugendstrafe trat.

Tabelle 10: Sanktion in 1. Instanz, wenn § 16a JGG in 2. Instanz verhängt wurde

	Häufig-keit	Gültige Prozente	Kumulierte Prozente
Jugendstrafe ohne Bewährung	4	44,4	44,4
Sonstiges	5	55,6	100,0
Gesamt	9	100,0	

In vier der übrigen fünf Verfahren hatte das Eingangsgericht bereits ebenfalls auf eine Jugendstrafe zur Bewährung gem. § 21 JGG erkannt und darüber hinaus einen Arrest nach § 16a JGG in Form eines Dauerarrestes verhängt. In der Rechtsmittelinstanz wurde die Länge des Dauerarrestes schließlich verkürzt oder stattdessen ein § 16a-Arrest in der Form eines Freizeitarrestes ausgesprochen. Lediglich in einem Fall änderte die Jugendkammer die Ausgangsentscheidung auf die Berufung der Staatsanwaltschaft hin zu Lasten des Angeklagten von einem dreiwöchigen Dauerarrest auf eine neunmonatige Jugendstrafe verbunden mit einem Arrest für die Dauer von drei Wochen ab. Die Erwartung, die Anordnung eines Jugendarrestes neben einer zur Bewährung ausgesetzten Jugendstrafe könne im Einzelfall zu einer Vermeidung einer unbedingten Jugendstrafe beitragen, scheint mithin zumindest denkbar.

b) Anwendungsgebrauch und Entfernung zur Jugendarrestanstalt

Die Bedeutung der örtlichen Nähe des Jugendgerichts zur Jugendarrestanstalt bei der Sanktionswahl wurde bereits im Forschungskontext zum bisherigen Jugendarrest gem. § 16 JGG thematisiert. Hier hat sich gezeigt, dass die Nähe zum Vollzugsort für die Häufigkeit von Arresturteilen von Bedeutung ist und das Risiko, zu Dauerarrest verurteilt zu werden, in Landgerichtsbezirken mit einer eigenen Jugendarrestanstalt höher ausfällt als in solchen ohne eine eigene Arrestanstalt.[1415] Auch im Kontext der Diskussion um § 16a JGG wird die räumliche Distanz zwischen der Dienststelle der Bewährungshilfe und der Arrestanstalt als Hindernis gesehen.[1416] Ein negativer Zusammenhang zwischen der Entfernung des Landgerichts zur nächsten Jugendarrestanstalt und der Anzahl der vollstreckten Jugendarreste gem. § 16 JGG hat sich in der bundesweiten Evaluationsstudie des KFN bestätigt, während sich für die Vollstreckung des § 16a-Arrestes kein signifikanter Zusammenhang ergab.[1417] Im Hinblick auf die Sanktionsfolge des § 16a JGG war daher zu analysieren, ob die regionalen Anwendungsunterschiede innerhalb des Bundeslandes Bayern in Zusammenhang mit der örtlichen Entfernung des Jugendgerichts zur zuständigen Jugendarrestanstalt stehen.

Der Arrest gem. § 16a JGG ist von der Zielvorstellung getragen, die Bewährungszeit zu fördern, so dass dem Kontakt zur Bewährungshilfe maßgebliche Bedeutung zugesprochen wird. Sofern bereits während des Arrestes ein persönlicher Kontakt zur Bewährungshilfe aufgebaut werden soll, könnte eine weite örtliche Entfernung zur Jugendarrestanstalt einem Besuch durch die Bewährungshilfe aufgrund der weiten Anfahrtswege abträglich sein. Da die Bewährungshilfe organisatorisch dem Landgericht zugeordnet ist,[1418] können im Einzelfall erhebliche Wege vom Sitz der Bewährungshilfe bis zur Jugendarrestanstalt entstehen. Zwischen dem Landgericht und der für die Vollstreckung des § 16a-Arrestes zuständigen Arrestanstalt liegen in Bayern zwischen 1 und 197 km, wobei die Entfernung zwischen den urteilenden Jugendgerichten (Amts- und Landgericht) und der zuständigen Arrestanstalt aufgrund der zentralen Vollstreckung in den

---

1415 *Pfeiffer/Strobl*, DVJJ-J 1991, 35 (38 f.).
1416 So *Eisenberg*, 2017, § 8 Rn. 3; *Hügel*, BewHi 1987, 50 (53); bestätigt hat sich dies in den Experteninterviews der bundesweiten Evaluationsstudie zu § 16a JGG, s. *Klatt/Ernst/Höynck u.a.*, 2016, S. 150.
1417 *Klatt/Ernst/Höynck u.a.*, 2016, S. 54.
1418 Siehe Ziff. 1.1 der BewHBek vom 16. Februar 2017, JMBl. Nr. 3/2017, S. 18.

Jugendarrestanstalten München und Nürnberg mit bis zu 358 km noch höher ausfällt. Die organisatorische Angliederung der Bewährungshilfe an das Landgericht legte zunächst nahe, die Anwendungshäufigkeit in Bezug auf die Entfernung des Landgerichts zur Jugendarrestanstalt zu ermitteln.[1419] Allerdings gilt es zu bedenken, dass die Bewährungshilfe innerhalb des LG-Bezirks auf verschiedene Dienststellen verteilt ist und die Entscheidung über die Arrestanordnung möglicherweise durch die persönliche Nähe des Jugendrichters zur Arrestanstalt geprägt wird, wenn diesem die Gegebenheiten in der Arrestanstalt vor Ort bekannt sind. Aufgrund dieser Überlegungen wurde für die Zusammenhangsberechnung die Entfernung des jeweiligen Amts- oder Landgerichts zur zuständigen Jugendarrestanstalt zugrunde gelegt.

Zu untersuchen war, ob Jugendgerichte in der näheren Umgebung der Arrestanstalt häufiger Gebrauch machen von § 16a JGG als solche mit größerer räumlicher Distanz. Für die räumliche Entfernung zwischen dem entscheidenden Gericht und der für die Vollstreckung des § 16a-Arrestes zuständigen Arrestanstalt wurde der kürzeste Weg in km erfasst. Die zuständige Jugendarrestanstalt wurde anhand der Anlage 4 des BayVollstrPl (siehe Teil 2 B.III.2) ermittelt, so dass bei der Entfernungsmessung nach der für männliche und weibliche Arrestanten zuständigen Arrestanstalt differenziert wurde. Einbezogen wurden an dieser Stelle alle Verurteilungen zu § 16a JGG unabhängig von ihrer tatsächlichen Vollstreckung (n=322).

Eine erste gruppierte Zusammenfassung der Entfernung zwischen dem entscheidenden Gericht und der für die Arrestvollstreckung zuständigen Arrestanstalt zeigt, dass die Anordnungshäufigkeit im Entfernungsbereich von einem bis 150 km nahezu identisch ausfällt. Ein Drittel (30,4 %) der verhängten § 16a-Arreste wurde von Jugendgerichten ausgesprochen, die mit einer Entfernung von 1 bis 50 km sehr nah an der Jugendarrestanstalt liegen. Doch auch bei einer weiteren Entfernung bis 150 km blieb die Anordnungshäufigkeit in etwa gleich.

1419 Diese Vorgehensweise wählen *Klatt/Ernst/Höynck u.a.*, 2016, S. 53 f.

Tabelle 11: Anzahl der verhängten § 16a-Arreste in Abhängigkeit von der Entfernung zur JAA

	Häufigkeit	Gültige Prozente	Kumulierte Prozente
1 bis 50 km	98	30,4	30,4
51 bis 100 km	94	29,2	59,6
101-150 km	92	28,6	88,2
151-200 km	33	10,2	98,4
mehr als 200 km	5	1,6	100,0
Gesamt	322	100,0	

In der obigen Darstellung muss jedoch berücksichtigt werden, dass die Anzahl der Gerichte in der jeweiligen Entfernungskategorie differiert. Die gezählte geringere Anwendungshäufigkeit bei größerer Entfernung zur Jugendarrestanstalt könnte daher gleichermaßen auf eine geringere Anzahl von Gerichten im größeren Entfernungsbereich zurückzuführen sein. Um die Werte vergleichbar zu machen, wurde die Häufigkeit der Arrestverhängung auf die Anzahl der Gerichte normiert, die von dem Ausspruch eines Warnschussarrestes Gebrauch gemacht haben.[1420]

1420 Unschärfen ergeben sich bei der Normierung daraus, dass für die Vollstreckung des § 16a JGG gegen weibliche Arrestanten ausschließlich die JAA München zuständig ist. Dies führt dazu, dass sich für ein Gericht je nach Geschlecht des Verurteilten unterschiedliche Entfernungsstrecken ergeben können. Im Rahmen der Untersuchung betraf dies nur 11 weibliche Arrestanten, die von einem Gericht im OLG-Bezirk Bamberg oder Nürnberg verurteilt wurden und deren Vollzugsort in München lag.

*Tabelle 12: Anzahl der verhängten § 16a-Arreste normiert auf die Anzahl der
Gerichte*

	Anzahl der Gerichte	absolute Häufigkeit der Verurteilungen	Normierte Verurteilungen	Arreste nach § 16a pro Gericht
1 bis 50 km	16	98	30,6	6,1
51 bis 100 km	16	94	29,4	5,9
101-150 km	23	92	20,0	4,0
151-200 km	10	33	16,5	3,3
mehr als 200 km	5	5	0,2	0,2
Gesamt	70	322		

Betrachtet man die Verteilung der ausgesprochenen Verurteilungen zu
§ 16a JGG in Abhängigkeit von der Entfernung zur Jugendarrestanstalt,
zeigt nachfolgende Abbildung, dass die Häufigkeit der Verhängung eines
Arrestes nach § 16a JGG mit zunehmender Distanz zur Jugendarrestanstalt
abnimmt. Bei der Interpretation muss allerdings bedacht werden, dass der
Anteil an § 16a-Verurteilungen je nach Größe und Fallaufkommen innerhalb eines Gerichtsbezirks differieren kann.

*Abbildung 4: Normierte Verteilung der § 16a-Arreste in Abhängigkeit von der
Entfernung zur JAA*

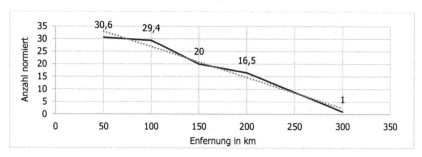

Die Anzahl der verhängten Warnschussarreste pro Gericht je nach Entfernung zur Jugendarrestanstalt liegt zwischen 0,2 und 6,1 (siehe oben Tabelle 12). Die Berechnung der Rangkorrelation ergab schließlich einen schwachen negativen signifikanten Zusammenhang zwischen der Anzahl der

verhängten § 16a-Arreste und der Entfernung des erkennenden Gerichts zur Jugendarrestanstalt (r_s = -0.353, p=0.014[1421]). Je größer die Distanz zwischen dem verurteilenden Gericht und der Jugendarrestanstalt ist, desto weniger wurde von der Verhängung eines Warnschussarrestes Gebrauch gemacht. Die Gründe hierfür mögen vielfältig sein und können an dieser Stelle nicht aufgedeckt werden. Insbesondere die unterschiedliche Größe der Gerichtsbezirke könnte einen weiteren Einflussfaktor darstellen. In einem ersten Ergebnis zeigt sich allerdings, dass die Entfernung des Gerichts zur Jugendarrestanstalt jedenfalls keine unwesentliche Rolle spielt.

2. Persönlichkeitsbeschreibung der Untersuchungsgruppe

Nach der Vorstellung des Gesetzgebers unterscheidet sich die Klientel des § 16a JGG deutlich von derjenigen des herkömmlichen Arrestes nach § 16 JGG. Während § 16 JGG auf solche Jugendliche Anwendung finden soll, die bislang nicht so schwere Straftaten begangen haben und noch nicht derart schwerwiegende Fehlentwicklungen aufweisen, dass Jugendstrafe geboten wäre, und die generell noch durch einen relativ kurzfristigen Freiheitsentzug beeindruckbar sind, handle es sich bei der Klientel des § 16a JGG um Jugendliche, die gerade schwere Straftaten begangen haben oder erhebliche Defizite aufweisen.[1422] Inwieweit sich in der Realität eine eigenständige Klientel des § 16a JGG wiederfindet und sich diese Personengruppe von dem Adressatenkreis des § 16 JGG unterscheidet, soll mit der nachfolgenden Beschreibung der nach § 16a JGG sanktionierten Täter gezeigt werden. Die Erfassung der Persönlichkeitsmerkmale konzentriert sich aus forschungsökomischen Gesichtspunkten auf die zentralen Faktoren, welche das Sanktionsverhalten des Jugendrichters mitbestimmen. Neben der regional unterschiedlich ausgeprägten Sanktionspräferenz der Gerichte werden als Determinanten der Strafzumessung vor allem das Alter der Beschuldigten, Geschlecht, Staatsangehörigkeit, sowie die Anzahl, Art und Schwere der Vorbelastung und die vorangegangene Sanktion diskutiert.[1423] Bei jugendlichen Erstauffälligen im Alter von 14 oder 15 Jahren kann darüber hinaus die polizeiliche Registrierung vor Eintritt der Straf-

---

1421 Die Rangkorrelation wurde mittels eines einseitigen, nichtparametrischen Tests auf einen negativen Zusammenhang getestet.
1422 BT-Drucks. 17/9389, S. 12, 21.
1423 *Sutterer/Spiess*, in: Rückfallforschung, 215 (231 f.); zur Bedeutung der Deliktsschwere Teil 2 E.I.3.a).

mündigkeit einen weiteren strafzumessungsrelevanten Faktor darstellen,[1424] obgleich sich die Begehung von Straftaten im Kindesalter aus empirischer Sicht regelmäßig nicht in der Jugenddelinquenz verfestigt.[1425] Insgesamt wird die jugendstrafrechtliche Sanktionsentscheidung damit maßgebend von der Tatschwere und der Vorbelastung bestimmt, während Variablen wie Geschlecht und Nationalität eher einen geringen Einfluss auf die Strafzumessung haben.[1426] Im Folgenden soll die Untersuchungsgruppe hinsichtlich ausgewählter soziobiographischer Merkmale und ihrer strafrechtlichen Vorbelastung beschrieben werden. Für die Analyse der täterspezifischen Persönlichkeitsmerkmale dienten überwiegend die Angaben in der Urteilsbegründung. Der Bericht der Jugendgerichtshilfe lag den Akten nur zu 26,6 % bei.

a) Soziobiographische Tätermerkmale

aa) Geschlecht und Staatsangehörigkeit

Innerhalb der untersuchten Personengruppe war die überwiegende Mehrheit der Warnschussarrestanten männlich. Von insgesamt 322 Probanden waren 90,4 % männlich und 9,6 % weiblich. Dies entspricht den bisherigen Erkenntnissen zur insgesamt höheren Delinquenzbelastung von Männern gegenüber Frauen[1427] sowie den Befunden der Jugendkriminalität, die häufig auch die Bezeichnung „Jungenkriminalität"[1428] trägt. Für den geringeren Kriminalitätsanteil weiblicher Personen existieren verschiedene Erklärungsmodelle, wobei insbesondere auf die unterschiedliche geschlechtsspezifische Rollenverteilung in der Gesellschaft verwiesen wird.[1429] Vertreter der „Kavaliersthese" gehen zudem davon aus, dass Frau-

---

1424 *Sutterer/Spiess*, in: Rückfallforschung, 215 (232) Fn. 30 m.w.N.
1425 *Göppinger/Bock*, 2008, § 24 Rn. 33 m.w.N.
1426 *Sutterer/Spiess*, in: Rückfallforschung, 215 (232); so auch *Heinz*, ZJJ 2012, 129 (138 f.) mit kritischer Stellungnahme zu einer sich an der Tatschwere und der Vorstrafenbelastung als Strafzumessungskriterien des allgemeinen Strafrechts orientierenden jugendgerichtlichen Sanktionierungspraxis.
1427 Bundesministerium des Innern/Bundesministerium der Justiz, Zweiter PSB, S. 366.
1428 *Laubenthal/Baier/Nestler*, 2015, Rn. 19.
1429 Instruktiv zu den Erklärungsansätzen der geringeren Frauenkriminalität *Göppinger/Bock*, 2008, § 24 Rn. 148 ff.; *Köhler*, 2012, S. 69 ff.

en bei den Strafbehörden einer selektiven Wahrnehmung und einer geringeren Strafverfolgung ausgesetzt sind.[1430]

Die Arrestanten nach § 16a JGG besaßen zu 78,3 % die deutsche Staatsangehörigkeit, während 21,7 % ausschließlich über eine ausländische Staatsangehörigkeit verfügten (s. Anhang Tabelle A2). Der insoweit eher gering erscheinende Teil von ausländischen Tätern resultiert daraus, dass Personen, die neben der deutschen Staatsangehörigkeit noch eine weitere Nationalität besaßen, als Deutsche gezählt wurden. Diese Vorgehensweise wurde gewählt, da sich im Rahmen der Datenerhebung zeigte, dass im IT-Vollzug Personen mit doppelter Staatsangehörigkeit als Deutsche ausgewiesen wurden und in Bezug auf die Staatsangehörigkeit alle 322 Probanden in die Auswertung aufgenommen werden sollten. Folglich ist die Zahl der Personen mit Migrationshintergrund durch die alleinige Differenzierung nach der Staatsangehörigkeit unterschätzt. Der vorliegende Prozentsatz nichtdeutscher Täter geht konform mit den Befunden zum bisherigen Jugendarrest gem. § 16 JGG. Auch hier hat sich der Anteil der Arrestanten mit deutscher Staatsangehörigkeit als höher erwiesen.[1431] Da sich die Nationalität bislang nicht als bestimmendes Element bei der Sanktionierungspraxis der Gerichte erwiesen hat,[1432] wurde innerhalb der ausländischen Arrestanten von einer weiteren Differenzierung nach der Staatsangehörigkeit abgesehen.

bb) Altersverteilung

Wie die nachfolgende Abbildung verdeutlicht, war das Altersspektrum der mittels Warnschussarrest sanktionierten Täter breit gefächert. Das Alter der Probanden errechnete sich aus der Differenz zwischen dem Geburtsdatum und dem Zeitpunkt der ersten Tat, welche der Entscheidung zu

---

1430 *Göppinger/Bock*, 2008, § 24 Rn. 148 ff.; zu einzelen Studien im Hinblick auf die geschlechtsspezifischen Unterschiede in der Strafverfolgungs- und Sanktionspraxis *Köhler*, 2012, S. 132 ff.. Diese kommt selbst zu dem Ergebnis, dass ein „Frauenbonus" im Sinne einer milderen Bestrafung nicht nachgewiesen werden kann; *dies.*, 2012, S. 207 f.

1431 *Köhler/Bauchowitz/Weber* u.a., Praxis der Rechtspsychologie 2012, 90 (97): von 106 Arrestanten besaßen 63,2 % die deutsche Staatsangehörigkeit; *Schwegler*, 1999, S. 228: 23,3 % (von N= 86) mit ausländischer Staatsbürgerschaft.

1432 *Schaffstein/Beulke/Swoboda*, 2014, Rn. 63; bedeutsame Faktoren für eine erhöhte Kriminalitätsbelastung junger Ausländer sind vielmehr die sozialen, wirtschaftlichen und kulturellen Verhältnisse, *dies.*, 2014, Rn. 62.

§ 16a JGG zugrunde lag. Dementsprechend konnte diese Variable nur für diejenigen Probanden errechnet werden, für die Strafakteneinsicht gewährt wurde.

Abbildung 5: Altersverteilung der Probanden zum Tatzeitpunkt

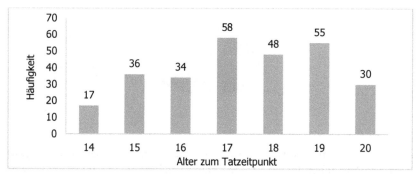

(n=278)

Tabelle 13: Altersverteilung der Probanden zum Tatzeitpunkt

Alter	14	15	16	17	18	19	20	Gesamt
Häufigkeit n	17	36	34	58	48	55	30	278
Prozente %	6,1	12,9	12,2	20,9	17,3	19,8	10,8	100,0

Die Arrestanten waren bei Begehung der ersten Tat zwischen 14 und 20 Jahre alt. Das durchschnittliche Alter lag bei 17,3 Jahren.[1433] Am häufigsten vertreten waren Probanden im Alter zwischen 17 und 19 Jahren, während die Gruppe der 14-jährigen deutlich unterrepräsentiert war. Letzteres war erwartungsgemäß, da der Warnschussarrest vor allem bei Mehrfach- und Intensivtätern eine zusätzliche Sanktionsmöglichkeit eröffnen soll und im Alter an der Grenze der Strafmündigkeit wohl selten alle vorrangigen Sanktionsmöglichkeiten ausgeschöpft sein werden. Ausgehend von der kriminologischen Erkenntnis, dass Jugendkriminalität episodenhaft verläuft und sich mit zunehmendem Alter regelmäßig wieder zurückbildet,[1434] ist bei der Anwendung des § 16a JGG gegenüber jungen Tätern je-

---

1433 Median: 17,00; Modus: 17; SD: 1,74; Minimum 14; Maximum 20.
1434 Vgl. *Dölling,* ZfJ 1989, 313 (314); *Göppinger/Bock,* 2008, § 24 Rn. 50; *Schaffstein/ Beulke/Swoboda,* 2014, Rn. 26.

denfalls Zurückhaltung geboten. Insgesamt waren Jugendliche (54,0 %) von der Verurteilung zu § 16a JGG etwas häufiger betroffen als Heranwachsende (46,0 %).

Abbildung 6: Altersstufe zum Tatzeitpunkt

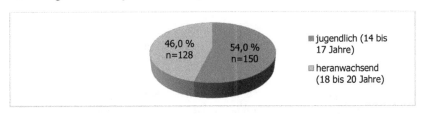

(n=278)

Zieht man die bundesweiten Verurteilungen zu § 16a JGG für das Jahr 2014 (Anteil Jugendliche: 52,5 %; Heranwachsende: 47,5%[1435]) als Vergleichswert heran, so fügt sich die leicht häufigere Verurteilung von jugendlichen Tätern im Untersuchungszeitraum in das Gesamtbild ein. Der Eindruck einer zunächst eher jungen Klientel des § 16a JGG gegenüber der herkömmlichen Klientel im Jugendarrest, deren Durchschnittsalter bei ca. 18,5 Jahren liegt,[1436] relativiert sich, wenn man vergleichsweise zu anderen Studien das Alter der Verurteilten zum Zeitpunkt des Arrestbeginns betrachtet. Folgende Abbildung zeigt, dass sich bis zum Zeitpunkt des Arrestantritts eine Verschiebung der Altersstruktur einstellt. Zum Zeitpunkt des Arrestantritts waren die Probanden durchschnittlich im Alter von 18,3 Jahren[1437].

1435 Errechnet auf der Basis *Statistisches Bundesamt*, Fachserie 10 Reihe 3 – 2014, S. 332 f.

1436 *Giebel/Ritter*, in: Risiken der Sicherheitsgesellschaft, 196 (198) berichten von einem Durchschnittsalter der Arrestanten bei Arrestantritt von 18,35 Jahre; *Köhler/Bauchowitz/Weber* u.a., Praxis der Rechtspsychologie 2012, 90 (97) von 18,9 Jahre; *Schwegler*, 1999, S. 228 für Dauerarrestanten von einem Altersdurchschnitt von 18,5 Jahre; auch nach *Feltes*, ZStW 100 (1988), 158 (167 f.); *Kobes/Pohlmann*, ZJJ 2003, 370 (374) kommt der Jugendarrest hauptsächlich gegen Heranwachsende in Betracht.

1437 Median: 18,0; Modus: 20; SD: 1,87; Minimum: 14; Maximum: 23; n=278. Für alle 322 Probanden ergab sich ein vergelichbarer Alterdurchschnitt bei Arrestantritt von 18,2 Jahren (n=286; fehlende Werte: 36).

Tabelle 14: Altersverteilung zum Zeitpunkt des Arrestantritts

Alter	15	16	17	18	19	20	21	22	23	Gesamt
Häufigkeit n	15	32	46	42	29	50	28	3	2	247
Prozente %	6,1	13,0	18,6	17,0	11,7	20,2	11,3	1,2	0,8	100,0

(fehlende Werte: 31[1438])

cc) Familiäre Situation und vorausgegangene Jugendhilfemaßnahmen

Die Entstehung kriminellen Verhaltens steht bei jungen Menschen in engem Zusammenhang mit deren Sozialisationsbedingungen. Bedeutung erlangen dabei vor allem lerntheoretische Erklärungsansätze der Kriminologie, nach deren Grundvorstellung normabweichendes Verhalten gelernt wird wie jedes andere Verhalten auch.[1439] Die auf Bandura zurückgehende Theorie des sozialen Lernens geht davon aus, dass deviantes Verhalten auf der Beobachtung und Imitierung anderer Verhaltensweisen beruht.[1440] Im Fokus steht die Vermittlung und Aneignung von Kenntnissen, Werten, Normen und Verhaltensmustern, die zu einem regelgerechten Verhalten anleiten.[1441] Ein besonderer Stellenwert im Lernprozess kommt der Familie als primärer Sozialisationsinstanz zu.[1442] Sowohl bei der Klientel des herkömmlichen Jugendarrestes als auch der Jugendstrafe hat sich gezeigt, dass junge Delinquente häufig über konfliktreiche Familienverhältnisse verfügen, die sich etwa durch ein Getrenntleben der Eltern, vorangegangene Heimaufenthalte, Fremdunterbringungen oder Substanzmissbrauch kennzeichnen.[1443] Die nachfolgende Analyse beschränkt sich an dieser

---

1438 Bei 31 Verurteilten wurde § 16a JGG nicht vollstreckt oder es lagen keine Angaben vor.

1439 *Göppinger/Bock,* 2008, § 9 Rn. 31 ff. mit einem Überblick über die verschiedenen Formen der Lerntheorien; vgl. auch *Bock,* 2013, Rn. 139 ff.

1440 *Bock,* 2013, Rn. 143; *Göppinger/Bock,* 2008, § 9 Rn. 46 ff.

1441 *Göppinger/Bock,* 2008, § 9 Rn. 46.

1442 Vgl. *Schwind,* 2016, § 10 Rn. 1 f..

1443 Zur Jugendstrafe: *Lang,* 2007, S. 110 f.; zum Jugendarrest: *Eisenhardt,* 1989, S. 127; *Kobes/Pohlmann,* ZJJ 2003, 370 (374); *McKendry/Otte,* ZJJ 2014, 137; *Pfeiffer,* MSchrKrim 1981, 28 (36 f.); *Schwegler,* 1999, S. 228 ff.; zum insgesamt hohen Anteil an Heimaufenthalten unter Straffälligen auch *Göppinger/Bock,* 1997, S. 268 ff. jedoch mit Hinweis darauf, dass die kriminogene Wirkung des

Stelle auf einige ausgewählte, aus der Akte zu entnehmenden Variablen, die das soziale Umfeld des Jugendlichen umreißen sollen.

Ein Großteil der Probanden lebte im Zeitpunkt der Hauptverhandlung entweder mit beiden Eltern zusammen (36,0 %) oder wohnte nach der Trennung oder Scheidung der Eltern bei einem Elternteil (37,8 %) und lebten damit in strukturell unvollständigen Familien[1444].[1445] Entsprechend dem jungen Alter der Probanden war der Anteil derer, die bereits mit ihrem Partner zusammenwohnten oder über eine eigene Wohnung verfügten gering (s. Anhang Tabelle A3). 8,3 % der Verurteilten lebten bei Freunden, in einer Wohngemeinschaft oder bei Verwandten. Einige Arrestanten (6,5 %) waren in einem Heim, einer sozialtherapeutischen Wohngruppe oder im Rahmen stationärer Jugendhilfemaßnahmen fremduntergebracht. Dass der Jugendliche über keinen festen Wohnsitz verfügte oder in einer Asylbewerberunterkunft untergebracht war, war mit 1,4 % die Ausnahme. Hinweise auf familiäre Belastungen durch Alkohol- oder Drogenkonsum, ausgenommen die eigene Suchtproblematik des Jugendlichen, ergaben 7,9 % der Akten. Erwartungsgemäß waren die jungen Straftäter nahezu insgesamt (99,6 %) ledig. Lediglich ein Arrestant war im Zeitpunkt der Verurteilung bereits verheiratet. Eigene Kinder hatten 11 (4,0 %) Probanden.[1446]

Einen weiteren wichtigen Gesichtspunkt bildet die Frage, in welchem Maße die Jugendlichen bereits Unterstützung durch die Jugendbehörden nach dem SGB VIII erhalten haben. Aus Gründen der Verhältnismäßigkeit ist stets zu prüfen, ob der Zweck des Arrestes auch durch geeignete Jugendhilfemaßnahmen erreicht werden kann.[1447] Kommt es trotz bereits erfolgter Leistungen durch die Jugendhilfe zu einem normabweichenden

---

Heimaufenthalts unter Berücksichtigung der bestehenden Alternativen für Heimkinder nicht überschätzt werden dürfe.

1444 Mit der strukturellen Unvollständigkeit der Familie werden allgemein folgende Situationen umschrieben: Tod eines Elternteils oder beider Eltern, Trennung/Scheidung der Eltern; Nichtehelichkeit des Kindes bei unverheirateter Mutter, *Göppinger/Bock,* 1997, S. 258; mit den Wohnverhältnissen des Probanden bei einem Elternteil wird hier nur ein Element der strukturell unvollständigen Familienverhältnisse abgebildet.

1445 Bei *Schwegler,* 1999, S. 229 lebten 53,5 % der Dauerarrestanten mit den Eltern zusammen, zu 34,9 % lebten die Eltern getrennt oder waren geschieden.

1446 Auf Basis der IT-Daten zu 322 Arrestanten ergaben sich zum Familienstand und zur Anzahl eigener Kinder vergleichbare Werte: zwei Probanden (0,6 %, fehlende Werte: 1) waren verheiratet; 4,1 % (fehlende Werte: 7) hatten ein Kind zu versorgen.

1447 BT-Drucks. 17/9389, S. 12.

Verhalten des Jugendlichen, könnte die Erfolgslosigkeit der vorangegangenen Jugendhilfemaßnahme einen prognostischen Faktor bei die Entscheidung über die Verhängung des Warnschussarrestes darstellen. Von insgesamt 278 Verurteilten hatte knapp ein Drittel (28,8 %) in der Vergangenheit Hilfe zur Erziehung in einer Form nach dem SGB VIII erhalten. 9,0 %
der Untersuchungsgruppe befanden sich vor der Verurteilung zu
§ 16a JGG bereits in einem Heim oder in einer anderweitigen Jugendhilfeeinrichtung.[1448] Eine intensive sozialpädagogische Jugendhilfe gem.
§ 35 SGB VIII, die nach der Gesetzesbegründung insbesondere bei einem
Arrest nach § 16a Abs. 1 Nr. 3 JGG als vorrangige Maßnahme zum Zweck
der stationär erzieherischen Behandlung berücksichtigt werden soll, hatten
2,9 % der Verurteilten erfahren. Damit verbleibt jedenfalls eine Vielzahl
von Fällen, in denen das Gericht die Überlegung einer intensiven sozialpädagogischen Betreuung als mögliche Bewährungsweisung in die Entscheidung über die Verhängung des § 16a-Arrestes einzustellen hat. Für 14 Verurteilte (5,0 %) indiziert die mehrfache Inanspruchnahme verschiedener
Jugendhilfeleistungen einen erhöhten Erziehungsbedarf.

1448 *Schwegler*, 1999, S. 229 f. berichtet von einem Anteil an Probanden mit Heim-
erfahrung von 18,6 %.

Tabelle 15: Vorangegangene Jugendhilfemaßnahmen

	Häufig-keit	Gültige Prozente	Kumu-lierte Prozente
Keine	198	71,2	71,2
Soziale Gruppenarbeit § 29 SGV VIII	1	0,4	71,6
Erziehungsbeistandschaft § 30 SGB VIII	21	7,6	79,1
Heimerziehung/ betreute Wohnform/ stationäre Jugendhilfe § 34 SGB VIII	25	9,0	88,1
Intensive sozialpädagogische Einzelbe-treuung § 35 SGB VIII	8	2,9	91,0
Sonstiges[1449]	11	4,0	95,0
mehrere Jugendhilfemaßnahmen	14	5,0	100,0
Gesamt	278	100,0	

Sofern in der Vergangenheit Jugendhilfemaßnahmen zum Einsatz kamen, liegt es jedenfalls nahe, dass der Zweck des Warnschussarrestes durch die neuerliche Anordnung unterstützender Jugendhilfeleistungen nicht erreicht werden kann.

dd) Schulische und berufliche Situation

Weitere Faktoren, die allgemein im Zusammenhang mit einem delinquenten Verhalten stehen, sind ein geringes Schulniveau, der Eintritt eines Schulabbruchs sowie das Fehlen oder der vorzeitige Abbruch einer Berufsausbildung.[1450] Ein mögliches Erklärungsmodell hierfür bietet die Theorie des „labeling approach", die normabweichendes Verhalten nicht als ein der Person anhaftendes Merkmal, sondern als Ergebnis eines Definitions- und Zuschreibungsprozesses von Seiten der Gesellschaft versteht.[1451] Durch die selektive Normanwendung werden Zuschreibungsprozesse mit

---

1449 Unter „Sonstiges" wurden folgende Jugendhilfemaßnahmen zusammengefasst: sozialpädagogische Familienhilfe § 31 SGB VIII, Jugendhilfe in Form von Schulbegleitung, Hilfe zur Erziehung gem. § 27 SGB VIII.
1450 *Göppinger/Bock*, 1997, S. 272 ff., 277 ff.; *Walter/Neubacher*, 2011, Rn. 187.
1451 *Lamnek*, 2018, S. 223 f.; *Meier*, 2016, § 3 Rn. 91.

allgemein gesellschaftlicher Wirkung ausgelöst, die die Verhaltensmöglich-
keiten des Einzelnen begrenzen.[1452] Jugendliche, die den erwarteten schulischen Leistungen nicht nachkommen und über ein niedriges Bildungsniveau verfügen, könnten demnach von der Gesellschaft in eine Rolle des
Außenseiters und Delinquenten gedrängt werden, so dass sich das negative
Selbstbild des Jugendlichen verfestigt.[1453]

Vergleichbar mit den jugendstrafrechtlichen Erkenntnissen zur bisherigen Arrestpopulation[1454] und der Jugendstrafe[1455] verfügten die zu
§ 16a JGG verurteilten Arrestanten über ein geringes Maß an schulischer
und beruflicher Bildung. Zum Zeitpunkt der Hauptverhandlung waren
22,0 % der Probanden, die nicht mehr zur Schule gingen, ohne einen
Schulabschluss.[1456] Damit liegt der Anteil der nach § 16a-Verurteilten ohne
eine abgeschlossene schulische Ausbildung in der hiesigen Untersuchungspopulation unterhalb der von *Gernbeck* für das Bundesland Baden-Württemberg ermittelten Prozentwerte (31,4 %).[1457] Im Übrigen besaßen 3,9 %
der Probanden einen Förderschulabschluss und knapp die Hälfte einen
Hauptschulabschluss (49,4 %). 14,3 % der Verurteilten besuchten im Zeitpunkt der Hauptverhandlung noch die Schule, wobei sich dies zumindest
teilweise durch die Altersstruktur der Täterpopulation erklären lässt.

1452 *Lamnek,* 2018, S. 224.
1453 Vgl. *Göppinger/Bock,* 1997, S. 273.
1454 Nach der Studie von *Eisenhardt,* 1989, S. 128 verfügten 41,0 % der Dauerar-
    restanten über keinen Schulabschluss, überwiegend besuchten die Arrestanten
    die Hauptschule und weniger als 10 % hatten eine abgeschlossene Berufsaus-
    bildung. Ähnlich die Ergebnisse bei *Köhler/Bauchowitz/Weber* u.a., Praxis der
    Rechtspsychologie 2012, 90 (97): nur 51,9 % der Arrestanten verfügten über
    einen Schulabschluss; vgl. zu den schulischen und beruflichen Belastungsfak-
    toren der Arrestanten auch *Giffey/Werlich,* in: Jugendarrest und/oder Betreu-
    ungsweisung, 13 (31 ff.); *Möller,* ZfStrVO 1972, 45; *Schwegler,* 1999, S. 236 ff..
1455 *Geissler,* 1991, S. 119 berichtet von einem Drittel der in Jugendstrafhaft Inhaf-
    tierten ohne Schulabschluss; ebenso *Spieß,* MSchrKrim 1981, 296 (302), nach
    dessen Ergebnissen 32 % der jugendlichen Bewährungsprobanden ohne Schul-
    abschluss waren; vgl. im Übrigen auch *Grindel/Jehle,* in: FS für Rössner, 103
    (114 f.); *Lang,* 2007, S. 112 f.
1456 Ähnlich die Ergebnisse bei *Schwegler,* 1999, S. 236: dort waren 22,2 % der Be-
    fragten, die nicht mehr zur Schule gingen, ohne Schulabschluss.
1457 *Gernbeck,* 2017, S. 157.

Tabelle 16: Höchster Schulabschluss im Zeitpunkt der Hauptverhandlung

	Häufigkeit	Gültige Prozente	Kumulierte Prozente
ohne Schulabschluss	57	22,0	22,0
Sonder-/Förderschulabschluss	10	3,9	25,9
Hauptschulabschluss	128	49,4	75,3
mittlere Reife	25	9,7	84,9
Abitur/Fachhochschulreife	2	0,8	85,7
noch Schüler	37	14,3	100,0
Gesamt	259	100,0	

(fehlende Werte: 19)

Von 37 Probanden, die zum Zeitpunkt der Hauptverhandlung noch Schüler waren und bislang über keinen Schulabschluss verfügten, besuchten 16,2 % die Förderschule und 51,4 % die Hauptschule. Lediglich vier Probanden (10,3 %) waren Schüler des Gymnasiums oder der Fachoberschule und ein Proband besuchte eine soziale Einrichtung zur Vorbereitung des Schulabschlusses. 13,5 % der 37 Jugendlichen unterlagen weiterhin der Schulpflicht, hatten die Schule aber zwischenzeitlich ohne Abschluss verlassen. Bei zwei Probanden lagen keine Angaben zur Schulart vor.

Neben diesen 37 Schülern gab es drei weitere Probanden, die bereits über einen Schulabschluss verfügten und zur Zeit der Verurteilung eine höhere, weiterführende Schule besuchten sowie 13 Probanden, die nach einem erfolgreichen Schulabschluss ein Berufsvorbereitungs- bzw. Berufsgrundschuljahr absolvierten, an einer berufsvorbreitenden Bildungsmaßnahme teilnahmen oder zur Berufsschule gingen. Sechs Probanden nahmen ohne oder bei Unbekanntheit des Schulabschlusses am Berufsvorbereitungsjahr teil. Unter Berücksichtigung dieser Probanden, die eine weiterführende Schule besuchten oder an einem sonstigen schulischen Bildungsgang teilnahmen, erhöht sich die Anzahl der „noch Schüler" von 37 auf 59 Probanden, wobei Angaben zur Schulart anhand der Akteninformationen nur für 52 Probanden zur Verfügung standen.[1458] Insgesamt nah-

---

1458 Fünf Probanden, die im Zeitpunkt der Hauptverhandlung noch Schüler waren, hatten die Schule ohne Abschluss verlassen. Diese werden in Tabelle 17 der Gruppe der Arrestanten zugeordnet, die keinem Schulbesuch mehr nach-

men damit 19,3 % von 270 Probanden (fehlende Werte: 8) noch am Schulunterricht teil. Die Verteilung über die Art der besuchten Schule im Zeitpunkt der letzten Hauptverhandlung ergibt folgendes Bild:

Tabelle 17: Schulbesuch und Schulart im Zeitpunkt der Hauptverhandlung

	Häufig-keit	Gültige Prozente	Kumulierte Prozente
nein, da kein Schüler mehr/Schule ohne Abschluss verlassen	218	80,7	80,7
ja, Art der besuchten Schule:	52	19,3	100,0
Sonder-/Förderschule	6	11,5	11,5
Hauptschule	19	36,5	48,1
Realschule	1	1,9	50,0
Gymnasium/ Fachoberschule	6	11,5	61,5
BVJ/BGJ/Berufsschule/sonstiges[1459]	20	38,5	100,0
Gesamt	52	100,0	

(n= 270; fehlende Werte: 8)

Diejenigen Probanden, die zur Zeit der letzten Hauptverhandlung einem Schulbesuch nachkamen, besuchten überwiegend entweder die Hauptschule (36,5 %) oder nahmen an berufsvorbereitenden Bildungsmaßnahmen, beispielsweise in Form eines Berufsgrundschul- oder Berufsvorbereitungsjahres (38,5 %) teil.

Betrachtet man die in Tabelle 18 aufgeführte zuletzt ausgeübte Tätigkeit im Zeitpunkt der Hauptverhandlung, zeigt sich, dass 30,9 % der Probanden (n=275; fehlende Werte: 3) arbeitslos waren, wohingegen 18,2 % einer Beschäftigung im Rahmen eines Arbeitsverhältnisses nachgingen.[1460] Im

---

gehen. Unberücksichtigt bleiben zudem die beiden Probanden, für die aus der Akte zwar der Schülerstatus hervorging, Angaben zur Schulart jedoch fehlten. Damit reduziert sich die Anzahl der Porbanden mit einem „Schülerstatus" von 59 auf 52.

1459 Als sonstiges wurde der Besuch einer sozialen Einrichtung zur Vorbereitung eines Schulabschlusses gewertet, der sich in einem Fall ergab.

1460 Als Beschäftigung wurde jede Tätigkeit als Arbeiter/Arbeitnehmer in Voll- oder Teilzeit gewertet, sowie gleichfalls eine Anstellung auf 450-Euro Basis.

Vergleich zu vorangegangenen Jugendarreststudien, die zu einem Arbeitslosigkeitsanteil von 37 % bis 51 % gelangen,[1461] fiel der Anteil der arbeitslosen Probanden vorliegend geringer aus. Möglicherweise werteten die Jugendrichter die bestehende Arbeitslosigkeit als ein Indiz für die Ungeeignetheit des § 16a JGG, da der Jugendliche im Bewusstsein über den anstehenden Jugendarrestvollzug davon abgehalten werden könnte, sich um eine Ausbildung- oder Arbeitsstelle zu bemühen. Auffallend war des Weiteren der im Vergleich zu den Ergebnissen bei *Gernbeck* (7,8 %[1462]) hohe Anteil von 23,3 % der Probanden, die sich in einer Berufsausbildung befanden. Die übrigen Probanden absolvierten im Zeitpunkt der Verurteilung ein Praktikum (2,9 %), nahmen an einer Wiedereingliederungsmaßnahme zur beruflichen Reintegration des Arbeitsamtes teil (1,5 %) oder waren zu einem äußerst geringen Anteil selbstständig oder im Familienbetrieb tätig.

Tabelle 18: Zuletzt ausgeübte Tätigkeit im Zeitpunkt der Hauptverhandlung

	Häufigkeit	Gültige Prozente	Kumulierte Prozente
arbeitslos	85	30,9	30,9
Praktikum	8	2,9	33,8
Ausbildung	64	23,3	57,1
Arbeiter/Angestellter	50	18,2	75,3
selbstständig	2	0,7	76,0
noch Schüler/in	59	21,5	97,5
Wehr-/Zivildienst	1	0,4	97,8
Teilnahme an Wiedereingliederungsmaßnahme	4	1,5	99,3
Hilfe im Familienbetrieb	2	0,7	100,0
Gesamt	275	100,0	

(fehlende Werte: 3)

1461 *Eisenhardt*, 1989, S. 128: 51 %; *Gernbeck*, 2017, S. 158: 37 % der Urteilsarrestanten; *Schwegler*, 1999, S. 236: 45 %; von einer deutlich geringeren Arbeitslosenquote in Höhe von 20,3 % berichtet *Pfeiffer*, MSchrKrim 1981, 28 (36).
1462 *Gernbeck*, 2017, S. 158.

Schwächen im Bildungsniveau werden zudem deutlich, wenn man die Ausbildungssituation der Probanden betrachtet. Innerhalb der Gruppe von Arrestanten, die keiner schulischen Ausbildung mehr nachgingen, verfügten lediglich 15,4 % (n=214; fehlende Werte: 5, s. Anhang Tabelle A4[1463]) über eine abgeschlossene Ausbildung. Mehr als ein Drittel der Probanden (34,6 %) hatte keine Berufsausbildung, weitere 20,6 % der Verurteilten hatten in der Vergangenheit eine begonnene Lehre abgebrochen oder wurden vom Arbeitsgeber während der Ausbildung gekündigt.

Insgesamt unterscheidet sich die schulische und berufliche Bildungssituation der Warnschussarrestanten nicht spürbar von derjenigen der bisherigen Jugendarrestklientel[1464] und kann jedenfalls nicht als bedeutend schlechter bewertet werden. Ausbildungsabbrüche, Arbeitslosigkeit und eine niedrige Schulbildung stellen auch bei der Klientel des § 16a JGG soziale Belastungsfaktoren dar, bleiben aber im Bereich dessen, was zum Jugendarrest bekannt ist; im Bereich der Arbeitslosigkeit[1465] und Berufsausbildung[1466] zeigt sich sogar eine leicht positive Tendenz. Eine besonders schwerwiegende, defiziente Bildungslage lässt sich für die Untersuchungsgruppe nicht feststellen.

b) Strafrechtliche Vorbelastung

Bei der Wahl und Bemessung der zu verhängenden Sanktion spielt die strafrechtliche Vorauffälligkeit des Jugendlichen eine entscheidende Rolle.[1467] Geht es um die Verurteilung zu einer Jugendstrafe aufgrund schädlicher Neigungen gem. § 17 Abs. 2 Alt. 1 JGG stellt die strafrechtliche Vorbelastung des Jugendlichen einen Indikator für das Vorliegen kriminogener

---

1463 Die um eins kleinere Anzahl an Probanden in Berufsausbildung in Tabelle A4 gegenüber den Angaben in Tabelle 16 resultiert daraus, dass ein Proband im Zeitpunkt der Verurteilung seine zweite Ausbildunng absolvierte.

1464 Vgl. Fn. 1454, 1461 sowie *Gernbeck*, 2017, S. 157 f., die im Hinblick auf die Schulausbildung und Hauptbeschäftigung keine signifikanten Unterschiede zwischen § 16a-Arrestanten und Arrestanten mit einer Verurteilung gem. § 16 JGG feststellte.

1465 Anteil arbeitsloser Probanden in der hiesigen Studie: 30,9 %; bei *Gernbeck*, 2017, S. 158: 37,0 % der Urteilsarrestanten; *Schwegler*, 1999, S. 236: 45,0 %.

1466 *Gernbeck*, 2017, S. 158: 6,8 % der Urteilsarrestanten waren in Berufsausbildung; bei *Schwegler*, 1999, S. 236: 14,0 % Lehrlinge.

1467 *Sutterer/Spiess*, in: Rückfallforschung, 215 (232).

Persönlichkeitsmängel dar.[1468] Empirisch nachgewiesen ist, dass es mit der zunehmenden strafrechtlichen Auffälligkeit zu einer Sanktionseskalation im Sinne einer Verschärfung der verhängten Sanktion kommt, so dass unter dem Bedeutungsverlust von Tatschwere und bei unveränderter Qualität der Straftat vermehrt härtere Sanktionen ausgesprochen werden.[1469] Für die Koppelung von Jugendarrest und bedingter Jugendstrafe, die insbesondere bei einer Verbindung mit § 21 und § 61 JGG auf der Sanktionsleiter in die Nähe der zu vollstreckenden Jugendstrafe rückt, könnte dies eine erhöhte strafrechtliche Vorbelastung der Betroffenen bedeuten. Wenn auch davor gewarnt wird, die Vorbelastung des Täters aufgrund möglicher Veränderungen in den persönlichen Lebensumständen, die zu einem Abbruch krimineller Karrieren führen können, überzubewerten,[1470] bildet die Vorauffälligkeit in der Praxis einen zentralen Prognosefaktor für die Einschätzung des künftigen Legalverhaltens. Nach der Intention des Gesetzgebers zielt der Arrest nach § 16a JGG gerade auf junge Täter ab, die gegenüber der bisherigen Klientel des § 16 JGG deutlich höhere persönliche Defizite aufweisen.[1471] Zur Beurteilung, ob diese Annahme zumindest im Ausgangspunkt für die strafrechtliche Vorbelastung Bestätigung finden kann, wird die Häufigkeit, Art und Schwere der strafrechtlichen Vorbelastung der Probanden in Blick genommen, um diese anschließend den bundesweiten Erkenntnissen zur Klientel des bisherigen Jugendarrestes gegenüberzustellen. Als strafrechtliche Vorbelastung wird dabei jede der Entscheidung zu § 16a JGG vorgelagerte Verurteilung und Verfahrenseinstellung nach §§ 45, 47 JGG gewertet.[1472]

aa) Informationsquellen

Als Informationsquelle für die Ermittlung der strafrechtlichen Vorbelastung dienten zum einen die Bundeszentralregisterauszüge, sofern diese

---

1468 *Laue*, in: Meier/Rössner/Trüg/Wulf, JGG, § 17 Rn. 12; *Radtke*, in: MüKo-StGB, Bd. 6, § 17 JGG Rn. 37.

1469 *Heinz*, in: 21. JGT, 30 (38 ff.); *Löhr*, ZRP 1997, 280; *Schaffstein/Beulke/Swoboda*, 2014, Rn. 6 m.w.N.; *Walter/Neubacher*, 2011, Rn. 570.

1470 *Meier*, in: Meier/Rössner/Trüg/Wulf, JGG, § 21 Rn. 11.

1471 BT-Drucks. 17/9389, S. 12.

1472 Ob die vorangegangene strafrechtliche Reaktion vor der Anlasstat, die Gegenstand der Verurteilung zu § 16a JGG war, erfolgte, blieb bei der Einstufung als Vorbelastung außer Betracht. Zur Problematik der zeitlichen Abfolge von Anlasstat und Vorsanktion vgl. auch *Englmann*, 2009, S. 242.

den Strafverfahrensakten beilagen, zum anderen wurde auf die sonstigen Aktenbestandteile, die Auskunft über die kriminelle Vorbelastung des Täters geben, zurückgegriffen. Die Kombination dieser beiden Datenquellen bot sich an, da aufgrund entsprechender Vorstudien[1473] bekannt ist, dass eintragungspflichtige Entscheidungen nicht immer konsequent an die Registerbehörde gemeldet werden, und zeitlich erst kurz vor der Verurteilung zu § 16a JGG ergangene Vorverurteilungen möglicherweise noch nicht zur Registrierung im Bundeszentralregister geführt haben, dem Gericht im Zeitpunkt der Urteilsverkündung aber bereits bekannt waren. Nachdem die Bundeszentralregisterauszüge nur einem Teil der Strafakten beilagen, wurde für die Erfassung der Vordelinquenz der zu § 16a JGG verurteilten Täter eine gestufte Vorgehensweise gewählt: Primäre Datenquelle bildeten die Bundeszentralregisterauszüge. Daneben wurde das frühere strafrechtliche in Erscheinung Treten des Täters anhand der Angaben in der Urteilsbegründung sowie ergänzend aus der Anklage und den im Einzelfall vorliegenden Jugendgerichtshilfeberichten ermittelt, wobei bei Kontradiktionen die Auskünfte im Urteil zugrunde gelegt wurden. Schließlich wurden die Datenquellen abgeglichen. Sofern sich Widersprüche hinsichtlich der strafrechtlichen Vorbelastung laut Urteil und den Registerauszügen zeigten, wurde den Angaben der Datenquelle mit der höheren strafrechtlichen Vorbelastung Vorrang eingeräumt.

(1) Inhalt der Bundeszentralregisterauszüge

Die Heranziehung der Bundeszentralregisterauszüge, die für jede Person die Eintragungen im Zentralregister und Erziehungsregister[1474] wiedergeben, dient als klassischer Weg zur Ermittlung der strafrechtlichen Vorbelastung des Verurteilten. Das Zentralregister gibt Auskunft über alle strafgerichtlichen Verurteilungen deutscher Gerichte (§ 3 Nr. 1 BZRG). Zu den

---

1473 *Höffler*, 2008, S. 247; *Jehle/Heinz/Sutterer*, 2003, S. 23.
1474 Das am 01.01.1972 durch das Gesetz über das Zentralregister und Erziehungsregister (Bundeszentralregistergesetz -BZRG), BGBl. I 1971, S. 243 in der Fassung der Bekanntmachung vom 21. September 1984 (BGBl. I S. 1229, 1985 I S. 195), zuletzt geändert durch Artikel 2 Absatz 6 des Gesetzes vom 4. November 2016 (BGBl. I S. 2460), eingeführte Bundeszentralregister untergliedert sich gem. § 1 Abs. 1 BZRG in das Zentralregister und Erziehungsregister. Beide Register werden nachfolgend unter dem Begriff „Bundeszentralregister (BZR)" zusammengefasst. Geführt wird das Bundeszentralregister gem. § 1 Abs. 1 BZRG durch das Bundesamt für Justiz.

eintragungspflichtigen Entscheidungen zählen gem. § 4 BZRG die Verurteilung zu einer Jugend- oder Freiheitsstrafe, einer Geldstrafe, die Anordnung einer Maßregel der Besserung und Sicherung, die Verwarnung mit einem Strafvorbehalt nach § 59 StGB sowie der Ausspruch der Schuldfeststellung gem. § 27 JGG.[1475] Demgegenüber sind frühere Sanktionierungen durch Erziehungsmaßregeln oder Zuchtmittel gem. § 60 Abs. 1 Nr. 2 BZRG in das Erziehungsregister einzutragen, soweit sie nicht gem. § 5 Abs. 2 BZRG in Verbindung mit einem Schuldspruch nach § 27 JGG, einer Verurteilung zu einer Jugendstrafe oder der Anordnung einer Maßregel der Besserung und Sicherung ergehen. Demzufolge wird die Anordnung eines § 16a-Arrestes nicht im Erziehungsregister, sondern im Zentralregister erfasst. Ebenfalls zur Eintragung in das Erziehungsregister gelangen nach § 60 Abs. 1 Nr. 3, 7 JGG Diversionsentscheidungen nach §§ 45, 47 JGG sowie der Erlass eines Schuldspruchs nach § 27 JGG, wenn dieser nach §§ 13 Abs. 2 S. 2 Nr. 2 BZRG i.V.m. § 31 Abs. 2, § 66 JGG in eine in das Erziehungsregister einzutragende Entscheidung einbezogen wird.[1476] Wird der Schuldspruch nach erfolgreichem Ablauf der Bewährungszeit gem. § 30 Abs. 2 JGG getilgt, so ist er gem. § 13 Abs. 2 S. 2 Nr. 1 BZRG aus dem Bundeszentralregister zu entfernen und gelangt im Umkehrschluss zu § 60 Abs. 1 Nr. 3 BZRG auch nicht mehr zur Eintragung ins Erziehungsregister.[1477] Hierdurch entstehende Informationsverluste waren bei der Vorbelastungsermittlung unvermeidbar, zugleich jedoch als geringfügig einzustufen und akzeptabel, da das Gericht im Rahmen der Strafzumessungserwägungen gem. §§ 51 Abs. 1, 63 Abs. 4 BZRG getilgte und tilgungsreife Registereintragungen nicht mehr verwerten darf.

Keine Informationen enthält das Bundeszentralregister über vorangegangene Verfahrenseinstellungen nach § 170 Abs. 2 StPO und §§ 153, 153a, 153b StPO.[1478] Diese werden länderübergreifend ausschließlich im Zentra-

---

1475 Bei der Anwendung von Jugendstrafrecht ist die Verurteilung zu einer Geldstrafe nach §§ 40 ff. StGB als Sanktionsfolgen wegen dessen spezifisch erzieherischen Zielsetzung nicht vorgesehen; *Laubenthal/Baier/Nestler*, 2015, Rn. 416. Infolgedessen verbleibt auch für die Verwarnung mit einem Strafvorbehalt nach § 59 StGB im Jugendstrafrecht kein Anwendungsbereich.

1476 Zu den weiteren Entscheidungen, die ins Erziehungsregister einzutragen sind siehe § 60 BZRG.

1477 *Tolzmann/Götz*, 2015, § 60 Rn. 12.

1478 *Heinz*, in: Rückfallforschung, 11 (29); zur Anwendung von §§ 153, 153a StPO im Jugendstrafrecht *Blessing/Weik*, in: Meier/Rössner/Trüg/Wulf, JGG, § 45 Rn. 10 ff.; *Eisenberg*, 2017, § 45 Rn. 10 f., 11 f.; *Laubenthal/Baier/Nestler*, 2015, Rn. 310 f., die eine Anwendung der §§ 153, 153a StPO zur Vermeidung der Schlechterstellung gegenüber Erwachsenen befürworten.

len Staatsanwaltschaftlichen Verfahrensregister (ZStV)[1479] aufgelistet, dessen Inhalt für wissenschaftliche Forschungszwecke nicht zur Verfügung steht.[1480] Auskünfte aus dem ZStV dürfen gem. § 492 Abs. 3 S. 2 StPO nur den Strafverfolgungsbehörden für Zwecke eines Strafverfahrens erteilt werden, so dass eine Datenverwendung zu wissenschaftlichen Forschungszwecken nach der geltenden Rechtslage unzulässig ist. Ebenfalls nicht zur Eintragung ins Bundeszentralregister gelangen Einstellungen nach § 31a, § 37 Abs. 1, 2 i.V.m. § 38 Abs. 2 BtMG, die im Bereich der Betäubungsmitteldelikte gegenüber den Einstellungsbestimmungen in §§ 45, 47 JGG als vorrangig angesehen werden[1481] und im Jugendstrafrecht eine nicht zu vernachlässigende Stellung einnehmen.[1482] Die Nichtberücksichtigung vorgenannter Verfahrenseinstellungen erschien vorliegend hinnehmbar, da das Gericht die strafrechtliche Vorbelastung des Täters im Zeitpunkt der Urteilsverkündung maßgeblich anhand der im Bundeszentralregister eingetragenen Entscheidungen misst. In einigen seltenen Ausnahmefällen war der Akte die Verfahrensliste der zuständigen Staatsanwaltschaft beigefügt, welche Auskunft über alle gegen den Beschuldigten eingeleiteten Strafverfahren und die Art ihrer Erledigung gibt. Die staatsanwaltschaftliche Verfahrensliste enthält gegenüber dem Bundeszentralregister weitreichendere Informationen zu Einstellungen nach §§ 153, 153a, 154, 154a StPO und § 170 Abs. 2 StPO differenziert nach dem Vorliegen eines Verfahrenshindernisses oder der Nichterweisbarkeit der Tatbestandsverwirklichung.[1483] Die Eintragungen in der staatsanwaltschaftlichen Verfahrensliste blieben in der vorliegenden Untersuchung aus zweierlei Gründen unberücksichtigt. Zum einen wird die staatsanwaltschaftliche Verfahrensliste am Ort

---

1479 Das ZStV wurde durch Art. 4 Nr. 11 des Verbrechensbekämpfungsgesetzes vom 28. Oktober 1994 (BGBl. I 1994, S. 3186) eingeführt und Anfang 1999 in Betrieb genommen; *Heinz*, in: Rückfallforschung, 11 (26 f.). Mit Inkrafttreten des Gesetzes zur Errichtung und zur Regelung der Augaben des Bundesamts für Justiz vom 17. Dezember 2006 (BGBl. I 2006, S. 3171) wird das ZStV seit dem 1. Januar 2007 durch das Bundesamt für Justiz geführt, siehe § 492 Abs. 1 StPO.
1480 *Heinz*, in: Rückfallforschung, 11 (27).
1481 *Laubenthal/Baier/Nestler*, 2015, Rn. 312; *Brunner/Dölling*, 2018, § 45 Rn. 5; *Sommerfeld*, in: Ostendorf, JGG, 10. Aufl., § 45 Rn. 8; a.A. *Paul*, 2005, S. 164 ff., der §§ 45, 47 JGG Vorrang gegenüber § 31a BtMG einräumt; für ein Ermessen hinsichtlich § 31a BtMG *Blessing/Weik*, in: Meier/Rössner/Trüg/Wulf, JGG, § 45 Rn. 14.
1482 Zur praktischen Relevanz der Verfahrenseinstellungen nach § 31a BtMG im Jugendstrafrecht *Paul*, 2005, S. 164 m.w.N.
1483 *Englmann*, 2009, S. 170.

der jeweiligen Staatsanwaltschaft geführt und kann naturgemäß nur die Straffälligkeit einer Person innerhalb dieses räumlich-sachlichen Zuständigkeitsbereichs abbilden.[1484] Zum anderen war deren Vorliegen die große Ausnahme. Die Wertung der dortigen Eintragungen als strafrechtliche Vorbelastung hätte bei Probanden mit einem Verfahrenslistenauszug zum einem zu einem zahlenmäßigen Ungleichgewicht der früheren Straffälligkeit gegenüber denjenigen Probanden geführt, für die kein Verfahrenslistenauszug vorlag. Zum anderen dürfen eingestellte Verfahren nur in umgrenzten Maße als Vorstrafe gewertet werden.[1485] Nicht repräsentiert werden im Bundeszentralregister ferner Verfahrensbeschränkungen nach §§ 154, 154a StPO. Wurde in einem vorangegangenen Verfahren gem. § 154 StPO von der Strafverfolgung einer Tat i.S.v. § 264 StPO oder gem. § 154a StPO von einzelnen Tatteilen bzw. Gesetzesverletzungen abgesehen, da diese gegenüber der zu erwartenden Strafe nicht beträchtlich ins Gewicht fallen, so ist die Anzahl der verwirklichten Straftatbestände bei der Darstellung der Vordelinquenz im Allgemeinen unterschätzt.

Einbußen sind bei der Ermittlung der strafrechtlichen Vorbelastung auf Basis der Registerauszüge zudem aufgrund der durchwachsenen Meldemoral bei der Datenübermittlung an das Bundeszentralregister, der im Dunkelfeld verbleibenden Straftaten, potenzieller Eintragungsfehler sowie der gesetzlichen Tilgungsbestimmungen in §§ 45 ff., 63 BZRG hinzunehmen.[1486] Gerade bei Einstellungen nach §§ 45, 47 JGG ist in der Praxis zu befürchten, dass eine Übermittlung an das Bundeszentralregister nur unvollständig erfolgt.[1487] Nicht in die Vorbelastungsermittlung fließen weiterhin die Taten ein, die zwar bereits vor der Verurteilung zu § 16a JGG begangen wurden, aber erst später entdeckt oder abgeurteilt wurden. Infolge vorgenannter Einschränkungen kann die strafrechtliche Vorbelastung der zu § 16a JGG verurteilten Personen anhand der Bundeszentralregisterauszüge und den Strafverfahrensakten nicht vollständig abgebildet werden, so dass die Vorbelastung der Täter im Rahmen der Auswertung tendenziell unterrepräsentiert ist.

Inhaltlich enthalten die Bundeszentralregisterauszüge gem. § 5 Abs. 1 BZRG die wesentlichen Personendaten des Betroffenen, Anga-

---

1484 *Englmann*, 2009, S. 175.
1485 *Fischer*, 2017, § 46 Rn. 40 ff. m.w.N.
1486 Ausführlich zu diesen Einschränkungen im Rahmen der Rückfalluntersuchung Teil 2 F.III.4. sowie *Harrendorf*, 2007, S. 114 ff., 128 ff.; *Köberlein*, 2006, S. 168 ff.
1487 Vgl. *Heinz*, ZJJ 2004, 35 (41); *Heinz/Hügel*, 1986, S. 25.

ben zum entscheidenden Gericht, zum Zeitpunkt der letzten Tat, zum Tag des ersten Urteils und zur Rechtskraft des Urteils. Einzutragen sind darüber hinaus die rechtliche Tatbezeichnung unter Benennung der angewandten Strafvorschriften sowie die verhängte Sanktion. Hinsichtlich der Sanktion konnte den Registerauszügen zum Teil nur die allgemeine Bezeichnung der Rechtsfolge entnommen werden, während die konkret angeordnete Maßnahme unbekannt blieb. So fand sich z.B. bei der Ahndung einer Tat mit einer richterlichen Weisung gem. § 10 JGG nur der allgemeine Hinweis auf eine richterliche Weisung ohne nähere Konkretisierung der Weisungsform, so dass auf eine weitere inhaltliche Differenzierung von vornherein verzichtet werden musste. Bei der Verhängung einer Auflage wird im Bundeszentralregister hingegen die konkrete Form der in § 15 Abs. 1 S. 1 JGG abschließend aufgelisteten Maßnahmen angegeben. Für eine einheitliche Erfassung der Weisungen und Auflagen und um eine Fehlgewichtung innerhalb der Vorsanktionen zu vermeiden, wurde auch bei der Verhängung von Auflagen keine Unterscheidung nach der Art der Auflage vorgenommen. Dies hat zur Folge, dass mehrere Auflagen, die in einem früheren Verfahren nebeneinander gegen den Jugendlichen ausgesprochen wurden, nur als eine Vorsanktion gewertet werden. Schwierigkeiten bei der Erfassung der Vorsanktion ergaben sich zudem bei Registereinträgen, welche die Erbringung von Arbeitsleistungen zum Gegenstand hatten. Infolge der wortlautgleichen Formulierung in § 10 Abs. 1 S. 3 Nr. 4 JGG und § 15 Abs. 1 S. 1 Nr. 4 JGG war bei einer fehlender Aufnahme der gesetzlichen Vorschrift in die angewendeten Strafvorschriften keine exakte Zuordnung der Maßnahme in die Kategorie der Weisungen oder Auflagen möglich. Vor dem Hintergrund, dass bei erteilten Weisungen im BZR nur der Vermerk einer richterlichen Weisung aufgenommen wird, wurden Voreintragungen mit der Bezeichnung Arbeitsleistung als Auflage gewertet. Lagen der Akte mehrere Registerauszüge bei, wurde der zeitlich späteste vor der Verurteilung zu § 16a JGG liegende Auszug ausgewertet. Die Anzahl und Art der Straftaten, welche den Vorverurteilungen zugrunde lagen, wurden anhand der im Bundeszentralregister als Freitext[1488] vermerkten Tatbezeichnung in Zusammenschau mit den angewandten Strafvorschriften erfasst. Die Eintragungen im Bundes-

---

1488 Im BZR werden die der Entscheidung zugrundliegenden Delikte zum einen anhand der angewandten Strafvorschriften erfasst, zum anderen wird in einem Freitextfeld die Bezeichnung der Tat angegeben wie sie in der Urteilsformel enthalten ist. Letztere ist für eine maschinenlesbare nummerischen Auswertung im Prinzip nicht nutzbar, hierzu *Hohmann-Fricke*, 2013, S. 58.

zentralregister wiesen nicht selten eine Vielzahl unterschiedlicher Delikte auf. Um diese in ihrer Komplexität möglichst genau zu erfassen, wurde jeder verwirklichte Straftatbestand unabhängig davon, ob in Tateinheit (§ 52 StGB) oder Tatmehrheit (§ 53 StGB) stehend, in die Zählung aufgenommen.[1489] Eine alternative Zählweise, bestehend darin, nur jeden mindestens einmal verwirklichten Deliktstatbestand oder das schwerste Delikt der Vorverurteilung zu erfassen, hätte zu einer Verzerrung der tatsächlich begangenen Straftaten und einem undifferenzierten Abbild der strafrechtlichen Vorbelastung geführt. So kann es für die Verhängung eines Arrestes nach § 16a JGG einen erheblichen Unterschied machen, ob der Täter in der Vergangenheit bereits wegen Diebstahls in 15 Fällen oder wegen eines Diebstahls strafrechtlich in Erscheinung getreten ist. Gleichwohl ist aus anderen Studien die Schwierigkeit bekannt, dass die Vorschriften des Allgemeinen Teils des StGB bei den angewendeten Strafvorschriften in der Mitteilung an das Bundeszentralregister oft nur unvollständig eingetragen sind und eine Zuordnung der in Ideal- und Realkonkurrenz stehenden Straftaten nicht einheitlich möglich ist.[1490] Die Meldung zum Bundeszentralregister sieht für die einzutragenden Vorschriften keine bestimmte Reihenfolge vor.[1491] Liegen der Entscheidung mehrere in Ideal- oder Realkonkurrenz (§§ 52, 53 StGB) stehende Straftaten zu Grunde, so werden die Konkurrenzvorschriften teilweise am Ende der Normkette angehängt, so dass sich nicht klären lässt, welche der zuvor genannten Delikte in Tateinheit und welche in Tatmehrheit verwirklicht wurden.[1492] Dieser Zuordnungsproblematik wurde vorliegend versucht dadurch Rechnung zu tragen, dass jede Straftat einzeln gezählt wurde, unabhängig davon, ob sie in Tateinheit oder Tatmehrheit verwirklicht wurde. Dies schließt selbstverständlich nicht aus, dass es infolge unerkannter Fehleintragungen zu Verzerrungen in der Deliktserfassung kommt. So fand sich im Bundeszentralregister z.B. folgende Eintragung:

Tatbezeichnung:	Diebstahl
Angewendete Vorschriften:	StGB § 242 Abs. 1, § 243 Abs. 1 S. 2 Nr. 1, § 243 Abs. 1 S. 2 Nr. 2, § 21

1489 Vgl. zu dieser Vorgehensweise *Gernbeck*, 2017, S. 100 Fn. 630. Wurde der Angeklagte beispielsweise wegen „Diebstahl in 5 Fällen" verurteilt, so wurde die Zahl 5 vermerkt.

1490 Vgl. *Harrendorf*, 2007, S. 130 f.; *Heinz*, ZJJ 2004, 35 (41); *Weigelt*, 2009, S. 65 f..

1491 *Köhler*, 2012, S. 89.

1492 *Weigelt*, 2009, S. 66; vgl. auch *Harrendorf*, 2007, S. 130.

Die Verwirklichung des besonders schweren Falls des Diebstahls findet hier keinen Eingang in die Tatbezeichnung. Dies entspricht dem rechtlichen Umstand, dass die Verwirklichung eines besonders schweren Falles als Strafzumessungsaspekt nicht Teil der rechtlichen Bezeichnung der Tat i.S.v. § 260 Abs. 4 S. 1, 2 StPO ist. Obgleich Fehleintragungen hier nicht mit Sicherheit auszuschließen sind, wurde unter Rückgriff auf die in den angewandten Strafvorschriften zitierten Normen ein besonders schwerer Fall des Diebstahls angenommen. Soweit es sich um ein in die Verurteilung zu § 16 a JGG einbezogenes Urteil handelte, welches der Akte beilag oder Eingang ins Urteil fand, konnte die zugrundeliegende Tat anhand des Urteils verifiziert werden. Deutlicher wird das Problem bei mehreren zusammentreffenden Delikten. Begeht der Täter drei in Tatmehrheit zueinander stehende Diebstähle, so wird im Register ebenfalls die Tatbezeichnung Diebstahl geführt und § 243 StGB in die Liste der angewendeten Strafvorschriften aufgenommen.

Tatbezeichnung:	Gemeinschaftlicher Diebstahl in drei tatmehrheitlichen Fällen
Angewendete Vorschriften:	StGB § 242 Abs. 1, § 243 Abs. 1 Satz 2 Nr. 1, § 25 Abs. 2, § 53

Unklar bleibt hier anhand der Eintragung, ob der Täter bei allen drei Tatbegehungen das Regelbeispiel gem. § 243 Abs. 1 S. 2 Nr. 1 StGB verwirklicht hat. Aufgrund der Nichtaufklärbarkeit wurde bei der Datenerfassung jede Tat als besonders schwerer Fall des Diebstahls gewertet, wodurch eine Überschätzung der strafrechtlichen Vorbelastung des Täters nicht auszuschließen ist. Eine gleichgelagerte Problematik ergab sich bei der Zuordnung von §§ 247, 248a StGB bei mehreren begangenen Einzeldelikten.[1493]

Verzichtet wurde bei der Erfassung der früheren Delikte wegen der Uneinheitlichkeit und Zuweisungsschwierigkeit einzelner allgemeiner Strafvorschiften zu einem bestimmten Delikt auf eine Differenzierung zwischen Vollendung und Versuch, der Tatbeteiligungsform und der Erfassung minderschwerer Fälle. Liegt der Verurteilung beispielsweise eine Beihilfehandlung zugrunde, so ist die Teilnahmeform gem. § 260 Abs. 4 S. 1, Abs. 5 StPO sowohl in die rechtliche Bezeichnung der Tat als auch in die

---

[1493] z.B. Tatbezeichnung: Unterschlagung in Tatmehrheit mit gemeinschaftichem Diebstahl in zwei tatmehrheitlichen Fällen; Angewendete Vorschriften: StGB §§ 242, 248a, 246, 25 Abs. 2, 53. Dabei wurde jeder Diebstahl als §§ 242, 248a gewertet.

Liste der angewandten Strafvorschriften aufzunehmen. Dennoch offenbarte die Aktenanalyse, dass sich zwischen den aufgelisteten Strafvorschriften und der Tatbezeichnung Diskrepanzen ergeben können. Aus Gründen der Einheitlichkeit und um bei der späteren Deliktsschwerebestimmung anhand des Indexwertes einen uniformen Maßstab zu Grunde zulegen, wurde davon Abstand genommen bei der Vordelinquenz zwischen Vollendung und Versuch, der Beteiligungsform und dem Vorliegen eines minderschweren Falles zu unterscheiden.

Schließlich stellte sich im Rahmen der Akteneinsicht heraus, dass die Tatbezeichnung und die zitierten Strafvorschriften nicht immer kompatibel waren. Dies zeigt folgendes Exempel (Fall 149):

Tatbezeichnung: versuchter Diebstahl mit Waffen
Angewendete Vorschriften: StGB § 224, § 22, § 23 Abs. 1 StGB

Sofern diese Problematik aufkam, konnte das wesentliche Ergebnis der Ermittlungen in der Anklageschrift zur Bestimmung der strafrechtlichen Vorauffälligkeit des Angeklagten herangezogen werden.

(2) Vorbelastungsermittlung anhand der Akte

Lag der Strafakte kein Registerauszug bei, bildeten die Ausführungen in der Urteilsbegründung, die Anklageschrift(en) und der im Einzelfall beiliegende Jugendgerichtshilfebericht die Grundlage für die Feststellung der kriminellen Vorbelastung des Täters. Nicht in allen Fällen konnte die Anzahl und Art der früheren Sanktionen sowie die der früheren Entscheidung zugrundeliegenden Delikte exakt ermittelt werden. Vereinzelt fand sich im Urteil nur der Hinweis, dass der Jugendliche bereits „mehrfach strafrechtlich in Erscheinung getreten ist" oder die strafrechtlichen Vorauffälligkeiten wurden ohne Nennung der verwirklichten Straftatbestände und ohne konkrete Daten lediglich grob skizziert. Von vornherein nur anhand des Aktenmaterials feststellbar war eine Straffälligkeit des Probanden in strafunmündigem Alter.

bb) Anzahl der Registereinträge und Vorbelastung nach Aktenlage

Ein Bundeszentralregisterauszug lag den Akten zu 34,5 % (n=278) bei. Der Abgleich zwischen den Eintragungen im Bundeszentralregister und den

Vorsanktionen laut Akte für die Probanden, für die ein Registerauszug zur Verfügung stand, offenbarte, dass die dortigen Angaben und die Vorbelastung nach Aktenlage in elf Fällen divergierten. Sofern Diskrepanzen in der Vorbelastungsanzahl feststellbar waren, ergab sich aus den Akten zumeist ein höherer Wert. Erstaunlich war, dass drei Urteile eine geringere Vorsanktionierung enthielten als sie sich aus den beiliegenden Registerauszügen ergab. In drei Fällen ermöglichten es die Angaben im Bundeszentralregisterauszug die unpräzisen Informationen zur strafrechtlichen Vorbelastung aus dem Urteil auszugleichen. Für die weitere Auswertung wird jeweils der höhere Vorbelastungswert zugrunde gelegt. Insgesamt verfügten 88,5 % der Probanden über mindestens eine strafrechtliche Vorverurteilung oder Einstellungsentscheidung nach §§ 45, 47 JGG, wohingegen 11,5 % der Verurteilten als Ersttäter noch nicht strafrechtlich in Erscheinung getreten waren.

Tabelle 19: Vorbelastung – dichotom

	Häufigkeit	Gültige Prozente	Kumulierte Prozente
nein	32	11,5	11,5
ja	246	88,5	100,0
Gesamt	278	100,0	

Im Durchschnitt wiesen die untersuchten Personen 2,68 Vorverurteilungen einschließlich Einstellungen nach §§ 45, 47 JGG auf.[1494] Die Anordnung eines Warnschussarrestes kam damit überwiegend bei Tätern zur Anwendung, die bereits wiederholt strafrechtlich auffällig waren. Der Spitzenwert lag bei acht Voreintragungen, wobei der Anteil an Probanden, mit fünf und mehr vorangegangenen jugendrichterlichen Entscheidungen bzw. Einstellungen (6,2 %; 17 von 277) die Minderheit bildete.

1494 Median: 3,0; Modus: 2; SD: 1,70; n=277; fehlende Werte: 1. Für einen Probanden stand anhand des Akteninhalts fest, dass dieser bereits strafrechtlich vorbelastet war; die Anzahl aller vorangegangenen Sanktionen war hingegen unbekannt. Eintragungen in ein ausländisches Bundeszentralregister wurden bei der Vorstrafenermittlung ebenfalls berücksichtigt, wobei nur ein Proband bereits in Tschechien wegen Raubes zu einer Freiheitsstrafe von 1 Jahr 3 Monaten mit Bewährung verurteilt wurde. Bei der Vergabe des Sanktionsschwereindex wurde dies als Freiheitsstrafe mit Bewährung gewertet.

Tabelle 20: Anzahl früherer Verurteilungen einschließlich Einstellungen gem. §§ 45, 47 JGG

	Häufigkeit	Gültige Prozente	Kumulierte Prozente
keine	32	11,6	11,6
eine	38	13,7	25,3
zwei	65	23,5	48,7
drei	56	20,2	69,0
vier	47	17,0	85,9
fünf	22	7,9	93,9
sechs	13	4,7	98,6
sieben	3	1,1	99,6
acht	1	0,4	100,0
Gesamt	277	100,0	

(fehlende Werte: 1)

Kreuztabelliert man die Häufigkeit der Vorverfahren mit der Altersstufe der Probanden, zeigt sich, dass Heranwachsende vor der Verurteilung zu § 16a JGG häufiger in Kontakt mit der Staatsanwaltschaft und dem Gericht standen als Jugendliche. Dieser Unterschied erwies sich als statistisch signifikant (p=0,000)[1495] und ist dadurch erklärbar, dass die Wahrscheinlichkeit

---

1495 Die Überprüfung der statistischen Signifikanz erfolgte mittels des Mann-Whitney-U-Tests, da die Anzahl der Vorverurteilungen als abhängige Variable nicht normalverteilt war. Neben der Berechnung von Kurtosis und Schiefe, die vorliegend im Bereich von ± 1,96 lagen (Kurtosis: -0,313; Schiefe: 0,331; n=277; fehlende Werte: 1), stellt der Kolmogorov-Smirnov-Test ein gebräuchliches Verfahren zur Überprüfung der Normalverteilung dar; *Bühl*, 2012, S. 402 f.. Die Prüfung der Normalverteilung mittels des Kolmogorov-Smirnov-Tests mit Signifikanzkorrektur nach Lilliefors ergab einen p-Wert von 0,000. Dies bedeutet, dass die Nullhypothese über die Normalverteilung verworfen werden kann und folglich von keiner Normalverteilung auszugehen ist, *Brosius*, 2013, S. 405. Allerdings ist der Kolmogorov-Smirnov-Test bei Stichproben n >100 mit dem Risiko belastet, dass selbst geringste Abweichungen berücksichtigt werden und die Annahme der Normalverteilung folglich fehlerhaft zurückgewiesen wird, *Wittenberg/Cramer/Vicari*, 2014, S. 160. Dennoch ist der Kolmogorov-Smirnov Test nach *Brosius*, 2013, S. 405 auch bei großen Stichproben gut geeignet. Zur Absicherung des Ergebnisses wurden ein Box-Plot sowie ein

von Vorbelastungen mit zunehmenden Alter ansteigt. Jugendliche mit einer hohen strafrechtlichen Vorbelastung von sechs oder mehr Vorentscheidungen bildeten bei der Sanktionierung gem. § 16a JGG insgesamt die Ausnahme.

Abbildung 7: Anzahl früherer Strafverfahren nach der Altersgruppe

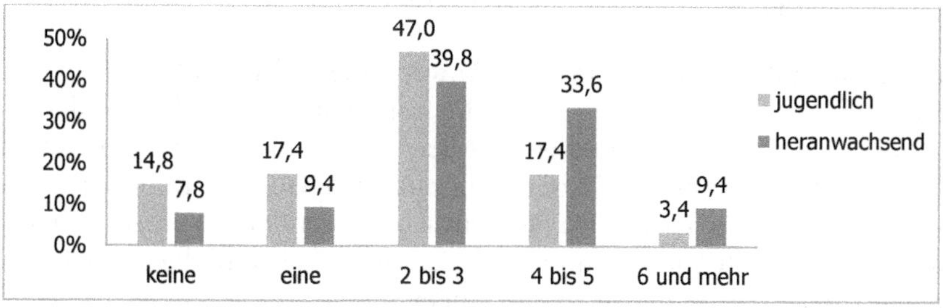

(n=277; fehlende Werte: 1)

Sowohl innerhalb der Gruppe der Jugendlichen als auch der Heranwachsenden hatten die meisten Probanden zwei bis drei Vorsanktionen aufzuweisen. Die dominierende Rolle dieser Vorbelastungshäufigkeit und die zunehmende Anzahl an Vorsanktionen bei Heranwachsenden findet sich auch in den bundesweiten Forschungsergebnissen zur Anwendung des § 16a JGG wieder, wobei dort das Gefälle zwischen Jugendlichen mit zwei und drei Vorsanktionen (34,9 %) und der Gruppe mit vier bis fünf früheren Entscheidungen (18,3 %) etwas weniger stark ausgeprägt ist.[1496] Die Jugendrichter an den bayerischen Gerichten halten die Sanktionskoppelung an erster Stelle vor allem bei Heranwachsenden mit mehr als zwei Vorsanktionen für zweckmäßig. In diese Richtung zielen auch die Ergebnisse der Richterbefragung, in der 87,7 % der Teilnehmer (n=106; fehlende Wer-

---

Normalverteilungs- und trendbereinnigtes Normalverteilungsdiagramm erstellt. Im trendbereinigten Normalverteilungsdiagramm war keine Anordnung der Punkte um die waagrechte Linie durch den Nullpunkt zu erkennen. Dies lässt den Schluss zu, dass es sich um keine Normalverteilung handelt, vgl. *Wittenberg/Cramer/Vicari*, 2014, S. 157. Mangels Normalverteilung der abhängigen Varibalen und der zugleich dichotomen Ausprägung der Alterstufe kam zur Überprüfung der Unterschiedshypthese der Mann-Whitney-U-Test zur Anwendung, welcher überprüft, ob sich die mittleren Ränge der beiden untersuchten Teilgruppen statistisch signifikant voneinander unterscheiden; siehe *dies.*, 2014, S. 230 ff.

1496 *Klatt/Ernst/Höynck u.a.*, 2016, S. 73.

te: 2) die Verhängung eines Warnschussarrestes bei einer mehrfachen strafrechtlichen Vorbelastung als (eher) geeignet ansahen, während der Anwendung auf Gelegenheitstaten, die originär dem Anwendungsbereich des § 16 JGG zuzuordnen sind, nur 12,5 % zustimmten.

cc) Straffälligkeit in strafunmündigem Alter

In 22 Fällen (7,9 %) fand § 16a JGG Anwendung auf jugendliche Ersttäter. Dies gab Anlass zu hinterfragen, ob die kriminelle Vorauffälligkeit des Jugendlichen in strafunmündigem Alter unter 14 Jahren (§ 19 StGB, § 2 Abs. 2 JGG) bei der Sanktionierung mit § 16a JGG eine Rolle spielt. So wurde dem Arrest nach § 16a JGG etwa bei jugendlichen Intensivtätern, die bereits im Alter der Strafmündigkeit mehrfach auffällig wurden, ein potentieller Anwendungsspielraum eingeräumt.[1497]

Die Berücksichtigung rechtswidriger Taten aus der Kindheit bei der Feststellung der für die Jugendstrafe wegen schädlicher Neigungen erforderlichen erheblichen Persönlichkeitsmängel stößt in der Literatur überwiegend auf Ablehnung, da im Hinblick auf die Unschuldsvermutung aus Art. 20 GG, Art. 6 EMRK lediglich abgeurteilte Vortaten als Maßstab für die Beurteilung schädlicher Neigungen dienen können und eine Entscheidung unter Berücksichtigung des kinderdelinquenten Vorverhaltens mit der Gefahr einer tatschuldübersteigenden Strafe behaftet ist.[1498] Der Erziehungsgedanke darf somit nicht zur Umgehung des strafrechtlich Zulässigen führen.[1499] Nach einer Untersuchung von *Bottke* ist ein kinderdelinquentes Vorverhalten in der Praxis aber sowohl bei der Anklageerhebung und dem Antrag der Staatsanwaltschaft auf Erkennung einer Jugendstrafe gem. § 17 Abs. 2 Alt. 1 JGG als auch bei der Entscheidungsfindung des Jugendrichters über die Verhängung der selbigen von Relevanz.[1500]

Hinweise auf ein delinquentes Vorverhalten in strafunmündigem Alter fanden sich anhand des Aktenmaterials zu zehn jugendlichen Probanden

1497 Deutscher Richterbund, Stellungnahme Nr. 16/12 vom 23.05.2012, S. 5.
1498 *Bottke*, in: FS für Geerds, 263 (291); *Eisenberg*, 2017, § 17 Rn. 23a; *Laue*, in: Meier/Rössner/Trüg/Wulf, JGG, § 17 Rn. 12 a.A. *Schöch*, in: LK-StGB, Bd. 1, § 19 Rn. 11 ff., der der Auffassung ist, dass sich diese Bedenken ausräumen lassen, indem das Gericht im Strafverfahren gegen den Jugendlichen innerhalb seiner Aufklärungspflicht gem. § 244 Abs. 2 StPO i.V.m. § 2 Abs. 2 JGG die Einzelheiten der als Kind begangenen Straftaten aufklärt.
1499 *Walter/Neubacher*, 2011, Rn. 457.
1500 *Bottke*, in: FS für Geerds, 263 (271 ff.).

(3,6 %). Dabei waren die Täter im Zeitpunkt der ersten verfahrensgegenständlichen Anlasstat zwischen 14 und 17 Jahre alt[1501] und hatten im Kindesalter zumeist eine Vielzahl von Delikten begangen.[1502] Von den zehn Probanden waren zwei Jugendliche im Zeitpunkt der Tat 14 Jahre alt und ohne strafrechtliche Vorbelastung. Beide Jugendlichen hatten keine Vielzahl von Straftaten begangen, sondern entweder ein Delikt aus dem Bereich der §§ 249 ff. StGB oder eine gefährliche Körperverletzung. Die übrigen acht Probanden mit einer kriminellen Vorauffälligkeit im Alter unter 14 Jahren verfügten über mindestens eine bis zu fünf Vorverurteilungen oder Diversionsentscheidungen. Die durchschnittliche Anzahl vorhergehender Entscheidungen lag bei den Probanden mit einer kriminellen Vorauffälligkeit im Kindesalter mit 1,89 (n=9; fehlende Werte: 1) unterhalb des allgemeinen Durchschnitts an Vorsanktionen von 2,68. Auffallend ist, dass die Gerichte in 8 von 10 Fällen § 16a JGG in Verbindung mit einer Jugendstrafe zur Bewährung gem. § 21 JGG angeordnet haben und die Verhängung der Jugendstrafe dabei in allen Fällen, folglich auch bei Jugendlichen mit keiner oder einer Vorentscheidung, entweder allein oder zumindest auch mit dem Vorliegen schädlicher Neigungen begründeten. Dies könnte ein Anzeichen dafür sein, dass ein kinderdelinquentes Vorverhalten bei der Sanktionsfestlegung nicht vollständig außen vor bleibt. Auch im Rahmen der vorliegend durchgeführten Jugendrichterbefragung sahen 89,5 %[1503] (n=105; fehlende Werte: 3) der Jugendrichter die Verhängung eines Arrestes nach § 16a JGG für Täter, die bereits in strafunmündigem Alter mehrfach kriminell auffällig wurden und nun wegen einer Vielzahl von Taten aus dem Bereich der mittleren Kriminalität vor Gericht stehen, als prinzipiell geeignet an.

Der Ausspruch eines Warnschussarrestes ist aus Sicht der richterlichen Praxis folglich auch für jugendliche Täter mit einer erheblicher Vordelinquenz in strafunmündigem Alter zu diskutieren, allerdings darf dabei die kriminologische Erkenntnis über die Episodenhaftigkeit jugendlicher Delinquenz nicht außer Acht gelassen werden. Bei jugendlichen Intensivtätern beginnt die Vorauffälligkeit zwar häufig vor dem 14. Lebensjahr und kann in einem kontinuierlichen kriminellen Handeln münden, doch lösen sich die kriminellen Strukturen meist mit fortschreitendem Lebensal-

---

1501 Mittelwert: 15,2; Median: 15,0; Modus: 14; SD: 1, 23.
1502 So hatte ein Proband beispielsweise mindestens 15 Schlägereien im Alter von 11-12 Jahren begangen.
1503 65 Personen antworteten mit „stimme eher zu", 29 mit „stimme voll und ganz zu".

ter, dem Abschluss der Pubertät und dem sozialen Rollenwechsel.[1504] Der strafrechtlichen Auffälligkeit im Kindesalter sollte demnach keine „Schrittmacherfunktion"[1505] für die weitere kriminelle Karriere zugemessen werden.

In der bisherigen Verurteilungspraxis stellt die Anwendung des § 16a JGG auf junge Probanden mit einer Vordelinquenz in strafunmündigem Alter und ohne bisherige strafrechtliche Vorbelastung eine seltene Ausnahme dar. Dies ist in Anbetracht der Verhältnismäßigkeit der Sanktionswahl und den Erkenntnissen über die Kriminalitätsentwicklung begrüßenswert.

dd) Anzahl, Art und Schwere der vorangegangenen Sanktionen

Neben der zuvor betrachteten Anzahl vorhergehender Entscheidungen soll nachfolgend ein Blick auf die Anzahl sowie die Art und Schwere der früheren Sanktionen geworfen werden, um ein präzises Abbild von der strafrechtlichen Vorauffälligkeit der Probanden zu erhalten.

(1) Anzahl früherer Sanktionen

Als Vorsanktion eines früheren Strafverfahrens werden vorliegend alle Entscheidungen gewertet, die zeitlich vor der Verurteilung gem. § 16a JGG ergangen sind, unabhängig davon, ob das Verfahren gem. §§ 45, 47 JGG eingestellt wurde oder eine strafrechtliche Reaktion in Form eines Schuldspruchs gem. § 27 JGG oder einer „echten" Sanktionsverhängung erfolgte. In der Gesamtanzahl der Vorsanktionen enthalten sind auch diejenigen Entscheidungen, die in das verfahrensgegenständliche Urteil einbezogen wurden. Für drei Probanden waren die Angaben zur Anzahl oder Art der Vorsanktionen in der Akte unvollständig und konnten mangels Vorliegens des Bundeszentralregisterauszuges auch durch diesen nicht ergänzt werden. In einem Fall erging die Verurteilung zu § 16a JGG im Nachverfahren gem. § 30 Abs. 1 JGG. Wie sich aus dem vorhergehenden Urteil mit einem Schuldspruch gem. § 27 JGG ergab, war der Proband mehrfach kriminell vorauffällig, wobei die exakte Anzahl der früheren strafrechtlichen Maß-

---

1504 *Rössner*, in: Meier/Rössner/Trüg/Wulf, JGG, Vor § 1 ff. Rn. 31; *Schaffstein/Beulke/Swoboda*, 2014, Rn. 23; *Walter/Neubacher*, 2011, Rn. 459, 482.
1505 Die gewählte Terminologie entstammt *Göppinger/Bock*, 2008, § 24 Rn. 8.

nahmen nicht im Urteil angegeben war. Als Vorsanktion wurde folglich nur der Schuldspruch gem. § 27 JGG gewertet.[1506] Bei zwei Probanden stellte das Gericht im Urteil die Anzahl der strafrechtlichen Voreintragungen fest; konkret benannt wurden allerdings ausschließlich die zuletzt verhängte Sanktion und die diesbezügliche Vortat. Weitergehende Angaben zur Art der Vorsanktionierung und den einzelnen Vordelikten fehlten und konnten demnach nicht in die Auswertung einfließen. Dies hat zur Folge, dass die früheren Delikte und Sanktionen nicht vollumfänglich wiedergegeben werden können.

Werden nur diejenigen 246 Probanden mit mindestens einer strafrechtlichen Voreintragung betrachtet, wurden durchschnittliche 4,1 Vorsanktionen ausgesprochen.[1507] Die rechnerisch höhere Anzahl an Vorsanktionen gegenüber den vorhergehenden strafrechtlichen Entscheidungen resultiert daraus, dass in einer Entscheidung mehrere Sanktionen gegen den Täter verhängt werden können. Wurde der Täter in einem vorangegangenen Strafverfahren beispielsweise zu einem Jugendarrest verurteilt und hat das Gericht daneben eine Weisung gem. § 10 JGG ausgesprochen, so handelt es sich um eine vorhergehende Entscheidung, wohingegen für die Gesamtdarstellung der Vorsanktionen jede Sanktion einzeln gezählt wird. Innerhalb der Probandengruppe mit mindestens einer Vorsanktionierung zeigte sich eine starke Varianz von einer bis maximal vierzehn Vorsanktionen. Täter mit neun und mehr Vorsanktionen waren mit 4,4 % die Ausnahme.

1506 Für die Aktenanalyse hat dies zu Folge, dass die Taten des Schuldspruchs nach § 27 JGG die einzig bekannten Vortaten bildeten. Die Erkennung auf Jugendstrafe gem. § 30 Abs. 1 JGG beruhte in diesem konkreten Fall darauf, dass eine neben dem Schuldspruch angeordnete Jugendhilfemaßnahme gescheitert war. Damit bildete die dem Schuldspruch zugrunde liegende Deliktsbegehung aber auch den Anknüpfungspunkt für die Verhängung des § 16a JGG, so dass die Taten, das Tatdatum und die verwirklichten Delikte auch als verfahrensgegenständliche Anlasstat erfasst wurden.

1507 Median: 4,0; Modus: 2; SD: 2,43; entsprechend der Vorgehensweise von *Gernbeck*, 2017, S. 521 werden gesetzlich eintretende Nebenfolgen nach § 25 JArbSchG nicht als Vorsanktion berücksichtigt.

Abbildung 8: Anzahl der Vorsanktionen

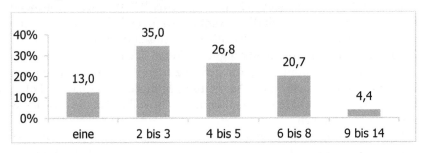

(n=246)

(2) Art und Schwere der früheren Sanktionen

Um eine Aussage über das Ausmaß und die Schwere der strafrechtlichen Vorbelastung der nach § 16a JGG verurteilten Täter treffen zu können, ist es erforderlich, die Art der vorangegangenen strafrechtlichen Reaktionen zu betrachten.

Der Anteil früherer Sanktionen nach dem StGB war aufgrund des Alters der Probanden erwartungsgemäß gering. Lediglich acht Heranwachsende wurden vor der Sanktionierung gem. § 16a JGG unter Anwendung des Erwachsenenstrafrechts zu einer Geldstrafe gem. § 40 StGB verurteilt.[1508] Erstaunlich war, dass ein Proband, der im Zeitpunkt der Anlasstat für § 16a JGG bereits 20 Jahre alt war, bereits eine Vorverurteilung in Form einer zur Bewährung ausgesetzten Freiheitsstrafe vorzuweisen hatte. Hierbei handelte es sich um eine durch ein ausländisches Gericht ausgesprochene Verurteilung zu einer Freiheitsstrafe von 1 Jahr 3 Monaten mit Bewährung wegen Raubes.

1508 Vergleichbare Werte im IT-Vollzug: 1.

Tabelle 21: Vorsanktionen nach StGB

	Häufigkeit (n=246)	% (relativ)
Fahrverbot § 44 StGB	15	6,1
Fahrerlaubnissperre § 69a StGB	10	4,1
Geldstrafe	8	3,3
Freiheitsstrafe zur Bewährung	1	0,4
Gesamt	34	13,9

Auskunft über die Art der Vorsanktionen bei Anwendung des Jugendstrafrechts gibt Abbildung 9. Für eine bessere Übersichtlichkeit wurden einzelne Sanktionen sowie alle Formen der Verfahrenseinstellungen gem. §§ 45, 47 JGG zusammengefasst. Jede Sanktionsart wurde dabei nur einmal gewertet, auch wenn gegen den Probanden mehrfach dieselbe Maßnahme verhängt worden ist. Mittels der nachfolgenden Abbildung kann folglich eine Aussage über die Verteilung der einzelnen strafrechtlichen Vorsanktionen innerhalb der Gruppe von Probanden mit mindestens einer Vorauffälligkeit getroffen werden.

Abbildung 9: Häufigkeit der einzelnen Vorsanktionen bei mindestens einer Vorbelastung

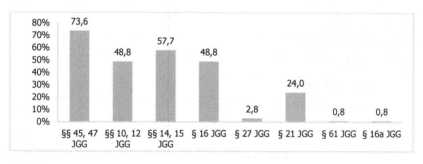

(n=246)

Bei der Betrachtung der einzelnen Vorsanktionshäufigkeiten fällt auf, dass gegen die meisten Probanden schon einmal eine Entscheidung im Diversionsverfahren gem. §§ 45, 47 JGG ergangen ist. Die nähere Analyse der Einstellungsalternativen, wie sie sich aus Tabelle 22 ergibt, zeigt, dass es sich hierbei vorwiegend um informelle Verfahrensbeendigungen nach § 45 Abs. 2 JGG durch die Staatsanwaltschaft handelte, bei denen eine erzieherische Maßnahme bereits eingeleitet oder durchgeführt wurde. Auch gerichtliche Diversionsentscheidungen verbunden mit der Erteilung einer Ermahnung, einer der in § 45 Abs. 3 S. 1 JGG genannten Weisungen oder Auflagen wurden gegen ein Viertel der Probanden als frühere Maßnahme verhängt. Im Übrigen zählten Weisungen gem. § 10 JGG und Auflagen gem. § 15 JGG zu den häufigsten Vorsanktionen. Nur einem Probanden wurde in einem früheren Verfahren gem. § 12 Nr. 2 JGG auferlegt, eine Heimerziehung in Anspruch zu nehmen.

Tabelle 22: Häufigkeit der einzelnen Vorsanktionen

	Häufigkeit (n=246)	%
Einstellung § 45 I JGG	38	15,4
Einstellung § 45 II JGG	100	40,6
Einstellung § 45 III JGG	35	14,2
Einstellung § 47 I Nr. 1, 2 JGG	12	4,9
Einstellung § 47 I Nr. 3 JGG	65	26,4
Weisung § 10 JGG	120	48,8
Heimerziehung § 12 Nr. 2 JGG	1	0,4
Verwarnung § 14 JGG	46	18,7
Auflage § 15 JGG	129	52,4
Jugendarrest § 16 JGG	120	**48,8**
Arrest § 16a JGG	2	0,8
Schuldspruch § 27 JGG	6	2,8
Jugendstrafe mit Bewährung § 21 JGG	59	24,0
Jugendstrafe mit Vorbehalt der Bewährung § 61 JGG	2	0,8

Auffallend hoch war der Anteil an Vorsanktionen gem. § 16 JGG. Knapp die Hälfte der Probanden (48,8 %) mit einer strafrechtlichen Vorauffälligkeit wurden in der Vergangenheit mit einem Jugendarrest nach § 16 JGG sanktioniert. Bezogen auf die Gesamtanzahl von 278 Probanden lag der

Anteil an Probanden mit einer Vorverurteilung zu § 16 JGG bei 43,2 %.[1509] Für die Mehrheit der Probanden stellte die Verurteilung zu § 16a JGG folglich nicht die erstmalige Sanktionierung mit einer freiheitsentziehenden Maßnahme dar.[1510] Gegen 11,9 % aller 278 Probanden wurde vor der gegenständlichen Verurteilungen zu § 16a JGG sogar zweimal oder öfter ein Jugendarrest verhängt (s. Anhang Tabelle A5). Zweifelhaft ist, welche Wirkungen unter diesen Umständen mit der erneuten Arrestverhängung neben der Bewährungsstrafe noch erreicht werden können. Mit der „Warnwirkung" des § 16a JGG wird man in diesen Fällen nur noch schwerlich argumentieren können.

Von den 120 Probanden, die mindestens eine Vorverurteilung zu Jugendarrest aufwiesen, wurden 46,7 % vor der Verurteilung zu § 16a JGG mit einem Dauerarrest sanktioniert; ebenfalls über 45 % mit einem Freizeitarrest. In die Auswertung einbezogen sind an dieser Stelle ausschließlich vorhergehende Sanktionierungen gem. § 16 JGG; die zwei Vorverurteilungen zu § 16a JGG bleiben außen vor. Der Kurzarrest spielte wie insgesamt im Jugendstrafrecht[1511] eine untergeordnete Rolle.

1509 Zieht man vergleichsweise die in IT-Vollzug hinterlegten Daten zu 278 Probanden heran, hatten lediglich 30,6 % eine Vorsanktion in Form des Jugendarrestes. Für alle 322 Probanden ergab sich ein Vorbelastungsanteil mit einem Jugendarrest von 29,8 %. Die Eintragungen im IT-Vollzug weisen daher deutliche Lücken auf.

1510 Die ergänzende Auswertung der Schlussberichte und der Abgleich mit den Daten aus den Akten offenbarte, dass die Angaben zur Erstmaligkeit des Jugendarrests im Schlussbericht häufig nicht zutreffend oder unvollständig waren. In zahlreichen Fällen war im Schlussbericht die Erstmaligkeit des Jugendarrestes vermerkt, während aus der Akte eine Vorverurteilung zu Jugendarrest hervorging. Für die Analyse der Vorbelastung blieben die Angaben zur Erstmaligkeit des Jugendarrestes aus den Schlussberichten daher unberücksichtigt.

1511 Vgl. hierzu *Statistisches Bundesamt*, Fachserie 10 Reihe 3 – 2016, S. 319.

Tabelle 23: Art des früheren Arrestes

	Antworten		Prozent der Fälle
	N	Prozent	
Vorverurteilung zu Freizeitarrest	58	41,7%	48,3%
Vorverurteilung zu Kurzarrest	25	18,0%	20,8%
Vorverurteilung zu Dauerarrest	56	40,3%	46,7%
Gesamt	139	100,0%	115,8%

(n=120; Mehrfachnennung möglich)

Bezogen auf die Untersuchungsgesamtheit (n=278) hatte bereits jeder fünfte Proband (20,1 %) eine Vorverurteilung zu einem Dauerarrest. Dieses Ergebnis ist bemerkenswert, da nach der Regelvermutung des § 16a Abs. 2 JGG eine Vorsanktion in Form eines Dauerarrestes der Anordnung des § 16a JGG regelmäßig entgegensteht.

Im Durchschnitt wurden die 120 Probanden mit einer Vorbelastung nach § 16 JGG in der Vergangenheit zu 7,8 Tagen Arrest verurteilt.[1512] Daneben waren zwei Jugendliche vor der untersuchungsgegenständlichen Verurteilung zu § 16a JGG bereits mit einem Warnschussarrest sanktioniert worden.[1513] Die erneute Verhängung des § 16a JGG begründete ein Gericht damit, dass der zuvor gegen den Angeklagten festgesetzte Arrest wegen Versäumung der 3-Monatsfrist des § 87 Abs. 4 S. 2 JGG nicht vollstreckt werden konnte. In der IT-Vollzugsdatenbank war für diesen Probanden hingegen nur eine Verurteilung nach § 16a JGG registriert, so dass anzunehmen ist, dass der nicht vollstreckte Arrest dort nicht zur Eintragung gelangte. Das zweite Urteil enthielt keine explizite Stellungnahme zur Vorverurteilung nach § 16a JGG. Die Tatsache, dass die vorangegangene Sanktionierung in Form des § 16a JGG hier erst knapp zwei Wochen vor der Urteilsverkündung im untersuchungsgegenständlichen Verfahren ergangen war, legt nahe, dass auch in diesem Fall die Nichtvollstreckung des § 16a JGG den Erklärungsgrund für die wiederholte Arrestverhängung bildete. Die mehrfache Anordnung eines Arrestes nach § 16a JGG stellt per se keinen Gesetzesverstoß dar. Soweit der vorangegangene Warnschussarrest nicht verbüßt wurde, ist dessen Wirkung noch nicht verbraucht und es

---

1512 Median 7,0; Modus: 2; SD: 7,68; Minimum: 2; Maximum: 42.
1513 Fall: 138 und 222.

besteht die Möglichkeit, dass der Arrest die ihm zugedachte Funktion als bewährungsunterstützende Maßnahme noch erfüllen kann.

Rund ein Viertel der Probanden mit einer strafrechtlichen Vorbelastung wurde vor der Verurteilung zu § 16a JGG bereits mit einer Jugendstrafe belegt, die entweder gem. § 21 JGG zur Bewährung ausgesetzt wurde oder deren Aussetzungsentscheidung gem. § 61 JGG der späteren Entscheidung vorbehalten blieb (insgesamt 24,8 %, s. oben Tabelle 22). Hier zeigten sich erhebliche Diskrepanzen zu der im IT-Vollzug registrierten Vorstrafenbelastung. Nach den dortigen Eintragungen fiel der Anteil an Probanden mit einer Vorverurteilung zu einer Jugendstrafe bezogen auf die 246 kriminell vorauffälligen Probanden mit 51,6 % deutlich höher aus.[1514] Ob es sich hierbei um Fehleintragungen handelt, die möglicherweise darauf basieren, dass die Verurteilung zur Jugendstrafe im Verfahren mit § 16a JGG fehlerhaft als Vorbelastung zur Eintragung gelangte oder umgekehrt die Akteninformationen unvollständig waren, war einer abschließenden Klärung nicht zugänglich. Für die Auswertung der strafrechtlichen Vorbelastung wurden daher ausschließlich die Angaben aus den Strafakten zugrunde gelegt. Die Annahme, der § 16a-Arrest sei auch für Täter mit einer Vorverurteilung zu einer Bewährungsstrafe geeignet, bestätigte sich in der Jugendrichterbefragung, nach deren Ergebnis 74,3 % (n=101; fehlende Werte: 7) der Jugendrichter auch bei einer Vorentscheidung in Form einer Bewährungsstrafe einen potentiellen Anwendungsbereich für § 16a JGG sehen. Die ablehnende Haltung der übrigen ca. 25 % könnte sich daraus erklären, dass das Ziel der Bewährungseinleitung aus Sicht der Befragten nicht mehr erreicht werden kann, wenn der Jugendliche bereits seit längerer Zeit der Aufsicht eines Bewährungshelfers unterstellt ist.

Die Dauer der zuletzt verhängten Jugendstrafe betrug auf Basis der Akteninformationen im Mittel 11,1 Monate[1515] und lag bei rund einem Drit-

---

[1514] Nach den Eintragungen im IT-Vollzug hatten 127 Probanden eine Vorverurteilung zu Jugendstrafe. Für 43 der nach Aktenlage vorbelasteten 246 Probanden waren in der IT-Vollzugsdatenbank keine Eintrgaungen zur Vorsanktionierung in Form der Jugendstrafe vorhanden. Unterschiede in der Vorsanktionierung laut Akte und IT-Vollzug zeigten sich auch im Bereich vorhergehender Maßregeln der Besserung und Sicherung gem. § 7 Abs. 1 JGG. Während derartige Entscheidungen den Akten und den zum Teil vorliegenden Bundeszentralregisterauszügen, welche gem. § 4 Nr. 2 BZRG auch Maßregeln der Besserung und Sicherung erfassen, nicht entnommen werden konnten, wurde nach den Informationen aus der IT-Vollzugsdatenbank in einem Fall die Unterbringung in einer Entziehungsanstalt und sechs Fällen eine Unterbringung in einem psychiatrischen Krankenhaus angeordnet.

[1515] Median: 10,0; Modus: 6; SD 4,93; Minimum: 6; Maximum: 24; n=61.

tel der Probanden mit einer Strafdauer von über einem Jahr im oberen Bereich der Aussetzungsfähigkeit gem. § 21 Abs. 2 JGG. In diesen Fällen erhöht sich die Wahrscheinlichkeit, dass die Anordnung des § 16a JGG dazu beigetragen hat, eine zu vollstreckende Jugendstrafe zu vermeiden. Eine Vorverurteilung zu einer Jugendstrafe oder Freiheitsstrafe ohne Bewährung hatte noch kein Proband.[1516] Soweit gegen die Probanden in der Vergangenheit eine bedingte Jugendstrafe gem. §§ 27, 21, 61 JGG ausgesprochen wurde, stellte dies die schwerste Vorsanktion dar.[1517] 59 % der insgesamt 61 Jugendlichen mit einer Vorverurteilung zu einer Jugendstrafe hatten bereits eine Voreintragung in Form von Jugendarrest. Der von den Jugendrichtern in der Befragung nahezu einheitlich (97,5 % von n=81[1518]) befürwortete Beweggrund, die Verhängung eines § 16a-Arrestes bei einer früheren Verurteilung zu einer Jugendstrafe mit Bewährung zuzulassen, wenn der Jugendliche noch keine Arresterfahrung mitbringt, spiegelte sich in der Praxis damit nur teilweise wider.

Bei 34,6 % der vorbelasteten Probanden bildete der Jugendarrest gem. § 16 JGG die schwerste Vorsanktion. Zugleich demonstriert Abbildung 10[1519], dass die Anordnung eines Warnschussarrestes in der Praxis auch bei Tätern Bedeutung erlangt, die als bislang schwerste strafrechtliche Reaktion eine Verfahrenseinstellung nach §§ 45, 47 JGG erhalten haben. Die

---

1516 Dies bestätigte auch die Auswertung der IT-Vollzugsdaten, die neben der Vorverurteilung zu einer Jugend- oder Freiheitsstrafe auch Auskunft über deren tatsächliche Vollstreckung geben. Eintragungen zu einer vollstreckten Jugend- oder Freiheitsstrafe fanden sich nicht.

1517 In den beiden Fällen, in denen vor der untersuchungsgegenständlichen Verurteilung bereits eine bedingte Jugendstrafe verbunden mit einem Arrest nach § 16a JGG ergangen ist, wurde als schwerste Vorsanktion nur die Bewährungsstrafe erfasst.

1518 In 7 Fällen blieb Frage 14 zur generellen Geeignetheit des § 16a JGG bei einer früheren Bewährungsstrafe unbeantwortet. Dennoch machten 6 Teilnehmer in Frage 15 Angaben dazu, in welchen Fällen sie § 16a JGG trotz einer vorangegangenen Verurteilung zu einer Bewährungssanktion für geeignet erachten. Dies hat zur Folge, dass sich die Anzahl von 75 Befragungsteilnehmern bei Frage 15 auf n=81 erhöht.

1519 Hatte der Proband sowohl eine richterliche Weisung gem. § 10 JGG als auch eine Verwarnung gem. § 14 JGG in einem früheren Verfahren erhalten, so wurde augrund des identischen Indexwertes die Verwarnung als schwerste Vorsanktion gewertet, da diese als Zuchtmittel gem. § 13 JGG zur Ahnung der Tat verhängt wird. Die Schwere der Vorsanktion wurde anhand des im Anhang II. abgedruckten Sanktionsschwereindex berechnet. Die Kategorie „sonstiges" umfasst neben der Verwarnung und Geldstrafe auch die in einem Fall durch ein ausländisches Gericht verhängte Freiheitsstrafe zur Bewährung.

Schwere der Vorbelastung scheint demnach nicht in allen Fällen ausschlaggebendes Kriterium für die Verhängung des § 16a JGG zu sein.

Abbildung 10: Schwerste Vorsanktion

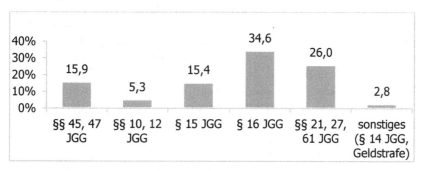

(n=246)

Um die Art und Häufigkeit der einzelnen Vorsanktionen zueinander ins Verhältnis zu setzen, wurde ergänzend für jeden Probanden ein spezifischer Sanktionsschwereindex ermittelt. Hierfür wurde auf den von *Dölling*[1520] konzipierten und von *Götting u.a.*[1521] fortentwickelten und für die vorliegende Untersuchung leicht modifizierten Sanktionsschwereindex[1522] zurückgegriffen, der jeder Sanktion je nach Schweregrad einen bestimmten Punktewert bzw. Punktebereich zuordnet.[1523] Die Summe aller Punktewerte ergibt einen probandenspezifischen Indexwert. Die Verwendung des Sanktionsschwereindexes ermöglicht es, die Unterschiede in der Anzahl der verhängten Vorsanktionen unter Berücksichtigung des Sanktionsgewichts auszugleichen. Wurde ein Proband beispielsweise mehrfach mit einer Diversionsentscheidung gem. §§ 45, 47 JGG belegt, kann er dadurch den identischen Schwereindex erreichen wie ein Proband mit einer Vorsanktion in Form einer richterlichen Weisung gem. § 10 JGG. In die Berechnung des Sanktionsschwereindex wurden alle bekannten Vorsanktionen und Diversionsentscheidungen nach §§ 45, 47 JGG aufgenommen,

---

1520 *Dölling,* 1978, S. 201, 285 f..
1521 *Götting,* 2004, S. 208; *Höffler,* 2008, S. 329 f.; *Köberlein,* 2006, S. 312 f. sowie zuletzt *Gernbeck,* 2017, S. 520 f.
1522 Abgedruckt im Anhang II. Tabelle 3.
1523 *Köberlein,* 2006, S. 200 f.; ebenfalls auf den Sanktionsschwereindex zurückgreifend, um das Ausmaß der Vorsanktionierung messbar zu machen *Gernbeck,* 2017, S. 169.

unabhängig von ihrer Vollstreckung.[1524] Unter Berücksichtigung aller 278 Warnschussarrestanten ergab sich ein durchschnittlicher Punktewert von 88,31[1525], wobei die kriminelle Vorbelastung der Warnschussarrestanten mit einer Sanktionsindexspannweite von 0 bis 388 erheblich divergierte.

Insgesamt lassen die zahlreichen Vorverurteilungen zu Jugendarrest und bedingter Jugendstrafe erkennen, dass ein Großteil der § 16a-Klientel bereits erheblich vorbelastet ist. Vergleicht man die vorliegend erzielten Befunde mit den Erkenntnissen zur strafrechtlichen Vorauffälligkeit der herkömmlichen Arrestklientel, so zeigt sich, dass die Warnschussarrestanten häufiger und schwerer vorbelastet sind. Während von den untersuchten 278 Probanden nur 11,5 % ohne Voreintragung waren, liegt der Anteil kriminell nicht vorbelasteter Täter bei der Sanktionierung mittels Jugendarrest gem. § 16 JGG nach verschiedenen Studien zwischen 30,2 % und 47,8 %.[1526] Auch der Anteil an Vorverurteilungen zu einer Jugendstrafe mit Bewährung fiel bei den zu § 16a JGG Verurteilten deutlich höher aus als es aus Untersuchungen zum Jugendarrest bekannt ist. Dort wird von einer Quote im Bereich von 5,5 % bis 15,5 %[1527] an Arrestanten berichtet, die bereits zu einer Jugendstrafe mit Bewährung verurteilt wurden. Diese Diskrepanz in der Schwere der Vorsanktion reflektiert das Stufenverhältnis von Jugendarrest und Jugendstrafe. In der Tendenz scheinen die mit einem Arrest nach § 16a JGG sanktionierten Täter, soweit es um die kriminelle Vorauffälligkeit geht, entsprechend dem gesetzgeberischen Hinweis höhere Defizite aufzuweisen.

ee) Anzahl und Art der früheren Delikte

Frühere Studien zum Jugendarrest messen die strafrechtliche Vorbelastung junger Täter primär an der Anzahl und Art der früher verhängten Sanktionen,[1528] wohingegen einige Arbeiten auch auf die Art der Vordelikte Be-

---

1524 Ebenso *Gernbeck*, 2017, S. 169.
1525 Median: 77,0; Modus: 0; SD: 75,97.
1526 *Pfeiffer*, MSchrKrim 1981, 28 (38): 47,8 %; *Pfeiffer/Strobl*, DVJJ-J 1991, 35 (42): 41,4 %; *Schwegler*, 1999, S. 220: 30,2 %.
1527 *Giebel/Ritter*, in: Risiken der Sicherheitsgesellschaft, 196 (198): 15,5 %; *Heinz*, ZJJ 2014, 97 (103): 5,5 % für das Jahr 2011; *Kobes/Pohlmann*, ZJJ 2003, 370 (374): 10 %; *Schwegler*, 1999, S. 221: 10,6 %.
1528 So *Eisenhardt*, 1989, S. 123; *Pfeiffer*, MSchrKrim 1981, 28 (42); *Schwegler*, 1999, S. 220 ff..

zug nehmen.[1529] Will man den Umfang und die Schwere der vorangegangenen Straffälligkeit der § 16a-Klientel genauer analysieren, bietet die Vordelinquenz hierfür einen geeigneten Anknüpfungspunkt. Neben der Häufigkeit und Art der Vorsanktionierung war es daher von Interesse, welche Delikte den Anlass für die früheren strafrechtlichen Entscheidungen gaben. Die Erfassung der Vorbelastung nach den Deliktsarten kann bei der späteren Auswertung der Anlasstaten zudem Aufschluss über die einschlägige Vorstrafenbelastung des Probanden geben. Parallel zur Messung der Vorsanktionierung wurden sowohl die Anzahl als auch die Art der früheren Delikte erhoben. Hierzu wurde jede Straftat einzeln erfasst unabhängig davon, ob diese in Tateinheit gem. § 52 StGB oder Tatmehrheit gem. § 53 StGB zueinander stehen.[1530]

Naturgemäß keine Vordelikte hatten die Probanden (11,5 %) vorzuweisen, die noch nicht vorbestraft waren. Bei den Probanden mit mindestens einer Voreintragung reicht die Bandbreite der Vordelikte von einer bis zu 160 Straftaten bei einem Mittelwert aller Probanden von 6,49.[1531] Die Gesamtanzahl von 160 Vordelikten für einen heranwachsenden Probanden, dessen Vordelinquenz sich primär aus 147 Einzeltaten aus dem Bereich des Betäubungsmittelstrafrechts zusammensetzte, stellte einen extremen Ausreißer dar. Bei Eliminierung dieses Probanden ergibt sich ein Deliktsdurchschnitt von 5,93.[1532] Die Anzahl abgeurteilter Vortaten betrug bei ca. 50 % der Probanden zwischen eins und fünf.

1529 *Döpke*, in: Jugendarrest und/oder Betreuungsweisung, 49 (74 f.); *Gernbeck*, 2017, S. 171 ff.

1530 Zum identischen Vorgehen *Gernbeck*, 2017, S. 171 Fn. 630.

1531 Median: 4,00; Modus: 2; SD: 11,20.

1532 Median: 4,00; Modus: 2; SD: 6,34; Minimum: 0; Maximum: 44; n=277.

Abbildung 11: Anzahl der Vordelikte

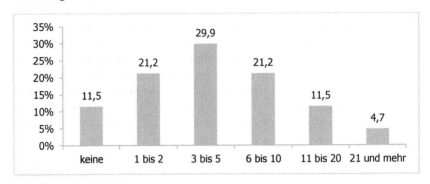

(n=278)

Da sich die Vordelinquenz der Probanden durch die Anzahl der Vordelikte wegen des unterschiedlichen Gewichts der einzelnen Vortaten nur grob skizzieren lässt, soll mittels der nachfolgenden Abbildung ein Überblick über die Deliktsstruktur der früheren Straftaten gegeben werden. Wiedergegeben wird nicht nur das schwerste Delikt, sondern der Anteil der Vordelikte bezogen auf die Gesamtanzahl von 246 Probanden, die über mindestens eine Vorbelastung verfügten. Zur besseren Übersichtlichkeit wurden einzelne Delikte zu Deliktskategorien zusammengefasst, so dass sich folgendes Bild zur Art der früher begangenen Delikte ergibt:[1533]

1533 Zu den einzelnen Delikten, aus denen sich die Deliktsgruppen zusammensetzen siehe Anhang Tabelle A7. Die in Abbildung 12 angegeben Prozentzahlen beziehen sich auf 246 Probanden mit einer Vorbelastung.

Abbildung 12: Art der Vordelikte

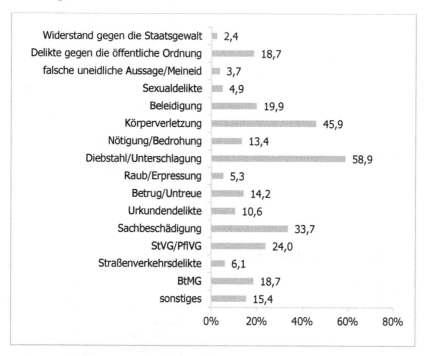

(n=246; Mehrfachnennung möglich)

Eindeutig erkennbar ist, dass zwei Deliktskategorien die Art der Vordelinquenz maßgebend prägen. Am häufigsten lagen den früheren Verfehlungen der § 16a-Arrestanten Diebstahl- oder Unterschlagungsdelikte zu Grunde, gefolgt von Körperverletzungsdelikten. Die Dominanz dieser beiden Deliktskategorien ist wenig überraschend, da Straftaten aus diesem Deliktsbereich auch für die bisherige Jugendarrestklientel den Hauptbelastungsfaktor bilden.[1534] Mehr als ein Drittel der Probanden hatte bereits eine Sachbeschädigung begangen, wobei dies den Bereich typischer Jugenddelinquenz widerspiegelt.[1535] Ersichtlich ist ferner, dass 5,3 % der Probanden mit einer registrierten Vordelinquenz bereits ein Raub- oder Er-

---

1534 Vgl. *Giebel/Ritter*, in: Risiken der Sicherheitsgesellschaft, 196 (198); *Heinz*, ZJJ 2014, 97 (102); *Kohlberg/Wetzels*, Praxis der Rechtspsychologie 1/2012, 113 (119).
1535 *Walter/Neubacher*, 2011, Rn. 435 f.

pressungsdelikt (§§ 249-255 StGB) und damit eine Straftat begangen hatten, die sich mit Ausnahme von § 253 StGB durch die im allgemeinen Strafrecht geltende Mindeststrafe von nicht unter einem Jahr als besonders erheblich darstellt. Zu berücksichtigen ist, dass die einmalige Verwirklichung des Raubtatbestandes qualitativ der mehrfachen Begehung eines Diebstahls gem. §§ 242, 243 StGB gleichstehen kann. Die Art des verwirklichten Vordelikts lässt demnach nicht ohne weiteres einen Rückschluss auf die Schwere der Vorbelastung zu. Die oben stehende Abbildung gibt allein Auskunft darüber, wie viele der Probanden vor der Verurteilung zu § 16a JGG bereits eine Sanktionierung wegen der Begehung der dort genannten Deliktsarten erhalten haben. Die Anzahl der konkret verwirklichten Delikte bleibt an dieser Stelle unbeachtet und findet erst bei der Bewertung der verfahrensgegenständlichen Anlasstat Berücksichtigung, um die Schwere der Anlasstat in das Verhältnis zur Vordelinquenz zu setzen.

c) Vorangegangener Freiheitsentzug

Kritisch steht das Schrifttum der wiederholten Sanktionierung mittels Jugendarrest gegenüber, da der Jugendliche in diesen Fällen mit der Situation des Freiheitsentzuges bereits vertraut ist und eine Beeindruckung oder Abschreckung demnach kaum mehr erwartet werden kann.[1536] Auch der Gesetzgeber hat bei der Neuformulierung des § 16a JGG in Abs. 2 den Ausnahmecharakter der Sanktionskoppelung bei einem früher verbüßten Dauerarrest oder einer vorangegangenen Untersuchungshaft betont. Im Rahmen der Aktenanalyse lag deshalb ein besonderes Augenmerk darauf, zu erfahren, wie viele der Probanden bereits über Erfahrungen mit freiheitsentziehenden Maßnahmen verfügten. Als früherer Freiheitsentzug wurde die Verbüßung eines Jugendarrestes, eines Ungehorsamsarrestes wegen der Nichteinhaltung von Weisungen oder Auflagen sowie eine in diesem oder einem früheren Verfahren vorausgegangene Untersuchungshaft oder sonstige Form der Freiheitsentziehung gem. §§ 71 Abs. 2, 72 Abs. 4, 73 JGG, unabhängig von ihrer zeitlichen Dauer, gewertet. Vorläufige polizeiliche Festnahmen gem. §§ 127, 127a StPO blieben aufgrund ihrer Kürze von maximal 24 Stunden, wie sie sich in der vorliegenden Untersuchung zeigten,

---

1536 *Dölling*, ZJJ 2014, 92 (93); *Ostendorf*, in: Ostendorf, JGG, 10. Aufl., § 16 Rn. 3, 7; *Schaffstein/Beulke/Swoboda*, 2014, Rn. 422.

für die Ermittlung der „Haft"-Erfahrung außer Betracht.[1537] Im Unterschied zur erfassten Vorverurteilung zu einem Jugendarrest liegt der Fokus an dieser Stelle auf der tatsächlichen Arrestverbüßung. Die Vorverurteilung zu einem Jugendarrest muss nicht zwingend identisch mit der Arrestverbüßung sein, wenn etwa nach § 87 Abs. 3 JGG von der Vollstreckung Abstand genommen wird oder der Arrest infolge eines Einbezugs in ein neues Urteil nach § 31 Abs. 2 JGG in Wegfall gerät. Da § 16a Abs. 2 JGG ausdrücklich auf die Verbüßung und nicht auf die Vorverurteilung zu Jugendarrest abstellt, sollte diesbezüglich eine weitere Differenzierung vorgenommen werden.

Als Informationsquelle für die Feststellung eines früheren Freiheitsentzugs diente der gesamte Akteninhalt. Die IT-Vollzugsdatenbank lieferte hierzu keine brauchbaren Daten, da dort zwar der Jugendarrest als Vorsanktion, nicht aber dessen tatsächliche Verbüßung eingetragen wird. Auch das Bundeszentralregister gibt über die Verbüßung eines Jugendarrestes nur bedingt Auskunft. Gem. § 60 Abs. 1 Nr. 2, Abs. 3 BZRG ist nicht nur die Verurteilung zu einem Jugendarrest gem. § 16 JGG ins Erziehungsregister einzutragen, sondern auch dessen vollständige Nichtvollstreckung gem. § 87 Abs. 3, 4 S. 1 JGG. Findet sich keine Eintragung über die Nichtvollstreckung des Jugendarrestes, so muss grundsätzlich von dessen Vollstreckung ausgegangen werden. Im Schrifttum wird die zuverlässige Meldung des Ausbleibens der Arrestvollstreckung an das Bundeszentralregister allerdings bezweifelt.[1538] Die Fehlerhaftigkeit des Erziehungsregisters bezüglich der Eintragungen über die Nichtvollstreckung des Jugendarrestes hat sich im Rahmen der vorliegenden Untersuchung bestätigt. So wurde in vier Fällen ein früherer, nach der Aktenlage ausdrücklich nicht vollstreckter Jugendarrest in die Verurteilung zu § 16a JGG einbezogen, wobei sich im Bundeszentralregisterauszug kein Vermerk über das Ausbleiben der Arrestvollstreckung fand.[1539] Da die Eintragung eines Ungehorsamsarrestes in das Erziehungsregister nach der im Untersuchungszeitraum geltenden Fassung des § 60 Abs. 1 Nr. 2 JGG a.F. mangels ausdrücklicher Regelung umstritten war[1540] und diese auch in der IT-Vollzugsdatenbank nicht vermerkt werden, konnte als geeignete Datenquelle nur die Strafakte herangezogen werden. Inwieweit die Informationen im Urteil hinsichtlich

---

1537 Vgl. *Gernbeck,* 2017, S. 177 Fn. 642; eine vorläufige Festnahme des Angeklagten war den Akten vorliegend in 12 Fällen zu entnehmen.
1538 *Gernbeck,* 2017, S. 177.
1539 Für 3 der 4 Fälle lag den Akten ein BZR-Auszug bei.
1540 Siehe hierzu oben Teil 1 E.III.2.

eines früheren Ungehorsamsarrestes vollständig sind, kann nicht beurteilt werden.

Probanden mit einem Jugendarrest als Vorsanktion (n=120) hatten diesen in 59,2 % der Fälle auch tatsächlich verbüßt. In vier Fällen ergab sich aus der Akte, dass infolge der Einbeziehung der Vorverurteilung nach § 16 JGG in das Urteil mit einer Sanktionierung gem. § 16a JGG eine Vollstreckung des zuvor verhängten Jugendarrestes nicht erfolgte. In den übrigen 37,5 % der Verurteilungen mit einer Vorsanktion gem. § 16 JGG ließ sich der Akte nicht entnehmen, ob es zu einer Arrestvollstreckung kam. Die Anordnung eines Ungehorsamsarrestes gem. §§ 11 Abs. 3 S. 1, 15 Abs. 3 S. 2 JGG ggf. i.V.m. § 23 Abs. 1 S. 4 JGG als eine weitere Form des Freiheitsentzuges fand sich bei 10,8 % der 278 Verurteilten. Gezählt wurde lediglich, ob in der Vergangenheit mindestens ein Ungehorsamsarrest verhängt wurde; die genaue Anzahl blieb unberücksichtigt. Die Festsetzung eines Arrestes wegen der schuldhaften Nichtbeachtung gerichtlich erteilter Weisungen oder Auflagen bedeutet indessen nicht, dass dieser Arrest auch tatsächlich zur Vollstreckung gelangte. Erfüllt der Jugendliche die ihm aufgegebenen Weisungen bzw. Auflagen im Anschluss an die Verhängung des Ungehorsamsarrestes und vor dessen Vollstreckung, so ist von der Arrestvollstreckung gem. §§ 11 Abs. 3 S. 3, 15 Abs. 3 S. 2 JGG abzusehen. Die Akteneinsicht ergab, dass von den 30 Probanden (10,8 %) mit mindestens einem verhängten Ungehorsamsarrest 12 Personen (4,3 % von 278) diesen auch verbüßt hatten.[1541] Die dritte Komponente für die Ermittlung einer vorausgegangenen Hafterfahrung bildete die Anordnung einer Untersuchungshaft gem. § 72 JGG in dem untersuchungsgegenständlichen oder einem früheren Strafverfahren. Da die Verhängung einer Untersuchungshaft weder im Bundeszentralregister noch im IT-Vollzug eingetragen wird, konnten Angaben über eine vorausgegangene Untersuchungshaft nur den Akten entnommen werden, wobei Aussagen über die Vollständigkeit diesbezüglicher Informationen nicht getroffen werden können. Insgesamt wurde gegen 12 Probanden (4,3 %) Untersuchungshaft verhängt. In 8 der 12 Fälle wurde der erlassene Haftbefehl gegen die Erteilung von Auflagen gem. § 116 Abs. 1, 2 StPO i.V.m. § 2 Abs. 2 JGG außer Vollzug gesetzt. Lediglich vier Probanden befanden sich vor der Verurteilung zu § 16a JGG tatsächlich in Untersuchungshaft. Während ein Proband nur über Nacht in Untersuchungshaft untergebracht war, erstreckte sich die Untersuchungshaft bei zwei Probanden auf 13 Tage bzw. sechs Wochen. In einem

---

1541 In fünf Fällen wurde ein Ungehorsamsarrest verhängt, aber noch nicht vollstreckt. In den verbleibenden 13 Fällen blieb die Verbüßung unbekannt.

Fall konnte die exakte Dauer der Untersuchungshaft der Akte nicht entnommen werden. Ob die geringe Anzahl der vorausgegangenen Untersuchungshaftanordnungen in Verbindung mit der Anordnung des Warnschussarrestes steht, muss dabei offen bleiben. Inwieweit die Möglichkeit
der Sanktionierung gem. § 16a JGG, wie von den Befürwortern des Warnschussarrestes vorgebracht, dazu beitragen kann, von der Verhängung
einer Untersuchungshaft aus „verdeckten", erzieherisch motivierten Gründen Abstand zu nehmen, lässt sich mit der Aktenanalyse nicht beantworten, da derartige Überlegungen nicht dokumentiert werden. Die Vollzugsleiter teilten diese Argumentationslinie für die Anordnung des § 16a JGG
in den Expertengesprächen nicht, da die Untersuchungshaftanordnung
und die Entscheidung über § 16a JGG zwei unterschiedliche Verfahrenssta-
dien betreffen. Ein Proband war in der Zeit vor der Verurteilung zu
§ 16a JGG in einer U-Haftvermeidungseinrichtung untergebracht.

Zusammenfassend ergibt sich zur Hafterfahrung der Probanden folgendes Bild:

Tabelle 24: Erfahrung mit freiheitsentziehenden Maßnahmen

		tatsächliche Verbüßung		
Art des Freiheitsentzuges		ja	nein/unbe- kannt	Gesamt
Jugendarrest	Anzahl	71	207	278
	%	25,5	74,5	100,0
Ungehorsamsarrest	Anzahl	12	266	278
	%	4,3	95,7	100,0
Untersuchungshaft	Anzahl	4	274	278
	%	1,4	98,6	100,0
sonstiger Freiheitsentzug	Anzahl	1	277	278
	%	0,4	99,6	100,0

Soweit anhand der Informationen aus der Akte eine Aussage über eine tatsächlich vorangegangene freiheitsentziehende Maßnahme getroffen werden kann, zeigt sich bei Gesamtbetrachtung aller Arten des Freiheitsentzuges, dass 76 Probanden (27,3 %) vor der Verurteilung zu § 16a JGG nachweislich bereits irgendeine Form des Freiheitsentzuges erlebt hatten. Die
Gesamtanzahl der Probanden mit „Haft"-Erfahrung liegt dabei unterhalb
der in Tabelle 24 dargestellten Einzelfallzahlen zur jeweiligen Art der frei-

heitsentziehenden Maßnahme, da einige Jugendliche bzw. Heranwachsende im Vorfeld bereits mehrere Formen des Freiheitsentzuges durchlaufen hatten.

3. Anlassdelinquenz

Weiterhin ist es von Interesse, aufgrund welcher Straftaten die Jugendrichter von § 16a JGG Gebrauch machen, in welchem zeitlichen Abstand die Tat zur letzten Vorsanktion steht und, ob sich die aus den bislang veröffentlichten Urteilen ergebende und in der Literatur[1542] diskutierte Problematik eines Verstoßes gegen das Rückwirkungsverbot auch in den hiesigen Urteilen der bayerischen Jugendgerichte wiederfindet.

a) Deliktsstruktur

Neben den individuellen Persönlichkeitsmerkmalen des Täters spielen bei der Sanktionswahl und -zumessung durch das Gericht die Anzahl und Schwere der vorgeworfenen Straftatbestände eine wesentliche Rolle.[1543] Basiert die Verhängung einer Jugendstrafe auf dem Vorliegen schädlicher Neigungen gem. § 17 Abs. 2 Alt. 1 JGG, so erfordert das Merkmal der notwendigen längeren Gesamterziehung die Gefahr weiterer erheblicher und nicht nur gemeinlästiger oder bagatellhafter Straftaten.[1544] Das Risiko künftiger Straftaten in der Form eines Hausfriedensbruchs, einfachen Diebstahls mit geringem Schaden, Sachbeschädigung, Fahren ohne Fahrerlaubnis, Erschleichen von Beförderungsleistungen und geringfügiger Betäubungsmitteldelikte kann die Verhängung einer Jugendstrafe nach allgemeiner Ansicht nicht legitimieren.[1545] Die Prognose der drohenden Rückfallintensität wird man dabei vor allem an den bislang verwirklichten Delikten festmachen können. Nach dem Verhältnismäßigkeitsgrundsatz verschließt sich folglich auch der Anwendungsbereich des § 16a JGG, der an

---

1542 Hierzu oben Teil 1 D.II.2.a)bb) sowie *Gernbeck/Höffler/Verrel*, NK 2013, 307 (311 ff.); *Holste*, StV 2013, 660 (661 ff.).

1543 *Sutterer/Spiess*, in: Rückfallforschung, 215 (231 f.).

1544 BGH, NStZ-RR 2002, 20; OLG Hamm, NStZ-RR 1999, 377 (378); *Radtke*, in: MüKo-StGB, Bd. 6, § 17 JGG Rn. 46.

1545 *Laue*, in: Meier/Rössner/Trüg/Wulf, JGG, § 17 Rn. 19; *Ostendorf*, in: Ostendorf, JGG, 10. Aufl., § 17 Rn. 3; *Schöch*, in: Meier/Rössner/Schöch, § 11 Rn. 8; LG Gera, StV 1999, 660 (661) zum mehrfachen Fahren ohne Fahrerlaubnis.

das Vorliegen der Voraussetzungen des § 17 Abs. 2 JGG anknüpft, dem Bereich unerheblicher Straftaten. Nachfolgend soll daher untersucht werden, welche Delikte zu einer Sanktionierung mit § 16a JGG führten.

Zur Abbildung der Deliktsstruktur wird entsprechend zur Vorgehensweise bei der Ermittlung der Vordelinquenz sowohl die Anzahl als auch die Art der Anlassdelikte wiedergegeben. Da die Anzahl der begangenen Straftaten nur unmittelbar aus der vorliegenden Akte entnommen werden konnte, bezieht sich die Auswertung auf die 287 Probanden, für die Akteneinsicht gewährt wurde.[1546] Bei der Zählung der Delikte ist zu beachten, dass der Verurteilung zu § 16a JGG häufig mehrere Taten zugrunde lagen. Um ein möglichst genaues Abbild von den begangenen Straftaten zu erhalten, wurden für die Auswertung alle ideal- und realkonkurrierende Delikte einzeln gezählt.[1547] Soweit Tateinheit gem. § 52 StGB vorliegt geht demnach nicht nur das schwerste Delikt in die Auswertung ein, sondern alle verwirklichten Straftatbestände, unabhängig davon, ob diese in gleichartiger oder ungleichartiger Tateinheit zueinander stehen. Dies hat seinen Grund darin, dass sich die konkret auszusprechende Sanktion im Jugendstrafrecht bei Vorliegen von Tateinheit nicht nach den allgemeinen Strafzumessungsbestimmungen und der gesetzlichen schwersten Strafe bestimmt, sondern am Erziehungsgedanken auszurichten ist, so dass den einzelnen Straftatbeständen im Rahmen der Einheitsstrafe besonderes Gewicht zukommt. Da allein die Delikte abgebildet werden sollten, auf die sich der Strafausspruch im Urteilstenor stützt, bleiben Taten, die im Rahmen des Strafverfahrens zu einer Einstellung gem. § 170 Abs. 2 JGG führten oder gem. §§ 154, 154a StPO durch Teilverzicht von der Strafverfolgung ausgenommen wurden, unberücksichtigt. Soweit das Verfahren mangels hinreichenden Tatverdachts oder aufgrund fehlenden Tatnachweises aus tatsächlichen Gründen einzustellen war, stellt sich die Nichtbe-

---

1546 Das Anlassdelikt wird zwar in der IT-Vollzugsdatenbank hinterlegt, doch war hier jeweils nur ein Delikt hinterlegt und bei mehreren verwirklichten Straftatbeständen nicht ersichtlich nach welchen Kriterien die Erfassung erfolgte. Von einer Auswertung wurde daher abgesehen.

1547 So auch *Gernbeck*, 2017, S. 190; nicht berücksichtigt wurden Straftatbestände, die im Wege der Gesetzeskonkurrenz verdrängt werden. In einem Fall (Fall 286) stand die Urteilsformel in Widerspruch zu den angewendeten Strafvorschriften, indem es hieß: „Der Angeklagte ist schuldig der vorsätzlichen Körperverletzung in Tatmehrheit mit Raub in 2 Fällen in Tatmehrheit mit Anstiftung zur gefährlichen Körperverletzung in Tatmehrheit mit Nötigung in Tatmehrheit mit Verbreitung pornografischer Schriften." Angewendete Strafvorschriften: §§ 223 I, 224 I Nr. 2, 230 I, 239 I, 240 I, II; 249 I, 184 I Nr. 1, 26, 53 StGB. In diesem Fall wurde § 239 StGB nicht mitgezählt.

rücksichtigung als zwingend dar. Darüber hinaus erschien die Ausklammerung der Verfahrenseinstellungen und – beschränkungen vorzugswürdig, um eine einheitliche Erfassung zur Vorbelastung des Täters sowie zur späteren Rückfälligkeit anhand der Bundeszentralregisterauszüge zu gewährleisten, die ebenfalls keine Informationen zu vorangegangenen Entscheidungen nach § 170 Abs. 2 StPO oder §§ 154, 154a StPO enthalten.

aa) Anzahl der Ausgangsdelikte

Insgesamt hatten die 278 Probanden 2.473 Straftaten begangen, die Gegenstand des Verfahrens mit der Sanktionsfolge des § 16a JGG waren. Abbildung 13 gibt einen Überblick über die Anzahl der im Verfahren mit § 16a JGG abgeurteilten Straftaten pro Proband.

Abbildung 13: Anzahl der Ausgangstaten

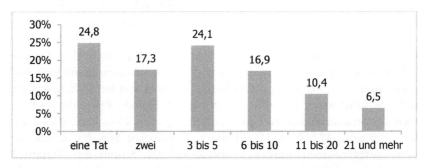

(n=278)

Die Übersicht zeigt, dass der Verurteilung zu § 16a JGG regelmäßig nicht nur eine Straftat zugrunde lag, sondern mehrere in Tateinheit oder Tatmehrheit stehende Delikte verwirklicht wurden. Im Mittel begingen die Probanden 8,9 Straftaten[1548], wobei der Entscheidung unabhängig von §§ 52, 53 StGB überwiegend maximal fünf Delikte zugrunde lagen (insgesamt 66,2 %). Soweit in der Hauptverhandlung mehrere Gesetzesverletzungen abgeurteilt wurden (n=212), standen die Taten in 12,4 % ausschließlich in Tateinheit zueinander. Im Ausnahmefall (6,5 %) wurden in dem untersuchungsgegenständlichen Verfahren mehr als 20 Straftaten abgeur-

---

1548 Median: 3,0; Modus: 1; SD: 21,57; Mimimum: 1; Maximum: 208.

teilt. In diesen Fällen hatten die Probanden zumeist eine Vielzahl von in Tateinheit oder Tatmehrheit stehenden Körperverletzungsdelikten gem. § 223 StGB, Diebstahlsdelikten gem. §§ 242, 243 StGB, Betrugsstraftaten gem. §§ 263, 263a StGB oder Betäubungsmittelverstößen begangen. Auffallend waren vier Probanden, die wegen 100 und mehr Straftaten zu einem Arrest nach § 16a JGG verurteilt wurden. Bei Ausklammerung dieser vier Probanden von der Deliktsberechnung ergibt sich eine durchschnittliche Deliktsanzahl von 6,7.[1549] Betrachtet man die Deliktsstruktur dieser vier Probanden näher, so ergibt sich folgendes Bild: Ein Proband war strafrechtlich bislang nicht in Erscheinung getreten und wurde im Verfahren mit der Sanktionsfolge des § 16a JGG wegen insgesamt 182 zum Teil in Tatmehrheit zueinander verwirklichter Diebstahlsdelikte in einem besonders schweren Fall verurteilt. Ähnlich stellte sich die Situation für einen weiteren Probanden dar, dessen Vordelinquenz mit einer begangenen Nötigung sehr gering ausfiel und der nunmehr unter anderem wegen 103 Fällen der einfachen Körperverletzung gem. § 223 StGB vor Gericht stand. In den übrigen zwei Fällen hatten die Probanden zwar bereits eine mehrfache Vorstrafenbelastung, doch lagen die bislang begangenen Delikte mit einem Deliktsschwereindex von jeweils insgesamt 9 Punkten im unteren Bereich.[1550] Die Ausgangstaten im Verfahren mit § 16a JGG bildeten hier 208 Verstöße gegen das Betäubungsmittelgesetz bzw. die mehrfache Begehung von Straftaten unterschiedlicher Deliktskategorien[1551]. Die genannten Fälle verdeutlichen, dass der Arrest nach § 16a JGG entsprechend dem Vorbringen mancher Autoren[1552] auch bei Tätern, die bislang nicht oder nur in geringem Maße strafrechtlich belangt wurden und nun wegen einer Vielzahl von Taten aus dem mittleren Kriminalitätsbereich vor Gericht stehen, praktische Relevanz erlangt. Die Geeignetheit dieser Fallgruppe für den Anwendungsbereich des § 16a JGG spiegelte sich auch bei be-

---

1549 Median: 3,0; Modus: 1; SD: 10,62; Mimimum: 1; Maximum: 75; n=274.

1550 Der Deliktsschwereindex wurde berechnet anhand des von *Schöch* konzipierten und von verschiedenen Autoren fortgeführten Deliktsschwereindex, der den Schweregrad des Delikts auf Basis des gesetzlichen Strafrahmens, der richterlichen Strafzumessungspraxis sowie der Schwere-Einschätzung durch Studenten bemisst, vgl. *Schöch*, in: KrimGegfr, 211 S. 226 Fn. 27.; sowie nachfolgend z.B. *Götting*, 2004, S. 208 f.; zur Berechnung des Deliktsschwereindex Teil 2. E.I.3.a)bb).

1551 In diesem Fall lagen der Verurteilung zu § 16a JGG ingsgesamt 100 Delikte aus dem Bereich des Diebstahl, der Urkundenfälschung, des StVG und des PflVG zugrunde.

1552 *Laubenthal/Baier/Nestler*, 2015, Rn. 490; *Pürner*, Protokoll Nr. 86 vom 23. Mai 2012, S. 39.

fragten Jugendrichtern wider, die zu 65,7 %[1553] der Meinung waren, dass § 16a JGG bei bislang nicht vorbelasteten Tätern, die erstmalig wegen einer Vielzahl von Delikten aus dem Bereich mittlerer Kriminalität vor Gericht stehen, eine geeignete Sanktion darstelle. Gut ein Drittel der Befragten (34,3 %) hält § 16a JGG in diesem Fall hingegen für eher nicht geeignet. Dies könnte darauf hindeuten, dass die Sanktionskoppelung infolge des Freiheitsentzuges als zu hart empfunden wird. Ob sich die Probanden ohne eine strafrechtliche Vorbelastung insgesamt, d.h. über die zuvor erläuterten Fälle hinaus, durch eine hohe Anzahl begangener Straftaten auszeichnen, soll nachfolgend näher beleuchtet werden.

Die 32 Probanden, die mit § 16a JGG erstmals strafrechtlich belangt wurden, hatten im Durchschnitt 14,9 Taten begangen und damit mehr Straftaten als der Durchschnitt aller Probanden (8,9 Straftaten). Gegenüber Probanden mit mindestens einer strafrechtlichen Vorentscheidung zeigte sich in der Anzahl der abgeurteilten Straftaten bei den Ersttätern ein statistisch signifikanter Unterschied.[1554] In 43,8 % dieser Fälle lag die Anzahl der verfahrensgegenständlichen Taten aber im Bereich von maximal drei Straftaten, so dass die hohe Anzahl an verwirklichten Straftatbeständen für erstmals straffällig gewordene Probanden nicht als durchweg charakteristisch angesehen werden kann.

1553 18,1 %: stimme voll und ganz zu; 47,6 %: stimme eher zu; 34,3 %: stimme eher nicht zu; n=105; fehlende Werte: 3.
1554 Mann-Whitney-U-Test: Asymptotische zweiseitige Signifikanz p=0,031; n=278.

Tabelle 25: Anzahl der Ausgangstaten bei Probanden ohne Vorbelastung

Anzahl der Ausgangstaten	Häufigkeit	Gültige Prozente	Kumulierte Prozente
1	5	15,6	15,6
2	5	15,6	31,3
3	4	12,5	43,8
4	1	3,1	46,9
6	3	9,4	56,3
7	1	3,1	59,4
10 bis 19	9	28,1	87,5
20 und mehr	4	12,5	100,0
Gesamt	32	100,0	

Probanden ohne eine strafrechtliche Vorbelastung haben mit einem durchschnittlichen Deliktsschwereindex der Ausgangstaten von 51,84[1555] in der Summe deutlich schwerer Straftaten begangen als Täter mit mindestens einer strafrechtlichen Vorauffälligkeit, für die sich im Mittel ein Deliktsschwereindex von 20,67[1556] ergab. Der Unterschied in der Deliktsschwere der abgeurteilten Ausgangstaten zwischen der Gruppe der vorbelasteten und bislang nicht strafrechtlich auffällig gewordenen Probanden erwies sich bei der Prüfung mittels des Mann-Whitney-U-Tests als statistisch signifikant (p=0,000; s. Anhang Tabelle A8). Demnach haben Ersttäter sowohl quantitativ als auch qualitativ mehr Straftaten begangen. Dieses Ergebnis stützt die Annahme, dass gerade Erstverurteilungen von einem Proportionalitätsdenken der Jugendrichter bestimmt sind, indem die Sanktionswahl primär an die Tatschwere und den Schuldgrad anknüpft.[1557]

1555 Median: 19,0; Modus: 4; SD: 129,03; Minimum: 3; Maximum: 728; n=32; zur Berechnung siehe die nachfolgenden Ausführungen unter Teil 2 E.I.3.a)bb).
1556 Median: 8,0; Modus: 4; SD: 51,97; Minimum: 1; Maximum: 526; n=246.
1557 *Lenz*, 2007, S. 137.

bb) Art und Schwere der Ausgangsdelikte

Ausdrucksstärker als die bloße Anzahl der Straftaten, die der Verurteilung zu einem Arrest nach § 16a JGG zugrunde liegen, ist die Art und Schwere der begangenen Delikte. Die Art des Delikts gibt in Kombination mit der Vorbelastung des Probanden zum einen Auskunft über die einschlägige Straffälligkeit sowie Veränderungen in der Schwere der Tatbegehung; zum anderen stellt die Tatschwere einen zentralen Strafzumessungsfaktor dar.[1558] Zum Teil wird vermutet, dass die Art und Schwere der Tat eine mögliche Indizwirkung für den Erziehungsbedarf des Täters besitzen.[1559] Den Ausgangsdelikten kommt damit in mehrfacher Weise Bedeutung für die kriminelle Karriere des Jugendlichen zu.

(1) Deliktshäufigkeit

Die folgende Abbildung gibt Auskunft über die Verteilung der verwirklichten Delikte innerhalb der Gesamtgruppe von 278 Verurteilten, auf die sich die angegebenen Prozentzahlen beziehen. Die Zuordnung der Delikte zur jeweiligen Kategorie erfolgte entsprechend der Vorgehensweise bei der Darstellung der Vordelinquenz.[1560]

1558 *Sutterer/Spiess,* in: Rückfallforschung, 215 (232).
1559 *Gernbeck,* 2017, S. 192; nach *Radtke,* in: MüKo-StGB, Bd. 6, § 17 JGG Rn. 34, 40 muss die Tat symptomatisch für das Vorliegen von Persönlichkeitsmängeln sein und kann die Art der Tatausführung ebenso in die Beurteilung schädlicher Neigungen einspielen.
1560 Siehe zuvor Teil 2 E.I.2.b)ee); einzelne Kategorien wurden um weitere Delikts ergänzt. Unterschiede in den Deliktgruppen ergaben sich in folgenden Bereichen: Die Kategorie der Sexualdelikte wurde um § 176a StGB erweitert, die der Körperverletzungsdelikte um § 231 StGB und die Katgeorie Diebstahl um § 244a StGB. Abweichungen ergaben sich zudem in der Kategorie „Sonstiges", die im Bereich der Anlassdelikte folgende Straftatbestände umfasst: §§ 86a, 126, 239a, 257, 258, 259, 289, 303a, 306-314, 323a StGB.

Abbildung 14: Deliktsarten im Verfahren mit § 16a JGG

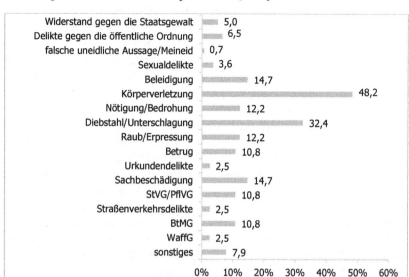

(Mehrfachnennung möglich)

Die Übersicht zeigt eine klare Dominanz der Körperverletzungsdelikte als Anlasstat für die Sanktionierung mit § 16a JGG. Knapp die Hälfte aller Probanden (48,2 %) wurden wegen mindestens einer Straftat aus dem Bereich der §§ 223 ff. StGB verurteilt. Der Anteil an Probanden mit einer einfachen Körperverletzung als Ausgangstat (31,7 %, s. Anhang Tabelle A9) erwies sich also nahezu identisch mit dem der gefährlichen Körperverletzung gem. § 224 StGB (26,6 %). Von untergeordneter Bedeutung war die Begehung einer fahrlässigen Körperverletzung gem. § 229 StGB sowie die Beteiligung an einer Schlägerei gem. § 231 StGB. Diese Delikte bildeten in keinem Fall die alleinige Anlasstat für die Verurteilung zu § 16a JGG. Daneben standen Normverstöße aus dem Bereich der Diebstahlsdelikte (§§ 242, 243, 244, 244a, 246, 248a StGB) im Vordergrund, wobei nur 3,6 % aller Verurteilungen auf die Qualifikation des § 244 StGB und 1,8 % auf den schweren Bandendiebstahl entfielen. Der Anteil der Probanden mit mindestens einem Diebstahlsdelikt als Ausgangstat fiel in der vorliegenden Untersuchung mit 32,4 % geringer aus als dies aus der bundesweiten Untersuchung zu § 16a JGG bekannt ist. Dort lag der Anteil bei 41,4 % und war nahezu identisch mit dem der Straftaten gegen die körperliche Unversehrtheit.[1561] Dies könnte dafür sprechen, dass die bayerischen Jugendrichter den potentiellen Anwendungsbereich des § 16a JGG vermehrt im Bereich der Körperverletzungsdelikte sehen. Im Übrigen war das Deliktsspektrum breit gestreut. Betäubungsmitteldelikte spielten mit 10,8 % wie beim herkömmlichen Jugendarrest[1562] nur eine untergeordnete Rolle. Damit deutet sich an, dass der Anordnung eines zusätzlichen Arrestes zur Herauslösung des Jugendlichen aus seinem drogenbelasteten Umfeld nur in geringem Maße praktische Bedeutsamkeit zukommt.

Stellt man die verfahrensgegenständliche Anlasstat den im Vorfeld verwirklichten Delikten gegenüber, so fällt auf, dass ein nicht unerheblicher Teil von 63,5 % der Probanden (n=277; fehlende Werte: 1[1563]) bereits einschlägig vorbelastet war und im Verfahren mit § 16a JGG somit wegen einer Straftat verurteilt wurde, die derselben Deliktsgruppe angehörte, wie eine der früher begangenen Straftaten.[1564] Die Begehung einschlägiger Straftaten bildet in der Rechtspraxis einen maßgeblichen Einflussfaktor für die Rückfälligkeit.[1565] Dies könnte vermuten lassen, dass die Einschlägigkeit der Vorbelastung die Entscheidung über die Verhängung eines § 16a-Arrestes mitbestimmt. Dabei sollte der Einfluss einschlägiger Vorstrafen auf die Sanktionierung des Täters nicht überschätzt werden, denn nach den Ergebnissen von *Weigelt* wird die Verurteilung zu einer Jugendstrafe zwar durch die Häufigkeit der Voreintragungen beeinflusst, die Einschlägigkeit der Vorstrafen ist aber von geringer Bedeutung.[1566]

In Zusammenschau mit dem Alter der Probanden im Zeitpunkt der gerichtlichen Verurteilung wird deutlich, dass die Verhängung eines § 16a-Arrestes bei sehr jungen Probanden im Alter von 14 und 15 Jahren ganz überwiegend (57,1 % von n=28) die Begehung einer einfachen oder gefähr-

---

1561 *Klatt/Ernst/Höynck u.a.*, 2016, S. 79.

1562 *Dölling*, in: 29. JGT, 141 (147) berichtet für BtMG-Delikte von einem Jugendarrestanteil von 13,1 %; ähnlich *Köhler/Bauchowitz/Weber* u.a., Praxis der Rechtspsychologie 2012, 90 (97), wonach der Arrestverhängung in 13,2 % der Fälle ein Verstoß gegen das Betäubungsmittelgesetz zugrunde lag.

1563 Der fehlende Wert resultiert daraus, dass gegen einen Probanden der Arrest nach § 16a JGG im Nachverfahren gem. § 30 Abs. 1 JGG verhängt wurde. Da die dem Schuldspruch nach § 27 JGG zugrundeliegenden Taten auch als Anlassdelikte für § 16a JGG gewertet wurden und weitere Informationen über die Vorbelastung fehlten, können Aussagen über eine einschlägige Vorstrafenbelastung nicht getroffen werden; siehe hierzu oben Teil 2 E.I.2.b)dd)(1).

1564 Zu den unterschiedlichen Weiten der einschlägigen Delinquenz *Jehle/Albrecht/Hohmann-Fricke u.a.*, 2013, S. 113.

1565 *Englmann*, 2009, S. 241.

1566 *Weigelt*, 2009, S. 118, 121 f.

lichen Körperverletzung gem. §§ 223, 224 StGB zum Anlass hatte. Bei 14- und 15- jährigen Tätern kam § 16a JGG demnach entweder zur Anwendung, wenn die Anlasstat für die Verurteilung ein Gewaltdelikt war oder die Probanden bereits zwei oder mehr Voreintragungen vorzuweisen hatten und nun wegen mehrerer Taten (Minimum: 3; Maximum: 20) aus den unterschiedlichsten Deliktsbereichen vor Gericht standen. Gerade bei sehr jungen Straftätern sollte bei der Entscheidung über § 16a JGG der episodenhafte Verlauf der Jugenddelinquenz sowie die Sanktionseskalation bei einer wiederholten Straffälligkeit[1567] aber nicht unberücksichtigt bleiben. So wurde § 16a JGG in zwei Fällen auch gegen einen jugendlichen 14- bzw. 15 jährigen Ersttäter verhängt, dessen Verurteilung ausschließlich wegen einer einfachen Körperverletzung gem. § 223 StGB erfolgte. Dieser Deliktsbereich steht selbst für Diversionsentscheidungen gem. §§ 45, 47 JGG noch offen,[1568] so dass der Sanktionierung gem. § 16a JGG sehr enge Grenzen gesetzt werden sollte.

Betrachtet man die Deliktsstruktur der Warnschussarrestanten in Gegenüberstellung zur bisherigen Jugendarrestklientel, so wird erkennbar, dass Körperverletzungsdelikte häufiger die Anlasstat für § 16a JGG bilden als dies für den herkömmlichen Jugendarrest bekannt ist. Bundesweite Studien zur bisherigen Arrestklientel zeigen zum einen, dass Straftaten aus dem Bereich der Diebstahls- und Körperverletzungsdelikte gleichfalls das Hauptanwendungsfeld für die Verhängung eines Jugendarrestes bilden.[1569] Straftaten gegen die körperliche Unversehrtheit wie auch die Begehung einer gefährlichen Körperverletzung im Speziellen nehmen bei der Sanktionierung gem. § 16a JGG aber einen deutlich höheren Stellenwert ein, wobei bei dem Vergleich mit den Befunden zum Jugendarrest die häufig unterschiedliche Zählung der Anlassdelikte zu berücksichtigen ist. Während der Anteil schwerer Straftaten gegen die körperliche Unversehrtheit bei der Verurteilung zu Jugendarrest bei rund 9 % bis 13 % liegt,[1570] erfolg-

---

1567 Hierzu *Walter/Neubacher*, 2011, Rn. 570 ff.

1568 Vgl. *Hohmann-Fricke*, in: Krise – Kriminalität – Kriminologie, 457 (463); *Sommerfeld*, in: Ostendorf, JGG, 10. Aufl., § 45 Rn. 10.

1569 Vgl. *Dölling*, in: 29. JGT, 141 (147); *Heinz*, ZJJ 2014, 97 (102); *Köhler/ Bauchowitz/Weber* u.a., Praxis der Rechtspsychologie 2012, 90 (97); *Sonnen*, in: Diemer/Schatz/Sonnen, JGG, § 16 Rn. 14.

1570 Anteil der gefährlichen/schweren Körperverletzung innerhalb des Jugendarrestes: *Pfeiffer*, MSchrKrim 1981, 28 (42): 9,5 %; *Pfeiffer/Strobl*, DVJJ-J 1991, 35 (42): 8,3 %; *Schwegler*, 1999, S. 224: 9,7 %. Nach der StVStat für das Jahr 2015 wurden von 10.808 zu Jugendarrest Verurteilten (ausgenommen sind an dieser

te in etwa jede vierte Verurteilung (26,6 %) zu § 16a JGG wegen einer gefährlichen Körperverletzung gem. § 224 StGB.

(2) Schwerste Ausgangstat

Um das Deliktsspektrum, welches der Verurteilung zu § 16a JGG zugrunde lag, in einem weiteren Schritt den in der bundesweiten Strafverfolgungsstatistik registrierten Ausgangstaten bei der Sanktionierung gem. § 16a JGG gegenüberstellen zu können, wurde für jeden Täter das schwerste Delikt in Blick genommen und einer Deliktskategorie zugeordnet.[1571] Um die Schwere des Delikts messbar zu machen, wurde abweichend von der Strafverfolgungsstatistik, die bei mehreren abgeurteilten Taten das Delikt mit der schwersten angedrohten Strafe enthält,[1572] auf den von *Schöch*[1573] konzipierten und seither fortentwickelten[1574] Deliktsschwereindex zurückgegriffen. Dieser misst die Deliktsschwere unter dem Einbezug dreier Faktoren: dem gesetzlichen Strafrahmen, der richterlichen Strafzumessungspraxis und der Schwere-Einschätzung durch Studenten.[1575] Die Heranziehung dieser Berechnungsweise erschien vorzugswürdig, da der allgemeine Strafrahmen im Jugendstrafrecht gem. § 18 Abs. 1 S. 3 JGG keine Anwendung findet. Jeder Straftatbestand erhält dabei eine spezifische Punktzahl. Für die Zuordnung zur Deliktskategorie war demnach das Delikt mit dem höchsten Punktwert maßgeblich. Bei der Berechnung des Wertes wurde von einer Differenzierung nach Vollendung und Versuch und einer Tatbegehung in Form der Teilnahme abgesehen, da zum einen auch die Strafverfolgungsstatistik hierüber keine Auskunft gibt. Zum anderen sollte der Deliktsschwereindex der Ausgangstat im weiteren Untersuchungsverlauf der Vortat sowie der späteren Rückfalltat gegenübergestellt werden, für die diese Informationen aufgrund der zum Teil ungenauen Angaben in den Bundeszentralregisterauszügen nicht zuverlässig hätten

---

Stelle die in der StVStat ausgewiesenen 638 Verurteilungen nach § 16a JGG) 1.428 Täter (ebenfalls ohne § 16a JGG) wegen einer gefährlichen Körperverletzung gem. § 224 Abs. 1 StGB verurteilt; s. *Statistisches Bundesamt*, Fachserie 10 Reihe 3 – 2015, S. 314 f. Dies entspricht einem Anteil von 13,2 %.

1571 Zu den Deliktskategorien siehe zuvor Teil 2 E.I.3.a)bb)(1).

1572 *Statistisches Bundesamt*, Fachserie 10 Reihe 3 – 2014, S. 13.

1573 *Schöch*, in: KrimGegfr, 211 (226) Rn. 27.

1574 Fortentwickelt von *Götting*, 2004, S. 208 f.; *Köberlein*, 2006, S. 309 ff.; *Höffler*, 2008, S. 326 ff.; *Englmann*, 2009, S. 454; *Gernbeck*, 2017, S. 513 ff..

1575 *Kaspar*, 2004, S. 193; *Köberlein*, 2006, S. 37.

erfasst werden können,[1576] so dass insgesamt von einer Berücksichtigung des Versuchs und der Teilnahme Abstand genommen wurde. Die Nichtberücksichtigung der Teilnahme als Minderungsfaktor bei der Festlegung des Indexwertes war auch deshalb vertretbar, da lediglich in 10 Fällen (3,6 %) zumindest ein Delikt auch als Teilnehmer verwirklicht wurde. Nur als Teilnehmer einer Straftat agierte keiner der Probanden. Bei einem identischen Punktewert zweier oder mehr Delikte richtete sich die Einordnung in die Deliktsgruppe nach der Obergrenze des gesetzlichen Strafrahmens. Bei Delikten mit einem gleichen Strafrahmen wurde das Delikt mit der geringen Paragraphennummer im StGB aufgenommen.[1577]

Die nachfolgende Tabelle veranschaulicht die Deliktsverteilung der schwersten Ausgangstat bezogen auf die Gesamtanzahl von 278 Probanden in Gegenüberstellung zu den Werten der Strafverfolgungsstatistik für das Berichtsjahr 2014.[1578]

1576 Zum Informationsgehalt der BZR-Auszüge siehe Teil 2 E.I.2.b)aa)(1).

1577 Diese Vorgehensweise wählt auch *Kaspar*, 2004, S. 193; das Delikt mit der kleineren Paragraphennummer wurde beispielsweise bei der gleichzeitigen Verwirklichung von § 224 StGB und §§ 242, 243 StGB sowie in der Konstellation von § 223 und § 267 StGB herangezogen. Hatten Delikte aus dem StGB und dem BtMG oder dem WaffG den gleichen Indexwert, war für die Zuweisung zur Deliktsgruppe der Straftatbestand des StGB maßgeblich.

1578 Die absoluten Zahlenwerte der nachfolgenden Tabelle zur StVStat entstammen *Statistisches Bundesamt*, Fachserie 10 Reihe 3 – 2014, S. 312 ff.. Straftaten, die in der StVStat als Straftaten im Straßenverkehr ausgewiesen werden (s. *Statistisches Bundesamt*, Fachserie 10 Reihe 3 – 2014, S. 14), wurden soweit als möglich einer Deliktskategorie zugeordnet. Unter „Sonstiges" werden bei der StVStat geführt: 3x §§ 86,86a StGB; 1x § 145d StGB, 5x § 142 StGB, 1x § 170 Abs. 1 StGB, 1x Verstoß gegen WaffG, 1x Verstoß gegen das Staatsangehörigkeitsgesetz sowie 1x § 229 StGB in der StVStat als Verkehrsdelikt geführt.

Tabelle 26: Deliktskategorie der schwersten Ausgangstat bei § 16a JGG in Bayern/StVStat für das Jahr 2014

		Bayern	StVStat
Widerstand gegen die Staatsgewalt/ Straftaten der öffentlichen Ordnung (§§ 110-121, 123-126 StGB)	Anzahl	4	8
	%	1,4	1,3
Falsche uneidliche Aussage/ Meineid/ falsche Verdächtigung (§§ 153-161, 164, 165 StGB)	Anzahl	2	2
	%	0,7	0,3
Sexualdelikte (§§ 174-184g StGB)	Anzahl	9	16
	%	3,2	2,6
Beleidigung (§§ 185-200)	Anzahl	5	8
	%	1,8	1,3
Körperverletzungsdelikte (§§ 223-231 StGB)	Anzahl	103	161
	%	37,1	25,9
Straftaten gegen die persönliche Freiheit (§§ 232-241 StGB)	Anzahl	2	3
	%	0,7	0,5
Diebstahl/Unterschlagung (§§ 242-248c StGB)	Anzahl	61	154
	%	21,9	24,8
Raub/Erpressung (§§ 249-255 StGB)	Anzahl	34	123
	%	12,2	19,8
Begünstigung/Hehlerei (§§ 257-261 StGB)	Anzahl	2	3
	%	0,7	0,5
Betrug/Untreue (§§ 263-266b StGB)	Anzahl	18	43
	%	6,5	6,9
Urkundenfälschung (§§ 267-281)	Anzahl	1	13
	%	0,4	2,1
Sachbeschädigung (§§ 303-305a StGB)	Anzahl	2	6
	%	0,7	1,0
Gemeingefährliche Straftaten (§§ 306-323c StGB)	Anzahl	4	14
	%	1,4	2,3
Straftaten nach StVG und PflVG	Anzahl	7	13
	%	2,5	2,1
BtMG	Anzahl	16	39
	%	5,8	6,3
Sonstiges	Anzahl	8	15
	%	2,9	2,4
Gesamt	Anzahl	278	621
	%	100,0	100,0

Auch bei Fokussierung der jeweils schwersten Ausgangstat zeigt sich, dass der Schwerpunkt der Anlassdelinquenz im Bereich der Körperverletzungsdelikte liegt. Vergleicht man die Deliktskategorien der schwersten Ausgangstat in der hiesigen Untersuchung mit den Werten der StVStat unter dem Vorbehalt der abweichenden Schweregradbemessung, so fällt auf, dass innerhalb der nach § 16a JGG verurteilten und in die Untersuchung einbezogenen Probanden die Begehung einer Straftat aus dem Bereich der §§ 223-231 StGB häufiger die schwerste Ausgangstat bildete (37,1 %) als dies im Jahr 2014 bundesweit der Fall war (25,9 %). Während sich Straftaten gegen die körperliche Unversehrtheit und Diebstahls- bzw.- Unterschlagungsdelikte in der StVStat die Waage halten, beherrschen in Bayern Körperverletzungsstraftaten als schwerste Ausgangstat den Deliktsspiegel. Weiterhin ist erkennbar, dass schwere Straftaten aus dem Abschnitt Raub und Erpressung in der StVStat mit 19,8 % einen höheren Stellenwert einnehmen als im Untersuchungskontext. Dort bildeten Raub- und Erpressungsdelikte zu 12,2 % die schwerste abgeurteilte Straftat im Verfahren mit § 16a JGG. Dies könnte dafür sprechen, dass die bayerischen Jugendrichter bereits bei weniger schwerwiegende Taten zur Anordnung eines Arrestes nach § 16a JGG neigen, als dies in anderen Regionen der Fall ist. Leichte Unterschiede ergaben sich zudem in der Deliktskategorie der Urkundenfälschung, die im bundesweiten Durchschnitt etwas häufiger die schwerste Straftat darstellt. Geschlechtsspezifisch zeigte sich, dass männliche Straftäter (39,5 %) häufiger ein Körperverletzungsdelikt als schwerste Ausgangstat vorzuweisen hatten als weibliche Probanden (16,7 %), wohingegen bei Eigentumsdelikten (Diebstahl/Unterschlagung, Betrug/Untreue) weibliche Straftäter, entsprechend der allgemeinen Erkenntnis zur Frauenkriminalität[1579] stärker vertreten waren.

(3) Veränderungen in der Tatschwere

Für den Verlauf der Jugendkriminalität wird in der Literatur für Teilbereiche einzelner Deliktsgruppen von einer Eskalation der Tatschwere bei fortgesetzter Deliktsbegehung berichtet.[1580] Für Mehrfachtäter ist eine Zunah-

---

1579 Vgl. zur Deliktsstruktur der Frauenkriminalität *Göppinger/Bock,* 2008, § 24 Rn. 42, § 29 Rn. 139; *Köhler,* 2012, S. 95.
1580 *Harrendorf,* 2007, S. 333 ff. mit dem Ergebnis, dass bei schweren Gewalttaten (Tötungsdelikte, sexuelle Gewaltdelikte; Raubdelikte), die bereits weiter oben auf der Schwereskala stehen, in der Folgezeit eine Deeskalation zu verzeichnen

me der Deliktsschwere mit der Anzahl der Straftaten allerdings regelmäßig nicht festzustellen.[1581] Ob sich die Tatschwere der im Verfahren nach § 16a JGG abgeurteilten Straftat im Verhältnis zu den früher begangenen Delikten verändert hat, soll die nachfolgende Tabelle zeigen, welche das Tatschwereverhältnis zwischen der schwersten Ausgangstat und schwersten Vortat wiedergibt. Veränderungen in der Tatschwere können folglich nur für diejenigen Täter analysiert werden, die mindestens über eine strafrechtliche Vorbelastung verfügen (n=246). Als schwerste Vor- bzw. Anlasstat wurde der Straftatbestand gewertet, welcher über den höchsten Indexwert verfügt. Auch hier bestimmte sich die schwerste Tat nach dem in seinen Ursprüngen von *Schöch* entwickelten Deliktsschwereindex.[1582] Eine Zunahme in der Deliktsschwere wird in der nachfolgenden Tabelle durch ein positives Vorzeichen gekennzeichnet, ein Rückgang demgegenüber durch ein negatives Vorzeichen.

Tabelle 27: Verhältnis der Tatschwere von schwerster Vortat und Ausgangstat

	Häufigkeit	Gültige Prozente	Kumulierte Prozente
-5	3	1,2	1,2
-4	10	4,1	5,3
-3	12	4,9	10,2
-2	15	6,1	16,3
-1	44	17,9	34,1
0	49	19,9	54,1
1	40	16,3	70,3
2	42	17,1	87,4
3	15	6,1	93,5
4	12	4,9	98,4
5	4	1,6	100,0
Gesamt	246	100,0	

---

ist, wohingegen die Tatschwere bei Körperverletzungsdelikten überwiegend gleichbleibend ausfällt und sich im Bereich der Straftaten gegen Vollstreckungsbeamte eine Eskaltion andeutet.

1581 *Dölling*, ZfJ 1989, 313 (314).
1582 Siehe hierzu oben Teil 2 E.I.3a)bb)(2), Abdruck im Anhang II Tabelle 1.

Tabelle 27 illustriert, dass die Tatschwere in knapp einem Fünftel der Fälle (19,9 %) unverändert blieb. Da Straftatbestände verschiedener Deliktsgruppen durchaus den gleichen Indexwert aufweisen können – so haben z.b. sowohl § 223 als auch § 263 StGB den Indexwert 3 (siehe Deliktsschwereindex Anhang II, Tabelle 1) – kann aus diesem Ergebnis nicht gefolgert werden, dass auch die Deliktskategorie der begangenen Straftaten unverändert geblieben ist. Nicht in allen Fällen lag der Verurteilung zu § 16a JGG eine schwerere Straftat zugrunde. 34,1 % der Probanden hatten im Verhältnis zur Vorsanktionierung eine weniger schwerwiegende Tat begangen, wohingegen bei dem größeren Teil der Probanden (46,0 %) eine Zunahme in der Deliktsschwere und damit eine Eskalation der Tatschwere erkennbar war. Dieses Ergebnis steht in Einklang mit dem hohen Anteil an Körperverletzungs-, Raub- und Erpressungsdelikten, die zusammen in 49,3 % der Fälle die schwerste Ausgangstat bildeten (siehe Tabelle 26). Ein wesentlicher Anwendungsbereich für § 16a JGG scheint damit bei Tätern zu bestehen, deren kriminelle Vorbelastung sich bislang auf weniger schwerwiegende Straftaten erstreckte und die anschließend eine in ihrem Gewicht und Bedeutungsgehalt schwerere Straftat begangen haben.

Soweit die Tatschwere des schwersten abgeurteilten Anlassdelikts gegenüber der Vortat rückläufig war, lag auch die Gesamtanzahl der Anlasstaten unterhalb derer der früher begangenen Straftaten und hatten die Verurteilten zumeist eine Vielzahl von Vortaten vorzuweisen.[1583] Damit zeichnet sich ein zweiter Anwendungsbereich des § 16a JGG ab: Die Anwendung auf jugendliche oder heranwachsende Straftäter, die in der Vergangenheit bereits eine Vielzahl von Straftaten begangen haben und nunmehr wegen eines erneuten, wenn auch weniger schwerwiegenden Delikts vor Gericht stehen.

cc) Gewalttaten als besonderer Anwendungsbereich

Der hohe Anteil an Straftaten gegen die körperliche Unversehrtheit und der in der Diskussion um den Warnschussarrest präferierte Anwendungs-

---

1583 Bei 89,3 % der 84 Probanden, deren schwerste Ausgangstat im Verhältnis zur Vortat als deeskalierend einstufen ist, war die Summe der Vortaten höher als die Summe der Ausgangsdelikte. Die Summe der Vortaten lag im Mittel bei 10,49 (Median: 7,0; Modus: 5; SD: 17,83) und damit über dem Durchschnitt von 6,49.

bereich des § 16a JGG bei massiven Gewalttaten[1584] lässt es im Weiteren erforderlich erscheinen, diesem Deliktsbereich besondere Aufmerksamkeit zukommen zu lassen. Im Rahmen der Urteilsanalyse war festzustellen, dass in einigen Urteilen bei der Begründung des § 16a JGG auf die rohe, gewaltsame und brutale Vorgehensweise des Täters verwiesen wurde. Auch die befragten Jugendrichter (n=106; fehlende Werte: 2) stimmten der Geeignetheit des § 16a JGG für Täter, deren Taten durch Brutalität kennzeichnet sind, zu 90,6 % eher oder voll und ganz zu. Ziel des nachfolgenden Abschnitts ist es, die Qualität der Gewaltdelikte in Zusammenhang mit § 16a JGG in Blick zu nehmen.

Die Schwierigkeit, den latenten Begriff der Gewaltkriminalität, den das Gesetz formal nicht kennt, fassbar zu machen, hat *Harrendorf* in seiner Rückfalluntersuchung von Gewalttätern ausführlich dargelegt.[1585] Da bei der Verurteilung nach § 16a JGG vor allem Körperverletzungsdelikte sowie Delikte aus dem Bereich der §§ 249 ff. StGB im Vordergrund stehen, sollte für die Begriffsbestimmung der Gewaltstraftaten die körperliche Einwirkung durch den Täter als Bezugspunkt gewählt werden. Den Ausgangspunkt bildete der von der Gewaltkommission der Bundesregierung als Minimalkonsens anerkannte Gewaltbegriff. Dieser versteht Gewalt als „zielgerichtete, direkte physische Schädigung von Menschen durch Menschen"[1586]. Von dieser engen Definition nicht umfasst sind die psychisch vermittelte Gewalt und die Gewaltanwendung gegen Sachen. Diese Abgrenzung liegt im Wesentlichen auch dem in der polizeilichen Kriminalstatistik verwendeten Gewaltbegriff zugrunde, der unter dem Terminus „Gewaltkriminalität" folgende Delikte aus dem Bereich der mittelschweren und schweren Kriminalität vereint: §§ 177, 178, 211, 212, 216, 224, 226,

---

1584 Vgl. *Gierschik*, Protokoll Nr. 86 vom 23. Mai 2012, S. 3; die Gewaltkriminalität ebenfalls als Anknpüfungspunkt wählend BT-Drucks. 15/1472, S. 1; BT-Drucks. 15/3422, S. 1; Deutscher Richterbund, Stellungnahme Nr. 16/12 vom 23.05.2012, S. 4. Entfacht wurde die Diskussion um die Einführung des Warnschussarrestes gleichsam durch die mediale Berichterstattung über Gewalttaten junger Menschen, siehe *Kreuzer*, Stellungnahme am 23.05.2012, S. 1.

1585 *Harrendorf*, 2007, S. 7 ff. m.w.N.; eingehend zum Begriff der Gewaltkriminalität zudem *Schwind*, 2016, § 2 Rn. 26 ff.

1586 *Schwind/Baumann/Schneider u.a.*, in: Ursachen, Prävention und Kontrolle von Gewalt, 27 (36); vgl. auch *Nunner-Winkler*, in: Gewalt, 21; ihrem Arbeitsprogramm hat die Gewaltkommission aber schließlich einen etwas weiteren Gewaltterminus zugrunde gelegt, der zwar weiterhin den physischen Zwang in den Mittelpunkt stellt, aber auch die Gewaltanwendung gegen Sachen umfasst, siehe *Schwind/Baumann/Schneider u.a.*, in: Ursachen, Prävention und Kontrolle von Gewalt, 27 (38).

227, 239a, 239b, 249, 255, 316a StGB sowie Angriffe auf den Luft- und See-
verkehr.[1587] Da der Bereich der Tötungsdelikte aufgrund der Tatschwere
für den Zugangsbereich des § 16a JGG von vornherein nicht geeignet erschien und andererseits aber gerade die einfache Körperverletzung eine
nicht unbeachtliche Rolle spielte, wurde der Gewaltbegriff für die vorliegenden Untersuchung dahingehend modifiziert, dass einzelne Straftatbestände ausgeklammert und Straftaten nach § 223 StGB ergänzend aufgenommen wurden. Als „Gewalttat" wurden demnach folgende Straftatbestände festgelegt: §§ 177, 178, 223, 224, 226, 227, 239a, 239b, 249-252, 255,
316a StGB. Um die Schwere der Gewalttat an objektiven Indikatoren festzumachen, wurden einerseits die Art der Tatausführung durch den Täter
sowie andererseits die Folgen für das Tatopfer berücksichtigt. Sicherlich
sind diese Kriterien nicht als abschließend zu werten, können aber in
einem ersten Ansatz sichtbar machen, welche Aspekte bei der subjektiven
Beurteilung als „Gewalttat" mitveranlassend sind und ob die Verurteilung
zu § 16a JGG auf „massiven" oder eher leichteren Gewalttaten beruht.

Etwa der Hälfte der 278 Verurteilungen (51,8 %) lag mindestens eine
Gewalttat nach den oben definierten Kriterien zugrunde. In der Vorgehensweise der Täter waren Gewalttaten ganz überwiegend (60,4 %) durch
ein Eintreten oder das Versetzen von Schlägen mit der Faust gegen den
Kopf oder den Oberkörper des Opfers gekennzeichnet, gefolgt von der
Feststellung des Gerichts, der Täter habe anlasslos agiert. Schwere Folgen
auf Seiten des Tatopfers in Form von inneren Verletzungen, Knochenbrü-
chen oder gar anhaltende physische Schäden waren in 15,3 % bzw. 12,5 %
der Verurteilungen festgestellt worden. In 14,6 % folgte der Tat ein stationärer Krankenhausaufenthalt nach.

Tabelle 28: Merkmale der Gewalttat

	Anzahl	%
Merkmale der Tatausführung:		
provozierendes Verhalten des Angeklagten	7	4,9
anlassloses Agieren	23	16,0
Täter als "Hauptakteur" mehrerer Beteiligter	2	1,4

1587 Bundesministerium des Innern/Bundesministerium der Justiz, Erster PSB,
S. 41.

	Anzahl	%
Tritte/Schläge mit der Faust gegen Kopf/Oberkörper	87	60,4
Einsatz Waffe/gefährliches Werkzeug	19	13,2
Folgen auf Seiten des Opfers:		
Bewusstlosigkeit	6	4,2
stationäre Behandlung	21	14,6
Knochenbrüche/innere Verletzungen	22	15,3
Schädelhirntrauma	8	5,6
(mögliche) anhaltende physische Schäden	18	12,5
anhaltende psychische Tatfolgen	14	9,7

(n=144, Mehrfachnennung möglich)

Um eine Abstufung hinsichtlich des Schweregrades der Gewalttaten vornehmen zu können, wurde probandenspezifisch die Summe der in Tabelle 28 verwirklichten Merkmale berechnet und eine Einteilung in die folgenden Schwereklassen vorgenommen:

Tabelle 29: Einteilung der Gewaltdelikte in Schwereklassen

Schwereklasse des Gewaltdelikts	Anzahl der Merkmale	Anzahl der Probanden (n=144)	Prozent
leicht	0	27	18,8
mittel	1	57	39,6
schwer	2 -3	46	31,9
sehr schwer	4 und mehr	14	9,7

Bei 18,8 % der 144 Verurteilungen, die eine Gewalttat zum Gegenstand hatten, war keines der in Tabelle 28 aufgeführten Merkmale gegeben. In diesen Fällen gelangte § 16a JGG folglich auch bei „leichteren" Gewaltdelikten ohne schwerwiegende Verletzungsfolgen auf Seiten des Opfers zur Anwendung. Feststellbar ist aber zugleich, dass 41,6 % der Jugendlichen, die wegen mindestens einer Gewalttat verurteilt wurden, mit der Begehung eines Gewaltdelikts aus dem „schweren" oder „sehr schweren" Bereich eine ganz erhebliche Gewaltbereitschaft zeigten.

Die Bedeutsamkeit des § 16a-Arrestes bei Gewalttaten bestätigte sich auch im Rahmen der Jugendrichterbefragung. Die Mehrzahl der Jugendrichter (75,0 %[1588]) hält die Anordnung eines § 16a-Arrestes grundsätzlich bei Tätern für geeignet, die bislang nicht strafrechtlich in Erscheinung getreten sind oder deren Taten ausschließlich eine Einstellungsentscheidung zur Folge hatte und die nun wegen einer massiven Gewalttat oder einem Sexualdelikt angeklagt sind. Selbiges Meinungsbild zeigte sich für die Anwendung des § 16a JGG auf Täter, die vor der im Verfahren mit § 16a JGG abzuurteilenden Gewalttat bereits eine Vielzahl kleinerer Delikte begangen hatten. Hier betrug der Zustimmungsanteil unter den Jugendrichtern 77,2 %[1589]. Rund ein Viertel der Befragten war der Meinung, dass sich der zusätzliche Arrest für Gewalttäter eher oder überhaupt nicht eignet. Diese Jugendrichter standen der Möglichkeit der Sanktionskoppelung allerdings nur zu 11,5 % eher skeptisch oder ablehnend gegenüber, so dass die tendenziell verwehrende Haltung zur Anwendung des § 16a JGG auf Gewalttaten bei keiner oder einer nur geringen Vorbelastung des Täters nicht auf eine generell kritische Einstellung zu § 16a JGG zurückführen ist.

Dass Gewalttaten entsprechend den mehrheitlichen Angaben der Jugendrichter insbesondere bei Ersttätern eine bedeutende Rolle spielen, zeigte sich auch im Rahmen der Aktenanalyse. Von 32 Ersttätern wurden 56,3 % wegen einer Gewalttat verurteilt, wobei diese mit einem Wert von zwei und mehr Punkten zu 44,6 % im schweren oder sehr schweren Bereich lagen. Probanden, gegen die vor der Verurteilung zu § 16a JGG ausschließlich eine Einstellungsentscheidung gem. §§ 45, 47 JGG ergangen war (n=39), hatten zu einem Anteil von 71,8 % mindestens ein Gewaltdelikt begangen. Sofern das Urteil eine Gewalttat zum Gegenstand hatte (n=144), entfiel knapp ein Drittel (32,0 %) der Verurteilungen auf nicht oder nur durch eine Einstellung gem. §§ 45, 47 JGG vorbelastete Probanden. Die praktische Bedeutsamkeit des zusätzlichen Arrestes bei der diskutierten Fallgruppe von Jugendlichen, die bislang nicht oder nur in geringem Maße straffällig geworden sind und nun wegen einem Gewaltdelikt angeklagt sind,[1590] kann damit nicht in Abrede gestellt werden. Bezogen auf die Gesamtanzahl von 278 Probanden nimmt diese Fallgruppe einen Prozentsatz von 16,5 % ein.

1588 „stimmer eher zu": 45,2 %; „stimme voll und ganz zu": 29,8 %; n=104; fehlende Werte: 4.
1589 „stimmer eher zu": 46,7 %; „stimme voll und ganz zu": 30,5 %; n=105; fehlende Werte: 3.
1590 Vgl. *Gierschik*, Protokoll Nr. 86 vom 23. Mai 2012, S. 4.

Lag der Verurteilung mindestens eine Gewalttat zugrunde, wurde der Arrest zu 62,5 % auf § 16a Abs. 1 Nr. 1 JGG gestützt.[1591] Die überwiegende Begründung mit der Verdeutlichungsfunktion schließt nicht aus, dass die Verhängung des § 16a-Arrestes – ähnlich wie es aus Berichten zum Jugendarrest bekannt ist[1592] – für erforderlich gehalten wird, um dem Täter korrespondierend zu der von ihm begangenen Tat eine gleichfalls spürbare Reaktion zukommen zu lassen.

b) Zeitlicher Abstand zur letzten Vorverurteilung

Einen weiteren Einflussfaktor bei der Entscheidung über die Strafaussetzung zur Bewährung stellt das seit der letzten Tat vergangene Zeitintervall dar.[1593] Wurde der Täter bislang in kurzen zeitlichen Abständen straffällig und verging bis zu der verfahrensgegenständlich abzuurteilenden Tat eine längere Zeitspanne, kann dies einen positiven Ansatzpunkt bieten.[1594] Umgekehrt ließe sich eine Tatbegehung kurz nach dem letzten Vorverfahren als Indiz für eine besonders hohe Rückfallgefährdung werten und könnte auch bei der Sanktionierung mit § 16a JGG eine Rolle spielen, indem die Gerichte diesen Aspekt möglicherweise als zusätzlichen Prognosefaktor bei der Entscheidung über die Notwendigkeit eines zusätzlichen Arrestes einbeziehen. Innerhalb der Gruppe von Tätern mit mindestens einer justiziellen Vorbelastung (n=246) lag zwischen der zuletzt ergangenen Vorsanktion und der im Verfahren mit § 16a JGG abgeurteilten (ersten) Anlasstat ein breit gestreuter Zeitraum von unter einem Monat bis zu 4 Jahren und 1 Monat. Der weit überwiegende Teil der Probanden (43,1 %) hatte relativ zeitnah im Anschluss an die zuletzt ergangene strafrechtliche Entscheidung binnen sechs Monaten erneut eine Straftat begangen. Damit deutet sich an, dass die Probanden allein durch das frühere strafrechtliche Verfahren nicht anhaltend zu beeindrucken waren.

1591 In 37 Fällen (25,7 % von n=144) ließ sich die Begründung zu § 16a JGG keiner der Anordnungsvarianten zuordnen. Mehrheitlich enthielten die Urteile dabei überhaupt keine Begründung zu § 16a JGG. Lediglich 17 der 144 Verurteilungen mit einer Gewalttat wurden allein mit § 16a Abs. 1 Nr. 3 JGG begründet.

1592 *Schumann*, ZfJ 1986, 363 (364).

1593 *Ostendorf*, in: Ostendorf, JGG, 10. Aufl., § 21 Rn. 11.

1594 *Ostendorf*, in: Ostendorf, JGG, 10. Aufl., § 21 Rn. 11.

Tabelle 30: Zeitraum zwischen der letzten Vorverurteilung/Einstellung gem.
§§ 45, 47 JGG und der (ersten) Anlasstat

	Häufig-keit	Gültige Prozente	Kumulierte Prozente
Zeitpunkt der (ersten) Anlass-tat lag zeitlich vor der letzten Vorverurteilung	76	30,9	30,9
bis 6 Monate	106	43,1	74,0
7 bis 12 Monate	19	7,7	81,7
13 bis 18 Monate	17	6,9	88,6
19 bis 24 Monate	10	4,1	92,7
25 bis 36 Monate	15	6,1	98,8
37 bis 48 Monate	2	,8	99,6
länger als 4 Jahre	1	,4	100,0
Gesamt	246	100,0	

c) Verstoß gegen das Rückwirkungsverbot

Auch ein möglicher Verstoß gegen das Rückwirkungsverbot aus
Art. 103 Abs. 2 GG spielte bei den untersuchten Urteilen keine unwesentliche Rolle. Zur Feststellung, ob und in welchem Umfang § 16a JGG auf Taten Anwendung fand, die bereits vor Inkrafttreten der Neuregelung begangen wurden, wurde jeweils das Datum der ersten und letzten Anlasstat im
Verfahren mit § 16a JGG betrachtet. In knapp 22,0 % der Urteile fand
§ 16a JGG rückwirkend Anwendung auf Taten, die bereits vor Inkrafttreten der Neuregelung am 07. März 2013 begangen wurden. Bei weiteren
12,6 % der ausgesprochenen Verurteilungen lag jedenfalls der Zeitpunkt
der ersten Tat vor dem 07. März 2013. Damit stand bei über einem Drittel
der Fälle ein potentieller Verstoß gegen Art. 103 Abs. 2 GG im Raum.

Tabelle 31: Verstoß gegen das Rückwirkungsverbot

	Häufig-keit	Gültige Prozente	Kumulierte Prozente
alle Taten erfolgten vor dem 07.03.2013	61	21,9	21,9
zumindest die erste Tat erfolgte vor dem 07.03.2013	35	12,6	34,5
keine	182	65,5	100,0
Gesamt	278	100,0	

Nur in den wenigsten Urteilen, in denen sich die Problematik des Rückwirkungsverbots ergab, wurde hierauf in der Strafzumessung gesondert eingegangen. Um einen Rechtsverstoß gegen Art. 103 Abs. 2 GG auszuräumen, ist es erforderlich, dass das Gericht klar erkennen lässt, dass es ohne die Möglichkeit der Verhängung eines zusätzlichen Arrestes gem. § 16a JGG von einer unbedingten Jugendstrafe Gebrauch gemacht hätte. Ob die Anwendung des § 16a JGG das mildere Gesetz darstellt, ist durch einen Vergleich sämtlicher Rechtsfolgen für den jeweils konkreten Einzelfall zu bestimmen.[1595] Eine Stellungnahme des Gerichts zum Meistbegünstigungsprinzip nach § 2 Abs. 2 JGG i.V.m. § 2 Abs. 3 StGB war die Ausnahme. Lediglich in fünf Urteilen wurde die rückwirkende Anwendung des § 16a JGG explizit begründet, indem es beispielsweise hieß (Fall 227):

> „Die Straftat liegt zwar vor Einführung des sog. "Warnschussarrestes" nach § 16a JGG, stellt aber die mildere Maßnahme gegenüber einer Bewährungsversagung dar, so dass keine Bedenken im Hinblick auf das Rückwirkungsverbot nach Art. 103 Abs. 2 GG bestehen."

In einem weiteren Fall fand sich zumindest der Hinweis, dass ein Teil der Taten vor dem 07.03.2013 begangen wurde, was ein Indiz dafür darstellt, dass das Gericht die Frage eines Rückwirkungsverstoßes zumindest in seine Überlegungen eingestellt hat. Bezieht man darüber hinaus diejenigen Urteile ein, die zwar keine unmittelbare Auseinandersetzung mit der verfassungsrechtlichen Problematik des Art. 103 Abs. 2 GG erkennen lassen, aber dennoch in der Tendenz davon sprechen, dass ohne die Verhängung des zusätzlichen Arrestes nach § 16a JGG eine Aussetzung der Jugendstrafe zur Bewährung nicht mehr möglich gewesen wäre, erhöht sich die Quote

---

1595 Vgl. *Franzke*, BRJ 2015, 118 (124); *Hassemer/Kargl*, in: NK-StGB, § 1 Rn. 42.

geringfügig. Neben den zuvor genannten fünf Entscheidungen, die explizit darauf Bezug nehmen, dass die Anwendung des § 16a JGG für den Angeklagten das mildere Gesetz darstellt, fand sich in acht Urteilen zumindest der Hinweis, dass eine Aussetzung zur Bewährung nur noch durch die Anordnung des Warnschussarrestes ermöglicht werden konnte. Weitere sechs Mal sah das Gericht den Warnschussarrest jedenfalls als „letzte Chance" für den Angeklagten an, um sich künftig in Freiheit zu bewähren.

Tabelle 32: § 16a JGG zur Vermeidung der Strafvollstreckung bezogen auf die Urteile mit einer Rückwirkungsproblematik

	Häufigkeit	Gültige Prozente	Kumulierte Prozente
Kein Hinweis	77	80,2	80,2
ausdrücklicher Hinweis	13	13,5	93,8
Andeutung "§ 16a als letzte Chance"	6	6,3	100,0
Gesamt	96	100,0	

Damit verblieben allerdings 77 Urteile (80,2 %), die sich mit der Problematik des Rückwirkungsverbots in keiner Weise auseinandersetzten und auch im Übrigen nicht erkennen ließen, ob die Sanktionierung nach § 16a JGG zur Vermeidung einer unbedingten Jugendstrafe beigetragen hat. Die Tatsache, dass die Urteile trotz des im Raum stehenden Rückwirkungsverstoßes in Rechtskraft erwachsen sind, lässt sich auch nicht durch die fehlende Verteidigung des Angeklagten im Strafverfahren erklären. Lagen der Verurteilung ausschließlich Taten zugrunde, die vor dem 07. März 2013 begangen wurden (n=61), so besaßen 88,5 % der Probanden in der Hauptverhandlung einen Verteidiger; 11,5 % waren unverteidigt. Rechtsmittel wurden vom Angeklagten bei einem möglichen Verstoß gegen das Rückwirkungsverbot nur in 9,6 % der Fälle eingelegt (n=94; fehlende Werte: 2).

4. Verfahrensmerkmale und –ablauf

a) Anregung des § 16a JGG durch die Staatsanwaltschaft, die Jugendgerichtshilfe und die Verteidigung

Um einen ersten Eindruck davon zu erhalten, inwieweit § 16a JGG als Mittel zur Haftvermeidung dient, war es von Interesse, auf wessen Initiative die Verhängung eines Warnschussarrestes zurückzuführen ist. In mehr als der Hälfte der Verfahren (53,6 %, n=274; fehlende Werte: 4) beantragte die Staatsanwaltschaft den Ausspruch eines § 16a-Arrestes. Sofern der Antrag der Staatsanwaltschaft nicht auf die Anordnung eines Arrestes gem. § 16a JGG gerichtet war (n=127), befürwortete diese zu 52,0 % die Verhängung einer unbedingten Jugendstrafe sowie in fünf Fällen die Verurteilung zu einer Gesamtfreiheitsstrafe nach dem Erwachsenenstrafrecht, davon in vier Fällen ohne Strafaussetzung zur Bewährung, so dass sich die Verurteilung zu § 16a JGG in diesen Fällen als mildere Sanktion erwies.

Tabelle 33: Beantragte Sanktion der Staatsanwaltschaft außerhalb von § 16a JGG

	Häufigkeit	Gültige Prozente	Kumulierte Prozente
Jugendstrafe mit Bewährung	1	0,8	0,8
Jugendstrafe mit Bewährung und Auflagen/Weisungen	39	30,7	31,5
Jugendstrafe ohne Bewährung	66	52,0	83,5
Jugendarrest (ggf. mit Auflagen/Weisungen)	12	9,4	92,9
Freiheitsstrafe	5	3,9	96,9
Sonstiges (§ 27 JGG, Verwarnung)	4	3,1	100,0
Gesamt	127	100,0	

Umgekehrt hielt die Staatsanwaltschaft, soweit kein Arrest nach § 16a JGG beantragt wurde, zu 9,4 % die alleinige Anordnung eines Jugendarrestes gem. § 16 JGG und bei 31,5 % eine zur Bewährung auszusetzende Jugendstrafe für ausreichend, womit die Gerichte hier scheinbar zu einer härteren Bestrafung des Jugendlichen tendierten.

Die hohe Strafmaßforderung der Staatsanwaltschaft, die in 78,1 % der 278 analysierten Verurteilungen auf die Anordnung eines § 16a-Arrestes oder eine unbedingte Jugend- oder Freiheitsstrafe gerichtet war, könnte einen unbewussten Einflussfaktor für die richterliche Entscheidung über die Verhängung eines zusätzlichen Arrestes nach § 16a JGG bilden. Forschungsbefunde gehen heute davon aus, dass die richterliche Urteilsfindung verschiedenen psychologischen Einflussfaktoren unterliegt, die zu einer systematischen Urteilsverzerrung führen und von dem Entscheidungsorgan nicht immer bewusst wahrgenommen werden.[1596] Ein zentrales Element bei der Entscheidungsfindung ist der sog. Ankereffekt als Bestandteil der Urteilsheuristiken.[1597] Umschrieben wird damit das Phänomen, dass sich Entscheidungsträger bei der Festlegung numerischer Urteile – und solche sind auch Strafurteile, die das Strafmaß in der Form von Tagessätzen oder der Dauer der Haftstrafe festlegen – unter Unsicherheit durch im Raum stehende Zahlenwerte beeinflussen lassen.[1598] *Englich* und *Mussweiler* konnten im Rahmen einer Studie, in der sie 19 deutschen Richtern einen identischen Strafrechtsfall unter alleiniger Variation der staatsanwaltlichen Strafmaßforderung zur Beurteilung vorlegten, nachweisen, dass eine hohe Strafmaßforderung der Staatsanwaltschaft in der Regel zu einem härteren Urteil führt.[1599] Das Plädoyer der Staatsanwaltschaft dient folglich als Anker und Orientierungspunkt für die im Urteil ausgesprochene Strafe und beeinflusst die im Urteil ausgesprochene Rechtsfolge. Auf der Grundlage dieser Ergebnisse erscheint es naheliegend, dass dem Antrag der Staatsanwaltschaft auch bei der Verhängung eines § 16a-Arrestes entscheidende Bedeutung zukommt.

Die Jugendgerichtshilfe war bei der Anregung eines zusätzlichen Arrestes eher zurückhaltend und sprach sich für einen solchen nur in 10,8 % der 278 Verurteilungen aus.[1600] Ein ähnliches Bild zeigte sich bei den in der

---

1596 *Englich*, in: Handbuch der Rechtspsychologie, 486 ff.
1597 *Englich*, in: Handbuch der Rechtspsychologie, 486 (489).
1598 *Englich*, in: Handbuch der Rechtspsychologie, 486 (489 f.).
1599 *Englich/Mussweiler*, Journal of Applied Social Psychology 6/2001, 1535 (1538 ff.); *Englich*, in: Handbuch der Rechtspsychologie, 486 (490).
1600 An dieser Stelle ist zu berücksichtigen, dass in 119 (42,8 %) der 278 untersuchten Akten die Stellungnahme durch die Jugendgerichtshilfe inhaltlich nicht im Protokoll über die Hauptverhandlung wiedergegeben wurde oder Informationen hierzu nicht vorlagen. Mithin ist nicht auszuschließen, dass die Jugendgerichtshilfe in weiteren Fällen einen Arrest nach § 16a JGG anregte. In 46,4 % der Fälle sprach sich die Jugendgerichtshilfe explizit gegen § 16a JGG aus.

Hauptverhandlung verteidigten Angeklagten (n=200). Hier beantragten lediglich 16,5 % der Verteidiger die Verurteilung zu einer Bewährungsstrafe verbunden mit einem Arrest nach § 16a JGG, wovon entweder dann Gebrauch gemacht wurde, wenn seitens der Staatsanwaltschaft eine zu vollstreckende Jugendstrafe oder ebenfalls ein Arrest nach § 16a JGG beantragt wurde. Insgesamt scheinen die Jugendgerichtshilfe und die Verteidigung der jugendstrafrechtlichen Sanktion nach § 16a JGG einen eher begrenzten Anwendungsbereich zuzuschreiben.

b) Anwaltliche Vertretung

Von 278 Verurteilten waren 71,9 % in der Hauptverhandlung durch einen Wahl- oder Pflichtverteidiger vertreten. Ähnlich den Ergebnissen von *Gernbeck*[1601] war folglich mehr als ein Viertel der Verurteilten nicht anwaltlich vertreten. Neben den in § 68 Nr. 2 bis 5 JGG genannten Gründen der notwendigen Verteidigung ist ein Pflichtverteidiger gem. § 68 Nr. 1 JGG i.V.m. § 140 Abs. 2 StPO auch dann zu bestellen, wenn die Mitwirkung eines Verteidigers wegen der Schwere der Tat oder der Schwierigkeit der Sach- und Rechtslage geboten erscheint, oder sich der Beschuldigte ersichtlich nicht selbst verteidigen kann. Im Erwachsenenstrafrecht wird die Bestellung eines Pflichtverteidigers wegen der Schwere der drohenden Rechtsfolge bei einer Straferwartung von mindestens einem Jahr gefordert, unabhängig von der Frage der Strafaussetzung zur Bewährung.[1602] Da der Jugendliche strafprozessual nicht schlechter gestellt werden darf als ein Erwachsener,[1603] muss dies als Mindestmaßstab auch im Jugendstrafverfahren Geltung beanspruchen, wobei wegen der einschneidenden Folgen freiheitsentziehender Maßnahmen vielfach eine jugendspezifische Auslegung dahingehend gefordert wird, dass ein Fall der notwendigen Verteidigung bei jeder drohenden Jugendstrafe oder einem

---

1601 *Gernbeck,* 2017, S. 194.

1602 OLG Hamm, NStZ-RR 2001, 107 (108); *Beulke,* in: SSW-StPO, § 140 Rn. 36 m.w.N.; *Schaffstein/Beulke/Swoboda,* 2014, Rn. 666.

1603 Zum Schlechterstellungsverbot gegenüber Erwachsenen *Ostendorf,* in: Ostendorf, JGG, 10. Aufl., § 5 Rn. 4 m.w.N.; einschränkend *Streng,* 2016, Rn. 13, der eine Schlechterstellung nicht grundsätzlich ausschließt, aber einen hohen Sorgfaltsmaßstab fordert.

Schuldspruch anzunehmen ist.[1604] Hat der Angeklagte eine Jugendstrafe zu erwarten, so liegt die Anklagezuständigkeit gem. §§ 39 Abs. 1, 40 Abs. 1 JGG beim Jugendschöffengericht und ist damit regelmäßig ein Fall notwendiger Verteidigung gegeben.[1605] Dennoch war jeder fünfte Proband, dessen Hauptverhandlung vor dem Jugendschöffengericht stattfand, nicht anwaltlich vertreten (20,0 % von n=225).

Bedenklich war das zum Teil noch sehr junge Alter der anwaltlich nicht vertretenen Probanden. 50,0 % der 78 Angeklagten, die im Zeitpunkt der erstinstanzlichen Entscheidung keinen Verteidiger zur Seite hatten, waren Jugendliche; 11,5 % sogar erst 14 oder 15 Jahre alt. Gerade bei jungen Angeklagten wird die Verteidigung durch einen Rechtsanwalt für besonders wichtig erachtet, da diese mit den gerichtlichen Abläufen häufig nicht vertraut sind und ohne sachkundige Hilfe komplexe Sach- oder Rechtsfragen nicht überblicken können, so dass eine weite Auslegung des § 140 Abs. 2 StPO geboten ist.[1606] Mit der Sanktionserweiterung durch § 16a JGG ist der Angeklagte im Falle einer drohenden Jugendstrafe einem zusätzlichen Rechtsfolgenrisiko ausgesetzt, so dass der Ruf nach einer Ausweitung der notwendigen Verteidigung auf alle Fälle der zu erwartenden Jugendstrafe ein besonderes Gewicht erhält. Obwohl zahlreiche Jugendliche und Heranwachsende anwaltlich vertreten waren, wurden Rechtsmittel gegen die Verurteilung zu § 16a JGG vom Angeklagten nur in 10,5 % der Fälle (n=275; fehlende Werte: 3) eingelegt.

c) Verfahrensdauer

Ein wesentlicher Kritikpunkt am herkömmlichen Arrest nach § 16 JGG ist die lange Zeitspanne zwischen der Tatbegehung, der Verurteilung und dem Beginn des Arrestvollzuges. Nach bisherigen Untersuchungen vergehen zwischen der Tat und dem rechtskräftigen Urteil im Mittel zwischen sechs und neun Monaten[1607], im ungünstigsten Fall folgt das Urteil der Tat

---

1604 *Trüg*, in: Meier/Rössner/Trüg/Wulf, JGG, § 68 Rn. 8 m.w.N.; *Schaffstein/Beulke/Swoboda*, 2014, Rn. 666; *Eisenberg*, 2017, § 68 Rn. 24 hält die Bestellung eines Verteidigers auch bei einem Dauerarrest für geboten.
1605 *Gernbeck*, 2017, S. 195; *Schaffstein/Beulke/Swoboda*, 2014, Rn. 667; *Trüg*, in: Meier/Rössner/Trüg/Wulf, JGG, § 68 Rn. 9.
1606 *Brunner/Dölling*, 2018, § 68 Rn. 24; *Schaffstein/Beulke/Swoboda*, 2014, Rn. 668.
1607 *Pfeiffer*, MSchrKrim 1981, 28 (32) berichtet von durchschnittlich sechs Monaten zwischen der Tat und der Hauptverhandlung; ähnlich *Ostendorf*, MSchrKrim 1995, 352 (364) für die Arrestanstalt Rendsburg mit über sieben Mona-

erst 13,15 Monate später nach.[1608] Mit der 3-Monatsfrist des § 87 Abs. 4 S. 1 JGG hat der Gesetzgeber zwar den Arrestbeginn zeitlich vorverlagert, hiervon unberührt bleibt aber die Zeitspanne zwischen der Tatbegehung und dem Eintritt der Rechtskraft, die auch weiterhin dazu führen kann, dass bis zum Arrestantritt mehrere Monate vergehen.

In der untersuchten Probandengruppe (n=278) betrug die durchschnittliche Dauer von der letzten verhandelten Tat bis zum Tag der erstinstanzlichen Entscheidung 6,49 Monate. Häufig lagen der Verurteilung mehrere Taten zu verschiedenen Zeitpunkten zugrunde, so dass der Zeitabstand zwischen der ersten Tat und der Verurteilung in 1. Instanz in der nachfolgenden Tabelle separat analysiert wurde, um bei Serientaten die Zeitspanne bis zur Urteilsverkündung nicht zu unterschätzen. Ausgehend vom Zeitpunkt der ersten verfahrensgegenständlichen Anlasstat fiel die Dauer bis zur Verurteilung durch das erkennende Gericht mit durchschnittlich 9,64 Monaten deutlich länger aus.

Tabelle 34: Zeiträume zwischen Tat, Urteil und Rechtskraft in Monaten

	Zeitraum zw. letzter Tat und Urteil (n=278)	Zeitraum zw. erster Tat und Urteil (n=278)	Zeitraum zw. (erster) Anklage und Urteil (n=276; fehlende Werte:2)	Zeitraum zw. letzter Tat und Rechtskraft des Urteils (n=278)
Mittelwert	6,49	9,64	3,03	7,21
Standardabweichung	4,92	8,50	2,40	5,36
Median	6,0	7,0	2,0	6,0
Minimum	1	1	0	1
Maximum	58	62	18	59

ten bis zum rechtskräftigen Urteil; *Giffey/Werlich*, in: Jugendarrest und/oder Betreuungsweisung, 13 (38): 7,4 Monate bis zur Hauptverhandlung bei Dauerarrestanten, 7,8 Monate bei Freizeitarrestanten. Zu einem Durchschnitt von neun Monaten zwischen der (letzten) Tat und der Hauptverhandlung gelangt *Schwegler*, 1999, S. 279 für 83 Dauerarrestanten der Jugendarrestanstalt Nürnberg.

1608 *Eisenhardt*, 1989, S. 54.

Zwischen der (ersten) Anklage und der erstinstanzlichen Entscheidung vergingen im Mittel 3,03 Monate. Die Fälle mit einer überdurchschnittlichen langen Zeitspanne von der Anklage bis zur Urteilsverkündung könnten zumindest zu Teilen darauf zurückzuführen sein, dass mehrere Anklagen gegen einen Beschuldigten gem. §§ 2 ff., 237 StPO i.V.m. § 2 Abs. 2 JGG zu einem Strafverfahren verbunden werden können.[1609] Dies hat zur Folge, dass die Verhandlung einzelner Anklagen aus prozessökonomischen Gründen bis zu einem gemeinsamen Verhandlungstermin aufgeschoben wird. Da nur gegen 13,1 % (n=275; fehlende Werte: 3) der Urteile Rechtsmittel durch den Angeklagten und/oder die Staatsanwaltschaft eingelegt wurden, fiel der Zeitraum von der letzten verfahrensgegenständlichen Tat bis zur Rechtskraft des Urteils mit durchschnittlich 7,21 Monaten nur unwesentlich länger aus als das Zeitintervall bis zur Verurteilung in 1. Instanz.[1610]

Bei genauerer Betrachtung der Zeiträume von der ersten abgeurteilten Anlasstat bis zur erstinstanzlichen Urteilsverkündung in Tabelle 35 fällt auf, dass der Ausspruch eines § 16a-Arrestes in 20,9 % der Fälle für Taten erfolgte, die bereits länger als 12 Monate zurücklagen. Ob in diesen Fällen eine Anknüpfung an die begangene Straftat noch vorhanden ist, muss für § 16a JGG mit selbiger Kritik wie für den herkömmlichen Arrest hinterfragt werden.

1609 Vgl. *Gernbeck*, 2017, S. 189.
1610 Der Zeitpunkt der Rechtskraft des Urteils datierte laut IT-Vollzug in 4 Fällen aus dem Jahr 2012 (Fall: 18, 32, 34, 39). Im Rahmen der Akteneinsicht stellte sich heraus, dass das Datum der tatsächlichen Rechtskraft nicht mit den Angaben in IT-Vollzug übereinstimmte. Damit lag schließlich kein Urteil vor, bei dem § 16a JGG aufgrund einer Hauptverhandlung vor dem 07. März 2013 verhängt wurde. Neben den geschilderten vier Fällen, die fälschlicherweise ein Rechtskraftdatum aus dem Jahr 2012 aufwiesen, entsprach das in IT-Vollzug vermerkte Datum der Rechtskraft in fünf Fällen (Fall: 66, 95, 180, 193, 203) nicht dem Rechtskraftvermerk auf dem Urteil und wurde dementsprechend korrigiert. In 22 von 278 Fällen fand sich zu den im IT-Vollzug registrierten Verurteilungen kein Vermerk zur Rechtskraft. Das Datum der Rechtskraft konnte in diesen Fällen durch die Akteneinsicht ergänzt werden.

Tabelle 35: Zeiträume zwischen Tat, Urteil und Rechtskraft – Einzelaufstellung

		Zeitraum zwischen letzter Tat und Urteil (n=278)	Zeitraum zwischen erster Tat und Urteil (n=278)	Zeitraum zwischen (erster) Anklage und Urteil (n=276; fehlende Werte:2)	Zeitraum zwischen letzter Tat und Rechtskraft des Urteils (n=278)
unter einem Monat	Anzahl	0	0	14	0
	%	0,0	0,0	5,1	0,0
1 bis 2 Monate	Anzahl	38	21	132	33
	%	13,7	7,6	47,8	11,9
3 bis 4 Monate	Anzahl	61	35	77	48
	%	21,9	12,6	27,9	17,3
5 bis 6 Monate	Anzahl	74	64	37	67
	%	26,6	23,0	13,4	24,1
7 bis 8 Monate	Anzahl	47	40	7	55
	%	16,9	14,4	2,5	19,8
9 bis 10 Monate	Anzahl	21	39	4	26
	%	7,6	14,0	1,4	9,4
11 bis 12 Monate	Anzahl	13	21	2	18
	%	4,7	7,6	0,7	6,5
13 bis 18 Monate	Anzahl	20	32	3	24
	%	7,2	11,5	1,1	8,6
19 bis 24 Monate	Anzahl	3	13	0	4
	%	1,1	4,7	0,0	1,4
über 2 Jahre	Anzahl	1	13	0	3
	%	0,4	4,7	0,0	1,1

Insgesamt fügt sich die ermittelte Verfahrensdauer bis zur rechtskräftigen Verurteilung mit § 16a JGG in das Bild, wie es zum Jugendarrest bekannt ist. Von einer *tat*zeitnahen Schockwirkung des § 16a-Arrestes kann, wie von Kritikern befürchtet,[1611] in den meisten Fällen aufgrund der erheblichen Zeitspanne bis zur Rechtskraft des Urteils nicht ausgegangen werden. Möglich bleibt mit der verkürzten Frist für den Beginn des Arrestvollzuges nach § 87 Abs. 4 S. 2 JGG allein eine urteilsnahe Vollstreckungseinleitung.

1611 *Kreuzer*, Stellungnahme am 23.05.2012, S. 3.

5. Inhalt der Verurteilung zu § 16a JGG

Ein Hauptaugenmerk lag schließlich auf der Analyse der Sanktionsbegründung des § 16a JGG und den inhaltlichen Begleitumständen der Entscheidung.

a) Bezeichnung als Warnschussarrest in der Urteilsformel

Bei der Auswertung der Urteile fiel zunächst auf, dass der Rechtsfolgenausspruch im Urteilstenor zu 17,6 % die gesetzesfremde Bezeichnung „Warnschussarrest" enthielt.[1612] Zur Vermeidung einer einseitigen Interpretation des § 16a-Arrestes hat sich die Literatur zu Teilen für eine neutrale Bezeichnung stark gemacht.[1613] Das Gesetz gibt für die Formulierung des Rechtsfolgenausspruchs keine konkreten Vorgaben. Nach § 260 Abs. 4 S. 1, 2 StPO i.V.m. § 2 Abs. 2 JGG ist allein die rechtliche Bezeichnung der Tat unter Verwendung der gesetzlichen Überschrift des Straftatbestandes in die Urteilsformel aufzunehmen. Aus diesem Erfordernis der rechtlichen Bezeichnung leitet *Eisenberg* ab, dass sich der Urteilstenor auch in der Straffolge an dem Gesetzeswortlaut orientieren muss.[1614] Die Formulierung „rechtlich" in § 260 Abs. 4 S. 1 StPO sei als „gesetzlich" zu verstehen und habe sich der Tenor daher an den Bezeichnungen des materiellen Strafrechts zu orientieren.[1615] Allerdings bezieht sich das Gesetz in § 260 Abs. 4 S. 1, 2 StPO ausdrücklich auf die rechtliche Bezeichnung der Tat und nicht der Rechtsfolge. Die Formulierung des Rechtsfolgenausspruchs in Form des § 16a-Arrest im Urteilstenor liegt gem. § 260 Abs. 4 S. 5 StPO mithin im Ermessen des Gerichts und ist rechtlich nicht zu beanstanden.

1612 Kritisch hierzu *Eisenberg*, ZJJ 2014, 396.
1613 *Eisenberg*, ZJJ 2014, 396; ders., ZJJ 2016, 80 (81); *Endres/Maier*, in: FS für Streng, 427 (428); *Sonnen*, in: Diemer/Schatz/Sonnen, JGG, § 16a Rn. 2.
1614 *Eisenberg*, ZJJ 2014, 396; *ders.*, ZJJ 2016, 80 (81).
1615 *Eisenberg*, ZJJ 2016, 80 (81).

b) Verbindung von Jugendstrafe und § 16a JGG

aa) Art der Bewährungsentscheidung

Im Schrifttum wurde vermutet, dass § 16a JGG vor allem in Kombination mit dem Vorbehalt der Aussetzung zur Bewährung gem. § 61 JGG zur Anwendung gelangen werde, um dort die Zeit zu überbrücken, die das Gericht für eine abschließende Entscheidung über die Bewährungsaussetzung benötigt.[1616] In Bezug auf die Koppelung von Jugendarrest neben einem Schuldspruch gemäß § 27 JGG gelangt *Baier* im Rahmen einer Befragung der in Bayern tätigen Jugendrichter und Jugendstaatsanwälte (n=77[1617]) zu dem Schluss, dass die fehlende Koppelungsmöglichkeit eines Schuldspruchs mit einem zusätzlichen Jugendarrest mitursächlich für die zurückhaltende Anwendung des § 27 JGG ist. Während 43 % der befragten Jugendrichter und Jugendstaatsanwälte die erzieherische Wirkung von § 27 JGG auf Jugendliche und Heranwachsende als generell kaum gegeben einschätzten, erwarteten sich 76 % durch die Einführung des Warnschussarrestes eine Verbesserung der erzieherischen Einwirkung.[1618] Damit könnte dem Schuldspruch durch die Verbindungsoption mit § 16a JGG nach der Einschätzung von *Baier* künftig eine gesteigerte Bedeutung zukommen.[1619]

Tatsächlich erfolgte die Anordnung eines § 16a-Arrestes ganz überwiegend in Verbindung mit der Aussetzung der Vollstreckung der Jugendstrafe zur Bewährung gem. § 21 JGG. Am stärksten vertreten war damit die Koppelungsvariante, die in der Literatur wegen der Antinomie von Strafaussetzung zur Bewährung und Arrestvollstreckung am häufigsten auf Kri-

---

1616 *Schaffstein/Beulke/Swoboda*, 2014, Rn. 545; kritisch zur Zweckmäßigkeit des § 16a JGG neben der Vorbewährung *Kaspar*, in: MüKo-StPO, Bd. 3/2, §§ 61-61b JGG Rn. 8, da der Ausnahmecharakter der Vorbewährung nach einer möglichst schonenden Ausgestaltung der Schwebezeit verlangt, die in der Erteilung von Auflagen und Weisungen als amulante Maßnahmen besser zum Ausdruck kommt als im Vollzug des § 16a JGG.

1617 Nach den Angaben bei *Baier*, 2015, S. 124 kamen 77 Fragebögen zurück. Unklar ist, an wie viele Jugendrichter und Jugendstaatsanwälte der Fragebogen versandt wurde, so dass über die Repräsentativität der Untersuchung keine Aussage getroffen werden kann.

1618 *Baier*, 2015, S. 147, 156; die Staatanwälte standen der Verbesserung der erzieherischen Einwirkung durch den Warnschussarrest mit einem Zustimmungsanteil von 96 % dabei positiver gegenüber als die Jugendrichter (55%-65%), *ders.*, 2015, S. 160 f.

1619 *Baier*, 2015, S. 162 f.

tik gestoßen ist.[1620] Gegen einen Jugendlichen wurde der Arrest nach § 16a JGG im Nachverfahren gem. § 30 Abs. 1 JGG neben der Erkennung auf Jugendstrafe verhängt. Da die Aussetzung der Vollstreckung der Jugendstrafe zur Bewährung im Nachgang zum Schuldspruch ihre gesetzliche Grundlage in § 21 JGG hat, wurde diese Anordnung als Verfahrenskonstellation von § 16a JGG neben § 21 JGG gewertet. Wie der nachfolgenden Abbildung zu entnehmen ist, erging die Anordnung eines Warnschussarrestes zu 88,5 % neben der Aussetzung der Vollstreckung der Jugendstrafe zur Bewährung gem. § 21 JGG. In Kombination mit § 27 (9,4 %; n=26) und § 61 Abs. 3 S. 1 JGG (2,2 %; n=6) kam § 16a JGG sehr viel seltener zur Anwendung.

Abbildung 15: Art der Bewährungsentscheidung in Verbindung mit § 16a JGG

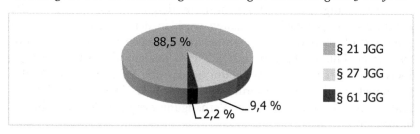

(n=278)

Die geringere Anwendungshäufigkeit von § 16 JGG in Verbindung mit § 27 und § 61 JGG entspricht dem insgesamt restriktiven Praxisgebrauch der Verhängung eines Schuldspruchs und dem Vorbehalt der Aussetzungsentscheidung durch die Jugendgerichte.[1621] Ob die Möglichkeit der zusätzlichen Arrestverhängung im Bereich des § 27 JGG dazu führt, dass die Jugendrichter in Bayern – wie die Untersuchung von *Baier* vermuten lässt- häufiger von einem Schuldspruch Gebrauch machen, kann durch einen Vergleich der in der amtlichen Strafverfolgungsstatistik des Bundeslands Bayern ausgewiesenen Zahlenwerte zu § 27 JGG vor und nach Einführung des § 16a JGG nur grob umrissen werden. Im Jahr 2012, in dem die Möglichkeit zur Sanktionskoppelung nach § 16a JGG noch nicht gegeben war,

---

1620 Vgl. *Schaffstein/Beulke/Swoboda*, 2014, Rn. 545.
1621 Zur Anwendungspraxis des § 27 JGG *Meier*, in: Meier/Rössner/Trüg/Wulf, JGG, § 27 Rn. 3; *Schaffstein/Beulke/Swoboda*, 2014, Rn. 527; zur Vorbewährung *Sommerfeld*, 2007, S. 145: 58 „Vorbewährungfälle" in 10 Jahren in Schleswig-Holstein.

ergingen in Bayern 129 Entscheidungen mit einer Aussetzung der Verhängung der Jugendstrafe gem. § 27 JGG, wohingegen 1.629 Personen zu einer Jugendstrafe verurteilt wurden, deren Vollstreckung zur Bewährung ausgesetzt wurde.[1622] Stellt man die Anzahl der gem. § 27 JGG erlassenen Schuldsprüche der Gesamtanzahl an Bewährungsentscheidungen nach § 21 und § 27 JGG von 1.758 gegenüber, beträgt der Anteil an Entscheidungen gem. § 27 JGG 7,3 %. Im Vergleich hierzu weist die bayerische Strafverfolgungsstatistik für das Jahr 2014, als erstem vollem Kalenderjahr nach Inkrafttreten des § 16a JGG, 124 Entscheidungen nach § 27 JGG bei insgesamt 1.449 Verurteilungen zu einer Jugendstrafe mit Bewährung aus.[1623] Prozentual beläuft sich der Anteil an Schuldfeststellungen nach § 27 JGG innerhalb der Bewährungsentscheidungen damit auf 7,9 %. Für das Kalenderjahr 2015 ergibt sich ein vergleichbarer Wert von 7,7 %.[1624] Da Verurteilungen zu einer Jugendstrafe, deren Strafaussetzung zur Bewährung gem. § 61 JGG vorbehalten wird, in der amtlichen Strafverfolgungsstatistik in Bayern nicht gesondert angegeben werden, ist der Prozentsatz an Entscheidungen nach § 27 JGG tendenziell noch geringfügig überschätzt. Der Befund lässt anklingen, dass die Möglichkeit der Sanktionskoppelung eines Schuldspruchs mit § 16a JGG einen Anreiz darstellt, häufiger von der Aussetzung der Verhängung der Jugendstrafe Gebrauch zu machen.

bb) Anordnung des § 16a JGG im Bewährungsbeschluss und Teilaussetzung

Der Ausspruch eines § 16a-Arrestes muss nach der gesetzlichen Regelung des §§ 8 Abs. 2 S. 2, 16a Abs. 1 JGG im Urteil selbst erfolgen. Dennoch wurde der Arrest bei drei Angeklagten contra legem im Bewährungsbeschluss festgesetzt und fand keinen Eingang in die Urteilsformel. In allen drei Verfahren wurde der Urteilstenor aber entweder vom erkennenden Gericht

---

1622 *Bayerisches Landesamt für Statistik*, Strafverfolgungsstatistik – 2012, S. 23, 152; Verurteilungen zu einer Jugendstrafe, die im Nachverfahren gem. § 30 JGG zur Bewährung ausgesetzt wurden, bleiben aufgrund ihrer verhältnismäßig sehr geringen Häufigkeit außen vor.

1623 *Bayerisches Landesamt für Statistik*, Strafverfolgungsstatistik – 2014, S. 19, 146.

1624 Grundlage des errechneten Prozentwertes sind die absoluten Zahlen des *Bayerischen Landesamtes für Statistik*, Strafverfolgungsstatistik – 2015, S. 21, 148: 105 Entscheidungen nach § 27 JGG, 1.267 Verurteilungen zu einer Jugendstrafe mit Bewährung.

oder in zweiter Instanz durch die Aufnahme des Arrestes in den Urteilstenor berichtigt. In zwei weiteren Entscheidungen wurde der Arrest nach § 16a JGG sowohl in die Urteilsformel als auch in den Bewährungsbeschluss aufgenommen.

Ein evidenter Gesetzesverstoß ergab sich ferner dort, wo der verhängte Jugendarrest teilweise zur Bewährung ausgesetzt wurde. So sprach das Gericht in einem Fall einen vierwöchigen § 16a-Arrest aus, wobei zwei Wochen zur sofortigen Vollstreckung angeordnet wurden und die weiteren zwei Wochen für die Dauer, in der der Angeklagte einer geregelten Arbeitstätigkeit nachgeht, ausgesetzt wurden.[1625] Die vorgenommene Aussetzung der Vollstreckung des § 16a-Arrestes widerspricht dem Verbot der Aussetzung der Vollstreckung des Jugendarrestes zur Bewährung aus § 87 Abs. 1 JGG. Mit der Zurückstellung einer Teilvollstreckung kann auch der mit der Verhängung des Warnschussarrestes intendierte Zweck der positiven Einflussnahme auf die Bewährungszeit nicht mehr erfüllt werden, da der Arrest bei einer späteren Fortsetzung der Vollstreckung zwangsweise noch weiter in die bereits begonnene Bewährungszeit hineinragen würde. Im Übrigen obliegt die Entscheidung über ein Absehen von der Vollstreckung gem. § 87 Abs. 3 JGG dem Vollstreckungsleiter.

cc) Art und Dauer des § 16a-Arrestes

Dem Arrest nach § 16a JGG liegt in Abgrenzung zum herkömmlichen Jugendarrest nach § 16 JGG in all seinen Formen die Vorstellung einer gezielten Förderung der Bewährungszeit zugrunde. Soll sich der Arrestvollzug nicht in einer zusätzlichen Schockwirkung und Übelszufügung erschöpfen, sondern dem Jugendlichen als erste Behandlungsmaßnahme dienen,[1626] wird dies eo ipso einige Zeit in Anspruch nehmen. Angesichts dieser Ratio war zu erwarten, dass von § 16a JGG als Freizeit- und Kurzarrest kaum Gebrauch gemacht wird.[1627] Dieses Bild bestätigte sich auch in der Praxis. Bezogen auf die Anzahl von 278 Verurteilungen, nahm der Dauerarrest mit 93,2 % den höchsten Stellenwert ein. Als Freizeit- oder Kurzarrest wurde ein Warnschussarrest hingegen selten ausgesprochen.[1628] Damit

---

1625 Fall 179.
1626 Vgl. BT-Drucks. 17/9389, S. 12.
1627 So auch *Meier/Rössner/Schöch*, in: Jugendstrafrecht, 3, 2013 § 10 Rn. 33.
1628 Auf Basis der IT-Daten einschließlich der fünf weiteren Verurteilungen zu § 16a ergab sich bezogen auf die Gesamtanzahl von 322 Verurteilungen eine

kommt dem Dauerarrest bei § 16a JGG weitaus größere Bedeutung als beim herkömmlichen Jugendarrest nach § 16 JGG, bei welchem neben der Anordnungsalternative des Dauerarrestes vor allem der Freizeitarrest eine Rolle spielt.[1629]

Tabelle 36: Arrestart § 16a JGG

	Häufigkeit	Gültige Prozente	Kumulierte Prozente
Freizeitarrest	16	5,8	5,8
Kurzarrest	3	1,1	6,8
Dauerarrest	259	93,2	100,0
Gesamt	278	100,0	

Die Verhängung eines Freizeitarrestes neben der zur Bewährung ausgesetzten Jugendstrafe wurde in acht Urteilen damit begründet, dass durch den Arrest die berufliche Ausbildung oder das Arbeitsverhältnis nicht gefährdet und schulische Bemühungen des Angeklagten nicht konterkariert werden sollen. Die andere Hälfte der Urteile enthielt keine explizite Stellungnahme dazu, aus welchem Grund von der Anordnung des § 16a-Arrestes in der Form des Freizeitarrestes Gebrauch gemacht wurde. Soweit § 16a JGG als Freizeitarrest zur Anwendung kam, stützte sich die Urteilsbegründung überwiegend auf die Funktion der Unrechtverdeutlichung gem. § 16a Abs. 1 Nr. 1 JGG. Dies legt in Verbindung mit der Kürze des Freizeitarrestes, der sich gem. § 16 Abs. 2 JGG auf die Freizeit des Jugendlichen am Wochenende erstreckt, die Vermutung nahe, dass es weniger um eine erste Behandlungsmaßnahme geht als vielmehr um eine zusätzliche Übelzufügung, gegen die sich der Gesetzgeber im Zusammenhang mit § 16a Abs. 1 Nr. 1 JGG ausdrücklich verwahrt hat.

ähnliche Verteilung: Freizeitarrest 5,9 % (n=19); Kurzarrest 0,9 % (n=3); Dauerarrest 93,2 % (n=300).

1629 Ausgenommen die Verurteilungen nach § 16a JGG, belief sich die Zahl der Dauerarreste auf der Grundlage der Arrestdaten aus der StVStat für das Jahr 2014 bundesweit auf 6.391 (52,9 %), die Zahl der Kurzarreste auf 951 (7,9 %) und die der Freizeitarreste auf 4.743 (39,2 %), zu den absoluten Zahlen *Statistisches Bundesamt*, Fachserie 10 Reihe 3 – 2014, S. 310 f.; einen Überblick über die Entwicklung der Arrestformen gibt *Sonnen*, in: Diemer/Schatz/Sonnen, JGG, § 16 Rn. 3.

Tabelle 37: Häufigkeit der Anordnungsgründe von § 16a JGG bei der Verhän-
gung als Freizeitarrest

	Antworten		Prozent der Fälle
	N	Prozent	
§ 16a I Nr. 1	11	73,3%	78,6%
§ 16a I Nr. 3	4	26,7%	28,6%
Gesamt	15	100,0%	107,1%

(n=14; fehlende Werte: 2; Mehrfachnennung möglich)

Erstaunlich war zudem, dass 4 der 14 verhängten Freizeitarreste mit der notwendigen erzieherischen Einwirkung auf den Jugendlichen begründet wurden. Berücksichtigt man, dass am Wochenende keine pädagogischen Angebote durch den Sozialdienst abgehalten werden und das Angebotsprogramm stark reduziert ist, lässt dies vermuten, dass der Arrest entweder als zusätzliches Strafübel und „Zulage" zur Bewährungsstrafe fungiert oder die Vollzugspraxis den entscheidenden Organen nicht hinreichend bekannt ist. Die Verhängung eines Arrestes nach § 16a JGG als Freizeitarrest stieß wegen der Gegensätzlichkeit zu der vom Gesetzgeber beabsichtigten behandlungsorientierten Vollzugsgestaltung auch bei den befragten Vollzugsleitern auf Ablehnung. So äußerte ein Vollzugsleiter deutlich: *„am Wochenende wird nichts behandelt, da wird eingesperrt."*[1630]

Betrachtet man die Länge der verhängten Dauerarreste (n=259), so stellte der zweiwöchige Dauerarrest mit 35,1 % (s Anhang Tabelle A10) die am häufigsten angeordnete Arrestform dar. Ebenfalls von praktischer Relevanz waren Arreste mit einer Woche (21,6 %) oder vier Wochen (25,5 %), während dem dreiwöchigen Dauerarrest mit 17,8 % eine geringere Bedeutung zukam. Die durchschnittliche Arrestdauer lag bei 2,47 Wochen.[1631]

dd) Einbeziehung gemäß § 31 JGG

Die Einbeziehung eines rechtskräftigen, aber noch nicht vollständig vollstreckten Urteils gemäß § 31 Abs. 2 S. 1 JGG dient dem Zweck einer einheitlichen Sanktionierung zur Vermeidung der Vollstreckung sich wider-

---

1630 Interview mit V2, Z. 1119-1120.
1631 Der Wert bezieht sich ausschließlich auf die Dauerarrest; Median: 2,0; Modus:
2; SD:1,1.

sprechender Maßnahmen. Vorliegend veranlasste das Gericht die Einbeziehung eines bereits rechtskräftigen Urteils in die Entscheidung mit § 16a JGG in 105 Fällen (37,8 %, s Anhang Tabelle A11), in 61,2 % stand die Frage einer Einbeziehung nicht im Raum. In drei Entscheidungen (1,1 %) hat das Gericht von der Einbeziehung der früheren Verurteilung gem. § 31 Abs. 3 JGG abgesehen, um die gerichtlichen Weisungen aus der Vorverurteilung aufrechtzuerhalten, oder weil die vorangegangenen Straftaten einem anderen Deliktsbereich zuzuordnen waren. Ein Hinweis darauf, dass von der Einbeziehung aus Gründen der Bewährungsermöglichung Abstand genommen wurde, ergab sich aus den Urteilen nicht.[1632]. Sofern das Gericht vom Regelfall der Einbeziehung gem. § 31 Abs. 2 S. 1 JGG Gebrauch machte, stellte die Jugendstrafe zur Bewährung gem. § 21 JGG unter Berücksichtigung aller einbezogenen Sanktionen mit 58,1 % die am häufigsten einbezogene Sanktion dar.

Tabelle 38: Art der einbezogenen Sanktionen in die Verurteilung zu § 16a JGG

	Antworten		Prozent der Fälle
	N	Prozent	
Weisung § 10 JGG	28	19,6%	26,7%
Auflagen § 15 JGG	23	16,1%	21,9%
Jugendarrest § 16 JGG	22	15,4%	21,0%
Jugendstrafe mit Bewährung § 21 JGG	61	42,7%	58,1%
Schuldspruch § 27 JGG	5	3,5%	4,8%
Sonstiges (Geldstrafe, Verwarnung)	4	2,8%	3,8%
Gesamt	143	100,0%	136,2%

(n=105; Mehrfachnennung möglich bei Einbezug mehrerer Sanktionen)

Der Umstand des nicht unerheblichen Anteils an einbezogenen Jugendstrafen könnte als Anhaltspunkt dafür zu werten sein, dass die Verhängung des Jugendarrestes seitens des Gerichts als letzte Möglichkeit zur Vermeidung einer unbedingten Jugendstrafe angesehen wurde. Eine genauere Analyse der einbezogenen Vorsanktionen in Bezug auf die Urteilsbegrün-

---

1632 Anders die Ergebnisse bei *Gernbeck*, 2017, S. 200.

dung zeigt allerdings, dass die erkennenden Gerichte nur in 14,8 % der Fälle, in denen eine Jugendstrafe zur Bewährung in die Verurteilung zu § 16a JGG einbezogen wurde (n=61), explizit erklärten, dass ohne den zusätzlichen Arrest eine Aussetzung zur Bewährung nicht mehr möglich gewesen wäre. Aus weiteren 13 Urteilen (21,3 %) ließ sich diese Begründung zumindest andeutungsweise entnehmen, indem darauf verwiesen wurde, dass § 16a JGG die „letzte Chance" vor der unbedingten Jugendstrafe sei (s. Anhang Tabelle A12). Ob die Einbeziehung in den übrigen Fällen die Grundlage für eine erneute Strafaussetzung bildete, ist unklar.

Des Weiteren wurde zu 21,0 % eine Vorverurteilung zu Jugendarrest in die untersuchungsgegenständliche Entscheidung einbezogen. In zwei dieser Urteilsbegründungen stützte das Gericht die Verhängung des 16a-Arrestes darauf, dass der Angeklagte die jetzige Verurteilung zu einer Jugendstrafe mit Bewährung ohne den zusätzlichen Arrest gegenüber dem zuvor verhängten, aber noch nicht verbüßten Jugendarrest als milder empfunden hätte. Damit findet sich der in der Diskussion um die Zweckmäßigkeit des Warnschussarrestes vorgebrachte Gedanke wieder, die Koppelung von Jugendarrest und Bewährungsstrafe könne zur Vermeidung eines gefühlten Freispruchs Bedeutung gewinnen, wenn der Jugendliche in einem früheren Verfahren zu einem Jugendarrest verurteilt wurde, dieser aber im Zeitpunkt der neuerlichen Verurteilung noch zur Vollstreckung ausstehe und durch den Einbezug in Wegfall geraten würde.[1633] Auch die befragten Jugendrichter sehen in dem Einbezug eines noch offenen Arrestes zu 89,2 % (n=83) einen wesentlichen Grund für den Ausspruch eines § 16a-Arrestes.[1634] Die Notwendigkeit eines Warnschussarrestes kann in diesen Fällen durchaus in Frage gestellt werden. Erachtet der Jugendrichter die Verbüßung des Jugendarrestes trotz der nachfolgenden Bewährungsstrafe für erzieherisch zweckmäßig, kann er gem. § 31 Abs. 3 S. 1 JGG vom Einbezug des noch nicht verbüßten Jugendarrestes absehen.[1635] Faktisch war dem Jugendrichter damit bereits auf der Basis der alten Rechtslage vor dem 07.03.2013 die Koppelung von Jugendarrest und Bewährungsstrafe möglich. Das Absehen vom Einbezug des Jugendarrestes nach § 31 Abs. 3 S. 1 JGG durfte indessen nicht zur Umgehung des Kopplungs-

---

1633 *Grethlein*, NJW 1957, 1462 f.; *Kühn*, ZIS 2010, 257 (260).
1634 Erfragt wurde dies im Zusammenhang mit einer Vorverurteilung zu einer Bewährungsstrafe, siehe Frage 15, Teil A des Fragebogens: 43,4 % stimme voll und ganz zu, 45,8 % stimme eher zu; 6,0 % stimme eher nicht zu, 4,8 % stimme überhaupt nicht zu.
1635 So *Kühn*, ZIS 2010, 257 (260), der die Notwendigkeit des Warnschussarrestes unter diesem Gesichtspunkt ablehnt.

verbots aus § 8 Abs. 2 JGG a.F. führen,[1636] so dass § 31 Abs. 3 S. 1 JGG im Wesentlichen auf die Fälle beschränkt war, in denen die neu zu verhängenden Maßnahmen in Ergänzung zu den ambulanten Rechtsfolgen des früheren Urteils standen.[1637] Dieses Konfliktverhältnis zwischen dem Absehen von der Einbeziehung nach § 31 Abs. 3 S. 1 JGG und der Wahrung des vormals geltenden Verbindungsverbots von Jugendarrest und bedingter Jugendstrafe wurde durch § 16a JGG ausgeräumt. Mit Blick auf die Absehensentscheidung des § 31 Abs. 3 S. 1 JGG trägt die Neuregelung des § 16a JGG zur Rechtsklarheit bei.

c) Begründungspraxis des § 16a JGG

Verhängt das Gericht im Urteil neben einer zur Bewährung ausgesetzten Jugendstrafe einen Arrest nach § 16a JGG, muss es seine Entscheidung im Einzelfall begründen. Diese Begründungspflicht folgt allgemein aus § 54 Abs. 1 JGG, welcher für die Verurteilung nach Jugendstrafrecht eine über die allgemeine Bestimmung in § 267 StPO hinausgehende erweiterte Begründungpflicht normiert.[1638] Nach § 54 Abs. 1 S. 1 JGG müssen die Urteilsgründe im Falle einer Verurteilung wie auch eines Schuldspruchs erkennen lassen, welche Umstände für die angeordnete Maßnahme bestimmend waren. Dies erfordert im Rahmen der Strafzumessungserwägung eine Auseinandersetzung mit der Biografie des Angeklagten, eine Bewertung der Tat im Zusammenhang mit seinen Lebensverhältnissen sowie die Begründung der hiernach erforderlichen Rechtsfolgen unter Berücksichtigung der Eingriffsintensität.[1639] Die Begründungsanforderungen sind umso höher anzusetzen, je schwerer die Eingriffsintensität der Maßnahme für den Betroffenen ist.[1640] Allein wegen der Schwere der verhängten oder drohenden Jugendstrafe darf sich das Jugendgericht nicht auf eine pauschale Begründung des zusätzlichen Arrestes nach § 16a JGG beschränken. Die Verurteilung zu Jugendarrest neben bedingter Jugendstrafe nach § 16a JGG erfordert vielmehr die Darlegung konkreter Tatsachen, die einen Anordnungsgrund nach § 16a Abs. 1 Nr. 1-3 JGG sowie die Geeignet-

---

1636 *Buhr*, in: Meier/Rössner/Trüg/Wulf, JGG, § 31 Rn. 30; *Ostendorf*, in: Ostendorf, JGG, 10. Aufl., § 31 Rn. 14.
1637 *Buhr*, in: Meier/Rössner/Trüg/Wulf, JGG, § 31 Rn. 34.
1638 *Schatz*, in: Diemer/Schatz/Sonnen, JGG, § 54 Rn. 5; *Spahn*, ZJJ 2004, 204 (205).
1639 KG, NStZ 2013, 291.
1640 KG, NStZ 2013, 291; *Schady*, in: Ostendorf, JGG, 10. Aufl., § 54 Rn. 17.

heit und Erforderlichkeit des zusätzlichen Arrestes begründen.[1641] Die Sanktionsbegründung soll eine erzieherische Durchführung der angeordneten Rechtsfolge ermöglichen und anderen staatlichen Instanzen dabei Hilfestellung sein.[1642] Demzufolge müssen die Urteilsgründe erkennen lassen, von welcher Anordnungsalternative nach § 16a Abs. 1 Nr. 1-3 JGG das Gericht Gebrauch gemacht hat.[1643] Nur wenn die Urteilsgründe die Überlegungen des Jugendrichters wiedergeben, ist eine zielgerichtete Ausgestaltung des Arrestvollzuges tatsächlich möglich. Es wäre sinnwidrig, wenn das Gericht den zusätzlichen Arrest nach § 16a JGG zur Herausnahme des Jugendlichen aus seinem negativen Umfeld für erforderlich erachtet, dies jedoch mangels hinreichender Urteilsbegründung nicht zum Ausdruck kommt und unerwünschte Außenkontakte während des Vollzuges ungehindert zugelassen oder womöglich gefördert werden. Darüber hinaus müssen in die Entscheidung vor dem Hintergrund der expliziten Voraussetzung der „Gebotenheit" stets auch Überlegungen zu weniger einschneidenden, zweckmäßigen Jugendhilfemaßnahmen einfließen.[1644] Der Gesetzgeber hat demnach eng umgrenzte rechtliche Anforderungen an die Sanktionsbegründung eines Warnschussarrestes gestellt, um den Ausnahmecharakter der Vorschrift zu signalisieren. Eine von der theoretischen Pflicht der Urteilsbegründung gesondert zu betrachtende Fragestellung war es, ob und in welchem Umfang die jugendgerichtliche Praxis den Begründungsanforderungen bei einer Verurteilung nach § 16a JGG tatsächlich nachkommt. Wie die Urteilsauswertung zeigt, fallen die Gesetzesvorgaben und die Rechtspraxis in einigen Bereichen auseinander.

aa) Umfang der Begründung

Auffallend war im Zusammenhang mit der Begründung des § 16a JGG, dass bei 16,5 % der Urteile eine Auseinandersetzung mit den Anordnungsvoraussetzungen des § 16a JGG vollständig fehlte. Unter der Rubrik „keine Begründung" wurden sowohl diejenigen Entscheidungen erfasst, die § 16a JGG in der Urteilsbegründung überhaupt nicht erwähnten, als auch

---

1641 *Buhr*, in: Meier/Rössner/Trüg/Wulf, JGG, § 54 Rn. 59 f.; *Eisenberg*, StV 2013, 44 (45); mit Bezug zu § 16a Abs. 1 Nr. 3 JGG auch BT-Drucks. 17/9389, S. 13.

1642 *Eisenberg*, 2017, § 54 Rn. 5; *Schatz*, in: Diemer/Schatz/Sonnen, JGG, § 54 Rn. 6.

1643 *Schatz*, in: Diemer/Schatz/Sonnen, JGG, § 54 Rn. 40; *Wulf*, in: Meier/Rössner/Trüg/Wulf, JGG, § 16a Rn. 46.

1644 Vgl. BT-Drucks. 17/9389, S. 12.

solche, die sich ohne eine inhaltliche Bezugnahme auf einen der gesetzlichen Anordnungsgründe auf die bloße Wiedergabe der Norm des § 16a JGG beschränkten, indem es beispielsweise hieß:

> „Zudem war gegen den Angeklagten 1 Woche Dauerarrest (Warnschussarrest) zu verhängen"*(Fall 78)*

oder in ähnlicher Formulierung

> „Als Schuss vor den Bug war gemäß § 16a JGG gegen den Angeklagten ein Warnschussarrest zu verhängen, der mit 3 Wochen zu bemessen war." *(Fall 206)*

Abbildung 16: Intensität der Urteilsbegründung zu § 16a JGG

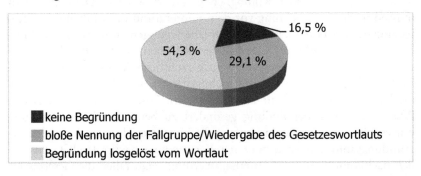

(n=278)

In zahlreichen Urteilen (29,1 %) wurde zur Begründung des Arrestes nach § 16a JGG pauschal auf den Wortlaut der Norm Bezug genommen. Dabei wurde überwiegend der Gesetzeswortlaut wiedergegeben (25,5 %); dies entweder unter ausdrücklicher Bezugnahme auf eine der Anwendungsalternativen des § 16a Abs. 1 Nr. 1-3 JGG oder ohne Nennung der konkreten Rechtsgrundlage. Die bloße Angabe der Fallgruppe ohne jedwede inhaltliche Ausführung bildete mit 3,6 % die Ausnahme.

Alle drei vorstehend genannten Vorgehensweisen (keine Begründung/ Wiedergabe des Gesetzeswortlauts/Angabe der Fallgruppe), die gemeinsam einen Anteil von 45,7 %[1645] (n=127) ausmachten, werden der vom Gesetzgeber geforderten Erforderlichkeitsprüfung[1646] sowie der Sanktionsbegrün-

---

1645 Einzelne Prozentangaben können aufgrund von Rundungsfehlern um 0,1 Prozentpunkte abweichen.
1646 Vgl. BT-Drucks. 17/9389, S. 12.

dungspflicht aus § 54 Abs. 1 JGG nicht gerecht.[1647] Eine mögliche Erklärung für die fehlende oder pauschale Begründung des § 16a JGG könnte darin liegen, dass die Urteilsgründe in diesen Fällen zu 68,5 % gem. § 267 Abs. 4 StPO i.V.m. § 2 Abs. 2 JGG abgekürzt wurden.[1648] Urteile werden in der Praxis häufig so gestaltet werden, dass sie der Verfahrensnotwendigkeit genügen und nicht, um als Material für wissenschaftliche Auswertungen zu dienen.[1649] Allerdings dürfen auch abgekürzte Urteile keine schematische Darstellung einnehmen, sondern müssen erkennen lassen, wo das Gericht Ansatzpunkte für eine erzieherische Einwirkung auf den Jugendlichen sieht, um den Vollzug an der Rechtsfolgenintention ausrichten zu können.[1650] Ein Vergleich mit den Urteilen, die in der Begründung des § 16a-Arrestes über die bloße Wiedergabe des Gesetzeswortlauts hinausreichten, zeigt, dass auch hier 46,4 % von 151 Urteilen abgekürzt waren. Demnach scheint die unzureichende Begründung des § 16a JGG ihre Ursache nicht in der abgekürzten Urteilsbegründung zu haben.

Mehr als die Hälfte der Urteile (54,3 %) enthielten eine vom Wortlaut losgelöste Begründung, die zumindest in Ansätzen, wenn auch mit deutlich unterschiedlicher Intensität, eine Zuformung auf den individuellen Täter erkennen ließ. In diese Kategorie aufgenommen wurden alle Urteilsbegründungen, die sich nicht strikt am Wortlaut des § 16a JGG anlehnten, sondern in denen das Gericht durch eigene Worte die mit der Verhängung des Warnschussarrestes verbundenen Intentionen zum Ausdruck brachte. Von Seiten der befragten Vollzugsleiter wurde die Notwendigkeit einer eingehenden Begründung des Arrestes nach § 16a JGG für die Vollzugspraxis unterschiedlich bewertet. Während ein Praktiker die Ausführungen zur Person des Täters und den Tatumständen gegenüber der Begründung des Warnschussarrestes für wichtiger erachtete, bemängelt der andere Vollzugs-

---

1647 So auch *Gernbeck*, 2017, S. 207.
1648 Vgl. *Sonnen*, in: Diemer/Schatz/Sonnen, JGG, § 16a Rn. 10. Ob eine Abkürzung der Urteilsgründe im Jugendstrafverfahren gem. § 267 Abs. 4, 5 StPO i.V.m. § 2 Abs. 2 JGG überhaupt zulässig ist, ist umstritten und wird von Teilen der Literatur nur für freisprechende Urteile anerkannt, *Buhr*, in: Meier/Rössner/Trüg/Wulf, JGG, § 54 Rn. 41; für die generelle Zulässigkeit abgekürzter Urteile gem. § 267 Abs. 4 StPO *Brunner/Dölling*, 2018, § 54 Rn. 17; *Höffler*, in: MüKo-StPO, Bd. 3/2, § 54 JGG Rn. 2; *Schatz*, in: Diemer/Schatz/Sonnen, JGG, § 54 Rn. 50.
1649 *Höynck/Ernst*, in: Berliner Symposium zum Jugendkriminalrecht, 155 (166).
1650 *Buhr*, in: Meier/Rössner/Trüg/Wulf, JGG, § 54 Rn. 41; *Eisenberg*, ZJJ 2013, 328; *ders.*, 2017, § 54 Rn. 26.

leiter die häufig knappen Urteilsbegründungen, die für die Vollzugsgestaltung durchaus Relevanz besitzen:

> „Wir wissen nicht, warum der Arrest verhängt wurde, warum er genau verhängt wurde im Regelfall. Und wir wissen dadurch nicht genau, was das Jugendgericht bewogen hat, einen Warnschussarrest auszusprechen und was das Jugendgericht von der Arrestvollstreckung erwartet. [...]Geht es darum, ihn aus dem schädlichen Umfeld herauszunehmen, das ist ja eine etwas wacklige Begründung, weil für vier Wochen nimmt man niemanden nachhaltig aus einem schädlichen Umfeld heraus, aber dann wissen wir zum Beispiel, keine Besuche, vielleicht auch keine Besuche von den Eltern, wenn sich irgendetwas aus dem Urteil ergibt, ja. Wenn das Gericht sagt, die Bewährungszeit soll vorbereitet werden, dann wäre es natürlich ganz gut, wir würden den Bewährungshelfer kennen, den kennen wir also fast nie."[1651]

bb) Inhaltliche Begründung

Ein ausdrücklicher Verweis auf mindestens eine der gesetzlichen Fallalternativen des § 16a Abs. 1 Nr. 1-3 JGG fand sich lediglich in 35,3 % der Urteile. Zu einem weit überwiegenden Anteil von 64,7 % fehlte es an der Bezugnahme auf eine konkrete Fallgruppe entweder deshalb, weil das Urteil insgesamt keine Begründung zu § 16a JGG erkennen ließ oder sich das Gericht nicht explizit unter Nennung der Norm für eine der Fallgruppen ausgesprochen hatte.

Tabelle 39: Ausdrückliche Bezugnahme auf eine der in § 16a Abs. 1 Nr. 1-3 JGG genannten Fallgruppen

	Häufigkeit	Gültige Prozente	Kumulierte Prozente
nein	180	64,7	64,7
ja	98	35,3	100,0
Gesamt	278	100,0	

1651 Interview mit V2, Z. 214-217 und Z. 227-233.

Diejenigen Urteile, die mindestens eine der in § 16a Abs. 1 Nr. 1-3 JGG genannten Fallgruppen in der Urteilsbegründung ausdrücklich aufführten,
nahmen zu einem weit überwiegenden Teil (63,3 %) auf die Funktion der
Unrechts- und Rechtsfolgenverdeutlichung gem. § 16a Abs. 1 Nr. 1 JGG Bezug. In weiteren 54,1 % der Urteile wurde die Verhängung des Warnschussarrestes mit der Erforderlichkeit einer nachdrücklicheren erzieherischen Einwirkung auf den Jugendlichen im Arrestvollzug oder den besseren Erfolgsaussichten für eine erzieherische Einwirkung in der Bewährungszeit begründet (§ 16a Abs. 1 Nr. 3 JGG).

Tabelle 40: Fallgruppen bei ausdrücklicher Bezugnahme auf
§ 16a Abs. 1 Nr. 1-3 JGG

	Antworten		Prozent der Fälle
	N	Prozent	
§ 16a I Nr. 1	62	51,2%	63,3%
§ 16a I Nr. 2	6	5,0%	6,1%
§ 16a I Nr. 3	53	43,8%	54,1%
Gesamt	121	100,0%	123,5%

(n=98; Mehrfachnennung möglich)

Deutlicher wird die Verteilung innerhalb der einzelnen Anordnungsvarianten, wenn man nicht auf die konkrete Nennung einer der in § 16a JGG
aufgeführten Gründe abstellt, sondern eine inhaltliche Zuordnung der
Urteilsbegründung zu den Anordnungsvoraussetzungen des § 16a Abs. 1
Nr. 1-3 JGG vornimmt (siehe Tabelle 41). In 79,1 % der insgesamt 278
analysierten Urteile konnte die Begründung des Warnschussarrestes mindestens einer Fallgruppe zugeordnet werden. In den verbleibenden 58
Urteilen (20,9 %) war eine eindeutige Subsumtion der Arrestbegründung
unter die Anordnungsvoraussetzungen des § 16a Abs. 1 Nr. 1-3 JGG nicht
möglich, da § 16a JGG in der Urteilsbegründung entweder vollständig unerwähnt blieb, oder zwar genannt, aber nicht begründet wurde, das Gericht die
Anordnung des Arrestes alleine mit der ansonsten zu verhängenden unbedingten Jugendstrafe begründete oder die Arrestverhängung auf Aspekte

stützte, die sich einer unmittelbaren Zuweisung zu den gesetzlichen Voraussetzungen entzogen.[1652]

Die Regelbegründung für den neben der Bewährungsentscheidung angeordneten Arrest bildete § 16 Abs. 1 Nr. 1 JGG mit 79,5 %. Die stärkere Repräsentation des § 16a Abs. 1 Nr. 1 JGG im Gegensatz zu Tabelle 40 beruht darauf, dass die Gerichte den Warnschussarrest häufig mit Aspekten „des Hafteindrucks", der „Spürbarkeit der Sanktion", „dem Gefühl eingesperrt zu sein" oder ähnlichen Formulierungen begründeten ohne § 16a Abs. 1 Nr. 1 JGG als Norm direkt aufzugreifen. Aufgrund der inhaltlichen Nähe zur Funktion des Warnschussarrestes, dem Jugendlichen die Folgen weiterer Straftaten vor Augen zu führen, wurden diese Begründungsmuster in der nachfolgenden Tabelle der Fallgruppe § 16a Abs. 1 Nr. 1 JGG zugeordnet.

Tabelle 41: Inhaltliche Begründung unter Zuordnung zu den Fallgruppen in § 16a Abs. 1 Nr. 1-3 JGG

	Antworten		
	N	Prozent	Prozent der Fälle
§ 16a I Nr. 1	175	67,6%	79,5%
§ 16a I Nr. 2	11	4,2%	5,0%
§ 16a I Nr. 3	73	28,2%	33,2%
Gesamt	259	100,0%	117,7%

(n=220; fehlende Werte 58; Mehrfachnennung möglich)

Die Analyse der Urteilsbegründungen machte an dieser Stelle sichtbar, dass bei der Fallgruppe des § 16a Abs. 1 Nr. 1 JGG verschiedene Gesichtspunkte eine Rolle spielen können. So kann der Schwerpunkt einerseits darin liegen, dem Jugendlichen das Ausmaß und die Schwere der von ihm verwirklichten Straftaten vor Augen zu führen, zum anderen kann die Verhängung des

---

[1652] So wurde § 16a JGG z.B. damit begründet, dem Angeklagten klar zu machen, dass ein derartiges Verhalten nicht geduldet wird (Fall 92, 148); der Angeklagte würde sonst ein erzieherisch vollkommen falsches Signal erhalten, wenn durch die Einbeziehung der vorangegangenen Verurteilung der dort verhängte Arrest vollständig in Wegfall geraten würde (Fall 148); Hoffnung, dass der Angeklagte zur Besinnung kommt (Fall 173); abhalten von weiteren Straftaten (Fall 297). Mangels eindeutiger Zuordnung unter die Voraussetzungen des § 16a Abs. 1 JGG wurde diese Fälle separat mit „98=keine eindeutige Zuordnung" kodiert.

Arrestes erforderlich sein, um dem Verurteilten vor Augen zu führen, was er im Falle des Bewährungswiderrufs zu erwarten hat. Für eine differenzierte Analyse der sich hinter der Anwendung des § 16a JGG verbergenden Motive, insbesondere in seiner ersten Anordnungsvariante, und um schließlich auch diejenigen Urteilsbegründungen in die Auswertung einfließen zu lassen, die sich keiner Fallgruppe zuordnen ließen, erschien eine nuancierte Betrachtung der Anwendungsgründe erstrebenswert. Nachfolgende Tabelle veranschaulicht die seitens der Jugendgerichte für die Verhängung eines Arrestes nach § 16a JGG angeführten Gründe, wobei in einem Urteil häufig mehrere Gründe angegeben wurden.

Tabelle 42: Absolute und relative Häufigkeit der Begründungen zu § 16a JGG

Begründung § 16a JGG	Anzahl	%
Unrecht der Tat verdeutlichen	92	**33,1**
Bewährungsstrafe als gefühlter Freispruch	10	3,6
Spürbarkeit der Sanktion	21	7,6
Vermittlung des Gefühls eingesperrt zu sein/Angeklagter soll Hafteindruck bekommen	51	18,3
Konsequenzen/Folgen weiterer Straftaten verdeutlichen	116	**41,7**
Einhaltung der Bewährungsauflagen verdeutlichen	14	5,0
Vorbereitung einer stationären Maßnahme/Überbrückungsfunktion	1	0,4
bislang noch keinen Freiheitsentzug verbüßt	27	9,7
Ausgleich bei mehreren Mitangeklagten	2	0,7
Fehlverhalten wird von der Gesellschaft nicht toleriert/Gesetze sind einzuhalten	7	2,5
offener Arrest/Ungehorsamsarrest aus früherem Urteil	7	2,5
Herausnahme aus schädlichem Umfeld	11	4,0
nachdrückliche erzieherische Einwirkung im Arrestvollzug	42	15,1
bessere Erfolgsaussichten für Einwirkung in der Bewährungszeit	41	14,7
Stärkung der Mitarbeit in der Bewährungshilfe	4	1,4
Zeit zum Nachdenken/Besinnung	11	4,0
Vermeidung einer unbedingten Jugendstrafe als alleinige Begründung	4	1,4
keine Begründung/§ 16a nicht erwähnt[1653]	42	15,1
Sonstiges	9	3,2

(n=278, Mehrfachnennung möglich, so dass die relativen Prozentangaben 100 % übersteigt.)

1653 Die Anzahl der Urteile ohne eine Begründung liegt hier mit 42 unterhalb der in Abbildung 16 ausgewiesen 16,5 % (n=46) Urteile ohne eine Begründung zu

Entsprechend der vorstehenden Erkenntnis über die hohe praktische Bedeutsamkeit des § 16a Abs. 1 Nr. 1 JGG, stellten die Unrechtsverdeutlichung (33,1 %) sowie die Verdeutlichung der Folgen weiterer Straftaten (41,7 %) auch bei der Betrachtung der einzelnen Anwendungsmotive die wesentlichen Begründungen dar. Dabei wurde die Verhängung des Arrestes häufig nur auf einen der in § 16a Abs. 1 Nr. 1 JGG genannten Aspekte gestützt.

58 (63,0 %) der 92 Urteile, die die Notwendigkeit des Arrestes mit der Unrechtsverdeutlichung begründeten, haben daneben auch die Funktion, dem Angeklagten die Folgen weiterer Straftaten bewusst zu machen, angeführt. Umgekehrt stützen sich 34 (37,0 %) der so begründeten Urteile ausschließlich auf den erst genannten Aspekt in § 16a Abs. 1 Nr. 1 JGG. Entgegen dem Wortlaut des § 16a Abs. 1 Nr. 1 JGG scheint die Praxis demnach nicht zwingend von kumulativen Anordnungsvoraussetzungen auszugehen, sondern in der Verdeutlichung des Unrechts und der Folgen weiterer Straftaten zwei separate Gesichtspunkte zu erblicken. Soweit die Gerichte den Ausspruch des zusätzlichen Arrestes mit der Unrechtsverdeutlichung begründeten, wurde dieser einerseits für erforderlich gehalten, wenn der Angeklagte in der Hauptverhandlung ein respektloses, uneinsichtiges Verhalten an den Tag legte und bislang nicht den Eindruck erweckte sich über das Ausmaß und die Schwere seines Handelns bewusst zu sein, andererseits fand sich in diesem Zusammenhang häufig der Hinweis, der Arrest solle dem Jugendlichen das Gewicht der begangenen Taten, die Brutalität und die Grausamkeit seines Handelns vor Augen führen. Derartige Begründungen knüpfen weniger an die Verantwortlichkeit des Täters, sondern vielmehr an die Schwere des Tatunrechts an und legen die Vermutung nahe, dass der Arrest nach § 16a JGG in diesen Fällen als zusätzliches Übel fungiert, um der Verurteilung eine Sanktion in der Sprache des Täters folgen zu lassen.

Hielt das Gericht den Warnschussarrest für geboten, um dem Jugendlichen die Folgen weiterer Straftaten deutlich zu machen, so wurde damit argumentiert, dem Jugendlichen müsse vor Augen geführt werden, was für ihn bei der Begehung weiterer Straftaten auf dem Spiel stehe und wohin

---

§ 16a JGG. Dies ist darauf zurückzuführen, dass in vier der 46 Urteile für die Anordnung des § 16a JGG zwar auf keine der Fallgruppen ausdrücklich oder inhaltlich Bezug genommen wurde, der Arrest aber der Vermeidung der unbedingten Jugendstrafe diente. In Tabelle 42 werden diese vier Urteile unter der Rubrik „Vermeidung einer unbedingten Jugendstrafe als alleinige Begründung" gesondert aufgelistet.

ihn weiteres strafbares Verhalten führen werde. Wenngleich hiermit bereits Belange der Individualabschreckung vor einem künftigen Freiheitsentzug thematisiert werden, kommt dies noch deutlicher zum Ausdruck, wenn zur Legitimierung des Verdeutlichungsarrestes gem. § 16a Abs. 1 JGG auf den unmittelbar herbeizuführenden Hafteindruck abgestellt wird. In 18,3 % der Urteile führte das Gericht aus, der Jugendliche solle erleben, was Inhaftierung bedeutet und wie sich Freiheitsentzug anfühlt. Die Vermittlung des Gefühls eingesperrt zu sein, solle dem Jugendlichen dabei „ungeschönt vor Augen […] führen, was für ihn im Fall eines Bewährungswiderrufs auf dem Spiel steht" (Fall 77) und „was längere Freiheitsentziehung wirklich bedeutet" (Fall 4). Derartige Begründungen lassen annehmen, dass es vornehmlich darum geht, den Jugendlichen durch die „gefängnisähnliche Existenz"[1654] des Jugendarrestes vor dem drohenden Vollzug der Jugendstrafe abzuschrecken. Auch die befragten Vollzugsleiter betonten in der Sache, dass es insbesondere bei Jugendlichen, die noch über keine Hafterfahrung verfügen, einen deutlichen Unterschied macht, ob man tatsächlich der Freiheit beraubt wird oder diese nur angedroht bekommt.[1655] Damit scheint der Abschreckungseffekt trotz der empirischen Kritikpunkte weiterhin hohe Praxisrelevanz zu besitzen. So äußerte V2:

„[…] gerade bei den sehr jungen Warnschussarrestanten, die es auch gibt, es gibt 16-, 17-Jährige, für die das wirklich die erste Freiheitsentziehung ist, das wirkt. Das wirkt positiv. Die nehmen sich was vor. Die nehmen sich glaubhaft was vor. Dass das vielleicht nach zwei Monaten möglicherweise schon wieder vergessen ist oder so ein bisschen, das ist ganz natürlich, […], aber wenn sie uns das auf der Station bei der Sozialpädagogin und mir im Schlussgespräch sagen, wir glauben das, dass die sich echt etwas vorgenommen haben. Eine positive Änderung. Einfach durch den Umstand, eingesperrt zu sein."[1656]

Die Intention des Gerichts, dem Jugendlichen durch den Arrest nach § 16a JGG einen „Vorgeschmack" auf die Jugendstrafe zu geben, ist jedoch kritisch zu würdigen, da die Verbüßung eines Jugendarrestes die Angst vor der Jugendstrafe zum einen häufig schwinden lässt,[1657] und sich der Warnschussarrest nach der gesetzlichen Konzeption zum anderen als bewäh-

---

1654 Zu dieser Umschreibung *Schumann*, ZfJ 1986, 363 (364).
1655 Vgl. Interview mit V1, Z. 430-440; Interview mit V2, Z. 1000-1009.
1656 Interview mit V2, Z. 1001-1009.
1657 Vgl. *Schumann*, ZfJ 1986, 363 (367).

rungsfördernde Maßnahme versteht und nicht in einer reinen abschreckenden Übelszufügung erschöpfen soll.

Auffallend ist schließlich, dass das Ziel der Bewährungsförderung in den Urteilsbegründungen insgesamt nur eine untergeordnete Rolle einnimmt. In 41 Fällen (14,7 %) wurde die Verhängung des Warnschussarrestes mit den besseren Erfolgsaussichten für eine erzieherische Einwirkung in der Bewährungszeit gem. § 16a Abs. 1 Nr. 3 Alt. 2 JGG begründet, in vier weiteren Entscheidungen (1,4 %) sollte der Arrest eine Motivation für die Mitarbeit in der Bewährungszeit schaffen.

Die Urteilsanalyse gibt des Weiteren zu erkennen, dass der Verdeutlichungsarrest von den Gerichten nicht nur dazu genutzt wird, um dem Angeklagten die Folgen weiterer Straftaten ins Bewusstsein zu rufen, sondern auch um die Notwendigkeit der Einhaltung der Bewährungsauflagen sicherzustellen (5,0 %). Ob dem Jugendlichen in diesen Fällen bewusst gemacht werden soll, dass bei der Nichterfüllung der Bewährungsauflagen ein weiterer Arrest gem. § 11 Abs. 3 S. 1, 15 Abs. 3 S. 2 JGG droht oder aber die Vollstreckung der Jugendstrafe ansteht, bleibt offen. In Anlehnung an die im RefE 1983 angestellten Überlegungen zur Sanktionskoppelung von Jugendarrest und Bewährungsstrafe erscheint Ersteres nicht fernliegend. Danach könne der kurzzeitige Freiheitsentzug dazu genutzt werden, dem Jugendlichen ins Bewusstsein zu rufen, dass im Falle der Nichtbewährung die Freiheitsentziehung und bei einer schuldhaften Nichterfüllung der Bewährungsauflagen oder –weisungen ein weiterer Arrest drohe.[1658] Der Aspekt, den Jugendlichen durch die Verhängung des zusätzlichen Arrestes zur Erfüllung seiner Bewährungsauflagen anzuhalten, ist in § 16a JGG nicht ausdrücklich vorgesehen. § 16a Abs. 1 Nr. 1 JGG zielt allein auf die Verdeutlichung weiterer Straftaten ab, nicht auf die Nichteinhaltung der Bewährungsauflagen. Legitimieren ließe sich dieser Gedanke nur bei Subsumtion unter den Anordnungsgrund des § 16a Abs. 1 Nr. 3 JGG, wenn der Arrest gezielt dazu genutzt werden soll, durch eine erste Aktivierung der erforderlichen Kontakte nach außen einer Nichteinhaltung der Bewährungsauflagen entgegenzuwirken und hierdurch die Bewährungszeit zu fördern. Darüber hinaus erscheint die Anordnung eines Ungehorsamsarrestes im Nachgang zu einer Verurteilung nach § 16a JGG im Hinblick auf die Funktion des Warnschussarrestes, eine unbedingte Jugendstrafe zu vermeiden, fragwürdig.

Obgleich die Verhängung des § 16a-Arrestes, wie dargelegt, unter dem allgemeinen Ziel der Bewährungsbewältigung steht und ihre Rechtferti-

---

1658 Zitiert nach *Brunner*, NStZ 1986, 508 (509).

gung mithin nur in der Spezialprävention finden kann, deutete sich in sieben Urteilen an, dass die Entscheidung womöglich auch von positiv generalpräventiven Erwägungen begleitet wird; wenn es beispielsweise heißt:

> „Dem Angeklagten muss bereits jetzt aufgezeigt werden, dass massive Verstöße gegen die gesetzlichen Regeln auch eine konsequente Reaktion der Gesellschaft und der Justiz nach sich ziehen, gegen ihn ist deshalb gem. § 16a JGG eine Woche Jugendarrest zu verhängen." *(Fall 313)*

Durch den Bezug zur gesellschaftlichen Wertorientierung bringt das Gericht zum Ausdruck, dass auch die Allgemeinheit nach der Einhaltung und Durchsetzung der Rechtsordnung verlangt. Soll dem Angeklagten „noch einmal deutlich vor Augen geführt werden, dass er sich an Gesetze halten zu hat" (Fall 41) und geschützte Rechtsgüter uneingeschränkt und dauerhaft zu achten sind, zielt dies zugleich auf eine Normbekräftigung nach außen ab.

cc) Die Bedeutung der gesetzlichen Fallgruppen

(1) Verdeutlichungsarrest § 16a Abs. 1 Nr. 1 JGG

Nach den Ausführungen in der Gesetzesbegründung und den Stimmen der Befürworter aus der Praxis wird der zusätzliche Arrest zur Verdeutlichung der Verantwortlichkeit für das begangene Unrecht und die Folgen weiterer Straftaten gem. § 16a Abs. 1 Nr. 1 JGG vor allem für notwendig erachtet, um einem gefühlten Freispruch durch die zur Bewährung ausgesetzte Jugendstrafe entgegenzuwirken und Sanktionsungleichheiten bei mehreren Mitverurteilten auszugleichen. Ob sich diese Fallgruppen auch in der Praxis als bedeutsam erweisen, und in welchem Maße sich die Jugendgerichte mit den restriktiven Anordnungsvoraussetzungen des § 16a Abs. 1 Nr. 1 JGG auseinandersetzen, zeigt nachfolgender Abschnitt.

(a) Vermeidung eines „Quasi-Freispruchs"

Ein ausdrücklicher Hinweis auf die Vermeidung eines gefühlten Freispruchs durch die alleinige Verurteilung zu einer zur Bewährung ausgesetzten Jugendstrafe ergab sich in 10 Urteilen (3,6 %). In diesen Konstellationen wiesen die Gerichte etwa darauf hin, dass der Angeklagte die

„alleinige Verurteilung zu einer Jugendstrafe mit Bewährung – ohne Einstiegsarrest – nicht ernst nehmen und als Freibrief für weitere Straftaten ansehen würde"*(Fall 63)*

oder durch den zusätzlichen Arrest

„dem ansonsten entstehenden Eindruck einer tatsächlich nicht eingetretenen Sanktion entgegengewirkt werden muss" *(Fall 264)*

Auf welche Umstände das Gericht den Eindruck stützt, der Verurteilte würde die Bewährungsstrafe nicht ernst nehmen, lässt sich aufgrund des subjektiven Eindrucks, den der Angeklagte in der Hauptverhandlung macht, nur mutmaßen. Zum Teil wurde in diesem Zusammenhang der mangelnde Respekt und die fehlende Einsicht des Angeklagten in sein Fehlverhalten thematisiert, zum anderen auf die einfache Persönlichkeitsstruktur des Angeklagten abgestellt oder aber in einem Fall darauf verwiesen, dass durch den Einbezug der Vorverurteilung zu Jugendarrest der Jugendliche ohne den zusätzlichen Arrest nach § 16a JGG ein erzieherisch falsches Signal erhalten würde. Neben der expliziten Begründung des Warnschussarrestes zur Vermeidung eines „Quasi-Freispruchs" spielte die Spürbarkeit der Sanktion, ohne einen konkreten Bezug zur drohenden Vollstreckung der Jugendstrafe, in 7,6 % der Entscheidungen eine weitere Rolle. Damit deutet sich an, dass jedenfalls ein Teil der Richterschaft die Bewährung trotz der damit verbundenen Unterstellung unter die Bewährungshilfe und möglichen Auflagen und Weisungen für nicht spürbar genug erachtet.

(b) Ungerechtigkeitsausgleich bei Komplizentaten

Einigkeit über die Notwendigkeit des Warnschussarrestes in der Situation von Komplizenstraftaten bestand zunächst bei den interviewten Vollzugsleitern. Aus der Sicht eines Vollzugsleiters stelle dies den eigentlichen Anwendungsbereich des Warnschussarrestes dar, wobei die Verhängung eines § 16a JGG in Mittätersituationen einen engen Ausnahmefall bilden soll. Gefragt nach der Situation, in der von dem Ausspruch eines Warnschussarrestes bei mehreren Mitangeklagten Gebrauch gemacht werden könnte, wird deutlich, dass dies primär vom Eindruck des Angeklagten in der Hauptverhandlung abhängt. So äußerte ein Vollzugsleiter:

„Wenn ich den Eindruck habe, dass der, der die Bewährungsstrafe bekommen hat, nicht versteht, dass er eine deutlich härtere Strafe bekommen hat. [...] versteht der jetzt eine Bewährungsstrafe, versteht der das? Indem ich zum Beispiel ihn anschaue, wenn der Staatsanwalt plädiert. Dass ich da nicht irgendwo in den Raum gucke, sondern dass ich mir ihn anschaue, versteht der jetzt den Antrag, weiß der, was der Anwalt [sagt], ja, was sagt der im letzten Wort [...]. Ich frage dann auch nochmal: „Hast du jetzt die Anträge verstanden? Weil du hast jetzt die Möglichkeit im letzten Wort noch was zu – oder Sie – im letzten Wort noch was zu sagen. Da ist mir wichtig, hast du verstanden, was der Staatsanwalt beantragt? Hast du verstanden, was der Rechtsanwalt beantragt hat?". Und dann [...] so versuchen, einen Eindruck zu bekommen: Würde der verstehen, dass er mit einer achtmonatigen Bewährungsstrafe und 40 Sozialstunden deutlich härter bestraft ist und wir uns mehr Sorgen um ihn machen als um den anderen, der drei Monate, drei Wochen Dauerarrest bekommen hat? Und wenn er das versteht, dann braucht er keinen Warnschussarrest. Wenn er es nicht versteht, zu Ihnen rausgeht und vor dem Saal sagt: „Ich habe auch vierzig Sozialstunden bekommen", dann halte ich es für eine legitime Erwägung zu sagen, okay, das ist einer für den Warnschussarrest."[1659]

Um zu überprüfen, ob der Verhängung eines § 16a-Arrestes zum Ausgleich von Sanktionsungleichheiten bei mehreren Tatbeteiligten praktische Bedeutung erlangt, wurden folgende zwei Voraussetzungen aufgestellt: Das Verfahren musste sich zum Zeitpunkt der letzten Hauptverhandlung neben dem zu § 16a JGG verurteilten Täter gegen mindestens einen weiteren Jugendlichen oder Heranwachsenden richten und mindestens ein Mitangeklagter musste vom Gericht zu einem Jugendarrest gem. § 16 JGG verurteilt worden sein. Wurde das Verfahren gegen einen Mitangeklagten vor der Hauptverhandlung abgetrennt, blieb dies unberücksichtigt, da bei fehlender zeitgleicher Sanktionierung in einem Strafverfahren sich beide Angeklagten nicht gegenüberstehen und der Eindruck einer milderen Bestrafung bei dem zur Bewährung Verurteilten folglich nicht auf die Verurteilung des Mitangeklagten zu Jugendarrest zurückzuführen sein wird. Nur bei Vorliegen beider oben stehenden Bedingungen kann überhaupt von einer Komplizensituation ausgegangen werden. Auf zweiter Stufe ist schließlich zu untersuchen, ob diese Erwägungen auch in die richterliche Begründungspraxis aufgenommen wurden.

Mehr als die Hälfte der Strafverfahren (53,2 %) wurde gegen den zu § 16a JGG verurteilten Täter allein geführt. In den übrigen 46,8 % der Ur-

---

teile handelte es sich um Gruppendelikte mit einem bis zu fünf weiteren Mitangeklagten. Dies bedeutet nicht, dass die Taten in rechtlicher Hinsicht als Mittäter begangen wurden; vielmehr agierten auch hier 34,6 % (n=130) der zu § 16a-Verurteilten als Alleintäter, 60,8 % in Mittäterschaft gem. § 25 Abs. 2 StGB und weitere 4,6 % waren als Täter und Teilnehmer an der Tat beteiligt. Für die Bewertung als Komplizenstraftat kam es ausschließlich darauf an, dass die Tat(en) gemeinsam mit mindestens einem anderen Beschuldigten begangen wurde und im Strafverfahren eine Verurteilung gegenüber mehreren Angeklagten erging. Die rechtliche Einordnung der Tatbeteiligungsform war insoweit nicht von Bedeutung. Sofern es im Verfahren mindestens einen Mitangeklagten gab (n=130), stellte die Verurteilung zu Jugendarrest gem. § 16 JGG mit 30,8 % zwar nicht den Regelfall dar; doch lagen jedenfalls in diesen 40 Fällen die potentiellen Voraussetzungen für eine Verhängung des Warnschussarrestes zur Schließung von Gerechtigkeitslücken bei Komplizenstraftaten vor. Bezogen auf die Gesamtanzahl der untersuchten Fälle (n=278) waren in 14,4 % die äußeren Umstände einer Komplizensituation mit der Verurteilung eines Mitangeklagten zu einem Arrest nach § 16 JGG gegeben. Tatsächlich fand sich aber nur in zwei Urteilen (0,7 %) ein Anhaltspunkt dafür, dass sich das Gericht bei seiner Entscheidung über § 16a JGG möglicherweise von dem Gedanken der Sanktionsungleichheit hat leiten lassen, wenn es darauf Bezug nimmt, dass der Jugendliche das Zentrum der Tätergruppe bildete oder der Haupttäter unter mehreren Beteiligten war. Bei genauerer Betrachtung zeigte sich, dass es in einem der beiden Fälle zwar zwei weitere Mitangeklagte gab, doch gegen keinen der beiden ein Jugendarrest gem. § 16 JGG verhängt wurde, so dass letztlich nur ein Urteil verblieb, bei dem die Komplizensituation als Begründungsaspekt erkennbar war. Die praktische Relevanz des Warnschussarrestes zum Ausgleich einer nicht ernst genommenen Bewährungssanktion bei mehreren Tatbeteiligten in einem Verfahren, ist eher als gering einzustufen.

(c) Gebotenheitserwägungen

Um eine restriktive Anwendung des Jugendarrestes neben bedingter Jugendstrafe sicherzustellen, räumt § 16a Abs. 1 Nr. 1 JGG der Belehrung über die Bedeutung der Strafaussetzung sowie der Möglichkeit, von Bewährungsauflagen und Weisungen Gebrauch zu machen, Vorrang ein. Es wäre daher zu erwarten gewesen, dass sich die Gerichte im Rahmen von § 16a Abs. 1 Nr. 1 JGG mit der Frage auseinandersetzen, aus welchen Gründen im konkreten Einzelfall trotz der Belehrung und unter Berücksichtigung der zur Verfügung stehenden Bewährungsauflagen die Verhängung eines Warnschussarrestes geboten ist.

Von 175 Urteilen, deren Arrestbegründung entweder ausdrücklich auf § 16a Abs. 1 Nr. 1 JGG basierte oder sich inhaltlich dieser Fallgruppe zuordnen ließ, nahmen lediglich 9,7 % zur Frage der Subsidiarität gegenüber der Belehrung über die Bedeutung der Bewährungsentscheidung Stellung. Überwiegend wurde in diesen 17 Urteilen pauschal der Gesetzeswortlaut wiedergegeben und mit der Leerformel darauf verwiesen, dass der zusätzliche Arrest „unter Berücksichtigung der Belehrung über die Bedeutung der Aussetzung zur Bewährung und der Möglichkeit von Weisungen und Auflagen geboten ist"[1660]. In zwei Fällen gab das Gericht zu bedenken, dass der Angeklagte bereits durch die im vorangegangen Verfahren erteilte Belehrung sowie die Bewährungsauflagen nicht erreichbar war. Schließlich hielt das Gericht in neun Fällen die Belehrung und die Erteilung von Weisungen und Auflagen wegen der Brutalität der Tat nicht für ausreichend oder sah den Zweck des Warnschussarrestes durch diese Maßnahmen für nicht erfüllbar an. Die nur in geringem Maße erkennbare Auseinandersetzung der Gerichte mit der Subsidiarität des Verdeutlichungsarrestes wird verständlich, wenn man den Zweck des Warnschussarrestes –wie viele Jugendrichter – darin sieht, dem Jugendlichen einen spürbaren Eindruck des Freiheitsentzuges zu vermitteln. Dieses Ziel kann freilich weder mit der Belehrung noch mit den ambulanten Maßnahmen der Bewährungshilfe erreicht werden, scheint aber letztlich auch nicht dem Gedanken des Gesetzgebers zu entsprechen, der § 16a Abs. 1 Nr. 1 JGG nicht als „short sharp shock" verstanden wissen will.[1661] Auffallend war, dass sich 92,5 % der Verurteilten, deren Arrest auf § 16a Abs. 1 Nr. 1 JGG beruhte, in der Hauptverhandlung geständig zeigten[1662] und sich zu 52,0 % auch bei dem Geschädigten entschuldigten. Der Anteil derer, die bereits eine freiwillige materielle oder immaterielle Schadenswiedergutmachung oder einen Täter-Opfer-Ausgleich durchgeführt hatten, war mit 9,7 % bzw. 4,0 % vergleichsweise gering. Sofern sich der Angeklagte im streitgegenständlichen Verfahren geständig zeigt und durch die Entschuldigung seine Empathiefähigkeit gegenüber dem Opfer zum Ausdruck bringt, kann dies im Ansatz einen ersten Anhaltspunkt für die Unrechtseinsicht des Täters

---

1660 Derartige Hinweise fanden sich in sechs Fällen.
1661 Vgl. BT-Drucks. 17/9389, S. 12.
1662 Ein vollumfängliches Geständnis legten 71,4 % ab; teilweise geständig zeigten sich 21,1 %.

und dessen Bewusstsein über die Folgen weiterer Straftaten bieten. Ob es in Kombination dieser beiden Verhaltensmerkmale zusätzlich noch eines Verdeutlichungsarrestes gem. § 16a Abs. 1 Nr. 1 JGG bedarf, erfordert eine genaue Prüfung.

Die vorgeschlagene Möglichkeit, dem Jugendlichen die Bedeutung der Bewährungsentscheidung mit der Eröffnung des Bewährungsplans gem. § 60 Abs. 1 S. 2, § 62 S. 2 JGG in einem gesonderten Termin ins Bewusstsein zu bringen,[1663] scheint in der Praxis keine besondere Relevanz zu entfalten. Lediglich in 30 Verfahren (10,8 %; n=278) wurde der Bewährungsplan nach den Akteninformationen entsprechend der RL zu § 60 JGG in einem gesonderten Termin eröffnet, in 89,2 % blieb dies unbekannt. Fünf Jugendlichen wurde der Bewährungsplan bereits vor Arrestantritt eröffnet, im Übrigen lag der Eröffnungstermin zeitlich nach der Arrestverbüßung (n=25, fehlende Werte: 5[1664]). Auch eine frühzeitige Bewährungsplaneröffnung, in der der Jugendliche nochmals mit dem Gericht konfrontiert wird, sollte für eine restriktive Anwendung des § 16a JGG als Überlegung in die richterliche Entscheidung einfließen.

(2) Herausnahme § 16a Abs. 1 Nr. 2 JGG

Die Anordnungsalternative des § 16a Abs. 1 Nr. 2 JGG entfaltet mit 4,0 % in der Praxis nahezu kaum Relevanz. Das Vorliegen eines schädlichen Lebensumfeldes wurde in den untersuchten Fällen auf unterschiedliche Gesichtspunkte gestützt. Neben der kurzzeitigen Entfernung des Jugendlichen aus seinem zum Teil delinquenten Familienverbund und Freundeskreis (n=4), bildete die Substanzabhängigkeit des Angeklagten einen zusätzlichen Aspekt. Vier Verurteilungen gem. § 16a Abs. 1 Nr. 2 JGG lag zumindest eine Tat aus dem Betäubungsmittelbereich zugrunde, so dass nicht auszuschließen ist, dass der Warnschussarrest im Einzelfall auch die Funktion einer kurzzeitigen stationären Entziehungskur einnimmt. In den verbleibenden drei Fällen konnte der Arrestbegründung nicht entnommen werden, aus welchen Gründen das Gericht die Herausnahme des Angeklagten aus seinem schädlichen Umfeld für geboten erachtete. Da der Arrest in seiner zeitlichen Dauer begrenzt ist, betont der Gesetzgeber gera-

---

1663 Siehe hierzu Teil 1 B.II.2.
1664 In einem Verfahren war das Datum der Bewährungsplaneröffnung unbekannt, in vier Fällen blieb die Arrestvollstreckung aus, so dass eine Zeitdifferenz nicht berechnet werden konnte.

de im Zusammenhang mit § 16a Abs. 1 Nr. 2 JGG die Notwendigkeit einer geeigneten und angemessenen Übergangs- und Nachbetreuung. Lediglich in einem der 11 Urteile wurde dieser Aspekt aufgegriffen und sollte der Arrest dazu genutzt werden im Zusammenwirken mit der Bewährungshilfe und dem Jugendamt eine möglichst familien- und freundschaftsferne Erziehung des Angeklagten, bestenfalls im Rahmen einer Jugendhilfeeinrichtung, in die Wege zu leiten.

Die geringe Anzahl an Entscheidungen nach § 16a Abs. 1 Nr. 2 JGG harmoniert mit dem Meinungsbild der interviewten Experten, welche dem Herausnahmearrest wegen der regelmäßigen Rückkehr der Arrestanten in ihr gewohntes soziales Umfeld nach der Entlassung keine allzu große Bedeutung beimessen.

> „Die Herausnahme aus dem schädlichen Umfeld, da sind vier Wochen zu wenig. Also wenn der [...] fest in eine Peer Group äh eingebunden ist, ja, da die holen ihn dann wahrscheinlich ab vom Arrest, also ja und sagen „Wie war es denn, erzähl mal" oder [...] wenn das Elternhaus der schädliche Einfluss sein sollte, das, ich glaube nicht, dass das in der Praxis ein [...] Unterfall ist, der häufig zu subsumieren ist oder wo wir Erfolg haben können, wenn das die einzige [...] Erwägung sein sollte."[1665]

Allein bei Drogenkonsumenten könne es darum gehen, dass diese „clean und [...] greifbar"[1666] sind. Für eine nachhaltige Herausnahme aus dem schädlichen Umfeld bedürfte es aber einer Nachbetreuung im Anschluss an den Arrest.[1667] In die Richtung der Herausnahme aus dem schädlichen Umfeld geht auch die Überlegung eines Jugendrichters, mit Hilfe des Warnschussarrestes eine Überleitung bis zu einer stationären Jugendhilfemaßnahme zu schaffen. In diesem Fall befand sich der Angeklagte in Wartestellung für eine geschlossene Unterbringung, die sich mangels eines entsprechenden Unterbringungsplatzes noch nicht umsetzen ließ. Hier sah es das Gericht als ideal an,

> „wenn es dem Jugendamt [...] gelänge im direkten Anschluss an die Vollstreckung des Jugendarrestes die geschlossene Unterbringung des Angeklagten in eine entsprechende Einrichtung umzusetzen" *(Fall 199)*.

1665 Interview mit V2, Z. 1015-1021.
1666 Interview mit S2, Z. 600.
1667 Interview mit V1, Z. 448-451.

Wenn auch in einigen wenigen Fällen die Anordnung des Arrestes auf § 16a Abs. 1 Nr. 2 JGG gestützt wurde, war dies in keinem Fall die einzige Begründung. Im Regelfall wurde der Arrest zugleich mit der Funktion der Verdeutlichung des Unrechts oder der Folgen weiterer Straftaten sowie dem zu vermittelnde Gefühl des Eingesperrtseins begründet. Die praktische Bedeutung des § 16a Abs. 1 Nr. 2 JGG ist daher insgesamt als gering anzusehen.

(3) Einwirkungsarrest § 16a Abs. 1 Nr. 3 JGG

In 26,3 % der 278 Urteile (n=73) verhängte das Gericht den Warnschussarrest entweder im Hinblick auf eine im Arrest stattfindende nachdrücklichere erzieherische Einwirkung auf den Jugendlichen (15,1 %) oder bzw. und um hierdurch die erzieherische Einwirkungsmöglichkeit während der Bewährungszeit zu verbessern (14,7 %). In 20 Urteilen zogen die Gerichte beide Alternativen des § 16a Abs. 1 Nr. 3 JGG zur Begründung heran[1668]. Die nach der Gesetzbegründung geforderte einzelfallbezogene Begründung des § 16a Abs. 1 Nr. 3 JGG[1669] war bei Weitem nicht in allen Urteilen vorhanden. Bei alleiniger Betrachtung der 42 Urteile, in denen das Gericht mit der Arrestanordnung eine erzieherische Einwirkung im Arrestvollzug bezweckte, enthielten 24 Urteile nur floskelhafte Formulierungen, wie:

> „Neben der Bewährungsstrafe war gem. § 16a Abs. 1 ein Jugendarrest von 4 Wochen zu verhängen, da dies geboten ist, um im Vollzug des Jugendarrestes eine nachdrücklichere erzieherische Einwirkung auf den Angeklagten zu erreichen und dadurch bessere Erfolgsaussichten für eine erzieherische Einwirkung in der Bewährungszeit zu schaffen."
> *(Fall 208)*

Derartige Begründungen leiden an der fehlenden Darlegung, welche erzieherischen Wirkungen sich das Gericht von der zusätzlichen Verhängung des Jugendarrestes erwartet. Im Hinblick auf die Jugendstrafe hat der BGH klargestellt, dass eine lediglich formelhafte Bezugnahme auf den Erziehungsgedanken bei der Verhängung einer Jugendstrafe nicht ausreicht.[1670] Nichts anderes kann für den Ausspruch eines gleichsam freiheitsentziehen-

---

1668 Dies wurde auch dann so gewertet, wenn ohne weitere Differenzierung auf § 16a Abs. 1 Nr. 3 JGG abgestellt wurde.
1669 Vgl. BT-Drucks. 17/9389, S. 13.
1670 BGH, NStZ 2010, 281.

466

den Arrestes gem. § 16a JGG gelten. Auch hier muss die Urteilsbegründung erkennen lassen, aus welchen konkret festzustellenden Umständen sich die Notwendigkeit einer „stationären Intensivbetreuung"[1671] neben der Bewährungsentscheidung ergibt. Auffallend war im Zusammenhang mit der Arrestbegründung gem. § 16a Abs. 1 Nr. 3 Alt. 1 JGG, dass eine nachdrückliche erzieherische Einwirkung auf den Jugendlichen häufig damit in Verbindung gebracht wird, dem Jugendlichen den Ernst der Lage zu verdeutlichen. Exemplarisch hierzu sind die folgenden Ausführung zu § 16a JGG[1672]:

„Um dem Angeklagten die Verantwortlichkeit für das begangene Unrecht und die Folgen weiterer Straftaten zu verdeutlichen, war es geboten, einen Jugendarrest neben Jugendstrafe gem. § 16a Abs. 1 Nr. 1 JGG zu verhängen. In diesem Zusammenhang war es geboten, durch die Anordnung des Jugendarrestes eine nachdrückliche erzieherische Einwirkung zu erreichen, um ihm vor Augen zu führen, welche Folgen die Begehung weiterer Straftaten nach sich ziehen, § 16a I Nr. 3 JGG." *(Fall 85)*

„Schließlich geht das Gericht auch davon aus, dass dem Angeklagten darüber hinaus durch den weiter verhängten vierwöchigen sogenannten "Warnschuss-Arrest" gemäß § 16a Abs. 1 Ziff. 3 JGG und dem damit verbundenen längerfristigen Freiheitsentzug nunmehr endgültig klar wird, welche Folgen ein weiteres delinquentes Verhalten für ihn haben wird und was längere Freiheitsentziehung wirklich bedeutet." *(Fall 10)*

Zu vermuten ist, dass die Gerichte eine nachdrückliche erzieherische Einwirkung bereits durch das Verspüren eines Freiheitsentzuges per se für erreichbar halten. Dies könnte zugleich eine Erklärung dafür sein, dass in vier Fällen auch die Anordnung eines Freizeitarrestes mit § 16a Abs. 1 Nr. 3 JGG begründet wurde. Nach dem Willen des Gesetzgebers versteht sich § 16a Abs. 1 Nr. 3 Alt. 1 JGG allerdings als eine der Bewährungszeit vorgeschaltete „stationäre Intensivbetreuung". Eine Interpretation der erzieherischen Einwirkung im Arrestvollzug als „Einwirkung durch Freiheitsentzug" würde diesem Anliegen widersprechen.

1671 BT-Drucks. 17/9389, S. 13.
1672 Ähnliche Ausführungen fanden sich in sechs weiteren Urteilen zu § 16a Abs. 1 Nr. 3 Alt. 1 JGG.

Zur Wahrung der Verhältnismäßigkeit des § 16a JGG verweist die Gesetzesbegründung des Weiteren darauf, dass geeignete Jugendhilfeleistungen, wie etwa die Teilnahme an einem sozialen Trainingskurs, einer sozialen Gruppenarbeit oder eine intensive sozialpädagogische Einzelbetreuung, die Anordnung eines Arrestes zur stationären erzieherischen Einwirkung auf den Jugendlichen entbehrlich machen können und daher vorrangig zu prüfen sind.[1673] In 16 (38,1 %) der 42 Urteile, welche die Verhängung des Arrestes jedenfalls auch mit § 16a Abs. 1 Nr. 3 Alt. 1 JGG begründeten, nahm das Gericht Stellung dazu, weshalb ambulante Maßnahmen nicht ausreichen. Die erzieherische Einwirkung auf den Jugendlichen wurde in diesen Fällen insbesondere für erforderlich gehalten, wenn die Initialisierung von Jugendhilfemaßnahmen in der Vergangenheit erfolglos verlief oder Auflagen nicht zuverlässig eingehalten wurden.

Insgesamt zeigt sich bei einem auf § 16a Abs. 1 Nr. 3 JGG gestützten Arrest keine höhere Begründungsintensität als in den übrigen Konstellationen. Gerade im Zusammenhang mit § 16a Abs. 1 Nr. 3 JGG hebt die Gesetzesbegründung allerdings die Notwendigkeit einer an den Umständen des Einzelfalls orientierten Sanktionsbegründung hervor, so dass die richterliche Spruchpraxis dem Willen des Gesetzgebers nur unzureichend Rechnung trägt. Die Gefahr einer ausufernden Anwendung des § 16a JGG durch den in Nr. 3 verankerten Erziehungsgedanken erscheint in Anbetracht des zahlenmäßigen Verhältnisses zu den übrigen Begründungserwägungen aber eher als gering.

dd) Auseinandersetzung mit der Regelvermutung des § 16a Abs. 2 JGG

Ein erheblicher Kritikpunkt, der dem Arrest gem. § 16a JGG wiederholt entgegengehalten wurde, betrifft die Problematik der Sanktionierung junger Täter mit vorangegangener Jugendarresterfahrung. Nach § 16a Abs. 2 JGG ist die Anordnung eines Arrestes regelmäßig nicht indiziert, wenn der Jugendliche in der Vergangenheit bereits einen Dauerarrest oder eine nicht nur kurzzeitige Untersuchungshaft verbüßt hat und mit den negativen Folgen des Freiheitsentzuges konfrontiert wurde. Nachdem ein Großteil der zu § 16a JGG Verurteilten bereits eine Vorverurteilung zu Jugendarrest (43,2 % von 278 Probanden) oder gar zu einem Dauerarrest (20,1 %) aufwiesen und sich im Vorfeld zur Sanktionierung mit § 16a JGG zu einem geringen Anteil von 1,4 % in Untersuchungshaft be-

---

1673 BT-Drucks. 17/9389, S. 12.

fanden, kam der Frage, in welchem Maße sich die Gerichte mit der Regelvermutung des § 16a Abs. 2 JGG auseinandersetzen, besondere Bedeutung zu.

(1) Arresterfahrung

Ausführungen des Gerichts zur Erforderlichkeit des § 16a JGG bei einer früheren Verurteilung zu Jugendarrest, gleich ob in der Form eines Freizeit-, Kurz- oder Dauerarrestes, fanden sich in 25,0 % der Urteile (s. Anhang Tabelle A13). Da § 16a Abs. 2 JGG aber nicht auf die Verurteilung, sondern auf die Verbüßung eines früheren Arrestes abstellt, waren auch diejenigen Fälle einzubeziehen, in denen im Vorfeld ein Ungehorsamsarrest gem. §§ 11 Abs. 3 S. 1, 15 Abs. 3 S. 2 JGG ergangen ist.[1674] Einschließlich der sechs Probanden, gegen die bisher kein Jugendarrest gem. § 16 JGG, aber ein Ungehorsamsarrest verhängt wurde (n=126), nahmen 24,6 % der Urteile Stellung zum Regelausschlussgrund des § 16a Abs. 2 JGG. Von diesen 126 Urteilen wurden 62,7 % mit § 16a Abs. 1 Nr. 1 JGG begründet.[1675]

1674 Zum Anteil der Ungehorsamsarreste siehe Teil 2 E.I.2.c). Gegen sechs Probanden war bisher kein Arrest nach § 16 JGG, aber bereits ein Ungehorsamsarrest verhängt worden. Ob in all den 126 Fällen auch eine tatsächliche Arrestverbüßung stattgefunden hat, konnte anhand des Aktenmaterials nicht vollständig ermittelt werden. Für 71 Probanden mit einer Vorsanktionierung gem. § 16 JGG ergab sich aus der Akte, dass der Arrest auch verbüßt wurde.

1675 In 27 Fällen (21,4 %) war eine eindeutige Zuordnung zu einem der in § 16a Abs. 1 Nr. 1-3 JGG genannten Gründe nicht möglich. 15,9 % der Urteile wurden nicht auf § 16a Abs. 1 Nr. 1 JGG gestützt, so dass ein gesetzlicher Widerspruch zu § 16a Abs. 2 JGG nicht besteht.

*Abbildung 17: Ausführungen zur Erforderlichkeit des § 16a JGG bei früherem
JA/Ungehorsamsarrest*

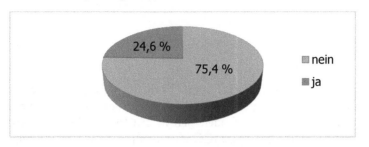

(n=126)

Inhaltlich ließen sich zur Begründung der wiederholten Arrestanordnung
in den Urteilsausführungen folgende Kategorien identifizieren:

*Tabelle 43: Inhaltliche Begründung zu § 16a Abs. 2 JGG bei früherem JA/Unge-
horsamsarrest*

Begründung zu § 16a Abs. 2 JGG	Anzahl	%
Arrest liegt bereits Jahre zurück	5	16,1
früherer Arrest fiel als Dauerarrest zu kurz aus	4	12,9
bislang nur Freizeit- oder Kurzarrest verbüßt	9	29,0
Arrest aus einbezogenen Urteil darf nicht zum Wegfall kommen	2	6,5
Es stand ohnehin ein Ungehorsamsarrest im Raum	2	6,5
bislang nur Ungehorsamsarrest verbüßt, es fehlt der Bezug zur Tat	2	6,5
durch früheren Arrest unbeeindruckt	2	6,5
ohne Arrest Bewährung nicht möglich	1	3,2
Vermeidung eines gefühlten Freibriefs/Förderung der Bewährungs-zeit	3	9,7
Bezugnahme auf § 16a Abs. 2 JGG aber ohne Begründung	4	12,9

(n=31; Mehrfachnennung möglich, so dass die relativen Prozentangaben 100 %
übersteigt)

Die Anordnung des § 16a JGG trotz einem früherem Arrest wurde mehrheitlich damit begründet, dass der frühere Arrest bereits Jahre zurückliegt,
sich der Angeklagte bislang nur im Freizeit- oder Kurzarrest befand, mittels des Warnschussarrestes nun aber einen Dauerarrest erhalten solle oder
der frühere Dauerarrest in seiner Länge zu kurz ausfiel. Verbüßte der Verurteilte bereits einen Ungehorsamsarrest gem. §§ 11 Abs. 3 S. 1, 15 Abs. 3

S. 2 JGG stand dies aus Sicht des Gerichts dem Ausspruch eines Arrestes nach § 16a JGG nicht entgegen, da dem Arrest wegen der Nichteinhaltung von Bewährungsauflagen der Bezug zur konkreten Tat fehle. In 12,9 % der Fälle nahm das Gericht pauschal auf § 16a Abs. 2 JGG Bezug ohne eine nähere Konkretisierung der dahinterstehenden Überlegungen.

Insgesamt zeigt sich, dass die analysierten Urteile die Umstände für die Notwendigkeit des zusätzlichen Arrestes nach § 16a JGG bei einer Vorverurteilung zu Jugendarrest gem. § 16 JGG oder der Anordnung eines Ungehorsamsarrestes nur zu einem geringen Prozentsatz darlegen. Betrachtet man ausschließlich die auf § 16a Abs. 1 Nr. 1 JGG gestützten Verurteilungen, in denen gegen den Verurteilten bereits früher ein Jugendarrest nach § 16 JGG oder eine Ungehorsamsarrest verhängt wurde, fehlten Ausführungen zu § 16a Abs. 2 JGG mit 79,7 % noch häufiger.[1676]

Ein noch deutlicheres Bild über die Gründe für die Anordnung des § 16a JGG trotz vorhandener Jugendarresterfahrung kann die Befragung der Jugendrichter geben. Zunächst bestätigten 51,9 %, mithin 54 der befragten Jugendrichter (n=104; fehlende Werte: 4), dass sie die Verhängung eines § 16a-Arrestes auch dann für legitim halten, wenn der Jugendliche bereits über Jugendarresterfahrung verfügt. Die Gründe hierfür ergeben sich aus Tabelle 44, wobei der Übersichtlichkeit halber mehrere Antwortkategorien zusammengefasst wurden:

1676 Gesamtanzahl der Urteile mit einer inhaltlichen Begründung nach § 16a Abs. 1 Nr. 1 JGG und einer Vorverurteilung gem. § 16 JGG oder einem verhängten Ungehorsamsarrest: n=79.

Tabelle 44: Gründe für § 16a JGG bei früherer Jugendarresterfahrung[1677]

		stimme über-haupt nicht/ eher nicht zu	stimme eher/ voll und ganz zu
bislang nur Freizeit- oder Kurzarrest, mit § 16a Dauerar-rest (n=56[1678])	Anzahl	4	52
	%	7,1	92,9
früherer Dauerarrest war zu kurz (n=56)	Anzahl	26	30
	%	46,4	53,6
großer zeitlicher Abstand zu letztem Jugendarrest (n=56)	Anzahl	3	53
	%	5,4	94,6
Änderung der Tatbeteiligungs-form (n=54, fehlende Werte:2)	Anzahl	44	10
	%	81,5	18,5
Zuführung zu betreuungsinten-siver Maßnahme (n=56)	Anzahl	31	25
	%	55,4	44,6
Bewährungsstrafe wird gegen-über dem verbüßten Jugendar-rest als weniger schlimm emp-funden (n=56)	Anzahl	16	40
	%	28,6	71,4

Ähnlich der Ergebnisse aus der Aktenanalyse dominierte bei den befragten Jugendrichtern der Umstand eines noch nicht verbüßten Dauerarrestes. Demnach befürworteten 92,9 % der Teilnehmer die Verhängung eines § 16a-Arrestes in der Form des Dauerarrestes, wenn der Verurteilte in der Vergangenheit bisweilen nur einen Freizeit- oder Kurzarrest verbüßte. Ein kurzzeitiger Arrest von maximal vier Tagen wird folglich trotz eines ersten

---

1677 Ein Teilnehmer gab als sonstigen Grund an: „Der Verurteilte soll aus seinem sozialen Umfeld für 4 Wochen genommen werden, um ihn auf die Bewährung ohne Einflussmöglichkeit der 'alten Freunde' vorbereiten zu können.".

1678 Die höhere Gesamtzahl von n=56 gegenüber den Personen, die § 16a JGG trotz Jugendarresterfahrung im Einzelfall für zweckmäßig erachten (n=54), resul-tiert daraus, dass zwei Personen Frage 12 nicht beantworteten, aber dennoch Angaben dazu machten, in welchen Fällen sie die Verhängung eines eines § 16a-Arrestes trotz Jugendarresterfahrung (Frage 13) für geeignet erachten. Diese Angaben wurden bei der Auswertung ebenfalls berücksichtigt, so dass sich die Zahl der verweigerten Antworten reduziert.

vermittelbaren Freiheitsentzuges nicht als gleichwertige Alternative zum Dauerarrest gesehen. Mit ebenfalls über 90 % sahen die Jugendrichter in dem großen zeitlichen Abstand zu einem früheren Dauerarrest einen möglichen Grund für die Abweichung von der Regelvermutung des § 16a Abs. 2 JGG. Das Meinungsbild zur Anordnung eines Warnschussarrestes trotz eines bereits verbüßten, zeitlich kürzeren Dauerarrestes sowie die Überlegung, den Jugendlichen im Wege des Arrestes letztmalig einer betreuungsintensiven Maßnahme zuführen zu können, fiel hingegen zweigeteilt aus. Dies könnte vor allem mit den unterschiedlichen Erwartungen an die Wirkungen des Warnschussarrestes zusammenhängen. Ergeht die Verurteilung zu § 16a JGG mit dem Ziel, dem Jugendlichen die Folgen weiterer Straftaten zu vermitteln und ihm die Bewährungsstrafe spürbar zu machen, so könnten Aspekte einer intensiven Betreuung während des Arrestvollzuges häufig in den Hintergrund treten.

(2) Untersuchungshafterfahrung

Ausführungen zur Erforderlichkeit des Arrestes gem. § 16a Abs. 1 Nr. 1 JGG bei einem vorangegangenen Vollzug von Untersuchungshaft konnten keinem der vier Urteile entnommen werden, in denen der Verurteilte bereits über Untersuchungshafterfahrung verfügte.[1679] In einem Fall fiel die Untersuchungshaft mit nur einem Tag äußerst kurz aus. Da § 16a Abs. 2 JGG den Wegfall der der Gebotenheit nur bei einer nicht nur kurzzeitigen Untersuchungshaft vermutet, kann die Arrestverhängung in diesem Fall als lege artis gewertet werden. In einem weiteren Fall könnten die fehlenden Ausführungen des Gerichts zu § 16a Abs. 2 JGG dadurch erklärbar sein, dass die Untersuchungshaft in einem früheren Verfahren angeordnet wurde. Bedenklich erschien die Anordnung des Verdeutlichungsarrestes gem. § 16a Abs. 1 Nr. 1 JGG aber in den verbleibenden zwei Fällen, in denen sich der Jugendliche bereits sechs Wochen in Untersuchungshaft befand[1680] bzw. sich aus Bericht der Jugendgerichtshilfe ergab, dass der Angeklagte durch die Untersuchungshaft

---

1679 Drei Urteile wurden ausdrücklich mit § 16a Abs. 1 Nr. 1 JGG begründet, dem vierten Urteil war die Rechtsgrundlage des Arrestes nicht eindeutig zu entnehmen.

1680 In diesem Fall wurde von der Vollstreckung des Arrestes anschließend abgesehen, siehe Teil 2 E.I.6.c). Es fand sich aber keine Stellungnahme zur Erforderlichkeit der Sanktionierung mit § 16a JGG.

stark beeindruckt war und dort zum Nachdenken kam. Worauf das Gericht die Erwartung eines weiteren Verdeutlichungseffektes stützte, ist unklar.

(3) Gesamtüberblick

Bezogen auf die Gesamtheit aller Probanden, die in einem früheren Strafverfahren zu Jugendarrest gem. § 16 JGG verurteilt wurden, mit einem Ungehorsamsarrest belegt wurden oder Untersuchungshaft verbüßten (n=128), fanden sich Ausführungen zur Erforderlichkeit des § 16a JGG trotz der vorhergehenden Anordnung eines Freiheitsentzuges nur in knapp einem Viertel (24,2 %) der Urteile. Zum Teil könnte sich die fehlende Stellungnahme der Gerichte dadurch erklären lassen, dass der frühere Arrest noch nicht verbüßt wurde und es damit an den in § 16a Abs. 2 JGG normierten Voraussetzungen fehlte. Der Anteil der hierdurch zu erklärenden Begründungsdefizite dürfte allerdings nicht allzu groß sein, da lediglich in 22 Fällen eine frühere Verurteilung zu Jugendarrest in die Entscheidung mit § 16a JGG einbezogen wurde.[1681]

Abbildung 18: Ausführungen zu § 16a Abs. 2 JGG bei früherem JA, Ungehorsamsarrest oder U-Haft

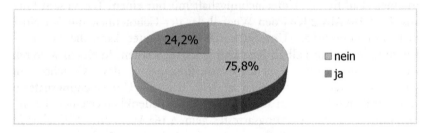

(n=128)

Resümierend lässt sich festhalten, dass die Gebotenheitseinschränkung des § 16a Abs. 2 JGG bei vorhandener Jugendarresterfahrung von den Gerichten zu einem großen Teil unbeachtet bleibt. Dies widerspricht dem gesetzgeberischen Willen und stellt die restriktive Anwendung des § 16a JGG in Frage. Steht der Jugendliche bereits unter dem Eindruck eines Jugendar-

---

1681 Siehe hierzu Teil 2 E.I.5.b)dd).

restes, so ist die Gefahr, dass der Warnschussarrest in eine zusätzliche Dreingabe umfunktioniert wird, besonders groß, wenn sich die Gerichte nicht bewusst mit dem Ausnahmecharakter des § 16a JGG auseinandersetzen.

ee) Vermeidung einer unbedingten Jugendstrafe

Das Gesetz geht in § 21 Abs. 1 S. 3 JGG des Weiteren davon aus, dass die Erwartung eines künftig rechtschaffenen Lebenswandels unter Umständen erst durch die Anordnung eines zusätzlichen Arrestes begründet werden kann. Hierdurch will der Gesetzgeber der Gefahr eines net-widening-Effekts vorgebeugt wissen.[1682] Die Bedeutung dieser Neuregelung erwies sich in den analysierten Fällen als gering. Lediglich in 7,9 % der Urteile erklärte das Gericht explizit, dass ohne den Arrest nach § 16a JGG eine Aussetzung der Jugendstrafe zur Bewährung nicht mehr möglich gewesen wäre.

Tabelle 45: § 16a JGG zur Vermeidung einer unbedingten Jugendstrafe

	Häufigkeit	Gültige Prozente	Kumulierte Prozente
Kein Hinweis	235	84,5	84,5
ausdrücklicher Hinweis	22	7,9	92,4
Andeutung "§ 16a als letzte Chance"	21	7,6	100,0
Gesamt	278	100,0	

Daneben deuteten die Richter in 7,6 % der Verurteilungen an, dass dem Jugendlichen durch die Anordnung des Warnschussarrestes eine letzte Chance eingeräumt werden soll. Durch die Verhängung des zusätzlichen Arrestes sahen sich die Gerichte in der Lage, Bedenken hinsichtlich der positiven Legalprognose auszuräumen und die Vollstreckung der Jugendstrafe infolge der vom Arrest ausgehenden Unterstützung zur Bewährung auszusetzen. Ob ohne die Option des § 16a JGG eine unbedingte Jugendstrafe die Konsequenz gewesen wäre, lässt sich aufgrund der offenen Formulierung nicht mit abschließender Sicherheit beurteilen. Die Andeutung der Gerichte lässt aber zumindest vermuten, dass die Grenze zur unbedingten

---

1682 *Sonnen*, in: Diemer/Schatz/Sonnen, JGG, § 21 Rn. 16.

Jugendstrafe sehr naheliegt. Der von den Befürwortern vorgebrachte Gedanke, die Möglichkeit eines zusätzlichen Arrestes gem. § 16a JGG könne zur Vermeidung einer unbedingten Jugendstrafe beitragen, findet in der Praxis durchaus Bestätigung, ist aber nicht allzu hoch anzusetzen.

Gerade mit Blick auf diejenigen Täter mit einer Voreintragung in Form einer bedingten Jugendstrafe fragt sich, ob § 16a JGG als Vorstufe zur Jugendstrafe ohne Bewährung fungiert. Auf die Frage, in welchen Fällen die Anordnung eines § 16a-Arrestes bei einer bereits früher erhaltenen Bewährungsstrafe für zweckmäßig erachtet wird, antworteten die Jugendrichter in der Befragung wie folgt:

Tabelle 46: Anwendungsspielraum für § 16a JGG bei einer früheren Bewährungssanktion

		stimme überhaupt nicht/ eher nicht zu	stimme eher/ voll und ganz zu
Einbezug einer noch offenen Bewährungsstrafe für eine bereits länger zurückliegende Tat (n=81[1683])	Anzahl	20	61
	%	24,7	75,3
§ 16a als letzte Chance zur Vermeidung einer unbedingten Jugendstrafe (n=80, fehlende Werte:1)	Anzahl	23	57
	%	28,8	71,3
Jugendstrafe liegt an sich im nicht aussetzungsfähigen Bereich und kann nur durch § 16a zur Bewährung ausgesetzt werden (n=80, fehlende Werte:1)	Anzahl	31	49
	%	38,8	61,2
§ 16a als Ersatz für nicht erfüllte Bewährungsauflagen/-weisungen (n=81)	Anzahl	66	15
	%	81,5	18,5
Erzieherische Einwirkung ist im Arrest besser möglich als im Jugendstrafvollzug (n=81)	Anzahl	73	8
	%	90,1	9,9

[1683] Zur Gesamtanzahl der verwertbaren Antworten siehe Teil 2 E.I.2.b)dd)(2) Fn. 1518.

Neben dem dominierenden Aspekt eines bislang nicht erlebten Arrestvollzuges (97,5 %[1684]) ziehen drei Viertel der Befragungsteilnehmer die Verhängung eines § 16a-Arrestes gegen einen mit einer Bewährungsstrafe vorsanktionierten Jugendlichen in Betracht, wenn die vorhergehende Bewährungsentscheidung einzubeziehen ist und die abzuurteilende Tat bereits längere Zeit zurückliegt. Einen erstaunlich hohen Zustimmungsanteil von 71,3 % erhielt zudem die Aussage: „Der Warnschussarrest ist die letzte Chance zur Vermeidung einer unbedingten Jugendstrafe von mindestens 6 Monaten." Auch wenn die Urteilsbegründungen an vielen Stellen nicht erkennen ließen, dass die Sanktionierung mittels § 16a JGG dazu dient, von einer zu vollstreckenden Jugendstrafe abzusehen, scheint der Warnschussarrest als Mittel zur Vermeidung einer unbedingten Jugendstrafe bei den Jugendrichtern durchaus von Bedeutung zu sein. Auch bei sehr hohen Jugendstrafen, die an sich oberhalb des maximalen Aussetzungsbereichs von zwei Jahren gem. § 21 Abs. 2 JGG anzusiedeln wären, kann die Verhängung eines § 16a-Arrestes nach der Meinung von 61,2 % der Jugendrichter zu einer Bewährungsaussetzung beitragen. Die Möglichkeit der zusätzlichen Arrestverhängung führt in diesen Fällen dazu, das Maß der Jugendstrafe auf den aussetzungsfähigen Bereich von bis zu zwei Jahren zu verkürzen. Entsprechend den Erkenntnissen aus der Urteilsanalyse (s. zuvor Tabelle 42) hält nur ein geringer Prozentsatz der Jugendrichter die Sanktionierung mit § 16a JGG ebenfalls für geeignet, wenn der Jugendliche seine Bewährungsauflagen oder Weisungen in der Vergangenheit nicht zuverlässig erfüllt hat.

d) Begründung und Dauer der Jugendstrafe

Der Ausspruch der nach § 21 oder § 61 JGG zur Bewährung ausgesetzten Jugendstrafe wurde, wie auch in der bundesweiten Evaluationsstudie des KFN zu § 16a JGG,[1685] mehrheitlich (81,4 %, n=252) mit dem Vorliegen schädlicher Neigungen gem. § 17 Abs. 2 Alt. 1 JGG begründet. In 9,3 % der Fälle wurde die Jugendstrafe zugleich auf die „Schwere der Schuld" gestützt und zu einem gleichen Anteil bejahte das Gericht ausschließlich die Voraussetzungen des § 17 Abs. 2 Alt. 2 JGG. Diese Verteilung war wenig überraschend, da die häufigere Verhängung einer Jugendstrafe wegen

---

1684 Hierzu oben Teil 2 E.I.2.b)dd)(2).
1685 *Klatt/Ernst/Höynck u.a.*, 2016, S. 90: 82,3 % der Jugendstrafen wurden mit dem Vorliegen schädlicher Neigungen begründet.

schädlicher Neigungen im Verhältnis zur Schwere der Schuld zum einen die allgemeine Verteilung im Rahmen von § 17 Abs. 2 JGG widerspiegelt,[1686] zum anderen war der Großteil der Probanden (88,3 %) bereits strafrechtlich vorbelastet und wurde den Gewalttaten als Anlasstaten seitens der Gerichte häufig eine brutale Vorgehensweise attestiert.[1687] Damit erfüllte eine Vielzahl von Probanden zwei wesentliche Merkmale, die in der Praxis einen Hinweis auf das Vorliegen schädlicher Neigungen geben.[1688]

Tabelle 47: Begründung der Jugendstrafe

	Häufigkeit	Gültige Prozente
schädliche Neigungen § 17 Abs. 2 Alt. 1 JGG	202	81,4
Schwere der Schuld § 17 Abs. 2 Alt. 2 JGG	23	9,3
Beides	23	9,3
Gesamt	248	100,0

(n=248, fehlende Werte: 4[1689])

Die Kombination von Jugendarrest und Jugendstrafe wegen der Schwere der Schuld kam vornehmlich bei Körperverletzungs- und Raubdelikten zur Anwendung. In 12 der 23 ausschließlich auf § 17 Abs. 2 Alt. 2 JGG gestützten Urteile lag der Verurteilung mindestens eine gefährliche Körperverletzung gem. § 224 StGB zugrunde, in sechs weiteren Urteilen ein Delikt aus dem Bereich der §§ 249-255 StGB. Die Begründung des Warnschussarrestes wurde in diesen Fällen zu 69,6 % auf § 16a Abs. 1 Nr. 1 JGG gestützt, womit deutlich wird, dass die Verhängung der Jugendstrafe wegen der Schwere der Schuld nicht wie § 17 Abs. 2 Alt. 1 JGG auf eine länge-

---

1686 Vgl. die Übersicht bei *Ostendorf*, in: Ostendorf, JGG, 10. Aufl., § 17 Rn. 4, wobei für das generelle Verhältnis der Jugendstrafbegründung mit § 17 Abs. 2 Alt. 1 und Alt. 2 JGG zu berücksichtigen ist, dass bei schwereren Delikten, die etwa zu einer unbedingten Jugendstrafe führen, die Schwere der Schuld größere Bedeutung gewinnt.
1687 Siehe zum Anteil der Gewaltdelikte Teil 2 E.I.3.a)cc).
1688 Vgl. *Laue*, in: Meier/Rössner/Trüg/Wulf, JGG, § 17 Rn. 12.
1689 In vier Urteilen war die Rechtsgrundlage des § 17 Abs. 2 JGG der Urteilsbegründung nicht zu entnehmen. Außer Betracht blieben naturgemäß die 26 Urteile mit einem Schuldspruch nach § 27 JGG, da hier die Verhängung der Jugendstrafe noch offen war.

re Gesamterziehung des Jugendlichen abzielt, sondern dem Gedanken des erheblichen Schuldvorwurfs folgt. Die Dauer der verhängten Jugendstrafe fiel mit sechs Monaten bis zu zwei Jahren höchst unterschiedlich aus (s. Anhang Tabelle A14). Am häufigsten sprachen die Gerichte eine Jugendstrafe von 12 Monaten aus (18,7 %).[1690] In den sechs Fällen, in denen die Anordnung des § 16a JGG neben einem Vorbehalt der Bewährungsaussetzung gem. § 61 JGG erging, lag die Dauer der Jugendstrafe im Bereich zwischen sieben und 24 Monaten; im Durchschnitt bei 15,5 Monaten und war damit im oberen Bereich der Aussetzungsfähigkeit angesiedelt.[1691] Insgesamt fiel die Strafdauer bei Jugendlichen und Heranwachsenden ähnlich aus. Während die Dauer der Jugendstrafe bei den zum Tatzeitpunkt jugendlichen Tätern durchschnittlich 12,51 Monate betrug, erhielten Heranwachsende im Schnitt eine etwas längere Jugendstrafe mit 14,21 Monaten. Diese Abweichung erwies sich bei der Durchführung des Mann-Whitney U-Tests, welcher dazu dient, die Unterschiede in den mittleren Rängen beider Gruppen auf statistische Signifikanz zu überprüfen,[1692] als nicht signifikant.[1693] Die mittleren Ränge der beiden Gruppen zeigten zwar einen leichten Unterschied (s. Anhang Tabelle A15), doch war dieser mit einem Wert von $p=0.056$ nicht signifikant. Betrachtet man die Länge der verhängten Jugendstrafe in Abhängigkeit zur Vorsanktion in der Form einer verhängten Jugendstrafe gem. §§ 21, 61 JGG, so dauerte die Jugendstrafe in Kombination mit § 16a JGG durchschnittlich 5,4 Monate länger als die zuletzt verhängte Jugendstrafe.[1694]

1690 Mittelwert: 13,3; Median: 12; SD: 5,72; n= 252 (246 Bewährungsentscheidungen gem. § 21 JGG; 6 Entscheidungen nach § 61 JGG).
1691 Sehr ähnlich die Ergebnisse bei *Sommerfeld*, 2007, S. 149.
1692 Siehe *Wittenberg/Cramer/Vicari*, 2014, S. 235.
1693 Die Länge der Jugendstrafe als abhängige Variable war nicht normalverteilt. Der Kolmogorov-Smirnov-Test mit Signifikanzkorrektur nach Lilliefors sowie der Shapiro-Test ergaben einen Signifikanzwert von $p=0,000$. Mangels Normalverteilung der abhängigen Varibalen und der zugleich dichotomen Ausprägung der unabhängigen Variablen wurde die Hypothese, dass sich die Länge der Jugendstrafe bei Jugendlichen und Heranwachsenden unterscheidet, anhand des Mann-Whitney-U-Tests überprüft.
1694 Probanden mit einer Vorsanktion nach §§ 21, 61 JGG n=61; Mittelwert der Dauer der zuletzt verhängten Jugendstrafe in Monaten: 11,07; Median: 10,0; Modus: 6; Mittelwert der Dauer der Jugendstrafe in Kombination mit § 16a JGG: 16,43; Minimum: 6; Maximum: 24 in beiden Fällen.

e) Dauer der Bewährungszeit

Die durchschnittliche Dauer der Bewährungszeit betrug bei der Aussetzung der Vollstreckung der Jugendstrafe zur Bewährung gem. § 21 JGG 2
Jahre und 7 Monate, während die Dauer der Unterstellung unter die Bewährungshilfe mit einem Mittelwert von 2 Jahren und 2 Monaten kürzer
ausfiel.[1695] In der Regel wurde die Aussetzungsdauer auf drei Jahre festgelegt. In vier Fällen überschritt das Gericht die nach § 22 Abs. 1 S. 2 JGG zulässige Höchstgrenze der Bewährungszeit von drei Jahren und unterstellte
den Jugendlichen in einem Fall unter Verstoß gegen § 24 Abs. 1 S. 1 JGG
für die Dauer von vier Jahren der Aufsicht und Leitung des Bewährungshelfers. Erstaunlich war, dass in vier Bewährungsbeschlüssen eine Unterstellung unter die Bewährungshilfe überhaupt nicht vorgesehen war. Dies
widerspricht nicht nur der Intention des Gesetzgebers, mit der Verhängung des Arrestes nach § 16a JGG eine erste Grundlage für die anschließende ambulante Betreuung durch die Bewährungshilfe zu schaffen, sondern
auch der in § 24 Abs. 1 S. 1 JGG vorgesehenen obligatorischen Unterstellung.

1695 Dauer der Bewährungszeit: Median: 3,0; Modus: 3; SD:0,44; Dauer der Unterstellungszeit: Median: 2,0; Modus: 2; SD: 0,44.

Tabelle 48: Dauer der Bewährungs- und Unterstellungszeit bei § 21 JGG in Jahren

	Dauer der Bewährungszeit		Dauer der Unterstellungszeit	
	Häufigkeit	Gültige Prozente	Häufigkeit	Gültige Prozente
1,0	0	0,0	3	1,2
2,0	74	30,3	188	77,0
2,5	3	1,2	0	0,0
3,0	163	66,8	48	19,7
3,5	1	0,4	0	0,0
4,0	3	1,2	1	„0,4
keine Unterstellung			4	1,6
Gesamt	244	100,0	244	100

(fehlende Werte: 2)

Wurde die Verhängung der Jugendstrafe gem. § 27 JGG zur Bewährung ausgesetzt, lag die Obergrenze der Bewährungszeit gem. § 28 Abs. 1 JGG bei zwei Jahren. Dementsprechend fiel die Bewährungszeit mit durchschnittlich 22 Monaten kürzer aus (12 Monate: 11,5 %; 18 Monate: 7,7 %; 24 Monate: 80,8 %) als bei der Aussetzung der Vollstreckung der Jugendstrafe. Selbiges gilt für die Unterstellungzeit, die mit durchschnittlich etwa 20 Monaten (12 Monate: 30,8 %; 18 Monate: 7,7 %; 24 Monate: 61,5 %) ebenfalls kürzer bemessen war. Blieb die Entscheidung über die Vollstreckung der Jugendstrafe gem. § 61 JGG dem schriftlichen Nachverfahren vorbehalten, entsprach die Dauer der Vorbewährungs- und Unterstellungszeit in allen Fällen (n=6) der gesetzlich vorgesehenen Höchstdauer von sechs Monaten.

f) Nebenentscheidungen im Urteil und Bewährungsbeschluss

Neben § 16a JGG erkannte das Gericht in 7,9 % (n=22) der ausgesprochenen Urteile gem. § 8 Abs. 3 GG auf eine nach dem Gesetz zulässige Nebenstrafe bzw. Nebenfolge[1696] und erteilte dem Angeklagten in 11 Fällen unmittelbar im Urteil (4,0 %) Weisungen oder Auflagen. Als ambulante Sanktionen im Urteil ordnete das Gericht entweder eine Arbeitsauflage oder -weisung an (n=4), erteilte die Weisung, pünktlich zum Arrestantritt zu erscheinen (n=2) oder hielt in einem Fall die Schadenswiedergutmachung aus dem einbezogenen Urteil aufrecht, um dem Geschädigten durch den Einbezug der Vorverurteilung nicht sein Schmerzensgeld zu entziehen. In fünf Fällen sprach das Gericht neben der Verurteilung zu § 16a JGG zudem eine Betreuungsweisung gem. § 10 Abs. 1 S. 3 Nr. 5 JGG (n=5) aus. Mit der gleichzeitigen Unterstellung unter die Aufsicht und Leitung eines Bewährungs- und Betreuungshelfers wird dem Jugendlichen eine weitere Unterstützung zur Seite gestellt, die für ihn aber zugleich eine Mehrbelastung bedeuten kann. Unzweckmäßig erscheint die Weisungserteilung nach § 10 Abs. 1 S. 3 Nr. 5 JGG neben einer Bewährungsentscheidung schließlich deshalb, da die Gefahr besteht, dass die Bestrebungen des Bewährungs- und Betreuungshelfer konfligieren.[1697]

Während die selbstständige Anordnung ambulanter Maßnahmen im Urteil die Ausnahme bildete, war im Bewährungsbeschluss nahezu einheitlich die Erteilung von Auflagen und/oder Weisungen nach §§ 23 Abs. 1 S. 4 i.V.m. §§ 10 Abs. 1, 15 Abs. 1, 29 S. 2, 61b Abs. 1 S. 1 Hs. 2 JGG vorgesehen. Auch in den Fällen, in denen das Gericht die Verurteilung zu § 16a JGG im Urteil mit weiteren Weisungen oder Auflagen verknüpfte, wurde auf die Anordnung von Bewährungsauflagen oder -weisungen im Bewährungsbeschluss nicht verzichtet.[1698] Lediglich gegen zwei Angeklagte (0,7 % von n=274, fehlende Werte: 4) ordnete das Gericht keine Weisung oder Auflage im Bewährungsbeschluss an und nahm auch in der Urteilsbegründung keine Stellung dazu, weshalb eine solche Anordnung nach § 23 Abs. 1 JGG unterblieb. Infolge ihres subsidiären Charakters erfordert die Verhängung eines zusätzlichen Arrestes nach § 16a JGG jedoch stets die gerichtliche Prüfung, ob das Ziel des § 16a-Arrestes nicht auch durch die Erteilung von Bewährungsweisungen oder -auflagen erreicht werden kann.[1699] Eine vollständige Außerachtlassung möglicher vorrangiger Be-

---

1696 Überwiegend wurde gegen den Angeklagte dabei ein Fahrverbot gem. § 44 StGB oder eine Sperrfrist gem. §§ 69, 69a StGB angeordnet; Nebenfolgen nach §§ 73, 74 StGB bildeten die Ausnahme.

1697 *Schaffstein/Beulke/Swoboda*, 2014, Rn. 510.

1698 Anders in der Untersuchung von *Gernbeck*, 2017, S. 201, die daher von einer gewissen Austauschbarkeit von Weisungen und Auflagen nach §§ 10, 15 JGG und den im Bewährungsbeschluss getroffenen Nebenentscheidungen ausgeht.

1699 BT-Drucks. 17/9389, S. 12.

währungsauflagen oder -weisungen legt die Unverhältnismäßigkeit der Sanktion jedenfalls nahe.

Am häufigsten wurden gegen die 272 Verurteilten in der Summe drei Bewährungsauflagen oder -weisungen verhängt,[1700] wobei Weisungen nach §§ 23 Abs. 1 S. 4 i.V.m. §§ 10 Abs. 1, 29 S. 2, 61b Abs. 1 S. 1 Hs. 2 JGG insgesamt eine deutlich größere Rolle spielten als Auflagen gem. § 15 Abs. 1 S. 1 JGG. Während Weisungen gem. § 23 Abs. 1 S. 1 JGG nahezu allen Probanden (98,5 %; n= 268) auferlegt wurden, kamen Auflagen nur in 42,3 % (n=115) zum Tragen.[1701] Die divergente Anordnungsfrequenz von Bewährungsweisungen und -auflagen lässt sich zum einen durch den begrenzten Auflagenkatalog des § 15 Abs. 1 S. 1 JGG erklären, zum anderen durch die unterschiedliche Zielrichtung dieser beiden bewährungsbegleitenden Maßnahmen. Während Bewährungsweisungen gemeinhin die Aufgabe haben, dem Verurteilten bei der Bewältigung seiner Problemlagen eine länger andauernde Unterstützung zu bieten, wird den Bewährungsauflagen mit Hinweis auf die in § 23 Abs. 2 JGG angesprochene Genugtuungsfunktion eine ahndende Zielrichtung beigemessen.[1702] Will man den erzieherischen Wert der Bewährungsauflagen folglich darin sehen, dem Jugendlichen zu verdeutlichen, dass die Bewährungsstrafe nicht mit einem Freispruch gleichzustellen ist,[1703] ist wegen der insoweit bestehenden Zwecküberlagerung jedenfalls bei einem auf § 16a Abs. 1 Nr. 1 JGG gestützten und für erforderlich gehaltenen Arrest Zurückhaltung bei der Anordnung von Auflagen geboten.

Sofern im Bewährungsbeschluss Auflagen oder Weisungen enthalten waren, wurde dem Verurteilten ganz überwiegend (93,0 %) die Verpflichtung auferlegt, jeden Wohnsitz- oder Aufenthaltswechsel mit dem Bewährungshelfer abzusprechen bzw. dem Gericht anzuzeigen. In einer Vielzahl von Fällen (37,5 %) erging zudem die Weisung, den Vorladungen bzw. Weisungen des Gerichts oder des Bewährungshelfers Folge zu leisten. Soweit sich die Weisung allgemein darauf erstreckte, allen Anordnungen des Bewährungshelfers nachzukommen, ist sie infolge ihrer Unbestimmtheit und der Vermengung der richterlichen Anordnungskompetenz, die es dem Jugendrichter erlaubt, Einfluss auf die Lebensführung des Verurteil-

---

1700 Mittelwert: 3,62; Median: 3,0; Modus: 3; SD: 1,50; Minimum: 1; Maximum: 9.

1701 Eine Auflage: 97 Personen, zwei Auflagen: 16 Personen, drei Auflagen: 2 Personen.

1702 *Meier*, in: Meier/Rössner/Trüg/Wulf, JGG, § 23 Rn. 1; *Schaffstein/Beulke/Swoboda*, 2014, Rn. 508; a.A. *Eisenberg*, 2017, § 23 Rn. 5b; *Ostendorf*, 2015, Rn. 252.

1703 So *Schaffstein/Beulke/Swoboda*, 2014, Rn. 508.

ten zu nehmen, mit der sozialpädagogischen Aufgabe der Bewährungshilfe als unzulässig einzustufen.[1704]

Einen Überblick über die Gesamtverteilung der ausgesprochenen Bewährungsnebenentscheidungen gibt Tabelle 49:

Tabelle 49: Bewährungsweisungen und -auflagen gem. § 23 JGG

	absolute Häufigkeit	%
Art der Weisung		
Mitteilung Wohnsitzwechsel/Absprache Wohnsitzwechsel mit Bewährungshilfe	253	93,0
Vorladung/Weisung des Gerichts/der Bewährungshilfe folgen	102	37,5
Annahme/ Fortführung einer Ausbildung-/Arbeitsstelle	98	36,0
Arbeitsweisung	57	21,0
Mitwirkung an Erziehungsbeistandschaft	4	1,5
Teilnahme an einem sozialem Trainingskurs	35	12,9
Teilnahme an einem Anti-Gewalt/Aggressions-Training	45	16,5
Täter-Opfer-Ausgleich	2	0,7
Enthaltung/Konsumverbot Alkohol/Drogen und/ oder sich ggf. einem Drogenscreening/Kontrolle zu unterziehen	74	27,2
Teilnahme an einer Suchtberatung (Alkohol/Drogen)	36	13,2
Aufnahme/Fortführung einer Psychotherapie oder psychiatrischen Behandlung	22	8,1
regelmäßiger Schulbesuch	11	4,0
Sonstige Weisungen[1705]	111	40,8

1704 *Schaffstein/Beulke/Swoboda,* 2014, Rn. 510; *Sonnen,* in: Diemer/Schatz/Sonnen, JGG, § 23 Rn. 3.

1705 Sonstige Weisungen waren vor allem: Meldung beim Arbeitsamt/Dienststelle der Bewährungshilfe, pünktlicher Arrestantritt, Aussprache eines Kontaktverbots, Verbot bestimmte Gaststätten/Plätze zu besuchen, Zustimmungserfordernis seitens des Bewährungshelfers bei Eingehen von Ratenzahlungsver-

	absolute Häufig- keit	%
Art der Auflage		
Schadenswiedergutmachung	41	15,1
Entschuldigung	3	1,1
Arbeitsauflage	55	20,2
Zahlung eines Geldbetrages	36	13,2

(n=272; fehlende Werte: 6; Mehrfachnennung möglich, so dass die Prozentanzahl 100 % übersteigt)

Von Bedeutung waren ebenfalls Anordnungen, die sich auf die Aufnahme einer Arbeits- oder Ausbildungsstelle bezogen (36,0 %; n=98) und die Erteilung von Arbeitsweisungen (21,0 %; n=57) zum Gegenstand hatten, wobei die konkrete Weisungsformulierung im Hinblick auf die Möglichkeit zur praktischen Überprüfung ihrer Einhaltung zum Teil Bedenken aufkommen ließ.[1706] So wurde im Bewährungsbeschluss beispielsweise ein „Kontaktverbot zum Mittäter" angeordnet oder dem Angeklagten aufgegeben, „vor der Eingehung von Ratenzahlungsverpflichtungen die Zustimmung des Bewährungshelfers einzuholen" oder „sich um eine Arbeitsstelle zu bemühen". Auch wenn die Weisungserteilung „sich um eine berufliche Tätigkeit zu bemühen" als weniger einschneidende Maßnahme gegenüber der Annahme einer Ausbildungs- oder Arbeitsstelle nach § 10 Abs. 1 S. 3 Nr. 3 JGG für zulässig erachtet wird, ist die Einhaltung einer derartigen Weisung ohne eine Versicherungspflicht regelmäßig nur sehr schwer zu überwachen.[1707] Da die Nichteinhaltung von Bewährungsauflagen und -weisungen für den zu § 16a JGG verurteilten Täter den Bewährungswiderruf zur Folge haben kann, sind Weisungsbestimmungen, die keiner Kontrolle und Überprüfung zugänglich sind, mit Zweifeln behaftet.[1708]

In 27,2 % der Urteile erging an den Verurteilten ferner die Weisung, sich jeglichen Alkohol- bzw. Betäubungsmittelkonsums zu enthalten und

---

pflichtungen/Kreditaufnahme, Unterstellung unter die Aufsicht eines Betreuungshelfers.

1706 Vgl. *Gernbeck*, 2017, S. 203 f.
1707 LG Würzburg, NJW 1983, 463 (464).
1708 *Gernbeck*, 2017, S. 203 f..

die Drogenfreiheit durch entsprechende Verfahren in regelmäßigen Abständen nachzuweisen. 13,2 % erhielten die Weisung, an Suchtberatungsgesprächen teilzunehmen. Die Häufigkeit der Kombination von § 16a JGG mit einer inhaltlichen Weisungen mit Bezug zu einer Alkohol- oder Drogenproblematik in rund einem Drittel der Fälle, spiegelt das Meinungsbild der Jugendrichter zur Geeignetheit des Warnschussarrestes für Täter mit einer Neigung zum Substanzmissbrauch wider. 77,9 % der befragten Jugendrichter (n=104; fehlende Werte: 4) halten die Anordnung eines § 16a-Arrestes bei jungen Tätern mit einer Alkohol- und Drogenproblematik für nicht bzw. eher nicht geeignet. Dies spricht dafür, dass es für eine Herauslösung des Jugendlichen aus seinem gewohnten, durch Substanzmissbrauch gekennzeichneten Handlungsumfeld einer nachhaltigen Betreuung bedarf, die durch die Anordnung ambulanter Bewährungsweisungen womöglich eher geleistet werden kann. Da die Festsetzung von Weisungen, die inhaltlich an eine Drogen- oder Alkoholproblematik anknüpfen, zugleich eine mögliche Suchtmittelgefährdung des Jugendlichen implizieren, wäre zu erwarten gewesen, dass diese Problemlage auch Eingang in den während des Jugendarrestes zu erstellenden Schlussbericht findet, welcher im Anschluss an den Arrestvollzug gem. § 27 Abs. 1 S. 3 JAVollzO dem Bewährungshelfer zuzuleiten ist. Erstaunlicherweise war lediglich in sieben Schlussberichten (11,9 %) von 59 Dauerarrestanten, die eine auf Alkohol- oder Drogenfreiheit gerichtete Bewährungsweisung erhalten hatten, eine Alkohol- und Drogenproblematik vermerkt. Eine mögliche Erklärung für diese Diskrepanz könnte einerseits der Umstand sein, dass der Bewährungsbeschluss – wie sich in den Expertengesprächen bestätigte[1709] – vom Gericht regelmäßig nicht an die Jugendarrestanstalt übermittelt wird und die Vollzugsbediensteten daher keine Kenntnis von den erteilten Bewährungsweisungen erlangen. Andererseits ist denkbar, dass die Anmerkung „Drogen- oder Alkoholproblematik" subjektiv von der Person, die den Schlussbericht ausfüllt, unterschiedlich interpretiert wird und daher die Anzahl der vermerkten Suchtmittelproblemfälle hinter den diesbezüglich angeordneten Weisungen zurückblieb. Soll der Warnschussarrest „ersten Behandlungsmaßnahmen"[1710] dienen, so setzt dies notwendigerweise Kenntnis über die während der Bewährungszeit zu bewältigenden Problemlagen des Jugendlichen voraus, wozu auch die Einhaltung der Bewährungsauflagen und Weisungen zählt.

1709 Interview V2, Z. 355; S1, Z. 53; S2, Z. 73-74; S3, Z. 484.
1710 BT-Drucks. 17/9389, S. 12.

Auffallend war bei der Analyse der Bewährungsweisungen gem. § 23 JGG die in 12,9 % der Fälle auferlegte Teilnahme an einem sozialen Trainingskurs gem. § 10 Abs. 1 Nr. 6 JGG sowie die etwas häufiger vorzufindende Anordnung eines Anti-Gewalt-Trainings (16,5 %). Dies erstaunte auf den ersten Blick deshalb, da die Verhängung eines § 16a-Arrestes nach der Gesetzesbegründung nur zur Anwendung gelangen darf, wenn zur Erreichung des hiermit verfolgten Ziels geeignete Jugendhilfeleistungen keine Alternative bieten, wobei insbesondere die Teilnahme an einem sozialen Trainingskurs eine stationäre erzieherische Einwirkung im Vollzug des Jugendarrestes nach § 16a Abs. 1 Nr. 3 JGG entbehrlich machen kann.[1711] Die häufige Anordnung von sozialen Trainingskursen und Anti-Gewalt-Trainings lässt vermuten, dass erzieherische Maßnahmen nicht von vornherein für zwecklos erachtet werden. Betrachtet man ausschließlich die Urteile, die zumindest auch § 16a Abs. 1 Nr. 3 JGG zur Begründung heranziehen (n=73), zeigt sich, dass die Kombination dieser Fallgruppe mit einem sozialen Trainingskurs (5,5 %) oder einem Anti-Gewalttraining (11,0 %) eher selten anzutreffen ist. Insgesamt fanden sich lediglich 12 Fälle, in denen die Wahrung des Subsidiaritätsgrundsatzes aufgrund der parallel angeordneten Teilnahme an einem sozialen Trainingskurs oder einem Anti-Gewalt-Training bei einer auf § 16a Abs. 1 Nr. 3 JGG gestützten Arrestbegründung in Frage zu stellen ist. Ob die Jugendrichter in den Fällen, in denen von einer Weisung in Form eines sozialen Trainingskurses oder eines Anti-Gewalt-Trainings abgesehen wurde, die Teilnahme an einem derartigen Kursprogramm nicht für zweckmäßig erachteten oder der möglichen Durchführung dieser Maßnahmen während des Arrestvollzugs zur erzieherischen Einwirkung auf den Jugendlichen höhere Bedeutung zusprachen, ist fraglich. Aus der ergänzend durchgeführten Jugendrichterbefragung geht hervor, dass der Warnschussarrest zumindest zum Teil auch als probates Mittel für Täter angesehen wird, die vormals an sozialen Trainingsprogrammen gescheitert sind. Auf die Frage, ob der Warnschussarrest für Täter geeignet sei, bei denen in der Vergangenheit ein sozialer Trainingskurs, eine soziale Gruppenarbeit oder sozialpädagogische Einzelbetreuung nicht erfolgreich durchgeführt werden konnte, antworteten 53,7 % der Jugendrichter mit „stimme eher/voll und ganz zu". Der Zustimmungsanteil unter den Richtern könnte sich dadurch erklären, dass die Teilnahme an Gruppenkursen im Arrest bei Probanden, die vormals ambulanten Gruppen- oder Einzelbetreuung nicht erfolgreich bewerkstelligt haben, aufgrund der

---

1711 BT-Drucks. 17/9389, S. 12.

unmittelbaren Erreichbarkeit des Arrestanten für erfolgsversprechender gehalten wird.

6. Vollstreckung des § 16a JGG

Die Frage, zu welchem Prozentsatz die Verurteilungen zu § 16a JGG zur Vollstreckung gelangten, war unter mehreren Gesichtspunkten von Interesse. Zum einen erhält das Gebot der urteilsnahen Vollstreckung durch die Neuregelung des § 87 Abs. 4 S. 3 JGG für den Arrest nach § 16a JGG eine besondere Bedeutung. Es wäre daher als kontraproduktiv zu werten, wenn von der Vollstreckung des Arrestes nach § 16a JGG wegen Überschreitung der 3-Monatsfrist Abstand genommen werden müsste. Zum anderen liegen derzeit keine Erkenntnisse dazu vor, ob und zu welchem Anteil von der Vollstreckung eines § 16a-Arrestes nach § 87 Abs. 3 JGG oder § 87 Abs. 4 S. 2, 3 JGG in der Rechtspraxis der bayerischen Gerichte abgesehen wird.[1712] Die Untersuchung soll hierzu eine erste Aufklärungshilfe leisten. In Zusammenhang mit der Frage nach der tatsächlichen Vollstreckung des § 16a JGG und möglichen Ursachen für dessen Nichtvollstreckung ist ferner auf den Zeitraum bis zum Arrestbeginn und ein zwischenzeitliches Bekanntwerden der Bewährungshilfe einzugehen.

a) Anzahl nicht vollstreckter Arreste gem. § 16a JGG

Die Anzahl der nicht zur Vollstreckung gelangten Verurteilungen zu § 16a JGG wurde auf der Grundlage des in der IT-Vollzugsdatenbank vermerkten Vollstreckungsstatus ermittelt und um die sich aus den Akten ergebenden Informationen ergänzt.[1713] Die Auswertung ergab, dass 88,2 %

1712 Zur Bedeutung des § 87 JGG bei § 16a JGG auf Bundesebene *Klatt/Ernst/ Höynck u.a.*, 2016, S. 97. Auch für den bisherigen Jugendarrest ist die Anwendung des § 87 Abs. 3 JGG nur vereinzelt bekannt, hierzu *Feltes*, ZStW 100 (1988), 158 (169 f.); *Hinrichs*, DVJJ-J 1999, 267 f.; *Ostendorf*, MSchrKrim 1995, 352 (358 f.); *Rose/Friese*, ZJJ 2016, 10 (16). Zum prozentualen Anteil der nach § 87 Abs. 4 JGG nicht vollstreckten Arreste fehlen Erkenntnisse vollständig, s. *Böhm/Feuerhelm*, 2004, S. 120.

1713 Abweichungen zwischen dem Vollstreckungstatus im IT-Vollzug und nach der Aktenlage ergaben sich in sieben Fällen. Dies war zum Teil bedingt durch die uneinheitliche Verwendung des Vollstreckungsstatus „erledigt" und „abgesehen". Wurde nach Aktenlage von der Vollstreckung gem. § 87 Abs. 3 JGG ab-

von insgesamt 322 Verurteilungen tatsächlich vollstreckt und von den Arrestanten verbüßt wurden. Von den zur Vollstreckung gelangten Arresten wurden 55,6 % in der Jugendarrestanstalt München vollstreckt, 44,4 % in der Arrestanstalt Nürnberg. Gegen zwei Arrestanten (0,6 %) wurde die Vollstreckung des Arrestes begonnen, schließlich aber unter- bzw. abgebrochen. Die Unterbrechung des Arrestes erfolgte in einem Fall aufgrund der anstehenden zu vollstreckenden Jugendstrafe, die gegen den Verurteilten durch Ablehnung der Strafaussetzung zur Bewährung im nachträglichen Beschlussverfahren gem. § 61a Abs. 1 JGG ergangen ist. Mit der bevorstehenden Jugendstrafe wird die weitere Vollstreckung des Arrestes nach § 87 Abs. 4 S. 3 Nr. 3 JGG unzulässig. Im zweiten Verfahren wurde der Arrestant nach Beginn des Arrestvollzuges wegen einer massiven Drogen- und Alkoholproblematik in einer Entzugsklinik untergebracht, woraufhin von einer Arrestfortsetzung gem. § 87 Abs. 3 JGG Abstand genommen wurde.

Im Übrigen wird aus der nachfolgenden Abbildung ersichtlich, dass ein hoher Anteil der Verurteilungen zu § 16a JGG den Status „erledigt" aufwies (8,7 %), während einem vollständigen Absehen von der Vollstreckung gem. § 87 Abs. 3 JGG eher geringe praktische Bedeutung zukam (1,6 %). Insgesamt gelangte der Warnschussarrest bei 10,3 % der Verurteilten nicht zur Vollstreckung. Für drei Probanden (0,9 %) enthielt der IT-Vollzug als Vollstreckungsstatus den Vermerk „k.E." (keine Eintragung/keine Angabe).

Abbildung 19: Vollstreckungsstatus § 16a JGG

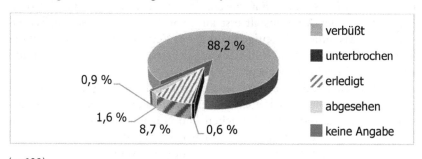

(n=322)

---

gesehen, so war im IT-Vollzug entweder „abgesehen" oder „erledigt" vermerkt. Für die Auswertung wurden unter „abgesehen" all diejenigen Fälle zusammengefasst, zu deren Begründung § 87 Abs. 3 JGG herangezogen wurde.

b) Gründe für die Nichtvollstreckung

Die Gründe für die vollständige Nichtvollstreckung der 33 Arreste
(10,3 %) waren verschieden.

Abbildung 20: Gründe für die vollständige Nichtvollstreckung des § 16a JGG

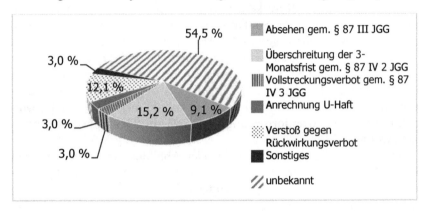

(n=33)

Betrachtet man vorstehende Abbildung, so fällt zunächst auf, dass die kurze 3-Monatsfrist des § 87 Abs. 4 S. 2 JGG in 5 Fällen (15,2 %) die Ursache
für das Ausbleiben der Arrestvollstreckung bildete. Die Problematik bestand vor allem darin, dass das Vollstreckungsersuchen des Ausgangsgerichts den nach § 85 Abs. 1 JGG zuständigen Vollstreckungs- und Vollzugsleiter am Ort der Arrestanstalt erst kurz vor Ablauf der 3-Monatsfrist er-
reichte, so dass eine rechtzeitige Ladung des Verurteilten nicht mehr möglich war. Zuvor wurde die Vollstreckung des Arrestes häufig erst an ein unzuständiges Gericht abgegeben.

   Die Problematik der zum Teil verzögerten Weiterleitung durch das Ausgangsgericht zeichnete sich auch in den Gesprächen mit den Vollzugsleitern der Jugendarrestanstalt München und Nürnberg ab. Beide Vollzugsleiter hielten die Einhaltung der 3-Monatsfrist eher unter dem Blickwinkel
des Zeitverlustes, der durch die Übermittlung der Akten seitens des erkennenden Ausgangsgerichts entsteht, für problematisch, als in Bezug auf die
Ladung der Warnschussarrestanten selbst, da diese ohnehin bevorzugt gegenüber den anderen Arrestanten geladen werden. In der Praxis ergeben
sich Schwierigkeiten vor allem dann, wenn die Akten des Ausgangsgerichts sehr spät eintreffen. Für eine möglichst rasche Ladung der Warn-

schussarrestanten existiert ein sog. Schnellmeldesystem. Mittels eines gesonderten Formblattes, welches den Vermerk „§ 16a-Arrest" enthält, übermittelt das Ausgangsgericht unmittelbar nach dem Eintritt der Rechtskraft, noch vor der Absetzung des Urteils, die wesentlichen Daten für die Ladung des Arrestanten per Fax an den Vollzugsleiter der Jugendarrestanstalt. Diese Schnellmeldung wird nach Angaben eines Vollzugsleiters von den meisten Gerichten auch genutzt:

> „Die Gerichte halten sich da auch weitestgehend daran, wenn ich auch nicht verhehlen mag, dass man ab und zu auch Vollstreckungsersuchen bekommt, da steht die Verjährung in zwei Wochen bevor. Ja, also das gibt es auch, dann äh ist irgendetwas bei den Ausgangsgerichten läuft nicht so, wie es laufen sollte. Im ganz großen Regelfall kommen sehr schnell schon die vollständigen Urteile, so nach ja zwei bis drei Wochen nach Rechtskraft."[1714]

Obgleich die Gesamtanzahl der nach § 87 Abs. 4 S. 2 JGG nicht zur Vollstreckung gelangten Arreste überschaubar ist, sollte es eine Überschreitung der 3-Monatsfrist künftig zu vermeiden gelten. Die in der Diskussion um den Warnschussarrest geäußerten Bedenken, die Arrestvollstreckung könne in zahlreichen Fällen an der 3-Monatsfrist des § 87 Abs. 4 S. 2 JGG scheitern,[1715] lassen sich damit zwar nicht vollständig von der Hand weisen; die vollständige Nichtvollstreckung bleibt aber eher die Ausnahme. Die Neuregelung des § 87 Abs. 4 S. 2 JGG führt aus der Sicht der interviewten Vollzugsleiter auch nicht, wie gemutmaßt,[1716] zu größeren Vollstreckungsverzögerungen für den herkömmlichen Jugendarrest. Zwar gaben beide Vollzugsleiter an, dass die Warnschussarrestanten besonders zügig und bevorzugt geladen werden, dies aber wegen der ausreichenden Arrestkapazitäten keine negativen Auswirkungen auf die Ladung der übrigen Arrestanten habe. Auf geeignete Gruppenangebote während des Arrestes kann wegen der kurzen Vollstreckungsfrist bei der Ladung der § 16a-Arrestanten grundsätzlich nur sehr begrenzt Rücksicht genommen werden.

Des Weiteren wurde zu einem Anteil von 12,1 %, d.h. in vier Fällen, von der Vollstreckung des § 16a JGG wegen Verstoßes gegen das Rückwirkungsverbot Abstand genommen.[1717] Das Absehen von der Vollstreckung aus erzieherischen Gründen gem. § 87 Abs. 3 JGG spielte erwartungsgemäß

1714 Interview mit V2, Z. 73-78.
1715 Deutscher Richterbund, Stellungnahme Nr. 16/12 vom 23.05.2012, S. 6.
1716 Deutscher Richterbund, Stellungnahme Nr. 16/12 vom 23.05.2012, S. 6.
1717 Siehe hierzu die Ausführungen oben in Teil 2 E.I.3.c). .

nur eine untergeordnete Rolle. Für erzieherisch abträglich wurde die Vollstreckung des § 16a-Arrestes in der Konstellation eines inzwischen unterzeichneten Arbeitsvertrages sowie nach einer erfolgten stationären Unterbringung des Verurteilten vor Arrestbeginn erachtet. Die eher geringe praktische Bedeutung des § 87 Abs. 3 JGG bei der Verhängung eines Warnschussarrestes zeigt sich auch in der Anmerkung eines Vollzugsleiters, wonach man zwar versuche, die Schul- und Ausbildungssituation des Arrestanten zu berücksichtigen, bei dem Warnschussarrest aber besonders darauf zu achten sei, dass dieser auch zum Vollzug gelange.

Neben § 87 Abs. 3 und Abs. 4 S. 2 JGG stand der Vollstreckung des Warnschussarrestes in einem Fall (3,0 %) die zwischenzeitliche Anordnung der Vollstreckung der Jugendstrafe gem. § 87 Abs. 4 S. 3 JGG entgegen. In einem weiteren Fall (3,0 %) wurde die Arrestvollstreckung durch die Anrechnung von Untersuchungshaft, die der Arrestant zuvor für eine Dauer von sechs Wochen erfahren hatte, für erledigt erklärt. Letzteres erscheint mit Blick auf die gesetzliche Gebotenheitseinschränkung gem. § 16a Abs. 2 JGG bedenklich. Hält der Jugendrichter die zusätzliche Verbüßung eines Warnschussarrestes wegen der erlittenen Untersuchungshaft für erzieherisch nicht geboten, fehlt es bereits an den Anwendungsvoraussetzungen für § 16a JGG. Die Anordnung der Untersuchungshaft im Anschluss an die Verurteilung nach § 16a JGG stellte einen weiteren Grund für das Ausbleiben der Vollstreckung dar. („Sonstiges": 3,0 %) In den übrigen 54,5 % konnte die Ursache für das Ausbleiben der Arrestvollstreckung anhand der Akteninformationen nicht ermittelt werden.

c) Zeitraum von der Rechtskraft des Urteils bis zum Arrestantritt

Ein wichtiges Anliegen bei der Normierung des Warnschussarrestes war es, den Vollzug möglichst rasch an die Rechtskraft des Urteils anschließen zu lassen, um eine störende Intervention in der Bewährungszeit zu vermeiden. Das generelle Gebot einer umgehenden Sanktionszuführung des Jugendlichen hat der Gesetzgeber für den Arrest nach § 16a JGG durch die 3-Monatsfrist des § 87 Abs. 4 S. 2 JGG gestärkt. Betrachtet man den Zeitraum zwischen dem Eintritt der Rechtskraft des Urteils und dem tatsächlichen Arrestbeginn für alle 322 Verurteilungen zu § 16a JGG im Untersuchungszeitraum ergibt sich eine durchschnittliche Dauer von 51,08 Tagen (n=284;

fehlende Werte: 38[1718]). Dabei wurde als Ist-Beginn bei zwei Freizeitarresten der erste Arrestantritt als maßgeblicher Bezugspunkt gewählt. Bei der Beobachtung der Einzelwerte fiel auf, dass der zeitliche Abstand bis zum Arrestbeginn mit 0 (Arrestbeginn am Tag der Rechtskraft) bis zu 145 Tagen stark variierte und die ermittelte Zeitspanne zwei Ausreißern mit 112 und 145 Tagen unterlag. Die folgende Tabelle gibt das Zeitintervall von der Rechtskraft des Urteils bis zum tatsächlichen Vollzugsbeginn in Wochen wieder.

Tabelle 50: Zeitraum von der Rechtskraft bis zum Arrestantritt in Wochen

	Häufig-keit	Gültige Prozente	Kumulierte Prozente
Arrestbeginn am Tag der Rechtskraft	3	1,1	1,1
1 bis 2 Wochen	18	6,3	7,4
3 bis 4 Wochen	46	16,2	23,6
5 bis 6 Wochen	77	27,1	50,7
7 bis 8 Wochen	58	20,4	71,1
9 bis 10 Wochen	52	18,3	89,4
11 bis 12 Wochen	25	8,8	98,2
13 Wochen und mehr	5	1,8	100,0
Gesamt	284	100,0	

(fehlende Werte: 38)

Im Mittel vergingen bis zum Arrestantritt 6,71 Wochen.[1719] Der Arrestantritt am Tag der Rechtskraft des Urteils bildete mit 1,1 % die Ausnahme und auch die Anzahl der Arreste mit einem Vollzugsbeginn innerhalb von ein bis zwei Wochen (6,4 %) stellten sich als eher gering dar. Ganz überwiegend vergingen bis zum Beginn des Arrestvollzuges zwischen drei und zehn Wochen (82,0 %). Die schwächer ausgeprägte Anzahl von Arresten, die bereits binnen zwei Wochen seit Rechtskrafteintritt zu einem Vollzugs-

---

1718 Median: 48,00; Modus: 46; SD: 21,14. Die fehlenden Werte setzen sich wie folgt zusammen: 36 Arreste wurden nicht vollstreckt; zu zwei Verurteilung war im IT-Vollzug kein Rechtskraftdatum vermerkt und es lag auch keine Akte vor.
1719 Median: 6,00; Modus: 6; SD: 3,04; Minimum: 0; Maximum: 20.

beginn führten, lässt sich dadurch erklären, dass die Ladung des Arrestanten regelmäßig einen entsprechenden zeitlichen Vorlauf benötigt. In fünf Fällen lag der Zeitpunkt des Arrestantritts 13 Wochen oder länger hinter dem Datum der Rechtskraft. Der Beginn der Arrestvollzuges mit Ablauf von drei Monaten nach Eintritt der Rechtskraft stellt einen klaren, jedoch nicht zu erklärenden Verstoß gegen § 87 Abs. 4 S. 2 JGG dar.

Die durchschnittliche Dauer vom Eintritt der Rechtskraft bis zum tatsächlichen Arrestbeginn fiel in der Jugendarrestanstalt Nürnberg mit durchschnittlich 42,82 Tagen[1720] etwas kürzer aus als in München mit im Mittel 57,57 Tagen.[1721] Dieser Unterschied erwies sich bei Durchführung eines t-Tests für unabhängige Stichproben als statistisch höchst signifikant (p=0.000).[1722] Eine mögliche Ursache für die kürzere Zeitspanne zwischen der Rechtskraft des Urteils und dem Arrestbeginn am Ort der Jugendarrestanstalt Nürnberg könnte in der womöglich schnelleren Übermittlung der Vollstreckungsersuchen durch die erkennenden Gerichte innerhalb dieses Zuständigkeitsbereichs liegen. Des Weiteren könnte der Unterschied darauf beruhen, dass nach den Erkenntnissen aus den Experteninterviews die regelmäßige Ladungsfrist in Nürnberg mit einer Woche kürzer ausfällt als in München mit zwei bis drei Wochen.[1723]

Insgesamt betrachtet wird der Arrest nach § 16a JGG infolge der 3-Monatsfrist schneller vollstreckt als der bisherige Jugendarrest nach § 16 JGG, bei welchem sich der Anteil der binnen drei Monaten zur Vollstreckung gelangten Areste auf 50-60% beläuft und bis zum Arrestantritt regelmäßig

---

1720 Median: 40,0; Modus: 40; SD: 20,26; Minimum: 0; Maximum: 112; n=125.
1721 Median: 56,0; Modus: 46; SD: 19,55; Minimum: 4; Maximum: 145; n=159.
1722 Die Signifikanz wurde mittels eines t-Tests berechnet, da die abhängige Variable (Tage zwischen Rechtskraft und Arrestbeginn) annähernd normalverteilt war und der Vollzugsort mit zwei Ausprägungen eine dichotome Variable darstellt. Kurtosis und Schiefe der abhängigen Variablen lagen im Bereich von ± 1,96 (Kurtosis: 0,61; Schiefe: 0,32), so dass mit 95%-iger Sicherheit eine annähernde Normalverteilung vorliegt; vgl. *Wittenberg/Cramer/Vicari*, 2014, S. 159. Bei Eliminierung der zwei Ausreißer mit 112 und 145 Tagen zwischen Rechtskraft und Arrestbeginn, betrugen Kurtosis -0,60 und Schiefe -0,01. Für die Wahl des t-Tests ist die Gleichheit der Varianzen mittels des Levene-Tests zu überprüfen; *dies.*, 2014, S. 233.Der Levene-Test ergab mit p=0,713 kein signifikantes Ergebnis. Dies bedeutet, dass die Nullhypothese „Die Varianzen sind in der Grundgesamtheit in beiden Gruppe gleich verteilt" nicht abgelehnt werden kann und Varianzhomogenität vorliegt; *Brosius*, 2013, S. 488. Die Durchführung des t-Tests bei Varianzhomogenität ergab einen Signifikanzwert von p=0,000., so dass sich die Mittelwerte signifikant unterscheiden.
1723 Interview mit V1, Z. 57; Interview mit V2, Z.30-31.

zwischen drei und sechs Monate vergehen.[1724] Die Befürchtung, durch den Warnschussarrest könne es zu einem Einbruch in der Bewährungszeit kommen, scheint durch die insgesamt rechtskraftnahe Vollstreckung äußerst gering. Berücksichtigt man die zuvor ermittelte Gesamtverfahrensdauer vom Zeitpunkt der (ersten) Tatbegehung bis zur Rechtskraft des Urteils[1725], so liegt die Hürde für eine tatzeitnahe Reaktion weniger in der Zuführung der Vollstreckung als vielmehr in der Dauer zwischen der Tatbegehung und dem Erlass des Urteils.

7. Kontakt und Zusammenarbeit mit der Bewährungshilfe

Oberste Prämisse bei § 16a JGG ist nach der Gesetzesbegründung die Förderung einer erfolgreichen Bewältigung der Bewährungszeit. Die Befürworter des Warnschussarrestes brachten in diesem Zusammenhang vor, der Arrest könne einen ersten Kontakt zur Bewährungshilfe sichern und damit der Bewährungseinleitung dienlich sein. In wie vielen Fällen ein Kontakt zur Bewährungshilfe während des Arrestes überhaupt bestand, soll nachfolgend genauer betrachtet werden. Hierfür war zum einen anhand des Aktenmaterials zu überprüfen, ob der Bewährungshelfer zum Zeitpunkt des Arrestantritts bei Gericht bereits bekannt war, zum anderen sollte auf der Grundlage der Schlussberichte analysiert werden, wie sich der Kontakt zur Bewährungshilfe während des Arrestvollzugs gestaltete. Aussagen über die Kommunikation mit der Bewährungshilfe können folglich nur für diejenigen Probanden getroffen werden, für die ein Schlussbericht vorlag (n=259).

Ob der Bewährungshelfer zum Zeitpunkt der Hauptverhandlung oder jedenfalls bei Arrestantritt bekannt war, ergab sich entweder aus der Zuständigkeitsmitteilung der Bewährungshilfe an das Ausgangsgericht, der vorab per Telefax übermittelten Schnellmeldung an die Jugendarrestan-

---

1724 Nach den Ergebnissen von *Schwegler*, 1999, S. 218 f., 279 erfolgte die Vollstreckung des Arrestes zu 52,3 % innerhalb von drei Monaten, zu 83,7 % binnen sechs Monaten, wobei der Durchschnitt bei vier Monaten lag. Zu einer durchschnittlichen Dauer von vier Monaten auch *Giffey/Werlich*, in: Jugendarrest und/oder Betreuungsweisung, 13 (38); *Kobes/Pohlmann*, ZJJ 2003, 370 (372) für die Jugendarrestanstalt Leipzig; in Wismar wurden 60 % der Jugendarreste binnen drei Monaten vollstreckt. Für die Jugendarrestanstalt Rendsburg berichtet *Ostendorf*, MSchrKrim 1995, 352 (364) hingegen von durchschnittlich drei Monaten vom Urteil bis zum Arrestantritt.
1725 Siehe Teil 2 E.I.4.c).

stalt oder im Einzelfall aus der Eröffnung des Bewährungsplans vor Arrestantritt unter Anwesenheit des zuständigen Bewährungshelfers. In mehr als
einem Drittel der Verurteilungen (36,4 %) stand der Bewährungshelfer bereits im Zeitpunkt des Arrestantritts fest; in 10 Fällen (4,0 %) ergab sich
der konkret zuständige Bewährungshelfer während des Arrestvollzuges, so
dass eine Kontaktaufnahme immerhin noch möglich war. Ob in den verbleibenden 59,5 % der Bewährungshelfer intern noch nicht bestellt wurde,
oder die Akteninformationen unzureichend waren, kann nicht beurteilt
werden.

Tabelle 51: Bekanntheit des Bewährungshelfers

	Häufigkeit	Gültige Prozente	Kumulierte Prozente
nein/aus der Akte nicht zu ent-nehmen	147	59,5	59,5
Ja	90	36,4	96,0
Bekanntwerden während des Arrestes	10	4,0	100,0
Gesamt	247	100,0	

(fehlende Werte: 31[1726])

Die Auswertung der Schlussberichte zeigt, dass eine Interaktion zwischen
der Bewährungshilfe und dem Jugendlichen nicht den Regelfall bildet.
Von 259 Dauerarrestanten hatten 17,5 % der Probanden während des Arrestes in irgendeiner Form Kontakt zu ihrem Bewährungshelfer. Der persönliche Besuch durch den Bewährungshelfer im Jugendarrest war allerdings die Ausnahme (1,2 %). Für 5,4 % der Probanden stand nachweislich
fest, dass bis zum Arrestende noch kein Kontakt zur Bewährungshilfe bestand. Für fünf Fälle mit dem Vermerk „kein Besuch durch den Bewährungshelfer" kann nicht beurteilt werden, ob dennoch eine Kontaktaufnahme in anderer Form erfolgte. Bei 2 der 5 Probanden war der zuständi-

---

1726 Die fehlenden Werte sind darauf zurückzuführen, dass der Arrest nach
§ 16a JGG nicht vollstreckt wurde. Die Anzahl der nicht vollstreckten Arreste
liegt hier unterhalb der in Abbildung 19 ausgewiesenen Werte, da sich die
Auswertung an dieser Stelle nur auf 278 Probanden bezieht, für die Akteinein-
sicht gewährt werden konnte.

ge Bewährungshelfer zum Zeitpunkt des Arrestantritts jedenfalls bei Gericht bekannt.

Tabelle 52: Kontakt zum Bewährungshelfer laut Schlussbericht

	Häufigkeit	Gültige Prozente	Kumulierte Prozente
noch keinen Kontakt	11	4,2	4,2
Name bekannt, aber noch keinen Kontakt	3	1,2	5,4
telefonischer Kontakt	15	**5,8**	11,2
Besuch durch Bewährungshelfer im Arrest	3	**1,2**	12,4
persönlicher Kontakt zum Bewährungshelfer vor Arrestantritt	2	**0,8**	13,1
Kontakt zu Bewährungshelfer vorhanden ohne nähere Angaben	25	**9,7**	22,8
kein Besuch durch Bewährungshelfer	5	1,9	24,7
keine Angabe	195	75,3	100,0
Gesamt	259	100,0	

Dieser Befund bedeutet indessen nicht, dass in den verbleibenden 75,3 %, in denen der Schlussbericht keinen expliziten Vermerk zur Bewährungshilfe enthielt, eine Kooperation mit der Bewährungshilfe und Kontaktaufnahme zum Arrestanten unterblieben ist. Denkbar ist mithin auch, dass dies lediglich nicht im Schlussbericht vermerkt wurde. Die unterschätzte Anzahl an Kontaktvermerken zur Bewährungshilfe in den Schlussberichten zeigt sich, wenn man die Anzahl derjenigen Probanden betrachtet, die vor der Sanktionierung mit § 16a JGG bereits zu einer Jugendstrafe mit Bewährung verurteilt wurden oder im Rahmen von § 27 JGG der Bewährungsaufsicht unterstellt waren. Sofern diese Vorentscheidungen in die Verurteilung nach § 16a JGG einbezogen wurden, war anzunehmen, dass anlässlich der Vorverurteilung bereits ein Kontakt zum Bewährungshelfer bestand. Dennoch enthielten 47 der 60 Schlussberichte zu diesen Probanden keine Angaben über das Verhältnis zur Bewährungshilfe.

Zum Teil fand sich in den Ausführungen des Sozialdienstes im Schlussbericht die Anmerkung, dass der Bewährungshelfer noch nicht wisse, dass sich sein Proband im Arrest befinde oder der zuständige Bewährungshelfer noch unbekannt sei. Die Umstände der Bewährungshelferbestellung haben sich nach Auskunft eines Experten seit Beginn des § 16a-Vollzuges aber verbessert, und der Bewährungshelfer sei heute zum Zeitpunkt des Arrestvollzuges größtenteils benannt.

Ein genaueres Bild von der Zusammenarbeit mit der Bewährungshilfe ergibt sich aus den Experteninterviews:

Das Zusammenwirken zwischen der Bewährungshilfe und dem Arrestanten einerseits und den im Vollzug beschäftigten Sozialpädagogen andererseits wurde von allen befragten Experten für wichtig erachtet. Zum einen können aus der Sicht der Praktiker auf diesem Wege Erfahrungen im Umgang mit dem Warnschussarrestanten während des Arrestvollzuges direkt an den Bewährungshelfer weitergegeben werden[1727], zum anderen ist der Arrestant, so die Äußerung von einem Sozialpädagogen[1728], faktisch besser greifbar und häufig motivierter für ein Zusammenwirken mit der Bewährungshilfe. Das Maß und die Intensität der tatsächlichen Zusammenarbeit mit der Bewährungshilfe gestalten sich in der Praxis unterschiedlich. Bezüglich der persönlichen Kontaktaufnahme berichtet ein Vollzugsleiter, dass Besuche durch die Bewährungshilfe aus dem näheren Umkreis der Jugendarrestanstalt regelmäßig stattfinden und die Zusammenarbeit insgesamt gut verläuft, während örtlich weiter entfernte Bewährungshelfer während des Arrestvollzuges nur selten in die Jugendarrestanstalt kommen.[1729] Im Jahr 2015 wurden in der dortigen Jugendarrestanstalt ca. 50 % der Warnschussarrestanten von ihrem Bewährungshelfer besucht.[1730] Anders beschreibt die Situation hingegen der zweite Vollzugsleiter:

„Wenn das Gericht sagt, die Bewährungszeit soll vorbereitet werden, dann wäre es natürlich ganz gut, wir würden den Bewährungshelfer kennen, den kennen wir also fast nie. [...] im Idealfall wissen [wir], wie der Bewährungshelfer heißt, er [hat] sich bei uns gemeldet [...], dann spricht man mit ihm und sagt: „Ja, da und da ist, ist dann Antrittstermin" oder er muss das und das nachweisen, dass man den Termin verschiebt. Das kommt allerdings nicht so, so häufig vor. Ansonsten wissen wir nicht mit wem wir Kontakt aufnehmen sollen. Also weder wir hier als Ladungsgeschäftsstelle noch [...] wir hier als Geschäfts-

---

1727 Interview mit V1, Z. 319-324.
1728 Interview mit S1, Z. 328-332.
1729 Interview mit V1, Z. 324-330, 336-339.
1730 Interview mit S1, Z. 323-324.

stelle bei Gericht noch die Kollegen vor Ort wissen, wer der Bewährungshelfer ist.[1731]

Der Umstand, dass der Bewährungshelfer häufig nicht bekannt ist, liegt nach der Ansicht desselben Vollzugsleiters auch im Geschäftsablauf der Gerichte begründet:

„Sie können sich das so vorstellen, der Richter macht das Urteil und schickt dann dieses Formblatt mit dem Vollstreckungsersuchen schnellstmöglich an uns. Die Bewährungshilfestelle, die dann den konkreten Bewährungshelfer auswählt, wird erst mit dem schriftlichen Urteil in Kenntnis gesetzt, ja. [...] dann suchen die jemanden aus und [...] da hat sich noch nicht so richtig die Einschätzung durchgesetzt, dass sich dann die Bewährungshelfer vielleicht auch schon bei den beiden Arrestanstalten melden und sagen ‚Ich bin der Bewährungshelfer für den Arrestanten XY‘. Dann wüssten wir es und könnten ihnen den Ladungstermin mitteilen. Das Ministerium hat ein entsprechendes Schreiben an die Bewährungshilfe herausgegeben, dass eben nicht nur die Gerichte die Arrestanstalten sehr schnell von einem Warnschussarrest informieren, sondern auch die Bewährungshelfer sich schnell bei uns melden. Dann würden sie eine [...] Nachricht des Ladungstermins bekommen und hätten zumindest theoretisch die Möglichkeit, hier einen Kontakt aufzunehmen. Das ist natürlich auch eine theoretische Frage, aus dem Bayerischen Wald wird kein Bewährungshelfer für ein einstündiges Gespräch hierher fahren, da fehlt ihm einfach die Zeit dazu, aber zum Beispiel die aus [...] könnten ja dann eventuell mal hier [...] vorstellig werden.“[1732]

Die in der dortigen Arrestanstalt tätigen Sozialpädagogen berichteten zwar gleichfalls von einem eher seltenen Besuch durch die Bewährungshilfe, ein telefonischer Kontakt bestehe jedoch häufig. Zwar soll sich der Bewährungshelfer grundsätzlich eigenständig bei der Jugendarrestanstalt melden, doch geschieht dies in der Praxis selten, so dass die Kontaktaufnahme regelmäßig durch die Sozialpädagogen initiiert wird. So ein Sozialpädagoge:

„In der Regel nehmen wir Kontakt auf, wenn der Jugendliche dann da ist. Größtenteils mittlerweile ist schon [der] Bewährungshelfer zuge-

---

1731 Interview mit V2, Z. 231-233, 812-820.
1732 Interview mit V2, Z. 240-256.

teilt, das war anfangs auch nicht so. Jetzt ist es größtenteils so, aber nicht immer."[1733]

Kenntnis von dem zuständigen Bewährungshelfer erlangen die Sozialpädagogen entweder direkt von dem Jugendlichen, wenn dieser seinen Bewährungshelfer zumindest namentlich kennt oder, sofern der zuständige Bewährungshelfer dem Arrestanten nicht bekannt ist, wird versucht mit der Geschäftsstelle der Bewährungshilfe Kontakt aufzunehmen.

Deutlich wird in den Experteninterviews, dass ein Zusammenwirken mit der Bewährungshilfe während des Arrestvollzuges derzeit nur in begrenztem Maße stattfindet und sich insbesondere aufgrund der räumlichen Distanz zur Arrestanstalt häufig als schwierig erweist. Nicht immer ist es möglich, einen Kontakt zum Bewährungshelfer herzustellen. Verbesserungspotential in der Zusammenarbeit mit der Bewährungshilfe wird von beiden Vollzugsleitern in einer zügigeren Bestellung des Bewährungshelfers noch vor der schriftlichen Urteilsbegründung gesehen. Häufig haben die kleineren Gerichte – so V1[1734] – die formellen Angelegenheiten und die Unterlagen zum Zeitpunkt der Ladung noch gar nicht an die Bewährungshilfe weitergeleitet, so dass der Bewährungshelfer noch nichts von dem Warnschussarrestanten weiß. Der Kontakt zur Bewährungshilfe stellt allerdings nach der Meinung aller befragten Experten ein wichtiges Element im Vollzug des § 16a-Arrestes dar.

„Die Jugendlichen wollen wissen, mit wem sie es zu tun haben. [...] Dieses erste Kennenlernen denke ich, ist schon ganz wichtig. Und es macht vielleicht für die Jugendlichen auch Sinn, weil für die ist es schwierig, zu jemandem zu gehen, den sie nicht kennen und das nimmt denen noch einmal so ein Stück weit eine Hürde. Die wissen „Ah den hab ich jetzt [...] schon kennengelernt, die kenne ich, die ist ganz in Ordnung, da gehe ich hin". [...] das ist für die Jugendlichen, glaube ich, einfacher und [...] sie können sich schon mal so Richtung Bewährung informieren, was es alles so gibt oder [...] was die für Auflagen haben, wenn sie die nicht draußen schon erfahren haben [...]."[1735]

Für den optimalen Verlauf in der Zusammenarbeit mit der Bewährungshilfe wäre es aus Sicht eines anderen Sozialpädagogen erforderlich, vorab

---

1733 Interview mit S2, Z. 338-341.
1734 Interview mit V1, Z. 369-371.
1735 Interview mit S3, Z. 548-555.

bereits eine kurze Information durch den Bewährungshelfer über den bisherigen Kontakt zu dem Jugendlichen, die bestehenden Bewährungsauflagen und bereits bekannte spezifische Problempunkte zu erhalten. Eine intensivere Einbindung der Bewährungshilfe, insbesondere durch den Austausch zwischen dem Bewährungshelfer und den Sozialpädagogen, erachten alle befragten Personen für erstrebenswert. Die Verständigung könne einerseits dazu genutzt werden, Informationen über die Bewährungsauflagen zu erhalten, andererseits lasse es sich so vermeiden, dass eine im Arrest begonnene Arbeit vom Bewährungshelfer in Unkenntnis der Vollzugsgestaltung nochmals initiiert wird. Begrüßt wurde von Seiten der Sozialpädagogen die Idee eines gemeinsamen Gesprächs mit dem Arrestanten und der Bewährungshilfe, deren Durchführbarkeit aus zeitlichen Gründen aber für äußerst schwierig erachtet wird. Zum Austausch zwischen den sozialpädagogischen Fachkräften und der Bewährungshilfe wurde von einem Vollzugsleiter zudem die Weitergabe des Schlussberichts an die Bewährungshilfe und die Jugendämter durch das Ausgangsgericht angeregt. In den Expertengesprächen zeigte sich, dass der Schlussbericht in der Praxis entweder direkt der Bewährungshilfe oder dem Ausgangsgericht zugeleitet wird. Zum Teil veranlasst auch der Sozialdienst der Jugendarrestanstalt die Weitergabe des Schlussberichts an die Bewährungshilfe. Die Zuleitung des Schlussberichts an das Jugendamt und den zuständigen Bewährungshelfer sollte nach § 27 S. 3 JAVollzO ohnehin bereits zu den Standards gehören. Auch das ab 01.01.2019 zur Anwendung kommende BayJAVollzG sieht die Übermittlung des Schlussberichts an die Bewährungshilfe in Art. 25 Abs. 3 S. 2 BayJAVollzG obligatorisch vor.

Ob dem Warnschussarrest auf der Grundlage der derzeitigen Einbindung der Bewährungshilfe die Funktion einer bewährungseinleitenden Maßnahme zugesprochen werden kann, erscheint äußerst fraglich. In Anbetracht der allgemeinen Zielsetzung des § 16a JGG, zur positiven Bewältigung der Bewährungszeit beizutragen, sollte sich die Einbindung der Bewährungshilfe während des Arrestvollzuges nicht auf die Fälle beschränken, in denen das Gericht die Verurteilung zu § 16a JGG auf das Ziel stützt, die Erfolgsaussichten für eine erzieherische Einwirkung in der Bewährungszeit zu verbessern. Für die Befürchtung, der Warnschussarrest könne zu einer Durchbrechung der Bewährungshilfe führen, liefern die Befunde zum bestehenden Kontakt zwischen dem Warnschussarrestanten und dem Bewährungshelfer im Zeitpunkt des Arrestvollzuges keine Anhaltspunkte. Selbiges Meinungsbild findet sich auch unter den Vollzugsleitern wieder, die zur Begründung darauf verwiesen, dass trotz des Bewährungsbeginns mit der Rechtskraft des Urteils zum Zeitpunkt des Arrestantritts in der Regel noch kein intensiver Kontakt zum Bewährungshelfer besteht und die maximale Arrestdauer von vier Wochen regelmäßig dem Intervall entspricht, in welchem der Bewährungshelfer den Probanden sieht.[1736]

8. Eignung der Warnschussarrestanten für den Jugendarrest

Einen Diskussionspunkt bei der Einführung des Warnschussarrestes bildete ferner die Öffnung des Arrestes für eine kriminell gefährdetere Personengruppe mit dem Risiko einer „Ansteckungsgefahr" für die herkömmliche Klientel des Jugendarrestes. Anhand der Informationen aus den Schlussberichten für die Dauerarrestanten sowie den Wahrnehmungen seitens der im Vollzug beschäftigten und befragten Praktiker soll nachfolgend beurteilt werden, inwieweit sich während des Arrestvollzuges Schwierigkeiten im Umgang mit den Warnschussarrestanten ergeben und ob diese insgesamt als „ungeeignet" für den Arrestvollzug anzusehen sind.

a) Pünktlichkeit und Freiwilligkeit des Arrestantritts

Die im Schlussbericht vorzufindende Unterscheidung zwischen der Freiwilligkeit des Arrestantritts und der Zuführung des Probanden diente als erstes Kriterium für die Frage der Arrestgeeignetheit des Probanden. Diese Überlegung basierte auf der von *Eisenhardt* gewonnen Erkenntnis, dass das Merkmal „vorgeführt" ein wichtiges prognostisches Kriterium für die Rückfälligkeit und die Arrestgeeignetheit verkörpert.[1737] Verweigert sich der Jugendliche dem Arrestantritt und muss zwangsweise durch die Polizei vorgeführt werden, so lässt dies anmuten, dass der Arrestvollzug kaum positive Beeinflussung zeigen wird.[1738] Der unpünktliche und unfreiwillige Arrestantritt könnte demnach einen Indikator für die Arrestungeeignetheit des Probanden bilden.

Nach der Auswertung der Schlussberichte ist das Antrittsverhalten der Warnschussarrestanten ganz überwiegend positiv zu beurteilen. Von 259 Dauerarrestanten traten 84,9 % ihren Arrest pünktlich an, während 10,8 % nicht pünktlich erschienen, sich aber dennoch von selbst stellten. Der An-

---

1736 Interview mit V1, Z. 455-457.
1737 *Eisenhardt*, 1989, S. 57.
1738 *Eisenhardt*, 1989, S. 57.

teil derer, die dem Arrest polizeilich zugeführt werden mussten,[1739] fiel mit 4,2 % verhältnismäßig gering aus. Das positive Antrittsverhalten der Warnschussarrestanten bestätigten auch die Vollzugsleiter der Jugendarrestanstalten München und Nürnberg. Beide Vollzugsleiter bewerteten die Antrittsmoral der Warnschussarrestanten deutlich besser als bei den übrigen Arrestanten.[1740] Dies liege aus der Sicht eines Vollzugsleiters vor allem daran, dass die unter Bewährung stehenden Arrestanten wissen, welche Konsequenzen ein unpünktlicher Arrestantritt oder ein Nichterscheinen für sie hat. Dies lässt vermuten, dass die Warnschussarrestanten die Verurteilung zu § 16a JGG zu großen Teilen durchaus ernst nehmen und sich ihrer Lage zumindest für den Moment bewusst zu sein scheinen.

b) Verhalten während des Vollzuges

Auch während des Arrestvollzuges verhielten sich die Probanden mehrheitlich anstandslos. Legt man die Angaben im Schlussbericht zugrunde, so haben lediglich 4,0 %[1741] der Dauerarrestanten die Hausordnung nie oder nur selten eingehalten (s. Anhang Tabelle A16). Die Mehrheit der Arrestanten zeigte ein freundliches und nicht zu beanstandendes Verhalten gegenüber den Bediensteten; lediglich 7,6 % (n=252; fehlende Werte: 7[1742]) verhielten sich aufdringlich oder frech (s. Anhang Tabelle A17).

Dieses insgesamt positive Verhaltensbild der Arrestanten zeigt sich auch gegenüber den Mitarrestanten. Überwiegend agierten die Arrestanten kameradschaftlich (73,8 %) und zurückhaltend (23,8 %), 8,7 % wurden als dominierend eingestuft (s. Anhang Tabelle A18). Negative Persönlichkeitsbeschreibungen der Arrestanten waren eher selten anzutreffen: Ein kleiner Anteil der Probanden wird als distanzlos (2,4 %), unzugänglich (5,1 %), disziplinlos (4,0 %) oder unbelehrbar (2,8 %) beschrieben. Demgegenüber

---

1739 Die Zulässigkeit der polizeilichen Zuführung zum Arrest ist umstritten. RiL V Nr. 7 zu §§ 82-85 RiJGG sieht zwar vor, dass eine Zwangsvorführung mit Hilfe der Polizei möglich ist, allerdings kann der Erlass eines Haftbefehls nicht auf § 457 Abs. 2 StPO gestützt werden, da Jugendarrest formal keine Freiheitsstrafe ist, so dass alternativ zum Teil auf die unmittelbaren Zwangsanwendung im Verwaltungsrecht zurückgegriffen wird. Siehe zum Streitstand *Eisenberg*, 2017, § 87 Rn. 12; *Sonnen*, in: Diemer/Schatz/Sonnen, JGG, § 85 Rn. 2 m.w.N.
1740 Interview mit V1, Z. 85-89; Interview mit V2, Z. 141, 143-145.
1741 n= 253; fehlende Werte: 6 ohne Angaben zur Einhaltung der Hausordnug.
1742 Die fehlenden Werte beziehen sich in diesem Textabschnitt auf die Gesamtanzahl von 259 Probanden mit einem vorliegenden Schlussbericht.

werden mehr als die Hälfte der Probanden (53,0 %) als kritikfähig eingestuft. Immerhin knapp einem Drittel der Arrestanten (30,8 %) wird in positiver Form eine fleißig/ausdauernde Führung im Arrest zugeschrieben
und etwas mehr als 70 % der Arrestanten geben sich nach der Einschätzung des Vollzugspersonals Mühe, etwas zu ändern (s. Anhang Tabelle
A19).

Bei dieser eher positiven oder zum Teil unauffälligen Charakterisierung
der Arrestklientel kann schwerlich beurteilt werden, ob es sich bei den
nach § 16a JGG Verurteilten, wie in der Gesetzesbegründung hervorgehoben, um eine neue, besondere Vollzugsklientel handelt. Ein konformisti-
sches und beanstandungsfreies Arrestverhalten schließt eine Behandlungs-
bedürftigkeit der Arrestanten allerdings nicht aus. Die befragten Experten
nehmen das Verhalten der Warnschussarrestanten während des Arrestvollzuges hingegen unterschiedlich wahr und sehen sich durch § 16a JGG in
unterschiedlichem Maße mit einer neuen Vollzugsklientel konfrontiert.
Von einem Vollstreckungsleiter werden die nach § 16a JGG verurteilten
Täter als schwieriger, aggressiver und unbelehrbarer beschrieben, wodurch
sie sich deutlich von den bisherigen Arrestanten abheben, nicht aber von
den Arrestanten, die unter gleichfalls offener Bewährung einen Ungehorsamsarrest wegen der Nichteinhaltung erteilter Auflagen bzw. Weisungen
verbüßen.[1743] Dieser Eindruck bestätigt sich in der Aussage eines Sozialpädagogen, nach dessen Einschätzung Jugendliche mit einer Verurteilung
nach § 16a JGG gegenüber den regulären Arrestanten eine erhöhte Aggres-
sivitätsbereitschaft und Suchtproblematik aufweisen und bei denen Themenkomplexe wie eine mangelhafte Sozialkompetenz, das Fehlen einer
Bezugsperson oder die Bagatellisierung von Straftaten besonders deutlich
zu Tage treten.[1744] Nach der Meinung der anderen drei befragten Experten
sind Besonderheiten im Verhalten der Warnschussarrestanten kaum auszu-
machen. Zu Beginn habe man die § 16a-Arrestanten als verhaltensauffälli-
ger und psychisch belasteter wahrgenommen, dies habe sich allerdings relativiert.[1745] Ein Sozialarbeiter empfindet die externe Arbeits-, Ausbil-
dungs- und Wohnsituation bei Warnschussarrestanten häufig sogar positiver als bei den sonstigen Dauerarrestanten und führt dies darauf zurück,
dass die Jugendlichen mit einer drohenden Jugendstrafe womöglich häufig
schon vor der Hauptverhandlung aktiv werden und sich unter Anraten
ihres Verteidigers etwa eine Arbeits- oder Ausbildungsteile suchen, um die

---

1743 Interview mit V1, Z. 421-424.
1744 Interview mit S1, Z. 416-420.
1745 Interview mit S3, Z. 708-718.

positive Legalprognose zu bekräftigen. Diese unterschiedlichen Eindrücke der Experten belegen die Heterogenität der § 16a-Klientel. Die Befürchtung, es könne zu einer negativen Einflussnahme der Warnschussarrestanten auf die bisherige Arrestklientel kommen,[1746] konnte anhand der Experteninterviews weder einheitlich bestätigt noch widerlegt werden.

Immerhin 12,9 % (n=232; fehlende Werte: 27[1747]) der Arrestanten, für die ein Schlussbericht vorlag, wurden nachweislich als ungeeignet für den Arrestvollzug eingestuft. Von den 30 „ungeeigneten" Warnschussarrestanten hatten 60,0 % bereits eine Vorverurteilung zu Jugendarrest. Hinzukommt, dass in etwa jeder vierte Warnschussarrestant mit einem Dauerarrest (27,8 %) aus Sicht des Vollzugspersonals durch den § 16a-Arrest entweder überhaupt nicht oder nur bedingt erreichbar war, wobei innerhalb dieser Probandengruppe die frühere Arresterfahrung mit einem Prozentsatz von 68,8 % ebenso eine bedeutsame Rolle spielte.

Tabelle 53: Erreichbarkeit der Probanden laut Schlussbericht

	Häufigkeit	Gültige Prozente	Kumulierte Prozente
nicht erreichbar	16	6,6	6,6
bedingt erreichbar	51	21,2	27,8
erreichbar	174	72,2	100,0
Gesamt	241	100,0	

(fehlende Werte: 18)

Bei 29,4 % der Dauerarrestanten hat die Arrestverbüßung selbst nach Einschätzung der im Arrestvollzug Tätigen keine oder eine kaum beeindruckende Wirkung hinterlassen. Damit verdeutlicht sich die Schwierigkeit, den Jugendlichen mittels des Arrestvollzuges zu einer positiven Verhaltensänderung zu animieren.

1746 Vgl. BT-Drucks. 17/9389, S. 21 sowie Teil 1 B.4.
1747 Die fehlenden Werte sind darauf zurückzuführen, dass die Schlussberichte zum Teil nicht vollständig ausgefüllt waren; 87,1 % wurden als „geeignet" eingestuft.

Tabelle 54: Beeindruckbarkeit des Probanden durch den Arrestvollzug

	Antworten		Prozent der Fälle
	N	Prozent	
beeindruckt	154	70,6%	70,6%
wenig/kaum beeindruckt	44	20,2%	20,2%
unbeeindruckt	20	9,2%	9,2%
Gesamt	218	100,0%	100,0%

(n=218; fehlende Werte: 41)

Dieses Ergebnis sollte dazu anregen, entsprechend der in § 16a Abs. 2 JGG niedergelegten Intention des Gesetzgebers die Zweckmäßigkeit der Sanktionskoppelung von bedingter Jugendstrafe und Jugendarrest insbesondere bei einer früheren Arrestverbüßung mit besonderer Sorgfalt zu prüfen.

c) Vorzeitige Entlassung

Ein weiteres Kriterium für die Bewertung der Geeignetheit des Jugendlichen für den Jugendarrestvollzug bildet die vorzeitige Arrestentlassung. Rechtsgrundlage für die vorzeitige Entlassung bildet § 87 Abs. 3 S. 1 JGG, der es dem Vollzugsleiter bei einer teilweisen Arrestverbüßung ermöglicht, von der Restvollstreckung abzusehen, wenn dies aus erzieherischen Gründen gerechtfertigt ist. In der Praxis ist die vorzeitige Arrestentlassung an den pünktlichen Arrestantritt sowie eine gute Führung während des Arrestes gekoppelt und zum Teil von der Erstmaligkeit des Arrestes abhängig.[1748] Die Möglichkeit der vorzeitigen Entlassung aufgrund guter Führung in Form eines sog. „Vergünstigungstages" gibt es in beiden Jugendarrestanstalten München und Nürnberg grundsätzlich nur für Dauerarrestanten. § 16a-Arrestanten wird diese Option nur in einer der beiden Arrestanstalten eingeräumt.

Mehr als die Hälfte (51,1 %) der § 16a-Arrestanten, die einen Dauerarrest verbüßten (n=229), wurden nach den Eintragungen in der Datenbank des IT-Vollzuges vorzeitig aus dem Arrest entlassen. Der Zeitraum der vorgezogenen Arrestentlassung variierte zwischen einer Stunde und sieben Tagen. Von der Möglichkeit der vorzeitigen Arrestentlassung wird bei § 16a-

---

1748 Vgl. Interview mit V1, Z. 151-154; Interview mit V2; Z. 421-424 Z. 140-144.

Arrestanten demnach deutlich häufiger Gebrauch gemacht, als dies anhand früherer Studien für den herkömmlichen Jugendarrest mit 11,0 % in Bayern bekannt ist.[1749] Bei dem Vergleich der Zahlenwerte ist zu berücksichtigen, dass vorliegend nur die Dauerarrestanten betrachtet wurden; im allgemeinen Jugendarrest der Freizeitarrest aber ebenfalls hohe absolute Anordnungszahlen aufweist.[1750] Der relativ hohe Anteil an vorgezogenen Arrestentlassungen könnte einerseits dadurch erklärbar sein, dass der Erfolg des Arrestes bereits vor dem eigentlichen Ende des Arrestes erzielt wurde, oder umgekehrt bedeuten, dass die Erreichung des Arrestzweckes infolge der Ungeeignetheit des Arrestanten nicht mehr möglich ist.[1751] Als „arrestungeeignet" wurden nach den Informationen aus den Schlussberichten allerdings nur 2,2 % der vorzeitig entlassenen Dauerarrestanten eingestuft.[1752] Nur ein Dauerarrestant erwies sich als vollkommen unerreichbar durch den Arrest. Der geringe Prozentsatz der Arrestungeeigneten oder nicht erreichbaren Arrestanten unter den vorzeitig Entlassenen deutet daraufhin, dass die vorzeitige Arrestentlassung ihren Grund in dem positiven Bemühen des Arrestanten hat. Der in der Literatur immer wieder aufgegriffene Gesichtspunkt, der Jugendarrest sei durch „arrestungeeignete" Probanden überlagert,[1753] konnte basierend auf der im Schlussbericht festgehaltenen Einschätzung für die untersuchten Probanden nicht bekräftigt werden. Damit soll freilich nicht in Abrede gestellt werden, dass die Arrestanten häufig eine Vielzahl komplexer Problemstrukturen aufweisen. Es lässt sich aber nicht ohne weiteres feststellen, dass sich die Klientel des § 16a JGG als prinzipiell ungeeignet für den Arrestvollzug erweist.

9. Zusammenfassung und bundesweiter Ergebnisvergleich

a) Zusammenfassung und Überprüfung der Forschungsfragen

Die Erkenntnisse aus der Aktenanalyse lassen sich wie folgt zusammenfassen: Als anwendungsstärkste Landgerichtsbezirke erwiesen sich die Bezirke Traunstein und Nürnberg-Fürth. Auf diese entfielen gemeinsam 35,7 %

1749 *Feltes*, ZStW 100 (1988), 158 (169).
1750 Vgl. *Statistisches Bundesamt*, Fachserie 10 Reihe 3 – 2015, S. 314 f.
1751 Vgl. *Feltes*, ZStW 100 (1988), 158 (170).
1752 n=90; fehlende Werte 27 aufgrund fehlender Angaben in den Schlussberichten.
1753 Vgl. *Pfeiffer*, MSchrKrim 1981, 28 (34 ff.); *Schwegler*, 1999, S. 275, jeweils mit unterschiedlichen Operationalisierungsansätzen für die Arrestungeeignetheit.

der 322 Arrestanordnungen gem. § 16a JGG, gefolgt vom Landgerichtsbezirk Memmingen mit einem Anteil von 9,0 %. Dieses regionale Verteilungsmuster entspricht den Befunden von *Endres/Maier*.[1754] Ein einheitliches Bild der zu Jugendarrest neben bedingter Jugendstrafe verurteilten Täter in Richtung einer spezifischen Arrestklientel, ergibt sich anhand der für die Untersuchung herangezogenen Strafakten nicht. Festzustellen ist, dass die meisten Probanden erwartungsgemäß männlich waren (90,4 %). Die Altersverteilung der Probanden war hingegen breit gestreut und umfasste alle Altersklassen von 14 bis 20 Jahren. Der Altersdurchschnitt zum Zeitpunkt der ersten verfahrensgegenständlichen Tat lag ähnlich wie bei *Endres/Maier*[1755] bei 17,3 Jahren. Heterogen fielen die Wohnsituation der Probanden und deren schulischer Bildungsgrad aus, wobei das Vorliegen eines Hauptschulabschlusses im Zeitpunkt der Hauptverhandlung das Gesamtbild prägte. Bei knapp einem Drittel (28,8 %) der Probanden zeigen sich verfestigte erzieherische Mängel dadurch, dass vor der Verurteilung zu § 16a JGG bereitgestellte Jugendhilfemaßnahmen erfolglos blieben. Der Großteil der Probanden war bereits mindestens einmal strafrechtlich in Erscheinung getreten, wobei die Häufigkeit der strafrechtlichen Vorbelastung mit einer bis zu acht Voreintragungen stark variierte. Der Anteil kriminell nicht vorbelasteter Täter liegt bei den Warnschussarrestanten mit 11,5 % deutlich unterhalb der zum Jugendarrest bekannten Quoten von ca. 30 bis 47 %[1756]. Dies entspricht der Stufenfolge von Jugendarrest und Jugendstrafe und der Anwendung des § 16a JGG auf stärker gefährdete Jugendliche. In der Hälfte der Fälle (51,3 %) fand § 16a JGG Anwendung auf Mehrfachtäter[1757] mit drei oder mehr strafrechtlichen Vorentscheidungen. Die Arrestanordnung gegenüber jungen Tätern, die bereits in strafunmün-

---

1754 *Endres/Maier*, in: FS für Streng, 427 (435 f.).

1755 *Endres/Maier*, in: FS für Streng, 427 (429) berichten von einem Durchschnittsalter von 17,5 Jahren bei Begehung der Straftat.

1756 Vgl. *Pfeiffer*, MSchrKrim 1981, 28 (38): Anteil an Arrestanten ohne ein früheres Verfahren 47,8 %; ähnlich *Pfeiffer/Strobl*, DVJJ-J 1991, 35 (42): 41,4 %; zu geringen Prozentzahlen: *Giffey/Werlich*, in: Jugendarrest und/oder Betreuungsweisung, 13 (37): 23,6 % für Dauerarrestanten; *Schwegler*, 1999, S. 219: 30,2 %.

1757 Der Begriff der Mehrfach- oder Intensivtäter unterliegt in der kriminologischen Forschung einer definitorischen Unschärfe, da keine einheitlichen Zuordnungskriterien existieren. Zu den Schwierigkeiten und Definitionsansätzen *Boers*, in: 29. JGT, 567 (570 ff.); *Dölling*, ZfJ 1989, 313; *Schaffstein/Beulke/Swoboda*, 2014, Rn. 25; *Schwind*, 2016, § 3 Rn. 23a; *Walter/Neubacher*, 2011, Rn. 461. Der Terminus Mehrfachtäter wird dabei überwiegend quantitativ an der Häufigkeit der Vorauffälligkeit festgemacht, wobei zumeist ein mindestens dreimaliges strafrechtliches in Erscheinung Treten des Täters gefordert wird, zum Teil

digem Alter kriminell in Erscheinung getreten sind, stellte die große Ausnahme dar. Ersttäter, die vor der Verurteilung zu § 16 JGG strafrechtlich nicht Erscheinung getreten sind, hatten sowohl mehr als auch schwerere Taten begangen. Für einen nicht unbeachtlichen Anteil von 27,3 % der Probanden war anhand der Akten positiv feststellbar, dass der Verurteilung zu § 16a JGG bereits ein Freiheitsentzug in Form von Jugendarrest, Ungehorsamsarrest oder Untersuchungshaft vorausging, so dass die mit der Vollstreckung des § 16a-Arrestes verbundene Inhaftierung keine neuartige Erfahrung darstellte. Aufgrund der Vorverurteilungsquote zu einem Jugendarrest von 43,2 % bezogen auf 278 Probanden und den nur teilweise vorhandenen Angaben über die Arrestvollstreckung ist anzunehmen, dass der Anteil an Probanden mit einer Vorerfahrung im Jugendarrest tatsächlich noch höher ausfällt.

Trotz der nicht unbeachtlichen Anzahl an Probanden mit einer früheren Hafterfahrung fanden sich Ausführungen zu § 16a Abs. 2 JGG bei einer vormaligen Anordnung von Jugend- oder Ungehorsamsarrest nur etwa in jedem vierten Urteil wieder. Ebenso ernüchternd ist der Befund, dass 16,5 % der Urteile den Arrest nach § 16a JGG in der Urteilsbegründung entweder vollständig unerwähnt ließen oder ohne inhaltliche Bezugnahme auf einen der gesetzlichen Anordnungsgründe die Erforderlichkeit des § 16a JGG feststellten. Im Hinblick auf die geforderte restriktive Handhabung des § 16a JGG und die Begründungsanforderungen aus § 54 JGG ist sowohl die Nichtbegründung des § 16a JGG als auch die pauschale Wiedergabe des Gesetzeswortlauts, wie sie in 29,1 % der ausgesprochenen Verurteilungen vorzufinden war, unzureichend und stärkt die Befürchtung, dass sich der Arrest nach § 16a JGG in diesen Fällen zu einer zusätzlichen Dreingabe entwickelt.

Entsprechend den allgemeinen Erkenntnissen zur Jugendkriminalität dominierten als Anlassdelikt Straftaten aus dem Bereich der Körperverletzungsdelikte. Knapp jeder zweiten Verurteilung lag mindestens eine Straftat gegen die körperliche Unversehrtheit zu Grunde. Hinweise darauf, dass der Ausspruch eines § 16a-Arrestes zur Vermeidung einer unbedingten Jugendstrafe beigetragen hat, ergeben sich vergleichbar zur Studie von Endres/Maier[1758] in 15,5 % der Urteile. Inhaltlich wird die Anordnung des zusätzlichen Arrestes primär auf die Verdeutlichungsfunktion gestützt. Die vom Gesetzgeber angedachten Fallkonstellationen zur Anwendung des

---

begrenzt auf einen bestimmten Zeitraum; vgl. *Dölling*, ZfJ 1989, 313; *Kunkat*, 2002, S. 78; *Ostendorf*, 2015, Rn. 14.

1758 *Endres/Maier*, in: FS für Streng, 427 (435): 15,3 %.

§ 16a JGG bei Gruppendelikten und zur Vermeidung eines gefühlten Freispruchs auf Bewährung kommen in den Urteilen nur selten zum Ausdruck. Bewährungseinleitende Aspekte und die Herausnahme des Jugendlichen aus seinem schädlichen Umfeld stehen deutlich im Hintergrund. Die Befürchtung, es könne durch den Vollzug des § 16a JGG zu einer Durchbrechung bzw. Störung der Bewährungshilfe kommen, hat sich nicht bestätigt. Zum einen ist der zuständige Bewährungshelfer in vielen Fällen noch unbekannt, zum anderen entspricht die maximale Arrestdauer von vier Wochen dem regelmäßigen Kontaktintervall zur Bewährungshilfe. Durch das Bemühen der Sozialpädagogen um eine telefonische Kontaktaufnahme mit der Bewährungshilfe kann jedenfalls eine erste Hürde auf dem Weg zur positiven Bewährungsbewältigung genommen werden. Die vernetzte Zusammenarbeit zwischen dem sozialpädagogischen Dienst der Jugendarrestanstalt und der Bewährungshilfe ist aus Sicht der befragten Experten ein zentraler Gesichtspunkt für den Vollzug des § 16a JGG.

Mit der verkürzten Drei-Monatsfrist hat der Gesetzgeber ein Inzentiv für die rasche Arrestvollstreckung gesetzt. In der Praxis führte die verkürzte Vollstreckungsfrist aufgrund der verspäteten Zuleitung des Vollstreckungsersuchens durch das Ausgangsgericht in Einzelfällen zu praktischen Schwierigkeiten. Insgesamt gelangte der Arrest nach § 16a JGG in 10,3 % der Fälle nicht zur Vollstreckung; in fünf Fällen musste von der Vollstreckung wegen Verstoßes gegen § 87 Abs. 4 S. 2 JGG abgesehen werden. Die eigentliche Problematik der tatzeitnahen Vollstreckung liegt jedoch auch im Falle der Sanktionierung mit § 16a JGG weniger im Zeitraum bis zum Arrestantritt, als vielmehr in der Verfahrensdauer von der Tatbegehung bis zur Verurteilung.

Ob sich die Klientel des § 16a JGG im Rahmen des Arrestvollzuges als besonders schwierig erweist, kann anhand der Informationen aus dem Schlussbericht nur einschränkend beurteilt werden. Die Ergebnisse der Schlussberichtsanalyse sprechen für ein überwiegend unauffälliges Verhalten der Probanden im Vollzug. Arrestungeeignet oder durch den Arrestvollzug nicht zu erreichen waren vorwiegend Probanden mit einer früheren Arresterfahrung. Damit scheint eine vorangegangene Hafterfahrung den Wirkungen des Warnschussarrestes eher abträglich zu sein.

b) Vergleich mit den Ergebnissen des KFN

Stellt man die obigen Befunde den Ergebnissen der bundesweiten Evaluationsstudie zu § 16a JGG gegenüber, zeigen sich in einigen Bereichen zunächst Parallelen. Der Anteil an Warnschussarrestanten, die im Zeitpunkt der letzten Tat der Altersgruppe der Jugendlichen angehörten, war in der vorliegenden Untersuchungsgruppe mit 48,6 % nur geringfügig kleiner als im gesamtdeutschen Untersuchungsraum mit 51,2 %[1759]. Auch die Vorbelastung der Probanden stellt sich in beiden Untersuchungen ähnlich dar. Ersttäter waren in der bundesweiten Forschungsstudie zu 14,1 % vertreten; innerhalb der vorbelasteten Tätergruppe lagen die meisten Voreintragungen im Bereich zwischen zwei und fünf.[1760] Soweit die Probanden vormals bereits strafrechtlich in Erscheinung getreten waren, waren Vorverurteilungen zu einem Jugendarrest in Bayern mit 48,8 % häufiger anzutreffen als dies die Ergebnisse der bundesweiten Studie belegen (33,4 %[1761]). Die vermehrte Anordnung des § 16a JGG trotz einer Vorsanktionierung in Form des Jugendarrestes legt nahe, dass der Gebotenheitseinschränkung des § 16a Abs. 2 JGG in der Praxis nur begrenzte Bedeutung beigemessen wird oder Ausnahmen jedenfalls häufig für zweckmäßig erachtet werden.

Unterschiede sind des Weiteren in der Begründung des § 16a JGG erkennbar. Während nach den Ergebnissen des KFN § 16a Abs. 1 Nr. 3 JGG den häufigsten Anordnungsgrund darstellt und sich auch bei einer genaueren inhaltlichen Analyse der Urteilsbegründung ein ausgewogenes Verhältnis zwischen der „Verdeutlichung der Verantwortlichkeit und der Folgen weiterer Straftaten" (54,0 %) und der „nachdrücklicheren erzieherischen Einwirkung" (50,7 %) zeigt,[1762] kommt in Bayern der Verdeutlichungsfunktion nach § 16a Abs. 1 Nr. 1 JGG mit 79,5 % gegenüber dem Gedanken der erzieherischen Einwirkung gem. § 16a Abs. 1 Nr. 3 JGG (33,2 %) eine deutlich stärkere Bedeutung zu. Dies könnte andeuten, dass sich die bayerischen Jugendrichter von eher punitiven Überlegungen bei der Anordnung des § 16a JGG leiten lassen. Hinsichtlich der Begründungsintensität des § 16a JGG im Urteil können die Ergebnisse keinem direkten Vergleich unterzogen werden. Nach den Ergebnissen der bundesweiten Evaluationsstudie erfolgte in 5,6 % der Urteile eine sehr ausführliche Begründung des § 16a JGG mit mindestens drei Sätzen, in 11,3 % fand sich eine über den Wortlaut hinausgehende Begründung.[1763] Im Rahmen der vorliegenden Untersuchung wurde unabhängig von der Anzahl der Sätze

---

1759 *Klatt/Ernst/Höynck u.a.*, 2016, S. 64.
1760 *Klatt/Ernst/Höynck u.a.*, 2016, S. 73.
1761 *Klatt/Ernst/Höynck u.a.*, 2016, S. 75: Freizeit-/Kurzarrest 10,4 %; Dauerarrest 20,8 %; Arrestdauer unklar 2,2 %.
1762 *Klatt/Ernst/Höynck u.a.*, 2016, S. 91, 95.
1763 *Klatt/Ernst/Höynck u.a.*, 2016, S. 95 f.

darauf abgestellt, ob sich die Jugendrichter bei der Begründung des § 16a JGG von der strikten Wortlautwiedergabe lösen, so dass der Anteil an Urteilen mit einer weitergehenden Begründung des § 16a JGG mit 54,3 % deutlich höher ausfällt. Vergleichbar war demgegenüber die Anzahl an Urteilen, die auf eine Begründung des § 16a JGG in vollem Umfang verzichteten (16,5 %; KFN: 14,6 %[1764]).

Übereinstimmend mit den Befunden der bundesweiten Analyse zu § 16a JGG kann festgestellt werden, dass die kurze Vollstreckungsfrist in § 87 Abs. 4 S. 2 JGG nur in sehr wenigen Fällen Schwierigkeiten bereitet.[1765] Der Anteil der vollständig nicht vollstreckten Arreste liegt in Bayern mit 10,3 % allerdings höher als im bundesweiten Vergleich (4,7 %[1766]). Die nicht unbeachtliche Anzahl der nicht zur Vollstreckung gelangten § 16a-Arreste könnte vor allem in der Anfangszeit seit Inkrafttreten der Neuregelung ihre Ursache darin haben, dass sich die für Bayern besondere zentralisierte Vollstreckungszuständigkeit in zwei Arrestanstalten und die zeitige Erteilung des Vollstreckungsersuchens in der Praxis noch nicht hinreichend verfestigt haben. Eine abschließende Erklärung ist aber bereits deshalb nicht möglich, da die Gründe für das Ausbleiben der Arrestvollstreckung in mehr als der Hälfte der Fälle unbekannt blieb (siehe Teil 2 E.I.6.b)).

II. Ergebnisse der Richterbefragung

Um das sich bisher anhand der Aktenanalyse ergebende Bild zur Sanktionspraxis des § 16a JGG zu vervollständigen, werden nachfolgend die Ergebnisse der Jugendrichterbefragung dargestellt. Die Abbildungen basieren dabei auf den gültigen Prozentwerten; fehlende Werte bleiben bei der tabellarischen und grafischen Darstellung außer Betracht und werden durch Klammerzusätze gesondert ausgewiesen. Der Schwerpunkt liegt an dieser Stelle auf einer Deskription der Erhebungsbefunde, um einen Überblick über die Verteilung der verschiedenen Antwortmöglichkeiten zu erhalten.

1764 *Klatt/Ernst/Höynck u.a.*, 2016, S. 95.
1765 Vgl. *Klatt/Ernst/Höynck u.a.*, 2016, S. 100.
1766 *Klatt/Ernst/Höynck u.a.*, 2016, S. 97.

1. Beschreibung der tatsächlichen Befragtengruppe

Die im Fragebogen zuletzt abgefragten biographischen Angaben der Jugendrichter werden hier vorangestellt, um bei den späteren Befragungsergebnissen an geeigneter Stelle Zusammenhänge und Unterschiede zwischen einzelnen persönlichen Merkmalen und der Handhabung sowie Einstellung zu § 16a JGG aufzeigen zu können.

Von 108 Jugendrichtern, die an der Befragung teilnahmen, waren 73,1 % als Jugendrichter an einem Amtsgericht tätig (s. Anhang Tabelle B1), wobei der Großteil der Beteiligten (54,6 %) neben der Tätigkeit als Jugendeinzelrichter zugleich die Position des Vorsitzenden eines Jugendschöffengerichts innehatte. Weitere 27,8 % waren als Jugendrichter in einer Jugendkammer am Landgericht tätig. Eine Person gab an, Jugendrichter an einem Amtsgericht und zugleich in einer Jugendkammer zu sein. Für die weitere Auswertung wurde diese Person der Gruppe der Jugendrichter am Landgericht zugeordnet, da die Angaben einer Einzelperson keine repräsentativen Ergebnisse ergeben können.

Abbildung 21: Art der Tätigkeit der Befragten

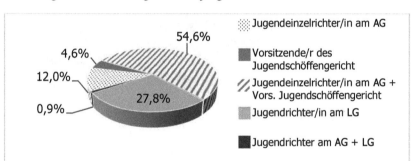

(n=108)

Der Anteil männlicher Befragungsteilnehmer lag mit 57,7 % etwas höher als derjenige der Frauen mit 42,3 %.[1767] Hinsichtlich der Altersstruktur ergab die Auswertung eine weitgehend gleichmäßige Verteilung aller Altersgruppen (s. Anhang Tabelle B2). Unterrepräsentiert war lediglich die Altersgruppe der unter 35-Jährigen (5,7 %). Eine Erklärung hierfür könnte die von § 37 JGG geforderte besondere erzieherische Befähigung und Er-

---

1767   n= 104; fehlende Werte: 4.

fahrung der Jugendrichter sein, welche regelmäßig erst im Laufe der Zeit erworben wird.[1768] Aufgrund der umfassenden Qualifikationsanforderungen,[1769] die an den Jugendrichter gestellt werden, gehen dieser Tätigkeit häufig noch andere Einsatzgebiete voraus,[1770] so dass ein Berufsbeginn im Bereich des Jugendstrafrechts weniger zu erwarten ist. Auch bezogen auf die Dauer der bisherigen Jugendrichtertätigkeit fand sich eine homogene Verteilung. Über eine Tätigkeitsdauer von 1 bis 2 Jahren berichteten 21,7 % (n=106; fehlende Werte: 2; s. Anhang Tabelle B3) der Richter. Ähnlich Ergebnisse ergaben sich bei einer beruflichen Jugendrichtertätigkeit über die Zeitspanne von 3 bis 5 Jahren (25,5 %), 6 bis 10 Jahren (17,9 %) und dem größten abgefragten Zeitraum von über 10 Jahren (23,6 %). 11,3 % der Befragten waren kürzer als ein Jahr als Jugendrichter tätig.

Wie aufgrund anderer Untersuchungen[1771] vermutet, waren viele Richter in ihrer Berufsausübung nur zum Teil mit Jugendstrafsachen befasst. Mehr als zwei Drittel der Jugendrichter gaben an, dass ihr Stellenanteil nicht voll im Jugendstrafrecht liegt.

Abbildung 22: Stellenanteil in Jugendstrafsachen

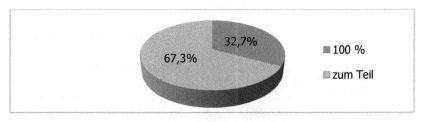

(n=107; fehlende Werte: 1)

1768 Siehe RL Nr. 2 zu § 37 JGG, abgedruckt in *Czerner/Habetha*, in: Meier/Rössner/ Trüg/Wulf, JGG, § 37.

1769 Von einem Jugendrichter werden neben juristischen Fachkenntnissen vor allem jugendkriminologische, entwicklungspsychologische und sozialpädagogische Kenntnisse und ein besonderes Verantwortungsgefühl abverlangt; hierzu sowie zu den Aufgaben des Jugendrichters *Simon*, 2003, S. 10 ff.

1770 Vgl. hierzu die Ergebnisse von *Simon*, 2003, S. 72 f.

1771 *Höynck/Leuschner*, 2014, S. 47: Anteil der mit voller Stelle im Jugendstrafrecht beschäftigten Jugendrichter 27,7 %; *Simon*, 2003, S. 69: 11,4 % waren ausschließlich mit Jugendsachen befasst.

Sofern die Richter nur teilweise mit Jugendstrafsachen befasst waren, lag der durchschnittliche Stellenanteil im Jugendstrafrecht bei 49,04 %[1772]. Auffallend ist die verschieden starke Vertretung der Jugendrichter innerhalb der Oberlandesgerichtsbezirke.

Tabelle 55: OLG-Bezirk

	Häufigkeit	Gültige Prozente	Kumulierte Prozente
OLG Bamberg	20	18,9	18,9
OLG München	60	56,6	75,5
OLG Nürnberg	26	24,5	100,0
Gesamt	106	100,0	

(n=106; fehlende Werte: 2)

Da an vielen Jugendgerichten in Bayern lediglich ein Jugendrichter tätig ist,[1773] wurde zum Zwecke der Anonymität der Befragten bewusst davon Abstand genommen, den konkreten Gerichtsbezirk abzufragen. Die meisten befragten Jugendrichter (56,6 %) waren im Gerichtsbezirk des OLG München tätig. Die starke Repräsentation des OLG-Bezirks Münchens reflektiert die Größenverhältnisse der OLG-Bezirke zueinander. Nach Art. 2 Nr. 2, Art. 4 GerOrgG umfasst der Bezirk des OLG München 10 Landgerichtsbezirke sowie 38 Amtsgerichtsbezirke, während sich der OLG-Bezirk Nürnberg gem. Art 2 Nr. 3 GerOrgG in 5 Landgerichtsbezirke untergliedert und der OLG-Bezirk Bamberg gem. Art. 2 Nr. 1 GerOrgG in 7 Landgerichtsbezirke. Mithin liegt der Großteil der insgesamt 73 Amtsgerichtsbezirken[1774] im Bezirk des OLG München, so dass die Anzahl der dort tätigen Jugendrichter bedingt durch die Anzahl der Jugendgerichte höher ausfällt.[1775]

1772 Median: 50,0; Modus: 50; SD: 21,46; Minimum 10 %; Maximum: 95 %; n=68; fehlende Werte: 4.
1773 Siehe Teil 2 D.II.3.
1774 Die Untergliederung der Bezirke der Oberlandesgerichte sowie der Landgerichte ergibt sich im Einzelnen aus Art. 2 und Art. 4 GerOrgG.
1775 Insgesamt waren im OLG Bezirk München 119 von 239 ermittelten Jugendrichtern tätig.

2. Anwendungspraxis und bevorzugte Arrestform

Die Mehrheit der befragten Jugendrichter (73,1 %, n=108) hatte von dem Ausspruch eines zusätzlichen Arrestes gem. § 16a JGG in der Praxis bereits Gebrauch gemacht. Innerhalb der Anwendungshäufigkeit zeigte sich eine starke Varianz von einer bis max. 30 ausgesprochenen Verurteilungen gem. § 16a JGG, wobei der Mittelwert bei 5,0 lag.[1776] Rechnet man den Ausreißer von 30 ausgesprochenen Sanktionen nach § 16a JGG durch einen einzigen Jugendrichter heraus, ergibt sich ein Durchschnitt von 4,7.

Abbildung 23: Anzahl der Verurteilungen nach § 16a JGG

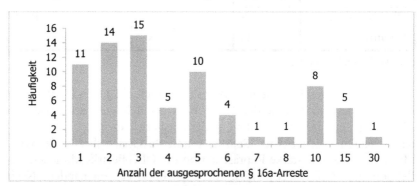

(n=75; fehlende Werte: 4)

Entsprechend den Ergebnissen aus der Aktenanalyse befürworteten die Jugendrichter die Anordnung eines Warnschussarrestes primär als Dauerarrest. Die Verhängung des § 16a JGG als Freizeit- oder Kurzarrest wurde überwiegend für unzweckmäßig gehalten. Aus Sicht der Jugendrichter scheint demnach eine längere Einwirkung auf den Jugendlichen erforderlich zu sein, um den Arrest nach § 16a JGG für den Verlauf der Bewährungszeit nutzbar zu machen.

Die unterschiedliche Anwendungshäufigkeit des § 16a JGG variierte in Abhängigkeit von der Dauer der jugendrichterlichen Tätigkeit. Wie die nachfolgende Abbildung zu erkennen gibt, machten Personen, die den Be-

---

1776 Median: 3,0; Modus: 3; SD: 4,80; n=75; fehlende Werte: 4. Wie in Teil 2 D.II.5. ausgeführt ist die Anordnunghäufigkeit dadurch unterschätzt, dass die Angaben von drei Richtern, die einen Wertebereich nannten, nicht berücksichtigt wurden.

ruf des Jugendrichters bereits seit sechs Jahren und länger ausübten, deutlich häufiger von der Verhängung eines Arrestes nach § 16a JGG Gebrauch, als Jugendrichter mit einer Berufserfahrung von maximal zwei Jahren, die lediglich zu 15 % sechs oder mehr Arreste nach § 16a JGG verhängt hatten.

Abbildung 24: Anwendungshäufigkeit § 16a JGG nach der Dauer der Jugendrichtertätigkeit

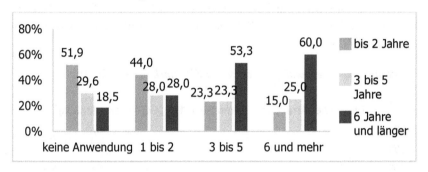

(n=102, fehlende Werte:6)

Auf Basis der Chi-Quadrat-Berechnung[1777] ergab sich zwischen der Anwendungshäufigkeit und der Dauer der Jugendrichtertätigkeit ein signifikanter, gering ausgeprägter positiver Zusammenhang (p=0,029; Kendall-Tau-c=0,327[1778]). Jugendrichter machen mit zunehmender Berufserfahrung folglich häufiger von § 16a JGG Gebrauch, so dass sich der zusätzliche Arrest innerhalb dieser Richtergruppe scheinbar größerer Beliebtheit erfreut. Die Vermutung eines höheren Anwendungsgebrauchs durch Jugendrichter mit weniger Berufserfahrung konnte umgekehrt nicht bestätigt werden.[1779] Nicht erkennbar ist hingegen eine Abhängigkeit der Anordnungs-

---

1777 Um die Bedingungen für die Durchführung des Chi-Quadrat Tests zu schaffen, wurden die Variablen in Gruppen zusammengefasst, so dass maximal 20 % der Zellen eine erwartete Häufigkeit kleiner 5 hatten und die minimal erwartete Häufigkeit größer 1 war; zur Zulässigkeit dieser Vorgehensweise *Wittenberg/Cramer/Vicari*, 2014, S. 207; siehe Anhang Tabelle B4.

1778 Der Korrelationskoeefizient Kendall-Tau-c stellt ein geeignetes Zusammenhangsmaß bei ordinalskalierten Variablen dar; *Wittenberg/Cramer/Vicari*, 2014, S. 216. Da es sich vorliegend um eine asymmetrische Tabelle handelt, kam Kendall-Tau-c zur Anwendung.

1779 So die Vermutung von *Baier*, 2015, S. 159 in Bezug auf die Koppelung von § 27 JGG und § 16a JGG.

häufigkeit vom Alter der Befragten. Einzig innerhalb der Richtergruppe im Alter von unter 35 bis 44 Jahren zeigt sich ein linearer Rückgang der Anwendungshäufigkeit (s. Anhang Tabelle B5). Insgesamt stellt sich der Zusammenhang zwischen dem Alter der Befragten und der Anordnung des § 16a JGG als nicht statistisch signifikant (p=0,253) dar. Selbiges Ergebnis zeigt sich für den Umfang der Tätigkeit in Jugendstrafsachen (p=0,497).[1780]

Im Einklang mit den Ergebnissen der Aktenanalyse steht das Meinungsbild der Jugendrichter zur bevorzugten Arrestform des § 16a JGG. Nahezu einheitlich befürworteten die Beteiligten die Verhängung des Warnschussarrestes als Dauerarrest.

Abbildung 25: Zweckmäßigkeit des § 16a JGG nach der Art des Arrestes

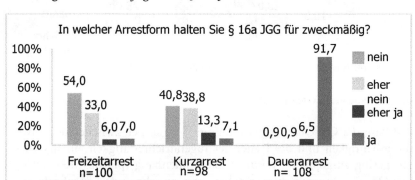

Da die Koppelung von bedingter Jugendstrafe mit einem Freizeitarrest nur schwerlich mit der Vorstellung des Gesetzgebers in Einklang zu bringen ist, dem Jugendlichen eine erste erzieherische Behandlungsmaßnahme zukommen zu lassen, die sich nicht in einem Verwahrvollzug erschöpft, wurden diejenigen Richter, die die Anordnung des § 16a JGG als Freizeitarrest für (eher) zweckmäßig erachteten, nach den diesbezüglichen Gründen gefragt. 8 von 12 Richtern (fehlender Wert: 1[1781]) konnten sich die Verhängung eines Freizeitarrestes nur vorstellen, um die Ausbildung oder das bestehende Arbeitsverhältnis des Angeklagten nicht zu gefährden. Dies gleicht im Wesentlichen den Ergebnissen der Urteilsanalyse. Im Übrigen

---

1780 n=103; fehlende Werte: 5.
1781 Dieser Richter hatte die Verhängung eines § 16a-Arrestes als Freizeitarrest zwar für eher zweckmäßig erachtet, das Freitextfeld zur Begründung jedoch leer gelassen.

wird deutlich, dass dem Warnschussarrest in dieser Arrestform auch die Funktion einer zusätzlichen Draufgabe anhaftet, wenn dieser trotz vorangegangener Untersuchungshaft als nochmalige kurze Warnung oder Verdeutlichung für einen Gefängnisaufenthalt eingesetzt wird.

Die aus den bislang veröffentlichten Urteilen bekannte deutliche Überrepräsentation des § 16a JGG Abs. 1 Nr. 1 JGG in den Urteilsgründen und die nahezu zu vernachlässigenden pauschalen Ausführungen der Gerichte zur ausdrücklichen Subsidiarität des Warnschussarrestes gegenüber der Belehrung des Jugendlichen und der Auferlegung von Bewährungsweisungen und -auflagen – wie sie sich auch in der vorliegenden Urteilsanalyse bestätigt haben – gaben Anlass, zu hinterfragen, aus welchen Umständen die Jugendgerichte die Überzeugung der Gebotenheit des zusätzlichen Arrestes herleiten. Auch hier bestätigte sich der Eindruck, dass es vorrangig darum geht, dem Jugendlichen die Bewährungsstrafe fühlbar zu machen.

Abbildung 26: Gründe für § 16a Abs. 1 Nr. 1 JGG

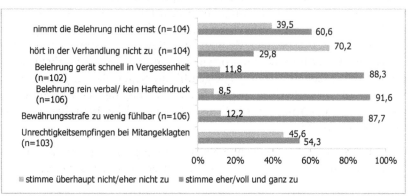

Über 90 % der Befragten hielten die rein verbale Belehrung mangels des spürbaren Hafteindrucks für unzureichend und waren der Auffassung, dass die Bewährungsstrafe für den Verurteilten zu wenig fühlbar ist (87,7 %). Zudem gerate die Belehrung über die Bedeutung der Bewährungsentscheidung zu schnell in Vergessenheit (88,3 %). Die nachfolgenden Anmerkungen zweier Jugendrichter im Rahmen der Befragung verdeutlichen dieses Bild:

„Ohne freiheitsentziehende Sofortmaßnahmen ist vielen Straftätern der Ernst der Lage nicht bewusst, Erleben ist viel eindrucksvoller als bloße Worte; wurde so auch von erwachsenen Straftätern bestätigt, die sich in ihrer Jugend frühere "Knasterfahrung" zur Abschreckung gewünscht hätten." *(R40)*

„Der Jugendarrest ist eine oft notwendige und meist hilfreiche Zäsur, um ein weiteres Dahin-Dümpeln oder Abgleiten zu vermeiden und ein Gespür zu vermitteln, was Jugendstrafvollzug bedeuten würde. Eigenerlebnis beeindruckt viel stärker als viele (fremde) Worte." *(R26)*

Berücksichtigt man, dass nach den Ergebnissen der Aktenanalyse bei fast allen Jugendlichen Bewährungsauflagen oder -weisungen angeordnet wurden, lässt dies den Schluss zu, dass aus Sicht der Jugendrichter die Fühlbarkeit der Sanktion besser durch Freiheitsentzug als durch ambulante Maßnahmen erreicht werden kann. Dabei hat der Umstand, dass der Angeklagte dem Verfahren keine Aufmerksamkeit schenkt und in der Hauptverhandlung nicht zuhört, nur für knapp ein Drittel der Jugendrichter (29,8 %) Praxisrelevanz. Die Bedeutung des Warnschussarrestes zur Kompensation von Ungerechtigkeiten bei Komplizenstraftaten stieß bei den Befragten auf geteilte Zustimmung. Um festzustellen, ob der Ausspruch eines Warnschussarrestes bei mehreren Mitangeklagten aus der Perspektive der Jugendrichter dazu dient, dem zu einer Bewährungsstrafe Verurteilten die Tragweite der Entscheidung bewusst zu machen oder umgekehrt dazu genutzt wird, das Ungerechtigkeitsgefühl auf Seiten des zu Jugendarrest Verurteilten auszugleichen, wurde bei der Erfragung der Anwendungsgründe für § 16a Abs. 1 Nr. 1 JGG das diesbezügliche Item bewusst wie folgt formuliert[1782]:

Bei mehreren Mitangeklagten würde der lediglich zu Jugendarrest Verurteilte die Strafe aufgrund des Freiheitsentzuges als ungerecht empfinden.

Dieser Aussage stimmten immerhin 54,4 % der Befragten eher oder voll und ganz zu. Nicht auszuschließen ist demnach, dass bei der Anordnung eines Arrestes nach § 16a Abs. 1 Nr 1 JGG auch die Wahrnehmungsperspektive des zu Jugendarrest Verurteilten ein Rolle spielt. Da der konkrete Rechtsfolgenausspruch allerdings stets an den spezialpräventiven Wirkungen auf den Verurteilten auszurichten ist[1783], widerspricht die Anordnung eines Warnschussarrestes bei Komplizenstraftaten trotz eines möglicherweise bestehenden Ungerechtigkeitsempfindens auf Seiten des nach

---

1782 Teil A, Frage 3, Abdruck des Fragebogens im Anhang III.3.
1783 Vgl. BT-Drucks. 17/9389, S. 13.

§ 16 JGG Verurteilten der Zielsetzung des Jugendstrafrechts, wenn der zu einer Bewährungsstrafe Verurteilte das Gewicht und die Schwere der verhängten Entscheidung verstanden hat und der Ausspruch des § 16a JGG seinen Grund allein in der besseren Vermittlung des Sanktionsverständnisses gegenüber dem Mitangeklagten hat. Zwei Jugendrichter betonten die Bedeutsamkeit des § 16a Abs. 1 Nr. 1 JGG darüber hinaus bei der Verhängung der Jugendstrafe wegen der Schwere der Schuld, wenn es sich um eine Erstahndung des Jugendlichen handelt oder dieser bislang noch keinen Jugendarrest verbüßt hat und ihm zu verdeutlichen ist, was mit der Bewährung auf dem Spiel steht. Aus der Sicht eines weiteren Richters kann die Anordnung eines Arrestes nach § 16a Abs. 1 Nr. 1 JGG dann relevant werden, wenn aus den Vorakten ersichtlich ist, dass Belehrungen bei dem Angeklagten nicht erfolgversprechend sind.

Im Ergebnis zeigen die Angaben der Jugendrichter zu den Gründen der Verhängung eines Arrestes nach § 16a Abs. 1 Nr. 1 JGG im Einklang mit den Befunden der Aktenanalyse, dass es vorwiegend um eine zusätzliche Fühlbarkeit der Sanktion geht. Deutlich wird dies vor allem an den Zustimmungen der Jugendrichter zur Erforderlichkeit des Arrestes, um dem verbalen Charakter der Belehrung durch einen Hafteindruck Nachdruck zu verleihen sowie zum fehlenden Bewusstsein über die Ernsthaftigkeit der Belehrung. Während 91,6 % der Teilnehmer die Anordnung eines Arrestes nach § 16a Abs. Nr. 1 JGG zum Zwecke der Vermittlung eines Hafteindrucks befürworteten, stimmten der Aussage, der Jugendliche nehme die Belehrung nicht ernst, lediglich 60,6 % zu. Im Umkehrschluss folgt hieraus, dass 31 % der Jugendrichter die Anwendung des § 16a Abs. 1 Nr. 1 JGG unter Umständen auch für erforderlich halten, um dem Jugendlichen trotz verstandener, eingehender Belehrung über die Bedeutung der Bewährungsentscheidung das Gefühl des Freiheitsentzuges zu vermitteln. In diesen Fällen droht sich der Arrest nach § 16a Abs. 1 Nr. 1 JGG in Richtung einer zusätzlichen Draufgabe zu entwickeln, wodurch die Subsidiaritätsanforderungen des Gesetzes unterlaufen werden.

3. Gründe für die Anwendung des § 16a JGG

In Anbetracht der häufig sehr knappen und pauschalen Urteilsbegründungen zu § 16a JGG sollte die Befragung zudem dazu genutzt werden, die Anwendungsmotive der Jugendrichter, die bei ihrer Entscheidung über § 16a JGG wegweisend sind, aber möglicherweise nicht vollständig Eingang in die Urteilsbegründung finden, sichtbar zu machen. Hierzu wurde im Fragebogen ein Fragekomplex aus 20 Items konstruiert, wobei die Jugendrichter auf einer vierstufigen Skala von völlig unwichtig bis sehr wichtig angeben sollten, welche Bedeutung sie den einzelnen Gesichtspunkten bei der Anordnung des Arrestes gem. § 16a JGG zumessen. Die Reliabilitätsprüfung der Items ergab für die Gesamtskala einen Cronbach's-Alpha Wert von 0,835, womit eine zufriedenstellende Reliabilität gegeben ist.[1784]

Für eine bessere Übersichtlichkeit der Ergebnisse wurden die Antwortkategorien „völlig unwichtig" und „eher unwichtig" sowie die Angaben „eher wichtig" und „sehr wichtig" zu jeweils einer Kategorie zusammengefasst.

Ein erster Überblick über die Verteilung der bei der Verhängung eines Warnschussarrestes leitenden Gesichtspunkte in Abbildung 27 zeigt, dass die Anordnung des § 16a JGG bei der großen Mehrheit der Jugendrichter von Aspekten der negativen Spezialprävention geprägt ist.

Sowohl der Gedanke der Individualabschreckung des Täters durch den Freiheitsentzug als auch die Fühlbarkeit einer drohenden Jugendstrafe sind maßgebliche Motive für die Sanktionierung mit § 16a JGG. Nahezu die Gesamtheit aller Befragungsteilnehmer (97,2 %) erachtet die Vermittlung eines Hafteindrucks im Hinblick auf die drohende Vollstreckung der Jugendstrafe bei der Entscheidung über die Anordnung eines § 16a-Arrestes für einen eher oder sehr wichtigen Gesichtspunkt. Die Funktion einer Denkzettelwirkung, die bislang vor allem dem herkömmlichen Freizeitarrest zugeschrieben wurde,[1785] spielt für 69,9 % der Befragungsteilnehmer auch bei der Entscheidung über die Anordnung eines § 16a-Arrestes eine eher wichtige oder sehr wichtige Rolle; steht aber insgesamt hinter dem Bedürfnis der Abschreckung und der spürbaren Wahrnehmung der drohenden Haftstrafe zurück. Diese Ergebnis könnte andeuten, dass § 16a JGG nicht nur als kurzzeitige Schocktherapie, vergleichbar mit dem bisherigen

---

1784 Die Reliabilität ist ein Gütekriterium bei der Fragebogenerstellung, welches Aussagen über die Zuverlässigkeit der Testergebnisse ermöglicht und angibt, wie gering oder stark ein Test durch Messefehler verzerrt ist; *Döring/Bortz*, 2016, S. 442 f. Eine geeignete Vorgehensweise zur Reliabilitätsbestimmung bei einmaligen Untersuchungsdurchführungen stellt die Berechnung der internen Konsistenz der verwendeten Skalen unter Verwendung des Cronbachs-Alpha-Koeffizienten dar; *Blanz*, 2015, S. 225 f.; *Brosius*, 2013, S. 824 f. Für die Reliabilitätsanalyse wurde folgende Abstufung zugrunde gelegt: α-Wert von $\geq$.50: ausreichende Reliabilität, α-Wert von $\geq$.70: zufriedenstellende Reliabilität, α-Wert von $\geq$.90: hohe Reliabilität; *Wittenberg/Cramer/Vicari*, 2014, S. 256.
1785 Vgl. *Brunner/Dölling*, 2011, § 16 Rn. 15.

Arrest gem. § 16 JGG, verstanden wird, sondern vielmehr als letzte Mahnung und Vorstufe zur unbedingten Jugendstrafe.

Abbildung 27: Gründe für § 16a JGG

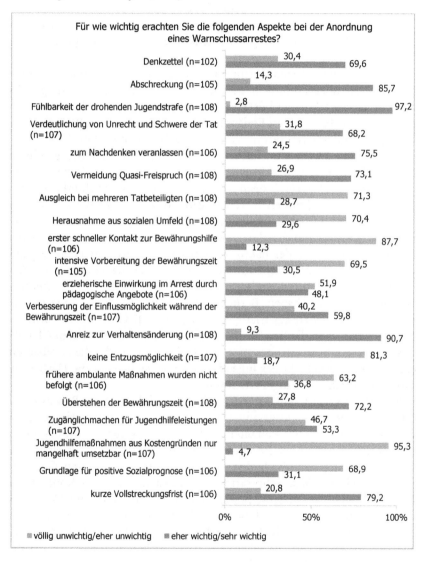

Nach den Ergebnissen aus der obenstehenden Abbildung soll der Arrest nach § 16a JGG aus der Sicht von 90,7 % der Jugendrichter grundsätzlich einen Anreiz zur Verhaltensänderung schaffen. Auch die gegenüber dem herkömmlichen Jugendarrest verkürzte Vollstreckungsfrist von drei Monaten gem. § 87 Abs. 4 S. 2 JGG scheint für die Jugendrichter ein wesentlicher Grund zu sein, von der Verhängung eines § 16a-Arrestes Gebrauch zu machen, wodurch die Bedeutung der urteilsnahen Vollstreckung bei Jugendlichen gestärkt wird.

Einen sehr viel höheren Zustimmungsanteil als es im Rahmen der Analyse der Urteilsbegründungen ersichtlich wurde, erhielt die Aussage: „Es soll ein falsches Verständnis von der Bewährungsstrafe als ‚Freispruch zweiter Klasse‘ bzw. ‚Quasi-Freispruch‘ vermieden werden." Während dieser Aspekt in den Urteilsgründen nur zu 3,6 % genannt wurde, hielten in der Befragung 73,1 % der Teilnehmer die Vermeidung eines gefühlten Freispruchs für eher bzw. sehr wichtig. Die Diskrepanzen zwischen den inhaltlichen Urteilsbegründungen zu § 16a JGG und den richterlichen Anwendungsmotiven können hier, wie ganz allgemein, zum einen daraus herrühren, dass an der Befragung auch diejenigen Jugendrichter teilnahmen, die § 16a JGG in der Praxis noch nie verhängt haben, zum anderen erscheint es aufgrund der häufig pauschalen oder gar fehlenden Begründung naheliegend, dass nicht alle Überlegungen der Jugendrichter, die Anlass zur Sanktionierung mittels § 16a JGG gaben, Eingang in die Urteilsbegründung gefunden haben. Berücksichtigt man, dass die Gründe für die Anordnung eines Arrestes nach § 16a Abs. 1 Nr. 1 JGG vor allem darin gesehen werden, dass die Bewährungsstrafe aufgrund ihres verbalen Charakters zu wenig fühlbar ist, verfestigt sich das Bild, dass es für die Fühlbarkeit einer Sanktion aus Sicht der Jugendrichter maßgeblich auf die Herbeiführung eines Freiheitsentzuges ankommt.

Bemerkenswert ist, dass Aspekte, welche die Einleitung der Bewährungshilfe charakterisieren, insgesamt für eher oder völlig unwichtig gehalten werden. Für 69,5 % der Befragten stellte sich die intensive Vorbereitung des Jugendlichen auf die Bewährungszeit im Arrestvollzug als eher oder völlig unwichtig dar. Auch den in der Literatur diskutierten Gesichtspunkt, durch den Warnschussarrest einen ersten, schnellen Kontakt zur Bewährungshilfe zu sichern, bewerteten die Jugendrichter zu 87,7 % als eher bzw. völlig unwichtig. Eine mögliche Ursache für den hohen Anteil derer, die die Kontaktaufnahme zur Bewährungshilfe für eher unwichtig einstuften, könnte darin zu sehen sein, dass, wie bereits ausgeführt, der Bewährungshelfer bei Arrestantritt häufig noch nicht bestimmt ist.

Etwas geteilter sind die Ansichten der Befragten zu den Chancen der erzieherischen Einwirkung auf den Jugendlichen. Immerhin 48,1 % der Teilnehmer sind der Auffassung, dass durch die pädagogischen Angebote während des Arrestvollzuges eine erzieherische Einwirkung auf den Jugendlichen erreicht werden kann, oder dieser – wie in der Diskussion um § 16a JGG vorgebracht[1786] – dazu genutzt werden kann, den Verurteilten für anschließende Jugendhilfemaßnahmen zugänglich zu machen (53,3 %: eher/sehr wichtig). Ein ähnlich großer Anteil von 59,8 % der Jugendrichter erachtet es für eher oder sehr wichtig, durch die erzieherische Einwirkung im Arrestvollzug bessere Voraussetzungen für die Einflussnahme in der Bewährungszeit zu schaffen. Folglich schreiben die Jugendrichter zwar der Funktion der Bewährungseinleitung durch § 16a JGG keine allzu große Bedeutung zu, sehen die Bewältigung der Bewährungszeit aber als einen wichtigen Aspekt bei der Entscheidung über § 16a JGG an. Erwartungswidrig stellte die Aussage „Der Warnschussarrest soll sicherstellen, dass der Jugendliche/Heranwachsende die Bewährungszeit übersteht" für knapp ein Drittel der Befragten (27,3 %) einen unwichtigen Gedanken dar. Die Verbesserung der Aussichten für eine Bewältigung der Bewährungszeit ist nach der Gesetzesbegründung jedoch klar formuliertes Ziel des § 16a JGG, ohne deren Beachtung die Gefahr besteht, dass die zumindest theoretisch angedachten Besonderheiten bei der Ausgestaltung des Arrestvollzuges nach § 16a JGG in den Hintergrund treten.

Von stark untergeordneter Bedeutung bei der Entscheidung über die Anordnung des § 16a JGG ist das von Befürwortern vorgebrachte Argument, durch den zusätzlichen Arrest könne sich der Jugendliche notwendigen Behandlungsmaßnahmen nicht entziehen. 81,3 % der Jugendrichter halten diesen Aspekt für völlig oder eher unwichtig. Auch die Bedenken des Schrifttums, die Anordnung des § 16a JGG könnte zur Anwendung gelangen, wenn dessen Zweck gleichfalls mit der Erteilung von Bewährungsauflagen oder Weisungen erreichbar ist, diese aber aus pekunären Gründen nicht umsetzbar sind,[1787] wurden von der Richterschaft kaum geteilt. Lediglich für 4,7 % der Jugendrichter spielen diesbezügliche Erwägungen

---

1786 Vgl. *Pürner*, Protokoll Nr. 86 vom 23. Mai 2012, S. 16, der den Arrest nach § 16a JGG auch dann für ein geeignetes Mittel hält, wenn eine Jugendhilfemaßnahme iniitiert ist, die Motivation des Jugendlichen an deren Mitwirkung aber noch zu steigern ist.

1787 *Wulf*, in: Meier/Rössner/Trüg/Wulf, JGG, § 16a Rn. 41; zum gleichgelagerten Problem der Anordnug härterer Sanktionen anstelle von Erziehungsmaßregeln bei Finanzierungsproblemen der Kosten für Jugendhilfeleistungen *Laubenthal/Baier/Nestler*, 2015, Rn. 566 f.

bei der Entscheidung über § 16a JGG eine eher oder sehr wichtige Rolle. Als Ersatz für ambulante Jugendhilfemaßnahmen kann der Arrest nach § 16a JGG folglich nicht eingestuft werden.

Erstaunlich ist zuletzt, dass mehr als zwei Drittel der Jugendrichter (68,9 %) der Aussage „Durch den Warnschussarrest kann überhaupt erst die Grundlage für eine positive Sozialprognose geschaffen werden." eine eher oder völlig unwichtige Bedeutung zusprachen. Als Grundlage für die Erstellung einer positiven Sozialprognose gem. § 21 Abs. 1 S. 3 JGG scheint § 16a JGG nur eingeschränkt von praktischer Relevanz zu sein. Dieses Meinungsbild fügt sich in das Ergebnis der Aktenanalyse, wonach die Gerichte lediglich in 15,5 % der Verurteilungen explizit oder durch die Andeutung als letzte Chance erkennen ließen, dass ohne die Möglichkeit des § 16a JGG keine positive Prognoseentscheidung über die Aussetzung zur Bewährung hätte getroffen werden können. Es ist daher zu vermuten, dass § 16a JGG den Rückgang unbedingter Jugendstrafen nur zu einem geringen Teil begünstigt. Dass es in vielen Fällen nicht darum geht, durch die Verhängung des § 16a JGG eine zu vollstreckende Jugendstrafe zu vermeiden, zeigt sich auch darin, dass immerhin die Hälfte der befragten Jugendrichter (50,5 %) auch Täter mit einer jugendlichen Trotzhaltung als prinzipiell geeignete Klientel für § 16a JGG sehen. Abgestellt wird damit auf ein Kriterium, das der BGH in seiner früheren Entscheidung zur Charakterisierung der herkömmlichen Arrestklientel herangezogen hat.[1788] Dies könnte durchaus einen net-widening-Effekt in die Richtung bedeuten, dass § 16a JGG - wie befürchtet[1789] – auch auf Jugendliche Anwendung findet, die vormals ausschließlich zu einem Jugendarrest verurteilt worden wären.

4. Gründe für die Nichtanwendung des § 16a JGG

Korrespondierend zu den Anwendungsmotiven des § 16a JGG sollten auch die Einwände gegen diese Sanktionserweiterung auf ihre praktische Bedeutsamkeit hin überprüft werden. Die hierzu erstellte Fragen-Matrix enthielt insgesamt 17 Items, wobei die Skalenbildung parallel zum Fragekomplex über die Beweggründe des § 16a JGG erfolgte. Die Reliabilitätsprüfung ergab an dieser Stelle einen Cronbach's Alpha von 0,801, so dass auch diese Skala als zuverlässig eingestuft werden kann.

1788 BGHSt 18, 207(210).
1789 *Hügel*, BewHi 1987, 50 (54).

Wie die nachfolgende Abbildung verdeutlicht, haben sich zu den Thesen wider der Verhängung eines Warnschussarrestes vor allem drei Aspekte als bedeutsam erwiesen:

Verfügt der Jugendliche bereits über Erfahrungen im Jugendarrestvollzug oder befand sich dieser im hiesigen oder einem früheren Verfahren in Untersuchungshaft, sind dies nach Auffassung von 87,5 % bzw. 93,8 % der Jugendrichter gewichtige Aspekte gegen die Anordnung eines Arrestes nach § 16a JGG. Umso erstaunlicher war es, dass nach den Ergebnissen der Aktenanalyse eine Vielzahl von Probanden eine Vorverurteilung zu Jugendarrest besaß.[1790] Aus der Sicht von 47,9 % der Befragten können auch sonstige freiheitentziehende Maßnahmen, wie beispielsweise eine Heimerziehung gem. § 12 Nr. 2 JGG oder eine vorläufige Unterbringung nach §§ 71 Abs. 2, 72 Abs. 4, 73 JGG bei der Entscheidung, von § 16a JGG Abstand zu nehmen, relevant werden.

Zweitrangige Bedeutung erlangt das Bestehen eines Arbeits- oder Ausbildungsverhältnisses, das durch den Arrestvollzug nicht unterbrochen werden soll und von 81,3 % der Befragten als ein eher oder sehr wichtiger Grund angesehen wird, von § 16a JGG Abstand zu nehmen.

Einen weiteren nicht unbeachtlichen Beweggrund gegen den Ausspruch eines § 16a-Arrestes bildet der Umstand, dass der Jugendliche durch Bewährungsauflagen besser erreichbar ist und sich diese daher als effektiver erweisen. Diese Überlegung der Jugendrichter entspricht dem Subsidiaritätscharakter des § 16a JGG.

1790 Siehe Teil 2 E.I.2.b)dd)(2).

Abbildung 28: Gründe gegen § 16a JGG

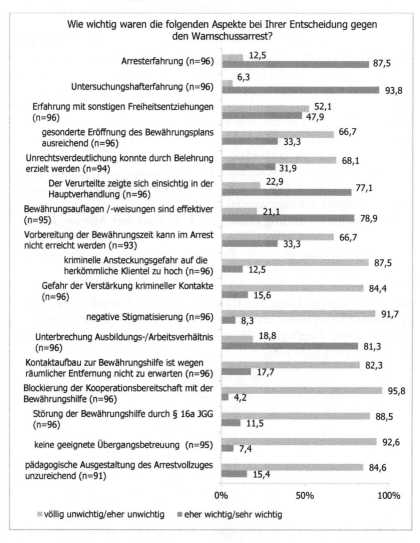

Wie wichtig waren die folgenden Aspekte bei Ihrer Entscheidung gegen den Warnschussarrest?

	völlig unwichtig/eher unwichtig	eher wichtig/sehr wichtig
Arresterfahrung (n=96)	12,5	87,5
Untersuchungshafterfahrung (n=96)	6,3	93,8
Erfahrung mit sonstigen Freiheitsentziehungen (n=96)	52,1	47,9
gesonderte Eröffnung des Bewährungsplans ausreichend (n=96)	66,7	33,3
Unrechtsverdeutlichung konnte durch Belehrung erzielt werden (n=94)	68,1	31,9
Der Verurteilte zeigte sich einsichtig in der Hauptverhandlung (n=96)	22,9	77,1
Bewährungsauflagen /-weisungen sind effektiver (n=95)	21,1	78,9
Vorbereitung der Bewährungszeit kann im Arrest nicht erreicht werden (n=93)	66,7	33,3
kriminelle Ansteckungsgefahr auf die herkömmliche Klientel zu hoch (n=96)	12,5	87,5
Gefahr der Verstärkung krimineller Kontakte (n=96)	15,6	84,4
negative Stigmatisierung (n=96)	8,3	91,7
Unterbrechung Ausbildungs-/Arbeitsverhältnis (n=96)	18,8	81,3
Kontaktaufbau zur Bewährungshilfe ist wegen räumlicher Entfernung nicht zu erwarten (n=96)	17,7	82,3
Blockierung der Kooperationsbereitschaft mit der Bewährungshilfe (n=96)	4,2	95,8
Störung der Bewährungshilfe durch § 16a JGG (n=96)	11,5	88,5
keine geeignete Übergangsbetreuung (n=95)	7,4	92,6
pädagogische Ausgestaltung des Arrestvollzuges unzureichend (n=91)	15,4	84,6

Wie nach den Ergebnissen der Aktenanalyse zu erwarten war, spielte die Eröffnung des Bewährungsplans und die Verdeutlichung des Unrechts durch eine eingehende, den Anforderungen des § 70a JGG entsprechende Belehrung des Jugendlichen für die Mehrheit der Befragten keine (66,7 %) bzw. eine eher unwichtige Rolle (68,1 %). Die Zurückstellung der Belehrung entspricht nicht den Gesetzesvorgaben in § 16a Abs. 1 Nr. 1 JGG, fügt sich aber in das Bild, dass § 16a JGG in der Praxis vorwiegend auf die Vermittlung eines Hafteindrucks und die drastische Spürbarkeit der Sanktion abgestellt wird, deren Zielsetzung durch eine verbale Belehrung nicht erreichbar ist.

Im Hinblick auf die letztlich auch bei dem bisherigen Jugendarrest immer wieder geäußerten Bedenken, der Arrestvollzug könne durch den Umgang mit anderen gleichaltrigen Straffälligen zu einer Intensivierung der kriminellen Beziehungen führen, zeigen die Ergebnisse der Befragung, dass diese Gefahr als gering eingeschätzt wird. Lediglich 15,6 % der Jugendrichter halten die Verstärkung krimineller Kontakte für einen (eher) wichtigen Gesichtspunkt bei der Entscheidung gegen § 16a JGG. Eine mögliche Erklärung für diese geringe Gewichtung könnte darin liegen, dass die nach § 16a JGG verurteilten Jugendlichen nach der Einschätzung des Gesetzgebers regelmäßig ein höheres kriminelles Gefahrenpotenzial aufweisen, so dass für diese Personengruppe eine ungünstige Ausweitung der kriminellen Kontakte nicht zu erwarten ist. Anderseits stellt die vorgebrachte Befürchtung, von der Klientel des § 16a JGG könne während des Arrestvollzuges eine kriminelle Ansteckungsgefahr auf die übrigen Arrestanten ausgehen, für die meisten Jugendrichter keinen bestimmenden Faktor bei der Entscheidung gegen die Verhängung eines Warnschussarrestes dar. Allein 12,5 % der Jugendrichter bewerteten diesen Aspekt für völlig bzw. eher wichtig. Damit scheint die Klientel des bisherigen Jugendarrestes und des § 16a JGG aus Sicht der Richterschaft eng beieinander zu liegen.

Ebenfalls von stark ungeordneter Bedeutung bei der Entscheidung gegen eine Sanktionierung mit § 16a JGG ist das Risiko einer negativen Stigmatisierung durch den zusätzlichen Jugendarrest (8,3 % eher/sehr wichtig), die daraus folgen kann, dass es infolge der Inhaftierung zu Kontaktabbrüchen im sozialen Umfeld des Jugendlichen kommt. Bei der Interpretation dieses Gesichtspunkts ist zu berücksichtigen, dass der Grund für die negative Etikettierung des Jugendlichen nicht nur im Zuschreibungsprozess durch familiäre und soziale Instanzen zu sehen ist, sondern primär in der formellen Kontrolle durch das Justizsystem und die Behörden selbst.[1791] Bereits das strafrechtliche Entscheidungshandeln des Jugendrichters führt zu einem Makel des Jugendlichen.

Nicht zu beobachten waren Bedenken im Hinblick auf eine Störung der Bewährungszeit durch die Kombination mit einem Freiheitsentzug. Nur für 11,5 % der Jugendrichter stellt die Gefahr einer Durchbrechung der Be-

---

1791 *Walter/Neubacher*, 2011, Rn. 567 f.

währungszeit durch den Arrestvollzug einen eher oder sehr wichtigen Umstand dar, von dessen Anordnung Abstand zu nehmen. Ähnlich ist das Meinungsbild zur Aussage: „Der Warnschussarrest hätte die Kooperationsbereitschaft zwischen dem Jugendlichen/Heranwachsenden und der Bewährungshilfe blockiert, da die Bewährungshilfe in Verbindung mit dem Warnschussarrest repressiven Sanktionscharakter erhält." Nur vier Jugendrichter (4,2 %) hielten diesen Aspekt für eher wichtig. Auch die räumliche Distanz zur Bewährungshilfe oder eine fehlende Übergangsbetreuung vom Jugendarrest bis zur ansetzenden Zusammenarbeit mit der Bewährungshilfe sind nur bei wenigen Jugendrichtern wichtige Faktoren, um von § 16a JGG Abstand zu nehmen. In Zusammenschau der Items mit Bezug zur Bewährungsförderung scheint die Gefahr einer negativen Beeinträchtigung der Bewährungszeit aus Sicht der Jugendrichter kaum gegeben zu sein.

5. Beurteilung des Strafzwecks

Empirisch hat sich gezeigt, dass auch die Strafzweckpräferenzen einen mitbestimmenden Einfluss auf die Sanktionsentscheidung des Richters haben. Nach der Untersuchung von *Forst und Wellford* kann die Schwere der richterlich verhängten Strafe zu einem Varianzanteil von 40% aus deren Einstellung zu den Strafzwecken erklärt werden.[1792] Als richtungsweisend für ein härteres Strafmaß wird der Strafzweck der Vergeltung und Sühne angesehen. So zeichnet sich in der von *Streng* in den Jahren 1979-1980 durchgeführten Justizbefragung ab, dass Jugendrichter mit einer Strafzweckpräferenz für den Vergeltungs- und Abschreckungsgedanken zu einer härteren Sanktionierung neigen, insbesondere zu vollstreckbaren Freiheitsstrafen.[1793] Angesichts des Umstandes, dass der Arrest nach § 16a JGG durch die Förderung der Bewältigung der Bewährungszeit eine verstärkt positiv-spezialpräventive Ausrichtung erfährt, andererseits aber aus der Praxis bekannt ist, dass die Individualabschreckung bei der Anordnung des Jugendarrestes gem. § 16 JGG eine entscheidende Rolle spielt und generalpräventive Aspekte bei der jugendgerichtlichen Entscheidung nicht vollständig außen vor bleiben,[1794] soll für die Koppelung von Jugendarrest und be-

---

1792 Zitiert nach *Endres*, MSchrKrim 1992, 309 (310).
1793 *Streng,* 1984, S. 219, 221 ff., 227 ff.; *ders.*, in: FS für Schünemann, 827 (837).
1794 Siehe zum Jugendarrest *Möller*, in: 18. JGT, 311 (315); zur Jugendstrafe *Buckolt*, 2009, S. 311 f., 324 f.; *Neubacher*, 1998, S. 310 ff.

dingter Jugendstrafe untersucht werden, welche Strafzwecke in die Entscheidung über die Verhängung eines zusätzlichen Arrestes gem. § 16a JGG einfließen.

Wie die nachfolgende Abbildung zeigt, wird der Spezialprävention bei der Verhängung eines Warnschussarrestes erwartungsgemäß die größte Bedeutung beigemessen.[1795] Im Verhältnis der negativen und positiven Spezialprävention nimmt die Abschreckungsfunktion einen deutlich höheren Stellenwert ein. Während 49,5 % der befragten Richter dem Strafzweck der Resozialisierung und Besserung des Täters eine starke Bedeutung zusprechen, steht bei 63,0 % die Abschreckungswirkung auf den Täter im Vordergrund. Auffallend ist, dass lediglich drei Jugendrichter (2,8 %; n=108) dem Abschreckungsgedanken überhaupt keine Bedeutung zusprechen. Obgleich der Gesetzgeber bei der Einführung des § 16a JGG dessen erhöhte erzieherische Funktion gegenüber dem herkömmlichen Jugendarrest hervorgehoben hat, scheint die Richterschaft der Schock- und Warnwirkung des § 16a-Arrestes, als mögliche letzte Vorstufe vor der zu vollstreckenden Jugendstrafe, größere Bedeutung beizumessen. Die besondere Betonung der negativen Spezialprävention als Strafzweck des § 16a JGG steht in Einklang mit der inhaltlich überwiegend auf § 16a Abs. 1 Nr. 1 JGG gestützten Begründung. Vor dem Hintergrund der empirischen Erkenntnisse zur mangelnden Abschreckungswirkung erscheint dies allerdings bedenklich.

1795 Die Abfrage der Strafzwecke orientierte sich an der Formulierung von *Streng*, 1984, S. 354, wobei auf eine Kategorie „keine Meinung" im Einklang mit der übrigen Fragestellung verzichtet wurde. Zu den absoluten Zahlenwerten aus Abbildung 29 siehe Anhang Tabelle B6.

Abbildung 29: Strafzwecke im Rahmen von § 16a JGG

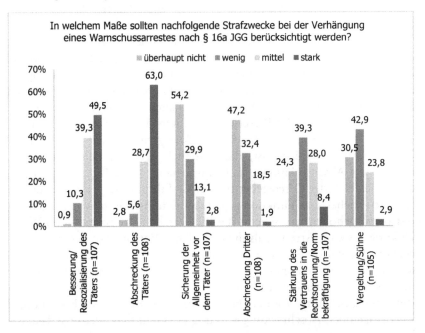

In welchem Maße sollten nachfolgende Strafzwecke bei der Verhängung eines Warnschussarrestes nach § 16a JGG berücksichtigt werden?

Ein nicht unbedeutender Anteil der Jugendrichter verbindet mit der Sanktionierung nach § 16a JGG in starkem (8,4 %) oder mittleren (28,0 %) Maße auch positiv generalpräventive Erwägungen. Nur für knapp ein Viertel (24,3 %) der Richter spielten die Stärkung des Vertrauens in die Rechtordnung und die Normbekräftigung als Aspekte der positiven Generalprävention überhaupt keine Rolle. In der Rechtspraxis dient der Arrest nach § 16a JGG folglich auch dazu, das Vertrauen der Bevölkerung in die Geltungs- und Durchsetzungskraft der Rechtsordnung zu bestätigen. Von Relevanz könnten positiv generalpräventive Aspekte insbesondere bei mehreren Tatbeteiligten sein, bei denen die Tatproportionalität in der Sanktion zum Ausdruck gebracht werden soll, sowie bei der Begehung schwerer, durch besondere Brutalität gekennzeichnete Straftaten. Mit der Anwendung des § 16a JGG auf Gewalttaten könnte sich zudem erklären lassen, dass 26,7 % der Befragten auch den Vergeltungs- und Schuldausgleichsgedanken in (mittel)starkem Maße bei § 16a JGG berücksichtigt wissen wollen. Dies legt nahe, dass der Unrechtsverdeutlichung im Sinne von § 16a Abs. 1 Nr. 1 JGG nicht nur eine spezialpräventive Komponente, sondern contra legem auch Schuldausgleichcharakter beigemessen wird.

Die Sicherung der Allgemeinheit vor dem Täter als Strafzweck stieß bei der befragten Personengruppe erwartungsgemäß auf die größte Ablehnung. Aufgrund der zeitlichen Kürze des Arrestes verwundert es nicht, dass nach Meinung von 54,2 % dieser Strafzweck für § 16a JGG überhaupt keine Bedeutung besitzt.

6. Auswirkung des § 16a JGG auf die Gesamtsanktionierung

Um eine Antwort auf die Frage zu finden, ob die Anordnung eines, zur Bewährungssanktion hinzutretenden Arrestes, wie teils angenommen,[1796] zu einer zusätzlichen Dreingabe für den Jugendlichen wird, sollten diejenigen Jugendrichter, die bereits mindestens einmal von der Festsetzung eines Jugendarrest nach § 16a JGG Gebrauch gemacht hatten, Angaben dazu machen, wie sich der Ausspruch des zusätzlichen Arrestes auf die Dauer der Jugendstrafe und die Bewährungszeit auswirkte und auf welche Sanktionen sie in diesen Fällen vor der Einführung des Warnschussarrestes zurückgegriffen hätten.

a) Einfluss auf die Bewährungsstrafe

Auf die Frage, ob die Anordnung des zusätzlichen Arrestes nach § 16a JGG die Länge der verhängten Jugendstrafe beeinflusst, gaben 13 Befragte (16,5 %), die in der Praxis bereits von § 16a JGG Gebrauch gemacht hatten (n=79) an, dass dieser selten bis immer Auswirkungen auf die Dauer der Jugendstrafe hatte (zu den Absolutwerten s. Anhang Tabelle B7).[1797] Die Anordnung des Arrestes führte in diesen Fällen regelmäßig zu einer kürzeren Jugendstrafe. Ein Teilnehmer gab an, dass dies immer der Fall gewesen ist. Umgekehrt bewirkte der Arrest nur im Ausnahmefall eine Verlängerung der Jugendstrafe (s. Anhang Tabelle B8).[1798] Für 83,5 % war die Arrestverhängung hingegen ohne Bedeutung für die ausgesprochene Dauer der Jugendstrafe.

1796 Siehe zur Gefahr eines net-widening-Effekts Teil 1 B.II.8.

1797 Von zwei Personen wurden die Fragen 4 bis 7 beantwortet, obwohl von § 16a JGG nach eigenen Angaben noch kein Gebrauch gemacht wurde. Die Angaben dieser Personen blieben bei der Auswertung unberücksichtigt.

1798 Zwei Teilnehmer gaben an, dass die Dauer der Jugendstrafe selten länger ausfiel als bei einer Jugendstrafe ohne Bewährung. n=9; fehlende Werte: 4.

Abbildung 30: Auswirkung des § 16a JGG auf die Dauer der Jugendstrafe bei
§ 21 JGG

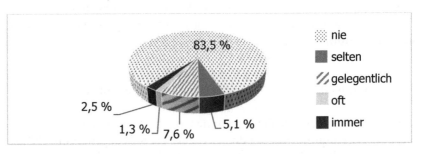

(n=79)

Bei dem Vorbehalt der Aussetzungsentscheidung nach § 61 JGG äußerten nur 4 der 35 Rechtsanwender (fehlender Wert: 1), dass § 16a JGG selten, gelegentlich oder oft zu einer kürzen Jugendstrafe führte (s. Anhang Tabelle B7).[1799] Bei einer verkürzten Jugendstrafe kann sich die Anordnung eines Warnschussarrestes mithin positiv für den Verurteilten auswirken. Wurde die Verhängung der Jugendstrafe gem. § 27 JGG zur Bewährung ausgesetzt, hatte die Anordnung zu einem vergleichbaren Anteil von 14,6 % Einfluss auf die später, im Nachverfahren gem. § 30 Abs. 1 JGG ausgesprochene Jugendstrafe (s. Anhang Tabelle B7). Dabei ist allerdings zu berücksichtigen, dass mögliche Auswirkungen nur angenommen werden können, wenn der Schuldspruch nicht nach § 30 Abs. 2 JGG getilgt wird. Während 2 der 6 Jugendrichter, für die der Arrest nach § 16a JGG Auswirkungen auf die im Nachverfahren ausgesprochene Jugendstrafe hatte, die Dauer der Jugendstrafe als kürzer einstuften,[1800] führte § 16a JGG aus der Sicht von drei Jugendrichtern (n=5; fehlende Werte: 1) zu einer längeren Jugendstrafe als ohne die zusätzliche Arrestoption. Aufgrund der geringen Personenanzahl müssen die Angaben über die Auswirkungen des § 16a JGG auf die Jugendstrafe aber insgesamt mit Vorsicht betrachtet werden.

Auf die Dauer der Bewährungszeit hatte § 16a JGG aus der Sicht von 97,3 % der Anwender keinen Einfluss. Dies entspricht der Intention des

---

1799 Länger fiel die Dauer der Jugendstrafe in keinem Fall aus. Zwei Personen gaben explizit an, dass dies nie der Fall gewesen ist, zwei Personen verweigerten die Antwort.

1800 Eine Person gab an, dass dies „gelegentlich" der Fall sei, die zweite beantwortete die Frage mit „oft"; fehlende Werte: 2.

§ 16a JGG, der dem Jugendlichen als Bewältigungshilfe dient und die Bewährungszeit nicht ersetzen soll.

Die nachfolgende Abbildung gibt einen gesammelten Überblick über die Auswirkungen des § 16a JGG auf die Bewährungsstrafe, wobei zur besseren Übersichtlichkeit die Abstufungen „selten –gelegentlich –oft – immer" in eine Rubrik zusammengezogen wurden.

Abbildung 31: Auswirkungen des § 16a JGG auf die Bewährungsstrafe

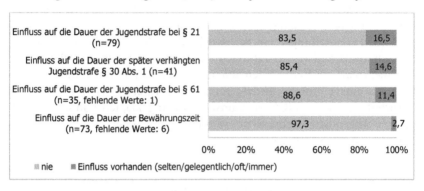

Die Vermutung, die Anordnung eines Warnschussarrestes könnte aufgrund des damit möglicherweise verbundenen Abschreckungseffekts zur Verhängung kürzerer Jugendstrafen beitragen,[1801] wird durch die Ergebnisse der Jugendrichterbefragung nur zu einem äußerst geringen Teil gestützt. Ganz überwiegend hat die Verhängung eines § 16a-Arrestes weder Auswirkungen auf die Dauer der Jugendstrafe, noch auf die Bewährungszeit. Soweit eine Einflussnahme auf die Jugendstrafe überhaupt angenommen wird, neigen die Jugendrichter in der Tendenz eher zu einer kürzeren Jugendstrafe als bei einer bloßen Bewährungsstrafe ohne § 16a JGG. Ein klares Bild zeichnet sich jedoch nicht ab. Die Dauer der verhängten Jugendstrafe wird letztlich, wie ein Richter anmerkte, von den jeweiligen Umständen des Einzelfalls abhängen.

1801 Vgl. *Klatt/Ernst/Höynck u.a.*, 2016, S. 42.

b) Strafschärfende oder haftvermeidende Funktion des § 16a JGG

Nachdem sich sowohl in der Aktenanalyse als auch in der richterlichen Bewertung der für die Entscheidung über § 16a JGG relevanten Gesichtspunkte gezeigt hat, dass der Warnschussarrest als Mittel zur Vermeidung einer unmittelbar zu vollstreckenden Jugendstrafe nur begrenzt Bedeutung erlangt, wurden die Jugendrichter, soweit sie von der Anordnung eines § 16a-Arrestes in der Praxis bereits Gebrauch gemacht hatten, gebeten anzugeben, welche Sanktionen sie in diesen Konstellationen vor Inkrafttreten des § 16a JGG verhängt hätten. Dabei ist zu berücksichtigen, dass hypothetische Fragestellungen ein gewisses Maß an Unsicherheiten bergen und die Sanktionswahl durch zahlreiche Einzelfallumstände und Persönlichkeitsmerkmale des Verurteilten geprägt ist. Gleichfalls schien die Fragestellung das einzig probate Mittel, um zu überprüfen, inwieweit durch die Verurteilung zu § 16a JGG zu Gunsten des Angeklagten von einer unbedingten Jugendstrafe abgesehen werden konnte oder es umgekehrt zu einer Strafverschärfung kam.

aa) Spektrum milderer Alternativsanktionen

Auffallend ist zunächst, dass 7,7 % (n=65; fehlende Werte: 14[1802], s. Anhang Tabelle B9) der Befragten anstelle von § 16a JGG immer oder zu mehr als 50 % allein einen Jugendarrest gem. § 16 JGG oder gekoppelt mit einem sozialen Trainingskurs (13,8 %; n=65) ausgesprochen hätten. Dies überrascht, da der herkömmliche Jugendarrest gerade auf solche Jugendliche Anwendung finden soll, die noch nicht über derart weitreichende, verfestigte Persönlichkeitsmängel verfügen, dass eine Jugendstrafe geboten ist, und die auf der Kriminalitätsleiter daher noch weiter unten stehen. Der Rekurs auf den Jugendarrest gem. § 16 JGG macht deutlich, wie nahe die Grenzen von Jugendarrest und Jugendstrafe im Einzelfall beieinander liegen und stützt die These eines gewissen Austauschprozesses zwischen Jugendarrest und Jugendstrafe.[1803] Die Befürchtung, die Sanktionskoppelung könnte bei solchen Jugendlichen, die bisher allein zu einem Jugendarrest

---

1802 Im Rahmen von Frage 10 waren fehlende Werte bei den einzelnen Items zum Teil darauf zurückzuführen, dass vor Inkrafttreten des § 16a JGG immer auf eine Sanktion zurückgergiffen worden wäre und daher von der Beantwortung der übrigen Items Abstand genommen wurde.

1803 Hierzu *Heinz*, Forum Strafvollzug 2011, 71 (76) *Dölling*, in: 29. JGT, 141 (146).

gem. § 16 JGG verurteilt worden wären, zu einer schärferen Sanktionierung führen, erscheint berechtigt.[1804] Ein Rückgriff auf den Jugendarrest als Alternativsanktion zu § 16a JGG erscheint insbesondere in Verfahrenskonstellationen naheliegend, in denen ein Angeklagter zu Jugendarrest, ein anderer zu einer Bewährungsstrafe verurteilt wird. Nach den Ergebnissen einer Studie von *Hauser* ziehen Jugendrichter die mehrmalige Verhängung eines Jugendarrestes der Jugendstrafe unter anderem vor, wenn der „rabiatere" Rechtsbrecher gegenüber dem Mitläufer mit einer zur Bewährung ausgesetzte Jugendstrafe davon käme oder die Bewährungsstrafe als Freispruch aufgefasst werden würde.[1805] Die Koppelung von Jugendarrest und Bewährungsstrafe führt in diesen Fällen folglich zu einer stärkeren Sanktionsfolge für den Täter.

Der Eindruck, dass § 16a JGG in vielen Fällen zu einer härteren Bestrafung des Jugendlichen führt, wird durch die Angaben der Jugendrichter zu einer Jugendstrafe mit Bewährung als Alternativsanktion gestärkt.

Abbildung 32: Alternativsanktion zu § 16a JGG: Jugendstrafe zur Bewährung und gleiche Weisungen/Auflagen

Abbildung 33: Alternativsanktion zu § 16a JGG: Jugendstrafe zur Bewährung und noch mehr Weisungen/Auflagen

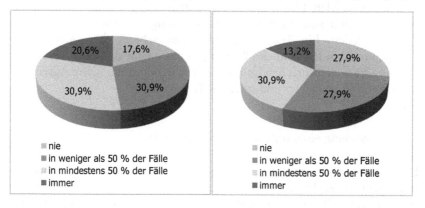

(n=68; fehlende Werte: 11 in beiden Abbildungen)

Mehr als die Hälfte der Jugendrichter mit praktischer Erfahrung zu § 16a JGG hätten ohne die Möglichkeit der Sanktionskoppelung in min-

---

1804 So bereits die Befürchtung von *Hügel*, BewHi 1987, 50 (54).
1805 *Hauser*, 1980, S. 79.

destens 50 % der Fälle oder immer ebenfalls eine zur Bewährung ausgesetzte Jugendstrafe verhängt und dem Jugendlichen die gleichen Bewährungsauflagen oder Weisungen auferlegt. Dies erweckt den Eindruck, dass § 16a JGG als zusätzliches Ahndungsinstrument genutzt wird. Die Gefahr eines net-widening-Effekts, d.h. die Anwendung von § 16a JGG bei Tätern, die ohnehin eine Jugendstrafe zur Bewährung erhalten hätten, ist in diesen Fällen nicht vollständig von der Hand zu weisen. Von noch mehr Auflagen oder Weisungen hätten in demselben Bereich 44,1 % Gebrauch gemacht.

Um darauf zu schließen, inwieweit die Jugendrichter der Sanktionierung mit § 16a JGG möglicherweise Ersatzcharakter für die Weisung in Gestalt der Teilnahme an einem sozialen Trainingskurs gem. § 10 Abs. 1 S. 3 Nr. 6 JGG zusprechen,[1806] wurde die Aussetzung der Jugendstrafe zur Bewährung gekoppelt mit einem sozialen Trainingskurs als Alternativsanktion zu § 16a JGG gesondert abgefragt. Ein Viertel der Jugendrichter (25,8 %, s. Anhang Tabelle B9) hätte anstelle des § 16a JGG nie eine Jugendstrafe zur Bewährung verbunden mit einem sozialen Trainingskurs verhängt; für 33,3 % wäre die Anordnung eines sozialen Trainingskurses in weniger als 50 % der Fälle eine denkbare Alternativlösung gewesen. Zwei Jugendrichter (3,0 %) hätten stets eine Bewährungsstrafe gekoppelt mit einem sozialen Trainingskurs angeordnet; weitere 37,9 % der Jugendrichter konnten sich diese Sanktionskoppelung in mindestens 50 % der Fälle vorstellen. Ein Teil der Richterschaft scheint dem Arrest nach § 16a JGG zumindest ähnliche Wirkungen wie einem ambulanten sozialen Trainingskurs zuzusprechen und signalisiert damit eine gewisse Austauschbarkeit von Jugendarrest und sozialem Trainingskurs.

bb) Vermeidung einer unbedingten Jugendstrafe

Die Vorstellung, mittels des § 16a-Arrestes einen Rückgang der unbedingten Jugendstrafen bewirken zu können, wird man auf der Grundlage der nachfolgenden Befragungsergebnisse eher als fragwürdig einstufen müssen: Von der Verhängung einer unmittelbar zu vollstreckenden Jugendstrafe hätten nach der alten Rechtslage lediglich zwei Jugendrichter (2,8 %) stets Gebrauch gemacht, 12 weitere Jugendrichter (16,7 %) in mindestens

---

1806 Hinsichtlich der Frage, ob der Jugendarrest von den Gerichten möglicherweise als Ersatz für einen sozialen Trainingskurs angeordnet wird, deuten sich unterschiedliche Ergebnisse an, vgl. hierzu *Laubenthal/Baier/Nestler*, 2015, Rn. 694.

50 % der Fälle. 43,1 % der Jugendrichter gaben an, dass sie auch ohne die Möglichkeit zur Sanktionskoppelung nach § 16a JGG in keinem Fall von einer zu vollstreckenden Haftstrafe Gebrauch gemacht hätten. Für den Großteil der Richterschaft scheint § 16a JGG folglich kein Mittel zur Vermeidung einer unbedingten Jugendstrafe zu sein. Das Bild zur Abfrage der unbedingten Jugendstrafe als mögliche Alternativsanktion zu § 16a JGG fügt sich die präferierten Anwendungsgründe für § 16a JGG (hierzu oben Teil 2 E.II.3.)

Abbildung 34: Alternativsanktion zu § 16a JGG: Jugendstrafe ohne Bewährung

Anstelle von § 16a JGG hätte ich eine unbedingte Jugendstrafe ohne Bewährung verhängt (n=72)

- nie
- in weniger als 50 % der Fälle
- in mindestens 50 % der Fälle
- immer

2,8%
16,7%
43,1%
37,5%

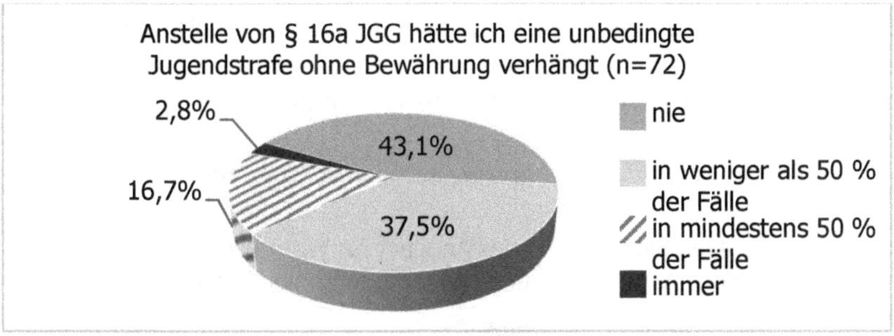

(fehlende Werte: 7)

Betracht man die anstelle des § 16a JGG verhängten Sanktionen in ihrer Gesamtheit, stellt sich der Arrest nach § 16a JGG nur zu einem geringen Prozentsatz als „zusätzliche Treppenstufe"[1807] vor der Verhängung einer unbedingten Jugendstrafe dar. Die Befürchtung der Kritiker, § 16a JGG könnte zu einer Ausweitung der sozialen Kontrolle und zu einer Erhöhung freiheitsentziehender Sanktionen führen, lässt sich nicht widerlegen.

7. Arrestkenntnisse und Erwartungen an den Vollzug

Nach der Gesetzesbegründung hat der Jugendrichter bei seiner Entscheidung über die Arrestanordnung nach § 16a JGG ebenfalls zu prüfen, ob eine behandlungsorientierte Gestaltung des Arrestvollzugs zu erwarten ist, die der Erreichung des Sanktionsziels förderlich ist.[1808] Die Verurteilung

---

1807 Zu dieser Bezeichnung *Klatt/Ernst/Höynck u.a.*, 2016, S. 25.
1808 BT-Drucks. 17/9389, S. 12.

zu § 16a JGG setzt damit notwendigerweise voraus, dass die Jugendrichter mit der Vollzugssituation des Warnschussarrestes vertraut sind und hinreichende Informationen über die bestehenden Angebote während des Arrestvollzuges besitzen.

a) Kenntnisstand und Informationen zum Arrestvollzug

Nach der Selbsteinschätzung der Jugendrichter fühlten sich 22,5 % der Befragten gut über die Angebote für Warnschussarrestanten in den Jugendarrestanstalten München und Nürnberg informiert, 17,6 % gaben ihren Kenntnisstand zumindest mit befriedigend an. Erstaunlich war der große Anteil derer, die nach eigener Meinung über keine ausreichenden Kenntnisse zu den Maßnahmen im Arrestvollzug verfügten.

Abbildung 35: Kenntnisse zum Vollzug des Warnschussarrestes

(fehlende Werte: 6)

Doch auch diejenigen Richter, die sich ungenügend über die Vollzugsangebote informiert fühlten (n=33), machten in der Praxis zu 54,5 % von § 16a JGG Gebrauch. Da Erwägungen über die Geeignetheit des Arrestvollzuges zur Bewährungsbewältigung infolge der defizitären Kenntnislage in diesen Fällen nur bedingt in die Rechtsfolgenentscheidung einfließen können, bleibt die Anwendung des § 16a JGG hinter der Vorstellung des Gesetzgebers zurück.

Etwas besser, wenn auch in der Tendenz vergleichbar, sieht die Lage zum herkömmlichen Jugendarrest aus. Hier bewerteten 29,0 % der Befragten ihre Kenntnisse über die Ausgestaltung des Arrestvollzuges, z.B. in der Form von Therapieangeboten, Arresttag und Ausstattung der Arrestanstalten, mit ungenügend. Erstaunlich ist, dass sich mehr Befragte gut über den Warnschussarrestvollzug informiert fühlten, als dies beim bisherigen

Jugendarrest der Fall ist. Wie der Vergleich von Abbildung 35 und 36 zeigt, ist der Anteil derer, die ihre Kenntnisse über die Vollzugsgestaltung des § 16a JGG für gut oder befriedigend befinden, in der Summe mit 40,1 % jedoch geringer als beim bisherigen Jugendarrest mit 47,6 %. Die Unterschiede im Kenntnisstand der Jugendrichter könnten dadurch bedingt sein, dass der Jugendarrest nach § 16 JGG eine deutlich höhere Praxisrelevanz besitzt als der Arrest nach § 16a JGG, so dass die Jugendrichter mit den Behandlungskonzepten und dem Arrestalltag im herkömmlichen Jugendarrest womöglich in höherem Maße vertraut sind.

Abbildung 36: Kenntnisse zum bisherigen Jugendarrestvollzug

Wie bewerten Sie Ihre Kenntnisse über die Ausgestaltung des bisherigen Jugendarrestvollzuges? (n=107)

16,8 %
29,0 %
23,4 %
30,8 %

- ungenügend
- ausreichend
- befriedigend
- gut

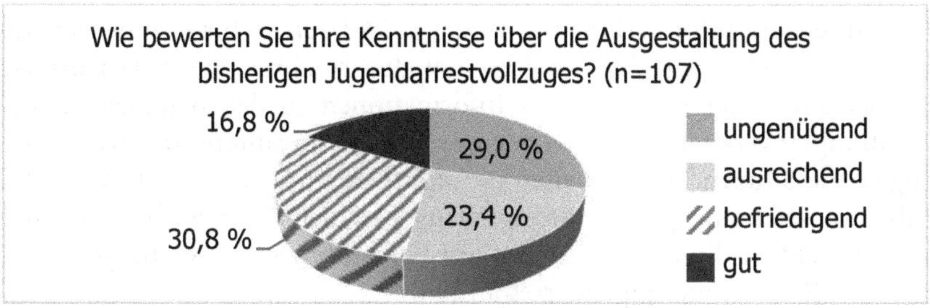

(fehlende Werte: 1)

Entsprechend dem häufig als ungenügend oder ausreichend beschriebenen Wissensstand zur tatsächlichen Ausgestaltung des Warnschussarrestvollzuges wünschten 42,7 % (von n=96; fehlende Werte: 12) der Befragten weitere Informationen in Zusammenhang mit § 16a JGG. Folgende Gesichtspunkte wurden von den Teilnehmer genannt:

Tabelle 56: Art der gewünschten Informationen zu § 16a JGG

Art der gewünschten Information	absolute Häufigkeit
Information über mögliche Behandlungs- und Therapieangebote im Arrest, schriftlich oder per Mail; Übersicht über die angebotenen Maßnahmen	17
Information über personelle Ausstattung	1
ausführliches Vollzugsprotokoll über den Arrestverlauf und die Behandlung	3

Art der gewünschten Information	absolute Häufigkeit
Besuch einer JAA/Fortbildungs- oder Informationsveranstaltungen	13
komplette Broschüre/ Skript	2
Erfahrungsaustausch mit anderen Jugendarrestanstalten	1
Fortschritte in der Umsetzung der gesetzlichen Regelung/ Reaktionen auf den Vollzug des Warnschussarrestes	2

(n= 35; fehlende Werte: 6[1809]; Mehrfachnennung möglich;)

Sofern weitere Informationen in Bezug auf § 16a JGG für erforderlich gehalten wurden, sahen die Jugendrichter den Nachrüstungsbedarf primär im Bereich weiterer schriftlicher Informationen zu den bestehenden Behandlungsangeboten und Therapiemöglichkeiten während des Arrestvollzuges. Viele Jugendrichter halten es folglich für wünschenswert mehr darüber zu erfahren, was im Arrestvollzug geschieht. Für wichtig erachtet wurden zudem die Durchführung von Fortbildungsveranstaltungen und/ oder der Besuch einer Jugendarrestanstalt.

b) Bewertung des Arrestvollzuges und inhaltliche Gestaltungselemente

Die Notwendigkeit weiterer Informationen in Bezug auf die Arrestgestaltung des § 16a JGG wird anhand des Wissenstandes der Jugendrichter zu den sozialpädagogischen Angeboten für Warnschussarrestanten in den Jugendarrestanstalten München und Nürnberg deutlich. 41,7 % der Jugendrichter konnten keine Aussage über die Angebote für Warnschussarrestanten treffen, da diesbezüglich keinerlei Kenntnisse vorhanden waren. Daneben bewerteten 38,0 % der Jugendrichter die sozialpädagogischen Angebote als eher oder sehr positiv, so dass dem Arrest nach § 16a JGG durchaus ein erzieherisches Potenzial zugeschrieben wird.

1809 Sechs von 41 Personen gaben zwar an weitere Informationen zu wünschen, haben diese jedoch nicht weiter spezifiziert und wurde daher als fehlende Werte gezählt.

*Abbildung 37: Bewertung der sozialpädagogischen Angebote im Warnschussar-
restvollzug*

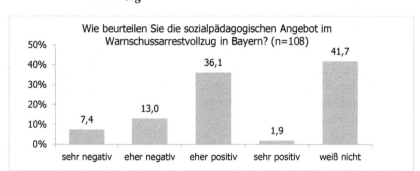

Nicht zu übersehen ist, dass immerhin 22 Jugendrichter (20,4 %) die derzeitige sozialpädagogische Ausgestaltung des § 16a-Arrestes als sehr oder
zumindest eher negativ beurteilten. Bei einer negativen Bewertung wurden die Angebote häufig als nicht ausreichend oder „kaum vorhanden"
(R76) umschrieben. Ein Jugendrichter (R58) merkte am Ende des Fragebogens an:

> „In [...] gibt es keinen Unterschied zwischen Arrest- und Warnschuss-
> arrestvollzug. Da Warnschussarrestanten wegen Straftaten von deut-
> lich mehr Gewicht einsitzen und das Risiko des Widerrufs haben, soll-
> te hier eine viel intensivere Betreuung erfolgen."

Der Gesetzgeber selbst hat an die Vollzugsituation des Warnschussarrestes
in den Jugendarrestanstalten im Hinblick auf die gegenüber dem herkömmlichen Arrest eigenständige Klientel des § 16a JGG erhöhte Anforderungen gestellt. Danach dient der Arrest nach § 16a JGG „ersten Behandlungsmaßnahmen, um persönlichen und sozialen Defiziten zu begegnen"[1810]. Im Hinblick auf die Vollzugsgestaltung führt die Gesetzesbegründung aus:

> „Es dürfte deshalb angezeigt sein, dass die Länder zunächst spezifische
> Behandlungskonzepte für die neue Vollzugspopulation entwickeln,
> möglicherweise einschließlich personeller Vorkehrungen im Hinblick
> auf das erforderliche Fachpersonal. [...] Bedenkt man, dass einerseits
> von den vorliegend betroffenen schwerer belasteten Gefangenen
> schädliche Einflüsse auf die Klientel im Vollzug des herkömmlichen

---

1810 BT-Drucks. 17/9389, S. 12.

Jugendarrests zu gewärtigen sind und dass andererseits ihre Aufnahme im Jugendstrafvollzug dort zu Belastungen und Beeinträchtigungen der Vollzugsabläufe führen könnte, dann könnten auch räumliche oder sogar bauliche Maßnahmen erforderlich werden."[1811]

Ob diese Überlegungen des Gesetzgebers auf Zustimmung in der Richterschaft stoßen, und welche Aspekte bei der Ausgestaltung des Warnschussarrestvollzuges für besonders wichtig erachtet werden, wurde anhand eines Fragenkatalogs bestehend aus 12 Items erfragt. Die Auswertung ergibt folgendes Meinungsbild:

Abbildung 38: Wichtige Aspekte bei der Vollzugsgestaltung des § 16a JGG

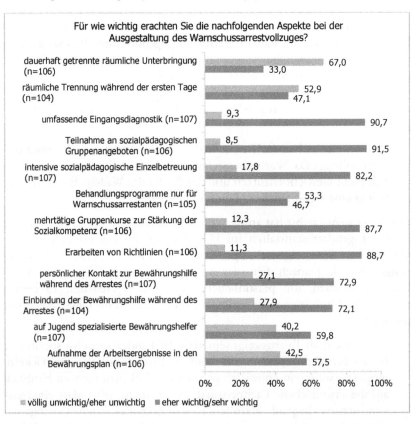

1811 So BT-Drucks. 17/9389, S. 21.

Die in der Gesetzesbegründung angesprochene räumlich getrennte Unterbringung der Arrestanten mit einer Verurteilung nach § 16a JGG halten die Jugendrichter mehrheitlich für nicht notwendig. Zudem stufen mehr als die Hälfte der Jugendrichter (53,3 %) den Nutzen eigenständiger Vollzugsprogramme, die ausschließlich die Klientel des § 16a JGG adressieren, für völlig oder eher unwichtig ein. Die gesetzgeberische Überlegung, spezifische Behandlungskonzepte für die zu § 16 JGG verurteilten Arrestanten zu entwickeln, findet im Empfinden der Richterschaft damit nur teilweise Entsprechung. Dies lässt mutmaßen, dass sich die Klientel des § 16a JGG nach der Einschätzung vieler Jugendrichter nicht allzu sehr von der sonstigen Vollzugspopulation in den Arrestanstalten unterscheidet. Insbesondere zu den Jugendlichen, die wegen der Nichteinhaltung ihrer Bewährungsauflagen oder Weisungen einen Ungehorsamsarrest gem. §§ 11 Abs. 3 S. 1, 15 Abs. 3 S. 2 JGG verbüßen, mag die Nähe besonders groß sein, da das Gericht hier gleichfalls von dem Vorliegen der Voraussetzungen für die Verhängung der Jugendstrafe ausgegangen ist.

Für besonders wichtig erachten die Befragten die Teilnahme an sozialpädagogischen Gruppenangeboten, die Durchführung einer intensiven sozialpädagogischen Einzelbetreuung sowie die Möglichkeit zur Teilnahme an mehrtägigen Gruppenkursen zur Stärkung der Sozialkompetenz. Trotz des mit der Verhängung des § 16a JGG favorisierten Abschreckungs- und Spürbarkeitseffekts, wie er im Rahmen der Aktenanalyse sichtbar geworden ist, scheint die aktive Zusammenarbeit mit dem Jugendlichen bei den Jugendrichtern im Vordergrund zu stehen. Die Idee des Gesetzgebers, mit dem Jugendlichen während des Arrestvollzuges gemeinsam Verhaltensrichtlinien für die Zeit nach seiner Entlassung, beispielsweise im Umgang mit Gleichaltrigen, zu erarbeiten,[1812] stößt bei den Jugendrichtern gleichfalls auf hohe Akzeptanz. 88,7 % stufen diese Form der Zusammenarbeit als eher oder sehr wichtig ein. Deutlich wird darüber hinaus, dass das Ziel der positiven Bewährungsbewältigung und die enge Vernetzung zur Bewährungshilfe eine wichtige Rolle spielen. Mehr als 70 % der Befragten sind der Auffassung, dass ein persönlicher Kontakt zum Bewährungshelfer während des Arrestes und die frühzeitige Einbindung der Bewährungshilfe in die Zusammenarbeit mit dem Jugendlichen wichtige Aspekte darstellen. Der besonders hohe Zuspruch der Jugendrichter für eine integrative Zusammenarbeit mit der Bewährungshilfe erstaunt, da die Sicherstellung eines ersten Kontakts zur Bewährungshilfe nur für 12,3 % und die Erwartung, im Arrestvollzug könne eine intensive Vorbereitung der Bewäh-

---

1812 BT-Drucks. 17/9389, S. 13.

rungszeit geleistet werden, für knapp ein Drittel (30,5 %) der Richter eine wichtige Rolle bei der Entscheidung für § 16a JGG spielen. Die gezielte Vorbereitung der Bewährungshilfe stellt folglich nicht den ausschlaggebenden Grund für den Ausspruch eines § 16a JGG dar, bildet aber aus Sicht der Richter einen bedeutsamen Aspekt bei der Vollzugsgestaltung.

Dieses Meinungsbild der Jugendrichter relativiert zudem die Ergebnisse der Aktenanalyse, nach denen die Vorbereitung der Bewährungszeit in der Urteilsbegründung einen untergeordneten Stellenwert einnahm.[1813] Berücksichtigt man, dass nach den Befunden der Aktenanalyse lediglich 17,5 % der Dauerarrestanten während des Arrestes Kontakt zur Bewährungshilfe hatten und vor allem bei auswärtigen Bewährungshelfern häufig nur ein sehr rudimentärer Austausch über den Arrestverlauf stattfindet,[1814] fallen die richterlichen Erwartungen und die tatsächliche Arrestpraxis bezüglich der Einbindung der Bewährungshilfe während des Arrestvollzuges augenfällig auseinander.

Die Gesetzesbegründung enthält weiterhin den Vorschlag, die Arbeitsergebnisse aus dem Arrestvollzug, insbesondere wenn mit dem Jugendlichen Verhaltensrichtlinien für die Zeit nach dem Arrest erarbeitet werden, in den jugendgerichtlichen Bewährungsbeschluss bzw. Bewährungsplan einfließen zu lassen.[1815] Die Integration der Arbeitsergebnisse aus dem Arrestvollzug in den gem. §§ 60 Abs. 1 S. 1, 64 S. 1 JGG zu erstellenden Bewährungsplan wurde von 57,5 % der Befragungsteilnehmer für eher/sehr wichtig erachtet. Inwieweit dies in der Praxis umgesetzt wird, kann allerdings nicht beurteilt werden, da regelmäßig nur der im Zeitpunkt der Urteilsverkündung erlassene Bewährungsbeschluss vorlag und eine spätere Abänderung von Weisungen oder Auflagen nach § 23 Abs. 1 S. 3 JGG im Rahmen der Untersuchung nicht gesondert erfragt wurde. Die Aufnahme der dokumentierten Betreuung in den Bewährungsplan setzt jedoch voraus, dass das erkennende Gericht oder der zuständige Bewährungshelfer Kenntnis über die im Arrest konkret durchgeführten oder begonnenen Maßnahmen und deren Erfolg erhält. Das Abwarten des Arrestvollzugs, um dessen Verlauf bei der Erstellung des Bewährungsplans zu berücksichtigen, könnte eine Erklärung dafür sein, dass die Eröffnung des Bewährungsplans in den untersuchten Fällen häufig zeitlich nachfolgend zur Arrestverbüßung erfolgte.

1813 Siehe oben Teil 2 E.I.5.c)bb).
1814 Siehe oben Teil 2 E.I.7.
1815 BT-Drucks. 17/9389, S. 13; vgl. auch *Eisenberg*, 2017, § 16a Rn. 13.

Ähnlich dem Vorschlag von *Eisenhardt*[1816], der die Durchführung einer individuellen Diagnoseerstellung z.b. durch den Einsatz von Fragebögen als ersten Baustein für eine behandlungsorientierte Vollzugsgestaltung betrachtet, sehen über 90 % der befragten Jugendrichter die Erstellung einer umfassenden Eingangsdiagnostik als ein besonders wichtiges Vollzugselement an. Ein diagnostisches Verfahren zur Einschätzung junger Straftäter wurde vom Kriminologischen Dienst des bayerischen Justizvollzugs bereits für den Jugendstrafvollzug entwickelt, so dass erste Ansatzpunkte vorliegen.[1817]

8. Einstellung zu § 16a JGG

Die Haltung der befragten Jugendrichter zur Koppelung von Jugendarrest und bedingter Jugendstrafe ist überwiegend positiv. 70,7 % der Befragten beurteilten die Einführung des Warnschussarrestes bereits vor ihres Inkrafttretens eher positiv oder befürworteten diese. Das positive Meinungsbild unter den Jugendrichtern hielt auch im Befragungszeitpunkt an. Zwar ist der Anteil derer, die dem Arrest nach § 16a JGG befürwortend gegenüber stehen, leicht zurückgegangen, doch hat andererseits die eher skeptische oder gar ablehnende Haltung der Jugendrichter abgenommen. Mit insgesamt 77,7 % (33,3 % eher positiv; 44,4 % befürwortend) hat sich die positive Einstellung zur Neuregelung des § 16a JGG verfestigt. Im Vergleich zu den Ergebnissen der vor Einführung des § 16a JGG durchgeführten Befragung der bayerischen Jugendrichter durch den Kriminologischen Dienst des bayerischen Justizvollzugs, in der sich 20 von 32 Jugendrichtern (62,5 %) für § 16a JGG aussprachen, zeichnet sich nunmehr eine noch positivere Tendenz ab.[1818]

1816 *Eisenhardt*, 2010, S. 104 f.; die Notwendigkeit einer Eingangsdiagnostik ebenfalls betonend *Endres/Breuer*, ZJJ 2014, 127 (132); *Köhler/Bauchowitz*, ZJJ 2012, 272 (278).
1817 *Endres/Breuer*, ZJJ 2014, 127 (132).
1818 *Endres*, DVJJ Frühjahrtagung 2013, S. 2.

Abbildung 39: Einstellung der Jugendrichter zu § 16a JGG

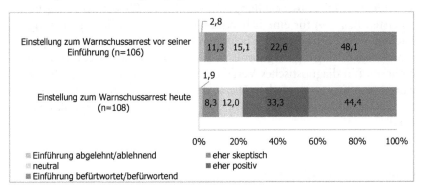

Der Rückgang der befürwortenden Stellungnahmen könnte darauf zurückzuführen sein, dass einige Jugendrichter die praktische Ausgestaltung des § 16a JGG für unzureichend halten und die Erwartungen an den Warnschussarrest nicht vollständig mit der Realität harmonisieren. So äußerte ein Jugendrichter im Rahmen der Befragung:

> „Er [der Warnschussarrest] ist von der gesetzlichen Konzeption in Einzelfällen äußerst sinnvoll, leider wurde bei der Umsetzung verabsäumt die Intention des § 16a JGG durch Schaffung entsprechender Stellen (Sozpäd. etc.) in den Jugendarrestanstalten gut umzusetzen." *(R8)*

Ähnlich auch die Äußerung von R46, nach deren Meinung der Vollzug des § 16a JGG, soweit er außerhalb der im Übrigen zuständigen Arrestanstalt vollstreckt wird, nicht einmal den Anforderungen des herkömmlichen Arrestes entspricht:

> „Grundsätzlich befürworte ich § 16a JGG uneingeschränkt. Der Vollzug bleibt aber jedoch deutlich hinter dem Vollzug des "normalen" JA's in [...] zurück."

Obenstehende Aussagen geben zu erkennen, dass eine besondere Vollzugskonzeption für den Arrest nach § 16a JGG zu Teilen durchaus für erforderlich gehalten wird. Die Abnahme der neutralen oder eher skeptischen Grundeinstellung spricht andererseits dafür, dass viele Jugendrichter erst durch die Umsetzung der Neuregelung von der Zweckmäßigkeit der Koppelungsmöglichkeit überzeugt worden sind.

Ihre ablehnende oder eher skeptische Haltung gegenüber § 16a JGG begründeten die Jugendrichter zum einen mit der fehlenden Praktikabilität des § 16a Abs. 2 JGG, den zu eng oder als zu unbestimmt gefassten Anwendungsvoraussetzungen sowie zum anderen mit der fehlenden Anpassung des Arrestvollzuges nach § 16a JGG an die gesetzliche Regelung und der fehlenden personellen Ausstattung im Jugendarrest und bei der Bewährungshilfe.[1819]

Auch die Gefahr eines net-widening-Effekts in Form einer härteren Sanktionierung durch die zusätzliche Anordnung eines § 16a-Arrestes bei einer eigentlich ausreichenden Bewährungsstrafe wurde von einem Richter thematisiert:

> „An sich sollte die Bewährungsstrafe mit Weisungen/Auflagen idR ausreichen, und ich sehe die Gefahr, dass nun in Einzelfällen härter sanktioniert wird (§ 16a zusätzlich). Es gab aber in der Praxis schon Fälle, wo ich den § 16a doch hilfreich fand, um eine unbedingte Jugendstrafe noch zu vermeiden oder den Urteilsspruch (gerade bei mehreren Beteiligten) für die verschiedenen Verurteilten vermittelbar und damit vielleicht auch akzeptabel zu gestalten."

Das in der Gesamtheit positive Stimmungsbild zur Neuregelung des § 16a JGG spiegelt sich auch in der Beurteilung der gesetzlichen Neuregelung wider. 87,9 % der Befragten befanden die Formulierung der gesetzlichen Anordnungsvoraussetzungen in § 16a JGG für tauglich, während 12,1 % Kritik an dem Gesetzeswortlaut übten.

Abbildung 40: Beurteilung der gesetzlichen Formulierung des § 16a JGG

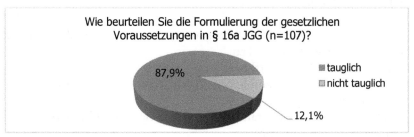

Wie beurteilen Sie die Formulierung der gesetzlichen Voraussetzungen in § 16a JGG (n=107)?

87,9%

■ tauglich
▨ nicht tauglich

12,1%

(fehlende Werte: 1)

Als Grund für die Untauglichkeit der gesetzlichen Formulierung gaben 46,2 % der 13 Jugendrichter an, dass die Voraussetzungen des

---

1819 Angaben zu den Gründen ihrer Haltung gegenüber § 16a JGG machten 6 von 11 Jugendrichtern, die § 16a JGG eher skeptisch oder ablehnend gegenüberstanden.

§ 16a Abs. 1 JGG zu eng formuliert sind und die Einschränkung durch die Gebotenheitsformulierung als zu unbestimmt anzusehen ist. Damit scheint jedenfalls aus der Perspektive einiger Jugendrichter keine vollkommene Klarheit darüber zu herrschen, unter welchen Umständen von der Verhängung eines Arrestes nach § 16a JGG Gebrauch gemacht werden soll. Auch die Regelvermutung in § 16a Abs. 2 JGG wurde von fünf Beteiligten (23,1 %) für zu ungenau gehalten. Dies deutet an, dass die in der Literatur aufgeworfene Frage, wann von einer nicht nur kurzzeitigen Untersuchungshaft auszugehen ist, auch in der Praxis eine ungelöste Problematik darstellt.

Tabelle 57: Gründe für die untaugliche Formulierung des § 16a JGG

	Antworten		Prozent der Fälle
	N	Prozent	
Voraussetzungen § 16a Abs. 1 zu eng	6	30,0%	46,2%
Gebotenheit zu unbestimmt	6	30,0%	46,2%
Regelvermutung § 16a Abs. 2 zu unpräzise	5	25,0%	38,5%
Sonstiges	3	15,0%	23,1%
Gesamt	20	100,0%	153,8%

(n=13; Mehrfachnennung möglich)

Drei Jugendrichter merkten in Bezug auf die Untauglichkeit der Neuregelung des § 16a JGG ergänzend an:
- § 16a Abs. 2 JGG ist überflüssig
- die personellen wie räumlichen Voraussetzungen im Arrest sind tatsächlich nicht gegeben
- verschachtelte, wenig transparente Regelung mit teilweisen Anwendungsüberschneidungen

Einige Jugendrichter scheinen demnach einen gesetzlichen Reformbedarf in Bezug auf § 16a JGG zu sehen und halten eine weitere Anpassung der Vollzugsgestaltung des § 16a JGG entsprechend der Intention des Gesetzgebers für erforderlich. Ob die in zahlreichen Urteilen fehlende Begründung des § 16a-Arrestes (16,5 %, siehe Teil 2 E.I.5.c)aa)) darauf zurückzuführen ist, dass die Richter die Gesetzesvorgaben in § 16a JGG für untauglich halten, ist unklar und jedenfalls zweifelhaft, da die Anzahl der Verurteilungen ohne Begründung des § 16a JGG deutlich über dem Anteil der

Jugendrichter liegt, die die Vorgaben des § 16a JGG für praxisuntauglich halten.

Erstaunlich ist, dass auch diejenigen Richter, die die gesetzlichen Voraussetzungen des § 16a JGG nicht in vollem Maße für geeignet hielten, überwiegend eine positive Grundhaltung gegenüber dieser Form der Sanktionsverbindung hatten (Einstellung eher positiv/befürwortend: 8 von 13) und sich grundsätzlich für die Beibehaltung des § 16a JGG im jugendstrafrechtlichen Sanktionssystem aussprachen. Dies lässt den Schluss zu, dass unabhängig von der Formulierung der gesetzlichen Anordnungsvoraussetzungen die Koppelung von Jugendarrest und einer zur Bewährung ausgesetzten Jugendstrafe als zusätzliches Sanktionsinstrumentarium für zweckdienlich gehalten wird.

Die befragten Jugendrichter sprachen sich nahezu einheitlich für die Beibehaltung des Warnschussarrestes aus. Lediglich drei Jugendrichter (2,8 %) befürworteten eine Streichung des § 16a JGG.

Abbildung 41: Meinungsbild der Jugendrichter zur Abschaffung des § 16a JGG

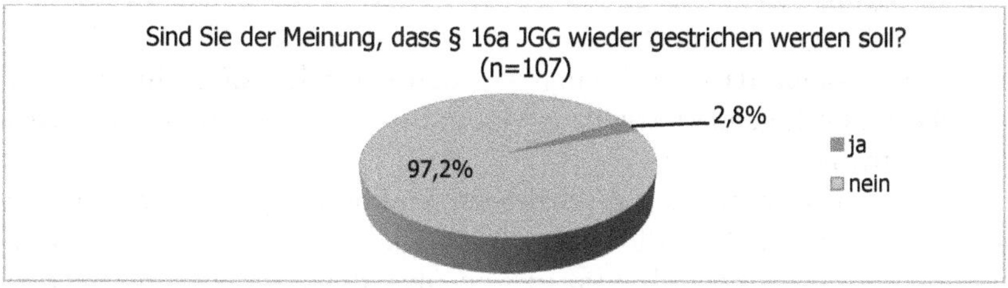

Sind Sie der Meinung, dass § 16a JGG wieder gestrichen werden soll? (n=107)

2,8%

97,2%

■ ja
□ nein

(fehlende Werte: 1)

Nach den vorstehenden Ergebnissen ist die generelle rechtspolitische Einstellung der Jugendrichter zur Neuregelung des § 16a JGG insgesamt positiv, wobei durchaus ersichtlich ist, dass an einigen Stellen noch Verbesserungsbedarf gesehen wird. Erwartungsgemäß haben Jugendrichter mit einer ablehnenden bis neutralen Haltung gegenüber der Sanktionsverbindung gem. § 16a JGG nach eigenen Angaben sehr viel seltener einen § 16a-Arrest verhängt, als Personen mit einer eher positiven oder befürwortenden Einstellung, die zu etwa gleichen Teilen bislang entweder überhaupt keinen oder sehr stark Gebrauch von § 16a JGG gemacht haben (s. Anhang Tabelle B10). Der Zusammenhang zwischen der Anwendungshäufigkeit und der Einstellung zu § 16a JGG erwies sich als statistisch signifikant (Pearson-Chi-Quadrat: p=0,012; Cramer-V=0,325).

9. Zusammenfassung und bundesweiter Ergebnisvergleich

a) Zusammenfassung der Ergebnisse

Insgesamt zeigen die Ergebnisse der Richterbefragung, dass der Arrest nach § 16a JGG trotz der kritischen Haltung in der Wissenschaft und Praxis unter den Jugendrichtern großen Zuspruch findet und man auf dieses Sanktionsinstrument künftig nicht verzichten will. Vergleicht man die Haltung der Jugendrichter zu § 16a JGG vor und nach seiner Einführung, so ist das positive Meinungsbild gewachsen. Sowohl die Formulierung der gesetzlichen Anordnungsvoraussetzungen in § 16a JGG als auch die sozialpädagogischen Angebote für die Warnschussarrestanten im Arrestvollzug bewerten die Jugendrichter ganz überwiegend als praxistauglich und positiv. Gezeigt hat sich aber auch, dass sich mehr als ein Drittel der Jugendrichter ungenügend informiert fühlt über die zur Verfügung stehenden Maßnahmen und Angebote für die Klientel des § 16a JGG im Arrestvollzug. Soll der Jugendrichter nach der Vorstellung des Gesetzgebers die Entscheidung über § 16a JGG an der Voraussetzung einer „behandlungsorientierten Vollzugsgestaltung" messen, setzt dies trotz aller Offenheit der Formulierung voraus, dass die beteiligten Akteure mit den Möglichkeiten und Angeboten im Jugendarrestvollzug vertraut sind und ein Informationsaustausch stattfindet.

Sofern Kritik an der neu geschaffenen Sanktionskoppelung geübt wurde, betrifft dies vor allem die Undurchsichtigkeit der Gebotenheitsanforderungen, die unzureichende Information über die vorhandenen „Behandlungsmaßnahmen" und Angebote in den Jugendarrestanstalten sowie die Forderung nach mehr Fortbildungsveranstaltungen. Doch auch diejenigen Jugendrichter, die Kritik an der Regelung und Ausgestaltung des § 16a JGG äußerten, befürworteten ganz überwiegend dessen Beibehaltung.

Darüber hinaus ist festzustellen, dass die Jugendrichter die Verhängung eines § 16a-Arrestes vor allem als Dauerarrest präferieren und sich von Aspekten der Abschreckung, der individuellen Besinnungswirkung auf den Jugendlichen sowie dem Gedanken lenken lassen, dem Täter den drohenden Vollzug der Jugendstrafe spürbar zu signalisieren. Dementsprechend sehen mehr als 60 % der Jugendrichter den Strafzweck der negativen Spezialprävention bei der Anordnung des § 16a JGG als richtungsweisend an. Im Vordergrund stehen insgesamt Überlegungen, die sich inhaltlich dem Verdeutlichungsarrest nach § 16a Abs. 1 Nr. 1 JGG zuordnen lassen, während die Intention des Gesetzgebers, dem Jugendlichen einen ersten Kontakt zum Bewährungshelfer zu sichern und während des Arrestvollzuges eine intensive Vorbereitung für die anstehende Bewährungszeit zu leisten, für die meisten Jugendrichter eher im Hintergrund steht. Das für die Legitimation des Warnschussarrestes bedeutsame Ziel, die positive Bewältigung der Bewährungszeit zu fördern, wird nicht von allen Jugendrichtern als wichtig erachtet. Es lässt sich daher nicht auszuschließen, dass der Arrest nach § 16a JGG in manchen Fällen an der ihm vom Gesetzgeber zugeschriebenen Funktion als bewährungsfördernde Maßnahme vorbeigeht. Soweit rund 70 % der Jugendrichter die Anordnung des § 16a JGG für das Überstehen der Bewährungszeit als einen eher oder sehr wichtigen Gesichtspunkt betrachten, deuten die übrigen Aussagen an, dass hiermit nicht zwingend eine erzieherische Einwirkung auf den Jugendlichen verbunden wird, sondern eine positive Bewältigung der Bewährungszeit nach der Vorstellung der Jugendrichter auch dadurch erreicht werden kann, dass der Jugendliche durch das Erleben von Freiheitsentzug einen künftigen Anreiz zur Verhaltensänderung erlangt. So hielten 50 % der Jugendrichter, die den Warnschussarrest für ein Überstehen der Bewährungszeit als wichtig ansahen (n=76; fehlende Werte: 2), die Möglichkeit der erzieherischen Einwirkung auf den Jugendlichen mittels pädagogischer Angebote für eher oder völlig unwichtig. Nur ein Teil der Jugendrichter scheint § 16a JGG entsprechend der gesetzlichen Konzeption als Instrument zur Vorbereitung der Bewährungszeit und verbesserten Einflussmöglichkeit durch die Bewährungshilfe zu sehen, wohingegen andere allein auf die Wirkung des Freiheitsentzuges setzen. Ob es hierbei darum geht, den Jugendlichen vor dem endgültigen Vollzug der Jugendstrafe zu bewahren, ist fragwürdig, da die Jugendrichter anstelle des § 16a-Arrestes in den wenigsten Fällen auf eine unbedingte Jugendstrafe zurückgegriffen hätten. Die Gefahr, dass sich der Arrest nach § 16a JGG zu einer zusätzlichen Draufgabe entwickelt, ist folglich nicht unbegründet.

Die Befunde der Jugendrichterbefragung können zur Beantwortung der Forschungsfragen in folgenden Punkte zusammengefasst werden:

- Die Mehrheit der Jugendrichter verfügt bereits über praktische Erfahrungen mit § 16a JGG, wobei sich die Anzahl der ausgesprochenen Verurteilungen überwiegend im Bereich von eins bis fünf bewegt.
- Der Arrest nach § 16a JGG wird primär als Dauerarrest für zweckmäßig erachtet.
- Bei den Gründen für die Verhängung eines § 16a-Arrestes dominieren Aspekte der Individualabschreckung, der Spürbarkeit der Sanktionierung und die Vorstellung durch den Arrest einen Anstoß zur Verhaltensänderung zu geben. Im Rahmen des Verdeutlichungsarrestes gem.

§ 16a Abs. 1 Nr. 1 JGG stehen die Fühlbarkeit der Sanktion und die Kompensation der rein verbalen Belehrung durch einen zusätzlichen Hafteindruck im Vordergrund. Hinsichtlich der Zweckmäßigkeit des Arrestes als bewährungseinleitendes Mittel fällt die jugendrichterliche Intention bei der Entscheidung über § 16a JGG und die Vorstellung des Gesetzgebers auseinander. Die Befürchtung einer störenden Beeinträchtigung der Bewährungszeit spiegelt sich im Stimmungsbild der Jugendrichter nicht wider.

– Die Anordnung eines Arrestes nach § 16a JGG hat in den meisten Fällen keinen Einfluss auf die Dauer der Jugendstrafe oder die Länge der Bewährungszeit. In seltenen Fällen ist mit § 16a JGG eine kürzere Jugendstrafe verbunden. Nur im Ausnahmefall hätten die Jugendrichter in den nach § 16a JGG sanktionierten Fällen eine unbedingte Jugendstrafe ausgesprochen, so dass § 16a JGG in einer Vielzahl von Fällen zu einer „härteren" Bestrafung des Jugendlichen gegenüber der Rechtslage vor dem 07.03.2013 führt.

– Die Jugendrichter stehen § 16a JGG überwiegend positiv gegenüber, halten in Teilbereichen aber eine Nachbesserung in Form von mehr Informationen und eine Anpassung des Arrestvollzuges für erforderlich.

– Die Vorstellungen der Jugendrichter von der Vollzugsgestaltung des § 16a JGG decken sich nicht in allen Punkten mit den Überlegungen des Gesetzgebers. Diskrepanzen zeigen sich in der Notwendigkeit eines eigenständigen Vollzugsprogramms für die Klientel des § 16a JGG, welches nur von rund der Hälfte der Befragten für wichtig erachtet wird, sowie in der Idee einer räumlich getrennten Unterbringung. Inhaltlich sollen bei der Ausgestaltung des Arrestvollzuges (mehrtägige) soziale Gruppenkurse und die sozialpädagogische Einzelbetreuung der Arrestanten den Schwerpunkt bilden.

– Der Anwendungsgebrauch des § 16a JGG korreliert mit der Dauer der Jugendrichtertätigkeit und mit der persönlichen Einstellung gegenüber der Sanktionskoppelung.

b) Vergleich mit den Ergebnissen des KFN

Die Ergebnisse der vorliegenden Befragung harmonieren mit den Befunden der bundesweiten Praktikerbefragung des KFN nur in Teilen: Übereinstimmungen zeigen sich insoweit, als dass die Mehrheit der Jugendrichter die Formulierung des gesetzlichen Anwendungsbereichs in § 16a JGG für gelungen erachtet und sich für eine Beibehaltung der Sanktionskoppelung ausspricht. Bundesweit hielten 9,5 % der Jugendrichter den Anwendungsbereich des § 16a JGG für (sehr) undeutlich definiert.[1820] In ähnlichem Umfang beurteilten 12,5 % der bayerischen Jugendrichter die gesetzliche Formulierung für untauglich. Der Anteil an Jugendrichtern, die für eine Streichung der Norm plädieren ist in Bayern mit 2,8 % deutlich geringer als im gesamtdeutschen Raum mit 18,1 %[1821]. Vergleichbar sind in weiten Teilen die Gründe für und gegen eine Anordnung des § 16a JGG. Wie die bayerischen Jugendrichter sehen auch die im Rahmen der KFN-Studie befragten Jugendrichter einen wesentlichen Grund für die Verhängung des § 16a-Arrestes in der Funktion, einen gefühlten Freispruch zu vermeiden, wohingegen die Gefahr einer störenden Unterbrechung der Bewährungszeit und einer Stigmatisierung des Jugendlichen als sehr gering eingestuft wird.[1822] Der intensiven Vorbereitung der Bewährungszeit im Arrestvollzug und der Möglichkeit der verbesserten erzieherischen Einflussnahme auf den Jugendlichen während der Dauer der Bewährungszeit messen die bayerischen Jugendrichter im Verhältnis zum bundesweiten Durchschnitt größere Bedeutung zu. Während vorliegend für 30,5 % der Jugendrichter die Vorbereitung der Bewährungszeit im Arrestvollzug einen wichtigen Aspekt bei der Entscheidung über § 16a JGG bildet, stimmten bundesweit 14,3 % der Richter der Aussage zu, dass der Verurteilte im Vollzug des Arrestes gut auf die Bewährungszeit vorbereitet werden kann.[1823]

Die zustimmende Grundhaltung zu § 16a JGG ist bei den bayerischen Jugendrichtern mit einer eher positiven oder befürwortenden Einstellung von 77,7 % deutlich stärker ausgeprägt als im Querschnitt aller bundesweit tätigen Jugendrichtern, die sich mit 39,4 % (eindeutig) für § 16a JGG aussprachen.[1824] Dies könnte erklären, weshalb in Bayern mehr Jugendrichter bereits von der Verhängung eines § 16a-Arrestes Gebrauch gemacht haben als es im bundesweiten Durchschnitt der Fall ist. Während in Bayern 73,1 % der befragten Jugendrichter über praktische Erfahrung mit § 16a JGG verfügten und im Mittel 5,0 Verurteilungen nach § 16a JGG ausgesprochen haben, beträgt der Anteil an Jugendrichtern, die bereits min-

---

1820 *Klatt/Ernst/Höynck u.a.*, 2016, S. 128.
1821 *Klatt/Ernst/Höynck u.a.*, 2016, S. 145.
1822 Vgl. hierzu im Einzelnen die Angaben bei *Klatt/Ernst/Höynck u.a.*, 2016, S. 135.
1823 *Klatt/Ernst/Höynck u.a.*, 2016, S. 135.
1824 *Klatt/Ernst/Höynck u.a.*, 2016, S. 132.

destens einen Arrest nach § 16a JGG verhängt haben, bundesweit 47,5 % und der Durchschnittswert liegt bei 1,74 Verurteilungen.[1825]

Unterschiede zu den Ergebnissen der bundesweiten Evaluationsstudie zeigen sich zudem im Kenntnisstand der Jugendrichter zur Vollzugssituation des Jugendarrestes. Die bayerischen Jugendrichter bewerteten sowohl ihr Wissen zur Gestaltung des herkömmlichen Jugendarrestvollzuges (29,0 %: ungenügend) als auch zu den Behandlungsangeboten für Warnschussarrestanten (22,5 %: ungenügend) etwas schlechter als die bundesweit befragten Jugendrichter, die sich nur zu 11,3 % ungenügend über das Behandlungskonzept der Arrestanstalten im Allgemeinen informiert fühlten.[1826] Dennoch wünschen bundesweit mehr Jugendrichter Informationen über das Behandlungskonzept der Arrestanstalten (52,6 %) als dies im Hinblick auf den Warnschussarrest in Bayern der Fall ist.[1827]

III. Ergebnisse der Experteninterviews zur Vollzugspraxis des § 16a JGG

Die nachfolgend dargestellten Ergebnisse zum Verlauf und der inhaltlichen Ausgestaltung des Arrestvollzuges nach § 16a JGG in den Jugendarrestanstalten München und Nürnberg beruhen auf den von der Verfasserin durchgeführten Interviews in den beiden Jugendarrestanstalten.

1. Daten zu den Jugendarrestanstalten

a) Die Jugendarrestanstalt München

Die Jugendarrestanstalt München ist eine Teilanstalt der Frauenanstalt und sowohl in organisatorischer, wie personeller, finanzieller und versorgungstechnischer Hinsicht von der Justizvollzugsanstalt München abhängig. Die Arrestanstalt verfügt über eine Belegungsverfügbarkeit von insgesamt 60 Arrestplätzen, davon sind 46 Arrestplätze für männliche Arrestanten und 14 Plätze für Arrestantinnen vorgesehen.[1828] Für die Unterbringung der Arrestanten stehen auf jedem der zwei Stockwerke der Arrestanstalt drei Doppelhafträume zur Verfügung; im Übrigen erfolgt die Unter-

---

1825 *Klatt/Ernst/Höynck u.a.*, 2016, S. 118, dort Tabelle 94.
1826 *Klatt/Ernst/Höynck u.a.*, 2016, S. 124.
1827 Zu den bundesweiten Ergebnissen *Klatt/Ernst/Höynck u.a.*, 2016, S. 124.
1828 Nationale Stelle zur Verhütung von Folter, JAA München, S. 2.

bringung in Einzelzellen. Zum Zeitpunkt der Befragung waren in der Jugendarrestanstalt München 11 Bedienstete des allgemeinen Vollzugsdienstes sowie zwei Sozialpädagoginnen, verteilt auf 1,5 Stellen, beschäftigt. Die Personalsituation ist seit Einführung des § 16a JGG unverändert.[1829] Über einen eigenen Anstaltspsychologen oder Arzt verfügt die Arrestanstalt nicht.

b) Die Jugendarrestanstalt Nürnberg

Die Jugendarrestanstalt Nürnberg ist baulich angegliedert an den Frauenvollzug und verfügt über eine Platzkapazität von 45 Plätzen, hiervon 6 für weibliche Arrestanten. In der Arrestanstalt befinden sich drei Gemeinschaftszellen, der Rest sind Einzelzellen. Das Personal in der Jugendarrestanstalt Nürnberg setzt sich aus 8 Bediensteten des allgemeinen Vollzugsdienstes mit einem Arbeitskraftanteil von 7,75 und einer Sozialpädagogin zusammen. Infolge der knappen personellen Ressourcen gibt es zwischen 18.00 Uhr abends und 06.00 Uhr morgens keinen Nachtdienst in der Arrestanstalt. Der Stellenanteil ist seit Inkrafttreten des § 16a JGG ebenfalls unverändert. Über einen eigenen Arzt oder Psychologen verfügt auch die Jugendarrestanstalt Nürnberg nicht. Allerdings ist die Psychologin der Strafanstalt Nürnberg für 10 Stunden pro Woche an die Jugendarrestanstalt abgeordnet.

2. Räumliche Unterbringung

Eine räumliche Trennung der § 16a-Arrestanten von den übrigen Arrestierten, wie in der Gesetzesbegründung thematisiert,[1830] findet sich in der Praxis nur bedingt wieder und stößt lediglich bei zwei Experten auf Zustimmung. Innerhalb der Arrestanstalten werden die Jugendlichen mit einer Verurteilung nach § 16a JGG, soweit möglich, gemeinsam auf einem gesonderten Stockwerk oder in einer Abteilung untergebracht und je nach Belegungsstand mit anderen, länger anwesenden Dauerarrestanten zusammengelegt. Eine eigene Abteilung für die Arrestanten nach § 16a JGG oder

---

1829 Eine Übersicht über die Stellen im sozialen Dienst in den bundesweiten Jugendarrestanstalten geben *Köhler/Bauchowitz/Weber* u.a., Praxis der Rechtspsychologie 2012, 90 (92).
1830 BT-Drucks. 17/9389, S. 21.

gar eine bauliche Trennung gibt es nicht. Auf eine getrennte Unterbringung wird insbesondere dann geachtet, wenn sich mehrere Mittäter im Arrestvollzug befinden. Anders als bei der herkömmlichen Arrestklientel ist in Mittäterkonstellationen wegen der kurzen Vollstreckungsfrist des § 87 Abs. 4 S. 2 JGG eine Zurückstellung des Arrestes nicht möglich. Als nicht unproblematisch wurde von einem Gesprächspartner der gemeinsame Vollzug des § 16a JGG mit Arrestanten bewertet, die vormals bereits unter Bewährung standen und wegen der Nichteinhaltung von Auflagen einen Arrest zu verbüßen haben. Warnschussarrestanten dürften nicht das falsche Signal erhalten, bei einem Bewährungsverstoß „gibt es ja dann doch noch eine Möglichkeit"[1831]. Die zentrale Vollstreckung des § 16a JGG in den Arrestanstalten München und Nürnberg beurteilten beide Vollzugsleiter positiv, da wegen der verhältnismäßig geringen Anzahl an § 16a-Probanden eine homogene Gruppenbildung ohnehin bereits schwierig sei, so dass eine weitere Verteilung auf mehrere Arrestanstalten diese Problematik verstärken würde.

3. Aufnahmeverfahren

Die Ladung der zu Jugendarrest neben einer Bewährungsstrafe verurteilten Arrestanten erfolgt mit Ausnahme der Freizeitarrestanten, deren Arrestvollstreckung gem. § 16 Abs. 2 JGG i.V.m. § 25 Abs. 3 JAVollzO am Wochenende stattfindet, regelmäßig am Montagvormittag gemeinsam mit den übrigen Arrestanten. Kommt der Jugendliche der Ladung nicht nach, findet wie bei allen Arrestanten die zwangsweise Vorführung durch die Polizei statt. Ungeachtet der geäußerten Kritik[1832] an einer fehlenden gesetzlichen Regelung zur polizeilichen Vorführung, entsprechen der Erlass eines Haftbefehls und die Arrestzuführung durch die Polizei der gängigen Praxis.

Mit dem Fehlen eines gesonderten Ladungstages für die Arrestanten nach § 16a JGG und der kurzen 3-monatigen Vollstreckungsfrist geht die Problematik einher, dass eine homogene Gruppenbildung, die aus Sicht der Experten für eine Umsetzung besonderer Behandlungsmaßnahmen zielfördernd wäre, kaum möglich ist. Bei Ankunft in der Arrestanstalt wird für jeden Arrestanten ein Zugangsbogen ausgefüllt, der Arrestant erhält einen Fragebogen über seine persönlichen Verhältnisse und es findet ein

---

1831 Interview mit S3, Z. 833.
1832 Siehe oben Teil 2 E.I.8.a).

erstes Aufnahmegespräch mit dem Dienstleiter statt. Im Weiteren erfolgt eine ärztliche Zugangsuntersuchung der Arrestanten. Mit Warnschussarrestanten, die einen Dauerarrest zu verbüßen haben, führt der Sozialdienst – standardmäßig wie bei allen Dauerarrestanten – darüber hinaus ein Zugangs- bzw. Erstgespräch, welches regelmäßig am zweiten oder dritten Arresttag stattfindet und dazu dient, die Problemlagen des Arrestanten abzuklären und den individuellen Handlungsbedarf zu eruieren. Angesprochen werden verschiedene Lebensbereiche wie Arbeit, Ausbildung, Wohnsituation, Schulden oder Drogen und es wird schließlich versucht, anhand des Ist-Zustandes die notwendigen Hilfsmaßnahmen in die Wege zu leiten. Bei den Arrestanten mit einer Verurteilung nach § 16a JGG liegt bereits im Zugangsgespräch ein besonderes Augenmerk auf der Bewährungssituation, indem hinterfragt wird, ob der Arrestant seinen Bewährungshelfer bereits kennt, ihm die Bedeutung des § 16a-Arrestes bewusst ist und welche Bewährungsauflagen das Gericht erlassen hat. Aus dem Gespräch mit einem Sozialpädagogen wird deutlich, dass über die Bedeutung des § 16a JGG nicht bei allen Jugendlichen Bewusstsein herrscht:

„Man fragt die natürlich schon, du hast einen Warnschussarrest, weißt du, was ein Warnschussarrest ist? Viele sagen nein, obwohl mir eigentlich schon mehrfach von richterlicher Seite versichert worden ist, dass denen schon erklärt wird in der Verhandlung, was ein Warnschussarrest ist, aber wir erklären es ihnen halt nochmal und [...] wir nehmen die Jugendlichen mit einem Warnschussarrest auch bevorzugt zu Trainings."[1833]

In der Praxis besteht die Problematik, dass zwar das Urteil und der Jugendgerichtshilfebericht, soweit ein solcher erstellt wurde, regelmäßig an die Arrestanstalten übermittelt werden, der Bewährungsbeschluss aber in aller Regel nicht vorliegt, so dass die individuell angeordneten Bewährungsauflagen und -weisungen unbekannt sind. Besitzt der Jugendliche selbst keine Kenntnis über seine Bewährungsauflagen, bleibt nach Aussage eines Sozialpädagogen nur die Möglichkeit, beim Bewährungshelfer nachzufragen, wenn dieser denn bereits bekannt ist oder sich an das Gericht zu wenden.

Soll der Arrest zur Vorbereitung der Bewährungszeit genutzt werden und eine möglicherweise erste Hemmschwelle des Jugendlichen bei der Aufnahme der bewährungsbegleitenden Maßnahme abbauen, wäre es erstrebenswert, wenn der Sozialdienst von den im Bewährungsbeschluss getroffenen Nebenentscheidungen vom Ausgangsgericht in Kenntnis gesetzt

---

1833 Interview mit S3, Z. 126-130.

wird und die Arrestzeit gezielt dazu genutzt werden kann, die angeordneten Maßnahmen, wie beispielsweise eine Teilnahme an Suchtberatungsgesprächen oder einem Anti-Gewalttraining, einzuleiten. Alle befragten Sozialpädagogen betonten die Wichtigkeit, bereits aus dem Arrest heraus Kontakte zu den entsprechenden Beratungsstellen oder Institutionen zu knüpfen. Die Bekanntheit der Bewährungsauflagen ist zudem wünschenswert, um eine sinnvolle Übergangsbetreuung in die Bewährungszeit veranlassen zu können. Hat der Jugendliche beispielsweise die Weisung zur Teilnahme an Suchtgesprächen erhalten, so könnte der Arrest nach dem Vorschlag eines Experten unter Berücksichtigung der räumlichen Entfernung für ein optimales Übergangsmanagement dazu genutzt werden, aus dem Arrest heraus einen persönlichen Gesprächstermin bei der Beratungsstelle stattfinden zu lassen, so dass der Jugendliche im Zeitpunkt der Entlassung bereits „angedockt" ist. Möglich ist derzeit allein eine telefonische Kontaktaufnahme zu externen Beratungsstellen.

Die Durchführung von Zugangsgesprächen mit Arrestanten, die einen Kurzarrest zu verbüßen haben, wird in den Jugendarrestanstalten München und Nürnberg unterschiedlich gehandhabt. Während in einer Arrestanstalt davon berichtet wird, dass die Durchführung eines ausführlichen Zugangsgesprächs auch bei Kurzarrestanten zentraler Vollzugsbestandteil ist, wird in der anderen Arrestanstalt ein Erstgespräch im Kurzarrest durch den Sozialdienst nur geführt, wenn der Arrestant Bedarf hierzu äußert. Für Freizeitarrestanten ist die Möglichkeit eines Erstgesprächs einheitlich nicht gegeben, da der Sozialdienst am Wochenende nicht besetzt ist. Ein gesondertes Zugangsgespräch mit dem Vollzugsleiter findet in beiden Arrestanstalten nicht statt.

Die eingeschränkte Möglichkeit zur Durchführung eines ausführlichen Zugangsgesprächs bei Freizeit- und Kurzarrestanten durch den Sozialdienst verdeutlicht die Ungeeignet des § 16a JGG in diesen beiden Arrestformen.

4. Vollzugsgestaltung – status quo

Hinsichtlich der inhaltlichen Ausgestaltung des Jugendarrestes neben einer bedingten Jugendstrafe nach § 16a JGG wurden vor Inkrafttreten der Neuregelung verschiedene Ansätze diskutiert. Nach einem Bericht des Justizministeriums Baden-Württemberg reichten die Überlegungen von der Durchführung als elektronisch überwachter Hausarrest, über den Vollzug in freien Formen, der Ausgestaltung als stationärer sozialer Trainingskurs bis hin zum Vorwegvollzug als Teil der Jugendstrafe in einer Jugendstrafanstalt.[1834] Der nachfolgende Abschnitt gibt in Ergänzung zu der bereits dargestellten Zusammenarbeit mit der Bewährungshilfe Auskunft darüber, wie sich die Vollzugssituation des § 16a-Arrestes im Bundesland Bayern darstellt und welche Angebote den Arrestanten während des Vollzuges zur Verfügung stehen.

a) Allgemeine Vollzugskonzeption

Die ersten beiden Arresttage sind nach den Angaben eines Vollzugsleiters für alle Arrestanten als „stille Tage", d.h. als Einschluss konzipiert. Während dieser Tage verlässt der Arrestant den Arrestraum nur für die Mahlzeiten und zum Hofgang; im Übrigen soll er Zeit zum Nachdenken erhalten. Eine Teilnahme an Gruppenangeboten ist in dieser Arrestanstalt erst ab dem 3. Aufenthaltstag möglich. Dies hat zur Folge, dass Arrestanten, die zu einem Freizeitarrest oder Kurzarrest von zwei Tagen verurteilt wurden, nicht in pädagogische Gruppenmaßnahmen und das reguläre Freizeitprogramm der Arrestanstalt eingebunden sind. Der zweite Vollzugsleiter berichtete, dass eine Teilnahme am Normalprogramm bei pünktlichem Arrestantritt ab dem 2. Arresttag möglich ist, während der Arrestant bei einer polizeilichen Zuführung ein bis zwei weitere Tage Einschluss erhält.

Im Freizeitarrestvollzug findet wegen der Kürze der Maßnahme und der fehlenden Besetzung des Sozialdienstes am Wochenende keine pädagogische Einzel- oder Gruppenbetreuung der Arrestanten statt. Faktisch beschränkt sich der Freizeitarrest daher primär auf einen bloßen Freiheitsentzug. „[...] am Wochenende wird nichts behandelt, da wird eingesperrt."[1835], so beschreibt es ein Gesprächspartner. Da sich der Warnschussarrest nach der Intention des Gesetzgebers nicht auf eine „betreute Verwahrung"[1836] beschränken soll, läuft die Anordnung des § 16a JGG als Freizeitarrest dem Sanktionsziel zuwider. Dies wurde auch von den interviewten Experten so gesehen.

Warnschussarrestanten, die einen Dauerarrest oder einen viertägigen Kurzarrest verbüßen, haben wie die übrigen Arrestanten die Möglichkeit zur Teilnahme an den allgemeinen Gruppenangeboten sowie der Einzelgesprächsführung mit dem Sozialdienst. Ein besonderes Vollzugskonzept für

---

1834 *Limperg/Wulf*, in: INFO 2013, 7 (14 ff.).
1835 Interview mit V2, Z. 1119-1120.
1836 BT-Drucks. 17/9389, S. 12.

die Klientel des § 16a JGG wird in den Arrestanstalten München und Nürnberg nicht praktiziert. Ein Vollzugsleiter beschreibt die Situation wie folgt: „Die [Warnschussarrestanten] laufen einfach mit, kriegen die gleichen Maßnahmen [...]."[1837] Mit der Ausnahme des besonderen Augenmerks auf die Kontaktaufnahme zur Bewährungshilfe gestaltet sich der Vollzug des § 16a-Arrestes identisch zu dem des herkömmlichen Arrestes, so dass die Arrestsituation insgesamt näher beleuchtet werden soll.

b) Gruppenangebote

Die pädagogische Betreuung der Arrestanten obliegt dem Sozialdienst der Jugendarrestarrestanstalt. In beiden Arrestanstalten gibt es eine Vielzahl verschiedener Gruppenangebote, die anstaltsintern durch den Sozialdienst sowie ausgewählte Beamte des allgemeinen Vollzugsdienstes abgehalten werden, oder von externen Organisationen oder Freiwilligen betreut werden. Zu den Gruppenangeboten im Arrest zählen insbesondere regelmäßige Besuche durch die Aidshilfe, Pro Familia, Suchtberatung, Verkehrspolizei, die Teilnahme an einer Lesegruppe, Kommunikationstrainingskurse sowie die interne Durchführung von Gruppenkursen zum Thema Beruf, Alkohol, Drogen und rechtlichen Aspekten des Jugendstrafrechts. Fester Bestandteil der Vollzugsgestaltung ist in beiden Arrestanstalten die Durchführung von sozialen Trainingskursen. Das Angebot eines Anti-Gewalt-Trainings konnte den Arrestanten im Zeitpunkt der Gesprächsführung nur in einer Jugendarrestanstalt eröffnet werden. In der zweiten Jugendarrestanstalt ist ein Antiaggressionstraining aufgrund der erforderlichen Zusatzausbildung bislang kein Element des Arrestvollzuges, wird aufgrund der Vielzahl von Gewaltstraftaten aber ausdrücklich befürwortet und befindet sich im Aufbau. Bedenkt man, dass in etwa jeder zweiten Verurteilung zu § 16a JGG ein Körperverletzungsdelikt zugrunde lag, erscheint es besonders dringlich, dem Umgang mit Gewalt, Aggressionen und dem Aufzeigen alternativer Konfliktlösungsmöglichkeiten besondere Aufmerksamkeit zukommen zu lassen.

Die Verwirklichung eines Anti-Gewalt-Trainings sowie eines einwöchigen sozialen Trainingskurses, an dem 6 bis 8 Probanden teilnehmen können, war in der Jugendarrestanstalt Nürnberg im Zeitpunkt der Befragung für das Jahr 2016 unter Berücksichtigung der engen personellen Ressourcen insgesamt viermal eingeplant. In der Jugendarrestanstalt München

---

1837 Interview mit V2, Z. 955-956.

werden jährlich ca. 12 soziale Trainingskurse angeboten, die sich über einen Zeitraum von 3 oder 5 Tagen erstrecken. Der sog. „kleine soziale Trainingskurs" über drei Tage deckt 12 Stunden ab, wohingegen der „große soziale Trainingskurs" mit 20 Stunden, verteilt auf fünf Tage, etwas umfangreicher ist. Inhaltlich sind beide Kurse ähnlich konzipiert. Im Mittelpunkt des sozialen Trainingskurses steht die Erstellung eines Lebensdiagramms, in dem jeder Jugendliche seine familiären Hintergründe, einen möglichen Schulabbruch, die Umstände der Deliktsbegehung, seine aktuelle Situation und Zukunftsvorstellungen sowie insgesamt positive und negative Lebensereignisse skizziert. Hierzu gehört insbesondere auch der Zeitpunkt der ersten Straftat oder eines Drogenkonsums. Bei der anschließenden Vorstellung der einzelnen Diagramme steht die Auseinandersetzung mit der begangenen Straftat im Vordergrund. Zentrales Element beider sozialer Trainingskurse ist die Gesprächsführung mit Strafgefangenen aus der JVA München und Kaisheim. Während im dreitägigen sozialen Trainingskurs der Austausch mit Gewaltstraftätern der sozialtherapeutischen Abteilung aus der JVA München innerhalb der Arrestanstalt erfolgt, besuchen die Arrestanten im Rahmen des fünftägigen sozialen Trainingskurses Langzeitstrafgefangene in der JVA Kaisheim, deren Äußerungen die Jugendlichen nach dem Erfahrungsbericht der Pädagogen häufiger ernster nehmen. Gerade vor dem Hintergrund der drohenden Vollstreckung der Jugendstrafe wird diesem Programmelement besondere Bedeutung beigemessen. Die Teilnahme am sozialen Trainingskurs unterliegt wie alle Angebote der Freiwilligkeit. Um bei den Arrestanten mit einer Verurteilung nach § 16a JGG eine Auseinandersetzung mit der Straftat zu erreichen, werden diese bei der Einteilung in soziale Trainingskurse oder passende Gruppenangebote bevorzugt berücksichtigt und zur Teilnahme motiviert. Nach den Angaben eines Sozialpädagogen muss die begangene Straftat hierfür aber grundsätzlich geeignet sein, so dass primär Täter mit Straftaten aus dem Bereich der Körperverletzungs-, Diebstahls- und Drogendelikte als Adressatenkreis angesprochen werden. Kurzarrestanten werden in Gruppenmaßnahmen nur aufgenommen, sofern Kapazitäten vorhanden sind. Vorrang haben grundsätzlich Dauerarrestanten, so dass sich die Lage der § 16a-Arrestanten im Kurzarrest ähnlich defizitär gestaltet wie im Freizeitarrest.

In einigen Schlussberichten der Jugendarrestanstalt München fand sich bei der Auswertung der Hinweis auf eine Teilnahme der Probanden an einer „Warnschussgruppe", so dass dieser Aspekt im Nachgang zur Interviewdurchführung nochmals gesondert erfragt wurde. Diese in unregelmäßigen Abständen stattfindende Gruppenmaßnahme trägt prinzipiell den

Titel „Jugendstrafgruppe" und befasst sich thematisch mit dem Aufbau des Jugendstrafrechts und den verschiedenen jugendstrafrechtlichen Sanktionsmöglichkeiten. Ziel ist es, die Jugendlichen für die negativen Seiten der Jugendstrafe zu sensibilisieren. Die Teilnahme an der Gruppe steht prinzipiell allen Arrestanten offen, nicht nur Verurteilten nach § 16a JGG. Befanden sich sehr viele § 16a-Arrestanten im Vollzug, wurde die Gruppe in der Vergangenheit unter der Bezeichnung „Warnschussgruppe" ausschließlich für diese Klientel abgehalten. Ein besonderer Schwerpunkt liegt dann auf der Bedeutung des § 16a JGG und der Bewährungszeit. Die Gruppe ist allgemein auf eine Dauer von zwei Stunden angelegt und gliedert sich inhaltlich in zwei Teilbereiche. Im ersten Teilabschnitt stehen rechtliche Gegebenheiten, wie die Erklärung der jugendstrafrechtlichen Sanktionen und die örtliche wie funktionelle Zuständigkeit für die Vollstreckung der Jugendstrafe im Fokus. Im zweiten Teil wird den Jugendlichen ein Interview mit einem ehemaligen Jugendstrafgefangenen gezeigt, der seine subjektiven Erfahrungen während und nach der Strafhaft schildert. Dieses Interview wird zum Anlass genommen, über die Problemlagen des damals Jugendstrafgefangenen zu diskutieren.

In der Jugendarrestanstalt Nürnberg haben die Warnschussarrestanten zudem die Möglichkeit sich als Hausarbeiter in der Jugendarrestanstalt zu bewerben. Diese haben einmal pro Woche ein zusätzliches Gruppengespräch, in welchem die Ziele der Arrestanten, deren Lebensplan, persönliche Verhältnisse sowie individuelle Stärken und Schwächen im Vordergrund stehen. Die Position eines Hausarbeiters steht allen Arrestanten offen und ist kein Spezifikum des § 16a JGG.

Deutlich wurde in den Expertengesprächen, dass trotz der vorhandenen Angebotsmöglichkeiten nicht allen Arrestanten während des Arrestvollzuges ein geeignetes Maßnahmeprogramm zur Verfügung gestellt werden kann. Alle Sozialpädagogen sprachen sich für mehr problemzentrierte sowie regelmäßigere Gruppenangebote aus.

Insbesondere wenn die Verhängung eines § 16a-Arrestes mit der erzieherischen Einwirkung im Arrestvollzug gem. § 16a Abs. 1 Nr. 3 JGG begründet wird, ist die Verfügbarkeit geeigneter Behandlungsangebote notwendige Voraussetzung, um dem Arrestziel Rechnung zu tragen.

c) Individuelle Gesprächsführung und Entlassungsvorbereitung

Die Möglichkeit zur Einzelgesprächsführung mit den Arrestanten ist in den Arrestanstalten abhängig von der Arrestdauer und dem persönlichen

Bedarf der Arrestanten. Den Schwerpunkt der Einzelgespräche mit Probanden, die einen Arrest nach § 16a JGG zu verbüßen haben, erblickten alle befragten Sozialpädagogen in der Thematisierung der Bewährungssituation. Abgeklärt werden vor allem Fragen nach einer bereits erfolgten Bestellung des Bewährungshelfers, dem Bestehen eines Erstkontakts zur Bewährungshilfe, den erteilten Bewährungsauflagen und den Möglichkeiten bestimmte Auflagen oder Weisungen bereits aus dem Arrest heraus „anzukurbeln"[1838]. Soweit die im Bewährungsbeschluss getroffenen Nebenentscheidungen unbekannt sind, werden die Jugendlichen nach den Angaben eines Pädagogen über die gängigen Bewährungsauflagen und Weisungen informiert. Ein fester Rhythmus zur Durchführung von Einzelgesprächen besteht nicht. Nach den Angaben eines Gesprächspartners kann bei einem vierwöchigen Dauerarrestanten regelmäßig ein Einzelgespräch pro Woche durchgeführt werden. Bei § 16a-Arrestanten versuche man zwar sich für das Gespräch mehr Zeit zu nehmen und den Fokus auf die Straftat und Bewährungssituation zu legen, grundsätzliche Unterschiede in der Häufigkeit der Gesprächsführung gegenüber anderen Dauerarrestanten ohne eine Verurteilung nach § 16a JGG zeigten sich in den Expertengesprächen aber nicht. Maßgeblich bleibt der individuelle Einzelbedarf des Arrestanten.

Der tragende Gedanke, die Zeit im Arrest als Grundlage für eine anschließende ambulante Betreuung durch die Bewährungshilfe zu nutzen und Aspekte der zu erwartenden Anschlussbetreuung in die Eignungsbeurteilung des § 16a JGG einfließen zu lassen,[1839] berechtigte zur Frage, ob es ein geeignetes und angemessenes Übergangsmanagement gibt. Zentrale Bestandteile der Entlassungsvorbereitung sind nach *Ostendorf* unter anderem die Unterstützung des Jugendlichen bei Vorstellungsgesprächen für eine Lehr- oder Arbeitsstelle, die Kontaktaufnahme zum Bewährungshelfer, Jugendamt und therapeutischen Einrichtungen sowie die Weitergabe der Informationen von der Jugendarrestanstalt an das erkennende Gericht und das Jugendamt.[1840] Vor diesem Hintergrund wurde erfragt, wie sich die Entlassungsvorbereitung der Arrestanten durch den Sozialdienst während des Vollzuges darstellt. Festzustellen ist zunächst, dass aus Zeitgründen nicht mit jedem Warnschussarrestanten ein Abschlussgespräch durch den Sozialdienst geführt wird. Während zwei Gesprächspartner angaben, dass ein gesondertes Entlassungsgespräch nicht fester Bestandteil des Maßnahmeprogramms ist, bemühe man sich nach den Angaben eines anderen

---

1838 So S3 im Interview, Z. 428.
1839 BT-Drucks. 17/9389, S. 12.
1840 *Ostendorf*, MSchrKrim 1995, 352 (364).

Sozialpädagogen bei einem Warnschussarrest von mindestens zweiwöchiger Dauer um ein Endgespräch, welches regelmäßig auch durchgeführt werden kann. Bei einem einwöchigen Dauerarrest fallen Zugangs- und Abschlussgespräch häufig zusammen. Einigkeit bestand unter den befragten Sozialpädagogen darüber, dass die Entlassungsvorbereitung der § 16a-Arrestanten keine grundsätzlichen Unterschiede zu den übrigen Dauerarrestanten aufweist und diese letztlich bereits mit der Aufnahme in den Arrest beginnt. Aufgrund der kurzen zeitlichen Vollzugsdauer stehen die Abklärung des sozialen Umfeldes, der Finanzen, der Arbeitssituation, der Wohnunterkunft, die Vermittlung einer ggf. erforderlichen Notschlafstelle sowie die Kontaktaufnahme zu Beratungsstellen und die Vernetzungsarbeit von Beginn des Arrestes an im Mittelpunkt. Der Zusammenarbeit und Gesprächsführung mit der Jugendgerichtshilfe wird im Arrestalltag des § 16a JGG keine gesonderte Bedeutung beigemessen, da im Falle eines § 16a-Arrestes der Bewährungshelfer den primären Ansprechpartner darstelle.

Zu der Frage, ob mit den § 16a-Arrestanten, wie in der Gesetzesbegründung in Zusammenhang mit § 16a Abs. 1 Nr. 2 JGG vorgeschlagen,[1841] Verhaltensrichtlinien für die Zeit nach der Arrestentlassung erarbeitet werden, machten die Sozialpädagogen unterschiedliche Angaben. Inhaltlich können sich derartige Verhaltensrichtlinien z.B. auf den Kontakt und Umgang mit einer Gleichaltrigengruppe beziehen.[1842] Ein Gesprächspartner äußerte in diesem Zusammenhang, dass die Arrestanten auf eigenen Wunsch die Möglichkeit erhalten, in gemeinsamer Zusammenarbeit mit dem Sozialdienst einen sog. „Handlungsplan" für die Zeit nach dem Arrest zu erarbeiten. Nachdem sich der Arrestant zu Beginn eigene Gedanken über den Veränderungsbedarf gemacht hat, werden die Ergebnisse in Einzelgesprächen besprochen und schriftlich festgehalten. Bietet es sich im Einzelfall an, so wird dem Jugendlichen nach Auskunft eines anderen Sozialpädagogen angeboten, seine Ziele und Vorhaben in einem Brief zu formulieren, den der Sozialdienst anschließend verschlossen in Verwahrung nimmt und dem Jugendlichen zu einem vereinbarten Zeitpunkt per Post zusendet. Im Einzelfall kann mit dem Arrestanten – unabhängig von dem Status des § 16a JGG – eine Art „To-Do-Liste"[1843] für die Zeit nach dem Arrest erstellt werden. Eine standardmäßige Ausarbeitung von schriftlich fixierten Verhaltensrichtlinien, die nach der Anregung in der Gesetzesbe-

---

1841 BT-Drucks. 17/9389, S. 13.
1842 BT-Drucks. 17/9389, S. 13.
1843 So S2 im Interview, Z. 507.

gründung in Zusammenwirken mit der Bewährungshilfe erfolgen soll,[1844] findet nicht statt. Besonderheiten in der Entlassungsvorbereitung der Warnschussarrestanten bestehen insoweit, als bereits frühzeitig bei Beginn des Arrestes versucht wird, einen Kontakt zum Bewährungshelfer herzustellen, eine persönliche Gesprächsführung angeregt wird und der Schlussbericht über den Probanden am Ende des Arrestes, soweit möglich, von der Arrestanstalt an den Bewährungshelfer weitergeleitet wird.

d) Besonderes Vollzugsprogramm für Warnschussarrestanten

Da sich kein spezifisch auf die Klientel des § 16a JGG zugeschnittenes Maßnahmeprogramm in den Jugendarrestanstalten fand, wurden die Gesprächspartner danach gefragt, ob sie ein solches für erforderlich halten und wo in diesem Fall der inhaltliche Schwerpunkt der Maßnahme liegen sollte.

Übereinstimmend betonten die Experten, dass der Vollzug des § 16a JGG in seiner Ausgestaltung ein besonderes Augenmerk erfahren müsse. Drei der interviewten Experten sprachen sich explizit für ein besonderes Behandlungsprogramm der § 16a-Arrestanten aus und nahmen Bezug auf die Programmkonzeption des Kriminologischen Dienstes des bayerischen Justizvollzugs, insbesondere auf das Modul Kurzintervention zur Motivationsförderung (KIM). Berichtet wurde unter anderem, dass es im Jahr 2014 einen Fortbildungslehrgang zu „KIM" gab und dieses mehrtätige Maßnahmeprogramm, welches die individuelle Gesprächsführung in den Mittelpunkt stellt,[1845] in der Praxis kurzzeitig erprobt wurde. Die dauerhafte Umsetzung des Programms erwies sich mit den derzeit vorhandenen Mitteln im Arrestvollzug allerdings als nicht realisierbar. Aufgrund der kurzen 3-monatigen Vollstreckungsfrist des § 87 Abs. 4 S. 2 JGG sieht man sich bei der konzeptionellen Ausgestaltung des § 16a-Arrestvollzuges zugleich mit der Problematik konfrontiert, dass eine gebündelte Ladung der Warnschussarrestanten, die für die Durchführung spezieller Gruppenmaßnahmen erforderlich wäre, praktisch schwerlich zu verwirklichen ist. Hinzu kommen nach der Schilderung von V2 die häufig unterschiedlichen Problemlagen der Warnschussarrestanten, während der eine womöglich eine Drogenberatung brauche, benötige ein anderer Motivation, einen Job

---

1844 BT-Drucks. 17/9389, S. 13.
1845 Zum Inhalt von „KIM" siehe Teil 2 B.III.2.

oder eine Wohnung, so dass eine gezielte Maßnahme für Warnschussarrestanten für fragwürdig erachtet wird:

> „[...] ob es da wirklich eine spezielle Maßnahme für Warnschussar-
> restanten geben sollte, wüsste ich jetzt gar nicht so genau, ob das eine
> Forderung wäre, die ich erheben würde."[1846]

Zwei Gesprächspartner befürworteten daher zwar gleichfalls die Implementierung des modulartig aufgebauten, von *Endres/Breuer* entwickelten
Behandlungskonzepts, wiesen in den Gesprächen aber darauf hin, dass es
erforderlich ist, unter Umständen auch Dauerarrestanten ohne § 16a JGG
zu integrieren. Ein Sozialpädagoge äußerte hierzu:

> „[...] man muss mit den Jugendlichen arbeiten. Das bringt nichts, die
> einfach nur wegzusperren und ob das jetzt, sage ich jetzt mal, die
> [Warnschussarrestanten] notwendiger haben wie jemand, der nur
> einen einen Dauerarrest [...] hat, sei dahingestellt, weil oftmals ist es
> [...] von den Straftaten nichts anderes [...]. Das ist einfach nur das,
> entweder haben die das Pech, dass sie in einem Gerichtsbezirk sind,
> die sehr streng urteilen oder, dass die einfach schon zum zwanzigsten
> Mal vor Gericht standen oder eben wirklich, dass die Straftat so heftig
> war [...]."[1847]

Die Umsetzung eines eigenständigen Vollzugskonzepts für die Klientel des
§ 16a JGG unterliegt damit einerseits der Herausforderung einer homogenen Gruppenbildung, andererseits erfordert die Durchführung spezieller
Angebote bei nur sehr wenigen anwesenden § 16a-Arrestanten einen hohen Zeit- und Arbeitskraftanteil. Hinzukommen die individuell unterschiedlichen Problemlagen der Arrestanten. Nach Meinung aller Gesprächspartner bedarf es für die Umsetzung zielgerichteter Maßnahmen
für die Klientel des § 16a JGG grundsätzlich mehr Personal.

Bei der Frage, welche inhaltlichen Schwerpunkte bei einem Behandlungsprogramm für die Klientel des § 16a JGG gesetzt werden sollten, stellten die Gesprächspartner unterschiedliche Aspekte in den Vordergrund:
Als ein wesentliches Kernelement wurde von den Gesprächspartnern das
Erlernen des Umgangs mit Gewalt und Aggressivität gesehen. Häufig fehle
den § 16a-Arrestanten – so ein Interviewpartner – zudem die Empathiefähigkeit für die Situationen anderer und sei die Situation von subjektiver
Perspektivlosigkeit getragen. Auch dem Themenfeld Drogen und der in-

---

1846 Interview mit V2, Z. 613-615.
1847 Interview mit S3, Z. 286-292.

tensiven Auseinandersetzung mit der Bedeutung der Bewährungssituation wurde in einzelnen Expertengesprächen Bedeutung beigemessen. Die Gesprächsergebnisse zeigen, dass aus Sicht der Experten Veränderungen in der Vollzugsgestaltung des § 16a JGG für erforderlich gehalten werden und man dem vom Kriminologischen Dienst des bayerischen Justizvollzugs entwickelten Vollzugskonzept zu § 16a JGG insgesamt positiv gegenübersteht, für dessen Umsetzung es aber weiterer personeller wie finanzieller Mittel bedarf.

5. Abschlussgespräch

Besondere Aufmerksamkeit erhält der Arrest nach § 16a JGG schließlich im individuellen Schlussgespräch, welches der Vollzugsleiter am Ende eines jeden Dauerarrestes in der Arrestanstalt mit dem Arrestanten führt und dessen Ergebnisse in den nach § 27 JAVollzO zu erstellenden Schlussbericht einfließen. Für Warnschussarrestanten im Freizeit- und Kurzarrest gibt es hingegen keinen schriftlichen Entlassungsbericht. Meldungen an das Ausgangsgericht erfolgen hier nach den Angaben eines Vollzugsleiters nur im Einzelfall, wenn während des Arrestes besondere Vorkommnisse (z.B. Begehung von Straftaten) zu verzeichnen sind. Um sich zu vergewissern, ob die Arrestanten den Bedeutungsgehalt des Warnschussarrestes verstanden haben, werden die Arrestanten im Verlauf des Gesprächs angehalten zu schildern, aus welchem Grund die Verurteilung erging, welchen Inhalt das Urteil hat und welche Bedeutung der Arrestaufenthalt für sie hatte. Die Vollzugsleiter berichten davon, dass viele, aber nicht alle Warnschussarrestanten den Stellenwert des § 16a JGG kennen. Häufig wird den Arrestanten die Bedeutung des § 16a JGG nochmals erläutert. Ein expliziter Vermerk hierüber fand sich in 15,8 % der Schlussberichte (n=259). Nach dem Eindruck eines Vollzugsleiters hat sich das Bewusstsein über die Sanktionsfolge des § 16a JGG seit Einführung der Norm insgesamt verbessert:

> „[...]in den Anfängen ja „Drei Wochen Arrest und ähm pff Sozialstunden muss ich noch machen", „Ja und sonst noch was?", „Äh pff, weiß ich jetzt nicht", ja. Jetzt mittlerweile kommen sie selber schon mit der Aussage „Ja, sie haben Bewährung, drei Jahre lang". Manchmal wissen sie nicht ganz genau, wie hoch die Jugendstrafe ist, die ausgesprochen wurde. Aber sie wissen zumindest mal, dass sie gleich sagen „Ich habe drei Jahre Bewährung UND sitze im Arrest". Also sie sehen dann schon die Wertigkeit. Das ist mir ganz wichtig, dass ich das nochmal

überprüfe und wenn sie es nicht wissen, ihnen das nochmal ganz deutlich sage, ihnen dann eventuell auch das Urteil zeige, also den Tenor zeige, was da im Einzelnen alles ausgeführt ist."[1848]

„Die Arrestanten, die beim Schlussgespräch mit mir immer noch nicht wissen, dass [s]ie eigentlich eine Bewährungsstrafe bekommen haben, das werden immer weniger. Ja, [...] die kommen schon mit eine[m] höheren Bewusstsein [über] den Rechtsfolgenausspruch in den Arrest als es am Anfang gewesen ist."[1849]

6. Bewertung und Verbesserungsansätze

Schließlich sollte in Erfahrung gebracht werden, wie die Experten die derzeitige Vollzugssituation des § 16a-Arrestes bewerten und in welchen Bereichen Anpassungsbedarf besteht.

Eine ablehnende Haltung gegenüber der Sanktionsfolge des § 16a JGG hatte kein Gesprächspartner. Ganz allgemein wird die Möglichkeit der zusätzlichen Arrestverhängung von den befragten Experten als positiv befunden. Deutlich wurde in Teilen aber auch, dass der eigentliche Zweck des § 16a-Arrestes in der Praxis nicht vollständig verwirklicht wird und die Vollzugsgestaltung hinter den Anforderungen in der Gesetzesbegründung zurücksteht. Mit den derzeit vorhandenen Mitteln lasse sich der gesetzliche Auftrag nicht erreichen. Für erforderlich gehalten wird eine intensivere Betreuung der Probanden, eine Kontaktaufnahme von Seiten der Bewährungshilfe und Nachbesserungen im Vollzug. Ein Gesprächspartner äußerte:

„Ich denke, dass der Warnschussarrest ja ursprünglich dafür konzipiert worden ist, dass besonders mit den Jugendlichen gearbeitet wird und das ist nicht der Fall. Momentan. Also, momentan geht es an dem, wie sich das der Gesetzgeber gedacht hat, vorbei. Weil von den Programmen, die eigentlich da sein sollten, ist nichts passiert."[1850]

Vergleichbar hierzu die Aussage eines anderen Sozialpädagogen, die deutlich macht, dass die Sanktionierung mittels § 16a JGG nicht nur unter dem Aspekt der Abschreckung betrachtet werden sollte:

1848 Interview mit V2, Z. 346-354.
1849 Interview mit V2, Z. 330-334.
1850 Interview mit S3, Z. 571-574.

„[...] ich glaube, dass das sehr sinnvoll ist, aber nicht in der Form, wie er ausgestaltet wird. Also ich glaube, [...] das ist eine gute Chance für die [Warnschussarrestanten], glaube ich, dass man wirklich mit ihnen noch einmal intensiver arbeiten kann, aber dann bräuchten wir halt auch das Personal.“[...]„ich glaube, wenn die Jugendlichen, so wie es ja eigentlich gedacht ist, noch nicht im Dauerarrest waren, noch nicht länger eingesperrt waren, dass es schon für die also nicht nur durch die Abschreckung, ja, sondern wirklich eine Chance sein [kann], [...]sie sind mal weg, sie sind mal raus und sie sind hier gezwungen, auch nachzudenken und sich Gedanken zu machen über das, was jetzt eigentlich mit ihnen passiert. Und [...] in dem Setting, glaube ich, hat man einfach eine gute Chance, [...] denen das vielleicht bewusster zu machen als nur mit der Bewährung.“[1851]

Erkennbar wurde im Rahmen der Expertengespräche, dass sowohl im Bereich der Vollstreckungseinleitung als auch bei der konzeptionellen Ausgestaltung des § 16a-Arrestes respektive der Kooperation mit der Bewährungshilfe noch Optimierungsbedarf besteht. Konkret äußerten die Befragten folgenden Anpassungsbedarf:

Beide Vollzugsleiter befürworteten eine gebündelte Gruppenladung stets mehrerer § 16a-Arrestanten, um gezielte Maßnahmeprogramme durchführen und die Ladung der Arrestanten auf die zu dieser Zeit im Arrest stattfindenden Angebote abstimmen zu können. In dem Bewusstsein, dass die Bildung einer homogenen Arrestantengruppe mit einer Verurteilung nach § 16a JGG aufgrund der kurzen dreimonatigen Vollstreckungsfrist in § 87 Abs. 4 S. 2 JGG Schwierigkeiten bereitet, regte ein Vollzugsleiter die Verlängerung der Vollstreckungsfrist auf sechs Monate an. Ein Vorteil der verlängerten Vollstreckungsfrist wurde zudem in der größeren Flexibilität bei der Ladung von Schülern und berufstätigen § 16a-Arrestanten gesehen.

Im Hinblick auf die räumliche Unterbringung der § 16a-Klientel wurde in zwei Interviews eine getrennte Unterbringung begrüßt. Im Idealfall bedürfe es – so ein Sozialpädagoge – einer speziellen Abteilung für die Warnschussarrestanten mit einem speziellen Betreuungspersonal. Mit der seit Einführung des Warnschussarrestes unverändert gebliebenen personellen Besetzung im Jugendarrest ist ein weiterer Kritikpunkt angesprochen. Sämtliche Experten bemängelten die derzeitige Personalsituation und sehen einen Mehrbedarf an erzieherisch geschultem Personal. Gerade in

---

1851 Interview mit S2, Z. 621-625, Z. 630-636.

Bayern stelle sich die Personalsituation nach den Angaben eines Vollzugsleiters als besonders schlecht dar. Für eine zielgerichtete Vollzugsgestaltung des § 16a JGG benötige es in jeder Arrestanstalt eine zusätzliche pädagogische Kraft, ein oder zwei weitere Vollzugsbeamten, ggf. einen Sportbeamten und einen psychologischen Dienst. Angeregt wurde zudem die Formulierung eines eigenen Stellenschlüssels für die Jugendarrestanstalt, um die personelle Unabhängigkeit der Arrestanstalt zu gewährleisten.

Darüber hinaus insistierten drei Experten auf eine längere Mindestdauer des Arrestes nach § 16a JGG von einer, zwei oder vier Wochen, wobei in allen Gesprächen zum Ausdruck kam, dass die Zeit im Arrest einen wesentlichen Faktor für die Zusammenarbeit mit dem Jugendlichen darstellt. Für eine erzieherische Einwirkung brauche es, so ein Gesprächspartner nicht nur 1-2 Gespräche, sondern eine stetige Betreuung, die mehr Zeit in Anspruch nimmt. Ein Experte sah die Möglichkeit einer effektiven Zusammenarbeit mit dem Probanden nur bei voller Ausschöpfung der Arrestdauer von drei oder gar vier Wochen für gegeben:

> „Mindestens vier Wochen. Mindestens. Drei bis vier Wochen, weil vorher ist es halt schwierig, mit denen zu arbeiten oder überhaupt, wenn man was tut, gerade diese ganzen Trainings, wenn man sie denn durchführen könnte, [...] brauchen halt ihre Zeit."[1852] „[...] die brauchen die erste Woche, um hier anzukommen, [...] erstmal zu realisieren, was ist gelaufen. Dann kann man anfangen, mit denen zu arbeiten und gerade wenn sie jetzt [...] Drogen konsumieren zum Beispiel, [...] und draußen der Konsum recht heftig gewesen ist, dann brauchen die eine Woche erstmal, um clean zu werden. Und dass man richtig mit denen reden kann, ja? Und erst dann kann man ja anfangen mit arbeiten. [...]."[1853]

Für ausbaufähig wurde zudem der Umfang der aktuell angebotenen Gruppenmaßnahmen erachtet. Hier bedarf es aus Sicht der Sozialpädagogen einer Nachbesserung in Form von regelmäßigeren Kursangeboten, so dass jeder Arrestant die Möglichkeit zur Teilnahme an einem geeigneten Maßnahmeprogramm erhält. Die Vollzugsleiter regten eine möglichst zügige Bestellung des Bewährungshelfers und deren Kontaktaufnahme mit der Jugendarrestanstalt an. Hinsichtlich der künftigen Regelung des § 16a JGG im bayerischen Jugendarrestvollzugsgesetz äußerten sich die Befragten eher zurückhaltend. Beide Vollzugsleiter waren der Auffassung, dass die

---

1852 Interviwe mit S3, Z. 892-894.
1853 Interview mit S3, Z. 109-114.

Warnschussarrestanten ein besonderes Augenmerk erfahren müssen, die Festschreibung eines eigenständigen Regelungsbereichs aber nicht erforderlich ist und die Maßnahmedurchführung im Einzelnen den Arrestanstalten überlassen werden sollte.

7. Zusammenfassung der Ergebnisse

Als Resultat der Experteninterwies lässt sich festhalten, dass der Vollzug des § 16a JGG im Kern keine andere konzeptionelle Ausgestaltung erfährt wie der herkömmliche Arrest. Die gesetzgeberische Erwägung, dem Inkrafttreten des § 16a JGG eine sechsmonatige Vorlaufzeit einzuräumen, um den Vollzug des § 16a-Arrestes der neuen Rechtslage anzupassen,[1854] hat in der Praxis keine Umsetzung erfahren. Besonderheiten gegenüber dem bisherigen Arrest ergeben sich insoweit, als die Kontaktaufnahme zur Bewährungshilfe und die Abklärung der bewährungsbegleitenden Maßnahmen in den Mittelpunkt rücken. Über die Notwendigkeit von Nachbesserungen in der Vollzugsgestaltung waren sich die befragten Experten einig. Schwierigkeiten werden vor allem in der häufig schwankenden Anzahl an anwesenden § 16-Arrestanten, der bislang unveränderten Personalsituation, der Unregelmäßigkeit von Gruppenangeboten und der zeitlichen Dauer des Arrestvollzuges gesehen. Da sich der Arrest gem. § 16a JGG auf keine Verwahrung beschränken soll, wurde insbesondere die Anordnung als Freizeitarrest für unzweckmäßig erachtet und überwiegend eine längere Dauer des § 16a-Arrestes befürwortet.

Stellt man die Ergebnisse der Expertenbefragung dem Meinungsbild der Jugendrichter über die Vollzugsgestaltung des § 16a JGG gegenüber, wird erkennbar, dass die Vollzugspraxis des § 16a JGG in Teilen von dem Anliegen der Richterschaft abweicht. Einen zentralen Aspekt der Vollzugsgestaltung sahen die Jugendrichter in der Teilnahme an sozialpädagogischen Gruppenangeboten und mehrtägigen Gruppenkursen. In der Praxis steht die Teilnahme aber unter der Prämisse, dass dem Arrestanten für die Dauer der Arrestzeit ein passendes Angebot unterbreitet werden kann, was aufgrund der Unregelmäßigkeit einiger Angebote und den begrenzten Teilnahmekapazitäten nicht immer der Fall ist. Die gemeinsame Ausarbeitung von Verhaltensrichtlinien, die für 88,7 % der Jugendrichter einen eher wichtigen oder sehr wichtigen Aspekt im Rahmen des Arrestvollzuges darstellt, wird in den Arrestanstalten nur bei Einzelfallbedarf umgesetzt.

1854 BT-Drucks. 17/9389, S. 21.

F. Rückfalluntersuchung

Nachdem im vorherigen Abschnitt die Rechtspraxis des § 16a JGG und deren Umsetzung im Bundesland Bayern analysiert wurde, befasst sich der zweite Teil der empirischen Untersuchung mit der Legalbewährung der im Untersuchungszeitraum vom 07.03.2013 bis 31.12.2014 zu einem Jugendarrest neben bedingter Jugendstrafe verurteilten Jugendlichen und Heranwachsenden. Als Datengrundlage für die Überprüfung der Legalbewährung dienten die Bundeszentralregisterauszüge, welche auf der Rechtsgrundlage von §§ 42a, 61 BZRG beim Bundesamt für Justiz angefordert wurden. Im Mittelpunkt der Legalbewährungsuntersuchung stand folgende, bereits aufgeworfene Forschungsfrage:

> Wie stellt sich die Rückfälligkeit nach der Verurteilung zu § 16a JGG dar und welche Faktoren beeinflussen die Rückfallwahrscheinlichkeit?

Um die Ergebnisse der Rückfallanalyse lege artis bewerten zu können, soll zunächst ein Blick darauf geworfen werden, welcher Stellenwert der Rückfallforschung zukommt und welche Aussagen sich mit Hilfe der Bundeszentralregisterauswertung zur Legalbewährung der Probanden treffen lassen. Anschließend wird das Erkenntnisziel der Untersuchung definiert sowie die Anlage und konzeptionelle Durchführung der Rückfalluntersuchung erläutert, bevor die Ergebnisse dargestellt werden.

I. Vorbemerkung

1. Bedeutung der Rückfallforschung

Die Rückfallforschung ist heute elementarer Bestandteil der Kriminologie als empirische Bezugswissenschaft der Strafrechtswissenschaft und der Strafrechtspolitik.[1855] Die Anerkennung der Rückfallforschung als kriminologischer Forschungsgegenstand steht in engem Zusammenhang mit der Frage nach dem Zweck staatlicher Strafsanktionen und findet ihren Anknüpfungspunkt in dem in Art. 20 Abs. 3 GG niedergelegten Rechtsstaatsprinzip, welches in seiner Ausprägung als Verhältnismäßigkeitsgrundsatz erfordert, die Ausübung staatlicher Gewalt auf das notwendige Maß zu begrenzen. Rechtsstaatlich legitimiert ist eine Sanktion mithin

---

1855 *Blath*, in: Rückfallforschung, 133 ff.; *Heinz*, in: Rückfallforschung, 11 (12); *Jehle*, in: Rückfallforschung, 145 (147); *Sutterer*, in: Rückfallforschung, 173.

nur, wenn sie geeignet und erforderlich ist, dem mit ihr verfolgten Strafzweck zu dienen.[1856] Während bei einem auf Schuldausgleich und Vergeltung abzielenden Strafrecht die Folgen einer Bestrafung belanglos sind,[1857] liegt der Zweck der Strafe nach den relativen Strafzwecktheorien in der Verhinderung neuer Straftaten entweder durch Einwirkung auf den Täter oder die Gesellschaft.[1858] Die Rückfallverhinderung ist folglich wesentliches Ziel des Präventionsstrafrechts.[1859] Für das Jugendstrafrecht hat der Gesetzgeber die präventive Ausrichtung in § 2 Abs. 1 S. 1 JGG festgeschrieben, in dem die Anwendung des Jugendstrafrechts vor allem dazu dient, der erneuten Straftatbegehung entgegenzuwirken. Die Anerkennung des Präventionsstrafrechts bedeutet zu „wissen was es tut, und es [das Präventionsstrafrecht] muss wissen, was es erreicht mit dem, was es (an)tut"[1860]. Dies erfordert eine Kontrolle der angestrebten Zielsetzungen, eine systematische Erfolgskontrolle und eine Effizienzbewertung strafrechtlicher Interventionen.[1861] Denn „als notwendig kann nur begründet werden, was tatsächlich wirksam ist"[1862]. Diese Prämisse gilt auch für die neu eingeführte Koppelung von Jugendarrest und bedingter Jugendstrafe, deren spezialpräventive Wirksamkeit im weiteren Sinne[1863] vorliegend auf Grundlage der Bundeszentralregisterauszüge untersucht wurde.

1856 *Heinz*, Rückfall- und Wirkungsforschung, S. 4.
1857 *Heinz*, in: Rückfallforschung, 11 (16); *Heinz*, Rückfall- und Wirkungsforschung, S. 4.
1858 Ausführlich zu den absoluten und relativen Strafzwecken *Roxin*, 2006, § 3 Rn. 2 ff.; *Maurach/Zipf*, 1987, § 6 Rn. 3 ff.; hierzu auch Teil 2 A.I.1.
1859 *Heinz*, in: Rückfallforschung, 11 (16 f.); *Heinz*, ZJJ 2004, 35; die Rückfallverhinderung als Leitgedanken des Jugendstrafrechts betonend auch BT-Drucks. 16/6293, S. 9. Zum Präventionsgedanken im allgemeinen Strafrecht BGHSt 24, 40 (42): Strafe ist danach nur gerechtfertigt, „wenn sie sich zugleich als notwendiges Mittel zur Erfüllung der präventiven Schutzaufgabe des Strafrechts erweist".
1860 *Heinz*, in: Kriminologie und wissensbasierte Kriminalpolitik, 495.
1861 Vgl. *Heinz*, in: Rückfallforschung, 11 (19); *ders.*, in: Kriminologie und wissensbasierte Kriminalpolitik, 495 f.; *Kury*, in: INFO 2005, 25 (34); *Sutterer*, in: Rückfallforschung, 173.
1862 *Heinz*, in: Kriminologie und wissensbasierte Kriminalpolitik, 495 (514).
1863 Die Formulierung „Wirksamkeit im weiteren Sinne" wird vorliegend gewählt, da die Durchführung einer Rückfallanalyse ohne Vergleichsgruppenbildung keinen Nachweis über die Wirksamkeit im Sinne eines Kausalzusammenhangs von Sanktion und Rückfall geben kann. Siehe hierzu Teil 3.F.I.3.

2. Legalbewährung als Erfolgsmaßstab

Im Vorfeld der Legalbewährungsuntersuchung ist zu klären, wann in der Praxis von einem Erfolg des § 16a-Arrestes gesprochen werden kann. Die Frage nach der Messbarkeit des Erfolges bzw. Misserfolges strafrechtlicher Sanktionen ist ein in der kriminologischen Forschung bekanntes Problemfeld.[1864] Die Erfolgsbewertung einer Sanktion hängt maßgeblich von der mit ihr verbundenen Zielsetzung ab. Primäres Ziel der Sanktionierung jugendlicher Straftaten ist nach § 2 Abs. 1 JGG die Verhinderung neuer Straftaten. Ein Erfolg ist demnach grundsätzlich anzunehmen, wenn der Täter künftig ein normgerechtes Verhalten zeigt und von einer Begehung weiterer Straftaten ablässt. Soweit es bei der Aussetzung der Vollstreckung der Jugendstrafe gem. § 21 Abs. 1 JGG um die Prognose eines „künftig rechtschaffenen Lebenswandels" geht, scheint die Erwartungshaltung über „ein Leben ohne Straftaten", wie es § 56 StGB vorsieht, hinauszugehen. Legt man dieser Formulierung eine weite Auslegung zugrunde, so könnte es nicht nur darum gehen, dass sich der Jugendliche während der Bewährungszeit gesetzestreu verhält, sondern sich darüber hinaus infolge der Einwirkung in der Bewährungszeit eine weitergehende „ordentliche Lebensführung" einstellt. Für einen über die Straffreiheit hinausgehenden „Resozialisierungserfolg" könnten Aspekte der Arbeits- oder Sozialbewährung, der psychischen Stabilität oder Veränderungen im Konsumverhalten von Alkohol heranzuziehen sein.[1865] Ungeachtet der methodischen Schwierigkeiten, diese Faktoren messbar und vergleichbar zu machen,[1866] ist zu beachten, dass Anknüpfungspunkt für die Sanktionierung des Jugendlichen allein die Begehung einer Straftat ist. Infolge der Konnexität von Straftat und Sanktion ist es konsequent auch den Erfolg der Sanktion an dem strafrechtlichen Verhalten des Verurteilten festzumachen und die Legalbewäh-

---

1864 Zu den Schwierigkeiten der Messbarkeit von Erfolg und Wirksamkeit einer Maßnahme Bundesministerium des Innern/Bundesministerium der Justiz, Erster PSB, S. 444 ff.; *Hartung*, 1981, S. 52 ff.; *Heinz*, in: INFO 2014, 67 (88 ff.); *Kury*, in: INFO 2005, 25 (37 ff.); *Meier*, in: INFO 2005, 77 (82 ff.); *Spiess*, BewHi 2012, 17 (21 f.).

1865 *Heinz*, in: INFO 2014, 67 (73); *Hartung*, 1981, S. 54 verlangt jedenfalls für das Institut der Bewährungsstrafe eine über die Legalbewährung hinausgehende Überprüfung des Verhaltens im Arbeits- und Sozialbereich.

1866 *Heinz*, BewHi 1977, 296 (309); zu den möglichen Indikatoren einer Lebens-/Arbeits- und Sozialbewährung *Hartung*, 1981, S. 76 ff.. Die Arbeits- und Sozialbewährung als Erfolgskriterien unter Hinweis auf die Schwierigkeit der Operationalisierung ebenfalls ablehnend *Englmann*, 2009, S. 160; *Heinz*, in: INFO 2014, 67 73; *Höffler*, 2008, S. 238; *Köberlein*, 2006, S. 155.

rung an der Abstandnahme von weiteren Straftaten zu messen.[1867] Das Prognoseziel eines rechtschaffenen Lebenswandels ist daher restriktiv auszulegen und inhaltlich bedeutungsgleich mit der Straffreiheit des Täters.[1868] Eine darüber hinausreichende Integration des Täters in den Arbeits- oder Sozialbereich ist nicht Aufgabe des Strafrechts und als Indikator für die Bestimmung einer künftigen Legalbewährung folglich ungeeignet.[1869] Dabei bleibt zu beachten, dass familiäre und soziale Belastungen sowie das Fehlen eines Schulabschlusses oder einer Ausbildung bedeutsame Risikofaktoren für eine erneute Straffälligkeit bilden, denen es vor dem Hintergrund künftiger Straffreiheit entgegenzuwirken gilt.[1870] Die Verbesserung des Arbeits- und Sozialverhaltens stellt damit ein wichtiges Mittel zur Erreichung der künftigen Legalbewährung dar, nicht aber das Ziel selbst.[1871] Der Erfolg einer Sanktion liegt demnach in der *„Legal*bewährung"*, nicht der *„Lebensbe*währung".[1872]

Soweit mit der Verhängung eines zusätzlichen Arrestes nach § 16a JGG neben der Verhinderung der neuerlichen Straftatbegehung nach dem Willen des Gesetzgebers das Ziel einer erfolgreichen Bewältigung der Bewährungszeit verfolgt wird, stellt sich die Überlegung, ob neben dem Ausbleiben neuer Straftaten noch weitere Umstände in den Erfolgsbegriff einflie-

---

1867 In diese Richtung auch *Höffler*, 2008, S. 238; *Sonnen*, in: Diemer/Schatz/ Sonnen, JGG, § 21 Rn. 9.

1868 So ebenfalls *Englmann*, 2009, S. 163; *Höffler*, 2008, S. 239; *Köberlein*, 2006, S. 155; *Ostendorf*, 2015, Rn. 247; *Westphal*, 1995, S. 182 f.

1869 Nach Bundesministerium des Innern/Bundesministerium der Justiz, Zweiter PSB, S. 644 ist die Lebenswährung strafrechtlich irrelevant, solange es nicht zur Begehung neuer Straftaten kommt. Vgl. auch *Englmann*, 2009, S. 161 ff.; *Heinz*, in: Kriminologie und wissensbasierte Kriminalpolitik, 495 (496); *Höffler*, 2008, S. 238; *Köberlein*, 2006, S. 155; *Lang*, 2007, S. 148 mit Hinweis darauf, dass ein Abstellen auf die Sozialbewährung eine unzulässige Schlechterstellung der Jugendlichen gegenüber Erwachsenen wäre. *Wulf*, in: INFO 2011, 29 (39) hält die Bestimmung des Misserfolg anhand der Rückfallquoten nach Jugendarrest hingegen für unpassend und favorisiert stattdessen ein „Leben in sozialer Verantwortung" als Zielbestimmung.

1870 Vgl. zum Zusammenhang zwischen der Anzahl der Rückfalltaten und den soziobiographischen Belastungsfaktoren (Heimaufenthalt; schulische und familiären Belastungen, Häufig im Monat betrunken) exemplarisch die Untersuchung von *Kunkat*, 2002, S. 479 f. zur Legalbewährung junger Mehrfachauffälliger sowie *Grindel/Jehle*, in: FS für Rössner, 103 (122 f.).

1871 So auch *Höffler*, 2008, S. 238.

1872 *Englmann*, 2009, S. 163; *Geissler*, 1991, S. 239; *Köberlein*, 2006, S. 155; *Lang*, 2007, S. 148; *Weigelt*, 2009, S. 10 f.; zum Begriff der „Lebensbewährung" *Heinz*, BewHi 1977, 296 (309).

ßen. So könnte es für eine erfolgreiche Bewältigung der Bewährungszeit eine Rolle spielen, dass der Jugendliche sich unter dem Eindruck des Warnschussarrestes nicht nur straffrei geführt hat, sondern darüber hinaus die ihm erteilten Bewährungsauflagen oder Weisungen ordnungsgemäß erfüllt und die Bewährungszeit insgesamt erfolgreich überstanden hat. Zum Teil wird der Erfolg bzw. Misserfolg einer Bewährungssanktion daher über den Straferlass bzw. den Widerruf der Strafaussetzung zur Bewährung definiert.[1873] Bei einer Verurteilung zu § 16a JGG wäre es – abhängig von der Sanktionskombination – demnach als Erfolg zu werten, wenn das Gericht nach § 26a JGG den Erlass der Jugendstrafe anordnet, den Schuldspruch gem. § 30 Abs. 2 JGG tilgt oder die Jugendstrafe nach Ablauf der Vorbewährungszeit zur Bewährung aussetzt. In der hiesigen Untersuchung erschien es aus mehreren Gründen ungeeignet, die Legalbewährung der Probanden an dem „Bewährungszeiterfolg"[1874] festzumachen. Ein wesentlicher Faktor, von der Markierung des Legalbewährungserfolges anhand der Bewältigung der Bewährungszeit abzusehen, war, dass aufgrund der kurzen Zeitspanne bis zur Untersuchungsdurchführung noch nicht für alle Probanden mit einem Ablauf der Bewährungszeit zu rechnen war. Wird die Vollstreckung der Jugendstrafe gem. § 21 JGG zur Bewährung ausgesetzt, beträgt die Bewährungszeit gem. § 22 Abs. 1 S. 2 JGG mindestens zwei und höchstes drei Jahre, wobei gem. § 22 Abs. 2 S. 2 JGG eine Verlängerung auf vier Jahre möglich bleibt. Eine kürzere Dauer der Bewährungszeit sieht das Gesetz bei der Aussetzung der Verhängung der Jugendstrafe in § 28 Abs. 1 JGG oder dem Vorbehalt der Aussetzungsentscheidung für sechs Monate gem. § 61a Abs. 1 JGG vor. Da nach dem Ergebnis der Aktenanalyse die Mehrzahl der verhängten § 16a-Arreste in Verbindung mit § 21 JGG angeordnet wurden (88,5 %) und die Bewährungszeit bei rund zwei Drittel der Probanden (68,4 %) mindestens drei Jahre betrug, war für den überwiegenden Anteil der Verurteilten ein formeller Abschluss der Bewährungszeit nicht gegeben. Zudem ist aufgrund der unterschiedlichen Länge der Bewährungszeiten keine vollständige Vergleichbarkeit des Bewährungserfolges möglich. Bei der Bestimmung des Misserfolges durch den Widerruf der Strafaussetzung gem. § 26 JGG ist darüber hinaus zu beachten, dass die Begehung einer neuerlichen Straftat sowie der Verstoß gegen Auflagen oder Weisungen nicht zwangsläufig den Widerruf der Aussetzungsentscheidung zur Folge haben. Mit Blick auf das Verhältnismäßig-

---

1873 *Spieß*, MSchrKrim 1981, 296; vgl. auch *Hartung*, 1981, S. 87 f. m.w.N.; *Weigelt*, 2009, S. 10.
1874 Zu dieser Formulierung *Hartung*, 1981, S. 87.

keitsprinzip hat das Gericht nach § 26 Abs. 2 JGG vorrangig die dort genannten, weniger eingriffsintensiven Maßnahmen zu prüfen und den Widerruf als ultima ratio anzuwenden.[1875] Die Durchgriffshärte der Gerichte
und die Einstellung bzw. berufliche Einsatzbereitschaft der Bewährungshelfer können die Erfolgsquote demnach maßgebend prägen.[1876] So könnte ein eher nachsichtiger Umgang mit einem Fehlverhalten des Probanden
während der Bewährungszeit zu einer höheren Erfolgsquote führen, während ein strenges, hartes Durchgreifen die Widerrufsquote ansteigen ließe.[1877] Vorrangig geht es auch bei dem Ausspruch eines Arrestes neben
einer zur Bewährung ausgesetzten Jugendstrafe um das in § 2 Abs. 1 JGG
festgeschriebene Ziel der Rückfallvermeidung, welches nach der Gesetzbegründung bei der Anordnung eines § 16a-Arrestes seine Konkretisierung in
der Verbesserung der Aussichten für eine erfolgreiche Bewältigung der Bewährungszeit findet.[1878] Für die Erfolgsbeurteilung des Warnschussarrestes
ist folglich auf die Legalbewährung des Verurteilten im Sinne einer künftiger Straffreiheit abzustellen, während umgekehrt der Rückfall den „zentralen Misserfolgsindikator"[1879] bildet.

3. Aussagekraft der Rückfalluntersuchung

Die Überprüfung der Legalbewährung anhand der Bundeszentralregisterauszüge hat sich in der wissenschaftlichen Forschung als probate Vorgehensweise etabliert[1880] und war in der vorliegenden Untersuchung ebenfalls ein geeigneter Ansatz, um Basisinformationen zur Rückfälligkeit nach
der Sanktionierung gem. § 16a JGG zu erhalten.

Die Rückfallforschung ist zunächst auf eine Beschreibung der Rückfallraten und die Prognose der Rückfallwahrscheinlichkeit anhand verschiedener Täter- und Tatmerkmale ausgerichtet. Mittels der Bundeszentralregisterdaten können neben der Rückfallhäufigkeit Aussagen zur Rückfallgeschwindigkeit, Art der Rückfalldelinquenz und Schwere des Rückfalls gemessen an der Rückfalltat und Rückfallsanktion getroffen werden. Bereits

---

1875 *Meier,* in: Meier/Rössner/Trüg/Wulf, JGG, § 26 Rn. 11.
1876 *Kerner,* BewHi 1977, 285 (290); *Weigelt,* 2009, S. 10.
1877 *Hartung,* 1981, S. 87.
1878 BT-Drucks. 17/9389, S. 12.
1879 *Heinz,* ZJJ 2004, 35.
1880 Vgl. exemplarisch die Arbeiten von *Geissler,* 1991, S. 233 ff.; *Gernbeck,* 2017,
    S. 321; *Höffler,* 2008, S. 245; *Köberlein,* 2006, S. 167; *Löhr-Müller,* 2001, S. 110 f.;
    Weigelt, 2009, S. 55 ff..

derartige Feststellungen sind für eine folgenorientierte Kriminalpolitik wesentlich.[1881] Die deskriptiven Befunde zur Rückfälligkeit lassen für sich betrachtet aber keinen Rückschluss auf einen kausalen Wirkungszusammenhang zwischen der Sanktion und dem Rückfall zu.[1882] Etwaige Unterschiede in den Rückfallquoten nach verschiedenen Sanktionen können sowohl auf der unterschiedlichen Zusammensetzung der Tätergruppen, deren persönlichen Eigenschaften (z.B. Alter, Geschlecht, Schulbildung, soziale Schicht, Vorstrafen) oder einer Veränderung der Lebensumstände beruhen, als auch auf Selektionseffekte bei der richterlichen Entscheidung zurückzuführen sein.[1883] So wird angenommen, dass der Richter aufgrund von objektiv nicht stets fassbaren Merkmalen von vornherein gegen den Beschuldigten, dessen Rückfallrisiko er infolge nur ihm zugänglichen Hintergrundinformationen höher einschätzt, härtere Sanktionen ergreift.[1884] Ergeben sich nach einer Verurteilung zu Jugendarrest neben bedingter Jugendstrafe höhere Rückfallquoten als nach einer bloßen Bewährungsstrafe, so spiegelt dies die zutreffende, für die Rückfallrate eventuell maßgebliche Prognose des Jugendrichters wider. Für einen Kausalitätsnachweis im Sinne eines Ursachen-Wirkungs-Zusammenhangs müssen Störfaktoren, welche die interne Validität und damit die Rückführung von Veränderungen in der abhängigen Variable auf die Wirkung der unabhängigen Variable beeinträchtigen,[1885] eleminiert oder jedenfalls weitestgehend kontrolliert werden. Dies kann entweder im Wege des Experiments oder durch die Bildung vergleichbarer Tätergruppen geschehen, die sich idealerweise allein in der zu untersuchenden, unabhängigen Variablen unterscheiden, so dass sich die Variation der abhängigen Variable „Rückfall" möglichst zweifelsfrei auf die Sanktion als unabhängige Variable zurückführen lässt.[1886] Als

---

1881 Bundesministerium des Innern/Bundesministerium der Justiz, Erster PSB, S. 443.

1882 *Heinz*, in: Kriminologie und wissensbasierte Kriminalpolitik, 495 (498 ff.); *Heinz*, ZJJ 2014, 97 (105); *Meier*, in: INFO 2005, 77 (82); *Spiess*, BewHi 2012, 17 (21); *ders.*, Soziale Probleme Jg. 24, 1/2013, 87 (97).

1883 *Heinz*, in: Rückfallforschung, 11 (41); *Jehle*, in: Rückfallforschung, 145 (171); *Schaffstein*, ZStW 82 (1970), 853 (859); *Spiess*, BewHi 2012, 17 (21.)

1884 *Sutterer/Spiess*, in: Rückfallforschung, 215 (233); vgl. auch *Englmann*, 2009, S. 205 hinsichtlich der Selektionseffekte bei informellen Verfahrenseinstellungen.

1885 *Döring/Bortz*, 2016, S. 195.

1886 Bundesministerium des Innern/Bundesministerium der Justiz, Erster PSB, S. 445; *Heinz*, Rückfall- und Wirkungsforschung, S. 7 f.; *ders.*, in: INFO 2014, 67 (88); zu den methodischen Anforderungen an einen Kausalnachweis

„Königsweg"[1887] für den Nachweis eines Kausalzusammenhangs wird in der Wirkungsforschung die Durchführung eines Experiments mit Zufallszuweisung angesehen, deren praktischer Umsetzung in der kriminologischen Sanktionsforschung aber regelmäßig rechtliche wie ethische Gründe entgegenstehen.[1888] In der Forschung wird daher häufig auf ein quasi-experimentelles Untersuchungsdesign zurückgegriffen, bei dem die Zuordnung zur Experimental- und Kontrollgruppe nicht durch Randomisierung erfolgt.[1889] Stattdessen wird der Versuch unternommen, die zentralen Störfaktoren (wie z.B. Alter, Geschlecht, Vorstrafenbelastung, Nationalität usw.) durch ein paarweises Matching von Personen der Experimental- und Kontrollgruppe zu kontrollieren.[1890] Vor dem Hintergrund, möglichst zeitnah einen ersten Überblick über die Rückfälligkeit der zu § 16a JGG verteilten Personen zu erhalten, konnte die Bildung einer Kontrollgruppe, bestehend aus Bewährungsprobanden ohne einen Arrest nach § 16a JGG, aus forschungsökonomischen Gründen im Rahmen der vorliegenden Arbeit nicht umgesetzt werden. Inwieweit der spätere Erfolg einer Legalbewährung seine kausale Ursache gerade in der zusätzlichen Verhängung des

---

Albrecht, in: Rückfallforschung, 55 (63 ff.); Bundesministerium des Innern/ Bundesministerium der Justiz, Erster PSB, S. 445; *Döring/Bortz,* 2016, S. 193; *Eifler*, in: Handbuch Methoden der empirischen Sozialforschung, 195 (201); *Meier*, in: INFO 2005, 77 (87 f.); *Schnell/Hill/Esser*, 2013, S. 203 ff., 209 ff.; *Heinz*, in: Rückfallforschung, 11 (16).

1887 *Spiess*, BewHi 2012, 17 (22); vgl. auch *Bortz/Döring,* 2006, S. 194.
1888 *Heinz*, in: Rückfallforschung, 11 (41); *Meier*, in: INFO 2005, 77 (87); *Spiess*, BewHi 2012, 17 (22); vertiefend zu den ethischen Bedenken experimenteller Versuchsanordnungen *Bönitz*, in: Methodologische Probleme in der kriminologischen Forschungspraxis, 287 (294 ff.); *Kury*, in: Methodologische Probleme in der kriminologischen Forschungspraxis, 307 (329 ff.) Als bisher einzig echtes Experiment für den deutschen Raum liegt – nach *Albrecht*, in: Rückfallforschung, 55 (64) – die Untersuchung von *Ortmann* vor. In der Sanktionsforschung steht der Bildung echter Experimente bereits der Umstand entgegen, dass die Sanktionsentscheidung des Richters unter Berücksichtigung verschiedener individueller Umstände, wie der jugendlichen Entwicklung, Vorstrafenbelastung und durch Schwere der Tat bestimmt wird. Eine Zufallszuweisung ist aufgrund des Willkürverbots ausgeschlossen.
1889 Zur Quasi-experimentellen Untersuchungsanordnung *Döring/Bortz,* 2016, S. 199 ff.; *Englmann*, 2009, S. 189 mit Abgrenzung zur ex-post-facto-Anordnung; *Schnell/Hill/Esser*, 2013, S. 220. Potentielle Einsatzmöglichkeiten für Quasi-Experimente bestehen nach *Heinz*, in: Kriminologie und wissensbasierte Kriminalpolitik, 495 (499) vor allem dort, wo die Sanktionierungspraxis für gleichgelagerte Fälle regional oder zeitlich unterschiedlich ist.
1890 *Englmann*, 2009, S. 189; *Gernbeck,* 2017, S. 316 ff., 322 ff.; zum Matching-Verfahren *Schnell/Hill/Esser*, 2013, S. 213.

Warnschussarrestes gem. § 16a JGG hat, kann im Wege der Rückfallanalyse daher nicht beantwortet werden.

II. Zielsetzung und Untersuchungsaufbau

Obgleich der Nachweis eines Kausalzusammenhangs zwischen der Legalbewährung bzw. dem Rückfall und der Verurteilung zu § 16a JGG anhand der BZR-basierten Rückfallanalyse nicht geführt werden kann, lässt sich im Wege der deskriptiven Rückfallforschung in einem erstem Schritt verifizieren, ob und in welchem Maße das Ziel der Rückfallverhinderung mit der Verurteilung zu einem Jugendarrest gem. § 16a JGG erreichbar ist.[1891] Mit Hilfe der Rückfallergebnisse „können Erwartungen, die hinsichtlich der spezialpräventiven Wirkung von Sanktionen bestehen, daraufhin geprüft werden, ob sie durch die Empirie gestützt werden oder sich als unhaltbar erweisen"[1892]. Die Rückfallquote nach einer Verurteilung zu § 16a JGG zeigt folglich, mit welcher Wahrscheinlichkeit die Annahme des Gerichts, der Jugendliche werde sich durch die Verhängung eines Jugendarrestes neben bedingter Jugendstrafe von weiteren Straftaten abhalten lassen, unzutreffend ist. Darüber hinaus kann anhand der deskriptiven Rückfallergebnisse überprüft werden, ob die festgestellten Rückfallbefunde zumindest mit der Wirksamkeitshypothese *vereinbar* sind.[1893] Die Ergebnisse der Vereinbarkeitsüberprüfung dürfen selbstverständlich nicht mit dem Nachweis der tatsächlichen Wirksamkeit der Sanktion gleichgesetzt werden.

Misst man dem Warnschussarrest entsprechend der Intention des Gesetzgebers die Funktion einer positiven Bewährungsbewältigung und der Verhinderung neuer Straftaten zu, ist zu erwarten, dass die Rückfallrate nach einer Verurteilung zu § 16a JGG geringer ausfällt als bei einer Verurteilung zu einer Jugendstrafe mit Bewährung ohne einen zusätzlichen Arrest. Vor diesem Hintergrund kann folgende Hypothese aufgestellt werden:

1891 Vgl. mit Bezug auf den Jugendarrest insgesamt *Heinz*, ZJJ 2014, 97 (105).

1892 *Heinz*, Kriminalprävention auf justizieller Ebene, S. 9; ähnlich *Ostendorf*, StV 2008, 148 (150), nach dessen Ansicht bereits die Rückfallzahlen dem Jugendrichter Anhaltspunkte dafür bieten, mit welcher Wahrscheinlichkeit von einem Rückfall auszugehen ist.

1893 *Heinz*, in: Kriminologie und wissensbasierte Kriminalpolitik, 495 (515 f.).

„Die Verhängung eines zusätzlichen Arrestes nach § 16a JGG reduziert die Rückfallwahrscheinlichkeit der Verurteilten."

Würde sich diese Erwartungshaltung in der geringeren Rückfallquote nach der Festsetzung eines Jugendarrestes gem. § 16a JGG im Vergleich zu einer Jugendstrafe mit Bewährung widerspiegeln, so spräche dies dafür, die Hypothese der überlegenen Wirksamkeit des zusätzlichen Jugendarrestes gem. § 16a JGG gegenüber der reinen Bewährungssanktion nicht aufzugeben.[1894] Umgekehrt wären die deskriptiven Befunde bei einer höheren Rückfallrate der Warnschussarrestanten mit der Hypothese der besseren Wirksamkeit unvereinbar.

Unter dem Vorbehalt des Einflusses sonstiger Störfaktoren könnte die Feststellung einer gegenüber der bedingten Jugendstrafe erhöhten Rückfallquote nach der Verurteilung zu § 16a JGG als Indiz für die fehlende spezialpräventive Wirksamkeit des § 16a JGG gewertet werden. Die Legalbewährungsuntersuchung anhand der Bundeszentralregisterauszüge bietet mithin eine erste Möglichkeit zur Überprüfung der theoriegeleiteten Wirksamkeitsannahme und Taxierung der erwarteten protektiven Wirkung des § 16a JGG im Hinblick auf die zukünftige Straffreiheit.

Schließlich können in einem zweiten Schritt in Verbindung mit den Ergebnissen der Aktenanalyse differenzierende Aussagen über die Rückfallwahrscheinlichkeit in Abhängigkeit zu verschiedenen Täter- und Tatmerkmalen getroffen werden. Die Identifizierung dieser Risikofaktoren kann als möglicher Ansatzpunkt für die Fortentwicklung von Maßnahmenprogrammen zur Vollgestaltung dienlich sein. Die Erkenntnisse der Rückfallforschung sind folglich bereits für sich genommen bedeutsam, um die richterliche Sanktionsentscheidung daraufhin zu überprüfen, ob und inwieweit die erkennbaren Risiken der Tätergruppe zutreffend eingeschätzt werden.[1895]

1894 Diese sowie nachfolgende Überlegung orientieren sich an *Heinz*, in: Kriminologie und wissensbasierte Kriminalpolitik, 495 (515 f.); vgl. mit Bezug zu § 16a JGG *Antholz*, Krim 2/2015, 99 (100).
1895 *Meier*, in: INFO 2005, 77 (86).

III. Anlage und Methodik der Rückfalluntersuchung

1. Operationalisierung des Rückfallbegriffs

Misst man die Legalbewährung an dem Ausbleiben einer erneuten Straffälligkeit des Täters und zieht als zentrales Misserfolgskriterium den Rückfall heran, ist zunächst der Begriff der „Rückfälligkeit" zu definieren. Die Konkretisierung des Rückfallbegriffs ist für die Aussagekraft der Rückfallquote von zentraler Bedeutung.[1896] Eine einheitliche terminologische Festlegung der Rückfälligkeit existiert in der Wissenschaft nicht. Zur Operationalisierung des Rückfallbegriffs werden unterschiedliche Ansätze gewählt.[1897]

Die weiteste Auslegung bietet der sog. kriminologische oder materielle Rückfallbegriff. Danach wird als Rückfall jede erneute, tatsächlich begangene Straftat gewertet, einschließlich der nicht entdeckten oder justiziell nicht bekannt gewordenen Straftaten im Dunkelfeld.[1898] Die Zugrundelegung eines solch weiten Rückfallkriteriums war für die vorliegende Untersuchung von vornherein ungeeignet. Die Erhebung der Dunkelfeldkriminalität durch Täter- und Opferbefragungen ist durch das Risiko von Falschauskünften zum einen nur äußerst unzuverlässig möglich,[1899] zum anderen in der Praxis mit einem erheblichen Zeitaufwand verbunden, so dass die Untersuchung der im Dunkelfeld verbleibenden Kriminalität bereits aus forschungsökonomischen Aspekten nicht umsetzbar war.[1900] Die vorliegende Analyse bezieht sich daher ausschließlich auf die offiziell regis-

---

1896 Welche Unterschiede sich in den Rückfallquoten in Abhängigkeit zur Rückfalldefintion ergeben, zeigen *Berckhauer/Hasenpusch*, MSchrKrim 1982, 318 (324). Je nach Festlegung des Rückfallbegriffs variieren die Rückfallquoten zwischen 72,5 % und 28,1 %.

1897 Einen Überblick über die möglichen Definitionen des Rückfalls geben *Egg*, in: Kriminologie und wissensbasierte Kriminalpolitik, 247 (249 ff.); *Heinz*, in: Rückfallforschung, 11 (13); *ders.*, Rückfall- und Wirkungsforschung, S. 395; *ders.*, ZJJ 2004, 35 (37).

1898 *Heinz*, ZJJ 2004, 35 (37); *Köberlein*, 2006, S. 218; *Mannheim*, in: Handwörterbuch der Kriminologie, 38 (51).

1899 *Köberlein*, 2006, S. 168; *Heinz*, ZJJ 2004, 35 (37); *Schöch*, in: KrimGegfr, 211 (216 ff.).

1900 Eingehend zur Problematik der Dunkelfeldforschung *Göppinger/Bock*, 2008, § 23 Rn. 12 ff.; Bundesministerium des Innern/Bundesministerium der Justiz, Erster PSB, S. 12 ff. Neben dem Risiko von Falschaussagen aus Angst, trotz der zugesicherten Anonymität strafrechtliche Konsequenzen fürchten zu müssen, droht der Validität der Dunkelfelddaten eine weitere Einbuße durch Erinnerungslücken, unbewusste persönliche Wertungen und Subsumtionsschwierigkeiten; vgl. *Köberlein*, 2006, S. 168. Zwar wird zum Teil auch für die Rückfall-

trierten Straftaten, die zu einer erneuten justiziellen Reaktion und Eintragung ins Zentral- oder Erziehungsregister geführt haben und knüpft damit an den strafrechtlichen bzw. formellen Rückfallbegriff an. Dieser begrenzt den Rückfallbegriff auf jede erneute rechtskräftige Verurteilung wegen der Begehung einer Straftat.[1901] Nicht entdeckte, im Dunkelfeld verbleibende Straftaten scheiden mithin als Rückfalltaten aus. Der Rückgriff auf die im Hellfeld registrierten Rückfalltaten erschien zudem konsequent, da auch für die Vorbelastungsermittlung der zu § 16a JGG verurteilten Probanden ausschließlich die polizeilich registrierten und justiziell geahndeten Taten zugrunde gelegt werden konnten.[1902]

In einigen Untersuchungen erfährt die Rückfälligkeit zudem weitere Restriktionen in Bezug auf die Deliktsart oder die Art und Höhe der Folgesanktion.[1903] Dabei kann die Wertung als Rückfall zum einen von der Begehung einer Tat abhängig gemacht werden, die derselben Deliktskategorie zuzuordnen ist wie die Bezugstat (sog. einschlägiger Rückfall[1904]). Zum anderen kann das Vorliegen eines Rückfalls qualitativ an der Folgeentscheidung gemessen werden. Nach dem pönologischen Rückfallbegriff, welcher die engsten Voraussetzungen an die Rückfälligkeit stellt, ist ein Rückfall nur bei der Verhängung einer freiheitsentziehenden Sanktion anzunehmen.[1905] Darüber hinaus lässt sich fragen, ob ein Erfolg der Maßnahme nicht bereits dann zu verzeichnen ist, wenn die Schwere der Rückfall-

---

forschung die Datenerhebung im Dunkelfeld gefordert, um die Validität der Daten zu erhöhen und abzusichern. So der Hinweis bei *Englmann*, 2009, S. 183 m.w.N. in Fn. 869. Doch wird andererseits der Nutzen von Dunkelfeldbefragungen aufgrund der geringen Zuverlässigkeit der Daten und des erheblichen Zeitaufwandes in Frage gestellt. So *ders.*, 2009, S. 183 f.; *Heinz*, ZJJ 2004, 35 (37); *Höffler*, 2008, S. 239 f.; *Köberlein*, 2006, S. 168; *Kunkat*, 2002, S. 460, die allesamt vom kriminologischen Rückfallbegriff Abstand genommen haben. Vorliegend wäre eine persönliche Kontaktaufnahme zu 326 Probanden aus Zeitgründen wie auch aufgrund der Schwierigkeit die Probanden tatsächlich aufzufinden, nicht möglich gewesen.

1901 *Englmann*, 2009, S. 261; *Heinz*, ZJJ 2004, 35 (37); *Mannheim*, in: Handwörterbuch der Kriminologie, 38 (41).

1902 Vgl. *Jehle*, in: Rückfallforschung, 145 (151), der das Abstellen auf die registrierten Ausgangstat einerseits und die nicht justiziell feststellbare Rückfalltat andererseits als inkonsequent bezeichnet.

1903 Ausführlich zu den verschiedenen Defintionsansätzen *Hartung*, 1981, S. 61 ff.; vgl. exemplarisch auch *Geissler*, 1991, S. 242 f. mit einer Dreiteilung des Rückfallbegriffs in Wiederverurteilungm, Wiederinhaftierung und Eintragungen, die ins Führungszeugnis aufgenommen werden.

1904 Hierzu *Jehle*, in: Rückfallforschung, 145 (151).

1905 *Köberlein*, 2006, S. 218.

tat im Vergleich zur Ausgangstat abnimmt oder die straffreie Zeit bis zur erneuten, justiziellen Auffälligkeit größer wird.[1906] Die vorstehenden Definitionsansätze zeigen, dass sich durch die Begriffsfestlegung der „Rückfälligkeit" erhebliche Varianzen in der Rückfallquote ergeben können.

Um die Legalbewährung der zu § 16a JGG Verurteilten möglichst umfassend abzubilden, wurde in der vorliegenden Rückfalluntersuchung darauf verzichtet, den Rückfall durch die Art und Höhe der Folgesanktion zu beschränken. Gleichwohl sollte vor dem Hintergrund, dass der Arrest nach § 16a JGG gem. § 21 Abs. 1 S. 3 JGG erst die Voraussetzungen einer positiven Sozialprognose begründen kann und damit der Vermeidung einer unbedingten Jugendstrafe dient, ein besonderes Augenmerk auf die Verhängung einer unbedingten Jugend- oder Freiheitsstrafe als Folgesanktion gelegt werden. Da die Rückfälligkeit nicht für eine bestimmte Art des Bezugsdelikts analysiert werden sollte, wurde auch von einer generellen Einschränkung auf einschlägige Rückfalltaten Abstand genommen. Nicht geeignet erschien es ferner, die Rückfälligkeit anhand des Widerrufs der Bewährung gem. § 26 JGG zu bestimmen bzw. im Falle der Anordnung eines § 16a-Arrestes neben § 27 JGG oder § 61 JGG von der Erkennung auf Jugendstrafe oder der Negativentscheidung über die Aussetzung der Vollstreckung abhängig zu machen.[1907] Ziel der Untersuchung war es, zu analysieren, inwieweit die Verurteilung zu einem Jugendarrest neben bedingter Jugendstrafe dem primären Ziel der erneuten Straftatbegehung zuträglich ist. Zusätzlich zu dem Umstand, dass der Widerruf der Bewährung seine Ursache nicht zwingend in der Begehung einer erneuten Straftat haben muss, stellte sich bei der Auswertung der Bundeszentralregisterauszüge das praktische Problem, dass gem. § 13 Abs. 1 Nr. 6 BZRG zwar der Widerruf verpflichtend ins Bundeszentralregister einzutragen ist, nicht aber der Widerrufsgrund selbst, so dass diese Vorgehensweise anlässlich der Zielsetzung von vornherein unzweckmäßig war.

Als Rückfall wurde im Rahmen der Untersuchung damit jede Straftat gewertet, deren Tatzeitpunkt innerhalb des Kontrollzeitraums lag und die zu einer Eintragung ins Zentral- oder Erziehungsregister führte. Ohne Bedeutung war es, ob die strafrechtliche Sanktionierung selbst innerhalb des Kontrollzeitraums erfolgte.[1908] Wurde der Proband innerhalb des Kon-

---

1906 Bundesministerium des Innern/Bundesministerium der Justiz, Erster PSB, S. 445; *Heinz*, in: Rückfallforschung, 11 (15).
1907 Siehe hierzu auch die Ausführungen unter Teil 2 F. I.2.
1908 So auch *Gernbeck*, 2017, S. 339; *Köberlein*, 2006, S. 219; ebenfalls auf die Begehung der Straftat abstellend *Geissler*, 1991, S. 236; *Löhr-Müller*, 2001, S. 110.

trollzeitraums mehrfach rückfällig, so fließt jeder Rückfall in die Auswertung ein.[1909]

Bei der Bestimmung der Rückfälligkeit war weiterhin zu beachten, dass der im Bundeszentralregister eingetragenen, sich der Verurteilung zu § 16a JGG anschließenden Folgeentscheidung auch eine Tat zugrunde liegen konnte, deren Begehungszeitpunkt zeitlich vor der Verurteilung zu § 16a JGG lag. Diese Taten können naturgemäß weder durch den Ausspruch des Warnschussarrestes noch durch die Arrestverbüßung selbst beeinflusst sein und waren daher vom Rückfallbegriff auszuklammern. Dies hat zur Folge, dass Entscheidungen mit einer Tat, die vor der Verurteilung zu § 16a JGG begangen, aber erst nachfolgend justiziell registriert wurde, weder als Vorbelastung noch als Rückfalltat erfasst wurden.[1910]

Für die Messung der Rückfälligkeit wurde im Allgemeinen nicht zwischen dem Vorliegen eines echten und unechten Rückfalls differenziert. Während von einem echten Rückfall im Kontext stationärer Maßnahmen in der Rückfallforschung dann gesprochen wird, wenn sich der Rückfall in Freiheit nach der Verbüßung der Jugendstrafe oder des Jugendarrestes ereignet, umschreibt der Begriff des unechten Rückfalls die Legalbewährung während der Vollstreckung.[1911] Als unechte Rückfälle sind somit diejenigen Entscheidungen zu werten, deren zugrunde liegende Anlasstaten zwischen dem Entscheidungsdatum der Bezugsentscheidung und der Entlas-

---

1909 Eine andere Vorgehensweise findet sich in der bundesweiten Rückfallstatistik. Dort wird bei mehreren Folgeentscheidungen nur die Entscheidung mit der schwersten Sanktion abgebildet; *Jehle/Heinz/Sutterer*, 2003, S. 20. Als Folgeentscheidung wird dabei jede erneute Registereintragung, die im Rückfallzeitraum der Bezugsentscheidung zeitlich nachfolgt und deren Tatdatum nach dem Anknüpfungspunkt der Bezugsentscheidung liegt, definiert; *Jehle*, in: Rückfallforschung, 145 (158).

1910 Nachdem sich im Rahmen der Aktenanalyse gezeigt hatte, dass nach der Verurteilung zu Jugendarrest neben bedingter Jugendstrafe zum Teil nochmals der Ausspruch einer Bewährungsstrafe erging, wenn die nunmehr zur Aburteilung anstehende Tat zeitlich vor der Verurteilung zu § 16a JGG begangen wurde, wurden Registereintragungen, deren Straftat vor Beginn des Kontrollzeitraums lag, für eine grobe Einschätzung der Fallanzahl im Erhebungsbogen der Rückfallanalyse separat erfasst. So wurde ein Proband (Fall 55) beispielsweise am 22.10.2013 wegen einer Tat am 05.05.2013 zu einem Arrest nach § 16a JGG verurteilt. Am 16.01.2014 erging gegen den Probanden erneut eine Verurteilung zu einer Jugendstrafe mit Bewährung gem. § 21 JGG, deren Grundlage eine Tat vom 06.07.2013 bildete. Die BZR-Analyse ergab insgesamt 40 Fälle, in denen ein Proband im Nachgang zur Verurteilung mit § 16a JGG wegen einer zeitlich früheren Tat verurteilt wurde.

1911 *Grindel/Jehle*, in: FS für Rössner, 103 (107).

sung aus dem Arrest begangen wurden.[1912] Inwieweit die unechten Rückfalltaten für die Berechnung der Rückfallrate herangezogen werden können, hängt von der Definition der Grundgesamtheit ab.[1913] Ziel der vorliegenden Untersuchung war es, die Rückfälligkeit aller zu § 16a JGG verurteilten Täter zu untersuchen. Die Grundgesamtheit definiert sich mithin durch die Gesamtanzahl der Verurteilungen nach § 16a JGG im Untersuchungszeitraum 07.03.2013 bis 31.12.2014, nicht durch die Arrestverbüßung. Ein Rückfall wurde mithin auch dann angenommen, wenn es nach der Bezugsentscheidung aber vor der Entlassung aus dem Arrest bzw. während des Arrestvollzuges zu einer erneuten Straftat kam. Erst im Rahmen der Auswertung soll dem Verhältnis zwischen echten und unechten Rückfällen nachgegangen werden.

2. Festlegung des Kontrollzeitraums

Für die Rückfalldefinition bedarf es weiterhin der Festlegung eines Kontrollzeitraums (sog. time at risk"[1914]), binnen dessen die Rückfälligkeit der Probanden untersucht wird. Dabei gilt es, sowohl die Länge des Rückfallzeitraums als auch deren Anfangs- und Endpunkte festzulegen. Die Wahl des Kontrollzeitraums ist wegweisend für die Höhe und Aussagekraft der Rückfallquote und notwendige Voraussetzung für eine Vergleichbarkeit der Rückfallraten.[1915] Denn je länger der Kontrollzeitraum gewählt wird, desto höher ist die „Chance" der Rückfälligkeit.

a) Dauer des Kontrollzeitraums

Bei der Frage nach der Länge des Kontrollzeitraums wird in der Forschung einerseits dafür plädiert, einen möglichst langen Beobachtungszeitraum zu

---

1912 Zur begrifflichen Definiton des unechten Rückfalls *Grindel/Jehle*, in: FS für Rössner, 103 (108).

1913 Vgl. *Grindel/Jehle*, in: FS für Rössner, 103 (108), die einen Einbezug der unechten Rückfälle deshalb ablehnten, da sich die Grundgesamtheit über die Verbüßung einer Jugendstrafe definierte. Gleichwohl aber darauf hinweisen, dass die unechten Rückfälle bedeutsam für die Gefährlichkeitsbeurteilung des Täters sind.

1914 *Egg*, in: Kriminologie und wissensbasierte Kriminalpolitik, 247 (249).

1915 *Egg*, in: Rückfallforschung, 119 (125 f.); *Englmann*, 2009, S. 262; *Hartung*, 1981, S. 48.

wählen, um die Legalbewährung weitreichend beurteilen zu können. So soll der Jugendliche nicht nur für eine bestimmte Zeitspanne straffrei bleiben, sondern insgesamt dazu befähigt werden, ein Leben ohne Straftaten zu führen. Umgekehrt wird man sich die Frage stellen müssen, ob die Begehung einer Straftat Jahre nach der Verurteilung oder Verbüßung einer freiheitsentziehenden Sanktion noch in Verbindung zur vormals begangenen Straftat steht.[1916] Bei der Wahl eines sehr kurzen Rückfallzeitraums besteht das Risiko, eine hohe Anzahl an Probanden fälschlicherweise als „nicht-rückfällig" einzustufen, weil deren Rückfall außerhalb des Kontrollzeitraums liegt.[1917] Innerhalb verschiedener Rückfalluntersuchungen variiert die Dauer des Kontrollzeitraums erheblich. Angesichts der nach § 46 Abs. 1 Nr. 1 BZRG geltenden Mindesttilgungsfrist von fünf Jahren für Eintragungen im Bundeszentralregister wird für die Untersuchung der Rückfälligkeit regelmäßig ein Bezugszeitraum von vier, häufig auch fünf Jahren für geeignet gehalten.[1918] Großteils wird auch ein deutlich kürzer Kontrollzeitraum von zwei oder drei Jahren als ausreichend erachtet,[1919] wobei die Zugrundelegung eines einjährigen Kontrollzeitraums als Mindestmaß angesehen wird.[1920] Die Rechtfertigung für einen kürzeren Kontrollzeitraum ist vor allem darin zusehen, dass sich der überwiegende An-

---

1916 *Egg*, in: Kriminologie und wissensbasierte Kriminalpolitik, 247 (251).

1917 *Egg*, in: Rückfallforschung, 119 (126).

1918 *Heinz*, ZJJ 2004, 35 (40); *Eisenberg*, 2005, § 15 Rn. 24; *Götting*, 2004, S. 169; *Heinz*, in: Rückfallforschung, 11 (15); *Vogt*, 1972, S. 175: 4 bis 6 Jahre; auf einem Rückfallzeitraum von vier Jahren basiert sowohl die nationale Rückfallstatistik für das Basisjahr 1994, s. *Jehle*, in: Kriminologie und wissensbasierte Kriminalpolitik, 227 (237) als auch die Untersuchungen von *Geissler*, 1991, S. 235; *Giebel/Ritter*, in: Risiken der Sicherheitsgesellschaft, 196 (199); ähnlich der Beobachtungszeitraum bei *Heinz/Hügel*, 1986, S. 61: 4 Jahre 9 Monate bzw. 3 Jahre 9 Monaten; einen längeren Beobachtungszeitraum von 6 Jahren wählten *Liebe/Meyer*, 1981, S. 43; mit der Präferenz für einen Zeitraum von 6-7 Jahren bei Bewährungsstrafen auch *Hartung*, 1981, S. 50 f.

1919 Für einen Kontrollzeitraum von zwei Jahren *Eisenhardt*, 2010, S. 27; *Sabaß*, 2004, S. 183; einen Kontrolllzeitraum von drei Jahren wählten *Grindel/Jehle*, in: FS für Rössner, 103 (108); *Prätor/Suhling*, MSchrKrim 2016, 215 (226); *Lang*, 2007, S. 151; *Köberlein*, 2006, S. 222 f., die daneben zudem einen Kontrollzeitraum von einem Jahr untersuchte; *Englmann*, 2009, S. 262 ff. legte seiner Studie zunächst einen Kontrollzeitraum von zwei Jahren zugrunde und erweiterte diesen in einem weiteren Untersuchungsschritt auf drei bzw. vier Jahre. Zur Wahl eines gestaffelten Rückfallzeitraums s. auch *Höffler*, 2008, S. 248 f..

1920 Einen (zumindest auch) einjährigen Kontrollzeitraum legen zugrunde: *Ebert*, 2012, S. 136; *Gernbeck*, 2017, S. 341; *Höffler*, 2008, S. 248; *Köberlein*, 2006, S. 223.

teil an Rückfällen innerhalb des ersten Beobachtungsjahres ereignet und die Rückfalldelinquenz in der Folgezeit kontinuierlich abnimmt.[1921] So ergab die Auswertung der bundesweiten Rückfallstatistik für das Basisjahr 1994 innerhalb des rückfälligen Personenkreises eine Rückfallquote von 47,6 % im ersten Jahr und weiteren 25,8 % im zweiten Jahr.[1922] Für den Jugendarrest ergibt sich ein gleichermaßen deutliches Bild: Bei 50 % aller rückfälligen Arrestanten tritt der erste Rückfall bereits nach 10 Monaten ein.[1923] Dieses Ergebnis wird durch die älteren Untersuchungen von *Eisenhardt*[1924] und *Schneemann*[1925] gestützt, wonach ebenfalls rund 50 % der zu Jugendarrest verurteilten und rückfälligen Täter binnen eines Jahres erneut straffällig wurden. *Giebel/Ritter* gelangten in ihrer jüngst durchgeführten Untersuchung zur Rückfälligkeit nach Jugendarrest zu einem ähnlichen Ergebnis: 51,8 % der insgesamt binnen vier Jahren erneut straffällig gewordenen Personen wiesen bereits im ersten Jahr nach der Entlassung aus dem Arrest einen Rückfall auf.[1926] *Gernbeck* berichtet für Urteilsarrestanten von einer Rückfallquote von 47,7 % binnen 12 Monaten ab Arrestentlassung.[1927] Auch für Bewährungsprobanden wird davon ausgegangen, dass die Rückfallgefahr im ersten Jahr nach der Entscheidung über die Strafaussetzung zur Bewährung am größten ist und schließlich erst nach dem Ende der Bewährungszeit wieder zunimmt.[1928]

Bei der Festlegung der Kontrollzeitraums für die hiesige Untersuchung war zu berücksichtigen, dass es sich bei § 16a JGG um eine jüngst eingeführte Sanktionserweiterung handelt, so dass die Länge des Kontrollzeitraums von vornherein begrenzt war. Die Bezugsentscheidungen für die Rückfalluntersuchungen bildeten alle innerhalb des Untersuchungszeitraums vom 07.03.2013 bis 31.12.2014 ergangenen Verurteilungen zu § 16a JGG. Damit musste auch bei einer Verurteilung am 31.12.2014 ausreichend Zeit für eine sinnvolle Überprüfung der Legalbewährung des Jugendlichen verbleiben. In Anbetracht der vorstehenden Erkenntnisse zur

---

1921 Vgl. *Eisenhardt*, 1980, S. 62 f.; *Heinz*, in: Rückfallforschung, 11 (32); *Hohmann-Fricke*, 2013, S. 186 f.; *Jehle*, in: Kriminologie und wissensbasierte Kriminalpolitik, 227 (237).
1922 *Jehle*, in: Kriminologie und wissensbasierte Kriminalpolitik, 227 (237).
1923 *Jehle/Albrecht/Hohmann-Fricke u.a.*, 2013, S. 161.
1924 *Eisenhardt*, 1980, S. 63.
1925 *Schneemann*, 1970, S. 64 f. gelangte zu einer Rückfallquote von 57,4 % innerhalb eines Jahres.
1926 *Giebel/Ritter*, in: Risiken der Sicherheitsgesellschaft, 196 (199) wonach.
1927 *Gernbeck*, 2017, S. 366.
1928 *Heinz*, BewHi 1977, 296 (309).

Rückfallgeschwindigkeit wurde der Kontrollzeitraum daher zunächst auf ein Jahr festgelegt. Die Wahl eines Ein-Jahres-Kontrollzeitraums ermöglichte es, für alle Probanden – auch unter Berücksichtigung möglicher Verzögerungen bei der Meldung der Daten an das Bundeszentralregister – Erkenntnisse zur Rückfälligkeit zu erhalten und ist aufgrund der erhöhten Rückfalldelinquenz in den ersten Monaten zudem methodisch vertretbar. Die Wahl eines kürzeren Beobachtungszeitraums als der in anderen Studien zugrundgelegte Dreijahreszeitraum erschien zudem legitim, da die spezialpräventive Wirkung, die dem Initialereignis – vorliegend der Verurteilung zu § 16a JGG – beigemessen wird, nicht überschätzt werden darf.[1929] Die Bemessung des Kontrollzeitraums hat sich daher an der zeitlichen Wirkung der untersuchten Maßnahme zu orientieren.[1930] Der Jugendarrest stellt mit einer Maximaldauer von vier Wochen eine relativ kurze stationäre Maßnahme dar, deren Fernwirkungen es nicht zu überschätzen gilt.[1931] Für den Arrest nach § 16a JGG, der hinsichtlich seiner Dauer ebenfalls an § 16 Abs. 2 bis 4 JGG anknüpft, gilt dies in selben Maße, wobei zu beachten ist, dass dieser nach der Intention des Gesetzgebers in erhöhtem Maße einer positiven Bewältigung der Bewährungszeit dient. Erstrebenswert erschien es daher, den Rückfallzeitraum auf die Mindestdauer der Bewährungszeit von zwei Jahren gem. § 22 Abs. 1 S. 2 JGG auszudehnen. Wegen der zeitlich verzögerten Meldung und Eintragung der strafrechtlichen Verurteilungen in das Bundeszentralregister musste damit gerechnet werden, dass zum Zeitpunkt der Datenabfrage noch nicht alle Rückfälle innerhalb des Zwei-Jahres-Kontrollzeitraums zur Eintragung gelangt waren.[1932]

1929 Vgl. hierzu *Englmann*, 2009, S. 262 f.; *Köberlein*, 2006, S. 223.
1930 *Hartung*, 1981, S. 49 f.; *Sabaß*, 2004, S. 183; *Köberlein*, 2006, S. 223 hält einen zeitlichen und sachlichen Zusammenhang zwischen der Ausgangstat und der folgenden strafrechtlichen Reaktion auch bei einem Dreijahreszeitraum noch für gegeben.
1931 Vgl. *Eisenhardt*, 1980, S. 62 f.; *Hartung*, 1981, S. 50, die für den Jugendarrest einen Beobachtungszeitraum von drei Jahren für angemessen erachtet.
1932 Die zeitlich verzögerte Eintragung ins BZR zeigte sich auch in der Untersuchung von *Höffler*, 2008, S. 247: Die dort untersuchten Verfahren lagen zum Zeitpunkt der Ziehung der Registereinträge bereits ein Jahr zurück und waren dennoch häufig noch nicht im BZR eingetragen.

b) Individueller Rückfallzeitraum

Der Ein- und Zwei-Jahres-Kontrollzeitraum wurde für jeden Probanden individuell definiert. Die Festlegung eines personenbezogenen, individuellen Rückfallzeitraumes ist erforderlich, um jedem Probanden die gleiche „Rückfallchance" zu gewähren und die Rückfälle zueinander in Bezug setzen zu können.[1933] Mit der individuellen Berechnung des Kontrollzeitraums unterliegt jeder Proband dem gleichen, zeitlichen Rückfallrisiko. Die Annahme eines uniformen Kontrollzeitraums, einheitlich endend am 31.12. eines Jahres hätte demgegenüber zur Folge gehabt, dass der bereits im März 2013 zu § 16a JGG verurteilte Proband sich deutlich länger hätte straffrei führen müssen, um als „nicht-rückfällig" in die Auswertung einzugehen, als der Delinquente, dessen Verurteilung zu einem Warnschussarrest erst mit dem spätesten Ende des Untersuchungszeitraumes am 31.12.2014 erfolgte. Eine Vergleichbarkeit der Rückfälligkeit wäre aufgrund der erheblichen Varianzen im Beobachtungszeitraum nicht möglich gewesen.

c) Beginn des Kontrollzeitraums

Für den Beginn des Kontrollzeitraums kamen drei zeitliche Anknüpfungspunkte in Betracht: Der Zeitpunkt der Entscheidung, der Rechtskraft des Urteils und der Arrestentlassung. Insgesamt sollte der Anknüpfungspunkt für die Bezugsentscheidung so gewählt werden, dass möglichst viele der im Zeitraum vom 07.03.2013 bis 31.12.2014 zu § 16a JGG Verurteilten in die Rückfalluntersuchung einbezogen werden können.

Naheliegend war es zunächst, für den Beginn des Kontrollzeitraums auf die Entlassung des Jugendlichen aus dem Arrest abzustellen, da der Warnschussarrestvollzug erst im Anschluss an seine Verbüßung als potentieller Einflussfaktor für das Ausbleiben neuerlicher Straftaten Relevanz erlangen kann.[1934] Dies hätte zur Folge gehabt, dass diejenigen Warnschussarrestanten, die bereits vor Arrestantritt erneut offiziell straffällig geworden sind, von der Rückfalluntersuchung hätten ausgeschlossen werden müssen. Ziel der Untersuchung war es indessen nicht, die Wirkung eines spezifischen

---

1933 Zur Notwendigkeit einer individuellen Berechnungsweise vgl. *Englmann,* 2009, S. 263; *Jehle/Heinz/Sutterer,* 2003, S. 21; *Köberlein,* 2006, S. 219.
1934 Für den Beginn des Kontrollzeitraums auf den Zeitpunkt der Arrestentlassung abstellend *Gernbeck,* 2017, S. 341.

Vollzugsprogramms innerhalb des Warnschussarrestvollzuges zu kontrollieren, sondern allgemein die Rückfälligkeit nach all denjenigen Entscheidungen zu analysieren, in denen sich die Jugendrichter für eine Anwendung des § 16a JGG entschieden haben. Diesem Ansatz lag der Gedanke zugrunde, dass der Jugendliche sich – vergleichbar mit dem Ausspruch einer Jugendstrafe zur Bewährung gem. § 21 JGG – bereits die Verurteilung zu § 16a JGG als erste Warnung dienen lassen kann. Wird der Angeklagte bereits unmittelbar nach der Hauptverhandlung und noch vor der Verbüßung des § 16a-Arrestes erneut justiziell auffällig, ist die spezialpräventive Wirkung der Sanktionsverhängung selbst in Frage zu stellen. Auch diese, durch den Ausspruch des § 16a-Arrestes auf den ersten Blick unbeeindruckten Delinquenten sollten als sog. „unechten Rückfälle" in die Untersuchung eingehen. Als Anknüpfungspunkte für die Bezugsentscheidung verblieb somit entweder das Entscheidungsdatum der Ausgangssanktionierung oder das Datum der Rechtskraft. Zwar wird die Verurteilung erst mit dem Eintritt der formellen Rechtskraft in das Bundeszentralregister eingetragen und beginnt gem. § 22 Abs. 2 JGG ab diesem Zeitpunkt der Lauf der Bewährungszeit, doch geht die Wirkung der Sanktion nicht von der Rechtskraft des Urteils, sondern dessen Ausspruch in der Hauptverhandlung aus. Für das Gefühl der subjektiven Betroffenheit entscheidend ist der Zeitpunkt, zu dem der Angeklagte mit dem Urteilsausspruch erstmals konfrontiert wird, nicht die Rechtskraft des Urteils. Gegen ein Abstellen auf den Zeitpunkt der Rechtskraft sprach ferner, dass Rückfälle zwischen der Verkündung des Urteils und dem Eintritt der Rechtskraft auf diese Weise von der Rückfalldefinition exkludiert gewesen wäre, was dem Untersuchungsziel widersprochen hätte. Insbesondere bei einer langen Zeitspanne zwischen der Urteilsverkündung und dem Eintritt der Rechtskraft ist das Rückfallrisiko erhöht. Ein späterer Beginn des Kontrollzeitraums mit dem Datum der Rechtskraft hätte in der vorliegenden Untersuchung zudem dazu geführt, dass aufgrund der zeitlichen Begrenzung des Projekts nicht für alle Probanden ein Zwei-Jahres-Kontrollzeitraum realisierbar gewesen wäre.[1935] Vorzugswürdig erschien es daher für den Beginn des Kontrollzeitraums auf das Entscheidungsdatum der Sanktionierung

---

1935 Von den in die Untersuchung einbezogenen Entscheidungen wurden zwei Verurteilungen erst im August bzw. September 2015 rechtskräftig, so dass ein zweijähriger Kontrollzeitraum bei Abstellen auf das Datum der Rechtskraft nicht realisierbar gewesen wäre.

nach § 16a JGG abzustellen.[1936] Maßgeblich war die Entscheidung, in der die Anordnung eines Arrestes nach § 16a JGG in der Form seiner späteren Vollstreckung ausgesprochen wurde. Erfolgte die Anordnung des § 16a-Arrestes erst in der Rechtsmittelinstanz, so markierte das Datum der in zweiter Instanz getroffenen Entscheidung den Arrestbeginn.[1937] Da im Bundeszentralregister gem. § 5 Abs. 1 Nr. 4 BZRG nur der Tag des ersten Urteils eingetragen wird, musste das Entscheidungsdatum in diesen Fällen im Vorfeld gesondert durch Einsicht in die Strafakten ermittelt werden. Der frühest mögliche Rückfallzeitpunkt war somit der Tag der Verurteilung zu § 16a JGG.

d) Ende des Kontrollzeitraums

Das Ende des Kontrollzeitraums wurde individuell unter Einbeziehung des Tages berechnet, auf den das Initialereignis fiel.[1938] An einem konkreten Berechnungsbeispiel veranschaulicht bedeutet dies: Erging die Verurteilung zu § 16a JGG am 11.03.2013, so fällt der Ablauf des Ein-Jahres-Kontrollzeitraums auf den 10.03.2014.

Bei der Berechnung des individuellen Kontrollzeitraums, beginnend mit der Entscheidung über § 16a JGG, stellte sich die Problematik, inwieweit Zeiten, zu denen sich der Verurteilte im Jugendarrest oder Strafhaft befand, das Ende des Kontrollzeitraums nach hinten verschieben. Für eine exakte Vergleichbarkeit der Rückfallraten müsste jedem Probanden taggenau die gleiche Chance für eine erneute Straffälligkeit gewährt werden.[1939] So variiert die Länge des Kontrollzeitraums bereits durch die Dauer der Verbüßung des Warnschussarrestes. Im Verhältnis zur Gesamtlänge des Kontrollzeitraums erhält der Arrest mit seiner Maximallänge von vier Wochen jedoch kein besonders starkes Gewicht, so dass davon Abstand ge-

---

1936 Gleichwohl für den Beginn des Kontrollzeitraums auf das Entscheidungsdatum abstellend *Köberlein*, 2006, S. 220 bzgl. der dort gebildeten Kontrollgruppe; *Grindel/Jehle*, in: FS für Rössner, 103 (108) in Bezug auf die unechten Rückfälle.

1937 Der Ausspruch des § 16a-Arrestes in erster Instanz entsprach dem Regelfall. Lediglich in neun Fällen musste das Datum der Verurteilung zu § 16a JGG in zweiter Instanz im Wege der Akteneinsicht gewonnen werden.

1938 *Englmann*, 2009, S. 266 f.

1939 Aus diesem Grund schließt *Köberlein*, 2006, S. 221 die Zeiten in Untersuchungshaft, Strafhaft und im Maßregelvollzug bei der Berechnung des Kontrollzeitraums aus.

nommen wurde, die Zeiten des Arrestvollzuges von dem Kontrollzeitraum auszuklammern.[1940] Hinzu kommt, dass die Möglichkeit der Straftatbegehung während einer freiheitsentziehenden Sanktion zwar faktisch eingeschränkt ist[1941], doch bleibt die erneute Deliktsbegehung auch innerhalb der Arrest- und Haftanstalten denkbar, auch wenn diese für den Täter unter Umständen mit höheren Hindernissen verbunden ist. Der Verzicht auf eine exakte Berechnung eines für jeden Probanden genau gleich langen Kontrollzeitraums unter Ausschluss der Zeiten, zu welchem sich der Täter in Arrest, Strafhaft oder Maßregelvollzug befand, rechtfertigte sich zudem durch die Zielsetzung des Projekts. Vorliegend ging es nicht darum, die Rückfälligkeit der nach § 16a JGG Verurteilten einer Gruppe von Tätern gegenüberzustellen, die zu einer Bewährungssanktion ohne einen zusätzlichen Arrest nach § 16a JGG verurteilt wurden, sondern um die isolierte Betrachtung der Rückfälligkeit nach dem Ausspruch eines Warnschussarrestes. Der Beobachtungszeitraum wurde daher als ein festes Intervall berechnet, ohne die Zeiten freiheitentziehender Maßnahmen auszuklammern.[1942]

Innerhalb des für die Rückfallanalyse maßgeblichen Untersuchungszeitraums datierte die früheste Entscheidung mit einem Rechtsfolgenausspruch zu Jugendarrest neben bedingter Jugendstrafe vom 11.03.2013. Die zeitlich späteste Verurteilung zu § 16a JGG innerhalb des Kontrollzeitraums erfolgte am 18.12.2014. Das maximale Ende des zweijährigen Kontrollzeitraums reichte damit bis zum 17.12.2016 (siehe Tabelle 58):

Tabelle 58: Länge des Kontrollzeitraums

	Beginn KZR	Ende Ein-Jahres-KZR	Ende Zwei-Jahres-KZR
Frühestes Datum der Verurteilung zu § 16a JGG	11.03.2013	10.03.2014	10.03.2015
Spätestes Datum der Verurteilung zu § 16a JGG	18.12.2014	17.12.2015	17.12.2016

1940 So auch *Englmann*, 2009, S. 267.
1941 Vgl. *Köberlein*, 2006, S. 221, die aus diesem Grund die Zeiten in Untersuchungs- und Strafhaft bzw. Maßregelvollzug aus dem Kontrollzeitraum herausrechnet.
1942 So auch *Englmann*, 2009, S. 267.

Da die Eintragung der registerpflichtigen Verurteilung erst mit Rechtskraft der Entscheidung erfolgt und erfahrungsgemäß einige Zeit in Anspruch nehmen kann, musste damit gerechnet werden, dass für den zweijährigen Beobachtungszeitraum im Zeitpunkt der Ziehung der Rückfalldaten im April 2017[1943] noch nicht alle Folgesanktionen zur Eintragung gelangt waren. Hiermit war insbesondere bei Probanden zu rechnen, deren Verurteilung zu § 16a JGG erst gegen Ende des Untersuchungszeitraums im Jahr 2014 erfolgte und deren Gesamtkontrollzeitraum spätestens im Dezember 2016 endete[1944]. Erstreckte sich der Kontrollzeitraum bis Dezember 2016, so lag zwischen dem Ende des Gesamtkontrollzeitraums und dem Zeitpunkt der Registerabfrage im April 2017 eine verhältnismäßig kurze Zeitspanne von drei bis vier Monaten. Aus der Aktenanalyse geht indessen hervor, dass zwischen der letzten Tat und der Rechtskraft der § 16a-Verurteilung im Durchschnitt 7,21 Monate vergingen. Dies lässt annehmen, dass insbesondere Tatbegehungen aus dem Zeitraum seit September 2016 noch nicht rechtskräftig abgeurteilt wurden und im Bundeszentralregister demnach fehlen. Nicht auszuschließen ist demnach, dass im Zeitpunkt der Datenziehung begangene und entdeckte Straftaten noch nicht im Bundeszentralregister registriert sind. Die Rückfälligkeit ist durch die noch nicht zur Eintragung gelangten Straftaten für den Zwei-Jahres-Kontrollzeitraum folglich unterschätzt, wobei über das Ausmaß der Unterschätzung keine Aussage getroffen werden kann. Wegen der Vielzahl der zu Beginn des Untersuchungszeitraums liegenden Verurteilungen zu § 16a JGG wurde dennoch ein maximaler Kontrollzeitraum von zwei Jahren gewählt, um eine Einschätzung zum Verlauf der Rückfälligkeit über den verhältnismäßig kurzen Ein-Jahres-Zeitraum hinaus geben zu können.[1945]

e) Folgetaten außerhalb des Kontrollzeitraums

Mit der Festlegung des für eine Vergleichbarkeit der Rückfälligkeit erforderlichen einheitlichen Kontrollzeitraums von maximal zwei Jahren bestand die dem Untersuchungsdesign immanente Problematik, dass eine

---

1943 Die BZR-Auszüge datierten allesamt von 07.04.2017 bis 11.04.2017.

1944 Insgesamt lag das Ende des Zwei-Jahres-Kontrollzeitraums für elf Probanden im Dezember 2016.

1945 Von den insgesamt in die Rückfallanlayse 321 einbezogenen Verurteilungen zu § 16a JGG ergingen 78,5 % (n=252) bis zum 31.08.2014, so dass für eine hinreichende Anzahl an Probanden auch mit Daten für den Zwei-Jahres-Kontrollzeitraum zu rechnen war.

Straffälligkeit nach dem Ende des Beobachtungszeitraums nicht abgebildet werden kann. Bei einer Verurteilung zu § 16a JGG im Frühjahr 2013 konnten nach Ablauf des zweijährigen Kontrollzeitraums bis zum Zeitpunkt der Ziehung der Registerauskünfte im April 2017 nochmals bis zu zwei Jahre vergehen. In dem Bewusstsein, dass es hier zu weiteren Rückfällen kommen kann, wurde aus Gründen der Vergleichbarkeit der Rückfalldaten dennoch auf eine gesonderte Analyse des weiteren Kriminalitätsverlauf außerhalb des Kontrollzeitraums verzichtet.

3. Planung und Durchführung der Rückfalluntersuchung

a) Anforderung und Übermittlung der Registerauszüge

Zur Überprüfung der Legalbewährung wurde im Oktober 2016 beim Bundesamt für Justiz ein erster Antrag auf Erteilung der Registerauskünfte aus dem Zentral- und Erziehungsregister zu wissenschaftlichen Forschungszwecken gestellt. Angefordert wurden auf der Rechtsgrundlage von §§ 42a, 61 BZRG die pseudonymisierten Registerinhalte nach § 3 bis § 8 BZRG und § 60 BZRG zu insgesamt 326[1946] Probanden, für die im Zeitpunkt der Antragsstellung ausweislich des IT-Vollzugs die erforderlichen Personendaten[1947] vorlagen. Um eine interne Rückidentifizierung der Personen vornehmen zu können, wurde jedem Probanden eine Codenummer zugewiesen. Diese entsprach der Fallidentifikationsnummer im Rahmen der Aktenanalyse, um später eine Zuordnung der Rückfalldaten mit den Tätermerkmalen vornehmen zu können. Die Genehmigung der einmaligen unbeschränkten Auskunftserteilung zu wissenschaftlichen Forschungszwecken erteilte das Bundesamt für Justiz im März 2017. Hieran anschließend erfolgte im April 2017 die Übermittlung der Registerauszüge in pseudonymisierter Form. Insgesamt konnten zu 325 Probanden Registerauszüge erstellt werden. Bei einem Probanden war die Auskunftserteilung nach § 24 Abs. 1 BZRG rechtlich unzulässig, da dieser zum Zeitpunkt der Datenabfrage bereits verstorben war. Von den 325 übermittelten Regis-

---

1946 Die höhere Anzahl an angeforderten Registerauszügen gegenüber der letztlich in die Aktenanalyse einbezogenen Personen beruht darauf, dass zum Zeitpunkt des Auskunftserteilungsersuchens aus dem BZR der Datensatz noch nicht um alle mehrfach registrierten Personen bereinigt war.
1947 Zu den für die Auskunftserteilung notwendigen Personendaten zählen: Geburtsname, ggf. abweichender Familienname, Vorname, Geburtsdatum und Geburtsort.

terauszügen enthielten zehn den Vermerk „keine Eintragung", so dass weder Vorentscheidungen noch die Bezugsentscheidung mit der Verurteilung zu § 16a JGG oder eine Rückfalltat im Register eingetragen war.

b) Datenaufbereitung und Datenauswertung

aa) Datenüberprüfung und –reduktion

Vor der Auswertung der Registerauszüge erfolgte zur Vermeidung von Doppelerhebungen eine Datenkontrolle. Wie bereits bei der Aktenanalyse musste auch bei der Rückfalluntersuchung sichergestellt werden, dass jeder Proband mit einer Verurteilung zu § 16a JGG nur einmal im Rückfalldatensatz enthalten ist. Da der Antrag auf Erteilung der Auskünfte aus dem Zentral- und Erziehungsregister zu einem Zeitpunkt erfolgte, zu dem die Akteneinsicht noch nicht vollständig abgeschlossen war, mussten einige Fälle im Anschluss an die Datenübermittlung durch das Bundesamt für Justiz aussortiert werden. So waren die Registerauskünfte zu drei Code-Nummern jeweils derselben Person zuzuordnen. Unter Bereinigung der übermittelten Registerauskünfte um diese drei Datensätze minimierte sich die Anzahl der ursprünglich angeforderten Registerauskünfte von 326 auf 323. Entsprechend dem Ausgangsdatensatz der Aktenanalyse wurde des Weiteren ein Proband von der Rückfallanalyse ausgeschlossen, da dessen Verurteilung zu § 16a JGG aus dem Jahr 2015 stammte. Abzüglich dem Probanden, zu dem nach § 24 Abs. 1 BZRG eine Auskunftserteilung aus rechtlichen Gründen nicht mehr möglich war, standen für die Rückfalluntersuchung damit die Registerauskünfte zu 321 Probanden zur Verfügung. Einträge im Bundeszentralregister, die keine Verurteilung zum Gegenstand hatten, wie familiengerichtliche Entscheidungen nach § 1666 BGB, Gesuche wegen Aufenthaltsermittlungen oder Entscheidungen über die Ablehnung der Erteilung eines Waffenscheins, blieben bei der BZR-Analyse von vornherein unberücksichtigt, da diese nicht im Kontext einer Straftatbegehung stehen.

bb) Datenerfassung- und auswertung

Die Erhebung der sich aus dem Bundeszentralregister ergebenden Daten erfolgte mittels des im Anhang (s. Anhang III.5) abgedruckten Analysebogens. Für eine spätere Zusammenführung der Rückfallergebnisse mit den

Ergebnissen der Aktenanalyse wurde auf diesem zunächst die Fallidentifikationsnummer vermerkt. Für jeden Probanden wurde der Erhebungsbogen handschriftlich in Papierform ausgefüllt. Die Datenverarbeitung und Auswertung erfolgte auch hier mittels SPSS. Bei der deskriptiven Auswertung der Registerauszüge ging es in einem ersten Schritt darum, zu ermitteln, ob und mit welcher Häufigkeit die nach § 16a JGG verurteilten Personen innerhalb des Kontrollzeitraums erneut straffällig wurden. Soweit sich im Kontrollzeitraum ein Rückfall zeigte, wurde eine weitergehende Analyse hinsichtlich der Rückfallgeschwindigkeit, der Art der Rückfalltat, der Einschlägigkeit des Rückfalls sowie der nachfolgenden Rückfallsanktion durchgeführt. Schließlich wurde im Wege der Korrelationsanalyse die Rückfälligkeit in Abhängigkeit zu verschiedenen Täter- und Verfahrensmerkmalen (z.B. Alter, Geschlecht, Delikt, Vorstrafen und Vollzugsort) gemessen, wobei zu beachten ist, dass diese allein Auskunft über das Bestehen und die Stärke des Zusammenhangs gibt, über den Beziehungszusammenhang hinaus aber keine Aussage im Sinne eines Ursache-Wirkungszusammenhangs zulässt.[1948] Mit der Feststellung eines Zusammenhangs ist somit keine Kausalaussage darüber möglich, inwieweit die einzelnen unabhängigen Variablen Ursache für den Rückfall sind. Lässt sich mittels des Korrelationsverfahrens ein statistisch signifikanter Zusammenhang zwischen der Rückfälligkeit und einzelnen unabhängigen Variablen feststellen, kann dies als Anknüpfungspunkt für eine weitere statistische Auswertung in Form einer Regressionsanalyse genutzt werden. Um den Einfluss der unabhängigen Variablen auf die dichotome, abhängige Rückfallvariable zu bestimmen, wurde eine binär-logistische Regressionsanalyse durchgeführt, deren Vorgehensweise in Abschnitt IV. 3. genauer erläutert wird.

4. Methodische Einschränkungen BZR-basierter Rückfallanalysen

Die Auswertung der Bundeszentralregisterauszüge ist aufgrund der Qualität der Daten mit gewissen Einschränkungen verbunden. Auf die methodischen Schwächen der Legalbewährungsermittlung anhand des Bundeszentralregisters wurde bereits in einer Vielzahl anderer Arbeiten hingewie-

---

1948 Da die abhängige Variable „Rückfälligkeit" im Rahmen der vorliegenden Studie binär kodiert wurde und damit ein Nominalskalenniveau aufweist, war eine Richtungsbestimmung ausgeschlossen.

sen.[1949] Zu den relevanten Verzerrungsfaktoren, welche die Aussagekraft der Untersuchung schmälern, zählen die im Dunkelfeld verbleibenden Straftaten, die unvollständige Erfassung informeller Verfahrenseinstellungen, die Berücksichtigung nicht rückfallfähiger Personen, die Meldemoral sowie die Tilgungsfristen. Diese methodischen Einschränkungen haben für die vorliegende Untersuchung zur Folge, dass die Rückfälligkeit der zu § 16a JGG verurteilten Probanden auf Basis der Bundeszentralregisterauszüge nicht in vollem Umfang realitätsgetreu abgebildet werden kann.

a) Dunkelfeldproblematik

Aussagen über die erneute Rückfälligkeit der Probanden können auf Grundlage der Bundeszentralregisterauszüge generell nur insoweit getroffen werden, als die begangenen Straftaten überhaupt zur Eintragung gelangen. Informationsverluste sind daher für die im Dunkelfeld verbleibenden, nicht bekannt gewordenen Straftaten hinzunehmen.[1950] Die amtlichen Dokumente können qua natura kein umfassendes Bild von allen der Bezugsentscheidung nachfolgenden realen Straftaten geben. Die Wahrscheinlichkeit, dass eine Straftat entdeckt und offiziell registriert wird, hängt maßgeblich von der Kontroll- bzw. Ermittlungsintensität der zuständigen Strafverfolgungsbehörden und der Anzeigebereitschaft des Opfers ab.[1951] Methodisch lassen sich Erkenntnisse zur Dunkelfeldquote auf verschiedene Arten gewinnen, wobei Täter- und Opferbefragungen im Mittelpunkt stehen.[1952] Für den Bereich der Jugenddelinquenz zeigen Dunkelfeldstudi-

---

1949 Vgl. *Gernbeck*, 2017, S. 329 ff.; *Harrendorf*, 2007, S. 114 ff.; *Höffler*, 2008, S. 246 f.; *Jehle/Albrecht/Hohmann-Fricke u.a.*, 2013, S. 18 ff.; *Köberlein*, 2006, S. 167 ff.; *Köhler*, 2012, S. 87 ff..

1950 Zum Begriff des Dunkelfelds *Göppinger/Bock*, 2008, § 23 Rn. 3; *Schwind*, 2016, § 2 Rn. 34.

1951 *Albrecht*, 2010, S. 162 f.; Bundesministerium des Innern/Bundesministerium der Justiz, Erster PSB, S. 9; *Harrendorf*, 2007, S. 121 f. Zu den typischen Delikten, deren offizielle Registrierung stark vom Kontrollverhalten der Polizi abhängt, zählen Verkehrs- und Drogendelikte, vgl. Bundesministerium des Innern/Bundesministerium der Justiz, Erster PSB, S. 9; *Eisenberg*, 2005, § 46 Rn. 4.

1952 Zu den Methoden der Dunkelforschung *Albrecht*, 2010, S. 163 f.; *Göppinger/Bock*, 2008, § 23 Rn. 5 ff.; *Schwind*, 2016, § 2 Rn. 37 ff.

en einen besonders hohen Anteil nicht registrierter Straftaten.[1953] Der Großteil aller Personen begeht im Jugendalter mindestens eine Straftat, zumeist aus dem Bagatellbereich, wobei die Wahrscheinlichkeit der Registrierung im Hellfeld mit der Häufigkeit und Schwere der Straftaten zunimmt.[1954] Damit könnte für diejenigen Probanden mit § 16a JGG, die in der Vergangenheit bereits mehrfach justiziell belangt wurden, das Risiko von Verzerrungen infolge der Dunkelfeldquote geringer einzuschätzen sein. Nachdem das Dunkelfeld bei schweren Straftaten insgesamt geringer ist als bei leichten Delikten,[1955] dürfte die auf Basis der Bundeszentralregisterauszüge ermittelte Rückfallrate jedenfalls im Hinblick auf die schwereren Rückfalltaten nicht allzu sehr von der registrierten Hellfeldkriminalität abweichen.[1956] Die fehlende Berücksichtigung der im Dunkelfeld liegenden Straftaten führt insgesamt zu einer Unterschätzung der Rückfallraten, die auf Grund der Untersuchungskonzeption aber nicht vermeidbar war.

b) Informelle Verfahrenserledigungen

Ein weiterer Verzerrungsfaktor ergibt sich aus der Art der in das Bundeszentralregister einzutragenden Entscheidungen. Während Diversionsentscheidungen gem. §§ 45, 47 JGG nach der Vorschrift des § 60 Abs. 1 Nr. 7 BZRG ins Erziehungsregister aufgenommen werden, sind strafprozessuale Verfahrenseinstellungen gem. §§ 153 ff. StPO sowie Einstellungen nach den Vorschriften des BtMG (§§ 31a, 37 Abs. 1, 2 i.V.m. § 38 Abs. 2 BtMG) von der Eintragungspflicht ausgenommen.[1957] Demzufolge werden vorangegangene Opportunitätseinstellungen durch das Bundeszentralregister nur ausschnittsweise repräsentiert. Ebenfalls nicht zur

---

1953 *Englmann*, 2009, S. 183; *Kaiser*, 1996, § 37 Rn. 88 geht davon aus, dass im Bereich der Bagatellkriminalität alle Jugendlichen schon mal straffällig wurden; *Schwind*, 2016, § 2 Rn. 66a.

1954 *Göppinger/Bock*, 2008, § 30 Rn. 29; *Kerner*, in: Sozialarbeit und Kriminalpolitik, 28 (29) berichtet von über 90 % der Jungen und junger Männer, die bereits mindestens eine Straftat begangen haben. Auch in neueren Erhebungen liegt der Anteil selbstberichteter Delinquenz bei Jugendlichen bei 81,4 %; hierzu Bundesministerium des Innern/Bundesministerium der Justiz, Zweiter PSB, S. 369.

1955 *Kaiser*, 1996, § 37 Rn. 88; *Schwind*, 2016, § 2 Rn. 66a.

1956 So auch *Köberlein*, 2006, S. 168.

1957 *Harrendorf*, 2007, S. 114 f.; *Jehle*, in: Kriminologie und wissensbasierte Kriminalpolitik, 227 (230).

Eintragung ins Bundeszentralregister gelangen Einstellungen nach § 170 Abs. 2 StPO. Um diese Informationsverluste auszugleichen, ziehen manche Studien neben den Bundeszentralregisterauszügen für die Analyse der Rückfälligkeit die Verfahrenslisten der Staatsanwaltschaft heran.[1958] In die staatsanwaltschaftliche Verfahrensliste werden innerhalb einer bestimmten Staatsanwaltschaft alle anhängigen Ermittlungsverfahren gegen eine Person und die Art ihrer Erledigungen, sei es durch Anklageerhebung, Strafbefehl oder Einstellung (§§ 170 Abs. 2, §§ 153, 153a, 154, 154a StPO, §§ 45, 47 JGG), eingetragen.[1959] Damit reicht der Informationsgehalt der staatsanwaltschaftlichen Verfahrenslisten hinsichtlich vorangegangener Verfahrenseinstellungen über denjenigen des Bundeszentralregisters hinaus.[1960] Im Unterschied zum Bundeszentralregister erstrecken sich die staatsanwaltschaftlichen Verfahrenslisten aber nicht auf das gesamte Bundesgebiet, sondern sind auf den räumlich-sachlichen Zuständigkeitsbereich einer bestimmten Staatsanwaltschaft begrenzt.[1961] Für die hiesige Untersuchung hätten demnach bei jeder einzelnen Staatsanwaltschaft in Bayern die Verfahrensregister angefordert werden müssen, was der Verfasserin aus zeitlichen wie forschungsökonomischen Aspekten nicht möglich war. Der Verzicht auf den Einbezug der staatsanwaltschaftlichen Verfahrenslisten erschien zudem legitim, da auf Grund des Gewichts der Verurteilung zu einem Arrest nach § 16a JGG neben einer zur Bewährung ausgesetzten Jugendstrafe mit einer Verfahrenseinstellung im Anschluss an die Verurteilung nach § 16a JGG weniger zu rechnen sein dürfte. Es ist anzunehmen, dass Verfahrenseinstellungen gem. §§ 153, 153a StPO vor allem bei einer erstmaligen Straffälligkeit in Betracht kommen und bei einem Rückfall im Allgemeinen ausscheiden.[1962] Gleichwohl wird die Zahl strafrechtlicher Reaktionen infolge der Nichtberücksichtigung informeller Entscheidungen nach §§ 153 ff., 170 Abs. 2 StPO und §§ 31a, 37 f. BtMG unter-

---

1958 So *Höffler*, 2008, S. 246; *Englmann*, 2009, S. 169 stützt seine Legalbewährungsuntersuchung ausschließlich auf die staatsanwaltschaftlichen Verfahrenslisten und zieht ergänzend die Ermittlungsakten heran.

1959 *Englmann*, 2009, S. 170.

1960 Andererseits ist die Auswertung der staatsanwaltschaftlichen Verfahrenslisten durch die Beschränkungen in der Delikserfassung sowie der regionalen Begrenzung mit Ungenauigkeiten verbunden; eingehend *Englmann*, 2009, S. 171 ff.

1961 *Englmann*, 2009, S. 175. Auf Bundesebene werden sämtliche informelle Verfahrenserledigungen im ZStV erfasst, deren Daten für Rückfalluntersuchungen aufgrund des beschränkten Verwendungszwecks in § 492 Abs. 3 S. 2 StPO aber nicht zur Verfügung stehen; vgl. oben Teil 2 E.I.2.b)aa)(1).

1962 *Jehle*, in: Rückfallforschung, 145 (151).

schätzt, soweit das Verfahren gegen den Beschuldigen wegen einer Tat innerhalb des Kontrollzeitraums eingestellt wurde.

c) Meldemoral

Einen weiteren in der Rückfallforschung bekannten Verzerrungsfaktor stellt die Unvollständigkeit der an die Registerbehörde gemeldeten Informationen dar.[1963] Es hat sich gezeigt, dass entgegen der in §§ 20, 59 BZRG vorgesehenen Mitteilungsverpflichtung an die Registerbehörde nicht alle eintragungspflichtigen Entscheidungen tatsächlich zur Eintragung ins Bundeszentralregister gelangen, wobei vor allem im Hinblick auf Verfahrenseinstellungen gem. §§ 45, 47 JGG mit Einbußen in der Meldemoral zu rechnen ist.[1964] Darüber hinaus besteht bei der Meldung an das Bundeszentralregister das Risiko, dass die gemeldeten Daten unvollständig oder fehlerhaft übermittelt werden. So können beispielsweise das Alter des Probanden, das Geschlecht, die Straftat, das Tatdatum sowie die Vollstreckungsmodalitäten dem Bundeszentralregister nicht immer mit Zuverlässigkeit entnommen werden.[1965] Bei der Verhängung einer Bewährungssanktion stellen die zum Teil unvollständigen Eintragungen über die Unterstellungszeit und einen Bewährungswiderruf ein weiteres Problemfeld dar.[1966] Zwar sind im Bundeszentralregister verschiedene Warnfunktionen eingebaut, die bei offensichtlich fehlenden oder fehlerhaften Meldungen eine Art Mahnung gegenüber der meldepflichtigen Stelle auslösen, doch sind diesen Warnsystemen in Ermangelung einer effektiven Handlungs-

---

1963 *Göppinger/Bock*, 2008, § 5 Rn. 20; *Jehle*, in: Rückfallforschung, 145 (160).
1964 *Heinz*, in: Rückfallforschung, 11 (26); *Heinz/Hügel*, 1986, S. 61; *Jehle*, in: Rückfallforschung, 145 (160); *Löhr-Müller*, 2001, S. 110 f.;zur nachlässigen Meldung der Verfahrenseinstellungen gem. §§ 45, 47 JGG *Heinz*, in: Datensammlung und Akten in der Strafrechtspflege, 163 (180), der im Rahmen des Projekts „Reaktionsalternativen im deutschen Jugendstrafrecht" im Jahr 1979 einen Anteil von 27 % der nicht im Erziehungsregister registrierten Entscheidungen nach § 45 JGG feststellte. Auch *Höffler*, 2008, S. 247 gelangt zu der Feststellung, dass selbst Entscheidungen, die im Zeitpunkt der Datenziehung bereits über ein Jahr zurücklagen, noch nicht in die Bestände des Bundeszentralregisters gelangt sind.
1965 Siehe hierzu *Harrendorf*, 2007, S. 128; *Jehle/Heinz/Sutterer*, 2003, S. 23 f.; *Köhler*, 2012, S. 88; *Weigelt*, 2009, S. 67.
1966 *Weigelt*, 2009, S. 67.

grundlage Grenzen gesetzt, wenn eine Reaktion der meldepflichtigen Stelle ausbleibt.[1967]

Die zum Teil unvollkommene Meldepraxis hat sich im Rahmen der vorliegenden Studie bestätigt. Bei 29 (9,0 %) von insgesamt 321 Probanden war die Verurteilung gem. § 16a JGG als Ausgangsentscheidung nicht im Bundeszentralregister eingetragen. Bei weiteren 17 Probanden (5,8 %[1968]) war zwar die Bezugstat im Bundeszentralregister eingetragen, allerdings wurde § 16a JGG weder in den angewendeten Strafvorschriften noch in der rechtlichen Bezeichnung der Tat angeführt, so dass anhand der Eintragung im Bundeszentralregister nicht erkennbar war, ob es sich um die Anordnung eines Warnschussarrestes handelte. In diesen Fällen erfolgte die Identifizierung der Bezugstat durch einen Abgleich mit dem Entscheidungsdatum aus den Strafakten. Die fehlende Eintragung der Bezugstat nach § 16a JGG darf allerdings nicht in allen Fällen als eine Fehlerhaftigkeit des Bundeszentralregisters gewertet werden. Ergeht der Arrest nach § 16a JGG in Verbindung mit einem Schuldspruch gem. § 27 JGG und hat der Verurteilte die Bewährungszeit positiv bewältigt, führt dies gem. § 30 Abs. 2 JGG zur Tilgung des Schuldspruchs. Mit der Tilgung des Schuldspruchs wird die Eintragung über den Schuldspruch gem. § 13 Abs. 2 S. 2 Nr. 1 BZRG aus dem Register entfernt. Um diejenigen Fälle zu identifizieren, in denen die fehlende Eintragung der Anlassverurteilung nach § 16a JGG möglicherweise auf einer Tilgung des Schuldspruchs beruhte, wurde daneben die Art der Bewährungsentscheidung einbezogen, die für diejenigen Fälle ohne Eintragung der Bezugsentscheidung im Bundeszentralregister aus der Aktenanalyse hervorging. Von den insgesamt 29 nicht im Bundeszentralregister ausgewiesenen Sanktionierungen mit § 16a JGG ergingen 14 Verurteilungen (48,3 %) neben einer Aussetzung der Verhängung der Jugendstrafe gem. § 27 JGG; die übrigen Verurteilungen erfolgten in Kombination mit einem zur Bewährung ausgesetzten Jugendstrafe gem. § 21 JGG oder einem Vorbehalt der Bewährungsaussetzung gem. § 61 JGG.[1969]

[1967] *Jehle*, in: Rückfallforschung, 145 (160).

[1968] Prozentwerte beziehen sich auf 292 Probanden mit der Eintragung der Bezugstat im BZR.

[1969] Für 4 der 29 Probanden lagen keine Angaben zur Art der Bewährungsentscheidung vor, da die Strafakten nicht zur Verfügung standen und eine Eintragung der Bezugstat im BZR fehlte. Die Prozentwerte beziehen sich auf die Anzahl der Probanden mit Informationen zur Art der Bewährungsentscheidung (n=25).

Betrachtet man ausschließlich die Koppelungsvariante des § 16a JGG i.V.m. § 27 JGG (n=14), hatten 10 Probanden keine Rückfalltat vorzuweisen, so dass die fehlende Eintragung der Bezugsentscheidung auf die Tilgung des Schuldspruchs gem. § 30 Abs. 2 JGG zurückgeführt werden kann. Insoweit stellt sich das Bundeszentralregister als fehlerfrei dar. Für die Auswertung wurden diese Fälle als „kein Rückfall" gewertet. Von der Richtigkeit des Bundeszentralregisters war des Weiteren in dem Fall auszugehen, in dem sich die erste Rückfalltat erst nach dem Ende der Bewährungszeit ereignet hatte, mit deren Ablauf der Schuldspruch zu tilgen ist. Bei drei Probanden lag das Datum der ersten Rückfalltat hingegen innerhalb der im Bewährungsbeschluss festgelegten Bewährungszeit gem. § 28 Abs. 1 JGG, so dass bei unveränderter Dauer der Bewährungszeit eine Fehlerhaftigkeit des Bundeszentralregisters naheliegt. Eine vorzeitige Entfernung aus dem Zentralregister erfolgt gem. § 13 Abs. 3 BZRG jedoch, wenn die im Zentralregister eingetragene Verurteilung in eine Entscheidung einbezogen wird, die ins Erziehungsregister einzutragen ist. Dortige Eintragungen werden nach § 63 Abs. 1 BZRG schließlich mit der Vollendung des 24. Lebensjahres gelöscht. Für zwei der drei vorgenannten Fälle zeigte sich im Rahmen der Registerauswertung, dass die erste Rückfalltat eine Einstellung gem. § 45 Abs. 2 bzw. § 47 JGG zur Folge hatte ohne den Einbezug der Verurteilung nach § 16a JGG. Die fehlende Eintragung der Bezugsentscheidung im BZR war demnach nicht durch den Einbezug einer ins Erziehungsregister einzutragende Folgeentscheidung zu erklären. Der dritte Proband wurde im Nachgang zu § 16a JGG zu einer Geldstrafe verurteilt, die nach § 4 Nr. 1 BZRG ebenfalls ins Zentralregister aufzunehmen ist. In Kombination mit §§ 21, 61 JGG hätte die Sanktionsfolge des § 16a JGG darüber hinaus stets im Bundeszentralregister enthalten sein müssen, da hier die Mindesttilgungsfrist von fünf Jahren gem. § 46 Abs. 1 Nr. 1 BZRG gilt.[1970]

Insgesamt ergab sich damit eine Fehlerquote von 5,6 % (18 von 321). In diesen Fällen hätte die untersuchungsgegenständliche Entscheidung nach § 16a JGG unter Berücksichtigung der Tilgungsbestimmungen im Bundeszentralregister enthalten sein müssen; tatsächlich fehlte eine Eintragung.

1970 Auch hier ist die Möglichkeit einer vorzeitigen Entfernung aus dem Zentralregister gem. § 13 Abs. 3 BZRG zu berücksichtigen, wenn die im Zentralregister eingetragene Entscheidung in eine in das EZR einzutragende Entscheidung einbezogen wird. Für den einzigen Probanden mit einer Sanktionskombination von § 16a JGG mit § 21 JGG und einer Rückfallsanktion, die gem. § 60 Abs. 1 BZRG ins EZR einzutragen ist, war im Registerauszug aber kein Einbezug der Bezugsentscheidung erkennbar.

d) Tilgungs- und Löschungsvorschriften

Ein Problem eigener Art ergibt sich im Rahmen jeder Rückfalluntersuchung aus den gesetzlichen Tilgungs- und Löschungsvorschriften des BZRG. Da dem Ziel der Wiedereingliederung des Straftäters und seiner sozialen Integration Verfassungsrang gebührt,[1971] bleiben Eintragungen im Bundeszentralregister nicht auf unbegrenzte Dauer gespeichert. Abhängig von der Art und Schwere der Sanktion werden die Registereintragungen nach dem Ablauf einer bestimmten Frist getilgt (§ 45 Abs. 1 BZRG) und mit Ablauf eines weiteren Jahres (§ 45 Abs. 2 BZRG) aus dem Bundeszentralregister entfernt.

Die kürzeste Tilgungsfrist beträgt gem. § 46 Abs. 1 Nr. 1 BZRG fünf Jahre beginnend mit dem Tag des ersten Urteils (§§ 47 Abs. 1, 36 Abs. 1 BZRG). Diese gesetzliche Mindesttilgungsfrist findet unter anderem Anwendung bei Verurteilungen zu einer Jugendstrafe von nicht mehr als einem Jahr oder von nicht mehr als zwei Jahren, wenn die Vollstreckung der Strafe zur Bewährung ausgesetzt wurde (§ 46 Abs. 1 Nr. 1c, d BZRG). Da die Verhängung eines Arrestes nach § 16a JGG stets in Verbindung mit einer Bewährungsentscheidung ergeht, musste die 5-jährige Tilgungsfrist auch in der vorliegenden Rückfalluntersuchung beachtet werden. Für den Zeitraum der anschließenden einjährigen Liegefrist dürfen Auskünfte über die Eintragung nicht mehr erteilt werden (§ 45 Abs. 2 S. 2 BZRG). Angesichts des gewählten Kontrollzeitraums von maximal zwei Jahren war mit einem Informationsverlust und einer Verzerrung der Rückfallergebnisse infolge eingetretener Tilgungsreife gem. § 45 Abs. 1 BZRG nicht zu rechnen. Die zeitlich früheste, in die Untersuchung einbezogene Verurteilung zu § 16a JGG datiert vom 19.03.2013, so dass im Zeitpunkt der Datenziehung im April 2017 knapp vier Jahre vergangen waren. Systematische, nicht behebbare Verzerrungen können sich durch die Mindesttilgungsfrist lediglich im Hinblick auf die Vorstrafenbelastung ergeben, wenn bei einem heranwachsenden Täter die letzte Verurteilung bereits fünf Jahre zurückliegt.[1972]

Eine besondere Tilgungsproblematik birgt die Anordnung eines § 16a-Arrestes neben einem Schuldspruch gem. § 27 JGG. Die registerrechtliche Behandlung hängt davon ab, welche Entscheidung dem Schuldspruch gem. § 27 JGG nachfolgt. Nach § 13 Abs. 2 S. 2 BZRG wird die Eintragung über einen Schuldspruch aus dem Zentralregister entfernt, wenn der

---

1971 BVerfGE 45, 187 (238 f.); 116, 69 (85 f.).
1972 *Gernbeck*, 2017, S. 332.

Schuldspruch entweder nach § 30 Abs. 2 JGG getilgt oder nach §§ 31 Abs. 2, 66 JGG in eine Entscheidung einbezogen wird, die in das Erziehungsregister einzutragen ist. Die Entfernungsvorschrift korrespondiert insoweit mit der Eintragungsbestimmung des § 60 Abs. 1 Nr. 3 BZRG. Da für die Legalbewährungsuntersuchung sowohl die Auszüge des Zentral- wie auch des Erziehungsregisters zur Verfügung standen, waren Tilgungsverluste bei einem Einbezug in eine weitere Entscheidung nicht zu befürchten.[1973] Anders stellt sich die Situation bei einer Tilgung des Schuldspruchs nach Ablauf der Bewährungszeit dar: Mit der Tilgung des Schuldspruchs nach § 30 Abs. 2 JGG ist dieser gem. § 13 Abs. 2 S. 2 Nr. 1 BZRG aus dem Zentralregister zu entfernen, jedoch unterbleibt in diesem Fall eine Aufnahme ins Erziehungsregister, da § 60 Abs. 1 Nr. 3 BZRG ausschließlich die Eintragung eines nach § 13 Abs. 2 S. 2 Nr. 2 BZRG getilgten Schuldspruchs vorsieht. Dies kann zum einen zu Verlusten bei der strafrechtlichen Vorbelastung führen, wenn gegen den nach § 16a JGG verurteilten Täter in der Vergangenheit bereits ein Schuldspruch gem. § 27 JGG ergangen ist, der mit Ablauf der Bewährungszeit nach § 28 Abs. 1 JGG aus dem Zentralregister entfernt wurde, zum anderen lässt sich die Gefahr eines verzerrenden Einflusses durch einen zwischenzeitlich getilgten Schuldspruch nach § 30 Abs. 2 JGG auch in Bezug auf die Rückfälligkeit nicht vollständig eliminieren. Auch nach der Verurteilung zu einer bedingten Jugendstrafe mit einem zusätzlichen Arrest nach § 16a JGG ist ein erneuter Schuldspruch gem. § 27 JGG rechtlich möglich. Zwischen dem Zeitpunkt der Anlassverurteilung und der Ziehung der Bundeszentralregisterauszüge im April 2017 lagen zwischen 28 Monate und knapp vier Jahren.[1974] Bei einer Bewährungszeit von mindestens einem und höchstens zwei Jahren (§ 28 Abs. 1 JGG) ist nicht auszuschließen, dass zum Zeitpunkt der Ziehung der Registerauszüge im April 2017 nach § 13 Abs. 2 S. 2 Nr. 1 BZRG bereits eine Entfernung aus dem Zentralregister stattgefunden hat. Diese Fälle gehen in der Rückfallanalyse verloren.[1975] Die Wahrscheinlichkeit, dass der Verurteilung zu § 16a JGG ein Schuldspruch nach § 27 JGG nachfolgt, ist aufgrund der stufenweisen Eskalation jugendstrafrechtlicher Sanktionen[1976] eher als gering einzustufen. Der Anteil der durch

---

1973 So auch *Gernbeck,* 2017, S. 333.

1974 Die früheste Entscheidung zu § 16a JGG datiert vom 11.03.2013, so dass bis zur Ziehung des Registerauszugs im April 2017 ca. vier Jahre vergingen. Für die zeitlich späteste Verurteilung zu § 16a JGG am 18.12.2014 ergab sich bis zur Datenziehung aus dem Bundeszentralregister ein Zeitraum von 28 Monaten.

1975 Vgl. zu dieser Problematik auch *Gernbeck,* 2017, S. 333 f.

1976 Zur Sanktionseskaltion im Jugendstrafrecht siehe oben Teil 2 E.I.2.b).

§ 30 Abs. 2 JGG bedingten Tilgungsverluste ist letztlich nicht abschätzbar. Soweit dem Schuldspruch im Nachverfahren gem. § 30 Abs. 1 JGG der Ausspruch einer Jugendstrafe nachfolgt, sind Tilgungsverluste von vornherein ausgeschlossen, da gem. § 13 Abs. 2 S. 1 JGG „auch diese", d.h. die Jugendstrafe ins Zentralregister einzutragen ist. Der eingetragene Schuldspruch bleibt folglich erhalten.

Bei Jugendlichen und Heranwachsenden ist ferner die Tilgungsvorschrift des § 63 BZRG zu berücksichtigen.[1977] Danach werden mit Erreichen des 24. Lebensjahres alle Eintragungen aus dem Erziehungsregister entfernt, wenn zwischenzeitlich gem. § 63 Abs. 2 BZRG keine Verurteilung zu einer Jugend- oder Freiheitsstrafe, einem Strafarrest oder einer freiheitsentziehenden Maßnahme der Besserung und Sicherung im Zentralregister eingetragen ist. In der vorliegenden Untersuchung hatte keiner der Probanden am Tag der Verurteilung zu § 16a JGG das 24. Lebensjahr vollendet, so dass verzerrende Einflüsse bei der Vorbelastungsermittlung keine Rolle spielen.[1978] Bei Ablauf des Kontrollzeitraums hatten einige Probanden das 24. Lebensjahr erreicht, doch war mit der Verurteilung zu § 16a JGG, die aufgrund der Verbindung mit einer Jugendstrafe bzw. einem Schuldspruch nach § 27 JGG gem. § 5 Abs. 2 BZRG ebenfalls ins Zentralregister einzutragen ist, eine Verurteilung vorhanden, die der Entfernung aus dem Erziehungsregister nach § 63 Abs. 2 BZRG entgegensteht. Ein Datenverlust infolge der Tilgungsvorschrift des § 63 BZRG war mithin nicht zu befürchten.

e) Rückfallfähiger Personenkreis

Für die Aussagekraft der Rückfalluntersuchung ist es weiterhin notwendig, den rückfallfähigen Personenkreis zu ermitteln, da es andernfalls zu einer Unterschätzung der Rückfallrate kommen würde.[1979] Als rückfallfähig gelten all diejenigen Personen, die „1.) bereits (einmal oder mehrmals) bestraft sind und die 2.) im stande sind, ein neues Delikt zu begehen, wozu

---

1977 Ausführlich zur Tilgungsproblematik des § 63 BZRG *Hohmann-Fricke*, in: Rückfallforschung, 245 ff.

1978 Im Ausnahmefall kann auf Antrag oder von Amts wegen nach § 63 Abs. 3 BZRG eine vorzeitige Entfernung erfolgen. In diesen Fällen wären Tilgungsverluste denkbar.

1979 Grunglegend hierzu *Köbner*, ZStW 13 (1893), 615 (620 f.); vgl. auch *Heinz*, ZJJ 2004, 35 (39).

vor allem gehört, dass sie noch am Leben sind."[1980] Vollständig aus der Rückfallanalyse auszuklammern sind daher Personen, die im Untersuchungszeitraum versterben, auswandern, abgeschoben werden, in Geisteskrankheit verfallen oder mit lebenslänglicher Einsperrung bestraft werden.[1981] „Nicht für immer, sondern vorübergehend scheiden ferner (...) alle diejenigen aus, welche zu einer zeitigen Freiheitsstrafe verurteilt sind (...)"[1982].

Mit Verzerrungseffekten bedingt durch einen Todeseintritt war auf Grund des jungen Alters der Probanden nur sehr eingeschränkt zu rechnen.[1983] Eintragungen über Personen, deren Tod der Registerbehörde amtlich mitgeteilt wird, sind gem. § 24 Abs. 1 BZRG nach drei Jahren zu entfernen. Während dieser Zeit ist eine Auskunftserteilung ausschließlich gegenüber den Gerichten und Staatsanwaltschaften zulässig, nicht hingegen zu Forschungszwecken. Im Rahmen der vorliegenden Untersuchung konnte zu einem Probanden keine Registerauskunft erteilt werden, da dieser bereits verstorben war. Dieser Proband wurde von der Rückfalluntersuchung ausgeschlossen. Nicht gewährleistet ist, dass der Behörde alle Todesfälle bekannt sind, da eine amtliche Mitteilung an die Registerbehörde im Allgemeinen nur dann erfolgt, wenn jemand während der Bewährungszeit, der Führungsaufsicht oder im Maßregelvollzug verstirbt.[1984] Die Rückfallwahrscheinlichkeit ist hierdurch tendenziell geringfügig unterschätzt.

Ein weiterer Problemkreis ist die grenzüberschreitende Migration durch Auswanderung und Abschiebung. Personen, die durch eine dauerhafte räumliche Verlagerung ihres Lebensmittelpunkts das Bundesgebiet freiwillig oder zwangsweise verlassen haben, würden in der inländischen Rückfallstatistik fälschlicherweise selbst dann als „nicht-rückfällig" gezählt, wenn sie im Geltungsbereich außerhalb des deutschen Strafgesetzbuches eine erneute Straftat begehen.[1985] Denn zur Eintragung ins Bundeszentralregister gelangen gem. § 4 BZRG nur rechtskräftige Entscheidungen deut-

1980 *Köbner*, ZStW 13 (1893), 615 (620 f.).
1981 *Heinz*, ZJJ 2004, 35 (36); *ders.*, in: Rückfallforschung, 11 (31).
1982 *Köbner*, ZStW 13 (1893), 615 (628).
1983 Vgl. *Englmann*, 2009, S. 185; *Sutterer*, in: Rückfallforschung, 173 (203) bzeichnet Datenausfälle durch den Tod des Täters zahlenmäßig als vernachlässigenswert.
1984 *Harrendorf*, 2007, S. 91, 129.
1985 *Heinz*, in: Rückfallforschung, 11 (30 f.).

scher Gerichte.[1986] Die hierdurch bedingte Unterschätzung der Rückwahr-scheinlichkeit ausländischer Staatsangehöriger im Vergleich zu Deutschen stellt einen nicht sanierbaren Fehler dar, da sich Angaben über die Mobilität aus dem Bundesgebiet dem Bundeszentralregister nicht entnehmen lassen.[1987] Der Anteil der im vorliegenden Untersuchungszeitraum migrierten Personen ist nicht einschätzbar. Insgesamt besaßen 21,7 % (siehe Teil 2 E.I.2.a)aa)) der Probanden eine ausschließlich ausländische Staatsangehörigkeit, so dass eine systematische Ergebnisverzerrung nicht ausgeschlossen ist. Allerdings ist bei jugendlichen und heranwachsenden Tätern aufgrund der familiären Anbindung[1988] und den eingeschränkten finanziellen Gegebenheiten die Gefahr der freiwilligen Migration eher als gering einzuschätzen.[1989]

Darüber hinaus können Verzerrungen durch die Außerachtlassung freiheitsentziehender Maßnahmen innerhalb des Kontrollzeitraums evoziert werden. Als nicht rückfallfähig werden daher grundsätzlich auch diejenigen Personen eingestuft, die nicht oder nur eingeschränkt die Möglichkeit einer Straftatbegehung haben.[1990] Dies betrifft klassischerweise Personen mit einer Verurteilung zu lebenslanger Freiheitsstrafe sowie Personen, die sich im Straf- oder Maßregelvollzug befinden.[1991] Für eine exakt gleich lange Dauer des Kontrollzeitraums aller Probanden müssten individuell die Zeiten in Strafhaft, Untersuchungshaft, Arrest oder Maßregelvollzug berechnet und aus dem Rückfallzeitraum herausgenommen werden.[1992] Einer solchen Vorgehensweise sind aufgrund der limitierten Eintragungen zur Vollstreckung freiheitsentziehender Sanktionen im Bundeszentralregister aber starke Grenzen gesetzt. Bei einer zu vollstreckenden Freiheits-

---

1986 Zur Eintragung von Verurteilungen durch nicht-deutsche Gerichte außerhalb des Geltungsbereiches des Bundeszentralregisters s. § 54 BZRG.

1987 *Heinz*, in: Rückfallforschung, 11 (31); *Sutterer*, in: Rückfallforschung, 173 (205 f.)

1988 Nach der Aktenanalyse lebten 73,8 % von 278 Probanden noch zu Hause bei einem oder beiden Elternteilen, siehe Teil 2 E.I.2.a)cc).

1989 *Englmann*, 2009, S. 185; *Gernbeck*, 2017, S. 332.

1990 *Heinz*, in: Rückfallforschung, 11 (31).

1991 *Heinz*, ZJJ 2004, 35 (40); *Köbner*, ZStW 13 (1893), 615 (628).

1992 So nimmt *Köberlein*, 2006, S. 172 die Zeiten in stationärer Unterbringung aus der Rückfallbetrachtung aus; verweist aber zugleich darauf, dass die Berechnung dieser Zeiträume auf Grundlage des Bundeszentralregisters problematisch ist.

oder Jugendstrafe ist im Bundeszentralregister gem. § 15 Nr. 1 BZRG[1993] das Datum einzutragen, an dem die Vollstreckung endet oder in sonstiger Weise erledigt ist. Dem Zentralregister kann damit nicht nur die Eintragung der Beendigung oder der sonstigen Erledigung der Vollstreckung entnommen werden,[1994] sondern auch das tatsächliche Ende des Freiheitsentzugs. Das Datum des Strafantritts, insbesondere das der Jugendstrafe, wird im Bundeszentralregister hingegen nicht eingetragen. Eine Ausnahme hiervon ergibt sich nur insoweit, als nach § 15 Nr. 3 BZRG eine Freiheitsstrafe und eine Maßregel der Besserung und Sicherung aufgrund einer Entscheidung zu vollstrecken sind. Zudem enthält das Bundeszentralregister weder Informationen zum Verlauf des Strafvollzugs, insbesondere zu möglichen Vollzugslockerungen, noch wird im Falle des Widerrufs der Bewährung ein Datum vermerkt.[1995] Ebenso wenig finden sich Angaben zu Beginn und Ende einer Untersuchungshaft oder einem Jugendarrest. Eine Berechnung der tatsächlichen Verbüßungszeiten ist anhand des Bundeszentralregisters folglich nicht zuverlässig möglich.[1996]

In der bundesweiten Rückfallstatistik wird daher der pragmatische Weg gewählt, bei allen ambulanten Sanktionen das Entscheidungsdatum als Anknüpfungspunkt für die Bezugsentscheidung zugrunde zu legen, während bei freiheitsentziehenden Sanktionen auf den Zeitpunkt der Haftentlassung abgestellt wird.[1997] Zu den ambulanten Sanktionen zählen neben

---

1993　§ 15 BZRG wurde neugefasst durch Gesetz zur Verbesserung des Austauschs von strafregisterrechtlichen Daten zwischen den Mitgliedstaaten der Europäischen Union und zur Änderung registerrechtlicher Vorschriften vom 15. Dezember 2011; BGBl. I 2011, S. 2714.

1994　Nach § 15 BZRG a.F. war im Register der Tag einzutragen, an dem die Vollstreckung beendet oder auf andere Weise erledigt ist. Hierdruch konnte dem Zentralregister nicht sicher entnommen werden, ob eine vollstreckbare Sanktion auch tatsächlich verbüßt wurde und wenn ja, bis wann; BT-Drucks. 17/5224, S. 18. Das Datum der Erledigung der Strafvollstreckung musste nicht zwingend dem tatsächlichen Entlassungszejtpunkt entsprechen, s. *Köberlein*, 2006, S. 172. Problematisch war dies zum einen bei Strafrestaussetzungen, bei denen lediglich das Datum der Entscheidung der Strafvollsreckungskammer, nicht aber das konkrete Entlassungsdatum angegeben wurde; *dies.*, 2006, S. 172. Zum anderen war allein durch die Eintragung des Erledigungsdatum bei mehreren stationären Strafen nicht ersichtlich bis zu welchem Zeitpunkt die einzelnen Sanktionen verbüßt wurden; hierzu *Harrendorf*, 2007, S. 132 f.

1995　*Köberlein*, 2006, S. 172.

1996　Zu § 15 BZRG a.F. *Harrendorf*, 2007, 132; so letztlich auch *Köberlein*, 2006, S. 172.

1997　*Jehle*, in: Rückfallforschung, 145 (154 f.); *Jehle/Albrecht/Hohmann-Fricke u.a.*, 2013, S. 14.

der zur Bewährung ausgesetzten Jugendstrafe und der Aussetzung der Verhängung der Jugendstrafe gem. § 27 JGG auch die Zuchtmittel einschließlich des Jugendarrests.[1998] Der Jugendarrest stellt zwar ebenfalls eine stationäre Maßnahme dar, doch fällt der Freiheitsentzug verhältnismäßig kurz aus und fehlen im Bundeszentralregister darüber hinaus Angaben über den Zeitpunkt der Arrestvollstreckung.[1999] Eintragungspflichtig ist gem. § 60 Abs. 3 JGG nur die vollständige Nichtvollstreckung des Arrestes, nicht aber der konkrete Zeitraum der Vollstreckung. Auch für die vorliegende Rückfalluntersuchung erschien die Wahl des Entscheidungszeitpunkts über die Verhängung des § 16a JGG als maßgeblicher Bezugspunkt eine probate Vorgehensweise, da sich zum Verurteilungszeitpunkt alle Probanden in Freiheit befanden und mithin die Möglichkeit zur Begehung weiterer Straftaten bestand. Folgt der Bezugsentscheidung zu § 16a JGG eine Verurteilung zu einer unbedingten Jugend- oder Freiheitsstrafe nach und ist die Rückfallfähigkeit durch den Freiheitsentzug faktisch eingeschränkt, so kann jedenfalls diese Tat als Rückfall erfasst werden.[2000]

IV. Ergebnisse der Registerauswertung

Bei der Auswertung der Bundeszentralregisterauszüge zeigte sich, dass die nach § 5 BZRG eintragungspflichtigen Tatsachen in einigen Punkten nicht vollumfänglich und zutreffend im Register enthalten waren. Neben der bereits dargestellten lückenhaften Meldemoral hinsichtlich der Bezugsentscheidungen war in zwei Fällen anstelle von § 16a JGG in den angewendeten Strafvorschriften ein Arrest nach § 16 JGG angegeben. In vier Registereinträgen wich das Datum der gerichtlichen Entscheidung von dem aus der Aktenanalyse ersichtlichen Tag der Verurteilung ab, welcher den Beginn des Kontrollzeitraums markierte. Für 12 Probanden war eine Aussage über den Eintritt einer Strafrückfälligkeit innerhalb des Kontrollzeitraums nicht möglich, da die Bezugsentscheidung mit der Sanktionsfolge des § 16a JGG selbst nicht im BZR eingetragen war, obwohl keine dieser § 16a-Verurteilungen in Kombination mit § 27 JGG erging.[2001] Mangels Eintra-

---

1998 *Jehle*, in: Kriminologie und wissensbasierte Kriminalpolitik, 227 (229).

1999 *Jehle/Heinz/Sutterer*, 2003, S. 16 Fn. 7.

2000 Vgl. *Gernbeck*, 2017, S. 210.

2001 Der BZR-Auszug enthielt in den 12 Fällen entweder überhaupt keine Eintragung oder die Eintragungen endeten vor der Bezugsentscheidung. In 8 der 12 Fälle wurde § 16a JGG neben einer Bewährungsstrafe nach § 21 JGG angeordnet, in einem Fall neben dem Vorbehalt der Bewährungsentscheidung und in

gung der Bezugsentscheidung stand in diesen Fällen zu befürchten, dass möglicherweise auch nachfolgende Entscheidungen nicht zur Eintragung gelangten. Um eine Verzerrung der Rückfallquote zu vermeiden, wurden diese 12 Fälle nicht als „kein Rückfall" gewertet, sondern von der Rückfalluntersuchung ausgeklammert. In ihrer deskriptiven Auswertung erstreckt sich die Rückfallanalyse folglich auf 309 Jugendliche und Heranwachsende mit einer Verurteilung nach § 16a JGG. In die Korrelations- und Regressionsanalyse konnten hingegen nur diejenigen Probanden einbezogen werden, zu denen aufgrund der Aktenanalyse Informationen zu den relevanten, unabhängigen Variablen zur Verfügung standen. Dies hat zur Folge, dass die Untersuchungsgesamtheit in der Ergebnisdarstellung variiert.

1. Deskriptive Befunde zur Rückfälligkeit

a) Gesamtrückfallquote und Rückfallhäufigkeit

Von insgesamt 309 Jugendlichen und Heranwachsenden mit einer Verurteilung nach § 16a JGG haben 167 Personen innerhalb des Risikozeitraums von zwei Jahren mindestens eine erneute Straftat begangen. Dies entspricht einer Rückfallquote von 54,0 %. Demgegenüber „bewährten" sich 46,0 % der Verurteilten und hatten keinen erneuten Bundeszentralregistereintrag mit einer Rückfalltat vorzuweisen. In knapp der Hälfte der Fälle war die Bewährungsentscheidung für den hiesigen Beobachtungszeitraum damit unter spezialpräventiven Aspekten von Erfolg gekrönt.

Abbildung 42: Rückfall dichotom

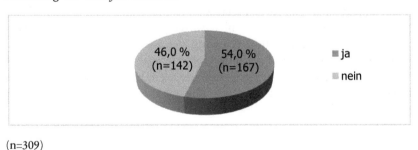

(n=309)

---

drei Fällen war die Form der Arrestkoppelung mangels Vorliegen der Strafakte nicht identifizierbar.

Innerhalb der Probandengruppe mit mindestens einer neuen Rückfalltat im Referenzzeitraum verfügte die Mehrheit der Verurteilten über einen Rückfalleintrag im Bundeszentralregister. Im Übrigen reichte die Spannweite der Rückfallhäufigkeit von zwei bis vier Rückfalleintragungen im Bundeszentralregister, bei einem Mittelwert von 1,46[2002].

Abbildung 43: Anzahl der Registereinträge innerhalb der rückfälligen Probanden

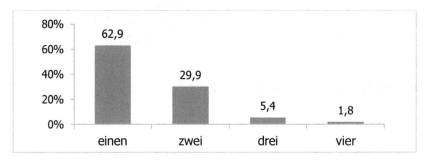

(n=167)

Die Rückfallquote der Probanden, die ihren Arrest in der Jugendarrestanstalt München verbüßt hatten, lag mit 54,9 % höher als in der Jugendarrestanstalt Nürnberg. Dort wurden 45,1 % der Täter im zweijährigen Kontrollzeitraum erneut straffällig, wobei sich der Unterschied bei Durchführung des Mann-Whitney-U-Tests als statistisch nicht signifikant erwies. Der mittlere Rang war für Probanden mit einer Arrestverbüßung am Vollzugsort München und Nürnberg nahezu identisch.[2003] Die asymptotische zweiseitige Signifikanz von 0,843 bestätigte die Annahme der Nullhypothese, dass die Rückfälligkeit an den Vollzugsorten gleich hoch ist. Die statistisch nicht signifikante ungleiche Verteilung der Rückfallrate an den beiden Vollzugsorten entspricht der aus den Experteninterviews bekannten ähnlichen Vollzugsituation in beiden Arrestanstalten, so dass ein überzufälliger Zusammenhang zwischen der Rückfälligkeit und dem Vollzugsort nicht zu erwarten war.

2002 Median: 1,0; Modus: 1; SD: 0,68; Minimum: 1; Maximum: 4; n=167.
2003 Mittlerer Rang München: 137,76; Nürnberg; 139,41; n=276; fehlende Werte: 33. Die fehlenden Werte sind darauf zurückzuführen, dass diejenigen Probanden von der Berechnung ausgeschlossen wurden, deren Arrest nicht vollstreckt wurde oder unbekannt war, ob es zu einer Vollstreckung kam.

Darüber hinaus verlief die Rückfälligkeit in Abhängigkeit von der Art der Bewährungsentscheidung nach §§ 21, 27 und 61 JGG ohne auffallende Unterschiede. Es kann demnach nicht davon ausgegangen werden, dass sich die Koppelung mit § 16a JGG bei einer bestimmten Form der Bewährung als besonders zweckmäßig erweist.

Tabelle 59: Rückfall nach der Art der Bewährungsentscheidung

		Rückfall	kein Rückfall	Gesamt
§ 21 JGG	Anzahl	146	126	272
	%	53,7	46,3	100,0
§ 27 JGG	Anzahl	15	13	28
	%	53,6	46,4	100,0
§ 61 JGG	Anzahl	3	2	5
	%	60,0	40,0	100,0

(n=305; fehlende Werte: 4[2004])

Betrachtet man die Ergebnisse des KFN zur bundesweiten Rückfälligkeit nach einer Verurteilung gem. § 16a JGG, so liegt die Rückfallquote dort bei 32,5 %.[2005] Auf den ersten Blick könnte man daher vermuten, dass die Rückfallrate nach einer Sanktionierung mit § 16a JGG in Bayern demnach höher ausfällt als in anderen Bundesländern. Die Rückfallquoten können allerdings keinem direkten Vergleich unterzogen werden, da beiden Untersuchungen verschieden lange Kontrollzeiträume zugrunde liegen[2006] und eine Vergleichbarkeit der Täter in den wesentlichen, die Rückfälligkeit prädisponierenden Faktoren nicht überprüfbar ist.

2004 In den vier fehlenden Fällen war die Form der Bewährungsentscheidung unbekannt.
2005 *Klatt/Ernst/Höynck u.a.*, 2016, S. 200.
2006 In der Studie des KFN wurden Fälle aus dem Zeitraum vom 01.10.2013 bis 30.09.2014 analysiert. Das Ende des Beobachtungszeitraums wurde für die Rückfalluntersuchung dort auf den 01.01.2016 festgesetzt; siehe *Klatt/Ernst/ Höynck u.a.*, 2016, S. 200 Fn. 22.

b) Echte und unechte Rückfälle

Da mit der Wahl des Verurteilungszeitpunkts als Anknüpfungspunkt für den Beginn des Kontrollzeitraums auch diejenigen Rückfälle in die Auswertung aufgenommen wurden, in denen es vor der Arrestverbüßung zu einem Rückfall kam, soll nachfolgend genauer betrachtet werden, in wie vielen Fällen die Rückfälligkeit potentiell überhaupt durch die Arrestverbüßung beeinflusst sein kann. Hierfür wurde zwischen unechten und echten Rückfällen differenziert.[2007] Als unechte Rückfälle wurden diejenigen Rückfälle definiert, deren Taten zeitlich nach der Verurteilung zu § 16a JGG, aber vor der Entlassung aus dem Arrest begangen wurden. Fiel der Zeitpunkt der Tatbegehung auf den Tag der Verurteilung wurde dies ebenfalls als unechter Rückfall betrachtet. Ein echter Rückfall wurde demgegenüber angenommen, wenn sich die Rückfalltat zeitlich nach der Arrestentlassung oder am Tag der Arrestentlassung ereignete. Eine Betrachtung der Rückfälligkeit nach dieser Differenzierung zeigt, dass knapp ein Drittel der 167 rückfälligen Probanden bereits vor der Arrestverbüßung eine neuerliche Straftat begangen haben.[2008] Allein die Verurteilung zu einer Jugendstrafe gem. § 17 JGG und die Durchführung des Strafverfahrens haben sich diese Täter nicht zur Warnung dienen lassen. Deutlich wird anhand der nachfolgenden Abbildung, dass selbst die Verbüßung des Warnschussarrestes eine erneute Straffälligkeit nicht hindert. So haben 78,4 % der rückfälligen Probanden nach der Entlassung aus dem Arrest mindestens eine neue Straftat begangen.

2007 Zur Unterscheidung unechter und echter Rükfälle *Grindel/Jehle*, in: FS für Rössner, 103 (107) sowie oben Teil 2 F.III.1.

2008 Wurde der Arrest nach § 16a JGG überhaupt nicht vollstreckt oder waren Angaben hierzu nicht vorhanden, wurde der Rückfall als unechter Rückfall gewertet.

Abbildung 44: Unechter/echter Rückfall – dichotom

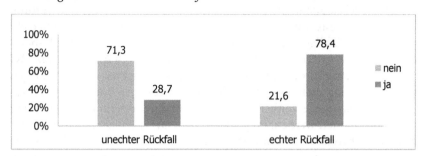

(n=167)

c) Rückfallgeschwindigkeit

Einen weiteren zentralen Faktor in der Rückfallforschung bildet die Rückfallgeschwindigkeit, und somit die Frage innerhalb welchen Zeitraums der Täter erneut straffällig wird. Eine schnelle Rückfälligkeit kann dabei einen Indikator für eine besonders hohe Rückfallgefährdung bilden.[2009] Umgekehrt könnte es als Erfolg der Maßnahme zu verzeichnen sein, wenn die straffreie Zeit bis zur erneuten justiziellen Auffälligkeit größer wird.[2010]

Die Rückfallgeschwindigkeit wurde definiert durch die Zeitspanne zwischen der Verurteilung zu § 16a JGG[2011] und der ersten Rückfalltat. Der Zeitpunkt der ersten Rückfalltat wurde über das im Bundeszentralregister eingetragene Datum der (letzten) Tat erfasst. Bei der Analyse der Bundeszentralregisterauszüge war an dieser Stelle zu beachten, dass die Reihenfolge der Registereinträge mit einer Rückfalltat die tatsächliche, zeitliche Abfolge der begangenen Straftaten nicht in allen Fällen exakt abbildete. Dies hat seinen Grund darin, dass bei mehreren Rückfalleintragungen der spätere Registereintrag auf einer Tat beruhen kann, deren Begehungszeitpunkt zeitlich vor der Tat der ersten Folgeeintragung liegt, die Tat wegen ihres späteren offiziellen Bekanntwerdens aber erst nach der ersten Rückfallentscheidung abgeurteilt wurde. Um bei mehreren Registereinträgen den Zeitpunkt der zeitlich ersten Straffälligkeit abzubilden, wurden bei

---

2009 *Harrendorf*, 2007, S. 205.
2010 Bundesministerium des Innern/Bundesministerium der Justiz, Erster PSB, S. 445.
2011 Wurde § 16a JGG in zweiter Instanz verhängt, wurde dieses Datum herangezogen.

der Datenerfassung das zeitlich früheste Tatdatum und das Datum der Tat der ersten Rückfallentscheidung getrennt erfasst.[2012] Für die Auswertung wurde das früheste Tatdatum herangezogen. Ferner ist eine exakte Berechnung der Rückfallgeschwindigkeit anhand der Eintragungen im Bundeszentralregister nur eingeschränkt möglich, da gem. § 4 Abs. 1 Nr. 3 BZRG für jeden Eintrag nur das Datum der letzten Tat ausgewiesen wird. Liegen der Verurteilung mehrere Taten mit unterschiedlichen Tatzeitpunkten zugrunde, so kann die zeitlich erste Tat dem Bundeszentralregistereintrag nicht entnommen werden. Folglich ist nicht auszuschließen, dass die erste Rückfalltat bereits zu einem früheren Zeitpunkt begangen wurde und die Rückfallgeschwindigkeit dadurch unterschätzt ist. Diese Verzerrungsproblematik ist jedoch allen BZR basierten Rückfallanalysen immanent und nicht vermeidbar.[2013] Einige Registereinträge enthielten zudem keine genauen Angaben zum Tatdatum. Nur soweit dem Registereintrag zumindest eine Monats- und Jahreszahl zu entnehmen war, ließ sich bei der Auswertung ein Zeitraum bis zum Eintritt des ersten Rückfalls ermitteln.[2014] Registereinträge mit der alleinigen Angabe der Jahreszahl (z.B. „00.00.2015") konnten zwar in die Gesamtbetrachtung der Rückfälligkeit einfließen, mussten von der Berechnung der Rückfallgeschwindigkeit aber ausgenommen werden.[2015]

2012 Abweichungen zwischen dem Datum der zeitlich ersten Rückfalltat und Datum der (letzten) Tat der ersten im BZR eingetragenen Rückfallentscheidung ergaben sich in vier Fällen. Damit zeigt sich, dass die chronologische Aburteilung der Taten den Regelfall bildete, wodruch dem Prinzip der tatzeitnahen Verurteilung am ehesten Rechnung getragen wird.

2013 Vgl. zur selbigen Problematik *Köberlein*, 2006, S. 245; *Lang*, 2007, S. 151 schätzt den diesbezüglichen Verzerrungsfaktor als gering ein, da im Jugendstrafrecht eine tatnahe Verurteilung angestrebt wird, so dass die erste und letzte Tat nicht weit auseinander liegen dürften. Die Ergebnisse der hiesigen Aktenanalyse zeigen jedoch, dass zwischen der ersten und letzten Tat im Durchschnitt immerhin 13,4 Wochen lagen; Median: 0,0; Modus: 0; Minimum: 0; Maximum: 217 Wochen; n= 278.

2014 War das Datum der (letzten) Tat im BZR nur mit dem Monat eingetragen (z.B. 00.03.2014) wurde als Datum der Tat der letzte Tag des Monats erfasst; zu diesem Vorgehen *Gernbeck*, 2017, S. 471 Fn. 1167.

2015 Tatsächlich fand sich nur ein Fall, in dem das Datum der (letzten) Tat nur mit der Jahreszahl angegeben war (Fall 89). Aus der Jahresangabe in Verbindung mit den weiteren Eintragungen im BZR war jedoch ersichtlich, dass es sich hierbei nicht um die erste Rückfalltat handelte. Für die weitere Auswertung wurde diese Rückfallentscheidung als Rückfall innerhalb des zweiten Jahres gewertet.

Eine erste Auswertung zur Rückfallgeschwindigkeit zeigt, dass die Rückfallquote innerhalb des ersten Jahres seit Ausspruch des § 16a JGG höher ausfällt als im zweiten Jahr.

Abbildung 45: Rückfall im 1. und 2. Jahr nach der Verurteilung zu § 16a JGG

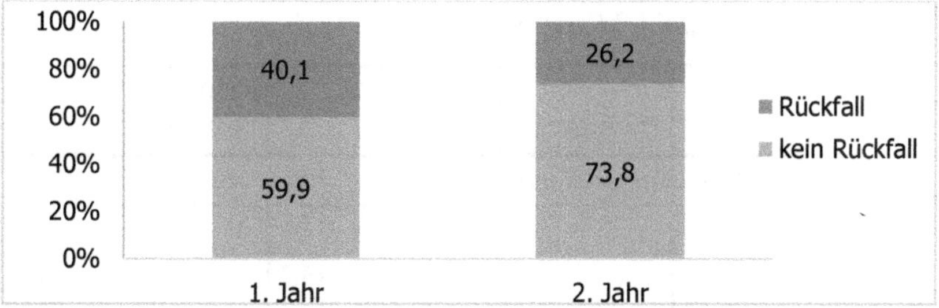

(n=309)

Während 40,1 % der Probanden bereits im ersten Jahr nach der Verurteilung zu § 16a JGG mindestens eine erneute Straftat begangen haben, liegt die Rückfallquote im zweiten Jahr mit 26,2 % deutlich darunter. Bestätigt hat sich damit die in früheren Rückfalluntersuchungen[2016] festgestellte Gefahr einer erhöhten Rückfälligkeit innerhalb des ersten Jahres. Ob die Rückfallwahrscheinlichkeit mit fortschreitendem zeitlichen Abstand zur Bezugsentscheidung prospektiv abnimmt, lässt sich allerdings nur schwerlich sagen, da für diejenigen Probanden, deren zweijähriger Gesamtkontrollzeitraum nahe an die Ziehung der Bundeszentralregisterauszüge heranreicht, Aussagen zur Rückfälligkeit innerhalb dieses Zeitfensters mit dem Risiko behaftet sind, dass mögliche Rückfalltaten noch nicht zur Eintragung ins Bundeszentralregister gelangt sind. Zudem ist zu berücksichtigen, dass bereits die erste Rückfallentscheidung die Verhängung einer unbedingten Jugend- oder Freiheitsstrafe zur Folge haben kann, so dass die faktische Möglichkeit zur Straftatbegehung in der Folgezeit eingeschränkt ist.

Betrachtet man den Zeitraum zwischen der Verurteilung zu § 16a JGG und der zeitlich ersten Rückfalltat, fällt auf, dass 27,5 % der Probanden binnen eines Maximalzeitraums von zwei Monaten ihre nächste Straftat begangen haben; 12,0 % wurden sogar innerhalb einer Zeitspanne von unter einem Monat wiederholt straffällig. Die durchschnittliche Rückfallge-

---

2016 Siehe Teil 2 F.III.2.a).

schwindigkeit lag bei 7,5 Monaten.[2017] Knapp ein Viertel der rückfälligen Probanden (23,4 %) wurde hingegen erst nach über einem Jahr erneut straffällig. Für diesen Personenkreis könnte sich in vorsichtiger Formulierung eine erste positive Tendenz abzeichnen.

Tabelle 60: Zeitraum zwischen der Verurteilung zu § 16a JGG und der ersten Rückfalltat in Monaten

	Häufigkeit	Gültige Prozente	Kumulierte Prozente
unter einem Monat	20	12,0	12,0
1 bis 2	26	15,6	27,5
3 bis 4	22	13,2	40,7
5 bis 6	25	15,0	55,7
7 bis 12	35	21,0	76,6
13 bis 18	23	13,8	90,4
19 bis 24	16	9,6	100,0
Gesamt	167	100,0	

Für diejenigen Probanden, die nach der Arrest*verbüßung* eine erneute Straftat begangen haben (n=131), betrug das durchschnittliche Zeitintervall vom Zeitpunkt der Arrestentlassung bis zur ersten echten Rückfalltat 7,2 Monate.[2018] Für einen geringen Teil der Probanden (8,4 %, siehe Tabelle 61) scheint die Wirkung des Arrestvollzuges besonders fragwürdig, da diese bereits binnen 4 bis 29 Tagen nach der Entlassung aus dem Arrest erneut straffällig wurden. Die Tatsache, dass mehr als die Hälfte der Probanden (55,0 %) innerhalb von sechs Monaten nach der Entlassung aus dem Arrest eine neuerliche Straftat begangen haben, legt nahe, dass der Arrestvollzug allein nur schwerlich zur Legalbewährung beitragen kann und es insbesondere unmittelbar im Anschluss an die Arrestentlassung unterstützender Maßnahmen bedarf.

2017 Median: 6,0; Modus: 0 (=unter einem Monat); SD: 6,51.
2018 Median: 5,0; SD: 6,05.

Tabelle 61: *Zeitraum zwischen der Arrestentlassung und der ersten echten Rückfalltat in Monaten bei mindestens einem echten Rückfall*

	Häufigkeit	Gültige Prozente	Kumulierte Prozente
unter einem Monat	11	8,4	8,4
1 bis 2	27	20,6	29,0
3 bis 4	23	17,6	46,6
5 bis 6	11	8,4	55,0
7 bis 12	29	22,1	77,1
13 bis 18	20	15,3	92,4
19 bis 21	10	7,6	100,0
Gesamt	131	100,0	

Im Vergleich zum herkömmlichen Jugendarrest, für den *Eisenhardt*[2019] von
einem durchschnittlichen Rückfallzeitraum von 23 Monaten beginnend
mit dem Zeitpunkt der Arrestentlassung berichtet, werden die nach
§ 16a JGG verurteilten Arrestanten deutlich schneller rückfällig. Der kürzere Rückfallzeitraum spiegelt die Annahme wider, dass die zu § 16a JGG
verurteilten Probanden eine höhere Belastung und Rückfallgefährdung
aufweisen als die herkömmliche Klientel des Jugendarrestes.

d) Rückfalldelinquenz

Doch nicht nur der Eintritt einer erneuten Straffälligkeit, sondern vor allem die Frage, nach der Art und Schwere der Rückfalldelinquenz erscheint
für die Qualifizierung des Rückfalls von besonderer Bedeutung. Wurde
der Täter in der Vergangenheit vermehrt wegen schwerer Delikte, beispielsweise aus dem Bereich der Straftaten gegen die körperliche Unversehrtheit, verurteilt, so könnte es als erster „Erfolgsschritt" zu verbuchen
sein, wenn der Rückfälligkeit eine im Vergleich zur Bezugsentscheidung
weniger schwere Straftat zugrunde liegt. In ähnlicher Weise könnte sich
eine positive Tendenz abzeichnen, wenn der Täter über eine hohe strafrechtliche Vorbelastung verfügt und in der Vergangenheit eine Vielzahl

---

2019 *Eisenhardt*, 2010, S. 27.

von Einzeltaten begangen hat, während des Beobachtungszeitraums aber nur wegen einer Einzeltat strafrechtlich in Erscheinung getreten ist. Um diese Aspekte bei der Rückfallanalyse nicht unberücksichtigt zu lassen, werden nachfolgend Anzahl, Art und Schwere der Rückfalltaten genauer betrachtet. Die Auswertung bezieht sich insoweit ausschließlich auf die Probanden, die innerhalb des Kontrollzeitraums mindestens einen Rückfall aufzuweisen hatten (n=167). Die Anzahl der rückfälligen Probanden bildet die Bezugsgröße für die angegebenen Prozentwerte.

aa) Anzahl der Rückfalltaten

Obgleich nach den zuvor dargestellten Ergebnissen die Mehrzahl der rückfälligen Probanden innerhalb des Gesamtkontrollzeitraums von zwei Jahren nur über einen erneuten Bundeszentralregistereintrag wegen einer zeitlich nachfolgend zur Verurteilung gem. § 16a JGG begangenen Straftat verfügten, lag den Rückfalleintragungen regelmäßig nicht nur eine Straftat zugrunde. Parallel zur Vorgehensweise bei der Vordelinquenzermittlung und den der Entscheidung nach § 16a JGG zugrundeliegenden Anlasstaten, wurde auch bei der Rückfälligkeit jede Straftat einzeln, unabhängig von Tateinheit und Tatmehrheit, gezählt. Nachfolgende Tabelle 62 demonstriert die Häufigkeitsverteilung der begangenen Rückfalltaten und gibt zu erkennen, dass 73,1 % der Rückfälligen innerhalb des zweijährigen Kontrollzeitraums mehr als eine Tat begangen haben. Dabei überwiegt der Bereich von zwei oder drei Straftaten. In Anbetracht der begangenen Rückfalltaten ist eine Verfestigung der Kriminalitätsstrukturen vor allem bei den 12,0 % der Probanden zu befürchten, die im Beobachtungszeitraum eine Sanktionierung wegen 10 oder mehr Taten erhalten haben.

Tabelle 62: Anzahl der Rückfalltaten im 1.Jahr und im gesamten 2-Jahres-Kontrollzeitraum

Anzahl der Taten	1. Jahr		Gesamter 2-Jahres-Kontrollzeitraum	
	N	%	n	%
0	43	25,7		
1	43	25,7	45	26,9
2	22	13,2	31	18,6
3	15	9,0	22	13,2

Anzahl der Taten	1. Jahr		Gesamter 2-Jahres-Kontrollzeitraum	
	N	%	n	%
4	6	3,6	11	6,6
5	9	5,4	13	7,8
6	7	4,2	10	6,0
7	3	1,8	6	3,6
8	4	2,4	5	3,0
9	2	1,2	4	2,4
10 bis 19	9	5,4	13	7,8
20 bis 41	3	1,8	6	3,6
233	1	0,6	1	0,6
Gesamt	167	100,0	167	100,0

Im Durchschnitt haben die rückfälligen Probanden binnen des Gesamt-kontrollzeitraums von zwei Jahren 6,16[2020] Straftaten begangen. Auffällig war ein Proband, der bereits innerhalb des einjährigen Kontrollzeitraums zwei Rückfalleintragungen im BZR wegen insgesamt 233 Einzeltaten, ganz überwiegend aus dem Betäubungsmittelbereich, erhalten hatte. Bei der Eliminierung dieses Ausreißers mindert sich die Anzahl der durch-schnittlich begangenen Rückfalltaten auf 4,79[2021]. Mehr als ein Viertel der Probanden hatte sowohl innerhalb des einjährigen Kontrollzeitraums als auch im gesamten Zwei-Jahres Kontrollzeitraum nur eine Tat begangen. Die geringe Anzahl an Rückfalltaten könnte einerseits einen positiven In-dikator für eine geringe Rückfälligkeit darstellen, andererseits ist zu be-rücksichtigen, dass die Schwere der Einzeltat der Rückfälligkeit ein ande-res Gewicht verleihen kann.

2020 Median: 3,0; Modus: 1; SD: 18,62.
2021 Median: 3,0; Modus: 1; SD: 5,92.

bb) Art der Rückfalltaten und Veränderungen im Schwereverhältnis von Ausgangs- und Rückfalltat

Neben der Anzahl der Rückfalltaten war es von Interesse, welchem Deliktsbereich die Rückfalltaten zuzuordnen sind und inwieweit sich durch eine Veränderung der Tatschwere eine Ab- oder Zunahme in der Delinquenz der jungen Täter andeutet. Schwerpunktmäßig haben die Probanden sowohl im ersten als auch im zweiten Jahr nach Beginn des Kontrollzeitraums Körperverletzungsdelikte begangen, gefolgt von der Deliktsgruppe Diebstahl und Unterschlagung. An dritter Stelle folgten Verstöße gegen das Betäubungsmittelgesetz, die im Rahmen der Rückfalldelinquenz als schwerste Rückfalltat einen höheren Stellenwert einnahmen als in der Ausgangsverurteilung zu § 16a JGG (vgl. Teil 2 E.I.3.a)bb)(2) Tabelle 26). Damit scheinen Straftaten aus dem Bereich des Betäubungsmittelstrafrechts ein erhebliches Rückfallpotential zu bergen. Diese Vermutung findet sich auch in den Untersuchungsergebnissen von *Weigelt* wieder, wonach bei Ausgangsverurteilungen zu einer Jugendstrafe mit Bewährung die Rückfallquote innerhalb der Betäubungsmitteldelikte bei 51 % liegt.[2022] Nahezu keine Bedeutung als schwerste Straftat hatten Anschlussdelikte gem. §§ 257 ff. StGB sowie Delikte aus dem Bereich der Urkundenfälschung, was insoweit wenig verwunderte, da es sich hierbei nicht um typische Jugenddelikte handelt. Straftaten aus dem Bereich Raub und Erpressung verwirklichten die Probanden im Vergleich zur Ausgangsdelinquenz deutlich seltener. Dort waren Raub- und Erpressungsdelikte zu 12,2 % die schwerste Anlasstat (siehe Teil 2 E.I.3.a)bb)(2) Tabelle 26). Der prozentual geringe Anteil dieser schwerwiegenden Rückfalldelikte ist durchaus als positiver Befund anzuerkennen und könnte ein erstes Anzeichen dafür sein, dass die Schwere der Straffälligkeit jedenfalls in Teilbereichen abnimmt.

2022 *Weigelt*, 2009, S. 207.

Tabelle 63: Schwerstes Rückfalldelikt im 1. und 2. Rückfalljahr

Deliktskategorie		1. Jahr	2. Jahr
Widerstand gegen die Staatsgewalt/ Straftaten der öffentlichen Ordnung	Anzahl	2	2
	%	1,6	2,5
Falsche uneidliche Aussage/ Meineid/ falsche Verdächtigung	Anzahl	2	2
		1,6	2,5
Sexualdelikte	Anzahl	2	0
	%	1,6	0,0
Beleidigung	Anzahl	3	4
	%	2,4	4,9
Körperverletzungsdelikte	Anzahl	42	18
	%	33,9	22,1
Straftaten gegen die persönliche Freiheit	Anzahl	0	1
	%	0,0	1,2
Diebstahl/Unterschlagung	Anzahl	23	13
	%	18,5	16,0
Raub/Erpressung	Anzahl	2	5
	%	1,6	6,2
Begünstigung/Hehlerei	Anzahl	1	0
	%	0,8	0,0
Betrug/Untreue	Anzahl	14	8
	%	11,3	9,9
Urkundenfälschung	Anzahl	0	1
	%	0,0	1,2
Sachbeschädigung	Anzahl	4	3
	%	3,2	3,7
Gemeingefährliche Straftaten	Anzahl	3	1
	%	2,4	1,2
Straftaten nach StVG und PflVG	Anzahl	4	2
	%	3,2	2,5
BtMG	Anzahl	18	17
	%	14,5	21,0
Sonstiges	Anzahl	4	4
	%	3,2	4,9
Gesamt	Anzahl	124	81
	%	100,0	100,0

Über die bloße Dichotomie des Rückfallereignisses hinaus erschien es wissenswert zu erfahren, ob sich die Delinquenz der Probanden in den nachfolgenden Entscheidungen zu § 16a JGG verstärkt hat oder sich die Rückfalltat im Verhältnis zur Bezugstat umgekehrt als „leichter" darstellt. Um dieser Frage nachzugehen, wurde die Schwere der Rückfallkriminalität im Vergleich zur Ausgangsdelinquenz der Verurteilung mit § 16a JGG genauer analysiert. Ein Rückgang in der Schwere der Rückfalltat könnte zumindest einen ersten Zwischenerfolg auf dem Weg zur Legalbewährung darstellen; wohingegen die zunehmende Deliktsschwere als Indikator für eine Verfestigung der kriminellen Karriere angesehen werden kann.

Um Veränderungen im Schwereverhältnis zwischen den begangenen Straftaten sichtbar zu machen, erschien die alleinige Gegenüberstellung der kategorisierten schwersten Rückfall- und Ausgangstat als ein wenig probater Lösungsweg, da auch bei einer gleichbleibenden Deliktskategorie eine Zu- oder Abnahme der Deliktsschwere in der Weise denkbar bleibt, dass der Täter im Verfahren mit § 16a JGG etwa wegen einer Vielzahl von Straftaten aus dem Bereich der Körperverletzungsdelikte verurteilt wurde und nunmehr wegen einer leichteren Tat aus demselben Deliktsbereich erneut straffällig geworden ist. Um die Häufigkeit und Schwere der einzelnen Straftaten nicht unberücksichtigt zu lassen, wurde basierend auf dem Deliktsschwereindex von *Schöch*[2023] der Indexwert für alle Ausgangs- und Rückfalltaten ermittelt und durch die Addition der einzelnen Werte ein probandenspezifischer Indexwert für die zur Verurteilung nach § 16a JGG führenden Ausgangstaten sowie die Rückfalltaten errechnet. Dieser repräsentiert im Kern sowohl die Quantität als auch die Qualität der einzelnen Straftaten. In die Auswertung können an dieser Stelle nur diejenigen rückfälligen Probanden einbezogen werden, für die anhand der Strafakten Informationen zur Anlasstat vorlagen und zugleich Rückfalldaten zur Verfügung standen (n=143). Zur Analyse der Deliktsschweremodifikation wurde probandenspezifisch der Deliktsschwereindex aller Ausgangstaten mit dem der Rückfalldelikte verglichen. Hatte der Rückfalldeliktsschwereindex einen höheren Wert als der Schwereindex der Ausgangstaten stellte dies eine Zunahme der Deliktsschwere dar; ein kleinerer Deliktsschwereindex der Rückfalltaten bedeutete indessen eine Abnahme der Deliktsschwere.

Auf dieser Basis zeigt sich, dass die Rückfalltaten in der Summe leichter waren als die im Verfahren mit § 16a JGG abgeurteilten Straftaten. 56,6 % der rückfälligen Probanden wurden innerhalb des zweijährigen Rückfallintervalls aufgrund von Straftaten verurteilt, die im Verhältnis zu Anzahl und Art der Ausgangstaten einen geringen Deliktsschwereindex aufwiesen.

2023 Siehe zum Deliktsschwereindex Teil 2 E.I.3.a) bb) (2).

Bei 7,0 % war der Schwereindex von Ausgangs- und Rückfalltat gleichbleibend, wohingegen bei etwas mehr als einem Drittel der Probanden (36,4 %) die Rückfalltaten von schwererem Gewicht als die Anlasstaten waren und es folglich zu einer Zunahme der Deliktsschwere kam.

Abbildung 46: Verhältnis der Deliktsschwere von Ausgangs- und Rückfalltat(en)

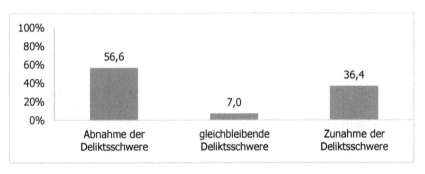

(n=143)

Unter dem Vorbehalt, dass die Rückfälligkeit eines Täters durch eine Vielzahl verschiedener Faktoren bedingt ist, könnte dieses Ergebnis bei vorsichtiger Formulierung darauf hindeuten, dass die dem Urteilsspruch mit § 16a JGG nachfolgende Straffälligkeit der jungen Probanden zumeist positiv rückläufig ist. Nicht außer Acht zu lassen ist allerdings, dass durch die Festlegung der Deliktsschwere von Ausgangs- und Rückfalltat anhand des Summenindexwertes die Abnahme der Rückfallschwere insbesondere durch eine quantitativ geringere Anzahl von Taten bedingt sein kann, während die Taten qualitativ gleichbleibend sind.

cc) Einschlägiger Rückfall

Veränderungen in der Qualität der Rückfallkriminalität lassen sich des Weiteren daran festzumachen, ob im Falle der Rückfälligkeit eine Umorientierung zu einer anderen Deliktsart erfolgt oder die Rückfalltat demselben Deliktsbereich wie die Bezugstat zuzuordnen ist. So könnte das Vorliegen eines einschlägigen Rückfalls auf eine besonders unbeharrliche Uneinsichtigkeit des Jugendlichen schließen lassen, wohingegen es bei einer Abkehr von der Art der vormals verwirklichten Delikte – wie es auch *Wei-*

gelt[2024] formuliert – zumindest vorübergehend gelungen sein könnte, den Täter vom Unrecht der Bezugstat zu überzeugen und ihn von der Begehung gleichartiger Straftaten abzuhalten.

Für das Vorliegen einer einschlägigen Rückfalltat wurde kein zu strenger Maßstab angelegt. Eine enge Definition der einschlägigen Rückfalltat, die an die Verwirklichung exakt desselben Delikts wie in der Bezugsentscheidung anknüpft, erschien vorliegend ungeeignet, da die Nähe verschiedener Straftatbestände und die Zugehörigkeit zu einer Deliktsgruppe häufig in einem vergleichbaren Unrechtsgehalt münden und dem Schutz gleicher Rechtsgüter dienen. Demnach wurde ein einschlägiger Rückfall bereits dann angenommen, wenn die Rückfalltat und die für die Verurteilung mit § 16a JGG maßgebende Anlasstat derselben Deliktskategorie angehörten,[2025] wie dies etwa bei Diebstahl und Unterschlagung der Fall ist. Bei mehreren Rezidivdelikten kam es für die Qualifikation des einschlägigen Rückfalls darauf an, ob der Täter mindestens eine erneute Tat begangen hatte, die derselben Deliktsgruppe zuzuordnen war, wie die Bezugstat. Betrachtet wurden die Taten aller zur Eintragung ins BZR gelangten Rückfallentscheidungen, so dass es nicht darauf ankam, ob das einschlägige Rückfalldelikt die schwerste Rückfalltat darstellte.[2026] Bei sechs Probanden konnte anhand der Bundeszentralregisterauszüge nicht beurteilt werden, ob es sich um einschlägige Rückfalltat handelte, da die Bezugsentscheidung mit der Verurteilung zu § 16a JGG nicht im BZR eingetragen war. Die fehlenden Erkenntnisse konnten in fünf Fällen durch die Ergebnisse aus der Aktenanalyse komplementiert werden. Für einen Probanden blieb das Anlassdelikt mangels Vorliegen der Strafakte unbekannt, so dass eine Aussage zur einschlägigen Rückfälligkeit nicht getroffen werden kann.

2024 *Weigelt*, 2009, S. 192.
2025 Zu dieser weiten Definition des einschlägigen Rückfalls *Jehle/Albrecht/ Hohmann-Fricke u.a.*, 2013, S. 113; *Köhler*, 2012, S. 239; *Weigelt*, 2009, S. 192.
2026 So auch *Köberlein*, 2006, S. 235 f.

Abbildung 47: Einschlägiger Rückfall

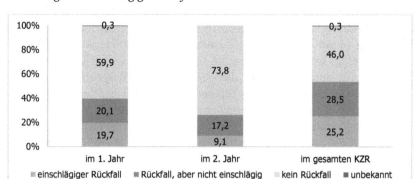

Für die Gesamtheit von 309 Probanden zeigte sich sowohl innerhalb des einjährigen als auch im gesamten zweijährigen Kontrollzeitraum ein relativ ausgewogenes Verhältnis zwischen einschlägigen (19,7 % bzw. 25,2 %) und nicht einschlägigen Rückfalltaten (20,1 % bzw. 28,5 %). Kam es im zweiten Jahr nach der Verurteilung zu Jugendarrest neben einer bedingten Jugendstrafe zu einer erneuten Straffälligkeit, war der Anteil der einschlägigen Rückfalltaten mit 9,1 % deutlich geringer. Ob dies dahingehend zu interpretieren ist, dass es mit einer zunehmenden zeitlichen Dauer seit der Bezugstat zu einer Umorientierung in der Deliktsart kommt, lässt sich kaum beurteilen, da der Rückfallzeitraum in der vorliegenden Untersuchung zum einen eher kurz bemessen ist, zum anderen bleibt in der vorstehenden Analyse die Art der Vortaten unberücksichtigt. Auch wenn der Proband nicht einschlägig rückfällig wurde, schließt dies nicht aus, dass die der Verurteilung zu § 16a JGG vorhergehenden Straftaten demselben Deliktsbereich wie die Rückfalltat zuzuordnen sind. Insgesamt stellt der Umstand, dass mehr als die Hälfte der rückfälligen Probanden keine einschlägige Rückfalltat vorzuweisen hatte, aber ein erfreuliches Ergebnis dar. In diesen Fällen hat sich doch zumindest die im Rahmen der positiven Bewährungsprognose bestehende Erwartung des Jugendrichters, dass der Jugendliche Taten dergestalt, wie sie der Anlassverurteilung zugrunde lagen, nicht mehr begehen wird,[2027] als zutreffend erwiesen.

2027 Vgl. *Meier*, in: Meier/Rössner/Trüg/Wulf, JGG, § 26 Rn. 6, der für die Prognoseentscheidung nach § 21 JGG die Erwartung genügen lässt, dass gleichgelagerte Straftaten künftig ausbleiben; vollkommene Straffreiheit muss nicht prognostiziert werden.

Einschlägige Wiederverurteilungen waren vor allem anzutreffen, wenn der Bezugsentscheidung mit § 16a JGG als schwerste Straftat ein Körperverletzungsdelikt zugrunde lag. Zur besseren Übersichtlichkeit werden in Abbildung 48 nur diejenigen Deliktskategorien abgebildet, die am häufigsten anzutreffen waren. Eine separate Darstellung des einschlägigen Rückfallverhaltens, aufgeteilt nach allen einzelnen Deliktsgruppen der Ausgangstaten, war wegen der zum Teil geringen Anzahl an Probanden innerhalb der jeweiligen Deliktskategorie nicht zielführend. So hätten Probanden, die im Verfahren mit § 16a JGG wegen eines Körperverletzungsdelikts (§§ 223 ff., § 231 StGB) als der schwersten Anlasstat verurteilt wurden, mit einem einschlägigen Rückfallprozentsatz von 57,7 % (n=52) eine deutlich geringere einschlägige Rückfallquote gehabt, als Probanden, deren schwerste Straftat ein Vergehen nach §§ 257 ff. StGB bildete (s. Anhang Tabelle R1). Bei letzteren hätte sich eine einschlägige Rückfallquote von 100,0 % ergeben, da es nur einen Probanden gab, dessen schwerstes Anlassdelikt in einer Hehlerei gem. § 259 StGB bestand. Die Beurteilung der einschlägigen Rückfalldelinquenz ist innerhalb der einzelnen Deliktskategorien stark abhängig von der Probandenanzahl. Eine Gegenüberstellung der einschlägigen Rückfälligkeit nach der Art der schwersten Ausgangstat birgt folglich die Gefahr, dass einschlägige Rückfalltaten für bestimmte, sehr kleine Deliktsgruppen überschätzt sind und zu Verzerrungen der einschlägigen Rückfallquoten führen.

Da ein Vergleich mit der Art der schwersten Bezugsentscheidung nur für die Probanden mit vorliegenden Akteninformationen angestellt werden konnte, liegt die Gesamtanzahl der Probanden (n=143) hier unterhalb der insgesamt rückfälligen Personen (n=167).

Abbildung 48: Einschlägiger Rückfall in Abhängigkeit zur schwersten Anlasstat

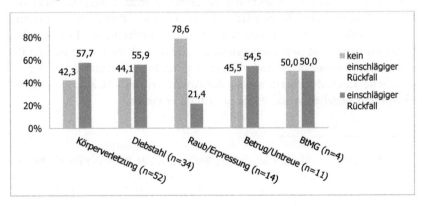

Vorstehende Abbildung gibt zu erkennen, dass die Gefahr einschlägiger Rückfalltaten nach Körperverletzungsdelikten besonders hoch ist. Probanden, deren schwerste abgeurteilte Straftat im Verfahren mit § 16a JGG den §§ 223 ff. StGB zuzuordnen war, haben innerhalb des zweijährigen Kontrollzeitraums mit 57,7 % am häufigsten eine erneute Straftat aus demselben Deliktsbereich begangen. Das erhöhte Risiko einschlägiger Rückfalltaten bei einer Anlasstat gem. §§ 223 ff. StGB bestätigte sich auch bei Betrachtung des einschlägigen Rückfallverhaltens in Bezug auf die Gesamtanzahl der rückfälligen und nicht rückfälligen Probanden innerhalb dieser Deliktskategorie. Bei einer Straftat gegen die körperliche Unversehrtheit als schwerster Ausgangstat lag der Anteil einschlägiger Rückfälle mit 30,6 % (fehlende Werte: 5[2028]) über dem Durchschnitt der allgemein einschlägigen Rückfalldelinquenz von 25,2 % (n=309; siehe oben Abbildung 47).

Ein vergleichbares Bild zeigt sich im Bereich der Diebstahlsdelikte einschließlich der Unterschlagung sowie der Betrugsdelikte, die nach den Körperverletzungsdelikten die höchsten einschlägigen Rückfallraten bergen. Lag der Verurteilung zu einem Arrest nach § 16a JGG als schwerste Straftat ein Raub- oder Erpressungsdelikt zugrunde, so stellte sich in der einschlägigen Rückfallkriminalität ein umgekehrtes Ergebnis ein. Probanden, deren schwerste Anlasstat dem Bereich der §§ 249 ff. StGB entstammte, wurden zu 78,6 % nicht einschlägig rückfällig. Damit fiel der Prozentsatz einschlägiger Rückfälle innerhalb der Gesamtgruppe von Personen mit einem Raub- oder Erpressungsdelikt als schwerste begangene Ausgangsstraftat (n=34) mit 8,8 % deutlich geringer aus, als dies im Gesamtdurchschnitt aller 309 Probanden der Fall war. Eine mögliche Erklärung hierfür könnten die im Durchschnitt etwas höheren Jugendstrafen sein, die vom Gericht verhängt wurden, wenn der Verurteilung nach § 16a JGG als schwerste Ausgangstat ein Delikt nach §§ 249 ff. StGB zugrunde lag. Während die durchschnittliche Dauer der nach § 21 JGG zur Bewährung ausgesetzten Jugendstrafe bei 13,2 Monaten lag, wurden die 34 Probanden mit einer Tat nach §§ 249 ff. StGB im Mittel zu einer Jugendstrafe von 16,0 Monaten verurteilt. Die drohende längere Strafvollstreckung im Falle des

---

2028 Von 98 Probanden mit einem Delikt nach §§ 223 ff. StGB als schwerste Ausgangstat hatten im Weiteren 46,9 % keinen Rückfall vorzuweisen; 22,4 % wurden nicht einschlägig rückfällig. Zu fünf Probanden konnte anhand der zur Verfügung stehenden Akten zwar die Ausgangstat ermittelt werden, allerdings lagen keine auswertbaren BZR-Auszüge vor.

Bewährungsversagens könnte im Einzelfall möglicherweise von der Begehung neuer Straftaten abhalten.

Gleichbleibend war der Anteil einschlägiger und nicht einschlägiger Rückfälle bei Verstößen gegen das Betäubungsmittelgesetz. Hier ist zu berücksichtigen, dass BtM-Delikte nur für vier Probanden die schwerste Ausgangstat darstellten, so dass der Aussagewert der einschlägigen Rückfalldelinquenz stark eingeschränkt ist.

e) Rückfallsanktionierung

Neben der Art des begangenen Rückfalldelikts dient die Rückfallsanktion als weiterer grober Indikator für die Rückfallschwere, wobei nicht außer Acht gelassen werden darf, dass die Folgesanktion in engem Zusammenhang zur Vorbelastung des Täters steht.[2029]

aa) Ahndung der ersten Rückfalltat

Bei der Frage der Rückfallsanktionierung interessierte maßgeblich, ob der Verurteilung zu § 16a JGG der Ausspruch einer unbedingten Jugend- oder Freiheitsstrafe nachfolgte. Angesichts dessen, dass die Sanktionierung mittels § 16a JGG nicht zu einer zusätzlichen Draufgabe zweckentfremdet werden soll, sondern nach der Argumentation der Befürworter zur Vermeidung einer unbedingten Jugendstrafe beitragen kann, war zu erwarten, dass die Gerichte bei einer erneuten, der Verurteilung zu § 16a JGG nachfolgenden Straftat vorrangig zu einer unbedingten Jugend- oder Freiheitsstrafe übergehen. Die Auswertung der in der ersten Rückfallentscheidung verhängten Rechtsfolgen ergibt folgendes Bild:

2029 *Heinz*, ZJJ 2004, 35 (39) mit ergänzendem Hinweis in Fn. 24.

Abbildung 49: Art der verhängten Sanktion in der ersten Rückfallentscheidung

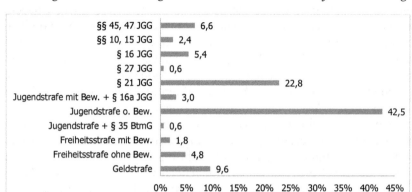

(n=167)

Tatsächlich schloss sich der Verurteilung zu einem Arrest gem. § 16a JGG in 42,5 % der Fälle eine Jugendstrafe ohne Bewährung an. In weiteren 4,8 % verurteilte das Gericht den Angeklagten im nachfolgenden Strafverfahren unter Anwendung des Erwachsenenstrafrechts zu einer vollstreckbaren Freiheitsstrafe. Insgesamt folgte der Verurteilung zu einem Warnschussarrest bei Eintritt einer erneuten Straffälligkeit in 47,3 % der ersten Rückfallverurteilung eine unbedingte Jugend- oder Freiheitsstrafe nach. Dies könnte indizieren, dass der Ausspruch eines zusätzlichen Arrestes gem. § 16a JGG in zahlreichen Fällen dazu beiträgt, die Verhängung einer unbedingten Jugendstrafe zugunsten der Kombination einer Jugendstrafe mit einem zusätzlichen Arrest erst einmal zurückzustellen. Zwingend ist dieser Schluss sicherlich nicht. Der Ausspruch einer unbedingten Jugend- oder Freiheitsstrafe kann ebenso darauf gründen, dass der Jugendliche inzwischen eine gewichtigere Straftat begangen hat oder sich die persönlichen Verhältnisse in einer Weise zum Negativen verändert haben, dass eine positive Legalbewährung nach der Prognoseeinschätzung des Richters nicht mehr zu erwarten ist. Letzteres erscheint sogar eher naheliegend, da nach den Ergebnissen der Aktenanalyse und Richterbefragung der Arrest nach § 16a JGG als Mittel zur Haftvermeidung im Verhältnis zu anderen erhofften Wirkungsweise eher zurückhaltend angewendet wird. Der Anteil unmittelbar zu vollstreckender Jugend- oder Freiheitsstrafen als erste Rückfallsanktion liegt in der hiesigen Studie deutlich über der von *Endres/ Maier* auf Basis des IT-Datenportals des bayerischen Justizvollzugs ermittelten Wiederinhaftierungsrate von 29,6 %.[2030] Diese Diskrepanzen können ihre Ursache zum einen in den unterschiedlichen Datenquellen haben, zum anderen ist zu berücksichtigen, dass sich die Untersuchungspopulation in ihrer Größe unterscheidet und der Studie von *Endres/Maier* bedingt durch den Zeitpunkt der Abfrage im Dezember 2015 ein abweichender Beobachtungszeitraum zwischen 12 und 33 Monaten zugrunde liegt. Die ermittelten Sanktions- bzw. Wiederinhaftierungsquoten können folglich keinem direkten Vergleich unterzogen werden.

Zieht man für eine lockere Gegenüberstellung die Wiederinhaftierungsrate nach einer Verurteilung zu einer Jugendstrafe mit Bewährung heran, wie sie aus der bundesweiten Legalbewährungsstatistik bekannt ist, zeigen sich unter dem Vorbehalt der divergierenden Untersuchungsanlage keine nennenswerten Unterschiede in der Sanktionsschwere der Rückfallentscheidung. Für Probanden, die im Basisjahr 2007 zu einer Jugendstrafe bis zu zwei Jahren mit Bewährung verurteilt wurden, liegt der Anteil an Wiederverurteilungen zu einer unbedingten Jugend- oder Freiheitsstrafe bei 26,0 %.[2031] Bezogen auf die Gesamtanzahl aller 309 untersuchten Probanden mit einer Verurteilung nach § 16a JGG ergibt sich eine vergleichbare Wiederverurteilungsquote zu einer unbedingten Jugend- oder Freiheitsstrafe von 25,6 %. Ob in Anbetracht dieser Tatsache von einer legalbewährungsfördernden Wirkung des § 16a-Arrestes auszugehen ist, erscheint zweifelhaft, lässt sich aufgrund des Untersuchungsdesign ohne eine Kontrollgruppe aber nicht abschließend beurteilen.

In mehr als einem Viertel der Fälle sprach das Gericht in der ersten, der Verurteilung zu § 16a JGG nachfolgenden gerichtlichen Entscheidung erneut eine Bewährungsstrafe aus. Die Verhängung einer Freiheitsstrafe mit Bewährung bildete mit 1,8 % die Ausnahme. Ganz überwiegend wurde die Vollstreckung der Jugendstrafe gem. § 21 JGG zur Bewährung ausgesetzt (22,8 %). In einem einzigen Fall (0,6 %) stellte das Gericht die Vollstreckung einer 10-monatigen Jugendstrafe wegen einer Betäubungsmittelabhängigkeit des Probanden gem. § 35 BtMG zu Gunsten einer therapeutischen Rehabilitationsmaßnahme zurück. Die wiederholte Verhängung einer zur Bewährung ausgesetzten Jugendstrafe entspricht dem Gebot der Verhältnismäßigkeit, wenn seit der Verurteilung zu § 16a JGG eine Stabilisierung der persönlichen Lebenslage des Probanden, beispielweise durch die Aufnahme eines Ausbildungs- oder Arbeitsverhältnisses, die Abkehr vom alten Freundeskreis oder die Aufnahme einer festen Partnerschaft ein-

---

2030 *Endres/Maier*, in: FS für Streng, 427 (437).
2031 *Hohmann-Fricke/Jehle/Palmowski*, RdJB 2014, 313 (321).

getreten ist. In Anbetracht dieser Umstände verwundert es nicht, dass auch der Sanktionskoppelung von Jugendarrest und bedingter Jugendstrafe eine erneute Bewährungsentscheidung nachfolgen kann. Eine Erklärung für die nochmalige Einräumung einer Bewährungschance könnte ferner darin zu sehen sein, dass der Jugendliche die Straftat im Zeitraum zwischen der Verurteilung zu § 16a JGG und der Arrestvollstreckung begangen hat, so dass sich die Wirkungen des Arrestvollzuges im Zeitpunkt der erneuten Tatbegehung aus Sicht des Gerichts möglicherweise noch nicht entfalten konnten. Betrachtet man ausschließlich die Rückfallverurteilungen zu einer Jugendstrafe mit Bewährung gem. § 21 JGG ist festzustellen, dass 28,9 % der Verurteilungen eine unechte Rückfalltat zugrunde lag. Im Zeitpunkt der Tatbegehung stand der Jugendliche folglich noch nicht unter dem Eindruck des abschließenden Warnschussarrestvollzuges. Nur bei einem Probanden (0,6 %) entschied sich das Gericht dazu, die Verhängung der Jugendstrafe gem. § 27 JGG zur Bewährung auszusetzen, dies obwohl die Verurteilung zu § 16a JGG bereits in Kombination mit § 27 JGG ergangen war und sich der Proband infolge der Begehung einer erneuten Straftat nach der Entlassung aus dem Arrest als nicht belehrbar erwiesen hatte.

Überraschend war, dass es in fünf Fällen (3,0 %) im Anschluss an die untersuchungsgegenständliche Ausgangstat zu einer wiederholten Verhängung eines § 16a-Arrestes kam.[2032] Aus welchen Gründen die Jugendrichter trotz des Ausnahmecharakters von § 16a JGG zu einer erneuten Sanktionierung mittels Warnschussarrest griffen, kann nicht beantwortet werden. Nachdem sich bei der Analyse der strafrechtlichen Vorbelastung gezeigt hatte, dass zwei Probanden bereits eine Vorverurteilung zu § 16a JGG vorzuweisen hatten, ohne dass der Arrest zur Vollstreckung gelangte, lag die Vermutung nahe, dass die Rückfallsanktionierung in Form von § 16a JGG in gleicher Weise auf der Nichtvollstreckung des im Ausgangsurteil verhängten § 16a-Arrestes beruhte. Tatsächlich wurden jedoch alle fünf Ausgangsentscheidungen vollstreckt, so dass diese Mutmaßung keine Bestätigung fand. Auch der Umstand, dass die der Rückfallentscheidung zugrundeliegende Straftat zeitlich vor der Verurteilung zu § 16a JGG begangen wurde, scheidet als Erklärungsursache aus, da Straftaten, die vor der Aus-

---

2032 Auch bei der Eintragung der Rückfallsanktion bestätigte sich die Fehlerhaftigkeit des BZR. In 2 der 5 Fälle war als Sanktion der ersten Rückfalltat ein Arrest nach § 16a JGG eingetragen, aber keine Bewährung angegeben. Da die Verhängung eines § 16a-Arrestes rechtlich nur in Kombination mit einer Bewährungsentscheidung zulässig ist, wurden diese beiden Fälle als Jugendstrafe zur Bewährung verbunden mit § 16a JGG gewertet.

gangssanktionierung begangen, aber erst später abgeurteilt wurden, bereits nicht als Rückfalltat gewertet wurden.

Bemerkenswert ist aufgrund der Stufenfolge von Jugendarrest und Jugendstrafe, dass die Begehung einer Rückfalltat in 5,4 % der Fälle die Verurteilung zu einem Jugendarrest gem. § 16 JGG zur Folge hatte, zum Teil in Kombination mit der Anordnung von Weisungen oder Auflagen gem. §§ 10, 15 JGG. Die erneute Verhängung eines Jugendarrestes gem. § 16 JGG im Nachgang zu § 16a JGG erstaunte, da das Gericht in 6 der 9 Fälle vormals bereits das Vorliegen schädlicher Neigungen bejaht hatte, womit die Voraussetzungen für einen Jugendarrest entfallen. In einem Fall standen schädliche Neigungen in dem für die Jugendstrafe erforderlichen Maße noch nicht fest, so dass die Verhängung der Jugendstrafe gem. § 27 JGG zur Bewährung ausgesetzt wurde. Mit der Begehung einer weiteren Straftat liegt es auch hier nahe, dass die Grenze zum Vorhandensein schädlicher Neigungen überschritten ist. Soweit das Gericht als Rückfallsanktion einen Jugendarrest gem. § 16 JGG verhängte (n=9), wurde gegen sieben Probanden ein Dauerarrest ausgesprochen und zwei Probanden mit einem Freizeitarrest belegt. Die erzieherische Zweckmäßigkeit der erneuten Arrestanordnung muss in diesen Fällen besonders fraglich erscheinen, da sich der Jugendliche trotz des Warnschussarrestvollzuges nicht von der Begehung weiterer Straftaten hat abhalten lassen. Mit der Ausnahme eines Probanden hatten alle acht Probanden den verhängten Arrest nach § 16a JGG verbüßt. Bei einem Probanden wurde die Vollstreckung des § 16a-Arrestes binnen der 3-Monatsfrist aufgrund der fehlerhaften Zuleitung des Vollstreckungsersuchens an das unzuständige Amtsgericht versäumt. Da das Ausgangsgericht die Verhängung der Jugendstrafe mit der Schwere der Schuld begründete, steht der Einbezug der § 16a-Verurteilung in die Folgeverurteilung mit der Sanktionsfolge des § 16 JGG jedenfalls nicht in Widerspruch zum Stufenverhältnis von Jugendarrest und Jugendstrafe bei einem Vorliegen schädlicher Neigungen.

Zu einer deutlichen Deeskalation in der Sanktionsfolge kam es in 9,0 % der Fälle, in denen das Verfahren gem. §§ 45, 47 JGG eingestellt wurde oder mit der Erteilung von Weisungen gem. § 10 JGG oder Auflagen gem. § 15 JGG endete. Diesen Verfahrensentscheidungen lagen mit einem Durchschnittswert von 2,2 Einzeltaten[2033] und einem Deliktsschwereindex von 3,6[2034] sowohl weniger als auch leichtere Straftaten zugrunde als dies bei den sonstigen erstmaligen Rückfallsanktionen der Fall war. Folgte der

---

2033 Median: 1,0; Modus: 1; SD: 1,78; Minimum: 1; Maximum: 7; n=15.
2034 Median: 3,0; Modus: 3; SD: 2,06; Minimum: 1; Maximum: 7; n=15.

Verurteilung zu § 16a JGG keine Verfahrenseinstellung oder Weisungs- bzw. Auflagenerteilung nach, lagen dem ersten Rückfallverhalten im Mittel 3,57[2035] begangene Einzeltaten bei einem durchschnittlichen Deliktsschwereindex von 7,89[2036] zugrunde. Angesichts des zunehmenden Alters der Probanden gewinnt auch die Geldstrafe als Rückfallsanktion an Bedeutung.

bb) Verurteilung zu einer unbedingten Jugend- oder Freiheitsstrafe

Um bei mehrfach rückfälligen Probanden, die unmittelbar nachfolgend zur Ausgangssanktionierung mit § 16a JGG zu keiner unbedingten Jugend- oder Freiheitstrafen verurteilt wurden, die Rückfallschwere für den Gesamtkontrollzeitraum von zwei Jahren abbilden zu können, wurde neben der ersten Rückfallsanktion untersucht, ob es im weiteren Verlauf des Kontrollzeitraums zu einer vollstreckbaren Jugend- oder Freiheitsstrafe kam. Nach den zuvor dargestellten Ergebnissen (s. Abbildung 49) wurde gegen 47,3 % der rückfälligen Probanden bereits bei der ersten Rückfälligkeit eine unbedingte Jugend- oder Freiheitsstrafe verhängt. 11,4 % der rückfälligen Probanden wurden binnen des zweijährigen Kontrollzeitraums in einem späteren Gerichtsverfahren zu einer Jugend- oder Freiheitsstrafe ohne Bewährung verurteilt. Für 58,7 % der rückfälligen Probanden war die Vollstreckung einer Jugend- oder Freiheitsstrafe damit auch durch den Warnschussarrest nicht zu umgehen. Von den erneut straffällig gewordenen Probanden wurden 15,6 % sogar mehrfach zu einer Jugend- oder Freiheitsstrafe ohne Bewährung verurteilt. Dieser Befund belegt die erhebliche Rückfallgefährdung der Probanden deutlich.

2. Rückfälligkeit in Abhängigkeit zu ausgewählten Variablen

Um einen ersten Eindruck davon zu bekommen, welche Faktoren Rückfallrelevanz besitzen, wurde im Vorfeld zur Regressionsanalyse der Zusammenhang zwischen der Rückfälligkeit nach einem Arrest gem. § 16a JGG und einzelnen, ausgewählten unabhängigen Variablen untersucht. Bei der Ergebnisinterpretation ist zu berücksichtigen, dass die Feststellung eines Zusammenhangs aus methodischen Gründen nicht mit einem kausalen

---

2035 Median: 2,0; Modus: 1; SD: 5,50; Minimum: 1; Maximum: 41; n=152.
2036 Median: 4,0; Modus: 2; SD: 13,60; Minimum: 1; Maximum: 116; n=152.

Ursachenzusammenhang gleichgesetzt werden darf.[2037] Zu den in der kriminologischen Forschung anerkannten Rückfallfaktoren zählen neben dem Lebensalter und dem Alter zum Zeitpunkt des Kriminalitätsbeginns[2038], insbesondere das Geschlecht, die sozialen, beruflichen wie wirtschaftlichen Verhältnisse des Täters, dessen Nationalität sowie in besonderem Maße dessen Vorstrafenbelastung wie auch die Deliktsart und Schwere der Ausgangstat.[2039] Für die Korrelationsanalyse wurden lediglich einige zentrale Faktoren ausgewählt, die nach den bisherigen Forschungserkenntnissen mit der Rückfälligkeit junger Täter in Zusammenhang stehen; die übrigen Variablen gehen schließlich in die nachfolgende Regressionsanalyse ein. Aussagen über die Rückfälligkeit in Abhängigkeit zu den vorstehend genannten Merkmalen können nur für diejenigen Probanden getroffen werden, für die anhand der vorliegenden Strafakten Informationen zu allen auswertungsrelevanten unabhängigen Variablen zur Verfügung standen (n=278).[2040] Für 9 der 278 Probanden lagen keine auswertbaren Rückfalldatensätzen vor. Ohne nähere Angaben liegt diesem Untersuchungsabschnitt daher eine Gesamtanzahl von 269 Probanden zugrunde. Sowohl bei der Untersuchung der Korrelationen als auch der anschließenden Regressionsanalyse wird in Übereinstimmung mit der vorhergehenden Auswertung das 5 %-ige Signifikanzniveau beibehalten.

a) Rückfall nach Alter und krimineller Frühauffälligkeit

Nach den gefestigten kriminologischen Befunden sinkt die Wahrscheinlichkeit der erneuten Straftatbegehung mit steigendem Alter.[2041] Je jünger

---

2037 Siehe oben Teil 2 F.I.3.

2038 Hierzu *Kerner*, 1991, S. 280; *Vogt*, 1972, S. 200 f..

2039 *Albrecht*, in: Rückfallforschung, 55 (66); *Blath*, in: Rückfallforschung, 133 (137); *Englmann*, 2009, S. 187; *Hohmann-Fricke*, 2013, S. 217; eingehend zur Bedeutung einzelner Rückfallfaktoren auch *Vogt*, 1972, S. 181 ff..

2040 Eine gesonderte Nacherhebung einzelner Variablen, wie z.B. die Anzahl der Vorstrafen, anhand des BZR wäre zur Erweiterung der Daten zwar ein gangbarer Weg gewesen, doch war dies aus zeitlichen Gründen im Hinblick auf das anvisierte Projektende nicht realisierbar. Zudem erschien der Mehrwert einer Nacherhebung begrenzt, da nicht alle Rückfallprädiktoren, die nachfolgend in die Regressionsanalyse einfließen sollten, aus dem Bundeszentralregister entnommen werden können (so z.B. die schulische/berufliche Ausbildung).

2041 *Heinz*, in: Rückfallforschung, 11 (34); *Jehle/Albrecht/Hohmann-Fricke u.a.*, 2010, S. 41; *Jehle/Hohmann-Fricke*, KrimPäd Jg. 42, 2014, 4 (8 f.); *Meier*, in: INFO 2005, 77 (85); keinen signifikanten Zusammenhang zwischen dem Alter der

eine Person ist, desto höher wird das Risiko der Rückfälligkeit geschätzt.[2042] Die geringere Rückfälligkeit mit steigendem Alter spiegelt die Episodenhaftigkeit der Jugenddelinquenz wider, die im Kern mit dem Reifungsprozess auf dem Weg hin zum Erwachsenwerden und dem Prozess des Normerlernens erklärt wird.[2043] Eine Ursache für die höhere Rückfälligkeit jüngerer Probanden ist vor allem darin zu sehen, dass junge Menschen in ihren sozialen Strukturen häufig noch nicht gefestigt sind. Nach der Wechselwirkungstheorie von Thornberry, welche in der Bindungstheorie von Hirschi wurzelt, ist die hohe Devianz im Jugendalter mit schwachen sozialen Bindungen zu erklären, die eng verbunden sind mit der Stellung der Person in der Sozialstruktur und altersabhängig variieren.[2044] Das kriminelle Verhalten wird demnach durch die Position in der Gesellschaft und den Mangel an sozialen Bindungen gegenüber Eltern, Schule und sozialen Peer-Groups begünstigt. Mit fortschreitendem Lebensalter kehrt sich diese Wechselwirkung um, so dass es mit einer zunehmenden gesellschaftlichen Integration und dem Hinzutreten neuer Bindungsfaktoren, wie Beruf, Studium oder der Verpflichtungen gegenüber der eigenen Familie oder Partnerschaft zu einer Kriminalitätshemmung kommt.[2045]

Die signifikante Rolle des Alters für die Rückfälligkeit bestätigt sich auch in der vorliegenden Studie. Die korrelative Auswertung des Alters zum Zeitpunkt der (ersten) Anlasstat im Verfahren mit § 16a JGG und der metrisch skalierten Rückfallvariablen zeigt, dass ältere Probanden signifi-

---

Arrestanten im Zeitpunkt der Arrestentlassung und einer späteren Straffälligkeit stellen hingegen *Giebel/Ritter*, in: Risiken der Sicherheitsgesellschaft, 196 (200) in ihrer Untersuchung von Arrestanten der Jugendarrestanstalt Weimar fest.

2042 *Hohmann-Fricke/Jehle/Palmowski*, RdJB 2014, 313 (316 f.); *Köberlein*, 2006, S. 257.

2043 *Göppinger/Bock*, 2008, § 24 Rn. 50; Bundesministerium des Innern/Bundesministerium der Justiz, Erster PSB, S. 479 ff.; Bundesministerium des Innern/Bundesministerium der Justiz, Zweiter PSB, S. 357.

2044 *Bock*, 2013, S. 89 ff.

2045 *Bock*, 2013, S. 91.

kant weniger Rückfälle aufweisen (p=0,012; Kendall-Tau-b: -0,128[2046]).[2047] Selbiger Befund zeigt sich auch für das Alter der Probanden im Zeitpunkt der erstinstanzlichen Verurteilung im Verfahren nach § 16a JGG (p=0,017; Kendall-Tau-b: -0,120). Betrachtet man die Rückfallgeschwindigkeit im Zusammenhang mit dem Alter der Probanden, so ist im Unterschied zu bisheriger Rückfallstudien[2048] nicht feststellbar, dass jüngere Probanden schneller rückfällig werden als ältere. In die Auswertung einbezogen wurden an dieser Stelle alle 167 Probanden, die innerhalb des Gesamtkontrollzeitraums von zwei Jahren mindestens eine erneute Straftat begangen haben. Soweit für die Probanden keine Strafakten vorlagen, wurde das Datum der erstinstanzlichen Entscheidung im Verfahren mit § 16a JGG der IT-Vollzugsdatenbank entnommen.

Tabelle 64: Zusammenhang von Alter zum Zeitpunkt der Verurteilung und Legalbewährungszeitraum

		Zeitraum zw. Verurteilung und erster Rückfalltat in Monaten							Gesamt
		< 1 Monat	1 – 2	3 – 4	5 – 6	7- 12	13-18	> 18	
14 – 15	Anzahl	5	2	3	4	3	0	1	18
	%	25,0	7,7	13,6	16,0	8,6	0,0	6,3	10,8
16 – 17	Anzahl	3	9	9	10	17	2	5	55
	%	15,0	34,6	40,9	40,0	48,6	8,7	31,3	32,9
18 – 20	Anzahl	10	13	9	10	14	17	9	82
	%	50,0	50,0	40,9	40,0	40,0	73,9	56,3	49,1
21 und älter	Anzahl	2	2	1	1	1	4	1	12
	%	10,0	7,7	4,5	4,0	2,9	17,4	6,3	7,2
Gesamt	Anzahl	20	26	22	25	35	23	16	167
	%	100,0	100,0	100,0	100,0	100,0	100,0	100,0	100,0

2046 Anstelle des Rangkorrelationskoeffizienten Spearmans Rho, welcher bei metrischen Variablen mit vielen Ausprägungen ein geeignetes Zusammenshangsmaß darstellt, wurde wegen der geringen Anzahl an Variablenausprägungen als Korrelationsmaß Kendall-Tau b verwendet; vgl. *Wittenberg/Cramer/Vicari*, 2014, S. 199, 218. Kendall-Tau b ist zudem resistenter gegenüber Ausreißern, *Brosius*, 2013, S. 423.

2047 Lagen der Verurteilung zu § 16a JGG mehrere Straftaten mit unterschiedlichen Tatzeitpunkten zugrunde, war der Zeitpunkt der ersten Tat maßgeblich.

2048 *Hohmann-Fricke/Jehle/Palmowski*, RdJB 2014, 313 (317).

Innerhalb der Gruppe von Probanden, die binnen eines Zeitraums von weniger als einem Monat nach der erstinstanzlichen Urteilsverkündung erneut straffällig wurden, sind Täter im Alter zwischen 14 und 15 Jahren mit 25,0 % häufiger vertreten als bei längeren Legalbewährungszeiträumen zwischen 5 und 12 Monaten. Dort liegt der Anteil der 14- bzw. 15-jährigen Probanden mit 16,0 bzw. 8,6 % deutlich unterhalb der 16- und 17-Jährigen. Vergingen bis zur ersten Rückfalltat mindestens 12 Monate, so waren die Täter im Zeitpunkt der Verurteilung überwiegend heranwachsend. Eine klare Tendenz zur schnelleren Rückfälligkeit junger Probanden zeichnet sich aufgrund der homogenen Gruppenverteilung jedoch nicht ab. Die Rangkorrelationsanalyse nach Spearman ergab mit einer Irrtumswahrscheinlichkeit von p= 0,222 (zweiseitige Signifikanz; r_s=0,095) gleichfalls keinen Hinweis auf einen statistisch signifikanten Zusammenhang zwischen dem metrisch erfassten Alter der Probanden und der Länge des Legalbewährungszeitraums gemessen in Tagen.[2049]

Die Bedeutung des Alters für das Rückfallrisiko spiegelt sich des Weiteren im Zeitpunkt des Kriminalitätsbeginns wider. Nach der Studie von *Vogt* zeigen Jugendliche, die in jungen Jahren oder sogar vor ihrem 14. Lebensjahr erstmalig durch die Begehung einer Straftat in Erscheinung getreten sind, ein höheres Rückfallrisiko als ältere Täter.[2050] Anzeichen dafür, dass ein früher Devianzbeginn mit einer negativen Legalbewährung korrespondiert, ergeben sich auch für die Arrestanten mit einer Verurteilung nach § 16a JGG. Den Kriminalitätsbeginn markierte das Datum der erstmaligen strafrechtlichen Sanktionierung des Probanden, während bei nicht vorbestraften Probanden (n=32) der Zeitpunkt der ersten im Verfahren mit § 16a JGG abgeurteilten Anlasstat zugrunde gelegt wurde.[2051]

2049 Da beide metrischen Variablen nicht normalverteilt waren und die Länge des Legalbewährungszeitraums insgesamt eine Spannweite von 719 Tagen und damit eine erhöhte Anzahl an Ausprägungen aufwies, wurde als Rangkorrelaionskoeffizient Spearmans Rho verwendet. Hinsichtlich der zu überprüfenden Normalverteilung lagen bei beiden Variaben Kurtosis und Schiefe zwar im Normbereich von ± 1,96; die Visualisierung im trendbereinigten Normalverteilungsdiagramm und der Kolmogorov-Smirnov-Test zeigten hingegen keine Normalverteilung (p=0,000).

2050 Vgl. *Vogt*, 1972, S. 200 f. m.w.N.

2051 Bei vier vorbelasteten Probanden konnte das Datum der ersten Verurteilung/ Einstellung den Akten nicht entnommen werden, so dass für diese Personen gleichfalls das Datum der ersten Anlasstat im Verfahren mit § 16a JGG als Anknüpfungspunkt für den Kriminalitätsbeginn gewählt wurde. Ein Proband war nach dem im BZR vermerkten Tag der Entscheidung bei der erstgerichtlichen Entscheidung gem. § 47 Abs. 3 JGG erst 5 Jahre alt. Mangels Strafmündig-

Tabelle 65: *Zusammenhang Rückfall und Alter bei Kriminalitätsbeginn*

| | | Alter bei Kriminalitätsbeginn | | | |
		14-15 Jahre	16-17 Jahre	18-20 Jahre	**Gesamt**
Rück-fall	nein Anzahl	71	35	20	126
	%	42,5	48,6	66,7	46,8
	ja Anzahl	96	37	10	143
	%	57,5	51,4	33,3	53,2
Gesamt	Anzahl	167	72	30	269
	%	100,0	100,0	100,0	100,0

Probanden, die ihre erste strafrechtliche Vorverurteilung oder Einstellungsentscheidung gem. §§ 45, 47 JGG im Alter von 14 bzw. 15 Jahren erfahren haben, wurden mit 57,5 % deutlich häufiger rückfällig, als Personen, die erst im heranwachsenden Alter erstmalig sanktioniert wurden (33,3 %). Mit einem späteren Beginn der kriminellen Karriere deutet sich folglich eine positivere Legalbewährung an. Der Zusammenhang zwischen dem gruppierten Alter im Zeitpunkt des Kriminalitätsbeginns und der Rückfälligkeit erwies sich bei der Überprüfung mittels des Pearson-Chi-Quadrat-Tests als statistisch signifikant (p=0,048; Cramer-V=0,150).

b) Rückfall nach Sozialstruktur, Geschlecht und Nationalität

Zu den unbestrittenen Merkmalen, die im Zusammenhang mit der Rückfälligkeit junger Straftäter stehen, zählen die soziale Einbindung, die familiären Verhältnisse, ein Wechsel in der Erziehungsperson sowie eine geregelte Ausbildungs- oder Arbeitssituation.[2052] Verschiedene Studien belegen, dass insbesondere eine Heimerziehung und das Fehlen einer abgeschlossenen Schulausbildung ungünstige Faktoren für die Legalbewäh-

---

keit und der Vermutung einer Fehleintragung wurde für diesen Probanden ebenfalls das Alter im Zeitpunkt der ersten Anlasstat in die Auswertung aufgenommen.

2052 Vgl. *Berckhauer/Hasenpusch*, MSchrKrim 1982, 318 (325); *Grindel/Jehle*, in: FS für Rössner, 103 (122 f.) beide mit Bezug auf eine Verurteilung zu einer unbedingten Jugend- bzw. Freiheitsstrafe; *Kunkat*, 2002, S. 479 f.; *Vogt*, 1972, S. 184 ff.

rung des Täters sind.[2053] Der Zusammenhang zwischen den soziodemographischen Tätermerkmalen und der Rückfälligkeit soll nachfolgend auch für die § 16a-Arrestanten näher beleuchtet werden. Zu berücksichtigen ist, dass nach der Untersuchungsanlage nur einzelne ausgewählte, gut objektivierbare Merkmale ausgewertet wurden, die über die sozialen Bindungen des Täters insgesamt nur äußerst eingeschränkt Auskunft geben. Die nachfolgende Tabelle gibt einen Überblick über die Merkmale, die auf einen Zusammenhang mit der Rückfälligkeit (binär kodiert: Rückfall ja/nein) überprüft wurden. Anschließend werden die einzelnen Variablen genauer betrachtet.

Tabelle 66: Zusammenhang zwischen ausgewählten Tätermerkmalen und Eintritt der Rückfälligkeit

Unabhängige Variable	p-Wert/Signifikanz	N
Art des Schulabschlusses	0,004**	216
Berufsausbildung	0,003**	207
Tätigkeit Zeitpunkt der Hauptverhandlung	0,023*	266
vorhergehende Jugendhilfemaßnahmen	0,029*	269
Wohnverhältnisse	0,035*	256
Alkohol-/Drogenproblematik bei Familienmitgliedern	0,524	269
Geschlecht	0,295	309
Staatsangehörigkeit	0,731	309

(Werte ohne eine *-Kennzeichnung sind auf dem Signifikanzniveau von 0,05 nicht signifikant)

2053 *Grindel/Jehle*, in: FS für Rössner, 103 (122); *Kunkat*, 2002, S. 479; *Lang*, 2007, S. 157 ff.; nach den Ergebnissen von *Vogt*, 1972, S. 187 hatten Bewährungsprobanden, die überwiegend in Heimen erzogen wurden mit 80,0 % die höchsten Rückfälle zu verzeichnen; bei Probanden, die von beiden Eltern erzogen wurden lag die Rückfallquote bei 50,6 %. Bewährungsprobanden mit einer abgebrochenen oder nie begonnenen Berufsausbildung hatten mit 64,5 bzw. 72, 2 % eine über dem Durchschnitt von 52,2 % liegende, höhere Rückfallquote.

aa) Schul- und Berufsausbildung

Bestätigt hat sich der bekannte Befund, dass eine abgeschlossene Schul- bzw. Berufsausbildung und ein vorhandener Arbeitsplatz positive Effekte auf die Legalbewährung nehmen.

Tabelle 67: Zusammenhang Rückfall und Art des Schulabschlusses

			Schulabschluss		
		ohne Schul-abschluss	Sonder-/ Förder-/Haupt-schule	mittlere Reife/ Abitur/Fachhoch-schulreife	**Gesamt**
Rück-fall nein	Anzahl	18	66	18	102
	%	31,6	49,6	69,2	47,2
ja	Anzahl	39	67	8	114
	%	68,4	50,4	30,8	52,8
Gesamt	Anzahl	57	133	26	216
	%	100,0	100,0	100,0	100,0

Eine Differenzierung nach der Art des höchsten Schulabschlusses im Zeitpunkt der letzten Hauptverhandlung zeigt, dass bei Probanden, die über einen Schulabschluss verfügen, die Legalbewährungsquote höher liegt als bei solchen, die keinen Schulabschluss vorzuweisen haben (n=216; fehlende Werte: 53[2054]). Mehr als zwei Drittel der Probanden ohne einen Schulabschluss (68,4%) haben nach der rechtskräftigen Verurteilung mit § 16a JGG erneut eine Straftat begangen. Doch nicht nur das Vorliegen eines Schulabschlusses, sondern auch die Art des erzielten Abschlusses korreliert statistisch signifikant mit dem Eintritt der Rückfälligkeit (p=0,004; Cramer-V=0,225).[2055] Bei Probanden, die im Besitz eines höheren Schulabschlusses (mittlere Reife/Abitur/Fachhochschulreife) sind, fällt der Rückfallprozentsatz mit 30,8% (Realschulabschluss: n=24, 33,3%; Abitur/Fachhochschulreife: n=2, 0,0%) erheblich geringer aus als bei einem vorhandenen Förder- oder Hauptschulabschluss. Dort liegt die Rückfallquote bei

---

2054 Nicht in die Analyse einbezogen wurden Probanden, die noch zur Schule gingen oder für die keine Informationen vorlagen.

2055 Um die Bedingungen für den Pearson Chi-Quadrat-Test zu erfüllen, wurden Probanden mit einer mittleren Reife und Abitur/Fachhochschulreife zu einer Gruppe zusammengefasst. Andernfalls hätte sich eine minimal erwartete Häufigkeit von 0,94 ergeben, so dass eine Anwendung des Pearson Chi-Quadrat-Tests nicht möglich gewesen wäre; vgl. *Wittenberg/Cramer/Vicari*, 2014, S. 207.

50,4 %. Dieses Ergebnis spricht dafür, dass der Schule als Sozialisationsinstanz für die Kriminalitätsentwicklung junger Straftäter maßgebende Bedeutung zukommt.

Relevant für die Legalbewährung der § 16a-Arrestanten ist zudem eine geregelte Ausbildungssituation. Innerhalb der Gruppe von Probanden, die einer Lehre nachgingen, lag die Rückfallquote bei 44,3 %, wohingegen sich Probanden, die eine Berufsausbildung noch nicht einmal begonnen hatten und auch nicht mehr zur Schule gingen, erwartungsgemäß als besonders rückfallgefährdet erwiesen. Der Rückfallprozentsatz lag bei Probanden ohne Berufsausbildung mit 67,1 % mehr als doppelt so hoch wie bei einer abgeschlossenen Berufsausbildung. Schlechtere Legalbewährungsquoten ergaben sich zudem, wenn der Proband eine begonnene Berufsausbildung abgebrochen hatte oder das Ausbildungsverhältnis seitens des Arbeitsgebers gekündigt wurde. Dies ist insoweit wenig überraschend, da ein Ausbildungsabbruch signalisiert, dass der Jugendliche entweder nicht bereit oder nicht in der Lage ist, Regeln einzuhalten und geordnete Tagesstrukturen einzunehmen. Junge Straftäter mit einer prekären Ausbildungssituation hatten demnach eine signifikant höhere Rückfallquote, auch wenn der Zusammenhang auf der Basis von Pearson-Chi-Quadrat nur gering ausgeprägt war (p=0,003; Cramer-V=0,258).

Tabelle 68: Zusammenhang Rückfall und Ausbildungssituation

			Berufsausbildung			
			ohne Berufsausbildung	in Berufsausbildung	abgeschlossene Berufsausbildung	abgebrochen/ gekündigt vom AG	Gesamt
Rückfall	nein	Anzahl	24	34	21	17,	96
		%	32,9	55,7	67,7	40,5	46,4
	ja	Anzahl	49	27	10	25	111
		%	67,1	44,3	32,3	59,5	53,6
Gesamt		Anzahl	73	61	31	42	207
		%	100,0	100,0	100,0	100,0	100,0

bb) Tätigkeit im Zeitpunkt der Hauptverhandlung

Der Zusammenhang zwischen dem Eintritt einer erneuten Straffälligkeit und der fehlenden Eingliederung in das Berufsleben bestätigt sich in der korrelativen Auswertung der Rückfälligkeit und Art der beruflichen Tätigkeit im Zeitpunkt der letzten Hauptverhandlung. Für die Auswertung wurden alle Merkmalsausprägungen, die Ausdruck eines regelhaften Berufsalltags sind (Ausbildung, Arbeitnehmer/Angestellter, selbstständig) zu einem Wert „geordnete berufliche Verhältnisse" zusammengefasst. Daneben wurden diejenigen Tätigkeiten, die von zeitlich kürzerer Dauer sind und keine mit einem Beschäftigungsverhältnis vergleichbare feste Eingliederung in das Arbeitsleben aufweisen (Praktikum, Wehr-/Zivildienst, Teilnahme an beruflicher Wiedereingliederungsmaßnahme; Hilfe im Familienbetrieb) zu einer weiteren Ausprägung „vorübergehende Beschäftigung" gruppiert. Selbstständig bestehen bleiben die Gruppen der Arbeitslosen und Schüler.

Tabelle 69: Zusammenhang Rückfall und Tätigkeit im Zeitpunkt der Hauptverhandlung

			Tätigkeit im Zeitpunkt der Hauptverhandlung				
			arbeitslos	geordnete berufliche Verhältnisse	vorübergehende Beschäftigung	Schüler	Gesamt
Rückfall	nein	Anzahl	28	61	6	29	124
		%	33,7	55,5	40,0	50,0	46,6
	ja	Anzahl	55	49	9	29	142
		%	66,3	44,5	60,0	50,0	53,4
Gesamt		Anzahl	83	110	15	58	266
		%	100,0	100,0	100,0	100,0	100,0

Wie vermutet stehen Probanden, die im Zeitpunkt der letzten mündlichen Verhandlung keiner Beschäftigung nachgingen, an der Spitze der Rückfälligkeit. Während das Verhältnis zwischen rückfälligen und nicht rückfälligen Probanden innerhalb der Gruppe von Schülern ausgeglichen ist und sich bei den Probanden, die im Rahmen eines Beschäftigungsverhältnisses oder durch eine selbstständige Berufsausübung einer geordneten beruflichen Tätigkeit nachgehen, mit einer Legalbewährungsquote von 55,5 % eine positive Tendenz abzeichnet, liegt der Rückfallprozentsatz bei arbeitslosen Probanden mit 66,3 % deutlich höher. Ein ähnliches, wenn auch leicht positiveres Bild mit einer Rückfallrate von 60,0 % ergibt sich für Probanden, die über keine feste berufliche Eingliederung verfügten, aber zumindest kurzzeitig eine Beschäftigung in Form eines Praktikums oder einer Maßnahme zur beruflichen Integration ausübten, Hilfe im Familienbetrieb leisteten oder ihren Wehrdienst absolvierten. Der Chi-Quadrat-Test nach Pearson ergab für den Zusammenhang zwischen der Rückfälligkeit und der Art der zuletzt ausgeübten Beschäftigung eine asymptotische zweiseitige Signifikanz von p=0,023 mit einem sehr schwach ausgeprägten Zusammenhang (Cramer-V=0,189).

cc) Frühere Jugendhilfemaßnahmen

Die in Vorstudien replizierte höhere Rückfälligkeit nach einem vorangegangenen Heimaufenthalt zeigt sich auch im Rahmen der Verurteilung zu § 16a JGG, allerdings ohne dass sich dieses Ergebnis als statistisch überzufällig erwiesen hat.[2056] Probanden, die vor der untersuchungsgegenständlichen Verurteilung nicht in einem Heim, einer stationären Jugendhilfeeinrichtung oder einer betreuten Wohnform gem. § 34 SGB VIII fremduntergebracht waren, bewährten sich um 8,5 % besser als diejenigen, die auf derartige Erfahrungen zurückgreifen konnten (s. Anhang Tabelle R2).

Sehr viel deutlicher wird der Zusammenhang zwischen dem Eintritt einer erneuten Straffälligkeit und dem Durchlaufen verschiedener Jugendhilfemaßnahmen, wenn man nicht nur die Heimerziehung, sondern alle Formen früherer Jugendhilfemaßnahmen in Blick nimmt.[2057] Festzustellen ist, dass die Rückfallquote bei Probanden, die in der Vergangenheit bereits Maßnahmen nach dem SGB VIII in Anspruch genommen haben oder deren Sorgeberechtigte Hilfe zur Erziehung erhalten haben, signifikant höher ausfällt (63,6 %) als bei Probanden ohne bisherige Unterstützungsleistungen durch das Jugendamt (49,0 %). Pearson-Chi-Quadrat beträgt p=0,029 (Phi=0,133).

2056 Asymptotische zweiseitige Signifikanz bei Anwendung des Chi-Quadrat-Tests nach Pearson p=0,438.
2057 Zu den einzelnen Formen der Jugendhilfeleistungen siehe Teil 2 E.I.2.a)cc).

Tabelle 70: Zusammenhang Rückfall/frühere Jugendhilfemaßnahmen

			frühere Jugendhilfemaßnahmen		Gesamt
			nein	ja	
Rückfall	nein	Anzahl	98	28	126
		%	51,0	36,4	46,8
	ja	Anzahl	94	49	143
		%	49,0	63,6	53,2
Gesamt		Anzahl	192	77	269
		%	100,0	100,0	100,0

dd) Wohnumgebung

Als rückfallrelevante Merkmale werden in der kriminologischen Forschung zudem die familiäre Bindung und die Stabilität der Familienverhältnisse diskutiert, wobei ein statistisch signifikanter Zusammenhang
zum Rückfallverhalten nur in einzelnen Studien zu verzeichnen ist.[2058]
Nachdem die Probanden aufgrund des jungen Alters nahezu einheitlich
noch keine eigenen Kinder hatten und ledig waren,[2059] wurde die Rückfälligkeit vorliegend nur in Beziehung zur Herkunftsfamilie analysiert. Aufgrund der eingeschränkten Variablen, die zur familiären Situation erhoben wurden, lassen sich Zusammenhänge zwischen der Rückfälligkeit und
den familiären Verhältnissen nur sehr grob skizzieren. Aussagen über das
Verhältnis zwischen dem Eintritt eines Rückfalls und der Qualität der familiären Beziehung, die durch weitere Faktoren wie etwa den Wechsel der
Erziehungsperson, Gewaltanwendung innerhalb der Familie oder emotio-

---

[2058] Vgl. hierzu *Berckhauer/Hasenpusch*, MSchrKrim 1982, 318 (325); ebenfalls
einen schwachen Zusammenhang findet *Kunkat*, 2002, S. 479; *Lang*, 2007,
S. 156 f. kommt hingegen zu dem Ergebnis, dass bei dem Tod eines Elternteils
oder der Scheidung der Eltern zwar eine höhere Rückfallquote festzustellen
ist, ein statistischer Zusammenhang mit den familiären Verhältnissen ergab
sich allerdings nicht. Nach *Vogt*, 1972, S. 184 ff. werden insbesondere Schei-
dungskinder sowie Probanden, die bei Pflegeeltern/Verwandten bzw. im
Heim aufgewachsen sind, und bei denen ein häufiger Wechsel der Erziehungsperson feststellbar ist, häufiger rückfällig. In welchem Maße die familiären
Faktoren mit der Rückfälligkeit in statistischem Zusammenhang stehen, kann
der Studie nicht entnommen werden.

[2059] Von 322 Probanden hatten lediglich 4,1 % eigene Kinder (fehlende Were: 7);
99,4 % waren ledig (fehlende Werte: 1).

nale Verbindungen („attachment to meaningful persons"[2060]) bestimmt ist, sind nicht möglich. Ergänzend zum dargestellten Zusammenhang zwischen der Inanspruchnahme früherer Jugendhilfeleistungen und einem Rückfallverhalten soll ein Blick auf die Wohnsituation der Probanden und eine familiäre Alkohol- oder Drogenproblematik geworfen werden.

Betrachtet man die Rückfälligkeit in Abhängigkeit zur Art der Unterkunft im Zeitpunkt der gerichtlichen Hauptverhandlung, zeigt sich, dass sich Probanden, die mit beiden Elternteilen zusammenlebten oder gemeinsam mit ihrem Lebenspartner bzw. alleine eine eigene Wohnung bewohnten am besten bewährten. Erwartungsgemäß sehr viel schlechter sieht die Legalbewährungsquote aus, wenn die Probanden trotz ihres jungen Alters nicht mehr im familiären Umfeld leben. Wohnten die Probanden bei ihren Großeltern, Geschwistern, vorübergehend bei Freunden oder waren sie im Rahmen einer stationären Jugendhilfemaßnahmen, einer Wohngruppe oder im Ausnahmefall in einer Asylbewerberunterkunft untergebracht, so liegt die Rückfallquote mit 68,3 % über der allgemeinen Rückfallquote. Ebenfalls erneut straffällig wurden die beiden Probanden ohne einen festen Wohnsitz. Sieht man die Ursache für das Entstehen kriminellen Verhaltens nach dem rational-choice-Ansatz in einem kalkulierten Kosten-Nutzen-Abwägungsprozess zwischen den Folgen einer Straftat und dem subjektiv erwarteten Nutzen,[2061] erscheint dieses Ergebnis nicht verwunderlich. Gerade diese Jugendlichen mögen die Nachteile einer Straftat eher als gering bewerten, da sie keine informellen Konsequenzen aus dem familiären Umfeld zu befürchten haben.

2060 Als eine der vier Bindungsebenen nach Hirschi, vgl. *Bock,* 2013, Rn. 132.
2061 Zu diesem kriminalitätstheoretischen Ansatz *Göppinger/Bock,* 2008, § 10 Rn. 86 ff.

Tabelle 71: Zusammenhang Rückfall und Wohnsituation

			Wohnsituation im Zeitpunkt der Hauptverhandlung					
			mit beiden Eltern	mit einem Elternteil	Verwandte/ Freunde/ Heim/Asylbewerberunterkunft	Partner/ eigene Wohnung	ohne festen Wohnsitz	**Gesamt**
Rückfall	nein	Anzahl	55	44	13	8	0	120
		%	56,1	43,6	31,7	57,1	0,0	46,9
	ja	Anzahl	43	57	28	6	2	136
		%	43,9	56,4	68,3	42,9	100,0	53,1
Gesamt		Anzahl	98	101	41	14	2	256
		%	100,0	100,0	100,0	100,0	100,0	100,0

Insgesamt stellt sich der Zusammenhang zwischen dem Rückfallverhalten der Probanden und deren Wohnverhältnisse im Zeitpunkt der erstinstanzlichen Verurteilung bei Anwendung des exakten Tests nach Fisher als statistisch signifikant, aber gering dar (p=0,035[2062], Cramer-V=0,197). Demgegenüber zeigen sich in Abhängigkeit zu einer vorhanden Alkohol- oder Drogenproblematik innerhalb des familiären Umfeldes des Probanden keine signifikanten Unterschiede in der Rückfallquote. Probanden mit einer Substanzabhängigkeit im Familienkreis bewährten sich mit 60,0 % sogar besser als solche, die einem insoweit unproblematischen familiären Umfeld entstammen (52,6 %). Dies schließt andererseits nicht aus, dass gerade der eigene Alkohol- oder Drogenkonsum einen kriminogenen Risikofaktor bilden kann.

ee) Geschlecht und Nationalität

Ohne Relevanz für die spätere Legalbewährung ist das Geschlecht der Probanden. Im Einklang mit den Forschungsbefunden anderer Studien[2063]

2062 Anstelle des Chi-Quadrat-Tests wurde an dieser Stelle der exakte Test nach Fisher durchgeführt, da die Voraussetzungen für den Chi-Quadrat-Test nur teilweise erfüllt waren. Zwar trat nur in 20 % der Felder eine erwartete Häufigkeit < 5 auf, doch betrug die minimale erwartete Häufigkeit 0,94 und lag damit knapp unterhalb des Grenzwertes von 1. Zu den Bedingungen des Chi-Quadrat-Tests *Wittenberg/Cramer/Vicari*, 2014, S. 207.

2063 *Heinz/Hügel*, 1986, S. 68; *Köhler*, 2012, S. 292.

sind männliche Probanden mit 55,0 % zwar etwas häufiger rückfällig geworden als Frauen (45,2 %), doch war der Unterschied in der Verteilung nicht statistisch signifikant.[2064] Ebenfalls kein statistisch signifikanter Zusammenhang zeigt sich bei der Differenzierung in der Rückfälligkeit nach der Staatsangehörigkeit. Probanden mit deutscher Staatsangehörigkeit wurden mit 53,5 % nahezu genauso häufig rückfällig, wie Nicht-Deutsche mit einer ausschließlich anderen Staatsangehörigkeit (55,9 %).

c) Rückfall nach Anzahl und Art der Vorstrafenbelastung

Einen äußerst wichtigen und aus vielen Untersuchungen bekannten Indikator für die Rückfälligkeit bildet die Vorstrafenbelastung des Täters.[2065] Bisherige Studien belegen, dass eine erhöhte Vorstrafenbelastung mit einer höheren Rückfälligkeit und einer Verkürzung des Rückfallintervalls einhergeht, wohingegen die Rückfallrate bei Tätern ohne jede Vorbelastung am geringsten ist.[2066] Mit der Schwere der Vorsanktion steigt darüber hinaus die Rückfallrate an.[2067] Auch für die vorliegende Untersuchung war die Annahme eines engen Zusammenhangs zwischen der Vorbelastung und der Rückfälligkeit der § 16a-Probanden naheliegend.

Als strafrechtliche Vorbelastung wurden für die Korrelationsanalyse alle Entscheidungen berücksichtigt, die zeitlich vor der Verurteilung zu § 16a JGG ergingen und aus der vorhergehenden Aktenanalyse bekannt waren. Um eine statistische Aussage über den Zusammenhang der Vorbelastung und dem Eintritt der Rückfälligkeit treffen zu können, wurde die Anzahl der früheren Voreintragungen als unabhängige Variable in fünf Kategorien eingeteilt, um die Bedingungen für die Durchführung des Chi-Quadrat-Tests zu erfüllen. Wie die nachfolgende Abbildung offenbart, korreliert der Umfang der strafrechtlichen Vorauffälligkeit auch bei der Klien-

---

2064 Pearson-Chi-Quadrat: p=0,295 (n=309).
2065 Vgl. exemplarisch die Ergebnisse bei Bundesministerium des Innern/Bundesministerium der Justiz, Zweiter PSB, S. 653; *Grindel/Jehle*, in: FS für Rössner, 103 (122); *Jehle/Hohmann-Fricke*, KrimPäd Jg. 42, 2014, 4 (9); *Vogt*, 1972, S. 202; zum Bewährungsmisserfolg in Abhängigkeit zur Vorstrafenbelastung bei § 27 JGG *Lorbeer*, 1980, S. 222 f..
2066 *Heinz*, in: Rückfallforschung, 11 (32 f.) mit Bezug zum Rückfallintervall; *Hohmann-Fricke/Jehle/Palmowski*, RdJB 2014, 313 (319); *Jehle/Albrecht/Hohmann-Fricke u.a.*, 2013, S. 9; s. auch *Englmann*, 2009, S. 232 m.w.N; *Weigelt*, 2009, S. 208.
2067 *Jehle/Hohmann-Fricke*, KrimPäd Jg. 42, 2014, 4 (9).

tel des § 16a JGG mit dem Eintritt der Rückfälligkeit. Probanden mit keiner strafrechtlichen Vorbelastung zeigen mit 65,6 % eine deutlich bessere Legalbewährungsquote als dies bei sechs oder mehr Voreintragungen (Legalbewährungsquote: 13,3 %) der Fall ist. Der Zusammenhang erwies sich mit einem Wert von p=0,010 (Pearson-Chi-Quadrat; n=268) als statistisch sehr signifikant. Die Korrelationsstärke war gering ausgeprägt (Cramer-V=0,223).

Tabelle 72: Rückfall in Abhängigkeit zur Anzahl der Vorbelastungen

			Anzahl der Vorverurteilungen einschließlich Einstellungen gem. §§ 45, 47 JGG					Ge-samt
			keine	eine	2 bis 3	4 bis 5	6 und mehr	
Rück-fall	nein	Anzahl	21	14	59	30	2	126
		%	65,6	36,8	50,0	46,2	13,3	47,0
	ja	Anzahl	11	24	59	35	13	142
		%	34,4	63,2	50,0	53,8	86,7	53,0
Gesamt		Anzahl	32	38	118	65	15	268
		%	100,0	100,0	100,0	100,0	100,0	100,0

Für eine Vorstrafenbelastung im mittleren Bereich zwischen zwei und fünf Vorentscheidungen ergaben sich kaum nennenswerte Unterschiede in der Begehung mindestens einer Rückfalltat. Dies könnte unter dem Vorbehalt des Einflusses weiterer prognostischer Rückfallfaktoren als Anzeichen dafür zu werten sein, dass die Rückfälligkeit vor allem mit einer sehr geringen und sehr hohen Vorbelastung einhergeht, während eine strafrechtliche Vorauffälligkeit im mittleren Zahlenbereich nicht den entscheidenden Faktor für die Legalbewährung bildet. Betrachtet man nicht nur den Eintritt der Rückfälligkeit, sondern die Rückfallhäufigkeit im Verhältnis zur Anzahl der strafrechtlichen Vorverurteilungen einschließlich der Einstellungsentscheidungen gem. §§ 45, 47 JGG ergibt sich ein statistisch signifikanter positiver, wenn auch sehr gering ausgeprägter, Zusammenhang zwischen beiden Variablen (zweiseitige Signifikanz: p=0,023; Kendall-Tau-b=0,115; n=268). Folglich steigt die Rückfälligkeit entsprechend den bisherigen Forschungsbefunden mit der Anzahl an strafrechtlichen Vorentscheidungen.

Ausgehend von der Erkenntnis, dass die Rückfallrate mit der Schwere der Vorsanktion zunimmt,[2068] wurde des Weiteren der Zusammenhang zwischen der Art der schwersten Vorentscheidung und dem Auftreten eines Rückfalls binnen des zweijährigen Kontrollzeitraums untersucht. Eine klare Tendenz, dass die Rückfallquote in Abhängigkeit zur Art der schwersten Vorsanktion steht, ist anhand der nachstehenden Abbildung nicht erkennbar.[2069] Die Rückfallraten innerhalb der einzelnen Vorsanktionsgruppen fallen mit einer Bandbreite von ca. 30 bis 64 % nicht unerheblich auseinander.

Abbildung 50: Zusammenhang zwischen Rückfall und Art der schwersten Vorsanktion

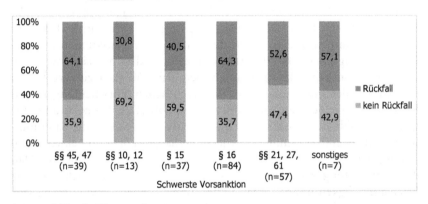

(n=237; fehlende Werte: 32)

Die höchste Rückfallrate hatten Probanden, deren schwerste Vorsanktion in der Verurteilung zu einem Jugendarrest bestand. Dieses Ergebnis deckt sich mit dem Befund der bundesweiten Legalbewährungsuntersuchung von *Jehle* u.a, in der sich ebenfalls zeigt, dass die Rückfallquote bei einem Jugendarrest als schwerste Voreintragung höher ausfällt als bei ambulanten Maßnahmen als schwerste Vorsanktion.[2070] Erstaunlich ist, dass Probanden, deren schwerste Vorentscheidung eine Diversionsentscheidung gem. §§ 45, 47 JGG darstellte, häufiger rückfällig wurden als nach der Er-

---

2068 Vgl. *Jehle/Albrecht/Hohmann-Fricke u.a.*, 2010, S. 91; *dies.*, 2013, S. 87; *Sonnen*, in: Handbuch Jugendkriminalität, 483 (486).
2069 Pearson-Chi-Quadrat: p=0,061; n=237; fehlende Werte: 32 Probanden ohne strafrechtliche Vorbelastung.
2070 *Jehle/Albrecht/Hohmann-Fricke u.a.*, 2013, S. 87.

teilung von Erziehungsmaßregeln gem. §§ 10, 12, 15 JGG. Die Rückfallrate von 64,1 % entspricht nahezu derjenigen bei einem Jugendarrest als schwerste Vorsanktion und steht in Widerspruch zu den eher positiven Befunden anderer Studien, die bei einer Vorbelastung in Form einer informellen Reaktion nach §§ 45, 47 JGG eine bessere Legalbewährung prognostizieren.[2071] Aufgrund der geringen Fallzahlen müssen die vorliegenden Ergebnisse allerdings behutsam interpretiert werden.

Auch wenn sich ein direkter Zusammenhang zwischen dem Rückfallverhalten und der schwersten Vorsanktion nicht erkennen lässt, spiegelt sich die Bedeutung der strafrechtlichen Vorsanktionierung für die Rückfälligkeit in der Gesamtanzahl der Vorsanktionen wider, die bedingt durch die Koppelung mehrerer Maßnahmen in einer Entscheidung höher ausfallen kann als die Summe der strafrechtlichen Voreintragungen. Die korrelative Analyse zeigt einen sehr gering ausgeprägten, aber statistisch signifikanten Zusammenhang zwischen der Anzahl an Vorsanktionen und der Rückfallhäufigkeit (p=0,011; r_s=0,155; n=269), so dass mit einer wachsenden Anzahl an Vorsanktionen eine höhere Rückfälligkeit einhergeht. Da die Anzahl der vorangegangenen strafrechtlichen Entscheidungen und Sanktionen die Schwere der probandenspezifischen Vorbelastung nur quantitativ abbilden kann, wurde in einem weiteren Schritt der Sanktionsschwereindex einbezogen, welcher jeder verhängten Sanktion einen eigenständigen Punktewert zuordnet und deren Addition das qualitative Maß der Vorbelastung zum Ausdruck bringt.[2072] Hier bestätigt sich, dass die Rückfallhäufigkeit mit der Schwere der strafrechtlichen Vorbelastung sehr signifikant zunimmt (p=0,008; r_s=0,163; n=269). Mit der Abhängigkeit der Rückfälligkeit zur Vorstrafenbelastung des Täters korrespondiert schließlich der Befund, dass die Anzahl der in den vormaligen Strafverfahren abgeurteilten, oder im Wege der Diversionsentscheidung erledigten Einzeltaten (p=0,006; r_s=0,167; n=269) und die Schwere der Vortaten, gemessen in dem Gesamtdeliktsschwereindex (p=0,033; r_s=0,130; n=269), positiv mit der Rückfallhäufigkeit korreliert.

Darüber hinaus wird die Rückfälligkeit durch die Vorverurteilung zu Jugendarrest, unabhängig davon, ob dieser die schwerste Vorsanktion bildete, mitbestimmt. Probanden, die in der Vergangenheit zu einem Jugendarrest gem. § 16 JGG verurteilt wurden, weisen eine statistisch signifikant höhere Rückfälligkeit auf, als Arrestunerfahrene (Pearson-Chi-Quadrat: p=0,007; Phi=0,164). Gegenüber Verurteilten ohne eine vorgehende Ent-

---

2071 Vgl. *Jehle/Albrecht/Hohmann-Fricke u.a.*, 2013, S. 87; *Weigelt*, 2009, S. 209.
2072 Zum Sanktionsschwereindex siehe oben Teil 2 E.I.2.b)dd)(2).

scheidung in Form des Jugendarrestes ergibt sich eine um 16,5 % erhöhte Rückfallrate. Die höhere Legalbewährungsrate bei Probanden ohne Vorverurteilung nach § 16 JGG deutet an, dass bei einem erlebten Freiheitsentzug die Angst vor Inhaftierung schwindet.

Tabelle 73: Rückfall und Vorverurteilung zu Jugendarrest

			Vorverurteilung zu Jugendarrest		
			Nein	ja	**Gesamt**
Rückfall	nein	Anzahl	83	43	126
		%	53,9	37,4	46,8
	ja	Anzahl	71	72	143
		%	46,1	62,6	53,2
Gesamt		Anzahl	154	115	269
		%	100,0	100,0	100,0

Die obige Vermutung wird dadurch relativiert, dass die Anordnung eines Ungehorsamsarrestes wegen der Nichteinhaltung von Weisungen oder Auflagen in keinem überzufälligem Zusammenhang mit dem Eintritt der erneuten Straffälligkeit steht. Probanden, gegen die ein Ungehorsamsarrest verhängt wurde, bewährten sich mit 41,4 % nur geringfügig schlechter als Probanden, deren Verhalten bislang nicht mit einem Ungehorsamsarrest belegt wurde (Legalbewährungsquote: 47,5 %).[2073] Die Frage, ob eine Untersuchungshafterfahrung mit der Rückfälligkeit in gleichem Maße korreliert, konnte aufgrund der geringen Probandenzahl (n=4) nicht beantwortet werden. Verurteilte, die sich zuvor in Untersuchungshaft befanden, wurden zu gleichen Teilen rückfällig bzw. nicht rückfällig. Die Ergebnisse lassen in ihrer Gesamtheit annehmen, dass die Rückfälligkeit weniger durch den Umstand der tatsächlichen Hafterfahrung beeinflusst wird, sondern vielmehr Ausdruck der verfestigten Kriminalitätsentwicklung des Jugendlichen ist, die zur Anordnung eines Jugendarrestes führte.

Nicht bestätigt hat sich die Vorannahme, dass eine erhöhte Anzahl an Vorbelastungen mit einer schnelleren Rückfälligkeit einhergeht. Die Rangkorrelationsanalyse zeigte für diejenigen Probanden mit mindestens einer Rückfalltat und für die anhand der Akteninformationen die strafrechtliche Vorbelastung bekannt war (n=142; fehlende Werte: 1), keinen statistisch signifikanten Zusammenhang zwischen der Anzahl der Vorver-

---

2073 Pearson-Chi-Quadrat: p=0,533.

urteilungen einschließlich §§ 45, 47 JGG und dem Legalbewährungszeitraum vom Zeitpunkt der Verurteilung nach § 16a JGG bis zur ersten Rückfalltat gemessen in Tagen (p=0,175; r_s=-0,115).[2074]

d) Rückfall nach der Dauer des Arrestes und der Jugendstrafe

Die Annahme, die Rückfälligkeit könnte mit der Länge des Jugendarrestes ansteigen, gründet auf der Überlegung, dass Gewöhnungs- und Abstumpfungseffekte mit einer zunehmenden Arrestdauer eine anfängliche Beeindruckung des Probanden überlagern.[2075] Die bisherigen Befunde zur Abhängigkeit des Rückfallverhaltens von der Dauer des Jugendarrestes gehen in unterschiedliche Richtungen. Während *Eisenhardt*[2076] davon berichtet, dass die Rückfallquote mit zunehmender Arrestdauer ansteigt, konnten *Giebel* und *Ritter*[2077] keinen Zusammenhang mit der späteren Rückfälligkeit feststellen. In einer weiteren Analyse deutet sich an, dass eine längere Arrestdauer zu einer etwas höheren Inhaftierungsrate führt, wobei deutliche Unterschiede in der Rückfälligkeit je nach Länge des Arrestes nicht erkennbar sind.[2078]

Für alle 309 Probanden mit einer Verurteilung nach § 16a JGG und verwertbaren Rückfalldaten zeichnete sich im Hinblick auf die Dauer des verhängten Arrestes, gemessen in Tagen, keine statistisch signifikante Veränderung in der Rückfallrate ab (Pearson-Chi-Quadrat: p=0,118).

2074 Da keine Normalverteilung gegeben war, wurde der Zusammenhang mittels Spearman's Rho berechnet; siehe *Wittenberg/Cramer/Vicari*, 2014, S. 199.

2075 Vgl. *Süssenguth*, 1973, S. 131, der selbst allerdings der Differenzierung nach der Arrestdauer aufgrund der unterschiedlichen Zusammensetzung der Klientel keine Aussagekraft beimisst.

2076 *Eisenhardt*, 1980, S. 533 ff.; *ders.*, 2010, S. 27.

2077 *Giebel/Ritter*, in: Risiken der Sicherheitsgesellschaft, 196 (201).

2078 *Hohmann-Fricke*, 2013, S. 110.

Abbildung 51: Zusammenhang Rückfall (dichotom) und Dauer des § 16a-Arrestes

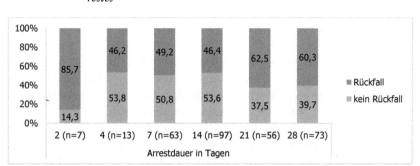

Am schlechtesten bewährten sich Probanden mit einem zweitägigen Freizeitarrest. Für diese ergab sich eine Rückfallquote von 85,7 %. Eine Erklärung für dieses Ergebnis könnte darin zu sehen sein, dass im Vollzug des Freizeitarrestes nach den Ergebnissen der Experteninterviews aufgrund der fehlenden Besetzung am Wochenende keine pädagogische Betreuung durch den Sozialdienst stattfindet. Eine Auseinandersetzung mit den Tatumständen und sozialen Problemlagen des Jugendlichen im Rahmen pädagogischer Angebote ist demnach nicht möglich. Von einer nachhaltigen Beeindruckung durch den kurzzeitigen Freiheitsentzug kann für diese Probanden kaum ausgegangen werden. Allerdings ist das vorliegende Ergebnis dadurch zu relativieren, dass die Anzahl der Probanden mit einem Freizeitarrest von zwei Tagen sehr klein ausfiel (n=7).

Bei einer Arrestdauer von vier Tagen[2079] fiel der Legalbewährungsanteil mit 53,8 % deutlich besser aus. Da auch während eines Kurzarrestes von maximal vier Tagen nur teilweise ein Erstgespräch mit dem Jugendlichen geführt wird und die Möglichkeit einer Teilnahme an Gruppenangeboten durch die Kürze der Zeit und die ggf. anfängliche Einschlusszeit zu Beginn des Arrestes stark eingeschränkt ist, scheint die Veränderung in der Legalbewährungsquote gegenüber einem zweitägigen Arrest nicht durch den Arrestvollzug erklärbar.

Bemerkenswert ist das Ergebnis, dass die Legalbewährung nach einer Verurteilung zu einem ein- oder zweiwöchigen Arrest mit 50,8 % bzw. 53,6 % erkennbar besser verläuft als bei einem drei- oder vierwöchigen Arrest, der zu einer Legalbewährungsquote von unter 40 % führte. Innerhalb des Dauerarrestes zeigen sich demnach deutlichere Unterschiede in der

---

2079 Dies können entweder zwei Freizeitarreste oder ein Kurzarrest sein.

Rückfälligkeit wie dies zum Jugendarrest nach § 16 JGG bekannt ist. Dort verteilt sich der Anteil rückfälliger Personen innerhalb aller Zeitintervalle von 1 bis 4 Wochen auf 33-35 %.[2080] In der Erwartung einer individuellen Vorbereitung des Probanden auf die Bewährungszeit wäre entgegen der tatsächlichen Ergebnisse zu erwarten gewesen, dass sich bei längeren Arresten eine zunehmend positive Entwicklung in der Legalbewährung abzeichnet. Die hiesigen Befunde deuten umgekehrt eher an, dass es bei einer Arrestdauer von über zwei Wochen, entsprechend den frühen Erkenntnissen von *Eisenhardt*[2081], verstärkt zu Anpassungsmechanismen und Gewöhnungseffekten kommt, so dass das Ziel einer ernsthaften Beeindruckung des Arrestanten zurücksteht. Die insgesamt höheren Rückfallquoten nach einem drei- oder vierwöchigen § 16a-Arrest spiegeln die in der Länge des Arrestes zum Ausdruck kommende ungünstigere Prognoseentscheidung wider.[2082]

Parallel zu den Überlegungen hinsichtlich der Arrestdauer könnte die Rückfälligkeit nach einer Sanktionierung mit § 16a JGG mit der Länge der verhängten Jugendstrafe in Zusammenhang stehen. Nach den Untersuchungsergebnissen von *Weigelt* steigt die Rückfallquote bei Bewährungsstrafen nach dem JGG mit der Strafdauer deutlich an.[2083] Stellt man die Dauer der Jugendstrafe dem Eintritt der Rückfälligkeit der § 16a-Probanden gegenüber, ist ein Unterschied zwischen den rückfälligen und nicht rückfälligen Probanden kaum erkennbar. Die Ausgangsgröße bildete ebenfalls die für die Rückfallanalyse maßgebliche Grundgesamtheit von 309 Probanden. Im Mittel wurden die rückfälligen Probanden zu einer Jugendstrafe von 12,58 Monaten[2084] verurteilt. Bei den Nichtrückfälligen lag die Dauer der Jugendstrafe mit durchschnittlich 13,97 Monaten[2085] etwas höher, allerdings erwies sich der Unterschied bei Überprüfung mittels des

---

2080 *Hohmann-Fricke*, 2013, S. 110.

2081 *Eisenhardt*, 1980, S. 288, 489, nach dessen Befunden sich die Arresranten im Durchschnitt nach 10 Tagen an den Arrest gewöhnt hatten; vgl hierzu Teil 1 B.II.1.a).

2082 Vgl. hierzu mit Bezug zum herkömmlichen Jugendarrest *Eisenhardt*, 1980, S. 66.

2083 *Weigelt*, 2009, S. 200 f.

2084 Median: 11,0; Modus: 12; SD:5,45; n=129; fehlende Werte: 38, in diesen Fällen erging § 16a JGG entweder in Verbindung mit § 27 JGG oder es standen keine Akten zur Verfügung, anhand derer die Dauer der Jugendstrafe zu ermitteln war.

2085 Median: 12,0; Modus: 12; SD:5,95; n=114; fehlende Werte: 28.

Mann-Whitney-U-Tests nicht als statistisch signifikant.[2086] Teilt man die Dauer der verhängten Jugendstrafe in vier Gruppen ein und korreliert diese mit dem Eintritt der Rückfälligkeit, zeichnet sich für die vorliegende Probandengruppe mit zunehmender Strafdauer in der Tendenz eine bessere, aber ebenfalls statistisch nicht signifikante Legalbewährung ab.[2087]

Abbildung 52: Rückfall und Dauer der Jugendstrafe in Monaten

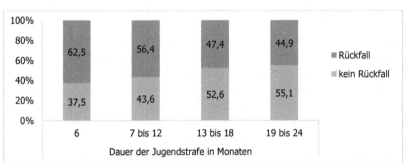

(n=243; fehlende Werte: 66)

Während Probanden mit dem Mindestmaß der Jugendstrafe von sechs Monaten zu einem Anteil von 37,5 % innerhalb des Kontrollzeitraums von zwei Jahren nicht erneut justiziell auffällig und sanktioniert wurden, lag der Prozentsatz bei den Jugendlichen mit einer Jugendstrafe im oberen, gerade noch aussetzungsfähigen Bereich von 19 bis 24 Monaten bei 55,1 %. Dieses Ergebnis könnte dadurch erklärbar sein, dass sich Jugendliche mit einer längeren Jugendstrafe unter dem Damoklesschwert der Strafvollstreckung im Falle eines Bewährungsversagens veranlasst sehen, kriminell unauffällig zu bleiben. Die sich in der vorstehenden Abbildung zeigende Zunahme der Legalbewährungsquote mit der Länge der im Urteil ausgesprochenen Jugendstrafe bestätigte sich auch bei genauerer Betrachtung der Rückfallhäufigkeit in Abhängigkeit zur metrisch erfassten Dauer der verhängten Jugendstrafe im Fall einer Bewährungsentscheidung nach §§ 21, 61 JGG. Die Korrelationsanalyse ergab einen im Grenzbereich liegenden statistisch signifikanten, sehr gering ausgeprägten negativen Zusammenhang (p=0,049; Kendall-Tau-b = -0,102; n=243). Mit einer zunehmenden

---

2086 Asymptotische zweiseitige Signifikanz p=0,075 (n=243, fehlende Werte: 26 mit einem Schuldspruch gem. § 27 JGG).
2087 Pearson-Chi-Quadrat: p=0,389.

Länge der zur Bewährung ausgesetzten Jugendstrafe kommt es demnach zu weniger Rückfällen.

e) Rückfall nach der Länge der Verfahrensdauer

Die Durchführung eines zügigen Strafverfahrens und eine tatzeitnahe Sanktionierung der jungen Straftäter wird im Jugendstrafrecht, basierend auf der psychologischen Überlegung, dass der innere Zusammenhang zwischen der Tatbegehung, dem Urteil und der Sanktionsvollstreckung mit zunehmender Zeit schwindet, für besonders wichtig erachtet.[2088] Die Einflussnahme der Sanktionsschnelligkeit auf das Legalverhalten lässt sich auf der Ebene der Entstehung kriminellen Verhaltens etwa durch lerntheoretische Ansätze erklären. Nach dem Verständnis von *Skinner* lernt der Mensch nach dem Modell des operanten Konditionierens am Erfolg und neigt dazu erfolgreiche Verhaltensweisen zu wiederholen, während die Sanktionierung als negative Folge ein Verhalten zurückdrängt.[2089] Für das Erlernen eines Verhaltens wird nicht nur der Tatsache der strafrechtlichen Ahndung per se Bedeutung zugeschrieben, sondern auch der zeitlichen Komponente der Sanktionierung, da die Wahrscheinlichkeit eines strafbaren Verhaltens nur dann sinke, wenn der Strafreiz dem normbrechenden Verhalten unmittelbar nachfolge.[2090] Der Frage, ob ein beschleunigtes Strafverfahren Einfluss auf die Rückfälligkeit hat, widmet sich die Untersuchung von *Bliesener* und *Thomas* zu 380 Probanden aus dem Bundesland Nordrhein-Westfalen, die einen schwach ausgeprägten, aber positiven und signifikanten Zusammenhang zwischen der Verfahrensdauer und dem Legalbewährungszeitraum ($r = .17$; $p = 0.002$; $N = 203$) feststellten.[2091] Je länger die Verfahrensdauer war, desto länger war erstaunlicherweise auch der Zeitraum der Legalbewährung. Eine mögliche Erklärung für diesen überraschenden Befund, welcher der These einer spezialpräventiven Effizienz des Beschleunigungsgebots eher zu widersprechen scheint, sehen *Bliesener* und *Thomas* im Selektionsverhalten der Gerichte. Gerade diejenigen Fälle mit einer eher ungünstigen Prognose könnten von dem Gericht in einem engen zeitlichen Rahmen erledigt werden, wohingegen Probanden mit

---

2088 *Bliesener/Thomas*, ZJJ 2012, 382 (386) m.w.N.; *Ostendorf*, 2015, Rn. 62 f..
2089 *Bock*, 2013, Rn. 142.
2090 *Bliesener/Thomas*, ZJJ 2012, 382 (384).
2091 *Bliesener/Thomas*, ZJJ 2012, 382 (386 f.).

einer günstigeren Legalprognose bedingt durch die eigene Arbeitsüberlastung als weniger dringlich behandelt werden.[2092]

Für die vorliegende Untersuchungsgruppe der rückfälligen Probanden zeigt sich ein ähnlicher Befund. Die Korrelation der Verfahrensdauer, definiert als Zeitraum in Tagen zwischen dem Datum der letzten abgeurteilten Tat und der erstinstanzlichen Verurteilung, mit dem Legalbewährungszeitraum bis zur ersten Rückfalltat, ergibt einen gering ausgeprägten positiven, statistisch signifikanten Zusammenhang (r_s=0,209; p=0.012; n=143[2093]). Damit bestätigt sich das Ergebnis von *Bliesener* und *Thomas*: Je länger die Verfahrensdauer ist, desto länger ist der Legalbewährungszeitraum.

Darüber hinaus ging eine längere Strafverfahrensdauer mit einer geringeren Anzahl an Rückfällen einher (r_s=-0,309; p=0.000; n=269). Auch dieser festzustellende negative Zusammenhang könnte durch die subjektiven Selektionseffekte der Richterschaft erklärbar sein. Erwartet sich der Jugendrichter von dem Täter eine eher günstige Legalprognose und stellt das Strafverfahren gegenüber anderen schwerwiegenderen Fällen zurück, so bestätigt die geringere Rückfallfrequenz die richterliche Erwartung, dieses Verfahren wegen der weniger starken Rückfallgefährdung des Täters länger „aufschieben" zu können. Des Weiteren könnte die bessere Legalbewährung bei einer längeren Verfahrensdauer daraus resultieren, dass die Jugendlichen über einen längeren Zeitraum mit staatlichen Instanzen der Strafverfolgung in Berührung kommen und bereits von der Gesamtverfahrensdauer stärker geprägt sind.

Insgesamt hat sich die Überlegung, durch ein beschleunigtes Strafverfahren positive spezialpräventive Effekte zu erzielen, in der vorliegenden Studie empirisch nicht belegen lassen. Dies sollte gleichwohl nicht dazu führen, Strafverfahren künftig länger aufzuschieben. Zum einen steht das vorstehende Ergebnis unter dem Vorbehalt, dass der Zeitraum der Legalbewährung durch zahlreiche weitere Faktoren, die maßgebend in der Per-

---

2092 *Bliesener/Thomas*, ZJJ 2012, 382 (388).

2093 Die Bezugsgruppe fällt bedingt durch das teilweise Nichtvorliegen der Akten und der Aussonderung nicht auswertungsfähiger Registerauszüge kleiner aus als die Gesamtheit aller rückfälligen Probanden von n=167. Anstelle von Pearsons r kam der Rangkorrelationskoeffizient nach Spearman zur Anwendung, da beide Variablen nach dem Kolmogorov-Smirnov-Test keine Normalverteilung zeigten (p=0,000). Für die Variable „Legalbewährungszeitraum" war im Histogramm keine Normalverteilung erkennbar. Bei der Verfahrensdauer lagen Kurtosis und Schiefe mit Werten von 42,49 und 4,71 weit außerhalb des Normbereichs von ± 1,96.

son des Täters angelegt sind, beeinflusst wird. Zum anderen dient die zügige Durchführung eines Strafverfahrens, unabhängig von der Relevanz als Rückfallfaktor, dem Recht des Beschuldigten auf Verfahrensbeschleunigung aus Art. 6 Abs. 1 S. 1 EMRK, so dass dieser möglichst rasch Gewissheit über die Strafbarkeit und die Folgen seines Handelns erlangt und hierdurch psychisch entlastet wird.[2094]

3. Überprüfung der Rückfallwahrscheinlichkeit anhand der binär logistischen Regressionsanalyse

Wurde vorstehend bereits der Zusammenhang zwischen der Rückfälligkeit und einzelnen ausgewählten Variablen aufgezeigt, bleibt bei der Durchführung bivariater Korrelationsanalysen die Frage offen, in welchem Maße sich die unabhängigen Variablen gegenseitig beeinflussen und welche Faktoren für die Rückfallwahrscheinlichkeit letztlich entscheidend sind. Korreliert eine unabhängige Variable, wie etwa die Anzahl der vorangegangenen strafrechtlichen Entscheidungen, mit dem Eintritt der Rückfälligkeit, ist nicht auszuschließen, dass sich bei einem Einbezug weiterer Faktoren, wie etwa dem Geschlecht, dem Alter des Probanden, der Schwere der begangenen Taten oder anderer Moderatorvariablen die Aussagekraft einzelner Korrelationen verschiebt oder sich diese als Scheinkorrelationen herausstellen. Um zu überprüfen, inwieweit die in der Korrelationsanalyse festgestellten Zusammenhänge auch bei Einbezug weiterer erklärender Variablen bestehen bleiben und, ob sich darüber hinaus weitere Merkmale finden, die Einfluss auf die abhängige Variable nehmen, kommen multivariate Analysemethoden zum Einsatz. Ein geeignetes Modell zur Erklärung der Rückfallwahrscheinlichkeit in Abhängigkeit bestimmter Merkmalsausprägungen bildet die binär logistische Regression.[2095]

a) Das Modell der logistischen Regression

Ziel der binär-logistischen Regressionsanalyse ist es, den Wert einer kategorialen, dichotomen abhängigen Variablen, vorliegend der Rückfällig-

---

2094 *Ostendorf*, 2015, Rn. 62; diesen Aspekt betonen auch *Bliesener/Thomas*, ZJJ 2012, 382 (387.)

2095 Das Verfahren der logistischen Regression verwenden im Kontext der Rückfallforschung ebenfalls *Harrendorf*, 2007, S. 358; *Köberlein*, 2006, S. 251 f.

keit, auf mehrere unabhängige Variable, sog. Prädiktoren zurückzuführen.[2096] Mithilfe der binär logistischen Regression kann folglich die Wahrscheinlichkeit des Eintreffens eines Ereignisses in Abhängigkeit von den Werten der unabhängigen Variablen vorhergesagt werden.[2097] Die Ergebnisse der logistischen Regression geben Aufschluss darüber, welche personen- und/oder tatbezogenen Faktoren auf die Auftretenswahrscheinlichkeit eines Rückfalls Einfluss nehmen. Kausalaussagen können mittels der Regressionsanalyse nicht getroffen werden.[2098] Denn anders als die Feststellung einer Kausalbeziehung, die auf einer generellen Wenn-Dann-Annahme beruht, kann im Wege der Regressionsanalyse nur die korrelative Beziehung zwischen einzelnen Variablen getestet werden.[2099] Das Ergebnis der Regressionsanalyse liefert damit einen Hinweis auf einen möglichen kausalen Zusammenhang, dies ist aber keine hinreichende Bedingung für die Kausalität. Anliegen des vorliegend durchgeführten multivariaten Verfahrens ist es nicht, einen Kriterienkatalog über die Geeignetheit bzw. Ungeeignetheit der Probanden für die Sanktionierung mit § 16a JGG aufzustellen, sondern den Einfluss einzelner Faktoren auf die Rückfälligkeit zu präzisieren. Im Unterschied zur linearen Regression, welche zur Anwendung kommt, wenn die Kriteriumsvariable intervallskaliert ist, stellt das logistische Regressionsmodell (kurz: Logit-Modell) ein Analyseverfahren bei einer nominalen, kategorialen abhängigen Variablen dar.[2100] Da die abhängige Variable „Rückfall" dichotom kodiert ist (1=Rückfall; 0=kein Rückfall) wird insoweit von einer binär logistischen Regression gesprochen. Die unabhängigen Variablen können demgegenüber ein beliebiges Skalenniveau aufweisen.[2101] Bedingt durch die Dichotomie des Regressanden geht die Wahrscheinlichkeit des Zielereignisses von y=1 nicht unmittelbar aus der linearen Beziehung zu den unabhängigen Variablen hervor, sondern kann nur mittelbar durch die nichtlineare Beziehung zwischen den beobachteten Werten und den ermittelten Wahrscheinlichkeiten abge-

---

2096 *Kuckartz/Rädiker/Ebert u.a.*, 2013, S. 259; *Paier*, 2010, S. 148 f.; allgemein zum Verfahren der binär-logistischen Regression *Best/Wolf*, in: Handbuch der sozialwissenschaftlichen Datenanalyse, 827 ff.; *Blasius/Baur*, in: Handbuch Methoden der empirischen Sozialforschung, 997 (1009); *Schendera*, 2014, S. 144 ff..

2097 *Bühl*, 2012, S. 452.

2098 *Opp*, in: Handbuch der sozialwissenschaftlichen Datenanalyse, 9 (24 f.); *Wittenberg/Cramer/Vicari*, 2014, S. 291.

2099 Ausführlich *Opp*, in: Handbuch der sozialwissenschaftlichen Datenanalyse, 9 (24 f.).

2100 *Paier*, 2010, S. 148 f.

2101 *Bühl*, 2012, S. 452.

bildet werden.[2102] Von Interesse ist daher nicht der numerische Wert der Zielvariablen, sondern die Wahrscheinlichkeit, dass es zum Eintritt eines Rückfalls kommt.[2103] Die Eintrittswahrscheinlichkeiten (P) für die betrachteten Variablen müssen bei Addition 1 ergeben; es gilt:[2104]

$$P(y=1) + P(Y=0) = 1$$

Die vorhergesagte Wahrscheinlichkeit des Eintritts des Zielereignisses kann folglich einen Wertebereich zwischen 0 und 1 annehmen.[2105] Die Wahrscheinlichkeit wird dabei als „Chance" für den Eintritt des Zielereignisses, in diesem Fall für die Zugehörigkeit zur Gruppe „Rückfall", verstanden.[2106] Um den Wertebereich entsprechend der linearen Regression auf $-\infty$ bis $+\infty$ zu erweitern und keine unzulässigen Werte außerhalb des Intervalls von 0 bis 1 zu erhalten, wird anstelle der Eintrittswahrscheinlichkeit P(y=1) das Verhältnis von Wahrscheinlichkeit und Gegenwahrscheinlichkeit betrachtet, ausgedrückt in „Odds".[2107] „Odds" können Werte zwischen 0 und $+\infty$ annehmen und bringen zum Ausdruck, wie hoch die Wahrscheinlichkeit für das Eintreten eines Ereignisses gegenüber dem Nichteintreten ist.[2108] Während bei einem Odd = 1 die Eintrittswahrscheinlichkeit identisch ist mit deren Nichteintreten, bedeutet ein Odd >1, dass die Wahrscheinlichkeit für das Eintreten des Ereignisses über 50 % liegt.[2109] Umgekehrt signalisiert ein Odd <1 eine Eintrittswahrscheinlichkeit von unter 50 %.[2110] Damit die abhängige Variable nicht nur Werte im Intervall [0; $+\infty$] annehmen kann, wird das Wahrscheinlichkeitsverhältnis anschließend logarithmiert.[2111] Mit den logarithmierten Chancen ergeben sich schließlich sog. „Logits", die linear mit den Prädikatoren zusammenhängen.[2112] Um zu erfahren, welche Bedeutung die Veränderung der unabhängigen Variablen auf die Eintrittswahrscheinlichkeit der Zielvariablen

---

2102 *Schendera*, 2014, S. 148.
2103 *Wittenberg/Cramer/Vicari*, 2014, S. 292.
2104 *Wittenberg/Cramer/Vicari*, 2014, S. 292.
2105 *Kuckartz/Rädiker/Ebert u.a.*, 2013, S. 274.
2106 *Wittenberg/Cramer/Vicari*, 2014, S. 292.
2107 *Best/Wolf*, in: Handbuch der sozialwissenschaftlichen Datenanalyse, 827 (829); *Fromm*, 2010, S. 110 f.
2108 *Backhaus/Erichson/Plinke u.a.*, 2008, S. 258; *Best/Wolf*, in: Handbuch der sozialwissenschaftlichen Datenanalyse, 827 (829).
2109 *Kuckartz/Rädiker/Ebert u.a.*, 2013, S. 276.
2110 *Kuckartz/Rädiker/Ebert u.a.*, 2013, S. 276.
2111 *Fromm*, 2010, S. 110.
2112 *Schendera*, 2014, S. 148.

hat, betrachtet man schließlich das Chancenverhältnis zwischen der Wahrscheinlichkeit des Eintretens gegenüber dem Nichteintreten des Ereignisses, wenn die unabhängige Variable um eine Einheit steigt.[2113] Die hierdurch berechneten Odds Ratios geben an, wie stark der Einfluss der unabhängigen Variablen auf die vorhergesagte Wahrscheinlichkeit ist; sie werden in der logistischen Regressionsanalyse auch als Effektkoeffizient Exp(B) bezeichnet.[2114] Odds-Ratios haben einen Wertebereich von 0 bis $+\infty$,[2115] wobei für die Interpretation des Effektkoeffizienten folgende Regeln gelten:[2116]

Odds Ratio < 1	negativer Zusammenhang, d.h. mit einem zunehmenden x-Wert sinkt die Wahrscheinlichkeit für y=1
Odds Ratio = 1	kein Zusammenhang, d.h. die Wahrscheinlichkeit für y=1 ist unabhängig vom x-Wert
Odds Ratio > 1	positiver Zusammenhang, d.h. mit einem zunehmenden x-Wert steigt die Wahrscheinlichkeit für y=1

Der Aussagewert der Odds Ratios differiert in Abhängigkeit vom Skalenniveau. Ist die unabhängige Variable metrisch ausgeprägt, so zeigt der Odds Ratio-Wert an, um welchen Faktor sich die Eintrittswahrscheinlichkeit für y=1 ändert, wenn sich die jeweilige unabhängige Variable um eine Einheit ändert, wohingegen bei kategorialen Prädiktoren eine Aussage darüber getroffen wird, wie häufig die Kriteriumsvariable im Verhältnis zur Referenzkategorie den Wert 1 annimmt.[2117]

b) Anwendungsvoraussetzungen der Regressionsanalyse

Die binär logistische Regression unterliegt folgenden elementaren Grundvoraussetzungen, deren Vorliegen es vor der Durchführung der Regressionsanalyse zu überprüfen galt:[2118]
- die abhängige Variable ist dichotom, während die unabhängigen Variablen an kein Skalenniveau gebunden sind,

---

2113 *Mayerl/Urban*, 2010, S. 19; *Wittenberg/Cramer/Vicari*, 2014, S. 301 f..
2114 *Fromm*, 2010, S. 113.
2115 *Fromm*, 2010, S. 113.
2116 *Kuckartz/Rädiker/Ebert u.a.*, 2013, S. 277.
2117 *Kuckartz/Rädiker/Ebert u.a.*, 2013, S. 277.
2118 *Wittenberg/Cramer/Vicari*, 2014, S. 291.

- es bedarf einer ausreichend großen Beobachtungsanzahl,
- die Anzahl der Fälle muss die Anzahl der unabhängigen Variablen deutlich übersteigen,
- keine Multikollinearität, d.h. starke Korrelationen zwischen den Prädiktoren und
- es sollten keine Ausreißer vorliegen.

Die abhängige Variable ist mit den Ausprägungen „Rückfall=1" und „kein Rückfall = 0" binär kodiert, wobei die Gruppe „kein Rückfall" die Referenzgruppe bildet. Die berechneten statistischen Kennwerte beziehen sich demnach stets auf den Eintritt des Rückfalls als Zielereignis.[2119] Für die Durchführung einer binär logistischen Regressionsanalyse müssen mindestens 50 Beobachtungen vorliegen, so dass pro Ausprägung der abhängigen Variablen eine Fallanzahl von N=25 gegeben ist.[2120] Um ein aussagekräftiges Ergebnis zu erhalten, sollte jede Kategorie der abhängigen Variablen ca. 100 Beobachtungen enthalten.[2121] Trotz des für die logistische Regressionsanalyse minimierten Datensatzes von 309 auf 269 Probanden stand im Ausgangspunkt eine hinreichend große Beobachtungseinheit mit 143 rückfälligen und 126 nicht rückfälligen Probanden zur Verfügung. Aufgrund der fehlenden Werte bei einzelnen unabhängigen Variablen, die zum Ausschluss des Probanden aus der Analyse führten, konnten am Ende insgesamt nur 143 Probanden in das Analysemodell einbezogen werden. Auch bei dieser Datenreduktion sind die Mindestvoraussetzungen in der Stichprobengröße noch gegeben.

Im Weiteren war zu überprüfen, in welchem Maße die unabhängigen Variablen miteinander korrelieren, da bei Vorliegen von Multikollinearität Verzerrungen in der Schätzung und erhöhte Standardfehler entstehen können.[2122] Korrelieren zwei Prädiktoren mit einem Wert von >0,70 ist dies ein Hinweis auf Multikollinearität.[2123] In einem ersten Schritt war darüber zu entscheiden, welche unabhängigen Variablen in das binär logistische Regressionsmodell eingehen sollen. Einzubeziehen waren zunächst sämtliche Prädiktoren, von denen aufgrund des signifikanten Zusammenhangs in der bivariaten Analyse angenommen werden kann, dass sie Einfluss auf die Rückfälligkeit nehmen. Hierzu zählten folgende Merkmale:

2119 Vgl. zur notwendigen Bestimmungen der Referenzgruppe *Schendera*, 2014, S. 149, 165.
2120 *Schendera*, 2014, 172.
2121 *Fromm*, 2010, S. 108 f.
2122 *Fromm*, 2010, S. 108.
2123 *Schendera*, 2014, 172.

- Alter bei Kriminalitätsbeginn und zum Zeitpunkt der (ersten) Anlasstat
- Wohnverhältnisse
- frühere Jugendhilfemaßnahmen
- Art des Schulabschlusses
- Ausbildungssituation
- zuletzt ausgeübte Tätigkeit im Zeitpunkt der letzten Hauptverhandlung
- Anzahl der Vorentscheidungen
- Vorverurteilung zu Jugendarrest
- Gesamtheit der Vorsanktionen gemessen als Sanktionsschwereindex aller strafrechtlichen Vorentscheidungen
- Schwere der Vortaten gemessen als Deliktsschwereindex aller Vortaten
- Verfahrensdauer von der letzten Tat bis zur erstinstanzlichen Entscheidung
- vorgeführt/unpünktlicher Arrestantritt[2124]

Darüber hinaus wurde das Regressionsmodell um die Variable „einschlägige Vortat" erweitert, für die sich bei einem Signifikanzniveau von 5 % zwar kein überzufälliger Zusammenhang zur Rückfälligkeit ergab, die aber auf einem 10 %-Niveau signifikant gewesen wären und damit nahe an der Grenze lag.[2125] Einfluss auf die Rückfälligkeit könnte aufgrund der unterschiedlichen langen Einwirkungsmöglichkeit im Arrestvollzug zudem die Dauer des § 16a-Arrestes nehmen. Um die Arrestdauer als mögliche erklärende Variable für die Rückfälligkeit nicht vorschnell zu eliminieren, wurde diese trotz des Signifikanzwertes von p=0,118 in das Modell aufgenommen. Weitere Variablen, die sich bei der bivariaten Korrelation als nicht aussagekräftig erwiesen, wurden von der Regressionsberechnung ausgenommen. Dies betraf neben dem Geschlecht, der Staatsangehörigkeit und dem Vollzugsort des § 16a-Arrestes als dichotom kodierte Variablen überraschender Weise auch die Schwere der Ausgangstat, welche, gemessen durch den Deliktsschwereindex aller im Verfahren mit § 16a JGG abgeurteilten Straftaten, in keinem signifikanten Zusammenhang mit der Rückfallhäufigkeit stand (p=0,970; r_s=-0,002; n=269). Bei Betrachtung des bivariaten Zusammenhangs scheint die Rückfälligkeit folglich nicht durch

---

2124 Zusammenhang zwischen unpünktlichem Arrestantritt/vorgeführt (ja/nein) und Eintritt eines Rückfalls (ja/nein): Chi-Quadrat nach Pearson p=0,005; Phi=0,175; n=252; fehlende Werte: 57.
2125 Zusammenhang Rückfall (dichotom) und einschlägige Vortat (dichotom): Chi-Quadrat nach Pearson p=0,070; Phi=0,110; n=269.

die Schwere der Anlasstat, sondern vielmehr durch das Maß der strafrechtlichen Vorauffälligkeit und den vormals begangenen Straftaten beeinflusst zu werden.

Anfangs war insbesondere zu überlegen, ob sich die Rückfälligkeit danach unterscheidet, an welchen Angeboten die Probanden im Arrest teilgenommen hatten. Da nach den Erkenntnissen aus den Experteninterviews in der Praxis kein spezielles Vollzugsprogramm für die Klientel des § 16a JGG existiert, die pädagogischen Angebote im Arrest weit gefächert sind und Angaben zur Teilnahme an Gruppenangeboten in den Schlussberichten nur bruchstückhaft vorhanden waren, war eine Analyse der Rückfälligkeit in Abhängigkeit zu erfolgreich durchlaufenen pädagogischen Maßnahmen nicht möglich. Bei Probanden, die während des Arrestvollzuges an der „Warnschussgruppe", einem sozialen Trainingskurs oder einem Anti-Aggressionstraining teilgenommen hatten, wurde ausschnittweise untersucht, ob dies Einfluss auf den Eintritt der Rückfälligkeit nimmt. Die bivariate Analyse führte zu dem Ergebnis, dass Arrestanten, die an dem für Bewährungsprobanden spezifischen Behandlungsangebot der „Warnschussgruppe" teilnahmen (n=8), vermehrt rückfällig wurden (Rückfall: 62,5 %; kein Rückfall: 37,5%). Teilnehmer eines sozialen Trainingskurses oder eines Anti-Aggressionstrainings (n=29) wurden mit 50 % ebenso häufig rückfällig wie Nichtteilnehmer. Da sich der Zusammenhang zwischen der Rückfälligkeit und diesen Gruppenmaßnahmen bei der Durchführung des exakten Tests nach Fisher als statistisch nicht signifikant erwies[2126] und die Teilnehmerzahl äußerst gering ausfiel, waren die Ergebnisse als nicht aussagekräftig einzustufen. Es wurde daher von einem Einbezug dieser Variablen in die Regressionsanalyse abgesehen.

Nicht als Prädiktorvariable aufgenommen wurde ferner die Art des Kontakts zur Bewährungshilfe während des Arrestvollzugs. In Anbetracht des Grundanliegens des § 16a-Arrestes, eine gezielte Einleitung und Förderung der Bewährungszeit zu schaffen, wäre zu erwarten gewesen, dass sich ein bestehender Kontakt des Arrestanten zu seinem Bewährungshelfer im Arrestvollzug positiv auf die Legalbewährung auswirkt. Bei einer dichotomen Kodierung nach einem vorhandenen persönlichen oder telefonischen Kontakt zur Bewährungshilfe und dem Ausbleiben einer Kontaktaufnahme zeigten sich, soweit die Akteninformationen hierüber Auskunft gaben, allerdings keine Unterschiede in der Rückfälligkeit. Mit einem deutlich über dem Signifikanzniveau von 0,05 liegenden p-Wert von 0,633 auf Basis des

---

2126 Teilnahme „Warnschussgruppe": p=0.730; Teilnahme an sozialem Trainingskurs oder AGT/AAT: p=0,680.

Pearson-Chi-Quadrat Tests konnte die Herstellung eines Kontakts zur Bewährungshilfe nicht als maßgebendes Kriterium für die Rückfälligkeit gewertet werden. Aufgrund der sehr geringen Fallzahl von 63 Probanden
(fehlender Werte: 1[2127]), für die Angaben über den Kontakt zur Bewährungshilfe zur Verfügung standen, ist der Zusammenhang nur äußerst eingeschränkt interpretierbar und nicht verallgemeinerungsfähig.

Die Multikollinearität zwischen den 15 unabhängigen Variablen, die für
die Regressionsanalyse in einem ersten Vormodell ausgewählt wurden,
wurde anhand einer Korrelationsmatrix überprüft, mit folgendem Ergebnis:

[2127] In diesem einen Fall enthielt zwar der Schlussbericht Angaben zum Kontakt
mit der Bewährungshilfe, allerdings konnte über die Rückfälligkeit keine Aussage getroffen werden, da die Verurteilung zu einer Bewährungsstrafe gem.
§ 21 JGG in Verbindung mit § 16a JGG nicht im BZR eingetragen war.

Tabelle 74: Korrelationen der unabhängigen Variablen

Spalten- und Zeilen-Legende (1–15):
1. Alter bei erster Anlasstat
2. Alter bei Kriminalitätsbeginn
3. Wohnverhältnisse
4. frühere JGH-Maßnahmen
5. Schulabschluss
6. Berufsausbildung
7. zuletzt ausgeübte Tätigkeit
8. Anzahl Vorentscheidungen
9. Vorverurteilung zu JA
10. Sanktionsschwereindex Vorsanktion(en)
11. Deliktsschwereindex Vortat(en)
12. Verfahrensdauer
13. einschlägige Vortat(en)
14. Dauer § 16a-Arrest in Tagen
15. Arrestantritt vorgeführt/unpünktlich

Variable	Statistik	1	2	3	4	5	6	7	8	9	10	11	12	13	14	15
Alter bei erster Anlasstat	Pearson	1	0,436	0,050	-0,297	0,265	0,224	-0,418	0,337	0,091	0,338	0,165	0,075	0,119	-0,066	-0,034
	Signifikanz		0,000	0,427	0,000	0,000	0,001	0,000	0,000	0,137	0,000	0,007	0,219	0,050	0,281	0,616
	N	269	269	256	269	216	207	266	268	269	269	269	269	269	269	217
Alter bei Kriminalitätsbeginn	Pearson	0,436	1	0,082	-0,243	0,162	0,059	-0,22	-0,263	-0,252	-0,195	-0,093	0,107	-0,247	-0,032	-0,078
	Signifikanz	0,000		0,189	0,000	0,017	0,401	0,000	0,000	0,000	0,001	0,128	0,081	0,000	0,606	0,254
	N	269	269	256	269	216	207	266	266	269	269	269	269	269	269	217
Wohnverhältnisse	Pearson	0,050	0,082	1	0,275	-0,060	-0,062	-0,083	0,045	0,096	0,030	0,017	-0,117	-0,027	0,058	0,181
	Signifikanz	0,427	0,189		0,000	0,390	0,390	0,209	0,471	0,125	0,635	0,791	0,063	0,669	0,357	0,009
	N	256	256	256	256	207	204	197	255	256	256	256	256	256	256	207
frühere JGH-Maßnahmen	Pearson	-0,297	-0,243	0,275	1	-0,195	-0,214	0,123	0,572	0,068	0,635	0,766	0,022	0,096	0,082	0,128
	Signifikanz	0,000	0,000	0,000		0,004	0,002	0,080	0,000	0,267	0,000	0,000	0,715	0,117	0,180	0,061
	N	269	269	256	269	216	207	204	268	269	269	269	269	269	269	217
Schulabschluss	Pearson	0,265	0,162	-0,060	-0,195	1	0,221	0,156	0,035	-0,122	0,014	-0,131	0,013	-0,089	-0,113	-0,098
	Signifikanz	0,000	0,017	0,390	0,004		0,002	0,023	0,609	0,073	0,836	0,060	0,854	0,193	0,098	0,197
	N	216	216	207	216	216	195	213	215	213	216	216	216	216	216	175
Berufsausbildung	Pearson	0,224	0,059	-0,062	-0,214	0,221	1	-0,004	0,036	-0,071	0,005	0,093	0,014	-0,072	-0,099	-0,058
	Signifikanz	0,001	0,401	0,390	0,002	0,002		0,956	0,609	0,309	0,941	0,187	0,836	0,302	0,105	0,462
	N	207	207	204	207	195	207	204	207	207	207	207	207	207	207	168
zuletzt ausgeübte Tätigkeit	Pearson	-0,418	-0,22	-0,083	0,123	0,156	-0,004	1	-0,168	-0,115	-0,17	-0,103	-0,055	-0,219	-0,099	-0,167
	Signifikanz	0,000	0,000	0,209	0,080	0,023	0,956		0,006	0,062	0,005	0,093	0,432	0,000	0,105	0,031
	N	266	266	197	204	213	204	266	265	266	266	266	266	266	266	215
Anzahl Vorentscheidungen	Pearson	0,337	-0,263	0,045	0,572	0,035	0,036	-0,168	1	0,47	**0,765**	0,318	0,025	0,411	0,082	0,228
	Signifikanz	0,000	0,000	0,471	0,000	0,609	0,609	0,006		0,000	0,000	0,000	0,680	0,000	0,183	0,000
	N	268	266	255	268	215	207	265	268	268	266	268	268	268	268	217
Vorverurteilung zu JA	Pearson	0,091	-0,252	0,096	0,068	-0,122	-0,071	-0,115	0,47	1	0,667	0,226	-0,118	0,214	0,242	0,133
	Signifikanz	0,137	0,000	0,125	0,267	0,073	0,309	0,062	0,000		0,000	0,000	0,053	0,000	0,000	0,050
	N	269	269	256	269	213	207	266	268	269	269	269	269	269	269	217
Sanktionsschwereindex Vorsanktion(en)	Pearson	0,338	-0,195	0,030	0,635	0,014	0,005	-0,17	**0,765**	0,667	1	0,353	0,015	0,365	0,145	0,158
	Signifikanz	0,000	0,001	0,635	0,000	0,836	0,941	0,005	0,000	0,000		0,000	0,810	0,000	0,017	0,020
	N	269	269	256	269	216	207	266	266	269	269	269	269	269	269	217
Deliktsschwereindex Vortat(en)	Pearson	0,165	-0,093	0,017	0,766	-0,131	0,093	-0,103	0,318	0,226	0,353	1	0,010	0,229	0,058	0,082
	Signifikanz	0,007	0,128	0,791	0,000	0,060	0,187	0,093	0,000	0,000	0,000		0,870	0,000	0,342	0,228
	N	269	269	256	269	216	207	266	268	269	269	269	269	269	269	217
Verfahrensdauer	Pearson	0,075	0,107	-0,117	0,022	0,013	0,014	-0,055	0,025	-0,118	0,015	0,010	1	0,010	-0,060	-0,066
	Signifikanz	0,219	0,081	0,063	0,715	0,854	0,836	0,432	0,680	0,053	0,810	0,870		0,870	0,329	0,282
	N	269	269	256	269	216	207	266	268	269	269	269	269	269	269	217
einschlägige Vortat(en)	Pearson	0,119	-0,247	-0,027	0,096	-0,089	-0,072	-0,219	0,411	0,214	0,365	0,229	0,010	1	-0,052	0,029
	Signifikanz	0,050	0,000	0,669	0,117	0,193	0,302	0,000	0,000	0,000	0,000	0,000	0,870		0,399	0,670
	N	269	269	256	269	216	207	266	268	269	269	269	269	269	269	217
Dauer § 16a-Arrest in Tagen	Pearson	-0,066	-0,032	0,058	0,082	-0,113	-0,099	-0,099	0,082	0,242	0,145	0,058	-0,060	-0,052	1	0,18
	Signifikanz	0,281	0,606	0,357	0,180	0,098	0,105	0,105	0,183	0,000	0,017	0,342	0,329	0,399		0,008
	N	269	269	256	269	216	207	266	268	269	269	269	269	269	269	217
Arrestantritt vorgeführt/ unpünktlich	Pearson	-0,034	-0,078	0,181	0,128	-0,098	-0,058	-0,167	0,228	0,133	0,158	0,082	-0,066	0,029	0,18	1
	Signifikanz	0,616	0,254	0,009	0,061	0,197	0,462	0,031	0,000	0,050	0,020	0,228	0,282	0,670	0,008	
	N	217	217	207	217	175	168	215	217	217	217	217	217	217	217	217

Ein auf Multikollinearität hinweisender Korrelationskoeffzient von r=0,765 ergab sich ausschließlich zwischen der Anzahl der strafrechtlichen Vorentscheidungen und dem summierten Sanktionsschwereindex aller vorhergehender Sanktionen einschließlich Entscheidungen nach §§ 45, 47 JGG. Dies war wenig überraschend, da die Häufigkeit der vormals verhängten Sanktionen in der Berechnung des Indexwertes enthalten ist. Der Sanktionsschwereindex bildet neben der Anzahl der Vorverurteilungen zugleich die Schwere der einzelnen Vorentscheidungen ab, und ist für die Umschreibung des Ausmaßes der strafrechtlichen Vorbelastung der genauere Prädiktor.[2128] Ausgeschlossen aus dem Modell wurde folglich die Variable „Anzahl der Vorentscheidungen". Um bei kategorialen Variablen nach den Bedingungen des Chi-Quadrat-Tests keine erwarteten Häufigkeiten < 1 und maximal 20 % der Zellen mit einer erwarteten Häufigkeiten < 5 zu erhalten,[2129] wurden die unabhängigen Variablen an einigen Stellen zu größeren Kategorien zusammengefasst. Insgesamt übersteigt die Zahl der Beobachtungen die Anzahl der unabhängigen Variablen deutlich.

Neben der Multikollinearität können Ausreißer die Modellgüte beeinträchtigen, so dass in einem weiteren Schritt jeder der 14 verbleibenden, in die Regressionsanalyse aufgenommenen Prädiktoren auf Ausreißer zu überprüfen war. Die Identifizierung von Ausreißern, die zu einer Verschlechterung der Modellanpassung führen können, erfolgte über die Berechnung der Residuen als Abweichungen zwischen der tatsächlichen Gruppenzugehörigkeit und der geschätzten Wahrscheinlichkeit $p(y=1)$.[2130] Für die Gewichtung der Residuen und um die Schwere des Fehlers zu berücksichtigen, wird klassischerweise auf das Pearson-Residuum zurückgegriffen,[2131] wobei Z-Residuen mit Absolutwerten > 2 als auffällig gelten und Werte >3 eindeutig auf Ausreißer hinweisen.[2132] Die Analyse der Ausreißer brachte bei einem gleichzeitigen Einschluss aller unabhängigen Variablen folgendes Ergebnis:

2128 Vgl. *Götting*, 2004, S. 224, der dem Indexwert ebenso den Vorzug einräumt.
2129 Zu dieser Problematik *Mayerl/Urban*, 2010, S. 26; *Wittenberg/Cramer/Vicari*, 2014, S. 291.
2130 *Fromm*, 2010, S. 142.
2131 *Fromm*, 2010, S. 142.
2132 *Schendera*, 2014, S. 174.

Tabelle 75: Ausreißeranalyse

Fall	Ausge-wählter Status	Beobachtet Rückfall im Ge-samtzeitraum von 2 Jahren	Vorher-gesagt	Vorher-gesagte Gruppe	Temporäre Variable Resid	ZResid
21	S	j**	,112	N	,888	2,819
142	S	j**	,099	N	,901	3,016
174	S	j**	,109	N	,891	2,862
198	S	n**	,946	J	-,946	-4,178
312	S	n**	,923	J	-,923	-3,470

a. S = Ausgewählte, U = Nicht ausgewählte Fälle und ** = Falsch klassifizierte Fälle.

b. Fälle mit studentisierten Residuen größer als 2,000 werden aufgelistet.

Fünf Probanden wurden fälschlicherweise der Gruppe der nichtrückfälligen bzw. der rückfälligen Probanden zugeordnet. Unter Ausschluss dieser fünf Ausreißer verbesserte sich die Modellgüte bei Betrachtung des Pseudo-R-Quadrats nach Nagelkerke von 0,379 auf 0,541, so dass die fünf Ausreißer von der Regressionsanalyse ausgenommen wurden. Damit reduzierte sich die Gesamtanzahl der einbezogenen Fälle auf 143 Probanden.

c) Ergebnisse der Regressionsanalyse

In Anbetracht der reduzierten Stichprobengröße von 143 Fällen wurde zunächst in Erwägung gezogen, die Probandenanzahl durch die Reduktion der in das Modell einzubeziehenden Variablen zu erhöhen. Diese Vorgehensweise hätte allerdings zur Folge gehabt, dass diejenigen Prädiktoren, die sich im Rahmen der Voranalyse als signifikant für die Rückfälligkeit erwiesen haben, aufgrund der zum Teil nicht unbeachtlichen Anzahl von fehlenden Werten nicht in die Regressionsanalyse hätten eingehen können und sich das Modell insgesamt in seiner Güte drastisch verschlechtert hätte. Um die Wahrscheinlichkeit der Rückfälligkeit anhand der erklärenden Variablen möglichst treffend vorherzusagen, erschien es vorzugswürdig, anstelle einer Erhöhung des Probandenzahl den Einfluss möglichst vieler aussagekräftiger, unabhängiger Variablen zu untersuchen. Tabelle 76 zeigt die in die Regressionsanalyse einbezogenen Merkmalen, wobei die Refe-

renzgruppe der kategorialen unabhängigen Variablen jeweils kursiv gedruckt ist:

Tabelle 76: *Überblick über die Variablen in der Regressionsanalyse*

	Variablenname	Wer-te	Ausprägungen
abhängige Variable	Rückfall	0 1	nein ja
Unabhän-gige Variablen	Alter bei (erster) Anlass-tat		Alter in Jahren
	Alter bei Kriminalitäts-beginn		Alter in Jahren
	Wohnverhältnisse	1 2 3 4	*mit beiden Eltern* mit einem Elternteil Verwandte/Freunde/Heim/Asyl-bewerberunterkunft/ohne fes-ten Wohnsitz Partner/eigene Wohnung
	frühere Jugendhilfe-maßnahmen	0 1	*nein* ja
	Schulabschluss	1 2 3	*ohne Schulabschluss* Haupt-/Sonder-/Förderschulab-schluss Mittlere Reife/Abitur/Fach-hochschulreife
	Berufsausbildung	1 2 3 4	*keine Berufsausbildung* in Berufsausbildung abgeschlossene Berufsausbil-dung abgebrochen/gekündigt vom Arbeitsgeber
	zuletzt ausgeübte Tätig-keit im Zeitpunkt der Hauptverhandlung	1 2 3	*arbeitslos* geordnete berufliche Verhält-nisse vorübergehende Beschäftigung
	Vorverurteilung zu Ju-gendarrest	0 1	*nein* ja

	Variablenname	Werte	Ausprägungen
	Sanktionsschwereindex Vorsanktion(en) einschließlich Entscheidungen gem. §§ 45, 47 JGG		Indexwert (metrisch)
	Deliktsschwereindex Vortat(en)		Indexwert (metrisch)
	Verfahrensdauer		Dauer in Tagen (metrisch)
	einschlägige Vortaten	0 1	*nein* ja
	Dauer § 16a-Arrest		Dauer in Tagen (metrisch)
	Arrestantritt vorgeführt/unpünktlich	0 1	*nein* ja

aa) Regressionsmodell unter Einschluss aller Variablen

Die unabhängigen Variablen wurden im Einschlussverfahren simultan in die logistische Regression einbezogen. Anders als bei einem schrittweisen Vorgehen, bei dem auf jeder Stufe anhand des Signifikanzwertes neu über die Aufnahme einer Variablen in das Modell entschieden wird, soll vorliegend in einem ersten Schritt ein Überblick über den Einfluss aller ausgewählten inhaltlich interessanten unabhängigen Variablen gegeben werden. Die Güte des Gesamtmodells wurde mittels Nagelkerke Pseudo-R^2 geschätzt und liegt bei 0,541. Nagelkerke Pseudo-R^2 gibt den Anteil der erklärten Varianz der abhängigen Variablen durch die in das Modell aufgenommenen unabhängigen Variablen an.[2133] Das Modell erklärt folglich 54,1 % der Varianz der abhängigen Variablen „Rückfall" und kann mit einem Wert von > 0,5 sehr gute verlässliche Prognosen für die Rückfälligkeit erzielen.[2134] In seiner Gesamtheit liefert das Modell signifikante Ergebnisse (p=0,000), die über die Anzahl der untersuchten Probanden hinaus verallgemeinerungsfähig sind. Einen weiteren Hinweis auf die Aussage-

---

2133 *Fromm*, 2010, S. 130.
2134 Wertebereich für die Beurteilung der Modellgüte: > 0,2 = akzeptabel; > 0,4 = gut; > 0,5 = sehr gut; *Backhaus/Erichson/Plinke u.a.*, 2008, S. 270.

kraft des Modells gibt die nachfolgende Klassifikationstabelle, welche die beobachtete mit der vorhergesagten Gruppenzugehörigkeit derjenigen Fälle vergleicht, deren Wahrscheinlichkeit, in die Gruppe der „Rückfälligen" zu fallen, größer als 50 % ist.[2135] Unter Berücksichtigung sämtlicher unabhängigen Variablen wird der Eintritt der Rückfälligkeit mit einer Quote von 84,4 % korrekt prognostiziert, wohingegen von 66 Probanden ohne einen Rückfall 46 (69,7 %) richtigerweise als nicht rückfällig eingestuft werden. Insgesamt liefert das Modell 77,6 % korrekte Vorhersagen (s. Tabelle 77). Mit der Aufnahme der unabhängigen Variablen hat sich der Anteil der konkreten Vorhersagen gegenüber dem Null-Modell um 23,8 % (von vormals 53,8 % auf 77,6 %, s. Tabelle 78) verbessert.

Tabelle 77: Klassifikationstabelle bei Einschluss

			Vorhergesagt		
			Rückfall im Gesamtzeitraum von 2 Jahren		Prozentsatz der Richtigen
Beobachtet			0 nein	1 ja	
Schritt 1	Rückfall im Gesamtzeitraum von 2 Jahren	0 nein	46	20	69,7
		1 ja	12	65	84,4
	Gesamtprozentsatz				77,6

a. Der Trennwert lautet ,500

2135 Vgl. *Wittenberg/Cramer/Vicari*, 2014, S. 299.

Tabelle 78: Klassifikationstabelle im Ausgangsblock

			Vorhergesagt		
			Rückfall im Gesamtzeitraum von 2 Jahren		Prozentsatz der Richtigen
Beobachtet			0 nein	1 ja	
Schritt 0	Rückfall im Gesamtzeitraum von 2 Jahren	0 nein	0	66	0,0
		1 ja	0	77	100,0
	Gesamtprozentsatz				53,8

a. Konstante in das Modell einbezogen.

b. Der Trennwert lautet ,500

Die Ergebnisse der binär logischen Regression bei gleichzeitigem Einschluss aller unabhängigen Variablen sind in Tabelle 79 zusammengefasst. Der Regressionskoeffizient B ist inhaltlich schlecht interpretierbar und gibt zuverlässige Informationen allein über die Richtung des Zusammenhangs.[2136] Ist der B-Koeffizient positiv, führt eine Erhöhung der jeweiligen unabhängigen Variable bzw. deren Werte zu einer Zunahme der Wahrscheinlichkeit für die Ausprägung y=1 und damit in die Gruppe der „Rückfälligen" zu fallen.[2137] Ein negativer Koeffizient bedeutet demgegenüber, dass mit einem zunehmenden Variablenwert die Wahrscheinlichkeit der Referenzgruppe anzugehören steigt und umgekehrt die Rückfallwahrscheinlichkeit abnimmt.[2138] Über die Stärke des Einflusses informiert der Effekt-Koeffizient Exp(B).[2139]

2136 *Best/Wolf*, in: Handbuch der sozialwissenschaftlichen Datenanalyse, 827 (831).

2137 Vgl. *Backhaus/Erichson/Plinke u.a.*, 2008, S. 257 f.; *Wittenberg/Cramer/Vicari*, 2014, S. 300.

2138 Zur Interpretation des B-Koeffizienten *Wittenberg/Cramer/Vicari*, 2014, S. 300.

2139 *Fromm*, 2010, S. 113.

Tabelle 79: Einflussfaktoren im Regressionsmodell

	B	SD	Wald	df	Sig.	Exp(B)
Alter bei (erster) Anlasstat	-,292	,198	2,174	1	,140	,747
Alter bei Kriminalitätsbeginn	-,089	,194	,208	1	,648	,915
mit beiden Eltern zusammenlebend			,952	3	,813	
mit einem Elternteil	,276	,579	,227	1	,634	1,317
bei Verwandten/Freunden/Heim	,736	,776	,899	1	,343	2,087
Partner/eigene Wohnung	,005	1,215	,000	1	,997	1,005
frühere JGH-Maßnahmen	-,602	,638	,889	1	,346	,548
ohne Schulabschluss			3,361	2	,186	
Haupt-/Sonder-/Förderschulabschluss	-1,103	,605	3,325	1	,068	,332
Mittlere Reife/Abitur/Fachhochschulreife	-,928	,866	1,149	1	,284	,395
keine Berufsausbildung			8,410	3	**,038**	
in Berufsausbildung	-2,756	1,016	7,358	1	**,007**	,064
abgeschlossene Berufsausbildung	-1,802	1,058	2,903	1	,088	,165
abgebrochen/gekündigt vom Arbeitgeber	-1,540	,698	4,870	1	**,027**	,214
Tätigkeit im Zeitpunkt der HV: arbeitslos			3,298	2	,192	
Tätigkeit im Zeitpunkt der HV: geordnete berufliche Verhältnisse[2140]	,806	,829	,944	1	,331	2,238
Tätigkeit im Zeitpunkt der HV: vorübergehende Beschäftigung	-1,423	,969	2,158	1	,142	,241
Vorverurteilung zu Jugendarrest	,043	,683	,004	1	,949	1,044
Sanktionsschwereindex Vorsanktion(en)	,008	,005	2,011	1	,156	1,008
Deliktsschwereindex Vortat(en)	,010	,019	,285	1	,593	1,010
Verfahrensdauer	-,013	,003	15,752	1	**,000**	,987
einschlägige Vortaten	-,059	,576	,010	1	,919	,943
Dauer des § 16a-Arrestes in Tagen	,016	,032	,245	1	,620	1,016
Arrestantritt vorgeführt und/oder unpünktlich	1,407	1,001	1,978	1	,160	4,086
Konstante	9,813	4,011	5,985	1	,014	18277,186

B=Regressionskoeffizient; SD=geschätzter Standardfehler von B; Exp(B)=Exponential-Funktion von B.

Als statistisch signifikant für die Wahrscheinlichkeit eines Rückfalls erweisen sich nach der obigen Auswertung nur zwei Variablen: die Verfahrensdauer und die Situation der Berufsausbildung. Die Überprüfung der statistischen Signifikanz erfolgte mittels des Wald-Tests. Dieser prüft analog zum t-Test in der linearen Regression die Nullhypothese, dass der Regressionskoeffizient B in der Grundgesamtheit 0 beträgt und die Variable folglich keinen Einfluss auf das Eintreten des Zielereignisses hat.[2141] Bei einem Signifikanzniveau von 5 % beträgt der tabellierte Chi^2-Wert 3,84, so dass bei allen darüber liegenden Werten ein signifikanter Einfluss der unabhängigen Variablen angenommen werden kann.[2142]

Überraschend ist, dass die Verfahrensdauer, definiert als Zeitraum zwischen der letzten abgeurteilten Anlasstat und der erstinstanzlichen Entscheidung im Verfahren mit § 16a JGG, den bedeutsamsten Einflussfaktor für die Rückfallwahrscheinlichkeit bildet. Wie das negative Vorzeichen des B-Koeffizienten zu erkennen gibt, verringert sich die Wahrscheinlichkeit für das Ereignis „Rückfall" mit der Zunahme der Verfahrensdauer. Die Wirkungsrichtung ist demnach identisch mit der in der bivariaten Korrelationsanalyse. Der Effektkoeffizient Exp(B) beträgt 0,987. Dies bedeutet: Nimmt die Verfahrensdauer um einen Tag zu, sinkt die logarithmierte Chance für das Eintreten des Rückfalls um den Faktor 0,987, wenn alle sonstigen unabhängigen Variablen unverändert bleiben. War das Chancenverhältnis zwischen Rückfall und Nicht-Rückfall vorher beispielsweise ausgeglichen im Verhältnis 1:1, führt die Erhöhung der Verfahrensdauer um eine Einheit zum Verhältnis 0,987:1. Mit dem Anstieg der Verfahrensdauer um eine Einheit (einen Tag) wird der Rückfall um 0,987-mal weniger wahrscheinlich. Das Rückfallrisiko sinkt demnach um geringe 1,3 % (% = [(1/Exp(B))-1]*100).[2143] Erklärbar könnte die Abnahme der Rückfallwahrscheinlichkeit, wie bereits ausgeführt, durch die womöglich unbewusste subjektive Entscheidung der Jugendrichter sein, der schnellen Durchführung des Strafverfahrens bei ohnehin weniger stark gefährdete Jugendliche eine geringere Bedeutung beizumessen.[2144]

2140 Geordnete berufliche Verhältnisse: Ausbildung, Arbeitnehmer/Angesteller, selbstständig; vorübergehende Beschäftigung: Praktikum, Wehr-/Zivildienst, Teilnahme an beruflicher Wiedereingliederungsmaßnahme; Hilfe im Familienbetrieb.

2141 *Backhaus/Erichson/Plinke u.a.*, 2008, S. 273.

2142 *Backhaus/Erichson/Plinke u.a.*, 2008, S. 273.

2143 Zur Berechnung des Chancenverhältnisses bei Exp(B) < 1, *Wittenberg/Cramer/Vicari*, 2014, S. 303.

2144 Siehe hierzu oben Teil 2 F.IV.2.e).

Die zweite bedeutsame Einflussvariable stellt die Berufsausbildung dar. Bei Probanden, die sich noch in Ausbildung befinden, beträgt das Chancenverhältnis zwischen der Rückfallwahrscheinlichkeit und Legalbewährung 0,064:1. Im Vergleich zu den Probanden ohne Berufsausbildung als Referenzgruppe ist die Wahrscheinlichkeit eines Rückfalls bei einer noch bestehenden Berufsausbildung um 1.462 % Prozent geringer. Umgekehrt bedeutet dies, dass Probanden, die über keine Berufsausbildung verfügen und nicht mehr im Ausbildungsverhältnis sind, eine deutlich höhere Rückfallwahrscheinlichkeit haben. Basierend auf den Ergebnissen der bivariaten Zusammenhangsanalyse war zudem zu erwarten, dass eine abgeschlossene Berufsausbildung positive Effekte auf die Legalbewährung ausübt. Diese Vermutung spiegelt sich in dem negativen Regressionskoeffizienten B= -1,802 wider, der zu erkennen gibt, dass unter Personen mit einer abgeschlossenen Berufsausbildung die Wahrscheinlichkeit, der Gruppe der Rückfälligen anzugehören, geringer ist als in der Referenzgruppe. Auch wenn das Ergebnis auf dem Signifikanzniveau von 5 % nicht verallgemeinerbar ist (p=0,088), deutet sich an, dass die Irrtumswahrscheinlichkeit, die Nullhypothese, eine abgeschlossene Berufsausbildung habe keine Erklärungskraft für die Rückfälligkeit, fälschlicherweise zu verwerfen, überschaubar gering ist. Gefestigte berufliche Strukturen wirken sich erwartungsgemäß positiv auf die Straffreiheit aus. Erstaunlich ist, dass auch Probanden mit einem abgebrochenen oder von Seiten des Arbeitsgebers gekündigten Ausbildungsverhältnis eine um 367 % weniger große Rückfallwahrscheinlichkeit haben. Eine Erklärung für diesen Befund könnte darin zu sehen sein, dass diese Jugendlichen in der Vergangenheit zumindest Erfahrungen im Bereich der Berufsausbildung sammeln konnten und eine erste berufliche Zukunftsperspektive erhalten haben. Probanden ohne Berufsausbildung haben gegenüber allen anderen beruflichen Ausbildungssituationen die größte Rückfallwahrscheinlichkeit.

Alle übrigen Variablen besitzen bei der Hinzunahme weiterer Prädiktoren keine signifikante Erklärungskraft für die Rückfälligkeit. Entgegen der Vorannahme aus der bivariaten Analyse haben weder die Schwere der strafrechtlichen Vorbelastung, insbesondere die Vorverurteilung zu Jugendarrest, noch das Bildungsniveau in Form des Schulabschlusses oder frühere Jugendhilfemaßnahmen einen signifikanten Einfluss auf die Rückfälligkeit. Da es sich bei den in die Regressionsanalyse einbezogenen Probanden aber lediglich um einen Teilausschnitt aus der Grundgesamtheit handelt, der nicht den Anforderungen einer systematisch gewählten Zufallsstichprobe entspricht, ist der Bedeutung der Signifikanzberechnung kein zu großer Stellenwert einzuräumen. Betrachtet man allein die Richtung des Einflusses und den Exponentialkoeffizient Exp(B) spiegeln sich auch in der Regressionsanalyse die Schulbildung und die Einbettung des Jugendlichen in ein intaktes Familienumfeld als Einflussfaktoren für die Rückfallwahrscheinlichkeit wider. Gleich, über welche Art von Schulabschluss der Jugendliche verfügt, zeigt sich anhand des negativen B-Koeffizienten, dass die Rückfallwahrscheinlichkeit gegenüber Probanden ohne einen Schulabschluss geringer ist. Einen protektiven Faktor bildet zudem das Zusammenleben mit beiden Elternteilen. Besonders rückfallgefährdet sind Jugendliche, die bei Verwandten, Freunden oder im Heim unterkommen und über keine stabilen Wohnverhältnisse verfügen. Im Vergleich zur Referenzgruppe haben diese Verurteilten eine doppelt so hohe Rückfallwahrscheinlichkeit. Ein im Vergleich zur Referenzgruppe um 31,7 % erhöhtes Rückfallrisiko haben Probanden, die mit einem Elternteil zusammenleben.

bb) 4- und 5-Variablen-Modell

Nachdem vorstehend ein Überblick über den Einfluss aller ausgewählten Variablen gegeben wurde, sollen nachfolgend diejenigen Prädiktoren herausgefiltert werden, die sich für die Vorhersage der Rückfälligkeit besonders gut eignen. Hierzu wurden die unabhängigen Variablen schrittweise nach dem Vorwärtsverfahren in das Modell aufgenommen. In diesem Verfahren werden die unabhängigen Variablen nacheinander entsprechend dem Maß ihrer Signifikanz berücksichtigt. Dabei wird die unabhängige Variable mit dem höchsten Chi-Quadrat-Wert, der zugleich signifikant ist, zuerst in das Modell aufgenommen.[2145] In jedem weiteren Schritt wird überprüft, welche unabhängige Variable unter den verbleibenden Prädiktoren den niedrigsten Signifikanzwert besitzt und wird das Modell im nächsten Schritt um diese Variable erweitert. Berücksichtigt werden alle Variablen, die auf dem 5 %-Niveau signifikant sind. Zugleich werden alle Prädiktoren im Modell auf Ausschluss getestet. Überprüft wird dabei, ob mit der Aufnahme einer weiteren unabhängigen Variablen ein bislang signifikanter Regressor zu einem nicht mehr signifikanten Einflussfaktor führt. Dabei werden unabhängige Variablen mit einem Wert von $p > 0,10$ aus dem Modell entfernt. Dieses Verfahren wird fortgesetzt, bis entweder alle Variablen in das Modell aufgenommen sind oder nur noch Prädikto-

---

2145 *Fromm*, 2010, S. 128.

ren vorliegen, die keinen signifikanten Beitrag mehr leisten.[2146] Das Schrittweise-Verfahren bietet gegenüber der Einschluss-Methode den Vorteil, dass die Verbesserung der Modellgüte für jede unabhängige Variable geprüft werden kann und somit ein aussagekräftigeres Ergebnis über die Vorhersage der Rückfälligkeit zustande kommt.

Tabelle 80 zeigt die Reihenfolge der schrittweise in das Modell integrierten unabhängigen Variablen. Insgesamt wurden bei einem ersten schrittweisen Einbezug vier Prädiktoren in das Modell aufgenommen: die Verfahrensdauer, die Berufsausbildung, der Sanktionsschwereindex der Vorsanktion(en) sowie das Alter im Zeitpunkt der (ersten) Anlasstat im Verfahren mit § 16a JGG. Alle weiteren Variablen, die in der bivariaten Analyse in signifikantem Zusammenhang mit der Rückfälligkeit standen, erwiesen sich unter Berücksichtigung weiterer Prädiktoren als nicht relevante Einflussgrößen. Ohne Bedeutung für die Rückfälligkeit ist es insbesondere, ob der Jugendliche im Vorfeld Unterstützung in Form von Jugendhilfeleistungen erhalten hat, im Zeitpunkt der Hauptverhandlung arbeitslos war oder einer zumindest vorübergehenden Tätigkeit nachging, sowie der Umstand, dass der Verurteilung zu § 16a JGG bereits eine Vorverurteilung zu Jugendarrest vorausging. Der schwindende Einfluss der Vorsanktionierung zu Jugendarrest auf die Rückfallwahrscheinlichkeit ist durch die statistisch höchst signifikante Korrelation zwischen der Vorverurteilung nach § 16 JGG und dem aufsummierten Sanktionsschwereindex aller Vorsanktionen (Korrelation nach Pearson=0,667; p=0,000; siehe oben Tabelle 74), der die frühere Verurteilung zu Jugendarrest gleichsam widerspiegelt, zu erklären. Der Anteil der durch das Gesamtmodel erklärten Varianz liegt bei 46,8 % (Nagelkerke Pseudo-R^2 = 0,468) und ist nur geringfügig schlechter als bei der Wahl des Einschlussverfahrens. Mit der Aufnahme jeder weiteren unabhängigen Variablen konnte die Modellgüte von anfänglich 0,249 im ersten Schritt bis auf 0,468 verbessert werden.

2146 *Wittenberg/Cramer/Vicari*, 2014, S. 304.

Tabelle 80: *Übersicht über die Modellgüte und die einbezogenen Prädiktoren – schrittweise*

Schritt	eingegebene Variable	-2 Log-Li-kelihood	Nagelkerkes R-Quadrat
1	Verfahrensdauer	167,863	,249
2	Berufsausbildung	148,111	,389
3	Sanktionsschwereindex Vor-sanktion(en)	141,594	,432
4	Alter bei (erster) Anlasstat	135,657	,468

Die Durchführung des Omnibus-Tests ergab im letzten Schritt einen Signifikanzwert für das Modell von p=0,000, so dass alle ausgewählten Prädiktoren Einfluss auf die Rückfälligkeit haben.[2147] Die in der zweiten Spalte der obigen Tabelle enthaltene Devianz (2-Log-Likelihood) gibt an, ob das Modell zur Vorhersage der Rückfallwahrscheinlichkeit geeignet ist, erhält als Gütemaß aber erst im Vergleich zu anderen Modellen Bedeutung.[2148] Entscheidend ist, dass die Devianz mit der Aufnahme weiterer Variablen sinkt.[2149] Die Abnahme der Devianz von 167,863 auf 135,657 deutet auf eine gute Modellanpassung hin.

Der Anteil der richtigen Vorhersagen über die Zugehörigkeit zur Gruppe der „Rückfälligen" und „Nichtrückfälligen", der mittels der vier Prädiktoren erreicht wird, liegt, wie der nachfolgenden Klassifikationstabelle zu entnehmen ist, bei insgesamt 76,9 %. Bei einer schrittweisen Aufnahme der vier Variablen erhöht sich die Treffergenauigkeit von 69,2 % bei der Aufnahme der Verfahrensdauer als erstem Prädiktor auf 76,9 % bei Berücksichtigung aller vier unabhängigen Variablen. Das Alter der Probanden im Zeitpunkt der (ersten) Anlasstat, das im vierten Schritt in das Regressionsmodell aufgenommen wurde, lässt den Anteil der richtigen Vorhersagen zwar unverändert, erhöht aber die Genauigkeit der richtigen Vorhersage für rückfällige Probanden geringfügig von 80,5 % auf 81,8 %. Im Vergleich zum Anfangsmodell hat sich die Modellgüte um 23,1 % verbessert (53,8 % gegenüber 76,9 %), was in Anbetracht der Tatsache, dass vorliegend nur eine begrenzte Anzahl an Rückfallfaktoren in die Analyse eingehen konnten, als positiv zu bewerten ist.

2147 Vgl. *Fromm*, 2010, S. 129.
2148 *Fromm*, 2010, S. 129.
2149 *Fromm*, 2010, S. 129.

Tabelle 81: Klassifikationstabelle – 4-Variablen_Modell

Beobachtet			Vorhergesagt		
			Rückfall im Gesamtzeit-raum von 2 Jahren		Prozent-satz der Richtigen
			0 nein	1 ja	
Schritt 1	Rückfall im Ge-samtzeitraum von 2 Jahren	0 nein	37	29	56,1
		1 ja	15	62	80,5
	Gesamtprozentsatz				**69,2**
Schritt 2	Rückfall im Ge-samtzeitraum von 2 Jahren	0 nein	45	21	68,2
		1 ja	16	61	79,2
	Gesamtprozentsatz				74,1
Schritt 3	Rückfall im Ge-samtzeitraum von 2 Jahren	0 nein	48	18	72,7
		1 ja	15	62	80,5
	Gesamtprozentsatz				76,9
Schritt 4	Rückfall im Ge-samtzeitraum von 2 Jahren	0 nein	47	19	71,2
		1 ja	14	63	81,8
	Gesamtprozentsatz				**76,9**

a. Der Trennwert lautet,500

Auskunft über den Einfluss der vier signifikanten Prädikatoren gibt Tabelle 82. Die Ergebniswiedergabe beschränkt sich zur besseren Übersichtlichkeit auf die zuerst aufgenommene Variable „Verfahrensdauer" und den letzten Schritt der Modellbildung.

Tabelle 82: Einflussfaktoren im 4-Variablen-Modell

	B	SD	Wald	df	Sig.	Exp(B)
Schritt 1[a] Verfahrensdauer	-,009	,002	20,056	1	,000	,991
Konstante	2,072	,452	21,009	1	,000	7,938
Schritt 4[d] Alter zum Zeitpunkt der ersten Anlasstat	-,372	,158	5,524	1	,019	,690
keine Berufsausbildung			16,054	3	,001	
in Berufsausbildung	-2,227	,565	15,542	1	,000	,108
abgeschlossene Berufsausbildung	-1,358	,796	2,913	1	,088	,257
abgebrochen/gekündigt vom Arbeitgeber	-1,551	,596	6,769	1	,009	,212
Sanktionsschwereindex Vorsanktion(en)	,010	,003	8,614	1	,003	1,010
Verfahrensdauer	-,010	,003	16,149	1	,000	,990
Konstante	9,025	2,798	10,401	1	,001	8309,174

B=Regressionskoeffizient; SD=geschätzter Standardfehler von B; Exp(B)=Exponential-Funktion von B

Auch bei einer schrittweisen Aufnahme der unabhängigen Variablen zeigt sich, dass die Verfahrensdauer den signifikantesten Einflussfaktor darstellt und als erste Variable in das Regressionsmodell einbezogen wurde. Die Richtung des Einflusses bleibt aufgrund des negativen Vorzeichens des B-Koeffizienten unverändert, so dass die Rückfallwahrscheinlichkeit mit zunehmender Verfahrensdauer abnimmt. Auch die im zweiten Schritt aufgenommene Variable der Berufsausbildung hat im abschließenden 4-Variablen-Modell insgesamt eine signifikante, rückfallbeeinflussende Bedeutung. Da als Referenzgruppe die Ausprägung „keine Berufsausbildung" festgelegt wurde, gibt der Effektkoeffizient Exp(B) den Faktor an, um den sich das Wahrscheinlichkeitsverhältnis zwischen der betrachteten Kategorie und der Referenzkategorie verändert. Noch deutlicher als im Einschlussverfahren zeigt sich an dieser Stelle, dass Probanden ohne eine Berufsausbildung eine deutlich höhere Rückfallwahrscheinlichkeit haben. Personen, die über keine Berufsausbildung verfügen und eine solche bislang auch nicht begonnen haben, haben eine um 826 % erhöhte und damit 8-mal so hohe Rückfallwahrscheinlichkeit gegenüber Probanden die sich in Berufsausbildung befinden. Die berufliche Perspektive bildet damit einen entscheidenden protektiven Rückfallfaktor.

Einen negativen Effekt auf die Rückfallwahrscheinlichkeit hat erwartungsgemäß das Alter der Probanden. Im Einklang mit den vorstehenden

Befunden der Korrelationsanalyse und den allgemeinen Erkenntnissen der Rückfallforschung verringert sich die Rückfallwahrscheinlichkeit mit zunehmendem Alter im Zeitpunkt der ersten im Verfahren mit § 16a JGG abgeurteilten Anlasstat. Steigt das Alter des Täters um ein Jahr, sinkt die Rückfallwahrscheinlichkeit um 45 %.

Den vierten bedeutsamen Einflussfaktor für die Rückfälligkeit bildet das Maß der strafrechtlichen Vorbelastung. Nimmt der Sanktionsschwereindex der früheren Entscheidungen um eine Einheit zu und steigt damit implizit entweder die Anzahl oder die Schwere der Vorsanktionen, so erhöht sich die Chance, einen Rückfall zu begehen, um 1 %. Die auf den ersten Blick geringe prozentuale Zunahme der Rückfallwahrscheinlichkeit kann sowohl aus der breiten Streuung des Sanktionsschwereindex zwischen 0 und 388 als auch aus den vorhandenen Lücken innerhalb der Indexwerte resultieren. Um die Bedeutung der Vorstrafenbelastung für die Rückfälligkeit besser sichtbar zu machen, wurde der Sanktionsschwereindex aller früheren Verurteilungen im Regressionsmodell durch die Anzahl der Vorverurteilungen einschließlich früherer Entscheidungen nach §§ 45, 47 JGG ersetzt. Nimmt man die Variablen wiederum schrittweise in das Modell auf, sind insgesamt fünf Variablen von Einfluss auf die Rückfälligkeit. Gegenüber dem 4-Variablen Modell erlangt auch der unpünktliche oder unfreiwillige Arrestantritt signifikanten Einfluss auf die Rückfälligkeit, wodurch der Eindruck gestärkt wird, dass sich das Fehlen von klaren und strukturierten Verhaltensregeln rückfallbegünstigend auswirkt. Der Anteil der richtigen Vorhersagen erhöht sich durch die Variable „Arrestantritt" auf 77,6 %. Nagelkerke Pseudo-R^2 beträgt 0,508, so dass mittels des 5-Variablen Modells 50,8 % der Varianz des Rückfalls erklärt werden können.

Tabelle 83: Einflussfaktoren im 5-Variablen-Modell

		B	SD	Wald	df	Sig.	Exp(B)
Schritt 1[a]	Verfahrensdauer	-,009	,002	20,056	1	,000	,991
	Konstante	2,072	,452	21,009	1	,000	7,938
Schritt 5[e]	Alter zum Zeitpunkt der ersten Anlasstat	-,367	,163	5,095	1	,024	,693
	ohne Berufsausbildung			13,243	3	,004	
	in Berufsausbildung	-1,997	,573	12,155	1	,000	,136
	abgeschlossene Berufsausbildung	-1,521	,830	3,360	1	,067	,218
	abgebrochen/gekündigt vom Arbeitsgeber	-1,523	,612	6,184	1	,013	,218
	Anzahl der Vorverurteilungen	,560	,176	10,143	1	,001	1,751
	Verfahrensdauer	-,011	,003	17,092	1	,000	,989
	Arrestantritt vorgeführt und/oder unpünktlich	-1,890	,929	4,139	1	,042	,151
	Konstante	10,141	2,997	11,453	1	,001	25363,934

Betrachtet man den Einfluss der Vorstrafenbelastung, deren Streuung von 0 bis 8 Voreintragungen wesentlich kleiner ausfiel als die des Sanktionsschwereindexes, erweist sich die Vorstrafenbelastung erwartungsgemäß als stark rückfallfördernder Faktor. Steigt die Anzahl der Vorverurteilungen um eine Einheit, erhöht sich das Chancenverhältnis zu Gunsten der Rückfälligkeit um 75 %.

V. Zusammenfassung und Einordnung der Befunde in die Rückfallforschung

Zusammenfassend können zur Legalbewährung nach einer Verurteilung zu § 16a JGG folgende Aussagen getroffen werden:

Mehr als die Hälfte der Probanden (54,0 %) ist innerhalb des Beobachtungszeitraums von zwei Jahren erneut straffällig geworden. Dies entspricht umgekehrt einer Legalbewährungsquote von 46,0 %. Stellt man dieses Ergebnis im Bewusstsein über die Unterschiede in der Länge des Beobachtungszeitraums und der Heterogenität der Täterpersönlichkeiten in behutsamer Formulierung den Erkenntnissen aus der bundesweiten Rückfalluntersuchung gegenüber, so zeigt sich im Vergleich zu der Legalbewährungsquote von 38,6 %[2150] nach einer Verurteilung zu einer Jugendstrafe mit Bewährung ohne einen Arrest nach § 16a JGG im Bezugsjahr 2010, zumindest für den kurzen Beobachtungszeitraum, eine erste vorsichtig positive Bilanz. Nach den Befunden der bundesweiten Legalbewährungsuntersuchung liegt die Rückfallrate nach einer Jugendstrafe zur Bewährung bei einem dreijährigen Kontrollzeitraum für das Basisjahr 2007 bei 61,9 %,[2151] in der Folgeuntersuchung für das Basisjahr 2010 bei vergleichbaren 61,4 %.[2152] Um von einer grundsätzlichen Wirksamkeit des § 16a-Arrestes im Ausgangspunkt sprechen zu können, müsse – so *Antholz*[2153] – die Rückfallrate nach einer Sanktionierung gem. § 16a JGG unter 62 % liegen. Diese Hoffnung hat sich in der vorliegenden Rückfalluntersuchung mit einer Rückfallrate von 54,0 % binnen zwei Jahren zwar vorerst bewahrheitet, doch liegt der bundesweiten Legalbewährungsuntersuchung mit drei Jahren ein längerer Folgezeitraum zugrunde,[2154] so dass sich eine direkte Gegenüberstellung der Prozentzahlen schon aus diesem Grund verbietet. Bei der Interpretation der ermittelten Rückfallquote nach der Verurteilung mit § 16a JGG muss ferner berücksichtigt werden, dass sich die Rückfallraten nach den einzelnen Sanktionsformen in den Bundesländern bekanntermaßen erheblich unterscheiden.[2155] Dies ist generell durch die regional unterschiedliche Bevölkerungsstruktur und Kriminalitätsbelastung erklärbar.[2156] Während die Rückfallrate nach einer Verurteilung zu Jugendstrafe mit Bewährung im Bundesdurchschnitt bei besagten 61,4 % liegt, zeigt sich in den einzelnen Bundesländern eine Spannweite von 56,8 % bis 71,7 %.[2157] Präzisere Aussagen über die Erfolgsquote einer Verurteilung nach § 16a JGG im Vergleich zur bloßen Bewährungsstrafe erfordern für das Bundesland Bayern folglich eine Gegenüberstellung mit den dortigen Rückfallraten nach einer Jugendstrafe zur Bewährung. Da derzeit, soweit ersichtlich, keine Studien vorliegen, die sich spezifisch für das Bundesland Bayern der Rückfälligkeit von Bewährungsprobanden mit einer Verurtei-

---

2150 *Jehle/Albrecht/Hohmann-Fricke u.a.*, 2016, S. 63.
2151 *Jehle/Albrecht/Hohmann-Fricke u.a.*, 2013, S. 55.
2152 *Jehle/Albrecht/Hohmann-Fricke u.a.*, 2016, S. 63.
2153 *Antholz*, Krim 2/2015, 99 (100).
2154 *Jehle/Albrecht/Hohmann-Fricke u.a.*, 2013, S. 14; *dies.*, 2016, S. 26.
2155 Vgl. *Jehle/Albrecht/Hohmann-Fricke u.a.*, 2016, S. 166 f.
2156 *Jehle/Albrecht/Hohmann-Fricke u.a.*, 2016, S. 166 ff..
2157 *Jehle/Albrecht/Hohmann-Fricke u.a.*, 2016, S. 167.

lung zu Jugendstrafe widmen,[2158] kann eine weitere Einordnung der Ergebnisse nicht vorgenommen werden. Unter den genannten Aspekten wäre es an dieser Stelle vorschnell, zu behaupten, die geringere Rückfallrate nach § 16a JGG spreche für die Wirksamkeit der Sanktionskoppelung. Nicht auszuschließen ist, dass § 16a JGG gerade auf diejenigen Täter Anwendung findet, die sich auch bei einer alleinigen Bewährungssanktion legalbewährt hätten. Insgesamt scheint es naheliegend, dass die Rückfallrate nach § 16a JGG bei einer Ausweitung des Kontrollzeitraums weiter zunimmt und sich die Unterschiede zur Rückfälligkeit nach einer singulären Jugendstrafe mit Bewährung relativieren.

Die meisten Probanden wurden bereits innerhalb des ersten Jahres nach der Sanktionierung mit § 16a JGG erneut straffällig. Unterzieht man die Rückfallrate innerhalb des einjährigen Kontrollzeitraums einem zurückhaltenden, durch die unterschiedlichen Kontrollzeiträume eingeschränkten Vergleich mit den bundesweiten Forschungsbefunden des KFN zur Rückfälligkeit nach § 16a JGG, ergibt sich für die von den bayerischen Gerichten verurteilten Jugendlichen bzw. Heranwachsenden eine um 7,6 % höhere Rückfallquote. Während in der hiesigen Untersuchung innerhalb des einjährigen Kontrollzeitraums 40,1 % der Probanden rückfällig wurden, hatten nach den Befunden des KFN 32,5 % der § 16a-Arrestanten bis zum Ende des Beobachtungszeitraums am 01.01.2016 mindestens einen Rückfall vorzuweisen.[2159]

Die Anzahl der eingetragenen Rückfälle lag bei durchschnittlich 1,46 Rückfalleintragungen. Der hohe Anteil an Probanden mit nur einem Rückfalleintrag (62,9 % von n=167) könnte unter anderem damit in Zusammenhang stehen, dass in 47,3 % der ersten Rückfalltat eine unbedingte Jugend- oder Freiheitsstrafe nachfolgte und für diese Probanden infolge

---

2158 Einen Überblick über die bundesweit vorliegenden Studien zur Legalbewährung nach einer jugendstrafrechtlichen Bewährungsentscheidung gibt *Weigelt*, 2009, S. 44 ff.; die Bewährungshilfestatistik für Bayern erscheint für einen Vergleich ungeeignet, da diese allein Auskunft über die beendeten Unterstellungen unter die Bewährungsaufsicht, differenziert nach dem Beendigungsgrund Auskunft gibt, vgl. *Bayerisches Landesamt für Statistik*, Bewährungshilfestatistik – 2016, S. 5. Aussagen über die Rückfälligkeit im Sinne einer erneuten Tatbegehung lassen sich auf dieser Basis nicht treffen.

2159 *Klatt/Ernst/Höynck u.a.*, 2016, S. 200, zum Ende des Beobachtungszeitraums dort Fn. 22. Der dortige Beobachtungszeitraum lässt sich mit hiesigen Ein-Jahres-Zeitraum nicht unmittelbar vergleichen, da in der Studie des KFN alle Jugendstrafakten mit Rechtskraft ab 01.10.2013 bis 30.09.2014 analysiert wurden und mit dem Ende des Beobachtungszeitraums am 01.01.2016 auch ein längerer Zeitraum verbleiben konnte; siehe zur Stichprobe *dies.*, 2016, S. 63, 197 f.

des Freiheitsentzuges die Möglichkeit zur Begehung von Straftaten faktisch eingeschränkt ist. Inwieweit der Verbüßung des Warnschussarrestes eine legalbewährungsfördernde Wirkung zukommt, kann anhand der vorstehenden Ergebnisse mangels einer Vergleichsgruppe ohne § 16a JGG nicht beantwortet werden. Als erster positiver Ansatz kann jedoch der Rückgang in der Tatschwere gewertet werden. Innerhalb der Gruppe von Probanden mit mindestens einer Rückfalltat und vorliegenden Informationen über die Art der für die Verurteilung nach § 16a JGG maßgebenden Straftat, hat die Rückfallschwere gegenüber dem Ausgangsdelikt bei 56,6 % der Probanden abgenommen. Die Tatsache, dass 55 % der rückfälligen Probanden mit einer echten Rückfalltat binnen eines Zeitraumes von sechs Monaten nach der Verbüßung des Arrestes erneut straffällig wurden, legt allerdings nahe, dass die Wirkungen des Arrestvollzugs zeitlich stark begrenzt sind.

In Übereinstimmung mit den bisherigen Befunden der Rückfallforschung steht die Begehung neuer Straftaten vor allem in Zusammenhang mit den persönlichen Tätermerkmalen und der Vorstrafenbelastung. Rückfallrelevante Faktoren sind nach den Ergebnissen der bivariaten Analyse das Alter der Probanden, deren Schul- und Berufsausbildung, die Wohnverhältnisse, vorangegangene Erfahrungen mit Jugendhilfemaßnahmen, die Länge der Strafverfahrensdauer im untersuchungsgegenständlichen Verfahren mit § 16a JGG, die Unfreiwilligkeit und/oder Unpünktlichkeit des Arrestantritts sowie der Umfang der strafrechtlichen Vorbelastung, gewichtet nach Anzahl und Schwere der früheren Straftaten. Hinsichtlich der Art der strafrechtlichen Vorsanktionen zeigt sich für Probanden mit einer Vorverurteilung zu Jugendarrest eine signifikant höhere Rückfallquote. Dies stützt die gesetzgeberische Grundannahme, die Anordnung des § 16a JGG bei einer früheren Arrestverbüßung auf den Ausnahmefall zu begrenzen. Aus der mehrfachen Sanktionierung mit einem Jugendarrest lassen sich jedenfalls keine spezialpräventiv positiven Rückschlüsse ziehen. In der multivariaten Analyse verbleiben im letzten Schritt schließlich fünf Faktoren, die Einfluss auf die Rückfälligkeit nehmen. Die signifikanteste Einflussgröße für die Rückfallwahrscheinlichkeit bildet die Dauer des Strafverfahrens von der Begehung der letzten Anlasstat bis zum Urteilsspruch. Festzustellen ist, dass eine zunehmende Verfahrensdauer – konträr zur Grundannahme der behavioristischen Lerntheorien – mit einer positiveren Legalbewährung in Verbindung steht. Prädisponierende Faktoren für die Rückfallwahrscheinlichkeit sind zudem ein junges Alter der Straftäter, eine hohe Vorstrafenbelastung, das Fehlen einer Berufsausbildung und ein unpünktlicher und/oder unfreiwilliger Arrestantritt. Bei einer konzeptionellen Fortentwicklung des § 16a-Arrestes sollten diese Aspekte, soweit möglich, verstärkt Berücksichtigung finden.

Teil 3: Resümee und rechtspolitische Schlussfolgerung

Die vorliegende Untersuchung war geleitet von acht übergeordneten zentralen Forschungsfragen (siehe Teil 2 C.II), deren Beantwortung eine empirisch gesicherte Wissensbasis über die Handhabung des § 16a JGG im Bundesland Bayern schaffen soll. In Zusammenschau aller Untersuchungsteile sollen die zentralen Forschungsergebnisse nachfolgend zusammengefasst und mit den Vorstellungen des Gesetzgebers sowie dem Für und Wider bei Einführung des § 16a JGG abgeglichen werden. Festzustellen ist, inwieweit „Sanktionsanspruch" und „Sanktionswirklichkeit" übereinstimmen und wo sich auf Grundlage der hiesigen empirischen Erkenntnisse weiterer Anpassungsbedarf ergibt.

A. Zusammenfassung und Kompatibilität der Forschungsbefunde mit den gesetzgeberischen Zielen

Die Befunde der Studie lassen sich wie folgt zusammenfassen:

1. Die Anordnungsfrequenz des § 16a JGG fällt sowohl regional wie auch bei den einzelnen Jugendrichtern sehr unterschiedlich aus. Während einige Jugendrichter einen sehr extensiven Anwendungsgebrauch des § 16a JGG pflegen, handhabt die überwiegende Anzahl der Jugendrichter die Norm entsprechend ihrem Ausnahmecharakter zurückhaltend. Jugendrichter, die über eine längere Berufserfahrung verfügen und eine positive bzw. befürwortende Grundhaltung gegenüber § 16a JGG besitzen, haben von der Anordnung eines § 16-Arrestes in der Praxis bislang vermehrt Gebrauch gemacht. Festzustellen ist zudem, dass Gerichte, die sich räumlich näher am Ort der Arrestanstalt befinden, einen Arrest nach § 16a JGG häufiger verhängen.

2. Bevorzugt findet § 16a JGG als Dauerarrest und auf Täter Anwendung, die bereits eine kriminelle Vorgeschichte vorzuweisen haben. Der Anteil vorbelasteter Probanden lag bei 88,5 %. Von 278 Probanden wurden 43,2 % bereits in einem früheren Strafverfahren zu Jugendarrest verurteilt; in etwa jeder zehnte Proband hatte sogar zwei oder mehr Vorverurteilungen zu § 16 JGG. Der Anteil an Vorsanktionen in Form des Dauerarrestes belief sich auf 20,1 %. Für einen nicht unbeachtlichen Anteil der Probanden stellte sich der Jugendarrest daher nicht als erstmaliger Freiheits-

entzug dar. Das Regel-Ausnahme-Verhältnis, welches der Gesetzgeber in § 16a Abs. 2 JGG für die Anordnungsvariante des § 16a Abs. 1 Nr. 1 JGG explizit festgeschrieben hat, wird in der Praxis eher locker gehandhabt. Bei einer früheren Sanktionierung mittels Jugendarrest waren Ausführungen zur Erforderlichkeit des § 16a-Arrestes nur in jedem vierten Urteil zu finden. Sowohl bei der Aktenanalyse als auch im Rahmen der Richterbefragung zeigte sich, dass ein wesentlicher Grund dafür, von der Regelvermutung des § 16a Abs. 2 JGG abzuweichen, darin liegt, dass der früher verhängte Arrest zeitlich kürzer ausfiel, bereits längere Zeit zurücklag oder die Bewährungsstrafe in einigen Fällen durch den Wegfall eines noch ausstehenden Jugend- oder Ungehorsamsarrestes an Bedeutungskraft verloren hätte. Die Anordnung eines § 16a-Arrestes bei einer Vorverurteilung zu Jugendarrest stellt nach alldem jedenfalls keine Ausnahme dar.

3. Entsprechend dem kriminalpolitischen Diskurs im Zeitpunkt der Einführung des Warnschussarrestes spielen Gewaltdelikte bei der Sanktionierung mit § 16a JGG eine bedeutsame Rolle; insbesondere Straftaten der einfachen und gefährlichen Körperverletzung sind häufig anzutreffende Delikte. Auch die befragten Jugendrichter sahen für § 16a JGG mehrheitlich dann einen Anwendungsspielraum, wenn die angeklagte Tat durch ein brutales Vorgehen gekennzeichnet ist oder es sich um einen bislang „Kleinkriminellen" oder justiziell nicht vorgeahndeten Jugendlichen handelt, der schließlich eine massive Gewalttat oder ein Sexualdelikt begangen hat. Ersttäter hatten im Vergleich zum Gesamtdurchschnitt aller Probanden sowohl mehr als auch schwerere Taten begangen. Insgesamt betrachtet ergibt sich damit ein zumindest nennenswertes Anwendungsfeld für § 16a JGG auf Ersttäter und Personen, deren schwerste strafrechtliche Vorentscheidung in einer Verfahrenseinstellung gem. §§ 45, 47 JGG bestand, und die aufgrund eines Gewaltdelikts mit § 16a JGG sanktioniert wurden. Der Anteil der Gewalttaten betrug unter den Ersttätern (n=32) 56,3 %, bei den ausschließlich mit einer Verfahrenseinstellung Vorbelasteten (n=39) lag er bei 71,8 %. Gemeinsam nahmen diese beiden Personengruppen mit einer abzuurteilenden Gewalttat unter den 278 Probanden einen Anteil von 16,5 % ein. Umgekehrt zeigt dieses Ergebnis auch, dass unter den Verurteilten nach § 16a JGG eine Probandengruppe existiert, die bislang noch keine strafrechtliche Vorverurteilung erfahren hatte und mit dem Ausspruch eines § 16a JGG als erste gerichtliche Entscheidung eine sehr massive Strafe erhalten hat.

4. Die zweite Fallkonstellation, die als Anwendungsbereich des § 16a JGG diskutiert wurde, sind Täter, die bislang nicht strafrechtlich in Erscheinung getreten sind und nun wegen einer Vielzahl von Straftaten

aus dem Bereich der mittleren Kriminalität vor Gericht stehen. Anhaltspunkte für diesen Adressatenkreis ergaben sich bei 17 der 32 Ersttäter, die
sechs und mehr Einzeltaten begangen hatten und deren gesamter Deliktsschwereindex mit einem Wert von im Mittel 90,65[2160] deutlich über
dem der übrigen Arrestanten von durchschnittlich 19,93[2161] lag.

5. Auf sehr junge Ersttäter, die bereits im Alter der Strafunmündigkeit
kriminell auffällig waren, kam § 16a JGG nur in zwei Fällen zur Anwendung. In insgesamt 3,6 % der Verurteilungen ergab sich aus der Akte ein
Hinweis auf eine Delinquenz im Kindesalter. Auch wenn viele Jugendrichter der Sanktionierung mittels § 16a JGG bei jungen Tätern mit einer früheren Kinderdelinquenz, die nunmehr wegen einer Vielzahl abzuurteilen-
der Taten angeklagt sind, einen generellen Anwendungsbereich zusprachen, fand sich diese Fallgruppe in der bisherigen Praxis nur selten wieder.

6. Im Übrigen sind die persönlichen Belastungsfaktoren der Verurteilten
unterschiedlich stark ausgeprägt. Im Vergleich zu Untersuchungen, die
sich mit der herkömmlichen Vollzugspopulation des Jugendarrestes befassen, zeigt sich, dass Warnschussarrestanten über eine höhere Vorstrafenbelastung verfügen. Persönliche und soziale Defizite, wie sie in der Gesetzesbegründung angesprochen wurden, manifestierten sich in der Form von
Arbeitslosigkeit, einer niedrigen Schulbildung und einem häufigen Getrenntleben der Eltern. Auch wenn die Klientel des § 16a JGG in zwei Expertengesprächen als aggressiver und sozial auffälliger beschrieben wurden, konnte anhand der Informationen aus den Schlussberichten und den
anderen Gesprächen nicht der Eindruck gewonnen werden, dass die § 16a-
Arrestanten große Unterschiede zu herkömmlichen Jugendarrestklientel,
insbesondere zu den Bewährungsprobanden, die wegen eines Auflagenver-
stoßes einen Ungehorsamsarrest zu verbüßen haben, aufweisen. Die geäußerte Befürchtung, durch § 16a JGG würden Überschneidungen in der Klientel des Jugendarrestes und der Jugendstrafe in weiterem Maße zugelassen, hat durchaus Berechtigung, ist aber dadurch zu relativieren, dass der
Arrest bereits vormals zu einem erheblichen Anteil zwischen 40 %
und 70 % mit Bewährungsprobanden besetzt war, die wegen eines Aufla-
genverstoßes einen Jugendarrest zu verbüßen haben.[2162] Eine homogene,
eigenständige Vollzugspopulation, die sich, wie in der Gesetzesbegründung beschrieben,[2163] von der Klientel des § 16 JGG durch ihre persönliche

---

2160 Median: 42,0; Modus: 14; SD: 169,81; Minimum: 14; Maximum: 728; n=17.
2161 Median: 8,0; Modus: 4; SD: 50,54; Minimum: 1; Maximum: 526; n=261.
2162 *Goeckenjan*, ZJJ 2013, 67 (69).
2163 BT-Drucks. 17/9389, S. 21.

Situation und ihren Behandlungsbedarf abhebt, lässt sich anhand der erhobenen Daten aus den Akten nicht eindeutig feststellen. Es zeigt sich aber, dass § 16a JGG primär bei Gewalttaten und strafrechtlich vorbelasteten Tätern zur Anwendung kommt.

7. Zur Frage „Aus welchen Gründen wird von der Verhängung des § 16a JGG Gebrauch gemacht?" kann als klarer Befund formuliert werden: Die Jugendrichter setzen vor allem auf die Verdeutlichungsfunktion des § 16a JGG. Die Zielvorstellungen, dem Jugendlichen die Sanktion unmittelbar spürbar zu machen, ihn die drohende Vollstreckung der Jugendstrafe fühlen zu lassen und ihm die Folgen weiterer Straftaten sowie das begangene Unrecht zu verdeutlichen, stellten sowohl in den Urteilsgründen als auch bei der Befragung der Jugendrichter die leitenden Anordnungsmotive dar. Der Abschreckungsgedanke ist für 63 % der Jugendrichter ein stark zu berücksichtigender Strafzweck. Zur Abgrenzung gegenüber dem herkömmlichen Jugendarrest gem. § 16 JGG betont die Gesetzesbegründung, dass die Anordnung des § 16a-Arrestes nicht nur von dem Gedanken der Ahndung und Unrechtsverdeutlichung getragen sein darf, sondern erzieherische Belange in positivem Sinne in den Vordergrund rücken.[2164] Die Relation der inhaltlich mit § 16a Abs. 1 Nr. 1 und Nr. 3 JGG begründeten Arrestanordnungen spiegelt in der Praxis aber eher ein umgekehrtes Bild wider, das den spezialpräventiven Abschreckungsgedanken in den Fokus stellt. Die mangelnde Auseinandersetzung mit den Einschränkungen der Gebotenheit des Arrestes durch vorrangig zu erteilende Bewährungsauflagen und eine intensive Belehrung lassen es nicht fernliegend erscheinen, dass der Arrest in vielen Fällen auch als bewährungsbegleitender Denkzettel genutzt wird, der für den Jugendlichen eine zusätzliche Draufgabe darstellt.

8. Bei der Anwendung des Verdeutlichungsarrests gem. § 16a Abs. 1 Nr. 1 JGG, um dem Empfinden eines gefühlten Freispruchs durch die Bewährungsstrafe entgegenzuwirken oder bei mehreren Mitverurteilten den Stellenwert der Bewährungsstrafe gegenüber dem zu Jugendarrest Verurteilten hervorzuheben, handelt es sich um Fallkonstellationen, die in der Urteilspraxis nur in geringem Maße mit dieser Deutlichkeit zum Ausdruck kamen. Die theoretischen Grundvoraussetzungen für die Anordnung eines § 16a-Arrestes zum Ausgleich von Sanktionsungleichheiten in Komplizensituationen waren in 14,4 % von 278 Fällen gegeben, wohingegen diese Argumentationslinie nur in zwei Urteilen zur Begründung des § 16a JGG aufgegriffen wurde. Das Anliegen mittels des zusätzlichen Arres-

---

2164 BT-Drucks. 17/9389, S. 12.

tes die Fehlvorstellung des Jugendlichen über die Bewährungsentscheidung als gefühltem „Quasi-Freispruch" auszuräumen, kam in den Urteilen ebenfalls nur zu einem geringen Anteil explizit zum Ausdruck (3,6 %). Hier legen die Ergebnisse aus der Richterbefragung in Verbindung mit den häufig anzutreffenden Urteilsbegründungen, etwa in Form der Fühlbarkeit der Sanktion oder der Bedeutungsvermittlung eines Freiheitsentzuges, aber nahe, dass diesem Aspekt bei der jugendrichterlichen Sanktionsentscheidung weitaus höhere Bedeutung zukommt. Darüber hinaus soll die Anordnung eines § 16a-Arrestes nach der Mehrheit der befragten Richter zwar sicherstellen, dass der Jugendliche die Bewährungszeit übersteht, doch wurde andererseits der intensiven Vorbereitung der Bewährungszeit und der Herstellung eines ersten Kontakts zur Bewährungshilfe eine deutlich untergeordnete Funktion beigemessen. Demgegenüber sehen die befragten Experten in der Zusammenarbeit und Gesprächsführung mit der Bewährungshilfe einen zentralen Aspekt für die Vollzugsgestaltung des § 16a JGG, der dazu genutzt werden könne den Jugendlichen zu motivieren und Hürden zu Beginn der Bewährungszeit abzubauen. Die Befürchtung, der Arrest könnte durch seinen dem Bewährungsbeginn nachgelagerten Vollzug zu einer Störung in der Zusammenarbeit mit der Bewährungshilfe führen, bestätigte sich in der vorliegenden Studie nicht. Weder die Jugendrichter sehen den Arrest als Blockade für die zukünftige Zusammenarbeit mit der Bewährungshilfe, noch fand dieser Aspekt bei den befragten Experten Anklang. Die Gefahr, die Sanktionierung könnte aus der Sicht des Jugendlichen mit der Entlassung aus dem Arrest ihr Ende gefunden haben, scheint dadurch begrenzt, dass die Vollzugsleiter bei Dauerarrestanten, die die überwiegende Mehrheit der § 16a-Verurteilungen bilden, die Bedeutung des § 16a JGG im Schlussgespräch nochmals thematisieren.

9. Die Anordnung des Arrestes zur Herausnahme des Jugendlichen aus seinem schädlichen Umfeld (§ 16a Abs. 1 Nr. 2 JGG) besitzt kaum Praxisrelevanz. Die gemäßigte Anwendung des § 16a Abs. 1 Nr. 2 JGG spiegelt die hohen Erwartungen des Gesetzgebers wider, der die Anordnung des Herausnahmearrestes regelmäßig nur bei einer entsprechend angepassten Behandlung im Arrestvollzug und einer auf Nachhaltigkeit angelegten Übergangsbetreuung für zweckmäßig erachtet. Mit der Ausnahme eines Urteils blieb die Rechtsfolgenbegründung zu § 16a Abs. 1 Nr. 2 JGG hinter den gesetzlichen Vorgaben zurück.

10. Eine haftvermeidende Wirkung entfaltet die Anordnung des zusätzlichen Arrestes offenbar nur zu einem geringen Prozentsatz. Hinweise darauf, dass ohne den Ausspruch des § 16a JGG eine Aussetzung der Jugendstrafe zur Bewährung nicht mehr in Betracht gekommen wäre, ergaben

sich bei einer weiten Auslegung des § 16a JGG als „letzte Chance" für den Jugendlichen in 15,5 % der Urteile. Ob in all diesen Fällen alternativ zu § 16a JGG eine Vollstreckung der Jugendstrafe die Folge gewesen wäre, ist nach den Befunden der Jugendrichterbefragung zu bezweifeln. Zwar hätten einige Jugendrichter, die in der Praxis von dem Ausspruch eines § 16a-Arrestes bereits Gebrauch gemacht haben, vor Inkrafttreten des § 16a JGG nach eigener Einschätzung in diesen Fällen immer oder jedenfalls in vielen Fällen eine unbedingte Jugendstrafe verhängt, doch sah die Mehrheit der Jugendrichter in der unbedingten Jugendstrafe keine Alternativsanktion. Zumeist wäre anstelle des § 16a JGG auf eine Jugendstrafe zur Bewährung mit denselben oder noch mehr Bewährungsauflagen zurückgegriffen worden. Dies indiziert, dass die Sanktionskoppelung mit § 16a JGG für den Großteil der Probanden zu einer Strafschärfung führt. Leicht positive Auswirkungen hat § 16a JGG allenfalls aus die Dauer der Jugendstrafe.

11. Zu der dritten Forschungsfrage, ob die derzeitige Anordnungspraxis des § 16a JGG den gesetzlichen Vorgaben entspricht, kann festgestellt werden, dass dies nur zu Teilen zutreffend ist. Mit den Anordnungsvoraussetzungen des § 16a JGG setzen sich die bayerischen Gerichte in unterschiedlichem Maße auseinander. Zweifel an der Verhältnismäßigkeit der Sanktion ergeben sich mit Blick auf die Begründungsanforderungen aus § 54 JGG und dem in der Gebotenheit angelegten Subsidiaritätsgrundsatz vor allem bei einer vollständigen Nichtbegründung des § 16a JGG und einer bloßen Bezugnahme auf den Gesetzeswortlaut, deren Anteil gemeinhin 45,6 % ausmachte. Gerade wegen der Zweckorientierung der Sanktion muss das Gericht nach der Gesetzesbegründung die Erforderlichkeit des zusätzlichen Arrestes im Einzelfall prüfen.[2165] In die Prüfung einzustellen sind neben Überlegungen zu vorrangigen Jugendhilfeleistungen, insbesondere in der Form von Bewährungsauflagen, auch Erwartungen an eine behandlungsorientierte Arrestgestaltung sowie Aspekte des zu erwartenden Übergangsmanagements, so dass erzielte positive Effekte nicht mit der Entlassung verloren gehen.[2166] Im Rahmen von § 16a Abs. 1 Nr. 1 JGG erhält die Belehrung über die Bedeutung der Strafaussetzung zudem besonderes Gewicht. Die Ausführungen der Jugendgerichte zu den vorgenannten Erwägungen sind mit Ausnahme einiger weniger Fälle verhalten negativ. Insbesondere die fehlende Darlegung zu den Umständen einer vorrangigen intensiven Belehrung des Jugendlichen gem. § 70a JGG und der Erforderlichkeit des zusätzlichen Arrestes trotz erteilter Bewährungsauflagen ver-

---

2165 BT-Drucks. 17/9389, S. 12.
2166 BT-Drucks. 17/9389, S. 12.

stärkt den Eindruck, dass es bei einem auf § 16a Abs. 1 Nr. 1 JGG gestützten Arrest vorrangig um das Empfinden eines Freiheitsentzuges geht. Die Vorgabe in der Gesetzesbegründung, das Jugendgericht habe bei der Anordnung des § 16a JGG, insbesondere bei einer bestehenden Arrest- oder Untersuchungshafterfahrung, zu prüfen, ob eine behandlungsorientierte Gestaltung des Arrestvollzuges zu erwarten ist,[2167] ließ sich nur schwer verifizieren, da der Begriff der behandlungsorientierten Vollzugsgestaltung vielseitigen Auslegungsalternativen zugänglich ist. Explizit wurde in keinem Urteil auf die Arrestgestaltung Bezug genommen. Ein Drittel der Jugendrichter fühlte sich subjektiv ungenügend über die Vollzugsgestaltung des § 16a JGG informiert. Um die Anordnung eines § 16a-Arrestes an der tatsächlichen Vollzugsgestaltung ausrichten zu können, gilt es, mögliche Informationslücken zu schließen. Unverträglich mit dem Gesetzeswortlaut ist die im Ausnahmefall vorzufindende Anordnung des § 16a JGG im Bewährungsbeschluss.

12. Die Vollstreckung des § 16a JGG gestaltet sich weitgehend unproblematisch. Schwierigkeiten ergaben sich in der Praxis, wenn das Vollstreckungsersuchen vom erkennenden Ausgangsgericht nahe an der Grenze zur Ausschlussfrist des § 87 Abs. 4 S. 2 JGG erfolgt. Aus der Sicht der Experten hat sich sowohl die umgehende Zuleitung des Vollstreckungsersuchens noch vor der Absetzung des Urteils von den Ausgangsgerichten an den Vollstreckungsleiter am Ort der Arrestanstalt als auch die Zentralisierung des § 16a-Vollzuges in zwei Arrestanstalten bewährt. Die dreimonatige Vollstreckungsfrist begünstigt eine urteilsnahe, aber keine tatzeitnahe Vollstreckung des Arrestes. An der Problematik der erheblichen Zeitspanne zwischen der Tatbegehung und Sanktionsfolge hat sich auch durch die verkürzte Vollstreckungsregelung nichts geändert.

13. Die Akzeptanz des § 16a JGG fällt insgesamt positiv aus und hat bei den Jugendrichtern im Vergleich zum Zeitpunkt vor Inkrafttreten des § 16a JGG leicht zugenommen. Auch wenn einige Richter noch weiteren Handlungs- und Informationsbedarf sehen, hat sich § 16a JGG als neue Sanktionskombination etabliert. Anpassungsbedarf sehen die Jugendrichter nicht nur im Bereich der gesetzlichen Normvoraussetzungen des § 16a JGG, sondern ebenso im Angebot von Fortbildungsveranstaltungen, Informationen zu den bestehenden Behandlungsangeboten für § 16a-Arrestanten und der inhaltlichen Konzeption dieses Arrestvollzuges. Der Ausbau weiterer Behandlungs- und Hilfsangebote für die Arrestanten sowie die Verbesserung der Personalsituation sind auch nach der Meinung

---

2167 BT-Drucks. 17/9389, S. 12.

im Expertenkreis wesentliche Faktoren, um den Vollzug des § 16a-Arrestes der gesetzgeberischen Zielsetzung anzugleichen.

14. Die zentrale Frage, wie sich der Vollzug des § 16a JGG in den Jugendarrestanstalten gestaltet, kann mit folgendem Befund beantwortet werden: Der Vollzug des § 16a JGG verläuft im Wesentlichen identisch zum herkömmlichen Jugendarrest. Positiv hervorzuheben ist, dass die Sozialpädagogen in ihrer Arbeit dem Kontakt zur Bewährungshilfe und der Besprechung der Bewährungssituation besondere Aufmerksamkeit schenken. Die Zusammenarbeit mit der Bewährungshilfe beschränkt sich häufig aber auf einen telefonischen Kontakt; aufgrund der räumlichen Distanz sind Besuche nicht immer möglich. Trotz der Bemühungen bleibt die pädagogische Ausgestaltung des Warnschussarrestvollzuges hinter der Idee des Gesetzgebers zurück. Nach der Gesetzesbegründung bedarf es einer „konstruktiven erzieherischen Ausgestaltung des Arrestes"[2168], die darauf ausgerichtet ist, die Befähigung des Jugendlichen für eine erfolgreiche Bewältigung der Bewährungszeit zu fördern und eine Grundlage für die Betreuung durch die Bewährungshilfe schafft.[2169] Angestoßene positive Entwicklungen sollen während der Bewährungszeit fortgesetzt werden. Obwohl sich der Kreis der Arrestanten durch § 16a JGG erweitert hat und in der Gesetzesbegründung auf das Erfordernis spezifischer Behandlungsprogramme für die Klientel des § 16a JGG hingewiesen wurde, haben Anpassungen im Vollzug und bei der Personalsituation seither nicht stattgefunden. Alle befragten Experten und die überwiegende Mehrheit der Jugendrichter plädieren für einen persönlichen Kontakt zur Bewährungshilfe und eine Einbindung des Bewährungshelfers in die Betreuung während des Arrestvollzuges. Die räumlich getrennte Unterbringung der § 16a-Arrestanten, wie sie in der Gesetzbegründung angesprochen ist, steht nach den Befunden dieser Studie demgegenüber im Hintergrund.

Nimmt man den Willen des Gesetzgebers ernst, so muss sich der Vollzug des § 16a JGG deutlich von dem des bisherigen Jugendarrestes abheben, um dem gesonderten Ziel der Bewährungsförderung Rechnung zu tragen. Bei der derzeitigen Vollzugskonzeption ist die von *Streng*[2170] angesprochene Gefahr, der Warnschussarrest könne unter dem Deckmantel der erzieherischen Ausgestaltung zur Tarnung des eigentlich dahinterstehenden punitiven Sanktionscharakters dienen, nicht fernliegend. Die Voll-

---

2168 BT-Drucks. 17/9389, S. 12.
2169 BT-Drucks. 17/9389, S. 12.
2170 *Streng*, in: 29. JGT, 673 (677).

zugsrealität des § 16a JGG birgt demnach noch Lücken und verwirklicht die gesetzgeberische Zielvorstellung nicht in vollem Maße.

15. Aus der Zielsetzung des § 16a JGG folgt zugleich, dass der Anordnung des § 16a JGG als Freizeit- und Kurzarrest eine Absage erteilt werden muss. Bei einer maximalen Vollzugsdauer von vier Tagen kann eine pädagogisch sinnvolle, bewährungsorientierte Zusammenarbeit mit dem Jugendlichen nicht gewährleistet werden. Noch deutlicher ist die Ausgangslage für den Vollzug des Freizeitarrestes, der aufgrund der fehlenden sozialpädagogischen Betreuung am Wochenende keine Möglichkeit für eine intensive Zusammenarbeit mit dem Arrestanten und eine Begleitung durch die Bewährungshilfe bietet.

16. Die Ergebnisse der Rückfalluntersuchung lassen für den maximalen Kontrollzeitraum von zwei Jahren keine deutlich positiven Effekte erkennen und ordnen sich in die bisherigen Rückfallbefunde ein. Aufgrund der unterschiedlich langen Kontrollzeiträume können sie keinem endgültigen Vergleich mit den Daten aus der bundesweiten Legalbewährungsstatistik zur Rückfallquote nach einer Jugendstrafe mit Bewährung unterzogen werden. Erneut straffällig wurden in einem Zeitraum von zwei Jahren 54,0 % der Probanden; 40,1 % haben innerhalb eines Jahres erneut eine Straftat begangen. Unterschiede in der Rückfälligkeit in Abhängigkeit vom Vollzugsort ergaben sich nicht. Verhalten negativ fällt auf, dass mehr als die Hälfte der rückfälligen Probanden innerhalb einer Zeitspanne von maximal sechs Monaten erneut straffällig wurde. Selbiger Befund zeigt sich für die Personengruppe, die mindestens eine echte Rückfalltat nach der Entlassung aus dem Arrest begangen hat. Die kurzen Rückfallintervalle legen nahe, dass die Wirkungen des Arrests zeitlich stark begrenzt sind. Auch wenn sich viele Jugendliche nach dem Eindruck der Experten vornehmen, ihr Leben positiv zu verändern, scheinen diese Absichten von verhältnismäßig kurzer Dauer zu sein. Positiv ist demgegenüber festzustellen, dass die Schwere des Rückfalldelikts gegenüber der Ausgangstat in vielen Fällen rückläufig ist und einschlägige Rückfälle nicht den Regelfall bilden. Auch wenn sich in den Urteilsbegründungen nur in begrenztem Umfang Anhaltspunkte dafür ergeben, dass § 16a JGG zur Vermeidung einer unbedingten Jugendstrafe beigetragen hat, deutet der hohe Anteil an Folgeverurteilungen zu einer unbedingten Jugend- oder Freiheitsstrafe unter dem Vorbehalt der zwischenzeitlich eingetretenen Veränderung der persönlichen Lebensumstände der Probanden in vorsichtiger Formulierung an, dass § 16a JGG im Rechtsfolgensystem die Position einer „Vorstufe" zur unbedingten Jugendstrafe einnimmt.

In einer ersten Zwischenbilanz kann die Befürchtung, die Verurteilung zu einem Arrest nach § 16a JGG führe zu einer ähnlich hohen Rückfallquote wie nach einer Sanktionierung mittels Jugendarrest, zwar nicht a priori von der Hand gewiesen werden, allerdings liegen die vorliegend auf der Basis eines zweijährigen Untersuchungszeitraums ermittelten Rückfallquoten auch nicht über den aus der bundesweiten Legalbewährungsstudie bekannten Rückfallprozentwerten nach einer zur Bewährung ausgesetzten Jugendstrafe. Ob sich der Legalbewährungsverlauf nach einer Verurteilung zu § 16a JGG im Vergleich zu einer Jugendstrafe mit Bewährung ohne § 16a JGG als besser darstellt und der zusätzliche Arrest, wie von den Befürwortern erhofft, zu einer Reduzierung der Rückfallwahrscheinlichkeit beiträgt, kann ohne die Bildung einer in den wesentlichen Merkmalen identischen Vergleichsgruppe derzeit nicht abschließend beurteilt werden.

B. Der Arrest gem. § 16a JGG de lege ferenda

Angesichts der Zielsetzung des § 16a JGG, eine Grundlage für die sich anschließende Bewährungsbetreuung zu schaffen, gilt es, die derzeitige Anwendungs- und Vollzugspraxis den Überlegungen des Gesetzgebers weiter anzugleichen.

I. Änderungsvorschlag für eine Anpassung des § 16a JGG

Die zentrale Frage, die sich stellt, ist, welche kriminalpolitischen Schlussfolgerungen aus den vorliegenden Ergebnissen gezogen werden können. Bei den Entscheidungsträgern stößt die Erweiterung der Sanktionsflexibilität durch die Koppelung von Bewährungsstrafe und Jugendarrest nahezu einheitlich auf positive Resonanz, so dass eine Abschaffung des § 16a JGG[2171] den Bedürfnissen der Richterschaft nicht entspräche. Ein alternativer Lösungsansatz besteht, wie es *Radtke*[2172] vorgeschlagen hat, in der systematischen Umgestaltung des Warnschussarrestes als Teilvollzug

---

2171 So die Forderung von *Dünkel*, RdJB 2014, 294 (295).

2172 *Radtke*, ZStW 121 (2009), 416 (447 f.); diesen Lösungsweg für dogmatisch vorzugswürdig halten auch *Schaffstein/Beulke/Swoboda*, 2014, Rn. 546, die sich zugleich für einen halboffenen Vollzug aussprechen sowie *Wulf*, in: Meier/Rössner/Trüg/Wulf, JGG, § 16a Rn. 5 Ablehnend hingegen *Limperg/Wulf*, in: INFO 2013, 7 (15); *Ostendorf*, 2015, Rn. 221.

einer ansonsten bedingten Jugendstrafe. Nach der aktuellen Gesetzeslage verstößt die teilweise Aussetzung der Jugendstrafe zur Bewährung gegen § 21 Abs. 3 S. 1 JGG. Die Überlegung einer „sanften Anvollstreckung"[2173] der Jugendstrafe baut unter anderem darauf auf, dass sich im Jugendarrest Erst- und Gelegenheitstäter befinden, die von der gefährdeteren Klientel des § 16a JGG getrennt werden sollen.[2174] In der Arrestpraxis sind Überschneidungen mit Bewährungsprobanden aber zum einen bereits durch die Verbüßung eines gem. § 23 Abs. 1 S. 4 i.V.m. §§ 11 Abs. 3 S. 1, 15 Abs. 3 S. 2 JGG angeordneten Arrestes wegen der Nichterfüllung von Bewährungsauflagen oder -weisungen gegeben, zum anderen belegen die Ergebnisse verschiedener Studien, dass der Jugendarrest ebenso bei mehrfach kriminell in Erscheinung getretenen Tätern mit zum Teil erheblichen Belastungsfaktoren Anwendung findet.[2175] Aufgrund der heterogenen Klientel des § 16a JGG sollte, um eine Intensivierung krimineller Kontakte zu den noch stärker gefährdeten Jugendlichen im Jugendstrafvollzug zu vermeiden, auf eine teilweise Vollstreckung der bedingten Jugendstrafe auch künftig verzichtet werden.

Weiterhin diskutiert, aber letztlich abgelehnt, wurde im Rahmen der Jugendarresttagung im Jahr 2012 in Baden-Württemberg die Möglichkeit der Ausgestaltung des § 16a JGG als Hausarrest mit elektronischer Überwachung.[2176] Der Vorteil dieser Vollzugsvariante liegt in einer heimatnahen Vollstreckung des Arrestes,[2177] so dass sich die Kontaktaufnahme zur Bewährungshilfe aufgrund der geringeren räumlichen Distanz häufig einfacher gestalten könnte. Andererseits darf nicht übersehen werden, dass dem Anliegen, den Jugendlichen aus seinem schädlichen Umfeld herauszuneh-

---

2173 So die gewählte Bezeichnung von *Ostendorf*, 2015, Rn. 211.

2174 *Wulf*, in: Meier/Rössner/Trüg/Wulf, JGG, § 16a Rn. 5.

2175 Vgl. *Dölling*, in: 29. JGT, 141 (145 ff.); *Kobes/Pohlmann*, ZJJ 2003, 370 (374); *Köhler/Bauchowitz/Weber* u.a., Praxis der Rechtspsychologie 2012, 90 (105 ff.); *Giebel/Ritter*, in: Risiken der Sicherheitsgesellschaft, 196 (198); *Pfeiffer*, MSchrKrim 1981, 28 (36 ff.); *Schwegler*, 1999, S. 220; in diese Richtung deuten auch die Ergebnisse von *Hauser*, 1980, S. 78 f., wonach dem Jugendarrest eine Lückenfüllungsfunktion gegenüber dem Mindestmaß der 6-monatigen Jugendstrafe zukommt und damit häufig bei Tätern zur Anwendung gelangt, die der Jugendstrafe nahestehen. Nach den Ergebnissen der jüngsten Studie von *Gernbeck* zeigt sich bei den Urteils-und Warnschussarrestanten eine vergleichbare Verteilung in den Gefährdungsmerkmalen. § 16a-Arrestanten hatten qualitativ zwar schwerere Vorsanktionen vorzuweisen, quantitativ aber nicht mehr Voreintragungen; *Gernbeck*, 2017, S. 162, 168.

2176 *Limperg/Wulf*, in: INFO 2013, 7 (14).

2177 *Limperg/Wulf*, in: INFO 2013, 7 (14).

men, durch den Verbleib in seiner gewohnten häuslichen Umgebung nicht entsprochen werden kann. Soweit die Jugendrichter auf die Vermittlung eines Hafteindrucks und die spürbare Freiheitsentziehung setzen, konfligieren diese Zielvorstellungen von vornherein mit der Vollzugsform als Hausarrest. Ebenso wenig möglich erscheint die in § 16a Abs. 1 Nr. 3 JGG vorgesehene erzieherische Einwirkung im Arrestvollzug, die notwendigerweise mit der Verfügbarkeit pädagogischer Fachkräfte verbunden ist. Wie sich in einem Expertengespräch andeutete, ist eine konstruktive Zusammenarbeit mit dem Jugendlichen außerhalb des gewohnten Settings häufig sogar besser durchführbar. Mit den Zielvorstellungen des § 16a JGG ist die Ausgestaltung des § 16a JGG als elektronisch überwachter Hausarrest folglich unvereinbar. Vorzuziehen ist die Beibehaltung des § 16a JGG unter gleichzeitiger Verbesserung der bewährungsorientierten Vollzugsgestaltung und der Implementierung neuer oder weitreichenderer Behandlungsangebote, wie es in der Gesetzesbegründung angedacht ist.

Unter Berücksichtigung der rechtstatsächlichen Forschungsergebnisse lassen sich für die künftige Anwendung des § 16a JGG folgende Maßstäbe formulieren:

Um das eigentliche Ziel des § 16a JGG als bewährungseinleitende Maßnahme in den Vordergrund zu stellen und den Arrest nach § 16a JGG zugleich vom herkömmlichen Jugendarrest abzugrenzen, sollte de lege ferenda ein Zusammenwirken mit der Bewährungshilfe nicht nur im Rahmen des Übergangsmanagements bei der Herausnahme des Jugendlichen aus seinem schädlichen Umfeld und der ausdrücklichen Begründung des Arrestes mit § 16a Abs. 1 Nr. 3 Alt. 2 JGG angestrebt werden, sondern in all seinen Anordnungsfällen stets den maßgeblichen Leitgedanken bilden und gesetzliche Verankerung finden. Der Arrest nach § 16a JGG ist nicht als retrospektive Maßnahme konzipiert, sondern hat sich prospektiv an der bevorstehenden Bewährungszeit zu orientieren. Zur Wahrung der Verhältnismäßigkeit des Verdeutlichungsarrestes nach § 16a Abs. 1 Nr. 1 JGG bietet es sich an, in die Entscheidung über die Erforderlichkeit des zusätzlichen Arrestes zudem die Überlegung einzustellen, ob dem Jugendlichen die Bedeutsamkeit der Bewährungssanktion durch die Eröffnung des Bewährungsplans in einem gesonderten Termin unter gleichzeitiger Anwesenheit des Bewährungshelfers verständlich gemacht werden kann. Aus den Urteilsbegründungen und den Ergebnissen der Jugendrichterbefragung wurde des Weiteren ersichtlich, dass die Aspekte der Unrechts- und der Folgenverdeutlichung weiterer Straftaten zwei getrennte Begründungsansätze darstellen, die auch unter Strafzweckgesichtspunkten in verschiedene Richtungen weisen.[2178] Anstelle des Wortes „und" sollten beide Zielsetzungen durch die Verbindung „oder" in ein Alternativverhältnis gesetzt werden.

Bei der Anordnung eines Herausnahmearrestes gem. § 16a Abs. 1 Nr. 2 JGG ist für eine nachhaltige Wirkung des Arrestes stets die Situation nach der Arrestentlassung zu berücksichtigen. Nach den Ausführungen in der Gesetzesbegründung wird ein solcher regelmäßig nur zweckmäßig sein, wenn eine entsprechende Behandlung im Arrestvollzug zu erwarten ist und eine Übergangsbetreuung durch die Bewährungs- oder Jugendgerichtshilfe sichergestellt ist.[2179] Für eine restriktive Handhabung dieser Anordnungsvariante sollten diese Erwägungen gleichsam den Gebotenheitseinschränkungen in § 16a Abs. 1 Nr. 1 JGG in den Gesetzeswortlaut integriert werden.

Wie aus den Gesetzesmaterialien hervorgeht, unterliegt auch der Anwendungsbereich des § 16a Abs. 1 Nr. 3 JGG nach dem Willen des Gesetzgebers gewissen Einschränkungen. Dieser soll aus Gründen der Verhältnismäßigkeit nur angeordnet werden, wenn vorrangige Jugendhilfeleistungen, wie etwa eine soziale Gruppenarbeit oder eine intensive sozialpädagogische Einzelbetreuung, nicht zur Verfügung stehen und zugleich auf der Grundlage konkret festzustellender Umstände im Urteil eine nicht nur unwesentliche Verbesserung der Legalbewährungsaussichten zu erwarten ist.[2180] Um einer pauschal auf den Erziehungsgedanken gestützten Anwendung des § 16a JGG entgegenzuwirken und die besondere Begründungsbedürftigkeit zu unterstreichen, sollten diese Einschränkungen Eingang in die Gesetzesformulierung des § 16a Abs. 1 Nr. 3 JGG finden.

Anpassungsbedarf ergibt sich des Weiteren bezüglich der Gebotenheitseinschränkung in § 16a Abs. 2 JGG, der bislang auf die vorangegangene Verbüßung eines Dauerarrestes oder eine nicht nur kurzfristige Untersuchungshafterfahrung beschränkt ist. Die derzeitigen empirischen Forschungsbefunde ergeben zum einen keinen Unterschied in der Rückfälligkeit nach der Art des Jugendarrestes als Freizeit-, Kurz-, oder Dauerarrest, so dass eine längere Arrestverbüßung keinen Rückschluss auf die Nachhaltigkeit der Beeindruckung zulässt.[2181] Auch nach den Ergebnissen der vorliegenden Studie steht der Eintritt der Rückfälligkeit in keinem Zusam-

---

2178 Hierzu Teil 1 E.I.2.c)aa).
2179 BT-Drucks. 17/9389, S. 13.
2180 BT-Drucks. 17/9389, S. 12 f.
2181 Siehe oben Teil 1 B.II.7.a) sowie die Ergebnisse dieser Studie in Teil 2 F.IV.2.d).

menhang mit der Arrestdauer und zeigen Täter, die einen Dauerarrest verbüßt haben, nach einer älteren Untersuchung von *Schumann*, keine größere Einsicht in die eigene Tatverantwortung als Freizeitarrestanten.[2182] Angesichts des Umstandes, dass der hafterfahrene Jugendliche allein durch den Umstand eines erneuten Freiheitsentzuges zumeist nicht mehr zu beeindrucken sein wird, ist von der Anordnung eines Arrestes nach § 16a Abs. 1 Nr. 1 JGG im Regelfall auch dann Abstand zu nehmen, wenn der Angeklagte in der Vergangenheit einen Freizeit- oder Kurzarrest verbüßt hat. Die mehrfache Anordnung und Verbüßung eines § 16a-Arrestes ist in § 16a Abs. 2 JGG gleichermaßen einzubeziehen wie der vorhergehende Vollzug einer Jugend- oder Freiheitsstrafe. Demgegenüber sollte die Verbüßung eines Ungehorsamsarrestes nach §§ 11 Abs. 3, 15 Abs. 3 S. 2 JGG ggf. i.V.m. § 23 Abs. 1 S. 4 JGG von der Anwendungsbeschränkung in § 16a Abs. 2 JGG ausgenommen bleiben, da die Arrestanordnung ihren Ursprung in diesem Fall in der schuldhaften Nichtbefolgung von Weisungen oder Auflagen hat und keinen Straftatbezug aufweist, wie dies von § 16a Abs. 1 Nr. 1 JGG vorausgesetzt wird.

In Anlehnung an die Ergebnisse aus den Experteninterviews ist auf eine Verhängung des Warnschussarrestes als Freizeit- oder Kurzarrest künftig vollständig zu verzichten. Die Arrestdauer sollte auf eine Mindestdauer von zwei Wochen festgelegt werden, um zumindest in zeitlicher Hinsicht die Grundvoraussetzungen für eine Zusammenarbeit mit dem Arrestanten zu schaffen. Der einwöchige Dauerarrest erscheint vor allem aufgrund der knappen personellen Ressourcen zu kurz, um eine regelmäßige Gesprächsführung mit dem Jugendlichen sicherzustellen. Schließlich sollte, soweit als möglich, vermieden werden, dass sich die Anordnung des § 16a-Arrestes zu einer zusätzlichen Draufgabe zu den ohnehin erteilten Bewährungsnebenentscheidungen entwickelt und zu einer Sanktionsverschärfung führt. Um einer Doppelbelastung entgegenzuwirken, sollte dem Jugendlichen die Möglichkeit eingeräumt werden, Weisungen, die ihm im Bewährungsbeschluss erteilt wurden, insbesondere in der Form von Gruppenmaßnahmen, bereits während des Arrestvollzuges zu absolvieren. Über die Zweckerreichung und die Anrechnung der absolvierten Maßnahme auf die im Bewährungsbeschluss festgesetzte Nebenentscheidung entscheidet das erkennende Jugendgericht.

[2182] *Schumann*, ZfJ 1986, 363 (365).

Für eine künftige Abänderung des § 16a JGG wird folgender Formulierungsvorschlag unterbreitet:

§ 16a Jugendarrest neben Jugendstrafe

(1)Wird die Verhängung oder die Vollstreckung der Jugendstrafe zur Bewährung ausgesetzt, so kann abweichend von *§ 13* Absatz 1 daneben Jugendarrest **in der Form eines Dauerarrestes von mindestens zwei und höchstens vier Wochen** verhängt werden, wenn

1. dies unter Berücksichtigung der Belehrung über die Bedeutung der Aussetzung zur Bewährung, unter Berücksichtigung der Möglichkeit von Weisungen und Auflagen und **der Eröffnung des Bewährungsplans in einem gesonderten Termin** geboten ist, um dem Jugendlichen seine Verantwortlichkeit für das begangene Unrecht **oder** die Folgen weiterer Straftaten zu verdeutlichen **und zu einem positiven Bewährungsverlauf beizutragen,**

2. dies geboten ist, um den Jugendlichen **unter Berücksichtigung einer sich dem Arrestvollzug anschließenden Nachbetreuung** zunächst für eine begrenzte Zeit aus einem Lebensumfeld mit schädlichen Einflüssen herauszunehmen und durch die Behandlung im Vollzug des Jugendarrests auf die Bewährungszeit vorzubereiten, oder

3. dies **unter Berücksichtigung vorrangig möglicher Jugendhilfemaßnahmen auf der Grundlage konkret festzustellender Umstände** geboten ist, um im Vollzug des Jugendarrests eine nachdrücklichere erzieherische Einwirkung auf den Jugendlichen zu erreichen oder um dadurch bessere Erfolgsaussichten für eine erzieherische Einwirkung in der Bewährungszeit zu schaffen **und insgesamt eine nicht nur unwesentliche Verbesserung der Legalbewährungsaussichten zu erreichen.**

(2)Jugendarrest nach Absatz 1 Nummer 1 ist in der Regel nicht geboten, wenn der Jugendliche bereits **früher einen Jugendarrest gem. § 16, § 16a, eine Jugendstrafe oder eine Freiheitsstrafe** verbüßt hat oder sich nicht nur kurzfristig im Vollzug von Untersuchungshaft befunden hat.

(3)Während des Arrestvollzuges soll dem Verurteilten die Gelegenheit gegeben werden, ihm erteilte Weisungen, insbesondere in der Form der Teilnahme an einem sozialen Trainingskurs, Suchtgesprächen oder einem Antigewalttraining, zu erfüllen. Bei erfolgreicher Teilnahme prüft das erkennende Gericht die Aufhebung der erteilten Weisungsanordnung.

Zeitgleich mit den vorstehenden Änderungsvorschlägen sollte in systematischer Hinsicht durch eine Anpassung der Zuchtmittelauflistung in § 13 Abs. 2 JGG deutlich gemacht werden, dass auch der Arrest nach § 16a JGG als Zuchtmittel zu qualifizieren ist, der nach dem Willen des Gesetzgebers in Abkehr von § 13 Abs. 1 JGG eigenständige Voraussetzungen mit sich bringt. § 13 Abs. 2 JGG ist demnach wie folgt zu ergänzen:

> § 13 Arten und Anwendung
> *(1) ...*
> *(2) Zuchtmittel sind*
> 1. die Verwarnung,
> 2. die Erteilung von Auflagen
> 3. der Jugendarrest
> 4. **der Jugendarrest neben Jugendstrafe**
> *(3)...*

Auch soweit es um den Vollzug des § 16a-Arrestes geht, sollten die Besonderheiten dieser Sanktionskombination in Art. 37 BayJAVollzG noch deutlicher zum Ausdruck kommen. Die Verhängung eines zusätzlichen Arrestes nach § 16a JGG steht nach der Gesetzesbegründung unter der obersten Prämisse einer positiven Bewährungsbewältigung. Diese Zielsetzung sollte, vergleichbar mit den Jugendarrestvollzugsgesetzen anderer Bundesländer,[2183] auch in Art. 37 BayJAVollzG Eingang finden. Künftig sollte Art. 37 BayJAVollzG wie folgt angepasst werden:

> „(1) Bei der Gestaltung des Vollzugs des Jugendarrestes neben Jugendstrafe nach § 16a JGG sind insbesondere bei den Einzel- und Gruppenmaßnahmen nach Art. 3 Abs. 2 die in § 16a Abs. 1 Nr. 1 bis 3 JGG genannten Anordnungsgründe zu berücksichtigen.
>
> (2) **Die Anordnung des Jugendarrestes neben Jugendstrafe nach § 16a JGG dient in allen Fällen dem Ziel, eine positive Bewältigung der Bewährungszeit zu fördern. Zu diesem Zweck ist die Bewährungshilfe während des Arrestvollzuges möglichst frühzeitig in die Planung und Einleitung nachsorgender Hilfen einzubeziehen. Nach Möglichkeit soll bereits während des Arrestvollzuges ein persönlicher Kontakt zwischen dem Arrestanten und der Bewährungshilfe erfolgen.**

2183 Vgl. etwa § 42 HessJAVollzG, § 29 JArrG.

(3) Für den Vollzug des Jugendarrestes neben Jugendstrafe in Form eines Freizeit- oder Kurzarrestes gilt grundsätzlich Art. 35. Ein Schlussbericht nach Art. 25 Abs. 1 soll erstellt werden."[2184]

II. Richtlinien zur Umsetzung des § 16a JGG

Neben der Benennung der formalen Anordnungsvoraussetzungen in § 16a JGG erscheint es für eine zielgerichtete und einheitliche Handhabung des § 16a JGG zweckmäßig, Richtlinien festzulegen, die den Entscheidungsorganen ohne einen Anspruch auf Verbindlichkeit eine Orientierungshilfe bei der Anwendung des § 16a JGG geben und zugleich die elementaren Gesichtspunkte für die Vollstreckung und den Vollzug des § 16a-Arrestes darlegen. Basierend auf den Untersuchungsergebnissen sollten folgende Aspekte schriftlich fixiert werden:

1. Bei der Entscheidung über die Anordnung eines Arrestes gem. § 16a JGG hat das Gericht zu berücksichtigen, ob während des Arrestvollzuges prinzipiell geeignete Hilfsangebote zur Verfügung stehen und eine behandlungsorientierte Vollzugsgestaltung zu erwarten ist.

2. Während des Arrestvollzuges soll der Bewährungshelfer in Kontakt mit dem Jugendlichen und dem sozialpädagogischen Dienst der Arrestanstalt stehen.

3. Für eine möglichst rasche Vollstreckung des Arrestes gem. § 16a JGG und zur Einhaltung der Frist aus § 87 Abs. 4 S. 2 JGG informiert das erkennende Gericht unmittelbar nach Eintritt der Rechtskraft den Vollzugsleiter der zuständigen Jugendarrestanstalt über die anstehende Arrestvollstreckung und übermittelt diesem die für die Ladung des Arrestanten erforderlichen Daten. Soweit möglich, sind mit der Urteilsabsetzung neben dem Urteil auch der Jugendgerichtshilfebericht und der Bewährungsbeschluss zu übermitteln.

4. Mit Eintritt der Rechtskraft setzt das Gericht die Bewährungshilfe von der anstehenden Vollstreckung des § 16a JGG in Kenntnis, damit dort mit zeitlichem Vorlauf die Auswahl eines Bewährungshelfers erfolgen kann. Das Gericht regt unter Hinweis auf § 16a JGG die Übersendung der Zuständigkeitsmitteilung sowohl an das Ausgangsgericht als auch an die zuständige Arrestanstalt an. Die Bewährungshelfer sind angehalten, sich unmittelbar nach ihrer Bestellung durch das Gericht bei der

---

[2184] Bei einer Beschränkung des § 16a JGG auf Dauerarrest wäre Art. 37 Abs. 3 BayJAVollzG aufzuheben.

zuständigen Arrestanstalt zu melden. Sobald das erkennende Gericht Kenntnis von der Zuständigkeit des konkreten Bewährungshelfer erlangt, leitet es diese Information an die für die Vollstreckung des Arrestes gem. § 16a JGG zuständige Arrestanstalt weiter.

5. Mit der Aufsicht und Leitung der zu § 16a JGG Verurteilten sind bei der Bewährungshilfe nach Möglichkeit auf Jugendliche spezialisierte Bewährungshelfer zu betrauen.

6. Ist der Bewährungshelfer im Zeitpunkt des Arrestantritts noch nicht bekannt, bemüht sich das pädagogische Fachpersonal um eine Kontaktaufnahme zum Bewährungshelfer.

7. Im Arrest erzielte Arbeitsergebnisse mit dem Jugendlichen sowie begonnene oder durchgeführte Maßnahmen sind nach Möglichkeit in den Bewährungsbeschluss zu integrieren, um die Fortsetzung positiver Ansätze in der Bewährungszeit zu gewährleisten.

8. Das erkennende Gericht leitet dem Bewährungshelfer eine Abschrift des Schlussberichts zu.

C. Ausblick

Im Zuge der Beibehaltung des § 16a JGG sollte es künftig darum gehen, den Arrest nach § 16a JGG noch stärker an seine eigentliche Zielsetzung anzupassen. Um dem verfassungsrechtlichen Gebot der Verhältnismäßigkeit und dem Ausnahmecharakter des § 16a JGG Rechnung zu tragen, sollte die individuelle Begründung des § 16a JGG fester Bestandteil eines jeden Urteils sein. Wichtig erscheint es, dass sich die Jugendrichter ausreichend über die Angebote und tatsächliche Vollzugssituation des § 16a JGG informiert fühlen, um entsprechend der Intention des Gesetzgebers beurteilen zu können, inwiefern der Arrestvollzug zur Erreichung des Sanktionsziels geeignet ist. Der Abgleich der für und gegen die Einführung des Warnschussarrestes vorgebrachten Gesichtspunkte offenbart auf theoretischer Ebene keine eindeutige Tendenz für die Notwendigkeit des § 16a JGG. In einigen Fällen konnte die Anordnung eines § 16a-Arrestes in der Praxis zwar wie erhofft dazu beitragen, die Verurteilung zu einer unbedingten Jugendstrafe zu umgehen, andererseits lassen sich die Bedenken bezüglich eines net-widening-Effekts durch die Untersuchungsergebnisse nicht ausräumen.

Mit dem Ziel, eine positive Bewältigung der Bewährungszeit zu erreichen und eine Grundlage für die ambulante Bewährungshilfe zu schaffen, erhält die Zusammenarbeit mit der Bewährungshilfe bei § 16a JGG einen besonderen Stellenwert. Nur so kann vermieden werden, dass sich der Arrest, insbesondere in der Anordnungsvariante des § 16a Abs. 1 Nr. 1 JGG, entgegen den empirischen Befunden zur Abschreckungswirkung darauf beschränkt, dem Jugendlichen durch den Freiheitsentzug eindrucksvoll den drohenden Vollzug der Jugendstrafe zu vermitteln. Obwohl die Gesetzesbegründung ausdrücklich vorsieht, dass die Verhängung eines Arrestes nach § 16a JGG nicht ohne eine weitergehende Zweckverfolgung als bloße Übelszufügung verhängt werden darf, um den Betroffenen „wenigstens etwas verspüren zu lassen"[2185], legen die zum Teil dürftigen Urteilsbegründungen in Zusammenschau mit den Ergebnissen der Jugendrichterbefragung nahe, dass es in der Praxis vorrangig um die infolge des Freiheitsentzuges unmittelbar fühlbare Beeinträchtigung und die Verdeutlichung der Konsequenzen weiteren Fehlverhaltens geht. In deutlicher Abgrenzung zum bisherigen Jugendarrest erscheint es notwendig, die Vorbereitung der Bewährungszeit und die individuellen Aufgaben, die dem Jugendlichen während der Bewährungszeit bevorstehen, als Teil der Bewährungsförderung noch sehr viel deutlicher als bislang in den Mittelpunkt zu stellen. Einzeluntersuchungen zeigen, dass die Kontrollintensität durch die Bewährungshilfe bei jungen Straftätern ein zentrales Element für den positiven Verlauf der Bewährungszeit bilden kann. *Vogt* führt in seiner im Jahr 1972 erschienen Arbeit aus, dass die besondere Eignung des Bewährungshelfers für die Betreuungsarbeit und die Auslastung des Bewährungshelfers mit weniger als 50 Probanden bedeutsame Faktoren für den positiven Bewährungsverlauf darstellen.[2186] Die Rechtspraxis der Betreuungssituation sieht derzeit anders aus. Im Jahr 2014 lag die Durchschnittsbelastung pro Bewährungshelfer in Bayern bei 75,8 Probanden.[2187] Die Betreuungssituation hat sich im Vergleich zu den Vorjahren zwar verbessert (2012: 84,4[2188]), doch liegt die ideale Betreuungsrelation nach Meinung der Fach-

---

2185 Vgl. in abgeänderter Form die Formulierung in BT-Drucks. 17/9389, S. 9.
2186 *Vogt*, 1972, S. 165; zu einer günstigeren Legalbewährung junger Probanden unter 18 Jahren bei einer geringeren Fallbelastung der Bewährungshelfer von 10-20 Probanden *Albrecht/Dünkel/Spieß*, MSchrKrim 1981, 310 (319 f.) m.w.N.
2187 *Beß/Schuh-Stötzel/Maltry*, BewHi 2016, 64. Die tatsächliche Fallbelastung wird aufgrund der Ausfälle durch Mutterschutz- oder Krankheitszeiten noch höher geschätzt, *Schöch*, BewHi 2003, 211 (215 f.).
2188 *Beß/Schuh-Stötzel/Maltry*, BewHi 2016, 64; im Jahr 2004 lag die Betreuungsrelation in Bayern mit 1:86 sogar noch höher, siehe hierzu Bundesministerium des Innern/Bundesministerium der Justiz, Zweiter PSB, S. 600.

welt bei 1:30 bis 1:40.[2189] Bei der konzeptionellen Ausgestaltung des § 16a-Vollzuges sollte daher nach Möglichkeit nicht nur die Zeit im Arrest, sondern auch die ambulante Betreuung durch die Bewährungshilfe berücksichtigt werden.

Das Gesetzesziel einer Bewährungsförderung setzt des Weiteren voraus, dass justizinterne Prozesse so gestaltet sind, dass eine Informationsweitergabe und ein Austausch zwischen dem erkennenden Gericht, dem Vollzugsleiter, dem Personal der Jugendarrestanstalt und der Bewährungshilfe gewährleistet sind. Das Jugendstrafrecht hält zwar bereits verschiedene Maßnahmen in Form von Bewährungsauflagen/-weisungen, der Unterstellung unter die Bewährungshilfe und die Anordnung von Ungehorsamsarrest bei der Nichtbefolgung von Auflagen und Weisungen bereit, um den jungen Rechtsbrecher zu einem künftigen Legalverhalten anzuhalten, und doch lässt sich nach den Ergebnissen der hiesigen Untersuchung nicht abstreiten, dass dem Erleben des Freiheitsentzuges von der Richterschaft ein besonderer Stellenwert zugeschrieben wird. Um den Arrest nach § 16a JGG nicht als zusätzliches Übel misszuverstehen, ist bei dessen Anordnung stets die Intention des Gesetzgebers zu berücksichtigen, mittels des Arrestvollzuges erste Behandlungsmaßnahmen zu initiieren. Unter Berücksichtigung der notwendigen personellen wie finanziellen Mittel sollte vor dem Beklagen der generellen Unzweckmäßigkeit der Sanktionskoppelung der Versuch unternommen werden, die Arrestpraxis den Vorstellungen des Gesetzgebers weiter anzugleichen. Anhand der deskriptiven Rückfalldaten und den Befunden aus den Experteninterviews kann derzeit verhalten resümiert werden: Dem Arrest nach § 16a JGG wird in der Praxis eine durchaus bedeutsame Rolle zugesprochen, die Programmatik einer gezielten Förderung der erfolgreichen Bewährungsbewältigung ist aber weitestgehend auf dem Papier stehen geblieben. Auf Basis der Rückfallquote kann derzeit jedenfalls nicht von einer heilsamen Schockwirkung des § 16a-Arrestes ausgegangen werden. Inwieweit die Anordnung des zusätzlichen Arrestes ursächliche Wirkung für die künftige Straffreiheit der Probanden hat, bedarf weiterer wissenschaftlicher Erforschung. Anzustreben sind Untersuchungen, die entweder – vergleichbar mit dem Vorgehen der bundesweiten Evaluationsstudie zu § 16a JGG – den Legalbewährungsverlauf der § 16a-Arrestanten im Wege eines Kontrollgruppendesigns dem Rückfallverhalten von Bewährungsprobanden ohne § 16a JGG im Bundesland Bayern gegenüberstellen oder, die bei einem weiteren Ausbau der Ko-

---

2189 *Schöch*, BewHi 2003, 211 (215); vgl. auch Bundesministerium des Innern/Bundesministerium der Justiz, Erster PSB, S. 402.

operation mit der Bewährungshilfe innerhalb der Verurteilungen nach § 16a JGG an einer Differenzierung nach dem Grad der Zusammenarbeit mit der Bewährungshilfe während des Arrestvollzuges ansetzen.

Anhang

I. Tabellenanhang

1. Tabellen zur Aktenanalyse

Tabelle A1: Spruchkörper in 1. Instanz

	Häufigkeit	Gültige Prozente	Kumulierte Prozente
Jugendrichter als Einzelrichter	39	14,5	14,5
Jugendschöffengericht	225	83,6	98,1
Jugendkammer am LG	5	1,9	100,0
Gesamt	269	100,0	

Tabelle A2: Staatsangehörigkeit

	Häufigkeit	Gültige Prozente	Kumulierte Prozente
deutsch	252	78,3	78,3
Ausländer	70	21,7	100,0
Gesamt	322	100,0	

Tabelle A3: Wohnverhältnisse

	Häufigkeit	Gültige Prozente	Kumulierte Prozente
mit beiden Eltern gemeinsam	100	36,0	36,0
bei einem Elternteil	105	37,8	73,7
bei Geschwistern/Verwandten	12	4,3	78,1
mit Partner/in	6	2,2	80,2
bei Freunden/WG	11	4,0	84,2
eigene Wohnung	8	2,9	87,1
Heimunterbringung/ betreutes Wohnen/ Fremdunterbringung	18	6,5	93,5
ohne festen Wohnsitz	2	0,7	94,2
Asylbewerberunterkunft	2	0,7	95,0
keine Angaben/ unklar	14	5,0	100,0
Gesamt	278	100,0	

Tabelle A4: Ausbildungssituation der Arrestanten, die nicht mehr Schüler sind

	Häufigkeit	Gültige Prozente	Kumulierte Prozente
Keine	74	34,6	34,6
in Berufsausbildung	63	29,4	64,0
abgeschlossene Berufsausbildung	33	15,4	79,4
Berufsausbildung abgebrochen/ gekündigt vom Arbeitgeber	44	20,6	100,0
Gesamt	214	100,0	

(fehlende Werte: 5)

Tabelle A5: Vorsanktion in Form eines Jugendarrestes gem. § 16a JGG

	Häufigkeit	Gültige Prozente	Kumulierte Prozente
0	158	56,8	56,8
1	87	31,3	88,1
2	30	10,8	98,9
3	3	1,1	100,0
Gesamt	278	100,0	

Tabelle A6: Dauer der zuletzt verhängten Jugendstrafe

	Häufigkeit	Gültige Prozente	Kumulierte Prozente
bis 1 Jahr	40	65,6	65,6
13 Monate bis 2 Jahre	21	34,4	100,0
Gesamt	61	100,0	

Tabelle A7: Einteilung der früheren Delikte in Deliktskategorien[2190]

Deliktskategorie	konkrete Delikte
Widerstand gegen die Staatsgewalt	§§ 111-121 StGB
Straftaten gegen die öffentliche Ordnung	§§ 123, 124, 131, 142, 145, 145d StGB
falsche uneidliche Aussage/Meineid	§§ 153-161, 154, 165 StGB
Sexualdelikte	§§ 176, 177, 178, 179 (mittlerweile gestrichen), 183, 184 StGB
Beleidigung	§§185-187 StGB
Körperverletzung	§§ 223, 224, 229 StGB
Nötigung/Bedrohung	§§ 240, 241 StGB
Diebstahl/Unterschlagung	§§ 242, 243, 244, 246, 248a StGB
Raub/Erpressung	§§ 249-255, 316a StGB
Betrug	§§ 263, 263a, 265a StGB
Urkundendelikte	§§ 267-281 StGB
Sachbeschädigung	§§ 303, 304 StGB
Straftaten nach StVG/PflVG	§§ 21, 22 StVG; §§ 1, 6 PflVG
Straßenverkehrsdelikte	§§ 315b, 315c, 316 StGB
Straftaten nach BtMG	§§ 29, 29a, 30 BtMG
Sonstiges	§§ 86a, 126, 201a, 238, 239, 239a, 257, 258, 259, 291, 306-314, 323, 334 StGB; Straftaten nach WaffG; § 40 SprengG, § 75 FeV; § 17 TierschG

Tabelle A8: Mann-Whitney-U-Test: Vorbelastung/Deliktsschwereindex der Ausgangstaten

	Deliktsschwereindex aller Ausgangstaten
Mann-Whitney-U	2387,000
Wilcoxon-W	32768,000
Z	-3,627
Asymptotische Signifikanz (2-seitig)	,000

a. Gruppenvariable: strafrechtliche Vorbelastung –dichotom (ja/nein)t

---

2190 Wiedergeben werden bei den konkreten Delikten der jeweiligen Kategorie nur diejenigen Delikte, die auch tatsächlich verwirklicht wurden.

*Tabelle A9: Deliktsstruktur der Ausgangsdelikte aufgegliedert in die einzelnen
Straftatbestände*

konkrete Delikte	n	% (n=278)	konkrete Delikte	n	% (n=278)
§ 86a	6	2,2	§ 244a	5	1,8
§§ 111-121	14	5,0	§ 246	6	2,2
§§ 123, 124	11	4,0	§ 248b	2	0,7
§ 126	1	0,4	§§ 249-255	34	12,2
§ 142	5	1,8	§ 257	2	0,7
§ 145	3	1,1	§ 258	2	0,7
§ 145d	1	0,4	§ 259	3	1,1
§ 146	1	0,4	§§ 263, 263a	23	8,3
§§ 153-161	2	0,7	§ 265a	9	3,2
§§ 177, 178	3	1,1	§§ 267-281	7	2,5
§§ 176, 176a, 184, 184b	8	2,9	§ 289	1	0,4
§§ 185-187	41	14,7	§§ 303, 304	41	14,7
§ 223	88	31,7	§ 303a	1	0,4
§ 224	74	26,6	§§ 306-314	3	1,1
§ 229	5	1,8	§§ 315b, 315c	3	1,1
§ 231	1	0,4	§ 316	4	1,4
§ 239a	2	0,7	§ 323a	2	0,7
§ 240	12	4,3	§§ 21, 22 StVG	30	10,8
§ 241	23	8,3	§§ 1, 6 PflVG	9	3,2
§ 242	70	25,2	§§ 29, 29a, 30 BtMG	30	10,8
§§ 242, 243	28	10,1	§§ 51 ff. WaffG	7	2,5
§ 244	10	3,6			

Tabelle A10: Länge des Dauerarrestes in Wochen

	Häufigkeit	Gültige Prozente	Kumulierte Prozente
1 Woche	56	21,6	21,6
2 Wochen	91	35,1	56,8
3 Wochen	46	17,8	74,5
4 Wochen	66	25,5	100,0
Gesamt	259	100,0	

Tabelle A11: Einbeziehung gem. § 31 Abs. 2 JGG

	Häufigkeit	Gültige Prozente	Kumulierte Prozente
Nein	170	61,2	61,2
Ja	105	37,8	98,9
abgesehen gem. § 31 Abs. 3 JGG	3	1,1	100,0
Gesamt	278	100,0	

Tabelle A12: *§ 16a JGG zur Vermeidung einer unbedingter Jugendstrafe bezo-*
gen auf die Urteile mit Einbeziehung einer Jugendstrafe zur Be-
währung

	Häufigkeit	Gültige Prozente	Kumulierte Prozente
Kein Hinweis	39	63,9	63,9
ausdrücklicher Hinweis	9	14,8	78,7
Andeutung "§16a als letzte Chance"	13	21,3	100,0
Gesamt	61	100,0	

Tabelle A13: *Ausführungen zu § 16a Abs. 2 JGG bei Vorsanktion § 16 JGG*

	Häufigkeit	Gültige Prozente	Kumulierte Prozente
Nein	90	75,0	75,0
Ja	30	25,0	100,0
Gesamt	120	100,0	

Tabelle A14: *Dauer der Jugendstrafe bei § 21 JGG und § 61 JGG*

	Häufigkeit	Gültige Prozente	Kumulierte Prozente
6	16	6,3	6,3
7	15	6,0	12,3
8	27	10,7	23,0
9	23	9,1	32,1
10	27	10,7	42,9
11	4	1,6	44,4
12	47	18,7	63,1
14	6	2,4	65,5
15	7	2,8	68,3
16	9	3,6	71,8
17	1	,4	72,2
18	19	7,5	79,8
19	3	1,2	81,0
20	5	2,0	82,9
21	8	3,2	86,1
22	4	1,6	87,7
24	31	12,3	100,0
Gesamt	252	100,0	

Tabelle A15: Mann-Whitney U-Test: Ränge der Dauer der Jugendstrafe bei §§ 21, 61 JGG/Altersstufe

Altersstufe zum Tatzeitpunkt		N	Mittlerer Rang	Rangsumme
Wenn § 16a + § 21 oder § 61 JGG: Dauer der Jugendstrafe (in Monaten)	jugendlich	135	118,39	15982,00
	heranwachsend	117	135,86	15896,00
	Gesamt	252		

Tabelle A16: Einhaltung der Hausordnung im Arrest

	Häufigkeit	Gültige Prozente	Kumulierte Prozente
nie eingehalten	2	0,8	0,8
selten eingehalten	8	3,2	4,0
meist eingehalten	42	16,6	20,6
eingehalten	201	79,4	100,0
Gesamt	253	100,0	

(n=253; fehlende Werte: 6)

Tabelle A17: Verhalten gegenüber Bediensteten

	Antworten		Prozent der Fälle
	N	Prozent	
Verhalten ggü Bediensteten freundlich	192	43,1%	76,2%
Verhalten ggü Bediensteten umgänglich	183	41,1%	72,6%
Verhalten ggü Bediensteten hilfsbereit	51	11,5%	20,2%
Verhalten ggü Bediensteten aufdringlich	6	1,3%	2,4%
Verhalten ggü Bediensteten fordernd/frech	13	2,9%	5,2%
Gesamt	445	100,0%	176,6%

(n=252; fehlende Werte: 7; Mehrfachnennung möglich)

I. Tabellenanhang

Tabelle A18: Verhalten gegenüber Mitarrestanten

	Antworten		Prozent der Fälle
	N	Prozent	
Verhalten ggü Mitarrestanten kameradschaftlich	186	64,6%	73,8%
Verhalten ggü Mitarrestanten zurückhaltend	60	20,8%	23,8%
Verhalten ggü Mitarrestanten unsicher	4	1,4%	1,6%
Verhalten ggü Mitarrestanten Mitläufer	16	5,6%	6,3%
Verhalten ggü Mitarrestanten dominierend	22	7,6%	8,7%
Gesamt	288	100,0%	114,3%

(n=252; fehlende Werte: 7; Mehrfachnennung möglich)

Tabelle A19: Führung und Persönlichkeit der Arrestanten im Vollzug

	Antworten		Prozent der Fälle
	N	Prozent	
fleißig/ausdauernd	78	5,8%	30,8%
zeigt Initiative	57	4,2%	22,5%
unauffällig	66	4,9%	26,1%
distanzlos	6	0,4%	2,4%
unzugänglich	13	1,0%	5,1%
höflich	205	15,2%	81,0%
kritikfähig	134	9,9%	53,0%
zweck-angepasst	22	1,6%	8,7%
geschwätzig	8	0,6%	3,2%
disziplinlos	10	0,7%	4,0%
sauber/ordentlich	183	13,6%	72,3%
kontaktfähig	207	15,3%	81,8%
gleichgültig	20	1,5%	7,9%
leicht reizbar	12	0,9%	4,7%
ablehnend	11	0,8%	4,3%
gibt sich Mühe	181	13,4%	71,5%
motiviert	101	7,5%	39,9%
antriebslos	15	1,1%	5,9%
provokant	13	1,0%	5,1%
unbelehrbar	7	0,5%	2,8%
Gesamt	1349	100,0%	533,2%

(n=253; fehlende Werte: 6; Mehrfachnennung möglich)

2. Tabellen zur Jugendrichterbefragung

Tabelle B1: Art der Tätigkeit

	Häufigkeit	Gültige Prozente	Kumulierte Prozente
Jugendeinzelrichter/in am AG	13	12,0	12,0
Vorsitzende/r des Jugendschöffengericht	5	4,6	16,7
Jugendeinzelrichter/in am AG + Vors. Jugendschöffengericht	59	54,6	71,3
Jugendrichter/in am LG	30	27,8	99,1
Jugendrichter am AG + LG	1	0,9	100,0
Gesamt	108	100,0	

Tabelle B2: Alter der Befragten aufgeteilt in Gruppen

	Häufigkeit	Gültige Prozente	Kumulierte Prozente
unter 35	6	5,7	5,7
35 bis 44	32	30,5	36,2
45 bis 54	34	32,4	68,6
55 und älter	33	31,4	100,0
Gesamt	105	100,0	

(fehlende Werte:3)

Tabelle B3: Dauer der Jugendrichtertätigkeit

	Häufigkeit	Gültige Prozente	Kumulierte Prozente
kürzer als 1 Jahr	12	11,3	11,3
1 Jahr bis 2 Jahre	23	21,7	33,0
3 Jahre bis 5 Jahre	27	25,5	58,5
6 Jahre bis 10 Jahre	19	17,9	76,4
länger als 10 Jahre	25	23,6	100,0
Gesamt	106	100,0	

(fehlende Werte: 2)

Tabelle B4: Anwendungshäufigkeit § 16a JGG/Dauer der Jugendrichtertätigkeit

			Dauer der Jugendrichtertätigkeit			
			kürzer als 1 Jahr bis 2 Jahre	3 bis 5 Jahre	6 Jahre und länger	**Gesamt**
Frage A1: Anwendungs- häufigkeit § 16a	keine Anwendung	Anzahl	14	8	5	27
		%	51,9	29,6	18,5	100,0
	1 bis 2	Anzahl	11	7	7	25
		%	44,0	28,0	28,0	100,0
	3 bis 5	Anzahl	7	7	16	30
		%	23,3	23,3	53,3	100,0
	6 und mehr	Anzahl	3	5	12	20
		%	15,0	25,0	60,0	100,0
Gesamt		Anzahl	35	27	40	102
		%	34,3	26,5	39,2	100,0

Tabelle B5: Anwendungshäufigkeit § 16a JGG/Alter der Befragten in Gruppen

			Alter in Gruppen			
			unter 35 bis 44	45 bis 54	55 und älter	**Gesamt**
Frage A1: Anwen- dungs- häufigkeit § 16a	keine Anwendung	Anzahl	14	8	5	27
		%	51,9	29,6	18,5	100,0
	1 bis 2	Anzahl	11	5	9	25
		%	44,0	20,0	36,0	100,0
	3 bis 5	Anzahl	9	10	10	29
		%	31,0	34,5	34,5	100,0
	6 und mehr	Anzahl	4	9	7	20
		%	20,0	45,0	35,0	100,0
Gesamt		Anzahl	38	32	31	101
		%	37,6	31,7	30,7	100,0

721

Tabelle B6: Bedeutung der Strafzwecke bei § 16a JGG

		überhaupt nicht	wenig	mittel	stark
Besserung/Resozialisierung des Täters	Anzahl	1	11	42	53
(n=107, fehlende Werte: 1)	%	0,9	10,3	39,3	49,5
Abschreckung des Täters	Anzahl	3	6	31	68
(n=108, fehlende Werte: 0)	%	2,8	5,6	28,7	63,0
Sicherung der Allgemeinheit vor dem	Anzahl	58	32	14	3
Täter (n=107, fehlende Werte: 1)	%	54,2	29,9	13,1	2,8
Abschreckung Dritter	Anzahl	51	35	20	2
(n=108, fehlende Werte: 0)	%	47,2	32,4	18,5	1,9
Stärkung des Vertrauens in die Rechtsordnung/ Normbekräftigung	Anzahl	26	42	30	9
(n=107, fehlende Werte: 1)	%	24,3	39,3	28,0	8,4
Vergeltung/Sühne	Anzahl	32	45	25	3
(n=105, fehlende Werte: 3)	%	30,5	42,9	23,8	2,9

Tabelle B7: Auswirkungen des § 16a JGG auf die Bewährungsstrafe bei vorhandener Praxiserfahrung

		Auswirkung § 16a auf die Dauer der Jugendstrafe § 21	Auswirkung § 16a auf die Jugendstrafe gem. § 30 Abs. 1	Auswirkung § 16a auf die Dauer der Jugendstrafe § 61	Auswirkung § 16a auf die Dauer der Bewährungszeit
nie	Anzahl	66	35	31	71
	%	83,5	85,4	88,6	97,3
selten	Anzahl	4	0	2	1
	%	5,1	0,0	5,7	1,4
gelegentlich	Anzahl	6	3	1	1
	%	7,6	7,3	2,9	1,4
oft	Anzahl	1	1	1	0
	%	1,3	2,4	2,9	0,0
immer	Anzahl	2	2	0	0
	%	2,5	4,9	0,0	0,0
Gesamt	Anzahl	79	41	35	79
	%	100,0	100,0	100,0	100,0

*Tabelle B8: Art der Auswirkung des § 16a JGG auf die Dauer der Jugendstrafe
bei § 21 JGG*

		Die Dauer der Jugendstrafe fiel kürzer aus als bei bloßer Bewährungsstrafe ohne Warnschussarrest	Die Dauer der Jugendstrafe fiel länger aus als bei bloßer Bewährungsstrafe ohne Warnschussarrest*
Nie	Anzahl	0	7
	%	0,0	77,8
Selten	Anzahl	4	2
	%	30,8	22,2
gelegentlich	Anzahl	7	0
	%	53,8	0,0
oft	Anzahl	1	0
	%	7,7	0,0
immer	Anzahl	1	0
	%	7,7	0,0
Gesamt	Anzahl	13	0
	%	100,0	100,0

*(n=9; fehlende Werte: 4)

Tabelle B9: Verhängte Sanktion anstelle von § 16a JGG vor Inkrafttreten des Warnschussarrestes

		nie	in weniger als 50 % der Fälle	in mindestens 50 % der Fälle	immer
nur Jugendarrest (n=65, fehlende Werte: 14)	Anzahl	41	19	4	1
	%	63,1	29,2	6,2	1,5
Jugendarrest + sozialer Trainingskurs gem. § 10 I 3 Nr.6 JGG (n=65, fehlende Werte: 14)	Anzahl	30	26	6	3
	%	46,2	40,0	9,2	4,6
Jugendstrafe zur Bewährung ohne Weisungen/Auflagen (n=68, fehlende Werte: 11)	Anzahl	58	6	3	1
	%	85,3	8,8	4,4	1,5
Jugendstrafe zur Bewährung + sozialer Trainingskurs gem. § 10 I 3 Nr.6 JGG (n=66, fehlende Werte: 13)	Anzahl	17	22	25	2
	%	25,8	33,3	37,9	3,0
Jugendstrafe zur Bewährung + gleiche Weisungen/Auflagen (n=68, fehlende Werte: 11)	Anzahl	12	21	21	14
	%	17,6	30,9	30,9	20,6
Jugendstrafe zur Bewährung + noch mehr Weisungen/Auflagen (n=68, fehlende Werte: 11)	Anzahl	19	19	21	9
	%	27,9	27,9	30,9	13,2
Jugendstrafe zur Bewährung + Erziehungsbeistandschaft (n=66, fehlende Werte: 13)	Anzahl	45	20	1	0
	%	68,2	30,3	1,5	0,0
unbedingte Jugendstrafe ohne Bewährung (n=72, fehlende Werte: 7)	Anzahl	31	27	12	2
	%	43,1	37,5	16,7	2,8

Tabelle B10: Anwendungshäufigkeit/Einstellung zu § 16a JGG heute

| | | | Einstellung in zwei Gruppen | | Gesamt |
			ablehnend bis neutral	eher positiv/ befürwortend	
Anwen- dungs- häufigkeit § 16a	keine Anwendung	Anzahl	12	17	29
		%	54,5	20,7	27,9
	1 bis 2	Anzahl	4	21	25
		%	18,2	25,6	24,0
	3 bis 5	Anzahl	5	25	30
		%	22,7	30,5	28,8
	6 und mehr	Anzahl	1	19	20
		%	4,5	23,2	19,2
Gesamt		Anzahl	22	82	104
		%	100,0	100,0	100,0

(fehlende Werte: 4)

3. Tabellen zur Rückfalluntersuchung

Tabelle R1: Deliktskategorie der schwersten Ausgangstat/einschlägiger Rückfall im Kontrollzeitraum von insgesamt 2 Jahren

| | | | einschlägiger Rück- fall in 2 Jahren | | Gesamt |
			nein	ja	
Delikts- kategorie	Widerstand gegen die Staatsgewalt/ Straftaten der öffentli- chen Ordnung	Anzahl	2	1	3
		% innerhalb Deliktskategorie	66,7	33,3	100,0
		% innerhalb Rückfall	2,7	1,4	2,1
	falsche uneidliche Aus- sage/Meineid/falsche Verdächtigung	Anzahl	1	0	1
		% innerhalb Deliktskategorie	100,0	0,0	100,0
		% innerhalb Rückfall	1,4	0,0	0,7
	Sexualdelikte	Anzahl	2	2	4
		% innerhalb Deliktskategorie	50,0	50,0	100,0
		% innerhalb Rückfall	2,7	2,9	2,8
	Beleidigung	Anzahl	3	1	4
		% innerhalb Deliktskategorie	75,0	25,0	100,0
		% innerhalb Rückfall	4,1	1,4	2,8
	Körperverletzungsdelik- te	Anzahl	22	30	52
		% innerhalb Deliktskategorie	42,3	57,7	100,0
		% innerhalb Rückfall	30,1	42,9	36,4

		einschlägiger Rück- fall in 2 Jahren		
		nein	ja	**Gesamt**
Straftaten gegen die per- sönliche Freiheit	Anzahl	1	1	2
	% innerhalb Deliktskategorie	50,0	50,0	100,0
	% innerhalb Rückfall	1,4	1,4	1,4
Diebstahl/Unterschla- gung	Anzahl	15	19	34
	% innerhalb Deliktskategorie	44,1	55,9	100,0
	% innerhalb Rückfall	20,5	27,1	23,8
Raub/Erpressung	Anzahl	11	3	14
	% innerhalb Deliktskategorie	78,6	21,4	100,0
	% innerhalb Rückfall	15,1	4,3	9,8
Begünstigung/ Hehlerei	Anzahl	0	1	1
	% innerhalb Deliktskategorie	0,0	100,0	100,0
	% innerhalb Rückfall	0,0	1,4	0,7
Betrug/Untreue	Anzahl	5	6	11
	% innerhalb Deliktskategorie	45,5	54,5	100,0
	% innerhalb Rückfall	6,8	8,6	7,7
Sachbeschädigung	Anzahl	2	0	2
	% innerhalb Deliktskategorie	100,0	0,0	100,0
	% innerhalb Rückfall	2,7	0,0	1,4
Gemeingefährliche Straftaten	Anzahl	1	1	2
	% innerhalb Deliktskategorie	50,0	50,0	100,0
	% innerhalb Rückfall	1,4	1,4	1,4
StVG/PflVG	Anzahl	3	2	5
	% innerhalb Deliktskategorie	60,0	40,0	100,0
	% innerhalb Rückfall	4,1	2,9	3,5
BtMG	Anzahl	2	2	4
	% innerhalb Deliktskategorie	50,0	50,0	100,0
	% innerhalb Rückfall	2,7	2,9	2,8
sonstiges	Anzahl	3	1	4
	% innerhalb Deliktskategorie	75,0	25,0	100,0
	% innerhalb Rückfall	4,1	1,4	2,8
Gesamt	Anzahl	73	70	143
	% innerhalb Deliktskategorie	51,0	49,0	100,0
	% innerhalb Rückfall	100,0	100,0	100,0

Tabelle R2: Zusammenhang Rückfall/Fremdunterbringung

			Heimerfahrung/Fremdunterbringung		Gesamt
			nein	ja	
Rückfall	nein	Anzahl	117	9	126
		%	47,6	39,1	46,8
	ja	Anzahl	129	14	143
		%	52,4	60,9	53,2
Gesamt		Anzahl	246	23	269
		%	100,0	100,0	100,0

II. Delikts- und Sanktionsschwereindex

Tabelle D1: Deliktsschwereindex[2191]

§§	Tatbestand	Indexwert
86a StGB	Verwenden von Kennzahlen verfassungswidriger Organisationen	2
113 StGB	Widerstand gegen Vollstreckungsbeamte	2
120 StGB*	Gefangenenbefreiung	2
123 StGB	Hausfriedensbruch	1
125 StGB	Landfriedensbruch	2
126 StGB*	Störung des öffentlichen Friedens durch Androhung von Straftaten	2
129 StGB	Bildung krimineller Vereinigungen	3
131 StGB*	Gewaltdarstellung	1
132 StGB	Amtsanmaßung	2
132a StGB	Missbrauch von Titeln, Berufsbezeichnungen und Abzeichen	1
136 StGB	Verstrickungsbruch; Siegelbruch	1
142 StGB	Unerlaubtes Entfernen vom Unfallort	2
143 StGB	Unerlaubter Umgang mit gefährlichen Hunden	1
145 StGB	Missbrauch von Notrufen und Beeinträchtigung von Unfallverhütungs- und Nothilfemitteln	1
145a StGB	Verstoß gegen Weisung während der Führungsaufsicht	1
145d StGB	Vortäuschen einer Straftat	2
146 StGB*	Geldfälschung	4
153 StGB	Falsche uneidliche Aussage	3
154 StGB	Meineid	4

§§	Tatbestand	Indexwert
156 StGB	Falsche Versicherung an Eides statt	2
164 StGB	Falsche Verdächtigung	3
170 StGB	Verletzung der Unterhaltspflicht	2
174 StGB	Sexueller Missbrauch von Schutzbefohlenen	3
176 I StGB	Sexueller Missbrauch von Kindern	4
176 IV StGB	Minder schwerer Fall des sexuellen Missbrauchs von Kindern	3
176 III StGB	Besonders schwerer Fall des sexuellen Missbrauchs von Kindern	6
176a StGB	Schwerer sexueller Missbrauch von Kindern	6
177 I StGB	Sexuelle Nötigung	6
177 II StGB	Besonders schwerer Fall der sexuellen Nötigung (insbesondere Vergewaltigung, früher: "Notzucht")	7
179 I StGB[2192]	Sexueller Missbrauch widerstandsunfähiger Personen	6
180 StGB	Förderung sexueller Handlungen Minderjähriger/"Kuppelei"	2
180b StGB	Menschenhandel	3
181 StGB	Schwerer Menschenhandel	4
181a StGB	Zuhälterei	3
183 StGB	Exhibitionistische Handlungen	1
184 StGB	Verbreitung pornographischer Schriften	1
184b StGB*	Verbreitung, Erwerb und Besitz kinderpornographischer Schriften	3
184d StGB	Ausübung der verbotenen Prostitution	1
185 StGB	Beleidigung	1
186 StGB	Üble Nachrede	2
187 StGB	Verleumdung	3
201 StGB	Verletzung der Vertraulichkeit des Wortes	2
201a StGB[2193]	Verletzung des höchstpersönlichen Lebensbereichs durch Bildaufnahmen	2
211 StGB	Mord	12
212 StGB	Totschlag	9
213 StGB	Minder schwerer Fall des Totschlags	7
222 StGB	Fahrlässige Tötung	3
223 StGB	Körperverletzung	3
224 StGB	Gefährliche Körperverletzung	4

2191 Deliktsschwerindex nach *Schöch*, in: KrimGegfr, 211 (226), weiterentwickelt von *Götting*, 2004, S. 208 f.; *Höffler*, 2008, S. 326 ff.; *Köberlein*, 2006, S. 309 ff.; sowie *Englmann*, 2009, S. 441 ff. und *Gernbeck*, 2017, S. 513 ff. Die mit einem *gekennzeichneten Straftatbestände wurden von der Verfasserin ergänzt.

2192 § 179 StGB wurde aufgehoben durch das Fünfzigste Gesetz zur Änderung des Strafgesetzbuches – Verbesserung des Schutzes der sexuellen Selbstbestimmung vom 04. November 2016, BGBl. I 2016, S. 2460.

2193 Ergänzend eingefügt von *Gernbeck*, 2017, S. 514.

§§	Tatbestand	Indexwert
226 StGB	Schwere Körperverletzung	5
227 StGB	Körperverletzung mit Todesfolge	7
229 StGB	Fahrlässige Körperverletzung	1
235 StGB	Entziehung Minderjähriger	3
238 StGB*	Nachstellung	2
239 StGB	Freiheitsberaubung	3
239a StGB*	Erpresserischer Menschenraub	4
240 StGB	Nötigung	2
241 StGB	Bedrohung	2
242 StGB	Ladendiebstahl/einfacher Diebstahl	2
242 StGB	Diebstahl am Arbeitsplatz	1
242 StGB	Kfz-Diebstahl	3
242, 243 StGB	Besonders schwerer Fall des Diebstahls	4
244 StGB	Wohnungseinbruchsdiebstahl	4
244 StGB	Diebstahl mit Waffen	5
244a StGB	Schwerer Bandendiebstahl	5
242, 248a StGB	Diebstahl/Unterschlagung geringwertiger Sachen	1
242, 247 StGB	Haus- und Familiendiebstahl	1
246 I StGB	Unterschlagung	2
246 II StGB	Veruntreuende Unterschlagung	3
248b StGB	Unbefugter Gebrauch eines Fahrzeugs	2
248c StGB	Entziehung elektrischer Energie	2
249 StGB	Raub	6
250 StGB	Schwerer Raub	7
251 StGB	Raub mit Todesfolge	9
252 StGB[2194]	Räuberischer Diebstahl	6
253 StGB	Erpressung	4
255 StGB	Räuberische Erpressung	6
255, 250 StGB	Schwere räuberische Erpressung	7
257 StGB	Begünstigung	3
258 StGB	Strafvereitelung	3
259 StGB	Hehlerei	3
260 StGB	Gewerbsmäßige Hehlerei; Bandenhehlerei	4
263 StGB	Betrug	3
263a StGB	Computerbetrug	3
265a StGB	Erschleichen von Leistungen	1

2194 Eingefügt von *Englmann*, 2009, S. 442, jedoch mit der Bezeichnung „räuberische Erpressung". Die Bezeichnung des Tatbestandes wurde entsprechend der Normbezeichnung angepasst.

§§	Tatbestand	Indexwert
266 I StGB	Untreue	3
266 II,263 III StGB	Besonders schwerer Fall der Untreue	4
266a StGB	Vorenthalten und Veruntreuen von Arbeitsentgelt	3
266b StGB	Missbrauch von Scheck- und Kreditkarten	2
267 StGB	Urkundenfälschung	3
269 StGB[2195]	Fälschung beweiserheblicher Daten	3
271 I StGB	Mittelbare Falschbeurkundung	2
272 a.F. StGB	(weggefallen, neuer 271 III StGB)	3
273 StGB	Verändern von amtlichen Ausweisen	2
274 StGB*	Urkundenunterdrückung	3
276 StGB	Verschaffen von falschen amtlichen Ausweisen	1
277 StGB*	Fälschung von Gesundheitszeugnissen	1
281 StGB	Missbrauch von Ausweispapieren	1
283 StGB	Bankrott	3
283b StGB	Verletzung der Buchführungspflicht	1
284 StGB	Unerlaubte Veranstaltung eines Glücksspiels	2
285 StGB	Beteiligung am unerlaubten Glücksspiel	1
288 StGB	Vereiteln der Zwangsvollstreckung	2
289 StGB	Pfandkehr	2
291 StGB*	Wucher	2
293 StGB	Fischwilderei	2
303 StGB	Sachbeschädigung	2
303a StGB[2196]	Datenveränderung	2
304 StGB	Gemeinschädliche Sachbeschädigung	2
306 StGB	Brandstiftung	2
306a StGB*	Schwere Brandstiftung	3
306f StGB	Herbeiführen einer Brandgefahr	2
315b StGB	Gefährliche Eingriffe in den Straßenverkehr	2
315c StGB	Gefährdung des Straßenverkehrs	2
316 StGB	Trunkenheit im Verkehr	2
316a StGB	Räuberischer Angriff auf Kraftfahrer	7
317 StGB	Störung von Telekommunikationsanlagen	3
323a StGB	Vollrausch	3
323c StGB*	Unterlassene Hilfeleistung	2
326 StGB	Unerlaubter Umgang mit gefährlichen Abfällen	3
332 StGB	Bestechlichkeit	4
334 StGB*	Bestechung	4

2195 Ergänzend eingefügt von *Gernbeck,* 2017, S. 516.
2196 Ergänzend eingefügt von *Gernbeck,* 2017, S. 517.

§§	Tatbestand	Indexwert
340 StGB	Körperverletzung im Amt	4
AO/UStG	Steuerhinterziehung, Schmuggel	1
84 ff. AsylVfG	Delikte nach dem Asylverfahrensgesetz	2
92 ff. AuslG a.f.	Delikte nach dem Ausländergesetz / jetzt Aufenthaltsgesetz	2
29 BtMG	Betäubungsmitteldelikte	2
29a BtMG	Betäubungsmitteldelikte, nicht geringe Menge	3
30 BtMG	Betäubungsmitteldelikte, gewerbsmäßig/als Bandenmitglied	4
82 ff. GmbHG	Delikte nach dem GmbH-Gesetz	1
KfzStG	Delikte nach dem Kraftfahrzeugsteuergesetz (= Steuerhinterziehung)	1
54 ff. KWG	Delikte nach dem Kreditwesengesetz	1
51 ff. LMBG	Delikte nach dem Lebensmittel- und Bedarfsgegenständegesetz	1
143 ff. MarkenG	Delikte nach dem Markengesetz	1
1, 6 PflVG	Fahren ohne Versicherungsschutz	1
21 StVG	Fahren ohne Fahrerlaubnis	1
22 StVG	Kennzeichenmissbrauch	1
17 ff. TierSchG	Delikte nach dem Tierschutzgesetz	2
106 ff. UrhG	Delikte nach dem Urheberrechtsgesetz	1
16 ff. UWG	Delikte nach dem Gesetz gegen den unlauteren Wettbewerb	1
51 ff. WaffG	Delikte nach dem Waffengesetz	2
40 SprengG*	Delikte nach dem Sprengstoffgesetz	2
75 FeV*	Ordnungswidrigkeit nach Fahrerlaubnis-Verordnung	0,5

Tabelle D2: Deliktsschwereindex – Abzüge bei Versuch/Beihilfe/minder schwerer Fall

(auf die vorliegende Studie nicht angewandt[2197])

Indexwert	Punktabzug
1	Kein Abzug
2	-0,5
3 oder 4	-1
5 oder 6	-1,5
7 oder mehr	-2

2197 So auch *Englmann*, 2009, S. 443 hinsichtlich der dort durchgeführten Legalbewährungsstudie.

Tabelle D3: Sanktionsschwereindex[2198]

Rechtfolge nach Jugendstrafrecht	Indexwert
§ 45 Abs. 1 und 2 JGG*[2199] (Einstellung wegen Geringfügigkeit oder nach erzieherischen Maßnahmen ohne Beteiligung des Jugendrichters)	5
§ 45 Abs. 3 JGG* (Einstellung mit Beteiligung des Jugendrichters und der Erteilung einer Ermahnung, von Weisungen oder Auflagen)	10
§ 47 Abs. 1 S. 1 Nr. 1 und 2 JGG* (Einstellung wegen Geringfügigkeit oder nach erzieherischen Maßnahmen)	5
§ 47 Abs. 1 S. 1 Nr. 3 JGG* (Einstellung mit Ermahnung, Weisungen oder Auflagen durch den Jugendrichter)	10
Erziehungsmaßregeln (Weisung, Erziehungsbeistandschaft)	20
Verwarnung	20
Auflagen nach dem JGG	30
Jugendarrest	40
Jugendarrest gem. § 16a JGG[2200]	40
Hilfe zur Erziehung gem. § 12 Nr. 2 JGG	50
Jugendstrafe nach § 27 JGG	60
Jugendstrafe mit Aussetzung zur Bewährung ...[2201]	60
... bis sechs Monate	63
... bis neun Monate	64
... bis ein Jahr	65
... bis ein Jahr drei Monate	66
... bis ein Jahr sechs Monate	67
... bis zwei Jahre	68
Jugendstrafe ohne Bewährung ...	80
... bis sechs Monate	82
... bis neun Monate	83
... bis ein Jahr	84
... bis ein Jahr drei Monate	85
für jeweils weitere drei Monate wird ein Punkt addiert	1
Rechtsfolge nach allgemeinem Strafrecht	**Indexwert**
§ 170 II StPO	0
Freispruch	0
§ 153 StPO	5
§ 153a StPO	10
§ 153b StPO i.V.m. § 46a StGB	10

2198 Sanktionsschwereindex nach *Dölling*, 1978, S. 201, fortgeführt von *Götting*, 2004, S. 208; *Höffler*, 2008, S. 329 f. sowie nachfolgend *Englmann*, 2009, S. 444 f.; *Gernbeck*, 2017, S. 520 ff.. Abänderungen durch die Verfasserin werden mit einem* kenntlich gemacht.

§ 154 StPO	5
§ 154a StPO	5
§ 154d StPO	5
§ 206a StPO	0
Verweisung auf den Privatklageweg	5
§ 44 StGB[2202]	15
§§ 69, 69a StGB[2203]	30
Verwarnung mit Strafvorbehalt (ohne Auflage)	10
Absehen von Strafe (insbesondere gem. § 46a StGB)	10
Verwarnung mit Auflage	15
Geldstrafe...	20
... bis 10 Tagessätze	21
... bis 20 Tagessätze	22
... bis 30 Tagessätze	23
... bis 40 Tagessätze	24
... bis 50 Tagessätze	25
... bis 60 Tagessätze	26
... bis 70 Tagessätze	27
... bis 80 Tagessätze	28
... bis 90 Tagessätze	29
... 91 und mehr Tagessätze	30
Freiheitsstrafe mit Bewährung ...	60
... ein Monat	61
... bis drei Monate	62
... bis sechs Monate	63
... bis neun Monate	64
... bis ein Jahr	65
... bis ein Jahr drei Monate	66
... bis ein Jahr sechs Monate	67
... bis zwei Jahre	68
Freiheitsstrafe ohne Bewährung ...	80
... bis drei Monate	81
... bis sechs Monate	82
... bis neun Monate	83
... bis ein Jahr	84
... bis ein Jahr drei Monate	85
für jeweils weitere drei Monate wird ein Punkt addiert	1
lebenslange Freiheitsstrafe	140
Freiheitsentziehende Maßregeln	Bewertung wie Freiheitsstrafen (wenn nicht begrenzt: 60 bzw. 80)

III. Erhebungsinstrumente

1. Erhebungsbogen Strafaktenanalyse[2199]

Fall ID ☐☐☐

A.   Gerichtsbezogene Angaben

V1   Geschäftsnummer (Aktenzeichen)*[2200]: _____

V2   VRJs-Aktenzeichen*: _____

V3   Jugendgericht, das § 16a verhängt hat (AG/LG; Ort)*: _____

V4   Spruchkörper

    ☐   Jugendrichter als Einzelrichter[2201] (1)

    ☐   Jugendschöffengericht (2)

    ☐   Jugendkammer am LG (3)

    ☐   unbekannt (99)

V5   In welcher Instanz wurde § 16a verhängt?

    ☐   1. Instanz (1)

    ☐   2. Instanz (Rechtsmittelverfahren) (2)

    ☐   unbekannt (99)

V5a   Falls § 16a in 2. Instanz verhängt wurde: Welche Sanktion sah das Gericht in 1. Instanz vor? (97 = trifft nicht zu, nachfolgend abgekürzt: tnz; 99 = unbekannt)

    ☐   Jugendstrafe ohne Bewährung (1)

    ☐   Jugendstrafe mit Bewährung aber ohne § 16a (2)

    ☐   Sonstiges (3) V5a_1 _____

B.   Angaben zur Person des Täters

V6   Geschlecht*:

    ☐   weiblich (1)

    ☐   männlich (2)

V7   Geburtsdatum* ☐☐.☐☐.☐☐☐☐   V7a Geburtsjahr*   ☐☐☐☐☐☐

V8a   Alter zum Tatzeitpunkt (im Verfahren § 16a JGG)[2202]

2199   Auf die Wiedergabe von Abschnitt G (Bewährung und Folgeentscheidung nach Aktenlage) wird verzichtet, da diese Daten infolge der durchgeführten Rückfalluntersuchung nicht verwendet wurden.

2200   Die mit einem Sternchen* gekennzeichneten Variablen wurden unter Anpassung an die Codierung dieses Erhebungsbogens aus dem IT-Vollzug in SPSS einlesen, sofern der Verurteilte dort registriert war. Soweit möglich wurden im IT-Vollzug fehlende Daten durch die Aktenanalyse ergänzt und vorliegende Daten überprüft.

2201   Allein aus Gründen der vereinfachten Darstellung wird nur die maskuline Bezeichnung geführt. Die weibliche Form ist stets miteinschlossen.

2202   Bei mehreren Taten wird nur das Alter zum Zeitpunkt der ersten Tat erfasst.

V8b   Altersstufe zum Tatzeitpunkt[2203]

       ☐   jugendlich (1)

       ☐   heranwachsend (2)

V9   Staatsangehörigkeit*

       ☐   deutsch (1)

       ☐   Ausländer (2)

       ☐   unbekannt (99)

V10   Familienstand*

       ☐   ledig (1)

       ☐   verheiratet (2)

       ☐   getrennt lebend (3)

       ☐   geschieden (4)

       ☐   verwitwet (5)

       ☐   keine Angabe/unklar (99)

V11   Anzahl Kinder*: ☐☐   (0 oder konkrete Anzahl)

V12   Wohnverhältnisse

       ☐   mit beiden Eltern gemeinsam (1)

       ☐   bei einem Elternteil (2)

       ☐   Unterkunft bei Geschwistern/Verwandten (3)

       ☐   mit Partner/in (4)

       ☐   bei Freunden/WG (5)

       ☐   eigene Wohnung (6)

       ☐   Heimunterbringung/betreutes Wohnen/Fremdunterbringung (7)

       ☐   obdachlos/ ohne festen Wohnsitz (8)

       ☐   Asylbewerberunterkunft (9)

       ☐   keine Angabe/unklar (99)

V13   frühere/aktuelle Alkohol-/Drogenproblematik in der Familie

       ☐   ja (1)

       ☐   nein (0)

V14   vorangegangene Jugendhilfemaßnahmen

       ☐   keine (0)

       ☐   Soziale Gruppenarbeit § 29 SGBVIII (1)

       ☐   Erziehungsbeistandschaft § 30 SGB VIII (2)

       ☐   Heimerziehung/betreute Wohnform § 34 SGB VIII/ stationäre Jugendhilfe (3)

       ☐   Intensive Sozialpädagogische Einzelbetreuung (ISE) § 35 SGB VIII (4)

       ☐   Sonstiges (5)

       ☐   Mehrere (6)

2203   Bei mehreren Taten wird nur die Altersstufe im Zeitpunkt der ersten Tat erfasst.

V15a   höchster Schulabschluss zum Zeitpunkt der Hauptverhandlung

    ☐ ohne Schulabschluss (1)

    ☐ Sonder-/Förderschulabschluss (2)

    ☐ Hauptschulabschluss (3)

    ☐ mittlere Reife (4)

    ☐ Abitur/Fachhochschulreife (5)

    ☐ noch Schüler (6)

    ☐ sonstiges (7): V15a_1 _____

    ☐ keine Angabe (99)

V15b   Schulbesuch zum Zeitpunkt der Hauptverhandlung

    ☐ Sonder-/Förderschule (1)

    ☐ Haupt-/Mittelschule (2)

    ☐ Realschule (3)

    ☐ Gymnasium/Fachoberschule (4)

    ☐ kein Schüler mehr (5)

    ☐ Schule ohne Abschluss verlassen (6)

    ☐ sonstiges (7): V15b_1 _____

    ☐ keine Angabe (99)

V16   Berufsausbildung (97 = tnz, weil noch Schüler)

    ☐ keine (1)

    ☐ in Berufsausbildung (2)

    ☐ abgeschlossene Berufsausbildung (3)

    ☐ Berufsausbildung abgerochen/gekündigt v. AG (4)

    ☐ unbekannt (99)

V17   zuletzt ausgeübte Tätigkeit im Zeitpunkt der Hauptverhandlung

    ☐ arbeitslos/ohne Beschäftigung (1)

    ☐ Praktikum (2)

    ☐ Ausbildung (3)

    ☐ Arbeiter/Angestellter (4)

    ☐ selbstständig (5)

    ☐ Hausfrau/Hausmann (6)

    ☐ noch Schüler/in (7)

    ☐ Wehr-/Zivildienst (8)

    ☐ Teilnahme an Wiedereingliederungsmaßnahme (9)

    ☐ Hilfe im Familienbetrieb (10)

    ☐ unbekannt (99)

V18   JGH-Bericht in der Akte vorhanden

    ☐ Ja (1)

    ☐ Nein (0)

C. **Strafrechtliche Vorbelastung des Täters lt. Bundeszentralregister/Akte**[2204]

V19   Vorliegen des Bundeszentralregisterauszuges

        ☐   ja (1)

        ☐   nein (0)

V20   Gesamtanzahl der Voreintragungen im Bundeszentralregister: ☐☐

        (0 oder konkrete Anzahl, 97 = tnz, weil Registerauszug nicht vorliegt)

        V20_1   davon <u>nicht</u> strafrechtliche Eintragungen:☐ (Zahl oder 0, wenn nur strafrechtliche Eintragungen, 97 = tnz)

V21   früheres strafrechtliche in Erscheinung treten lt. Urteil/Akte

        ☐   ja (1)

        ☐   nein (0)

V22   Anzahl vorangegangener strafrechtlicher Entscheidungen lt. Urteil/Akte: ☐☐

        (0 oder konkrete Anzahl, 99 = unklar)

V23   Ist der Angeklagte bereits in strafunmündigem Alter strafrechtlich in Erscheinung getreten?

        ☐   ja (1)

        ☐   nein (0)

V24   Art und Anzahl der vorangegangenen Sanktionen
        (konkrete Anzahl oder 0 = nein, 99 = unbekannt)

V24_1	☐ Absehen von der Verfolgung § 45 I JGG	Anzahl:	☐☐
V24_2	☐ Absehen von der Verfolgung § 45 II JGG	Anzahl:	☐☐
V24_3	☐ Absehen von der Verfolgung § 45 III JGG	Anzahl:	☐☐
V24_4	☐ Verfahrenseinstellung § 47 I Nr. 1, 2 JGG[2205] (ohne erzieherische Maßnahme/Ermahnung)	Anzahl:	☐☐
V24_5	☐ Verfahrenseinstellung § 47 I Nr. 3 (mit erzieherischer Maßnahme/Ermahnung)	Anzahl:	☐☐
V24_6	☐ Richterliche Weisung § 10 JGG	Anzahl:	☐☐
V24_7	☐ Erziehungsbeistandschaft § 12 Nr. 1 JGG	Anzahl:	☐☐
V24_8	☐ Heimerziehung § 12 Nr. 2 JGG	Anzahl:	☐☐
V24_9	☐ Verwarnung § 14 JGG	Anzahl:	☐☐
V24_10	☐ Auflagen § 15 JGG	Anzahl:	☐☐
V24_11	☐ Jugendarrest § 16 JGG[2206]	Anzahl:	☐☐

2204   Der den Akten partiell beiliegende Auszug aus dem Bundeszentralregister umfasst sowohl die Eintragungen im Zentralregister als auch Erziehungsregister. Beide Register werden nachfolgend zur Vereinfachung unter dem Begriff „Bundeszentralregister" (BZR) zusammengefasst. Befanden sich in der Akte mehrere BZR-Auszüge wurde der zeitlich letzte vor der Verurteilung zu § 16a JGG herangezogen.

2205   Wurde im BZR nur § 47 JGG angegeben, wurde dies als Einstellung gem. § 47 Abs. 1 Nr. 1, 2 JGG gewertet, da im Falle des § 47 Abs. 1 Nr. 3 JGG die Weisungserteilung dem Register zu entnehmen sein müsste.

2206   Gezählt wird jeder Jugendarrest unabhängig von seiner Vollstreckung; auch bei Einbezug in ein späteres Urteil. Ungehorsamsarreste gem. §§ 11 Abs. 3 S. 1,

V24_12	☐	Schuldspruch § 27 JGG	Anzahl:	☐☐
V24_13	☐	Jugendstrafe mit Bewährung § 21 JGG	Anzahl:	☐☐
V24_14	☐	Jugendstrafe mit Vorbehalt der Bewährung § 61 JGG	Anzahl:	☐☐
V24_15	☐	Jugendstrafe ohne Bewährung	Anzahl:	☐☐
V24_16	☐	Unterbringung in einem psychiatrischen Krankenhaus § 7 I Alt. 1 JGG zur Bewährung (§ 67b StGB)	Anzahl:	☐☐
V24_17	☐	Unterbringung in einem psychiatrischen Krankenhaus § 7 I Alt. 1 JGG ohne Bewährung	Anzahl:	☐☐
V24_18	☐	Unterbringung in einer Entziehungsanstalt § 7 I Alt. 2 JGG zur Bewährung (§ 67b StGB)	Anzahl:	☐☐
V24_19	☐	Unterbringung in einer Entziehungsanstalt § 7 I Alt. 2 JGG ohne Bewährung	Anzahl:	☐☐
V24_20	☐	Führungsaufsicht § 7 I Alt. 3 JGG	Anzahl:	☐☐
V24_21	☐	Fahrverbot § 8 III JGG i.V.m. § 44 StGB	Anzahl:	☐☐
V24_22	☐	Entziehung der Fahrerlaubnis § 7 JGG i.V.m. § 69 StGB	Anzahl:	☐☐
V24_23	☐	Fahrerlaubnissperre § 7 JGG i.V.m. § 69a StGB	Anzahl:	☐☐
V24_24	☐	Geldstrafe	Anzahl:	☐☐
V24_25	☐	Freiheitsstrafe nach StGB mit Bewährung	Anzahl:	☐☐
V24_26	☐	Freiheitsstrafe nach StGB ohne Bewährung	Anzahl:	☐☐

V24_27   Schwerste Vorsanktion[2207] (97 = tnz, weil keine Vorsanktion)

     ☐   §§ 45, 47 JGG (1)

     ☐   §§ 10, 12 (2)

     ☐   Auflage § 15 (3)

     ☐   Jugendarrest § 16 (4)

     ☐   Jugendstrafe mit Bewährung §§ 21, 27, 61 (5)

     ☐   Jugendstrafe o. Bewährung § 17 (6)

     ☐   sonstiges (7)

     ☐   unbekannt (99)

V24_28   Sanktionsschwereindex der schwersten Vorsanktion (JGG/StGB)   ☐☐☐

V24_29   Sanktionsschwereindex der Vorsanktionen nach JGG   ☐☐☐

---

15 Abs. 3 S. 2, 23 Abs. 1 S. 4, 29 S. 2 JGG werden an dieser Stelle nicht erfasst, da diese nicht als Sanktion einer Straftat ergehen, sondern infolge der Nichtbefolgung von Weisungen oder Auflagen.

2207 Die Schwere der Sanktionen/Delikte bemisst sind im gesamten Erhebungsbogen nach dem Indexwert.

V24_30	Sanktionsschwereindex der Vorsanktionen gesamt[2208]	☐☐☐
V24_31	Summe der Vorsanktionen	☐☐
V25	Wenn bereits eine Vorverurteilung zu Jugendarrest gem. § 16 JGG erfolgte (V24_11) vorliegt: Art, Häufigkeit und Dauer des Arrestes[2209] (1 = ja, 0 = nein; 97 = tnz)	

V25_1   ☐   Freizeitarrest

    V25_1a   Häufigkeit[2210]:   ☐☐

    V25_1b   Dauer in Tagen (gesamt):   ☐

V25_2   ☐   Kurzarrest

    V25_2a   Häufigkeit   ☐☐

    V25_2b   Dauer in Tagen (gesamt)   ☐

V25_3   ☐   Dauerarrest

    V25_3a   Häufigkeit   ☐☐

    V25_3b   Dauer in Wochen (gesamt)   ☐

V26   Wurde (mindestens) ein früherer Jugendarrest auch verbüßt?[2211] (97 = tnz)

    ☐   ja (1)

    ☐   nein (0)

    ☐   unbekannt (99)

V27   Wurde gegen den Angeklagten in der Vergangenheit ein Ungehorsamsarrest verhängt?

    ☐   ja (1)

    ☐   nein (0)

V28   Wenn der Angeklagte in einem früheren Verfahren bereits zu einer <u>Jugendstrafe</u> <u>mit</u> Bewährung verurteilt wurde (s. V24_13):

Dauer der zuletzt verhängten Jugendstrafe (in Monaten):   ☐☐ (97 = tnz)

2208 Bei der Ermittlung des Gesamtschwereindexes der Vorsanktionen wurden alle in der Vergangenheit ausgesprochenen Sanktionen und Diversionsentscheidungen nach §§ 45, 47 JGG berücksichtigt, unabhängig von ihrer Vollstreckung; so auch *Gernbeck*, 2017, S. 169. Die Vorsanktion fließt auch dann in die Berechnung des Indexwertes ein, wenn das Urteil in eine nachfolgende Entscheidung einbezogen wurde. Dies gilt auch, wenn die Vorverurteilung in das spätere Urteil zu § 16a JGG einbezogen wird.

2209 Erfasst wird jede Verurteilung zu einem Arrest, auch bei Einbezug in eine nachfolgende Verurteilung.

2210 Jede Verurteilung zu Freizeitarrest wird einfach gezählt ohne Unterscheidung, ob gegen den Jugendlichen eine oder zwei Freizeiten verhängt wurden. Bei der Angabe der Dauer in Tagen wird eine Freizeit mit 2 Tagen gezählt, zwei Freizeiten mit 4 Tagen.

2211 Als Informationsquelle diente an dieser Stelle der Akteninhalt. Im IT-Vollzug wird nicht nach der Verurteilung und der Vollstreckung des Jugendarrestes differenziert. Erfolgten in der Vergangenheit bereits mehrere Verurteilungen zu Jugendarrest, so ist entscheidend, ob mindestens einer der Arreste tatsächlich verbüßt wurde. Die Angabe „ja" erfasst auch diejenigen Fälle, in denen es nur zu einer teilweisen Arrestvollstreckung kam.

V29   Wenn der Angeklagte in einem früheren Verfahren bereits zu einer <u>Jugendstrafe</u> mit <u>Vorbehalt</u> der Bewährung verurteilt wurde (s. V24_14):

         Dauer der zuletzt verhängten Jugendstrafe (in Monaten):   ☐☐ (97 = tnz)

V30   Wenn der Angeklagte in einem früheren Verfahren bereits zu einer <u>Jugendstrafe</u> <u>ohne</u> Bewährung verurteilt wurde (s. V24_15):

         Dauer der zuletzt verhängten Jugendstrafe (in Monaten):   ☐☐ (97 = tnz)

V30a   Hat der Angeklagte bereits eine Jugendstrafe verbüßt?

         ☐   ja (1)

         ☐   nein (0)

         ☐   keine Angaben (99)

V31   Wenn der Angeklagte in einem früheren Verfahren bereits zu einer <u>Freiheitsstrafe</u> <u>mit</u> Bewährung verurteilt wurde (V24_25):

         Dauer der zuletzt verhängten Freiheitsstrafe (in Monaten):   ☐☐ (97 = tnz)

V32   Wenn der Angeklagte in einem früheren Verfahren bereits zu einer <u>Freiheitsstrafe</u> <u>ohne</u> Bewährung verurteilt wurde (V24_26):

         Dauer der zuletzt verhängten Freiheitsstrafe (in Monaten):   ☐☐ (97 = tnz)

V33   Hat der Täter bereits eine Freiheitsstrafe verbüßt?

         ☐   ja (1)

         ☐   nein (0)

         ☐   keine Angaben (99)

V34   Wurde der Angeklagte vor der gegenständlichen Verurteilung schon mal zu einem Arrest gem. § 16a JGG verurteilt?

         ☐   ja (1)

         ☐   nein (0)

V35   Datum der ersten Verurteilung/Einstellung   ☐☐.☐☐.☐☐☐☐

V36   Datum der (letzten) vorangegangenen Tat[2212]   ☐☐.☐☐.☐☐☐☐

V37   Datum der letzten Verurteilung/Einstellung vor   ☐☐.☐☐.☐☐☐☐
         § 16a JGG[2213]

V38   Datum der Rechtskraft des letzten Urteils   ☐☐.☐☐.☐☐☐☐

2212   Ist der Verurteilte bereits mehrfach strafrechtlich in Erscheinung getreten, wird nur das Datum der letzten Tat aller Registereinträge erfasst. z.B. 1. Eintrag: (letzte) Tat 24.05.2013; 2. Eintrag: (letzte) Tat 31.07.2012. Es wird das Datum des 1. Eintrags erfasst.

2213   Erfasst wird das Datum, an dem gegen den Täter vor der Verurteilung zu § 16a JGG zuletzt eine Sanktion ausgesprochen wurde. Als Sanktion werden alle Sanktionen nach dem JGG und StGB erfasst, einschließlich vorangegangener Entscheidungen nach §§ 45, 47 JGG; nicht Verfahren, die mit einem Freispruch endeten.

V39   Art und Anzahl der vorangegangenen Straftaten, die der/n früheren strafrechtlichen Entscheidung(en) zugrunde lag(en)[2214]

(konkrete Anzahl oder „0" für nicht verwirklicht)

V39_1	☐	Widerstand gegen die Staatsgewalt §§ 111-121	Anzahl:	☐☐
V39_2	☐	Hausfriedensbruch §§ 123, 124	Anzahl:	☐☐
V39_3	☐	Missbrauch von Notrufen § 145	Anzahl:	☐☐
V39_4	☐	Vortäuschen einer Straftat § 145d	Anzahl:	☐☐
V39_5	☐	falsche uneidliche Aussage/ Meineid §§ 153-161	Anzahl:	☐☐
V39_6	☐	Falsche Verdächtigung §§ 164, 165	Anzahl:	☐☐
V39_7	☐	Sexuelle Nötigung/ Vergewaltigung §§ 177, 178	Anzahl:	☐☐
V39_8	☐	Beleidigung §§ 185-187	Anzahl:	☐☐
V39_9	☐	einfache Körperverletzung § 223	Anzahl:	☐☐
V39_10	☐	gefährliche Körperverletzung § 224	Anzahl:	☐☐
V39_11	☐	schwere Körperverletzung§ 226	Anzahl:	☐☐
V39_12	☐	Körperverletzung mit Todesfolge § 227	Anzahl:	☐☐
V39_13	☐	fahrlässige Körperverletzung § 229	Anzahl:	☐☐
V39_14	☐	Beteiligung an einer Schlägerei § 231	Anzahl:	☐☐
V39_15	☐	Nötigung § 240	Anzahl:	☐☐
V39_16	☐	Bedrohung § 241	Anzahl:	☐☐
V39_17	☐	Diebstahl § 242	Anzahl:	☐☐
V39_18	☐	Besonders schwerer Fall des Diebstahls § 243	Anzahl:	☐☐
V39_19	☐	Qualifikation des Diebstahls § 244	Anzahl:	☐☐
V39_20	☐	Unterschlagung § 246	Anzahl:	☐☐
V39_21	☐	Unbefugter Gebrauch eines Fahrzeuges § 248b	Anzahl:	☐☐
V39_22	☐	Raub/Erpressung §§ 249-255	Anzahl:	☐☐
V39_23	☐	Begünstigung § 257	Anzahl:	☐☐
V39_24	☐	Strafvereitelung § 258	Anzahl:	☐☐
V39_25	☐	Hehlerei § 259	Anzahl:	☐☐
V39_26	☐	Betrug §§ 263, 263a	Anzahl:	☐☐
V39_27	☐	Leistungserschleichung § 265a	Anzahl:	☐☐
V39_28	☐	Untreue § 266	Anzahl:	☐☐
V39_29	☐	Urkundenfälschung §§ 267-281	Anzahl:	☐☐
V39_30	☐	Sachbeschädigung §§ 303, 304	Anzahl:	☐☐
V39_31	☐	Brandstiftung §§ 306-314	Anzahl:	☐☐

2214 Erfasst wird die Gesamtheit aller abgeurteilten Taten. Es wird jeder verwirklichte Straftatbestand einzeln erfasst, unabhängig von Ideal- oder Realkonkurrenz gem. §§ 52, 53 StGB, so auch die Vorgehensweise von *Gernbeck*, 2017, S. 171 Fn. 630. Auch die Straftaten einer Vorverurteilung, die gem. § 31 Abs. 2 JGG in das spätere Urteil mit § 16a JGG einbezogen wurde, werden mitgezählt. Straftatbestände, die im Wege der Gesetzeskonkurrenz verdrängt werden (z.B. § 223 gegenüber § 224) bleiben außer Betracht.

V39_32	☐	Eingriff/Gefährdung des Straßenverkehrs §§ 315b, c	Anzahl:	☐☐
V39_33	☐	Trunkenheit im Verkehr § 316	Anzahl:	☐☐
V39_34	☐	Räuberischer Angriff auf Kraftfahrer § 316a	Anzahl:	☐☐
V39_35	☐	Fahren ohne Fahrerlaubnis/Kennzeichenmissbrauch §§ 21, 22 StVG	Anzahl:	☐☐
V39_36	☐	Straftaten nach §§ 29, 29a, 30 BtMG	Anzahl:	☐☐
V39_37	☐	Straftaten PflVG (§§ 1, 6 PflVG)	Anzahl:	☐☐
V39_38	☐	Straftaten nach WaffG	Anzahl:	☐☐
V39_39	☐	Straftaten nach AufenthG	Anzahl:	☐☐
V39_40	☐	Sonstiges	Anzahl:	☐☐
V39_41	☐	und zwar: _____		

V39_42	Deliktsschwereindex der schwersten Vortat	☐☐☐
V39_43	Deliktsschwereindex der Vortaten gesamt[2215]	☐☐☐
V39_44	Summe der Vortaten	☐☐

V40   Deliktskategorie der schwersten Vortat[2216] (97 = tnz, weil keine Vorbelastung)

☐ Widerstand gegen die Staatsgewalt/Straftaten der öffentlichen Ordnung (1)

☐ Falsche uneidliche Aussage/Meineid/falsche Verdächtigung (2)

☐ Sexualdelikte (3)

☐ Beleidigung (4)

☐ Körperverletzungsdelikte (5)

☐ Straftaten gegen die persönliche Freiheit (6)

☐ Diebstahl/ Unterschlagung (7)

☐ Raub/Erpressung (8)

☐ Begünstigung/Hehlerei (9)

☐ Betrug/Untreue (10)

☐ Urkundenfälschung (11)

☐ Sachbeschädigung (12)

☐ Gemeingefährliche Straftaten (13)

☐ Straftaten nach StVG und PflVG (14)

☐ BtMG (15)

☐ Sonstiges (16)

☐ unbekannt[2217] (99)

2215 Bei der Berechnung wird jedes in der Vergangenheit begangene Delikt berücksichtigt. In den Deliktsschwereindex fließt somit sowohl die Art wie auch die Häufigkeit des begangenen Delikts ein. Delikte, die Gegenstand eines in die Verurteilung zu § 16a JGG einbezogenen Urteils waren, bleiben unberücksichtigt.

2216 Die schwerste Vortat bestimmt sich nach dem Deliktsschwereindex.

2217 „Unbekannt" wird vermerkt, wenn sich aus der Akte ergibt, dass der Angeklagte bereits Voreintragungen aufzuweisen hat, aber unklar ist aufgrund welcher Delikte.

D.   **Anlasstat und Verfahrensmerkmale im Verfahren mit § 16a JGG**

V41   Datum der ersten Tatbegehung[2218]   □□.□□.□□□□
       (bei mehreren Taten: nur Zeitpunkt der ersten Tat)

V42   Datum der letzten Tatbegehung: □□.□□.□□□□
       (bei nur einer Tat identisch mit V41)

V43   Taten vor dem 07. März 2013

       □   alle Taten erfolgten vor dem 07.03.2013 (1)

       □   zumindest die erste Tat erfolgte vor dem 07.03.2013 (2)

       □   keine (3)

V44   Datum der Anklage[2219]   □□.□□.□□□□

V45   Datum der erstinstanzlichen Entscheidung*:   □□.□□.□□□□

V46   Wurden Rechtsmittel (Berufung/Revision) eingelegt[2220]?

       □   ja, von der Staatsanwaltschaft (1)

       □   ja, von dem/r Verurteilten (2)

       □   ja, von beiden (3)

       □   nein (4)

       □   keine Angaben (99)

V47   Datum der Rechtskraft des erstinstanzlichen Urteils*:   □□.□□.□□□□

V48   Anzahl der Mitangeklagten im Verfahren[2221]   □□
       (0 oder konkrete Anzahl)

V48_1 bei Verfahren gegen mindestens zwei Angeklagte: Wurde mindestens ein Mitangeklag-
       ter zu Jugendarrest § 16 JGG verurteilt?

       □   ja (1)

       □   nein (0)   (97 = tnz, weil kein weiterer Mitangeklagter)

V49   Form der Tatbeteiligung

       □   Alleintäter/in (1)

       □   Mittäter (2)

       □   Teilnehmer (3)

       □   sowohl Täter als auch Teilnehmer (4)

       □   keine Angaben (99)

V50   bei mehreren Straftaten: Verhältnis der Straftaten zueinander (97 = tnz)

2218   Ist im Urteil kein exaktes Tatdatum vermerkt, sondern ein Zeitraum in Form
       von Anfang Januar oder Ende Januar, wird der erste bzw. letzte des Monats
       eingetragen; so auch *Gernbeck,* 2017, S. 471 Fn. 1167. Bei zwei alternativen An-
       gaben, z.B. zu einem nicht näher bestimmbaren Zeitraum zwischen dem 25.10
       und 26.10 wird das spätere Datum aufgenommen.

2219   Bei mehreren Anklagen, die in einem Verfahren verbunden wurden, wird das
       Datum der ersten Anklage erfasst, die den/die nach § 16a-Verurteilte/n betrifft.

2220   Rechtsmittel werden nur erfasst, soweit diese den zu § 16a JGG-Verurteilten
       betreffen.

2221   Der Angeklagte mit § 16a JGG für den der Erhebungsbogen ausgefüllt wird,
       wird nicht mitgerechnet.

☐ Tateinheit § 52 StGB (1)[2222]

☐ Tatmehrheit § 53 StGB (2)

☐ unbekannt (99)

V51 Art und Anzahl der Straftaten, die der Verurteilung zu § 16a JGG zugrunde lagen[2223]:
(konkrete Anzahl oder „0" für nicht verwirklicht)

V51_1	☐	Widerstand gegen die Staatsgewalt §§ 111-121	Anzahl:	☐☐
V51_2	☐	Hausfriedensbruch §§ 123, 124	Anzahl:	☐☐
V51_3	☐	Missbrauch von Notrufen § 145	Anzahl:	☐☐
V51_4	☐	Vortäuschen einer Straftat § 145d	Anzahl:	☐☐
V51_5	☐	falsche uneidliche Aussage/ Meineid §§ 153-161	Anzahl:	☐☐
V51_6	☐	Falsche Verdächtigung §§ 164, 165	Anzahl	☐☐
V51_7	☐	Sexuelle Nötigung/ Vergewaltigung §§ 177, 178	Anzahl:	☐☐
V51_8	☐	Beleidigung §§ 185-187	Anzahl:	☐☐
V51_9	☐	einfache Körperverletzung § 223	Anzahl:	☐☐
V51_10	☐	gefährliche Körperverletzung § 224	Anzahl:	☐☐
V51_11	☐	schwere Körperverletzung§ 226	Anzahl:	☐☐
V51_12	☐	Körperverletzung mit Todesfolge § 227	Anzahl:	☐☐
V51_13	☐	fahrlässige Körperverletzung § 229	Anzahl:	☐☐
V51_14	☐	Beteiligung an einer Schlägerei § 231	Anzahl:	☐☐
V51_15	☐	Nötigung § 240	Anzahl:	☐☐
V51_16	☐	Bedrohung § 241	Anzahl	☐☐
V51_17	☐	Diebstahl § 242	Anzahl:	☐☐
V51_18	☐	Besonders schwerer Fall des Diebstahls § 243	Anzahl:	☐☐
V51_19	☐	Qualifikation des Diebstahls § 244	Anzahl:	☐☐
V51_20	☐	Unterschlagung § 246	Anzahl:	☐☐
V51_21	☐	Unbefugter Gebrauch eines Fahrzeuges § 248b	Anzahl:	☐☐
V51_22	☐	Raub/Erpressung §§ 249-255	Anzahl:	☐☐
V51_23	☐	Begünstigung § 257	Anzahl:	☐☐
V51_24	☐	Strafvereitelung § 258	Anzahl:	☐☐
V51_25	☐	Hehlerei § 259	Anzahl:	☐☐
V51_26	☐	Betrug §§ 263, 263a	Anzahl:	☐☐
V51_27	☐	Leistungserschleichung § 265a	Anzahl:	☐☐
V51_28	☐	Untreue § 266	Anzahl:	☐☐
V51_29	☐	Urkundenfälschung §§ 267-281	Anzahl:	☐☐

2222 Tateinheit wird nur dann erfasst, wenn die Tatbestände ausschließlich tateinheitlich verwirklicht wurden.

2223 Es wird jede einzelne Straftat erfasst, gleichgültig, ob diese in Tateinheit oder Tatmehrheit zueinanderstehen; siehe V39. Bei Einbeziehung eines bereits rechtskräftigen Urteils werden die dort abgeurteilten Taten nicht mitgezählt. Straftaten wegen derer der Angeklagte freigesprochen wurde, bleiben außen vor.

V51_30	☐	Sachbeschädigung §§ 303, 304	Anzahl:	☐☐
V51_31	☐	Brandstiftung §§ 306-314	Anzahl:	☐☐
V51_32	☐	Eingriff/Gefährdung des Straßenverkehrs §§ 315b, c	Anzahl:	☐☐
V51_33	☐	Trunkenheit im Verkehr § 316	Anzahl:	☐☐
V51_34	☐	Räuberischer Angriff auf Kraftfahrer § 316a	Anzahl:	☐☐
V51_35	☐	Fahren ohne Fahrerlaubnis/Kennzeichenmissbrauch §§ 21, 22 StVG	Anzahl:	☐☐
V51_36	☐	Straftaten nach §§ 29, 29a, 30 BtMG	Anzahl:	☐☐
V51_37	☐	Straftaten PflVG (§§ 1, 6 PflVG)	Anzahl:	☐☐
V51_38	☐	Straftaten nach WaffG	Anzahl:	☐☐
V51_39	☐	Straftaten nach AufenthG	Anzahl:	☐☐
V51_40	☐	Sonstiges	Anzahl:	☐☐
V51_41	☐	und zwar: _____		
V51_42		Deliktsschwereindex der schwersten Tat		☐☐☐
V51_43		Deliktsschwereindex gesamt		☐☐☐
V51_44		Summe der Anlasstaten		☐☐

V52a Deliktskategorie der schwersten Anlasstat

☐ Widerstand gegen die Staatsgewalt/Straftaten der öffentlichen Ordnung (1)

☐ Falsche uneidliche Aussage/Meineid/falsche Verdächtigung (2)

☐ Sexualdelikte (3)

☐ Beleidigung (4)

☐ Körperverletzungsdelikte (5)

☐ Straftaten gegen die persönliche Freiheit (6)

☐ Diebstahl/ Unterschlagung (7)

☐ Raub/Erpressung (8)

☐ Begünstigung/Hehlerei (9)

☐ Betrug/Untreue (10)

☐ Urkundenfälschung (11)

☐ Sachbeschädigung (12)

☐ Gemeingefährliche Straftaten (13)

☐ Straftaten nach StVG und PflVG (14)

☐ BtMG (15)

☐ Sonstiges (16)

V52b Anzahl einschlägiger Vortaten ☐☐

(konkrete Anzahl oder 0, 97 = tnz, weil keine strafrechtliche Vorbelastung)

V53 Verhalten des Angeklagten im Verfahren

V53a Geständnis des Angeklagten

☐ ja (1)

☐ teilweise (2)

☐ nein (0)

V53b Entschuldigung des Angeklagten im streitgegenständlichen Verfahren

  ☐ ja (1)

  ☐ nein (0)

V53c freiwillige Schadenswiedergutmachung

  ☐ ja (1)

  ☐ nein (0)

V53d Täter-Opfer-Ausgleich

  ☐ ja (1)

  ☐ nein (0)

V54 Wenn der Verurteilung eine Gewalttat zugrunde liegt:

  Merkmale der Tatausführung (1 = ja, 0 = nein, 97 = tnz)

V54a_1 ☐ provozierendes Verhalten des Angeklagten

V54a_2 ☐ anlassloses Agieren

V54a_3 ☐ Täter als „Hauptakteur" mehrerer Beteiligter

V54a_4 ☐ Tritte/Schläge mit der Faust gegen Kopf/Oberkörper

V54a_5 ☐ Einsatz Waffe/gefährlicher Gegenstand, sofern vom Gericht bejaht

V54b Folgen auf Seiten des Opfers (1 = ja, 0 = nein, 97 = tnz)

V54b_1 ☐ Bewusstlosigkeit

V54b_2 ☐ stationäre Behandlung

V54b_3 ☐ Knochenbrüche/innere Verletzungen

V54b_4 ☐ Schädelhirntrauma

V54b_5 ☐ (mögliche) anhaltende physische Schäden

V54b_6 ☐ anhaltende psychische Tatfolgen (z.B. Angstzustände)

V55 Hatte der Angeklagte in der Hauptverhandlung einen Verteidiger[2224]?

  ☐ ja (1)

  ☐ nein (0)

V56 Wurde § 16a JGG von der Staatsanwaltschaft beantragt?

  ☐ Ja (1)

  ☐ Nein (0), stattdessen:

  V56_1 ☐ Jugendstrafe mit Bewährung (1)

     ☐ Jugendstrafe mit Bewährung und Auflagen/Weisungen (2)

     ☐ Jugendstrafe ohne Bewährung (3)

     ☐ Sonstiges (4) und zwar: V56_1a:_____

  ☐ unbekannt (99)

V57 Wurde § 16a JGG von dem Verteidiger beantragt? (tnz = 97, weil V55 nein)

  ☐ Ja (1)

  ☐ Nein (0), stattdessen:

  V57_1 ☐ Jugendstrafe mit Bewährung (1)

     ☐ Jugendstrafe mit Bewährung und Auflagen/Weisungen (2)

     ☐ Jugendstrafe ohne Bewährung (3)

2224 Gleichgültig, ob Pflicht- oder Wahlverteidiger.

☐   Sonstiges (4) und zwar V57_1a: _____

☐ unbekannt (99)

V58   Hat die Jugendgerichtshilfe einen Arrest nach § 16a JGG angeregt?

☐ Ja (1)

☐ Nein (0), stattdessen:

    V58_1 ☐   Jugendstrafe mit Bewährung (1)

            ☐   Jugendstrafe mit Bewährung und Auflagen/Weisungen (2)

            ☐   Jugendstrafe ohne Bewährung (3)

            ☐   Sonstiges (4) und zwar V58_1a: _____

☐ keine Wiedergabe der Stellungnahme (99)

V59   Einbeziehung eines bereits rechtkräftigen Urteils gem. § 31 Abs. 2 JGG in das Urteil nach § 16a JGG

☐ ja (1)

☐ nein (0)

☐ von der Einbeziehung wurde ausdrücklich abgesehen gem. § 31 Abs. 3 (2)

V60   Wenn die Einbeziehung eines rechtskräftigen Urteils nach § 31 Abs. 2 JGG erfolgte: Art der Sanktion im einbezogenen Urteil
(1 = ja, 0 = nein; 97 = tnz, weil kein Einbezug)

    V60_1 ☐   Weisungen § 10 JGG

    V60_2 ☐   Auflagen § 15 JGG

    V60_3 ☐   Jugendarrest § 16 JGG

    V60_4 ☐   Jugendstrafe mit Bewährung

          V60_4a Dauer der Jugendstrafe (in Monaten) ☐☐   (97 = tnz; 99 = k.A)

          V60_4b Dauer der Bewährungszeit (in Monaten) ☐☐   (97 = tnz; 99 = k.A.)

    V60_5 ☐   Schuldspruch § 27 JGG

    V60_6 ☐   Sonstiges

V61   Begehung der zugrundeliegende(n) Anlasstat(en) unter laufender Bewährung?

☐ ja (1)

☐ teilweise[2225] (2)

☐ nein (0)

V62   Hat der Verurteilte hat in diesem oder in einem anderen Verfahren bereits Untersuchungshaft verbüßt?

☐ ja (1)

        V63 Dauer in Tagen: ☐☐   (97 = tnz; 99 = keine Angaben)

☐ nein[2226] (0)

☐ Haftbefehl erlassen, aber außer Vollzug gesetzt (2)

[2225] Lagen der Verurteilung zu § 16a JGG mehrere Taten zugrunde wird „teilweise" kodiert, wenn mindestens eine der Taten während der laufenden Bewährungszeit begangen wurde.

[2226] Angaben waren der Akte nicht zu entnehmen. Selbige Bedeutung bei V64.

V64 Hat der Verurteilte in diesem oder in einem anderen Verfahren eine sonstige Form der Freiheitsentziehung nach §§ 71 II, 72 IV, 73 JGG erfahren?

☐ ja (1)

☐ nein (0)

V65 War der Bewährungshelfer zum Zeitpunkt des Arrestantritts bekannt? (97 = tnz, weil nicht vollstreckt)

☐ ja[2227] (1)

☐ Bekanntwerden während des Arrestes (2)

☐ nein/Akte nicht zu entnehmen (0)

V66 Datum der Eröffnung des Bewährungsplans   ☐☐.☐☐.☐☐☐☐

V67 Wurde der Bewährungsplan in einem gesonderten Termin eröffnet?

☐ ja (1)

☐ nein (0)

☐ unbekannt (99)

E. Die Urteilsentscheidung zu § 16a JGG

V68 Verwendung des Ausdrucks „Warnschussarrest" im Urteilstenor

☐ ja (1)

☐ nein (0)

V69 Begründung zu § 16a JGG durch das Gericht

☐ keine Begründung[2228] (1)

☐ bloße Nennung der Fallgruppe gem. § 16a Abs. 1 Nr. 1-3 JGG (2)

☐ Wiedergabe des Gesetzeswortlauts mit/ ohne Nennung einer Fallgruppen gem. § 16a Abs. 1 Nr. 1-3 JGG (3)

☐ Begründung losgelöst vom Wortlaut/über Wortlautwiedergabe hinaus (4)

V70 Wird im Urteil auf mindestens eine der in § 16a Abs. 1 Nr. 1-3 JGG genannten Fallgruppen ausdrücklich Bezug genommen?

☐ ja (1)

☐ nein (0)

V71 Mit welcher Fallgruppen des § 16a I Nr. 1-3 JGG begründet das Gericht die Entscheidung? (1 = genannt, 0 = nicht genannt, 98 = keine eindeutige Zuordnung möglich)

V71_1   ☐ § 16a Abs. 1 Nr. 1 JGG

V71_2   ☐ § 16a Abs. 1 Nr. 2 JGG

V71_3   ☐ § 16a Abs. 1 Nr. 3 JGG

V72 (ausführliche) Begründung zu § 16a JGG: _____(Text)

2227 Entweder im Zeitpunkt der Hauptverhandlung oder aber jedenfalls zum Zeitpunkt des Arrestantritts.

2228 Erfasst werden sowohl diejenigen Entscheidungen, die § 16a JGG in der Urteilsbegründung überhaupt nicht erwähnen als auch diejenigen, die den Warnschussarrest allgemein ohne Begründung zitieren, wie etwa „Ein Arrest nach § 16a JGG war angemessen".

V73   Wenn § 16a mit der Verdeutlichung der Verantwortung für das begangene Unrecht/ Folgen weiterer Straftaten begründet wurde (§ 16a Abs. 1 Nr. 1): Finden sich im Urteil Ausführungen zur vorgeschriebenen Belehrung über die Bedeutung der Aussetzung zur Bewährung?

      ☐   ja (1) <u>wenn ja</u>: V73_1 Art der Ausführungen: _____(Text)

      ☐   nein (0)

      ☐   tnz (97)

V74   Finden sich Ausführungen zu § 16a Abs. 2 JGG, wenn der Verurteilte bereits in einem früheren Verfahren zu Jugendarrest verurteilt wurde bzw. verbüßt hat?

      ☐   ja (1)

      ☐   nein (0)

      ☐   tnz (97)

V75   Wie wird § 16a JGG begründet, wenn der Täter bereits in einem früheren Verfahren zu Jugendarrest verurteilt wurde: _____(Text)

V76   Finden sich Ausführungen zu § 16a Abs. 2 JGG, wenn sich der Verurteilte bereits in Untersuchungshaft befunden hat?

      ☐   ja (1)   V76_1 Begründung: _____(Text)

      ☐   nein (0)

      ☐   tnz (97)

V77   Hinweis im Urteil, dass ohne die Verhängung eines § 16a-Arrestes eine Aussetzung zur Bewährung nicht mehr möglich gewesen wäre?

      ☐   ja, ausdrücklicher Hinweis (1)

      ☐   Andeutung „§ 16a als letzte Chance" (2)

      ☐   nein (0)

V78   Wurden die Urteilsgründe abgekürzt gem. § 267 Abs. 4 StPO i.V.m. § 2 Abs. 2 JGG?

      ☐   ja (1)

      ☐   nein (0)

V79   Koppelungsform

      ☐   § 16a + Jugendstrafe zur Bewährung § 21 (1)

      ☐   § 16a + Schuldspruch § 27 (2)

      ☐   § 16a + Vorbehalt der Aussetzungsentscheidung § 61 III 1 (3)

V80   Arrestart des § 16a JGG*

      ☐   Freizeitarrest (1)

V80_1   Dauer in Tagen   ☐   (97 = tnz)

       ☐   Kurzarrest (2)

V80_2   Dauer in Tagen   ☐   (97 = tnz)

       ☐   Dauerarrest (3)

V80_3   Dauer in Wochen: ☐   (97 = tnz)

V81   Wenn § 16a JGG in Verbindung mit Aussetzung der Vollstreckung der Jugendstrafe gem. § 21 JGG

V81_1   Dauer der Jugendstrafe (in Monaten)   ☐☐ (97 = tnz)

V81_2   Dauer der Bewährungszeit (in Jahren)   ☐☐ (97 = tnz)

V81_3   Dauer der Unterstellungszeit (in Jahren)   ☐☐ (97 = tnz)

V81_4   Begründung der Jugendstrafe (97 = tnz)

    ☐ schädliche Neigungen § 17 Abs. 2 Alt. 1 JGG (1)

    ☐ Schwere der Schuld § 17 Abs. 2 Alt. 2 JGG (2)

    ☐ beides (3)

    ☐ keine Angaben (99)

V82   Wenn § 16a JGG neben Schuldspruch gem. § 27 JGG:

V82_1 Dauer der Bewährungszeit (in Monaten)   ☐☐ (97 = tnz)

V82_2 Dauer der Unterstellungszeit (in Monaten)   ☐☐ (97 = tnz)

V83   Wenn § 16a JGG neben Vorbehalt der Strafaussetzung zur Bewährung nach § 61 Abs. 3 1 JGG:

V83_1 Dauer der Jugendstrafe (in Monaten)   ☐☐ (97 = tnz)

V83_2 Dauer der Vorbewährungszeit (in Monaten)   ☐☐ (97 = tnz)

V83_3 Dauer der Unterstellungszeit (in Monaten)   ☐☐ (97 = tnz)

V83_4 Begründung der Jugendstrafe (97 = tnz)

    ☐ schädliche Neigungen § 17 Abs. 2 Alt. 1 JGG (1)

    ☐ Schwere der Schuld § 17 Abs. 2 Alt. 2 JGG (2)

    ☐ beides (3)

    ☐ keine Angaben (99)

V84a sonstige Nebenstrafen/Nebenfolgen/ambulante Sanktionen neben § 16a JGG

    ☐ keine (0)

    ☐ Sperrfrist §§ 69, 69a StGB (1)

    ☐ Fahrverbot § 44 StGB (2)

    ☐ ambulante Sanktionen (Weisungen/Auflagen) (3)

       V84a_1 Art der ambulanten Sanktion: _____

    ☐ ´ Verfall/Einziehung §§ 73, 74 StGB (4)

V84b Bewährungsweisungen/-auflagen neben § 16a JGG

    ☐ ja (1)

    ☐ nein (0)   (99 = unbekannt)

V85   Art der Weisungen neben § 16a JGG[2229]:
(1 = ja; 0 = nein; 97 = tnz, weil V84b = 0 oder 99)

V85_1 ☐ Mitteilung Wohnsitz-/Aufenthaltswechsel bzw. Absprache des Wohnsitzwechsels mit Bewährungshelfer/Gericht

V85_2 ☐ Vorladung/Weisung des Gerichts und/oder der Bewährungshilfe folgen

V85_3 ☐ Annahme/Bemühen/Fortführung einer Ausbildung-/Arbeitsstelle bzw. Kündigung/Wechsel nur mit Einwilligung der Bewährungshilfe

V85_4 ☐ Arbeitsweisung (z.B. gemeinnützige Arbeit)

V85_5 ☐ Mitwirkung an Jugendhilfemaßnahmen/ Erziehungsbeistandschaft

---

2229 Erfasst werden bei V85 und V86 nur Weisungen/Auflagen zum Zeitpunkt des Erlasses des Bewährungsbeschlusses, nachträgliche Änderungen/Aufhebungen bleiben außer Betracht. Wird die Entscheidung über die Vollstreckung gem. § 61 JGG dem Nachverfahren vorbehalten, werden nur die Auflagen/Weisungen für die Vorbewährungszeit erfasst.

V85_6	☐	Teilnahme an sozialem Trainingskurs

V85_7 ☐ Anti-Gewalt-Training/Anti-Aggressions-Training

V85_8 ☐ Täter-Opfer-Ausgleich

V85_9 ☐ Entziehungskur bei Alkohol-/Drogenproblematik

V85_10 ☐ Enthaltung/Konsumverbot Alkohol/Drogen und/oder Drogenscreening/ Kontrolle auf Verlangen

V85_11 ☐ Teilnahme an Suchtberatung (Alkohol/Drogen)

V85_12 ☐ Aufnahme/Fortführung Psychotherapie/psychiatrische Behandlung

V85_13 ☐ regelmäßiger Schulbesuch

V85_14 ☐ Sonstiges

V85_14a: _____ (Text)

V86 Art der Auflagen neben § 16a JGG
(1 = ja; 0 = nein; 97 = tnz, weil V84b = 0 oder 99)

V86_1 ☐ Schadenswiedergutmachung

V86_2 ☐ Entschuldigung

V86_3 ☐ Arbeitsauflage

V86_4 ☐ Zahlung eines Geldbetrages

F. **Vollstreckungs- und Vollzugsmerkmale**

V87 Vollstreckungsstatuts*

☐ verbüßt (1)

☐ unterbrochen (2)

☐ erledigt (3)

☐ abgesehen (4)

☐ keine Angaben[2230] (99)

V88 Grund für die vollständige Nichtvollstreckung (tnz = 97)

☐ Absehen aus erzieherischen Gründen nach § 87 Abs. 3 S. 1 JGG (1)

V88_1 Begründung: _____ (Text)

☐ Absehen nach § 87 Abs. 3 S. 3 JGG (2)

V88_2 Begründung: _____ (Text)

☐ Absehen nach § 87 Abs. 3 JGG ohne Differenzierung nach S. 1 und 3 (3)

V88_3 Begründung: _____ (Text)

☐ Überschreitung 3-Monatsfrist § 87 Abs. 4 S. 2 JGG (4)

V88_4 Begründung: _____ (Text)

☐ Bewährungswiderruf/Erkennung auf Jugendstrafe/ Ablehnung im nachträglichen Beschluss § 87 Abs. 4 S. 3 JGG (5)

☐ Einbezug des § 16a JGG nach § 31 Abs. 2 JGG in ein Folgeurteil (6)

☐ Erledigt durch Anrechnung von Untersuchungshaft (7)

☐ Verstoß gegen Rückwirkungsverbot (8)

☐ Sonstiges (9) und zwar V88_5: _____ (Text)

2230 keine Angaben = Vermerk K.E. (keine Eintragung) im IT-Vollzug und Vollstreckungsstatus war auch den Akten nicht zu entnehmen.

☐   unbekannt (10)

V89   Soll-Beginn Vollzug*: ☐☐.☐☐.☐☐☐☐

V90   Ist-Beginn Vollzug*: ☐☐.☐☐.☐☐☐☐ (Tag des Arrestantritts mitgerechnet)

V91   Maximales-Ende Vollzug*: ☐☐.☐☐.☐☐☐☐(Tag des Arrestendes mitgerechnet)

V92   Entfernung zwischen dem Jugendgericht, das § 16a JGG ausgesprochen hat und der für die Vollstreckung zuständigen Jugendarrestanstalt in km ☐☐

V93   Wurde das Arrestende vorverlegt?* (97 = tnz, weil Arrest nicht vollstreckt)

        ☐   ja (1)

        V93_1   wenn ja: um wie viel Stunden[2231]:   ☐☐ Stunden

        ☐   nein (0)

2. Erhebungsbogen Schlussberichte

Fall ID ☐☐☐

A.   **Vorliegen Schlussbericht und Vollzugsort**

S1   Liegt ein Schlussbericht vor?

        ☐   Ja (1)   ☐   Nein (0)

S2   Vollzugsort

        ☐   JAA München (1)   ☐   JAA Nürnberg (2)

        ☐   nicht vollstreckt (99)

B.   **Allgemeine Bemerkungen**

S3   Arrestantritt: (1 = ja, 0 = nicht angekreuzt)

S3_1 ☐   pünktlich   S3_2 ☐   sauber

S3_3 ☐   vorgeführt   S3_4 ☐   unpünktlich

S3_5 ☐   unsauber

S4   Arrestant wirkte: (1 = ja, 0 = nicht angekreuzt)

S4_1 ☐   nüchtern   S4_2 ☐   angetrunken

S4_3 ☐   unter Drogen stehend

S5   Erstmaligkeit des Arrestes:

        ☐   Ja (1)

        ☐   Nein (0) vorher: S5_1 ☐   Freizeitarrest (1 = ja, 0 = nein)

                                 S5_2 ☐   Kurzarrest (1 = ja, 0 = nein)

                                 S5_3 ☐   Dauerarrest (1 = ja, 0 = nein)

                                          (97 = tnz[2232], 99 = keine Angabe)

        ☐   keine Angabe (99)

2231 Da die Angaben im IT-Vollzug zum Teil in Tagen, zum Teil in Stunden hinterlegt waren, wurde 1 Tag in 24 Stunden umgerechnet.

2232 trifft nicht zu, weil Erstmaligkeit des Arrestes.

S6   Bewährung offen:

      ☐   Ja (1)   ☐   Nein (0)

S7   Hausordnung

      ☐   nie eingehalten (1)

      ☐   selten eingehalten (2)

      ☐   meist eingehalten (3)

      ☐   eingehalten (4)

      ☐   keine Angabe (99)

S8   Verhalten gegenüber Bediensteten (1 = ja, 0 = nicht angekreuzt)

S8_1	☐	freundlich	S8_2	☐	umgänglich
S8_3	☐	hilfsbereit	S8_4	☐	aufdringlich
S8_5	☐	fordernd/frech			

S9   Verhalten gegenüber Mitarrestanten (1 = ja, 0 = nicht angekreuzt)

S9_1	☐	kameradschaftlich	S9_2	☐	zurückhaltend
S9_3	☐	unsicher	S9_4	☐	Mitläufer
S9_5	☐	dominierend			

S10   Führung und Persönlichkeit (1 = ja, 0 = nicht angekreuzt)

S10_1	☐	fleißig/ausdauernd	S10_2	☐	zeigt Initiative
S10_3	☐	unauffällig	S10_4	☐	distanzlos
S10_5	☐	unzugänglich	S10_6	☐	höflich
S10_7	☐	kritikfähig	S10_8	☐	zweckangepasst
S10_9	☐	geschwätzig	S10_10	☐	disziplinlos
S10_11	☐	sauber/ordentlich	S10_12	☐	kontaktfähig
S10_13	☐	gleichgültig	S10_14	☐	leicht reizbar
S10_15	☐	ablehnend	S10_16	☐	gibt sich Mühe
S10_17	☐	motiviert	S10_18	☐	antriebslos
S10_19	☐	provokant	S10_20	☐	unbelehrbar
S10_21	☐	sonstiges	S10_21a Anmerkung sonstiges: _____		

S11   Aktuelle Situation des Arrestanten (1 = ja, 0 = nicht angekreuzt)

S11_1	☐	Schule	S11_2	☐	Ausbildung
S11_3	☐	Maßnahmen (BVJ, Praktikum)	S11_4	☐	berufstätig
S11_5	☐	arbeitslos	S11_6	☐	sonstiges
			S11_6a Anmerkung sonstiges: _____		

S12   Alkoholproblematik: ☐   ja (1)   ☐   nein[2233] (0)

S13   Drogenproblematik: ☐   ja (1)   ☐   nein (0)

S14   Wirkung des Arrestvollzuges (1 = ja, 0 = nicht angekreuzt)

2233   Nein bedeutet hier „vorhandene Problematik war nicht angekreuzt"; gilt auch für S13.

S14_1	☐	beeindruckt	S14_2	☐	wenig/kaum beeindruckt	S14_3	☐	unbeeindruckt
S14_4	☐	einsichtig	S14_5	☐	fühlt sich zu Unrecht verurteilt	S14_6	☐	uneinsichtig

S14_7 ☐ nicht einschätzbar

S15 Erreichbarkeit des Arrestanten

    ☐ nicht erreichbar (1)

    ☐ bedingt erreichbar (2)

    ☐ erreichbar (3)

    ☐ keine Angabe (99)

S16 Geeignetheit für den Arrest

    ☐ ungeeignet (1)

    ☐ geeignet (2)

    ☐ keine Angabe (99)

C.   **Weitere Bemerkungen**

S17	§ 16a JGG wurde nochmal erklärt	☐ ja (1)	☐ keine Anmerkung (0)

S18 Kontakt zum Bewährungshelfer

    ☐ noch keinen Kontakt (1)

    ☐ Name bekannt, aber noch kein Kontakt (2)

    ☐ telefonischer Kontakt (3)

    ☐ Besuch durch Bewährungshelfer im Arrest (4)

    ☐ persönlicher Kontakt zum Bewährungshelfer vor Arrestantritt (5)

    ☐ Kontakt mit Bewährungshelfer besteht (6)

    ☐ kein Besuch durch Bewährungshelfer im Arrest (7)

    ☐ keine Angabe (99)

S19 Bemerkungen des Sozialdienstes (Text): _____

S20 Bemerkungen des Vollzugsleiters (Text): _____

3. Fragebogen für die Befragung der Jugendrichter/innen

Universität Augsburg · Juristische Fakultät · LS Prof. Dr. Kaspar · 86135 Augsburg

An die
Jugendrichter/innen im Freistaat Bayern

Prof. Dr. Johannes Kaspar
Lehrstuhl für Strafrecht, Strafprozessrecht,
Kriminologie und Sanktionenrecht

Juristische Fakultät
Universitätsstraße 24
86159 Augsburg
Zimmer 2030

Tel   +49 (0) 821 598 - 4555
Tel   +49 (0) 821 598 - 4556 (Sekr.)
Fax   +49 (0) 821 598 - 4557

johannes.kaspar@jura.uni-augsburg.de
www.jura.uni-augsburg.de/kaspar

Augsburg, den 16.09.2016

Forschungsprojekt zum Jugendarrest neben bedingter Jugendstrafe als sog. „Warnschussarrest" gemäß § 16a JGG

Befragung der Jugendrichter/innen im Freistaat Bayern

Sehr geehrte Damen und Herren,

im Interesse einer stets fortzuentwickelnden Jugendstrafrechtspflege wird derzeit mit Unterstützung des Bayerischen Staatsministeriums für Justiz an einer Auswertung der bisherigen Anwendungspraxis der am 07.03.2013 in Kraft getretenen Neuregelung des Jugendarrestes neben einer Jugendstrafe zur Bewährung in § 16a JGG (sog. „Warnschussarrest") gearbeitet.

Die nachfolgende Erhebung ist Teil eines umfassenden Forschungsprojekts zur Implementierung des Jugendarrestes neben bedingter Jugendstrafe nach § 16a JGG im Freistaat Bayern. Im Rahmen dieses Projekts ist es für uns von zentraler Bedeutung, Ihre Einschätzungen und Erfahrungen als Jugendrichter/innen zu einem neu eingeführten § 16a JGG mitaufzunehmen. **Auch wenn Sie bislang nicht oder nur sehr selten mit § 16a JGG befasst waren oder in Ihrem Beruf nur zu Teilen für Jugendstrafsachen zuständig sind, ist uns Ihre Meinung wichtig.** Sie können wesentlich zum Gelingen des Projekts beitragen, indem Sie sich etwa **15 Minuten Zeit** zur Beantwortung der nachfolgenden Fragen nehmen. Falls Ihnen schon eine Version des Fragebogens vorab (etwa per Mail) zugänglich gemacht worden sein sollte, bitten wir diese zu ignorieren; allein der nachstehend abgedruckte Fragebogen ist die **aktuelle und gültige Version.**

Das Forschungsprojekt wird vom **Bayerischen Staatsministerium der Justiz** begrüßt und gefördert. Die Präsidenten der Oberlandesgerichte haben ausdrücklich erklärt, dass gegen eine Teilnahme keine Einwände bestehen.

Universität
Augsburg
University

Sämtliche Angaben erfolgen selbstverständlich **freiwillig.** Bitte füllen Sie den Fragebogen möglichst vollständig aus. Alle Angaben werden **streng vertraulich** und **anonym** behandelt. Die Angabe Ihres Namens ist **nicht** erforderlich.

Die durch die Befragung gewonnenen Daten werden in der durchgeführten Untersuchung **ausschließlich zu wissenschaftlichen Zwecken** im Rahmen eines Promotionsvorhabens verwendet. Das Ausfüllen und die Rücksendung des Fragebogens versehen wir als Ihr Einverständnis mit der Aufnahme der Angaben in die Untersuchung.

Die Ergebnisse der Befragung werden Ihnen intern nach Abschluss der Arbeit zugänglich gemacht.

Für eine zeitnahe Auswertung bitten wir Sie, den Fragebogen bis zum

31. Oktober 2016

auszufüllen und unter Verwendung des beiliegenden frankierten und adressierten Rückumschlags per Post anonym zurückzusenden an:

Prof. Dr. Johannes Kaspar
Lehrstuhl für Strafrecht, Strafprozessrecht, Kriminologie und Sanktionenrecht
Juristische Fakultät
Universitätsstraße 24
86159 Augsburg

Über eine rege Teilnahme an der Befragung würden wir uns sehr freuen. Bei Rückfragen wenden Sie sich jederzeit gerne an mich (Tel. 0821/598-4555; E-Mail: johannes.kaspar@jura.uni-augsburg.de) oder an die mit dem Projekt betraute wissenschaftliche Mitarbeiterin Frau Julia Schmidt (E-Mail: julia.schmidt@jura.uni-augsburg.de).

Vielen Dank für Ihre Mitwirkung und Ihr Engagement!

Prof. Dr. Johannes Kaspar   Julia Schmidt

Der Jugendarrest neben bedingter Jugendstrafe gem. § 16a JGG als sog. „Warnschussarrest"

Eine Befragung der Jugendrichter/innen im Freistaat Bayern

Universität Augsburg
Prof. Dr. Johannes Kaspar
Lehrstuhl für Strafrecht, Strafprozessrecht,
Kriminologie und Sanktionenrecht
Universitätsstraße 24
86159 Augsburg

Tel.: 0821 – 598- 4555
Email: johannes.kaspar@jura.uni-augsburg.de

Fragebogen

ID-Nr. (nicht ausfüllen):

Für die gesetzliche Neuregelung zur Anordnung von Jugendarrest neben einer zur Bewährung ausgesetzten Jugendstrafe hat sich in der Praxis der Begriff des Warnschussarrestes etabliert.

Inhaltlich bedeutet der Begriff des Warnschussarrestes gemäß § 16a JGG eine Kombination von Jugendstrafe zur Bewährung mit Jugendarrest in der Form von Freizeit-/Kurz- oder Dauerarrest. Bei der Jugendstrafe zur Bewährung kann es sich entweder um eine Aussetzung der Vollstreckung der Jugendstrafe gemäß § 21 JGG, eine Aussetzung der Verhängung einer Jugendstrafe gemäß § 27 JGG oder einen Vorbehalt der Bewährungsentscheidung gemäß § 61 JGG handeln.

Die nachfolgenden Fragen zum Warnschussarrest beziehen sich auf alle drei verfahrensrechtlichen Kombinationsmöglichkeiten nach § 21, § 27 und § 61 JGG, soweit kein gesonderter Hinweis erfolgt.

Bitte nehmen Sie an der Befragung auch dann teil, wenn Sie bislang noch nicht mit § 16a JGG befasst waren oder nur zum Teil für Jugendstrafsachen zuständig sind.

Hinweis zum Ausfüllen des Fragebogens: Bitte kreuzen Sie zur Beantwortung der Fragen jeweils ein Kästchen an. Sofern Mehrfachnennungen möglich sind, wird hierauf gesondert hingewiesen. Bei einigen Fragen können Sie Ihre Antwort in eigenen Worten formulieren.

Teil A: Zur Anwendungspraxis des Warnschussarrestes

1. Haben Sie den Warnschussarrest nach § 16a JGG seit seines Inkrafttretens am 07.03.2013 schon einmal in einem Urteil verhängt?

   ☐ Ja

      Wenn ja: Wie oft haben Sie den Warnschussarrest bislang verhängt?
   Bitte schreiben Sie die Anzahl (ggf. geschätzt) in das vorgegebene Kästchen: ☐

   ☐ Nein

2. a) In welcher der drei Arrestformen (Freizeit-/Kurz-/Dauerarrest) halten Sie die Verhängung eines Warnschussarrestes nach § 16a JGG für zweckmäßig, **unabhängig** von Ihrer bisheriger Anwendungspraxis?

	Ja	eher ja	eher nein	nein	keine Angabe
1. als Freizeitarrest	☐	☐	☐	☐	☐
2. als Kurzarrest	☐	☐	☐	☐	☐
3. als Dauerarrest	☐	☐	☐	☐	☐

b) **Falls** Sie die Verhängung des Warnschussarrestes als Freizeitarrest für zweckmäßig (ja/eher ja) erachten: Bitte erläutern Sie kurz, unter welchen Umständen Sie sich vorstellen können von der Verhängung eines Warnschussarrestes als Freizeitarrest Gebrauch zu machen.

3. Aus welchen Gründen halten Sie die Verhängung eines Warnschussarrestes zur Unrechtsverdeutlichung nach § 16a Abs. 1 Nr. 1 JGG trotz einer umfassenden Belehrung des Jugendlichen über die Bedeutung der Bewährungsentscheidung für erforderlich?

	stimme überhaupt nicht zu	*stimme eher nicht zu*	*stimme eher zu*	*stimme voll und ganz zu*
Der Jugendliche/Heranwachsende nimmt die Belehrung nicht ernst.	☐	☐	☐	☐
Der Jugendliche/Heranwachsende hört in der Verhandlung nicht zu.	☐	☐	☐	☐
Die Belehrung gerät schnell in Vergessenheit.	☐	☐	☐	☐
Die Belehrung ist rein verbal und kann dem Jugendlichen keinen wirklichen Hafteindruck vermitteln.	☐	☐	☐	☐
Die Bewährungsstrafe ist zu wenig fühlbar für den Jugendlichen.	☐	☐	☐	☐
Bei mehreren Mitangeklagten würde der lediglich zu Jugendarrest Verurteilte die Strafe aufgrund des Freiheitsentzuges als ungerecht empfinden.	☐	☐	☐	☐

☐ sonstige Gründe: _____

4. a) **Falls** Sie den Warnschussarrest nach § 16a JGG schon mindestens einmal in Verbindung mit § 21 JGG verhängt haben: Hatte die Anordnung des Warnschussarrestes Einfluss auf die Dauer der verhängten Jugendstrafe?

nie ☐ selten ☐ gelegentlich ☐ oft ☐ immer ☐

☞ Bei Antwort „nie" weiter mit **Frage 5.a)!**

b) Wie wirkte sich die Anordnung des Warnschussarrestes auf die Dauer der verhängten Jugendstrafe aus?

	nie	*selten*	*gelegentlich*	*oft*	*immer*
Die Dauer der Jugendstrafe fiel kürzer aus als bei bloßer Bewährungsstrafe ohne Warnschussarrest.	☐	☐	☐	☐	☐
Die Dauer der Jugendstrafe fiel länger aus als bei bloßer Jugendstrafe zur Bewährung ohne Warnschussarrest.	☐	☐	☐	☐	☐

☐ Sonstiges: _____

5. a) **Falls** Sie den Warnschussarrest nach § 16a JGG schon mindestens einmal in Verbindung mit § 27 JGG verhängt haben: Hatte die Anordnung des Warnschussarrestes Einfluss auf die Dauer der später verhängten Jugendstrafe gem. § 30 Abs. 1 JGG?

nie ☐ selten ☐ gelegentlich ☐ oft ☐ immer ☐

☞ Bei Antwort „nie" weiter mit **Frage 6.a)!**

b) Wie wirkte sich die Anordnung des Warnschussarrestes auf die Dauer der später verhängten Jugendstrafe gem. § 30 Abs. 1 JGG aus?

	nie	*selten*	*gelegentlich*	*oft*	*immer*
Die Dauer der späteren Jugendstrafe fiel kürzer aus als bei bloßer Bewährungsstrafe ohne Warnschussarrest.	☐	☐	☐	☐	☐
Die Dauer der späteren Jugendstrafe fiel länger aus als bei bloßer Bewährung ohne Warnschussarrest.	☐	☐	☐	☐	☐

☐ Sonstiges: _____

6. a) **Falls** Sie den Warnschussarrest nach § 16a JGG schon mindestens einmal in Verbindung mit einem Vorbehalt der Bewährung nach § 61 JGG verhängt haben: Hatte die Anordnung des Warnschussarrestes Einfluss auf die Dauer des verhängten Jugendstrafe?

nie ☐ selten ☐ gelegentlich ☐ oft ☐ immer ☐

☞ Bei Antwort „nie" weiter mit **Frage 7.a)!**

757

b) Wie wirkte sich die Anordnung des Warnschussarrestes auf die Dauer der verhängten Jugendstrafe aus?

	nie	selten	gelegentlich	oft	immer
Die Dauer der Jugendstrafe fiel kürzer aus als bei bloßer Bewährungsstrafe ohne Warnschussarrest	□	□	□	□	□
Die Dauer der Jugendstrafe fiel länger aus als bei bloßer Jugendstrafe zur Bewährung ohne Warnschussarrest	□	□	□	□	□

□ Sonstiges:

7. a) Falls Sie den Warnschussarrest nach § 16a JGG schon mindestens einmal in einer der Verfahrenskonstellationen nach § 21, § 27 oder § 61 JGG verhängt haben: Hatte die Anordnung des Warnschussarrestes Einfluss auf die Dauer der Bewährungszeit?

nie □ selten □ gelegentlich □ oft □ immer □

☞ Bei Antwort „nie" weiter mit **Frage 8**!

b) Wie wirkte sich die Anordnung des Warnschussarrestes auf die Dauer der Bewährungszeit aus?

	nie	selten	gelegentlich	oft	immer
Die Dauer der Bewährungszeit fiel kürzer aus als bei bloßer Bewährungsstrafe ohne Warnschussarrest	□	□	□	□	□
Die Dauer der Bewährungszeit fiel länger aus als bei bloßer Bewährungsstrafe ohne Warnschussarrest	□	□	□	□	□

□ Sonstiges:

8. Bei der Verhängung eines Warnschussarrestes nach § 16a JGG können verschiedene Gesichtspunkte eine Rolle spielen:

Für wie wichtig erachten Sie die folgenden Aspekte bei der Anordnung eines Warnschussarrestes? (☞ *Bitte pro Zeile eine Antwort markieren!*)

	völlig unwichtig	eher unwichtig	eher wichtig	sehr wichtig
Der junge Straftäter soll einen Denkzettel erhalten.	□	□	□	□
Der Freiheitsentzug soll auf den Jugendlichen/Heranwachsenden abschreckend wirken.	□	□	□	□
Durch den Freiheitsentzug zu Beginn der Bewährungszeit soll dem Jugendlichen/Heranwachsenden der drohende Vollzug der Jugendstrafe fühlbar gemacht werden, so dass er einen Hafteindruck erhält.	□	□	□	□
Der Warnschussarrest soll dem Täter das Unrecht und die Schwere seiner Tat verdeutlichen.	□	□	□	□
Der Jugendliche/Heranwachsende soll zum Nachdenken über seine Taten veranlasst werden.	□	□	□	□
Es soll ein falsches Verständnis von der Bewährungsstrafe (als „Freispruch zweiter Klasse" bzw. „Quasi-Freispruch") vermieden werden.	□	□	□	□
Es soll ein Ausgleich bei mehreren Tatbeteiligten geschaffen werden, bei denen ein Täter Jugendarrest und ein anderer eine Bewährungsstrafe erhalten hat.	□	□	□	□
Der Jugendliche/Heranwachsende soll aus seinem negativen sozialen Umfeld (krimineller Freundeskreis, Drogen-/Alkoholszene) herausgenommen werden.	□	□	□	□
Es soll ein erster schneller Kontakt zum/r Bewährungshelfer/in gesichert werden.	□	□	□	□
Im Arrestvollzug kann eine intensive Vorbereitung der Bewährungszeit erfolgen.	□	□	□	□
Im Arrest kann auf den Jugendlichen/Heranwachsenden mittels pädagogischer Angebote erzieherisch eingewirkt werden.	□	□	□	□
Durch den Arrestvollzug kann die erzieherische Einflussmöglichkeit während der Bewährungszeit verbessert werden.	□	□	□	□
Der Arrest zu Beginn der Bewährungszeit soll einen Anreiz zur Verhaltensänderung schaffen.	□	□	□	□
Infolge der kurzzeitigen Inhaftierung kann sich der Jugendliche/Heranwachsende den Behandlungsmaßnahmen nicht entziehen.	□	□	□	□

	völlig unwichtig	eher unwichtig	eher wichtig	sehr wichtig
Der Jugendliche/Heranwachsende hat ambulante Maßnahmen in der Vergangenheit nicht befolgt.	☐	☐	☐	☐
Der Warnschussarrest soll sicherstellen, dass der Jugendliche/Heranwachsende die Bewährungszeit übersteht.	☐	☐	☐	☐
Der Warnschussarrest kann dazu genutzt werden, den Jugendlichen/Heranwachsenden für anschließende Jugendhilfeleistungen zugänglich zu machen.	☐	☐	☐	☐
Ambulante Jugendhilfeleistungen sind aus Kostengründen in der Praxis häufig nur mangelhaft umsetzbar, so dass der Warnschussarrest als geeignetere Maßnahme erscheint.	☐	☐	☐	☐
Durch den Warnschussarrest kann überhaupt erst die Grundlage für eine positive Sozialprognose geschaffen werden (§ 21 I 3 JGG).	☐	☐	☐	☐
Durch die kurze Vollstreckungsfrist von 3 Monaten (§ 87 IV 2 JGG) erfolgt eine tatzeitnahe Reaktion.	☐	☐	☐	☐

☐ Sonstige Aspekte, die Sie bei der Anordnung des Warnschussarrestes für wichtig erachten:

_____

_____

9. Wenn Sie sich in der Vergangenheit im konkreten Fall gegen die Verhängung eines Warnschussarrestes nach § 16a JGG entschieden haben:
Wie wichtig waren die folgenden Aspekte bei Ihrer Entscheidung gegen den Warnschussarrest?
(☛ *Bitte pro Zeile eine Antwort markieren!*)

	völlig unwichtig	eher unwichtig	eher wichtig	sehr wichtig
Der Jugendliche/Heranwachsende hatte bereits Arresterfahrung.	☐	☐	☐	☐
Der Jugendliche/Heranwachsende hatte in diesem oder einem anderen Verfahren bereits U-Haft verbüßt.	☐	☐	☐	☐
Der Jugendliche/Heranwachsende hatte bereits Erfahrung mit sonstigen freiheitsentziehenden Maßnahmen (z.B. Heimerziehung nach § 12 Nr. 2 JGG oder §§ 71 II, 72 IV, 73 JGG).	☐	☐	☐	☐
Zur Verdeutlichung der Bedeutung der Bewährungsstrafe war eine gesonderte Eröffnung des Bewährungsplans ausreichend.	☐	☐	☐	☐
Eine Verdeutlichung des Unrechts konnte auch durch eine intensive Belehrung des Täters erzielt werden (§ 70a JGG).	☐	☐	☐	☐
Der Jugendliche/Heranwachsende hat sich in der Hauptverhandlung einsichtig gezeigt.	☐	☐	☐	☐
Bewährungsauflagen/-weisungen waren effektiver als ein zusätzlicher Arrest.	☐	☐	☐	☐
Eine Vorbereitung der Bewährungszeit kann im Arrestvollzug nicht erreicht werden.	☐	☐	☐	☐
Die kriminelle „Ansteckungsgefahr", die von dem Täter auf die herkömmliche Klientel des Jugendarrestes ausgehen würde, war zu hoch.	☐	☐	☐	☐
Der Arrest birgt die Gefahr der Verstärkung krimineller Kontakte.	☐	☐	☐	☐
Der Warnschussarrest hätte zu einer negativen Stigmatisierung des Jugendlichen/Heranwachsenden geführt.	☐	☐	☐	☐
Der Warnschussarrest hätte in negativer Weise zur Unterbrechung des Ausbildungs- oder Arbeitsverhältnisses geführt.	☐	☐	☐	☐
Eine gezielte Vorbereitung auf die Bewährungszeit durch einen Kontaktaufbau zur Bewährungshilfe war wegen der räumlichen Entfernung des/der Bewährungshelfers/in zur Arrestanstalt nicht zu erwarten.	☐	☐	☐	☐
Der Warnschussarrest hätte die Kooperationsbereitschaft zwischen dem Jugendlichen/Heranwachsenden und der Bewährungshilfe blockiert, da die Bewährungshilfe in Verbindung mit dem Warnschussarrest repressiven Sanktionscharakter erhält.	☐	☐	☐	☐
Die bereits begonnene Bewährungshilfe wäre durch den Vollzug des Warnschussarrestes gestört worden.	☐	☐	☐	☐
Es fehlt an einer geeigneten Übergangsbetreuung zwischen der Arrestentlassung und dem Beginn der Bewährungshilfe.	☐	☐	☐	☐
Die pädagogische Ausgestaltung des Arrestvollzuges war für den Jugendlichen/Heranwachsenden unzureichend.	☐	☐	☐	☐

☐ Sonstige Gründe, weshalb Sie von der Verhängung eines Warnschussarrestes abgesehen haben:

_____

☛ | Wenn Sie den Warnschussarrest **noch nie verhängt** haben, weiter mit **Frage 11!** |

10. Falls Sie von der Verhängung des Warnschussarrestes bereits **mindestens einmal Gebrauch gemacht** haben: Welche der nachfolgenden Sanktionen hätten Sie in diesem Fall/diesen Fällen **vor Inkrafttreten** des Warnschussarrestes am 07.03.2013 verhängt? *Bitte schätzen Sie!*

Anstelle von Warnschussarrest hätte ich folgende Sanktion/en verhängt ...	Nie	in weniger als 50 % der Fälle	in mindestens 50 % der Fälle	immer
Nur Jugendarrest nach § 16 JGG	□	□	□	□
Jugendarrest nach § 16 JGG verbunden mit einem sozialen Trainingskurs gemäß § 10 I 3 Nr. 6 JGG	□	□	□	□
Jugendstrafe zur Bewährung ohne Weisungen/Auflagen	□	□	□	□
Jugendstrafe zur Bewährung verbunden mit der Weisung in Form eines sozialen Trainingskurses gemäß § 10 I 3 Nr. 6 JGG	□	□	□	□
Jugendstrafe zur Bewährung verbunden mit den gleichen Weisungen/Auflagen, wie sie neben § 16a JGG angeordnet wurden	□	□	□	□
Jugendstrafe zur Bewährung verbunden mit noch mehr Weisungen/Auflagen, wie sie neben § 16a JGG angeordnet wurden	□	□	□	□
Jugendstrafe zur Bewährung und daneben Erziehungsbeistandschaft	□	□	□	□
Unbedingte Jugendstrafe ohne Bewährung	□	□	□	□

□ Sonstiges:

11. Bei welchen Jugendlichen/Heranwachsenden können Sie sich die Verhängung eines Warnschussarrestes nach § 16a JGG vorstellen, vorausgesetzt die Einzelfallumstände lassen eine bewährungsfähige Entscheidung im Übrigen zu?

Der Warnschussarrest eignet sich für ...	stimme überhaupt nicht zu	stimme eher nicht zu	stimme eher zu	stimme voll und ganz zu
Täter, die bereits mehrfach strafrechtlich in Erscheinung getreten sind	□	□	□	□
Täter, deren Taten durch Brutalität gekennzeichnet sind	□	□	□	□
Täter mit Gelegenheits- und Augenblicksverfehlungen	□	□	□	□
Junge Täter, die bereits in strafunmündigem Alter mehrfach kriminell auffällig waren und nun wegen einer Vielzahl von Taten aus dem Bereich der mittleren Kriminalität vor Gericht stehen	□	□	□	□
Täter, die bislang nicht oder kaum (z.B. Einstellung nach §§ 45, 47 JGG, § 31a BtMG) strafrechtlich in Erscheinung getreten sind und nun wegen einer massiven Gewalt/einem Sexualdelikt verurteilt werden	□	□	□	□
Täter, die bislang nicht strafrechtlich in Erscheinung getreten sind und nun wegen einer Vielzahl von Taten aus dem Bereich der mittleren Kriminalität verurteilt werden	□	□	□	□
Täter, die in Vergangenheit bereits wegen einer Vielzahl kleinerer Delikte vor Gericht standen und nun wegen einer massiven Gewalttat verurteilt werden	□	□	□	□
Täter, die in Vergangenheit die Teilnahme an einem sozialen Trainingskurs, sozialer Gruppenarbeit oder einer sozialpädagogischen Einzelbetreuung nicht erfolgreich bewerkstelligt haben	□	□	□	□
Täter mit Alkohol- und Drogenproblemen	□	□	□	□
Täter mit jugendlicher Trotzhaltung	□	□	□	□

□ Sonstiges:

12. Halten Sie den Warnschussarrest nach § 16a JGG im Einzelfall auch für Täter geeignet, die bereits Jugendarresterfahrung haben?

☐ Ja   ☞ Weiter mit **Frage 13!**

☐ Nein   ☞ Weiter mit **Frage 14!**

13. In welchen Fällen halten Sie die Verhängung eines Warnschussarrestes trotz Jugendarresterfahrung für zweckmäßig?

	stimme überhaupt nicht zu	stimme eher nicht zu	stimme eher zu	stimme voll und ganz zu
Der Täter verbüßte bislang nur Freizeit- oder Kurzarrest und soll durch den Warnschussarrest einen Dauerarrest erhalten	☐	☐	☐	☐
Der in der Vergangenheit verbüßte Dauerarrest ist zeitlich zu kurz ausgefallen	☐	☐	☐	☐
Bei großem zeitlichem Abstand zum letzten Jugendarrest	☐	☐	☐	☐
Bei Änderung der Tatbeteiligungsform	☐	☐	☐	☐
Der Arrestvollzug ist die letzte Möglichkeit, den Jugendlichen/Heranwachsenden einer betreuungsintensiven Maßnahme zuzuführen.	☐	☐	☐	☐
Die bloße Bewährungsstrafe wird von dem Jugendlichen/Heranwachsenden gegenüber dem bereits verbüßten Jugendarrest als weniger schlimm empfunden	☐	☐	☐	☐

☐ Sonstige Gründe: _____

14. Halten Sie den Warnschussarrest nach § 16a JGG im Einzelfall auch für Täter geeignet, die in der Vergangenheit bereits eine Bewährungssanktion erhalten haben?

☐ Ja   ☞ Weiter mit **Frage 15!**

☐ Nein   ☞ Weiter mit **Frage 16!**

15. In welchen Fällen halten Sie die Verhängung eines Warnschussarrestes für zweckmäßig, obwohl der Täter bereits in der Vergangenheit eine Bewährungsstrafe erhalten hat?

	stimme überhaupt nicht zu	stimme eher nicht zu	stimme eher zu	stimme voll und ganz zu
Der Täter hat in der Vergangenheit zwar schon eine Jugendstrafe zur Bewährung erhalten, aber noch keinen Arrest verbüßt	☐	☐	☐	☐
Bei einem Einbezug einer noch offenen Bewährungsstrafe für eine bereits länger zurückliegende Straftat	☐	☐	☐	☐
Bei einem Einbezug eines noch offenen Arrestes aus einem früheren Urteil	☐	☐	☐	☐
Die nunmehr zu verhängende Jugendstrafe läge eigentlich im nicht mehr aussetzungsfähigen Bereich und kann nur durch einen zusätzlichen Warnschussarrest nach § 16a JGG nochmal zur Bewährung ausgesetzt werden	☐	☐	☐	☐
Der Warnschussarrest dient als Ersatz für noch offene, nicht erfüllte Bewährungsauflagen/-weisungen	☐	☐	☐	☐
Eine erzieherische Einwirkung auf den Jugendlichen/Heranwachsenden ist im Arrestvollzug besser möglich als im Jugendstrafvollzug	☐	☐	☐	☐
Der Warnschussarrest ist die letzte Chance zur Vermeidung einer unbedingten Jugendstrafe von mindestens 6 Monaten	☐	☐	☐	☐

☐ Sonstige Gründe: _____

16. In welchem Maße sollten Ihrer Meinung nach die nachfolgenden Zwecke bei der Verhängung eines Warnschussarrestes nach § 16a JGG berücksichtigt werden?

	stark	mittel	wenig	überhaupt nicht
Besserung/Resozialisierung des Täters	☐	☐	☐	☐
Abschreckung des Täters	☐	☐	☐	☐
Sicherung der Allgemeinheit vor dem Täter	☐	☐	☐	☐
Abschreckung Dritter	☐	☐	☐	☐
Stärkung des Vertrauens in die Rechtsordnung/Normbekräftigung	☐	☐	☐	☐
Vergeltung/Sühne	☐	☐	☐	☐

Teil B: Zur gesetzlichen Regelung in § 16a JGG

1. Wie beurteilen Sie die Formulierung der gesetzlichen Voraussetzungen in § 16a JGG für die Verhängung eines Warnschussarrestes?

☐ tauglich   [☞ **Weiter mit Frage 3!**]
☐ nicht tauglich

2. Aus welchen Gründen halten Sie die Fassung des § 16a JGG für nicht tauglich? (☞ **Mehrfachnennung möglich!**)

☐ Die Voraussetzungen in § 16a I Nr. 1-3 JGG sind zu eng.
☐ Die Voraussetzungen in § 16a I Nr. 1-3 JGG sind zu weit.
☐ Das Kriterium der „Gebotenheit" ist zu unbestimmt.
☐ Die Regelvermutung in § 16a II JGG ist zu unpräzise.
☐ Sonstige Gründe: _____

3. Wie standen Sie dem Warnschussarrest *vor* seiner Einführung gegenüber?

☐ Ich habe die Einführung des Warnschussarrestes abgelehnt.
☐ Eher skeptisch
☐ Neutral
☐ Eher positiv
☐ Ich habe die Einführung des Warnschussarrestes befürwortet.

4. Wie stehen Sie dem Warnschussarrest *heute* gegenüber?

☐ Ablehnend
☐ Eher skeptisch
☐ Neutral
☐ Eher positiv
☐ Befürwortend

Gründe für Ihre Haltung: _____

5. Sind Sie der Meinung, dass § 16a JGG wieder gestrichen werden sollte?

☐ Ja
☐ Nein

Teil C: Zum Vollzug des Warnschussarrestes

1. Wie bewerten Sie Ihre Kenntnisse über die Ausgestaltung des bisherigen Jugendarrestvollzugs (z.B. Therapieangebote, Alltag der Insassen, Vollzugspersonal, Ausstattung der Anstalten)?

☐ gut ☐ befriedigend ☐ ausreichend ☐ ungenügend

2. Wie gut fühlen Sie sich über das Angebot für Warnschussarrestanten in den Jugendarrestanstalten München und Nürnberg informiert?

☐ gut ☐ befriedigend ☐ ausreichend ☐ ungenügend

3. Wünschen Sie im Hinblick auf den Warnschussarrest zusätzliche Informationen?

☐ Ja, in Form von: _____
☐ Nein

4. Wie beurteilen Sie die sozialpädagogischen Angebote im Warnschussarrestvollzug in Bayern?

sehr positiv ☐   eher positiv ☐   eher negativ ☐   sehr negativ ☐   weiß nicht ☐

5. Für wie wichtig erachten Sie die nachfolgenden Aspekte bei der Ausgestaltung des Warnschussarrestvollzuges?

	völlig unwichtig	eher unwichtig	eher wichtig	sehr wichtig
Dauerhafte getrennte räumliche Unterbringung der Warnschussarrestanten und der übrigen Arrestanten	☐	☐	☐	☐
Räumliche Trennung und Kontakteinschränkung der Warnschussarrestanten zu den übrigen Insassen während der ersten Tage im Arrestvollzug	☐	☐	☐	☐
Vornahme einer umfassenden Eingangsdiagnostik des Warnschussarrestanten unter Einbezug des Urteils und des Berichts der Jugendgerichtshilfe	☐	☐	☐	☐
Teilnahme an sozialpädagogischen Gruppenangeboten	☐	☐	☐	☐
Intensive sozialpädagogische Einzelbetreuung	☐	☐	☐	☐

3. In welchem OLG-Bezirk liegt das Jugendgericht, an dem Sie derzeit tätig sind?
   ☐ OLG Bamberg
   ☐ OLG München
   ☐ OLG Nürnberg

4. Wie hoch ist der Anteil Ihrer Stelle in Jugendstrafsachen?
   ☐ Ich bin zu 100% im Jugendstrafrecht tätig.
   ☐ Ich bin nur zum Teil im Jugendstrafrecht tätig, und zwar zu ca. _____ %

5. Sind Sie ☐ weiblich ☐ männlich ?

6. Welcher Altersgruppe gehören Sie an?
   ☐ Unter 35
   ☐ 35-44
   ☐ 45-54
   ☐ 55 und älter
   ☐ Keine Angaben

7. Hat Sie dieser Fragebogen mehrfach erreicht, weil Sie Jugendrichter/in für den Bezirk mehrerer Amtsgerichte oder Jugendrichter/in an einem Schöffengericht für den Bezirk mehrerer Amtsgerichte sind?
   ☐ Ja, Anzahl der erhaltenen Fragebögen: _____
   (*Hinweis: Tragen Sie hier bitte ein, wie oft Sie der Fragebogen erreicht hat. **Bitte füllen Sie den Fragebogen in diesen Fällen nur einmal aus.*)
   ☐ Nein

Gibt es wichtige Aspekte zum Thema Warnschussarrest, die bislang nicht ausreichend berücksichtigt wurden? An dieser Stelle können Sie gerne noch weitere Anmerkungen zu § 16a JGG sowie zum Fragebogen insgesamt vornehmen.

Vielen herzlichen Dank für Ihre Mitarbeit! Bitte senden Sie uns den Fragebogen mittels des beigelegten frankierten und adressierten Rückumschlags zurück.

Professor Dr. Johannes Kaspar   Julia Schmidt

Angebot besonderer Behandlungsprogramme, die nur den Warnschussarrestanten, nicht den Urteils-/Beschlussarrestanten offenstehen	☐	☐
Angebot von mehrtägigen Gruppenkursen zur Stärkung der Sozialkompetenz	☐	☐
Gemeinsam mit den Sozialarbeitern soll der Jugendliche/Heranwachsende im Arrest Richtlinien für die Zeit nach seiner Entlassung erarbeiten	☐	☐
Es soll ein persönlicher Kontakt zur Bewährungshilfe während des Arrestvollzuges stattfinden	☐	☐
Bereits während der Verbüßung des Warnschussarrests soll die künftige Bewährungshilfe in die Betreuung eingebunden werden	☐	☐
Es braucht besonders auf die Jugend spezialisierte Bewährungshelfer	☐	☐
Die Arbeitsergebnisse, die während des Warnschussarrestvollzuges mit dem Warnschussarrestanten erzielt werden, sollten in den Bewährungsplan aufgenommen werden	☐	☐

☐ Sonstige Aspekte, die Ihnen bei der Vollzugsgestaltung des Warnschussarrestes wichtig sind:

Teil D: Soziodemographische Angaben

Zum Schluss noch einige Fragen zu Ihrer Tätigkeit als Jugendrichter/in und Ihrer Person. Auch diese Informationen werden **streng vertraulich** behandelt und allein zu statistischen Auswertungszwecken benötigt.

1. Welche Tätigkeit üben Sie derzeit aus?
   (☛ *Sollten sich Ihre Tätigkeitsbereiche überschneiden, ist eine Mehrfachnennung möglich!*)
   ☐ Jugendeinzelrichter/in am Amtsgericht
   ☐ Jugendrichter/in als Vorsitzender des Jugendschöffengerichts
   ☐ Jugendrichter/in einer Jugendkammer am Landgericht

2. Wie lange sind Sie insgesamt bereits als Jugendrichter/in tätig?
   ☐ Kürzer als 1 Jahr
   ☐ 1 Jahr bis 2 Jahre
   ☐ 3 Jahre bis 5 Jahre
   ☐ 6 Jahre bis 10 Jahre
   ☐ Länger als 10 Jahre

4. Interviewleitfäden

Experteninterviews mit den Vollzugsleitern/Sozialpädagogen
der JAA München und Nürnberg

I.   Intervieweröffnung inkl. Danksagung und Einstiegsinformation

II.   Hauptteil

1.   Zur beruflichen Tätigkeit

Vollzugsleiter:

- Wie lange sind Sie bereits als Jugendrichter/in tätig?
- Wie lange sind Sie bereits als Vollzugsleiter/in der Jugendarrestanstalt tätig?
- Wie hoch ist der Anteil ihrer Stelle als Vollzugsleiter/in bezogen auf Ihre Gesamttätigkeit?

Sozialpädagogen:

- Welche berufliche Tätigkeit üben Sie in der Jugendarrestanstalt aus?
- Wie lange arbeiten Sie bereits im Jugendarrest? Voll-/Teilzeit?
- Was sind die Hauptaufgaben in Ihrer Tätigkeit?
- Haben Sie im Hinblick auf die Neuregelung des § 16a JGG in der Vergangenheit zusätzliche Fortbildungsangebote erhalten/wahrgenommen? Um welche Form der Fortbildungen handelte es sich hierbei?
- Besteht der Wunsch nach weiteren Fortbildungsmöglichkeiten bzgl. des Warnschussarrestes?

Frage 2 bis 4 ausschließlich für Vollzugsleiter

2.   Grunddaten zur Jugendarrestanstalt

- Über wie viele Arrestplätze für männliche/weibliche Arrestanten verfügt die Jugendarrestanstalt? Wie viele Einzel- / Gemeinschaftszellen?
- Wie hoch ist die monatliche Durchschnittsbelegung im Jugendarrest? Wie hoch ist der Anteil der Warnschussarrestanten im Monat (ggf. geschätzt)?
- Ist die Jugendarrestanstalt baulich angegliedert an einen anderen Vollzugsbereich?
- Wie viele Personen sind aktuell im Jugendarrest beschäftigt?
- Wie sehen die regulären Schichtzeiten im Jugendarrestvollzug aus?
- Gibt es besonders ausgewähltes Personal für die Warnschussarrestanten?
- Gibt es einen Anstaltspsychologen und einen Arzt für die Jugendarrestanstalt?

3.   Vollstreckung des Warnschussarrestes

a)   Verfahren bis zur Ladung

- Wie gestaltet sich die Ladung der Warnschussarrestanten vor dem Hintergrund der verkürzten 3-Monatsfrist in § 87 IV 2 JGG? Gibt es eine vereinfachte Organisationsform für die Vollstreckung des § 16a Arrestes? Wie sieht diese aus?
- In welcher Frist erfolgt die Ladung der Warnschussarrestanten und gibt es insoweit Unterschiede zu „sonstigen" Arrestanten?
- Gibt es Unterschiede in der Ladungszeit der Warnschussarrestanten je nach örtlicher Entfernung zur JAA?
- Hat die 3-Monatsfrist für den Warnschussarrest Auswirkungen auf die Ladung der übrigen Arrestanten?
- Gibt es einen bestimmten Ladungstag für Warnschussarrestanten? Wann werden die Arrestanten je nach Freizeit-/Kurz- oder Dauerarrest üblicherweise geladen?
- Achten Sie bei der Ladung der Warnschussarrestanten auf mögliche Angebote in der JAA während dieser Zeit?
- Wie beurteilen Sie die Antrittsmoral der Warnschussarrestanten? Eher positiv oder negativ? Unterscheidet sich diese von den übrigen Arrestanten?
- Auf welchem Weg wird der Jugendliche dem Arrest zugeführt, wenn er der Ladung nicht nachkommt? Hat die zwangsweise Vorführung Auswirkungen auf die Vollzugsgestaltung?

b)   3-Monatsfrist des § 87 IV 2 JGG

- Gibt es in der Praxis Schwierigkeiten bei der Vollstreckung des § 16a-Arrestes wegen der kurzen 3-Monatsfrist in § 87 IV 2 JGG? Wenn ja: In welcher Form?

- Bleibt trotz der 3-Monatsfrist ausreichend Spielraum individuelle Umstände des Arrestanten zu berücksichtigen? Um welche Umstände handelt es sich hierbei?
- Halten Sie die 3-Monatsfrist für den Vollzugsbeginn für passend oder würden Sie stattdessen eine kürzere/längere Frist bevorzugen? Aus welchen Gründen?
- Haben Sie in der Vergangenheit schon mal wegen einer Überschreitung der 3-Moantsfrist vom Vollzug des Warnschussarrestes abgesehen?
- Sehen Sie sonstige praktische Schwierigkeiten bei der Vollstreckung des § 16a-Arrestes?

c) Absehen von der Vollstreckung nach § 87 III

- Haben Sie von der Vollstreckung eines Warnschussarrestes schon einmal vollständig abgesehen nach § 87 III JGG? Wenn ja: aus welchen Gründen?
- Gab es Fälle, in denen Sie nach einer Teilverbüßung des Warnschussarrestes von der Restvollstreckung abgesehen haben? Wenn ja: Welche Umstände haben zu einer früheren Arrestentlassung geführt?
- Können sich die Warnschussarrestanten bei guter Führung einen Vergünstigungs-/Bonustag für die vorzeitige Entlassung erarbeiten? Wenn ja: Gilt dies nur für Dauerarrestanten? Was sind die Voraussetzungen für den Erhalt eines Vergünstigungstages? Wie viele Vergünstigungstage können max. erworben werden?

    Wenn nein: Gibt es für andere Arrestanten diese Möglichkeit? Wenn ja: Worin liegt der Grund für diese Differenzierung zwischen Arrestanten nach § 16a JGG und den „gewöhnlichen" Arrestanten?

4. Der Vollzug des Warnschussarrestes

a) Aufnahmeverfahren

- Wie verläuft das Aufnahmeverfahren der Warnschussarrestanten in der JAA? Gibt es diesbezüglich Unterschiede zu den übrigen Arrestanten?
- Wird mit den Warnschussarrestanten ein Aufnahmegespräch geführt? Von wem? Inhalt? Bei allen Arrestformen?
- Führen Sie mit den Warnschussarrestanten zu Beginn der Arrestzeit ein Gespräch? Wenn ja: Werden Erkenntnisse hieraus schriftlich festgehalten?

b) Räumliche Unterbringung

- Wie erfolgt die räumliche Unterbringung der Warnschussarrestanten?
- Halten Sie eine dauerhafte oder zumindest anfängliche räumliche Trennung der Warnschussarrestanten von den anderen Arrestanten für erforderlich? → Aus welchen Gründen?
- Was halten Sie von der Bündelung des Warnschussarrestvollzuges in 2 Jugendarrestanstalten in Bayern? Worin sehen Sie Vor- oder Nachteile dieser Zentralisierung?

c) Allgemeines zur Vollzugsgestaltung

- Wie gestalten sich die ersten Tage eines Warnschussarrestanten im Jugendarrest, je nach Freizeit-/Kurz-/Dauerarrest? Gibt es insoweit Unterschiede zu den „sonstigen Arrestanten"?
- Wie sieht der typische Tagesablauf im Arrest aus (Einschluss, Hofgang, Freizeit etc.)?

d) Besondere Vollzugsgestaltung des Warnschussarrestes

- Gibt es derzeit ein spezifisches Behandlungsprogramm für Warnschussarrestanten? Wenn ja: Welchen Inhalt hat dieses? Wenn nein: Aus welchen Gründen wird ein spezielles Behandlungsprogramm für Warnschussarrestanten nicht durchgeführt?
- Gibt es vollzugsinterne Überlegungen für eine Ausweitung der Behandlungsmaßnahmen für Warnschussarrestanten? Wenn ja: Handelt es sich dabei um ein besonderes Behandlungskonzept für Warnschussarrestanten oder ist dies allen Bewährungsprobanden/Dauerarrestanten zugänglich? Was ist Inhalt dieses Programms?
- Halten Sie ein gezieltes Programm für Warnschussarrestanten für erforderlich?
- Welche Aspekte halten Sie bei der Gestaltung eines Vollzugskonzeptes für die Warnschussarrestanten für besonders wichtig? Wo sollten Ihrer Meinung nach Schwerpunkte gesetzt werden?
- Der Gesetzgeber hat mit der Einführung des § 16a JGG auf eine „behandlungsorientierte Vollzugsgestaltung" hingewiesen: Wie versucht man dies umzusetzen?
- Welche Angebote gibt es derzeit für Warnschussarrestanten im Freizeit-/Kurz-/Dauerarrest?
- Inwieweit gibt es Unterschiede zwischen dem Vollzug des Warnschussarrestes und dem Vollzug von Urteils- und Beschlussarresten?

- Wird die Betreuung des Warnschussarrestanten dokumentiert (BT-Drucks. 17/9389, S. 21 woran hat er teilgenommen, wie war sein Verhalten?)? Werden diese Informationen an die Bewährungshilfe weitergegeben?
- Worauf legen Sie aktuell im Vollzug des § 16a-Arrestes besonderen Wert?
- Wie bewerten Sie die aktuelle Vollzugssituation im Warnschussarrest? Wo gibt es Schwierigkeiten/ Verbesserungsbedarf?
- Wie wichtig ist die Urteilsbegründung zu § 16a I Nr. 1-3 JGG für die Vollzugsgestaltung des Warnschussarrestes? Führen knappe Urteilsbegründungen zu praktischen Schwierigkeiten?

e) Zusammenarbeit mit der Bewährungshilfe/Jugendgerichtshilfe

- Ziel des Gesetzgebers mit Einführung § 16a JGG: Vorbereitung der Bewährungszeit. Wie versucht man dieses Ziel während des Arrestvollzuges aufzugreifen?
- Wie gestaltet sich die Zusammenarbeit mit der Bewährungshilfe/Jugendgerichtshilfe während des Warnschussarrestvollzuges?
- Wenn es keinen/kaum Kontakt zur Bewährungshilfe gibt: Worin sehen Sie die Gründe?
- Wird der Bewährungshelfer/in über die Arrestverbüßung des Warnschussarrestanten informiert?
- Wird die Bewährungshilfe während des Arrestvollzuges in die Arbeit mit dem Jugendlichen eingebunden? Wenn ja: In welcher Form?
- Halten Sie eine intensivere Einbindung der Bewährungshilfe für notwendig?
- Welche Änderungen halten Sie in der Zusammenarbeit mit der Bewährungshilfe für notwendig? Was würden Sie von einer Art „Übergabegespräch" mit dem Bewährungshelfer halten?

f) Das Abschlussgespräch und der Schlussbericht nach § 27 JAVollzO

- Wird mit allen Warnschussarrestanten ein Abschlussgespräch geführt? Auch mit Warnschussarrestanten im Freizeit-/Kurzrest?
- Für welche Arrestanten wird ein Schlussbericht erstellt? Wer wirkt an dessen Erstellung mit?
- Wird auch bei Warnschussarrestanten im Freizeit-/Kurzarrest ein Schlussbericht erstellt? Wenn nein: Gibt es für die Warnschussarrestanten, die einen Kurz- oder Freizeitarrest verbüßen, eine andere Form des „Entlassungsberichts"?
- Worauf legen Sie bei dem Abschlussgespräch mit den Warnschussarrestanten besonderen Wert?
- Welchen Eindruck haben Sie von dem Bewusstsein der Arrestanten über die Bedeutung des § 16a JGG? Wissen die Arrestanten was der Warnschussarrest bedeutet?
- Wenn Sie im Schlussbericht den Arrestanten als geeignet oder ungeeignet für den Arrest einstufen müssen: Unter welchen Umständen erweist sich ein Warnschussarrestant aus Ihrer Sicht als ungeeignet für den Arrestvollzug?

Frage 2 bis 4 ausschließlich für Sozialpädagogen

2. Aufnahmeverfahren in der Jugendarrestanstalt

- Führen Sie mit den Warnschussarrestanten ein Zugangsgespräch zu Beginn der Arrestzeit? Wenn ja: Bitte schildern Sie mir doch kurz, wie dieses verläuft. (Wann/Was ist Inhalt des Gesprächs/Führen Sie dies alleine/mit allen Warnschussarrestanten?)
- Welche Unterlagen liegen Ihnen im Zeitpunkt des Zugangsgespräches vor (Urteil/Aufnahmeersuchen/Bericht Jugendgerichtshilfe/Bewährungsbeschluss)?
- Gibt es bei den Zugangsgesprächen mit den Warnschussarrestanten Besonderheiten? Wird der Warnschussarrest hier schon thematisiert?
- Auf welche Weise werden die Informationen aus dem Zugangsgespräch festgehalten? Werden diese Informationen an die Bewährungshilfe/Jugendgerichtshilfe weitergegeben?

3. Der Ist-und Sollzustand des Warnschussarrestvollzugs

a) Besondere Vollzugsgestaltung des Warnschussarrestes

- Gibt es derzeit ein spezifisches Behandlungsprogramm für Warnschussarrestanten? Wenn ja: Welcher Art? Wenn nein: Aus welchen Gründen wird ein spezielles Behandlungsprogramm für Warnschussarrestanten nicht durchgeführt?
- Halten Sie ein gezieltes Behandlungsprogramm für Warnschussarrestanten für erforderlich?

- Welche Aspekte halten Sie bei der Gestaltung eines Vollzugskonzeptes für die Warnschussarrestanten für besonders wichtig? Wo sollten Ihrer Meinung nach Schwerpunkte gesetzt werden?
- Können Sie sich vorstellen, dass neben Warnschussarrestanten auch andere Arrestanten mit einer offenen Bewährung in ein gemeinsames Konzept einbezogen werden?
- Wie gestaltet sich derzeit die Betreuung der Warnschussarrestanten im Freizeit-/Kurz-/Dauerarrest aus? Welche Angebote gibt es für diese Arrestantengruppe? Können Sie mir hierzu ein bisschen was erzählen.
- Worauf legen Sie bei Ihrer Arbeit mit den Warnschussarrestanten besonderen Wert? Wo liegen Schwerpunkte?
- Der Gesetzgeber hat mit der Einführung des § 16a JGG auf eine „behandlungsorientierte Vollzugsgestaltung" hingewiesen: Was verstehen Sie darunter und wie sollte man versuchen diese umzusetzen?
- Wird die Betreuung des Warnschussarrestanten dokumentiert (BT-Drucks. 17/9389, S. 21, woran hat er teilgenommen? wie war sein Verhalten?)? Werden diese Informationen an die Bewährungshilfe übermittelt?
- Wie bewerten Sie die aktuelle Vollzugssituation im Warnschussarrest? Sehen Sie hier Schwierigkeiten/Verbesserungsbedarf?

b) Allgemeine Gruppenmaßnahmen

- Welche pädagogischen Gruppenangebote gibt es derzeit für Kurz-/Freizeit- und Dauerarrestanten? Wie oft finden diese Angebote statt? Regelmäßiger Turnus?
- Stehen diese Angebote uneingeschränkt auch Warnschussarrestanten offen?
- Können auch Warnschussarrestanten im FA/ KA an den Programmen teilnehmen?
- Gibt es Gruppenmaßnahmen, die speziell auf Warnschussarrestanten bzw. Bewährungsprobanden zugeschnitten sind?
- Wer bestimmt, ob der Warnschussarrestant für die konkrete Gruppenmaßnahme geeignet ist und daran teilnehmen darf?
- Wer führt diese Angebote durch?
- Welche Vereine/sozialen Dienste wirken an der sozialpädagogischen Betreuung der Arrestanten mit? Gibt es Vereine, die auf die Vollzugsbetreuung von WSA spezialisiert sind?
- Sind die bestehenden Gruppenangebote für Warnschussarrestanten Ihrer Meinung nach ausreichend oder sollten hier Änderungen erfolgen?

c) soziale Trainingskurse

- Gibt es das Angebot eines sozialen Trainingskurses in der Jugendarrestanstalt?
  Wenn nein: Welche Gründe gibt es hierfür?
  Wenn ja: Wie häufig findet ein sozialer Trainingskurs statt und wer betreut diesen?
- Wie viele Tage dauert ein sozialer Trainingskurs?
- Wie ist der soziale Trainingskurs inhaltlich aufgebaut? Wo liegen hier die Schwerpunkte?
- Wer kann an dem sozialen Trainingskurs teilnehmen? Auch Warnschussarrestanten?
- Halten Sie soziale Trainingskurse auch bei Warnschussarrestanten für geeignet? Wer beurteilt die Geeignetheit der Arrestanten für die Teilnahme?
- Erfolgt die Teilnahme freiwillig? Wie hoch sind die Motivation zur Teilnahme und das Durchhaltevermögen bei der Absolvierung des sozialen Trainingskurses allgemein und bei Warnschussarrestanten?
- Wie sind Ihre Erfahrungen in Zusammenhang mit der Durchführung der sozialen Trainingskurse? Was bewirkt der soziale Trainingskurs bei den Arrestanten? Wo gibt es Probleme?

d) Individuelle Angebote

- Welche individuellen Hilfestellungen werden den Warnschussarrestanten angeboten?
- Wird der Durchführung von Einzelgesprächen bei Warnschussarrestanten erhöhte Aufmerksamkeit im Vergleich zu Urteils-/Ungehorsamsarrestanten geschenkt? Besteht hier seitens der Arrestanten erhöhter Nachfragebedarf?
- Wie viele Einzelgespräche führen Sie in der Regel mit einem Warnschussarrestanten? (z.B. § 16a als zweiwöchiger DA)
- Wo liegt der Schwerpunkt bei einem Einzelgespräch mit einem Warnschussarrestanten?

e) Zusammenarbeit mit der Bewährungshilfe

- Ziel des Gesetzgebers mit Einführung § 16a JGG: Vorbereitung der Bewährungszeit. Wie versucht man dieses Ziel während des Arrestvollzuges aufzugreifen?

- Wie gestaltet sich die Zusammenarbeit mit der Bewährungshilfe während des Warnschussarrestvollzuges? Wie bewerten Sie diese?
- Wenn es keinen/kaum Kontakt zur Bewährungshilfe gibt: Worin sehen Sie die Gründe für den mangelhaften Kontakt?
- Wird die Bewährungshilfe während des Arrestvollzuges in die Arbeit mit dem Jugendlichen eingebunden? Wenn ja: In welcher Form?
- Halten Sie eine intensivere Einbindung der Bewährungshilfe für notwendig?
- Welche Änderungen halten Sie in der Zusammenarbeit mit der Bewährungshilfe für notwendig? Was würden Sie von einer Art „Übergabegespräch" mit dem Bewährungshelfer halten?
- Führt der Warnschussarrest Ihrer Einschätzung nach eher zu einer positiven Bewältigung der Bewährungszeit oder zu einer Erschütterung des Vertrauensverhältnisses zwischen Proband und Bewährungshelfer dar?

f) Zusammenarbeit mit der Jugendgerichtshilfe

In welcher Form und in welchen Fällen findet während des Warnschussarrestvollzuges eine Zusammenarbeit mit der Jugendgerichtshilfe statt?

4. Entlassungsvorbereitung und Nachbetreuung der Warnschussarrestanten

- Wie werden die Warnschussarrestanten auf Ihre Entlassung vorbereitet?
- Gibt es hinsichtlich der Entlassungsvorbereitung Unterschiede zwischen den Warnschussarrestanten und Urteils-/Beschlussarrestanten?
- Erhalten auch die Warnschussarrestanten mit KA/FA eine Entlassungsvorbereitung?
- Wird mit jedem Warnschussarrestanten (FA/KA/DA) ein Entlassungs- bzw. Abschlussgespräch durch den sozialen Dienst geführt?
- Werden mit dem Warnschussarrestanten Verhaltensrichtlinien für die Zeit nach der Entlassung erarbeitet? Wenn ja: Werden diese schriftlich fixiert? Um welche Art von Verhaltensrichtlinien handelt es sich: Arbeit/Schule/Therapieangebote?
- Mit welchen Stellen wird für die Nachbetreuung des Warnschussarrestanten Kontakt aufgenommen? (Arbeitsamt, Bewährungshelfer, Jugendamt, Jugendberufshilfe, beruflichen Fortbildungsstätten/Schulen, Familie)
- Wie sollte Ihrer Meinung nach eine optimale Übergangsbetreuung der Warnschussarrestanten vom Arrest in die Bewährungszeit aussehen? Was bedarf es hierfür?

5. Klientel des Warnschussarrestes

Vollzugsleiter:

- Unterscheidet sich die Klientel des Warnschussarrestes von den übrigen Arrestanten, insbesondere von den anderen Bewährungsprobanden? Wenn ja: Wodurch?
- Sehen Sie sich durch die zusätzliche Klientel der Warnschussarrestanten mit neuen Problemen im Vollzug konfrontiert? Wenn ja: Welcher Art?

Sozialpädagogen:

- Wie würden Sie die Klientel des Warnschussarrestes beschreiben? Zeigen die Warnschussarrestanten besondere Verhaltensauffälligkeiten im Vollzug?
- Unterscheidet sich die Klientel des Warnschussarrestes von den anderen Arrestanten, insbesondere von den übrigen Bewährungsprobanden? Wenn ja: Inwiefern?
- Nach der Gesetzesbegründung soll der Warnschussarrest eine erste Behandlungsmaßnahme sein, um den persönlichen und sozialen Defiziten der Jugendlichen/Heranwachsenden zu begegnen. Wo sehen Sie persönliche/soziale Defizite bei den Warnschussarrestanten? Welche typischen Problemlagen weisen diese jungen Täter auf? Wie kann diesem im Jugendarrestvollzug begegnet werden?
- Inwiefern unterscheidet sich der Behandlungsbedarf der Warnschussarrestanten von dem der Urteils- und Beschlussarrestanten?
- Wie empfinden Sie das Verhalten der Warnschussarrestanten gegenüber den Angestellten/Mitarrestanten?
- Sehen Sie sich durch die zusätzliche Klientel der Warnschussarrestanten mit neuen Problemen im Vollzug konfrontiert? Wenn ja: Welcher Art?

6.   Wirkung des Warnschussarrestes

Vollzugsleiter:

- Der Gesetzgeber hat in § 16a Nr-1-3 JGG drei Zielsetzungen normiert: Unrechtverdeutlichung, Herausnahme aus dem schädlichen Umfeld, erzieherische Einwirkung. Inwieweit können diese Ziele Ihrer Meinung nach auf Grundlage der aktuellen Vollzugssituation im Jugendarrest verwirklicht werden?
- Wie stehen Sie zu der Aussage: Der Warnschussarrest dient der Einleitung und Vorbereitung der Bewährungszeit? Sehen Sie eine Gefahr, dass der Warnschussarrest die Bewährungshilfe unterbricht/stört? Wieso/ wieso nicht?
- Geht Ihrer Meinung nach von den Warnschussarrestanten eine Negativbeeinflussung auf die herkömmliche Klientel der Urteils-/Beschlussarrestanten aus oder andersherum?
- Nehmen die Arrestanten untereinander wahr, dass ein Teil von Ihnen „nur" Jugendarrest zu verbüßen hat und andere zudem eine Bewährungsstrafe bekommen haben? Wie macht sich das bemerkbar?
- Bei der Aufnahme des § 16a ins JGG wurde immer wieder darauf hingewiesen, der Warnschussarrest diene dazu einen „gefühlten Freispruch" zu vermeiden:
  Wie nehmen die Jugendlichen/Heranwachsenden Ihrer Erfahrung nach die Verurteilung zu einer Bewährungsstrafe wahr? Wann bedarf es eines zusätzlichen Warnschussarrestes zur Unrechtsverdeutlichung?
- Diskutiert wurde der Warnschussarrest auch zur Vermeidung von U-Haft: Hat die Möglichkeit im Urteil einen Warnschussarrest zu verhängen Ihrer Meinung nach Einfluss auf die Untersuchungsanordnung gegen Jugendliche? Warum?

Sozialpädagogen:

- Der Gesetzgeber hat in § 16a Nr-1 -3 JGG drei Zielsetzungen normiert: Unrechtverdeutlichung, Herausnahme aus dem schädlichen Umfeld, erzieherische Einwirkung. Inwieweit können diese Ziele Ihrer Meinung nach auf Grundlage der aktuellen Vollzugssituation im Jugendarrest verwirklicht werden?
- Geht Ihrer Meinung nach von den Warnschussarrestanten eine Negativbeeinflussung auf die herkömmliche Klientel der Urteils-/Beschlussarrestanten aus oder andersherum?
- Nehmen die Arrestanten untereinander wahr, dass ein Teil von Ihnen „nur" Jugendarrest zu verbüßen hat und andere zudem eine Bewährungsstrafe bekommen haben? Wie macht sich das bemerkbar?

7.   Einstellung zum Warnschussarrest

Vollzugsleiter:

- Wie ist Ihre derzeitige Haltung zum Warnschussarrest? Worin Sie positive/negative Aspekte?
- Können Sie mir aus Ihrer Erfahrung als Vollzugsleiter/in einen Fall schildern, in welchem Sie den Warnschussarrest als besonders treffende, geeignete Sanktion/ ungeeignete Sanktion empfunden haben?

Sozialpädagogen:

- Wie ist Ihre derzeitige Haltung zum Warnschussarrest? Halten Sie § 16a JGG für eine sinnvolle Ergänzung des jugendstrafrechtlichen Sanktionssystems? Wenn ja/nein: Aus welchen Gründen?
- In welchen Fällen haben Sie nach Ihrer bisherigen Erfahrung die Verhängung eines Warnschussarrestes nach § 16a JGG für besonders sinnvoll bzw. kontraproduktiv gehalten?

8.   Fortentwicklung des Warnschussarrestvollzugs

- Ausgehend davon, man behält den Warnschussarrest weiterhin bei: Wo besteht ihrer Meinung nach Änderungs-/Verbesserungsbedarf? Was konkret sollte sich ändern?
- Wie beurteilen Sie die aktuelle Personalsituation im Jugendarrest? Hat sich diese seit Einführung des Warnschussarrestes im Jahr 2013 verändert? (nur Vollzugsleiter)
- Landesgesetzgeber plant JAVollzG: Welche Regelungen sollten diesbezüglich für den Vollzug des § 16a-Arrestes aufgenommen werden?

Gibt es noch weitere Anmerkungen zum Thema „Warnschussarrest", die ich bislang nicht angesprochen habe?

C.   Gesprächsabschluss/ Danksagung

5. Erhebungsbogen Rückfallanalyse[2234]

A. Grunddaten

R1 Datum BZR-Auszug □□.□□.□□□□

R2 Beginn des Kontrollzeitraums □□.□□.□□□□
(Entscheidungsdatum Verurteilung zu § 16a JGG)

R3 Ende des 1-Jahres-Kontrollzeitraums □□.□□.□□□□

R4 Ende des 2-Jahres-Kontrollzeitraums □□.□□.□□□□

R5 Datum der Entlassung aus dem Arrest[2235] □□.□□.□□□□

R6 Ist die Bezugstat (Verurteilung zu § 16a JGG) im BZR eingetragen?

    □ ja (1)   □ nein (0)

R7 Ist § 16a in den angewendeten Vorschriften oder den verhängten Strafen aufgeführt?

    □ ja (1)   □ nein (0)

R8 Art der Koppelung des § 16a JGG in der Bezugsentscheidung

    □ § 21 und § 16a JGG (1)

    □ § 27 und § 16a JGG (2)

    □ § 61 und § 16a JGG (3)

    □ unbekannt (99)

B. Gesamtbetrachtung der Rückfälligkeit

R9 Rückfall Gesamt

    □ ja (1)

       R9_a: Anzahl der Rückfälle Gesamt □□ (0 = k. Rückfall)

    □ nein (0)

R10 Anzahl unechter und echter Rückfälle

    (konkrete Anzahl oder 0; 97 = tnz, weil kein Rückfall)

    R10_1   unechter Rückfall   □□

    R10_2   echter Rückfall   □□

R11 Zeitliche Abfolge der Rückfalltaten:

    R11_1   Datum der 1. Rückfalltat   □□.□□.□□□□
              (= Datum der (letzten), zeitlich frühesten Tat)

    R11_2   Datum der 2. Rückfalltat   □□.□□.□□□□

    R11_3   Datum der 3. Rückfalltat   □□.□□.□□□□

    R11_4   Datum der 4. Rückfalltat   □□.□□.□□□□

R12 Datum der ersten <u>echten</u> Rückfalltat □□.□□.□□□□

2234 Nicht alle im Rückfallanalysebogen erfassten Merkmale wurden letztlich in die Auswertung einbezogen. Die Variablenbezeichnung hat sich durch das Ausscheiden einzelner Merkmale im Nachhinein geändert.

2235 Wurde der Aktenanalyse entnommen.

C. Rückfälligkeit im Ein-Jahres-Kontrollzeitraum

kzr1_R1   Rückfall im Ein-Jahres-Kontrollzeitraum

         ☐   ja (1)

                kzr1_R1a: Anzahl der Rückfälle im Ein-Jahres-KZR ☐☐
                (0 = k. Rückfall)

         ☐   nein (0)

kzr1_R2   Einschlägiger Rückfall im Ein-Jahres-Kontrollzeitraum

         ☐   ja (1)

         ☐   nein (0)

         ☐   tnz, weil kein Rückfall (97)

kzr1_R3   Art und Anzahl der Rückfalltaten im Ein-Jahres-KZR[2236]:
               (konkrete Anzahl oder „0" für nicht verwirklicht)

kzr1_R3_1	☐	Widerstand gegen die Staatsgewalt §§ 111-121	Anzahl: ☐☐
kzr1_R3_2	☐	Hausfriedensbruch §§ 123, 124	Anzahl: ☐☐
kzr1_R3_3	☐	Missbrauch von Notrufen § 145	Anzahl: ☐☐
kzr1_R3_4	☐	Vortäuschen einer Straftat § 145d	Anzahl: ☐☐
kzr1_R3_5	☐	falsche uneidliche Aussage/ Meineid §§ 153-161	Anzahl: ☐☐
kzr1_R3_6	☐	Falsche Verdächtigung §§ 164, 165	Anzahl ☐☐
kzr1_R3_7	☐	Sexuelle Nötigung/ Vergewaltigung §§ 177, 178	Anzahl: ☐☐
kzr1_R3_8	☐	Beleidigung §§ 185-187	Anzahl: ☐☐
kzr1_R3_9	☐	einfache Körperverletzung § 223	Anzahl: ☐☐
kzr1_R3_10	☐	gefährliche Körperverletzung § 224	Anzahl: ☐☐
kzr1_R3_11	☐	schwere Körperverletzung § 226	Anzahl: ☐☐
kzr1_R3_12	☐	Körperverletzung mit Todesfolge § 227	Anzahl: ☐☐
kzr1_R3_13	☐	fahrlässige Körperverletzung § 229	Anzahl: ☐☐
kzr1_R3_14	☐	Beteiligung an einer Schlägerei § 231	Anzahl: ☐☐
kzr1_R3_15	☐	Nötigung § 240	Anzahl: ☐☐
kzr1_R3_16	☐	Bedrohung § 241	Anzahl ☐☐
kzr1_R3_17	☐	Diebstahl § 242	Anzahl: ☐☐
kzr1_R3_18	☐	Besonders schwerer Fall des Diebstahls § 243	Anzahl: ☐☐
kzr1_R3_19	☐	Qualifikation des Diebstahls § 244	Anzahl: ☐☐
kzr1_R3_20	☐	Unterschlagung § 246	Anzahl: ☐☐
kzr1_R3_21	☐	Unbefugter Gebrauch eines Fahrzeuges § 248b	Anzahl: ☐☐
kzr1_R3_22	☐	Raub/Erpressung §§ 249-255	Anzahl: ☐☐
kzr1_R3_23	☐	Begünstigung § 257	Anzahl: ☐☐
kzr1_R3_24	☐	Strafvereitelung § 258	Anzahl: ☐☐
kzr1_R3_25	☐	Hehlerei § 259	Anzahl: ☐☐
kzr1_R3_26	☐	Betrug §§ 263, 263a	Anzahl: ☐☐

2236   Wie bei der Aktenanalyse wird jede Straftat einzeln erfasst, gleichgültig ob Tateinheit oder Tatmehrheit. Die Schwere des Delikts bestimmt sich entsprechend der Strafaktenanalyse nach dem Indexwert.

kzr1_R3_27	☐	Leistungserschleichung § 265a	Anzahl: ☐☐
kzr1_R3_28	☐	Untreue § 266	Anzahl: ☐☐
kzr1_R3_29	☐	Urkundenfälschung §§ 267-281	Anzahl: ☐☐
kzr1_R3_30	☐	Sachbeschädigung §§ 303, 304	Anzahl: ☐☐
kzr1_R3_31	☐	Brandstiftung §§ 306-314	Anzahl: ☐☐
kzr1_R3_32	☐	Eingriff/Gefährdung des Straßenverkehrs §§ 315b, c	Anzahl: ☐☐
kzr1_R3_33	☐	Trunkenheit im Verkehr § 316	Anzahl: ☐☐
kzr1_R3_34	☐	Räuberischer Angriff auf Kraftfahrer § 316a	Anzahl: ☐☐
kzr1_R3_35	☐	Fahren ohne Fahrerlaubnis/Kennzeichenmissbrauch §§ 21, 22 StVG	Anzahl: ☐☐
kzr1_R3_36	☐	Straftaten nach §§ 29, 29a, 30 BtMG	Anzahl: ☐☐
kzr1_R3_37	☐	Straftaten PflVG (§§ 1, 6 PflVG)	Anzahl: ☐☐
kzr1_R3_38	☐	Straftaten nach WaffG	Anzahl: ☐☐
kzr1_R3_39	☐	Straftaten nach AufenthG	Anzahl: ☐☐
kzr1_R3_40	☐	Sonstiges	Anzahl: ☐☐
kzr1_R3_41	☐	und zwar: _____	
kzr1_R3_42		Schwerste Rückfalltat: § _____	
kzr1_R3_43		Deliktsschwereindex der schwersten Rückfalltat	☐☐☐
kzr1_R3_44		Deliktsschwereindex aller Rückfalltaten gesamt	☐☐☐
kzr1_R3_45		Summe der Rückfalltaten im Ein-Jahres-KZR	☐☐☐

kzr1_R4   Deliktskategorie der schwersten Rückfalltat (97 = tnz, weil kein Rückfall)

- ☐ Widerstand gegen die Staatsgewalt/Straftaten der öffentlichen Ordnung (1)
- ☐ Falsche uneidliche Aussage/Meineid/falsche Verdächtigung (2)
- ☐ Sexualdelikte (3)
- ☐ Beleidigung (4)
- ☐ Körperverletzungsdelikte (5)
- ☐ Straftaten gegen die persönliche Freiheit (6)
- ☐ Diebstahl/ Unterschlagung (7)
- ☐ Raub/Erpressung (8)
- ☐ Begünstigung/Hehlerei (9)
- ☐ Betrug/Untreue (10)
- ☐ Urkundenfälschung (11)
- ☐ Sachbeschädigung (12)
- ☐ Gemeingefährliche Straftaten (13)
- ☐ Straftaten nach StVG und PflVG (14)
- ☐ BtMG (15)
- ☐ Sonstiges (16)

kzr1_R5   Sanktionsschwereindex aller Rückfalle im Ein-Jahres-KZR☐☐

D. Rückfälligkeit im Zwei-Jahres-Kontrollzeitraum

kzr2_R1   Rückfall im Zwei-Jahres-Kontrollzeitraum

- ☐ ja (1)

kzr2_R1a: Anzahl der Rückfälle im Zwei-Jahres-KZR☐☐
(0 = k. Rückfall)

    ☐   nein (0)

kzr2_R2   Einschlägiger Rückfall im Zwei-Jahres-Kontrollzeitraum

    ☐   ja (1)

    ☐   nein (0)

    ☐   tnz, weil kein Rückfall im Zwei-Jahres-KZR(97)

kzr2_R3   Art und Anzahl der Rückfalltaten (= Delikte) im Zwei-Jahres-KZR:
(konkrete Anzahl oder „0" für nicht verwirklicht)

Code		Delikt		
kzr2_R3_1	☐	Widerstand gegen die Staatsgewalt §§ 111-121	Anzahl:	☐☐
kzr2_R3_2	☐	Hausfriedensbruch §§ 123, 124	Anzahl:	☐☐
kzr2_R3_3	☐	Missbrauch von Notrufen § 145	Anzahl:	☐☐
kzr2_R3_4	☐	Vortäuschen einer Straftat § 145d	Anzahl:	☐☐
kzr2_R3_5	☐	falsche uneidliche Aussage/ Meineid §§ 153-161	Anzahl:	☐☐
kzr2_R3_6	☐	Falsche Verdächtigung §§ 164, 165	Anzahl	☐☐
kzr2_R3_7	☐	Sexuelle Nötigung/ Vergewaltigung §§ 177, 178	Anzahl:	☐☐
kzr2_R3_8	☐	Beleidigung §§ 185-187	Anzahl:	☐☐
kzr2_R3_9	☐	einfache Körperverletzung § 223	Anzahl:	☐☐
kzr2_R3_10	☐	gefährliche Körperverletzung § 224	Anzahl:	☐☐
kzr2_R3_11	☐	schwere Körperverletzung§ 226	Anzahl:	☐☐
kzr2_R3_12	☐	Körperverletzung mit Todesfolge § 227	Anzahl:	☐☐
kzr2_R3_13	☐	fahrlässige Körperverletzung § 229	Anzahl:	☐☐
kzr2_R3_14	☐	Beteiligung an einer Schlägerei § 231	Anzahl:	☐☐
kzr2_R3_15	☐	Nötigung § 240	Anzahl:	☐☐
kzr2_R3_16	☐	Bedrohung § 241	Anzahl	☐☐
kzr2_R3_17	☐	Diebstahl § 242	Anzahl:	☐☐
kzr2_R3_18	☐	Besonders schwerer Fall des Diebstahls § 243	Anzahl:	☐☐
kzr2_R3_19	☐	Qualifikation des Diebstahls § 244	Anzahl:	☐☐
kzr2_R3_20	☐	Unterschlagung § 246	Anzahl:	☐☐
kzr2_R3_21	☐	Unbefugter Gebrauch eines Fahrzeuges § 248b	Anzahl:	☐☐
kzr2_R3_22	☐	Raub/Erpressung §§ 249-255	Anzahl:	☐☐
kzr2_R3_23	☐	Begünstigung § 257	Anzahl:	☐☐
kzr2_R3_24	☐	Strafvereitelung § 258	Anzahl:	☐☐
kzr2_R3_25	☐	Hehlerei § 259	Anzahl:	☐☐
kzr2_R3_26	☐	Betrug §§ 263, 263a	Anzahl:	☐☐
kzr2_R3_27	☐	Leistungserschleichung § 265a	Anzahl:	☐☐
kzr2_R3_28	☐	Untreue § 266	Anzahl:	☐☐
kzr2_R3_29	☐	Urkundenfälschung §§ 267-281	Anzahl:	☐☐
kzr2_R3_30	☐	Sachbeschädigung §§ 303, 304	Anzahl:	☐☐
kzr2_R3_31	☐	Brandstiftung §§ 306-314	Anzahl:	☐☐
kzr2_R3_32	☐	Eingriff/Gefährdung des Straßenverkehrs §§ 315b, c	Anzahl:	☐☐
kzr2_R3_33	☐	Trunkenheit im Verkehr § 316	Anzahl:	☐☐
kzr2_R3_34	☐	Räuberischer Angriff auf Kraftfahrer § 316a	Anzahl:	☐☐

kzr2_R3_35	☐	Fahren ohne Fahrerlaubnis/Kennzeichenmissbrauch §§ 21, 22 StVG	Anzahl: ☐☐
kzr2_R3_36	☐	Straftaten nach §§ 29, 29a, 30 BtMG	Anzahl: ☐☐
kzr2_R3_37	☐	Straftaten PflVG (§§ 1, 6 PflVG)	Anzahl: ☐☐
kzr2_R3_38	☐	Straftaten nach WaffG	Anzahl: ☐☐
kzr2_R3_39	☐	Straftaten nach AufenthG	Anzahl: ☐☐
kzr2_R3_40	☐	Sonstiges	Anzahl: ☐☐
kzr2_R3_41	☐	und zwar: _____	
kzr1_R3_42		Schwerste Rückfalltat: § _____	
kzr2_R3_43		Deliktsschwereindex der schwersten Rückfalltat	☐☐☐
kzr2_R3_44		Deliktsschwereindex aller Rückfalltaten gesamt	☐☐☐
kzr2_R3_45		Summe der Rückfalltaten im Zwei-Jahres-KZR	☐☐☐

kzr2_R4   Deliktskategorie der schwersten Rückfalltat (97 = tnz, weil kein Rückfall)

- ☐ Widerstand gegen die Staatsgewalt/Straftaten der öffentlichen Ordnung (1)
- ☐ Falsche uneidliche Aussage/Meineid/falsche Verdächtigung (2)
- ☐ Sexualdelikte (3)
- ☐ Beleidigung (4)
- ☐ Körperverletzungsdelikte (5)
- ☐ Straftaten gegen die persönliche Freiheit (6)
- ☐ Diebstahl/ Unterschlagung (7)
- ☐ Raub/Erpressung (8)
- ☐ Begünstigung/Hehlerei (9)
- ☐ Betrug/Untreue (10)
- ☐ Urkundenfälschung (11)
- ☐ Sachbeschädigung (12)
- ☐ Gemeingefährliche Straftaten (13)
- ☐ Straftaten nach StVG und PflVG (14)
- ☐ BtMG (15)
- ☐ Sonstiges (16)

kzr2_R5   Sanktionsschwereindex aller Rückfälle im Zwei-Jahres-KZR ☐☐

E. Die erste Rückfallverurteilung/-entscheidung:

R13	Datum der (letzten) Tat der ersten Rückfallverurteilung	☐☐.☐☐.☐☐☐☐
R14	Datum der Rückfallverurteilung	☐☐.☐☐.☐☐☐☐
R15	Datum der Rechtskraft der Rückfallverurteilung	☐☐.☐☐.☐☐☐☐

R16   Unechter oder echter Rückfall

- ☐ unechter Rückfall (1)
- ☐ echter Rückfall (2)

R17   Einschlägiger Rückfall

- ☐ ja (1)
- ☐ nein (0)

R18   Anzahl der Taten, die der 1. Rückfallverurteilung zugrunde lagen[2237]   ☐☐☐

R19   Deliktsschwereindex aller Taten, die der 1. Rückfallverurteilung zugrunde la- ☐☐☐
gen

R20   Art der verhängten Rückfallsanktion in der ersten Rückfallentscheidung
(97 = kein Rückfall)

    ☐   Einstellung gem. §§ 45, 47 (1)

    ☐   Weisungen/Auflagen §§ 10,15 (2)

    ☐   Jugendarrest gem. § 16 JGG (3)

    ☐   Schuldspruch gem. § 27 JGG (4)

    ☐   Jugendstrafe mit Bewährung § 21 JGG (5)

    ☐   Jugendstrafe mit Vorbehalt der Bewährung § 61 JGG (6)

    ☐   Jugendstrafe mit Bewährung § 21 JGG + § 16a JGG (7)

    ☐   Jugendstrafe ohne Bewährung (8)

    ☐   Jugendstrafe und Zurückstellung der Strafvollstreckung, § 35 BtMG[2238] (9)

    ☐   Freiheitsstrafe mit Bewährung (10)

    ☐   Freiheitsstrafe ohne Bewährung (11)

    ☐   Unterbringung in einer Entziehungsanstalt (12)

    ☐   Unterbringung in einem psychiatrischen Krankenhaus (13)

    ☐   Geldstrafe (14)

    ☐   sonstiges (15) und zwar R20_1: _____ (Text)

R21   Sanktionsschwereindex der 1. Rückfallsanktion ☐☐

R22   Wenn Rückfallsanktion Jugendarrest (§ 16 oder § 16a JGG):
Art und Dauer des Arrestes (97 = tnz)

    ☐   Freizeitarrest (1)

              R22_1 Dauer in Tagen: ☐☐

    ☐   Kurzarrest (2)

              R22_2 Dauer in Tagen: ☐☐

    ☐   Dauerarrest (3)

              R22_3 Dauer in Wochen: ☐☐

R23   Wenn Rückfallsanktion Jugendstrafe mit Bewährung: Dauer der Jugendstrafe und Bewährungszeit (97=tnz)

    R23_1   Dauer der Jugendstrafe (in Monaten)   ☐☐ (97 = tnz, 99 unbekannt)

    R23_2   Dauer der Bewährungszeit (in Monaten)   ☐☐ (97 = tnz, 99 unbekannt)

R24   Wenn Rückfallsanktion Jugendstrafe ohne Bewährung:

    Dauer der Jugendstrafe (in Monaten)   ☐☐ (97 = tnz, 99 unbekannt)

2237 Es wird jede Tat einzeln gezählt, unabhängig von Tateinheit § 52 StGB oder Tatmehrheit § 53 StGB.

2238 Verhängt das Gericht wegen der Begehung einer Betäubungsmittelstraftat eine Jugendstrafe und stellt deren Vollstreckung zurück, so wird dies nachfolgend als Jugendstrafe ohne Bewährung gewertet, da § 35 Abs. 1 BtMG die Verurteilung zu einer Freiheits- oder Jugendstrafe von nicht mehr als zwei Jahren ohne Bewährung zur Voraussetzung hat.

R25   Wenn Rückfallsanktion <u>Freiheitsstrafe</u> <u>mit</u> Bewährung: Dauer der Freiheitsstrafe und Bewährungszeit (97=tnz)

      R25_1   Dauer der Freiheitsstrafe (in Monaten)   ☐☐ (97 = tnz, 99 unbekannt)

      R25_2   Dauer der Bewährungszeit (in Monaten)   ☐☐ (97 = tnz, 99 unbekannt)

R26   Wenn Rückfallsanktion <u>Freiheitsstrafe</u> <u>ohne</u> Bewährung:

      Dauer der Freiheitsstrafe (in Monaten)   ☐☐ (97 = tnz, 99 unbekannt)

R27   In der wievielten Rückfallentscheidung kam es erstmals zu einer Jugend-/Freiheitsstrafe ohne Bewährung innerhalb des gesamten Kontrollzeitraums?

R28   Erfolgte im gesamten Kontrollzeitraum mehrfach eine Verurteilung zu einer Jugend-/Freiheitsstrafe ohne Bewährung?

    ☐   ja (1)

        R28_1 wenn ja: wie häufig?   ☐ (konkrete Anzahl oder 97 = tnz)

    ☐   nein (0)

F. Straffälligkeit vor Beginn des Kontrollzeitraums

R29   Anzahl der Registereinträge nach der Verurteilung zu § 16a JGG, aber mit einer Tat, ☐☐ die <u>zeitlich vor</u> dem Beginn des Kontrollzeitraums begangen wurde (konkrete Anzahl oder 0)

Literaturverzeichnis

Aarten, P. G. M./Denkers, A./Borgers, M. J./van der Laan, P. H., Suspending re-offending? Comparing the effects of suspended prison sentences and short-term imprisonment on recidivism in the Netherlands, European Journal of Criminology Vol. 11, 2014, S. 702–722.

Adam, Hansjörg/Albrecht, Hans-Jörg/Pfeiffer, Christian, Jugendrichter und Jugendstaatsanwälte in der Bundesrepublik Deutschland, Freiburg i. Br. 1986.

Albrecht, Hans-Jörg, Ist das deutsche Jugendstrafrecht noch zeitgemäß? Gutachten D für den 64. Deutschen Juristentag, München 2002 (zit. *Albrecht*, 64. DJT).

Albrecht, Hans-Jörg, Registrierten-/Bestraftenkohorten und Rückfallforschung, in: Heinz, Wolfgang/Jehle, Jörg-Martin (Hrsg.), Rückfallforschung, Wiesbaden 2004, S. 55–70 (zitiert: *Albrecht*, in: Rückfallforschung).

Albrecht, Hans-Jörg/Dünkel, Frieder/Spieß, Gerhard, Empirische Sanktionsforschung und die Begründbarkeit von Kriminalpolitik, MSchrKrim 1981, S. 310–326.

Albrecht, Peter-Alexis, Jugendstrafrecht, 3. Auflage, München 2000.

Albrecht, Peter-Alexis, Kriminologie. Eine Grundlegung zum Strafrecht, 4. Auflage, München 2010.

Antholz, Birger, Warnschussarrest, Krim 2/2015, S. 99–100.

Appel, Ivo, Verfassung und Strafe. Zu den verfassungsrechtlichen Grenzen des staatlichen Strafens, Berlin 1998.

Arbeitsstelle Kinder- und Jugendkriminalitätsprävention, Jugendarrest in Deutschland, abrufbar unter: http://www.dji.de/index.php?id=43535, zuletzt geprüft am 03.02.2016 (zitiert: *Arbeitsstelle Kinder- und Jugendkriminalitätsprävention*, Jugendarrest in Deutschland).

Arloth, Frank, Strafvollzugsgesetz, 3. Auflage, München 2011.

Atteslander, Peter, Methoden der empirischen Sozialforschung, 13. Auflage, Berlin 2010.

Backhaus, Klaus/Erichson, Bernd/Plinke, Wulff/Weiber, Rolf, Multivariate Analysemethoden. Eine anwendungsorientierte Einführung, 12. Auflage, Berlin/Heidelberg 2008.

Backmann, Ben, Sanktionseinstellungen und Delinquenz Jugendlicher. Eine vergleichende und empirische Darstellung zur schweizerischen und deutschen Situation unter Berücksichtigung des jeweiligen Jugendstrafrechts, Freiburg i. Br. 2003.

Baier, Christian, Die Bedeutung der Aussetzung der Verhängung der Jugendstrafe nach § 27 JGG und der Vorbewährung in der jugendgerichtlichen Praxis in Bayern, Hamburg 2015.

Baier, Helmut, JGG: Jugendarrest neben der Aussetzung der Verhängung der Jugendstrafe, JA, S. 687–688.

Bandemer, Dagmar, Die Anordnung von Jugendarrest neben der Aussetzung der Verhängung der Jugendstrafe nach § 27 JGG: Die gelungene Gleichzeitigkeit, ZfJ 1990, S. 421–425.

Baumann, Jürgen/Weber, Ulrich/Mitsch, Wolfgang/Eisele, Jörg, Strafrecht. Allgemeiner Teil, Bielefeld 2016.

Bayerisches Landesamt für Statistik (Hrsg.), Abgeurteilte und Verurteilte in Bayern 2012. Ergebnisse der Strafverfolgungsstatistik, 2013, abrufbar unter: https://www w.statistik.bayern.de/veroeffentlichungen/product_info.php?info=p41360_Abge urteilte-und-Verurteilte-in-Bayern-2012-br-Ergebnisse-der-Strafverfolgungsstatisti k--gedruckte-Ausgabe-br-.html&XTCsid=ab652b11b1fbc244bb61e06cd6cdafd9, zuletzt geprüft am 10.12.2017 (zitiert: *Bayerisches Landesamt für Statistik,* Strafverfolgungsstatistik – 2012).

Bayerisches Landesamt für Statistik (Hrsg.), Abgeurteilte und Verurteilte in Bayern 2014. Ergebnisse der Strafverfolgungsstatistik, 2016, abrufbar unter: https://www w.statistik.bayern.de/veroeffentlichungen/product_info.php?info=p42791_Abge urteilte-und-Verurteilte-in-Bayern-2014-br-Ergebnisse-der-Strafverfolgungsstatisti k--Dateiausgabe.html&XTCsid=7b4461c7e9dcfb8c661a73f892971bb9, zuletzt geprüft am 10.12.2017 (zitiert: *Bayerisches Landesamt für Statistik,* Strafverfolgungsstatistik – 2014).

Bayerisches Landesamt für Statistik (Hrsg.), Abgeurteilte und Verurteilte in Bayern 2015. Ergebnisse der Strafverfolgungsstatistik, 2016, abrufbar unter: https://www w.statistik.bayern.de/veroeffentlichungen/product_info.php?info=p43202_Abge urteilte-und-Verurteilte-in-Bayern-2015-br-Ergebnisse-der-Strafverfolgungsstatisti k--Dateiausgabe.html&XTCsid=65db1f7904795b3c82e13a30b2f98573, zuletzt geprüft am 20.01.2018 (zitiert: *Bayerisches Landesamt für Statistik,* Strafverfolgungsstatistik – 2015).

Bayerisches Landesamt für Statistik (Hrsg.), Abgeurteilte und Verurteilte in Bayern 2016. Ergebnisse der Strafverfolgungsstatistik, 2017, abrufbar unter: https://www w.statistik.bayern.de/veroeffentlichungen/product_info.php?info=p43669_Abge urteilte-und-Verurteilte-in-Bayern-2016-br-Ergebnisse-der-Strafverfolgungsstatisti k--Dateiausgabe.html&XTCsid=1ddce94b9f34f8e069339f36365675c0, zuletzt geprüft am 20.01.2018 (zitiert: *Bayerisches Landesamt für Statistik,* Strafverfolgungsstatistik – 2016).

Bayerisches Landesamt für Statistik (Hrsg.), Bewährungshilfestatistik in Bayern 2016. Unterstellungen am 31. Dezember 2016 und beendete Bewährungsaufsichten im Laufe des Jahres, 2017, abrufbar unter: https://www.statistik.bayern.de/veroef fentlichungen/product_info.php?info=p43548_Bewaehrungshilfestatistik-in-Bay ern-2016-br-Unterstellungen-am-31--Dezember--br-und-beendete-Bewaehrungsa ufsichten-im-Laufe-des-Jahres--Dateiausgabe.html&XTCsid=6ff0410f929aaca3 335c6962dbae02db, zuletzt geprüft am 20.02.2018 (zitiert: *Bayerisches Landesamt für Statistik,* Bewährungshilfestatistik – 2016).

Berckhauer, Friedhelm/Hasenpusch, Burkhard, Rückfälligkeit entlassener Strafgefangener. Zusammenhänge zwischen Rückfall und Bildungsmaßnahmen im Vollzug, MSchrKrim 1982, S. 318–334.

Beß, Konrad/Schuh-Stötzel, Cornelia/Maltry, Andreas, Quo vadis, Bewährungshilfe Bayern? Zentrale Koordinationsstelle Bewähungshilfe der bayerischen Justiz, BewHi 2016, S. 64–72.

Best, Henning/Wolf, Christof, Logistische Regression, in: dies. (Hrsg.), Handbuch der sozialwissenschaftlichen Datenanalyse, Wiesbaden 2010, S. 827–854 (zitiert: *Best/Wolf*, in: Handbuch der sozialwissenschaftlichen Datenanalyse).

Bietz, Hermann, Anmerkung zu AG Winsen/Luhe, Urt. v. 24.04.1981 – 8 Ls 32 Js 1679/80 (10/81), NStZ 1982, S. 120–121.

Bietz, Hermann, Anmerkung zu OLG Celle, Beschluss v. 22.1.1998 – 1 Ss 9/88, NStZ 1988, S. 315–316.

Bihs, Anne, Annäherungen an eine Didaktik des Jugendarrestes, Forum Strafvollzug 2014, S. 326–333.

Bihs, Anne/Walkenhorst, Philipp, Jugendarrest als Jugendbildungsstätte?, ZJJ 2009, S. 11–21.

Blankenburg, Erhard, Die Aktenanalyse, in: ders. (Hrsg.), Empirische Rechtssoziologie, München 1975, S. 193–198 (zitiert: *Blankenburg*, in: Empirische Rechtssoziologie).

Blanz, Mathias, Forschungsmethoden und Statistik für die Soziale Arbeit. Grundlagen und Anwendungen, Stuttgart 2015.

Blasius, Jörg/Baur, Nina, Multivariate Datenanalyse, in: dies. (Hrsg.), Handbuch Methoden der empirischen Sozialforschung, Wiesbaden 2014, S. 997–1016 (zitiert: *Blasius/Baur*, in: Handbuch Methoden der empirischen Sozialforschung).

Blath, Richard, Die Bedeutung einer Rückfallstatistik für die Strafrechtspolitik, in: Heinz, Wolfgang/Jehle, Jörg-Martin (Hrsg.), Rückfallforschung, Wiesbaden 2004, S. 133–144 (zitiert: *Blath*, in: Rückfallforschung).

Bliesener, Thomas/Thomas, Jana, Wirkt Strafe, wenn sie der Tat auf dem Fuße folgt? Zur psychologisch-kriminologischen Evidenz des Beschleunigungsgebots, ZJJ 2012, S. 382–389.

Bochmann, Christian, Freiheitsentzug bei jugendlichen Straftätern in Europa. Ein Vergleich für Folgerungen für das deutsche Jugendstrafrecht, ZJJ 2008, S. 324–329.

Bock, Michael, Kriminologie. Für Praxis und Studium, 4. Auflage, München 2013.

Boers, Klaus, Kriminologische Verlaufsforschung, in: Deutsche Vereinigung für Jugendgerichte und Jugendgerichtshilfen e.V. (Hrsg.), Jugend ohne Rettungsschirm. Herausforderungen annehmen! Dokumentation des 29. Deutschen Jugendgerichtstages vom 14. – 17. September 2013 in Nürnberg, Mönchengladbach 2015, S. 567–595 (zitiert: *Boers*, in: 29. JGT).

Bogner, Alexander/Menz, Wolfgang, Das theoriegenerierende Experteninterview. Erkenntnisinteresse, Wissensformen, Interaktion, in: Bogner, Alexander/Littig, Beate/Menz, Wolfgang (Hrsg.), Experteninterviews. Theorie, Methoden, Anwendungsfelder, 3. Aufl., Wiesbaden 2009, S. 61–98 (zitiert: *Bogner/Menz*, in: Experteninterviews).

Böhm, Alexander, Rückfall und Bewährung nach verbüßter Jugendstrafe, RdJB 1973, S. 33–41.

Böhm, Alexander, Aus der neueren Rechtsprechung zum Jugendstrafrecht, NStZ 1989, S. 521–525.

Böhm, Alexander/Feuerhelm, Wolfgang, Einführung in das Jugendstrafrecht, 4. Auflage, München 2004.

Bondeson, Ulla, Die Effizienz unterschiedlicher Formen der Strafaussetzung zur Bewährung – Bericht über ein Forschungsprojekt in Schweden, in: Dünkel, Frieder/Spiess, Gerhard (Hrsg.), Alternativen zur Freiheitsstrafe. Strafaussetzung zur Bewährung und Bewährungshilfe im internationalen Vergleich, Freiburg im Breisgau 1983, S. 148–164 (zitiert: *Bondeson*, in: Alternativen zur Freiheitsstrafe).

Bönitz, Dieter, Experimentelle Forschungsmöglichkeiten in der Kriminologie, in: Kury, Helmut (Hrsg.), Methodologische Probleme in der kriminologischen Forschungspraxis, Köln u.a. 1984, S. 287–306 (zitiert: *Bönitz*, in: Methodologische Probleme in der kriminologischen Forschungspraxis).

Bortz, Jürgen/Döring, Nicola, Forschungsmethoden und Evaluation für Human- und Sozialwissenschaftler. Mit 156 Abbildungen und 87 Tabellen, 4. Auflage, Heidelberg 2006.

Bottke, Wilfried, Generalprävention und Jugendstrafrecht aus kriminologischer und empirischer Sicht, Berlin/New York 1984.

Bottke, Wilfried, Berücksichtigung kinderdelinquenten Vorverhaltens, in: Schlüchter, Ellen (Hrsg.), Kriminalistik und Strafrecht. Festschrift für Friedrich Geerds zum 70.Geburtstag, Lübeck 1995, S. 263–291 (zitiert: *Bottke*, in: FS für Geerds).

Brettel, Hauke/Bartsch, Tillmann, Der sog. Koppelungsarrest nach § 16a JGG – Hintergrund, Regelungsprogramm, offene Fragen, RdJB 2014, S. 299–312.

Breuer, Maike M., Kurzintervention zur Motivationsförderung, Forum Strafvollzug 2014, S. 308–311.

Breuer, Maike M./Gerber, Kerstin/Buchen-Adam, Nicola/Endres, Johann, Kurzintervention zur Motivationsförderung. Ein Manual für die Arbeit mit straffällig gewordenen Klientinnen und Klienten, Lengerich 2014.

Breymann, Klaus/Sonnen, Bernd-Rüdiger, Wer braucht eigentlich den Einstiegsarrest?, NStZ 2005, S. 669–673.

Brosius, Felix, SPSS 21, Heidelberg u.a. 2013.

Brücklmayer, Sandra, Vollstreckungs- und vollzugsrechtliche Probleme des Jugendarrests. Rechtfertigung von Abschaffung oder Reform des Zuchtmittels?, Hamburg 2010.

Brunner, Rudolf, Anmerkung zu LG Augsburg, Urt. v. 22.01.1986 – Jug Ns 412 Js 34667/85, NStZ 1986, S. 508–509.

Brunner, Rudolf/Dölling, Dieter, Jugendgerichtsgesetz. Kommentar, 12. Auflage, Berlin 2011.

Brunner, Rudolf/Dölling, Dieter, Jugendgerichtsgesetz. Kommentar, 13. Auflage, Berlin/Boston 2018.

Bruns, Bernhard, Jugendliche im Freizeitarrest. Eine empirische Untersuchung zu pädagogischem Anspruch und strafrechtlicher Wirklichkeit, Frankfurt am Main u.a. 1984.

Buckolt, Oliver, Die Zumessung der Jugendstrafe. Eine kriminologisch-empirische und rechtsdogmatische Untersuchung, Baden-Baden 2009.

Bühl, Achim, SPSS 20. Einführung in die moderne Datenanalyse, 13. Auflage, München 2012.

Bundeskriminalamt, Polizeiliche Kriminalstatistik. Bundesrepublik Deutschland, Jahrbuch 2015, 63. Ausgabe 5.0, abrufbar unter: https://www.bka.de/DE/Aktuell eInformationen/StatistikenLagebilder/PolizeilicheKriminalstatistik/PKS2015/pk s2015_node.html, zuletzt geprüft am 14.01.2018 (zitiert: *Bundeskriminalamt*, PKS 2015).

Bundesministerium des Innern/Bundesministerium der Justiz, Erster Periodischer Sicherheitsbericht, 2001, abrufbar unter: http://www.bmi.bund.de/SharedDocs/D ownloads/DE/Veroeffentlichungen/erster_periodischer_sicherheitsbericht_langf assung_de.pdf?__blob=publicationFile, zuletzt geprüft am 21.09.2015 (zitiert: *Bundesministerium des Innern/Bundesministerium der Justiz*, Erster PSB).

Bundesministerium des Innern/Bundesministerium der Justiz, Zweiter Periodischer Sicherheitsbericht, 2006, abrufbar unter: http://www.bmi.bund.de/SharedDocs/D ownloads/DE/Broschueren/2006/2_Periodischer_Sicherheitsbericht_de.pd f ;jsessionid=C10697A75B546041E3E40128C030C455.2_cid364?__blob=publicationFile, zuletzt geprüft am 08.02.2016 (zitiert: *dies.*, Zweiter PSB).

Cornel, Heinz, Rückfälligkeit und langfristige Legalbewährung nach Vollstreckung von Jugendstrafe, in: Rotsch, Thomas/Brüning, Janique/Schady, Jan (Hrsg.), Strafrecht – Jugendstrafrecht – Kriminalprävention in Wissenschaft und Praxis. Festschrift für Heribert Ostendorf zum 70. Geburtstag am 7. Dezember 2015, Baden-Baden 2015, S. 163–178 (zitiert: *Cornel*, in: FS für Ostendorf).

Cornils, Karin/Wiskemann, Bernd, Strafvollzug in Freiheit & Bewährungshilfe in Schweden, in: Dünkel, Frieder/Spiess, Gerhard (Hrsg.), Alternativen zur Freiheitsstrafe. Strafaussetzung zur Bewährung und Bewährungshilfe im internationalen Vergleich, Freiburg im Breisgau 1983, S. 123–147 (zitiert: *Cornils/Wiskemann*, in: Alternativen zur Freiheitsstrafe).

Dallinger, Wilhelm/Lackner, Karl, Jugendgerichtsgesetz: mit ergänzenden Vorschriften, 2. Auflage, München/Berlin 1965.

Deutscher Anwaltsverein, Stellungsnahme des Deutschen Anwaltsvereins durch den Strafrechtsausschuss zum Entwurf eines Gesetzes zur Erweiterung der jugendgerichtlichen Handlungsmöglichkeiten. Stellungsnahme Nr. 49/2012, Juni 2012, abrufbar unter: http://www.bundesgerichtshof.de/SharedDocs/Downloads/DE/B ibliothek/Gesetzesmaterialien/17_wp/JugendgerichtlHandlungsm/stellung_dav. pdf?__blob=publicationFile, zuletzt geprüft am 21.08.2015 (zitiert: *Deutscher Anwaltsverein*, Stellungnahme Nr. 49/2012 vom 20.06.2012).

Deutscher Bundestag, Protokoll der 86. Sitzung der 17. Wahlperiode vom 23. Mai 2012, abrufbar unter: http://www.bundesgerichtshof.de/SharedDocs/Downloads /DE/Bibliothek/Gesetzesmaterialien/17_wp/JugendgerichtlHandlungsm/wortpr oto.pdf?__, zuletzt geprüft am 13.12.2017 (zitiert: *Deutscher Bundestag*, Protokoll Nr. 86).

Deutscher Richterbund, Stellungnahme des deutschen Richterbundes zum Entwurf eines Gesetzes zur Erweiterung der jugendgerichtlichen Handlungsmöglichkeiten, Nr. 16/12. Schriftliche Stellungnahme im Rahmen der Anhörung des Rechtsausschusses des Deutschen Bundestages am 23.05.2012, abrufbar unter: http://www.drb.de/cms/index.php?id=774, zuletzt geprüft am 21.08.2015 (zitiert: *Deutscher Richterbund*, Stellungnahme Nr. 16/12 vom 23.05.2012).

Deutscher Richterbund, Handbuch der Justiz 2016/2017. Die Träger und Organe der rechtsprechenden Gewalt in der Bundesrepublik Deutschland, 33. Auflage, Heidelberg 2016.

Diemer, Herbert/Schatz, Holger/Sonnen, Bernd-Rüdiger (Hrsg.), Jugendgerichtsgesetz mit Jugendstrafvollzugsgesetzen, 7. Auflage, Heidelberg 2015 (zitiert: *Bearbeiter*, in: Diemer/Schatz/Sonnen, JGG).

Dölling, Dieter, Die Zweiteilung der Hauptverhandlung. Eine Erprobung vor Einzelrichtern und Schöffengerichten, Göttingen 1978.

Dölling, Dieter, Probleme der Aktenanalyse in der Kriminologie, in: Kury, Helmut (Hrsg.), Methodologische Probleme in der kriminologischen Forschungspraxis, Köln u.a. 1984, S. 265–286 (zitiert: *Dölling*, in: Methodologische Probleme in der kriminologischen Forschungspraxis).

Dölling, Dieter, Mehrfach auffällig junge Straftäter – kriminologische Befunde und Reaktionsmöglichkeiten der Jugendstrafrechtspflege, ZfJ 1989, S. 313–319.

Dölling, Dieter, Was läßt die Kriminologie von den erwarteten spezial- und generalpräventiven Wirkungen des Jugendkrimialrechts übrig, in: Bundesministerium der Justiz (Hrsg.), Das Jugendkriminalrecht als Erfüllungsgehilfe gesellschaftlicher Erwartungen? Symposium an der Kriminologischen Forschungsstelle der Universität zu Köln, 11. – 13. Oktober 1994, Bonn 1995, S. 143–160 (zitiert: *Dölling*, in: Das Jugendkriminalrecht als Erfüllungsgehilfe gesellschatlicher Erwartungen?).

Dölling, Dieter, Zur spezialpräventiven Aufgabe des Strafrechts, in: ders. (Hrsg.), Jus humanum. Grundlagen des Rechts und Strafrecht. Festschrift für Ernst-Joachim Lampe zum 70. Geburtstag, Berlin 2003, S. 597–609 (zitiert: *Dölling*, in: FS Lampe).

Dölling, Dieter, Generalprävention durch Jugendstrafrecht, ZJJ 2012, S. 124–128.

Dölling, Dieter, Rechtliche Grundlagen des Jugendarrestes, ZJJ 2014, S. 92–96.

Dölling, Dieter, Der Jugendarrest – Funktionen, Anwendungsbereich und Wirkungen, in: Deutsche Vereinigung für Jugendgerichte und Jugendgerichtshilfen e.V. (Hrsg.), Jugend ohne Rettungsschirm. Herausforderungen annehmen! Dokumentation des 29. Deutschen Jugendgerichtstages vom 14. – 17. September 2013 in Nürnberg, Mönchengladbach 2015, S. 141–154 (zitiert: *Dölling*, in: 29. JGT).

Dölling, Dieter/Hermann, Dieter, Befragungsstudien zur negativen Generalprävention: Eine Bestandsaufnahme, in: Albrecht, Hans-Jörg/Entorf, Horst (Hrsg.), Kriminalität, Ökonomie und europäischer Sozialstaat, Heidelberg 2003, S. 133–165 (zitiert: *Dölling/Hermann*, in: Kriminalität, Ökonomie und europäischer Sozialstaat).

Dölling, Dieter/Hermann, Dieter, Zur generalpräventiven Abschreckungswirkung des Strafrechts bei jungen Menschen, in: Deutsche Vereinigung für Jugendgerichte und Jugendgerichtshilfen e.V. (Hrsg.), Achtung (für) Jugend! Praxis und Perspektiven des Jugendkriminalrechts. Dokumentation des 28. Deutschen Jugendgerichtstages vom 11. – 14. September 2010 in Münster, Mönchengladbach 2012, S. 427–439 (zitiert: *Dölling/Hermann*, in: 28. JGT).

Döpke, Susanne, Durchführung der Bereuungsweisung im Model Probe in Bremen, in: Schumann, Karl F. (Hrsg.), Jugendarrest und/oder Betreuungsweisung. Empirische Untersuchungen über die Anwendungs- und Vollzugspraxis im Lande Bremen, Bremen 1985, S. 49–97 (zitiert: *Döpke*, in: Jugendarrest und/oder Betreuungsweisung).

Döring, Nicola/Bortz, Jürgen, Forschungsmethoden und Evaluation in den Sozial- und Humanwissenschaften. Mit 194 Abbildungen und 167 Tabellen, 5. Auflage, Berlin/Heidelberg 2016.

Drews, Neele, Die Aus- und Fortbildungssituation von Jugendrichtern und Jugendstaatsanwälten in der Bundesrepublik Deutschland – Anspruch und Wirklichkeit von § 37 JGG, Aachen 2005.

Dünkel, Frieder, Legalbewährung nach sozialtherapeutischer Behandlung, Berlin 1980.

Dünkel, Frieder, Zur Zukunft des Jugendarrests und von (kurzfristiger) Freiheitsentziehung in Deutschland, in: Heinz, Wolfgang (Hrsg.), Landesgruppe Baden-Württemberg in der Deutschen Vereinigung für Jugendgerichte und Jugendgerichtshilfen e.V. (DVJJ): Hat der Jugendarrest noch eine Zukunft? INFO 1991, Konstanz 1991, S. 7–41 (zitiert: *Dünkel*, in: INFO 1991).

Dünkel, Frieder, Jugendstrafrecht in Europa – Entwicklungstendenzen und Perspektiven, in: Dünkel, Frieder/van Kalmthout, Anton/Schüler-Springorum, Horst (Hrsg.), Entwicklungstendenzen und Reformstrategien im Jugendstrafrecht im internationalen Vergleich, Mönchengladbach 1997, S. 565–650 (zitiert: *Dünkel*, in: Entwicklungstendenzen und Reformstrategien im Jugendstrafrecht im internationalen Vergleich).

Dünkel, Frieder, Reformen des Jugendkriminalrechts als Aufgabe rationaler Kriminalpolitik, RdJB 2014, S. 294–298.

Dünkel, Frieder/Flügge, Christoph/Lösch, Manfred/Pörksen, Anke, Plädoyer für verantwortungsbewusste und rationale Reformen des strafrechtlichen Sanktionssystems und des Strafvollzugs, Thesen des Ziethener Kreises, ZRP 2010, S. 175–178.

DVJJ, Anwendung des Jugendarrests neben zur Bewährung ausgesetzter Jugendstrafe (§ 16a-Arrest / sog. Warnschussarrest), 14. April 2015, abrufbar unter: http://www.dvjj.de/nachrichten-aktuell/anwendung-des-jugendarrests-neben-zur-bew-hr ung-ausgesetzter-jugendstrafe-16a, zuletzt geprüft am 21.02.2018 (zitiert: *DVJJ*, Bericht vom 14. April 2015).

DVJJ, DVJJ-Stellungnahme vom 20. Mai 2007 zum BMJ-Entwurf eines JGG-Änderungsgestzes [Stand: 13. April 2007], ZJJ 2007, S. 223–226.

DVJJ-Kommission zur Reform des Jugendkriminalrechts, Für ein neues Jugendgerichtsgesetz. Vorschläge der DVJJ-Kommission zur Reform des Jugendkriminalrechts, DVJJ-J 1992, S. 4–39.

Ebert, Katharina, Staatsanwalt vor/für den Ort. Ergebnisse zu einem Modellprojekt in Nordrhein-Westfalen, Münster 2012.

Egg, Rudolf, Rückfalluntersuchung mit Hilfe von Bundeszentralregisterauszügen – am Beispiel von Sexualstraftätern, in: Heinz, Wolfgang/Jehle, Jörg-Martin (Hrsg.), Rückfallforschung, Wiesbaden 2004, S. 119–130 (zitiert: *Egg*, in: Rückfallforschung).

Egg, Rudolf, Rückfälligkeit nach Straf- und Maßregelvollzug, in: Lösel, Friedrich/ Bender, Doris/Jehle, Jörg-Martin (Hrsg.), Kriminologie und wissensbasierte Kriminalpolitik. Entwicklungs- und Evaluationsforschung, Mönchengladbach 2007, S. 247–267 (zitiert: *Egg*, in: Kriminologie und wissensbasierte Kriminalpolitik).

Eifler, Stefanie, Experiment, in: Baur, Nina/Blasius, Jörg (Hrsg.), Handbuch Methoden der empirischen Sozialforschung, Wiesbaden 2014, S. 195–210 (zitiert: *Eifler*, in: Handbuch Methoden der empirischen Sozialforschung).

Eisenberg, Ulrich, Bestrebungen zur Änderung des Jugendgerichtsgesetzes. Vortrag gehalten vor der Juristischen Gesellschaft zu Berlin am 19. Oktober 1983, Berlin/New York 1984.

Eisenberg, Ulrich, Kriminologie, 6. Auflage, München 2005.

Eisenberg, Ulrich, Jugendgerichtsgesetz, 15. Auflage, München 2012 (zit. *Eisenberg*, 2012).

Eisenberg, Ulrich, Anmerkung zu LG Münster, AG Nürnberg, AG Plön und AG Döbeln, jeweils betreffend § 16a JGG, ZJJ 2013, S. 328–333.

Eisenberg, Ulrich, Das Gesetz zur Erweiterung jugendgerichtlicher Handlungsmöglichkeiten vom 04.09.2012, StV 2013, S. 44–51.

Eisenberg, Ulrich, Anmerkung zu AG Memmingen, Urt. v. 18.06.2014 – 4 Ls 220 Js 1830/13 jug, zu AG München, Beschluss v. 20.08.2014 – 10 VRJs 1488/2014 jug, zu LG München I, Beschluss v. 08.09.2014 – 20 JQs 4/14, ZJJ 2014, S. 399–403.

Eisenberg, Ulrich, Anmerkung zu AG Reutlingen, Urt. v. 05.12.2013 – 5 Ds 43 Js 16487/13 jug, ZJJ 2014, S. 177–178.

Eisenberg, Ulrich, Anmerkung zu Urteil AG Cloppenburg – 4 Ls 725 Js 63899/13 (7/14), ZJJ 2014, S. 396–397.

Eisenberg, Ulrich, Anmerkung zu AG Bonn – 603 Ls 772 Js 476/14-8/15 – Urteil vom 24. Juni 2015, ZJJ 2016, S. 80–82.

Eisenberg, Ulrich, Jugendgerichtsgesetz, 19. Auflage, München 2017 (zit. *Eisenberg*, 2017).

Eisenberg, Ulrich/Kölbel, Ralf, Kriminologie, 7. Auflage, Tübingen 2017.

Eisenberg, Ulrich/Toth, Ferenc, Über Verhängung und Vollzug von Untersuchungshaft bei Jugendlichen und Heranwachsenden, GA 1993, S. 300–317.

Eisenhardt, Thilo, Die Wirkungen der kurzen Haft auf Jugendliche. Eine repräsentative empirische psychologisch-kriminologische Studie über delinquente Jugendliche und die Auswirkungen des Vollzuges auf ihre Persönlichkeit und ihre sozialen Einstellungen, 2. Auflage, Frankfurt a.M 1980.

Eisenhardt, Thilo, Gutachten über den Jugendarrest, Klosters 1989.

Eisenhardt, Thilo, Der Jugendarrest. Eine Chance der Kriminalprävention, Frankfurt a.M u.a. 2010.

Eisenhardt, Thilo/Naumann, Marna, Neue Aspekte in der Durchführung des Jugendarrests unter Berücsichtigung objektiver Kriterien, RdJB 1971, S. 198–204.

Endres, Johann, Ergebnisse einer Befragung von Jugendrichtern zum Thema Jugendarrest/"Warnschussarrest". DVJJ Frühjahrstagung Fischbachau, 27. April 2013, abrufbar unter: http://archiv.dvjj.de/download.php?id=2146, zuletzt geprüft am 06.11.2015 (zitiert: *Endres*, DVJJ Frühjahrtagung 2013).

Endres, Johann, Einstellung zu Straf- und Sanktionszwecken und ihre Messung, MSchrKrim 1992, S. 309–320.

Endres, Johann/Breuer, Maike M., Warnschuss oder Wegweiser? Konzeptionelle Überlegungen zur Ausgestaltung des Jugendarrests nach § 16a JGG, ZJJ 2014, S. 127–136.

Endres, Johann/Maier, Benjamin, Entwicklung der Jugendkriminalität und der Belegungszahlen im Jugendstrafvollzug und im Jugendarrest. Erklärungen für den Rückgang und Prognose zukünftiger Entwicklungen, Forum Strafvollzug 2016, S. 45–50.

Endres, Johann/Maier, Benjamin, Wie wird der Koppelungsarrest (§ 16a JGG) in der Rechtspraxis angewandt?, in: Safferling, Christoph/Kett-Straub, Gabriele/Jäger, Christian/Kudlich, Hans (Hrsg.), Festschrift für Franz Streng zum 70. Geburtstag, Heidelberg 2017, S. 427–442 (zitiert: *Endres/Maier*, in: FS für Streng).

Englich, Birte, Urteilseinflüsse vor Gericht. Influences on Judicial Decision-Making, in: Volbert, Renate/Steller, Max (Hrsg.), Handbuch der Rechtspsychologie, Göttingen u.a. 2008, S. 486–496 (zitiert: *Englich*, in: Handbuch der Rechtspsychologie).

Englich, Birte/Mussweiler, Thomas, Sentencing Under Uncertainty: Anchoring Effekts in the Courtroom, Journal of Applied Social Psychology 6/2001, S. 1535–1551.

Englmann, Robert, Kriminalpädagogische Schülerprojekte in Bayern. Rechtliche Probleme und spezialpräventive Wirksamkeit eines neuen Diversionsansatzes im Jugendstrafverfahren, Berlin 2009.

Feltes, Th., Jugendarrest – Es wird Zeit, dass sich etwas ändert, in: Deutsche Vereinigung für Jugendgerichte und Jugendgerichtshilfen e.V. (Hrsg.), Die jugendrichterlichen Entscheidungen – Anspruch und Wirklichkeit. Bericht über die Verhandlungen des 18. Deutschen Jugendgerichtstages in Göttingen vom 29. September bis 3. Oktober 1980, München 1981, S. 290–310 (zitiert: *Feltes*, in: 18. JGT).

Feltes, Thomas, Jugendarrest – Renaissance oder Abschied von einer umstrittenen jugendstrafrechtlichen Sanktion?, ZStW 100 (1988), S. 158–183.

Feuerbach, Paul Johann Anselm, Revision der Grundsätze und Grundbegriffe des positiven peinlichen Rechts, Bd. 1, Erfurt 1799.

Findeisen, Susann, Der Einstiegs- bzw. Warnschussarrest – ein Thema in der Diskussion, ZJJ 2007, S. 25–31.

Fischer, Thomas, Strafgesetzbuch mit Nebengesetzen, 64. Auflage, München 2017.

Flick, Uwe, Qualitative Sozialforschung. Eine Einführung, 3. Auflage, Reinbek bei Hamburg 2010.

Flümann, Bernhard, Die Vorbewährung nach § 57 JGG, Freiburg 1983.

Frankenberg, Hans Magnus, Offener Jugendstrafvollzug, Vollzugsbedingungen und Legalbewährung von Freigängern aus der Jugendstrafvollzugsanstalt in Rockenberg, Hessen, Frankfurt am Main u.a. 1999.

Franzke, Kevin, Der „Warnschussarrest" nach § 16a JGG – Erste Erfahrungen aus der Praxis, BRJ 2015, S. 118–126.

Fromm, Sabine, Datenanalyse mit SPSS für Fortgeschrittene 2: Multivariate Verfahren für Querschnittsdaten, Wiesbaden 2010.

Gebauer, Michael, Neuere Gesetzgebungsaktivitäten im Jugendkriminalrecht, in: Dölling, Dieter (Hrsg.), Landesgruppe Baden-Württemberg in der Deutschen Vereinigung für Jugendgerichte und Jugendgerichtshilfen e.V. (DVJJ): Aktuelle Entwicklungen im Jugendstrafrecht, INFO 2013, Heidelberg 2013, S. 29–58 (zitiert: *Gebauer*, in: INFO 2013).

Geissler, Isolde, Ausbildung und Arbeit im Jugendstrafvollzug. Haftverlaufs- und Rückfallanalyse, Freiburg i. Br. 1991.

Gernbeck, Ursula, Soziales Training im (Warnschuss-)Arrest – Evaluation eines Modellprojekts in Baden-Württemberg, in: Dölling, Dieter (Hrsg.), Landesgruppe Baden-Württemberg in der Deutschen Vereinigung für Jugendgerichte und Jugendgerichtshilfen e.V. (DVJJ): Jugendkriminalität – Prävention und Reaktionen, INFO 2014, Heidelberg 2015, S. 27–66 (zitiert: *Gernbeck*, in: INFO 2014).

Gernbeck, Ursula, Stationäres soziales Training im (Warnschuss-)Arrest. Implementation und Evaluation eines Modellprojekts in Baden-Württemberg, Baden-Baden 2017.

Gernbeck, Ursula/Höffler, Katrin/Verrel, Torsten, Der Warnschussarrest in der Praxis – Erste Eindrücke, NK 2013, S. 307–316.

Gernbeck, Ursula/Hohmann-Fricke, Sabine, Hat der Warnschussarrest Potential? Hypothesen über Anwendungsmöglichkeiten und Wirkungen des sogenannten Warnschussarrestes auf der Basis der bundesweiten Legalbewährungsuntersuchung, ZJJ 2016, S. 362–367.

Giebel, Stefan Markus/Ritter, Stephanie, Auswertung des Jahrgangs 2005 der Jugendarrestanstalt Weimar, in: Niggli, Marcel Alexander/Marty, Lukas (Hrsg.), Risiken der Sicherheitsgesellschaft. Sicherheit, Risiko & Kriminalpolitik, Mönchengladbach 2014, S. 196–202 (zitiert: *Giebel/Ritter*, in: Risiken der Sicherheitsgesellschaft).

Gierschik, Franz, Protokoll der 86. Sitzung vom 23. Mai 2012, Öffentliche Anhörung zum Entwurf eines Gesetzes zur Erweiterung der jugendgerichtlichen Handlungsmöglichkeiten, abrufbar unter: http://www.bundesgerichtshof.de/Sh areddDocs/Downloads/DE/Bibliothek/Gesetzesmaterialien/17_wp/Jugendgerichtl Handlungsm/wortproto.pdf?__blob=publicationFile, zuletzt geprüft am 20.01.2016 (zitiert: *Gierschik*, Protokoll Nr. 86 vom 23. Mai 2012).

Giffey, Ingrid/Werlich, Martina, Vollzug des Jugendarrestes in der Arrestanstalt Bremen-Lesum, in: Schumann, Karl F. (Hrsg.), Jugendarrest und/oder Betreuungsweisung. Empirische Untersuchungen über die Anwendungs- und Vollzugspraxis im Lande Bremen, Bremen 1985, S. 13–48 (zitiert: *Giffey/Werlich*, in: Jugendarrest und/oder Betreuungsweisung).

Gläser, Jochen/Laudel, Grit, Experteninterviews und qualitative Inhaltsanalyse, 4. Auflage, Wiesbaden 2010.

Goeckenjan, Ingke, Der Vollzug des Jugendarrestes. Anspruch un Wirklichkeit einer umstrittenen jugendstrafrechtlichen Maßnahme, ZJJ 2013, S. 67–73.

Goerdeler, Jochen, Die Union und das Jugendstrafrecht. Zum „Entwurf eines Gesetzes zur Verbesserung der Bekämpfung der Jugendkriminalität", ZJJ 2003, S. 183–185.

Goerdeler, Jochen, Das „Ziel der Anwendung des Jugendstrafrechts" und andere Änderungen des JGG, ZJJ 2008, S. 137–147.

Gonska, Hans-Henning, Der Einstiegs- oder Warnschussarrest – eine taugliche Sanktionsform?, GreifRecht 2013, S. 32–46.

Göppinger, Hans/Bock, Michael, Kriminologie, 5. Auflage, München 1997.

Göppinger, Hans/Bock, Michael, Kriminologie, 6. Auflage, München 2008.

Götting, Bert, Schadenswiedergutmachung im Strafverfahren. Ergebnisse eines Modellprojektes zur anwaltlichen Schlichtung, Münster 2004.

Götting, Bert, Überlegungen zur Einführung des Warnschussarrestes aus statistischer Sicht, in: Dölling, Dieter/Götting, Bert/Meier, Bernd-Dieter/Verrel, Torsten (Hrsg.), Verbrechen – Strafe – Resozialisierung. Festschrift für Heinz Schöch zum 70. Geburtstag am 20. August 2010, Berlin, New York 2010, S. 245–265 (zitiert: *Götting*, in: FS für Schöch).

Gräf, Julia, Die Diversion im Jugendstrafrecht im Lichte der angewandten Kriminologie, Berlin 2015.

Grethlein, Gerhard, Jugendarrest, Jugendstrafe und Bewährung, NJW 1957, S. 1462–1464.

Grethlein, Gerhard, Nochmals: Jugendarrest und Bewährung, NJW 1962, S. 1606–1608.

Grindel, Ramona/Jehle, Jörg-Martin, Rückfälligkeit Strafentlassener nach langen Jugendstrafen in Abhängigkeit von soziobiographischen Merkmalen, in: Bannenberg, Britta/Brettel, Hauke/Freund, Georg/Meier, Bernd-Dieter/Remschmidt, Helmut/Safferling, Christoph (Hrsg.), Über allem: Menschlichkeit. Festschrift für Dieter Rössner, Baden-Baden 2015, S. 103–129 (zitiert: *Grindel/Jehle*, in: FS für Rössner).

Gröpl, Christoph/Windthorst, Kay/Coelln, Christian v., Grundgesetz. Studienkommentar, 2. Auflage, München 2015.

Hackstock, Thomas, Generalpräventive Aspekte im österreichischen und deutschen Jugendstrafrecht. Eine zweckorientierte Analyse jugendstrafrechtlicher Sanktionen unter besonderer Berücksichtigung der (positiven) Generalprävention, Tübingen 2002.

Häder, Michael, Empirische Sozialforschung. Eine Einführung, 3. Auflage, Wiesbaden 2015.

Hagl, Stephan/Bartsch, Tillmann/Baier, Dirk/Höynck, Theresia/Pfeiffer, Christian, Evaluation des neu eingeführten Jugendarrestes neben zur Bewährung ausgesetzter Jugendstrafe (§ 16a). Skizze einer empirischen Studie, ZJJ 3/2014, S. 263–269.

Harrendorf, Stefan, Rückfälligkeit und kriminelle Karrieren von Gewalttätern. Ergebnisse einer bundesweiten Rückfalluntersuchung, Göttingen 2007.

Hartung, Barbara, Spezialpräventive Effektivitätsmessung – vergleichende Darstellung und Analyse der Untersuchungen von 1945-1979 in der Bundesrepublik Deutschland –, Diss. Göttingen, 1981.

Hauser, Harald, Der Jugendrichter – Idee und Wirklichkeit, Göttingen 1980.

Heidelberger Kommentar zur Strafprozessordnung, hrsg. von Gercke, Björn; Julius, Karl-Peter; Temming, Dieter; Zöller, Mark A., 5. Auflage, Heidelberg u.a. 2012 (zitiert: *Bearbeiter*, in: Heidelberger Kommentar-StPO).

Heimerdinger, Astrid, Alkoholabhängige Täter. Justizielle Praxis und Strafvollzug; Argumente zur Zurückstellung der Strafvollstreckung bei Therapieteilnahme, Wiesbaden 2006.

Heinz, Wolfgang, Straf(rest)aussetzung, Bewährungshilfe und Rückfall. Ergebnisse und Probleme kriminologischer Dokumentenanalysen, BewHi 1977, S. 296–314.

Heinz, Wolfgang, Datensammlung der Strafrechtspflege im Dienste der Forschung, in: Jehle, Jörg-Martin (Hrsg.), Datensammlungen und Akten in der Strafrechtspflege. Nutzbarkeit für Kriminologie und Kriminalpolitik, Wiesbaden 1989, S. 163–201 (zitiert: *Heinz*, in: Datensammlung und Akten in der Strafrechtspflege).

Heinz, Wolfgang, Mehrfach Auffällige – Mehrfach Betroffene. Erlebnisweisen und Reaktionsformen, in: Deutsche Vereinigung für Jugendgerichte und Jugendgerichtshilfen (Hrsg.), Mehrfach Auffällige – mehrfach Betroffene, Erlebnisweisen und Reaktionsformen. Dokumentation des 21. Deutschen Jugendgerichtstages vom 30. September bis 4. Oktober 1989 in Göttingen, Bonn 1990, S. 30–73 (zitiert: *Heinz*, in: 21. JGT).

Heinz, Wolfgang, Abschied von der „Erziehungideologie" im Jugendstrafrecht? Zur Diskussion über Erziehung und Strafe, RdJB 1992, S. 123–143.

Heinz, Wolfgang, Die neue Rückfallstatistik – Legalbewährung junger Straftäter, ZJJ 2004, S. 35–48.

Heinz, Wolfgang, Rückfall als kriminologischer Forschungsgegenstand – Rückfallstatistik als kriminologisches Erkenntnismittel, in: Heinz, Wolfgang/Jehle, Jörg-Martin (Hrsg.), Rückfallforschung, Wiesbaden 2004, S. 11–52 (zitiert: *Heinz*, in: Rückfallforschung).

Heinz, Wolfgang, Kriminalprävention auf justizieller Ebene: Hilft weniger mehr? Alternativen zu klassischen Sanktionen – Erfahrungen aus Deutschland. Vortrag auf der internationalen Konferenz „Kriminalität und Kriminalprävention in Ländern des Umbruchs" vom 9.-14. April 2005 in Baku, Azerbaijan, 2005, abrufbar unter: http://www.uni-konstanz.de/rtf/kis/Heinz_Alternativen_zu_klassischen_Sanktionen.pdf, zuletzt geprüft am 22.05.2017 (zitiert: *ders.*, Kriminalprävention auf justizieller Ebene).

Heinz, Wolfgang, Was richten Richter an, wenn sie richten?, in: Deutsche Vereinigung für Jugendgerichte und Jugendgerichtshilfen e.V. (Hrsg.), Verantwortung für Jugend. Dokumentation des 26. Deutschen Jugendgerichtstages vom 25. bis 28. September 2004 in Leipzig, Mönchengladbach 2006, S. 62–107 (zitiert: *Heinz*, in: 26. JGT).

Heinz, Wolfgang, Evaluation jugendkriminalrechtlicher Sanktionen – Eine Sekundäranalyse deutschsprachiger Untersuchungen, in: Lösel, Friedrich/Bender, Doris/Jehle, Jörg-Martin (Hrsg.), Kriminologie und wissensbasierte Kriminalpolitik. Entwicklungs- und Evaluationsforschung, Mönchengladbach 2007, S. 495–518 (zitiert: *Heinz*, in: Kriminologie und wissensbasierte Kriminalpolitik).

Heinz, Wolfgang, Rückfall- und Wirkungsforschung – Ergebnisse aus Deutschland, 2007, abrufbar unter: http://www.uni-konstanz.de/rtf/kis/Heinz_Rueckfall-und_Wirkungsforschung_he308.pdf, zuletzt geprüft am 22.05.2017 (zitiert: *ders.*, Rückfall- und Wirkungsforschung).

Heinz, Wolfgang, „Bei der Gewaltkriminalität junger Menschen hefen nur härtere Strafen!". Fakten und Myten in der gegenwärtigen Kriminalpolitik, NK 2008, S. 50–59.

Heinz, Wolfgang, Jugendarrest im Aufwind. Einige rechtstatsächliche Betrachtungen, Forum Strafvollzug 2011, S. 71–78.

Heinz, Wolfgang, Jugendstrafrechtliche Sanktionierungspraxis auf dem Prüfstand, ZJJ 2012, S. 129–147.

Heinz, Wolfgang, Jugendarrest im Kontext freiheitsentziehender Sanktionen. Einige rechtstatsächliche Betrachtungen, ZJJ 2014, S. 97–107.

Heinz, Wolfgang, Der Erfolg jugendstrafrechtlicher Sanktionen – was wirkt, was wirkt vielleicht, was wirkt nicht?, in: Dölling, Dieter (Hrsg.), Landesgruppe Baden-Württemberg in der Deutschen Vereinigung für Jugendgerichte und Jugendgerichtshilfen e.V. (DVJJ): Jugendkriminalität – Prävention und Reaktionen, INFO 2014, Heidelberg 2015, S. 67–147 (zitiert: *Heinz*, in: INFO 2014).

Heinz, Wolfgang/Hügel, Christine, Erzieherische Maßnahmen im deutschen Jugendstrafrecht. informelle und formelle Erledigungsmöglichkeiten in empirischer Sicht: Bestandsaufnahme und Determinanten der Sanktionspraxis, Verfahrensökonomie und Praktikabilität, Legalbewährung und Wirkungsanalyse; Abschlußbericht, Bonn 1986.

Herrlinger, Wolfgang/Eisenberg, Ulrich, Anmerkung zu LG Augsburg, Urt. v. 22.01.1986 – Jug Ns 412 Js 34667/85, NStZ 1987, S. 177–178.

Hinrichs, Klaus, Die Problematik des Einstiegsarrest: Fragen aus der Praxis, BewHi 1987, S. 56–59.

Hinrichs, Klaus, Die Jugendarrestanstalt Hamburg-Wandsbek von 1940 bis heute, Teil 1. Ein Beitrag zum Umgang Hamburgs mit straffällig gewordenen jungen Menschen, DVJJ-J 1997, 186-191.

Hinrichs, Klaus, Auswertung der Befragung der Jugendarrestanstalten in der Bundesrepublik Deutschland 1999, DVJJ-J 1999, S. 267–274.

Hinz, Werner, Jugendstrafrecht auf dem Prüfstand, ZRP 2001, S. 106–112.

Höffler, Katrin, Graffiti – Prävention durch Wiedergutmachung. Implementation und Evaluation eines Münchner Modellprojektes, Berlin 2008.

Hohmann-Fricke, Sabine, Auswirkungen der gesetzlichen Tilgungsvorschriften des § 63 BZRG auf die Datengrundlage der Rückfallstatistik, in: Heinz, Wolfgang/Jehle, Jörg-Martin (Hrsg.), Rückfallforschung, Wiesbaden 2004, S. 245–259 (zitiert: *Hohmann-Fricke*, in: Rückfallforschung).

Hohmann-Fricke, Sabine, Strafwirkungen und Rückfall. Lässt sich mit Hilfe prozesserzeugter Daten der Strafrechtspflege der spezialpräventive Anspruch des Strafrechts prüfen?, Diss. Göttingen, 2013.

Hohmann-Fricke, Sabine, Legalbewährung nach strafrechtlichen Sanktionen – Bestandsaufnahme und Sonderauswertungen, in: Neubacher, Frank/Bögelein, Nicole (Hrsg.), Krise – Kriminalität – Kriminologie, Mönchengladbach 2016, S. 457–472 (zitiert: *Hohmann-Fricke*, in: Krise – Kriminalität – Kriminologie).

Hohmann-Fricke, Sabine/Jehle, Jörg-Martin/Palmowski, Nina, Rückfallkriminalität nach jugendstrafrechtlichen Entscheidungen, RdJB 2014, S. 313–327.

Höll, Stefan, Neuordnung des Jugendarrestvollzugs in Baden-Württemberg. Die Jugendarrestanstalt Rastatt, Forum Strafvollzug 2011, S. 86–87.

Holste, Heiko, Der § 16a-Arrest, das strafrechtliche Rückwirkungsverbot und der Umgang mit fehlerhaften Urteilen, ZJJ 3/2013, S. 289–291.

Holste, Heiko, »Warnschussarrest« und Rückwirkungsverbot, StV 2013, S. 660–663.

Hörnle, Tatjana, Straftheorien, 2. Auflage, Tübingen 2017.

Hotter, Imke, Untersuchungshaftvermeidung für Jugendliche und Heranwachsende in Baden-Württemberg. Eine Bestandsaufnahme der Umsetzung in der Praxis, Freiburg im Breisgau 2004.

Höynck, Theresia, Schriftliche Stellungnahme im Rahmen der Anhörung des Rechtsausschusses des Deutschen Bundestages am 23.05.2012 zum Entwurf eines Gesetzes zur Erweiterung der jugendgerichtlichen Handlungsmöglichkeiten, BT-Drs. 17/9389 vom 24.4.2012, abrufbar unter: http://www.dvjj.de/sites/def ault/files/medien/imce/documente/aktuelles/Stellungnahme_Hoeynck.pdf, zuletzt geprüft am 20.08.2015 (zitiert: *Höynck*, Stellungnahme am 23.05.2012).

Höynck, Theresia, Der Jugeendarrest – mehr als nur Detailfragen. Einige Überlegungen zum Schwerpunktthema, ZJJ 2014, S. 140–141.

Höynck, Theresia/Ernst, Stephanie, Der neue Jugendarrest nach § 16a JGG. Entstehungsgeschichte, Rechtslage und Herausforderungen für die Praxis, in: Redmann, Björn/Hußmann, Marcus (Hrsg.), Soziale Arbeit im Jugendarrest. Zwischen Erziehung und Strafe, Weinheim, Basel 2015, S. 123–143 (zitiert: *Höynck/ Ernst*, in: Soziale Arbeit im Jugendarrest).

Höynck, Theresia/Ernst, Stephanie, Die Tücken liegen nicht nur im Detail – Herausforderungen bei der Durchführung empirischer Forschung zum Jugendkriminalrecht am Beispiel der Evaluation des sogenannten Warnschussarrestes, in: Bundesministerium der Justiz und Verbraucherschutz (Hrsg.), Berliner Symposium zum Jugendkriminalrecht und seiner Praxis, Mönchengladbach 2017, S. 155–172 (zitiert: *Höynck/Ernst*, in: Berliner Symposium zum Jugendkriminalrecht).

Höynck, Theresia/Leuschner, Fredericke, Das Jugendgerichtsbarometer. Ergebnisse einer bundesweiten Befragung von Jugendrichtern und Jugendstaatsanwälten, Kassel 2014.

Höynck, Theresia/Sonnen, Bernd-Rüdiger, Jugendstrafrecht als Spielball im Prozess politischer Meinungsbildung, ZRP 2001, S. 245–250.

Hügel, Christine, Der Einstiegsarrest aus kriminologischer und praxisorientierter Sicht, BewHi 1987, S. 50–55.

Hussy, Walter/Schreier, Margit/Echterhoff, Gerald, Forschungsmethoden in Psychologie und Sozialwissenschaften für Bachelor, Berlin/Heidelberg 2010.

Jaeger, Anika, Zur Notwendigkeit und Ausgestaltung eines Jugendarrestvollzugsgesetzes, Hamburg 2010.

Jarass, Hans D./Pieroth, Bodo (Hrsg.), Grundgesetz für die Bundesrepublik Deutschland, München 2014 (zitiert: *Bearbeiter*, in: Jarass/Pieroth, GG).

Jehle, Jörg-Martin, Die deutsche Rückfallstatistik – Konzeption und Ertrag, in: Heinz, Wolfgang/Jehle, Jörg-Martin (Hrsg.), Rückfallforschung, Wiesbaden 2004, S. 145–171 (zitiert: *Jehle*, in: Rückfallforschung).

Jehle, Jörg-Martin, Methodische Probleme einer Rückfallforschung aufgrund von Bundeszentralregisterdaten, in: Lösel, Friedrich/Bender, Doris/Jehle, Jörg-Martin (Hrsg.), Kriminologie und wissensbasierte Kriminalpolitik. Entwicklungs- und Evaluationsforschung, Mönchengladbach 2007, S. 227–245 (zitiert: *Jehle*, in: Kriminologie und wissensbasierte Kriminalpolitik).

Jehle, Jörg-Martin/Albrecht, Hans-Jörg/Hohmann-Fricke, Sabine/Tetal, Carina, Legalbewährung nach strafrechtlichen Sanktionen. Eine bundesweite Rückfalluntersuchung 2004 bis 2007, hrsg. v. Bundesministerium der Justiz, Mönchengladbach 2010.

Jehle, Jörg-Martin/Albrecht, Hans-Jörg/Hohmann-Fricke, Sabine/Tetal, Carina, Legalbewährung nach strafrechtlichen Sanktionen. Eine bundesweite Rückfalluntersuchung 2007-2010 und 2004-2010, hrsg. v. Bundesministerium der Justiz, Mönchengladbach 2013.

Jehle, Jörg-Martin/Albrecht, Hans-Jörg/Hohmann-Fricke, Sabine/Tetal, Carina, Legalbewährung nach strafrechtlichen Sanktionen. Eine bundesweite Rückfalluntersuchung 2010 bis 2013 und 2004 bis 2013, hrsg. v. Bundesministerium der Justiz und für Verbraucherschutz, Mönchengladbach 2016.

791

Jehle, Jörg-Martin/Heinz, Wolfgang/Sutterer, Peter, Legalbewährung nach strafrechtlichen Sanktionen. Eine kommentierte Rückfallstatistik, hrsg. v. Bundesministerium der Justiz, Mönchengladbach 2003.

Jehle, Jörg-Martin/Hohmann-Fricke, Sabine, Wie erfolgreich ist der Strafvollzug? Legalbewährung und Rückfälligkeit von Strafentlassenen, KrimPäd Jg. 42, 2014, S. 4–11.

Jescheck, Hans-Heinrich/Weigend, Thomas, Lehrbuch des Strafrechts. Allgemeiner Teil, Berlin 1996.

Jesionek, Udo, Österreich, in: Dünkel, Frieder/van Kalmthout, Anton/Schüler-Springorum, Horst (Hrsg.), Entwicklungstendenzen und Reformstrategien im Jugendstrafrecht im internationalen Vergleich, Mönchengladbach 1997, 269-296 (zitiert: *Jesionek*, in: Entwicklungstendenzen und Reformstrategien im Jugendstrafrecht im internationalen Vergleich).

Kaiser, Günther, Jugendstrafrecht, in: Kaiser, Günther/Kerner, Hans Jürgen/Sack, Fritz/Schellhoss, Hartmut (Hrsg.), Kleines kriminologisches Wörterbuch, 3. Aufl., Heidelberg 1993, S. 199–204 (zitiert: *Kaiser*, in: Kleines kriminologisches Wörterbuch).

Kaiser, Günther, Kriminologie. Ein Lehrbuch, 3. Auflage, Heidelberg 1996.

Kaspar, Johannes, Wiedergutmachung und Mediation im Strafrecht. Rechtliche Grundlagen und Ergebnisse eines Modellprojekts zur anwaltlichen Schlichtung, Münster 2004.

Kaspar, Johannes, Jenseits von Erziehung: Generalprävention als komplentärer Sanktionszweck des Jugendstrafrechts, in: Dölling, Dieter/Götting, Bert/Meier, Bernd-Dieter/Verrel, Torsten (Hrsg.), Verbrechen – Strafe – Resozialisierung. Festschrift für Heinz Schöch zum 70. Geburtstag am 20. August 2010, Berlin, New York 2010, S. 209–226 (zitiert: *Kaspar*, in: FS für Schöch).

Kaspar, Johannes, Verhältnismäßigkeit und Grundrechtsschutz im Präventionsstrafrecht, Baden-Baden 2014.

Kaspar, Johannes, Die „Unschädlichmachung der Unverbesserlichen" – die v. Liszt-Schule und der Umgang mit gefährlichen Gewohnheitsverbrechern, in: Koch, Arnd/Löhnig, Martin (Hrsg.), Die Schule Franz von Liszts: Sozialpräventive Kriminalpolitik und die Entstehung des modernen Strafrechts, Tübingen 2016, S. 119–133 (zitiert: *Kaspar*, in: Die Schule Franz von Liszts).

Kaspar, Johannes, Strafrecht – Allgemeiner Teil: Eine Einführung, 2. Auflage, Baden-Baden 2017.

Kerner, Hans Jürgen, Strukturen von „Erfolg" und „Misserfolg" der Bewährungshilfe. Eine Analyse offizieller Daten, BewHi 1977, S. 285–295.

Kerner, Hans Jürgen, Kriminologie Lexikon, 4. Auflage, Heidelberg 1991.

Kerner, Hans Jürgen, Jugendkriminalität zwischen Massenerscheinung und krimineller Karriere – Eine Problemskizze anhand neuerer statistischer Ergebnisse, in: Nickolai, Werner/Reindl, Richard (Hrsg.), Sozialarbeit und Kriminalpolitik, Freiburg 1993, S. 28–62 (zitiert: *Kerner*, in: Sozialarbeit und Kriminalpolitik).

Kindhäuser, Urs/Neumann, Ulfrid/Paeffgen, Hans-Ullrich (Hrsg.), Strafgesetzbuch, Band 1, 5. Auflage, Baden-Baden 2017 (zitiert: *Bearbeiter*, in: NK-StGB).

Kinzig, Jörg/Schnierle, Rebecca, Der neue Warnschussarrest im Jugendstrafrecht auf dem Prüfstand, JuS 2014, S. 210–215.

Klatt, Thimna/Ernst, Stephanie/Höynck, Theresia/Baier, Dirk/Treskow, Laura/Bliesener, Thomas/Pfeiffer, Christian, Evaluation des neu eingeführten Jugendarrestes neben zur Bewährung ausgesetzter Jugendstrafe (§ 16a JGG), ZJJ 2016, S. 354–362.

Klatt, Thimna/Ernst, Stephanie/Höynck, Theresia/Baier, Dirk/Treskow, Laura/Bliesener, Thomas/Pfeiffer, Christian, Evaluation des neu eingeführten Jugendarrestes neben zur Bewährung ausgesetzter Jugendstrafe (§ 16a JGG), Berlin 2016.

Köberlein, Carolin, Schadenswiedergutmachung und Legalbewährung, Berlin 2006.

Kobes, Anne/Pohlmann, Martin, Jugendarrest-zeitgemäßes Zuchtmittel?, ZJJ 2003, S. 370–377.

Köbner, D., Die Methode einer wissenschaftlichen Rückfallstatistik als Grundlage einer Reform der Kriminalstatistik, ZStW 13 (1893), S. 615–740.

Kohlberg, Jan Hendrik/Wetzels, Peter, Jugendarrestvollzug: Ungesund, unwirksam und ungesetzlich? Reformbedarf, Reformansätze und Regelungsvorschläge, Praxis der Rechtspsychologie 1/2012, S. 113–145.

Köhler, Denis/Bauchowitz, Matthias, Was wissen Psychologen und Sozialarbeiter eigentlich über Jugendarrestanten? Zur psychischen Gesundheit, Diagnostik und Behandlung von Arrestanten, ZJJ 2012, S. 272–280.

Köhler, Denis/Bauchowitz, Matthias/Weber, Karin/Hinrichs, Günter, Psychische Gesundheit von Arrestanten. "Jugendarrest: der letzte blinde Fleck der rechtspsychologischen Forschung?", Praxis der Rechtspsychologie 2012, S. 90–112.

Köhler, Tanja, Straffällige Frauen – eine Untersuchung der Strafzumessung und Rückfälligkeit, Univ.-Verl. 2012.

Krack, Ralf, Die Rehabilitierung des Beschuldigten im Strafverfahren, Tübingen 2002.

Kraus, J., Remand in custody as a deterrent in juvenile jurisdiction, British Journal of Criminology 1978, S. 285–289.

Krauth, Hermann, Mehrere Straftaten in verschiedenen Alters- und Reifestufen. Zur Problematik des § 32 JGG, namentlich in Fällen der Schwerkriminalität, in: Küper, Wilfried (Hrsg.), Festschrift für Karl Lackner zum 70. Geburtstag am 18. Februar 1987, Berlin, New York 1987, S. 1057–1079 (zitiert: *Krauth*, in: FS für Lackner).

Kreischer, Otmar R., Die Aussetzung der Verhängung der Jugendstrafe (§ 27 JGG) in ihrer praktischen Bedeutung, Diss. Heidelberg, 1970.

Kremer, Bruno, Der Einfluss des Elternrechts aus Art. 6 Abs. II, III GG auf die Rechtmäßigkeit der Maßnahmen des JGG, Diss. Mainz, 1984.

Kreuzer, Arthur, Schriftliche Stellungnahme für die öffentliche Anhörung im Rechtsausschuss des Deutschen Bundestages am 23. Mai 2012 zum Entwurf eines Gesetzes zur Erweiterung der jugendgerichtlichen Handlungsmöglichkeiten, abrufbar unter: http://www.arthur-kreuzer.de/BT_RA_Anh_Warnsch_05_2012.pdf, zuletzt geprüft am 21.08.2015 (zitiert: *Kreuzer*, Stellungnahme am 23.05.2012).

Kreuzer, Arthur, Ist das deutsche Jugendstrafrecht noch zeitgemäß?, NJW 2002, S. 2345–2351.

Kreuzer, Arthur, „Warnschussarrest": Ein kriminalpolitischer Irrweg, ZRP 2012, S. 101–102.

Kromrey, Helmut, Empirische Sozialforschung. Modelle und Methoden der standardisierten Datenerhebung und Datenauswertung, 12. Auflage, Stuttgart 2009.

Kruse, Jan, Qualitative Interviewforschung. Ein integrativer Ansatz, 2. Auflage, Weinheim/Basel 2015.

Kuckartz, Udo/Rädiker, Stefan/Ebert, Thomas/Schehl, Julia, Statistik, 2. Auflage, Wiesbaden 2013.

Kühn, Christoph, Jugendkriminalität gestern und heute. Anmerkungen zur aktuellen Reformdebatte, ZIS 2010, S. 257–262.

Kunkat, Angela, Junge Mehrfachauffällige und Mehrfachtäter in Mecklenburg-Vorpommern. Eine empirische Analyse, Mönchengladbach 2002.

Kunze, Torsten/Decker, Ursula, Musterentwurf für ein Jugendarrestvollzugsgesetz, Forum Strafvollzug 2014, S. 262–266.

Kury, Helmut, Evaluation als angewandte Forschung – Probleme in der Zusammenarbeit zwischen Wissenschaft und Praxis, in: ders. (Hrsg.), Methodologische Probleme in der kriminologischen Forschungspraxis, Köln u.a. 1984, S. 307–355 (zitiert: *Kury,* in: Methodologische Probleme in der kriminologischen Forschungspraxis).

Kury, Helmut, Erfolgsmessung von kriminalpräventiven Maßnahmen, in: Dölling, Dieter (Hrsg.), Landesgruppe Baden-Württemberg in der Deutschen Vereinigung für Jugendgerichte und Jugendgerichtshilfen e.V. (DVJJ): Prävention von Jugendkriminalität, INFO 2005, Heidelberg 2006, S. 25–57 (zitiert: *Kury,* in: INFO 2005).

Lamnek, Siegfried, Theorien abweichenden Verhaltens I – „Klassische Ansätze": Eine Einführung für Soziologen, Psychologen, Juristen, Journalisten und Sozialarbeiter, 10. Auflage, Paderborn 2018.

Lamnek, Siegfried/Krell, Claudia, Qualitative Sozialforschung, 6. Auflage, Weinheim 2016.

Lang, Christoph, Warnschussarrest – weder pädagogisch wirksames Mittel, noch Abschreckung – Kommentar, in: Bauer-Felbel, Heidi/Annen, Erika (Hrsg.), Hilfe und Strafe – Geht das zusammen? Beispiele von Kooperation der Kinder- und Jugendhilfe und der Justiz in der Arbeit mit straffälligen Jugendlichen in der Gegenüberstellung Deutschland und Schweiz, Berlin 2013, S. 439–441 (zitiert: *Lang,* in: Hilfe und Strafe).

Lang, Sabine, Die Entwicklung des Jugendstrafvollzugs in Mecklenburg-Vorpommern in den 90er Jahren. Eine Dokumentation der Aufbausituation des Jugendstrafvollzugs sowie eine Rückfallanalyse nach Entlassung aus dem Jugendstrafvollzug, Mönchengladbach 2007.

Laubenthal, Klaus, Ist das deutsche Jugendstrafrecht noch zeitgemäß?, JZ 2002, S. 807–818.

Laubenthal, Klaus, Untersuchungshaft bei Jugendlichen: Rechtliche und tatsächliche Defizite, in: Hilgendorf, Eric/Rengier, Rudlof (Hrsg.), Festschrift für Wolfgang Heinz zum 70. Geburtstag, Baden-Baden 2012, S. 440–451 (zitiert: *Laubenthal,* in: FS für Heinz).

Laubenthal, Klaus/Baier, Helmut/Nestler, Nina, Jugendstrafrecht, 2. Auflage, Berlin, Heidelberg 2010.

Laubenthal, Klaus/Baier, Helmut/Nestler, Nina, Jugendstrafrecht, 3. Auflage, Berlin/ Heidelberg 2015.

Laubenthal, Klaus/Nestler, Nina, Strafvollstreckung, Berlin/Heidelberg 2010.

Laubenthal, Klaus/Nestler, Nina/Neubacher, Frank/Verrel, Torsten (Hrsg.), Strafvollzugsgesetze, 12. Auflage, München 2015 (zitiert: *Bearbeiter,* in: LNNV-Strafvollzugsgesetze).

Leipziger Kommentar zum Strafgesetzbuch. Großkommentar, hrsg. von Weigend, Thomas, Einleitung, §§ 1 bis 31, Band 1, 12. Auflage, Berlin 2007 (zitiert: *Bearbeiter,* in: LK-StGB, Bd. 1).

Lenz, Torsten, Die Rechtsfolgensystematik im Jugendgerichtsgesetz (JGG). Eine dogmatische Strukturierung der jugendstrafrechtlichen Reaktionsmöglichkeiten am Maßstab des Verhältnismäßigkeitsgrundsatzes, N.F., 186, Berlin 2007.

Liebe, Ulrike M./Meyer, Klaus-Peter, Rückfall oder Legalbewährung. Vergleichende Untersuchung über die Rückfälligkeit Jugendlicher und Heranwachsender bei einer Verurteilung und Verbüßung von Jugendstrafe bzw. Strafaussetzung zur Bewährung, Diss. Bremen, 1981.

Limperg, Bettina/Wulf, Rüdiger, Aktuelle Entwicklungen in der baden-württembergischen Jugendstrafrechtspflege, in: Dölling, Dieter (Hrsg.), Landesgruppe Baden-Württemberg in der Deutschen Vereinigung für Jugendgerichte und Jugendgerichtshilfen e.V. (DVJJ): Aktuelle Entwicklungen im Jugendstrafrecht, INFO 2013, Heidelberg 2013, S. 7–27 (zitiert: *Limperg/Wulf,* in: INFO 2013).

Liszt, Franz v., Der Zweckgedanke im Strafrecht, ZStW 3 (1883), S. 1–47.

Loesch, Alwin F., Jugendarrest neben der Entscheidung gem. § 27 JGG?, NJW 1961, S. 1151–1153.

Löhr, Holle-Eva, Kriminologisch-rationaler Umgang mit jugendlichen Mehrfachtätern, ZRP 1997, S. 280–286.

Löhr-Müller, Katja, Diversion durch den Jugendrichter. Der Rüsselsheimer Versuch, Frankfurt am Main u.a. 2001.

Lorbeer, Frank, Probleme der Aussetzung der Verhängung der Jugendstrafe nach § 27 ff JGG. (Gleichzeitig eine Untersuchung der Anwendung des § 27 JGG im OLG-Bezirk Hamburg in den Jahren 1960-1970), Diss. Hamburg, 1980.

Löwe, Ewald/Rosenberg, Werner (Begr), Die Strafprozeßordnung und das Gerichtsverfassungsgesetz, Band 9, §§ 449-495; EGStPO, hrsg. von Erb, Volker; Esser, Robert; Franke, Ulrich; Graalmann-Scheerer, Kirsten; Hilger, Hans; Ignor, Alexander. Großkommentar, 26. Auflage (zitiert: *Bearbeiter,* in: Löwe/Rosenberg, StPO, Bd. 9).

Mangoldt, Hermann v./*Klein, Friedrich*/*Starck, Christian* (Hrsg.), Kommentar zum Grundgesetz, Band 3, Artikel 83 bis 146, 6. Auflage, München 2010 (zitiert: *Bearbeiter*, in: v. Mangoldt/Klein/Stark, GG, Bd. 3).

Mannheim, Hermann, Rückfall und Prognose, in: Sieverts, Rudolf/Schneider, Hans-Joachim (Hrsg.), Handwörterbuch der Kriminologie. Rechtsfriedensdelikte – Zwillingsforschung, 2. Aufl., Berlin 1975, S. 38–93 (zitiert: *Mannheim*, in: Handwörterbuch der Kriminologie).

Matt, Eduard, Übergangsmanagement, ZJJ 2011, S. 422–427.

Maunz, Theodor/*Düring, Günter* (Begr), Gundgesetz. Kommentar, hrsgg. von Herzog, Roman; Herdegen, Matthias; Scholz, Rupert; Klein, Hans H., Loseblatt, Stand: 80. EL, München 2017 (zitiert: *Bearbeiter*, in: Maunz/Düring, GG).

Maurach, Reinhart/*Gössel, Karl Heinz*/*Zipf, Heinz*, Strafrecht Allgemeiner Teil. Teilband 2: Erscheinungsformen des Verbrechens und Rechtsfolgen der Tat, 8. Auflage, Heidelberg 2014.

Maurach, Reinhart/*Zipf, Heinz*, Strafrecht Allgemeiner Teil, Teilband 1, Grundlehren des Strafrechts und Aufbau der Straftat. Ein Lehrbuch, 7. Auflage, Heidelberg 1987.

Mayerl, Jochen/*Urban, Dieter*, Binär-logistische Regressionsanalyse. Grundlagen und Anwendung für Sozialwissenschaftler, Stuttgart 2010.

McKendry, Ute/*Otte, Veronika*, Die Jugendarrestabteilung bei der Jugendstrafvollzugsanstalt Regis-Breitingen in Sachsen. Ein Bericht aus der Praxis zum Jugendarrest in Westsachsen, ZJJ 2014, S. 137–140.

Meier, Bernd-Dieter, Die präventive Wirkung der jugendstrafrechtlichen Sanktionen, in: Dölling, Dieter (Hrsg.), Landesgruppe Baden-Württemberg in der Deutschen Vereinigung für Jugendgerichte und Jugendgerichtshilfen e.V. (DVJJ): Prävention von Jugendkriminalität, INFO 2005, Heidelberg 2006, S. 77–99 (zitiert: *Meier*, in: INFO 2005).

Meier, Bernd-Dieter, Sanktionsforschung, in: Schneider, Hans-Joachim (Hrsg.), Internationales Handbuch der Kriminologie. Band 1: Grundlagen der Kriminologie, Berlin 2007, S. 971–1010 (zitiert: *Meier*, in: Internationales Handbuch der Kriminologie).

Meier, Bernd-Dieter, Kriminologie, 5. Auflage, München 2016.

Meier, Bernd-Dieter/*Rössner, Dieter*/*Schöch, Heinz*, Jugendstrafrecht, 3. Auflage, München 2013 (zitiert: *Bearbeiter*, in: Meier/Rössner/Schöch).

Meier, Bernd-Dieter/*Rössner, Dieter*/*Trüg, Gerson*/*Wulf, Rüdiger* (Hrsg.), Jugendgerichtsgesetz. Handkommentar, 2. Auflage, Baden-Baden 2014 (zitiert: *Bearbeiter*, in: Meier/Rössner/Trüg/Wulf, JGG).

Meinefeld, Werner, Ex-ante Hypothesen in der Qualitativen Sozialforschung: zwischen "fehl am Platz" und "unverzichtbar", ZfS Jg. 26, 1/1997, S. 22–34.

Merk, Beate, Verschärfung des Jugendstrafrechts?, ZRP 2008, S. 71.

Meuser, Michael/Nagel, Ulrike, ExpertInneninterviews-vielfach erprobt, wenig bedacht. Ein Beitrag zur qualitativen Methodendiskussion, in: Garz, Detlef/Kraimer, Klaus (Hrsg.), Qualitativ-empirische Sozialforschung. Konzepte, Methoden, Analysen, Opladen 1991, S. 441–471 (zitiert: *Meuser/Nagel*, in: Qualitativ-empirische Sozialforschung).

Meyer-Goßner, Lutz/Schmitt, Bertram (Hrsg.), Strafprozessordnung. Gerichtsverfassungsgesetz, Nebengesetze und ergänzende Bestimmungen, 60. Auflage, München 2017 (zitiert: *Bearbeiter*, in: Meyer-Goßner/Schmitt, StPO).

Meyer-Höger, Maria, Der Jugendarrest. Entstehung und Weiterentwicklung einer Sanktion, Baden-Baden 1998.

Meyer-Höger, Maria, Die Funktion des Jugendarrests nach dem Jugendgerichtsgesetz, in: Redmann, Björn/Hußmann, Marcus (Hrsg.), Soziale Arbeit im Jugendarrest. Zwischen Erziehung und Strafe, Weinheim, Basel 2015, S. 83–95 (zitiert: *Meyer-Höger*, in: Soziale Arbeit im Jugendarrest).

Möller, H., Der Jugendarrest als Erziehungsmaßnahme – Grund zur Resignation, in: Deutsche Vereinigung für Jugendgerichte und Jugendgerichtshilfen e.V. (Hrsg.), Die jugendrichterlichen Entscheidungen – Anspruch und Wirklichkeit. Bericht über die Verhandlungen des 18. Deutschen Jugendgerichtstages in Göttingen vom 29. September bis 3. Oktober 1980, München 1981, S. 311–322 (zitiert: *Möller*, in: 18. JGT).

Möller, Ralf, Preis und Auswirkungen des Jugendarrestes, ZfStrVO 1972, S. 45–50.

Müller, Andreas, Schluss mit Sozialromantik! Ein Jugendrichter zieht Bilanz, Freiburg u.a. 2013.

Müller, Christoph, »Haftschaden«. Die Folgewirkungen von Jugendarrest und Warnschussarrest, Stuttgart 2016.

Müller, Ulrich, Tagung der Mitarbeiter in den Jugendarrestanstalten. Bericht über die 16. Tagung der Mitarbeiter in den Jugendarrestanstalten vom 22. bis 25. April 2008 in Würzburg, ZJJ 2009, S. 160–162.

Müller-Piepenkötter, Roswitha/Kubnik, Michael, „Warn(schuss)arrest" als neue Sanktion – rationale Perspektiven für eine ewige Kontroverse, ZRP 2008, S. 176–180.

Münchener Kommentar zum Strafgesetzbuch, hrsg. von Heintschel-Heinegg, Bernd v., Band 1, §§ 1-37, 3. Auflage, München 2017 (zitiert: *Bearbeiter*, in: MüKo-StGB, Bd. 1).

Münchener Kommentar zum Strafgesetzbuch, hrsg. von Joecks, Wolfgang/Miebach, Klaus, Band 2, §§ 38-79b, 3. Auflage, München 2016 (zitiert: *Bearbeiter*, in: MüKo-StGB, Bd. 2).

Münchener Kommentar zum Strafgesetzbuch, hrsg. von Joecks, Wolfgang/Miebach, Klaus, Band 6, JGG (Auszug), Nebenstrafrecht I, 3. Auflage, München 2018 (zitiert: *Bearbeiter*, in: MüKo-StGB, Bd. 6).

Münchener Kommentar zur Strafprozessordnung, hrsg. von Christoph Knauer, Band 3/2, München 2018 (zitiert: *Bearbeiter*, in: MüKo-StPO, Bd. 3/2).

Nationale Stelle zur Verhütung von Folter, Jugendarrestanstalt München. Besuchsbericht und Stellungnahme des Bayerischen Staatsministeriums der Justiz, Besuchsdatum: 27. Mai 2014, abrufbar unter: http://www.nationale-stelle.de/filead min/dateiablage/Dokumente/Berichte/Besuchsberichte/20140527_Bericht_JAA_ Muenchen_web.pdf, zuletzt geprüft am 20.02.2018 (zitiert: *Nationale Stelle zur Verhütung von Folter,* JAA München).

Neubacher, Frank, Fremdenfeindliche Brandanschläge. Eine kriminologisch-empirische Untersuchung von Tätern, Tathintergründen und gerichtlicher Verarbeitung in Jugendstrafverfahren, Mönchengladbach 1998.

Neubacher, Frank, Das deutsche Jugendstrafrecht – ein Vorbild für Europa?, in: Döring, Diether (Hrsg.), Erziehung oder Warnschuss-Arrest? Die Zukunft der Jugendhilfe im Strafverfahren, Berlin 2007, S. 14–24 (zitiert: *Neubacher,* in: Erziehung oder Warnschuss-Arrest?).

Niehaus, Holger, Jugendarrest und Jugendarrestvoll nach dem Gesetz zur Erweiterung der jugendgerichtlichen handlungsmöglichkeiten, NRV-Info 2012, S. 23–25.

Nunner-Winkler, Gertrud, Überlegungen zum Gewaltbegriff, in: Heitmeyer, Wilhelm (Hrsg.), Gewalt: Entwicklungen, Strukturen, Analyseprobleme, Frankfurt a.M 2004, S. 21–61 (zitiert: *Nunner-Winkler,* in: Gewalt).

Opp, Karl-Dieter, Kausalität als Gegenstand der Sozialwissenschaften und der multivariaten Statistik, in: Wolf, Christof/Best, Henning (Hrsg.), Handbuch der sozialwissenschaftlichen Datenanalyse, Wiesbaden 2010, S. 9–38 (zitiert: *Opp,* in: Handbuch der sozialwissenschaftlichen Datenanalyse).

Ostendorf, Heribert, Reform des Jugendarrestes, MSchrKrim 1995, S. 352–365.

Ostendorf, Heribert, Gegen die Abschaffung des Jugendstrafrechts und seiner Essentialia, NStZ 2006, S. 320–326.

Ostendorf, Heribert, Jugendstrafrecht – Reform statt Abkehr, StV 2008, S. 148–153.

Ostendorf, Heribert, Jugendgerichtsgesetz, 8. Auflage, Baden-Baden 2009.

Ostendorf, Heribert, Mindeststandards zum Jugendarrestvollzug, ZRP 2010, S. 20–22.

Ostendorf, Heribert, Jugendstrafrecht und Verfassung, ZJJ 2012, S. 240–245.

Ostendorf, Heribert, Warnung vor dem neuen „Warnschussarrest", ZIS 2012, S. 608–611.

Ostendorf, Heribert (Hrsg.), Jugendgerichtsgesetz, 9. Auflage, Baden-Baden 2013 (zitiert: *Bearbeiter,* in: Ostendorf, JGG, 9. Aufl.).

Ostendorf, Heribert, Jugendstrafrecht, 8. Auflage, Baden-Baden 2015.

Ostendorf, Heribert (Hrsg.), Jugendgerichtsgesetz, 10. Auflage, Baden-Baden 2016 (zitiert: *Bearbeiter,* in: Ostendorf, JGG, 10. Aufl.).

Paier, Dietmar, Quantitative Sozialforschung. Eine Einführung, Wien 2010.

Papendorf, Knut, Gegen die Logik der Inhaftierung – die Forderungen des AJK aus heutiger Sicht, in: Dollinger, Bernd/Schmidt-Semisch, Henning (Hrsg.), Handbuch Jugendkriminalität. Kriminologie und Sozialpädagogik im Dialog, 2. Aufl., Wiesbaden 2011, S. 573–583 (zitiert: *Papendorf*, in: Handbuch Jugendkriminalität).

Paritätischer Gesamtverband, Stellungnahme des Paritätischen zum Warnschussarrest vom 09.07.2012, abrufbar unter: http://www.bundesgerichtshof.de/SharedD ocs/Downloads/DE/Bibliothek/Gesetzesmaterialien/17_wp/JugendgerichtlHandl ungsm/stellung_paritaetische.pdf?__blob=publicationFile, zuletzt geprüft am 21.08.2015 (zitiert: *Paritätischer Gesamtverband*, Stellungnahme zum Warnschussarrest).

Paul, Andreas, Drogenkonsumenten im Jugendstrafverfahren, Münster 2005.

Pedal, Andreas, Die Voraussetzungen der Jugendstrafe, JuS 2008, S. 414–417.

Petersen, Aiko, Sanktionsmaßstäbe im Jugendstrafrecht, Baden-Baden 2008.

Pfeiffer, Christian, Jugendarrest-für wen eigentlich? Arrestideologie und Sanktionswirklichkeit, MSchrKrim 1981, S. 28–52.

Pfeiffer, Christian/Baier, Dirk/Kliem, Sören, Zur Entwicklung der Gewalt in Deutschland. Schwerpunkte: Jugendliche und Flüchtlinge als Täter und Opfer, 2018, abrufbar unter: https://www.bmfsfj.de/blob/121226/0509c2c7fc392aa88766bdfaeaf 9d39b/gutachten-zur-entwicklung-der-gewalt-in-deutschland-data.pdf, zuletzt geprüft am 20.02.2018 (zitiert: *Pfeiffer/Baier/Kliem*, Entwicklung Gewalt in Deutschland).

Pfeiffer, Christian/Strobl, Rainer, Abschied vom Jugendarrest?, DVJJ-J 1991, S. 35–45.

Plewig, Hans-Joachim, Qualitätsstandards und Erfolgsperspektiven in Jugendhilfe und Jugendsttrafrecht, ZJJ 2003, S. 108–110.

Porst, Rolf, Fragebogen. Ein Arbeitsbuch, 3. Auflage, Wiesbaden 2011.

Potrykus, Gerhard, Jugendarrest und Schuldspruch (§ 27 JGG), JR 1961, S. 407–408.

Prätor, Susanne/Suhling, Stefan, Legalbewährung von Frauen. Befunde einer Untersuchung im niedersächsischen Frauenvollzug, MSchrKrim 2016, S. 215–236.

Pürner, Hubert, Protokoll der 86. Sitzung vom 23. Mai 2012, Öffentliche Anhörung zum Entwurf eines Gesetzes zur Erweiterung der jugendgerichtlichen Handlungsmöglichkeiten, abrufbar unter: http://www.bundesgerichtshof.de/SharedD ocs/Downloads/DE/Bibliothek/Gesetzesmaterialien/17_wp/JugendgerichtlHandl ungsm/wortproto.pdf?__blob=publicationFile, zuletzt geprüft am 20.01.2016 (zitiert: *Pürner*, Protokoll Nr. 86 vom 23. Mai 2012).

Pürner, Hubert, Stellungnahme vom 16.05.2012 zur Anhörung am 23.05.2012 zum Entwurf eines Gesetzes zur Erweiterung der jugendgerichtlichen Handlungsmöglichkeiten, abrufbar unter: http://webarchiv.bundestag.de/cgi/show.php?file ToLoad=2398&id=1193, zuletzt geprüft am 17.02.2016 (zitiert: *ders.*, Stellungnahme vom 16.05.2012).

Raab-Steiner, Elisabeth/Benesch, Michael, Der Fragebogen. Von der Forschungsidee zur SPSS-Auswertung, 3. Auflage, Wien 2012.

Radtke, Henning, Der sogenannte Warnschussarrest im Jugendstrafrecht – Verfassungsrechtliche Vorgaben und dogmatisch-systematische Einordnung, ZStW 121 (2009), S. 416–449.

Reichenbach, Peter, Über die Zulässigkeit der Verbindung eines Schuldspruches nach § 27 JGG und Jugendarrest, NStZ 2005, S. 136–141.

Reuther, Christian, Elternrecht bei Trennung aufgrund stationärer jugendstrafrechtlicher Sanktionen. Unter besonderer Berücksichtigung der rechtshistorischen Herkunft der öffentlichen Strafe sowie der verfassungsrechtlichen Verankerung des staatlichen Strafrechts, Berlin 2008.

Riechert-Rother, Sabine, Jugendarrest und ambulante Maßnahmen. Anspruch und Wirklichkeit des 1. JGGÄndG – eine empirische Untersuchung, Hamburg 2008.

Rohrmann, Bernd, Empirische Studien zur Entwicklung von Antwortskalen für die sozialwissenschaftliche Forschung, ZFSP 1978, S. 222–245.

Rose, Frank/Friese, Anne, Das Absehen von der Vollstreckung des Jugendarrestes nach § 87 Abs. 3 JGG: Erzieherisch große Gestaltungsmöglichkeiten durch eine bislang wenig genutzte Norm, ZJJ 2016, S. 10–17.

Roxin, Claus, Strafrecht Allgemeiner Teil, Band I, Grundlagen, Der Aufbau der Verbrechenslehre, 4. Auflage, München 2006.

Sabaß, Verena, Schülergremien in der Jugendstrafrechtspflege – ein neuer Diversionsansatz. Das "Kriminalpädagogische Schülerprojekt Aschaffenburg" und die US-amerikanischen Teen Courts, Münster 2004.

Satzger, Helmut/Schluckebier, Wilhelm (Hrsg.), Strafgesetzbuch. Kommentar, 3. Auflage, Köln 2016 (zitiert: *Bearbeiter*, in: SSW-StGB).

Satzger, Helmut/Schluckebier, Wilhelm (Hrsg.), Strafprozessordnung. Mit GVG und EMRK. Kommentar, 3. Auflage, Köln 2018 (zitiert: *Bearbeiter*, in: SSW-StPO).

Schady, Jan, Die Anrechnung des sog. Ungehorsamsarrests auf eine Jugendstrafe, ZIS 2015, S. 593–599.

Schäffer, Peter, Jugendarrest – Eine kritische Betrachtung, DVJJ-J 2002, S. 43–47.

Schaffstein, Friedrich, Zur Problematik des Jugendarrestes, ZStW 82 (1970), S. 853–895.

Schaffstein, Friedrich, Anmerkung zu LG Augsburg, Urt. v. 22.01.1986 – Jug Ns 412 Js 34667/85, NStZ 1986, S. 509–511.

Schaffstein, Friedrich, Zum Funktionswandel des Jugendarrestes, in: Hirsch, Hans Joachim/Kaiser, Günther/Marquardt, Helmut (Hrsg.), Gedächtnisschrift für Hilde Kaufmann, Berlin, New York 1986, S. 393–408 (zitiert: *Schaffstein*, in: GS für Kaufmann).

Schaffstein, Friedrich/Beulke, Werner/Swoboda, Sabine, Jugendstrafrecht. Eine systematische Darstellung, 15. Auflage, Stuttgart 2014.

Schendera, Christian F.G., Regressionsanalyse mit SPSS, 2. Auflage, München 2014.

Scherrer, Stefan, Schriftliche Stellungnahme im Rahmen der Anhörung des Rechtsausschusses des Deutschen Bundestages am 23.05.2012 zum Entwurf eines Gesetzes zur Erweiterung der jugendgerichtlichen Handlunsgmöglichkeiten, abrufbar unter: http://webarchiv.bundestag.de/cgi/show.php?fileToLoad=2398&id =1193, zuletzt geprüft am 17.02.2016 (zitiert: *Scherrer*, Stellungnahme am 23.05.2012).

Schirmer, Dominique, Empirische Methoden der Sozialforschung. Grundlagen und Techniken, Paderborn 2009.

Schlüchter, Ellen, De nihilo nihil – oder: Der Erziehungsgedanke im Jugendstrafrecht, GA 1988, S. 106–128.

Schmidt, Thorsten, Jugendarrest in Hamburg. Chancen nutzen, Risiken minimieren, Forum Strafvollzug 2011, S. 87–90.

Schmidt-Bleibtreu, Bruno/Klein, Franz (Begr), Kommentar zum Grundgesetz: GG, hrsgg. von Hofmann, Hans/Henneke, Hans-Günter, 14. Auflage, Köln 2018 (zitiert: *Bearbeiter*, in: Schmidt-Bleibtreu/Klein, GG).

Schneemann, Axel, Beobachtungen zum Jugendarrestvollzug und die Bewährung entlassener Dauerarrestanten. Ein Beitrag zur heutigen Handhabung des Jugendarrestvollzuges und einer Untersuchung über die Rückfälligkeit 400 ehemaliger Dauerarrestanten aus den Arrestanstalten Alfeld/Leine und Neustadt a/ Rbge, Diss. Göttingen, 1970.

Schnell, Rainer/Hill, Paul B./Esser, Elke, Methoden der empirischen Sozialforschung, 10. Auflage, München 2013.

Schöch, Heinz, Ist Kriminalität normal?-Probleme und Ergebnisse der Dunkelfeldforschung, in: Göppinger, Hans (Hrsg.), Kriminologische Gegenwartsfragen. Kriminologie und Strafverfahren: Neuere Ergebnisse zur Dunkelfeldforschung in Deutschland, Bd. 18, Stuttgart 1976, S. 211–228 (zitiert: *Schöch*, in: KrimGegfr, Bd. 18).

Schöch, Heinz, Empirische Grundlagen der Generalprävention, in: Vogler, Theo (Hrsg.), Festschrift für Hans-Heinrich Jescheck zum 70. Geburtstag, Bd. 2, Berlin 1985, S. 1081–1105 (zitiert: *Schöch*, in: FS für Jescheck, Bd. 2).

Schöch, Heinz, Bewähungshilfe und humane Strafrechtspflege, BewHi 2003, S. 211–225.

Scholl, Armin, Die Befragung, 3. Auflage, Konstanz/München 2015.

Schulz, W., Untersuchungshaft – Erziehungsmaßnahme, vorweggenommene Jugendstrafe oder Start in die kriminelle Karriere, in: Deutsche Vereinigung für Jugendgerichte und Jugendgerichtshilfen e.V. (Hrsg.), Die jugendrichterlichen Entscheidungen – Anspruch und Wirklichkeit. Bericht über die Verhandlungen des 18. Deutschen Jugendgerichtstages in Göttingen vom 29. September bis 3. Oktober 1980, München 1981, S. 399–420 (zitiert: *Schulz*, in: 18. JGT).

Schumann, Karl F., Der "Einstigesarrest" - Renaissance der kurzen Freiheitsstrafe im Jugendrecht?, ZRP 1984, S. 319–324.

Schumann, Karl F., Der Jugendarrest – (Zucht-)Mittel zu jedem Zweck?, ZfJ 1986, S. 363–369.

Schumann, Karl F., Der Jugendarrest – (Zucht)Mittel zu jedem Zweck? Kommentar des Autors nach 28 Jahren, ZJJ 2014, S. 148–151.

Schumann, Karl F./Berlitz, Claus/Guth, hans-Werner/Kaulitzki, Reiner, Jugendkriminalität und die Grenzen der Generalprävention, Neuwied/Darmstadt 1987.

Schumann, Karl F./Döpke, Susanne, Ist Jugendarrest durch Betreuungsweisungen ersetzbar?, in: Schumann, Karl F. (Hrsg.), Jugendarrest und/oder Betreuungsweisung. Empirische Untersuchungen über die Anwendungs- und Vollzugspraxis im Lande Bremen, Bremen 1985, S. 98–139 (zitiert: *Schumann/Döpke*, in: Jugendarrest und/oder Betreuungsweisung).

Schumann, Karl F./Döpke, Susanne/Giffey, Ingrid/Lätzel, B./Werlich, Martina, Zusammenfassung der Ergebnisse und kriminalpolitische Folgerungen für Bremen, in: Schumann, Karl F. (Hrsg.), Jugendarrest und/oder Betreuungsweisung. Empirische Untersuchungen über die Anwendungs- und Vollzugspraxis im Lande Bremen, Bremen 1985, S. 170–181 (zitiert: *Schumann/Döpke/Giffey u.a.*, in: Jugendarrest und/oder Betreuungsweisung).

Schwegler, Karin, Dauerarrest als Erziehungsmittel für junge Straftäter. Eine empirische Untersuchung über den Dauerarrest in der Jugendarrestanstalt Nürnberg vom 10. Februar 1997 bis 28. Mai 1997, München 1999.

Schwegler, Karin, Erziehung durch Unrechtseinsicht? Gesetzliche Konzeption, richterliche Einschätzungen und erzieherische Wirksamkeit des Dauerarrestes, KrimJ 2001, S. 116–131.

Schwind, Hans-Dieter, Kriminologie und Kriminalpolitik. Eine praxisorientierte Einführung mit Beispielen, 23. Auflage, Heidelberg 2016.

Schwind, Hans-Dieter/Baumann, Jürgen/Schneider, Ursula/Winter, Manfred, Endgutachten, in: Schwind, Hans-Dieter/Baumann, Jürgen (Hrsg.), Ursachen, Prävention und Kontrolle von Gewalt. Analysen und Vorschläge der Unabhängigen Regierungskommission zur Verhinderung und Bekämpfung von Gewalt (Gewaltkomission), Berlin 1990, S. 27–285 (zitiert: *Schwind/Baumann/Schneider u.a.*, in: Ursachen, Prävention und Kontrolle von Gewalt).

Schwind, Hans-Dieter/Böhm, Alexander/Jehle, Jörg-Martin/Laubenthal, Klaus (Hrsg.), Strafvollzugsgesetz – Bund und Länder. Kommentar, 6. Auflage, Berlin 2013 (zitiert: *Bearbeiter*, in: Schwind/Böhm/Jehle/Laubenthal-StVollzG).

Sherman, Lawrence W./Gottfredson, Denise C./MacKenzie, Doris L./Eck, John/Reuter, Peter/Bushway, Shawn D., Preventing Crime: What works, what doesn't, what promising. A report to the united states congress, abrufbar unter: https://www.ncjrs.gov/works/, zuletzt geprüft am 22.06.2018 (zitiert: *Sherman/Gottfredson/MacKenzie u.a.*, Preventing Crime: What works, what doesn't, what promising).

Sherman, Lawrence W./Gottfredson, Denise C./MacKenzie, Doris L./Eck, John/Reuter, Peter/Bushway, Shawn D., Preventing Crime: What Works, What Doesn't, What's Promising, National Institute of Justice – Research in Brief, 1998, abrufbar unter: https://www.ncjrs.gov/pdffiles/171676.pdf, zuletzt geprüft am 21.06.2018 (zitiert: *dies.*, Preventing Crime, Research in Brief).

Simon, Kirsten Gabriele, Der Jugendrichter im Zentrum der Jugendgerichtsbarkeit. Ein Beitrag zu Möglichkeiten und Grenzen des jugendrichterlichen Erziehungsauftrages im Hinblick auf § 37 JGG; eine Untersuchung in Rheinland-Pfalz und im Saarland zu Aus- und Fortbildung von Jugendrichtern, Mönchengladbach 2003.

Sommerfeld, Sylvia, „Vorbewährung" nach § 57 JGG in Dogmatik und Praxis, Mönchengladbach 2007.

Sonnen, Bernd-Rüdiger, Neue Interventionsformen im Jugendstrafrecht, in: Dollinger, Bernd/Schmidt-Semisch, Henning (Hrsg.), Handbuch Jugendkriminalität. Kriminologie und Sozialpädagogik im Dialog, 2. Aufl., Wiesbaden 2011, S. 483–492 (zitiert: *Sonnen*, in: Handbuch Jugendkriminalität).

Sonnen, Bernd-Rüdiger, Aktuelle Rechtsprechung im Jugendstrafrecht, ZJJ 2014, S. 38–45.

Spahn, Andreas Guido, Urteilsanmerkung AG Meppen 13 Ds 320 Js 34513/03 (227/03) – Urteil vom 09.02.2004, ZJJ 2004, S. 204–205.

Spieß, Gerhard, Wie bewährt sich die Strafaussetzung? Strafaussetzung zur Bewährung und Fragen der prognostischen Beurteilung bei jungen Straftätern, MSchrKrim 1981, S. 296–309.

Spiess, Gerhard, Sanktionspraxis und Rückfallstatistik: Die Bedeutung rückfallstatistischer Befunde für die Dokumentation und Bewertung der Entwicklung des Sanktionssystems, BewHi 2012, S. 17–39.

Spiess, Gerhard, Jugendkriminalität in Deutschland. Zentrale empirische Befunde, Siegen: Sozial 2013, S. 4–13.

Spiess, Gerhard, Wenn nicht mehr, wenn nicht härtere Strafen – was dann? Die Modernisierung des deutschen Sanktionssystems und die Befunde der Sanktions- und Rückfallforschung, Soziale Probleme Jg. 24, 1/2013, S. 87–117.

Statistik Austria, Gerichtliche Kriminalstatistik 2016, 2017, abrufbar unter: http://www.statistik.at/web_de/statistiken/menschen_und_gesellschaft/soziales/kriminalitaet/index.html, zuletzt geprüft am 15.01.2018 (zitiert: *Statistik Austria*, Kriminalstatistik 2016).

Statistisches Bundesamt (Hrsg.), Justiz auf einen Blick, 2015, abrufbar unter: https://www.destatis.de/DE/Publikationen/Thematisch/Rechtspflege/Querschnitt/BroschuereJustizBlick0100001159004.pdf?__blob=publicationFile, zuletzt geprüft am 06.07.2016 (zitiert: *Statistisches Bundesamt*, Justiz auf einen Blick).

Statistisches Bundesamt (Hrsg.), Rechtspflege – Strafverfolgung. Fachserie 10 Reihe 3 – 2013, 2015, abrufbar unter: https://www.destatis.de/DE/Publikationen/Thematisch/Rechtspflege/StrafverfolgungVollzug/Strafverfolgung2100300137004.pdf?__blob=publicationFile, zuletzt geprüft am 07.12.2015 (zitiert: *Statistisches Bundesamt*, Fachserie 10 Reihe 3 – 2013).

Statistisches Bundesamt (Hrsg.), Bevölkerung und Erwerbtätigkeit. Bevölkerungsfortschreibung auf Grundlage des Zensus 2011, Fachserie 1 – Reihe 1.3 – 2014, 2016, abrufbar unter: https://www.destatis.de/DE/Publikationen/Thematisch/Bevoelkerung/Bevoelkerungsstand/Bevoelkerungsfortschreibung2010130147004.pdf?__blob=publicationFile, zuletzt geprüft am 20.07.2016 (zitiert: *Statistisches Bundesamt*, Fachserie 1, Reihe 1.3, 2014).

Statistisches Bundesamt (Hrsg.), Rechtspflege – Strafverfolgung. Fachserie 10 Reihe 3 – 2014, 2016, abrufbar unter: https://www.destatis.de/DE/Publikationen/Themat isch/Rechtspflege/StrafverfolgungVollzug/Strafverfolgung2100300147004.pdf?__ blob=publicationFile, zuletzt geprüft am 13.02.2017 (zitiert: *Statistisches Bundes-amt*, Fachserie 10 Reihe 3 – 2014).

Statistisches Bundesamt (Hrsg.), Rechtspflege – Strafverfolgung. Fachserie 10 Reihe 3 – 2015, 2017, abrufbar unter: https://www.destatis.de/DE/Publikationen/Themat isch/Rechtspflege/StrafverfolgungVollzug/Strafverfolgung.html, zuletzt geprüft am 13.02.2017 (zitiert: *Statistisches Bundesamt*, Fachserie 10 Reihe 3 – 2015).

Statistisches Bundesamt (Hrsg.), Rechtspflege – Strafverfolgung. Fachserie 10 Reihe 3 – 2016, 2017, abrufbar unter: https://www.destatis.de/DE/Publikationen/Themat isch/Rechtspflege/StrafverfolgungVollzug/Strafverfolgung2100300167004.pdf?__ blob=publicationFile, zuletzt geprüft am 06.12.2017 (zitiert: *Statistisches Bundes-amt*, Fachserie 10 Reihe 3 – 2016).

Steffen, Wiebke, Grenzen und Möglichkeiten der Verwendung von Strafakten als Grundlage kriminologischer Forschung, in: Müller, Paul J. (Hrsg.), Die Analyse prozeß-produzierter Daten, Stuttgart 1977, S. 89–108 (zitiert: *Steffen*, in: Die Analyse prozeß-produzierter Daten).

Streng, Franz, Die Jugendstrafe wegen «schädlicher Neigungen» (§ 17 II 1.Alt JGG). Ein Beitrag zu den Grundlagen und zum System der Jugendstrafe, GA 1984, S. 149–166.

Streng, Franz, Strafzumessung und relative Gerechtigkeit. Eine Untersuchung zu rechtlichen, psychologischen und soziologischen Aspekten ungleicher Strafzu-messung, Heidelberg 1984.

Streng, Franz, Die Wirksamkeit strafrechtlicher Sanktionen – Zur Tragfähigkeit der Austauschbarkeitsthese, in: Lösel, Friedrich/Bender, Doris/Jehle, Jörg-Martin (Hrsg.), Kriminologie und wissensbasierte Kriminalpolitik. Entwicklungs- und Evaluationsforschung, Mönchengladbach 2007, S. 65–92 (zitiert: *Streng*, in: Kri-minologie und wissensbasierte Kriminalpolitik).

Streng, Franz, Schuldausgleich im Zweckstrafrecht? – Befunde und Überlegungen zu Schuld, Vergeltung und Generalprävention, in: Hefendehl, Roland/Hörnle, Tatjana/Greco, Luis (Hrsg.), Streitbare Strafrechtswissenschaften. Festschrift für Bernd Schünemann zum 70. Geburtstag am 1. November 2014, Berlin, Boston 2014, S. 827–842 (zitiert: *Streng*, in: FS für Schünemann).

Streng, Franz, Punitive Strategien im Jugendstrafrecht – Hintergründe und Konse-quenzen, in: Deutsche Vereinigung für Jugendgerichte und Jugendgerichtshil-fen e.V. (Hrsg.), Jugend ohne Rettungsschirm. Herausforderungen annehmen! Dokumentation des 29. Deutschen Jugendgerichtstages vom 14. – 17. Septem-ber 2013 in Nürnberg, Mönchengladbach 2015, S. 673–689 (zitiert: *Streng*, in: 29. JGT).

Streng, Franz, Jugendstrafrecht, 4. Auflage, Heidelberg 2016.

Streng, Franz, Jugendstrafrechtliche Strafzumessung zwischen Tat- und Täterprin-zip, GA 2017, S. 80–91.

Strobel, Sonja, Verhängung und Bemessung der Jugendstrafe – eine Analyse unter besonderer Berücksichtigung der Strafzwecke, Aachen 2006.

Süssenguth, Rolf, Jugendarrest in Bayern. Eine kriminologische Untersuchung über die Handhabung und Wirksamkeit des Jugendarrestes an 300 Probanden, die im Jahre 1965 vom Jugendgericht beim Amtsgericht München zu Jugendarrest verurteilt worden sind, Diss. Saarbrücken, 1973.

Sutterer, Peter, Möglichkeiten rückfallstatistischer Auswertungen anhand von Bundeszentralregisterdaten. Zur Konzeption von KOSIMA, in: Heinz, Wolfgang/ Jehle, Jörg-Martin (Hrsg.), Rückfallforschung, Wiesbaden 2004, S. 173–213 (zitiert: *Sutterer,* in: Rückfallforschung).

Sutterer, Peter/Spiess, Gerhard, Rückfall und Sanktion – Möglichkeiten und Grenzen statistischer Auswertungen mit Bundeszentralregisterdaten, in: Heinz, Wolfgang/Jehle, Jörg-Martin (Hrsg.), Rückfallforschung, Wiesbaden 2004, S. 215–243 (zitiert: *Sutterer/Spiess,* in: Rückfallforschung).

Swoboda, Sabine, Die Bemessung der Jugendstrafe bei Mordtaten von Heranwachsenden – Die Reform des § 105 Abs. 3 JGG und ihre Bedeutung für den jugendstrafrechtlichen Konflikt zwischen Erziehungsgedanke und positiver Generalprävention, ZStW 125 (2013), S. 86–111.

Swoboda, Sabine, Klare Ansage! Das Gebot der Klarheit und Widerspruchsfreiheit im Jugendstrafrecht. Eine Bestandsaufnahme, in: Fahl, Christian/Müller, Eckhart/Satzger, Helmut/Swoboda, Sabine (Hrsg.), Ein menschengerechtes Strafrecht als Lebensaufgabe. Festschrift für Werner Beulke zum 70. Geburtstag, Heidelberg 2015, S. 1229–1240 (zitiert: *Swoboda,* in: FS für Beulke).

Tekin, Eda, Die Beobachtungs- und Nachbesserungspflicht des Gesetzgebers im Strafrecht, Frankfurt a.M 2013.

Thalmann, Dagmar, Kritische Anmerkungen zum Jugendarrest und seiner praktischen Umsetzung, Forum Strafvollzug 2011, S. 79–83.

Thalmann, Dagmar, Jugendarrest – Eine kritische Bestandsaufnahme, in: Deutsche Vereinigung für Jugendgerichte und Jugendgerichtshilfen e.V. (Hrsg.), Achtung (für) Jugend! Praxis und Perspektiven des Jugendkriminalrechts. Dokumentation des 28. Deutschen Jugendgerichtstages vom 11. – 14. September 2010 in Münster, Mönchengladbach 2012, S. 159–171 (zitiert: *Thalmann,* in: 28. JGT).

Tolzmann, Gudrun/Götz, Albrecht, Bundeszentralregistergesetz. Zentralregister, Erziehungsregister, Gewerbezentralregister, 5. Auflage, Stuttgart 2015.

Verrel, Torsten, „When the green flag drops, the bullshit stops". Anmerkungen zum Gesetz zur „Erweiterung der jugendgerichtichen Handlungsmögichkeiten", NK 2013, S. 67–78.

Verrel, Torsten/Käufl, Michael, „Warnschussarrest" – Kriminalpolitik wider besseren Wissens?, NStZ 2008, S. 177–181.

Viehmann, Horst, Reform des Jugendstrafrechts, ZRP 2003, S. 377–378.

Vietze, Rainer, Der Einstiegsarrest – eine zeitgemäße Sanktion? Neue Sanktionsformen im deutschen Jugendstrafrecht, Berlin 2004.

Vogt, Hans-Günter, Strafaussetzung zur Bewährung und Bewährungshilfe bei Jugendlichen und Heranwachsenden. Eine Untersuchung an 200 zu einer Jugendstrafe mit Strafaussetzung zur Bewährung verurteilten Probanden, Diss. Göttingen, 1972.

Voss, Wilhelm, Jugendarrest und Bewährung, NJW 1962, S. 1095–1097.

Walter, Michael, Untersuchungshaft und Erziehung bei jungen Gefangenen, MSchrKrim 1987, S. 337–350.

Walter, Michael/Neubacher, Frank, Jugendkriminalität. Eine systematische Darstellung, 4. Auflage, Stuttgart 2011.

Weidinger, Susanne, Die Strafaussetzungsmöglichkeiten zur Bewährung im deutschen Jugendstrafrecht. Verschiedene Wege – ein internationaler Vergleich unter Einbeziehung der Länder Österreich und Schweiz, Hamburg 2011.

Weigelt, Enrico, Bewähren sich Bewährungsstrafen? Eine empirische Untersuchung der Praxis und des Erfolges der Strafaussetzung von Freiheits- und Jugendstrafen, Göttingen 2009.

Wenzel, Frank, Die Anrechnung vorläufiger Freiheitsentziehungen auf strafrechtliche Rechtsfolgen, Mönchengladbach 2003.

Werner-Eschenbach, Susanne, Jugendstrafrecht. Ein Experimentierfeld für neue Rechtsinstitute, Frankfurt am Main u.a. 2005.

Werwigk-Hertneck, Corinna/Rebmann, Frank, Reformbedarf im Bereich des Jugendstrafrechts?, ZRP 2003, S. 225–230.

Wessels, Johannes/Beulke, Werner/Satzger, Helmut, Strafrecht. Allgemeiner Teil, 47. Auflage, Heidelberg 2017.

Westphal, Karsten, Die Aussetzung der Jugendstrafe zur Bewährung gemäß § 21 JGG, Frankfurt am Main u.a. 1995.

Wittenberg, Reinhard/Cramer, Hans/Vicari, Basha, Datenanalyse mit IBM SPSS Statistics. Eine syntaxorientierte Einführung, Konstanz/München 2014.

Wulf, Rüdiger, Jugendarrest als Trainingszentrum für soziales Verhalten, ZfStrVO 1989, S. 93–98.

Wulf, Rüdiger, Diskussionsentwurf für ein Gesetz über stationäres soziales Training ("Jugendarrestvollzugsgesetz"), ZJJ 2010, S. 191–195.

Wulf, Rüdiger, Jugendarrestvollzug: Quo vadis?, in: Dölling, Dieter (Hrsg.), Landesgruppe Baden-Württemberg in der Deutschen Vereinigung für Jugendgerichte und Jugendgerichtshilfen e.V. (DVJJ): Freiheitsentzug im Jugendstrafrecht, INFO 2011, Heidelberg 2011, S. 29–48 (zitiert: *Wulf*, in: INFO 2011).

Zapf, Jana Christina, Opferschutz und Erziehungsgedanke im Jugendstrafverfahren, Göttingen 2012.

Zweite Jugendstrafrechtsreform-Kommission, Vorschläge für eine Reform des Jugendstrafrechts. Abschlussbericht der Kommissionsberatungen von März 2001 bis August 2002, DVJJ-J 2002, S. 227–267.